O Livre Arbítrio

Agostinho

O Livre Arbítrio

Editor | Edson Manoel de Oliveira Filho
Produção editorial | Editora Filocalia
Projeto gráfico, capa e diagramação | Mauricio Nisi / Nine Design Gráfico
Revisão | Frank de Oliveira
Ilustração da capa | Gervasio Troche

Dados Internacionais de Catalogação na Publicação (CIP)
Angélica Ilacqua CRB-8/7057

A221L

Agostinho, Santo, Bispo de Hipona, 354-430
O livre arbítrio : livro 1 / Agostinho ; tradução, introdução, notas, comentários e léxico de termos técnicos Ricardo Taurisano. – São Paulo : Filocalia, 2019.
672 p.

ISBN 978-85-69677-29-1
Título original: De libero arbitrio

1. Livre arbítrio e determinismo. 2. Filosofia. I. Título. II. Taurisano, Ricardo

19-1915 CDD: 233-7

Editora Filocalia Ltda.
Rua França Pinto, 509 · São Paulo SP · 04016-032
Telefone: (5511) 5572 5363
atendimento@filocalia.com.br · www.editorafilocalia.com.br

Este livro foi impresso pela Pancrom Indústria Gráfica em setembro de 2019.
Os tipos são da família ITC New Baskerville, ITC Stone Sans e Fat Flamingo.
O papel do miolo é o Lux Cream 70 g, e o da capa cuchê fosco 150 g.

Agostinho

O Livre Arbítrio

LIVRO 1

RICARDO TAURISANO
tradução, introdução, notas, comentários
e léxico de termos técnicos

FI
LO
CA
LIA

Agostinho e Mônica (1854)
Ary Scheffer (1795-1858)

CARLAE · OMNIBVSQVE · MIHI · OPITVLANTIBVS

Nada é desordenado no universo e nada é injusto;
quer o saibamos nós, quer o ignoremos.

Portanto nada no mundo acontece ao acaso.
Isto posto, parece seguir-se que qualquer coisa que se faz no mundo
em parte se faça por meio da ação divina, em parte por meio de nossa vontade.

AGOSTINHO[1]

Se aceitamos os bens da mão do Senhor,
por que não aceitaríamos os males?

Portanto não reproves a increpação do Senhor,
porque ele mesmo causa e pensa as feridas; ele fere e suas mãos curam.

O LIVRO DE JÓ[2]

---

1 (A.) *83 Questões diversas, Q. 27: "Nihil inordinatum in uniuerso nihilque iniustum est; siue scientibus siue nescientibus nobis"; Q. 24: "Nihil igitur casu fit in mundo. hoc consituto consequens uidetur ut quidquid in mundo geritur partim diuinitus geratur partim nostra uoluntate".*

2 Jó 2,10: "*Si bona suscepimus de manu domini, quare mala non suscipiamus?*" // *Ibid.* 5,17-18 (discurso de Elifaz): "*Increpationem ergo domini ne reprobes, quia ipse uulnerat et medetur, percutit et manus eius sanabunt*".

O meu reconhecimento a todos os que, de um modo ou de outro, querendo ou sem querer, me subsidiaram ao longo desta odisseia, sem cujo apoio jamais teria aportado, e entre os quais é imperioso destacar: Carla, *adamata uxor sociaque,* paciente e incansável apoiadora desde o primeiro até ao último pensamento; Walter, *percarissimus pater*, que não apenas me deu a vida *ad utendum omnibus* mas também de tudo *ad fruendum uita*; Edna e Diego, *dilecti ex corde fratres,* cujas palavras afetuosas enfunaram-me as velas da esperança; e por fim, Edson de Oliveira, *audax editor,* que com abraâmia fé neste engenho e nesta arte acreditou. Pois, como vaticinou o poeta, quando "Deus quer, o homem sonha, a obra nasce".

sumário

prefácios

prefácio introdutório

O dever do intérprete

Feliz aquele que pôde conhecer as causas das coisas.

Virgílio[1]

Num importante estudo da década de 1990 acerca da obra de Agostinho[2], o seu autor, John Rist, insere como epígrafe do primeiro capítulo uma citação interessante de outro estudioso do tema, Gerald Bonner, que em algum lugar teria escrito[3]: "Mais do que a maioria dos autores, Agostinho tem sido objeto de acusação injustificada por parte daqueles que não o leram". O diagnóstico de Rist para essa injustiça, verdadeira patologia de natureza intelectual, reconhecida também por ele, do contrário a frase de Bonner não lhe teria servido de mote para o capítulo inaugural, aponta para dois motivos principais por que o pensador de Hipona tem recebido ao longo dos tempos uma reputação considerada "dúbia", ou mesmo "má", segundo suas próprias palavras, inclusive por parte daqueles que pouco ou quase nada leram de sua obra[4]. O primeiro seria porque há temas ditos "agostinianos" que estão fora de moda, diz ele, tendo sido descartados sem que ao menos se procurasse conhecer sua *raison d'être*. O segundo, porque lhe foram atribuídas algumas noções, inclusive pelos que ao longo dos séculos têm-se autoproclamado "agostinianos", que se tornaram de tal modo impopulares que o próprio Agostinho as rejeitaria. Daí decorre o imperioso dever, adverte Rist, especialmente para os estudiosos da obra do autor mais intimamente familiarizados com o seu pensamento, de assumir a responsabilidade de ajudar o leitor de hoje a identificar essas noções, desmistificando-as. Pois bem, assumindo em parte esse ministério, de que modo seria possível ilustrar tais noções, esclarecendo o leitor contemporâneo que se dispusesse a ler Agostinho? Primeiro por meio de uma tradução, a mais fiel possível, da

---

1 P. Virgílio Maro, *Geórgicas* 2,490: *"felix qui potuit rerum cognoscere causas"*.

2 John Rist, *Augustine: Ancient thought baptized*. Cambridge: CUP, 1994. Filósofo e professor emérito da Universidade de Toronto, Rist é autor de vários livros, dentre os quais vale citar dois dos mais relevantes: *Plotinus: The road to reality* e *Plato's moral realism: The presuppositions of ethics*.

3 Infelizmente Rist não cita a obra de Bonner em que consta a passagem epigrafada.

4 J. Rist, *op. cit.*, p. 1-5.

obra do autor, sem interpretações marcadas por ideologias estranhas ao seu pensamento, nem escolhas semânticas por demais afastadas do latim por ele falado e pensado e dos objetivos que lhe eram os mais prementes, por mais custoso seja evitar adotá-las, visto muitas delas se terem cristalizado ao longo dos séculos, de modo especial durante o Medievo; depois através de comentários que possam esclarecer os pontos dúbios, quando não obscuros, de sua obra, se não os solucionando por completo, ao menos indicando quais são e qual sua natureza, de par com as questões que se permitiram e ainda permitem evolver deles; mas acima de tudo mantendo a obra do autor em sua própria perspectiva, isto é, em seu contexto histórico e cultural nascente e vicejante, sem pretender modernizá-la ou, o que seria ainda pior, pós-modernizá-la, expurgando-a dos elementos considerados extemporâneos e repugnantes à mentalidade hodierna.

No prefácio à tradução que se apresenta na sequência, pensado também para servir de breve tratado sobre o tema[5], justificaram-se de maneira suficiente os princípios adotados para realizar a primeira demanda supraindicada, mantendo o texto traduzido o mais aproximado possível do original latino. Nas notas e comentários que se apresentam em seguida à tradução, esforçou-se para esclarecer conceitos e termos importantes, não apenas para o *L.A.*, mas para o pensamento do autor em sentido mais amplo, cuja dubiedade interpretativa não raro tem sido originada de más escolhas semânticas operadas pelas mais diversas traduções que se elaboraram ao longo dos séculos; isso, quando esta dubiedade não é causada pelas mais impudentes ideologias, que têm procurado, e ainda o fazem, "expurgar" o texto de Agostinho dos aspectos considerados por elas indesejáveis e incompatíveis com suas mundividências, de modo a alistá-lo[6] em suas próprias fileiras, tornando-o "um dos seus". Por último, no intuito de preservar a perspectiva própria do filósofo e de sua época, o que só é possível, é imperioso reconhecê-lo, pela tangente e de modo superficial, mas que, mesmo assim, permite lê-lo e compreendê-lo de maneira mais adequada, faz-se necessário um brevíssimo resumo de sua vida e do

---

5 De fato, o prefácio à tradução apresentado adiante pode ser compreendido como uma proposta de trabalho para os que se dispuserem traduzir textos de natureza filosófica. O que não significa que suas diretrizes sejam inapropriadas para verter os textos de natureza mais literária, posto que, neste caso, a abordagem mereceria reflexões complementares, que levassem em conta acima de tudo os objetivos que cada tradutor elegesse para si.

6 O que sempre se faz à revelia daquele que, por estar ausente, não se pode manifestar.

contexto em que o *L.A.* foi pensado e composto[7], o que se apresentará logo a seguir neste prefácio de natureza introdutória, contudo depois de três breves considerações de ordem filosófica, baseadas ainda nas pertinentes observações de Rist, que merecem ser aqui expostas, a fim de que se compreenda com mais propriedade o método de pensamento seguido pelo autor e, com isso, aborde sua obra com a *dignitas* que lhe é devida.

Por primeiro deve-se ter em mente que, na Antiguidade, em sentido bem amplo, mas para Agostinho de modo especial, a filosofia consistia num verdadeiro "modo de vida" (*uiuendi modus*), não numa disciplina acadêmica, exclusivamente intelectual e mais distanciada da realidade. Em segundo é preciso aceitar o fato inconteste de que nenhuma distinção entre filosofia e teologia era válida para o pensador de Hipona; separação essa que o próprio autor teria veementemente rejeitado. Com efeito, se o filósofo era aquele que pretendia conduzir sua vida estritamente de acordo com a razão, o teólogo era aquele que se ocupava, dentre os temas pertinentes à própria filosofia, com o que era considerado o mais elevado de todos eles, *tò theîon*, "o divino", o tema metafísico por excelência, consistindo em tudo aquilo que se considerava imutável e eterno, daí evidentemente estável, ao contrário da mutabilidade instável da matéria, que enorme angústia causava, e ainda o faz, aos *brotoí*, aqueles que não eram imortais como os deuses, ou seja, nós, os seres humanos[8]. Disso depreende-se facilmente que as correntes em que a mente do nauta Agostinho navegava eram

---

7 Há inúmeros autores importantes que se debruçaram sobre a vida, a obra e o contexto histórico, cultural e filosófico de Agostinho, dentre os quais alguns nomes se destacam: Peter Brown, cuja biografia do hiponense está entre as mais celebradas; Gerald Bonner, o próprio John Rist, John J. O'Meara, Étienne Gilson, Serge Lancel, Pierre Courcelle, Olivier du Roy, F. Cayré, entre outros tantos, cuja preferência é por aspectos mais ou menos abrangentes da obra e do pensamento do autor; James J. O'Donnell, cujo trabalho minucioso acerca do texto das *Confissões* é paradigmático; Allan Fitzgerald, cuja enciclopédia agostiniana permitiu se organizassem os temas mais relevantes da obra do filósofo e suas respectivas indicações bibliográficas, elaboradas cuidadosamente pelos mais diversos especialistas; Henri Irénée-Marrou, A. G. Hamman, o próprio O'Donnell, entre incontáveis outros, cujos estudos acerca da atmosfera intelectual e dos aspectos culturais do tempo de Agostinho são de enorme valia. Há ainda um número incontável de pesquisadores, de modo algum menos importantes, aos quais peço as mais sinceras desculpas, mas cujos nomes seria impossível citar, fazendo-lhes a justiça que sem dúvida merecem.

8 Pode-se dizer que a própria alma, considerada como princípio inteligente, se encaixava nessa esfera, embora não fosse propriamente imutável, porque bastava também que fosse algo consideravelmente mais estável do que a matéria, qualidade que se atribuía à alma, se se admitisse sua sobrevivência à destruição do corpo.

de procedência primordialmente parmenídico-platônicas, e em algum sentido também estoicas, porém pouco ou nada aristotélicas, o que se verificará com facilidade pela leitura do *L.A.*[9] Em terceiro, no que tange especificamente ao método dialético adotado por Agostinho, Rist resume a *disputatio* em duas vertentes básicas e óbvias: [i] os argumentos construídos a partir de premissas, quer silogismos, quer entimemas, e [ii] as premissas com que se constroem os próprios argumentos. Pois bem, se para a filosofia moderna as premissas se consideram como "modelos possíveis" derivados de "experimentos-pensamentos", em que os procedimentos argumentativos subsequentes se apoiam, as quais, quando verificadas, permitem que o modelo, que é obra da imaginação filosófica, seja avaliado, assim como sua utilidade para explicar os fenômenos que o motivaram no início, para um pensador como Agostinho, por seu turno, os "modelos filosóficos" eram "hipóteses teológicas", "extraídas das Escrituras e das crenças e práticas eclesiásticas". Neste sentido, argumenta Rist, os modelos de Agostinho, posto que tirados das Letras divinas e da fé, "eram como qualquer modelo moderno", visto que "seu objetivo era dar sentido ao que se encontrava à sua volta"[10]. Todavia, obtempera o autor, "tentar compreender Agostinho sem levar em consideração tais modelos teológicos, pelo menos com a mesma seriedade com que se consideram os modelos filosóficos modernos, seria como emascular o seu pensamento, ao despojá-lo de sua integridade filosófica"[11]. E de fato, assim como qualquer outro filósofo antigo, prógono ou epígono seu, Agostinho queria compreender o mundo ao seu redor, imprimindo-lhe um sentido, para o que lança mão de todas as evidências que estavam ao seu alcance: sentidos corpóreos, razão argumentativa e autoridade, seja a proveniente dos testemunhos escriturários, seja a dos intérpretes das Escrituras, cuja autoridade constituía a tradição reconhecida pelo magistério eclesiástico. Por isso é tanto mais condenável quanto equivocada a tentativa de "epitomar" os argumentos do filósofo, ou considerá-los fora dos contextos histórico, cultural, político, mas sobretudo filosófico, em que nasceram, sob pena de tornar seus pensamentos "dogmas desprovidos de vigor", sem nenhuma seiva, adverte Rist, revestido da necessária sobriedade[12].

---

9 J. Rist, *op. cit.*, p. 6-7.

10 *Id. ibid.*

11 *Id. ibid.*

12 *Id. ibid.*, p. 11.

Em trânsito: da matéria ao espírito

Sinopse parcial da vida e obra de Agostinho

Definidos pelo latinista italiano Gian Biagio Conte[13] como "grande renascimento cultural", os séculos IV e V da era cristã foram dos mais férteis períodos da literatura latina, não apenas em virtude da massiva quantidade de obras produzidas, mas também por causa de sua "riqueza cultural e elegância formal"[14]. Os autores dessa época, diz Conte, tanto gregos como latinos[15], com extremo sucesso fizeram a mediação entre o pensamento clássico e o cristão, conduzindo a análise de problemas éticos e religiosos em graus de profundidade e sutileza jamais antes atingidos. "Pode-se dizer, e já foi dito, que na Antiguidade houve duas épocas que foram fundamentais para a definição do homem e de suas características sociais e culturais: os séculos V e IV a.C., na Grécia, e os séculos IV e V d.C., no pensamento cristão"[16]. Neste período, tão fértil quanto subestimado, uma figura merece destaque, a de Agostinho de Hipona, uma das personalidades que mais influência exerceram na história do pensamento ocidental:

> Agostinho é o mais fértil e mais original de todos os pensadores de língua latina, ao mesmo tempo um escritor de notável elegância [...] Suas teorias dominaram grande parte da Idade Média, ou antes, pode-se dizer que elas deram origem à Idade Média. E contudo, quando a sociedade ocidental enfrentou uma nova época de mudanças, da passagem da Idade Média à era moderna, foi nele que a Reforma Protestante encontrou a base teórica para suas doutrinas. Seus argumentos filosóficos são sutis e extraordinariamente modernos.[17]

Educado como cristão, aos dezenove anos[18], para desespero de sua mãe, a católica fervorosa Mônica, Agostinho decide ingressar no maniqueísmo. Ao que parece, duas ideias o atraíam nos ensinamentos de Mani: sua "solução" para o

---

13 Gian Biagio Conte, *Latin literature: a history.* Tr. by J. B. Solodow. Baltimore: Johns Hopkins University Press, 1994, p. 621.

14 *Id. ibid.*, p. 678.

15 Dentre os quais incluem-se: do lado grego, Gregório de Nissa, Gregório de Nazianza, João Crisóstomo e Basílio de Cesareia; do lado latino, Agostinho, Jerônimo e Ambrósio.

16 G. Conte, *op. cit.*, p. 678.

17 *Id. ibid.*, p. 688.

18 Agostinho nasce em 354, em Tagasta, e falece em 430, em Hipona (*Hippo Regius*), cidade portuária da importante província romana da Numídia, ao norte do continente africano, região da atual Argélia.

problema do mal, que tanto havia afligido o filósofo em sua juventude, e o materialismo. Talvez influenciado por concepções estoicas, o fato é que Agostinho tinha dificuldade de conceber a existência de princípios imateriais, como ele mesmo admitirá:

> [...] quando queria pensar acerca de meu Deus, não sabia senão pensar em massas de corpos, pois nem me parecia haver qualquer coisa que não fosse de tal [natureza]: essa era a maior e praticamente única causa do meu inevitável erro.[19]

Anos mais tarde, frustrado com a doutrina do persa Mani, decide refugiar-se no ceticismo da Nova Academia[20], como que a evitar suas dúvidas interiores. Sua religiosidade inata e seu fervor, contudo, não o mantiveram por muito tempo na negação. Foi provavelmente nos círculos eruditos da corte, durante sua curta estada em Milão[21], que teve acesso ao neoplatonismo[22]: "Conseguistes para mim, através de um certo homem, túrgido de imaníssimo orgulho, certos livros dos platônicos, traduzidos da língua grega para a latina"[23]. Os livros platônicos a que se refere são decerto os escritos de Plotino, que haviam sido traduzidos pelo então celebérrimo rétor e filósofo Mário Victorino[24]. Quase que concomitante ao despertar espiritual propiciado pelas leituras neoplatônicas, Agostinho encontra Ambrósio[25], o bispo erudito de Milão, personalidade marcante que o auxiliaria a vencer o último grande obstáculo que o apartava da fé cristã, as Escrituras. Agostinho, como muitos homens cultos de sua época, peritos em

---

19 *Conf.* 5,10,20: *"cum de deo meo cogitare uellem, cogitare nisi moles corporum non noueram, neque enim uidebatur mihi esse quicquam, quod tale non esset: ea maxima et prope sola causa erat ineuitabilis erroris mei"*.

20 Consideravam-se neoacadêmicos os sucessores céticos da Academia de Platão, cujos expoentes foram Arcesilau (séc. IV-III a.C.) e Carnéades (séc. III-II a.C.).

21 Entre os anos 384 e 387.

22 Corrente filosófica fundada por Amônio Sacas (séc. II d.C.), em Alexandria, e cujos representantes principais foram: Plotino (204-270) e Porfírio (234-305), em Roma; Jâmblico (250-330), na Síria; e Proclo (410-485), em Atenas.

23 *Conf.* 7,9,13: *"Procurasti mihi per quendam hominem inmanissimo tyfo turgidum quosdam Platonicorum libros ex Graeca lingua in Latinam uersos"*.

24 Caio Mário Victorino, nascido em Cartago, célebre cidade do norte africano, *c.* 285, veio a falecer provavelmente em Roma, em 362. Agostinho (*Conf.* 8,2,3) diz que lhe foi erguida uma estátua no foro de Trajano, em virtude da magnitude de sua fama à época.

25 Nascido em Tréveros (*Augusta Treuerorum*), em 337, na província romana da Germânia inferior, às margens do Reno, Aurélio Ambrósio faleceu em Milão (*Mediolanum*), em 397, então capital do Império Romano do Ocidente.

retórica, admiradores de Cícero e Virgílio, repudiavam o latim tosco e a linguagem por vezes hermética das Escrituras:

> E assim decidi voltar o espírito para as Escrituras santas e ver de que qualidade eram elas [...] Mas não é deste modo, como agora falo, que então senti, quando voltei-me para aquela Escritura, mas pareceu-me indigna, porque a comparasse à dignidade Tuliana[26]. Pois minha intumescência fugia de sua [reta] medida e a minha agudeza não penetrava o seu interior.[27]

Ao frequentar os sermões de Ambrósio, Agostinho aprenderia a leitura alegórica das Escrituras, ou seja, aprenderia a ler nelas o "espírito", não a "letra". Esse passo foi decisivo para a sua conversão definitiva, pois ecoavam ainda em seus ouvidos as duras críticas dos maniqueus ao texto do Antigo Testamento, que repudiavam como absurdo, em virtude de uma rasa e maliciosa leitura à letra, que fazia saltar à vista inúmeras e desagradáveis incoerências:

> Regozijava-me também porque os escritos antigos da lei e dos profetas agora não se me apresentavam para serem lidos com aquele [mesmo] olho, no qual antes me pareciam absurdos, quando arguia teus santos, como se eles assim o sentissem. Porém não era assim que eles sentiam a Verdade. E como se ele estivesse recomendando, do modo mais diligente, uma regra, frequentemente ouvia Ambrósio dizer em seus sermões populares: "A letra mata, porém o espírito vivifica"[28], quando aquelas coisas, que à letra pareciam ensinar a perversidade, depois de removido o véu místico, se abriam espiritualmente...[29]

Essa peregrinação interior, que culminaria com seus estudos neoplatônicos, associados à influência exercida por Ambrósio, haveria de marcar toda a sua vida intelectual. Do neoplatonismo herdou várias concepções metafísicas[30]

---

26 Quer dizer, de Marco *Túlio* Cícero, célebre orador romano.

27 *Conf.* 3,5,9: *"Itaque institui animum intendere in scripturas sanctas et uidere quales essent. [...] non enim sicut modo loquor, ita sensi, cum adtendi ad illam scripturam, sed uisa est mihi indigna, quam Tullianae dignitati compararem. tumor enim meus refugiebat modum eius et acies mea non penetrabat interiora eius".*

28 Paulo, 2Cor 3,6: "τὸ γὰρ γράμμα ἀποκτέννει, τὸ δὲ πνεῦμα ζῳοποιεῖ".

29 *Conf.* 6,4,6: *"Gaudebam etiam, quod uetera scripta legis et prophetarum iam non illo oculo mihi legenda proponerentur, quo antea uidebantur absurda, cum arguebam tamquam ita sentientes sanctos tuos. uerum autem non ita sentiebant. et tamquam regulam diligentissime conmendaret, saepe in popularibus sermonibus suis dicentem Ambrosium laetus audiebam: 'littera occidit, spiritus autem uiuificat', cum ea, quae ad litteram peruersitatem docere uidebantur, remoto mystico uelamento, spiritaliter aperiret [...]".*

30 Cf. *Conf.* 7,20,26.

que o ajudariam muito a elaborar suas próprias teses, especialmente as que tratavam da natureza do inteligível e da origem do mal[31]. De Ambrósio, por seu turno, obteve a certeza de que era possível não apenas ler as Escrituras e encontrar nelas verdades, a princípio ocultas, como também conciliar a fé cristã com a razão e a Filosofia, e até mesmo com a sutileza retórica que tanto o deleitava[32]. É diante deste cenário que Agostinho decide abandonar a carreira promissora na corte imperial e dedicar-se a uma vida ascética, voltada à meditação e à erudição. Símaco, então prefeito de Roma, o havia enviado, em 394, como professor de retórica para a cátedra de Milão, cargo que também o posicionava como panegirista oficial do púbere imperador Valentiniano II.

> E assim, depois que foi enviada desde Milão [uma solicitação] ao prefeito de Roma, para que àquela cidade se providenciasse um mestre de retórica, sendo-*lhe* conferida também a permissão para viajar com o correio público, eu mesmo fui atrás [da vaga]. [...] como fui aprovado no discurso que me foi proposto, o então prefeito Símaco me enviou [a Milão].[33]

Demissionário do cargo, segue para Cassicíaco, nas cercanias de Milão, para, junto da mãe, do filho Adeodato e de amigos[34], aguardar o batismo[35] e então poder retornar à África. É nesse intervalo, entre os anos 386 e 387, que foram produzidos os primeiros diálogos de teor filosófico, como *Contra academicos, De beata uita* e *De ordine*. Enquanto aguardava a oportunidade de embarcar para Tagasta, sua cidade natal, a fim de dar largas a seu novo ideal de vida, Agostinho é forçado a permanecer ainda uma temporada em Roma, em virtude da interdição do porto de Óstia pelo usurpador Máximo[36]. Em Roma, enquanto esperava a liberação dos mares, ao lado do amigo Evódio iniciou

---

31 Cf. *Conf.* 7,9,13.

32 Cf. *Conf.* 5,13,23.

33 *Conf.* 5,13,23: *"Itaque posteaquam missum est a Mediolanio Romam ad praefectum urbis, ut illi ciuitati rhetoricae magister prouideretur, inpertita etiam euectione publica, ego ipse ambiui [...] ut dictione proposita me probatum praefectus tunc Symmachus mitteret".*

34 O gramático Verecundo, amigo de Agostinho, havia-lhe emprestado sua *uilla*, em Cassicíaco, nas cercanias de Milão. Faziam parte do grupo de amigos e familiares, segundo narra o próprio Agostinho, no *De beata uita* (1,6): sua mãe, Mônica; seu irmão, Navígio; seus alunos e compatriotas, Trigécio e Licêncio; seus primos, Lartidiano e Rústico; seu filho Adeodato; e também seu amigo Alípio. Evódio, o interlocutor deste *L.A.*, unir-se-ia posteriormente ao grupo.

35 Agostinho foi batizado por Ambrósio, na Páscoa de 387.

36 No verão de 388 o imperador Teodósio, ao deixar Tessalônica, cruza com suas tropas o norte dos Bálcãs em direção a Aquileia em perseguição ao usurpador do trono imperial, Máximo,

os debates que deram origem ao primeiro livro do *L.A.*, em 388[37]. A obra só seria concluída por volta de 395, já na África. Iniciou, portanto, aos 34, e veio a terminá-la aos 41 anos de idade.

De volta à província romana da Numídia, em sua cidade natal, Tagasta, no outono de 388, Agostinho reuniu os amigos, desfez-se de todos os seus bens e fundou uma comunidade ascético-filosófica, uma espécie de meio-termo entre o Jardim de Epicuro e o monacato cristão ainda incipiente, na qual pretendia dedicar-se ao *otium* filosófico tão sonhado[38]. No entanto não iria permanecer ali por muito tempo. Em 391, ao visitar a cidade vizinha de *Hippo Regius* para encontrar-se com um jovem que estaria interessado em ingressar em sua comunidade, foi "coagido" pelo povo a tornar-se presbítero, como ele mesmo relataria num sermão, muitos anos mais tarde (*c.* 425/426):

> Eu vim até essa cidade para ver um amigo, que imaginava poder lucrar para Deus, a fim de que estivesse conosco no monastério; [sentia-me] de certo modo seguro, porque a localidade possuía um bispo. Tendo sido apreendido[39], fui feito presbítero; e através desta posição, cheguei até ao episcopado[40].

---

que ali se refugiara. Máximo é morto pelos soldados de Teodósio em julho de 388. Cf. Serge Lancel, *Saint Augustin.* Tr. by A. Nevill. London: SCM Press, 2002, p. 128.

37 Alguns dizem que isso se deu no final de 387, e que havia também outros participantes no diálogo, embora nenhuma evidência disso esteja presente no texto da obra.

38 Na Antiguidade Tardia (*Spätantike*), segundo Peter King, "A filosofia era muito mais um meio de vida do que uma disciplina acadêmica. Os filósofos organizavam-se em escolas (*secta*), cada qual com sua tradição venerável e sua própria visão de mundo [...] viviam juntos, frequentemente em comunidade, devotados aos ditames de uma regra comum, baseada em suas doutrinas, e vestiam roupas distintas (o manto do filósofo) para indicar a escola de Filosofia à qual pertenciam. Não era algo fora do comum que as pessoas "se apartassem do mundo" a fim de buscar a Filosofia, especialmente se tivessem experimentado algum tipo de conversão. Deste modo as escolas filosóficas eram, para todos os efeitos, ordens religiosas. Na visão de Agostinho Religião (Cristianismo) e Filosofia (Platonismo) estavam engajados na mesma empresa, a saber, a busca do conhecimento...". Cf. Augustine, *Against the academicians and the teacher.* Tr. by Peter King. Indianapolis: Hackett, 1995, p. vi, "Introduction".

39 Difícil saber o que exatamente quer dizer Agostinho com o particípio passado *adprehensus.* Teria sido tomado à força pela ação popular e ordenado presbítero? Ou essa apreensão teria tido caráter apenas emocional, depois de ter sido ovacionado pelo povo e instado a que aceitasse o sacerdócio, de par com os prováveis e insistentes apelos do bispo Valério?

40 Agostinho, *Sermo* 355,2: *"Veni ad istam ciuitatem propter uidendum amicum, quem putabam me lucrari posse deo, ut nobiscum esset in monasterio; quasi securus, quia locus habebat episcopum. adprehensus, presbyter factus sum, et per hunc gradum ad episcopatum perueni"*.

Na qualidade de sacerdote da Igreja Católica Agostinho viu-se arrastado a uma vida bem diferente da idealizada em Milão à época de sua conversão. Era definitivamente o adeus à vida erudita e ao *otium* filosófico dos tempos de Cassicíaco. Não seria mais um *sapiens*, fechado em seu círculo estreito de amizades doutas, e sim um pastor de almas, que precisava quebrar a barreira da erudição para aproximar-se dos "simples e pequeninos" de seu rebanho, o povo rude, constituído em sua maior parte de berberes[41] que mal falavam o latim, nos confins de sua África natal. Em vez do tempo livre para dedicar-se aos estudos, tinha agora, como presbítero, e posteriormente ainda mais, como bispo, de dedicar-se a questões bem mais prosaicas[42], como a arbitragem em processos civis, a não dizer dos ministérios pesados da pregação evangélica e da defesa da doutrina eclesiástica. Sua erudição e projetos futuros ficariam relegados às longas madrugadas na basílica de Hipona, após cessado o burburinho da azáfama cotidiana; isso graças a uma insônia tenaz que o acompanharia por toda a vida. É, portanto, neste cenário, em Tagasta, entre os anos 389-391, ainda como filósofo idealista, nada obstante já cristão batizado, e depois em Hipona, entre os anos 391-395, então como presbítero da Igreja Católica, que pensa e escreve os restantes dois livros do *L.A.*

Do homem-deus ao Deus-homem

Textos e contextos

Perto do final de sua vida (*c.* 426/427), ao rever os seus escritos, o próprio Agostinho diz quais foram seus objetivos ao escrever o *L.A.*: "Como ainda nos demorássemos em Roma, quisemos, por meio de uma disputa dialética, investigar de onde é que existe o mal"[43]. E porque a discussão deparasse o livre arbítrio da vontade como solução para a questão, Agostinho decidiu então

41 Povo de origem camito-semítica que habitava o norte da África romana.

42 Segundo Lancel, desde os tempos do imperador Constantino, por volta de 318, era da jurisdição dos bispos católicos a arbitragem de assuntos civis, chamada *episcopalis audientia*. Segundo Possídio, amigo e biógrafo de Agostinho (*Vita* 19,3), o bispo de Hipona passava as manhãs cercado por seus secretários, obrigado a audiências entediantes no *secretarium* da basílica de Hipona: "Interpelado pelos cristãos, ou por homens de qualquer seita, ouvia as causas de modo diligente e piedoso [...] E às vezes até à hora das refeições; às vezes jejuando o dia todo". (*Interpellatus ergo a christianis uel a cuiusque sectae hominibus, causas audiebat diligenter ac pie* [...] *et eas aliquando usque in horam refectionis, aliquando autem tota die ieiunans*). Cf. S. Lancel, *op. cit.*, p. 259-65.

43 *Ret.* 1,9,1: *"Cum adhuc Romae demoraremur, uoluimus disputando quaerere unde sit malum"*.

denominá-la assim: "E porque ficou estabelecido entre nós, por uma razão discutida diligentemente, que o mal não havia surgido senão a partir do livre arbítrio da vontade, os três livros que essa mesma disputa deu à luz foram chamados de *O Livre arbítrio.*"[44]. O próprio autor remata, afirmando ter concluído a obra já em Hipona, após ter sido ordenado presbítero, na medida em que as circunstâncias o permitiram: "o segundo e o terceiro terminei na África, assim que pude, tendo já sido ordenado presbítero em Hipona"[45]. Muitos foram os temas discutidos no *L.A.*, explica o autor em *Retratações,* no entanto, se a discussão não logrou êxito em resolvê-los todos, isto é, se as conclusões a que Agostinho e seu companheiro Evódio chegaram não foram irrefutavelmente demonstráveis, uma coisa, porém, ficou absolutamente assente entre eles: *laudandus deus,* quer dizer, o Criador de todas as naturezas, Deus, deveria ser isentado de qualquer responsabilidade pela existência do mal no mundo; ou ainda, nos termos do próprio filósofo: deveria Deus ser sempre louvado. Esta afirmação, aparente obviedade, contudo justifica-se plenamente. Com efeito, no âmbito da disputa dialética, tendo em vista o passado maniqueu de Agostinho, seu desejo de desvencilhar-se dos erros defendidos por nove longos anos, era importante agora rever seus antigos conceitos, reafirmar sua fé e tentar salvar os que outrora ele mesmo havia "perdido", ao persuadi-los a aderir à seita de origem persa. Para tanto era imprescindível, acima de tudo, isentar Deus de qualquer responsabilidade pelo malfazer humano, ideia essa que sustentava a cosmologia maniqueísta:

> Essa disputa sem dúvida foi empreendida por causa dos que negam que a origem do mal seja derivada do livre arbítrio da vontade, e que, se assim é, contendem que Deus, o Criador de todas as naturezas, deve ser inculpado; querendo eles desse modo, segundo o erro de sua impiedade – pois são os maniqueus –, introduzir uma certa natureza do mal, imutável e coeterna com Deus.[46]

---

[44] *Id. ibid.: "Et quoniam constitit inter nos diligenter ratione discussa malum non exortum nisi ex libero uoluntatis arbitrio, tres libros quos eadem disputatio peperit appellati sunt* De libero arbitrio*...".*

[45] *Id. ibid.: "...quorum secundum et tertium in Africa, iam Hippone Regio presbyter ordinatus, sicut tunc potui, terminaui".*

[46] *Ret.* 1,9,2: *"Propter eos quippe disputatio illa suscepta est, qui negant ex libero uoluntatis arbitrio mali originem duci, et deum, si ita est, creatorem omnium naturarum culpandum esse contendunt; eo modo uolentes secundum suae impietatis errorem – Manichaei enim sunt – inmutabilem quandam et deo coaeternam introducere naturam mali".*

Portanto, como o próprio Agostinho afirma, o *L.A.* foi escrito no contexto da polêmica antimaniqueísta, ou seja, teve como impulso inicial, e objetivo principal, a necessidade que o filósofo sentia de refutar as doutrinas do persa Mani, demolindo suas concepções acerca de Deus e da origem do mal; doutrinas essas a que por nove anos aderira. E uma comparação aqui é inevitável: assim como Saulo, doutor de Tarso e primeiro perseguidor sistemático de cristãos, se havia arrependido, depois de um encontro com Cristo às portas de Damasco, para tornar-se Paulo, o décimo terceiro apóstolo e dos maiores propagadores da nova fé, do mesmo modo Agostinho, cristão recalcitrante e adepto maniqueu, após ter-se convertido e feito batizar, havia de arrepender-se para tornar-se, ele também, um dos maiores propagandistas da fé recém-abraçada. O jovem africano sentira-se enganado no maniqueísmo. Havia esperado anos a fio, em vão, por respostas que lhe haviam sido prometidas. E não há adversário maior do que um ex-partidário desenganado, que "desperta" para recuperar "o tempo perdido". Não bastasse isso, de um lado a descoberta do imaterial abriu-lhe novos horizontes, descortinou-lhe novas possibilidades de leitura do mundo, distantes do limitado materialismo de viés estoico, e também maniqueu; de outro, sua conversão ao catolicismo, o batismo, enfim, sua religiosidade inata, todos esses, conjugados, levaram-no a um amor de Deus sempre crescente, o qual não admitia, nem se coadunava com as teorias maniqueístas sobre a maldade perceptível no mundo. Pelejava, deste modo, também por seu Criador, por sua fé. Por fim é possível ainda referir sua própria natureza irrequieta, seu desassossego, como motores que o impeliam à investigação constante, a avançar sempre mais, em busca de respostas às perguntas formuladas por sua alma ansiosa, pois seu coração estaria irremediavelmente inquieto, até que encontrasse sua quietude definitiva, em Deus[47].

Desde a sua juventude, em Tagasta, e posteriormente em Cartago, uma grave questão acima de tudo o atormentava, a origem da maldade. De que modo poderia esta subsistir ao lado de um Deus que era tido por sumamente bom, em conformidade com a educação piedosa que lhe ministrara sua mãe Mônica, desde as primeiras gotas de leite da mais tenra infância? Como aceitar a existência dessa maldade, inequivocamente visível no mundo, ao lado de um Deus que se acreditava ser não apenas o ótimo e perfeito Criador de todas as naturezas e de todo o bem que existe, mas também a justíssima Providência divina, administradora da universalidade da ordem criada, que rege de acordo com a própria Lei

---

[47] Cf. *Conf.* 1,1,1: *"et inquietum est cor nostrum donec requiescat in te"*.

eterna, aquela Razão suprema que ele mesmo instituiu e segundo a qual criou tudo o que decidiu criar? Recebera de sua mãe a crença piedosa em Deus, mas sentia-se incapaz de aceitá-la e conciliá-la racionalmente com a realidade que percebia, ululante, à sua volta, realidade doída e, quase sempre, destituída de esperanças. Eis, portanto, as perguntas que precisava urgentemente responder, se quisesse preservar a fé que lhe fora ministrada com o próprio leite materno.

Três foram os livros e as etapas em que o *L.A.* foi composto, como dito antes. O primeiro foi terminado ainda em Roma, em 388, após sua conversão e batismo. Em Tagasta, na sua Numídia natal, deu início ao segundo livro, por volta de 389, uma dupla de anos antes de ser consagrado presbítero, em 391. Não se sabe se pôde terminar o segundo livro ainda em Tagasta, ou se acabou arrastando-o até Hipona, já atarefado com o sacerdócio. O último dos três livros, contudo, foi concluído por volta de 395, apenas, quando já estava prestes a ser eleito bispo coadjutor, para atuar ao lado do grego Valério, que viria a falecer em seguida. Se os dois primeiros livros representam um diálogo certamente havido entre Agostinho e seu amigo e discípulo Evódio, fruto de uma disputa dialética evidente e muitíssimo bem regulada, o terceiro, ao revés, abdica a certa altura da forma dialogal[48], fazendo-se um longo discurso contínuo (*oratio perpetua*), o que permite suspeitar da presença de Evódio em Hipona, por volta dos anos 393-395, quando não, de sua efetiva participação na parte final da obra[49].

Os três livros do *L.A.*, portanto, foram escritos em lugares, épocas e circunstâncias distintos. Em Roma, em 388, quando deu início à disputa dialética, enquanto aguardava a liberação do porto de Óstia para poder enfim retornar à sua Numídia natal, Agostinho, recém-converso, guardava consigo o ideal clássico da busca da sabedoria, ao acalentar a possibilidade de um cristianismo de cunho erudito, de uma vida apartada de atividades públicas e voltada inteiramente à fruição do seu *otium* filosófico. Pois a esta época o jovem filósofo permanecia ainda fortemente ligado às tradições culturais do "velho mundo", conforme aponta Peter Brown:

> [...] de 386 a 391, na Itália e em Tagasta, Agostinho ainda estava solidamente enraizado no velho mundo. O ideal em que baseava sua vida ainda pertencia à tradição platônica do mundo antigo. Ele pretendia ser um

[48] A última intervenção de Evódio, apenas *pro forma*, ocorre em 3,16,46,160. Porém ele já estava "sumido" desde 3,4,10,38, havia 122 parágrafos, portanto.

[49] Evódio teria sido eleito bispo da cidade norte-africana de Uzalis em 401, poucos anos depois da ordenação de seu amigo e mestre Agostinho, que ocorreu em 396, após a morte do bispo Valério.

sapiens, um sábio, levando uma vida de contemplação e decidido, tal como seus contemporâneos pagãos de tradição idêntica, a "deificar-se no ócio". Encontramos tais filósofos em alguns sarcófagos da época: figuras austeras e tranquilas, sentadas num pequeno círculo de discípulos enlevados, com um livro aberto sobre os joelhos: o mais elevado tipo humano que a cultura clássica da baixa Antiguidade julgava-se capaz de produzir.[50]

Pode-se afirmar ainda, com o historiador Henri-Irénée Marrou, que neste mesmo período, entre sua estadia em Roma e os primeiros anos na Numídia, em Tagasta, até 391, antes de ter sido apontado presbítero, Agostinho era ainda um verdadeiro representante do mundo antigo, de todo o legado clássico, conforme recolhido e teorizado por Cícero e ensinado nas escolas de gramática e retórica desde sua época:

> [...] a cultura de Agostinho permanece bem antiga, não apenas no que tange ao conteúdo, como por seus métodos. Eu demonstrei haver nela a herança de uma velha tradição, notável por sua continuidade, seu caráter homogêneo, sua fixação. Agostinho é um erudito antigo, um discípulo de Cícero, um afastado seguidor de Isócrates, isto é, um gramático, um *rhetor*, um erudito de tipo bem definido, muito comum a todos os intelectuais do Império. Enquanto filósofo, liga-se a uma tradição não menos marcada, a de todas as filosofias racionalistas da época helenística e romana; tradição em que os elementos platônicos sem dúvida preponderam, mas que é rica de elementos de todas as outras correntes.[51]

O primeiro dos três livros do *L.A.*, portanto, está impregnado deste velho mundo, o mundo clássico, o qual, é lícito dizer, ele dá conta de representar com maestria. Em raras passagens o leitor se apercebe de que está no limiar de uma nova era, de uma nova civilização, por assim dizer, profundamente diferente em suas estruturas, em suas concepções, numa palavra, de uma era predominantemente cristã. O latim utilizado pelo rétor africano é elegante e sóbrio, muito próximo da língua que aprendera a amar, desde a mais tenra juventude, língua de Terêncio, Virgílio e Cícero. Na invenção dos conceitos

---

[50] Peter Brown, *Santo Agostinho. Uma biografia.* Tr. Vera Ribeiro. 7. ed. Rio de Janeiro; São Paulo, Record, 2012, p. 181.

[51] Henri-Irénée Marrou, *Saint Augustin et la fin de la culture antique.* Paris: E. de Boccard Éditeur, 1949, p. 543.

sobejam tópicos da filosofia platônica e da escola do Pórtico. A disposição segue o modelo difundido por Platão e adotado igualmente por Cícero em suas obras de natureza mais filosófica, a forma dialogada. A dialética do filósofo, conquanto direta, sem rodeios, é extremamente elaborada, cheia de sutilezas retóricas. A elocução, por sua vez, em estilo predominantemente simples, mais apropriado às especulações filosóficas, é entremeada de passagens em gênero temperado, adaptado às descrições e arroubos poéticos, e de passagens em gênero sublime, voltado a dar um maior dinamismo ao discurso, torná-lo menos monótono, menos cansativo; torná-lo, enfim, mais persuasivo. O léxico adotado, por sua vez, como não podia ser diferente em obra de tal gênero, é permeado de termos da filosofia antiga, procedentes de praticamente todas as escolas, como era comum na Antiguidade tardia. Numa palavra, o *L.A.*, assim como os demais diálogos da temporada de Cassicíaco, era uma obra voltada ao público erudito, como há bastante tempo já destacara Joseph Finaert:

> Desde o outono de 386, pouco após sua conversão à Igreja Católica, o rétor Agostinho se defrontou, em diversos escritos, com os erros dos maniqueus que o haviam por muito tempo seduzido. Estes escritos possuíam um estilo erudito, a seiva cristã ainda não os havia penetrado. A língua pura, os ornamentos empregados com discrição, a dialética hábil, o movimento variado, ágil, destes diálogos, ou tratados, agradavam aos círculos literários, mas o grande público quase não compreendia mais os termos envelhecidos e esquecidos da língua clássica nem, sobretudo, os amplos períodos com passagens de efeito...[52]

Se no primeiro livro ainda não se percebem as enormes mudanças, já em curso, que haveriam de fazer uma releitura de todo o patrimônio clássico, o segundo, por seu turno, em todos os aspectos muitíssimo mais elaborado, privilegia uma sequência argumentativa extraordinariamente complexa, em que a doutrina neoplatônica é adotada, não sem alguma adaptação, para explicar a origem do mal. A invenção dos conceitos, agora, deve muito a Plotino e suas *Enéadas*, mas ainda mantém-se fiel à herança ciceroniana. A disposição, embora mantendo a estrutura dialógica, deixa perceber um extremado cuidado com a ordem dos conceitos e a manutenção de uma sequência lógica rígida para a

---

[52] Joseph Finaert, "Un tournant dans l'oeuvre et le style de Saint Augustin". In: *Revue des études Latines*, Paris, v. 16, 1938, p. 103.

argumentação, devido aos recursos de recapitulação, enumeração e partição amiúde empregados. Foi indiscutivelmente a parte mais elaborada e planejada de antemão pelo rétor, que a esta altura encontrava-se entre Tagasta e Hipona. Este cuidado todo na preparação e no planejamento leva a crer que o jovem converso ainda não se havia consagrado presbítero, permanecendo em seu ideal contemplativo, na recém-fundada comunidade ascético-filosófica. A elocução, por fim, mantém o estilo simples, porém muitíssimo variado (*uaria dictio*), como no livro precedente, em que a argumentação filosófica, em gênero de elocução mais ameno, é entremeada de passagens em gênero temperado e sublime, para dar mais dinamismo ao texto. O léxico, contudo, enriquece-se sobremodo com o vocabulário de tonalidade neoplatônica, sendo utilizados termos como: forma, número, um, medida, além da importantíssima tríade: ser, viver e inteligir, entre outros, sem deixar de parte as célebres imagens de precedência plotiniana. Tudo isso conjugado dá ao livro segundo do *L.A.* uma característica toda própria, um tanto afastada da parênese filosófica que se percebe no livro anterior, que privilegiava a prática das virtudes cardeais, exortando à vida típica do sábio estoico, impassível, estritamente segundo a reta razão.

O livro terceiro, por fim, muito provavelmente foi composto em Hipona, quando o rétor e filósofo já estava atado aos seus deveres pastorais. E de fato, se as duas primeiras partes distinguem-se por sua tópica estoica e neoplatônica e sua permanência no mundo antigo, esta última parte deixa entrever os indícios de uma nova maneira de conceber o mundo, característica desta nova civilização que estava emergindo, o que se percebe, acima de tudo, pela invenção dos conceitos e pela elocução, embebidas, respectivamente, na tópica e no léxico cristãos. E talvez como sintoma necessário dessas transformações, abdica-se da forma dialogal em prol de um discurso contínuo, que irá ser utilizado em toda a obra subsequente do autor, a partir de 395[53].

No entanto, a despeito dessas metamorfoses, que podemos denominar discursivas, uma outra alomorfia, muitíssimo mais penetrante, faz-se entrever, de modo inusitado, nos estertores do livro segundo, e de modo mais paulatinamente previsível ao longo dos temas que permearam o livro terceiro. O homem clássico do primeiro livro, o *sapiens* de tipo socrático-estoico, autônomo e autossuficiente para perseguir sua própria elevação, isto é, sua sabedoria

---

53 Uma hipótese bastante plausível, e simples, é que o discurso contínuo tenha substituído o diálogo por ser menos moroso e mais flexível, destituído dos óbices que as rígidas regras dialéticas impunham.

e consequente *eudaimonía*, e o extático neoplatônico do segundo livro, competente para desvelar o Uno por meio de suas perquirições metafísicas, de par com seu ascetismo racional, cedem ambos lugar a um novo homem, bem mais ciente de suas fraquezas e agora absolutamente dependente do auxílio divino para atingir sua elevação, ou melhor, sua "salvação", um homem de tipo paulino. Essa transformação, ou alomorfia, com a devida licença da palavra, expressa uma mudança muitíssimo mais profunda. Prenuncia, em última instância, o início mesmo da civilização medieval, com a derrocada dos valores antigos.

Alguns estudiosos estabelecem um marco, uma data-limite para o fim da Antiguidade, o Concílio de Cartago, reunido em 418, quando o papa Zózimo dá a vitória à doutrina da Graça do bispo Agostinho sobre as doutrinas de Pelágio acerca da liberdade humana. A partir daí é que se inicia, segundo a visão desses historiadores, a Idade Média, quando o pensamento clássico é substituído, de modo oficial, pelo pensamento cristão, conforme destaca Peter Brown:

> A controvérsia pelagiana pode ser apresentada como a fase final e conclusiva do longo debate entre o cristianismo e a cultura clássica. Há ainda uma ampla convicção de que a vitória da ideia agostiniana da Graça sobre a ideia pelagiana da liberdade (com suas raízes no pensamento estoico clássico) marcou o fim do mundo antigo na Europa ocidental.[54]

À parte datas e limites, sempre arbitrários e controversos, e voltando a atenção de modo exclusivo para o texto do *L.A.*, pode-se perceber, de modo inequívoco, entre as duas primeiras e a última parte da obra, uma profunda transformação no pensamento do presbítero de Hipona, a qual expressa duas visões de mundo bem distintas, duas concepções acerca do homem e de seu papel no mundo, aparentemente antagônicas, mudanças sem dúvida em curso na mentalidade da época:

> Agostinho não foi o único a viver essa mudança. Muitos teólogos do século IV constataram que o tema que os tomava de profunda excitação religiosa e intelectual já não era o modo como os seres humanos poderiam elevar-se a Deus, galgando os degraus de um *mundus* hierarquicamente ordenado, porém o modo como Deus, em Cristo, inclinara-se até a parte mais baixa do *mundus* para reerguer uma raça humana decaída.[55]

---

[54] Cf. P. Brown, *op. cit.*, p. 610.

[55] *Id. ibid.*, p. 620.

O homem clássico agostiniano dos dois primeiros livros é substituído, no livro terceiro, pelo humilde cristão, de forte influência paulina:

> Pareceu-me que Agostinho, ao se comprometer com a sombria visão da natureza humana que passou a ver nos ensinamentos de São Paulo sobre a Graça e a eleição divina, deslocou-se imperceptivelmente para um novo mundo no decorrer da década de 390. Para ele, a apropriação de São Paulo marcou o fim de uma visão distintiva e mais clássica da condição humana, com a qual ele mesmo estivera comprometido na época da sua conversão.[56]

E muito além disso, o homem clássico, constante dos dois primeiros livros, capaz pela própria vontade de almejar e de alcançar a sua felicidade, de chegar a um conhecimento racional acerca de Deus, começa a ser substituído por um outro tipo humano, um homem bem menos seguro de suas possibilidades, cuja liberdade fundamental, e consequente responsabilidade, reside antes em seu poder de implorar a Deus, de buscar e bater, para que os portais do auxílio divino se lhe abram[57]. Este novo homem, diferentemente do homem clássico anterior, é filho de Adão, condenado a viver em um estado de ignorância e dificuldade; estado no qual permanece como que submerso, a debater-se sofregamente. Ele quer salvar-se, agindo bem; ele deseja o bem; mas, assim como o homem paulino, não o consegue[58], senão com a ajuda divina. Joseph Torchia aponta algumas destas mudanças, as quais, segundo ele, se fixaram definitivamente a partir do ano 400, mas que obviamente se iniciaram anos antes, fazendo-se patentes já no texto do *L.A.* Para ele, pois, a esta época Agostinho já salientava de modo crescente "a dependência radical da natureza humana decaída, em relação ao Criador, com respeito a tudo que venha a possuir e conquistar"[59]. O próprio conceito de vida reta nas quatro virtudes cardeais, transparente no livro primeiro, conforme apontado anteriormente, seria profundamente modificado pelo bispo já maduro. A verdadeira força moral viria a depender, a partir de então, diz Torchia[60], de um amor a Deus e da prática das virtudes; e não apenas das

---

56 *Id. ibid.*, p. 610.

57 Cf. Mt 7,7-11.

58 Cf. Rm 7,19.

59 Joseph Torchia, "Stoics, Stoicism". In: Allan Fitzgerald, *Augustine through the ages, an encyclopedia.* Grand Rapids: Wm. B. Eerdmans Publishing Co., 1999, p. 818-19.

60 *Id. ibid.*, p. 819.

virtudes clássicas, mas agora também das chamadas virtudes teologais: "fé, esperança e caridade"[61]. Demais, acrescenta Torchia, "a sempre crescente ênfase na caridade e na necessidade da Graça divina", levou Agostinho a "reavaliar a noção de *apátheia* e o papel das paixões na existência humana"[62]. Ao sustentar, nas obras juvenis, diz ele, a ideia estoica da autossuficiência moral, Agostinho argumentava que o sábio era plenamente capaz de fruir de uma indiferença às paixões. Posteriormente, contudo, havia de reinterpretar essa *apátheia* estoica em termos exclusivamente cristãos, rejeitando a autarquia e enfatizando a "incerteza da condição humana":

> Por conta de nossa impermanência e de nossa condição pecadora, a verdadeira *apátheia* (isto é, a independência em relação àquelas emoções contrárias à razão) só pode ser atingida no estado de beatitude, onde não há pecado[63]. No presente, contudo, podemos ao menos, com a ajuda da Graça divina, atingir um estado de tranquilidade mental e espírito de desapego, os quais nos estimulam a impulsão rumo a Deus. Mas uma liberdade completa das paixões, nesta vida, é impossível, e mesmo indesejável. De fato, alguém incapaz de temer os perigos reais, ou de sentir a dor, não pode ser considerado saudável, nem no aspecto físico, nem no psicológico.[64]

Esta dependência radical da natureza humana para com seu Criador, segundo Torchia, já se faz entrever, de modo embrionário, na terceira e última parte do *L.A.* Havia, pois, uma nuvem diferente na atmosfera. Mancha turva a obnubilar a visão do Uno, diria Plotino. Para o cristão, todavia, sinal venturoso a pressagiar o estabelecimento de um novo mundo, a fundação da *ciuitas dei*, a Cidade de Deus, um mundo em que se esperava houvesse de imperar, soberano, o amor divino. E esta nuvem havia de pairar no céu dos séculos vindouros, demarcando a novíssima *aetas*, e o consequente fim de toda uma civilização, denominada "clássica". Nuvem, por fim, que haveria também de caracterizar o que se convencionou chamar de "pensamento medieval". O homem já não era tão senhor de si quanto Sócrates imaginara.

---

61 1Cor 13,13.

62 J. Torchia, *op. cit.*, p. 819.

63 Cf. *Ciu. dei* 14,7-10.

64 J. Torchia, *op. cit.*, p. 819.

Por que ainda Agostinho?

Para terminar este já longo prefácio, pode-se especular ainda os motivos por que mergulhar, em pleno século XXI, na obra de um pensador dos longínquos séculos IV-V de nossa era, nascida nos estertores do moribundo Império Romano. A despeito da beleza de sua prosa, escrita num latim não apenas impecável, mas cuja poesia impressiona e comove até hoje, além de sua opulenta retórica, num momento em que essa disciplina foi resgatada ao seu merecido lugar de destaque no rol dos interesses acadêmicos mais importantes e decisivos, primordialmente no Ocidente democrático, qualidades essas que por si só constituiriam motivos mais que bastantes para atrair a atenção do estudioso contemporâneo, há ainda um outro elemento motivador. Na verdade esse motor pode ser referido de modo tanto mais abrangente quanto adequado a todos os autores antigos, cuja obra resta há dois ou mais milênios, e muito provavelmente restará ainda por tanto tempo quanto subsistir a humanidade, mantendo vivo o interesse pelos estudos clássicos e seu inesgotável legado em quase todas as áreas do saber humano, cujo ápice costuma ser ocupado pela literatura e pela filosofia; elemento motivador esse, numa palavra, que se condensa no fato de que os antigos permitem ao leitor contemporâneo uma mundividência distante das cadeias condicionantes e absolutistas em que a pós-modernidade se cingiu, quando se rompem radicalmente os vínculos com um legado imensurável e colorido em nome de uma pseudopluralidade[65]. Com efeito, as categorias estruturais segundo as quais pensava Agostinho, que eram, *mutatis mutandis*, as mesmas dos pensadores gregos que o anteciparam no tempo, adicionadas de muitas outras, decorrentes das preocupações nascidas com e desde o advento do cristianismo, constituem dos maiores tesouros legados pelos antigos ao homem contemporâneo, visto não estarem condicionadas às estruturas de que não conseguem evadir-se os que empreendem pensar sua própria época. Se muitas das questões colocadas por Agostinho, e enfrentadas com os mecanismos de que dispunha, como as que se veem no *L.A.*, ainda permanecem vivas, como as que referem a origem e a natureza do mal; as causas para os sofrimentos dos animais e das criancinhas; a natureza e a procedência das almas; a condição paradoxal e fraturada da vontade humana, ou a potência desordenada dos quereres e suas consequências; os limites entre a liberdade e uma possível providência,

[65] De fato, como se dizer plural a mentalidade que exclui sistematicamente tudo o que discorda de seus pressupostos e que tenha nascido antes do presente?

ou a perspectiva do determinismo em face de uma pseudoliberdade; a ordem do universo e dos seres e sua relação com as leis humanas e naturais, ou divinas, entre tantas outras, contudo hoje essas mesmas questões soem abordar-se pelo prisma condicionante das concepções que constituem o mar revolto da pós-modernidade, em sua grande parte herança das transformações pós-iluministas, fundidas sobretudo no cadinho incandescente do século XIX, dentre as quais o materialismo de viés marxista e todas as demais ideologias que se lhe associaram, o que não exclui de modo nenhum o niilismo, como sequência natural das descobertas científicas, as quais se têm multiplicado a taxas exponenciais, ininterruptamente, e em proporções impressionantes, já desde Copérnico, ao menos, no século XVI.

E se é certo dizer que a mundividência dos antigos era mais condicionada que a dos contemporâneos pós-modernos, em virtude de suas limitações técnico-científicas, que não apenas permitiam, mas ainda favoreciam a explicação mítica dos fenômenos da vida, com o que as religiões colaboraram em muito, não é menos fato que essa visão privilegiava ângulos e prismas que hoje se veem absolutamente erradicados, não sem enorme prejuízo à compreensão das questões mais prementes. Daí, sem dúvida, parte substancial do interesse do estudo de um autor como Agostinho ainda hoje, que possibilita sejam resgatados ângulos cuja radical supressão não colabora para um visão mais completa do mundo à nossa volta, ao contrário, a leitura de sua obra permite uma compreensão de problemas muito antigos que ainda persistem, mas cujas soluções, ao se desprenderem de seu passado e do esforço da tradição em solvê-los, perderam o vínculo com os próprios questionamentos que os suscitaram, e o que é pior, negligenciaram todo um cabedal de propostas e mundividências riquíssimas, patrimônio legado pelas mentes pensantes do passado, que simplesmente se preferiu desprezar. Por isso é que impressiona o "sucesso ininterrupto" de Agostinho ao dar sentido ao mundo à sua volta, assevera John Rist, fazendo com que os modelos utilizados por ele sejam "não apenas possibilidades interessantes, mas também dignas de inspeção mais próxima e acurada"[66]. Demais, segue esse importante intérprete da obra do filósofo de Hipona, ao contrário do que se costuma supor hoje, o recurso à autoridade das Escrituras permitiu aos primeiros padres da Igreja apresentar soluções para problemas que até então eram tidos por insolúveis, ou cujas respostas jamais convenceram os próprios antigos[67].

* * *

[66] John Rist, *op. cit.*, p. 7.

[67] *Id. ibid.*, p. 20.

prefácio à tradução

entre dois senhores

Aprende na vida a arte, na obra de arte aprende a vida!
Tu vês uma retamente, tu vês a outra também.
Hölderlin[1]

Ninguém pode servir a dois senhores, advertia o maior deles[2], situação paradoxal em que se veria obrigado a preferir um em detrimento do outro, a não ser que se tratasse de um tradutor, quando então a advertência tornar-se-ia um imperativo, como lembra Ricoeur[3], fazendo referência a Rosenweig, para quem traduzir não era senão servir simultaneamente a dois mestres, "o estrangeiro em sua obra e o leitor em seu desejo de apropriação"[4]. Porém imperativo nenhum desembaraça o tradutor do paradoxo inescapável, porque raramente é possível cumprir seu voto de fidelidade ao estrangeiro sem incidir simultaneamente em alguma traição, restando contentar-se com uma de duas alternativas, a partir da feliz expressão de Schleiermacher[5]: *ou* conduzir o leitor ao autor, *ou* o autor, ao leitor. Todavia, embora nenhuma identidade de sentido seja de fato possível entre duas línguas estranhas, devendo o tradutor vestir o "luto" e renunciar em definitivo à aspiração da tradução perfeita, como advogava a leitura freudiana de Ricoeur, contentando-se com correspondências mais ou menos adequadas, talvez lhe seja possível em alguma medida reduzir as distâncias entre os dois polos irremediavelmente inconciliáveis, autor e leitor, navegando em águas menos turbadas pelo paradoxo, se puder de algum modo aproximá-los. Num extremo o leitor seria levado de imediato ao autor, se lesse seu texto no original; noutro o autor seria trazido de modo direto ao leitor, se fosse completamente

---

1 Friedrich Hölderlin, Πρὸς ἑαυτόν. In: *Oden – Entwurfsfaszikel – Lern im Leben die Kunst, im Kunstwerk lerne das Leben, / Siehst du das Eine recht, siehst du das andere auch.*

2 Cf. Mt 6,24: "Οὐδεὶς δύναται δυσὶ κυρίοις δουλεύειν".

3 Paul Ricoeur, *Sobre a tradução.* Belo Horizonte: Ed. UFMG, 2011, p. 22; 47-48.

4 Barbara Johnson diz que o tradutor seria uma espécie de "bígamo", que, embora devesse lealdade a duas línguas, uma nativa, outra estrangeira, contudo, como todo bígamo, era "duas vezes infiel". In: Paulo Ottoni (org.), *Tradução. A prática da diferença.* Campinas: Ed. UNICAMP, 2005, p. 30.

5 P. Ricoeur, *op. cit.* p. 22; 47-48. O paradoxo é leitura de Schleiermacher; a disjunção, nossa.

naturalizado. Porém, se no primeiro caso ainda não existe tradução, no segundo ela já não existe mais. No entanto talvez seja admissível uma mediação oximorística que permita esse movimento simultâneo, em duplo sentido, contudo sem a pretensão de fazer com que o leitor leia o original estrangeiro, tampouco destruindo o estrangeiro ao transformá-lo em nativo. O sentido primeiro, do leitor ao autor, seria legado de Hölderlin, que "fala grego em alemão", no dizer de Ricoeur[6]; o sentido contrário, do autor ao leitor, seria intentado pelas notas, que o mesmo Ricoeur denomina "terceiro texto", o intermediário entre os dois "estranhos" que permite aquela "leitura crítica", própria do "especialista poliglota", porém vedada ao texto propriamente dito da tradução[7]. Assim o leitor se aproxima do autor ao ler "grego em alemão", ou "latim em português", numa leitura tão mais próxima quanto possível do original, preservados, além da semântica, sempre na medida do possível, também a sintaxe, o ritmo, a sonoridade e o silêncio, a ênfase e o étimo próprio das palavras com sua tecnicidade específica, entre tais. Isso, tanto quanto a língua-destino o permita, sem que nesse processo seja agredida ou descaracterizada, num "latinês" tanto menos jucundo quanto mais incompreensível. Porém aquele "quanto" que não for permitido pela língua-destino, responsável por trazer o autor ao leitor, tornando seu universo linguístico e cultural acessível e seu pensamento mais compreensível, sem adaptações deturpadoras, isso poderia ser provido pela intervenção subsidiária e suplementar do tradutor, contudo não na própria tradução, mas em "notas", referências extratextuais, por assim dizê-lo, por meio de que imagens insólitas possam ser explicadas; etimologias, esclarecidas; contexto histórico, situado; referências paralelas e cruzadas, apontadas; parágrafos, reelaborados por paráfrases, no intento de preservar quanto possível a sintaxe original na tradução, e com ela as estruturas do pensamento do autor, que de outro modo restariam comprometidas, fora da forma em que foram concebidas.

Portanto uma proposta de tradução que, sem deixar de reconhecer o paradoxo inescapável em que se vê aprisionada, aproximasse leitor e autor, oferecendo duas leituras tautócronas: de um lado a fidelidade exequível de uma tradução de colorido literal, de outro notas críticas subsidiárias; proposta essa que permitiria, em última instância, enriquecer os recursos da própria língua-destino, expandindo os limites em que esta se circunscreve. Assim, ao experimentar com neologismos, imagens ou estruturas sintáticas inexploradas, mas

---

[6] P. Ricoeur, *op. cit.*, p. 70.

[7] *Id. ibid.*, p. 26.

também resgatando cognações, sonoridades e ritmos relegados ao desuso, admitem-se simultaneamente novas possibilidades de pensar, tendo já sido reconhecida como obsoleta qualquer separação entre forma e conteúdo. É neste sentido que Walter Benjamin, em seu célebre artigo, "A tarefa do tradutor"[8], refere o trabalho de Rudolph Pannwitz, *Die Krisis der europäischen Kultur*, de par com as anotações de Goethe em *West-östlicher Divan*[9], como "o melhor comentário acerca da teoria da tradução já publicado na Alemanha[10]. Pannwitz, lembra Benjamin, acusa os tradutores, mesmo os melhores, de partir de premissas equivocadas, ao pretender transformar o híndi, o inglês ou o grego em alemão, ao invés de o alemão em grego, híndi ou inglês, porque eles guardam "muito maior reverência por sua própria língua do que pelo espírito das obras estrangeiras", cometendo um erro básico, "preservar o estado em que sua própria língua se encontra, em vez de permitir que sua língua seja poderosamente afetada pela língua estrangeira"[11], especialmente quando se trata de línguas muito "remotas" de sua própria. De maneira um tanto semelhante Edwin Gentzler, ampliando o pensamento desconstrucionista de Derrida, sugere a possibilidade da projeção de uma teoria de tradução que "revigorasse" a língua, protegendo as "diferenças", por meio de "ressonâncias etimológicas perdidas, abrindo, assim, novas vias de pensamento"[12].

No entanto, ainda que essa aproximação mútua seja em alguma medida possível e que se possam expandir os limites da língua-destino, limites que nem mesmo Pannwitz admitia conhecer[13], adverte sobriamente Ricoeur, a partir de suas leituras freudianas[14], que o trabalho de tradução deve revestir-se necessariamente de "luto", aquele sentimento profundo de tristeza pelo abandono irremediável do "sonho da tradução perfeita", a renúncia realista e humilde ao ideal de que se deve despir logo de início, posto que se sinta na obrigação ética de empreender esforço máximo para aproximar-se quanto possível da

---

8 W. Benjamin, *Illuminations. Essays and reflections.* New York: Schocken, 2007, p. 69-82.

9 *West–östlicher Divan* é uma coleção (*divân*) de poemas líricos que Goethe compôs (1814-1819) inspirado no poeta persa Hafez (séc. XIV).

10 Os artigos de Benjamin que constam da referida obra foram escritos na década de 1950.

11 R. Pannwitz, *Die Krisis der europäischen Kultur, apud* Benjamin, *op. cit.*, p. 80.

12 Edwin Gentzler, *Teorias contemporâneas da tradução.* São Paulo: Madras, p. 198.

13 *Apud* Benjamin, *op. cit.*, p. 81: *"It is not generally realized to what extent this is possible, to what extent any language can be transformed... "*.

14 P. Ricoeur, *op. cit.*, p. 48.

"inatingível meta da fidelidade", como apregoa Britto[15], de que o tradutor "não tem o direito de desviar-se". Porém Ricoeur parece ver além, pois, se traduzir é dizer a mesma coisa de modo diferente, ou seja, transferir uma mesma mensagem "de um código para outro"[16], tem-se uma dificuldade de não pequenas proporções: se é o mesmo, como pode ser diferente? E se é diferente, como pode ser o mesmo? Se se pode dizer o mesmo de modos distintos, ou o mesmo dito distintamente não seja de fato o mesmo, ou os modos de dizê-lo não sejam realmente distintos. A questão é muito mais complexa do que parece, pois se se tratasse apenas de revestir a mesma ideia universal de "roupagens" distintas, de acordo com cada sistema linguístico, o problema seria invisível, bastando para traduzir apenas a elaboração de um dicionário de universais. Contudo, se se queira deixar de parte a ideia de ascendência platônica e reconhecer que um dado objeto não apenas é indicado por signos diferentes nas mais diversas línguas, mas também é visto e compreendido de modo não pouco divergente, num processo de mútua determinação, em que o objeto ou a ideia determinam o signo tanto quanto são por ele determinados, tem-se o reconhecimento de um desafio de complexidade bastante mais abrangente.

Para muito além do que se costuma supor, a questão da tradução ultrapassa em muito o simples domínio das normas gramaticais das línguas de origem e de destino, devendo-se ter em conta também o contexto, e com ele suas referências específicas, agentes determinantes dos próprios significados das palavras, o que se faz por meio de "vastas leituras", de modo tal que o "espírito da cultura" do texto de origem esteja antes "impregnado" no tradutor, para que só então "desça" ele ao texto propriamente dito, e deste às frases, e por último às palavras, nunca em sentido contrário[17]. Porém nem mesmo o contexto, muito menos os significados apenas bastam, na opinião de "excelentes tradutores", como Hölderlin, lembra Ricoeur[18], para quem nenhuma tradução deveria prender-se apenas ao sentido, prescindindo da "carne das palavras", a "letra", que se deveria procurar harmonizar, numa equivalência de "sonoridade", "ritmo", "espaçamento",

---

15 Paulo H. Britto, *A tradução literária*, Rio de Janeiro: Civilização Brasileira, 2012, p. 37.

16 Cf. Gentzler, *op. cit.*, p. 54.

17 Ricoeur, *op. cit.*, p. 61. O mesmo defendia Erza Pound, para quem não há palavras fora de contexto, como se houvesse uma língua universal que bastasse desvendar, estando o significado das palavras "sempre localizado no fluxo histórico", que só poderia ser conhecido se se dispusesse a conhecer a história e "reconstruir" o contexto em que tal significado se deu (*apud* Gentzler, *op. cit.*, p. 46).

18 *Id. ibid.*, p. 69.

"métrica", "rima", não deixando de parte nem mesmo o "silêncio", nada obstante inúmeros tradutores a esta teoria se oponham, desprezando irrefletidamente uma aquisição da semiótica contemporânea, a própria "unidade do sentido e do som, do significado e do significante"[19], como se a expressão fosse apenas a roupagem do sentido, ou a forma do conteúdo; conteúdo, que, segundo uma tradição filosófica predominante, posto que deploravelmente empobrecida, sempre teve prioridade sobre a forma, quer dizer, o significado sobre o significante, para quem a fidelidade ao original outra coisa não era senão fidelidade exclusiva ao teor semântico, "com o mínimo de interferência do veículo"[20], porque a tradução se considerava quase sempre como sendo a tradução do "significado". Todavia, como bem destacou Ricoeur, a semiótica já deu conta de demonstrar a unidade entre significado e significante, o que, como diz Gentzler, implica forçosamente que "certas ideias são dependentes dos termos usados para descrevê-las"[21], ou ainda, como diz Herder, citado por Rónai, que "ninguém pensa além do idioma"[22], pois "o próprio pensamento é condicionado pelo idioma em que é concebido", uma vez haver "certas ideias que só podem nascer na consciência de pessoas que falam determinada língua, ou mesmo que nascem unicamente por certa pessoa falar determinada língua"[23].

Reconhecido assim o paradoxo, que se pretende preservar, e renunciado de modo plangente o ideal da tradução perfeita e da servidão equipolente a dois mestres, propõem-se aqui, portanto, dois textos, por assim dizê-lo, interdependentes: uma tradução nos moldes de Hölderlin e notas críticas subsidiárias, o "terceiro texto" do "especialista poliglota" de Ricoeur. Ou seja, de um lado levar o leitor até Agostinho, numa tradução tão mais próxima do latim do autor quanto permita o sistema linguístico em que se insere o texto de chegada, contudo sem deixar de esticar seus limites, quanto possível e ajuizado necessário; de outro, trazer o latim de Agostinho e seu contexto até ao leitor do português contemporâneo, através do recurso das notas, comentários e paráfrases, um léxico de termos técnicos e deste mesmo prefácio. É possível que essa proposta de tradução eleja privilegiar o texto de partida em algum detrimento do texto de chegada, que talvez pareça sobrecarregado de elementos estranhos; peso que

19 *Id. ibid.*, p. 70.

20 Johnson, *apud* Ottoni, *op. cit.* p. 31-32.

21 Gentzler, *op. cit.*, p. 22.

22 J. G. Herder *apud* Paulo Rónai, *Escola de tradutores.* Rio de Janeiro: José Olympio, 2012, p. 15.

23 P. Rónai, *ibid.*

se mitiga pelo terceiro texto, as notas que pretendem aliviar as dificuldades que uma possível estranheza possa causar. Porém faz-se preciso dizer que a função das notas não é de modo nenhum substituir o texto de destino, muito menos camuflar as deficiências da própria tradução, que abertamente se admitem, tendo sido renunciado logo de partida o sonho da perfeição; ao contrário, a função precípua das notas é facultar ao leitor um texto com o mínimo possível de violações, permitindo-lhe, quanto possível, ler Agostinho "no original", ou então, adaptando o que Ricoeur diz acerca de Hölderlin, ler latim em português. E o que se distancie do padrão comum da língua do leitor, obstando-lhe a compreensão, cabe às notas explicá-lo, contudo não sem antes oferecer novas perspectivas à própria língua do texto de destino, o que não apenas, mas principalmente, induz novos modos de pensar e estruturar as ideias, cooperando para a evolução da língua-mãe. Talvez seja isso o que Lawrence Venuti queira dizer com sua "tradução estrangeirizada" ou "fidelidade abusiva", segundo Gentzler[24], o que se refere tanto a estratégias de tradução que resistam à domesticação, à fluência e à transparência quanto ao esforço de reprodução das mesmas características do texto estrangeiro que "abusam" ou "resistem" às formas prevalecentes e aos valores da cultura receptora, permitindo assim ao tradutor ser fiel a aspectos do texto-fonte e também participar de uma "mudança cultural na língua-alvo"[25]. E que características seriam essas, que assinalam as diferenças entre as línguas e culturas do autor e do tradutor, além de figuras de linguagem, neologismos, arcaísmos, sintaxe fragmentada, formas experimentais, entre tais, técnicas que preservam importantes elementos do texto-fonte que costumam ser suavizados, elididos ou adaptados, a ponto de não serem mais reconhecíveis nas traduções? Nenhuma dúvida de que nem todos eles podem ser mantidos com eficácia na tradução, pelo que Venuti[26], assim como Derrida, defende o uso de suplementos, como prefácios, introduções, notas de rodapé, que são necessários não apenas para ajudar os leitores a se ajustarem às ideias e estruturas estrangeiras, mas também para invocar aqueles "significados sutis" e "noções tangenciais perdidas no processo de transcrição"[27]. Porém, se para Venuti essas técnicas devem ser utilizadas para que o tradutor se torne "visível", para Britto,

---

24 Gentzler, *op. cit.*, p. 148.

25 *Id. ibid.*, p. 65. Cf. Lawrence Venuti (org.), *Rethinking translation: discourse, subjectivity, ideology.* London: Routledge, 1992, p. 12-13.

26 Gentzler, *op. cit.*, p. 65.

27 *Id. ibid.*, p. 185.

muitíssimo ao contrário, o tradutor não tem o direito de interferir no texto do autor, desvestindo o necessário manto da invisibilidade, sob pena de violar "o compromisso básico" de oferecer, quanto possível, "o original" ao leitor[28].

Pois bem, se o método adotado parece não poder fugir ao reconhecimento de certo privilégio do texto de partida em relação ao de chegada, contudo não o faz em detrimento algum do leitor, que, muito ao contrário, é o maior beneficiário de uma tal proposta. Pois, ainda que a tradução perfeita seja impossível, ao intentá-la tão mais próxima do original quanto possível, assumindo o risco de pecar pelo excesso de literalidade, não apenas o leitor sentir-se-á mais próximo do texto de partida, mas também terá menos receio de citar o traduzido, confiante esteja reproduzindo em seu idioma uma maior fidelidade ao pensamento do autor. Porém isso até poderia não ser tão crucial assim, como defendem outras teorias de tradução, que privilegiam o texto de destino e o significado, em detrimento de uma literalidade que consideram antinatural, se neste caso não se tratasse de um texto de natureza filosófica[29], repleto de termos técnicos, cujas definições se quer manter ao longo de toda obra, obrigando a que se preservem as escolhas semânticas de modo uniforme. Com efeito, um termo que foi definido no início, cuja importância para todo o encadeamento das discussões é inquestionável, sendo fundamental para o arcabouço teórico que o autor pretende edificar, não pode ser traduzido ora de um modo, ora de outro. De onde se justifica também o léxico que se apresenta ao final, prestando valioso auxílio de esclarecimento e referência ao leitor diletante, mas principalmente ao especialista, tal a quantidade de termos que carecem de ser definidos e contextualizados em sua especificidade, a fim de que o pensamento do autor seja compreendido com tanto mais riqueza de detalhes e transparência quanto possível, e suas teses não incorram o injusto risco de serem acusadas de incongruentes, em virtude das deficiências da tradução.

Portanto o método que se procurou adotar, a fim de que se preservasse, quanto possível, as características do original latino da opulenta e complexa prosa do rétor Agostinho, resume-se nos seguintes princípios, que talvez queiram ser adotados por quem se submeta ao oneroso e invariavelmente frustrante

---

28 Britto, *op. cit.*, p. 38: "Mas ele [o tradutor] não tem o direito de se tornar visível intervindo de modo ostensivo no texto do autor, para chamar a atenção do leitor que o que ele está lendo é uma tradução; ao agir assim, ele está violando o compromisso básico, que é o de se esforçar ao máximo para que, após ter lido sua tradução, o leitor possa afirmar, sem mentir, que leu o original".

29 Referimo-nos aqui ao *L.A.*

desafio de traduzir textos de natureza filosófica, com tanto mais fidelidade ao original[30] quanto honestidade intelectual, embora ciente de que a boa tradução, no dizer de Ricoeur[31], "só pode visar uma equivalência presumida, não fundada numa identidade de sentido demonstrável".

[i] Primeiramente procurou-se não desprezar palavra nenhuma, ainda que se tratasse das partículas tão comuns em latim, como *enim*, por exemplo, cuja função alguns defendem restringir-se quase sempre a mero sinal gráfico de pontuação, inexistente, como se sabe, na "escrita continuada" (*scriptio continua*) ainda em voga no tempo de Agostinho[32]. Grande parte dos tradutores, pensando mais no vernáculo, cujas normas de estilo preceituam não repetir palavras, inconformados com a insistente repetição dessas partículas em latim e querendo evitar desrespeitar as regras da boa escrita, modificam de modo arbitrário os sentidos de um mesmo termo, quando não o ignoram por completo, como se num único parágrafo a mesma palavra guardasse tantos significados quanto o número de vezes que fosse utilizada, em completa ignorância das diferenças linguísticas entre os textos de partida e de destino, para não referir o abismo entre culturas de épocas tão longínquas.

[ii] Na medida do possível respeitou-se, muita vez tangenciando o limite naturalmente imposto pela eufonia, o étimo de cada termo, seus cognatos e

---

30 Ainda que se leve em conta a teoria do "texto-palimpsesto" de Arroio e suas ressalvas com respeito à questão da "fidelidade" ao "texto original", posto que seu foco tenha sido o registro exclusivamente poético, considera-se aqui a "fidelidade" devida ao texto de partida, como dito antes, simultaneamente um "voto" e um "sonho", ainda que seja também um "objetivo" e um "dever" do tradutor, dever que se persegue conscientemente "vestido de luto", no dizer freudiano de Ricoeur, "tanto quanto possível", sem, contudo, descair no relativismo desconstrucionista propugnado por Derrida e seguido de perto pela escola americana, o que nesta curta nota não cabe desdobrar. Porém vale dizer apenas que o "sonho" irrealizável da personagem do conto de Borges, o escritor Pierre Menard, que pretendia secretamente "repetir num idioma alheio um livro preexistente", no caso uma tradução perfeita do *Quixote*, de Cervantes, embora permitisse "ver" em sua versão "uma espécie de Palimpsesto", em que transpareceriam "os traços – tênues, mas não indecifráveis – de escrita prévia", não implica de modo nenhum o desaparecimento do texto dito "original", que, assim como o *De republica*, de Cícero, encontrado sob o texto das *Enarrationes in psalmos*, de Agostinho, ainda e sempre é e será o *De republica*, de Cícero, não de nenhum outro, muito menos de Menard, pois, assim não fosse, nenhum sentido haveria em citar o próprio Borges. Cf. "Pierre Menard, autor do *Quixote*". In: Jorge Luis Borges, *Ficções*. Tr. Davi Arrigucci Jr. São Paulo: Cia. das Letras, 2016, p. 34-45. Cf. também: Rosemary Arroio, *Oficina de tradução. A teoria na prática*. 4. ed. São Paulo: Ática, 2005.

31 P. Ricoeur, *op. cit.*, p. 47.

32 O latim se escrevia com letras maiúsculas, sem espaços entre as palavras, nem sinais de pontuação: SIDEVMBONVMESSENOSTIVELCREDISNEQVEENIMALITERFASESTMALENONFACIT.

derivados, separados amiúde por prefixos ou desinências, sempre esclarecedoras, principalmente o significado histórico em seu contexto específico, que não costuma ser considerado, muito menos traduzido, mas adaptado para moldar-se às diferenças culturais, como no caso do jargão jurídico e das metáforas bíblicas, utilizados com frequência pelo autor, não raro incompreendidos e censurados pelos tradutores[33].

[iii] Tentou-se preservar igualmente os jogos de palavras (calembures, paronomásias, assonâncias etc.), o ritmo das frases e a colocação enfática dos termos nas orações, para o que foi preciso às vezes inverter a posição usual dos verbos, preferidos em latim no final, e das conjunções e partículas pospositivas.

[iv] Respeitaram-se sobremodo as figuras retóricas, evitando censurar ou modificar as imagens a que o autor recorria, as quais, não raro, têm origem bíblica, cuja censura não apenas viola suas intenções, mas afasta completamente o seu discurso da Fonte sagrada que o influenciava e a que ele próprio aspirava. Figuras como a lítotes, por exemplo, além das próprias antíteses, que se perdem se desrespeitada a etimologia e uma tradução mais literal; figuras que costumam ser interpretadas ou descartadas pelos tradutores, quando não, deturpadas, o que, num texto de natureza filosófica, pode ter implicações danosas à argumentação[34], ultrapassando em muito as preferências de estilo.

[v] Procurou-se a todo custo distinguir e sopesar com o máximo esmero cada um dos termos utilizados pelo filósofo, jamais subestimando sua capacidade retórico-literária, ao imaginar que se utilizasse de substantivos e adjetivos a esmo, por mera verborragia ou simples subserviência a ditames de natureza

---

33 Daí a coerência da opção por "livre arbítrio da vontade", sem hífen, ao contrário do que preceitua a norma culta do vernáculo, para verter o original latino *liberum uoluntatis arbitrium*. Com efeito, se a expressão "livre-arbítrio" constitui hoje um conceito cristalizado, cuja opulenta história se perde nos calorosos debates medievais e posteriores, o mesmo não pode ser dito, sem temeridade, com respeito ao tempo em que esta obra foi escrita, quando não apenas a noção de "arbítrio" (*arbitrium*), mas também a de "vontade" (*uoluntas*) e a de "liberdade" (*libertas*), ainda não haviam sido trabalhadas em sua plenitude pelo próprio autor, a não dizer de outros (vejam-se os verbetes correspondentes no LÉXICO T-F no fim deste volume). Pelo que optou-se por manter neste caso a independência, não apenas etimológica, mas principalmente filosófica, de cada um dos conceitos, considerando o livre arbítrio como a capacidade da vontade do espírito humano de arbitrar livremente, quer dizer, de decidir sem coerção, o que queira e o que não queira, não apenas fazer, mas também querer.

34 Num texto de natureza literária seria igualmente danoso, pois daria a falsa impressão ao leitor de que o autor escrevia como nós o fazemos hoje, em total desprezo dos mais elaborados mecanismos retóricos.

estilístico-cultural. Neste sentido, pois, em vez de restringir o vocabulário da tradução às limitações do próprio tradutor, procurou-se atribuir a termos distintos, embora de campo semântico próximo, traduções igualmente distintas. Por exemplo, tendo-se utilizado o autor de vários termos para referir noções aparentemente próximas, como *laetitia, gaudium, alacritas,* que infelizmente costumam ser traduzidas por uma única noção, como "alegria", procurou-se, ao contrário, atribuir a cada um dos termos uma tradução distintamente uniforme, não apenas para não empobrecer o texto de destino (e o de origem, acima de tudo), limitando-o ao acervo semântico do próprio tradutor, mas porque, para um especialista na arte da palavra, como era o rétor Agostinho, palavras diferentes costumam referir ideias e objetos igualmente diferentes, em algum grau, por menor seja. Assim sendo, tomou-se como princípio de tradução a distinção apriorística entre termos distintos na língua de partida, ainda que não tenha sido essa a intenção do autor (a qual, contudo, morreu com ele). Vale lembrar que o *L.A.* é uma obra filosófica, escrita em registro elevadíssimo para um público de cultura filosófica igualmente elevada; público muito bem treinado para acompanhar longos e trabalhosos argumentos, o que, numa cultura predominantemente oral como a do autor, era feito exclusivamente de memória. Destarte não se deve supor que uma obra que levou anos e enorme esforço para ser concebida possa ser destrinçada em poucas horas, sem nenhuma aplicação intelectual. Por outro lado, traduzir palavras eruditas e mais raras por palavras simples e mais vulgares, adaptando o texto para torná-lo popular[35], ao rebaixar o seu registro, que assim se insere no limitado acervo lexical e cultural do próprio tradutor ou de seu fantasioso "auditório universal", no célebre dizer de Chaïm Perelman, não é nada ético, muito menos aconselhável, dando ao leitor a impressão equivocada, não apenas da obra, mas também do autor e de seus leitores-interlocutores.

[vi] Procurou-se manter a dimensão integral dos parágrafos, sem fragmentá-los ou mesmo diminuí-los, ao contrário do que se costuma fazer hodiernamente, sob influência da prosa jornalística e da comunicação digital, na intenção didática, porém especiosa, de simplificá-los ao máximo para o leitor contemporâneo, acarretando invariavelmente uma interrupção na própria ordem do pensamento dialético do autor, concebido e elaborado numa rígida sequência, passo sobre passo, argumento sobre argumento, que para ser seguido requeria enorme esforço mental e vasta memória, exigências que não se deve supor hoje

[35] O que muita vez se confunde com "legibilidade", porém de modo muitíssimo equivocado.

desnecessárias[36]. A dialética implica um movimento de construção, que, por ser movimento, é sempre dinâmico, e por ser construção, não apenas é metódico, tampouco se faz sem que se deitem antes as bases sobre as quais depois se erguerá a estrutura toda, para, por fim, elevarem-se os pavimentos, um a um, até ao acabamento final. Quebrar parágrafos, metamorfoseando uma estrutura hipotática em paratática, ou coordenando em nível falsamente semelhante ideias originalmente subordinadas umas às outras, numa hierarquia adrede concebida pelo autor, seria como deitar abaixo um projeto de edifício, de pavimentos sobrepostos, ao substituí-lo por um conjunto de casebres adjacentes, o que nem pode considerar-se didático, por ensinar o erro, muito menos nobre, por ser desonesto. Ora, a língua não é apenas um punhado de palavras, mas todo um sistema que molda o próprio pensamento, pois, como se sabe, certas coisas não são nem possíveis de ser pensadas em algumas línguas, ao passo que em outras não poderiam não sê-lo. De fato, pensa-se preso ou limitado às estruturas e recursos da língua em que se está pensando. Do mesmo modo ideias originalmente organizadas em sentido vertical, sobrepostas umas às outras segundo uma relação não apenas de dependência, mas muita vez de valor, não devem ser justapostas, numa horizontalidade niveladora e empobrecedora, ainda que se justifiquem objetivos didáticos, sob risco de alterar de modo irreversível a estrutura do pensamento do autor, e com isso suas teses e conclusões, oferecendo ao leitor uma obra muito diferente da que foi pretendida em sua nascente.

[vii] Evitou-se emendar o texto de Agostinho, posto que parecesse por vezes truncado, ou defeituoso. Porque não é tarefa do tradutor, mas do filólogo que prepara a edição crítica, corrigir os erros ou incoerências nos manuscritos, se se descubra algum. As notas não têm a função de corrigir o texto, mas torná-lo mais compreensível. Inadmissível, contudo, fazer o texto alheio dizer o que ele não disse, nem do modo como não teria dito. Há, por certo, modos de pensar distintos por detrás dos modos de expressão igualmente distintos, os quais se determinam reciprocamente, pelo que intentar fazer com que um autor de era remota se expresse como um contemporâneo equivale a tentar

---

36 De fato, se era possível aos contemporâneos do autor acompanhar-lhe os argumentos construídos oralmente, apenas com o subsídio de sua memória, por mais treinada fosse, por que subestimar a inteligência dos nossos contemporâneos, crendo-os incapazes do mesmo, ainda mais com o subsídio imensamente facilitador dos textos impressos, espaçados e pontuados com enorme clareza, o que os torna muitíssimo mais legíveis do que os papiros ou pergaminhos antigos, escritos de modo continuado e à mão?

fazê-lo pensar como um de nós, o que não é apenas antiético, mas uma empresa destinada a fracasso retumbante. Seria possível que quem não pensava como nós, como nós se expresse?

[viii] Procurou-se manter as classes e as funções das palavras[37], evitando, quanto possível, adjetivar advérbios, adverbializar ou substantivar adjetivos, mantendo as características ambivalentes dos particípios, o valor nominal dos gerúndios e passivo dos gerundivos, além de preservar os tempos e modos verbais, tomando cuidado especial com os aspectos, tanto mais negligenciados quanto desconhecidos no ensino do português contemporâneo, distinguindo, sempre que possível, os tempos do *infectum* dos do *perfectum*.

[ix] Inseriram-se algumas palavras entre [colchetes] para suprir as lacunas, nem sempre claras, deixadas em vernáculo, língua analítica, em virtude da concisão do latim, língua sintética. Raramente utilizou-se do *itálico* para suprir em vernáculo palavras elípticas em latim. Portanto devem ser compreendidas as palavras entre colchetes, quando julgadas necessárias, como acréscimos minimamente arbitrários da tradução, a fim de tentar preservar a estrutura sintática e o sentido da passagem. Por sua vez as palavras em itálico devem ser compreendidas como absolutamente próprias ao uso comum da língua de origem, cuja inserção, embora não estejam presentes no texto latino de modo explícito, se justifica plenamente, como os pronomes pessoais antes dos verbos, por exemplo.

[x] O texto latino foi em muitas passagens repontuado, a fim de que se mantivesse certa unidade com a pontuação do texto traduzido. Isso se fez porque a pontuação das edições críticas segue as normas gramaticais impostas pela língua de cada país em que as respectivas editoras estão localizadas, as quais distam muito das normas do português[38].

[xi] Por fim procurou-se, posto que se reconheça tarefa quase impossível, manter certa proximidade com a sonoridade original, o que o português permite mais que outras línguas não latinas, especialmente nas construções retóricas entrecruzadas, de grande efeito e concisão, como antimetáboles e quiasmos,

---

37 Deve-se reter em mente que ao preterir um advérbio por um adjetivo não é apenas a forma que se está alterando, mas igualmente a relação entre os termos, pois o adjetivo não tem a mesma função modificadora que o advérbio, por exemplo.

38 Duas foram as edições cotejadas: [1] CCSL, vol. XXIX: Augustini Aurelii. *Opera. Pars II. De libero arbitrio libri tres.* (Cura et studio W. M. Green). Turnholti Typographi Brepols Ed. Pontificii, 1970, p. 206-320; [2] Bibliothèque Augustinienne, *Œuvres de Saint Augustin. VI. Dialogues Philosophiques. III. De l'âme a Dieu: De magistro et De libero arbitrio.* Texte de l'édition Bénedictine. Tr., intr. et notes de F. J. Thonnard, 2me éd. Paris: Desclée, de Brouwer, 1952.

por exemplo. Ademais, não se negligenciou, para além da sonoridade, o ritmo e a musicalidade da prosa agostiniana, porém isso foi intentado de modo mais intuitivo do que a partir de alguma metodologia técnica, o que extrapolaria em muito a proposta do trabalho e os recursos deste tradutor.

Eis, portanto, o que se pretendeu nesta tradução, cujo sucesso não pode senão ser avaliado pelo leitor. Contudo faz-se preciso adverti-lo, antes de mais, se ainda não se fez suficientemente claro, que nem de perto se advoga aqui a tese dos que creem que a tradução deva "melhorar" o texto, tornando-o mais simples e adequado a seus leitores, a fim de que seja mais palatável, por assim dizer, ou mais moderno, o que nunca se faz sem diminuí-lo, destruindo sua riqueza, seja em que aspecto se a considere. Neste sentido, pois, endossam-se plenamente as advertências de Britto supracitadas, pois a fidelidade ao autor não é questão de escolha, mas dever moral. Não apenas não se deve fazer com que o texto de outrem diga o que não disse, mas, ao contrário, deve-se deixar que siga dizendo, quanto possível e com o mesmo grau de precisão, no novo idioma, o que se crê e compreende que tenha de fato dito. Este é o mínimo respeito que se deve ao autor que se pretende traduzir, cujo texto se pretende manipular, o que se faz, é preciso ainda reconhecer, sem sua autorização expressa. E acaso haveria presunção maior do que a de pretender emendar Cícero ou Platão, por mais difícil se creia lê-los hoje? Logo deve-se procurar compreendê-los e admirá-los do modo como pensaram e se expressaram em suas obras-primas, cujos conteúdos e cuja forma se tornaram paradigmáticos e fonte de deleite em si mesmos; forma e conteúdo que não apenas se admiram, mas ainda hoje se procura imitar. O mesmo se defende aqui com respeito a Agostinho, cujo texto não deve ser melhorado, adaptado ou parafraseado, mas penetrado em toda sua riqueza, em seu contexto histórico e cultural, dentro da perspectiva retórica e filosófica em que se insere, jamais modernizado ou censurado, para purgá-lo dos elementos incompreensíveis ou indesejáveis, segundo a ideologia preferida de cada tradutor e de cada época. Pois nenhum autor merece esse tipo de violência, ignava, visto ser praticada na fortificação isolada de cada escaninho; muito menos alguém com a *magnitudo* e a *dignitas* intelectual de um Agostinho.

* * *

prefácio às notas e comentários

As notas e os comentários[1] que se seguem constituem, respectivamente, observações concernentes a aspectos da tradução e reflexões de caráter filosófico acerca das passagens e temas mais significativos do *L.A.*, que, indubitavelmente, carecem de contrapartida, não somente porque fazem referência direta ao patrimônio filosófico do mundo greco-romano, que resta obscurecido aos leitores do século XXI, seja pela concisão das referências, seja pelo distanciamento cronológico e cultural que se interpõe entre a mentalidade do tempo do autor e a nossa, mas sobretudo porque se constituem medulares para a história das ideias *sensu lato*, e para a compreensão do pensamento de Aurélio Agostinho *sensu stricto*. Com efeito, o *L.A.* é uma daquelas obras de inesgotável riqueza, que, assim como as *Tusculanas* de Marco Túlio Cícero, condensam, *mutatis mutandis*, boa parte do legado filosófico da Antiguidade – por certo a parte de maior interesse às preocupações éticas da Antiguidade Tardia, e posteriormente do Medievo –, mas com a vantagem de, ao contrário da referida obra do causídico romano, não se limitar a compendiar e reproduzir o pensamento original dos gregos, e sim reformulá-lo e adaptá-lo às expectativas angustiantes de seu tempo, não somente a partir das Escrituras e especulações patrísticas, mas sobremodo em decorrência de seus próprios caminhos e descaminhos, intelectuais e espirituais, primeiramente como rétor e maniqueu, depois como cético, por fim sob a influência do neoplatonismo. Disso resulta grande parte da originalidade e pujança filosóficas da obra, que investiga as causas do ato mau (ética) e a possibilidade da própria maldade em si (ontologia), diante e contra o pano de fundo das teorias dualistas (masdeísmo e gnosticismo) do persa Mani

---

1 As notas à tradução encontram-se quase todas no rodapé da página, porém alguns adendos de caráter filosófico e cultural foram aí incluídos também. Já os comentários, extrapolando por vezes o conteúdo referente à passagem do *L.A.* em questão, podem ser tomados à conta de curtos ensaios, ou monografias, que se desenvolvem com alguma liberdade a partir do trecho comentado, o qual lhes serve de mote.

(maniqueísmo), mas sobremodo inspirado pelas sínteses formuladas já desde o período alexandrino, e depois epitomadas por Cícero em sua releitura pluralista (ecletismo) da tradição filosófica grega (epicurismo, estoicismo, platonismo e neoacademicismo), de par com a própria suma plotiniana (aristotelismo, medioplatonismo, neopitagorismo), apresentada a Agostinho por seus colegas do círculo de Milão, subsídio esse que lhe fornecerá as categorias essenciais à reelaboração da célebre tese da negação do mal em si, como substância, para em seguida, no terceiro e último livro da obra, desaguar nas profundezas místicas das Escrituras (teologia judaico-cristã), desvendando as motivações que teriam levado o anjo, originalmente bom, a descair e tornar-se mau, voltando as costas ao seu Criador. Portanto, nada obstante a considerável extensão desses comentários, não há como dimensionar o quanto ficou por dizer, pois cada parágrafo do *L.A.* de certo modo ecoa toda uma complexa gama de tradições, que vem desde Pitágoras e a trinca Parmênides, Sócrates e Platão, até ao estoicismo parenético de um Sêneca e de um Epicteto, ou à versão eclética e extremamente racionalista de Cícero, passando pelo neoacademicismo de Carnéades (cuja fonte para o autor foi o mesmo Cícero) e o neoplatonismo tardio, a partir das traduções de Plotino por Mário Victorino, até desaguar no importante legado da patrística latina, com Ambrósio, mas principalmente com seus compatriotas africanos, os cartaginenses Tertuliano e Cipriano.

Vale notar, contudo, que, muito ao contrário do célebre orador romano, cuja obra supracitada demonstra um conhecimento profundo, não apenas das correntes de pensamento mais influentes no mundo helênico, mas sobretudo das próprias obras, lidas na língua original em que foram escritas, grego que Cícero conhecia como ninguém, tendo em sua juventude[2] estudado diretamente com diversos mestres, como o estoico Posidônio de Rodes, o acadêmico Filo de Larissa e o platônico de tendências ecléticas Antíoco de Ascalão, Agostinho, por sua vez, herda apenas uma parte desse patrimônio, porém de modo condensado e indireto, quase exclusivamente de epítomes e traduções, mas sobretudo a partir do próprio Cícero, seu grande mestre e exortador nos caminhos filosóficos[3]. Todavia essa suposta "deficiência" na formação do rétor africano, expressa por seus limitados conhecimentos das fontes do pensamento grego, se por um lado poderia ser considerada um *handicap*, por outro, segundo intérpretes de sua obra, como John Rist, pode ter sido a grande responsável por

2 No início do séc. I a.C.

3 O que se deu através de sua obra *Hortensius*, um protréptico à filosofia, como reconhece Agostinho.

ter "deixado a originalidade de sua própria mente menos constrangida"[4]. Portanto, embora conhecesse menos, no que diz respeito à quantidade de obras, foi não apenas muito mais original que seus prógonos, mas também fez-se suficientemente capacitado para julgar o cabedal herdado, posicionando-se como "árbitro" da cultura que herdara[5].

Desnecessário seria dizer, por fim, que esses comentários não presumem de modo algum ser uma simplificação ou epítome do *L.A.*, inesgotável em sua opulência, visto que a leitura da própria obra de Agostinho, apesar das limitações naturais de qualquer tradução, de que esta não está de modo nenhum isenta, resta não apenas imprescindível, como também das mais deleitosas e enriquecedoras que o engenho humano jamais logrou produzir.

* * *

4 John Rist, *Augustine. Ancient thought baptized.* Cambridge: C. University Press, 1994, p. 1.

5 *Id. ibid.*

dois ensaios introdutórios

hermenêutica do mal

ensaio introdutório 1

A tua Justiça desagrada aos iníquos.

Agostinho[1]

Num célebre opúsculo elaborado a partir de uma conferência na Universidade de Lausanne, Paul Ricoeur[2] analisa o mal moral de acordo com a seguinte divisão tripartite: imputação, acusação e reprimenda; respectivamente: atribuir culpa a um sujeito responsável, acusá-lo de violar o código ético vigente e condená-lo, o que implica necessariamente puni-lo. Embora essas três etapas se refiram diretamente ao mal praticado, na reprimenda se faz também presente o mal sofrido, pois é na dor do sofrimento que esses dois gêneros "se encontram", diz o filósofo. Com efeito, quando o pecador é condenado, o mal ativo se faz também passivo, na dor do castigo que se lhe aplica, o que o leva a considerar-se vítima, ao invés de algoz de si mesmo, como diria Agostinho[3], para quem cada um seria "o autor de seu próprio malfeito". Todavia, bastante ao contrário do pensador de Hipona, Ricoeur considera o mal sofrido desproporcional ao praticado, porque a dor da pena, segundo ele, supera sempre o mal cometido, seja de que natureza for, física ou mental[4]. E exatamente por causa dessa concepção, Ricoeur se posiciona contrário ao que denomina "teoria da retribuição", característica do "estágio de sabedoria", segundo a classificação de natureza multidisciplinar que ele mesmo propõe, em que a humanidade pretendeu justificar o sofrimento como retribuição merecida, individual ou coletiva, por algum pecado, fosse ele conhecido, ou não, como se a ordem universal se fizesse uma ordenação moral. E de fato, se a pena é desproporcional ao pecado, nenhuma equidade se pode encontrar numa teoria retribuidora, como ilustraria o livro de Jó, citado pelo próprio Ricoeur como exemplo[5], onde os males terríveis que

---

1 *Conf.* 7,16,22: *"Iustitia tua displicet iniquis".*

2 Paul Ricoeur, *Le mal. Un défi à la philosophie et à la theologie.* 3. ed. Genève: Labor et Fides, 2004, p. 21-25, I. L'expérience du mal: entre le blâme et la lamentation.

3 *L.A.* 1,1,1,3.

4 P. Ricoeur, *ibid.*

5 Cf. Jó 1-2.

assolam o varão da terra de Hus parecem em muito superiores, não apenas aos pecados que ele poderia acaso ter cometido, posto que fosse supostamente justo, mas a qualquer pecado; e se estivesse sofrendo pelos pecados de toda a coletividade, isso seria ainda menos equitativo.

Num próximo estágio, posterior ao da "sabedoria", a questão do mal teria sido elevada a uma "totalidade problemática", diz Ricoeur[6], em decorrência do pensamento de natureza gnóstica – sem dúvida em diálogo constante com algum tipo de platonismo médio orientalizado, mas principalmente com doutrinas judeu-cristãs –, de cuja mundividência dualista procederam célebres contrastes, obviamente não inventados por eles, mas tornados absolutos, como luz e treva, ou bem e mal. Num tal estágio o mal adquire vida própria, por meio de um mito de roupagem racional, no dizer de Ricoeur, ensejando, como consequência e resposta, um novo tipo de discurso, que ele atribui a Agostinho: "ontoteologia", a conjunção entre um discurso acerca do ser (ontologia) e um discurso acerca de Deus (teologia)[7]. A ontoteologia agostiniana, pondera Ricoeur, ao negar substancialidade ao mal, tendo por base as categorias estruturais neoplatônicas, circunscreve o problema ao âmbito exclusivo da moral, e a célebre questão, que se supõe anterior a Agostinho, *unde malum*, traduzida literalmente, "De onde o mal?", passa a ser, com o pensador de Hipona, *unde malum faciamus*, "De onde fazemos o mal?", o que a desloca para a esfera da ação humana, numa palavra, da vontade, e, com ela, da imputabilidade. Portanto é lícito depreender-se, o que se tem feito com frequência, que Agostinho teria moralizado o discurso ontológico gnóstico-maniqueu acerca do mal, ao recusar-lhe substância; ou seja, no discurso ontoteológico de Agostinho a questão do mal passa a ser moral, ainda que por meio de uma abordagem ontológica; o que não parece contraditório, pois não se poderia negar o ser do mal sem de algum modo recorrer a algum tipo de discurso acerca do próprio ser, ainda que de modo apofático se pretendesse apenas dizer do ser o que ele não pudesse ser, o mal.

A despeito da leitura de Ricoeur, cujos méritos extrapolam o escopo deste breve ensaio, não passa despercebido o argumento em que se estriba o hermeneuta francês para advogar a tese de que a ontoteologia de Agostinho teria deslocado a questão do mal do ser para a vontade, da ontologia para a moral. Circunscrevendo a análise apenas ao texto do *L.A.*, vale verificar se essa distinção

---

6 *Id. ibid.*, p. 33-37.

7 *Id. ibid.*, p. 35.

se sustenta. Se se analisem as duas perguntas utilizadas por Ricoeur para destacar a passagem entre uma preocupação supostamente gnóstico-maniqueísta, expressa pela célebre questão *unde malum* [Q_1], para uma preocupação exclusivamente moral, expressa pela questão *unde malum faciamus* [Q_2], percebem-se de imediato dois detalhes de não pouca relevância.

O primeiro, estritamente gramatical, é a diferença estrutural entre Q_1 e Q_2, que tecnicamente são duas orações subordinadas, conhecidas como interrogativas indiretas, cujas principais, de que pendem, jazem subentendidas[8]. Não há verbo em Q_1, o que não deve ser compreendido como ausência, mas simples desnecessidade. Quando isso ocorre em latim, de modo geral se subentende a presença do verbo *esse*, "ser", o que permitiria compreender a interrogativa indireta do seguinte modo: *unde sit malum*, "De onde existe o mal?", ou seja, "De onde é que tem origem o mal?". Portanto em Q_1 a palavra *malum*, neutro do adjetivo *malus*, "mau", está sendo utilizada como um substantivo[9], "o mal", fazendo as vezes de sujeito do verbo implícito[10]. Logo Q_1 indaga do mal, presumindo sua existência, que não está sendo posta em questão. Mas não é só isso. O advérbio interrogativo *unde*, "de onde", deixa claro que se está inquirindo não especificamente de sua procedência espacial, nem temporal, mas de sua "causa", da causa de algo que se presume existir. Ora, um dos pressupostos do pensamento judeu-cristão era a criação divina de todas as coisas que existem, a partir do mais absoluto nada (*ex nihilo*), o que talvez se imaginasse, a partir do mito racional dos maniqueus, incluir o próprio mal, de onde o sentido da interrogativa indireta de Evódio, com a qual o *L.A.* tem seu exórdio *ex abrupto*, se não seria Deus a causa da existência do mal – substantivado[11]. Pois bem, essa interrogativa inaugural representa a pergunta "ontológica" que Ricoeur corretamente remete ao pensamento de fundo gnóstico dos maniqueus[12], contra quem Agostinho escrevera a obra, *unde malum*, que supõe o mal como algo real, como algo em si, autônomo, para muito além de um acidente qualquer, que

8 Em nenhum dos dois casos se utiliza o ponto de interrogação, devendo também o verbo estar no modo subjuntivo, por tratar-se de subordinada substantiva, cujo valor interrogativo é dado pela partícula adverbial *unde*. Desdobradas Q_1 e Q_2, assim restariam, literalmente: Q_1: [Pergunta-se] de onde o mal [exista]; Q_2: [Pergunta-se] de onde façamos o mal.

9 Note-se que em latim não há a classe gramatical "artigo".

10 O verbo "ser", em latim, não necessariamente implica cópula, podendo ser traduzido também pelo intransitivo "existir", como é o caso.

11 *L.A.*: 1,1,1,1: *"utrum deus non sit auctor mali"*.

12 A célebre questão *unde malum*, como posta por Ricoeur, não consta do texto do *L.A.*

pudesse estar qualificando um agente ou a circunstância de seu ato. Mas, se assim o fosse, como bem percebera Agostinho, uma de duas alternativas teria de ser necessariamente admitida: ou o mal teria sido causado por Deus, o que faria soçobrar o edifício teológico cristão de um só golpe, ou seria coeterno com ele; ou ainda pior, anterior a ele, a não dizer seu óbvio antagonista. Já em Q_2, *unde malum faciamus*, não apenas o verbo se faz presente, com o pronome de primeira pessoa do plural implícito na desinência verbal *–mus*, "De onde [nós] fazemos o mal?", mas também o substantivo *malum* deixa o caso nominativo e passa para o acusativo, embora permaneça como um substantivo, ou seja, algo que se possa "fazer", a não dizer "criar". E esse é exatamente o ponto em que se estriba Ricoeur para sustentar sua afirmação, de que o mal deixa de ser o próprio sujeito, deixa o reino do ser em si, para adentrar o âmbito de um outro sujeito agente, sendo algo que possa ser feito por sua vontade. Portanto em *unde malum faciamus* o mal deixa de ser algo em si mesmo para ser algo que depende do querer de um sujeito, que passa a ser responsável por ele, ao contrário de *unde malum*, em que a sua existência se destaca completamente da ação humana.

O segundo detalhe, que tampouco passa despercebido, é que Ricoeur não precisa de onde extraiu Q_2, *unde malum faciamus*, o que na verdade nem constitui em si mesmo um grave problema, mesmo que não conste do texto do *L.A.* Contudo a questão que se põe aqui, da sustentabilidade ou não da distinção entre ontologia e moral em Agostinho, parece derivar, ao menos em parte, de uma concepção equivocada, de fundo igualmente gramatical, que Q_2 levanta, ao menos do modo como a questão foi posta por Ricoeur. Pois bem, em todos os três livros do *L.A.*, apenas no final do terceiro[13] aparece algo de estrutura gramatical semelhante a Q_2, em que o termo "mal" (*malum*), substantivado, se utiliza como objeto de um verbo de valor factitivo, como *facere* ou *agere*, porém não se trata de texto agostiniano, e sim de duas breves citações paulinas, da célebre passagem da epístola aos romanos, segundo a tradução bíblica de que então dispunha o filósofo: "Pois não faço o bem que quero, mas o mal que odeio, isto é o que realizo"[14]; e logo a seguir: "O querer está próximo a mim, porém realizar o bem, não"[15]. Neste caso é possível supor que o mal esteja sendo considerado como algo com algum valor em si, que se oponha à sua antítese, "o bem" (*bonum*); embora também

13 *L.A.*: 3,18,51,173. Cf. *Retratações* 1,9,5.

14 Rm 7,18: *"non enim quod uolo facio bonum, sed quod odi malum, hoc ago"*.

15 Rm 7,19: *"uelle adiacet mihi, perficere autem bonum, non"*.

seja possível não se trate de nada mais que a mera substantivação de atos qualificados, tidos por bons ou maus[16]. Seja como for que se interpretem os substantivos *malum* e *bonum* nesta citação paulina[17], o fato que se destaca é que, ao menos em todo o *L.A.*, nenhuma das duas ocorre, nem Q_1, muito menos Q_2. O que ocorre, em vez disso, chama a atenção do leitor do original latino, mas que infelizmente acaba por se perder em praticamente todas as traduções. Não se pode afiançar se isso tenha adrede sido pretendido por Agostinho, mas quem conhece sua agudeza intelectual e capacidade retórica não deveria duvidar disso, sem justa causa. Desde o exórdio do primeiro livro até o final do terceiro, em nenhuma dentre as inúmeras passagens do *L.A.* em que Agostinho se utiliza de alguma expressão para referir o mal praticado pelo homem, salvo a passagem paulina supracitada, ele lança mão do substantivo *malum*, "o mal", como objeto de algum verbo factitivo. Ou seja, nunca indaga "De onde é que fazemos o mal?", como em Q_2 (*unde malum faciamus*). Sem dúvida isso não implica dizer que não o tenha feito em outras obras, inclusive contemporâneas ao *L.A.*[18], de onde Ricoeur possa ter extraído a questão, que assim foi cristalizada pela tradição, o que não se questiona aqui, nem se pretende aprofundar, visto que estas lucubrações se circunscrevem exclusivamente ao texto do *L.A.*, a obra mais bem elaborada do pensador de Hipona acerca do tema do mal. E o que diz Agostinho então, se não se utiliza de substantivos no acusativo para descrever as más ações?

---

16 De modo isolado, sem dúvida, esse "mal" pode significar apenas uma qualidade, um termo que tipifique moralmente as ações, em sentido genérico.

17 Termos que traduzem o grego: τὸ καλόν (7,18); τὸ ἀγαθόν, τὸ κακόν (7,19).

18 No *De utilitate credendi*, escrito por volta dos anos 391-392, diz Agostinho, referindo-se aos maniqueus (18,36): "enquanto eles procuram demasiadamente de onde existe o mal, nada encontram senão o mal" (*qui dum nimis quaerunt unde sit malum, nihil reperiunt nisi malum*). Em *De duabus animabus contra Manichaeos*, escrito pouco depois (392-393), diz o filósofo (8,10): "Talvez alguém diga aqui: De onde os próprios pecados; e de onde, em absoluto, o mal? (*Hic fortasse quis dicat: "unde ipsa peccata, et omnino unde malum?"*). O substantivo *malum* aparece em quase todas as obras contemporâneas à escritura do *L.A.* (388-395), especialmente as que combatem o maniqueísmo, como: *De diuersis quaestionibus octoginta tribus* (388-396); *De uera religione* (390-391); *De moribus ecclesiae catholicae et de moribus Manichaeorum* (387-388), entre outras. O que resta claro, sem sombra de dúvida, é que a questão *unde malum* ou *unde sit malum* sem dúvida não é agostiniana, mas, como bem diz Ricoeur, do gnosticismo maniqueísta. Vale notar ainda que o nono capítulo do primeiro livro de *Retratações*, em que Agostinho trata especificamente do *L.A.*, se inicia com a explicação dos motivos da obra, onde se reproduz uma variante de Q_1: *"uoluimus disputando quaerere unde sit malum"*. Cf. *Ret.* 1,9,1.

No início do primeiro livro[19], ao ser indagado por Evódio acerca do mal substantivado (*malum*), se Deus seria o seu autor, redargui Agostinho com outra pergunta, restringindo o objeto de análise, para saber a que tipo de mal (*de quo malo*) se referia seu interlocutor, pois se costumava denominar isso, que Evódio chama agora de "mal", de duas maneiras: o mal que se pratica, e o que se sofre. Fique claro que Agostinho não diz haver dois gêneros de mal, e sim que "costumamos" (*solemus*) considerar o mal de dois modos, ou seja, que há duas opiniões acerca do conceito, que de modo geral e superficial o senso comum adota, o que não significa necessariamente que sejam as duas endossadas por ele[20]. Porém a distinção que importa agora é outra, o modo como o filósofo expressa em latim as duas opiniões comuns acerca do mal. Primeiro, no caso do mal que se pratica, Agostinho se utiliza de um advérbio, *male*, seguido de um verbo factitivo no infinitivo perfeito, *fecisse*; ou seja, a primeira opinião comum entende o mal como algum ato que tenha sido "*mal* feito", ou "*mal* praticado", por algum sujeito, o que não se refere ao possível mal substantivado, resultado da ação, e sim ao modo como a ação foi praticada, como bem expressa o advérbio, que, ao contrário de um adjetivo, não modifica o feito em si, qualificando-o como bom ou mau, e sim o próprio fazer. Logo a primeira opinião parece deslocar o mal para o âmbito do fazer, não do resultado da ação em si, o feito. Porém, se toda ação requer um agente, parece ainda correta a leitura de Ricoeur, que aponta o deslocamento nesse mesmo sentido.

A segunda opinião comum, ao contrário, ao considerar o mal como algo sofrido (*esse perpessum*) por algum indivíduo, o paciente da ação, remete o foco para o substantivo, o mal em si, ao referir "algo de mau" (*aliquid mali*)[21]. Portanto a opinião comum vê o mal, ora no fazer de um fazedor, de modo advérbio-circunstancial, ora no feito padecido por um paciente, de modo substantivo. No entanto Evódio não quer saber nem se o mal existe nem onde se encontra, mas se foi causado por Deus, o Criador bom de todas as coisas. Porém, se ele é bom, o mal não pode estar em seus atos, de onde Agostinho afirmar, de modo

[19] *L.A.*: 1,1,1,1.

[20] É possível, sem dúvida, que esse "nós" se trate de um plural de modéstia, nada incomum na prosa agostiniana, quando então ele estaria expondo, ao contrário do que ficou dito acima, suas próprias opiniões acerca do tema, ou seja, que ele, Agostinho, concordava haver dois gêneros de mal. Porém, se assim fosse, o que dirá na sequência do diálogo se tornaria completamente contraditório, depondo contra a notória coerência de seu pensamento.

[21] Neste caso o substantivo de natureza indeterminada é qualificado pelo adjetivo "mau".

peremptório, que ele não "faz mal" (*male non facit*). Ora, não está dizendo ainda que ele não cria o mal em si, nem que o mal não esteja nele – como certamente se dirá na sequência do *L.A.* –, mas que ele não faz, seja o que for que faça, de modo mau, ou, se se permite dizê-lo, "malmente". Portanto o malfazer, enquanto ato, não tem causa nele. Vê-se, com isso, que mesmo em referência a Deus Agostinho evita a todo custo, não apenas no início da obra, mas ao longo de todos os três livros do *L.A.*, pelo uso de advérbios, substantivar o mal, o que não tem simplesmente consequências gramaticais, mas sobretudo ontológicas. E disso, ao que parece, Ricoeur não se apercebeu; ou porque não julgou relevante, ou porque de fato não o era, o que cabe aqui averiguar.

Todavia o mal se percebe em toda parte, não há como negar, pois as pessoas adoecem, morrem e sofrem dores excruciantes, mentais ou físicas. Para Ricoeur[22] não apenas esse sofrimento é injusto, sendo desproporcional em relação aos possíveis pecados que tenham sido cometidos pelo sofrente, o que invalida toda e qualquer doutrina de retribuição, mas também teria sido ignorado por completo por Agostinho, ao defender teorias acerca do mal estritamente morais. Se se deve reconhecer que Agostinho advogou uma doutrina de retribuição moral acerca do mal, contudo não parece nada justa a acusação do hermeneuta francês de que ignorasse o sofrimento. Na verdade a bondade de Deus, que ele situava acima de qualquer suspeita, não apenas eliminava a possibilidade de que qualquer uma das duas opiniões comuns acerca do mal, ativa e passiva, pudesse referir-se ao Criador, mas também desfazia a segunda opinião, que considerava "mal" aquilo que se padece. Isso se dá, diz Agostinho, bem na contramão do caminho seguido por Ricoeur, exatamente porque Deus, em sua Justiça retribuidora, distribui prêmios aos bons, assim como castigos aos maus; castigos esses, diz o filósofo, que nada mais são do que o suposto mal da segunda opinião comum, aquilo que se sofre, como ele mesmo dirá, não apenas no início do *L.A.*[23], mas também em obra contemporânea (390-391), pouco anterior à sua convocação ao presbiterato, o tratado de teor antimaniqueísta *De uera religione:*

> E que é a dor, que se diz "do corpo", senão a corrupção repentina da saúde de alguma parte dele, que a alma, ao usá-lo mal, fez sujeitar-se à corrupção? E que é a dor, que se diz "do espírito", senão carecer das coisas mutáveis,

---

[22] Ricoeur, *op. cit.*, p. 38-41.

[23] Cf. 1,1,1,1-2.

das quais fruía, ou de que havia esperado poder fruir? E isto tudo é aquilo que se diz "mal", isto é, o pecado, e a pena do pecado.[24]

Logo, para Agostinho não há em verdade senão um único gênero de mal[25], referente ao que se faz, que não tem origem em Deus, porque as dores sofridas, que se consideram males (*mala*) pelos sofrentes, na verdade não o são. Porém Agostinho não ignorava a dor do sofrimento, apenas atribuía-lhe um sentido, ao tentar racionalizá-la, o que hoje não mais se aceita, em franco repúdio a quaisquer teodiceias. A dor existe, sem dúvida, e para ele era real. A diferença é que ele era obrigado a justificá-la, se quisesse salvaguardar sua fé. E não apenas sua fé cristã, mas a fé num cosmo perfeitamente ordenado, herança helenizada que extrapolava em muito as suas concepções religiosas. Logo não se tratava apenas de defender a Divindade cristã onipotente, que seguramente não carecia de suas palavras, por mais brilhantes, para manter-se estável na presidência do universo, mas salvaguardar sua própria fé na ordem do mundo, especialmente numa época que via ruir o poder central de uma Roma desmembrada, esfacelada, e a barbárie sem peias, arauto da ruína, desfraldando seu lábaro de terror e perplexidade. Como não crer no mal, à beira do abismo? Como não crer na desordem, diante do caos? Se a ordem exterior não era obra de um só homem, devendo aguardar séculos seguidos de destruição incessante, até que as colunas todas da civilização antiga fossem deitadas abaixo de modo irreversível, para que alguma ordem pudesse enfim se fazer erguer, paulatinamente, a partir das cinzas e ruínas, primeiro em pequena escala, nas *uillae* romanas, origem dos feudos medievais, para, apenas mais tarde, em escala maior, com o império centralizador da Igreja, restava ao ainda romano tardio Agostinho, e aos seus contemporâneos, o *intimus ordo*, a ordem interior, uma ordem das ideias, que preservasse, ao menos no íntimo de cada alma, a ordem esfacelada do mundo exterior. Nenhuma dúvida de que a rígida estrutura eclesiástica contribuiria em muito para substituir a "desordem" herdada pela derrocada do centralizador império de Roma, porém ela ainda não havia fincado raízes com a estabilidade necessária no tempo do filósofo, que se viu diante de arianos, donatistas e seus

---

[24] *De uera religione* 12: *"Quid est enim dolor, qui dicitur 'corporis', nisi corruptio repentina salutis eius rei, quam male utendo anima corruptioni obnoxiauit? quid autem dolor, qui dicitur 'animi', nisi carere mutabilibus rebus, quibus fruebatur, aut frui se posse sperauerat? et hoc est totum quod dicitur malum, id est, peccatum et poena peccati".*

[25] O que exclui a possibilidade de que aquele *solemus* a que se referiu antes fosse plural de modéstia.

circunceliões, pelagianos, entre outras tantas forças "centrífugas" que minavam os alicerces da ordem, no que tange às ideias, que se propugnava por estabelecer e preservar.

E que é a ordem, seja em dimensão espiritual, seja em dimensão político-social, seja em dimensão religiosa, seja ainda em dimensão cósmica, senão um termo outro para a paz, tanto exterior como interior? Todavia a dor, cruelmente real, desagrega, dilacera, desune, como o caos, inimigo dessa ordem. Se não era possível evitá-la, ao menos racionalizando-a de modo convincente se pudesse suportá-la. E se a época de Agostinho não era muito distinta, em termos políticos e militares, do tempo em que os estoicos se puseram a advogar sua providência (πρόνοια) e sua razão universal (λόγος), na esteira da guerra do Peloponeso, e depois dela no soçobrar das *póleis* gregas, seguidas pela ascensão de Filipe e Alexandre, mas principalmente com as disputas intermináveis entre os diádocos macedônios, o que culminou com as incursões e devastações romanas, enfim, se os tempos não se distinguiam tanto assim quanto se distanciavam os anos, por que seriam as soluções tão díspares? Se os homens já não eram capazes de governar-se a si próprios, não restava senão fiar-se num governante divino, acima e além das contingências e vicissitudes próprias à condição comum. De onde não ser possível coadunar qualquer ideia de mal com a sua existência, o que faria ruir a cidadela interior, último baluarte do cidadão desse mundo em escombros. Portanto não se trata de ignorar o sofrimento, mas de justificá-lo, porque, não se fiasse numa divina Providência, sabendo-se inexistente ou em frangalhos a justiça humana, que restaria esperar? Pode-se sem dúvida discordar que o sofrimento seja uma pena a ser solvida, contudo isso não implica sua desconsideração. Advogar em favor da justiça das penas, que o sofrimento faz supor, distribuídas pela Providência, era um imperativo, reconhece Agostinho, sem o que estariam todos estancados numa nau à deriva, cujo iminente naufrágio, sempre à espreita. Daí a necessidade inevitável de considerar o sofrimento – o que não significa ignorá-lo –, como fruto da Justiça divina, imprescindível à manutenção da ordem universal, o que não podia de modo nenhum ser considerado um mal.

Portanto, se o autor do segundo tipo de mal – assim chamado apenas e de modo impróprio pelos que dele padecem –, decorrente do sofrimento humano, conforme a opinião comum, pode-se dizer que seja a Justiça divina, porém o autor do primeiro, o mal praticado, não é senão cada mal fazedor. De fato, nenhum fazer pode ser praticado sem algum fazedor, seja esse fazer bem feito, seja mal feito. Do que se depreende que cada mal fazedor seja o autor de seu próprio malfeito[26], o que depende sempre da vontade individual, do contrário não poderiam nenhuns malfeitos ser punidos com justiça pela Providência divina. Não se pode afirmar com certeza, como dito antes, se essa opção agostiniana no *L.A.* pelo advérbio seja acidental, embora se mantenha com surpreendente constância ao longo de toda a obra, o que advoga em favor de um planejamento antecipado[27]. A despeito de qual tenha sido a real intenção de Agostinho, ao preferir o advérbio *male* em lugar do adjetivo substantivado *malum*, importa notar, em princípio, que à interrogativa indireta *unde male faciamus*[28], "De onde fazemos mal?", o autor faz preceder uma outra, epistemologicamente mais relevante, "O que é fazer mal?", *quid sit male facere.* Isso, porque antes de saber a causa do mal, faz-se necessário definir esse mal, cuja causa se pretende conhecer. Todavia, se na ordem do método o *quid* deve preceder o *unde*, na impossibilidade de se conhecer o que seja esse fazer mal, que Agostinho já havia antecipado[29] não ser nada além de um desvio da aprendizagem (*disciplina*), numa palavra, na impossibilidade de definir o que seja o fazer em si, recorre-se à definição do resultado desse fazer, daquilo que foi mal feito, *male factum*, como se não se pudesse apreender o movimento em si, apenas o que foi por ele movido. Nada obstante as aparências, não se trata bem disso, de supor que o fazer mal só possa ser conhecido a partir de seus resultados, dos malfeitos (*malefacta*), dentre os quais Agostinho elenca três pecados capitais: adultério, homicídio e idolatria[30], porque esses feitos não são considerados maus por causa do código civil ou eclesiástico, e sim porque são mal feitos, ou seja, porque são feitos *male*, "de modo mau", o que remete a investigação, de modo circular, à questão inicial, o que seja esse malfazer. Na verdade Agostinho recorre aos malfeitos por outro motivo, bem mais eficaz, encontrar um mínimo denominador comum nas ações universal e pacificamente consideradas como más, pois seria um passo em falso iniciar uma discussão que se pusesse a investigar o mal existente na

---

26 Cf. *L.A.*: 1,1,1,3: *"sed quisque malus sui malefacti auctor est"*.

27 Cf. *L.A.*: **1**,1,2,5; 1,1,3,7; 1,1,3,9; 1,2,4,10; 1,3,6,14; 1,3,7,19; 1,16,34,115; 1,16,35,117; **2**,1,1,2; 2,1,3,5; **3**,1,2,11; 3,1,3,12; 3,4,11,41; 3,16,46,156; 3,22,64,233; 3,24,73,251 etc. Vejam-se também os verbetes *male facio* e *malefactum* no LÉXICO T-F.

28 *L.A.*: 1,3,6,14.

29 *L.A.*: 1,1,2,5.

30 Trata-se dos *peccata capitalia mortalia*, segundo a Igreja, dentre os quais o *sacrilegium* (idolatria) não será abordado por Agostinho no *L.A.* Cf. K. Bihlmeyer e Herman Tuechle, *História da igreja*. Vol. I. Antiguidade cristã. São Paulo: Paulinas, 1963, p. 128-29.

leitura de romances de cavalaria, malfeito de que se acusava um Dom Quixote, por exemplo, quando o próprio malfeito em questão fosse passível de controvérsia. E qual seria esse denominador comum, senão o fato de que nenhum fazer prescinde de um fazedor, ou seja, nenhum fazer, de que resultam os feitos, se faz sem um fazedor; o que desloca, como bem apontou Ricoeur, o mal do fazer em si para o fazedor, cujo fazer, a fim de que se lhe possa imputar, deve ser livre, ou seja, deve ser feito por seu próprio querer: *uoluntate sua*.

Portanto o malfazer, que se diz também "pecado", sendo um movimento do espírito onde se situa a causa do fazer, só poderá ser definido, ou qualificado, por assim dizer, como sendo algum outro tipo de movimento, de onde se concluirá, após longa argumentação, que não se trata senão de averter-se dos bens eternos e converter-se, em sentido contrário, aos bens temporais[31], movimento do espírito deflagrado pelo arbítrio livre da vontade[32]. Ora, se o malfazer é um movimento, o seu contrário, o bem fazer, não poderia ser menos que um movimento contrário, o qual, a partir do livro segundo em diante[33], passa a ser expresso por meio de outro advérbio, aparentemente mais significativo, *recte*, "retamente". De fato, sendo a reta geométrica a menor distância entre dois pontos, representada por uma linha sem curvas nem desvios, ou seja, sem imperfeições, compreende-se o sentido mais profundo desse "fazer retamente" (*recte facere*) em que o fazer bem se constitui, em sentido moral, de maneira concomitantemente direta e correta; fazer reto que tem por antípoda o fazer torto ou desviado, representado pelo termo técnico *peccatum*, fruto da ação de *peccare*, cometer um "desvio" de meta, um "erro" de alvo, por assim dizer. Logo, se o fazer mal, que se diz pecado, é um movimento, a célebre pergunta lembrada por Ricoeur, *unde malum*, merece reescrita: *unde iste motus existat*, "De onde se origina esse movimento?"[34]. Porém a questão aqui não é essa, e sim averiguar se de fato é lícita a distinção que Ricoeur atribui ao discurso agostiniano, entre ontologia e moral, ou ainda, se de fato é justa a leitura que faz o hermeneuta francês, ao dizer que Agostinho advogava uma visão exclusivamente moral do mal; afirmação que, ao menos até aqui, se vê sustentada.

Se de um lado parece inconveniente dizer que quem faz bem ou mal, faz retamente ou peca, simplesmente faz, intransitivamente, como se não fizesse

31 *L.A.*: 1,16,34,115.

32 *L.A.*: 1,16,35,117.

33 *L.A.*: 2,1,1,2.

34 *L.A.*: 3,1,2,11.

coisa alguma, apenas e simplesmente fizesse, visto que aquele que faz, seja bem, seja mal, pressuponha-se fazer alguma coisa (*aliquid facere*)[35] que se possa qualificar de boa ou má, de outro parece não importar muito o que faça, uma vez que qualquer fazer implique algum movimento, e sim "como" faça, ou seja, em que direção se mova, se para os bens eternos, ou se para os temporais, *recte* ou *male*. De fato, o pecado, dirá Agostinho[36], não é simplesmente fazer algo, mas fazê-lo injustamente (*iniuste aliquid facere peccatum*), injustiça essa que qualifica não propriamente o quê, mas o próprio fazer em si, numa palavra, o movimento. No entanto não é o fazer em si que é mau, do contrário se estaria condenando o próprio movimento, que é a vida da alma, a não dizer a própria alma, mas o "injustamente", numa palavra, aquilo que qualifica o fazer, que imprime sentido ao movimento do espírito, que, num dizer aristotélico, não parece ser mais que um mero acidente, não uma substância em si mesma. E parece ser precisamente isso o que imaginava Agostinho, como se pode depreender de suas palavras no tratado supracitado acerca da religião verdadeira:

> Logo o vício da alma é o que ela fez, e a dificuldade é a pena que padece por causa do vício; e isto é todo o mal. Porém *fazer* e *padecer* não é uma substância[37]; por causa disso a substância não é o mal. E deste modo nem a água é um mal, nem o animal que vive no ar, pois estas [duas] coisas são substâncias; mas o mal é a precipitação voluntária na água, e a sufocação que padece aquele que mergulhou.[38]

Por conseguinte a investigação que se deve levar a efeito se desdobra em duas vertentes: compreender se o movimento em si, o fazer *simpliciter*, seja um bem (*bonum*), isto é, se tenha estatuto ontológico; depois, se o "injustamente" (*iniuste*) também o seja. Para Agostinho, nenhuma dúvida, a primeira resposta é afirmativa, pois o movimento, ou fazer, não considerado a partir das coordenadas espaciais, como deslocamento entre um ponto geográfico A_g e um ponto

---

35 *L.A.*: 3,1,3,12: *"[E] ... nec bene aliquid faciam nisi per uoluntatem..."*.

36 *L.A.*: 3,16,46,156.

37 Cf. Aristóteles, *Cat.* 1b25-27. É possível Agostinho esteja aqui aludindo a duas das categorias referidas pelo filósofo macedônio: "fazer" (ποιεῖν) e "sofrer" (πάσχειν), numa palavra, ação e afecção.

38 *De uera religione* 20,39: *"Vitium ergo animae est quod fecit, et difficultas ex uitio poena quam patitur; et hoc est totum malum.* facere *autem et* pati *non est substantia; quapropter substantia non est malum. sic enim nec aqua malum est, nec animal quod uiuit in aere, nam istae substantiae sunt; sed malum est uoluntaria praecipitatio in aquam, et subfocatio quam mersus patitur"*.

B_g, o que é próprio dos bens corpóreos, mas neste caso apenas a partir de coordenadas temporais, por assim dizer, de uma imagem mental A_i até uma imagem mental B_i, por exemplo, como se dá nos movimentos do espírito, que se constituem o próprio pensar, enfim, embora não compartilhe de natureza eterna ou imutável como a natureza do Ser, esse mover-se se confunde com a própria vida inteligível, com o próprio espírito, que sem dúvida é considerado um bem em si. Agora, qual a real distinção, se de fato exista, entre o movimento em si e aquilo que se move, no âmbito do espírito, a vida inteligível, isso não é nada fácil responder, fugindo muito ao escopo desta investigação. Pois, sendo o espírito "sopro" (πνεῦμα), como se o define, de que seja sopro é questão de somenos importância, seja de ar, seja de vida, seja de inteligência, coisa que nada importa neste passo. Importa, sim, que, enquanto sopro, seja de que for, seja considerado por Agostinho como algo em si, numa palavra, um bem semovente. O "injustamente", por sua vez, talvez possa ser compreendido a partir das lições que a gramática tradicional nos oferece. Com efeito, sendo um modificador do fazer, o advérbio *iniuste*, "injustamente", cujo étimo é exatamente o ablativo que parece, "com injusta mente" (*iniusta mente*), ou seja, com a injustiça no espírito, não deixa também de ser um movimento do próprio espírito. Se o movimento do espírito é alguma coisa, resta saber então se o movimento do espírito com injustiça também o seja. Pois bem, se a Justiça era considerada uma das virtudes cardeais, um certo padrão de conduta moral, a não dizer jurídico, "atribuir a cada um o que é seu", segundo a sua definição clássica, para o platonismo de Agostinho era muito mais que isso, constituindo um bem em si, "um grande bem" (*magnum bonum*), do mais elevado estatuto ontológico. No entanto, se a Justiça é algo em si, sua negação, a injustiça ou não justiça (*in-iustitia*), seria o quê, senão a negação do que é em si, a negação de um grande bem, portanto o que não é em si mesmo? Assim sendo, se o fazer é algo, o fazer injustamente, que é o fazer com injustiça, não é senão algo que é com algo que não é, ou seja, um fazer que se anula ou se desfaz a si mesmo, conforme progride. Numa palavra, um fazer desfazendo, pois que coisa anula o fazer, senão o desfazer (*de-facio*); desfazer esse que em latim se diz "defeito" (*defectum*)? Logo o mal em si não é senão um desfazer do fazer, fazer que é um bem em si, portanto um defeito do bem em que se constitui o fazer (*deficere*); numa palavra, um desfazer do bem. Neste sentido, pois, esse desfazer não é alguma coisa, apenas a anulação daquilo que é. E se se diga que a destruição do fazer seja alguma coisa, se dirá em contrapartida que, enquanto desfazer, não pode sê-lo, porque se trata apenas de um movimento do que é para o que não é, movimento para trás, *rückwärts*, que, em si, não acresce ser, apenas dissolve o ser do que era, dissolução cujo destino é o nada, que não pode ser. Esse, portanto, é o pensamento de Agostinho; e a segunda pergunta se responde de modo francamente negativo, tendo em vista a inadmissibilidade do ser em si do "injustamente"[39].

Assim sendo, seja o que for que se faça, se se o faça quer *iniuste*, quer *male*, se está cometendo um *peccatum*. Contudo isso remete a questão ainda uma vez ao ponto de partida, pois o mal, neste caso, permanece exclusivamente na vontade do sujeito, naquele que faz, seja o que for, com a injustiça no espírito (*iniusta mente*), de modo não reto, numa palavra, *male* (com o mal no espírito), o que apenas corrobora a assertiva de Ricoeur, porque aqui não se trata senão de moral. Entretanto, nos estertores do *L.A.*[40], ao tratar das motivações do primeiro homem para averter-se da Sabedoria de Deus, movimento que se definiu como sendo o "mal", querendo saber se se teria afastado por estultícia, antítese da sabedoria, Agostinho parece abrir uma outra via hermenêutica. Diz ele, aventando possíveis perguntas de detratores, que, se o primeiro homem se afastou da Sabedoria estultamente (*stulte*), com a estultícia na mente, ou no espírito, termos que para o filósofo são sinônimos, então "existia nele a estultícia pela qual foi feito com que se afastasse", porque "estultamente coisa nenhuma poderia ter feito sem estultícia"[41]. Embora sejam argumentos antecipados de modo proléptico, ainda assim são palavras de Agostinho, o que permite que se faça a seguinte ilação: se nada se faz estultamente, ou seja, de modo estulto, sem que exista a estultícia no fazedor, de modo semelhante nada se faz bem ou retamente sem que exista nele bem ou retitude, nem se faz mal, ou peca-se, sem que no pecador exista mal ou malícia correspondente. Logo, se o mal é nada, quem

---

39 Cf. *83 Quaest.* Q. 6: "[...] o mal supremo nenhuma medida possui, pois carece de todo o bem. Portanto não é, porque em nenhuma aparência está contido, e todo este nome de "mal" se obtém da privação da aparência". (*summum ergo malum nullum modum habet, caret enim omni bono. non est igitur, quia nulla specie continetur, totumque hoc nomen mali de speciei priuatione repertum est.*); Q. 21: "[...] tudo o que é deficiente, é deficiente daquilo que é o Ser e tende a não ser. Porém ser e em nada ser deficiente é bom; e mau é ser deficiente. Mas aquele ao qual não ser não pertence não é a causa de ser deficiente, isto é, de tender a não ser, porque é a causa de ser, por assim dizer..." (*omne autem quod deficit, ab eo quod est 'esse' deficit et tendit ad non esse. esse autem et in nullo deficere bonum est, et malum est deficere. at ille ad quem non esse non pertinet non est causa deficiendi, id est, tendendi ad non esse, quia, ut ita dicam, essendi causa est...*).

40 *L.A.* 3,24,73,251.

41 *L.A.*: 3,24,73,251: *"si stulte, iam erat, inquiunt, in eo stultitia qua factum est ut recederet. non enim stulte aliquid sine stultitia facere poterat"*.

faz mal, seja o que for, o faz com o nada no espírito, o que, em última instância, significa que, embora o mal não tenha estatuto ontológico, sendo um defeito, um desfazer do bem, aquele que faz o mal guarda em si, enquanto faz mal, o próprio defeito, um desfazer do bem de si, um desfazer de sua própria natureza, que não é senão aquele movimento de aversão da vontade. De fato, nenhum mal poderia o primeiro homem ter praticado sem que em si houvesse esse movimento avertido da vontade. No entanto, se isso é um nada, nada lhe resta, ao fazedor, senão a própria vontade em si mesma, essa faculdade do espírito cuja causa está em si mesma[42]; nada ainda, pois, além da moral, como disse Ricoeur.

Neste passo uma breve recapitulação do que se disse até aqui talvez ajude a clarear a questão, que parece derrapar em tautologias. Dos dois tipos de mal considerados, segundo a opinião comum, como diz Agostinho no início do *L.A.*[43], o mal que se pratica e o que se sofre, se o segundo é apenas a Justiça divina retribuindo a cada um aquilo que fez por merecer, portanto sendo denominado "mal" de modo impróprio pelos sofrentes, o primeiro, e único, ao contrário do que se tem defendido de modo quase que unânime, assim como o fez Ricoeur, suspeita-se aqui não seja simplesmente moral, mas também ontológico, ainda que em certo sentido particular agostiniano, o que se explique talvez pela inexistência de real separação entre ontologia e moral no pensamento do autor. Na verdade, essa indistinção parece sugerida, de modo paradoxal, pela própria expressão utilizada por Ricoeur para descrever o discurso de Agostinho, "ontoteologia". Essa suspeita parece fundamentar-se, não porque essas categorias lhe fossem estranhamente anacrônicas, sendo um tanto temerário aplicá-las a seu modo de pensar, que seguramente era muito outro, mas acima de tudo em virtude daquele mesmo pivô fundamental que sustenta a opinião em favor da exclusiva moralidade do ato: a própria vontade (*uoluntas*). Com efeito, quando se faz mal, se o faz pela vontade, faculdade do espírito que, por ser um bem, como tudo o que foi criado por Deus, possui um estatuto ontológico. Logo, se se faz algo através da vontade, que é um bem, o próprio fazer em si deveria também ser sempre um bem, como disse Agostinho logo no início do *L.A.* em relação à inteligência, faculdade por que se aprende:

> Logo, se toda inteligência é boa, e se quem não intelige não aprende, todo aquele que aprende faz bem. Pois todo aquele que aprende intelige, e

[42] *L.A.*: 3,17,49,168.

[43] *L.A.*: 1,1,1,1.

todo aquele que intelige faz bem. Portanto quem quer que procure o autor pelo qual aprendemos alguma coisa sem dúvida procura o autor pelo qual fazemos bem. Por isso desiste de querer investigar não sei que mau ensinante. Pois se é mau, não é ensinante; se é ensinante, não é mau.[44]

Portanto todo movimento voluntário do espírito, por ser feito através da vontade, que é um bem, deveria em si mesmo ser sempre bom, fosse ele um movimento de conversão, fosse de aversão. Porém parece haver uma dificuldade nisso, pois, ainda que seja complicadíssimo distinguir certas faculdades do próprio espírito que as possui, suspeita-se que as duas potencialidades do espírito supracotejadas, inteligência e vontade, não pertençam à mesma categoria ontológica. Com efeito, o livre arbítrio é um bem de estatuto médio (*medium*)[45], diz Agostinho, que, embora seja um bem (*bonum*), pode ser mal (*male*) utilizado. Assim sendo, se a vontade é um bem, quando mal utilizada, pode ser avertida de sua própria natureza, que é boa. Por outro lado, quando bem (*bene*) ou retamente (*recte*) utilizada, converte-se para sua própria natureza, porque tudo o que é é bom. Mas que significa converter-se para sua natureza, ou dela averter-se? Aquilo que Agostinho denomina "bem" (*bonum*), assim se compreende porque Deus é o Ser supremo (*summum esse*), assim como o supremo Bem (*summum bonum*), pois ser, que é melhor do que não ser, é sempre bom, visto que tudo o que é tem sua origem em Deus, que só faz o que é bom. Logo tudo o que é constitui-se um bem, mais ou menos bom, segundo o seu gênero, ou seja, segundo sua proximidade com o Bem absoluto de que participa, que é Deus. E aquele que é de modo supremamente perfeito, o Bem supremo, não poderia senão ser perfeitamente Bom no mais alto grau. Logo, em Deus, Bem e Ser se equivalem, como de resto tudo aquilo que dele se possa dizer de modo conveniente. Portanto converter-se para sua própria natureza, ou seja, mover-se em sua direção, em seu favor e benefício, significa, em última instância, converter-se para o próprio Ser supremo, fonte do ser e do bem de si, conversão cuja consequência é o incremento do convertido, enquanto esteja convertido, incremento tanto de ser, como de bem. Logo todo convertido para sua própria natureza, cuja origem é o Bem absoluto, quanto mais dela se aproxime e lhe adira, natureza de que saiu, torna-se um bem cada vez maior, em sentido ontológico, ou seja, incrementa mais e

---

[44] *L.A.*: 1,1,3,9.

[45] *L.A.*: 2,19,50,191; 192; 52,196; 53,199.

mais o ser de si, quanto mais se aproxime, participando do Ser, o que faz dela igualmente melhor, em sentido moral.

> Pois a este exórdio, em que tu queres ser, se adiciones mais e mais "ser", te elevas e te constróis em direção ao que é de modo supremo; e assim tu hás de coibir-te de toda ruína, em que aquilo que é de modo ínfimo transita [em direção] a que não seja, fazendo ruir consigo as forças do seu amante.[46]

Já o movimento contrário, de aversão de sua própria natureza, um movimento que, por ser vicioso, lhe é antagônico (*contra naturam*)[47], promove um decréscimo do ser e do bem de si, tanto mais quanto mais se afaste o pecador do Ser supremo, tornando-se cada vez menos, pela corrupção viciosa do bem que era.

> [...] toda natureza, enquanto se corrompe, torna-se menos boa. Pois, ou não a prejudica a corrupção e não se corrompe, ou então, se se corrompe, prejudica-a a corrupção, e se prejudica, diminui algo de seu bem e torna-a menos boa.[48]

Se persiste o movimento de aversão, a ruína do bem é total, restando nada, que não é, pois somente é aquilo que foi criado por Deus, a que ele conferiu o ser, que é bom. Logo, não tendo criado o nada, o nada não é, e tudo o que se dirige para o nada, para não ser, dirige-se para a corrupção total do ser de si, que é também a aniquilação total do bem que era, desde sua criação. Esse movimento, como dito, é um movimento de desfazimento, que, enquanto movimento de aversão, *rückwärts*, inexiste, no sentido de que não possui ser, não podendo ser bom, porque não foi criado por Deus; ao contrário, trata-se apenas de um afastar-se, de um deixar de ser, corrompendo o bem de si – cujo nome é, como se sabe, "mal". Ora, se Deus deu à alma a vontade, que é, não lhe deu o que não é. Logo, quando a vontade, que é um bem, porque é, move-se em sentido de aversão do Ser, corrompem-se vontade e seu possuidor, o espírito, destruindo o ser recebido de Deus, e com ele o bem em que esse ser se constitui[49]. E mesmo

---

46 *L.A.* 3,7,21,74.

47 *L.A.* 3,17,48,167.

48 *L.A.* 3,13,36,126.

49 Cf. verbete *corrumpo* no Léxico T-F. Veja-se que Agostinho jamais se utiliza do verbo "corromper" em sentido moral, apenas ontológico.

que o mal não seja nada, por ser apenas o movimento de aversão do Ser supremo e de consequente desfazimento[50] do bem de si, quando o malfeitor se torna cada vez menos um bem, deixando cada vez mais de ser, essa perda de ser não se pode dizer simplesmente moral. E mesmo que Ricoeur se estivesse referindo exclusivamente ao segundo tipo de mal, de acordo com a opinião comum, o mal que se sofre, que a doutrina de retribuição desposada por Agostinho considera, ao contrário, um Bem, em se tratando da Justiça divina, administrada pela Providência ordenadora da Universalidade da criação, ainda assim, fosse esse o caso, essa dor, que se supõe ser perfeitamente justa, se bem sofrida e aceita com humildade pela alma, opera-lhe uma recuperação não apenas terapêutica, mas propedêutica e catártica do ser de si, de modo que restaure a eficácia do bem que era, em sua integralidade, e com ele de seu bem de estatuto médio, a vontade, tornando-se doravante capaz de habitar a Cidade celeste, o que tem implicações mais ontológicas que morais[51].

Quando faz mal, portanto, a vontade deixa de ser não apenas o bem que era, corrompendo-se, tanto mais quanto mais se afasta do Bem supremo, mas também deixa de ser o quanto era, ou seja, perde a quantidade de ser que possuía. Porém, enquanto ainda seja capaz de querer mal, de averter-se do Bem, permanece ainda algum bem, restando em si algum ser. Neste sentido, como dito, o mal nada mais é que o deixar de ser de algo que ainda é, deixar de ser esse que só é possível enquanto exista algo para deixar de ser, do contrário não poderia deixar de ser, corrompendo o que não mais possuísse. Logo não parece muito lógico dizer que esse deixar de ser, em que o mal se constitui, posto que penda da vontade de um sujeito, enfim, não parece condizente com o pensamento de Agostinho dizer desse movimento de desfazimento, desse *defectum*, que se diz "mal", que seja um movimento exclusivamente moral, conquanto não tenha um estatuto ontológico, por assim dizer. E ainda que se torne paulatinamente mais "mau" quanto mais faça mal (*male faciat*), contudo, à medida que que piora moralmente, pelo fato de corromper-se a natureza malfeitora, diminui também, na mesma proporção e em perfeita tautocronia, o bem de si, o que sem dúvida configura um mal de tipo ontológico. Posto que esse movimento se configure como inexistente, por ser apenas um desfazer de algo que é, uma diminuição da natureza, do ser de si do mal fazedor, enquanto decréscimo de ser, se considerado isoladamente, tanto quanto o nada, mesmo que não

---

50 Cf. verbetes *defectus, deficio, defectiuus* e *defectio* no Léxico T-F.

51 Cf. *L.A.* **3**,12,36,125; 21,61,213; 22,63,216; 64,217; 23,67,227-228; 23,69,233-70,239; 25,75,258-259.

tenha estatuto ontológico, por não ter sido criado por Deus, se pode de algum modo ser dito, pode do mesmo modo ser pensado. Por outro lado, mesmo não sendo alguma coisa em si mesmo, jamais deixa de ser um desfazimento daquilo que é, pois o que não é não pode mais desfazer-se, ou seja, não pode haver defeito no mal, não restando bem que desfazer-se. Ademais, nada pode averter-se do Bem, senão o que ainda é bom, em alguma medida; logo não há averter-se do Ser senão naquilo que se pode averter, naquilo que ainda possui ser, pois só o ser pode averter-se ou converter-se para o Ser. Do que se depreende que, ainda que esse movimento de aversão, que se diz "mal", situe-se exclusivamente na vontade, segundo Agostinho, não existindo senão num dado sujeito, não é pelo fato de que o mal em si, como o compreendia o pensamento de fundo gnóstico-maniqueu, tenha sido "engolido" pelo discurso ontoteológico de Agostinho, que se deva desvinculá-lo totalmente da ontologia, considerada, em sentido abrangente, como o discurso do ser. E se acaso se diga que o ser em si dos bens agostinianos não tenha que ver com o Ser em si, absoluto, em sentido aristotélico, lembre-se de que no pensamento do autor, de bases neoplatônico-cristãs, nenhum ser existe que não apenas tenha tido sua origem no Ser divino, a partir de que tudo o que é vem a ser, mas principalmente incremente ou diminua o ser de si, segundo sua maior ou menor proximidade e participação no próprio Ser, seja pela conversão, seja pela aversão.

Na metade final do terceiro livro[52], ao discorrer acerca do vício (*uitium*), uma outra palavra de viés teológico utilizada por Agostinho para referir o mal, diz ele que "o tanto que se adiciona à malícia dos vícios *é* o quanto se diminui da integridade das naturezas", pelo fato de que o vício é contra a natureza (*contra naturam*). O cálculo é simples: a cada tanto de malícia que se adiciona, pelo pecado, o mesmo tanto da natureza (substância) é diminuído, pela corrupção, de modo que se possa dizer que o ser de uma natureza decresça na proporção exata do acréscimo de seu vício. Nesse sentido, pois, como empreender uma radical dissociação entre o mal moral e o substancial, uma vez que toda substância inteligente, enquanto seja uma substância, para Agostinho não apenas é sempre um bem, mas também, em alguma medida variável, moralmente boa? Do mesmo modo, ainda que seja moralmente má, enquanto uma natureza viciosa que se está autocorrompendo, ainda assim, se subsiste, permanece algo de bom, seja em que grau diminuído for. Logo, se é sempre boa, enquanto natureza

---

52 *L.A.*: 3,13,38,132-14,41,143.

ou substância, ainda que esteja temporariamente má e diminuída, enquanto viciosa, isto é, ainda que esteja avertida do Bem, ainda assim, enquanto seja algo em si, será um bem. Porém, à medida que vai praticando o mal, torna-se mais e mais viciosa, deixando de ser um bem, até deixar de ser por completo. E se não faz mal senão aquela natureza que existe, não faz mal senão o que é bom, ou seja, o que é. Vê-se, portanto, que todos os atos ditos "morais" implicam alguma alteração no estatuto ontológico de uma dada natureza, e vice-versa: ser mais, quanto mais se converta ao Ser; ou ser menos, quanto mais dele se averta, como se perceberá de modo claríssimo e inequívoco no décimo segundo livro de *Cidade de Deus*, obra bastante posterior à escritura do *L.A.*, onde Agostinho justifica a deficiência a partir da criação do nada[53], ao dizer que, ao contrário da natureza plena e perfeita de Deus, que não pode padecer nenhuma deficiência, a das criaturas, que foram tiradas do nada, precisamente por isso, por terem saído do nada, que é o "defeito" absoluto, a total ausência de ser e bem, são todas elas, sem exceção, passíveis desse mesmo "defeito". Porém as criaturas, quanto mais bem façam tanto mais se tornam eficientes, ou seja, tanto mais têm causas eficientes, sendo o contrário igualmente verdadeiro, quanto mais mal façam tanto mais causas deficientes; numa palavra: quanto mais bem mais se aproximam da plenitude do Ser, que desconhece o defeito; ao revés, quanto mais mal mais se aproximam do defeito absoluto, que é aquele nada, que desconhece o Ser. Mas isso não implica que o malfazer cause o defeito, ou que basta fazer bem para tornar-se mais e mais eficiente, visto que essas duas coisas ocorram simultaneamente: tanto mais ser adquire quanto mais se aproxima da plenitude do Ser, sendo concomitantemente um bem maior e melhor; tanto menos ser possui quanto mais se averte do Ser, convertendo-se para o nada, que é o defeito, sendo concomitantemente um bem cada vez menor e pior.

> Disto eu tenho ciência, que a natureza de Deus nunca, em nenhum lugar, em nenhuma medida pode ser deficiente, mas que aquelas [naturezas], as quais foram feitas do nada, podem. As quais, contudo, quanto mais são e fazem coisas boas – pois aí elas fazem alguma coisa[54] –, possuem causas eficientes. Porém, enquanto são deficientes e em virtude disso fazem coisas más – pois que fazem elas aí, senão coisas vazias?[55] –, possuem causas

53 Cf. 2Mc 7,28: "ὅτι οὐκ ἐξ ὄντων ἐποίησεν αὐτὰ ὁ θεός".

54 Quer dizer, fazem algo que têm existência, que *é*.

55 Quer dizer, fazem coisas que são vazias de ser, pois mais próximas do nada.

deficientes. [...] Pois uma natureza se faz deficiente, não [ao mover-se] em direção às coisas más, mas de modo mau, isto é, não [ao mover-se] em direção às naturezas más; ao contrário, por isso é que [ela se move] de modo mau, porque [se move] contra a ordem das naturezas: desde Aquele que é de modo supremo em direção àquilo que é menos.[56]

Num último exemplo, extraído do *Enchiridon*, obra de sua maturidade intelectual e espiritual (*c.* 422), que pretende ser um epítome de toda a doutrina cristã, Agostinho deixa claro que manteve essa posição até ao final de sua vida: "quando se diz que uma natureza viciosa é uma natureza má, não parece que se está dizendo outra coisa senão que é mau o que é bom, e que não é mau senão aquilo que é bom"[57]. Ao dizer que seja simultaneamente mau e bom, não se refere a dois sujeitos, mas a uma mesma natureza. Se a alma constitui um bem em si, por ser um ser que é a partir do Ser supremo, embora seja contingencialmente má, enquanto mal fazedora, em vez de cindir o bem em si em duas partes, como se fossem duas substâncias, uma boa, uma má, ligadas uma à outra como gêmeos siameses, melhor seria ver, por meio de um só olho, uma única e mesma natureza em movimento de dupla direção, aversão e conversão, de si e para si. E respondendo, por fim, à questão posta no início, acerca da atribuição exclusivamente moral do mal feita por Ricoeur ao suposto discurso ontoteológico de Agostinho, digamos que esteja tanto mais certa quanto menos desconsidere a própria ontoteologia que ele lhe atribui.

* * *

---

[56] *Ciu. dei* 12,8. *"Hoc scio, naturam dei numquam, nusquam, nulla ex parte posse deficere, et ea posse deficere, quae ex nihilo facta sunt. quae tamen quanto magis sunt et bona faciunt – tunc enim aliquid faciunt –, causas habent efficientes. in quantum autem deficiunt et ex hoc mala faciunt – quid enim tunc faciunt nisi uana? –, causas habent deficientes. [...] deficitur enim non ad mala, sed male, id est, non ad malas naturas, sed ideo male, quia contra ordinem naturarum: ab eo quod summe est, ad id quod minus est".*

[57] *Ench.* 4,13: *"[...] cum uitiosa natura mala esse natura dicitur, nisi malum esse quod bonum est, nec malum esse, nisi quod bonum est...".*

um mau bem:
o paradoxismo da unidade
ensaio introdutório 2

Todo homem, mesmo fazendo guerra, busca a paz;
porém ninguém busca a guerra fazendo a paz.
Agostinho[1]

Enigma admirável pode constituir-se o homem a um qualquer leitor do filósofo de Hipona, se ele se depare inadvertidamente com passagem de uma de suas obras da maturidade, nomeadamente a resposta que elabora a seu amigo Laurêncio, quando, por volta dos anos 420, sua última década de vida[2], viu-se instado a produzir-lhe um livro de bolso, por assim dizer, um verdadeiro "manual" da doutrina cristã, o *Enchiridion*[3]. De modo surpreendente diz ali Agostinho que o homem não é senão um "mau bem" (*malum bonum*), o que ele mesmo reconhece em seguida parecer algo "absurdo" de ser dito, posto que absolutamente lógico[4]. Mas seria realmente lógico o dito absurdo, ou seria a própria lógica a verdadeira absurdidade? Sendo bom, como poderia ser mau? Se se constituía um bem, como poderia ser simultaneamente um mal, supondo que algo assim fosse de fato admissível no pensamento do autor? Não feriria o princípio aristotélico da não contradição, a célebre regra dos dialéticos[5], segundo suspeita do próprio autor? No entanto, sem que antes se tenha ao menos uma breve noção do pensamento agostiniano, não será nada fácil compreender como algo que em si mesmo se diz

---

1 *Ciu. dei* 19,12: *"omnis enim homo etiam bellegerando pacem requirit nemo autem bellum pacificando"*.

2 Agostinho nasceu e morreu no norte africano, cujo centro cultural e político era a célebre e vetusta cidade de Cartago. Com exceção dos cerca de cinco anos em que esteve entre Roma e Milão (383-388), o filósofo viveu praticamente toda a vida nas cidades africanas de Tagasta, Madaura, Cartago e Hipona.

3 A palavra de origem grega *enkheirídion* referia-se de modo geral a obras supostamente econômicas em suas dimensões, que podiam ser portadas na mão (*kheír*). Contudo, em sentido mais amplo, veio a significar uma espécie de "síntese" doutrinária, que podia ser compendiada num único rolo de papiro ou num pequeno códice. Precedente ilustre deste gênero literário é o *Manual* (Ἐγχειρίδιον) do filósofo estoico Epicteto (séc. I-II d.C.).

4 *Enchiridion* 4,13: *"... dici uideatur absurde..."*.

5 Lat. *dialecticorum regula*. A dialética era o que hoje se considera a lógica.

um “bem” possa também ser “mau”, expresso pelo oximoro[6] “mau bem”, de modo tanto mais absurdamente enigmático quanto surpreendentemente esclarecedor.

Universo ordenado

Já desde o final de sua juventude, nos estertores do século IV, no célebre e de certo modo frustrado trânsito entre a aspiração preliminar a uma vida reclusa numa comunidade ascético-filosófica cristã[7], bem ao modo das escolas de pensamento pós-socráticas, e a estafante e polêmica realidade pública de uma carreira eclesiástica, de modo especial numa África em grande parte donatista[8], Agostinho começa a conceber sua mundividência, rigorosamente ordenada, de início sustentada por alicerces solidamente platônicos, os quais ao longo dos anos foram sendo cada vez mais “cristianizados” por seu aprofundamento radical na doutrina. No diálogo acerca do livre arbítrio, que coincide com essa fase de transição suprarreferida[9], Agostinho concebe a universalidade da obra divina segundo uma ordenação rigidamente hierarquizada[10] em três grandes

---

6 Figura retórica de grande impacto, o oximoro, também chamado de “paradoxismo”, é definido na célebre obra de Fontanier (1821-1830) como “um artifício de linguagem pelo qual as ideias e as palavras, geralmente opostas e contraditórias entre si, encontram-se aproximadas e combinadas de maneira que, conquanto pareçam opor-se e excluir-se reciprocamente, surpreendem a inteligência por uma concordância mais que espantosa e produzem o sentido mais verdadeiro, assim como o mais profundo e mais enérgico”. Cf. Pierre Fontanier, *Les Figures du Discours*. Paris: Flammarion, 1937, p. 137.

7 Referência aos anos de 387 a 391. Cf. Peter Brown, *Agostinho. Uma biografia*. 7. ed. Rio de Janeiro: Record, 2012. Ver espec. Parte II, Cap.15. O futuro perdido, p. 181-94.

8 O donatismo (a partir do nome do bispo africano *Donatus*) foi uma corrente cismática surgida no início do século IV, após as últimas, porém violentíssimas, perseguições deflagradas contras os cristãos desde o final do século anterior pelos tetrarcas Diocleciano, Constâncio Cloro, Maximiano e Galério. Sua principal divergência com a Igreja Católica residia em sua recusa a aceitar os sacramentos comunicados pelos *traditores*, aqueles clérigos que haviam apostatado para fugir à morte na última perseguição, defendendo que os crentes fossem rebatizados. O donatismo cresceu muito após a morte de Donato, saindo completamente de controle, quando os chamados “circunceliões” aterrorizaram o norte da África com suas violentas incursões, não apenas contra os católicos, mas contra muitos proprietários rurais.

9 O *L.A.* foi iniciado em Roma, em 388, e terminado em Hipona, por volta de 395, quando Agostinho era um presbítero. Portanto começa a ser escrito por um leigo de aspirações ascético-filosóficas e termina pelas mãos de um clérigo, cujas responsabilidades doutrinárias não eram nada insignificantes.

10 Posto que o termo “hierarquia” seja anacrônico, cuja cunhagem se costuma remeter à obra de Dionísio Areopagita (*c.* V-VI), preferiu-se utilizá-lo por coadunar-se bastante bem com o

graus que contemplam toda a criação: grandes (*magna*), médios (*media*) e pequenos (*minima*). Diz-se "universalidade da obra divina" porque suas premissas em tempo algum deixaram de ser cristãs, dentre as quais se destacam duas das mais fundamentais: a criação de todas as coisas a partir do mais absoluto nada (*ex nihilo*) e a suma bondade onipotente do Criador[11]. Essas duas premissas, por sua vez, estão inextricavelmente associadas, sendo essenciais à noção agostiniana de ordem, porque, sendo Deus o sumamente bom Criador de tudo o que existe, nenhuma criatura pode ser má, do contrário, ou seu Criador seria mau, ou teria feito mal ao criá-la. Logo a rígida ordenação de Agostinho, ao compreender a universalidade da criação divina em sua estrutura tripla, não faz senão compartimentalizar em três grandes graus todos os bens (*bona*) do universo, visto tudo o que existe existir por ação única e exclusiva do Bem supremo, que é Deus. Num universo de tal modo ordenado, por conseguinte, não poderia haver lugar algum para o mal absoluto, que se costuma chamar de "ontológico", do contrário, ou haveria lugar igualmente para um certo Mal supremo e divino, sua causa, antípoda radical do Bem[12], ou ruiria por terra de imediato a segunda premissa, da bondosa onipotência do Criador.

Se considerado apenas o microcosmo em que se pode dizer constituir o próprio homem, que é também uma criatura de Deus, como tudo que existe, encontra-se a mesma divisão tripartite, neste caso referente a seus atributos. Na extremidade inferior da escala situam-se os bens ínfimos do homem, aquilo tudo que se compreende como corpóreo, o que inclui não apenas seu próprio corpo, mas com ele seus cinco sentidos instrumentais; na parte intermediária, suas faculdades mentais, como o arbítrio livre da vontade; na extremidade superior, por fim, suas virtudes, como as célebres quatro cardeais: prudência, coragem, temperança e justiça. Nessa ordenação altamente hierarquizada,

---

pensamento de Agostinho. Outros termos utilizados neste ensaio, posto que inexistentes no vocabulário agostiniano, foram adotados por causa de sua justa adequação aos propósitos desta argumentação.

11 Assim se diz apenas para efeito de síntese, pois, se se dissesse sumas Bondade e Onipotência do Criador, como se fossem dois atributos distintos, se estaria falando da mesma coisa, não apenas por causa da impredicabilidade divina, mas porque, em última instância, se não fosse onipotente, tampouco seria suprema sua Bondade, que em ambos os casos referem-se ao mesmo Deus. Com efeito, admite Agostinho no *Enchiridion* (24,96), se não fosse onipotente, Deus não poderia tudo o que quer, o que sem dúvida excluiria também qualquer bem que quisesse fazer (*neque enim ob aliud ueraciter uocatur omnipotentem nisi quoniam quiquid uult potest*).

12 Como defendia o pensamento de fundo gnóstico dos maniqueus, contra quem Agostinho escreve o *L.A.*

quanto mais adjacente aos corpos esteja um bem tanto menor será, em sentido absolutamente ontológico, o que equivale a dizer que será tanto menos quanto mais corpóreo for. Ao contrário, quanto mais afastado da dimensão corpórea e consequentemente mais próximo da dimensão do espírito, que é também a dimensão da mente[13], tanto mais sublime será considerado o bem. Destarte as potencialidades de seu próprio espírito, como a capacidade de arbitrar livremente sua vontade, movem-se em posição intermediária ao longo de um eixo vertical, por assim dizê-lo, podendo converter-se ora para cima (*sursum*), em direção às coisas do espírito, ora para baixo (*deorsum*), em direção aos corpos, sendo tanto melhores os movimentos dessas potências quanto mais espiritualizados forem, ou tanto piores quanto mais voltados ao elemento corpóreo.

Essa ordenação hierárquica não é gratuita, sendo antes devida a dois fatores primordiais: de um lado o platonismo, sustentado pelo "ser" parmenídico e pela matemática pitagórica, que desde seus primórdios sobrevalorizava a estabilidade (e verdade) das ideias em contraste com a fugacidade corruptível (e falsidade) dos corpos, reputados como cópia mal feita das realidades supracelestes, como se percebe pela célebre máxima atribuída ao neoplatônico Porfírio, cerca de meio milênio depois de Platão, mas que demonstra a vitalidade das doutrinas de seu mestre: "todo corpo deve ser evitado"[14]; de outro o testemunho do Gênesis[15], onde se diz que o homem foi feito à imagem e semelhança de Deus, que, sendo espírito, não poderia ser referido a nenhuma outra particularidade de suas criaturas além da mais excelente delas, sua mente. Se os grandes bens, imprescindíveis para o benfazer, como as virtudes, nunca podem ser mal utilizados, sendo elas o próprio bom uso das faculdades do espírito; e se os mínimos, como as perfeições corpóreas, são absolutamente prescindíveis para o benfazer, porque até mesmo um lusco poderia tornar-se virtuoso, no dizer do próprio filósofo; as potencialidades do espírito humano, por seu turno, consideradas por Agostinho como bens de estatuto ontológico médio (*media bona*), se são imprescindíveis para o bem viver, porque ninguém pode tornar-se virtuoso nem fazer o bem sem o concurso do arbítrio livre de sua vontade, estando o mérito moral situado nessa faculdade do espírito[16], contudo podem ser mal utilizadas:

---

13 Os vocábulos *mens* e *spiritus* para Agostinho são sinônimos. Cf. *L.A.* 1,8,18,61.

14 Cf. Agostinho, *Ciuitas dei* 13,17: *"omne corpus fugiendum"*.

15 Gn 1,26: *"Et ait [deus]: 'Faciamus hominem ad imaginem et similitudinem nostram'"*.

16 *L.A.* 1,14,30,101: *"in uoluntate meritum"*.

> Portanto as virtudes, com as quais se vive retamente, são grandes bens; porém as aparências, seja de que corpos forem, sem as quais se pode viver retamente, são bens mínimos; agora as potências do espírito, sem as quais não se pode viver de modo reto, são bens médios. Das virtudes ninguém se utiliza mal; porém dos restantes bens, isto é, dos médios e dos mínimos, pode-se utilizar não apenas bem, mas também mal. E da virtude ninguém se utiliza mal, porque a obra da virtude é o bom uso dessas coisas, das quais também podemos não nos utilizar bem. Porém ninguém, ao utilizar-se bem, se utiliza mal.[17]

De um ponto de vista mais abrangente, se se considere o homem como parte integrante daquele macrocosmo, o conjunto universal da criação, ocupa ele posição de extremo destaque no topo da escala das naturezas, ou ontológica, se o queira, porque constitui-se uma criatura que não apenas existe (*esse*), como os minerais, ou existe e vive (*uiuere*), como os vegetais e os animais irracionais, que possuem um corpo vivificado (ou movido) por uma alma (*anima*), mas principalmente porque possuem algo mais, algo que os assemelha ao seu divino Criador, numa palavra, porque além de ser e viver possuem também inteligência (*intellegere*). Porém esse grau ontológico, o da inteligência, supremo na escala das naturezas criadas, subdivide-se ainda em outros três subgraus, de modo a abarcar todas as criaturas racionais, sejam elas anjos, homens ou demônios[18]. E ainda aqui se sustém a mesma ordenação triádica, cujo mínimo denominador comum de função hierarquizante, contudo, entre as naturezas racionais, não é a própria inteligência[19], o atributo mesmo que as inclui neste gênero, mas a

17 *L.A.* 2,19,50,191-192: "*[...] uirtutes igitur, quibus recte uiuitur, magna bona sunt; species autem quorumlibet corporum, sine quibus recte uiui potest, minima bona sunt; potentiae uero animi, sine quibus recte uiui non potest, media bona sunt. uirtutibus nemo male utitur; caeteris autem bonis, id est, mediis et minimis, non solum bene sed etiam male quisque uti potest. et ideo uirtute nemo male utitur, quia opus uirtutis est bonus usus istorum, quibus etiam non bene uti possumus. nemo autem bene utendo male utitur*".

18 Dentre os quais não se exclui o diabo.

19 A inteligência não pode ser considerada como o mínimo denominador comum hierarquizante entre os três gêneros de naturezas racionais, simplesmente porque ela mesma é sempre um grande bem, que não os diferencia, não podendo jamais ser mal utilizada, como Agostinho deixa claro, já desde o início do *L.A.* (1,1,3,8), ao insistir que o mal não pode ser aprendido, visto que toda aprendizagem se dá por meio da inteligência, que é um grande bem. Se se argumentasse que era possível usar a inteligência para o mal, a resposta de Agostinho seria simples e direta: sendo um bem em si mesmo, a inteligência é o bom uso da faculdade racional, assim como as virtudes o são das demais faculdades do espírito, pois mesmo quem pensa mal não o

capacidade de arbitrar livremente o seu querer, que as qualifica como criaturas moralmente responsáveis. Assim, aquele bem médio do espírito, a vontade (*uoluntas*), que pode ser tanto convertida para o benfazer como para o seu contrário, o malfazer, uma vez ninguém, seja anjo, seja homem, seja o diabo, possa fazer bem ou mal, a não ser por intermédio dela, onde reside o mérito, bom ou mau, de toda ação[20], é que serve de parâmetro para a distinção de classes no gênero das naturezas racionais da criação.

Na posição suprema, dentro deste grau máximo das naturezas que não apenas são e vivem, mas também inteligem, ou seja, compreendem por meio de sua inteligência, encontram-se os anjos, cujas vontades são eternamente excelentes, porque nunca são permitidas por eles próprios, de modo absolutamente livre e jamais necessário, desviar-se do seu Bem supremo, Deus; numa palavra, os anjos impecáveis são ontologicamente mais e melhores, porque sua boa vontade é eterna e constantemente voltada para o sublime, *merito suo*. No fundo do poço desse grau superior da inteligência encontra-se o diabo e seus demônios, aqueles anjos caídos cujas vontades, péssimas, diz-se terem sido por eles avertidas do Bem supremo de modo livre e perpétuo[21]. Em posição intermédia, entre as criaturas angelicais e o diabo, nesse mesmo grau ontológico superior, o das naturezas que inteligem, situa-se o homem, criatura igualmente racional e dotada de arbítrio livre da vontade, portanto também moralmente responsável por seus atos. Porém, ao contrário das angélicas e das demoníacas, a vontade humana se encontra a meia distância entre os dois extremos: nem é péssima, eternamente avertida do Bem, tampouco ótima, perpetuamente convertida para ele, mas oscila, ora convertendo-se para Deus, ora dele se avertendo; movimento de aversão esse que será considerado por Agostinho, ao longo de toda sua vida, o próprio mal, que se diz também "pecado".

---

faz senão por meio de sua má vontade, nunca por meio da inteligência, porque o pensar, em si mesmo, é um grande bem. Demais, anjos, homens e diabo possuem inteligência, o que a invalida como critério discriminante.

20 *L.A.* 1,14,30,101.

21 O diabo constitui questão tão mais interessante quanto complexa, pois, sendo uma natureza inteligente, deveria constar do grau supremo da escala, das criaturas que são, vivem e inteligem, contudo, por não possuir um corpo de carne e viver uma vida que se designa como a própria "morte", pois eternamente apartado da Vida suprema, que é Deus, não se pode classificá-lo de modo simples e pacífico, ainda que, segundo a ontologia desdobrada no *L.A.* e corroborada no *Enchiridion*, seja lícito supor que se situe neste último grau.

A beleza da diversidade: mais ou menos bens

Embora Deus seja suprema e perfeitamente bom, nem tudo o que ele cria, considerado em si mesmo, é bom na mesma proporção, ou seja, nem tudo o que existe – por ter recebido o seu ser do Ser supremo (*summum esse*) – possui a mesma quantidade de ser, sendo lícito inferir, em decorrência disso, que nem todas as criaturas são igualmente boas, visto que ser e bem, neste caso, se equivalham. Todavia isso não significa dizer que as partes, consideradas individualmente, sejam más em si mesmas; ao contrário, tendo saído das mãos boas de um Criador onipotente, não podem ser senão igualmente boas, posto que em graus menores e diversos entre si. Por outro lado, embora suas partes sejam díspares, umas sendo mais, outras, menos, o que equivale a dizer umas serem sumamente boas, outras, menos boas, contudo o conjunto universal da criação de Deus, considerado em si mesmo como uma unidade, é excelente e perfeito, porque cada parte, seja ela ótima ou apenas boa, seja em que grau se a considere, coopera para a harmonia e perfeição do todo. No *manual* cristão, portanto, sugere Agostinho a seu amigo Laurêncio que, antes de tudo o mais, seja necessário suster com firmeza a crença de que a causa de toda criatura, visível ou não, não seja outra além da Bondade do Criador, nada havendo, seja no céu, seja na Terra, seja abaixo dela, que, ou não seja Deus, ou não tenha sido criado por ele[22], numa palavra, que nada exista que não seja um bem, em algum grau.

No entanto, essa crença em Deus sumamente bom, criador de todas as coisas, que sem exceção alguma são boas, não se harmoniza assim tão facilmente com a existência do mal, claramente perceptível no mundo. À parte o significado desse malfazer, como movimento avertido da vontade, que a cuidadosa argumentação do diálogo acerca do livre arbítrio desvela, importa notar, neste passo, o radical otimismo de Agostinho, ao contrário da pecha que muitos lhe atribuem, tanto mais apressados a condená-lo quanto menos dispostos, a não dizer aptos, a ler suas obras com a merecida atenção. Muito ao revés de quaisquer divagações dualistas dos sequazes do gnosticismo maniqueu, o universo, criação absoluta de um Deus bom e onipotente, é exclusivamente composto de bens, não havendo nele nenhum possibilidade de existência do mal em si, ao menos

---

22 *Ench.* 3,9: *"satis est christiano rerum creatarum causam, siue caelestium siue terrestrium, siue uisibilium siue inuisibilium, non nisi bonitatem credere creatoris, qui est deus unus et uerus; nullamque esse naturam quae non aut ipse sit, aut ab ipso"*.

enquanto Deus não deixe de existir, suposição nefasta, que, sendo ele eterno, nem mesmo se cogita.

Portanto no conjunto universal da criação, segundo essa disposição ordenadíssima, muito do que se chama "mal", como por exemplo a finitude irremediável da existência de todas as naturezas corpóreas e suas causas, parte integrante das vicissitudes inumeráveis e inevitáveis da vida, eventos que provocam irrefreável angústia na esmagadora maioria das criaturas racionais, se justifica também por cooperar para a harmonia do todo, diz Agostinho[23], porque, diante do pano de fundo do conjunto, imprime destaque ao bem, por meio do contraste que com ele estabelece[24]. Todavia dizer que existência do mal seja imprescindível para o bom funcionamento da engrenagem não significa dizer, como faziam os estoicos[25], com Crisipo, que foi duramente criticado por isso, que o mal seja necessário para o bem, o que sem dúvida implicaria reconhecer que Deus dele teve necessidade para que pudesse criar os bens, como se fosse uma condição *sine qua non*, o que jamais poderia conciliar-se com sua onipotência. Na verdade não se trata disso, do mal necessário, o que não apenas deporia contra a onipotência divina, mas também, o que seria ainda pior, torná-lo-ia completamente indiferente ao sofrimento humano. Na verdade trata-se acima de tudo da própria ordem da criação, que em sua perfeita diversidade, admitindo graus infinitos de bem, faz-se tão bela quanto boa, seja em suas partículas, consideradas isoladamente, seja na relação tanto mais contrastante quanto cintilante que estabelecem entre si, seja ainda em sua universalidade, na relação das partes com o todo; contraste reluzente esse, que de modo poético, como soía e amava fazer, ilustra o rétor Agostinho nesta bela passagem de *Cidade de Deus:*

> Ora, Deus não criaria nenhum, não digo dos anjos, mas até mesmo dos homens, que ele houvesse conhecido antecipadamente que seria mau, a não ser que soubesse igualmente para quais bons usos[26] os acomodaria, e assim honrasse o ordenamento dos séculos, também a partir deles, como um belíssimo poema [ornado] de antíteses. [...] Portanto, assim como os contrários opostos a seus contrários concorrem para a beleza do discurso, assim também, numa certa eloquência, mas não de palavras, e sim de coisas, está

---

23 *Ench.* 4,13.

24 *Ench.* 3,11: *"ut magis placeant et laudabiliora sint dum comparantur malis"*.

25 Cf. Jean Brun, *O estoicismo.* Lisboa: Edições 70, 1986, p. 60-61.

26 Liter.: "para quais usos dos bens". Trata-se de um genitivo objetivo.

composta a beleza do século pela oposição dos contrários. Isto foi posto de modo perfeitamente claro no livro do Eclesiástico (33,15), desse modo: "Contra o mal está o bem e contra a morte, a vida; assim também contra o piedoso, o pecador. E olha deste modo para a obra toda do Altíssimo, duas coisas de cada vez[27], [e verás] uma contrária à outra!".[28]

O defeito do nada

Porém não se pode negar que, de algum modo, o mal exista, se não em si mesmo, uma vez que tudo o que existe, tendo sido criado pelo Bem, deve ser bom em algum grau, ao menos enquanto movimento de aversão da vontade livre a partir do Bem imutável, que é Deus, e consequente conversão para os bens mutáveis, que tendem a deixar de ser pela corrupção, movimento esse que Agostinho define, no final do segundo livro do *L.A.*[29], como sendo o mais absoluto nada:

> [Movimento] que sem dúvida é mau, ainda que a vontade livre, porque sem ela não se pode viver retamente, deva ser numerada entre os bens. [...] Logo esse movimento não existirá a partir de Deus. Então de onde existirá? [...] se eu te responder que não tenho ciência disso, provavelmente ficarás triste, contudo terei respondido a verdade. Pois não se pode ter ciência do que é um nada. [...] Porém todo bem existe a partir de Deus [...] Logo aquele movimento de aversão, que reconhecemos ser o pecado, visto que é um movimento defectivo, e todo defeito existe a partir do nada [...] não duvides de que não pertence a Deus![30]

---

27 Liter.: "dois a dois".

28 *Ciu. dei* 11,18: *"Neque enim deus ullum, non dico angelorum, sed uel hominum crearet, quem malum futurum esse praescisset, nisi pariter nosset quibus eos bonorum usibus commodaret, atque ita ordinem saeculorum, tamquam pulcherrimum carmen etiam ex quibusdam quasi antithetis honestaret. [...] sicut ergo ista contraria contrariis opposita sermonis pulchritudinem reddunt, ita quadam non uerborum sed rerum eloquentia contrariorum oppositione saeculi pulchritudo componitur. apertissime hoc positum est in libro ecclesiastico [33,15] isto modo: Contra malum bonum est et contra mortem, uita; sic contra pium, peccator. et sic intuere in omnia opera altissimi, bina bina, unum contra unum".*

29 Cf. Vê-se que ainda assim, no "seio" do malfazer, no movimento de aversão da vontade, há uma quota considerável de bem, pois não apenas a vontade, por meio de que se faz mal, é um bem, mas os próprios objetos que ela persegue constituem bens, posto que próprios, mutáveis e corruptíveis, contudo, ainda assim, sempre bens, enquanto permaneçam.

30 *L.A.* 2,20,54,201-204.

Logo o pecado, ou mal, que se define como esse movimento de aversão do Bem imutável e conversão para os bens mutáveis, cujo estatuto ontológico não poderia ser senão nulo, do contrário teria de ter sido criado por alguém, criação que é prerrogativa única do Bem supremo, que é Deus, sendo um movimento defectivo, um "defeito" (*de-factum*) de uma natureza originalmente boa – no caso, um defeito da vontade –, não se pode compreender senão como um "desfazimento" (*de-facere*) daquela mesma natureza de que se constitui um defeito. Por isso o mal não pode ter uma causa eficiente, como se se tratasse de um produto que vem à luz através da técnica de um artesão, apenas uma causa deficiente, porque se trata da corrupção de algo, que sem dúvida ainda é alguma coisa, mas que não foi por ele criado. Neste sentido, dirá Agostinho, mais de vinte anos depois da escritura do *L.A.*, o que comprova a fidelidade com que desposou e sustentou essa tese, que o mal não poderia ser nada além da privação do bem[31], única coisa que realmente existe no universo perfeitamente ordenado, como o concebido por seu pensamento de fundo neoplatônico, a partir dos pressupostos piedosos sobre os quais erigiu todo o arcabouço de sua filosofia[32]. E como consequência imediata disso, o mal, sendo isso que se disse ser, esse defeito das naturezas, não poderia existir sem a existência do bem, muitíssimo ao contrário da tese estoica supramencionada. De fato, Deus não carecia do mal para que pudesse criar o bem, mas o mal é que carece do bem, se se pode dizê-lo, para que possa "ser" esse nada em que se constitui – o que a linguagem humana só consegue exprimir por meias verdades. Logo nenhum mal pode existir onde inexista o bem. Ciente da dificuldade do tema, em se tratando apenas de uma síntese de bolso, Agostinho ilustra seu argumento com o auxílio precioso do *exemplum*, mecanismo retórico para a demonstração da causa. Uma dada enfermidade corpórea, diz, nada mais pode ser considerada do que a corrupção da própria natureza do corpo, que devia estar são, de onde não deve ser considerada como algo em si, mas apenas um "defeito" ou "vício" da natureza de que se constitui patologia[33]. Pois a carne é que é a substância; ela é que é o bem, por ínfima se a considere, enquanto bem. A enfermidade, por sua vez, não se constitui uma substância em si, apenas a privação da saúde da carne, numa palavra, a privação do bem

---

31 *Ench.* 3,11: *"quid est autem aliud, quod malum dicitur, nisi priuatio boni"*.

32 Cf. *L.A.* 1,2,5,12-13.

33 *Ench.* 3,11: *"non enim ulla substantia, sed carnalis substantiae uitium est uulnus aut morbus"*.

que em si mesma é a carne[34]. Pode-se estender a comparação para que abranja também os males ditos "espirituais", que neste caso não se constituiriam mais que defeitos mentais, por assim dizê-lo, vícios de potencialidades do espírito que deveriam estar saudáveis, como o querer, por exemplo. De onde se permite concluir que tampouco ali existem, sendo os chamados "males do espírito" apenas a corrupção do bem que, embora menos saudável, ainda resta.

Quanto ao que ficou dito pouco antes acerca da diversidade da criação, cuja perfeita ordenação admite o contraste entre infinitos graus de bens, cooperando com a beleza da universalidade, depreende-se que, num universo ordenado como esse, em que só bens existem, o que coopera para sua beleza, no fim, não é o contraste qualitativo, entre duas substâncias distintas, bem e mal, mas quantitativo, entre graus suavemente matizados de um único grande gênero de substâncias, que compreende as naturezas todas da criação, as quais, embora toda sua incompreensível diversidade, se harmonizam perfeitamente no grande conjunto universal dos bens, criados pelo Bem supremo, pois "ser" é bom.

O defeito do bem

Portanto, se o conjunto universal da criação divina, os bens todos (*bona*), quer sejam denominados "substâncias" (*substantiae*), quer "naturezas" (*naturae*), sejam eles grandes, médios ou pequenos, enfim, se são todos bons, enquanto e na medida em que existam, porque oriundos do próprio Bem supremo, o Criador onipotente de todas as naturezas a partir do nada, decorre necessariamente disso que um bem qualquer, que fosse simultaneamente mau, ou seja, um mau bem, seria minimamente um oximoro, a não dizer um paradoxo irreparável. Porque, como diz o próprio filósofo, se tudo o que existe é bom, como pode ser mau aquilo mesmo que se diz que é bom? Porém é exatamente como um "mau bem" que Agostinho define o homem em seu manual da vida cristã, o *Enchiridion*, como posto no início deste ensaio. E o motivo por que começa agora a ser esclarecido.

Porém antes de contextualizar a passagem, que possamos de fato compreendê-la em sua simples complexidade, merece um breve exame sua estrutura gramatical, passo inaugural de qualquer análise, como suspeita o bom senso. Pois bem, o rétor não diz "mal bom", muito menos "mau bom", e sim

[34] *Ench.* 3,11: *"cum caro sit ipsa susbtantia, profecto aliquod bonum, cui accidunt ista mala, id est, priuationes eius boni, quod dicitur sanitas".*

"mau bem", estrutura essa em que figuram um termo qualificador, o adjetivo "mau" (*malus*), e um termo qualificado, o substantivo "bem" (*bonum*), construção que se justifica plenamente, tendo em vista tudo o que se propugnou por dizer até aqui. De fato, não se trata de dizer do mal, como uma possível substância (*natura*), que fosse algo em si mesmo, nem de alguma outra natureza qualquer implícita que estivesse sendo simultânea e paradoxalmente qualificada como boa e má, o que feriria o princípio lógico da não contradição, a regra dos dialéticos a que o próprio Agostinho se refere na sequência da passagem[35], e sim de uma substância em si mesma boa (*bonum:* substantivo neutro), ou ontologicamente boa, se se queira, porém que por algum motivo está sendo qualificada como má (*malum:* adjetivo neutro)[36]. A diferença é decisiva, pois de outro modo todo o seu esforço por conciliar a bondade de Deus com a existência do mal no mundo, sua "teodiceia" (*avant la lettre*)[37], ruiria por terra, se ao final de sua vida viesse a admitir que o mal em si mesmo, enquanto substância, de fato existisse. Porém, se a gramática ajuda a compreender a distinção entre o que é qualificado e o que qualifica, não permite neste caso ir muito além disso, uma vez que ainda não se sabe exatamente por que motivo algo que em si mesmo é um bem possa ser simultaneamente mau, ou seja, de que modo as naturezas, que se disseram insistentemente serem todas boas, podem também ser más.

Embora Ricoeur[38] tenha defendido que Agostinho desloca a problemática do mal do campo da ontologia para a moral, com seu discurso ontoteológico, transferindo sua imputabilidade do seio da Divindade, como queriam os gnósticos maniqueus, para o coração da vontade humana, numa palavra, do ser para o fazer, é certo que o filósofo de Hipona jamais pretendeu ignorar, seja o sofrimento humano, considerado um verdadeiro mal pelos sofrentes, ainda que se lhes constituísse apenas a Justiça de Deus agindo misteriosamente[39], seja o

---

35 Cf. *Ench.* 4,14: *"quapropter in iis contrariis quae mala et bona uocantur illa dialecticorum regula deficit, qua dicunt nulli rei duo simul inesse contraria"*.

36 Embora gramaticalmente fosse possível uma interpretação completamente contrária, considerando a dupla *malum bonum* ao invés como "bom mal", seu resultado não poderia ser confirmado pela sequência da argumentação do filósofo, muito menos por seu pensamento acerca do tema, como a exposição que se segue deixará claro.

37 Justificam-se as aspas em virtude do emprego anacrônico, cuidadosamente descontextualizado, deste termo, "teodiceia", cunhado apenas muito depois por Leibniz (séc. XVII-XVIII).

38 Paul Ricoeur, *Le mal. Un défi à la philosophie et à la théologie.* 3. ed. Genève: Labor et Fides, 2004.

39 Cf. *L.A.* 1,1,1,2: *"illius primi generis malorum nullo modo; huius autem secundi auctor est deus"*.

mal considerado como movimento livre de aversão da vontade a partir do Bem imutável e sua conversão em sentido contrário, para os bens mutáveis. De modo nenhum, o mal desde sempre constituiu uma das maiores preocupações de suas iniciativas intelectuais, como se vê desde o *L.A.* até ao *Enchiridion*, obras separadas por mais de vinte anos dedicados a toda uma vida de estudo e meditação sobre esse e outros temas correlatos.

Portanto, de tudo o que se disse acima acerca do mal nesse universo perfeitamente ordenado que Agostinho desdobra em sua obra, quem observa com atenção se vê forçado a concluir que nenhum mal pode manifestar-se, a não dizer existir, senão no próprio bem de que ele se constitui um mal, do contrário simplesmente não poderia ocorrer. Com efeito, nenhum mal pode existir onde nenhum bem exista, sendo óbvio o motivo, porque nada haveria ali para ser corrompido, visto o mal ser a corrupção (*defectum*) do bem. E o contrário não se tem por menos óbvio, porque onde nenhuma corrupção houvesse, ou nenhum bem ali se diria existir, restando o nada absoluto, ou então, se existisse, seria um bem incorruptível, uma natureza perfeita e imutável, como a de Deus[40]. Logo se é forçado necessariamente a concluir, ainda que de modo tão mais surpreendente quanto aparentemente paradoxal, que coisa alguma, a não ser que seja boa, pode jamais ser má[41]:

> Do que decorre algo surpreendente, pelo fato de que toda natureza, enquanto natureza, é um bem, quando se diz que uma natureza viciosa é uma natureza má, não parece que se está dizendo outra coisa senão que é mau o que é bom, e que não é mau a não ser aquilo que é bom. Porque toda natureza é um bem, nenhuma outra coisa poderia ser má, a não ser que a própria coisa que é má não fosse uma natureza. Consequentemente, não pode ser mau senão o que é bom. E conquanto pareça estar-se dizendo um absurdo, porém o nexo lógico deste raciocínio como que nos compele inevitavelmente a dizê-lo.[42]

---

40 *Ench.* 3,11: *"si naturae aliquid remanebit, quod iam corrumpi nequeat, profecto natura incorruptibilis erit"*.

41 *Ench.* 4,13: *"non igitur potest esse malum, nisi aliquod bonum"*.

42 *Ench.* 4,13: *"Vnde res mira conficitur, ut quia omnia natura, in quantum natura est, bonum est, nihil aliud dici uideatur, cum uitiosa natura mala esse natura dicitur, nisi malum esse quod bonum est: nec malum esse, nisi quod bonum est; quoniam omnis natura bonum est, nec res aliqua mala esset, si res ipsa quae mala est, natura non esset. non igitur potest esse malum nisi aliquod bonum. quod cum dici uideatur absurde, connexio tamen ratiocinationis huius uelut ineuitabiliter nos compellit hoc dicere."*

E se é assim, o homem, uma das criaturas mais elevadas na escala ontológica, porque não apenas existe e vive, mas também intelige, o que o torna imagem e semelhança do próprio Criador, sendo, portanto, enquanto e na medida em que exista, uma natureza boa, porque saída do Bem supremo, o Criador onipotente e bom de todos os bens, pode ele também, por ser um bem (*bonum*), ser igualmente mau (*malus*). E pode-se mesmo dizer que ele só pode ser mau porque é bom, do contrário isso não lhe seria possível. De fato, se nenhum bem houvesse no homem, nada haveria que corromper-se, não lhe sendo possível o mal, que outra coisa não é além da corrupção do bem em que ele se constitui, seja em que grau for. Portanto, se há indubitavelmente homens maus, isso não decorre da existência do mal em si, do mal que se diz "ontológico", mas do fato de que o homem é esse bem que pode ser corrompido, arbitrando livremente sua vontade, enquanto e na medida em que exista.

O homem agostiniano, portanto, é um bem que é mau, um verdadeiro "mau bem" (*malum bonum*)[43]. No entanto não se pode dizer que seja mau enquanto bem, enquanto homem, porque enquanto homem é um bem, uma natureza criada boa por Deus, o Ser supremo que só faz bem. Em vez disso, diz Agostinho que o homem é mau enquanto está corrompido, havendo nele iniquidade[44]. De fato, sendo homem, é bom, enquanto homem; sendo iníquo, é mau, pela corrupção que há nele[45]. Numa palavra, trata-se de um bem com defeito: enquanto ainda exista, em alguma medida será sempre um bem, pois tudo o que existe é bom, seja em que grau esteja. Porém enquanto natureza defeituosa, é mau, mas de modo nenhum um mal em si mesmo.

Mas o que é esse defeito, senão aquilo que falta à natureza, para que se torne integralmente boa novamente? Logo o defeito nada mais é do que o tanto de bem que lhe falta para que seja novamente uma natureza íntegra, como saída das mãos do Artífice divino. Do que decorre aquela outra definição dada acima pelo filósofo[46], do mal como sendo uma *priuatio boni*, uma "privação do bem", ou seja, o tanto de bem de que uma natureza esteja privada, posto que de modo voluntário. E o que é a privação do bem, senão ausência, carência ou falta de algo que em si mesmo é bom? Vê-se, pois, que de um ângulo ou

---

43 *Ench.* 4,13: *"si homo aliquod bonum est, quia natura est, quid est malus homo, nisi malum bonum?"*

44 *Ench.* 4,13: *"sed bonum quia homo, malum quia iniquus".*

45 *Ench.* 4,13: *"omnis itaque natura etiamsi uitiosa est, in quantum natura est bona est, in quantum uitiosa mala est".*

46 *Ench.* 3,11.

de outro não se escapa ao otimismo agostiniano, pois diga-se "defeito" ou "ausência" do bem, não se trata, em última instância, senão do próprio bem, a única coisa que realmente existe no universo perfeitamente ordenado que Agostinho teve de desdobrar, a fim de assegurar os pressupostos em que seu pensamento e sua vida se assentaram de uma vez para sempre.

O defeito original

Numa investigação cuidadosa de certos conteúdos, como por exemplo a questão acerca do bem e do mal, que se constituem reptos ao conhecimento humano, seja o que se adquire pelas percepções dos sentidos, seja o que é fruto dos movimentos sistemáticos da razão, advertia Agostinho[47], o ponto de partida deve ser a Escritura, cujos eventos narrados não apenas são tidos por testemunhos verdadeiros, mas acima de tudo contam com a chancela da divina autoridade. Por isso suas investigações invariavelmente desaguavam no estuário da autoridade divina; porém não como ponto de chegada, como se patrocinasse suas idiossincrasias com palavras pescadas na Letra divina, mas, bem ao revés, para alicerçá-las, desde a partida. Pois bem, de onde poderia partir numa investigação do movimento primordial de aversão da vontade humana, a não ser das páginas do livro do Gênesis, especificamente no jardim do Éden, onde viveram os primeiros humanos? A questão que se põe é simples: havia no paraíso alguma outra natureza, além da natureza boa do primeiro homem e da primeira mulher, como criados por Deus, o bom Criador de todos os bens, natureza que pudesse de algum modo ser corrompida? Se se responda que não, que não havia nenhuma outra natureza boa que ali pudesse ser corrompida, não se pode fugir à conclusão de que, no início, nada havia além do bem, que pudesse dar origem ao mal. Logo o mal não poderia ter surgido senão do próprio bem, pela aversão voluntária das vontades das primeiras criaturas racionais, Adão e Eva. Contudo, se se obtemperasse que ali estava também a serpente diabólica, representante de uma natureza já viciada, dever-se-ia forçosamente retroceder um tanto mais, em direção àquele tempo antes do tempo, por assim dizê-lo, de modo impróprio, em que havia apenas anjos, em perfeito deleite contemplativo da Presença do Criador. Aí então, na corte celeste, antes da criação do homem, seguramente nada poderia haver

[47] *Ench.* 1,4.

além de Deus, o Bem supremo e onipotente, e seu séquito angélico, o apogeu de sua criação. Neste caso, contudo, se se considere o primeiro anjo cuja vontade se perverteu, que seria posteriormente conhecido como o diabo, não há como não concluir, como percebera o próprio Agostinho, que antes de ter sido corrompida sua vontade angelical, ela era boa, perfeitamente boa, porque criatura de um Deus bom, que nunca criou nada além do bem. Logo nada de mau ali havia que pudesse ser corrompido, para além do próprio bem[48]. Numa palavra, nada havia no princípio que pudesse tornar-se mau, a não ser o que era originalmente bom, o que elimina qualquer possibilidade de um mal original ontológico.

O mal é bom

O resultado dessa ausência original do mal em si, por conseguinte, não pode ser outro além da atribuição da causa do mal perceptível no mundo à vontade deficiente daquele bem mutável que se afastou do Bem imutável: primeiro um anjo, depois, o homem[49]. Todavia, ainda que se considerasse a criatura racional apenas em sua condição prelapsária, se se indagasse do motivo por que Deus teria decidido criar um bem de perfeição tamanha, como as criaturas inteligentes, mas que pudessem também corromper-se, seguramente não se estaria indagando em vão, porém a resposta seria ainda a mesma: tudo decorre da suprema bondade do Criador, diria Agostinho, sustentando sua teodiceia, porque Deus prefere permitir que o mal exista, dele tirando o bem, a não permiti-lo em absoluto[50]. Com efeito, se Deus houvesse criado apenas naturezas incapazes de pecar, as teria criado igualmente incapazes de fazer o bem, visto nenhum mérito ser possível nas criaturas desprovidas daquela autonomia que só o livre arbítrio da vontade pode conferir. Numa palavra, teria criado autômatos, não naturezas inteligentes. Logo era preferível, argumenta Agostinho, que permitisse um mal menor, a corrupção dos bens a partir da aversão de sua vontade livre, a fim de que não impedisse a existência de um bem maior, a sua beatitude

---

48 Cf. Agostinho, *De uera religione* 13,25: "[...] o anjo mau, que se diz 'diabo', porque ele próprio, enquanto anjo, não é mau, mas apenas enquanto é perverso pela própria vontade" (*...malus angelus [...] qui diabolus dicitur, quia et ipse, in quantum angelus est, non est malum, sed in quantum peruersus est propria uoluntate.*)

49 *Ench.* 8,23: "*malarum uero ab immutabili bono deficientem boni mutabilis uoluntatem, prius angeli, hominis postea*".

50 *Ench.* 8,27: "*melius enim iudicauit de malis bene facere quam mala nulla esse permittere*".

perfeita a partir da livre conversão de sua vontade para o Bem supremo. Em verdade, a supressão da vontade das naturezas inteligentes não implicaria apenas a correspondente supressão de sua responsabilidade moral ou de suas faculdades racionais, mas sua completa aniquilação, enquanto naturezas inteligentes.

Não bastasse o argumento acima, a própria onipotência divina, uma das premissas sobre as quais se sustenta o arcabouço de toda a teologia cristã, constituindo-se o primeiro artigo do símbolo e princípio da confissão de fé[51], e com ela da teodiceia agostiniana, também serve de justificativa para a existência dos males que acossam os homens. O argumento é simples. Deus, sendo sumamente bom, não teria permitido que o que não fosse bom ocorresse, a não ser que não pudesse tê-lo feito. De onde se conclui que a "existência dos males" seja em si mesma boa, senão Deus, que é o Bem onipotente, não o teria permitido[52] – do contrário não poderia ser considerado onipotente, se fosse incapaz de fazer tudo o que quisesse e de impedir tudo o que não quisesse[53]. E se assim fosse, não apenas o símbolo, que se inicia com a confissão de fé num Deus onipotente, seria nulo, mas todas as demais premissas e conclusões que sobre essa presunção de onipotência se apoiam. Portanto deve-se crer que Deus faz o bem, mesmo quando permite que o mal exista, porque é justo[54]; e embora os eventos da vida, que se dizem "males", não sejam agradáveis, sua existência, ao lado dos bons eventos, deve ser considerada um bem[55].

O paradoxismo da unidade

Se o oximoro agostiniano "mau bem" pode considerar-se bastante esclarecido e em perfeita harmonia com a teodiceia proposta pelo filósofo, o que desanuvia a especiosa suspeita de absurdidade, não se pode dizer que com sua "ontoteologia", para lançar mão do termo cunhado por Ricoeur, Agostinho tenha aquietado completamente toda a angústia humana acerca dos eventos que

---

51 *Ench.* 24,96: *"hoc nisi credamus, periclitatur ipsum nostrae confessionais initium, qua nos in deum patrem omnipotentem credere confitemur".*

52 *Ench.* 24,96: *"nam nisi esset hoc bonum, ut essent et mala, nullo modo esse sinerentur ab omnipotente bono".*

53 *Ench.* 24,96: *"cui procul dubio quam facile est quod uult facere, tam facile est quod non uult esse non sinere".*

54 *Ench.* 24,96: *"nec dubitandum est deum facere bene etiam sinendo fieri quaecumque fiunt male. non enim hoc nisi iusto iudicio sinit".*

55 *Ench.* 24,96: *"tamen ut non solum bona sed etiam sint et mala bonum est".*

se incluem sob a rubrica "mal", tanto mais insondável quanto abrangente, nada obstante a definição que se lhe queira aplicar, tampouco que pacifique a mentalidade contemporânea, descrente de suas premissas piedosas em volume e intensidade consideráveis, quando imputa ao homem o malfazer, qualificando-o de "mau", ainda que o defina simultaneamente como um bem. Daí caber aqui, a título de últimas ponderações, algumas palavras acerca não apenas do oximoro agostiniano e de todo o arcabouço ontoteológico que carreia consigo, mas principalmente de suas possibilidades implicativas num mundo que lhe é totalmente estranho, as águas revoltas dessa dinâmica contemporaneidade pós-moderna em que a humanidade se debate, imersa.

O oximoro, também conhecido como "paradoxismo", a despeito do impacto especioso que causa, tão mais impressionante quanto mais contraditórios sejam seus termos, resulta diferente do paradoxo, que se pode compreender como uma combinação de ideias de tal modo contraditória que fere, por sua inconciliabilidade, o nexo lógico que rege o entendimento humano mais elementar. Se o paradoxo se caracteriza pela mais absoluta impossibilidade de conciliação dos termos que se contrapõem, o paradoxismo, ou oximoro, por sua vez, se caracteriza por um efeito completamente contrário, como se depreende da definição de Fontanier, citada em nota logo no início deste ensaio, que imprime destaque à "concordância espantosa" que a figura produz, apesar da aparente autoexcludência de seus termos constituintes. Porém o que importa, acima de tudo, é destacar da ótima definição de Fontanier o modo como o paradoxismo produz "o sentido mais verdadeiro, assim como o mais profundo e enérgico", embora seja constituído de "ideias e palavras geralmente opostas e contraditórias entre si", como se do seio de uma contradição inconciliável surgisse uma inesperada concordância. Pois bem, o paradoxismo conquista essa concordância entre elementos discordantes, diz Fontanier, por meio de uma "aproximação" e de uma "combinação" tais que, conquanto ao espectador ligeiro seja criada uma expectativa de entrechoque estrondoso entre as partes, ao contemplante diligente, ao contrário, a combinação e a aproximação dos termos "surpreendem a inteligência", permitindo assim perceber "uma concordância espantosa", obviamente não sem algum movimento da razão, que se configura aquele repto saudável de que se alimenta a vida inteligente.

Tendo em vista essa descrição do paradoxismo (que se denominará apenas oximoro, evitando confusão com a figura com que se quer contrastá-lo de perto, o paradoxo), qual seja: aproximar e combinar contrários aparentemente inconciliáveis, constituindo em si uma concordância espantosa, para que se atinja um sentido mais verdadeiro, profundo e enérgico, o que sem dúvida surpreende qualquer inteligência atenta que se ponha a contemplar o contraste entre a inimizade enganosa, que parece haver entre as partes, e a mais perfeita amizade, que resulta de sua combinação, surpresa tão mais espantosa quanto mais inconciliável aparente ser a inimizade entre os membros constituintes, enfim, diante do quadro que se vislumbra a partir da conceptualização de Fontanier, como não voltar o olhar para o cosmo perfeitamente ordenado de Agostinho, pano de fundo diante do qual brilham as cores contrastantes de sua definição oximorística do homem como um mau bem? Do mesmo modo como no oximoro o que se destaca são as cores brilhantemente antitéticas de uma contrariedade aparentemente inconciliável, assim também no cosmo perfeitamente ordenado agostiniano, embora se destaquem com brilho muita vez insuportável os contrastes entre bens e males, aparentemente inconciliáveis às mentes mais agudas, sua coexistência, contudo, pela aproximação e combinação misteriosamente divinas das partes entre si e o todo, favorece uma concordância espantosa e surpreendente. Na verdade, independentemente da assunção ou não dos pressupostos agostinianos, sem os quais sem dúvida seu discurso ontoteológico não se sustenta, o seu pensamento oximorístico pode conduzir a mentalidade hodierna a reflexões nada desprezíveis acerca da condição atual da humanidade, de modo nenhum aparente, mas claramente desprovida de conciliação. O oximoro, ao contrário do paradoxo, é a figura da unidade, não da disparidade ou da controvérsia, o que permite se contemple não apenas o homem e o cosmo agostinianos como perfeitamente conciliados em sua diversidade brilhante de bens grandes, médios e mínimos, mas a própria contemporaneidade com suas belicosas e intransigentes “diferenças”.

Portanto o mau bem agostiniano não é paradoxal, apenas oximorístico, pois o homem, seja considerado como um todo orgânico, seja em suas partes constituintes aparentemente adversárias, como seu corpo e seu espírito, enfim, seja a partir de que perspectiva se o considere, a aparente inimizade entre suas partes não impede que se mantenha uno, por mais desordenado se mostre, se elas estiverem em combate entre si. E se é uno, por que considerá-lo, seja enquanto ser individual, seja coletivo, como um paradoxo, irremediavelmente inconciliável? Por que não tê-lo, singular ou coletivamente, como um oximoro, cuja disparidade, ao invés de dilacerar-lhe e dissipar-lhe as partes constituintes em combate autodestrutivo, coopera para a harmonia e consequente beleza do colorido contrastante do mosaico harmônico em que ele se constitui? Indo além, o próprio mal em que se considera o sofrimento, seja corpóreo, ao qual as naturezas irracionais da criação também são submetidas, seja mental, como o humano, em última instância não é senão o desejo seminal do uno, intrinsecamente natural em cada coisa que existe, vive ou intelige, porque tudo, seja o que for, busca a paz da Unidade[56]. E embora as diferenças se destaquem pela luminosidade contrastante que entretecem, no seio úbere e belo da multiplicidade, uma tal universalidade não existe fora de sua unidade, não sendo possível a nenhuma individualidade ter sua beleza aferida, sem algum contraste que lhe determine o metro. Assim tudo coopera para a Beleza do conjunto universal da criação, que não pode ser senão uno, visto que o somatório das partes, consideradas individualmente, nunca será igual ao todo, porque, como diz Gilson[57], não pode haver mais na multiplicidade do que na própria Unidade. E se existe uma opulenta e bela multiplicidade na universalidade da criação, as criaturas todas, múltiplas em suas diferenças, cooperam para a Beleza do todo universal, porém enquanto partes constituintes de um mesmo conjunto, fora do qual nem poderiam subsistir, tampouco serem belas em si mesmas, porque nenhuma diversidade pode haver, a não ser na unidade do conjunto, cujas harmonia e beleza é que conferem correspondentes harmonia e beleza individuais às suas partes constituintes. Porém dizer "unidade" não significa dizer "igualdade", do contrário nenhuma beleza poderia ser destacada do contraste, que seria inexistente, fossem todas as partes iguais.

Infelizmente, contudo, não é desse modo oximorístico que se veem a si mesmos os homens na contemporaneidade, que se entrechocam, porém não como partes contrastantes e boas de um mesmo conjunto cintilantemente harmônico, mas como inimigos inconciliáveis, cada qual em sua postura marcial, descrente de qualquer ideia de Unidade ou universalidade. Como corpos impossibilitados pelas leis naturais de ocupar simultaneamente o mesmo espaço, cada "mau bem", seja em esfera individual, seja coletiva, como um lusco ao crepúsculo, contempla apenas sua própria pastilha, que se quer retrato indiscutível de sua verdade individualmente universal, incapaz de contemplar o mosaico em sua integridade, na diversidade de suas pastilhas coloridas, a partir de uma perspectiva mais ampla. E assim se dá por causa de sua postura paradoxal, que prefere pôr em destaque o que desagrega em detrimento do

---

56 Cf. *L.A.* 3,23,69,232-236.

57 Cf. Étienne Gilson, *Introdução às artes do belo.* São Paulo: É Realizações, 2010, p. 131-32.

que une, a disputa da diferença em lugar da paz da unidade. Nesse sentido, nenhuma dúvida há que Agostinho permanece mestre a ser seguido, pois, ainda que o pecado se destaque em sua teodiceia, por mais perturbado e dissipado esteja o pecador, ainda assim o vê como um bem em si mesmo, unido, em seu gênero, a todos os demais, que se constituem bens igualmente, sendo o que os une não os movimentos voluntários desiguais que cultivam em si, em direções as mais diversas, mas sua condição humana, ontologicamente boa. Portanto, enquanto as ideologias persistirem em sua amência, que não faz senão reforçar o inconciliável do que as diferencia e destaca umas das outras, segundo sua própria ablepsia, em busca de uma beleza exclusiva, independente do conjunto maior que lhe confere existência, não raro considerada por cada uma delas superior à da pastilha adjacente, posto que não o admitam, jamais encontrarão a paz que apregoam perseguir, e sim a hostilidade insidiosa que juram querer evitar, porque nenhuma paz é possível sem unidade, e nenhuma unidade é possível no entrechoque do inconciliável, visto que todo reino dividido em si mesmo só pode autodestruir-se[58]. Em lugar dessa perseguição desenfreada pela igualdade que ambicionam em revoltosa vaidade, inscientes da importância da diversidade para a beleza do todo, se reconhecessem, ao contrário, o que os une enquanto seres humanos, deixariam de fazer intumescer o cancro da diferença, a que prestam verdadeiro culto, exacerbando mais e mais o que os separa, demarca e divide, enclausurados em seus autoimpostos limites cada vez mais densos, e abririam por fim o coração à paz da Unidade, pois, como diz Agostinho, "ninguém há que não queira alegrar-se, assim como ninguém há que não queira possuir a paz"[59].

* * *

[58] Lc 11,17.

[59] *Ciu. dei* 19,12: *"sicut enim nemo est qui gaudere nolit, ita nemo est qui pacem habere nolit"*.

abreviações

abreviações

Agostinho

83 Quaest.	83 Questões diversas – *De diuersis quaestionibus octoginta tribus* (388-396)
C. Acad.	Contra os acadêmicos – *Contra academicos* (386-387)
C. Iul. opus imp.	Obra inacabada contra Juliano de Eclano – *Contra Iulianum opus imperfectum* (429-430)
Ciu. dei	Cidade de Deus – *De ciuitate dei* (413-427)
Conf.	Confissões – *Confessiones* (397-401)
En. in ps.	Comentários aos salmos – *Enarrationes in psalmos* (392-422)
Ench.	Enchiridion ou Livro da fé, esperança e caridade – *Enchiridion siue Liber de fide, spe et caritate* (421-422)
Ep.	Cartas – *Epistulae* (386-430)
Fide inuis.	A fé nas coisas invisíveis – *De fide rerum inuisibilium* (400)
L.A.	O livre arbítrio – *De libero arbitrio* (388-395)
Mag.	O mestre – *De magistro* (389)
Ord.	A ordem – *De ordine* (386-387)
Ret.	Retratações – *Retractationes* (426-427)
Sol.	Solilóquios – *Soliloquia* (386-387)
Trin.	Trindade – *De trinitate* (399-422/426)
Vt. cred.	A utilidade de crer – *De utilitate credendi* (391-392)

Outros autores

Apol. S.	Apologia de Sócrates – Platão
E.N.	Ética a Nicômaco – Aristóteles
En.	Enéadas – Plotino
Inuent.	Da invenção – Cícero
Rep.	República – Platão
Senec.	Catão o velho ou Da velhice – Cícero
Top.	Tópicos – Cícero
Tusc.	Tusculanas – Cícero

Avrelii Avgvstini

DE LIBERO ARBITRIO

Aurélio Agostinho

O LIVRE ARBÍTRIO

LIBER PRIMVS

1,1 **1.** EVODIVS – Dic mihi, quaeso te, utrum deus non sit auctor mali.

AVGVSTINVS – Dicam, si planum feceris de quo malo quaeras. duobus enim modis appellare malum solemus: uno, cum male quemque fecisse dicimus; alio, cum mali aliquid esse perpessum.

E – De utroque scire cupio.

A – At, si deum bonum esse nosti uel credis, neque enim aliter fas est, male non facit. rursus, si deum iustum fatemur, nam et hoc negare sacrilegum est, ut bonis praemia, ita supplicia malis tribuit; quae utique supplicia patientibus mala sunt. **2.** quam ob rem, si nemo iniuste poenas luit, quod necesse est credamus, quandoquidem diuina prouidentia hoc uniuersum regi credimus, illius primi generis malorum nullo modo; huius autem secundi auctor est deus.

E – Est ergo alius auctor illius mali, cuius deum non esse compertum est?

3. A – Est certe, non enim nullo auctore fieri posset. si autem quaeris quisnam iste sit, dici non potest, non enim unus aliquis est, sed quisque malus sui malefacti auctor est. unde si dubitas, illud adtende quod supra dictum est, malefacta iustitia dei uindicari. non enim iuste uindicarentur, nisi fierent uoluntate.

1,2 **4.** E – Nescio utrum quisquam peccet, qui non didicerit; quod, si uerum est, quisnam ille sit a quo peccare didicerimus, inquiro.

A – Aliquid boni existimas esse disciplinam?

E – Quis audeat dicere malum esse disciplinam?

A – Quid? si nec bonum nec malum est?

E – Mihi bonum uidetur.

A – Bene sane, siquidem scientia per illam datur aut excitatur, nec quisquam nisi per disciplinam aliquid discit. an tu aliter putas?

LIVRO PRIMEIRO

1,1 **1.** EVÓDIO – Diz-me, eu te peço, se acaso não é Deus o autor do mal.

AGOSTINHO – Direi, se tornares claro de que mal queres saber. Pois costumamos denominar o mal de dois modos: num, quando dizemos alguém ter feito mal; noutro, quando dizemos ter padecido algo de mau.

E – Desejo ter ciência de um e outro.

A – Porém, se sabes ou crês que Deus é bom, pois nem é lícito pensar de outro modo, mal ele não faz. Além disso, se reconhecemos que Deus é justo, pois negá-lo é também sacrílego, assim como distribui prêmios aos bons, distribui castigos aos maus; castigos que invariavelmente são males aos que os padecem. **2.** Por isso, se ninguém solve suas penas injustamente, o que é necessário creiamos, já que cremos este universo ser regido pela Providência divina, daquele primeiro gênero de mal, de modo nenhum; deste segundo, porém, o autor é Deus.

E – Logo existe um outro autor daquele mal, cujo autor constatou-se não ser Deus?

3. A – Existe, certamente, pois ele não poderia ser feito sem nenhum autor. Porém, se queres saber quem é ele, não se pode dizer, porque não há um único, mas cada homem mau é o autor de seu próprio malfeito. De onde, se tens dúvida, atenta ao que se disse acima, que os malfeitos são castigados pela justiça de Deus. Pois não seriam castigados justamente, se não fossem feitos pela vontade.

1,2 **4.** E – Não sei se alguém que não tenha aprendido peque; o que, se é verdade, quero saber quem é aquele de quem aprendemos a pecar.

A – Estimas que a aprendizagem seja algo de bom?

E – Quem ousaria dizer que a aprendizagem fosse um mal?

A – Que coisa é, se não é nem um bem nem um mal?

E – A mim me parece um bem.

A – Sem dúvida, pois se a ciência se dá ou se estimula através dela, ninguém senão através da aprendizagem aprende alguma coisa. Ou tu pensas de outra maneira?

E – Ego per disciplinam non nisi bona disci arbitror.

5. A – Vide ergo ne non discantur mala! nam disciplina, nisi a discendo, non dicta est.

E – Vnde ergo ab homine fiunt, si non discuntur?

A – Eo fortasse, quod se a disciplina, id est, a discendo, auertit atque abalienat. sed siue hoc, siue aliud aliquid sit, illud certe manifestum est, quoniam disciplina bonum est, et a discendo dicta est disciplina, mala disci omnino non posse. **6.** si enim discuntur, disciplina continentur, atque ita disciplina non erit bonum. bonum est autem, ut ipse concedis. non igitur discuntur mala et frustra illum a quo male facere discimus quaeris. aut, si discuntur mala, uitanda, non facienda, discuntur. ex quo male facere nihil est, nisi a disciplina deuiare.

1,3 **7.** E – Prorsus ego duas disciplinas esse puto: unam per quam bene facere, aliam per quam male facere discimus. sed cum quaereres utrum disciplina bonum esset, ipsius boni amor intentionem meam rapuit, ut illam disciplinam intuerer quae bene faciendi est, ex quo bonum esse respondi. nunc autem admoneor esse aliam, quam procul dubio malum esse confirmo, et cuius auctorem requiro.

8. A – Saltem intellegentiam non nisi bonum putas?

E – Istam plane ita bonam puto ut non uideam quid in homine possit esse praestantius; nec ullo modo dixerim aliquam intellegentiam malam esse posse.

A – Quid? cum docetur quisque, si non intellegat, poteritne tibi doctus uideri?

E – Omnino non poterit.

9. A – Si ergo omnis intellegentia bona est, nec quisquam qui non intellegit discit, omnis qui discit bene facit. omnis enim qui discit intellegit, et omnis qui intellegit bene facit. quisquis igitur quaerit auctorem per quem aliquid discimus, auctorem profecto per quem bene facimus, quaerit. quapropter desine uelle inuestigare nescio quem malum doctorem. si enim malus est, doctor non est; si doctor est, malus non est.

2,4 **10.** E – Age iam! quoniam satis cogis ut fatear non nos discere male facere, dic mihi unde male faciamus.

E – Eu julgo que através da aprendizagem não se aprendem senão coisas boas.

5. A – Logo presta atenção para que os males não se aprendam! Pois não se diz "aprendizagem" senão de "aprender".

E – E de onde são feitos pelo homem, se não se aprendem?

A – Talvez por isso, pelo fato de que ele se averte e se aliena da aprendizagem, isto é, do aprender. Mas se por esse, ou se por algum outro motivo, certamente isso está manifesto, que os males de modo algum podem ser aprendidos, visto que a aprendizagem é um bem, e que se diz "aprendizagem" a partir de "aprender". **6.** Pois, se são aprendidos, são contidos pela aprendizagem, e assim a aprendizagem não será um bem. Porém ela é um bem, como tu mesmo o concedes. Portanto os males não se aprendem e é em vão que buscas aquele de quem aprendemos a fazer mal. Ou então, se são aprendidos os males, são aprendidos para serem evitados, não feitos. Do que resulta que fazer mal nada é senão desviar-se da aprendizagem.

1,3 **7.** E – Na verdade eu reputo haver duas aprendizagens: uma pela qual aprendemos a fazer bem, outra pela qual aprendemos a fazer mal. Mas quando me perguntaste se a aprendizagem era um bem, o amor do próprio bem arrebatou-me a atenção, a fim de que considerasse aquela aprendizagem que é própria do fazer bem, por isso é que respondi que é um bem. Porém agora sou admoestado que existe outra, a qual longe de dúvida confirmo ser um mal, e de cujo autor novamente indago.

8. A – A inteligência, pelo menos, reputas não seja senão um bem?

E – Decerto reputo-a tão boa que não vejo no homem o que possa ser mais excelente; nem de modo algum eu teria dito que qualquer inteligência pudesse ser má.

A – Pois bem, quando se ensina alguém, se ele não intelija, poderá ser considerado por ti como tendo sido ensinado?

E – Não poderá, de modo algum.

9. A – Logo, se toda inteligência é boa, e se quem não intelige não aprende, todo aquele que aprende faz bem. Pois todo aquele que aprende intelige, e todo aquele que intelige faz bem. Portanto quem quer que procure o autor pelo qual aprendemos alguma coisa sem dúvida procura o autor pelo qual fazemos bem. Por isso desiste de querer investigar não sei que mau ensinante. Pois se é mau, não é ensinante; se é ensinante, não é mau.

2,4 **10.** E – Muito bem! Já que bastante me constranges para que eu reconheça que nós não aprendemos a fazer mal, diz-me de onde é que fazemos mal.

A – Eam quaestionem moues, quae me admodum adulescentem uehementer exercuit et fatigatum in haereticos impulit atque deiecit. quo casu ita sum adflictus et tantis obrutus aceruis inanium fabularum, ut, nisi mihi amor inueniendi ueri opem diuinam impetrauisset, emergere inde atque in ipsam primam quaerendi libertatem respirare non possem. **11.** et quoniam mecum sedulo actum est, ut ista quaestione liberarer, eo tecum agam ordine, quem secutus, euasi. aderit enim deus et nos intellegere quod credidimus faciet. praescriptum enim per prophetam gradum, qui ait: *Nisi credideritis, non intellegetis*, tenere nos bene nobis conscii sumus. credimus autem ex uno deo omnia esse quae sunt, et tamen non esse peccatorum auctorem deum. mouet autem animum, si peccata ex his animabus sunt, quas deus creauit – illae autem animae ex deo! –, quomodo non, paruo interuallo, peccata referantur in deum.

2,5 **12.** E – Id nunc plane abs te dictum est, quod me cogitantem satis excruciat et quod ad istam inquisitionem coegit et traxit.

A – Virili animo esto et crede quod credis! nihil enim creditur melius, etiamsi causa lateat cur ita sit. optime namque de deo existimare uerissimum est pietatis exordium; nec quisquam de illo optime existimat, qui non eum omnipotentem atque ex nulla particula commutabilem credit, bonorum etiam omnium creatorem, quibus est ipse praestantior, rectorem quoque iustissimum eorum omnium quae creauit, nec ulla adiutum esse natura in creando, quasi qui non sibi sufficeret. **13.** ex quo fit ut de nihilo creauerit omnia, de se autem non creauerit[1], sed genuerit, quod sibi par esset, quem filium dei unicum dicimus, quem, cum planius enuntiare conamur, dei uirtutem et dei sapientiam nominamus, per quam fecit omnia, quae de nihilo facta sunt. quibus constitutis, ad intellegentiam eius rei quam requiris, opitulante deo, nitamur hoc modo.

3,6 **14.** Quaeris certe unde male faciamus. prius ergo discutiendum est quid sit male facere. qua de re tibi quid uideatur exprome. quod si non potes totum simul breuiter uerbis conprehendere, saltim particulatim malefacta ipsa commemorando, sententiam tuam notam fac mihi.

A – Revolves uma questão que, quando jovem, consumiu-me sobremaneira e impeliu-me, exaurido, aos hereges, tendo-me prosternado. Nesta desventura de tal modo me afligi e fui esmagado por tamanho acervo de fábulas inanes que, se o amor de encontrar a verdade não me tivesse impetrado o socorro divino, não teria podido emergir dali e respirar naquela que é a principal liberdade, a de investigar. **11.** E porque adrede foi feito comigo, para que me desvencilhasse desta questão, conduzir-te-ei na mesma ordem que segui e escapei. Pois Deus estará presente e nos fará inteligir aquilo em que cremos. Porque estamos cônscios de seguir bem a sequência prescrita pelo profeta, que diz: "Se não crerdes, não inteligireis"[1]. Ora, cremos existirem a partir de um único Deus todas as coisas que existem, e que, contudo, Deus não é o autor dos pecados. Porém perturba a mente, se os pecados existem a partir destas almas, as quais Deus criou – almas essas, pois, [que existem] a partir de Deus! –, o modo como, nesta estreita relação, não se refiram a Deus os pecados.

2,5 **12.** E – Agora enunciaste com clareza aquilo que, quando cogito, bastante me excrucia e que me forçou e arrastou a esta investigação.

A – Sê de espírito viril e crê naquilo em que crês! Pois nada é mais digno de se crer, ainda que se oculte a causa por que assim o seja. Com efeito, ter o melhor conceito possível a respeito de Deus é o princípio mais legítimo da piedade; e ninguém tem o melhor conceito a respeito dele, que não crê que ele é onipotente e em partícula nenhuma absolutamente mutável, o criador de todos os bens, aos quais ele mesmo é superior, também o reitor justíssimo de todas as coisas que criou, e que não foi ajudado por alguma natureza ao criar, como alguém que se não bastasse a si mesmo. **13.** Do que resulta ter criado todas as coisas a partir do nada, porém aquele que dizemos ser o Filho único de Deus, não o criou a partir de si, mas gerou, visto que era igual a si, o qual, quando empreendemos enunciar mais claramente, denominamos "Virtude de Deus" e "Sabedoria de Deus"[2], através do qual ele fez todas as coisas, as quais foram feitas a partir do nada. Estabelecido isto, esforcemo-nos deste modo, Deus nos propiciando os meios, para chegar à inteligência daquele assunto que queres saber.

3,6 **14.** Queres saber com certeza de onde é que fazemos mal. Logo deve-se examinar primeiramente o que é "fazer mal". Expõe-me a respeito do tema o que te parece. Mas se não podes em breves palavras compreender tudo ao mesmo tempo, ao menos recordando individualmente os próprios malfeitos, dá-me a conhecer a tua opinião.

E – Adulteria et homicidia et sacrilegia, ut omittam caetera, quibus enumerandis uel tempus uel memoria non suppetit, quis est cui non male facta uideantur?

15. A – Dic ergo prius cur adulterium male fieri putes. an quia id facere lex uetat?

E – Non sane ideo malum est, quia uetatur lege; sed ideo uetatur lege, quia malum est.

A – Quid? si quispiam nos exagitet, exaggerans delectationes adulterii et quaerens a nobis cur hoc malum et damnatione dignum iudicemus, num ad auctoritatem legis confugiendum censes hominibus, iam non tantum credere, sed intellegere cupientibus? **16.** nam et ego tecum credo, et inconcusse credo, omnibusque populis atque gentibus credendum esse clamo malum esse adulterium. sed nunc molimur id, quod in fidem recepimus, etiam intellegendo, scire ac tenere firmissimum. considera itaque, quantum potes, et renuntia mihi quanam ratione adulterium malum esse cognoueris.

E – Hoc scio malum esse, quod hoc ipse in uxore mea pati nollem. quisquis autem alteri facit quod sibi fieri non uult, male utique facit.

17. A – Quid? si cuiuspiam libido ea sit, ut uxorem suam praebeat alteri libenterque ab eo corrumpi patiatur, in cuius uxorem uicissim cupit parem habere licentiam, nihilne male facere tibi uidetur?

E – Immo plurimum.

A – At iste non illa regula peccat, non enim id facit quod pati nolit. quam ob rem aliud tibi quaerendum est, unde malum esse adulterium conuincas.

3,7 **18.** E – Eo mihi uidetur malum, quod huius criminis homines uidi saepe damnari.

A – Quid!? propter recte facta nonne homines plerumque damnati sunt? recense historiam, ne te ad alios libros mittam, eam ipsam quae diuina auctoritate praecellit, iam inuenies quam male de apostolis et de omnibus martyribus sentiamus, si placet nobis damnationem certum indicium esse malefacti, cum illi omnes damnatione digni propter confessionem suam iudicati sunt. **19.** quam ob rem, si quicquid damnatur malum est, malum erat illo tempore credere in Christum et ipsam confiteri fidem. si autem

E – Adultérios, homicídios e sacrilégios, para que omita os restantes, que o tempo ou a memória não seriam suficientes para enumerar, a quem é que não seriam considerados [atos] mal feitos?

15. A – Então diz-me primeiramente por que reputas que o adultério seja [um ato] mal feito. Porventura porque a lei proíbe fazê-lo?

E – Seguramente não é mau por isso, porque é proibido pela lei; mas é proibido pela lei precisamente porque é mau.

A – Pois bem, se alguém nos provoque, exagerando os deleites do adultério e querendo saber de nós por que o consideramos mau e digno de condenação, por acaso julgas que os homens, que já não desejam apenas crer, mas também inteligir, devam refugiar-se na autoridade da lei? **16.** Pois eu mesmo não apenas creio contigo, mas creio de modo inconcusso, e proclamo a todos os povos e nações que se deve crer que o adultério é mau. Mas agora estamos empenhados em ter ciência e reter do modo mais firme possível aquilo que acolhemos na fé, também inteligindo. E assim considera, quanto possas, e me comunica por que entendeste que o adultério é mau.

E – Tenho ciência de que é mau, porque eu mesmo não gostaria de padecê-lo na minha esposa. Pois quem faz ao outro o que não deseja feito a si, invariavelmente faz mal.

17. A – Pois bem, se a inclinação sensual de alguém seja tal, que ofereça a um outro a sua própria esposa e padeça com prazer que ela seja corrompida por ele, para com cuja esposa, por sua vez, deseja ter semelhante licença, não te parece fazer mal?

E – Muitíssimo pelo contrário.

A – Mas esse peca não por aquela regra, pois não faz o que não quer padecer. Por isso outro motivo deve ser procurado por ti, para que me convenças de onde é que o adultério é mau.

3,7 **18.** E – Parece-me mau, porque tenho visto com frequência homens serem condenados por esse crime.

A – Quê!? Não foram os homens condenados tantas vezes por causa de atos retamente praticados? Para que te não remeta a outros livros, perscruta a história, aquela mesma que se sobreleva pela autoridade divina, então descobrirás quão mal acerca dos apóstolos e de todos os mártires sentiríamos, se nos aprouvesse [considerar] que a condenação fosse um indício certo de malfeito, visto que todos eles foram julgados merecedores de condenação por causa de sua confissão [de fé]. **19.** Por isso, se tudo o que se condena é mau, mau era também naquele tempo crer em

non omne malum est quod damnatur, quaere aliud, unde adulterium malum esse doceas.

E – Quid tibi respondeam non inuenio.

3,8 **20.** A – Fortassis ergo libido in adulterio malum est. sed, dum tu foris in ipso facto quod iam uideri potest malum quaeris, pateris angustias. nam ut intellegas libidinem in adulterio malum esse, si cui etiam non contingat facultas concumbendi cum coniuge aliena, planum tamen aliquo modo sit id eum cupere, et, si potestas detur, facturum esse, non minus reus est quam si in ipso facto deprehenderetur.

21. E – Nihil est omnino manifestius; et iam uideo non opus esse longa sermocinatione ut mihi de homicidio et sacrilegio, ac prorsus de omnibus peccatis persuadeatur. clarum est enim iam nihil aliud quam libidinem in toto malefaciendi genere dominari.

4,9 **22.** A – Scisne etiam istam libidinem alio nomine cupididatem uocari?

E – Scio.

A – Quid? inter hanc et metum nihilne interesse, an aliquid putas?

E – Immo plurimum haec ab inuicem distare arbitror.

A – Credo te ob hoc arbitrari, quia cupiditas adpetit, metus fugit.

E – Est ita ut dicis.

A – Quid, si ergo quispiam, non cupiditate adipiscendae alicuius rei, sed metuens ne quid ei mali accidat, hominem occiderit, num homicida iste non erit?

23. E – Erit quidem, sed non ideo factum hoc cupiditatis dominatu caret, nam qui metuens hominem occidit, cupit utique sine metu uiuere.

A – Et paruum tibi uidetur bonum sine metu uiuere?

E – Magnum bonum est, sed hoc illi homicidae per facinus suum prouenire nullo modo potest.

24. A – Non quaero quid ei prouenire possit, sed quid ipse cupiat. certe enim bonum cupit, qui cupit uitam metu liberam, et idcirco ista cupiditas culpanda non est, alioquin omnes culpabimus amatores boni. proinde cogimur fateri esse homicidium, in quo nequeat malae illius cupiditatis dominatio

Cristo e confessar a própria fé. Porém, se nem tudo o que se condena é mau, procura outro motivo de onde dês a conhecer que o adultério é mau.

E – Não encontro o que te possa responder.

3,8 **20.** A – Talvez então a inclinação sensual seja o mal no adultério. Contudo, enquanto buscas fora, no próprio feito, o mal que agora pode ser visto, tu padeces angústias. Por exemplo, para que intelijas que a inclinação sensual é o mal no adultério, [considera o seguinte:] caso não se consume para alguém a possibilidade de deitar-se com o cônjuge alheio, não obstante seja de algum modo evidente que ele deseja isso, e se o poder lhe fosse dado, haveria de fazê-lo, ele não é menos réu do que se fosse surpreendido no próprio feito.

21. E – Nada absolutamente é mais manifesto; e agora vejo não ser necessário, por meio de uma longa discussão, que se me persuada com respeito ao homicídio e ao sacrilégio, e também com respeito a todos os pecados. Pois agora está claro que nada além da inclinação sensual domina em todo gênero de malfazer.

4,9 **22.** A – Tens ciência ainda de que essa inclinação sensual é chamada de um outro nome, a saber, "desejo"?

E – Tenho ciência.

A – Pois bem, entre este [desejo] e o medo nenhuma diferença há, ou reputas haver alguma?

E – Pelo contrário, julgo distarem muito um do outro.

A – Creio que tu julgas assim, porque o desejo procura obter, o medo evita.

E – É assim como dizes.

A – Pois então, se alguém matar um homem, não pelo desejo de adquirir alguma coisa, mas temendo que algo de mau lhe aconteça, não será esse homem porventura um homicida?

23. E – Certamente o será, mas não porque este fato carece do domínio do desejo, pois aquele que mata um homem, embora temendo, deseja sempre viver sem medo.

A – E viver sem medo te parece um bem pequeno?

E – É um grande bem, mas este não pode de modo algum sobrevir ao homicida por meio de seu crime.

24. A – Não estou perguntando o que lhe possa sobrevir, mas o que ele mesmo deseja. Pois quem deseja uma vida livre do medo certamente deseja um bem, e por isso tal desejo não deve ser culpado, do contrário culparemos todos os

repperiri, falsumque erit illud, quod in omnibus peccatis, ut mala sint, libido dominatur, aut erit aliquod homicidium, quod possit non esse peccatum.

25. E – Si homicidium est hominem occidere, potest accidere aliquando sine peccato. nam et miles hostem, et iudex uel minister eius nocentem, et cui forte inuito atque imprudenti telum manu fugit, non mihi uidentur peccare, cum hominem occidunt.

A – Adsentior, sed homicidae isti appellari non solent. responde itaque utrum illum qui dominum occidit, a quo sibi metuebat cruciatus graues, in eorum numero habendum existimes, qui sic hominem occidunt, ut ne homicidarum quidem nomine digni sint?

E – Longe ab eis istum differre uideo, nam illi uel ex legibus faciunt uel non contra leges, huius autem facinus nulla lex adprobat.

4,10 **26.** A – Rursus me ad auctoritatem reuocas, sed meminisse te oportet id nunc a nobis esse susceptum, ut intellegamus quod credimus. legibus autem credimus. tenptandum itaque est, si quo modo possumus, id ipsum intellegere, utrum lex quae punit hoc factum non perperam puniat.

27. E – Nullo modo perperam punit, quandoquidem punit eum, qui uolens et sciens dominum necat, quod nullus illorum.

A – Et quid? recordaris te paulo ante dixisse in omni facto malo libidinem dominari, et eo ipso malum esse?

E – Recordor, sane.

28. A – Quid? illud nonne idem tu concessisti eum qui cupit sine metu uiuere non habere malam cupiditatem?

E – Et hoc recordor.

A – Cum ergo ista cupiditate a seruo dominus interimitur, non illa culpabili cupiditate interimitur. quam ob rem cur sit hoc facinus malum nondum comperimus. conuenit enim inter nos omnia malefacta non ob aliud mala esse, nisi quod libidine, id est, inprobanda cupiditate, fiunt.

29. E – Iam mihi uidetur iniuria iste damnari, quod quidem non auderem dicere, si aliud haberem quod dicerem.

A – Itane est?! prius tibi persuasisti tantum scelus impunitum esse oportere, quam considerares utrum ille seruus propter satiandas libidines

amadores do bem. Portanto somos forçados a reconhecer que existe um homicídio em que não se pode encontrar o domínio daquele mau desejo, e será falso que em todos os pecados, para que sejam males, a inclinação sensual domina, ou então haverá um outro homicídio que possa não ser um pecado.

25. E – Se o homicídio é matar um homem, pode acontecer algumas vezes sem pecado. Com efeito, não me parecem pecar, quando matam um homem, nem o soldado, [ao matar] o inimigo, nem o juiz ou o seu ministro, [ao executar] um criminoso, e nem aquele, invito ou imprudente, a quem por acaso escapa da mão um dardo.

A – Assinto, mas esses não costumam ser chamados de homicidas. Sendo assim, responde se acaso estimas que aquele que mata o seu senhor, de quem temia para si graves torturas, deva ser considerado no número daqueles que matam um homem assim, de modo que nem sequer sejam dignos do nome de homicidas.

E – Vejo que esse distingue-se em muito daqueles outros, pois aqueles agem conforme a lei, ou então não contrariam as leis, porém o crime desse nenhuma lei aprova.

4,10 **26.** A – De novo me chamas de volta à autoridade, mas convém que estejas lembrado agora daquilo que por nós foi acatado, que procurássemos inteligir aquilo em que cremos. Ora, nós cremos nas leis. Assim sendo, deve-se tentar, se de algum modo pudermos, inteligir se acaso a lei que pune este feito não o puna incorretamente.

27. E – De modo nenhum pune incorretamente, visto que pune aquele que mata o seu senhor querendo e tendo ciência, o que nenhum dos outros faz.

A – Ora, tu te recordas de agora há pouco ter dito que a inclinação sensual domina em todo mau feito, e que por isso mesmo ele é mau?

E – Recordo, sem dúvida.

28. A – Pois bem, não concedeste tu igualmente que aquele que deseja viver sem medo não possui um desejo mau?

E – Também disso me recordo.

A – Logo, quando o senhor é morto pelo escravo por meio desse desejo, não é morto por aquele outro desejo culpável. Por isso ainda não descobrimos o motivo por que este crime é mau. Pois concertou-se entre nós que todos os malfeitos não são maus por outro motivo, senão porque se fazem com inclinação sensual, isto é, com um desejo que deve ser reprovado.

29. E – Agora já me parece que esse escravo esteja sendo condenado com injúria, o que certamente não ousaria dizer, se tivesse outra coisa que dizer.

A – E é assim?! Primeiro te deixaste persuadir de que tamanho crime devia ficar impune, antes que considerasses se acaso o tal escravo desejou livrar-se do medo

suas metu domini carere cupiuerit? **30.** cupere namque sine metu uiuere non tam bonorum, sed etiam malorum omnium est. uerum hoc interest, quod id boni adpetunt auertendo amorem ab his rebus quae sine amittendi periculo nequeunt haberi. mali autem, ut his fruendis cum securitate incubent, remouere inpedimenta conantur; et propterea facinorosam sceleratamque uitam, quae mors melius uocatur, gerunt.

31. E – Resipisco et admodum gaudeo tam me plane cognouisse quid sit etiam illa culpabilis cupiditas, quae libido nominatur. quam esse iam adparet earum rerum amorem quas potest quisque inuitus amittere.

5,11 Quare nunc, age, quaeramus, si placet, utrum etiam in sacrilegiis libido dominetur, quae uidemus plura superstitione committi.

32. A – Vide ne praeproperum sit, prius enim mihi discutiendum uidetur utrum uel hostis inruens, uel insidiator sicarius, siue pro uita siue pro libertate siue pro pudicitia, sine ulla interficiatur libidine.

E – Quomodo possum arbitrari carere istos libidine, qui pro his rebus digladiantur quas possunt amittere inuiti? aut, si non possunt, quid opus est pro his usque ad hominis necem progredi?

33. A – Non ergo lex iusta est quae dat potestatem uel uiatori, ut latronem, ne ab eo ipse occidatur, occidat, uel cuipiam uiro aut feminae, ut uiolenter sibi stupratorem inruentem ante inlatum stuprum, si possit, interimat. nam militi etiam iubetur lege, ut hostem necet, a qua caede si temperauerit, ab imperatore poenas luit. num istas leges iniustas, uel potius nullas dicere audebimus? nam mihi lex esse non uidetur, quae iusta non fuerit.

5,12 **34.** E – Legem quidem satis uideo esse munitam contra huiuscemodi accusationem, quae in eo populo quem regit, minoribus malefactis, ne maiora committerentur, dedit licentiam. multo est enim mitius eum, qui alienae uitae insidiatur, quam eum, qui suam tuetur, occidi. et multo est immanius inuitum hominem stuprum perpeti, quam eum, a quo uis illa infertur, ab eo, cui inferre conatur, interimi. iam uero miles in hoste interficiendo minister est legis, quare officium suum facile nulla libidine impleuit. **35.** porro ipsa lex, quae tuendi populi causa lata est, nullius

do seu senhor a fim de saciar suas inclinações sensuais? **30.** Pois desejar viver sem medo não é próprio apenas aos bons, mas também a todos os maus. Na verdade a diferença é esta, que os bons procuram obtê-lo ao afastar o seu amor destas coisas que não podem ser possuídas sem o perigo de as perder; porém os maus, para se atirarem à fruição dessas coisas com segurança, esforçam-se por remover os impedimentos, e por essa razão é que levam vida criminosa e abominável, que melhor se chama de "morte".

31. E – Reconheço e muito me regozijo por ter conhecido de modo tão claro o que é aquele desejo culpável que se denomina "inclinação sensual". Agora está evidente que é o amor daquelas coisas que alguém pode perder invito.

5,11 Por isso então, se te apraz, investiguemos agora se a inclinação sensual domina também no caso dos sacrilégios, que cada vez mais vemos ser cometidos por superstição.

32. A – Vê lá se não é precipitado, pois me parece que se deva antes examinar se é sem inclinação sensual alguma que se mata um inimigo que avança com ímpeto [sobre si] ou um assassino insidioso, seja em defesa da vida, da liberdade ou da castidade.

E – Como posso julgar que carecem de inclinação sensual, esses que se digladiam por coisas que podem perder invitos? Ou, se não podem, que necessidade há, por causa delas, de chegar até ao homicídio de um homem?

33. A – Logo não é justa a lei que dá poder ao viajante, para que mate o salteador, a fim de que não seja morto por ele, ou que dá poder a algum homem ou mulher, para, se puder, tirar a vida do estuprador que avança com ímpeto sobre si, antes de ter sido cometido o estupro. Pois pela lei também ao soldado ordena-se que mate o inimigo, e se se contiver da carnificina, solve as penas [impostas] pelo comandante. Porventura ousaremos dizer que essas leis são injustas, ou antes, nulas? Pois não me parece ser uma lei, aquela que não for justa.

5,12 **34.** E – Por certo vejo ter sido suficientemente munida contra uma acusação desta natureza a lei que deu permissão, no povo que governa, para malfeitos menores, a fim de que não se cometessem maiores. Pois é muito mais inofensivo que seja morto aquele que atenta insidiosamente contra a vida alheia, do que aquele que protege a sua. E é muito mais desumano um homem padecer um estupro invito, do que aquele, por quem tamanha violência foi infligida, ser assassinado por aquele outro, contra quem se tentou infligi-la. Porém o soldado, ao matar o inimigo, é sem dúvida ministro da lei, e por isso cumpriu convenientemente o seu ofício, sem nenhuma inclinação

libidinis argui potest. siquidem ille qui tulit, si dei iussu tulit, id est quod praecipit aeterna iustitia, expers omnino libidinis id agere potuit. si autem ille cum aliqua libidine hoc statuit, non ex eo fit, ut ei legi cum libidine optemperare necesse sit, quia bona lex et a non bono ferri potest. **36.** non enim si quis, uerbi causa, tyrannicam potestatem nanctus ab aliquo, cui hoc conducit, pretium accipiat, ut statuat nulli licere uel ad coniugium feminam rapere, propterea mala lex erit, quia ille iniustus atque corruptus hanc tulit. potest ergo illi legi, quae tuendorum ciuium causa uim hostilem eadem ui repelli iubet, sine libidine optemperari; et de omnibus ministris, qui iure atque ordine potestatibus quibusque subiecti sunt, id dici potest.

37. Sed illi homines, lege inculpata, quomodo inculpati queant esse non uideo, non enim lex eos cogit occidere, sed relinquit in potestate. liberum eis itaque est neminem necare pro his rebus quas inuiti possunt amittere, et ob hoc amare non debent. de uita enim fortasse cuipiam sit dubium, utrum animae nullo pacto auferatur, dum hoc corpus interimitur. sed si auferri potest, contemnenda est; si non potest, nihil metuendum. **38.** de pudicitia uero, quis dubitauerit quin ea sit in ipso animo constituta, quandoquidem uirtus est? unde a uiolento stupratore eripi nec ipsa potest. quicquid igitur erepturus erat ille qui occiditur, id totum in nostra potestate non est. quare quemadmodum nostrum appellandum sit, non intellego. quapropter legem quidem non reprehendo quae tales permittit interfici; sed quo pacto istos defendam, qui interficiunt, non inuenio.

5,13 **39.** A – Multo minus ego inuenire possum, cur hominibus defensionem quaeras, quos [reos] nulla lex tenet.

E – Nulla fortasse, sed earum legum quae adparent et ab hominibus leguntur; nam nescio, utrum non aliqua uehementiore ac secretissima lege teneantur, si nihil rerum est, quod non administret diuina prouidentia. quomodo enim apud eam sunt isti peccato liberi, qui pro his rebus quas contemni oportet humana caede polluti sint? **40.** uidetur ergo mihi et legem istam, quae populo regendo scribitur, recte ista permittere, et diuinam prouidentiam uindicare. ea enim uindicanda sibi haec adsumit, quae satis

sensual. **35.** E mais, a própria lei, que foi promulgada para defender o povo, não pode ser acusada de nenhuma inclinação sensual. Com efeito, aquele que a promulgou, se a promulgou por ordem de Deus, isto é, aquilo que determinou a eterna Justiça, pôde fazê-lo inteiramente desprovido de inclinação sensual. Todavia, se ele estatuiu a lei com alguma inclinação sensual, disso não decorre que seja necessário obedecer-lhe com inclinação sensual, porque uma boa lei pode também ser promulgada por alguém que não seja bom. **36.** Por exemplo, se alguém que tenha alcançado o poder tirânico aceite uma quantia pecuniária de um outro, a quem isto seja de interesse, para que decrete não ser permitido a ninguém tomar à força uma mulher, ainda que seja para a união conjugal, não por causa disso essa lei será má, porque um corrupto e desonesto a promulgou. Portanto àquela lei, que prescreve repelir-se a força hostil com igual força, a fim de que os cidadãos sejam defendidos, pode obedecer-se sem inclinação sensual; e pode-se dizer o mesmo com relação a todos os ministros que, de direito e segundo a ordem, foram submetidos a algum poder.

37. Mas aqueles homens, ainda que a lei não seja culpada, não vejo como poderiam não ser culpados, pois a lei não os constrange a matar, apenas deixa-o em seu poder. E assim eles não são livres para matar a ninguém por causa de coisas que podem perder invitos, e que por isso mesmo não devem amar. E com respeito à vida, é possível seja duvidoso a alguém se de nenhum modo ela possa ser subtraída à alma, quando morre-se este corpo. Mas se pode ser subtraída, deve ser desprezada; se não pode, nada se deve temer. **38.** E quanto à pudicícia, quem duvida de que esteja situada no próprio espírito, uma vez que é uma virtude? Daí que nem mesmo ela pode ser tomada à força pelo estuprador violento. Portanto o que quer que houvesse de tomar à força aquele que é morto, isso não está de todo em nosso poder. Por isso não intelijo como poderia ser chamado de "nosso". Por isso certamente não condeno a lei que permite que se matem tais homens; mas a esses que matam, não descubro de que modo defendê-los.

5,13 **39.** A – Muito menos eu posso descobrir por que queres defender homens que nenhuma lei tem por réus.

E – Talvez nenhuma, porém [apenas] daquelas leis que se veem e que são lidas pelos homens; porque não sei se não são tidos por réus por alguma lei mais severa e completamente oculta, se não há nada que a Providência divina não administre. Pois como é que estão livres de pecado diante dela, os que se conspurcaram com sangue humano por aquelas coisas que convém desprezar? **40.** Logo a mim me parece que não apenas essa lei, que foi escrita para reger o povo, permite essas coisas retamente, como também a divina Providência [retamente] as corrige. Pois

sint conciliandae paci hominibus inperitis et quanta possunt per hominem regi. illae uero culpae alias poenas aptas habent, a quibus sola mihi uidetur posse liberare sapientia.

41. A – Laudo et probo istam, quamuis inchoatam minusque perfectam, tamen fidentem et sublimia quaedam petentem distinctionem tuam. uidetur enim tibi lex ista, quae regendis ciuitatibus fertur, multa concedere atque impunita relinquere, quae per diuinam tamen prouidentiam uindicantur, et recte. neque enim quia non omnia facit, ideo quae facit inprobanda sunt.

6,14 **42.** Sed dispiciamus diligenter, si placet, quo usque per legem istam, quae populos in hac uita cohibet, malefacta ulciscenda sint, deinde quid restet, quod per diuinam prouidentiam ineuitabilius secretoque puniatur.

E – Cupio, si modo possit ad tantae rei terminos perueniri, nam hoc ego infinitum puto.

43. A – Immo adesto animo et rationis uias pietate fretus ingredere! nihil est enim tam arduum atque difficile, quod non, deo adiuuante, planissimum atque expeditissimum fiat. in ipsum itaque suspensi atque ab eo auxilium deprecantes, quod instituimus, quaeramus. et prius responde mihi utrum [ista] lex, quae litteris promulgatur, hominibus hanc uitam uiuentibus opituletur.

44. E – Manifestum est, nam ex his hominibus utique populi ciuitatesque consistunt.

A – Quid? ipsi homines et populi eiusdemne generis rerum sunt, ut interire mutariue non possint, aeternique omnino sint, an uero mutabiles temporibusque subiecti sunt?

E – Mutabile plane atque tempori obnoxium hoc genus esse quis dubitet?

45. A – Ergo, si populus sit bene moderatus et grauis, communisque utilitatis diligentissimus custos, in quo unusquisque minoris rem priuatam quam publicam pendat, nonne recte lex fertur qua huic ipsi populo liceat creare sibi magistratus, per quos sua res, id est, publica, administretur?

E – Recte prorsus.

46. A – Porro, si paulatim deprauatus idem populus rem priuatam rei publicae praeferat atque habeat uenale suffragium, corruptusque ab eis qui

aquela lei assume para si estas coisas que devem ser por ela punidas, as quais devem ser suficientemente acomodadas pelos homens imperitos em prol da paz, e quantas coisas mais possam ser governadas pelo homem. Na verdade aquelas faltas têm outras penas convenientes, das quais me parece que só a Sabedoria pode libertar.

41. A – Louvo e aprovo essa tua distinção, embora apenas delineada e menos perfeita, porém confiante e direcionada para certas [verdades] sublimes. Logo parece-te que essa lei, que é promulgada para reger os cidadãos, permite muitas faltas, deixando-as impunes, as quais, contudo, são punidas pela divina Providência, e retamente. E não é porque ela não faz todas as coisas, que o que faz deve ser censurado.

6,14 **42.** Mas se te apraz, examinemos diligentemente até aonde devem ser castigados os malfeitos por intermédio desta lei, que coíbe os povos nesta vida, depois o que resta para que seja punido pela divina Providência, de maneira mais inevitável e oculta.

E – Desejo, desde que se possa chegar ao termo de tamanha questão, porque eu mesmo reputo isto infinito.

43. A – Pelo contrário, tem bom ânimo e penetra os caminhos da razão escorado na piedade! Pois nada é tão árduo e difícil que, Deus ajudando, não se torne facílimo e expeditíssimo. E assim, nele amparados e implorando-lhe o auxílio, busquemos aquilo que decidimos investigar. Mas antes me responde se essa lei, a qual se promulga por escrito, propicia algum recurso aos homens que vivem esta vida.

44. E – É manifesto, porque a partir destes homens é que os povos e as cidades invariavelmente se constituem.

A – Pois bem, pertencem os próprios homens e os povos àquele mesmo gênero de coisas que não podem perecer ou transformar-se, de modo que sejam absolutamente eternos, ou, pelo contrário, são mutáveis e sujeitos ao tempo?

E – Quem tem dúvidas de que este gênero é claramente mutável e subordinado ao tempo?

45. A – Logo, se acaso exista um povo bem moderado e austero [nos costumes], além de guardião extremamente diligente da utilidade comum, em que cada qual pese menos o interesse privado do que o público, não é retamente que se promulga uma lei que permita a este mesmo povo criar para si magistrados, através dos quais os seus interesses, isto é, o interesse público, seja administrado?

E – Retamente, sem dúvida.

46. A – Por outro lado, se o mesmo povo, tendo-se paulatinamente depravado, prefira o interesse privado ao interesse público e tenha por venal o seu sufrágio, e, corrompido por aqueles que amam os cargos públicos, confie o governo, contra

honores amant, regimen in se flagitiosis consceleratisque committat, nonne item recte, si quis tunc exstiterit uir bonus, qui plurimum possit, adimat huic populo potestatem dandi honores, et in paucorum bonorum, uel etiam unius, redigat arbitrium?

E – Et id recte.

47. A – Cum ergo duae istae leges ita sibi uideantur esse contrariae, ut una earum honorum dandorum populo tribuat potestatem, auferat altera, et cum ista secunda ita lata sit, ut nullo modo ambae in una ciuitate simul esse possint, num dicemus aliquam earum iniustam esse et ferri minime debuisse?

E – Nullo modo.

48. A – Appellemus ergo istam legem, si placet, temporalem, quae, quamquam iusta sit, commutari tamen per tempora iuste potest.

E – Appellemus.

6,15 A – Quid? illa lex, quae summa ratio nominatur, cui semper optemperandum est et per quam mali miseram, boni beatam uitam merentur, per quam denique illa, quam "temporalem" uocandam diximus, recte fertur recteque mutatur, potestne cuipiam intellegenti non incommutabilis aeternaque uideri? **49.** an potest aliquando iniustum esse, ut mali miseri, boni autem beati sint? aut ut modestus et grauis populus ipse sibi magistratus creet, dissolutus uero et nequam ista licentia careat?

E – Video hanc aeternam esse atque incommutabilem legem.

50. A – Simul etiam te uidere arbitror in illa temporali nihil esse iustum atque legitimum quod non ex hac aeterna sibi homines deriuauerint. nam si populus ille quodam tempore iuste honores dedit, quodam rursus iuste non dedit, haec uicissitudo temporalis ut esset iusta, ex illa aeternitate tracta est, qua semper iustum est grauem populum honores dare, leuem non dare. an tibi aliter uidetur?

E – Adsentior.

51. A – Vt igitur breuiter aeternae legis notionem quae inpressa nobis est, quantum ualeo, uerbis explicem, ea est qua iustum est ut omnia sint ordinatissima. tu, si aliter existimas, prome!

si mesmo, a homens imorais e criminosos, não é retamente também que, se algum varão virtuoso, de grande capacidade, que venha então a distinguir-se, retire deste povo o poder de atribuir cargos públicos, confiando tal poder ao arbítrio de uns poucos bons, ou até mesmo de um só homem?

E – Também retamente.

47. A – Logo, visto que essas duas leis parecem ser contrárias entre si, de tal forma que uma delas atribua ao povo o poder de conceder cargos públicos, a outra o retire, e visto que essa segunda foi promulgada de tal forma que ambas jamais possam existir numa única cidade simultaneamente, acaso diremos que alguma delas é injusta e que nunca deveria ter sido promulgada?

E – De modo nenhum.

48. A – Logo, se te agrada, chamemos essa lei de "temporal", a qual, conquanto seja justa, contudo pode ser completamente mudada ao longo dos tempos de modo justo.

E – Chamemos.

6,15 A – Pois bem, aquela Lei, que é denominada "Razão suprema", a que se deve invariavelmente obedecer e por meio da qual os maus merecem uma vida infeliz, os bons, uma vida feliz, e pela qual, enfim, a outra lei, que dissemos dever chamar-se "temporal", retamente se promulga e retamente se modifica, pode, a alguém que intelija, aquela Lei não ser considerada absolutamente imutável e eterna? **49.** E pode jamais ser injusto que os maus sejam infelizes, porém os bons, felizes? Ou que próprio povo comedido e rigoroso crie para si magistrados, e o dissoluto e depravado, por sua vez, careça dessa licença?

E – Vejo que esta Lei é eterna e incomutável.

50. A – Julgo, igualmente, que tu vês que naquela lei temporal nada existe de justo e legítimo que não tenham os homens derivado para si desta Lei eterna. Com efeito, se aquele povo por algum tempo concedeu cargos públicos justamente e noutro momento, ao contrário, não o concedeu justamente, esta vicissitude temporal, para que fosse justa, foi tirada daquela eternidade, segundo a qual é sempre justo que um povo austero conceda cargos e que o intemperante não conceda. Ou te parece de outro modo?

E – Assinto.

51. A – Portanto, para que eu explique de modo breve, por meio de palavras, quanto eu seja capaz, a noção de Lei eterna que foi impressa em nós, direi que é aquela por meio da qual é justo que todas as coisas estejam na mais perfeita ordem. Se tu pensas de outro modo, dá-me a conhecê-lo!

E – Quid tibi uera dicenti contradicam non habeo.

A – Cum ergo haec sit una lex, ex qua illae omnes temporales ad homines regendos uariantur, num ideo ipsa uariari ullo modo potest?

E – Intellego omnino non posse, neque enim ulla uis, ullus casus, ulla rerum labes unquam effecerit ut iustum non sit omnia esse ordinatissima.

7,16 **52.** A – Age! nunc uideamus homo ipse quomodo in seipso sit ordinatissimus, nam ex hominibus una lege sociatis populus constat, quae lex, ut dictum est, temporalis est. et dic mihi utrum certissimum sit tibi uiuere te.

E – Hoc uero quid certius responderim?

A – Quid? illud potesne dignoscere, aliud esse uiuere, aliud nosse se uiuere?

E – Scio quidem neminem se nosse uiuere, nisi uiuentem; sed utrum omnis uiuens nouerit se uiuere, ignoro.

53. A – Quam uellem ut credis, ita etiam scires pecora carere ratione. cito nostra disputatio ab ista quaestione transiret. sed quoniam nescire te dicis, longam sermocinationem moues. neque enim talis res est, qua praetermissa pergere in ea, quae intendimus, tanta connexione rationis, quanta opus esse sentio, sinamur. **54.** dic itaque mihi, cum saepe uiderimus bestias ab hominibus domitas – id est, non corpus bestiae tantum, sed et animam ita homini subiugatam, ut uoluntati eius sensu quodam et consuetudine seruiat –, utrum tibi ullo modo fieri posse uideatur, ut bestia quaelibet immanis uel feritate uel corpore uel etiam sensu quolibet acerrima, pari uice sibi hominem subiugare conetur, cum corpus eius seu ui seu clam multae interimere ualeant.

E – Nullo modo istuc fieri posse consentio.

55. A – Bene sane, sed item dic mihi, cum manifestum sit uiribus caeterisque officiis corporis a plurimis bestiis hominem facile superari, quaenam res sit, qua homo excellit, ut nulla ei bestiarum, ipse autem multis imperare possit? an forte ipsa est, quae ratio uel intellegentia dici solet?

56. E – Non inuenio aliud, quandoquidem in animo est id quod belluis antecellimus; quae, si exanimes essent, dicerem nos eo praestare, quod animum[2] habemus. nunc uero, cum et illa sint animalia, id quod eorum animis non inest,

E – Dizes a verdade; não tenho o que te contradizer.

A – Logo, visto ser única esta Lei, a partir da qual todas as leis temporais se modificam para governar os homens, pode acaso esta mesma Lei modificar-se de algum modo?

E – Intelijo que não o possa absolutamente, pois nenhuma força, nenhum acidente, nenhuma catástrofe generalizada em tempo algum faria acontecer que não fosse justo que todas as coisas estivessem na mais perfeita ordem.

7,16 **52.** A – Muito bem! Agora vejamos de que modo está o próprio homem em si mesmo perfeitamente ordenado, porque um povo é constituído a partir de homens associados por uma única lei, que, como se disse, é temporal. Então diz-me se acaso é absolutamente certo para ti que tu vives.

E – Que poderia eu responder com mais certeza do que isso?

A – Pois bem, podes distinguir isso, que uma coisa é viver, outra, saber que se vive?

E – Por certo eu tenho ciência de que ninguém sabe que está vivo, a não ser o vivente; mas ignoro se todo vivente saiba que está vivo.

53. A – Como eu gostaria de que assim como crês, assim também tivesses ciência de que as reses carecem de razão. Nossa disputa deixaria rapidamente essa questão para trás. Mas como tu dizes que não tens ciência, provocas uma longa discussão. Pois o assunto não é tal que, tendo sido deixado de parte, nos seja permitido prosseguir naquilo que tencionamos com a conexão de raciocínio que sinto ser necessária. **54.** Pois bem, uma vez que temos visto com frequência os animais serem domesticados pelos homens – isto é, não apenas o corpo do animal, mas também a sua alma, de tal modo submetida ao homem que se sujeite por meio de um certo sentido e pelo costume à sua vontade –, diz-me se acaso te parece que poderia de algum modo ocorrer que um animal qualquer, terrível por sua ferocidade ou pelo porte, ou assaz astucioso por meio de algum sentido, intentasse subjugar o homem a si, ainda que muitos sejam capazes de lhe destruir o corpo, seja por sua força, seja pela surpresa [do ataque].

E – De modo algum consinto que isso possa ocorrer.

55. A – Muito bem, mas diz-me ainda, porquanto seja manifesto o homem ser facilmente superado pela força e demais funções do corpo por muitos animais, que coisa é essa pela qual o homem é superior, de tal forma que nenhum dos animais predomine sobre ele, ao passo que ele o possa sobre muitos. Seria, talvez, aquilo que se costuma chamar de "razão", ou de "inteligência"?

56. E – Não descubro outra coisa, porquanto no espírito está aquilo por que ultrapassamos os animais; os quais, se fossem desprovidos de alma, diria que nós os superamos porque possuímos um espírito[3]. Mas agora, uma vez que eles também

ut subdantur nobis, inest autem nostris, ut eis meliores simus. quoniam neque nihil, neque paruum aliquid esse cuiuis adparet, quid aliud rectius, quam rationem uocauerim?

57. A – Vide quam facile fiat, deo adiuuante, quod homines difficillimum putant! nam ego, fateor tibi, quaestionem istam, quae, ut intellego, terminata est, tam diu nos retenturam putaueram, quam fortasse omnia, quae dicta sunt ab ipso nostrae disputationis exordio. quare accipe iam, ut deinde ratio connectatur, nam credo non te ignorare id, quod scire dicimus, nihil esse aliud quam ratione habere perceptum.

58. E – Ita est.

A – Qui ergo scit se uiuere ratione non caret.

E – Consequens est.

A – Viuunt autem bestiae et, sicut iam eminuit, rationis expertes sunt.

E – Manifestum est.

A – Ecce igitur iam nosti quod te ignorare responderas, non omne quod uiuit scire se uiuere, quamquam omne quod se uiuere sciat uiuat necessario.

7,17 **59.** E – Non mihi est iam dubium. perge quo intenderas, aliud enim esse uiuere, aliud scire se uiuere, satis didici.

A – Quid ergo tibi horum duorum uidetur esse praestantius?

E – Quid putas, nisi scientiam uitae?

A – Meliorne tibi uidetur uitae scientia quam ipsa uita? an forte intellegis superiorem quandam et sinceriorem uitam esse scientiam, quoniam scire nemo potest, nisi qui intellegit? intellegere autem quid est, nisi ipsa luce mentis inlustrius perfectiusque uiuere? quare tu mihi, nisi fallor, non uitae aliud aliquid, sed cuidam uitae meliorem uitam praeposuisti.

60. E – Optime omnino et cognouisti et explicasti sententiam meam, si tamen scientia mala esse nunquam potest.

A – Nullo modo arbitror, nisi cum, translato uerbo, scientiam pro experientia dicimus. experiri enim non semper bonum est, sicut experiri supplicia. illa uero quae proprie ac pure scientia nominatur, quia ratione atque intellegentia paratur, mala esse qui potest?

E – Teneo et istam differentiam. persequere caetera.

são dotados de alma, aquilo que não se encontra nas almas deles, de forma que se nos submetam, todavia encontra-se nas nossas, de modo que sejamos melhores do que eles. E porque é evidente a qualquer um que isso não é um nada, nem coisa diminuta, de que outro modo, além de "razão", poderia eu chamá-lo mais retamente?

57. A – Vê quão fácil se torna, Deus ajudando, aquilo que os homens reputam dificílimo! Pois eu te confesso ter pensado que essa questão, que, do modo como intelijo, está terminada, nos haveria de reter por tanto tempo quanto talvez tudo o que foi dito desde o princípio mesmo desta nossa disputa. Portanto aceita isso por ora, para que depois seja conectado o raciocínio, pois creio que tu não ignoras que aquilo de que dizemos ter ciência nada mais é do que possuir o que é percebido pela razão.

58. E – Assim é.

A – Logo quem tem ciência de estar vivo não está carente de razão.

E – É o que se segue.

A – Porém os animais vivem e, como já se destacou, são desprovidos de razão.

E – É manifesto.

A – Portanto agora sabes aquilo que tinhas respondido ignorar, que nem todo que vive tem ciência de estar vivo, embora todo aquele que tem ciência de estar vivo necessariamente viva.

7,17 **59.** E – Não tenho mais dúvida. Prossegue ao que tinhas planejado, pois aprendi suficientemente que uma coisa é viver, outra, ter ciência de estar vivo.

A – Logo qual destas duas te parece ser a mais excelente?

E – Que supões, senão a ciência da vida?

A – E a ciência da vida te parece melhor do que a própria vida? Ou acaso inteliges que a ciência é uma certa vida mais elevada e pura, porque ninguém pode ter ciência, a não ser aquele que intelige? E contudo que é inteligir, senão viver de modo mais iluminado e perfeito pela própria luz da mente? Por isso, se não me engano, tu me antepuseste à vida não algo qualquer, mas a uma certa vida, uma vida melhor.

60. E – Não apenas ficaste conhecendo, como também explicaste inteiramente e da melhor maneira possível o meu pensamento, contudo desde que a ciência nunca possa ser má.

A – Julgo que de modo nenhum, a não ser quando, tendo transferido o sentido da palavra, dizemos "ciência" em lugar de "experiência". Pois experimentar nem sempre é bom, como experimentar castigos. Na verdade, aquela que de modo apropriado e genuíno denomina-se "ciência", porque é proporcionada pela razão e pela inteligência, como pode ser má?

E – Percebo também essa diferença. Prossegue ao que resta.

8,18 **61.** A – Illud est quod uolo dicere: hoc quicquid est quo pecoribus homo praeponitur, siue mens siue spiritus siue utrumque rectius appellatur, nam utrumque in diuinis libris inuenimus, si dominetur atque imperet caeteris quibuscumque homo constat, tunc esse hominem ordinatissimum. uidemus enim habere nos non solum cum pecoribus, sed etiam cum arbustis et stirpibus multa communia, namque alimentum corporis sumere, crescere, gignere, uigere, arboribus quoque tributum uidemus, quae infima quadam uita continentur. uidere autem atque audire et olfactu, gustatu, tactu corporalia sentire posse bestias, et acrius plerasque quam nos, cernimus et fatemur. **62.** adde uires et ualentiam firmitatemque membrorum, et celeritates facillimosque corporis motus, quibus omnibus quasdam eorum superamus, quibusdam aequamur, a nonnullis etiam uincimur. genus tamen ipsum rerum est nobis certe commune cum belluis, iam uero adpetere uoluptates corporis et uitare molestias ferinae uitae omnis actio est.

63. Sunt alia quaedam quae iam cadere in feras non uidentur, nec tamen in homine ipso summa sunt, ut iocari et ridere, quod humanum quidem, sed infimum hominis iudicat, quisquis de natura humana rectissime iudicat. deinde amor laudis et gloriae et adfectatio dominandi, quae tametsi bestiarum non sunt, non tamen earum rerum libidine bestiis meliores nos esse arbitrandum est. **64.** nam et iste adpetitus, cum rationi subditus non est, miseros facit. nemo autem cuiquam miseria se praeponendum putauit. hisce igitur motibus animae cum ratio dominatur, ordinatus homo dicendus est. non enim ordo rectus aut ordo appellandus omnino est, ubi deterioribus meliora subiciuntur. an tibi non uidetur?

65. E – Manifestum est.

A – Ratio ista ergo uel mens uel spiritus cum inrationales animi motus regit, id scilicet dominatur in homine, cui dominatio lege debetur ea quam aeternam esse comperimus.

E – Intellego ac sequor.

9,19 **66.** A – Cum ergo ita homo constitutus atque ordinatus est, nonne tibi sapiens uidetur?

8,18 **61.** A – O que quero dizer é o seguinte: seja o que for isto pelo que o homem é colocado à frente das reses, denomine-se "mente" ou "espírito", ou mais corretamente os dois termos, pois encontramos um e outro nos Livros divinos, se acaso domine e exerça o seu império sobre todo o restante de que o homem se constitui, então esse homem está perfeitamente ordenado. Pois vemos que possuímos muito em comum não apenas com as reses, mas também com as árvores e as plantas, pois sorver o alimento do corpo, crescer, reproduzir-se e fortalecer-se, isso foi atribuído igualmente às árvores, que são contidas numa certa vida ínfima. Porém discernimos e reconhecemos que os animais podem ver e ouvir, e também perceber os objetos corporais pelo olfato, paladar e tato, e a maior parte deles de maneira mais penetrante do que nós. **62.** Adiciona a força, o vigor e a consistência dos membros, a rapidez e os movimentos extremamente flexíveis do corpo, [características] todas nas quais a alguns deles superamos, a outros nos igualamos, e por alguns somos também superados. Contudo esse mesmo gênero [de características] possuímos certamente em comum com os animais, pois é fato que toda a atividade da vida selvagem constitui-se em procurar os prazeres do corpo e evitar os incômodos.

63. Há algumas outras [características] que não se veem ocorrer nos animais, contudo no próprio homem não são das mais elevadas, como escarnecer e rir, as quais quem julga com a máxima correção a respeito da natureza humana considera de fato humanas, porém dentre as mais ínfimas do homem. Depois o amor do louvor e da glória, e o desejo intenso de dominar, os quais, apesar de não serem próprios dos animais, contudo não se deve julgar que nós somos melhores do que eles por causa da inclinação sensual por essas coisas. **64.** Com efeito, também esse tipo de apetite, quando não é submetido à razão, torna [os homens] infelizes. Porém ninguém [nunca] imaginou que devia ser colocado à frente de quem quer que fosse por causa de sua infelicidade! Portanto, quando a razão exerce o domínio sobre estes movimentos da alma, deve-se dizer que o homem está ordenado. Pois não se deve dizer "ordem reta", ou mesmo "ordem", quando o que é melhor é submetido ao que é pior. Ou não te parece?

65. E – É manifesto.

A – Logo essa razão, ou mente, ou espírito, quando rege os movimentos irracionais da alma, sem dúvida domina no homem aquilo que deve exercer o domínio, segundo aquela Lei que soubemos ser eterna.

E – Intelijo e te acompanho.

9,19 **66.** A – Logo, quando o homem está assim constituído e ordenado, não te parece sábio?

E – Nescio alius quis mihi sapiens homo uideri possit, si hic non uidetur.

A – Credo etiam te illud scire, plerosque homines stultos esse.

E – Hoc quoque satis constat.

67. A – At, si stultus sapienti est contrarius, quoniam sapientem comperimus, quis etiam stultus sit, profecto iam intellegis.

E – Cui non adpareat hunc esse in quo mens summam potestatem non habet?

A – Quid igitur dicendum, cum homo ita est adfectus, deesse illi mentem, an quamuis insit, eam carere dominatu?

E – Hoc potius, quod ultimum subiecisti.

A – Peruellem abs te audire quibus documentis perceptum habeas mentem inesse homini, quae suum non exserat principatum.

E – Vtinam tuas istas partes facere uelles, nam non mihi facile est sustinere quod ingeris.

68. A – Illud saltim facile est tibi recordari quod paulo ante diximus, quemadmodum bestiae mansuefactae ab hominibus ac domitae seruiant; quod ab eis uicissim homines, ut demonstrauit ratio, paterentur, nisi aliquo excellerent. id autem non inueniebamus in corpore. ita cum in animo esse adpareret, quid aliud appellandum esset quam ratio, non comperimus, quam postea et mentem et spiritum uocari recordati sumus. sed si aliud ratio, aliud mens, constat certe nonnisi mentem uti posse ratione. ex quo illud conficitur eum qui rationem habet mente carere non posse.

69. E – Probe ista reminiscor ac teneo.

A – Quid? illud credisne domitores belluarum nisi sapientes esse non posse? eos enim sapientes uoco quos ueritas uocari iubet, id est, qui regno mentis omni libidinis subiugatione pacati sunt.

E – Ridiculum est tales putare istos, quos uulgo mansuetarios nuncupant, uel etiam pastores aut bubulcos aut aurigas, quibus omnibus domitum pecus subiectum uidemus, et quorum industria indomitum subici.

70. A – En igitur habes documentum certissimum, quo manifestum fiat inesse mentem homini sine dominatu. his quippe inest, agunt enim talia, quae agi sine mente non possent. non tamen regnat, nam stulti sunt, neque regnum mentis nisi sapientium esse percognitum est.

E – Não sei de outro que me possa parecer um homem sábio, se este não o parece.

A – Creio também que tu tens ciência disso, que os homens em sua maior parte são estultos.

E – Isto também está suficientemente estabelecido.

67. A – Pois bem, se o estulto é o contrário do sábio, desde que descobrimos o sábio, sem dúvida já inteliges também quem é o estulto.

E – A quem não seria evidente que o estulto é aquele no qual a mente não tem o poder supremo?

A – Então que se deve dizer, quando o homem está assim nesse estado, que ele não possui uma mente, ou que, embora a possua em si, ela carece do domínio?

E – De preferência isto, que enunciaste por último.

A – Desejaria muito ouvir de ti por que evidências sustentas a percepção de que este homem possui em si uma mente, a qual não deixa entrever o seu principado.

E – Tomara quisesses assumir como tua essa parte, pois não me é fácil tomar a cargo isso que me impões.

68. A – Pelo menos te é fácil recordar o que há pouco dissemos, sobre como os animais amansados e domados pelos homens se lhes sujeitam; porque do contrário os homens padeceriam da parte deles, como demonstrou a razão, se os não superassem em algo. Esse algo, porém, não encontrávamos em seu corpo. E como fosse evidente situar-se em sua alma[4], não encontramos outro nome com que deveria ser denominado [melhor] do que "razão", a qual recordamos em seguida chamar-se não apenas de "mente", mas também de "espírito". Mas se uma coisa é a razão, outra a mente, torna-se certamente evidente que nada, exceto a mente, pode usar da razão. Disso resulta que aquele que possui uma razão não pode carecer de uma mente.

69. E – Lembro-me bem dessas coisas e as retenho.

A – Pois bem, crês que os domadores de animais não podem ser senão sábios? Pois eu [apenas] chamo de sábios aqueles que a verdade determina sejam chamados, isto é, os que foram pacificados por uma total subjugação da inclinação sensual ao reinado da mente.

E – É ridículo considerá-los assim, a esses que vulgarmente chamam de amansadores, ou mesmo de pastores, boiadeiros, ou aurigas, aos quais vemos o gado amansado ser submetido, e por cuja atividade o indomado é domesticado.

70. A – Eis portanto que tens uma prova bastante precisa, por meio da qual torna-se evidente que o homem possui em si uma mente sem domínio. Estes homens sem dúvida a possuem em si, pois desenvolvem tais atividades, que não poderiam ser desenvolvidas sem a mente. Contudo ela não reina, pois eles são estultos, e ficou perfeitamente conhecido que o reinado da mente não pertence senão aos sábios.

E – Mirum est hoc iam fuisse a nobis in superioribus confectum et mihi quid responderem non potuisse in mentem uenire.

10,20 Sed alia contexamus, iam enim et regnum mentis humanae humanam esse sapientiam et eam posse etiam non regnare compertum est.

71. A – Putasne ista mente, cui regnum in libidines aeterna lege concessum esse cognoscimus, potentiorem esse libidinem? ego enim nullo pacto puto. neque enim esset ordinatissimum ut impotentiora potentioribus imperarent. quare necesse arbitror esse ut plus possit mens quam cupiditas, eo ipso quo cupiditati recte iusteque dominatur.

E – Ego quoque ita sentio.

72. A – Quid? uirtutem omnem num dubitabimus omni uitio sic anteponere, ut uirtus, quanto melior atque sublimior, tanto firmior inuictiorque sit?

E – Quis dubitauerit?

A – Nullus igitur uitiosus animus uirtute armatum animum superat.

E – Verissimum est.

A – Iam corpore omni qualemlibet animum meliorem potentioremque esse non te arbitror negaturum.

E – Nemo id negat qui – quod facile est – uidet aut substantiam uiuentem non uiuenti aut eam quae uitam dat ei quae accipit esse praeferendam.

73. A – Multo minus igitur corpus, qualecumque id sit, animum uirtute praeditum uincit.

E – Euidentissimum est.

A – Quid? animus iustus mensque ius proprium imperiumque custodiens num potest aliam mentem pari aequitate ac uirtute regnantem ex arce deicere atque libidini subiugare?

E – Nullo modo, non solum propter eamdem in utraque excellentiam, sed etiam quod a iustitia prior decidet fietque uitiosa mens quae aliam facere conabitur eoque ipso erit infirmior.

10,21 **74.** A – Bene intellegis, quare illud restat ut respondeas, si potest, utrum tibi uideatur rationali et sapienti mente quicquam esse praestantius.

E – Nihil praeter deum arbitror.

E – É incrível que isso já tenha sido concluído por nós antes e não me tenha podido vir à mente o que responder.

10,20 Mas entrelacemos as outras questões, pois já ficou comprovado que a sabedoria humana é o reinado da mente humana e que ela pode também não reinar.

71. A – Consideras que a inclinação sensual seja mais potente do que essa mente, à qual conhecemos ter sido concedido pela Lei eterna o reinado sobre a própria inclinação sensual? Pois eu mesmo de maneira nenhuma o considero. E nem seria perfeitamente ordenado que as coisas mais impotentes prevalecessem sobre as mais potentes. Por isso julgo ser necessário que a mente possa mais do que o desejo, pelo próprio fato de exercer o seu domínio de maneira reta e justa sobre o desejo.

E – Eu também sinto assim.

72. A – Pois bem, duvidaremos acaso que toda virtude se anteponha a todo vício, de tal forma que a virtude, quanto melhor e mais sublime, seja tanto mais firme e invencível?

E – Quem haveria de duvidar?

A – Portanto nenhum espírito vicioso supera o espírito armado de virtude.

E – Plenamente verdadeiro.

A – Então julgo que tu não hás de negar que qualquer espírito seja melhor e mais potente do que todo corpo.

E – Ninguém nega isso, se vê – o que é fácil – que a substância vivente deve ser preferida à não vivente, ou que aquela que dá a vida, àquela que a recebe.

73. A – Logo muito menos um corpo, qualquer que seja ele, vence o espírito provido de virtude.

E – É muitíssimo evidente.

A – Pois bem, o espírito justo e a mente que salvaguarda o direito e o domínio que lhe é próprio, pode ela acaso derribar de sua cidadela uma outra mente, que exerce o seu reinado com igual equidade e virtude, e submetê-la à inclinação sensual?

E – De modo nenhum, não apenas por causa da mesma excelência existente em ambas, mas também porque aquela, que tentar fazer [cair] a outra, decairá primeiro da justiça e tornar-se-á uma mente viciosa, e por isso mesmo será mais fraca.

10,21 **74.** A – Inteliges bem, pelo que resta que respondas, se possível, se acaso te parece existir algo mais excelente do que a mente racional e sábia.

E – Nada, exceto Deus, julgo eu.

A – Et mea ista sententia est. sed, quoniam res ardua est, neque nunc oportune quaeritur, ut ad intellegentiam ueniat, quamquam robustissima teneatur fide, integra nobis sit huius quaestionis diligens et cauta tractatio!

11,21 **75.** In praesentia enim scire possumus, quaecumque illa natura sit, quam menti uirtute pollenti fas est excellere, iniustam esse nullo modo posse. quare ne ista quidem, tametsi habeat potestatem, coget mentem seruire libidini.

E – Istuc prorsus nemo est qui non sine ulla cunctatione fateatur.

76. A – Ergo relinquitur ut, quoniam regnanti menti conpotique uirtutis quicquid par aut praelatum est, non eam facit seruam libidinis propter iustitiam, quicquid autem inferius non possit hoc facere propter infirmitatem, sicut ea quae inter nos constiterunt docent, nulla res alia mentem cupiditatis comitem faciat quam propria uoluntas et liberum arbitrium.

E – Nihil tam necessarium restare uideo.

11,22 **77.** A – Sequitur iam, ut tibi uideatur, iuste illam pro peccato tanto poenas pendere.

E – Negare non possum.

A – Quid ergo!? num ista ipsa poena parua existimanda est, quod ei libido dominatur, exspoliatamque uirtutis opulentia per diuersa inopem atque indigentem trahit, nunc falsa pro ueris adprobantem, nunc etiam defensitantem, nunc inprobantem quae antea probauisset et nihilominus in alia falsa inruentem, nunc adsensionem suspendentem suam et plerumque perspicuas ratiocinationes formidantem, nunc desperantem de tota inuentione ueritatis et stultitiae tenebris penitus inhaerentem, nunc conantem in lucem intellegendi, rursusque fatigatione decidentem? **78.** cum interea cupiditatum illud regnum tyrannice saeuiat et uariis contrariisque tempestatibus totum hominis animum uitamque perturbet, hinc timore inde desiderio, hinc anxietate inde inani falsaque laetitia, hinc cruciatu rei amissae quae diligebatur inde ardore adipiscendae quae non habebatur, hinc acceptae iniuriae doloribus inde facibus uindicandae; quaquauersum potest coarctare auaritia, dissipare luxuria, addicere ambitio, inflare superbia, torquere inuidia, desidia sepelire, peruicacia concitare, adflictare subiectio et quaecumque

A – Esse é também o meu parecer. Mas, visto ser árduo o assunto, e nem se o investiga neste momento com proveito, para que chegue à inteligência, conquanto seja sustentado por uma fé robustíssima, que o tratamento completo desta questão nos seja diligente e cauteloso!

11,21 **75.** Por ora, pois, podemos ter ciência de que aquela natureza, seja o que for, a qual por direito divino é mais excelente do que a mente que reina na virtude, de modo nenhum pode ser contrária à justiça. Por isso nem sequer essa natureza, ainda que tenha o poder, constrangerá a mente a sujeitar-se à inclinação sensual.

E – Ninguém há que não o reconheça inteiramente sem nenhuma hesitação.

76. A – Logo o que quer que seja isso, porque é semelhante ou preferível à mente que exerce o seu reinado e está na posse da virtude, não a faz sujeitar-se à inclinação sensual por causa da justiça, porém o que lhe é inferior não poderia fazê-lo por causa de sua fraqueza, conforme nos ensinam as coisas que entre nós se estabeleceram, resta que nenhuma outra coisa torne a mente companheira abnegada do desejo, exceto a própria vontade e o livre arbítrio.

E – Nada vejo restar tão necessário.

11,22 **77.** A – Segue-se então, conforme a ti parece, que é de modo justo que ela arque com as penas por tamanho pecado.

E – Não o posso negar.

A – Pois então!? Acaso essa mesma pena deve ser considerada insignificante, o fato de a inclinação sensual dominá-la, despojada da opulência da virtude, arrastá-la para posições diversas, incapacitada e indigente, ora aprovando coisas falsas em lugar das verdadeiras, ora defendendo-as ainda repetidas vezes, ora desaprovando o que antes houvesse provado e não obstante precipitando-se em mais falsidades, ora suspendendo o seu assentimento e na maior parte das vezes receando os raciocínios evidentes, ora desesperando de toda descoberta da verdade e aderindo profundamente às trevas da estultícia, ora esforçando-se por chegar à luz do inteligir e uma vez mais sucumbindo pela fadiga? **78.** E visto que durante todo o tempo esse reinado dos desejos sevicia de modo tirânico e perturba por meio de várias e contrárias tempestades o espírito todo do homem e sua vida, de um lado pelo temor, de outro pela carência, de um lado pela ansiedade, de outro pela vã e falsa alegria, de um lado pelo tormento de ter perdido algo que era diligentemente amado, de outro pelo ardor de adquirir o que se não possuía, de um lado pela dor por causa da ofensa recebida, de outro pela fúria incandescente de vingá-la; podendo por todos os lados a avareza constranger, a luxúria dispersar, a alia innumerabilia regnum illius libidinis frequentant et exercent; possumusne tandem nullam istam poenam putare quam, ut cernis, omnes qui non inhaerent sapientiae necesse est perpeti?

11,23 **79.** E – Magnam quidem istam poenam esse iudico et omnino iustam, si quis, iam in sublimitate sapientiae conlocatus, inde descendere ac libidini seruire delegerit. sed utrum esse quisquam possit incertum est qui haec aut uoluerit facere aut uelit. quamquam enim credamus hominem tam perfecte conditum a deo et in beata uita constitutum, ut ad aerumnas mortalis uitae ipse inde propria uoluntate delapsus sit, tamen hoc cum firmissima fide teneam, intellegentia nondum adsecutus sum. cuius rei diligentem inquisitionem, si nunc differendam putas, me inuito facis.

12,24 **80.** Verum illud quod me maxime mouet cur huiuscemodi acerbissimas poenas patiamur nos, qui certe stulti sumus nec sapientes unquam fuimus, ut merito haec dicamur perpeti propter desertam uirtutis arcem et electam sub libidine seruitutem; quin aperias disputando, si uales, nullo modo tibi differendum esse concesserim.

81. A – Ita istuc dicis, quasi liquido compertum habeas nunquam nos fuisse sapientes, adtendis enim tempus ex quo in hanc uitam nati sumus. sed cum sapientia in animo sit, utrum ante consortium huius corporis alia quadam uita uixerit animus, et an aliquando sapienter uixerit, magna quaestio est, magnum secretum et suo considerandum loco. neque ideo tamen hoc quod nunc habemus in manibus inpeditur quominus aperiatur ut potest.

12,25 **82.** Nam quaero abs te sitne aliqua nobis uoluntas.

E – Nescio.

A – Visne hoc scire?

E – Et hoc nescio.

A – Nihil ergo deinceps me interroges.

E – Quare?

A – Quia roganti tibi respondere non debeo, nisi uolenti scire quod rogas. deinde, nisi uelis ad sapientiam peruenire, sermo tecum de huiuscemodi rebus ambição adjudicar, a soberba inflar, a inveja retorcer, a indolência sepultar, a obstinação provocar, a sujeição afligir, e todas as outras incontáveis [tempestades] que frequentam e agitam o reinado dessa inclinação sensual; podemos, enfim, considerar nula essa pena, a qual, como vês, é inevitável que padeçam todos aqueles que não aderem à sabedoria?

11,23 **79.** E – Por certo eu julgo essa pena ser considerável e absolutamente justa, se alguém, colocado então na sublimidade da sabedoria, tenha escolhido rebaixar-se dali e sujeitar-se servilmente à inclinação sensual. Mas é incerto se possa existir alguém que tenha querido fazê-lo ou que o queira. E conquanto creiamos que o homem tenha sido fundado por Deus de modo tão perfeito e tenha sido estabelecido na vida feliz, que ele mesmo, por sua própria vontade, tenha despenhado dali em direção às desventuras da vida mortal, embora eu sustente isso com uma fé absolutamente firme, ainda não o alcancei com a inteligência. Se reputas agora que a investigação diligente deste assunto deva ser protelada, é comigo invito que o fazes.

12,24 **80.** Na verdade o que me incomoda acima de tudo é o motivo por que padecemos desta maneira penas tão acerbas, nós que certamente somos estultos e que jamais fomos sábios, de modo que sejamos ditos padecer estas coisas por mérito, por causa da deserção da cidadela da virtude e da servidão eleita sob a inclinação sensual. E que me esclareças isso disputando dialeticamente, se tens condição, de modo nenhum hei de conceder-te o seu diferimento.

81. A – Dizes isto assim, como se tivesses o conhecimento líquido e certo de que nós nunca fomos sábios, pois levas em conta o tempo a partir do qual nascemos para esta vida. Mas, uma vez que a sabedoria está no espírito, se acaso antes do consórcio com este corpo, em alguma outra vida, viveu o espírito, e se outrora viveu de modo sábio, isso é uma grande questão, um grande mistério, e deve ser considerado no seu devido lugar. Contudo nem por isso o que temos nas mãos está impedido de ser esclarecido como possa.

12,25 **82.** Assim sendo, quero saber de ti se possuímos alguma vontade.

E – Não tenho ciência.

A – E queres ter ciência disto?

E – Também disto não tenho ciência.

A – Então daqui em diante não me perguntes mais nada.

E – Por quê?

A – Porque não te devo responder quando me perguntas, a não ser que queiras ter ciência do que perguntas. Depois, a não ser que queiras de fato chegar à

non est habendus. postremo, meus amicus esse non poteris, nisi uelis ut bene sit mihi. iam uero de te tu ipse uideris, utrum tibi uoluntas nulla sit beatae uitae tuae.

83. E – Fateor, negari non potest habere nos uoluntatem. perge iam! uideamus quid hinc conficias.

A – Faciam, sed dic etiam prius utrum et bonam uoluntatem habere te sentias.

E – Quid est bona uoluntas?

A – Voluntas qua adpetimus recte honesteque uiuere et ad summam sapientiam peruenire. modo tu uide utrum rectam honestamque non adpetas uitam aut esse sapiens non uehementer uelis, aut certe negare audeas, cum haec uolumus, nos habere uoluntatem bonam.

84. E – Nihil horum nego, et propterea me non solum uoluntatem, sed etiam bonam uoluntatem iam habere confiteor.

A – Quanti pendis, oro te, hanc uoluntatem? numquidnam ei ulla ex parte diuitias aut honores aut uoluptates corporis aut haec simul omnia conferenda arbitraris?

E – Auerterit deus istam sceleratam dementiam!

85. A – Parumne ergo gaudendum est habere nos quiddam in animo, hanc ipsam, dico, bonam uoluntatem, in cuius conparatione abiectissima sint ea quae commemorauimus, pro quibus adipiscendis multitudinem uidemus hominum nullos labores, nulla pericula recusare?

E – Gaudendum uero, ac plurimum.

A – Quid? hoc gaudio qui non fruuntur, paruo damno eos adfectos putas tanti boni?

E – Immo maximo.

12,26 **86.** A – Vides igitur iam, ut existimo, in uoluntate nostra esse constitutum ut hoc uel fruamur, uel careamus tanto et tam uero bono. quid enim tam in uoluntate quam ipsa uoluntas sita est? quam quisque cum habet bonam, id certe habet quod terrenis omnibus regnis uoluptatibusque omnibus corporis longe anteponendum sit. quisquis autem non habet caret profecto illa re, quam, praestantiorem omnibus bonis in potestate nostra non constitutis, sola illi uoluntas per se ipsam daret. **87.** itaque cum se ipse miserrimum iudicet, si amiserit gloriosam famam, ingentes

sabedoria, não se deve ter contigo uma conversa sobre tais assuntos. E por fim não poderás ser meu amigo, a não ser que me queiras bem. Ora, tu mesmo terás visto a teu respeito, se acaso não tens nenhuma vontade da tua vida feliz.

83. E – Admito, não se pode negar que possuímos uma vontade. Prossegue então! Vejamos o que concluis a partir disso.

A – Farei, mas primeiro diz-me ainda se acaso sentes possuir uma boa vontade também.

E – Que é a boa vontade?

A – É a vontade pela qual procuramos viver reta e honestamente e chegar à suprema Sabedoria. Vê agora mesmo se tu não procuras a vida reta e honesta, ou se não queres ardentemente ser sábio, ou ainda se ousas negar que, quando desejamos estas coisas, certamente possuímos uma vontade boa.

84. E – Nada disso nego, e por isso mesmo já confesso que possuo não somente uma vontade, mas também uma boa vontade.

A – Que valor, eu te pergunto, atribuis a esta vontade? Por acaso julgas que lhe devem ser comparadas sob algum aspecto as riquezas, ou as honrarias, ou os prazeres do corpo, ou mesmo tudo isso junto?

E – Deus terá afastado de mim essa celerada demência!

85. A – Logo devemos nos regozijar pouco de possuir algo no espírito, digo, esta mesma boa vontade, em comparação com a qual são extremamente desprezíveis as coisas que acabamos de rememorar, as quais, para adquiri-las, vemos uma multidão de homens não recusar nenhuma fadiga, nenhum perigo?

E – Sem dúvida devemos nos regozijar, e muito.

A – Pois bem, consideras que os que não fruem deste regozijo são afetados por um prejuízo pequeno, [em se tratando] de tão grande bem?

E – Pelo contrário, o maior dos prejuízos.

12,26 **86.** A – Portanto agora vês, presumo eu, que em nossa vontade está constituído que fruamos ou careçamos deste tão grande e verdadeiro bem. De fato, que coisa está tão situada na vontade como a própria vontade? Quando alguém a possui boa, certamente possui aquilo que de longe deve ser anteposto a todos os reinos terrenos e a todos os prazeres do corpo. Porém aquele que não a possui carece completamente daquilo, que, mais excelente do que todos os bens não constituídos em nosso poder, somente a vontade por si mesma lhe daria. **87.** E assim, embora alguém se julgue a si próprio extremamente infeliz, se vier a perder a fama gloriosa, os enormes recursos e quaisquer outros bens do corpo, não o julgarás tu o mais

opes et quaelibet corporis bona, tu eum non miserrimum iudicabis, etiamsi talibus abundet omnibus, cum iis inhaeret, quae amittere facillime potest neque dum uult habet, caret autem bona uoluntate, quae nec conparanda est cum istis et, cum sit tam magnum bonum, uelle solum opus est ut habeatur?

88. E – Verissimum est.

A – Iure igitur ac merito stulti homines, tametsi nunquam sapientes fuerunt, hoc enim dubium et occultissimum est, huiuscemodi adficiuntur miseria.

E – Adsentior.

13,27 **89. A** – Considera nunc utrum tibi uideatur esse prudentia adpetendarum et uitandarum rerum scientia.

E – Videtur.

A – Quid? "fortitudo" nonne illa est animae adfectio qua omnia incommoda et damna rerum non in nostra potestate constitutarum contemnimus?

E – Ita existimo.

A – Porro "temperantia" est adfectio coercens et cohibens adpetitum ab iis rebus quae turpiter adpetuntur. an tu aliter putas?

E – Immo ita ut dicis sentio.

90. A – Iam "iustitiam" quid dicamus esse, nisi uirtutem qua sua cuique tribuuntur?

E – Nulla mihi alia iustitiae notio est.

A – Quisquis ergo bonam habens uoluntatem, de cuius excellentia iam diu loquimur, hanc unam dilectione amplexetur, qua interim melius nihil habet, hac sese oblectet, hac denique perfruatur et gaudeat, considerans eam et iudicans quanta sit quamque inuito illi eripi uel subripi nequeat, num dubitare poterimus istum aduersari rebus omnibus quae huic uni bono inimicae sunt?

E – Necesse est omnino ut aduersetur.

91. A – Nullane hunc putamus praeditum esse prudentia, qui hoc bonum adpetendum et uitanda ea quae huic inimica sunt uidet?

E – Nullo modo mihi uidetur hoc posse quisquam sine prudentia.

A – Recte. sed cur non huic etiam fortitudinem tribuimus? illa quippe omnia, quae in potestate nostra non sunt, amare iste ac plurimi aestimare non potest. mala enim uoluntate amantur, cui tanquam inimicae carissimo

infeliz de todos, ainda que tenha em abundância todos esses bens, quando adere a eles, os quais muito facilmente pode perder e nem possui quando quer, porém carece da boa vontade, que nem deve comparar-se com eles, e que, embora seja um tão grande bem, para que seja possuída é necessário somente querer?

88. E – É a mais perfeita verdade.

A – Portanto é de direito e por mérito que os homens estultos, mesmo que nunca tenham sido sábios, pois isto é duvidoso e um grande mistério, são afetados por tal infelicidade.

E – Assinto.

13,27 **89.** A – Examina agora se acaso te parece que a "prudência" seja a ciência do que se deve procurar e evitar.

E – Parece.

A – Pois bem, não é a "coragem" aquela disposição da alma pela qual desdenhamos todas as adversidades e perdas das coisas que não estão sob o nosso poder?

E – Assim o considero.

A – A "temperança", por sua vez, é a disposição que contém e coíbe o apetite daquilo que se procura obter de modo torpe. Ou pensas tu diferentemente?

E – Pelo contrário, sinto ser assim como dizes.

90. A – Agora a "justiça", que diríamos ser, senão a virtude pela qual se atribui a cada um o que é seu?

E – Não concebo nenhuma outra noção de justiça.

A – Logo todo aquele que, possuindo a boa vontade, acerca de cuja excelência já estamos falando há bastante tempo, abrace-a unicamente com dileção, e nesse ínterim não possua nada melhor do que ela, que nela se deleite e, por fim, que dela frua por completo e nela se regozije, ao considerá-la e ajuizar de sua grandeza e de como não lhe pode ser tomada à força ou às escondidas, invito, acaso poderemos duvidar que ele se volte contra todas as coisas que são inimigas deste único bem?

E – É absolutamente inevitável que se volte contra elas.

91. A – E reputamos que este homem não tenha sido dotado de nenhuma prudência, o qual vê que este bem deve ser procurado e que aquilo que é inimigo dele, evitado?

E – De modo nenhum me parece que alguém possa isto sem prudência.

A – Retamente. Mas por que não lhe atribuímos também a coragem? Sem dúvida aquelas coisas todas, que não estão em nosso poder, ele não as pode amar e estimar com muito apreço. Pois elas são amadas pela vontade má, à qual é necessário

suo bono resistat necesse est. cum autem non amat haec, non dolet amissa, et omnino contemnit; quod opus esse fortitudinis dictum atque concessum est.

92. E – Tribuamus sane, non enim intellego quem fortem uerius appellare possim quam eum, qui rebus his, quas neque ut adipiscamur neque ut optineamus in nobis situm est, aequo et tranquillo animo caret, quod hunc necessario facere compertum est.

A – Vide iam nunc utrum ab eo temperantiam alienare possimus, cum ea sit uirtus quae libidines cohibet. quid autem tam inimicum bonae uoluntati est quam libido? ex quo profecto intellegis istum bonae uoluntatis suae amatorem resistere omni modo atque aduersari libidinibus, et ideo iure temperantem uocari.

E – Perge! Adsentior.

93. A – Iustitia restat, quae quomodo desit huic homini non sane uideo. qui enim habet et diligit uoluntatem bonam et obsistit eis, ut dictum est, quae huic inimica sunt, male cuiquam uelle non potest. sequetur ergo ut nemini faciat iniuriam, quod nullo pacto potest nisi qui sua cuique tribuerit. hoc autem ad iustitiam pertinere, cum dicerem, adprobasse te, ut puto, meministi.

E – Ego uero memini, et fateor in hoc homine, qui suam bonam uoluntatem magni pendit et diligit, omnes quattuor uirtutes quae abs te paulo ante, me adsentiente, descriptae sunt esse compertas.

13,28 **94.** A – Quid igitur inpedit cur huius uitam non concedamus esse laudabilem?

E – Nihil prorsus. immo hortantur uel etiam cogunt omnia.

A – Quid? uitam miseram potesne ullo modo non iudicare fugiendam?

E – Et magnopere quidem iudico; nihilque aliud agendum existimo.

A – At laudabilem non fugiendam profecto putas.

E – Quin etiam adpetendam sedulo existimo.

A – Non ergo misera est quae laudabilis uita est.

E – Hoc utique sequitur.

A – Nihil iam, quantum opinor, difficile tibi ut adsentiaris relinquitur eam scilicet quae misera non est beatam esse uitam.

oponha resistência, como a uma inimiga do seu mais caro bem. Porém como não as ama, não lamenta se são perdidas, e as desdenha completamente; o que foi dito e consentido ser obra da coragem.

92. E – Atribuamos sem dúvida, pois eu não intelijo a quem possa chamar de "corajoso" de modo mais verdadeiro do que aquele que, com o espírito equânime e tranquilo, carece daquilo que não foi posto em nós nem que adquiramos nem que guardemos, o que se verificou que este indivíduo necessariamente faz.

A – Vê então agora se acaso podemos alienar dele a temperança, visto que ela é a virtude que coíbe as inclinações sensuais. Ademais que coisa é tão inimiga da boa vontade como a inclinação sensual? Daí sem dúvida inteliges que esse amador de sua boa vontade resiste de todos os modos e se opõe às inclinações sensuais, e por isso é de direito chamado de "temperante".

E – Prossegue! Assinto.

93. A – Resta a justiça, a qual razoavelmente não vejo como pode faltar a este homem. Pois aquele que possui e ama com dileção a sua boa vontade, e que se opõe àquilo que, como foi dito, é inimigo dela, não pode querer mal a quem quer que seja. Logo seguir-se-á que não cause injúria a ninguém, coisa que de modo nenhum é possível, a não ser àquele que atribui a cada um o que é seu. Isto pertence à justiça, como imagino que estejas lembrado de eu ter dito, e tu, aprovado.

E – Estou lembrado, sim, e reconheço que neste homem, que atribui grande valor à sua boa vontade e a ama com dileção, foram encontradas todas as quatro virtudes que há pouco foram por ti descritas, com o meu assentimento.

13,28 **94.** A – Portanto o que nos impede de conceder que a vida deste indivíduo seja louvável?

E – Decerto nada. Pelo contrário, todos [os argumentos aduzidos] nos exortam ou mesmo nos obrigam [a fazê-lo].

A – E a vida infeliz, podes tu de algum modo não ajuizar que deva ser evitada?

E – Certamente que o julgo, e muito; estimo também que nada além disso deve ser feito.

A – Mas a [vida] louvável, sem dúvida estimas que ela não deve ser evitada?

E – Penso até que deve ser procurada com solicitude.

A – Logo não é infeliz a vida que é louvável.

E – É o que se segue, sem dúvida.

A – Não te resta agora, imagino, nenhuma dificuldade para que assintas em que a vida que não é infeliz é sem dúvida feliz.

E – Manifestissimum est.

95. A – Placet igitur beatum esse hominem dilectorem bonae uoluntatis suae et prae illa contemnentem quodcumque aliud bonum dicitur, cuius amissio potest accidere, etiam cum uoluntas tenendi manet.

E – Quidni placeat, quo superiora quae concessimus necessario trahunt?

A – Bene intellegis. sed dic, quaeso, nonne bonam uoluntatem suam diligere et tam magni aestimare, quam dictum est, etiam ipsa bona uoluntas est?

E – Verum dicis.

A – Ac si hunc beatum recte iudicamus, nonne recte miserum qui contrariae uoluntatis est?

E – Rectissime.

96. A – Quid ergo causae est cur dubitandum putemus, etiamsi nunquam antea sapientes fuimus, uoluntate nos tamen laudabilem et beatam uitam, uoluntate turpem ac miseram mereri ac degere?

E – Fateor huc certis et minime negandis rebus esse peruentum.

13,29 **97.** A – Vide etiam aliud, nam credo te memoria tenere quam dixerimus esse bonam uoluntatem; opinor enim ea dicta est qua recte atque honeste uiuere adpetimus.

E – Ita memini.

A – Hanc igitur uoluntatem, si bona itidem uoluntate diligamus atque amplectamur, rebusque omnibus quas retinere non quia uolumus possumus anteponamus, consequenter illae uirtutes, ut ratio docuit, animum nostrum incolent, quas habere id ipsum est recte honesteque uiuere. ex quo conficitur ut, quisquis recte honesteque uult uiuere, si id se uelle prae fugacibus bonis uelit, adsequatur tantam rem tanta facilitate, ut nihil aliud ei quam ipsum uelle sit habere quod uoluit.

98. E – Vere tibi dico, uix me contineo quin exclamem laetitia, repente mihi oborto tam magno et tam in facili constituto bono.

A – Atqui hoc ipsum gaudium, quod huius boni adeptione gignitur, cum tranquille et quiete atque constanter erigit animum, beata uita dicitur, nisi tu putas aliud esse beate uiuere quam ueris bonis certisque gaudere.

E – Ita sentio.

E – Está perfeitamente manifesto.

95. A – Portanto te apraz que seja feliz aquele homem que ama a sua boa vontade e que por ela despreza qualquer outra coisa que se diz ser um bem, cuja perda lhe pode sobrevir, mesmo quando lhe permaneça a vontade de possuir.

E – Por que não me aprazeria [esta conclusão], a que os [argumentos] anteriores que aceitamos necessariamente nos arrastam?

A – Inteliges bem. Mas diz-me, eu te peço, se amar com dileção a sua boa vontade e ter por ela tão grande estima, como foi dito, não é também a própria boa vontade.

E – Dizes a verdade.

A – Mas se julgamos retamente que este indivíduo é feliz, não é retamente que julgamos infeliz aquele outro, cuja vontade é contrária?

E – Retissimamente.

96. A – Logo que motivo há para que reputemos duvidoso, mesmo que nunca antes tenhamos sido sábios, que pela vontade nós merecemos e vivemos a vida louvável e feliz, e [também] pela vontade, a vida torpe e infeliz?

E – Admito ter-se chegado até aqui por meio de argumentos firmes e minimamente refutáveis.

13,29 **97.** A – Vê ainda uma outra coisa, porque creio que reténs na memória o que dissemos ser a boa vontade; pois penso que foi dito ser aquela pela qual procuramos viver reta e honestamente.

E – Assim estou lembrado.

A – Portanto esta vontade, se igualmente com boa vontade a amarmos com dileção e abraçarmos, e se a antepusermos a tudo aquilo que não podemos reter [apenas] porque queremos, consequentemente aquelas virtudes, conforme nos ensinou a razão, habitarão nosso espírito, as quais possuir é o mesmo que viver reta e honestamente. Do que se conclui que, todo aquele que quer viver reta e honestamente, se queira querer isso de preferência aos bens fugazes, alcança tão grande bem com tamanha facilidade que possuir aquilo que quis não lhe seja nada além do próprio querer.

98. E – Em verdade te digo que a custo me contenho para não exclamar de alegria, tendo-me surgido de repente tão grande bem e constituído com tamanha facilidade.

A – Ora, este mesmo regozijo, que é gerado pela aquisição deste bem, quando eleva o espírito de modo tranquilo, quieto e permanente, chama-se "vida feliz", se tu não reputas que viver feliz seja algo diferente de regozijar-se com os bens verdadeiros e seguros.

E – É assim que eu sinto.

14,30 **99.** A – Recte. sed censesne quemquam hominum non omnibus modis uelle atque optare uitam beatam?

E – Quis dubitat omnem hominem uelle?

A – Cur igitur eam non adipiscuntur omnes? dixeramus enim atque conuenerat inter nos uoluntate illam mereri homines, uoluntate etiam miseram, et sic mereri ut accipiant. nunc uero existit nescio qua repugnantia, et nisi diligenter dispiciamus, perturbare nititur superiorem tam euigilatam firmamque rationem. **100.** quomodo enim uoluntate quisque miseram uitam patitur, cum omnino nemo uelit misere uiuere? aut quomodo uoluntate beatam uitam consequitur homo, cum tam multi miseri sint et beati esse omnes uelint? an eo euenit quod aliud est uelle bene aut male, aliud mereri aliquid per bonam uel malam uoluntatem? nam illi qui beati sunt, quos etiam bonos esse oportet, non propterea sunt beati, quia beate uiuere uoluerunt, nam hoc uolunt etiam mali, sed quia recte, quod mali nolunt. **101.** quam ob rem nihil mirum est quod miseri homines non adipiscuntur quod uolunt, id est, beatam uitam. illud enim cui comes est et sine quo ea nemo dignus est nemoque adsequitur, recte scilicet uiuere non itidem uolunt. hoc enim aeterna lex illa, ad cuius considerationem redire iam tempus est, incommutabili stabilitate firmauit, ut in uoluntate meritum sit, in beatitate autem et miseria praemium atque supplicium. **102.** itaque cum dicimus uoluntate homines esse miseros, non ideo dicimus, quod miseri esse uelint, sed quod in ea uoluntate sunt, quam etiam eis inuitis miseria sequatur necesse est. quare non repugnat superiori rationi, quod uolunt omnes beati esse, nec possunt, non enim uolunt omnes recte uiuere, cui uni uoluntati uita beata debetur, nisi quid habes aduersus haec dicere.

E – Ego uero nihil.

15,31 **103.** Sed uideamus iam quomodo haec ad propositam illam quaestionem de duabus legibus referantur.

A – Fiat! sed dic mihi prius utrum qui recte uiuere diligit eoque ita delectatur, ut non solum ei rectum sit, sed etiam dulce atque iocundum, amet hanc legem habeatque carissimam, qua uidet tributam esse bonae uoluntati beatam uitam, malae miseram.

14,30 **99.** A – Retamente. Mas pensas haver alguém dentre os homens que não queira e escolha por todos os meios a vida feliz?

E – Quem duvida que todo homem a queira?

A – Então por que motivo os homens todos não a alcançam? Pois havíamos dito e entre nós havia sido acordado que é pela vontade que os homens merecem-na e que pela vontade também [merecem] a vida infeliz, e que de acordo com o que merecem, assim recebem. No entanto surge agora não sei que contrariedade, e a não ser que a examinemos diligentemente, pode conseguir perturbar o raciocínio anterior, tão elaborado e consistente. **100.** Pois bem, como padece alguém a vida infeliz por meio da vontade, visto que absolutamente ninguém quer viver de modo infeliz? Ou como é que por meio da vontade o homem alcança a vida feliz, visto que são tão numerosos os infelizes e que todos querem ser felizes? Por acaso disso resulta que uma coisa é querer bem ou mal, outra é merecer algo pela boa ou má vontade? Pois aqueles que são felizes, os quais é preciso também serem bons, não são felizes porque quiseram viver com felicidade, pois isto querem igualmente os maus, mas porque [quiseram viver] retamente, o que os maus não querem. **101.** Por isso nada admira que os homens infelizes não adquiram o que desejam, isto é, a vida feliz. Pois aquilo que lhe está associado, sem o que ninguém é digno dela e ninguém a alcança, viver retamente, por certo, isso eles também não querem. De fato, aquela Lei eterna, a cuja consideração agora é o momento de regressar, firmou com estabilidade absolutamente imutável que o mérito está na vontade, porém que o prêmio e o castigo, na felicidade e na infelicidade. **102.** E assim, quando dizemos que os homens são infelizes por meio da vontade, não o dizemos porque queiram ser infelizes, mas porque estão [imbuídos] daquela vontade, que, mesmo invitos, se faz necessariamente seguir da infelicidade. Por isso não contraria o raciocínio anterior, que [diz que] todos querem ser felizes, e não podem, pois nem todos querem viver retamente, vontade única a que se deve a vida feliz, a não ser que tenhas algo a dizer em contrário.

E – Eu, verdadeiramente nada.

15,31 **103.** Mas vejamos agora de que modo isso se refere àquela questão proposta a respeito das duas leis.

A – Que se faça! Mas diz-me antes se aquele que ama com dileção viver retamente e nisso se deleita, de modo que não lhe seja somente reto, mas também doce e jucundo, se ele ama esta Lei e a tem por caríssima, Lei pela qual ele vê ter sido atribuída à boa vontade a vida feliz, à má, a infeliz.

E – Amat omnino ac uehementer, nam istam ipsam sequens ita uiuit.

104. A – Quid? cum hanc amat, mutabile aliquid amat ac temporale, an stabile ac sempiternum?

E – Aeternum sane atque incommutabile.

A – Quid illi, qui in mala uoluntate perseuerantes nihilominus beati esse cupiunt, possuntne amare istam legem, qua talibus hominibus miseria merito rependitur?

E – Nullo modo, arbitror.

A – Nihilne amant aliud?

E – Immo plurima; ea scilicet in quibus adipiscendis uel retinendis mala uoluntas illa persistit.

105. A – Opinor te dicere diuitias, honores, uoluptates et pulchritudinem corporis, caeteraque omnia quae possunt et uolentes non adipisci et amittere inuiti.

E – Ista ipsa sunt.

A – Num haec aeterna esse censes, cum temporis uolubilitati uideas obnoxia?

E – Quis hoc uel dementissimus senserit?

106. A – Cum igitur manifestum sit alios esse homines amatores rerum aeternarum, alios temporalium, cumque duas leges esse conuenerit, unam aeternam, aliam temporalem, si quid aequitatis sapis, quos istorum iudicas aeternae legi, quos temporali esse subdendos?

E – Puto in promptu esse quod quaeris. nam beatos illos ob amorem ipsorum aeternorum sub aeterna lege agere existimo; miseris uero temporalis imponitur.

107. A – Recte iudicas, dummodo illud inconcussum teneas, quod apertissime iam ratio demonstrauit, eos qui temporali legi seruiunt non esse posse ab aeterna liberos, unde omnia quae iusta sunt iusteque uariantur exprimi diximus, eos uero qui legi aeternae per bonam uoluntatem haerent, temporalis legis non indigere, satis, ut adparet, intellegis.

E – Teneo quod dicis.

15,32 **108.** A – Iubet igitur aeterna lex auertere amorem a temporalibus et eum mundatum conuertere ad aeterna.

E – Ama-a completamente e com veemência, pois seguindo essa mesma Lei é que ele vive desse modo.

104. A – Pois bem, quando a ama, ama algo mutável e temporal, ou estável e sempiterno?

E – Sem dúvida eterno e absolutamente imutável.

A – E aqueles que, perseverando na má vontade, ainda assim desejam ser felizes, podem tais homens amar essa Lei, pela qual se lhes retribui de modo merecido a infelicidade?

E – De modo nenhum, julgo eu.

A – Não amam nenhuma outra coisa?

E – Pelo contrário, muitas coisas; sem dúvida aquelas mesmas nas quais a má vontade persevera a fim de adquirir e manter.

105. A – Imagino que estejas referindo-te às riquezas, às honras, aos prazeres e à beleza do corpo, e a todo o restante que eles podem não apenas não adquirir quando desejam, como também perder, invitos.

E – São essas mesmas.

A – Consideras estas coisas eternas, ainda que as vejas sujeitas à volubilidade do tempo?

E – Quem haveria de pensá-lo, posto que fosse o maior dementado?

106. A – Portanto, visto estar manifesto que uns homens são amadores das coisas eternas, outros, das temporais, e visto que se admitiu haver duas leis, uma eterna, outra temporal, se tens alguma noção de equidade, [diz-me] quais desses homens julgas que devem ser colocados sob a Lei eterna, e quais, sob a temporal?

E – Acho que é óbvio o que queres saber, pois os felizes, por causa do amor das próprias coisas eternas, presumo que vivam sob a Lei eterna; aos infelizes, porém, impõe-se a lei temporal.

107. A – Julgas retamente, desde que retenhas de modo inconcusso o que a razão já claramente demonstrou, que os que se sujeitam à lei temporal não podem estar desobrigados da Lei eterna, de onde dissemos derivar-se todas as coisas que são justas e que com justiça se modificam, e que os que aderem à Lei eterna por meio da boa vontade não têm necessidade da lei temporal, o que suficientemente inteliges, como parece.

E – Percebo o que estás dizendo.

15,32 **108.** A – Portanto a Lei eterna ordena averter o amor das coisas temporais e convertê-lo, purificado, às eternas.

E – Iubet uero.

A – Quid deinde censes temporalem iubere, nisi ut haec, quae ad tempus nostra dici possunt, quando eis homines cupiditate inhaerent, eo iure possideant quo pax et societas humana seruetur, quanta in his rebus seruari potest? **109.** ea sunt autem: primo, hoc corpus, et eius quae uocantur bona, ut integra ualetudo, acumen sensuum, uires, pulchritudo et si qua sunt caetera, partim necessaria bonis artibus, et ideo pluris pensanda, partim uiliora. deinde libertas, quae quidem nulla uera est, nisi beatorum, et legi aeternae adhaerentium; sed eam nunc libertatem commemoro, qua se liberos putant qui dominos homines non habent et quam desiderant ii qui a dominis hominibus manumitti uolunt. **110.** deinde parentes, fratres, coniux, liberi, propinqui, affines, familiares et quicumque nobis aliqua necessitudine adiuncti sunt. ipsa denique ciuitas, quae parentis loco haberi solet; honores etiam et laudes et ea quae dicitur gloria popularis. ad extremum pecunia, quo uno nomine continentur omnia quorum iure domini sumus et quorum uendendorum aut donandorum habere potestatem uidemur. **111.** horum omnium quemadmodum lex illa sua cuique distribuat, difficile et longum est explicare, et plane ad id quod proposuimus non necessarium. satis est enim uidere non ultra porrigi huius legis potestatem in uindicando quam ut haec uel aliquid horum adimat atque auferat ei quem punit. metu coercet ergo; et ad id quod uult, torquet ac retorquet miserorum animos, quibus regendis accommodata est. dum enim haec amittere timent, tenent in his utendis quemdam modum aptum uinculo ciuitatis, qualis ex huiuscemodi hominibus constitui potest. **112.** non autem ulciscitur peccatum cum amantur ista, sed cum aliis per inprobitatem auferuntur. quam ob rem uide utrum iam peruentum sit ad id quod infinitum putabas. institueramus enim quaerere quatenus habeat ius ulciscendi ea lex, qua populi terreni ciuitatesque gubernantur.

E – Video peruentum.

15,33 A – Vides ergo etiam illud, quod poena non esset, siue quae per iniuriam, siue quae per talem uindictam infertur hominibus, si eas res quae inuito auferri possunt non amarent.

E – Id quoque uideo.

113. A – Cum igitur eisdem rebus alius male alius bene utatur et is quidem qui male amore his inhaereat atque implicetur, scilicet subditus eis

E – Ordena, de fato.

A – Que pensas por sua vez a lei temporal ordenar, senão que estas coisas, que por algum tempo se podem dizer nossas, quando os homens a elas aderem com desejo, que as possuam com o mesmo direito pelo qual a paz e a sociedade humana são preservadas, tanto quanto nestas coisas se podem preservar? **109.** São elas, pois: primeiramente este corpo, e dele o que se denominam bens, como a saúde perfeita, a acuidade dos sentidos, o vigor, a beleza, e restantes, sendo uns necessários às boas artes, e por isso devem ter mais peso, outros, de menor valor. Em seguida a liberdade, que, a não ser a dos que são felizes e aderem à Lei eterna, certamente nenhuma é verdadeira; mas agora faço menção daquela outra liberdade, na qual se supõem livres aqueles que não têm homens como senhores e pela qual anelam os que querem ser manumitidos por seus senhores-homens. **110.** Depois os pais, os irmãos, o cônjuge, os filhos, os parentes próximos, os afins, os domésticos e todos os que estão adjungidos a nós por alguma relação de parentesco. Por fim a própria cidade, que costuma ser tida em lugar de uma mãe; além das honrarias, dos louvores, e daquilo que se diz "glória popular". Na extremidade o dinheiro, termo único no qual se inclui tudo aquilo de que por direito somos senhores e que parecemos possuir o poder para vender ou dar. **111.** De que modo aquela lei confere a cada um o que lhe cabe de tudo isso é difícil e demorado de explicar, e claramente desnecessário àquilo a que nos propusemos. Na verdade basta-nos ver que o poder de punir desta lei não vai além de privar e despojar destes bens ou de alguns deles aquele que ela está punindo. Logo ela exerce a coerção pelo medo; e para conseguir o que quer, torce e retorce os espíritos dos infelizes, os quais foi adaptada a reger. Pois enquanto temem perder estes bens, conservam, ao fazer uso deles, um certo comedimento, adequado ao vínculo da cidade, do tipo que pode ser constituída por homens assim. **112.** Contudo o pecado não é punido quando esses bens são amados, mas quando são subtraídos aos outros com improbidade. Por isso vê se agora se chegou àquilo que consideravas infinito. Pois tínhamos estabelecido investigar até que ponto aquela lei tem o direito de punir, lei pela qual os povos da terra e as cidades são governados.

E – Vejo que se chegou.

15,33 A – Logo vês também isso, que não haveria uma pena, seja a que se aplica aos homens através de injúria, seja a que se aplica através deste tipo de reparação, se eles não amassem aquelas coisas que lhes podem ser arrebatadas de modo invito.

E – Vejo-o igualmente.

113. A – Portanto, visto que das mesmas coisas um indivíduo usa mal, outro, bem, seguramente aquele que usa mal adere a elas com amor e nelas está entrelaçado,

rebus, quas ei subditas esse oportebat, et ea bona sibi constituens, quibus ordinandis beneque tractandis ipse esse utique deberet bonum; ille autem qui recte his utitur, ostendat quidem bona esse, sed non sibi, non enim eum bonum melioremue faciunt, sed ab eo potius fiunt, et ideo non eis amore adglutinetur neque uelut membra sui animi faciat – quod fit amando – ne, cum resecari coeperint, eum cruciatu ac tabe foedent, sed eis totus superferatur, et habere illa atque regere, cum opus est, paratus, et amittere ac non habere paratior. cum ergo haec ita sint, num aut argentum et aurum propter auaros accusandum putas aut cibos propter uoraces aut uinum propter ebriosos aut muliebres formas propter scortatores et adulteros atque hoc modo caetera, cum praesertim uideas et igne bene uti medicum et pane scelerate ueneficum?

E – Verissimum est, non res ipsas, sed homines qui eis male utuntur esse culpandos.

16,34 **114.** A – Recte. sed, quoniam et quid ualeat aeterna lex, ut opinor, uidere iam coepimus, et quantum lex temporalis in uindicando progredi possit inuentum est, et rerum duo genera, aeternarum et temporalium, duoque rursus hominum, aliorum aeternas aliorum temporales sequentium et diligentium, satis aperteque distincta sunt, quid autem quisque sectandum et amplectendum eligat, in uoluntate esse positum constitit nullaque re de arce dominandi rectoque ordine mentem deponi, nisi uoluntate, et est manifestum non rem ullam, cum ea quisque male utitur, sed ipsum male utentem esse arguendum, referamus nos, si placet, ad quaestionem in exordio sermonis huius propositam et uideamus utrum soluta sit.

115. Nam quaerere institueramus quid sit male facere, et propter hoc omnia quae dicta sunt diximus. quocirca licet nunc animaduertere et considerare utrum sit aliud male facere quam, neglectis rebus aeternis, quibus per seipsam mens fruitur et per seipsam percipit et quae amans amittere non potest, temporalia et quaeque per corpus – partem hominis uilissimam – sentiuntur et nunquam esse certa possunt quasi magna et miranda sectari. nam hoc uno genere omnia malefacta, id est, peccata, mihi uidentur includi. tibi autem quid uideatur exspecto cognoscere.

inevitavelmente sujeito àquilo que lhe devia estar sujeito, estabelecendo para si estas coisas como bens, às quais deveria ele necessariamente ser um bem, a fim de que fossem ordenadas e tratadas de forma correta; porém aquele outro, que usa delas retamente, demonstra por certo serem bens, mas não para si, pois elas não o tornam bom nem melhor, e sim a partir dele é que se tornam boas, e por isso mesmo não se prende a elas com amor nem as torna como que membros de seu espírito – o que se faz quando se as ama –, a fim de que, quando lhe começarem a ser suprimidas, não o desfigurem pela dor excruciante e pelo definhamento, ao contrário, ele todo se coloca acima delas, preparado que está para possuí-las e regê-las, quando se faz necessário, e mais preparado ainda para perdê-las e para não possuí-las. Logo, uma vez que isto é assim, consideras acaso que a prata e o ouro devem ser acusados por causa dos avaros, ou a comida, por causa dos glutões, ou o vinho, por causa dos ébrios, ou ainda a formosura das mulheres, por causa dos prostibulários e adúlteros, e assim por diante, já que vês sobretudo o fogo ser bem usado pelo médico, mas também o pão, de modo criminoso pelo envenenador?

E – É muitíssimo verdadeiro, não são as próprias coisas, mas os homens que delas usam mal é que devem ser culpados.

16,34 **114.** A – Retamente. Mas, visto que começamos a perceber o valor da Lei eterna, segundo penso, e que se descobriu o quanto a lei temporal por sua vez pode avançar em punir, e que se distinguiram de modo suficiente e claro dois gêneros de coisas, eternas e temporais, em seguida de homens, os que perseguem e amam diligentemente aquilo que é eterno e os que o fazem ao que é temporal, porém que aquilo, de que cada um escolha correr atrás e que queira abraçar, estabeleceu-se ter sido depositado na vontade, e mais, que por motivo nenhum a mente é deposta da cidadela do domínio e da reta ordem, a não ser por meio de [sua própria] vontade, além de estar evidente que não é a coisa em si que se deve censurar, quando alguém dela usa mal, e sim aquele que faz mau uso, [visto isso,] se é do teu agrado, retomemos a questão proposta exórdio deste diálogo e vejamos se tenha sido solucionada.

115. Pois bem, havíamos estipulado investigar o que é "fazer mal", e por causa disso é que dissemos tudo o que foi dito. Pelo que nos é permitido agora voltar a atenção e considerar se acaso "fazer mal" é algo diferente de, tendo sido negligenciado o que é eterno, que a mente frui por si mesma e por si mesma percebe e que quando ama não pode perder, correr atrás do que é temporal e de tudo que se sente por intermédio do corpo – a parte do homem de menor valor –, o que jamais pode estar seguro, como se fosse algo da maior importância e admiração. Pois neste único gênero devem ser incluídos todos os malfeitos, isto é, os pecados, segundo me parece. Porém espero conhecer o que te parece.

16,35 **116.** E – Est ita ut dicis; et adsentior peccata omnia hoc uno genere contineri, cum quisque auertitur a diuinis uereque manentibus et ad mutabilia atque incerta conuertitur, quae, quamquam in ordine suo recte locata sint et suam quandam pulchritudinem peragant, peruersi tamen animi est et inordinati eis sequendis subici, quibus ad nutum suum ducendis potius diuino ordine ac iure praelatus est. **117.** et illud simul mihi uidere iam uideor absolutum atque compertum, quod post illam quaestionem, quid sit male facere, deinceps quaerere instituеramus, unde male faciamus[3]. nisi enim fallor, ut ratio tractata monstrauit, id facimus ex libero uoluntatis arbitrio. sed quaero utrum ipsum liberum arbitrium, quo peccandi facultatem habere conuincimur, oportuerit nobis dari ab eo qui nos fecit. uidemur enim non fuisse peccaturi si isto careremus; et metuendum est ne hoc modo deus etiam malefactorum nostrorum auctor existimetur.

118. A – Nullo modo istuc timueris; sed ut diligentius requiratur, aliud tempus sumendum est. nam haec iam sermocinatio modum terminumque desiderat, qua uelim credas magnarum abditarumque rerum inquirendarum quasi fores esse pulsatas; in quarum penetralia, cum deo duce uenire coeperimus, iudicabis profecto quantum inter hanc disputationem et eas quae sequuntur intersit quantumque illae praestent non modo inuestigationis sagacitate sed etiam maiestate rerum et clarissima luce ueritatis. pietas tantum adsit, ut nos diuina prouidentia cursum quem instituimus tenere et perficere permittat.

E – Cedo uoluntati tuae et ei meam iudicio et uoto libentissime adiungo.

EXPLICVIT
LIBER PRIMVS

Adnotationes critici apparatus adbreuiatae

1 Crearit.

2 Anim*am* (*iuxta* Vaticanus, saec. XI; Rotomagensis 473 ac Parisinus 14473, saec. XII).

3 Vnde male facimus.

16,35 **116.** E – É assim como dizes; e consinto também que todos os pecados estejam contidos neste único gênero, quando alguém se averte das coisas divinas e verdadeiramente permanentes e se converte para aquelas que são mutáveis e incertas, as quais, conquanto tenham sido retamente estabelecidas em sua ordem e realizem uma certa beleza particular, contudo sujeitar-se a persegui-las é próprio do espírito perverso e desordenado, que foi posto à frente delas, por ordem e direito divinos, para conduzi-las a um simples aceno seu. **117.** E parece-me que vejo agora simultaneamente resolvido e comprovado também aquilo, que, depois daquela questão, "O que é fazer mal?", na sequência havíamos estabelecido investigar, [inteligir] "de onde é que fazemos mal". Pois se não estou enganado, conforme demonstrou o argumento tratado, nós o fazemos a partir do livre arbítrio da vontade. Mas quero saber se era conveniente que esse mesmo livre arbítrio, pelo qual estamos convencidos de possuir a faculdade de pecar, nos tivesse sido dado por aquele que nos fez. Pois parece-nos que não haveríamos de pecar se carecêssemos dele; e é de se temer que deste modo Deus ainda seja considerado o autor de nossos malfeitos.

118. A – De modo nenhum temas isso; mas para que seja investigado de modo mais diligente, deve-se reservar uma outra ocasião. Pois agora demanda uma medida e um fim esta discussão, na qual queria eu que tu cresses ter-se batido como que às portas de grandes e abstrusos temas, os quais devem ser investigados; cujo santuário, quando começarmos a penetrar, sendo Deus o nosso guia, julgarás por certo quanta coisa existe entre esta disputa e as que se seguem, e quanto elas estão à frente [desta], não apenas pela sutileza da investigação, mas também pela majestade dos temas e pela luz claríssima da verdade. [Assim sendo,] que a piedade apenas esteja presente [em nós], para que a divina Providência nos permita manter e completar o percurso que estabelecemos.

E – Cedo à tua vontade e com muitíssimo prazer lhe associo a minha, tanto no juízo como na súplica.

TERMINA
O LIVRO PRIMEIRO

Notas resumidas do aparato crítico e referências bíblicas

1 Is 7,9 (*iuxta* LXX).

2 Cf. 1Cor 1,22-24.

3 Uma alma.

4 Liter. "espírito" (*animus*).

RETRACTATIONES

RETRATAÇÕES

prologus

1. Iam diu est ut facere cogito atque dispono, quod nunc, adiuuante domino, aggredior, quia differendum esse non arbitror, ut opuscula mea, siue in libris, siue in epistolis, siue in tractatibus, cum quadam iudiciaria seueritate recenseam, et quod me offendit, uelut censorio stilo, denotem. neque quisquam, nisi imprudens, ideo, quia mea errata reprehendo, me reprehendere audebit. sed, si dicit non ea debuisse a me dici, quae postea mihi etiam displicerent, uerum dicit et mecum facit. eorum quippe reprehensor est, quorum et ego sum. neque enim ea reprehendere deberem, si dicere debuissem.

2. Sed ut uolet quisque accipiat hoc quod facio, me tamen apostolicam illam sententiam et in hac re oportuit intueri, ubi ait: *Si nos ipsos iudicaremus, a domino non iudicaremur.* illud etiam quod scriptum est: *Ex multiloquio non effugies peccatum,* terret me plurimum, non quia multa scripsi, uel quia multa etiam, quae dictata non sunt, tamen a me dicta, conscripta sunt – absit enim ut multiloquium deputem[1], quando necessaria dicuntur, quantalibet sermonum multitudine ac prolixitate dicantur –, sed istam sententiam scripturae sanctae propterea timeo, quia de tam multis disputationibus meis sine dubio multa conligi possunt, quae, si non falsa, at certe uideantur, siue etiam conuincantur non necessaria. quem uero Christus fidelium suorum non terruit, ubi ait: *Omne uerbum otiosum quodcumque dixerit homo, reddet pro eo rationem in die iudicii*? unde et eius apostolus Iacobus: *Sit,* inquit, *omnis homo uelox ad audiendum, tardus autem ad loquendum,* et alio loco: *Nolite,* inquit, *plures magistri fieri, fratres mei, scientes quoniam maius iudicium sumitis, in multis enim offendimus omnes. si quis in uerbo non offendit, hic perfectus est uir.* ego mihi hanc perfectionem nec nunc arrogo, cum iam sim senex, quanto minus cum iuuenis coepi scribere uel apud populos dicere; tantumque mihi tributum

prólogo[1]

1. Há muito tempo que cogito e disponho fazer o que, com a ajuda do Senhor, agora empreendo, porque não julgo que deva ser diferido, [a saber,] que relacione[2] meus opúsculos[3], seja em livros, seja em epístolas, seja ainda em tratados, com certa severidade judiciária[4], e aponte aquilo que me incomoda[5], como se por meio de um estilo[6] censório. E ninguém, senão um imprudente, ousará repreender-me por isso, porque estou repreendendo meus erros[7]. Mas, se diz que estas coisas não deveriam ter sido ditas por mim, as quais posteriormente a mim também desagradariam, diz a verdade e o faz comigo[8]. Sem dúvida ele é um repreensor destas coisas, das quais também eu o sou. Pois eu não as deveria repreender, se as devesse ter dito[9].

2. Mas aceite-se como quiser isto que estou fazendo, contudo convém que eu considere aquela sentença apostólica também neste caso, onde diz: "Se julgássemos a nós próprios, não seríamos julgados pelo Senhor"[10]. E também aquilo que está escrito muito me aterroriza: "Pelo muito falar[11] não evitarás o pecado"[12], não porque escrevi muitas coisas, ou ainda porque muitas, que não foram ditadas, contudo, tendo por mim sido ditas, foram escritas[13] – pois longe de mim condenar o falar muito, quando se dizem coisas necessárias, seja com que quantidade de discursos e com que prolixidade elas se digam –, mas eu temo essa sentença da santa Escritura por causa disso, a saber, porque muitas coisas sem dúvida podem ser coligidas das minhas muitas disputas [dialéticas][14], coisas que, se não falsas, certamente poderiam parecê-lo, ou mesmo provar-se não necessárias. E qual dos fiéis de Cristo não se aterrorizou, quando ele diz: "Toda e qualquer palavra ociosa que o homem houver dito, ele responderá[15] por ela no dia do Juízo"[16]? De onde diz também o seu apóstolo Tiago: "Seja todo homem veloz para ouvir, porém tardo para falar"[17]; e em outro lugar, diz: "Não queirais muitos de vós fazer-se mestres, meus irmãos, tendo ciência de que estais tomando [sobre vós] um maior juízo, pois em muitas coisas todos nós ofendemos. Se alguém, em sua palavra, não ofende, este é um varão perfeito"[18]. Eu não me arrogo esta perfeição nem agora, embora já esteja velho, quanto menos quando, sendo jovem, comecei a escrever ou proferir discursos diante do povo; e tanto me foi atribuído, que, estando

est, ut ubicumque me praesente loqui opus esset ad populum, rarissime tacere atque alios audire permitterer, et esse *uelox ad audiendum, tardus autem ad loquendum.* restat igitur ut me ipse iudicem sub magistro uno, cuius de offensionibus meis iudicium euadere cupio. magistros autem plures tunc fieri existimo, cum diuersa atque inter se aduersa sentiunt. cum uero idipsum dicunt omnes, et uerum dicunt, et ab unius ueri magistri magisterio non recedunt. offendunt autem, non cum illius multa dicunt, sed cum addunt sua. sic quippe incidunt ex multiloquio etiam in falsiloquium.

3. Scribere autem ista mihi placuit, ut haec emittam in manus hominum, a quibus ea quae iam edidi reuocare emendanda non possum. nec illa sane praetereo quae cathecuminus iam, licet relicta spe quam terrenam gerebam, sed adhuc saecularium litterarum inflatus consuetudine scripsi, quia et ipsa exierunt in notitiam describentium atque legentium, et leguntur utiliter, si nonnullis ignoscatur; uel si non ignoscatur, non tamen inhaereatur erratis. quapropter quicumque ista lecturi sunt, non me imitentur errantem, sed in melius proficientem. inueniet fortasse quo modo scribendo profecerim, quisquis opuscula mea ordine suo quo scripta sunt legerit. quod, ut possit hoc opere, quantum potero, curabo, ut eumdem ordinem nouerit.

EXPLICVIT
RETRACTATIONVM PROLOGVS

eu presente[19], onde quer que fosse necessário proferir discursos diante do povo, rarissimamente me seria permitido calar e ouvir os outros, e ser "veloz para ouvir, porém tardo para falar". Portanto resta que eu mesmo me julgue sob o único Mestre, de cujo juízo, acerca das minhas ofensas, desejo evadir-me. Porém eu suponho que muitos se façam mestres no momento em que sentem coisas diversas e adversas entre si. Na verdade, quando todos dizem a mesma coisa, não apenas dizem a verdade, mas também não se afastam do magistério do único Mestre verdadeiro. Porém eles ofendem, não quando dizem muitas palavras dele[20], mas quando adicionam as suas. Assim sem dúvida do "falar muito" incidem também no "falar falso"[21].

3. Entretanto me aprouve escrever essas coisas, a fim de remetê-las às mãos dos homens, dos quais aquelas que já publiquei não posso chamar de volta para emendar. E absolutamente não estou preterindo aquelas coisas que escrevi quando era catecúmeno, ainda inflado pelo costume das letras seculares, embora a esperança terrena que geria houvesse sido deixada para trás, porque [essas obras] não apenas chegaram ao conhecimento dos copistas e leitores[22], mas também porque são lidas com utilidade, desde que lhes sejam perdoadas algumas coisas; e mesmo se lhes não sejam perdoadas, contudo desde que não se lhes adira aos erros. Por isso, todos os que lerem essas coisas, que não me imitem errando, mas progredindo em direção ao melhor. Possivelmente descobrirá como progredi, escrevendo, aquele que ler meus opúsculos na respectiva ordem em que foram escritos. E para que o possa nesta obra, eu cuidarei, quanto puder, que conheça essa mesma ordem.

TERMINA
O PRÓLOGO DAS *RETRATAÇÕES*

liber primvs - capvt IX

1,9 **1.** Cum adhuc Romae demoraremur, uoluimus disputando quaerere unde sit malum. et eo modo disputauimus, ut, si possemus, id quod de hac re diuinae auctoritati subditi credebamus, etiam ad intellegentiam nostram, quantum disserendo opitulante deo agere possemus, ratio considerata et tractata perduceret. et quoniam constitit inter nos diligenter ratione discussa, malum non exortum nisi ex libero uoluntatis arbitrio, tres libros quos eadem disputatio peperit appellati sunt *De libero arbitrio*, quorum secundum et tertium in Africa, iam Hippone Regio presbyter ordinatus, sicut tunc potui, terminaui.

1,9 **2.** In his libris ita multa disserta sunt, ut incidentes nonnullae quaestiones, quas uel enodare non poteram, uel longam sermocinationem in praesenti requirebant, ita differrentur, ut ex utraque parte, uel ex omnibus earumdem quaestionum partibus, in quibus non adparebat quid potius congrueret ueritati, ad hoc tamen ratiocinatio nostra concluderetur, ut, quodlibet eorum uerum esset, laudandus crederetur, uel etiam ostenderetur, deus. Propter eos quippe disputatio illa suscepta est, qui negant ex libero uoluntatis arbitrio mali originem duci, et deum, si ita est, creatorem omnium naturarum culpandum esse contendunt; eo modo uolentes secundum suae impietatis errorem – Manichaei enim sunt – inmutabilem quandam et deo coaeternam introducere naturam mali. de gratia uero dei, qua suos electos sic praedestinauit, ut eorum, qui iam in eis utuntur libero arbitrio, ipse etiam praepararet uoluntates, nihil in his libris disputatum est propter hanc propositam quaestionem. ubi autem incidit locus, ut huius gratiae fieret commemoratio, transeunter commemorata est, non, quasi inde ageretur, operosa ratiocinatione defensa. aliud est enim quaerere unde sit malum, et aliud est quaerere unde redeatur ad pristinum uel ad maius perueniatur bonum.

1,9 **3.** Quapropter noui haeretici Pelagiani, qui liberum sic adserunt uoluntatis arbitrium, ut gratiae dei non relinquant locum, quandoquidem

livro primeiro - capitulo IX

1,9 **1.** Como ainda nos demorássemos em Roma, quisemos, por meio de uma disputa dialética, investigar de onde é que existe o mal[23]. E assim disputamos, de modo que, se pudéssemos, aquilo que, sujeitos à divina autoridade, críamos acerca deste assunto, uma razão bem considerada e tratada[24] o conduzisse também à nossa inteligência, dissertando, quanto pudéssemos realizar, com a ajuda de Deus. E porque ficou estabelecido entre nós, por uma razão discutida diligentemente, que o mal não havia surgido senão a partir do livre arbítrio da vontade, os três livros que essa mesma disputa deu à luz foram chamados de *O livre arbítrio*[25], dos quais o segundo e o terceiro terminei na África, assim que pude, tendo já sido ordenado presbítero em Hipona[26].

1,9 **2.** Nestes livros muitos assuntos foram discutidos, de modo que algumas questões incidentes, as quais ou eu não podia desatar, ou requeriam um longo debate naquele momento, fossem diferidas, de modo que a partir de uma e outra parte, ou de todas as partes das mesmas questões, nas quais não estava aparente o que fosse mais congruente com a verdade, contudo o nosso raciocínio fosse concluído neste sentido, que, o que quer que fosse verdadeiro dessas questões, se cresse, ou mesmo se demonstrasse, que Deus deveria ser louvado. Essa disputa sem dúvida foi empreendida por causa dos que negam que a origem do mal seja derivada do livre arbítrio da vontade, e que, se assim é, contendem que Deus, o Criador de todas as naturezas, deve ser inculpado; querendo eles desse modo, segundo o erro de sua impiedade – pois são os maniqueus –, introduzir uma certa natureza do mal, imutável e coeterna com Deus. No entanto acerca da Graça de Deus, pela qual predestinou os seus eleitos, de modo que ele próprio também preparasse as vontades daqueles, os quais agora, em si mesmos, usam do livre arbítrio, nada se disputou nestes livros, por causa desta questão proposta[27]. Porém onde incidiu o lugar para que se fizesse menção desta Graça, ela foi mencionada de modo transeunte, não defendida por um raciocínio operoso, como se disso se tratasse. Pois uma coisa é investigar de onde existe o mal, e outra, investigar de onde se retorna ao bem primitivo, ou se alcança um maior[28].

1,9 **3.** Por isso os novos hereges pelagianos, os que asseveram[29] o arbítrio da vontade de tal modo livre que não deixam lugar à Graça de Deus, pois asseveram que ela é

eam secundum merita nostra dari adserunt, non se extollant, quasi eorum egerim causam, quia multa in his libris dixi pro libero arbitrio, quae illius disputationis causa poscebat. dixi quippe in primo libro: *Malefacta iustitia dei uindicari,* et addidi: *Non enim iuste uindicarentur, nisi fierent uoluntate.* item cum ipsam bonam uoluntatem tam magnum bonum esse monstrarem, ut omnibus corporeis et externis bonis merito anteponeretur, dixi: *Vides igitur iam, ut existimo, in uoluntate nostra esse constitutum, ut hoc uel fruamur, uel careamus tanto et tam uero bono. quid enim tam in uoluntate quam ipsa uoluntas sita est?.* et alio loco: *Quid ergo causae est,* inquam, *cur dubitandum putemus, etiam si numquam antea sapientes fuimus, uoluntate nos tamen laudabilem et beatam uitam, uoluntate turpem et miseram mereri ac degere?* item alio loco: *Ex quo conficitur,* inquam, *ut, quisquis recte honesteque uult uiuere, si id se uelle prae fugacibus rebus uelit, adsequatur tantam rem tanta facilitate, ut nihil aliud ei quam ipsum uelle sit habere quod uoluit.* itemque alibi dixi: *Hoc enim aeterna lex illa, ad cuius considerationem redire iam tempus est, incommutabili stabilitate firmauit, ut in uoluntate meritum sit, in beatitate autem et miseria praemium atque supplicium.* et alio loco: *Quid,* inquam, *quisque sectandum et amplectendum eligat, in uoluntate esse positum constitit.* et in libro secundo: *Homo enim ipse,* inquam, *in quantum homo est, aliquod bonum est, quia recte uiuere, cum uult, potest.* et alio loco dixi: *Recte fieri non posse nisi eodem libero uoluntatis arbitrio.* et in libro tertio: *Quid opus est quaeri,* inquam, *unde iste motus existat, quo uoluntas auertitur ab incommutabili bono ad commutabile bonum, cum eum non nisi animi et uoluntarium et ob hoc culpabilem esse fateamur omnisque de hac re disciplina utilis ad id ualeat, ut eo motu inprobato atque cohibito uoluntatem nostram ad perfruendum sempiterno bono a lapsu temporalium conuertamus?* et alio loco: *Optime,* inquam, *de te ueritas clamat. non enim posses aliud sentire esse in potestate nostra, nisi quod, cum uolumus, facimus. quapropter nihil tam in nostra potestate quam ipsa uoluntas est. ea enim prorsus nullo interuallo mox ut uolumus praesto est.* item alio loco: *Si enim tu laudaris,* inquam, *uidendo quid facere debeas, cum id non uideas, nisi in illo qui est incommutabilis ueritas, quanto magis ille, qui et uelle praecepit et posse praebuit et non inpune nolle permisit!* deinde subiunxi dicens: *Si enim hoc debet*

dada segundo os nossos méritos, que não se exaltem, como se eu tivesse advogado a sua causa, porque eu disse muitas coisas nestes livros em favor do livre arbítrio, coisas que a causa[30] da disputa reclamava. De fato, eu disse no primeiro livro[31]: "Os malfeitos são castigados pela justiça de Deus", e adicionei[32]: "Pois não seriam castigados justamente, se não fossem feitos pela vontade". E depois, visto ter demonstrado que a própria boa vontade era um bem tão grande, que deveria por mérito ser anteposta a todos os bens corpóreos e externos, disse[33]: "Portanto agora vês, presumo eu, que em nossa vontade está constituído que fruamos ou careçamos deste tão grande e verdadeiro bem. De fato, que coisa está tão situada na vontade como a própria vontade?". E em outro lugar eu digo[34]: "Logo que motivo há para que reputemos duvidoso, mesmo que nunca antes tenhamos sido sábios, que pela vontade nós merecemos e vivemos a vida louvável e feliz, e pela vontade, a vida torpe e infeliz?". Ainda em outro lugar eu digo[35]: "Do que se conclui que, todo aquele que quer viver reta e honestamente, se queira querer isso de preferência aos bens fugazes, alcança tão grande bem, com tamanha facilidade, que possuir aquilo que quis não lhe seja nada além do próprio querer". E também em algum outro lugar eu disse[36]: "De fato, aquela Lei eterna, a cuja consideração agora é o momento de regressar, firmou com estabilidade absolutamente imutável que o mérit o está na vontade, porém que o prêmio e o castigo, na felicidade e na infelicidade". E em outro lugar eu digo[37]: "aquilo, de que cada um escolha correr atrás e que queira abraçar, estabeleceu-se ter sido depositado na vontade". E no segundo livro eu digo[38]: "O próprio homem, enquanto homem, é algum bem, porque pode viver retamente, quando quer". E em outro lugar eu disse[39] "que não se podia agir retamente, a não ser por meio desse mesmo livre arbítrio da vontade". E no terceiro livro eu digo[40]: "Por que motivo é preciso investigar-se[41] de onde se origina esse movimento, pelo qual a vontade é avertida do Bem absolutamente imutável para o bem completamente mutável, quando reconhecemos que ele não é senão do espírito e voluntário, e por causa disso culpável, e que toda aprendizagem útil acerca deste assunto vale para isso, a saber, tendo desaprovado e coibido esse movimento, que convertamos a nossa vontade para fruir do Bem sempiterno, a partir do lapso dos bens temporais?". E em outro lugar eu digo[42]: "A verdade clama perfeitamente de ti. Pois tu não poderias sentir que existisse em nosso poder outra coisa, senão o que, quando queremos, fazemos. Pelo que nada está tanto em nosso poder quanto a própria vontade. Pois ela diretamente, sem nenhum intervalo [de tempo], logo que queremos, está à disposição". Ainda em outro lugar eu digo[43]: "Pois, se tu és louvado ao ver o que deves fazer, posto que não o vejas senão naquele que é a Verdade absolutamente imutável, quanto mais aquele, que não apenas prescreveu o querer, mas também outorgou o poder, e não permitiu impunemente o não querer!". [Ao que] em seguida eu subordinei, dizendo[44]: "Pois, se cada um deve

quisque quod accepit, et sic homo factus est ut necessario peccet, hoc debet ut peccet. cum ergo peccat, quod debet facit. quod, si scelus est dicere, neminem natura sua cogit ut peccet. et iterum: *Quae tandem esse poterit,* inquam, *ante uoluntatem causa uoluntatis? aut enim et ipsa uoluntas est et a radice ista uoluntatis non recedetur*[2], *aut non est uoluntas et peccatum nullum habet. aut igitur uoluntas est prima causa peccandi aut nullum peccatum est prima causa peccandi. nec est cui recte inputetur peccatum nisi peccanti. non ergo est cui recte imputetur nisi uolenti.* et paulo post: *Quis,* inquam, *peccat in eo quod nullo modo caueri potest? peccatur autem. caueri igitur potest.* quo testimonio meo in quodam libro suo Pelagius usus est. cui libro cum respondissem, titulum libri mei esse uolui: *De natura et gratia.*

1,9 **4.** In his atque huiusmodi uerbis meis, quia gratia dei commemorata non est, de qua tunc non agebatur, putant Pelagiani, uel putare possunt, suam nos tenuisse sententiam. sed frustra hoc putant. uoluntas quippe est qua et peccatur, et recte uiuitur, quod his uerbis egimus. uoluntas ergo ipsa, nisi dei gratia liberetur a seruitute, qua facta est *serua peccati,* et ut uitia superet adiuuetur, recte pieque uiui a mortalibus non potest. et hoc diuinum beneficium, quo liberatur, nisi eam praeueniret, iam meritis eius daretur, et non esset gratia, quae utique gratis datur. quod in aliis opusculis nostris satis egimus, istos inimicos huius gratiae nouos haereticos refellentes; quamuis et in his libris, qui non contra illos omnino, quippe illi nondum erant, sed contra Manichaeos conscripti sunt de libero arbitrio, non omnimodo de ista dei gratia reticuimus, quam nefanda impietate conantur auferre. diximus quippe in secundo libro: *Non solum magna sed etiam minima bona non esse posse, nisi ab illo a quo sunt omnia bona, hoc est, deo*; et paulo post: *Virtutes,* inquam, *quibus recte uiuitur, magna bona sunt; species autem quorumlibet corporum, sine quibus recte uiui potest, minima bona sunt; potentiae uero animi, sine quibus recte uiui non potest, media bona sunt. uirtutibus nemo male utitur; ceteris autem bonis, id est, mediis et minimis, non solum bene sed etiam male quisque uti potest. et ideo uirtute nemo male utitur, quia opus uirtutis est bonus usus istorum, quibus etiam non bene uti possumus. nemo autem bene utendo male utitur. quare abundantia et magnitudo bonitatis dei non solum*

o que recebeu, e se o homem foi feito de modo tal que peque necessariamente, o que deve é isto: que peque. Logo, quando peca, faz o que deve. O que, se é algo celerado de dizer, a ninguém sua própria natureza coage a que peque". E novamente eu digo[45]: "Mas afinal qual poderá ser a causa da vontade antes da vontade? Pois ou é a própria vontade, e ela não se afastará[46] da raiz dessa vontade, ou então não é vontade, e nenhum pecado possui. Portanto ou a vontade é a causa primeira do pecar, ou nenhum pecado é a causa primeira do pecar. E não existe a quem se impute retamente o pecado, a não ser àquele que peca. Logo não existe a quem se o impute retamente, a não ser àquele que quer". E pouco depois eu digo[47]: "Pois quem é que peca em algo contra o que não pode acautelar-se de modo nenhum? Porém peca-se. Portanto pode acautelar-se". Pelágio usou deste meu testemunho em um certo livro seu. Livro, ao qual, como eu houvesse respondido, quis que o título do meu livro fosse: *Da natureza e da Graça.*

1,9 **4.** Nestas minhas palavras e em outras do tipo, porque a Graça de Deus não foi mencionada, acerca de que não se tratava naquele momento, pensam os pelagianos, ou podem pensar, que nós apoiamos o seu pensamento. Mas pensam isto em vão. Pois certamente a vontade é [a faculdade] pela qual não apenas se peca, como também se vive retamente, o que referimos nestas palavras. Logo a própria vontade, a não ser que seja libertada da servidão pela Graça de Deus, pela qual se fez *serva do pecado*[48], e seja ajudada a que supere os vícios, [a vida] não pode ser vivida reta e piamente pelos mortais[49]. E este benefício divino, pelo qual [a vontade] é libertada, se não viesse antes dela, ser-lhe-ia dado pelos méritos, e não seria Graça, que sempre é dada de graça[50]. Disso tratamos suficientemente em outros opúsculos nossos, refutando esses novos hereges, inimigos da Graça; embora nestes livros também, os quais não foram em circunstância alguma escritos contra os pelagianos, pois certamente eles ainda não existiam, mas acerca do livre arbítrio contra os maniqueus, não fomos totalmente reticentes acerca dessa Graça de Deus, que por uma nefanda impiedade [os pelagianos] se esforçam por retirar [deles]. Pois certamente nós dissemos no segundo livro[51]: "Não somente os grandes bens, mas também os mínimos não podem existir, a não ser a partir daquele de quem existem todos os bens, isto é, Deus"; e pouco depois eu digo[52]: "As virtudes, com as quais se vive retamente, são grandes bens; porém as aparências, seja de que corpos forem, sem as quais se pode viver retamente, são bens mínimos; agora as potências do espírito, sem as quais não se pode viver retamente, são bens médios. Das virtudes ninguém usa mal; porém dos restantes bens, isto é, dos médios e dos mínimos, pode-se usar não apenas bem, mas também mal. E da virtude ninguém usa mal, porque a obra da virtude é o bom uso dessas coisas, das quais também podemos não usar bem. Porém ninguém, ao usar bem, usa mal. Por isso é que a abundância e a magnitude da bondade de Deus

magna sed etiam media et minima bona esse praestitit. magis laudanda est bonitas eius in magnis quam in mediis, et magis in mediis quam in minimis bonis, sed magis in omnibus, quam si non omnia tribuisset. et alio loco: *Tu tantum,* inquam, *pietatem inconcussam tene, ut nullum tibi bonum uel sentienti uel intellegenti uel quoquo modo cogitanti occurrat quod non sit ex deo.* itemque alio loco dixi: *Sed quoniam non sicut sponte homo cecidit, ita etiam sponte surgere potest, porrectam nobis desuper dexteram dei, id est, dominum nostrum Iesum Christum, firma fide teneamus.*

1,9 **5.** Et in libro tertio, cum dixissem illud, quo et Pelagium de meis opusculis usum fuisse commemoraui: *Quis enim,* inquam, *peccat in eo quod nullo modo caueri potest? peccatur autem, caueri igitur potest,* continuo secutus adiunxi: *Et tamen etiam per ignorantiam facta quaedam improbantur et corrigenda iudicantur, sicut in diuinis auctoritatibus legimus. ait enim apostolus:* Misericordiam consecutus sum, quia ignorans feci, *ait et propheta:* Delicta iuuentutis meae et ignorantiae meae ne memineris! *sunt etiam necessitate facta improbanda, ubi uult homo recte facere et non potest. nam unde sunt illae uoces:* Non enim quod uolo facio bonum, sed quod odi malum, hoc ago; *et illud:* Velle adiacet mihi, perficere autem bonum, non, *et illud:* Caro concupiscit aduersus spiritum, spiritus autem aduersus carnem; haec enim inuicem aduersantur, ut non ea quae uultis faciatis? *sed haec omnia hominum sunt ex illa mortis damnatione uenientium. nam si non est ista poena hominis, sed natura, nulla ista peccata sunt. si enim non receditur ab eo modo, quo naturaliter factus est ita, ut melius esse non possit, ea quae debet facit, cum haec facit. si autem bonus homo esset, aliter esset. nunc autem, quia ita est, non est bonus, nec habet in potestate ut bonus sit, siue non uidendo qualis esse debeat, siue uidendo et non ualendo esse qualem debere esse se uidet. poenam istam esse quis dubitet? omnis autem poena, si iusta est, peccati poena est, et supplicium nominatur. si autem iniusta poena est, quoniam poenam esse nemo ambigit, iniusto aliquo dominante homini imposita est. porro, quia de omnipotentia dei et iustitia dubitare dementis est, iusta haec poena est, et pro peccato aliquo penditur. non enim quisquam iniustus dominator aut subripere hominem potuit uelut ignoranti deo, aut extorquere inuito,*

proveu existirem não somente grandes bens, mas também médios e mínimos. Mais se deve louvar a sua bondade nos grandes do que nos médios, e mais nos médios do que nos mínimos bens, mas mais ainda em todos eles [em conjunto] do que se não os houvesse atribuído todos". E em outro lugar eu digo[53]: "Mantém tão somente a piedade inconcussa, de tal modo que não te ocorra nenhum bem, a ti que sentes, inteliges, ou de algum modo cogitas, que não exista a partir de Deus". E igualmente em outro lugar eu disse[54]: "Mas, visto que não pode, assim como caiu o homem de maneira espontânea, assim também soerguer-se de maneira espontânea[55], agarremos com uma fé firme a destra de Deus estendida do alto, isto é, nosso Senhor Jesus Cristo!".

1,9 **5.** E no terceiro livro, porque eu houvesse dito aquilo, de que também Pelágio, acerca de meus opúsculos, mencionou ter usado[56]: "Pois quem é que peca", eu digo, "em algo contra o que não pode acautelar-se de modo nenhum? Porém peca-se. Portanto pode acautelar-se", seguindo, de imediato eu adjungi[57]: "E contudo até mesmo certos atos praticados por ignorância são reprovados e julgados que devem ser corrigidos, assim como lemos nas divinas autoridades. Pois diz o apóstolo: *Consegui misericórdia, porque fiz ignorando*[58]; e diz o profeta: *Não te lembres dos delitos de minha juventude e [dos delitos] de minha ignorância!*[59]. E mesmo os atos praticados por necessidade devem ser reprovados, onde o homem quer agir retamente e não o pode. Com efeito, de onde é que são aquelas vozes: *Pois não faço o bem que quero, mas o mal que odeio, isto é o que realizo*[60]; e aquilo: *O querer está próximo a mim, porém perfazer o bem, não*[61]; e aquilo: *A carne cobiça contra o espírito, porém o espírito, contra a carne; pois eles se voltam um contra o outro reciprocamente, de modo que não façais as coisas que quereis*[62]? Mas todas estas coisas próprias dos homens são provenientes daquela condenação de morte. Com efeito, se essa não é uma pena do homem, mas a natureza, essas coisas não são pecados nenhuns. Pois, se não se desvia do modo pelo qual naturalmente assim foi feito, de modo que não possa ser melhor, faz o que deve, quando faz estas coisas. Porém, se o homem fosse bom, seria de outro modo. Porém agora, porque é assim, não é bom, nem possui em seu poder que seja bom, quer não vendo de que maneira deve ser, quer vendo e não tendo forças para ser da maneira como vê que deve ser. Que isso seja uma pena, quem é que duvidaria? Porém toda pena, se é justa, é pena de pecado, e se denomina 'castigo'. Porém se a pena é injusta, já que ninguém duvida que seja uma pena, foi imposta ao homem por algum dominante injusto. E depois, porque é próprio de um dementado duvidar da onipotência de Deus e de sua Justiça, esta pena é justa, e pende [da balança da Justiça] em contrapartida a algum pecado. Pois não poderia algum injusto dominador surripiar o homem a Deus, como se ele o ignorasse, ou extorqui-lo [dele] invito, como se ele fosse mais inválido, seja aterrorizando, seja

tamquam inualidiori, uel terrendo, uel confligendo, ut hominem iniusta poena cruciaret. relinquitur ergo ut haec poena iusta de damnatione hominis ueniat. et alio loco: *Approbare,* inquam, *falsa pro ueris, ut erret inuitus, et resistente atque torquente dolore carnalis uinculi non posse a libidinosis operibus temperare, non est natura instituti hominis, sed poena damnati. cum autem de libera uoluntate recte faciendi loquimur, de illa scilicet in qua homo factus est loquimur.*

1,9 **6.** Ecce tam longe antequam Pelagiana haeresis exstitisset, sic disputauimus, uelut iam contra illos disputaremus. cum enim omnia bona dicerentur ex deo, id est, et magna et media et minima, in mediis quidem bonis inuenitur liberum uoluntatis arbitrium, quia et male illo uti possumus, sed tamen tale est, ut sine illo recte uiuere nequeamus. bonus autem usus eius iam uirtus est, quae in magnis reperitur bonis, quibus male uti nullus potest. et quia omnia bona, sicut dictum est, et magna, et media, et minima ex deo sunt, sequitur ut ex deo sit etiam bonus usus liberae uoluntatis, quae uirtus est et in magnis numeratur bonis. deinde dictum est ex qua miseria, peccantibus iustissime inflicta, liberet dei gratia, quia sponte homo, id est, libero arbitrio, cadere potuit, non etiam surgere. ad quam miseriam iustae damnationis pertinet ignorantia et difficultas, quam patitur omnis homo ab exordio natiuitatis suae, nec ab isto malo quisquam, nisi dei gratia, liberatur. quam miseriam Pelagiani nolunt ex iusta damnatione descendere, negantes originale peccatum. quamuis ignorantia et difficultas, etiamsi essent hominis primordia naturalia, nec sic culpandus, sed laudandus esset deus, sicut in eodem libro tertio disputauimus. quae disputatio contra Manichaeos habenda est, qui non accipiunt scripturas sanctas ueteris instrumenti, in quibus peccatum originale narratur, et quicquid inde in litteris apostolicis legitur, detestabili impudentia immissum fuisse contendunt a corruptoribus scripturarum, tamquam non fuerit ab apostolis dictum. contra Pelagianos autem hoc defendendum est, quod utraque scriptura commendat, quam se accipere profitentur.

Hoc opus sic incipit: *Dic mihi, quaeso te, utrum deus non sit auctor mali.*

EXPLICVIT LIBRI PRIMI
RETRACTATIONVM CAPVT IX

conflitando, de modo a que cruciasse o homem por meio de uma pena injusta. Logo resta que esta justa pena venha da condenação do homem". E em outro lugar eu digo[63]: "Aprovar coisas falsas em lugar de verdadeiras, de modo que erre invito, e, devido à dor resistente e torturante do vínculo carnal, não poder temperar as obras das inclinações sensuais, não é a natureza do homem como instituído [na criação], mas a pena de um condenado. Porém, quando falamos da vontade livre de agir retamente, é daquela, evidentemente, na qual o homem foi feito, que estamos falando".

1,9 **6.** Eis que muito antes que a heresia pelagiana houvesse existido, assim disputávamos [dialeticamente], como se naquela época disputássemos contra eles. Pois, visto que todos os bens foram ditos [existir] a partir de Deus, isto é, não apenas os grandes, mas também médios e mínimos, por certo o livre arbítrio da vontade se encontra entre os bens médios, porque dele também podemos usar mal, mas, no entanto ele é de tal modo, que sem ele não poderíamos viver retamente. Porém o bom uso dele já é a virtude, que se encontra nos grandes bens, dos quais ninguém pode usar mal. E porque os bens todos, como foi dito, não apenas os grandes, mas também os médios e os mínimos, existem a partir de Deus, segue-se que a partir de Deus exista também o bom uso da vontade livre, que é uma virtude e é contada entre os grandes bens. Depois ficou dito que a Graça de Deus libertaria da infelicidade, infligida de modo perfeitamente justo aos que pecam, porque o homem pôde cair de modo espontâneo, isto é, por meio do livre arbítrio, agora elevar-se, não[64]. Infelicidade da justa condenação a que pertence a [condição de] ignorância e dificuldade, de que padece todo homem desde o princípio de seu nascimento, e desse mal, a não ser pela Graça de Deus, ninguém é libertado. Infelicidade que os pelagianos não querem fazer descender da justa condenação, negando o pecado original. Nada obstante a ignorância e a dificuldade, mesmo se fossem [essas duas condições] os primórdios naturais do homem, nem assim Deus deveria ser inculpado, mas louvado, como disputamos nesse mesmo terceiro livro. Disputa dialética essa que deve ser considerada contra os maniqueus, que não aceitam as santas Escrituras da antiga Instrução[65], nas quais o pecado original é narrado, e que contendem, com uma impudência detestável, que tudo aquilo que delas se lê nas cartas apostólicas foi introduzido por corruptores das Escrituras, como se não tivesse sido dito pelos apóstolos. Porém contra os pelagianos deve-se defender aquilo que ambas as Escrituras[66] recomendam, as quais eles professam aceitar.

Esta obra começa assim: "Diz-me, eu te peço, se acaso não é Deus o autor do mal".

TERMINA O CAPÍTULO IX
DO LIVRO PRIMEIRO DAS *RETRATAÇÕES*

PROLOGVS

1 Deputetur.

LIBER I · CAPVT IX

2 Receditur.

Notas

PRÓLOGO

1 A tradução do título desta obra inacabada, "Retratações", que foi escrita por volta dos anos 426/427, portanto cerca de três anos antes da morte do autor, carece de alguma justificativa. Agostinho deixa claro, pelo vocabulário inequivocamente autocrítico de que se serve, que não se trata de um mero recenseamento de suas obras, nem mesmo de uma simples revisão, embora ambos se justifiquem, mas sobretudo de uma autocrítica, ou ainda, de uma severa autocensura, não apenas para que a posteridade não lhe imputasse a pecha da heresia, mas principalmente para que suas incertezas não ensejassem opiniões condenáveis, como ocorreu com algumas obras que escrevera em seus anos de amadurecimento intelectual e espiritual, de modo especial o *L.A.*, cujo conteúdo, um tanto descontextualizado, lhe foi atirado em face por Pelágio e seus epígonos, causando-lhe enorme pesar. E de fato, ninguém se põe a catalogar as próprias obras com "rigor de juiz" (*iudiciaria seueritate*), muito menos com a pena do censor (*censorio stilo*), repreendendo (*reprehendo*) nelas o que reputava errado (*errata*), publicamente e diante do juízo da posteridade, se nenhum "incômodo" (*offendit*) lhe causassem. Do que é lícito compreender que se trata, sim, de uma autocensura, que merece o nome que lhe foi dado, "retratação", porque ninguém reconhece os próprios erros, senão com o sincero e humilde propósito de retratar-se, ou seja, de retrair-se (*re-tractatio*), voltando atrás e corrigindo os próprios erros, o que, por sua vez, não se faz sem tratar novamente (*re+tracto*) das passagens que merecem renovada atenção. E nenhuma dúvida resta de que sua atitude seja de humilde "retração", quando admite, arrependido, dando razão a possíveis acusações de detratores, que não devia ter escrito o que agora deve corrigir, o que se pôs a fazer, como ele mesmo deixa claro no §3, para que a posteridade retivesse as suas ideias maturadas, não as prematuras, que não poderia mais apagar, depois de publicadas e disseminadas.

2 Traduz o latim *recenseo* [*re+censeo*], liter. "recensear", ou seja, passar em revista, enumerando.

3 Trata-se obviamente de uma modéstia afetada de Agostinho, qualificar seus livros volumosos, tanto na profundidade com que trata os temas, como na diversidade e extensão deles, de simples "opúsculos".

4 Isto é, um rigor próprio dos tribunais, em que se devem emitir juízos exatos e justos.

5 Traduz o latim *offendo*, liter. "ofender", ou seja, causar algum incômodo, desagradando.

6 Traduz o latim *stilus*, que pode estar referindo o instrumento pontiagudo utilizado para escrever, seja ao riscar as tabuinhas de cera em que cotidianamente se escrevia, seja o cálamo embebido em tinta, para escritas mais definitivas, mas também o próprio modo de escrita, aquilo que hoje se compreende como o próprio "estilo", sentido esse em que Agostinho antecipa será tão rigoroso quanto eram os *censores* romanos, magistrados que se notabilizaram por sua extrema severidade.

7 Traduz o latim *errata*, que pode ser [i] o particípio adjetivado *erratus* [*erro*], "errado", cujo significado seria "coisas" ou "palavras erradas", [ii] ou o substantivo neutro *erratum*, no plural, "erros".

8 Os que dizem que certas coisas não deveriam ter sido ditas estão "de acordo com" o próprio Agostinho, pois ele também não crê que deveria ter escrito o que agora se põe a censurar.

9 Liter.: "eu não as deveria repreender, se as tivesse devido dizer".

10 1Cor 11,31.

[11] Traduz o latim *multiloquium*, liter. "multilóquio". Cf. *De Trinitate* 15,28,51.

[12] Prv 10,19.

[13] À época do autor, em vez de escrever de próprio punho era mais comum ditar as obras a copistas, não apenas para que fossem escritas com caligrafia profissional, adequada à publicação, mas principalmente por causa da própria cultura oral do mundo antigo, onde a leitura em voz alta e o cultivo da memória constituíam a práxis. Todavia muitos sermões e discursos proferidos por Agostinho, embora não fossem originalmente destinados à publicação, contudo eram estenografados, e só depois editados, para que fossem publicados como obras suas, tal era a consideração intelectual de que gozava o pensador de Hipona.

[14] Traduz o latim *disputatio*, liter. "disputa", em referência ao embates dialéticos tão comuns na Antiguidade, em que dois ou mais debatedores se punham a discutir acerca de um determinado tema, segundo regras lógicas rígidas, até que a opinião de um triunfasse das dos demais, pelo assentimento mútuo. Muitas obras de Agostinho, mesmo as que não foram compostas em forma explicitamente dialógica, mantêm esse caráter polêmico, em que predomina o claro embate (πόλεμος) de ideias, como evidenciam os seus primeiros diálogos filosóficos de Cassicíaco, mas também diversas obras doutrinárias, cujo contexto é quase sempre polêmico, seja contra maniqueus, arianos, priscilianos, donatistas, pagãos, seja sobretudo contra os pelagianos.

[15] Quer dizer, terá de prestar contas das palavras proferidas, "dando suas razões" por tê-las pronunciado (*rationem reddere pro eo*).

[16] Mt 12,36.

[17] Tia 1,19.

[18] Tia 3,1-2.

[19] Impressionante e ao mesmo tempo assustadoramente patético o fardo que Agostinho levou sobre os ombros durante sua vida. Em lugar algum em que se encontrasse lhe era permitido permanecer calado. Percebe-se como esta sua querela se harmoniza com o relato de um de seus sermões (355,2), quando narra ter sido como que flagrado em Hipona e feito presbítero, quase à força, por assim dizer.

[20] Quando se dizem muitas coisas pertencentes a Cristo, ou seja, quando se reproduzem em grande quantidade as palavras que ele proferiu. Trata-se aqui de um genitivo, *illius*, não de ablativo. Contudo é possível, como fazem alguns, priorizando o sentido em detrimento da gramática, compreender a passagem como se se tratasse de um ablativo (*multa de illo*), quando então não ofenderiam as muitas palavras ditas "acerca dele", ou seja, a respeito de seus ensinamentos, e sim as ideias estrangeiras que se lhes apensassem.

[21] Liter.: do "multilóquio" incidem no "falsilóquio".

[22] Liter.: "dos que transcrevem (*describo*) e leem".

LIVRO PRIMEIRO · CAPÍTULO IX

[23] Ou seja, "qual a origem do mal", ou, a partir de que causa deve o mal a sua existência. A célebre interrogativa direta latina, *Vnde malum?*, e sua contrapartida indireta, *Vnde sit malum*, encontram precedência ilustre no oitavo tratado da primeira *Enéada* de Plotino, Πόθεν τὰ κακά; "De onde [se originam] os males?".

24 Apesar da impossibilidade de correspondência exata, o sentido pretendido por Agostinho é bastante claro: uma argumentação cuidadosamente examinada (*considero*) e desenvolvida passo a passo (*tracto*).

25 Liter.: *Do livre arbítrio.*

26 Cidade norte africana situada hoje na Argélia, que então era parte da província romana da Numídia, sendo chamada em latim de *Hippo Regius.*

27 A questão proposta era a origem do mal, não a Graça, pelo que nada se discutiu acerca dela.

28 Se a investigação acerca do mal procura as causas do pecado, os tratados acerca da Graça procuram os meios de se retornar ao estado primitivo, anterior ao pecado, ou o modo de se chegar a um bem maior, para além da condição penal de ignorância de dificuldade em que se encontra presentemente o homem.

29 Traduz o latim *adsero*, liter. "asserir", ou seja, "afirmar categoricamente".

30 O termo latino *causa* traz consigo imponderável carga semântica do universo jurídico, em que significa, como atesta o vernáculo dali derivado, para muito além dos motivos ou razões de um evento qualquer, também os interesses relativos às partes de uma dada disputa litigiosa.

31 *L.A.* 1,1,1,3.

32 *Ibid.*

33 *L.A.* 1,12,26,86.

34 *L.A.* 1,13,28,96.

35 *L.A.* 1,13,29,97.

36 *L.A.* 1,14,30,101.

37 *L.A.* 1,16,34,114.

38 *L.A.* 2,1,2,4.

39 *L.A.* 2,18,47,179.

40 *L.A.* 3,1,2,11.

41 Na passagem do *L.A.* o verbo está no infinitivo presente ativo (*quaerere*), não passivo (*quaeri*), como consta aqui.

42 *L.A.* 3,3,7,27.

43 *L.A.* 3,16,46,156.

44 *L.A.* 3,16,46,157.

45 *L.A.* 3,17,49,168-169.

46 Altern.: "não se afasta".

47 *L.A.* 3,18,50,171.

48 Rm 6,17: δοῦλοι τῆς ἁμαρτίας.

49 Agostinho costuma se utilizar do verbo *uiuo* de modo intransitivo e impessoal, como se viu em várias passagens do *L.A.* Porém neste caso tudo indica que a construção não é impessoal, mas que o verbo esteja sendo utilizado transitivamente, suposição que se permite fazer por causa do ablativo de agente antecedido de preposição, *a mortalibus*, que não costuma aparecer em

construções impessoais. De onde se optou pela inserção de um sujeito implícito, "vida", interpretando o acusativo como cognato.

50 Cf. Rm 11,6.

51 *L.A.* 2,19,50,191.

52 *L.A.* 2,19,50,191-192.

53 *L.A.* 2,20,54,202.

54 *L.A.* 2,20,54,205.

55 Há uma diferença de manuscrito entre essa citação e a passagem correspondente do *L.A.*, em que a edição crítica não adotou a repetição do advérbio *sponte.* O restante da passagem também difere do original naquilo que consta a seguir entre colchetes: "agarremos com uma fé firme [e não somente esperemos com uma esperança segura, mas também anelemos com uma caridade ardente] a destra de Deus estendida do alto, isto é, nosso Senhor Jesus Cristo!"

56 *L.A.* 3,18,50,171 (cf. *Ret.* 1,9,3).

57 *L.A.* 3,18,51,172-176.

58 1Tim 1,13.

59 Sl 24,7 (25,7).

60 Rm 7,19.

61 Rm 7,18.

62 Gl 5,17.

63 *L.A.* 3,18,52,179.

64 Cf. 2,20,54,205.

65 Agostinho denomina o Antigo Testamento de *Vetus Instrumentum,* liter. "Antigo Instrumento".

66 Liter. "uma e outra Escritura", o que se refere ao Antigo e ao Novo Testamento.

NOTAS E COMENTÁRIOS

Ninguém quer algo não querendo[1]

1 *L.A.* 2,41,37,144: "*Nemo aliquid uult nolens*".

sumário às notas e comentários ao livro primeiro

notas e comentários ao livro primeiro

1,1,1,1. Zaratustra, o pai do diabo

1. E – Diz-me, eu te peço, se acaso não é Deus o autor do mal.[1]

Embora tenham sido os filósofos gregos os primeiros a fazer-se questionamentos sistemáticos acerca da origem dos males, destaca o historiador Jeffrey Burton Russell[2], eles não alcançaram respostas satisfatórias, porque, em sua tentativa de encontrar os seus princípios (ἀρχαί), preferiram atribuir aos deuses exclusivamente o bem, num monismo, segundo ele, limitador. Com efeito, os deuses helênicos foram considerados pelo pensamento filosófico, sobremodo o platônico, manifestações ambivalentes de uma divindade una, cujas contradições indicavam menos confusão do que "coincidência de opostos", visto que o bem e o mal praticado por elas eram tidos ambos como procedentes do mesmo princípio, do qual cada divindade particular seria apenas uma manifestação[3].

---

[1] Nem sempre, como se pode notar ao longo da tradução, foi possível manter os tempos e modos verbais latinos em português, cuja práxis tem rejeitado o modo subjuntivo em muitas subordinadas, como esta interrogativa indireta, iniciada pela partícula *utrum*, que implica alternativa: "Diz-me se acaso *x*, ou se, pelo contrário, *y*". O *x* que se quer saber é a possibilidade da autoria divina para o mal, como propunha o dualismo dos maniqueus; o *y*, por sua vez, é a alternativa contrária, em que o mal não teria nada que ver com o Criador. O ideal teria sido expressar as possibilidades abertas pela dúvida com o subjuntivo, se esse modo verbal já não tivesse perdido em vernáculo muito do valor específico que possuía em latim, tendo seu estudo sistemático sido praticamente abduzido das gramáticas, ou, quando não, relegado à matéria do "estilo", como sustenta um dos maiores especialistas da atualidade (e com ele os demais), o acadêmico Evanildo Bechara, ao justificar a exiguidade dos casos apresentados em sua *Moderna gramática portuguesa* (2015, p. 298), que exime-se de destrinçar a "complexa trama" que, segundo ele, constitui "o emprego dos tempos e modos" verbais em português, porque tais questões "fogem ao âmbito da Gramática e constituem preocupação da Estilística". Assim sendo, o critério adotado na tradução do *L.A.*, como não poderia ter sido diferente, foi uma adaptação das normas gramaticais latinas aos padrões da norma culta portuguesa, quanto possível, de par com o uso vigente da língua, o que infelizmente tem por consequência inevitável certa falta de uniformidade, que se tentou tornar o menos perceptível possível.

[2] Jeffrey Burton Russell, *The devil. Perceptions of evil from antiquity to primitive christianity*. Ithaca, New York; London: Cornell University Press, 1987 (a), p. 167-68.

[3] J. B. Russell, *op. cit.*, p. 123.

Em contrapartida, na religião hebreia pré-exílio[4], o diabo, compreendido como a personificação do mal[5], ainda nem existia, pois tudo de bom e de mau derivava sua origem do próprio Yahweh, a partir de cujas tensões interiores haveria de desenvolver-se posteriormente a sinistra *persona.* Escorado numa proposta epistêmica de que a verdade histórica de um conceito, ou de uma palavra, é o seu desenvolvimento diacrônico, e não sua origem, ou seu étimo, Russell entende que a versão tradicional que mais apreende o "metabolismo" histórico do conceito de "diabo", e consequentemente do mal, é a de que Satã tenha sido "a personificação do lado escuro de Deus, aquele elemento no interior de Yahweh que obstruía o bem"[6]. Portanto, ao contrário do monismo limitador dos gregos, compreende ele a questão do mal personificado como sendo uma manifestação do divino, ou antes, como sendo parte da própria divindade. A partir desse ponto de vista semidualista, considera o próprio Yahweh como uma "antinomia de opostos", luz e treva, bem e mal[7], ao contrário do monismo grego, que advogava a existência de um princípio único, exclusivamente bom.

Nenhuma dúvida há, segundo o autor, de que a natureza impiedosa de Yahweh tenha refletido a natureza nômade e conquistadora dos hebreus dos tempos pré-exílicos, como refletiria mais tarde, nos tempos do próprio exílio, a parenética dos profetas[8], convertendo-se em apologia da misericórdia, expressa no cuidado devido às viúvas, aos doentes e à indigência em geral, sem deixar de parte as censuras a todo tipo de promiscuidade e excessos, atribuídos seguramente aos estrangeiros dominadores que os mantinham em cativeiro. Disso se depreende naturalmente o deslocamento das noções de bem e mal desde o ritualismo e o tabuísmo a uma ética da responsabilidade, ou seja, da vontade exclusiva de Yahweh à elaboração de uma teodiceia, como, por exemplo, a tese de que o mal era decorrente do pecado da humanidade[9]. Porém a vontade corrupta do homem não tardou a parecer insuficiente à casta pensante hebreia para dar conta de tamanha injustiça aparente no mundo, o que permitiu o desenvolvimento de um "instigador", um espírito maligno, cujo poder malicioso em

4 O cativeiro da Babilônia, imposto por Nabucodonosor, anterior a 587 a.C.

5 *Id. ibid.*, p. 174; 11.

6 *Id. ibid.*, p. 176-177.

7 *Id. ibid.*, p. 177-78. Russell aponta inúmeras passagens veterotestamentárias em defesa de sua tese: Js 7,8; 11,10-15; 11,20; Ex 3,19; 4,24-26; 7,13-22; 9,12; 10,1; 11,10; 13,15; Jz 2,-12; 2Sm 17,14; Is 6,9-11; Dt 32,41-42 *et alia multa.*

8 *Id. ibid.*, p. 181.

9 *Id. ibid.*, p. 181-82. Cf. Gn 6,5-6.

muito superava o dos simples mortais, em decorrência do que aquele aspecto original devastador de Yahweh pôde ser-lhe subtraído, sendo naturalmente transferido para essa potência malévola[10]. O Deus uno dividiu-se em dois: uma parte, o aspecto bom, tornou-se o Senhor; a outra, o mau, o diabo, a despeito da pretensão monoteísta sustentada pelos hebreus, que nada obstante se encaminharam, segundo Russell, ainda que inconscientemente, para uma espécie de dualismo disfarçado. E esse suposto dualismo não teria penetrado apenas o judaísmo, mas também o cristianismo, pois Satã não era na origem um princípio do mal, tendo-se convertido nessa direção apenas depois, especialmente por meio da literatura judaica de cunho apocalíptico[11].

No entanto, ainda que no período pré-exílico Yahweh comportasse em si dois princípios antitéticos, do bem e do mal, como uma verdadeira "antinomia divina", ou "coincidência de opostos"[12], não se deve dizer de modo nenhum que ele fosse dois deuses, tampouco que se tratasse de um perfeito dualismo, apenas algo intermédio, um semimonismo, ou semidualismo, contudo que em si mesmo guardava um potencial criativo positivo a ser expandido, uma tensão benéfica, sem a qual nada viria a ser, pondera o autor[13]. Porém não foi esse desdobramento de Yahweh o motor primeiro para a criação de uma entidade autônoma má, personificação da própria maldade, e sim o pensamento do profeta persa Zaratustra[14], cerca de 600 anos antes de Cristo, que estabelece as bases para a primeira religião dualista de que se tem notícia, em que dois eram os princípios antipáticos: Mazda, o princípio do bem, e Ahriman[15], o princípio do mal. Todavia, se Zaratustra estabelece as bases, quem aprofunda de vez a antipatia entre os dois, estabelecendo um dualismo radical e absoluto, não é ele, mas seus seguidores, os propagadores do zoroastrismo, ou masdeísmo, visto ter sido possível que o próprio Zaratustra tivesse defendido uma origem comum para ambos os princípios, Ahura Mazda, tendo assim praticado um dualismo de certo modo atenuado[16].

---

10 *Id. ibid.*, p. 183.

11 *Id. ibid.*, p. 189.

12 *Id. ibid.* p. 219-20. Russell remete (*ibid.* p. 55) de modo bastante conveniente à contraparte humana desse semidualismo, expressa muito depois pela célebre exclamação do Fausto, de Goethe (1, 1112): "Duas almas habitam – ai de mim! – em meu seio..." (*Zwei Seelen wohnen, ach, in meiner Brust...*).

13 *Id. ibid.*, p. 67; 220.

14 Ou Zoroastro, do grego Ζωροάστρης.

15 Ou Angra Mainyu.

16 *Id. ibid.*, p. 104.

À parte a possibilidade real de o dualismo iraniano ter exercido alguma influência no pensamento grego, no século IV, especialmente no orfismo, cuja origem, contudo, é duvidosa, e em seu desenvolvimento racionalista, deflagrado por Pitágoras, que aprofunda a distância entre corpo (σῶμα) e alma (ψυχή)[17], mas sobremodo por Platão, que radicaliza a oposição, supervalorizando o mundo das ideias, da substância puramente inteligível, que parmenídica e verdadeiramente é (οὐσία ὄντως οὖσα), em detrimento do mundo corpóreo, sujeito a um fluxo heraclítico constante, que o arrasta inexoravelmente à extinção, todavia foi "a teodiceia cristã que colocou a questão do mal de modo mais agudo do que jamais antes", sustenta o historiador[18], situando o diabo como um "contraprincípio" de Cristo[19], cuja posição central, caso desconsiderada, teria o efeito, segundo ele, de anular a sua missão salvífica. Por outro lado, se se tratasse apenas de uma sombra de Deus, por assim dizer, jamais de um princípio absoluto, em conformidade com o que sempre defendeu o autoalegado monismo cristão, então a questão do mal se manteria vivíssima e insuportavelmente enigmática, não se compreendendo o motivo por que um Deus sumamente bom, causador exclusivo de todo o bem e mantenedor da justiça universal, houvesse de permitir a existência de tanto mal e de tanta injustiça no mundo bom por ele criado e administrado.

Todavia, se para Russell o conflito cósmico entre o Reino de Deus e o de Satã, derivado diretamente da apocalíptica judaica e indiretamente do masdeísmo, teria conferido ao diabo um estatuto de semiprincípio do mal cósmico, independente do bom Senhor[20], o cristianismo, ao revés de suas pretensões, assumiu-se oficialmente como uma religião monista, ou seja, de um único princípio, absoluto e invariavelmente bom. Apenas quando se tenta racionalizá-lo, a esse monismo, segundo o rigor filosófico, especulando sobre suas causas e substância, é que o problema do mal se percebe mais agudo, a evitar dizer suprarracional. Aí então costuma apresentar-se a solução dualista como alternativa, seja com os gnósticos, desde os tempos da revelação

---

17 Para os órficos, e com eles os pitagóricos e platônicos, o corpo (σῶμα) era a "prisão" (σῆμα) da alma. A bem dizer o termo *sêma* não significava propriamente "prisão", que se dizia δεσμωτήριον, apenas o "sinal" ou herma (ἕρμαιον) com que se "sinalizavam" (σημαίνω) os túmulos.

18 *Id. ibid.*, p. 221-22.

19 *Id. ibid.*, p. 228.

20 *Id. ibid.*, p. 231.

evangélica, seja com os epígonos do persa Mani, o qual elabora uma síntese entre o dualismo gnóstico e o masdeísmo radical, com pitadas de cristianismo e de platonismo órfico-pitagórico. Síntese sedutora, ao menos no que tange à questão do mal, pois oferecia uma alternativa ao monismo, preservando a bondade de Deus (ao menos de um deles), sem deixar de oferecer as suas razões, a partir de premissas próprias, para a existência do mal. Contudo o preço a pagar era alto em demasia: um universo dividido entre duas divindades antagônicas, duas causas primeiras, que sem dúvida se enfraqueciam reciprocamente, o que era inconciliável com a ideia monista cristã, e platônica, de um Princípio único, bom e justo, de que tudo havia sido originado, como o próprio Agostinho apontará em suas *Retratações* (1,9,2), ao rever, no fim da vida, alguns pontos polêmicos acerca do *L.A.*:

> Essa disputa dialética [o *L.A.*] sem dúvida foi empreendida por causa dos que negam que a origem do mal seja derivada do livre arbítrio da vontade, e que, se assim é, contendem que Deus, o Criador de todas as naturezas, deve ser inculpado; querendo eles desse modo, segundo o erro de sua impiedade – pois são os maniqueus –, introduzir uma certa natureza do mal, imutável e coeterna com Deus.[21]

Por esse prisma, o da questão do mal, o *L.A.* pode sem dúvida dizer-se uma obra polêmica, porque tem abertamente a controvérsia antimaniqueísta como pano de fundo, como expressa *ex abrupto* a interrogativa de Evódio citada em destaque epigráfico no início destes comentários, se Deus seria ou não a causa primeira do mal. Com efeito, se se dissesse que sim, como queriam os maniqueus, não seria possível defendê-lo como exclusivamente bom, embora fosse possível, a partir daí, justificar a existência da maldade no mundo, como derivada dessa natureza maligna coeterna com o Deus bom. Do contrário, se se dissesse que não, então seria necessário explicar como um Deus bom, onisciente e onipotente, permitiria que houvesse tanta maldade e sofrimento no mundo flagelando suas criaturas. Eis, portanto, o pano de fundo da obra, uma polêmica que ainda hoje faz correr tinta e provoca muitas defecções no seio das religiões monoteístas.

---

21 *Ret.* 1,9,2: *Propter eos quippe disputatio illa suscepta est, qui negant ex libero uoluntatis arbitrio mali originem duci, et deum, si ita est, creatorem omnium naturarum culpandum esse contendunt; eo modo uolentes secundum suae impietatis errorem – Manichaei enim sunt – inmutabilem quandam et deo coaeternam introducere naturam mali.*

Gnose maniqueísta

Com respeito ao maniqueísmo propriamente dito, uma síntese brevíssima seguramente é mais do que suficiente para os propósitos destes comentários. Mani[22], nascido por volta de 216 d.C. na Pérsia, pregou suas ideias no reinado de Sapor I[23]. Seu sistema consistia num sincretismo de doutrinas judeu-cristãs e indo-irânicas[24] com pitadas de platonismo, ao qual se atribuiu caráter de gnose (γνῶσις) – conhecimento esotérico cujo acesso se dava por meio de uma revelação, que teria sido recebida pelo próprio Mani. Essa gnose se adquiria de modo gradual, trazendo ao iniciado a possibilidade da "salvação", ao revelar-lhe suas verdadeiras origens, a situação de irremediável perdição em que se encontrava o mundo da matéria e o modo de evadir-se dele. Segundo Mani a criatura humana era má, porque fruto da mistura de substâncias irreconciliáveis: espírito e matéria, respectivamente luz e treva. Esta mistura resultava de uma espécie de "queda", pois na origem esses elementos existiam dissociados, como dois princípios antagônicos, consistindo a salvação, por conseguinte, no retorno ao estado primordial de absoluta separação. Daí também o próprio corpo humano estar dividido entre luz e treva, bem e mal: sua parte superior, o espírito, era luz; a parte inferior, o corpo, treva[25]. Somente eliminando a parte trevosa em si o homem poderia purificar-se, almejando o retorno ao reino da luz. Essa purificação se dava por meio de um asceticismo e de uma continência radicais, impondo aos adeptos[26] da seita uma sujeição a códigos de conduta extremamente restritivos quanto à alimentação, à atividade das mãos e à conduta sexual.

---

22 Também *Manes* ou *Manichaeus*.

23 Sapor, ou *Shapur*, filho de Artaxes, foi rei do império Sassânida no séc. III.

24 Hinduísmo, budismo e zoroastrismo.

25 Difícil desvelar o grau de influenciação recíproca que subjaz a esse vetusto contraste, se se trata de zoroastrismo impregnado em medioplatonismo órfico-pitagórico, ou o contrário, se o platonismo órfico-pitagórico é que se impregnou de retorno no zoroastrismo "hinduísta" de Mani. Cf. Plotino, *En.* 1,8.

26 Os seguidores do maniqueísmo dividiam-se em dois grupos: eleitos e ouvintes. Agostinho fora um ouvinte por cerca de uma década (372-382/383). Seu distanciamento do maniqueísmo ocorre de modo progressivo, culminando com seu decepcionante encontro com o "bispo" maniqueu Fausto de Milevo, de quem o jovem e curioso "ouvinte" esperava muito mais do que recebeu. Suspeita-se que Agostinho tenha ainda sido ajudado pelos maniqueus em sua curta estada em Roma, em 383, cuja influência política provavelmente lhe franqueou as portas do gabinete do prefeito anticristão Símaco, por cujo intermédio chegaria à corte imperial, em Milão, no ano seguinte.

Para o maniqueísmo o mal era uma substância eterna, como atesta Agostinho na passagem supracitada (*Ret.* 1,9,2), substância que estava presente no mundo natural e na constituição do próprio homem, o que o eximia de responsabilidade por seus atos, além de dissolver parte da bondade do Deus único, criador de todas as naturezas, cuja contraparte má seria a verdadeira causa da maldade.

Portanto a pergunta inicial, apresentada *ex abrupto*, se Deus era ou não o princípio do mal, ou antes, se o princípio do mal era ou não de origem divina, tinha seguramente sua razão de ser, e não apenas por causa do contexto polêmico da obra, mas sobremodo porque a questão ultrapassa em muito, ainda hoje, as fronteiras das controvérsias irrompidas na Antiguidade, colocando em xeque os alicerces da doutrina cristã, os quais sustentam teodiceias as mais variadas, e, em última instância, a própria possibilidade da crença em Deus e tudo o que ela implica.

1,1,1,1-2. Agência e paciência

> **1.** A – [...] costumamos denominar o mal de dois modos: num, quando dizemos alguém ter feito mal; noutro, quando dizemos ter padecido algo de mau.

A questão inicial de Evódio, mote da obra, embora pertinente, precisava ser reelaborada, se quisesse ser respondida de modo sistemático, para muito além dos mitos racionalistas maniqueus. Com efeito, não se pode atribuir ou deixar de atribuir qualquer coisa a ninguém, muito menos ao Criador, sem antes saber bem do que se trata, com o que qualquer um que tivesse ao menos uma rudimentar noção da maiêutica socrática haveria de concordar de pronto. Deve-se primeiramente buscar uma definição do objeto a ser investigado, como o próprio Plotino, escrevendo a respeito de tema análogo, havia feito no oitavo tratado da primeira das seis *Enéadas* (1,8,1,1-4)[27]: "Os que procuram saber de onde procedem os males..." (οἱ ζητοῦντες πόθεν τὰ κακά...), diz, fariam bem se primeiro definissem "o que é o mal e qual sua natureza" (τί ποτ᾽ ἐστὶ τὸ κακὸν καὶ ἡ κακοῦ φύσις πρότερον). As perguntas que Plotino se faz logo no início de seu tratado acerca dos males são as seguintes: 1. De onde (ὅθεν) procedem? 2. Onde (ὅπου) se estabelecem? 3. A quem (ὅτῳ) ocorrem? 4. E se estão nos seres (εἰ ἔστιν ἐν τοῖς οὖσιν). Essas quatro perguntas, na verdade, lhe permitem chegar a uma definição do objeto (τί ἐστιν; o que é?) e a sua

[27] Tratado a respeito do que são e de onde procedem os males (Περὶ τοῦ τίνα καὶ πόθεν τὰ κακά).

origem (πόθεν; de onde?). No *L.A.*, por sua vez, Agostinho redargui à pergunta inicial de Evódio com outra, que, assim como fez Plotino, visava igualmente estreitar o objeto da discussão. Porém, neste caso, a indagação da autoria do mal se dá por meio de uma interrogativa negativa, que porta em seu bojo a acusação que se pretendia averiguar, ou melhor, que se pretendia negar, se não seria Deus a causa do mal. Na verdade interessava mais provar o que não era, do que saber o que era. De fato, mais importante do que conhecer a causa do mal, fosse qual fosse, era provar que ela não era Deus, pois de onde vem o mal importava bem menos do que de onde não deveria vir, porque, se se constatasse que vinha de Deus, embora se pudesse estar satisfazendo uma lícita curiosidade intelectual, com ela o arcabouço teórico do cristianismo ruiria de pronto, não apenas porque seria impossível conciliar a bondade divina com a maldade existente no mundo, mas principalmente porque não haveria mais bondade a ser conciliada. Demais, fosse ele o autor do mal, como se faria cumprir com justiça a sua própria Justiça, nesta vida e após? Ou como a humanidade prestaria conta de seus males, se não fossem seus? No entanto a indagação de Agostinho, ao contrário do que poderia parecer, não pretende restringir o objeto de discussão a duas possibilidades, atividade e passividade, se o mal é praticado ou se é sofrido pelo ser humano, como se houvesse dois gêneros distintos que precisassem ser definidos e estudados em separado. Na verdade pretende restringir o objeto a uma única possibilidade, visto ser impossível conciliar o suposto mal do padecimento com a bondade divina. E se é assim não pode haver mal no padecimento, que deve ser pacientemente suportado, em vez de deturpadamente avaliado. Logo não há dois gêneros de mal, apenas um. De fato, ao lançar a contrapergunta Agostinho se refere apenas aos modos com que se costuma vulgarmente chamar o mal (*appellare... solemus*), o que não necessariamente implica endosso de sua parte. E mais, um desses dois modos é dito ser um mal com absoluta impropriedade, como restará claro na sequência, sendo mal apenas o que se perpetra, pois o que se padece nada mais é do que a Justiça de Deus aplicada a cada um segundo o que lhe cabe por mérito, em decorrência do que fez, ou do que deixou de fazer, nada obstante se costume lamentar o que a cada um ocorre invito, chamando-o de "mal". Portanto um dos dois supostos males, o que se refere ao sofrimento, que é chamado de "mal" de modo absolutamente impróprio, esse sim poderá ser atribuído à Providência divina, mas não como um mal. Porém o que perpetra cada malfeitor, esse, o único mal, de modo nenhum.

Da distinção entre males naturais e morais

1. A – [...] Deus é bom [...] mal ele não faz. [...] Deus é justo [...] assim como distribui prêmios aos bons, distribui castigos aos maus; castigos que invariavelmente são males aos que os padecem. **2.** [...] se ninguém solve suas penas injustamente [...] já que cremos este universo ser regido pela Providência divina, daquele primeiro gênero de mal, de modo nenhum; deste segundo, porém, o autor é Deus.

Configura-se uma prática bastante comum entre os leitores de Agostinho, como o suprarreferido historiador J. B. Russell[28], por exemplo, apontar a distinção que teria sido efetuada pelo filósofo entre mal natural e moral. O primeiro seria resultado de eventos ditos "naturais", como o terremoto de Lisboa de 1755, ou a peste negra que assolou a Europa durante o século XIV. O segundo seria a maldade praticada pelo ser humano contra seu semelhante, ou contra si mesmo. Todavia, como o próprio autor reconhece[29], de modo contraditório, os eventos naturais não eram considerados males para Agostinho, embora o fossem para a opinião vulgar, como a própria passagem do *L.A.* em epígrafe deixa claro, ao dizer que os castigos são males apenas "aos que os padecem" (*supplicia patientibus mala sunt*). Logo não há dois gêneros de mal, pois aquilo que cada um sofre, seja qual for a causa, desde que lhe seja estrangeira, isto é, desde que não seja ele mesmo o seu autor, como no caso do que se suicida ou autoflagela, tem origem na Justiça providente de Deus, que rege o Universo[30]. Desta feita os males naturais, para os inocentes, constituem provas e admoestações divinamente preparadas tendo em vista sua perfeição[31], para os culpados, retribuição justíssima, posto que caiba única e misteriosamente ao supremo Juiz apontar uns e outros, inocentes e culpados. E porque todo castigo é desagradável ao que padece, visto que a ninguém apraz ser punido, ainda que reconheça os

---

28 J. B. Russell, *Satan. The early christian tradition.* Ithaca (NY); London: Cornell University Press, 1987 (b). Cf. cap. VII, *Satan and Saint Augustin*, p. 186-218.

29 *Id. ibid.*, p. 199.

30 Vejam-se adiante os comentários 2,1,1,2 "Fé e razão VI".

31 Cf. as reflexões na *Ep.* 210 (§1) acerca da passagem evangélica Mt 5,45 ("...do vosso Pai que está nos céus, o qual faz nascer seu Sol sobre maus e bons e faz chover sobre justos e injustos" [...τοῦ πατρὸς ὑμῶν τοῦ ἐν οὐρανοῖς, ὅτι τὸν ἥλιον αὐτοῦ ἀνατέλλει ἐπὶ πονηροὺς καὶ ἀγαθοὺς καὶ βρέχει ἐπὶ δικαίους καὶ ἀδίκους]): "Pois o que é que não é conferido de modo misericordioso aos homens pelo senhor Deus, de quem até a tribulação é um benefício? Com efeito, a prosperidade é um dom do Deus que consola, porém a adversidade é um dom [do Deus] que admoesta" (*Quid ergo non misericorditer praestatur hominibus a domino deo, a quo etiam tribulatio beneficium est? nam res prospera donum est consolantis, res autem aduersa donum est admonentis dei*). Ver adiante *L.A.* 3,22,64,217.

malfeitos cometidos, o que raramente ocorre, bastante compreensível é a sua revolta. Porém ela é fruto de uma deturpação ótica, ou melhor, de uma "cegueira mental" (*caecitas mente*) como explicava Agostinho já desde os tempos de Cassicíaco, numa célebre passagem do prólogo do *De ordine:*

> Se alguém tivesse um discernimento tão diminuto, de modo que, num pavimento trabalhado de mosaico sua visão não fosse capaz de contornar nada além do módulo duma única pastilha, dirigiria críticas ao seu artífice, como se se tratasse dum incompetente acerca da disposição e da composição, porque imaginava ter havido uma confusão no sortimento das pedrinhas, de onde aquelas incrustações não poderem ser simultaneamente discernidas e visualizadas por todos os lados, na forma duma beleza única que fosse congruente. Ora, não acontece diferente com os menos instruídos, que, com uma mente débil, não sendo capazes de abarcar e examinar a relação das partes entre si e o concerto universal das coisas, se algo os desagrada, por ultrapassar sua capacidade de raciocínio, imaginam uma grande disformidade inerente às coisas.[32]

Logo os eventos, que de modo equivocado se dizem "males", na verdade constituem um bem maior, posto que imperceptível para o ser humano, por sua inépcia incapaz de contemplar a sinfonia das pastilhas do mosaico universal, perfeitamente ordenado. Pode-se dizer então que as vicissitudes da vida, cujas causas são ignotas, têm origem nos movimentos reequilibrantes da Balança da Justiça divina, ao passo que os de nota origem, na perversidade humana, ou seja, nos atos praticados individual e livremente pelas criaturas, os únicos eventos que de fato podem ser chamados de "males". Ademais, se houvesse dois gêneros de mal, um dos quais praticado por Deus, Agostinho não poderia ter dito de modo coerente que ele não faz mal (*male non facit*), logo no início da passagem supracitada. Se assim fosse, Deus não seria bom, nem justo, sendo sua Justiça uma das causas do mal, ao retribuir aos pecadores as punições que fizeram por merecer. Mas como ninguém é obrigado a solver as penas que não

---

32 *Ord.* 1,1,2: "*Si quis tam caecus est mente [...] si quis tam minutum cerneret, ut in uermiculato pauimento nihil ultra unius tessellae modulum acies eius ualeret ambire, uituperaret artificem uelut ordinationis et compositionis ignarum eo quod uarietatem lapillorum perturbatam putaret, a quo illa emblemata in unius pulchritudinis faciem congruentia simul cerni collustrarique non posset. nihil enim aliud minus eruditis hominibus accidit, qui uniuersam rerum coaptationem atque concentum imbecilla mente complecti et considerare non ualentes, si quid eos offenderit, quia suae cogitationi magnum est, magnam putant rebus inhaerere foeditatem*".

contraiu, o que seria completamente injusto, porque elas são aplicadas justamente pela suprema Justiça, não se pode dizer que sejam males de fato, apenas considerados assim pelos sofredores, especialmente quando pecadores.

No mesmo intervalo de tempo que levou para concluir o *L.A*, Agostinho respondia indagações as mais variadas, que depois seriam coligidas sob o título *83 Questões diversas*[33]. Na questão 21, sob a rubrica "Se não é Deus o autor do mal" (*Vtrum deus mali auctor non sit*)[34], Agostinho diz que o castigo dos maus sem dúvida é um mal para eles, embora para Deus seja um bem, o que não significa de modo algum que Deus seja o autor dos males, como sentiu necessidade de explicar anos mais tarde em suas *Retratações* (1,26), ao comentar a referida passagem:

> Onde deve-se observar, para que não se intelija mal o que eu disse, que "ele não é o autor do mal", que é o autor de todas as coisas que existem, porque são boas, enquanto existem; e para que não se pense a partir disso que a pena dos maus não decorre dele, as quais sem dúvida são um mal para os que são punidos [...]. Logo a pena dos maus, que decorre de Deus, sem dúvida é um mal para os maus, mas está entre as boas obras de Deus, visto que é justo que os maus sejam punidos, e certamente tudo o que é justo é bom.[35]

Como se vê, pois, os castigos atribuídos aos maus, embora sejam considerados males pelos que os padecem, porque são aplicados por Deus, segundo sua perfeita justiça, não podem ser males, pois o que é justo é sempre bom. Logo essa concepção dos maus, que naturalmente não aceitam ser punidos, especialmente se desconhecem o motivo de suas dores, enquadra-se no que dizia Cícero, *mutatis mutandis*, em suas *Tusculanas*[36], que o mal tem origem em opiniões erradas, juízos falsos, porém não na natureza, segundo as teorias das escolas alexandrinas que ele ali contestava.

---

33 *De diuersis quaestionibus octoginta tribus*, elaborado entre os anos 388 e 396, ano da ordenação episcopal de Agostinho. O *L.A.* foi escrito entre 388 e 395.

34 Cf. *L.A.* 1,1,1,1: *Dic mihi, quaeso te, utrum deus non sit auctor mali.*

35 *Ret.* 1,26: *"Vbi uidendum est, ne male intellegatur quod dixi 'mali auctor non est', quia omnium quae sunt auctor est, quia in quantum sunt, in tantum bona sunt; et ne hinc putetur non ab illo esse poenam malorum, quae utique malum est iis, qui puniuntur [...] malorum ergo poena, quae a deo est, malum est quidem malis, sed in bonis dei operibus est, quoniam iustum est ut mali puniantur, et utique bonum est omne quod iustum est".*

36 *Tusculanae disputationes* 2,22,53: *"uidesne igitur opiniones esse, non naturae, malum?"*; 3,33,80: *"quicquid esset in aegritudine mali id non naturale esse, sed uoluntario iudicio et opinionis errore contractum"*. Cf. 3,34,82.

Fé e razão

Credo ut intelligam

1,1,1,1. Fé e razão I: crer e conhecer

1. [...] A – Porém, se sabes... ou crês...

Para além da possível distinção gramatical entre os verbos "crer" e "acreditar"[37], Agostinho estabelece uma importante contraposição de caráter técnico-filosófico entre dois tipos de conhecimento, um deles racional (*nosco*), o outro fiducial (*credo*). O primeiro é atributo da razão, atividade exclusiva do pensamento humano; o segundo, nada obstante não ser um conhecimento em sentido próprio,

[37] A contraposição importante que irá nortear toda a investigação subsequente, entre conhecimento e fé, recomenda que se considere a tecnicidade do verbo *credere*, o que redunda numa tradução mais rígida, definida e guiada por princípios filosóficos, não literários. Um dos sentidos primitivos de *credere*, cuja origem, segundo Lewis e Short, é o latim praticado no comércio (cf. verbete *credo* no LÉXICO T-F), era o de "acreditar", o que equivale a dizer "dar crédito a algo ou alguém", mas também "aceitar", no sentido de "estar convencido da veracidade de" algo. O vernáculo "acreditar", oriundo do latino *creditare*, cognato de *credere*, embora mais próximo deste sentido supraespecificado de "dar crédito" (*creditus* é particípio passado de *credo*), não é contudo portador da mesma carga semântica que o análogo "crer", de muitíssimo maior peso e tradição na esfera do discurso teológico cristão. Às vezes, contudo, Agostinho emprega o verbo de modo aparentemente distinto, como se suspeita pela diferença de regência. Por uma, quando se utiliza da construção com acusativo apenas, acompanhado ou não de preposição (1,3,7,19), como em *credere in Christum*, parece referir-se exclusivamente à crença de caráter religioso, à autoridade dos testemunhos. Por outra, quando emprega o verbo seguido de dativo, parece significar simplesmente o crédito ou a confiança, baseados na boa-fé, que se devem a alguém ou a alguma opinião, como pareceria ser o caso em 1,4,10,26, quando diz: *legibus autem credimus*, "acreditamos nas leis", ou seja, "damos-lhes crédito". Por fim, nas diversas passagens construídas com oração infinitiva, *credo* expressa simples opinião ou conjectura, sendo alternativa a *arbitror* e equivalentes, como em 1,7,16,57 (*nam credo non te ignorare*), ou em 1,9,19,66 (*credo etiam te illud scire*). Se se mantivesse o padrão, talvez até fosse possível fazer uma distinção semântica entre essas acepções: "crer", quando se refere à fé na autoridade, e "acreditar", quando expressa opinião ou crédito. Todavia na maior parte das vezes Agostinho se utiliza do mesmo verbo sem aparente distinção, como se a crença que se deve, seja a Deus, seja às leis, seja às conjecturas, fosse uma só e a mesma, o crédito devido a algo, que, por não ser bastante conhecido, seja empírica, seja racionalmente, baseia-se apenas na boa-fé (*bona fides*) dos testemunhos. De fato, quando se diz em vernáculo algo como: "Creio que seja melhor ficar calado", que se está dizendo, senão que se dá crédito à suposição, que é mera conjectura, de que um dado curso de ação, no caso o "ficar calado", seja melhor? Acredita-se nisso, mas não se sabe se de fato trará os melhores resultados, o que é controverso. Desta feita preferiu-se manter a uniformidade, traduzindo *credere* invariavelmente por "crer".

pois é derivado do crédito que se atribui à autoridade das Escrituras, o qual se apoia na boa-fé dos testemunhos, pode dizer-se que se constitui também uma espécie de conhecimento, visto não ser recomendável crédito algum desprovido totalmente do concurso da razão, responsável por endossar a necessária fidúcia. No entanto, se a fé pode ser considerada como um modo de conhecimento, porque para inteligir[38] é preciso crer primeiro em algumas coisas, visto que nem todas as premissas provêm de conhecimentos empíricos ou inquestionavelmente demonstráveis, e porque o próprio crer é uma atividade da razão humana, visto que ninguém crê naquilo que desconhece totalmente, contudo não se deve dizer que a compreensão própria do inteligir seja imprescindível para a fé, sendo possível crer sem que se intelija aquilo em que se crê, como diz o próprio Agostinho: "todo aquele que intelige também crê" (*intellegens omnis etiam credit...*), porém "nem todo que crê igualmente intelige" (*non omnis qui credit intellegit*)[39]. E de fato, quem crê dá crédito a algo que talvez não possa ser conhecido de imediato, nem comprovado de modo científico, de onde a passagem do *L.A.* citada em epígrafe pode ser assim reinterpretada: "se conheces por mecanismos exclusivamente racionais *ou* se dás crédito ao fato de que Deus é bom...".

Portanto, não sendo possível que se dê crédito a alguma ideia, seja oriunda da autoridade de algum livro que se tenha por sagrado, seja oriunda da narrativa daqueles que garantem ter testemunhado algo verdadeiro, se não se fizer recurso a alguma atividade racional, por ínfima seja, coisa que não é dada aos seres desprovidos desta capacidade, é lícito supor sejam dois os tipos de conhecimento, ainda que distintos: um fundado exclusivamente na razão, ao passo que o outro, na confiança ou crédito que se atribua a algum testemunho ou letra de origem divina, o que tampouco se faz sem o concurso da razão, posto que de modo assistemático. Os objetos ou escopos desses dois tipos de conhecimento, contudo, parecem ser os mesmos, uma suposta verdade. O conhecimento, por um lado, pretende desvendá-la por meio de mecanismos racionais, encadeamentos lógicos que levem dedutivamente de premissas teoricamente conhecidas a algo ulterior, que se quer conhecer, distinto e delas resultante, ou indutivamente, tendo como ponto de partida uma certa quantidade de fatos ou exemplos, até que se chegue a um dado particular que se pretenda concluir. A fé, por outro, também pretende chegar à verdade a partir daquilo em que crê *a priori*, contudo sem prescindir do sustento e da justificação das premissas

---

[38] Veja-se o verbete *intellego* no Léxico T-F.

[39] *Vt. cred.* 11,25.

tidas por irrefutáveis, como quem construísse um teorema a partir de um axioma, para apenas então empreender a busca das definições e causas do que se queira conhecer. No primeiro caso parte-se das premissas (ἀρχαί), os pontos de partida do silogismo, que, segundo a lógica aristotélica, devem ser baseadas em fatos comprovados e inquestionáveis, para, pela demonstração (ἀπόδειξις), chegar-se à verdade, que se diz científica; no caso da fé segue-se percurso análogo, porém com ênfase distinta, pois as premissas têm peso de verdade, como se fossem a conclusão (συμπέρασμα) do silogismo, a própria verdade que deveria ser comprovada por meio da demonstração, mas que, ao invés, é crida, ou seja, se lhe confere um crédito de verdade absoluta e inquestionável, para, a partir dela, como quem elabora um teorema de um dado axioma, empreender as demonstrações de ordem racional. Por princípio axiomático, portanto, acredita-se que Deus não apenas exista, mas também que reja o universo de modo providente e justo, para daí partir em busca das causas e justificativas daquilo que se possa observar pela experiência sensorial (ἐμπειρία) ou pela inteligência (νοῦς).

Nas *Retratações* (1,14,3), já em seus últimos anos de vida (426-427 d.C.), ao justificar algumas passagens de obra contemporânea ao *L.A.*, o supracitado *De utilitate credendi* (*c.* 391-392), Agostinho reconhece haver uma distinção técnica importante entre "ter ciência" (*scire*), que neste caso pode ser compreendido como "conhecer", e seu contraponto, "crer" (*credere*), ainda que as Escrituras admitam a possibilidade de "ciência" tanto para os perceptos sensoriais quanto para os testemunhos da fé:

> Por certo, quando falamos de modo apropriado, dizemos que temos ciência apenas do que compreendemos por meio do raciocínio seguro da mente; porém, quando estamos falando com termos mais adaptados ao uso comum, falamos [igualmente que se] tem ciência. Não devemos pôr em dúvida que também a Escritura divina diz que temos ciência não apenas daquilo que percebemos pelos sentidos de nosso corpo, mas também daquilo em que cremos por meio da fé em testemunhos dignos, embora intelijamos a distância que há entre [a fé] e a [ciência empírica].[40]

[40] *Ret.* 1,14,3: "*proprie quippe cum loquimur, id solum 'scire' dicimus quod mentis firma ratione conprehendimus. cum uero loquimur uerbis consuetudini aptioribus, 'scit' loquimur. etiam diuina scriptura non dubitemus dicere 'scire' nos et quod percipimus nostri corporis sensibus et quod fide dignis credimus testibus, dum tamen inter haec et illud quid distet intellegamus*". Obs.: embora tenha sido efetuada na tradução do *L.A.* uma importante distinção entre *-nosco* e *scio*, para o contraste entre

Não por isso o ato de crer deva ser considerado como uma alternativa ao conhecimento racional, mas apenas um modo de conhecer certas realidades que não são objetos de percepção evidente e imediata. Destarte permite a fé a aceitação de uma verdade que não pode ser acolhida de outro modo, diz Agostinho: "contudo cremos, e cremos sem hesitação alguma naquilo de que admitimos que não se pode ter ciência"[41], posto que o inteligir se deva à razão, ao passo que a crença, à autoridade[42].

Essa distinção supraesboçada dá conta de explicar bastante bem a passagem de Isaías[43], eleita por Agostinho para representar seu projeto filosófico de toda uma vida: "Se não crerdes, não inteligireis" (*nisi credideritis, non intellegetis*). Com efeito, dar crédito àquilo que se tem não apenas por verdade, mas também por divino, a que se dá igualmente o seu assentimento, por princípio, faz-se o ponto de partida para o que se segue, a investigação acerca das causas do mal. E não se pretende investigar um tema dessa natureza munido exclusivamente do poder da razão, encadeando silogismos e entimemas, construídos a partir de premissas presumivelmente inquestionáveis, até que se chegue a uma verdade científica em que se possa fazer repousar seu assentimento, de modo absolutamente pacífico. Pelo contrário, parte-se dum axioma a que se atribui crédito de verdade absoluta: a existência de um único Deus, perfeita, inexorável e eternamente bom, onipotente, criador *ex nihilo* de tudo o que existe, que, por ter sido criado por ele, que é bom, deve igualmente ser bom. Esses são os axiomas, os pressupostos sobre os quais se há de assentar todo o edifício das ideias que se quer encadear. A partir disso é que se pode dar início à investigação, que não abre mão de definições, premissas, encadeamentos lógicos, seja na forma de silogismos, seja na forma de entimemas, seja ainda de exemplos, como se vê logo no princípio da discussão, em que se busca primeiro uma definição de mal, a fim de que se possa daí partir em busca de suas causas. Logo pode-se parafrasear o mote de Isaías da seguinte maneira: se, por princípio, não deres crédito de axioma à grande Verdade a respeito de Deus, não poderás de modo nenhum elaborar argumentos que te conduzam às demais verdades, dela decorrentes. Mas reste claro que esse

---

ambos e a fé, neste caso, importa pouco essa distância, podendo um e outro ser compreendido de modo análogo. Vejam-se no Léxico T-F os verbetes *cognosco, agnosco, scio, intellego.*

41 *Vt. cred.* 11,26: *"credimus tamen, et sina ulla dubitatione credimus, quod sciri non posse confitemur".*

42 *Ibid.* 11,25: *"quod intellegimus igitur debemus rationi; quod credimus auctoritati".*

43 Is 7,9 (LXX).

itinerário não se afasta da filosofia, pois a via que se abre se abre com auxílio da razão, ainda que escorada na piedade, o que equivale dizer que se deve sustentar até ao fim o crédito que foi atribuído ao axioma, sob pena de fazer o edifício todo ruir de pronto. O percurso da razão, portanto, ao contrário do que se suporia pela presença da fé, pode dizer-se análogo ao do conhecimento (*scientia*): indução e dedução. A diferença resta sobre os pressupostos, ou seja, sobre o gênero de premissa, que, no caso da lógica aristotélica, supõe-se seja algo que se tem por comprovado e certo – o que, contudo, nem sempre ocorre –, e no caso do conhecimento que se pretende buscar a partir da fé, consiste a premissa, a que se atribui caráter axiomático, um postulado extraído das páginas da Bíblia, ou de testemunho que se tenha, segundo a autoridade da própria testemunha, por fato. No frigir dos ovos, o que não se pode recusar em nenhum dos casos é a necessidade de dar crédito a algo, assim como a do desabrochar e do conduzir da razão; razão esta que, se se empreende de fato filosofar honestamente, deve ser desinteressada e tão livre quanto possível.

O incunábulo da autoridade

Um pouco antes da escritura do *L.A.*, num breve interlúdio na casa de campo (*uilla*) de seu amigo Verecundo, em Cassicíaco, nas cercanias de Milão, então capital do Império Romano, por volta de 386-387, Agostinho elabora suas primeiras obras filosóficas, dentre as quais o diálogo *De ordine* (*Ord.*), em que considera um programa de estudos baseado nas "artes", ou disciplinas, que se diziam então "liberais", tendo por escopo a sabedoria, motivado sobremodo pelo protréptico[44] ciceroniano, para nós perdido. Nesse itinerário rumo à sabedoria entendia Agostinho que era necessário avançar por via dupla, deixando-se

[44] Diziam-se "protrépticos", do grego προτρέπω, "exortar", os discursos antigos de natureza retórico-filosófica, cuja precedência ilustre remonta a Aristóteles, que visavam "converter" [πρό- + τρέπω] as almas para a via da filosofia. São exemplos de protrépticos, além da obra homônima de Aristóteles, que não sobreviveu até aos nossos dias, entre outros: as *Epistulae morales*, de Sêneca, o Moço, a seu pupilo e amigo Lucílio; as Διατριβαί, "Diatribes" (ou *Discursos*), de Epicteto; o *Hortensius*, de Cícero, infelizmente perdido, o *Protréptico*, de Jâmblico, a não dizer da obra de Platão, permeada por uma tonalidade exortativa sedutora, além das diversas "vidas" dos filósofos escritas na Antiguidade, como a de Pitágoras, do próprio Jâmblico, ou a de Apolônio de Tiana, de Filóstrato, para citar apenas duas.

conduzir tanto pela razão como pela autoridade[45]. Mas se a razão tem alguma precedência no que tange ao conteúdo da aprendizagem (*re autem ratio prior est*), cabendo a ela encontrar os motivos por que se crê naquilo em que se crê, no tempo precede a autoridade (*tempore auctoritas...*), que é *condicio sine qua non* para certo tipo de conhecimento, que não se intelige, se nele antes não se crê. Com efeito, quem quiser chegar à verdade acerca de certos mistérios, deve em primeiro lugar crer, para daí buscar as razões da confiança depositada. Portanto, nada obstante ser dupla a via, a primazia está com a autoridade, pois apenas ela é que pode abrir aos homens as portas das grandes e obscuras questões acerca de Deus e da alma:

> Porque nenhum homem se faz experiente, a não ser a partir de sua inexperiência, e como nenhum inexperiente sabe com que qualidade deve apresentar-se aos que ensinam, e que tipo de vida é a mais fácil de ser ensinada[46], decorre disso que, a todos os que desejam aprender os bens grandes e ocultos, apenas a autoridade possa franquear a porta.[47]

Trata-se da ideia análoga à que será retomada pouco depois, quando da escritura do *De utilitate credendi*, de que os homens, por serem estultos, não são capazes de reconhecer os sábios, uma vez que não conhecem a sabedoria[48]. De fato, ainda que possam existir sábios por aqui e ali, seria muito difícil ao estulto reconhecê-lo, uma vez que ele não conhece aquilo que o caracteriza e distingue, a própria sabedoria. Como então confiar-se à instrução de um sábio, se não se é capaz de identificá-lo? Pela autoridade apenas, diz Agostinho, o homem é capaz de chegar à sabedoria a que um sábio poderia conduzi-lo, se se pudesse de fato encontrá-lo:

> Todo aquele que tiver penetrado [a porta do conhecimento dos bens grandes e ocultos], segue sem nenhbum hesitação os preceitos da melhor

---

45 *Ord.* 2,9,26: Aqueles que querem instruir-se e viver a vida reta descrita na primeira parte da obra (*quomodo studiosi erudiri debeant, qui sicut dictum est uiuere insituerant...*) devem "deixar-se conduzir duplamente, tanto pela autoridade como pela razão" (*ad discendum item necessario dupliciter ducimur auctoritate atque ratione*).

46 Lat. *docilis*, liter. "que ensina [ou aprende] com facilidade" [*doceo* + *-ilis*], significado esse que o vernáculo "dócil" também contempla em seu paradigma semântico.

47 *Ord.* 2,9,26: *"[...] quia nullus hominum nisi ex imperito peritus fit, nullus autem imperitus nouit qualem se debeat praebere docentibus, et quali uita esse docilis possit, euenit ut omnibus bona magna et occulta discere cupientibus non aperiat nisi auctoritas ianuam"*.

48 *Vt. cred.* 13,28: *"Hic rursus oritur difficillima quaestio: quonam enim modo stulti sapientem inuenire poterimus...?"*.

vida possível, pelos quais preceitos, quando se tiver tornado dócil, aí então aprenderá também não apenas com quanta razão foram conferidas [ao homem] essas coisas, que [decidiu] seguir antes da razão, mas também o que é a própria razão, que, depois do incunábulo da autoridade, agora, firme e preparado, põe-se a seguir, e compreenderá também o que é o intelecto, no qual todas as coisas existem, ou melhor, que constitui ele mesmo todas as coisas, e que é o princípio de todas as coisas, que está além de todas as coisas, a cujo conhecimento poucos nesta vida podem chegar, e além do qual conhecimento, mesmo depois desta vida, ninguém pode progredir.[49]

Há dois tipos de autoridade, diz Agostinho, uma divina, outra humana; porém a verdadeira, segura e suprema autoridade é aquela que se diz divina[50], porque transcende em suas manifestações sensíveis toda e qualquer capacidade humana e, ao dirigir o próprio homem, mostra-lhe quanto se rebaixou por amor a ele. Esta *auctoritas*, que é o próprio Cristo, admoesta-o a não prender-se aos sentidos corpóreos, e sim elevar-se até à inteligência das melhores coisas[51]. Porém ela não se limita aos testemunhos acerca da vida e da obra de Cristo e de seus discípulos, ou à palavra divinamente inspirada das Escrituras, havendo outros gêneros menores a que se possa recorrer, como a autoridade da lei, por exemplo, cujo recurso Evódio insistentemente busca para justificar a maldade de uma dada ação, merecendo reiteradas reprimendas de seu mestre[52]. Agora, se se podia imaginar, com não muita dificuldade, como as instituições humanas lograram usufruir de sua autoridade, como no caso das leis romanas, o modo como se alavancou a autoridade de Cristo despertava admiração. Daí ter sido necessário, quando defendia a utilidade de crer[53], traçar-lhe a

---

49 *Ord.* 2,9,26: *"Quam quisque ingressus [ianuam discendi omnia bona et occulta] sine ulla dubitatione uitae optimae praecepta sectatur, per quae, cum docilis factus fuerit, tum demum discet et quanta ratione praedita sint ea ipsa quae secutus est ante rationem, et quid sit ipsa ratio, quam, post auctoritatis cunabula, firmus et idoneus iam sequitur, atque conprehendit et quid intellectus, in quo uniuersa sunt, uel ipse potius uniuersa, et quid praeter uniuersa uniuersorum principium ad quam cognitionem in haec uita peruenire pauci, ultra quam uero etiam post hanc uitam nemo progredi potest".*

50 *Ibid.* 2,9,27: *"Auctoritas autem partim diuina est, partim humana, sed uera firma summa ea est, quae diuina nominatur".*

51 *Ibid.*: *"Illa uero auctoritas diuina dicenda est, quae non solum in sensibilibus signis transcendit omnem humanam facultatem, sed et ipsum hominem agens ostendit ei quousque se propter ipsum depresserit et non teneri sensibus... sed ad intellectum iubet euolare".*

52 Cf. *L.A.* 1,3,6,15; 4,10,26.

53 *Vt. cred.* 14,32. Cf. *L.A.* 2,1,1,2 "A instauração da autoridade".

genealogia. Pois bem, sendo ela o próprio Cristo, a autoridade decorre em primeiro lugar de seu próprio poder de operar milagres (*miraculis conciliauit auctoritatem*), o que lhe mereceu a fé da gente (*auctoritate meruit fidem*), maravilhada diante de feitos assim extraordinários. Ao disseminar-se pelos povos e nações, de geração em geração, essa fé confirmou a própria religião (*uetustate roborauit religionem*), diz Agostinho[54], cuja autoridade acabou sendo transferida para a Igreja Católica, pelos critérios da *fama, celebritas, consensio* e *uetustas*, ou seja, por ter sido a instituição mais popular, mais célebre, cujo consenso mais se alastrou, e cuja antiguidade mais se firmou, ao contrário da novidade maniqueia, para citar um exemplo, dentre tantas seitas e doutrinas novas que surgiam a todo tempo.

É lícito dizer ainda, avança Agostinho[55], que o termo *auctoritas* equivale também ao próprio milagre, ou mesmo à Providência, o poder sobrenatural que permitiu a operação dos milagres, de modo que crer na autoridade é o mesmo que crer na Providência divina, ou no próprio Deus. Por outra, essa autoridade, que se confunde com a manifestação divina no tempo e na história da humanidade, se expressa nas páginas da Escritura, segue Agostinho[56], através dos seguintes mecanismos: [i] os pronunciamentos dos profetas, *per prophetarum uaticinia*; [ii] a humanidade e a doutrina de Cristo, *per humanitatem doctrinamque Christi*; [iii] as viagens dos apóstolos, *per apostolorum itinera*; [iv] os ultrajes sofridos pelos mártires, *per martyrum contumelia*; [v_1] as cruzes com que os cristãos foram sacrificados, [v_2] mas sobremodo a cruz de Cristo, *per crucem*; [vi] o sangue de Cristo e de todos os que por ele morreram, *per sanguinem*; [vii] as mortes dos cristãos, *per mortem*; [viii] as vidas exemplares (daí predicáveis) dos santos, *per sanctorum praedicabilem uitam*; [ix] os milagres operados por todos os que seguiram os passos de Cristo, *miracula*.

Isso tudo que se diz ter sido operado com o auxílio divino (*auxilium dei*), deveria servir para conduzir as gentes todas ao seio da Igreja, defende Agostinho, que desde o trono apostólico (*ab apostolica sede*), por meio da sucessão episcopal, obteve o cume da autoridade, a qual, por fim, se faz tangível também por meio dos mistérios, os sinais que testemunham e representam visivelmente o Cristo invisível, como os sacramentos.

---

54 *Ibid.* 14,31.

55 *Ibid.* 16,34.

56 *Ibid.* 17,35.

1,1,1,3. Cada um é autor de seu próprio malfeito

> **3.** A – [...] Porém, se queres saber quem é ele, não se pode dizer, porque não há um único, mas cada homem mau é o autor de seu próprio malfeito.

Quisque malus sui malefacti auctor est. Frase de caráter epigráfico que sintetiza de modo franco e transparente a tese que Agostinho defende ao longo de toda a obra, que a autoria do mal é humana, jamais divina. Se o que se sofre é justo, visto ser consequência da Justiça reparadora de Deus, resta apenas um único mal, aquele que se pratica, cuja autoria só pode ser atribuída ao praticante livre de cada malfeito. Percebe-se assim que o universo agostiniano não admite injustiça. De fato, regido pela Providência divina, todos os pingos estão sobre os is, não se permitindo nada que escape à Lei inexorável de Deus. O mal praticado é de autoria do praticante; o mal sofrido, assim denominado de modo absolutamente impróprio, de autoria da Lei divina, constituindo punição justíssima pela maldade que cada padecente teria praticado em algum momento anterior, e que agora demanda reparação, ou ainda, caso aquele que sofre seja inocente, uma admoestação propedêutica, a que se evitasse praticá-lo. No terceiro livro, contudo, depois de aparentemente rejeitada a hipótese pitagórico-platônica da preexistência da alma, onde ela poderia ter cometido pecados passíveis de punição no tempo presente, depara-se este modelo com eventos mais comprometedores, que desafiam essa visão um tanto simplista, como o caso das crianças, supostamente inocentes, que sofrem e morrem em tenra idade, ou dos animais, que, embora não tendo como pecar, nem fazer o bem, padecem suplícios terríveis nas mãos do próprio homem. Esses desafios, contudo, terão que esperar o desenrolar das discussões, a fim de deparar com novas reelaborações.

1,1,1,3. Antimaniqueísmo I

> **3.** A – [...] os malfeitos são castigados pela justiça de Deus. Pois não seriam castigados justamente, se não fossem feitos pela vontade.

Opõe-se aqui Agostinho frontalmente à teologia do persa Mani, ao postular a liberdade e a voluntariedade da ação, com sua respectiva e forçosa responsabilidade, contrariamente ao que defendia o dualismo, que acreditava na existência de duas substâncias antagônicas, Luz e Trevas, responsáveis pela existência do bem e mal no mundo, a que se associavam um deus bom, outro mau[57]. O deus bom era identificado com o Pai de Jesus Cristo, a divindade misericordiosa do Novo Testamento – o que sustentava a associação do maniqueísmo com o cristianismo –; o mau, por sua vez, com o deus do Velho Testamento, que não apenas os maniqueus, mas toda seita de fundo gnóstico repudiava com veemência, por considerá-lo vingativo e rancoroso. Vê-se assim que a própria ideia de Providência divina e de um cosmo perfeitamente ordenado é posta em risco pelo dualismo maniqueu. De fato, se o mal que se padece é punição da Providência divina por malfeito perpetrado em algum momento anterior, punição que se quer justa, pois a Providência não pode deixar de ser perfeitamente justa, não poderia essa ação, que agora merece castigo, ter sido cometida senão por meio da vontade livre, do contrário a Justiça divina estaria sendo injusta, ao punir aquele que praticou algo por necessidade, constrangimento, ou de algum outro modo involuntário. Ninguém pode pagar pelo mal que não cometeu, se se queira fazer justiça. De onde ser necessário à própria existência da Providência, assim como à ideia de Justiça, que os atos punidos por ela tenham sido cometidos de modo livre, não necessário. Pois não pode haver justiça onde inexiste liberdade, pelo que se percebe a gravidade das doutrinas de Mani e a absoluta necessidade de combatê-las, a fim de preservar-se a crença na Providência e na Justiça divinas, pilares do cristianismo.

1,1,2,4. Da aprendizagem (*disciplina*)

4. A – Estimas que a aprendizagem seja algo de bom?

De acordo com Pierre de Labriolle[58] o termo *disciplina*, para Agostinho, tem quatro significados: [i] pode ser o ensinamento pelo qual se transmite a ciência; [ii] ou a própria ciência *grosso modo*, ou mesmo uma ciência particular; [iii] pode

---

57 No *De utilitate credendi* (18,36) Agostinho refuta alguns dogmas maniqueus, a partir dos quais podem extrair-se mais alguns de seus princípios: 1. Deus é o autor do mal (*deus mali auctor est*); 2. Deus padece arrependimentos, especialmente por ter criado o homem (*eum quicquam fecisse poenituit*); 3. Deus se vê sujeito a sentimentos intempestivos ou paixões da alma, do mesmo modo como o homem (*commotionis animi tempestate turbatur*); 4. o reino de Deus é apenas uma parte do universo (*terrae particula regnum eius est*); 5. Deus aprova os crimes e atrocidades cometidos pelo homem neste mundo (*flagitia uel scelera probat aut imperat*); 6. Deus mente (*mentitur*). Percebe-se claramente como alguns dos postulados maniqueus encontram eco nas passagens polêmicas do Antigo Testamento, que Mani desprezava, por retratar, segundo ele, uma moralidade rude e um retrato cruel da Divindade.

58 In: *Œuvres de saint Augustin. V Dialogues philosophiques. II. Dieu et l'âme.* Tr. Pierre de Labriolle. Paris: Desclée de Brouwer, 1948, p. 403.

ser também a regra de fé ou de vida religiosa; [iv] e por fim, a disciplina eclesiástica, que envolve não raro castigo e correção. Porém, ao contrário de uma das acepções mais utilizadas de sua versão literal em português, o vocábulo "disciplina", que implica obediência a regras mais ou menos severas, ou mesmo as próprias regras, algo um tanto *démodé* no mundo contemporâneo, o termo latino *disciplina*, ao menos no sentido que Agostinho aqui lhe imprime, guarda significação bastante positiva.

> **4.** A – [...] pois se a ciência se dá ou se estimula através dela, ninguém senão através da aprendizagem aprende alguma coisa. [...] E – Eu julgo que através da aprendizagem não se aprendem senão coisas boas.

Se a ciência, compreendida *lato sensu* como "conhecimento", se dá por meio da *disciplina*, substantivo derivado do verbo *discere*, "aprender", a tradução do termo não poderia furtar-se a denotar um esforço, óbvia e pleonasticamente ativo, no sentido de instruir-se[59]. Há ainda nesta passagem o pressuposto patente de que a *scientia* não apenas é boa, mas um bem em si mesmo, de modo que nada que leve a ela, ou que dela decorra, deixe de participar de sua natureza boa. Trata-se, sem dúvida, de um pressuposto, de um *a priori*, pois não se discorreu até aqui de sua natureza, de modo que se pudesse de fato dizê-la um bem. Todavia, assumindo que seja um bem, como Agostinho o diz, com o assentimento imediato de Evódio, começa a vislumbrar-se o que o filósofo pretende defender aqui, que o bem não pode ter origem no mal. O que parece desimportante, por sua obviedade, corrobora, em dimensão menor, a tese de que o bem, que certamente existe no mundo, não pode ter origem em um Deus que seja mau, assim como implica seu contrário, que nenhum mal pode ter origem em um princípio que seja bom.

1,1,2,5-6. O mal não pode ser aprendido

> **5.** A – [...] está manifesto, que os males de modo algum podem ser aprendidos, visto que a aprendizagem é um bem, e que se diz "aprendizagem" a partir de "aprender". **6.** Pois, se são aprendidos, são contidos pela aprendizagem, e assim a aprendizagem não será um bem. Porém ela é um bem, como tu mesmo o concedes. Portanto os males não se aprendem [...][60]

---

[59] Não apenas pela etimologia, mas também pelo contexto da suprarreferida passagem, *disciplina* é mais o meio pelo qual se aprende do que seu fruto. Logo seu sentido aproxima-se mais de "estudo" do que de "ensino", mais de "educar-se a si mesmo" do que de "ser educado por alguém".

[60] Perceba-se a relação explorada por Agostinho entre os cognatos *disciplina* e *disco*, o que justifica a opção por "aprendizagem", preservando a argumentação "etimológica" do filósofo.

Ao leitor não familiarizado com a ciência da Antiguidade, e sobremodo com as teses que Agostinho irá defender na obra, não resta de imediato evidente o argumento empregado. Se o meio pelo qual se dá a ciência, que é um bem, é a aprendizagem, esta não pode ser má, não sendo possível, segundo a proposta apresentada, que de um bem origine-se algo mau, ou que um bem contenha em si o mal, como se sua natureza admitisse alguma bipolaridade. Contudo essa ideia, como aventou-se acima, é fundamental para as pretensões do filósofo, pois o mesmo argumento será aplicado com respeito a Deus, o Bem supremo, a partir de onde não podem provir senão bens, ao contrário das pretensões maniqueístas, que advogavam uma origem extra-humana para o mal, um deus antagônico ao deus bom, que associavam ao deus do Velho Testamento bíblico, num sincretismo entre sua origem indo-iraniana, o dualismo gnóstico e o cristianismo. O pensamento científico dos antigos, de matriz predominantemente helênica, ocupava-se com as causas (αἰτίαι) e princípios (ἀρχαί) a partir de que se originavam as coisas, sem deixar de parte sua finalidade (τέλος). Trata-se duma concepção de ciência como necessidade universal, extremamente racionalista, que buscava demonstrar os motivos por que as coisas são como são, explicando-as, e não simplesmente descrevê-las como fenômenos isolados, de onde a importância das causas, uma vez que todo efeito deveria necessariamente possuir a sua, que, tendo sido encontrada, deveria, por necessidade, ser logicamente demonstrável, pois o universo, desde Pitágoras ao menos, acreditava-se poder ser explicado matematicamente, como se poderá verificar no decorrer do segundo livro do *L.A.* Ademais, na ideia de que o mal não se aprende está implicado o seu contrário, que o bem pode sim ser aprendido, preocupação filosófica desde o *Mênon* de Platão. Isso se explica por meio da tese que Agostinho irá desenvolver, de modo especial no segundo livro, que o mal não tem estatuto ontológico, não sendo uma substância, daí não podendo ser retido no espírito, ser apreendido, porque não tem causa real, ou antes, porque sua causa, se se pode dizê-lo, é o nada, ou não ser. De que modo, pois, seria possível aprender o que simplesmente não é? Ou então, como poderia ser, a fim de que fosse aprendido, aquilo cuja causa absolutamente não é? Destarte só se pode concluir que o mal, que não é uma substância, não tem origem no bem, que é uma substância, assim como o mal verificado no mundo não se origina do Bem supremo, Deus. Por outro lado, quem admitisse que o mal pudesse sim ser aprendido, ver-se-ia obrigado a admitir igualmente que, ou a ciência e aquilo por meio de que ela se faz possível, a aprendizagem, são males, quando então um mal estaria gerando outro mal, ou então, admitindo-se que a ciência e a aprendizagem sejam de fato bens, que de bens podem provir males, possibilitando também que do Bem supremo, Deus, pudessem originar-se igualmente males, e não apenas bens; ou ainda, como pregava o dualismo maniqueu, que houvesse alguma outra potência, antagônica ao Bem supremo, de que se originassem as trevas da maldade. Pode-se argumentar, a partir da concepção de que o mal é antes a corrupção do bem, que aquele não poderia senão provir deste, pois apenas o que é bom pode corromper-se. Porém, se se o fizesse, seria fácil contra-argumentar, porque dizer que o mal é a corrupção do bem não significa dizer que tem origem no bem, como se o nada pudesse ter uma causa eficiente. Ademais, esta corrupção, considerada em si mesma, não possui estatuto ontológico, muito menos tem origem na natureza que está corrompendo, nem, como consequência, permite que o mal seja aprendido, pois não constitui algo positivo, restando apenas um defeito daquilo que verdadeiramente é. No entanto, a argumentação está ainda bastante incipiente, muito distante das conclusões bem fundamentadas do segundo livro, ainda que se possa de algum modo vislumbrá-las.

E quanto à possibilidade de algo que é bom conter em si também uma parcela má, como se sua natureza aceitasse alguma bipolaridade constitutiva? Não admitirá Agostinho mais adiante no *L.A.*[61] a existência de bens de estatuto ontológico médio, como a vontade, que assim se classificam por serem capazes, enquanto bens, de ser convertidos para o mal? Assim parece, mas mesmo quando se diz que ela é "má", se o faz de modo impróprio, porque, enquanto uma natureza, a vontade será sempre um bem, visto que o mal "existente" nela não é mais do que a corrupção do bem que ali deveria reinar absoluto e íntegro. Com efeito, não sendo uma natureza, o mal não pode dizer-se propriamente "existir", muito menos fazer parte da natureza de uma outra natureza, como se lhe fosse constituinte. Isso, ainda que pensadores de tendência orientalizante, como Allan Watts[62], questionem o monismo do Bem absoluto, que, segundo ele, contradiz a ambivalência do mundo natural, contrapondo-se à própria vida, cujo lado escuro, ou mau, é condição para que haja luz, ou bem. O próprio Heráclito, em cujo pensamento Watts se apoia *en passant*, no crepúsculo da filosofia já considerava o "conflito" como

---

[61] Cf. *L.A.* 2,18,49,186-195.

[62] Allan Watts, *The two hands of god. The myths of polarity.* New York: Collier, 1963.

sendo a própria justiça (καὶ δίκην ἔριν), e o "combate", o pai e rei de todas as coisas (πόλεμος πάντων μὲν πατήρ ἐστι, πάντων δὲ βασιλεύς...), o que significa dizer, na leitura de Watts, que não são apenas necessários, mas partes integrantes do universo[63].

1,1,2,6. O mal como desvio da aprendizagem

> **6.** A – [...] se são aprendidos os males, são aprendidos para serem evitados, não feitos. Do que resulta que fazer mal nada é senão desviar-se da aprendizagem.

Tem-se aqui um primeiro esboço do mal, que não é nada além de um "desvio" de algo que é bom. Essa "definição" preliminar permite supor que Agostinho esteja antecipando, ou, se não, ao menos amadurecendo as conclusões "neoplatônicas" a que chegará no livro segundo. Pois, se o mal é desviar-se da aprendizagem (*a disciplina deuiare*), e se ela é um bem, segue-se que o mal nada mais é do que desviar-se do próprio bem, que pode ser compreendido em última instância como aversão[64] da via que conduz a Deus, o Bem supremo. Mas esse desvio do bem, admitindo-se que seja algo que possa ser aprendido, aprendizagem que implica a possibilidade de retenção no espírito, ainda que não possua uma substância, não sendo mais que um defeito motor, por assim dizer, não é retido no espírito enquanto mal, e sim na forma de seu contrário. Com efeito, se se diz que os males de algum modo se aprendem apenas para ser evitados, nada de mau se aprende, ao contrário, porque evitar o mal é um bem. Logo aquele que aprende o mal para evitá-lo não o retém no espírito enquanto algo que é, mas enquanto algo que não deve ser, ou, se se pode dizê-lo, como uma aversão da aversão do bem, o que sem dúvida é um bem. Logo retém em si um bem, não um mal. E mesmo que se considere esse mal, supostamente dócil, de modo apenas moral, como se costuma dizer, não ontológico, o que se aprende, como dito, é antes um bem, não um mal, pois evitar o mal não é mau, mas bom, pois não averter-se do mal, se não é converter-se para o bem, ao menos é recusa do afastamento. E quem não se afasta do bem, por certo não se volta para seu o contrário.

---

63 Cf. Daniel W. Graham (tr./org.), *The texts of early greek philosophy. The complete fragments and selected testimonies of the major presocratics. Part I.* Cambridge: Cambridge University Press, 2012, p. 144-145; 156-157.

64 Para os sentidos específicos do v. "averter" e do s. "aversão", cf. *auersio* e *auerto* no Léxico T-F.

1,1,3,9. A indocilidade do mal: nenhum mestre é mau

9. Logo, se toda inteligência é boa, e se quem não intelige não aprende, todo aquele que aprende faz bem. Pois todo aquele que aprende intelige, e todo aquele que intelige faz bem. Portanto quem quer que procure o autor pelo qual aprendemos alguma coisa sem dúvida procura o autor pelo qual fazemos bem. Por isso desiste de querer investigar não sei que mau ensinante. Pois se é mau, não é ensinante; se é ensinante, não é mau.

Diante da insistência de Evódio com o dualismo, supondo haver duas aprendizagens, uma boa, por meio de que se aprendem apenas coisas boas, outra má, através da qual é possível aprender o mal, Agostinho se vê obrigado a retrogradar, não para desdizer-se, mas para recorrer à causa da própria aprendizagem, a inteligência, reforçando ainda mais a tese supradefendida de que o mal não é dócil, ou seja, não pode ser ensinado, nem aprendido. Com efeito, se a aprendizagem, que Evódio sustenta não ser única, é fruto da inteligência (*intellegentia*), sua causa, por assim dizer, a qual ambos consentem ser um bem, e o bem maior do homem, mantendo-se o princípio de que de um bem não pode originar-se o mal, nenhuma aprendizagem pode ser má, ao contrário da obstinação dualista de Evódio. Importa lembrar ainda que esse pressuposto, que de um bem não pode dimanar qualquer mal[65], será de suma importância na lógica argumentativa do filósofo até ao final do segundo livro, especialmente na arquitetura de sua célebre demonstração racional da existência de Deus[66].

Se se analise a relação estabelecida por Agostinho entre usar da inteligência e benfazer (*bene facere*), a qual se estende à aprendizagem, um dos usos da inteligência, percebe-se que ambas operam ao modo de uma virtude, modificando "adverbialmente"[67] uma dada ação em direção ao bem. De fato, não faz injustamente quem faz com justiça, tampouco imprudentemente aquele que faz com prudência; o que, de modo invertido e circunscrito ao âmbito moral, redunda em dizer que a própria justiça seja o fazer de modo justo, assim como a prudência, de modo prudente. Pois bem, ainda que a aprendizagem não remeta de imediato ao bem, sua causa, a inteligência, sim. Logo também é permitido dizer, estendendo a analogia com as virtudes, que aquele que intelige, assim como aquele que aprende, o que só é possível por causa da inteligência, fazem ambos de modo inteligente e dócil, o que equivale a dizer que fazem bem,

---

65 Cf. *C. Acad.* 3,3,5.

66 Cf. *L.A.* 2,3,7,20-15,40,157 (*deum esse demonstratur*).

67 Cf. *L.A.* 3,24,73,253.

visto ambas, inteligência e aprendizagem, serem bens. Logo, assim como quem faz justamente faz com justiça, quem faz docilmente faz com aprendizagem, e quem faz inteligentemente, com inteligência. E se essas coisas são bens, quem faz por meio delas, quer justa, quer dócil, quer inteligentemente, só pode fazer bem. Logo nenhum ensinante (*docens*), ou doutor (*doctor*), pode ser mau, porque ao ensinar (*docere*) não apenas se utiliza da inteligência, que é um bem, mas também estimula a aprendizagem (*disciplina*), igualmente um bem, como ficou demonstrado, e ninguém pode, ao fazer bem, fazer mal.

1,2,4,10. *Vnde male faciamus:* mal adverbial

10. E – [...] Já que bastante me constranges para que eu reconheça que nós não aprendemos a fazer mal, diz-me de onde é que fazemos mal.

A célebre pergunta acerca da origem do mal, cuja precedência, não menos ilustre, sem dúvida era conhecida por Agostinho, ao menos desde a tradução das *Enéadas* de Plotino por Mário Victorino[68], aparece aqui adaptada, talvez não por acaso. De fato, não diz Evódio *Vnde malum?*, versão literal do grego Πόθεν τὸ κακόν; "De onde o mal?"[69], em vez disso, numa interrogativa indireta, diz: "...de onde fazemos o mal", ...*unde male faciamus*. Essa distinção, embora invariavelmente desconsiderada, ultrapassa o âmbito da gramática, sugerindo implicações filosóficas significativas. Por uma, contrariamente às pretensões maniqueias, o mal é situado agora no agente, as criaturas inteligentes, dentre as quais Evódio se inclui, não deixando nenhum ser humano de fora, ao utilizar-se do verbo na primeira pessoa do plural, podendo a pergunta ser parafraseada do seguinte modo: "Qual a causa de fazermos..., nós dois e toda a humanidade?". Por outra, ele não diz que fazemos "o mal" (*malum*), mas que fazemos "mal" (*male*), ou seja, que fazemos algo, seja o que for, de modo

---

[68] Cf. *En.* 1,8: πόθεν τὰ κακά; [*unde mala?*]. No título do tratado de Plotino o substantivo τὸ κακόν encontra-se no plural, apesar de constar no singular em outras tantas passagens do texto, como em (1,8,1,11-12) εἶδος δὲ τὸ κακὸν πῶς ἄν τις φαντάζοιτο ἐν ἀπουσίᾳ παντὸς ἀγαθοῦ ἰδαλλόμενον; "Como poderia alguém imaginar que o mal fosse uma forma, quando se torna perceptível na ausência de todo o bem?".

[69] Tanto em grego como em latim o verbo era julgado desnecessário, por estar implícito, constituindo as duas versões apenas de um advérbio interrogativo (*unde*/πόθεν) e de um substantivo (*malum*/τὸ κακόν). Ambas costumam ser traduzidas livremente como: "Qual a origem do mal?", ou "De onde procede o mal?".

mau, alterando a classe gramatical do mal, que de substantivo passa a advérbio, de objeto da ação verbal passa a simples modificador dela[70]. A diferença, para além da gramática, é considerável. Embora jamais se possa provar que a pergunta de Evódio, seguramente estenografada por copistas durante o embate dialético (*disputatio*) ocorrido em Roma, tenha sido depois editada, talvez pelo próprio Agostinho, o padrão perceptível no *L.A.* desperta enorme interesse. Em apenas uma única passagem em toda a obra, uma citação paulina na parte final do terceiro livro[71], o filósofo se utiliza do substantivo *malum* para referir o mal praticado pelo homem, porém neste caso como objeto do verbo *agere*, não do verbo *facio*[72], preferindo sempre, em vez de dizer *malum facere*,

---

70 Cf. Greenough *et alii*, *Allen & Greenough's New latin grammar.* Newburyport, MA: Focus Publishing, 2001, p. 189. No §321 [d.] de sua gramática, Allen e Greenough admitem que alguns advérbios "parecem" ser usados como adjetivos, porém não cita *male.* Todavia notam os célebres autores que "em alguns casos dificilmente se pode dizer se o advérbio está sendo tratado como um adjetivo que modifica um nome, ou se o nome modificado é que está sendo tratado como adjetivo". Neste caso, contudo, o advérbio *male* está claramente modificando o verbo *facere*, não podendo ser confundido com um adjetivo, muito menos com um substantivo. Todavia pôde-se perceber um uso aparentemente insólito do advérbio em ao menos duas passagens de Agostinho que merecem cuidadoso olhar. Primeiro no próprio *L.A.* (1,12,25,82): *nisi uelis ut bene sit mihi*, "a não ser que me queiras *bem*", o que significa dizer "ser feliz", isto é, possuir a *uita beata*, como se depreende pela sequência da passagem. Depois em *Confissões*, numa passagem complicada (13,1,1): *ut de te mihi bene sit, a quo mihi est ut sim, cui bene sit*, que pode ser traduzida do seguinte modo tentativo: "para que a partir de ti eu seja *bem*/feliz, de quem me vem que eu seja, para quem existe [o ser] *bem*/feliz". Nestes dois exemplos, contudo, o advérbio acompanha o verbo *esse* e um dativo, embora seja difícil admitir que se trate de um dativo de posse, a não ser que o advérbio esteja fazendo as vezes do substantivo, quando então a tradução parafraseada da última passagem poderia ficar algo como: "para que de ti eu possua o bem da vida feliz; tu, a partir de quem me vem o fato de que sou; ser, que me foi dado para que eu possua o bem da vida feliz". Portanto, ainda que não tenha sido exequível um estudo sistemático de todas as ocorrências do substantivo *malum* e cognatos, como o advérbio *male*, na obra toda de Agostinho, não se pode deixar de notar o padrão adotado por ele no *L.A.*, como se pode verificar no Léxico T-F.

71 *L.A.* 3,18,51,173 (Rm 7,19; 18): 19. "*Non enim quod uolo facio bonum, sed quod odi malum, hoc ago*" (οὐ γὰρ ὃ θέλω ποιῶ ἀγαθόν, ἀλλ' ὃ οὐ θέλω κακὸν τοῦτο πράσσω); 18. "*Velle adiacet mihi, perficere autem bonum non inuenio*" (τὸ γὰρ θέλειν παράκειταί μοι, τὸ δὲ κατεργάζεσθαι τὸ καλὸν οὔ). Interessante notar que o latim da passagem se utiliza de dois verbos cognatos para referir o bem (*bonum*) praticado: *facere* e *perficere*, ao passo que o mal (*malum*) levado a efeito é expresso por outro verbo, *agere*. Essa distinção reproduz fielmente o original grego, que se utiliza de ποιέω, "fazer", e κατεργάζομαι, "executar", ou "efetivar por meio de esforço", para o bem (τὸ ἀγαθόν), e πράσσω, "praticar", "levar a efeito", para o mal (τὸ κακόν).

72 Cf. os verbetes *condo* e *facio* no Léxico T-F.

"fazer o mal", referir o mal como modificador da ação verbal (*male*), como na expressão *male facere*, "fazer mal"[73]. Embora não seja muito prudente asseverar o que pretendeu Agostinho com isso, contudo pode-se arriscar, desprovido de qualquer temeridade, que essa distinção não foi fortuita, se se considere a uniformidade de seu emprego no *L.A.*, o que não se justificaria, se tivesse sido acidental. E se não se pode asseverar, contudo especular não está interdito, sendo lícito supor que estivesse pretendendo efetuar uma clara distinção entre o dualismo maniqueu, contra o que argumenta no *L.A.*, e a tese contrária que defende, de ascendência neoplatônica, de que o mal em si não é uma substância, cabendo sua responsabilidade ao ato livremente cometido pela criatura humana. Se é assim, nem Deus, muito menos o ser humano, poderia "fazê-lo", seja no sentido do ποιέω grego, seja no do *facio* latino, verbos utilizados tanto na Septuaginta como na Vulgata para referir os atos do Criador, como se percebe na seguinte passagem (Gn 1,26): "E Deus diz: Façamos o homem à nossa imagem e semelhança"[74]. E se cabe a responsabilidade do mal ao agente humano, não sendo jamais uma substância aquilo que se faz, ou pratica, ou realiza, seja qual verbo se utilize, não convinha substantivá-lo, ainda que de modo impróprio, a que se evitasse hipostasiá-lo, como haviam feito os maniqueus. E que faz o advérbio, que nada mais é que um modificador, senão imprimir um caráter mau ao fazer humano, porém sem com isso criar uma substância, apenas expressando o modo como uma determinada ação é levada a efeito. Pois bem, se o mal se dirá posteriormente um movimento de aversão, movimento do espírito, que é a própria vontade, vontade que pode também mover-se em sentido contrário, convertendo-se, que se estará dizendo com isso, senão que esse mal opera como um verdadeiro modificador da vontade, um "advérbio", para dizê-lo em termos gramaticais?

Tenha sido essa a intenção de Agostinho, ou apenas uma idiossincrasia de sua colorida expressividade, ou ainda construção gramatical nada incomum ao latim de seu tempo que nos passou despercebida, contudo o que se destaca de modo inquestionável é antes seu uso padronizado no *L.A.*, ao contrário do

---

73 Cf. os verbetes *male facio*, *malum* e *malefactum* no Léxico T-F.

74 Gn 1,26 (LXX): *"et ait [deus]: Faciamus hominem ad imaginem et similitudinem nostram..."* (καὶ εἶπεν ὁ θεός· Ποιήσωμεν ἄνθρωπον κατ' εἰκόνα ἡμετέραν καὶ καθ' ὁμοίωσιν). Vejam-se também as demais passagens do Gênesis: 1,7; 16; 25; 2,1 *et alia multa*. Vale notar que nem todos os atos criadores de Deus são expressos pelo verbo *facio*, sendo utilizado também *creare*, "criar", que na LXX, contudo, se mantém como ποιεῖν (Gn 1,1): *"In principio creauit deus caelum et terram"* ('Εν ἀρχῇ ἐποίησεν ὁ θεὸς τὸν οὐρανὸν καὶ τὴν γῆν).

que se percebe, por exemplo, no tratado plotiniano acerca do mal, cuja versão latina sem dúvida Agostinho conhecia. Portanto esteja *male* sendo utilizado como substantivo, ou como modificador verbal, nada obstante a evidência da passagem paulina citada no terceiro livro, achou-se por bem manter a distinção entre os termos, preservando suas respectivas classes gramaticais, substantivo e advérbio, e com isso a proposta de tradução apresentada no início.

1,2,4,10. O amor da verdade e a liberdade de investigar

10. A – Revolves uma questão que, quando jovem, consumiu-me sobremaneira e impeliu-me, exaurido, aos hereges, tendo-me prosternado. Nesta desventura de tal modo me afligi e fui esmagado por tamanho acervo de fábulas inanes que, se o amor de encontrar a verdade não me tivesse impetrado o socorro divino, não teria podido emergir dali e respirar naquela que é a principal liberdade, a de investigar.

Refere-se aqui Agostinho aos anos que passou como maniqueu, de 372/373 a 383/384[75], quando acreditava ter encontrado uma solução definitiva para a questão do mal, em conformidade com o que ele mesmo narra em *Confissões* (3,7,12 *et seq.*). Porém o que se destaca nesta passagem é antes o reconhecimento atribuído ao filósofo a um tipo de liberdade, que segundo ele era a principal dentre todas, a liberdade de investigar, *prima quaerendi libertas*. Essa valorização da investigação intelectual, do procurar saber (*quaerere*), permite entrever o estado de espírito do filósofo por volta de 388, quando da escritura deste livro primeiro, uma postura de seriedade e de liberdade intelectuais, consequência inevitável dos longos anos de credulidade descuidada em que se deixou "consumir", "exaurir" e "prosternar" diante das "fábulas inanes" da teologia maniqueia, mas sobretudo condições *sine quibus non* do

---

75 Seguiram-se aqui os *Repères chronologiques* determinados por Marie-Anne Vannier em sua obra *Saint Augustin: La conversion en acte* (Paris: Éditions Entrelacs, 2011, p. 227-228). Embora a autora estabeleça com razão o ano de 383 como marco do afastamento (*éloignement*) de Agostinho do maniqueísmo, muito devido a seu decepcionante encontro com Fausto de Milevo, o tão aguardado bispo maniqueu, tem-se atribuído sua estada em Roma (383) e sua indicação à cátedra milanesa por Quinto A. Símaco (383/384) ao patrocínio da comunidade maniqueia de Roma. Portanto, se intelectualmente estava divorciado da seita, afetiva e socialmente, ao que parece, ainda não totalmente. Vale notar ainda que o historiador Peter Brown estabelece o ano de 373 para a leitura do *Hortensius* de Cícero, em lugar de 372, ano que Vannier também aponta para o ingresso no maniqueísmo (cf. *Santo Agostinho. Uma biografia*. 7. ed. Rio de Janeiro; São Paulo: Record, 2012.

próprio filosofar. Não se pode levantar nenhuma dúvida da seriedade filosófica que acompanhou Agostinho por toda sua vida, e de seu amor abnegado pela investigação racional da verdade.

1,2,4,11. Teodiceia I: monoteísmo, criacionismo e providência

11. A – [...] Ora, cremos existirem a partir de um único Deus todas as coisas que existem, e que, contudo, Deus não é o autor dos pecados. Porém perturba a mente, se os pecados existem a partir destas almas, as quais Deus criou – almas essas, pois, [que existem] a partir de Deus! –, o modo como, nesta estreita relação, não se refiram a Deus os pecados.

Agostinho enuncia aqui três princípios basilares do pensamento judeu-cristão: primeiro o monoteísmo, a ideia de um único Deus, em contraste com o ainda predominante politeísmo greco-romano; depois o criacionismo, a ideia da criação do mundo e de tudo o que nele existe por parte deste único Deus, porém a partir do nada (*ex nihilo*), o que entrava em choque frontal contra o pensamento grego de um universo formado a partir de elementos preexistentes, como a água de Tales, por exemplo, ou o ar de Anaxímenes; por fim a ideia da bondade inexorável de Deus, que se pode relacionar com a da própria Providência, que cuida de tudo e de cada um diligentemente, não permitindo a vitória do mal. Entretanto no tempo de Agostinho[76] – e ainda hoje – esses princípios eram causa de enorme perturbação intelectual, especialmente quando confrontados com as "injustiças" da vida real, como as devastações causadas pelas guerras tão mais incessantes quanto absurdas, a não dizer das pestes, da miséria, da quase impossível mobilidade social do Império Romano, que deixava a esmagadora maioria da população sem nenhuma perspectiva de melhora, de par com a maldade aparentemente gratuita e generalizada, que desde sempre se percebe neste mundo dos homens de carne e osso. Diante desse cenário, pano de fundo tenebroso em que se é obrigado a representar no lúgubre proscênio da vida o papel que a cada um foi atribuído, como justificar a existência do mal, se tudo o que existe se diz existir a partir do Bem supremo, que é Deus? Eis o desafio que a teodiceia[77] agostiniana há de enfrentar daqui por diante.

---

[76] Séc. IV-V (354-430).

[77] O termo de Leibniz (séc. XVII-XVIII) utilizado aqui peca sem dúvida pelo anacronismo, mas serve bem ao propósito de ilustrar o esforço dos pensadores cristãos para harmonizar a onipotência, presciência e bondade divinas com a existência do mal no mundo.

1,2,4,11. Isaías alexandrino: crer para inteligir...

11. A – [...] Porque estamos cônscios de seguir bem a sequência prescrita pelo profeta, que diz: "Se não crerdes, não inteligireis" (Is 7,9)[78].

Uns três anos depois da escritura do primeiro livro do *L.A.*, concluído em 388, ao escrever a seu amigo maniqueu Honorato[79], tendo em vista demonstrar-lhe exatamente a necessidade e anterioridade da fé em relação à razão, demanda ridicularizada pelos seguidores de Mani, defendia Agostinho que a fé era o requisito por excelência para ingressar na verdadeira religião (*uera religio*), que se compreendia também como a própria Verdade. Nenhum caminho seria mais seguro, afiançava o filósofo, se primeiro não se cresse naquilo que apenas depois haveria de tornar-se claro, desde que aquele que cresse também se fizesse digno do conhecimento por meio de uma conduta de vida reta, que implicava submissão à autoridade de Cristo, por meio dos testemunhos escriturários e da comunidade eclesiástica. Portanto, se a verdadeira religião era também a verdadeira sabedoria[80], não havia como alcançá-la sem cumprir as seguintes três condições: fé, retidão de vida e submissão à autoridade; numa palavra, crer, viver dignamente e aceitar a autoridade dos testemunhos a respeito de Cristo[81].

---

[78] Diz-se Isaías "alexandrino" (Is 7,9) porque a mítica tradução grega dos setenta (e dois) sábios judeus (*Interpretatio septuaginta uirorum*), lendariamente encomendada por Ptolomeu Filadelfo para a Biblioteca de Alexandria (séc. III a.C.), mas que alguns sugerem que nem existiu, tendo sido apenas uma das colunas da Héxapla de Orígenes, de que muito provavelmente a versão a que teve acesso Agostinho constituía uma má tradução, destoa da Vulgata hieronímica, que diz, em vez disso: "Se não crerdes, não permanecereis" (*si non credideritis, non permanebitis*), tradução direta do hebraico, que admoestava a que se mantivesse firme na fé, para que se pudesse de fato permanecer de pé. O texto grego da LXX para o dito de Isaías é o seguinte: "ἐὰν μὴ πιστεύσητε, οὐδὲ μὴ συνῆτε". No segundo livro de *De doctrina christiana* (12,17 §39), Agostinho demonstrará estar ciente da discrepância entre as duas versões: "Também aquela [passagem] do mesmo Isaías: 'Se não crerdes, não inteligireis', outro [autor] interpretou [do seguinte modo]: 'Se não crerdes, não permanecereis'. Qual deles seguiu a verdade, a não ser que sejam lidos os exemplares da língua original [liter. precedente], é [algo] incerto". (*item illud eiusdem Esaiae 'nisi credideritis non intellegetis' alius interpretatus est 'nisi credideritis non permanebitis'. quis horum uera secutus sit, nisi exemplaria linguae praecedentis legantur incertum est*). Cf. *Trin.* 7,6; 15,2.

[79] *De utilitate credendi liber unus,* "Da utilidade de crer" (*c.* 391).

[80] *Vt. cred.* 7,14.

[81] *Id. ibid.*: *"Nam uera religio nisi credantur ea quae quisque postea si se bene gesserit dignusque fuerit adsequatur atque percipiat et omnino sine quodam graui auctoritatis imperio iniri recte nullo pacto potest".*

A anterioridade da fé (*credere*) em relação à intelecção (*intellegere*) se explicava também, entre outros motivos, por ser necessária aos incultos, incapazes de acompanhar os raciocínios dialéticos mais elaborados acerca dos mistérios divinos, mas que não deviam de modo nenhum, por dever de caridade, ser deixados para trás. Aqueles que não podem alcançar a verdade por meios exclusivamente racionais necessitam apoiar-se na fé, para que posteriormente possam chegar à intelecção. Isso, porque a crença exerce uma força purificadora da razão, iluminando suas mentes para o conhecimento, que, contudo, só se dará de modo definitivo na vida depois da morte, quando o homem puder ver face a face, como dizia Paulo (1Cor 13,12)[82]. Portanto não chegará às coisas puramente verdadeiras se não crer que poderá fazê-lo, e se não tiver uma mente humildemente súplice e disposta a obedecer aos preceitos divinos, purgando seu modo de vida, o que equivale à obediência à autoridade de Cristo. Mas isso se refere aos menos cultos, uma vez que os demais, capazes de apreender algo dos divinos mistérios pela razão, diz Agostinho[83], esses devem humildemente contentar-se com a crença para não desanimar os retardatários, seja por seu exemplo, seja por sua audácia, impondo-lhes exigências intelectuais inatingíveis, porque esse é o mandamento da religião verdadeira, o mandato divino, que se empreenda a busca de Deus com amor pelo próximo e pela humanidade, não desprezando os que ficam para trás. Portanto a fórmula do Isaías alexandrino, "Se não crerdes, não inteligireis", é também um mandamento de amor, especialmente para os que são capazes de penetrar os mistérios divinos, os quais devem contentar-se com a crença, por amor dos retardatários. E os que não cumprem o requisito de anterioridade da fé, nem se satisfazem com a crença por amor dos semelhantes, esses não atingem seu objetivo de alcançar a verdade, pois Deus está com os que o procuram com caridade e amor pela humanidade. Não há itinerário mais seguro para o céu do que o da fé, que antecede a investigação racional[84]. De fato, nada pode ser considerado mais salutar para a alma do que primeiro preparar-se, pela purificação iluminadora da mente, para daí poder receber a verdade, ao aceitar a fé naquelas coisas que foram instituídas divinamente em prol do próprio espírito. Portanto a fé torna o espírito *idoneus* para compreender a verdade[85].

---

82 *Id. ibid.:* 10,24.

83 *Id. ibid.:* "*qui facillime diuina secreta ratione certa capere possunt...*".

84 *Id. ibid.:* 10,24.

85 *Id. ibid.*: "*Quae potest esse uia salubrior quam idoneum primo fieri percipiendae ueritatis adhibendo iis fidem quae praecolendum et ad praecurandum animum sunt diuinitus constituta?*".

Ou inteligir para crer?

Isso não significa de modo nenhum que se deva abdicar da razão, deixando de procurar a intelecção dos mistérios divinos, visto que nem crer seria possível ao homem, se antes ele não dispusesse da própria razão, faculdade que o torna superior aos animais, reconhecerá Agostinho a Consêncio, numa carta escrita duas décadas mais tarde, por volta de 410:

> Longe de nós, digo, que creiamos assim, de modo que não aceitemos a razão, ou não a procuremos, visto que nem crer poderíamos, se não possuíssemos almas racionais. Logo, em alguns assuntos pertinentes à doutrina salvadora, os quais ainda não somos capazes de apreender pela razão, mas um dia seremos, que a fé preceda a razão, pela qual o coração é purificado, para que capte a luz da grande Razão e a suporte, também isto pertence invariavelmente à razão. E por isso racionalmente é que foi dito pelo profeta: "Se não crerdes, não inteligireis". Onde longe de dúvida ele discriminou estas duas coisas e aconselhou a que primeiro crêssemos, para que fôssemos capazes de inteligir aquilo em que cremos. Daí se ordenou, racionalmente, que a fé precedesse a razão. Pois, se este preceito não é racional, logo é irracional. Longe de nós! Portanto, se é racional que a fé anteceda uma certa grande Razão[86], que ainda não pode ser apreendida, é longe de dúvida que uma razão qualquer, por menor seja, pela qual persuade disto, também ela antecede a fé.[87]

O argumento de Agostinho, tão mais sutil quanto operoso, como soem ser todos os seus raciocínios, diz o seguinte: assim como o preceito de Isaías coloca a fé antes da intelecção, como condição para que se chegue à compreensão da grande

---

86 Uma razão capaz de apreender os grandes mistérios de Deus.

87 *Epistula CXX* (*c.* 410) *ad Consentium* 1,3: *"Absit, inquam, ut ideo credamus, ne rationem accipiamus, siue quaeramus, cum etiam credere non possemus, nisi rationales animas haberemus. ut ergo, in quibusdam rebus ad doctrinam salutarem pertinentibus, quas ratione percipere nondum ualemus, sed aliquando ualebimus, fides praecedat rationem, qua cor mundetur, ut magnae rationis capiat et perferat lucem, et hoc utique rationis est. et ideo rationabiliter dictum est per prophetam:* Nisi credideritis, non intellegetis. *ubi procul dubio discreuit haec duo deditque consilium, quo prius credamus, ut id, quod credimus, intellegere ualeamus. proinde, ut fides praecedat rationem, rationabiliter iussum est. nam si hoc praeceptum rationabile non est, ergo inrationabile est. absit! si igitur rationabile est, ut magnam quandam, quae capi nondum potest, fides antecedat rationem, procul dubio quantulacumque ratio, qua hoc persuadet, etiam ipsa antecedit fidem".*

Razão, ou seja, dos temas mais absconsos acerca das coisas de Deus, assim também, enquanto preceito racional, como todo enunciado lógico e coerente deve ser, coloca a razão antes da fé, pois nenhum preceito é obedecido, seja qual for, se antes não for inteligido. Logo, se se deve antepor a fé à razão, em obediência ao preceito do profeta, precisamente para que se possa obedecer-lhe é que razão deve ser naturalmente anteposta à fé, do contrário não se pode inteligi-lo, nem cumpri-lo. Numa palavra, se é preciso crer para inteligir, é igualmente preciso inteligir para crer, pois ninguém crê naquilo que não intelige. Assim sendo, ainda que para a grande Razão a fé deva ser anteposta à razão, para todas as razões menores, como os argumentos lógicos, do tipo de silogismos e entimemas, por exemplo, a razão tem precedência sobre a fé, do contrário nem mesmo se poderia crer, como disse Agostinho: *cum etiam credere non possemus, nisi rationales animas haberemus.* Portanto o preceito "crer para inteligir", sendo racional, como todo enunciado, ainda que ordene que a fé deva preceder a razão, no que tange aos grandes mistérios, ele mesmo, enquanto preceito, precede a fé cuja precedência preceitua.

1,2,5,12-13. O princípio da piedade

> **12.** A – [...] Pois nada é mais digno de se crer, ainda que se oculte a causa por que assim o seja. Com efeito, ter o melhor conceito possível a respeito de Deus é o princípio mais legítimo da piedade...

Nada se crê com mais dignidade, abona Agostinho, em relação aos três princípios supraelencados, monoteísmo, criacionismo e bondade de Deus, ainda que se ocultem os motivos por que se deva crer neles. Na prática é isso o que se depreende do preceito do Isaías alexandrino, "Se não crerdes, não inteligireis". Com efeito, conquanto não se intelijam ainda os princípios desta *magna ratio* em sua complexa simplicidade e simples complexidade, a fé constitui-se requisito *sine qua non* para vir a compreendê-los. Portanto possuir "o melhor conceito possível a respeito de Deus" não é apenas o princípio (*exordium*) mais legítimo da piedade, mas de toda a filosofia, e não apenas porque "o temor do Senhor é o princípio da sabedoria" (ἀρχὴ σοφίας φόβος θεοῦ), ou porque é "o Senhor quem confere a sabedoria" (ὅτι κύριος δίδωσιν σοφίαν), ou porque "de sua face procedem o conhecimento e o entendimento" (καὶ ἀπὸ προσώπου αὐτοῦ γνῶσις καὶ σύνεσις)[88], mas sobremodo porque tudo o que se refere a Deus é parte daquela grande Razão que

[88] Pr 1,7; 2,6; Eclo 2,14; 16.

ainda não pode ser apreendida, mas que um dia será[89], devendo, portanto, ser primeiramente crida, se se quiser de algum modo depois inteligi-la. No entanto esses princípios de piedade funcionam também, em âmbito estritamente racional, segundo as regras da dialética, como os pressupostos sobre os quais se assentam quaisquer conhecimentos que se queiram alcançar. De fato, se ao cristão comum, que não carece de especular sobre os princípios fundamentais de que o mundo se constituiu, basta dar crédito à narrativa sagrada, que diz ter sido Deus o seu criador, o mesmo não se aplica ao filósofo, que nem sempre se contenta em apenas justificar racionalmente aquilo em que crê piedosamente, partir da hermenêutica dos testemunhos escriturais. Na verdade, embora essa justificativa não lhe seja estranha, nem pouco recomendável em muitas instâncias, contudo, quando se propõe respirar naquela liberdade de investigar – *prima quaerendi libertas* –, como dito antes[90], não lhe é desaconselhável especular livremente, desde que apoiado em princípios sólidos, como os seguintes, escorados na piedade, que não apenas sustentam o arcabouço teórico-argumentativo que se pretende erigir, mas que também norteiam os rumos que se devem perseguir.

Axiomas cristãos

> **12.** A – [...] e ninguém tem o melhor conceito a respeito dele, que não crê [1] que ele é onipotente [2] e em partícula nenhuma absolutamente mutável, [3] o criador de todos os bens, [4] aos quais ele mesmo é superior, [5] também o reitor [6] justíssimo de todas as coisas que criou, [7] e que não foi ajudado por alguma natureza ao criar, como alguém que se não bastasse a si mesmo. **13.** [8] Do que resulta ter criado todas as coisas a partir do nada, porém aquele que dizemos ser o Filho único de Deus, [9] não o criou a partir de si, mas gerou, [10] visto que era igual a si, [11] o qual, quando empreendemos enunciar mais claramente, denominamos "Virtude de Deus" e "Sabedoria de Deus"[91], [12] através do qual ele fez todas as coisas, as quais foram feitas a partir do nada.

Do mesmo modo como os teoremas se constroem a partir de axiomas, e os silogismos, de premissas, tidos ambos por irrefutáveis, a filosofia, que não

---

89 Cf. *Ep.* CXX *Ad Consentium* 1,3.

90 *L.A.* 1,2,4,10.

91 Cf. 1Cor 1,22-24: "E porque os judeus pedem sinais, e os gregos procuram a sabedoria, nós anunciamos Cristo, que foi crucificado, o qual para os judeus é pedra de tropeço e para os gentios, insensatez; porém para os que foram chamados, judeus e gregos, Cristo é o poder de Deus e a sabedoria de Deus" (ἐπειδὴ καὶ Ἰουδαῖοι σημεῖα αἰτοῦσιν καὶ Ἕλληνες σοφίαν ζητοῦσιν, ἡμεῖς δὲ κηρύσσομεν Χριστὸν ἐσταυρωμένον, Ἰουδαίοις μὲν σκάνδαλον, ἔθνεσιν δὲ μωρίαν, αὐτοῖς δὲ τοῖς κλητοῖς, Ἰουδαίοις τε καὶ Ἕλλησιν, Χριστὸν θεοῦ δύναμιν καὶ θεοῦ σοφίαν).

é uma ciência exata, assim como grande parte do conhecimento humano, elabora seus argumentos e alavanca suas hipóteses a partir de princípios considerados universais e inquestionáveis, embora muita vez não comprovados. O caso dos axiomas euclidianos é um exemplo típico. A opinião (δόξα) dos homens considerados sábios na ética aristotélica, outro. Pois bem, é exatamente o que pretende Agostinho aqui, ao estabelecer como princípio de piedade[92] possuir "o melhor conceito possível acerca de Deus" (*de deo optime existimare*), princípio este que estabelece os alicerces, ou pressupostos, sobre os quais se erigirão as teses de toda discussão posterior. Como em toda filosofia, aquela que se diz cristã não foge à regra, não podendo prescindir das premissas sobre as quais se há de fundamentar o que se pretende descobrir e estabelecer como válido. Aquilo que Agostinho define como princípio de piedade fundamenta-se sobre os seguintes pressupostos acerca de Deus: [1] ONIPOTÊNCIA; [2] IMUTABILIDADE; [3] BONDADE – porque é o criador de todas as coisas ontologicamente boas; [4] SUPERIORIDADE – porque é superior a tudo o que cria; [5] PROVIDÊNCIA – porque é o regente de tudo que criou; [6] JUSTIÇA – porque é perfeitamente justo, ao reger a criação; [7] AUTOSSUFICIÊNCIA – porque é autossuficiente [*sibi sufficit*] na obra da criação, prescindindo do subsídio de toda e qualquer natureza, as quais todas foram por ele mesmo criadas; [8] PREEXISTÊNCIA E CRIAÇÃO *EX NIHILO* – porque criou todas as coisas a partir do nada, o que implica dizer que nada existia antes da criação, ou seja, nada há que não tenha por ele mesmo sido criado, sendo ele preexistente a tudo o que existe; [9] UNIGERAÇÃO DO FILHO – porque não criou o seu Filho único como criou as demais coisas, o qual, em vez disso, foi por ele gerado; [10] IGUALDADE DO FILHO COM O PAI, OU SEJA, QUE O FILHO É DEUS – porque seu Filho gerado é-lhe semelhante, ou igual (*sibi par est*); [11] SABEDORIA E VIRTUDE DE SI E DO FILHO – que o Filho, que é gerado e igual ao Pai, melhor se denomina Virtude e Sabedoria de Deus; [12] O FILHO-SABEDORIA-VIRTUDE-DE-DEUS É O PRINCÍPIO DA CRIAÇÃO – porque através desse Filho, que é a Virtude e a Sabedoria do próprio Deus criador, foram criadas todas as coisas a partir do nada.

---

[92] Essa *pietas* (θεοσέβεια) pode ser considerada em duplo âmbito, no caso específico do cristianismo: de um lado se refere à atitude de humilde e fiel religiosidade para com as coisas de Deus e da Igreja, mas também, em sentido mais amplo, à própria religião em si; de outro refere-se à verdadeira filosofia, que para Agostinho nunca foi outra além da verdadeira religião (*uera religio*), cujos temas principais para ele, desde sempre, eram deus e a alma (cf. *Sol.* 1,2,7).

Bem ao revés das invectivas impacientes que se costumam proferir contra os pensadores ditos "cristãos", a investigação do que se pretende aqui conhecer, e que tem como ponto de partida os pressupostos supraelencados, cujo objetivo, como de toda investigação, é levar à intelecção (*ad intellegentiam*), segue uma direção muito parecida com a dos mecanismos lógicos tradicionais, uma vez que ela parte daquilo que se considera irrefutavelmente verdadeiro para daí então empreender o encadeamento lógico dos raciocínios em busca do que se quer saber. Assim, elencam-se em primeiro plano as premissas tidas por incontroversas, depois parte-se para definir a coisa, neste caso o mal, para, por fim, partir-se em busca de sua causa.

Portanto, se se pressupõe que não é Deus o autor do mal, nem outra qualquer divindade ou princípio, como queria a gnose maniqueia, deve-se forçosamente procurar em algo que tenha existência fora de Deus. Porém se toda natureza ou é Deus, ou foi criada por ele[93], Deus sendo bom, deve-se procurar a autoria do mal nas naturezas. Contudo, se toda natureza criada por Deus é boa, visto que todo bem ou é Deus, ou decorre dele[94], resta que ou o mal não exista, ou decorra do nada, ou exista em alguma corrupção das naturezas criadas boas por Deus, que deixaram de ser o que eram, quando foram criadas. Raciocínio semelhante estava sendo desenvolvido pelo filósofo à época, como se depreende da quarta questão de obra contemporânea ao *L.A.*, *83 Questões diversas:*

> Para que o homem seja ruim[95], ou está nele próprio a causa, ou em algum outro, ou em nada. Se em nada, nenhuma causa existe. Ou então, se se admite que esteja em nada porque ele foi feito a partir do nada, ou a partir das coisas que foram feitas a partir do nada, ainda uma vez estará nele próprio a causa, porque a matéria dele, por assim dizer, é nada. Se em algum outro, deve-se investigar se em Deus ou se em algum outro homem qualquer, ou se naquilo que nem é Deus nem um homem. Mas não está em Deus, pois Deus é a causa dos bens. Logo, se está no homem, ou é pela força ou pela persuasão. Mas pela força de modo nenhum, que não seja mais potente do que Deus, visto que Deus fez o homem de tal modo ótimo que, se quisesse permanecer ótimo, por

93 Cf. *L.A.* 3,13,36,126: *"omnis igitur substantia aut deus, aut ex deo..."*.

94 *Ibid.*: *"...quia omne bonum aut deus, aut ex deo"*.

95 Interessa notar que Agostinho não se utiliza do adjetivo "mau" (*malus*) nessa passagem, nem do substantivo "mal" (*malum*), mas de *deterior* [*de-ter*], "vil", "inferior", ou algo do tipo, de par com *depravatus* e *pravus,* respectivamente "depravado" e "pravo", isto é, "não reto", "desviado".

resistência nenhuma ele seria impedido. Porém, se concedemos que o homem é depravado pela persuasão de outro, dever-se-á ainda uma vez investigar por quem o próprio persuasor foi depravado, pois não pode um persuasor de tal qualidade não ser pravo. Resta não sei o quê, que não é nem Deus, nem o homem. Mas também isto, seja o que for, ou impôs força, ou persuadiu. A respeito desta força responde-se o que [se disse] acima. Porém a respeito da persuasão, seja o que for, porque a persuasão não força [ninguém] invito, retorna para a vontade deste mesmo homem a causa da depravação, quer ele tenha sido depravado por alguém, quer por ninguém.[96]

Resta claro, pois, como opera a fé, cujos pressupostos balizam de modo axiomático a via por que deve seguir a argumentação. E não se pense que esse balizamento seja muito mais cerceador ou impeditivo do que o conhecimento tido por científico de alguma filosofia não escorada em um princípio como o de piedade, pois até mesmo os teoremas de Euclides, a não dizer da teoria das ideias platônica ou da ética aristotélica, se fazem balizar por axiomas, premissas ou opiniões (δόξαι) nem sempre verificáveis ou irrefutáveis de modo tão científico quanto o desejável, sobre que são construídas. No caso das premissas do princípio de piedade agostiniano, embora não sejam comprovadas – porque acerca de Deus não se pode provar muita coisa de modo científico –, são igualmente consideradas como verdadeiras, uma vez extraídas de testemunhos (originalmente tidos por oculares) dos fatos e da Escritura sagrada, que se acredita ser a própria Palavra de Deus, ou por ele inspirada. Portanto, embora esses pressupostos sejam passíveis de descrença ou desconfiança, assim como muitos dos axiomas e premissas de outras formas de conhecimento, a metodologia, porém, não pode deixar de ser considerada filosófica. E talvez mais até do que

---

96 Cf. *83 Quaest.* q. 4: "*Vt sit homo deterior, aut in ipso causa est, aut in alio aliquo, aut in nihilo. si in nihilo, nulla causa est. aut si ita accipitur in nihilo, quod homo ex nihilo factus est, uel ex his quae ex nihilo facta sunt, rursum in ipso erit causa, quod eius quasi materies est nihilum. si in alio aliquo, quaerendum est utrum in deo, an in alio quolibet homine, an in eo, quod neque deus neque homo sit. sed non in deo, bonorum enim deus causa est. si ergo in homine, aut ui, aut suasione. sed ui nullo modo, ne sit deo ualentior, siquidem deus ita optime hominem fecit, ut si uellet manere optimus, nullo resistente inpediretur. suasione autem alterius hominis, si concedimus hominem deprauari, rursum quaerendum erit suasor ipse a quo deprauatus sit, non enim potest prauus non esse talium suasor. Restat nescio quid, quod nec deus, nec homo sit. sed etiam hoc quicquid est, aut uim intulit, aut suasit. de ui hoc respondetur quod supra. de suasione autem quicquid est, quia suasio non cogit inuitum, ad eiusdem hominis uoluntatem causa deprauationis eius redit, siue aliquo, siue nullo suadente deprauatus sit*".

considerava o matemático e filósofo, autodenominado "empirista analítico", Bertrand Russel, na introdução de seu tão mais ilustre quanto polêmico trabalho, *A história da filosofia ocidental*, publicado pela primeira vez em 1946, ao definir o campo de atuação da filosofia como sendo uma região intermédia entre a teologia e a ciência. Segundo ele a filosofia guarda relações estreitas com a teologia, visto consistirem ambas em especulações a respeito de temas acerca dos quais ainda não se chegou a um conhecimento definitivo. No entanto, de par com a ciência, a filosofia apela à razão humana, ao passo que a teologia, segundo ele, apenas à autoridade, seja da tradição, seja da Revelação:

> Todo conhecimento definitivo, assim devo sustentar, pertence à ciência; todo dogma, como aquilo que ultrapassa o conhecimento positivo, pertence à teologia. Todavia entre teologia e ciência há uma terra de ninguém[97], sujeita ao ataque de ambas; esta terra de ninguém é a filosofia.

Nada obstante sua inquestionável genialidade, Russell não está com a razão ao limitar o que considera como teologia ao simples apelo à Revelação ou à autoridade. Na verdade trata-se antes de uma confusão sua, possivelmente ingênua, mas provavelmente preconcebida, entre teologia e religião, entre especulação racional sobre temas não dimensionáveis, ou não cientificamente comprováveis, com fé religiosa e piedade popular. No caso de Agostinho, por exemplo, bem difícil se faz a distinção entre teologia e a própria filosofia, uma vez que seus argumentos se constroem racionalmente a partir de premissas tidas por teológicas, segundo a distinção de Russell, ou seja, sobre a díade Testemunho-Revelação. Contudo Agostinho deixa suficientemente claro em diversas instâncias ao longo do *L.A.*, de modo especial no livro primeiro, que suas *disputationes dialecticae* pretendem distinguir-se do discurso religioso vulgar precisamente por não se restringirem à simples crença, ou àquilo que ele mesmo denomina, no diálogo *De ordine*[98], "incunábulo da autoridade", mas por pretender acima de tudo a compreensão racional daquilo que se tem por objeto de fé[99], para o que não se permite refugiar na autoridade, seja religiosa, seja civil, como no caso da autoridade da lei[100], tampouco nos testemunhos, uma vez anelar, pela inteligência, uma ciência e uma compreensão tão firmes

---

97 No original inglês *"no man's land"*.

98 *Ord.* 2,9,26. Vejam-se os comentários a 1,1,1,1.

99 Cf. *L.A.* 1,3,6,15: *"Non tantum credere, sed intellegere"*.

100 Cf. *L.A.* 1,4,10,26: *"Vt intellegamus quod credimus"*.

quanto possível daquilo que se acolhe por meio da fé[101]. No entanto a questão que se interpõe está bastante distante da simplicidade ingênua, à parte a postura redutora de Russell. Pois, como ele mesmo admite na sequência, não sem lamentar, às questões que mais interessam às mentes especulativas a ciência ainda não conseguiu oferecer resposta definitiva, muito menos a teologia, que ele confunde, vale reiterar, com religião popular. As quais questões, não por feliz coincidência, mas por concordância de princípios e objetivos, são também amiúde tratadas por Agostinho, não apenas no *L.A.*, mas em toda sua produção intelectual, *mutatis mutandis*, pois não se deve olvidar que o pensador africano é um homem do século IV, ao passo que Russel foi contemporâneo de Einstein. Questões essas, enfim, que o autor de *Principia Mathematica*[102] houve por bem formular e incluir logo no preâmbulo de uma obra monumental acerca da história do pensamento ocidental, o que é bastante significativo, e que, não por coincidência, remetem ao princípio de piedade a que o filósofo de Hipona recorre:

> Está o mundo dividido entre mente e matéria, e se assim for, que é mente e que é a matéria? Está a mente sujeita à matéria, ou possui poderes independentes? Tem o universo alguma unidade ou propósito? Está se desenvolvendo rumo a um objetivo? Existem realmente leis da natureza, ou acreditamos nelas apenas por nosso inato amor da ordem? O homem é aquilo que parece ao astrônomo, uma minúscula massa de carbono impuro e água, arrastando-se impotentemente em um pequeno e desimportante planeta? Existe algum modo de viver que seja nobre e outro que seja ignóbil, ou seriam todos os modos de vida meramente fúteis? E se há um modo de vida que é nobre, em que consiste, e como se pode atingi-lo? Deve o bem ser eterno a fim de que mereça ser valorizado, ou valeria a pena buscá-lo mesmo se o universo esteja inexoravelmente movendo-se rumo à destruição? Há algo como a sabedoria, ou seria ela tão somente o auge do refinamento a que a estupidez pode chegar?[103]

Para esses problemas, lamenta Russell, nenhuma resposta pode ser encontrada em laboratório. Estaria aí, por conseguinte, defende o matemático

---

101 Cf. *L.A.* 1,3,6,16: *"Etiam intellegendo scire ac tenere firmissimum"*.

102 Obra importante de Russell, em conjunto com Alfred North Whitehead, publicada entre 1910 e 1913.

103 In: Bertrand Russell, *The history of western philosophy*. New York: Touchstone, 1970, p. xiii.

empirista, o escopo próprio à filosofia, o especular acerca de tais questões. Entretanto, se assim é, se a filosofia limita-se à especulação de questões deste naipe, obtempera Russell, é lícito igualmente perguntar-se do porquê de estudar tais problemas, aparentemente insolúveis. A resposta pode ser dada sob viés duplo: histórico e pessoal. A partir do ponto de vista do historiador, pode-se dizer que desde que o homem se viu capaz de especular livremente, suas decisões e ações têm dependido das teorias que abraça em relação ao mundo e à vida humana, no que tange ao que é considerado bom ou mau. E isso é verdade até aos dias de hoje. De fato, para compreender uma era, explica Russell, faz-se necessário compreender-lhe a filosofia, assim como para compreender-lhe a filosofia, faz-se preciso ser, de algum modo e em algum grau, filósofo. Há uma relação de reciprocidade, defende Russell, em que as circunstâncias da vida dos homens exercem grande influência sobre sua filosofia, tanto como, de modo invertido, a sua filosofia exerce influência enorme na determinação das suas circunstâncias de vida. Por outro lado, a partir de um prisma mais pessoal, sustenta o empirista: "A ciência nos diz o que podemos conhecer, mas o que se pode conhecer é tão pouco, e, se esquecemos do quanto desconhecemos, nos tornamos insensíveis a muitas coisas da maior importância".

Se a ciência do século XX não deu conta, apesar de todas as suas descobertas, de satisfazer uma mente como a de Russell, imagine-se a do século IV, ao não menos inquieto nem menos inquisitivo Agostinho. Vê-se, como se disse acima, que muitas, a não dizer todas, as perguntas de Russell são as do próprio filósofo de Hipona, apesar do pouco ou quase nenhum avanço da ciência em sua África natal, durante a difícil transição entre o mundo clássico e o medievo. Se o caminho que se abre às mentes mais especulativas na pós-modernidade não parece ser outro senão o da ciência, para o homem da Antiguidade Tardia e início da Era Medieval, tempo de muita angústia, motivada pelas constantes invasões dos povos bárbaros, pela descentralização administrativa, forçada pelo esgotamento do sistema econômico baseado na escravidão e enfraquecimento militar do poder imperial, pelo empobrecimento drástico da população, entre outros fatores ainda mais graves, como as sucessivas pestes e aniquilamento da força de trabalho, enfim, não parecia haver outro caminho a uma época tão conturbada como essa, senão o que franqueava a religião, a partir da centralização e unificação promovida por toda uma estrutura eclesiástica que começava a solidificar-se.

1,3,6,14. Conhecimento seguro

> **14.** A – Queres saber com certeza de onde é que fazemos mal...

O advérbio *certe,* "de modo certo", "seguro", numa palavra, com a maior "certeza" possível, expressa a natureza filosófica da investigação e o caráter científico da resposta a que se pretende chegar, ainda que os pressupostos de fé sejam inegociáveis.

1,3,6,14. Primeiro passo: definir o objeto em questão

> **14.** A – [...] Logo deve-se examinar primeiramente o que é "fazer mal" [...] se não podes em breves palavras compreender tudo ao mesmo tempo, ao menos recordando individualmente os próprios malfeitos, dá-me a conhecer a tua opinião.

O primeiro passo, depois de assentados os pressupostos sobre os quais se levantam as estruturas cognitivas, é buscar uma definição daquilo que se quer saber. Porém o objeto a ser definido parece ter sido deslocado da proposta original: saber se Deus é o autor do mal. Com efeito, o que se pretende definir agora é o mal praticado pelos homens, o que se explica pela distinção operada entre males praticados e pseudomales sofridos. Deus não é o autor dos males praticados, apenas dos pseudomales sofridos, os quais na verdade não são males, como visto, mas a Justiça divina sendo aplicada pela Providência. Contudo, ainda que pareça que esse deslocamento guarde implicações epistêmicas, ao transferir o peso da discussão da estrita ontologia para o âmbito da moral, do dualismo maniqueu para uma ética de ascendência platônico-estoica, porque não se pretende mais concentrar as buscas imediatamente em Deus, e sim nos atos humanos, ainda assim não se deve olvidar que suas causas é que pretendem ser investigadas, os motores das inclinações das criaturas antes de malfazer, as quais criaturas, na qualidade de "obras" de Deus, ameaçam imputar ao artista, posto que mediatamente, os delitos por elas mesmas perpetrados. Para tanto o método adotado é o mesmo aplicado desde Sócrates: chegar à essência da espécie através da análise de seus membros constituintes, ou seja, chegar indutivamente às causas do mal a partir do mínimo denominador comum depreendido de malfeitos individuais, o que redunda em saber, para cada malfeito, o que nele há de mau, ou antes, por que motivo cada um deles é considerado mau. Esse mínimo denominador comum, que constitui uma definição preliminar do objeto em questão, deverá depois ser verificado dedutivamente, ao ser "aplicado" em retroação, por assim dizer, a diversas outras más ações, a ver se de fato guarda valor universal, constituindo a verdadeira essência do objeto. Numa palavra, é preciso verificar se a definição é válida, se se aplica a todos os malfeitos humanos, universalmente, de modo que se possa dizer ter chegado à sua essência. Apenas depois disso é que se pode empreender uma investigação das causas daquele mínimo denominador que se depreendeu comum entre todos os malfeitos analisados, porque nada razoável seria investigar causas de algo que se não delimitou, porque simplesmente se não chegou minimamente a conhecer.

1,3,6,14. Pecados capitais

14. E – Adultérios, homicídios e sacrilégios...

Era preciso que o processo indutivo partisse não daquilo que o homem comum considerasse como malfeito, mas do que o fosse considerado pela autoridade, quer civil, quer eclesiástica. Com efeito, ao selecionar três dos piores crimes, universalmente tidos por males, fosse em âmbito civil, fosse em âmbito religioso, não apenas se estabeleciam bases sólidas para começar, mas principalmente evitar-se-ia eleger exemplos discutíveis, que pudessem por alguns ou não ser considerados males, ou relativizados. Porém isso não acontece com os três exemplos escolhidos, indisputáveis. E de fato, se para a Igreja sacrilégio, ou idolatria, homicídio e adultério eram considerados *peccata capitalia mortalia*, pecados capitais mortais[104], para a lei civil romana não eram crimes menores; ao contrário, eram igualmente capitais, ainda que o sentido de "sacrilégio" não referisse o mesmo delito em ambas as esferas. No caso do paganismo, de modo especial antes do édito de tolerância mediolano, promulgado pelos tetrarcas Constantino e Licínio (313 d.C.), recusar-se ao culto do Imperador era indubitavelmente sacrílego, mas sobretudo por constituir-se crime de lesa-majestade, pelo qual inúmeros cristãos foram condenados à pena capital. No caso da Igreja, o *sacrilegium*, que jamais será abordado por Agostinho no *L.A.*, referia-se à idolatria, ao delito dos que apostatassem, fosse por medo de perseguições, fosse por outro qualquer motivo, prestando culto (*sacrum facere*) aos deuses pagãos ou à figura do imperador. Portanto são esses os malfeitos, inquestionáveis, que

---

104 Cf. K. Bihlmeyer e Herman Tuechle, *História da Igreja. Vol. I. Antiguidade Cristã.* São Paulo: Paulinas, 1963, p. 128-129.

serão analisados doravante, a fim de que se encontre um mínimo denominador comum que defina o mal, cuja origem é o objeto de investigação.

1,3,6,16. Fé e razão II: excurso ciceroniano

> **16.** [...] agora estamos empenhados em ter ciência e reter do modo mais firme possível aquilo que acolhemos na fé, também inteligindo.[105]

Resta evidente a proposta de Agostinho, não apenas para o *L.A.*, mas de toda uma vida: conhecer racionalmente as verdades de fé às quais se dá assentimento *ex corde*, de coração, por assim dizê-lo. Portanto de modo nenhum é o bastante simplesmente crer na Verdade, sendo desejável igualmente "inteligir", numa palavra, compreender através da inteligência aquilo a que se atribui crédito a título de verdade, embora jamais chegue à compreensão perfeita quem não se dispuser primeiro a crer, em consonância com a máxima do Isaías alexandrino, amiúde invocada e adrede adotada como princípio de sua filosofia.

Embora seja tentador sugerir que a partição dicotômica do conhecimento entre fé e razão encontre certa precedência na distinção entre opinião (δόξα) e ciência (ἐπιστήμη), notabilizada especialmente pelos escritos platônicos, contudo é provável tenha sido em Cícero, sua fonte primeira e culturalmente mais próxima, que Agostinho encontrou a inspiração teórica imediata que lhe pudesse clarear alguns aspectos dessa dicotomia. Apenas para iluminar, por meio de um brevíssimo excurso, veja-se a distinção operada pelo pensador romano em suas *Tusculanas*[106], entre o opinar segundo a natureza e o conhecer segundo a razão, quando diz que a existência dos deuses pode ser considerada através de uma opinião natural (*ut deos esse natura opinamur*), ao passo que o conhecimento daquilo que eles são, ou se constituem (*quales sint*), por meio da razão (*ratione cognoscimus*). De onde se depreende que o homem possui uma espécie de intuição coletiva, decorrente da própria lei natural (*lex naturae*), definida por Cícero como sendo o consenso universal dos povos (*consensus omnium gentium*)[107], que lhe permite uma certa "crença" (*opinio*) a respeito da existência dos deuses e da vida depois da morte, por exemplo. Porém aquele que quisesse saber mais,

---

[105] *Id est:* compreender também por meio da inteligência, o que possibilita uma apreensão mais segura dos conteúdos acolhidos por meio da fé na autoridade dos testemunhos.

[106] *Tusc.* 1,16,36.

[107] *Ibid.:* 1,13,30; 15,35.

conhecer de fato a respeito do tema, deveria empreender uma investigação racional. Trata-se aqui de paralelo distante, nenhuma dúvida, mas que serve para clarear a distinção que Agostinho retoma a cada passo entre o que se sabe por meio da fé na autoridade dos testemunhos e o que se procura conhecer pela inteligência. Pois se o homem "opina", a partir do que lhe foi dado pela lei natural, em conformidade com o consenso universal dos povos, que a vida depois da morte existe, se quiser de fato saber algo a respeito dela, para além da opinião geral, deve recorrer aos movimentos da razão: "deste modo acreditamos que as almas permanecem depois da morte por meio do consenso de todas as nações, porém em que lugar e de que modo permaneçam, isso deve ser aprendido por meio da razão", diz Cícero[108]. Não é custoso perceber o paralelo: o contraste que se estabelece entre opinião natural e conhecimento racional, entre aquilo em que se crê, ou julga (*arbitror*), através da opinião consensual de todos os povos (*consensu omnium nationum*), e o que se permite aprender (*discendum*) através dos movimentos da própria razão (*ratione*), não dista do contraponto estabelecido entre o crédito que se dá aos testemunhos e à investigação racional dos conteúdos acolhidos pela fé. Com efeito, se a *lex naturae* permite crer na existência dos deuses, não deixa de fazê-lo por meio de uma certa autoridade, ainda que desprovida completamente de estatuto divino, de caráter de revelação e de verdade inquestionável, como o que se atribui às Escrituras cristãs, nada obstante constituir uma autoridade em seu gênero, o consenso universal dos povos, que pode bastante bem ser compreendido como o senso comum. Por outro lado, se a razão permite responder às perguntas *Qualis sint?*, "Em que se constituem os deuses?", ou *Qua sede?*, "Onde se situa a sua morada?", não o faz senão por meio dos movimentos que lhe são próprios. Pois bem, não seria algo assim, *mutatis mutandis*, o que propõe Agostinho no *L.A.*, ao aceitar os axiomas da piedade, em que se creem também segundo o consenso universal das gentes, ou melhor, segundo o consenso da assembleia universal (καθολική ἐκκλησία) dos crentes, a autoridade eclesiástica, cuja chancela atesta a veracidade dos testemunhos, estabelecendo o cânone dos Livros de origem divina, e com ele quais escritos são dignos da ortodoxia, quais heterodoxos, contudo sem jamais abdicar da intelecção, pelas luzes e movimentos da razão, seja do que for que se queira investigar a partir de tais postulados?[109]

---

108 *Ibid.* 1,16,36: *"Sic permanere animos arbitramur consensu nationum omnium, qua in sede manenant qualesque sint ratione discendum est"*.

109 Cf. *L.A.* 1,2,5,13; 3,6,15; 10,21,74; 11,23,79.

1,3,6,16-17. A máxima áurea: *illa regula*

16. E – Tenho ciência de que [o adultério] é mau, porque eu mesmo não gostaria de padecê-lo na minha esposa. Pois quem faz ao outro o que não deseja feito a si, invariavelmente faz mal [...]

Trata-se aqui da célebre regra[110] reformulada positivamente por Jesus (Mt 7,12). Evódio evoca o preceito áureo de que se utiliza Cristo para epitomar todo o conteúdo da Lei judaica e dos escritos proféticos, mas o faz de modo invertido, pela via da negação, pois o que se está buscando aqui é uma definição de mal, bastante ao contrário das intenções de Cristo, segundo o relato de Mateus, que põe em destaque o imperativo da ação virtuosa: "Portanto, tudo quanto porventura queirais que vos façam os homens, assim também vós a eles fazei, porque isto é a lei e os profetas!"[111]. Contudo percebe-se a fragilidade do argumento de Evódio, que, embora se encaixe no conjunto das máximas (γνῶμαι), estudadas por Aristóteles em sua *Retórica,* antes do tratamento dos entimemas, os silogismos de tipo retórico, não apenas por sua eficácia argumentativa, mas por constituírem as premissas e conclusões dos próprios entimemas[112], são arquitetadas sobre opiniões apenas verossímeis, ao contrário dos argumentos estritamente racionais, tidos por certos e provados, segundo as regras da dialética, como os que pretende Agostinho elaborar na presente *disputatio.* Daí não ter sido nada difícil contestar a máxima áurea por meio de um simples exemplo hipotético:

17. A – [...] se... alguém... ofereça a um outro a sua própria esposa e padeça com prazer que ela seja corrompida por ele[113], para com cuja esposa, por sua vez, deseja ter semelhante licença, não te parece fazer mal? [...] Mas esse peca não por aquela regra, pois não faz o que não quer padecer.

---

110 Encontrada também no budismo, zoroastrismo, confucionismo, hinduísmo, judaísmo e islamismo, mas que tampouco era estranha ao pensamento grego, como já se percebia na versão negativa de Tales (*apud* Diógenes Laércio 1,36), para quem a vida excelente e perfeitamente justa se alcança "se o que censuramos nos outros não realizamos" ([πῶς ἂν ἄριστα καὶ δικαιότατα βιώσαιμεν,] ἐὰν ἃ τοῖς ἄλλοις ἐπιτιμῶμεν, αὐτοὶ μὴ δρῶμεν).

111 Mt 7,12: "Πάντα οὖν ὅσα ἐὰν θέλητε ἵνα ποιῶσιν ὑμῖν οἱ ἄνθρωποι, οὕτως καὶ ὑμεῖς ποιεῖτε αὐτοῖς· οὗτος γάρ ἐστιν ὁ νόμος καὶ οἱ προφῆται".

112 Aristóteles, *Retórica* 1394a19-30.

113 *Id est:* consinta de boa vontade que ela seja corrompida por ele.

De fato, aquele que oferece sua esposa ao vizinho, a fim de que este lhe retribua a gentileza ao ofertar sua própria companheira[114], numa troca de casais livremente desejada e consentida, seguramente não destoa da regra áurea de não fazer o que não quer que a si se faça, ao menos segundo a letra, embora quanto ao espírito esteja bastante enganado.

Inclinação sensual
Libido & cupiditas

1,3,6,17. Inclinação sensual: *libido*

17. A – [...] Talvez então a inclinação sensual seja o mal no adultério.

À sombra do legado helênico, no terceiro livro de suas disputas *Tusculanas*, Cícero define a *libido*, aqui traduzida pela locução "inclinação sensual", como sendo um "apetite imoderado, não obediente à razão, por algo que se suponha ser um grande bem", e que podia ser denominado também pelo termo "desejo" (*cupiditas*)[115], equivalência essa que será adotada pouco adiante por Agostinho[116]. Esse apetite/desejo era visto pelos racionalistas estoicos como uma perturbação psíquica, um movimento (*motus*) insubmisso à ordenação temperante da razão, de onde ter sido chamado de "movimento irracional da alma" (ἄλογοι ψυχῆς κινήσεις)[117]. Daí movimentos psíquicos como piedade, inveja, ou alegria, por exemplo, serem ajuizados negativamente, porque deveriam ser completamente estranhos ao sábio ideal, aquele cuja razão, que se queria absolutamente soberana,

---

114 É aconselhável evitar a todo custo, na leitura dos autores que nos antecederam, o metro anacrônico dos valores contemporâneos, sob pena de cometerem-se bizarrices interpretativas, frutos de ignorância histórica e preconceito ideológico.

115 *Tusc.* 3,4,7: *"Inmoderata adpetitio opinati magni boni rationi non obtemperans uel cupiditas recte uel libido dici potest"*.

116 Cf. *L.A.* 1,4,9,22.

117 Em latim *inrationalis animi motus*. Segundo Cícero (4,6,11), Zenão, o fundador da doutrina do Pórtico, considerava essa "perturbação" um movimento da alma contrário à natureza e voltado na direção oposta à reta razão (*est igitur Zenonis haec definitio, ut perturbatio sit, quod* πάθος *ille dicit, auersa a recta ratione contra naturam animi commotio*). Para outros estoicos, contudo, era apenas um "apetite mais intenso" (*adpetitum uehementiorem*), porém que afastava da estabilidade própria à natureza (*longius discesserit a naturae constantia*). Cf. Diógenes Laércio, *Vida dos filósofos* (7,10): "ou um movimento da alma irracional e contra a natureza, ou um impulso exagerado/desmedido" (ἢ ἄλογος καὶ παρὰ φύσιν ψυχῆς κίνησις ἢ ὁρμὴ πλεονάζουσα).

exercia completo domínio sobre todos os movimentos de sua alma[118]. E precisamente por sua desmedida e irracionalidade é que esse tipo de movimento era incluído no rol das afecções[119], entendidas como enfermidades do espírito (*morbus animi*), cuja cura, como seria de imaginar, somente a razão filosófica poderia propiciar[120]. Portanto, se patológicos eram os movimentos, o remédio recomendado não poderia ser outro, senão sua total supressão pelo império obstante da razão, para que não ameaçassem a saúde mental do aspirante a sábio[121].

Percebe-se com isso o peso considerável atribuído pela tradição grega, especialmente a dos socráticos menores, como os estoicos, à razão humana; racionalismo esse que Cícero endossa sem nenhuma restrição. De fato, ao catalogar esses movimentos da alma como apetites/desejos desprovidos de qualquer medida[122], absolutamente desordenados, e que precisamente por isso não obedecem aos imperativos cerceadores da razão, a potência ordenadora do espírito responsável pela temperança, uma das quatro virtudes cardeais, Cícero parece estar

---

118 *Tusc.* 3,4,7: "Apiedar-se, invejar, exultar e alegrar-se, todas essas coisas constituem o que os gregos denominam 'doenças', ou seja, movimentos da alma não obedientes à razão" (*misereri, inuidere, gestire, laetari, haec omnia morbos Graeci appelant, motus animi rationi non obtemperantes*); *Ibid.* 3,4,9: "os filósofos chamam de 'doenças' todas as perturbações da alma" (*omnes autem perturbationes animi "morbos" philosophi appellant*).

119 Que, segundo Cícero (*Tusc.* 3,4,7), os gregos denominavam *páthē* (*quae Graeci* πάθη *appellant*).

120 Para os estoicos, lembra Cícero, quatro eram as perturbações anímicas: ἐπιθυμία (*libido*), φόβος (*metus*), λύπη (*aegritudo*), ἡδονή (*uoluptas*). Vale notar que essa lista foi interessantemente reproduzida por Virgílio (*Eneida* VI, 733-734) com os seguintes verbos: *cupio, metuo, doleo, gaudeo.* A passagem refere-se ao diálogo havido entre Anquises e seu filho Eneias no Hades, região infernal do politeísmo greco-romano, o submundo onde "viviam" os mortos, para revelar o motivo do "desvairado desejo" (*dira cupido*) que arrebatava almas mergulhadas no longo esquecimento (*longa obliuia*) propiciado pelas águas do Letes, fazendo com que quisessem retornar ao cárcere dos corpos agravados (*ad tarda reuerti corpora*) por tamanhas perturbações e rever a luz do dia (*quae lucis miseris*), em irônica [?] alusão à reencarnação dos platônicos, quiçá motivada pelas preferências epicuristas do poeta: "Daí temem e desejam, sofrem e se alegram, não consideram a atmosfera superior, enclausuradas nas trevas e no cego cárcere" (*hinc metuunt cupiuntque, dolent gaudentque, neque auras / dispiciunt clausae tenebris et carcere caeco*). O motivo dessa *dira cupido,* o desejo desvairado de retornar à habitação do corpo, sofrendo novamente perturbações anímicas como medo, desejo, tristeza e prazer, segundo a revelação de Anquises, seria o "vigor ígneo" e a "origem celeste da semente de vida" (*igneus... uigor et caelestis origo seminibus*), a alma humana. Cf. vv. 719-734.

121 O verdadeiro sábio – uma quimera segundo os inatingíveis padrões estoicos – era considerado estar muito além de todas essas afecções, não carecendo nem mesmo de temperá-las, visto que não era mais por elas acometido; numa palavra, era o próprio λόγος divino personificado!

122 Recordem-se os célebres adágios clássicos: Μηδὲν ἄγαν, *Ne quid nimis,* "Nada em excesso".

apenas hipotecando o racionalismo socrático[123], ao submeter essa morbidez do espírito a um juízo equivocado, não a outra qualquer potência anímica. Assim sendo, aquele que cede aos apetites desmedidos o faz por causa de um erro de opinião, ao supor que aquilo que desejava era um grande bem, digno do maior apreço. Do contrário, ao que parece, não teria desejado, completamente dócil ao que sua reta razão determinasse, como se pode depreender da definição por ele apresentada. Logo outro não era o motivo por que se desejava em desmedida, contrariamente à razão, senão por causa de um erro da própria razão, ou, quando não, por causa de um erro de opinião. No entanto a questão não parece poder ser assim tão facilmente desembaraçada, pois os movimentos que se dizem irracionais podiam ser deflagrados tanto por meio de más como de boas opiniões[124], seja porque não obedeciam à razão (*uel rationi non oboediens*), seja porque estavam de algum modo destituídos dela (*uel rationis expers*), seja, enfim, porque ela era desprezada por algum motivo (*uel rationem aspernans*). Logo, quer se tratasse de um prazer exultante (*uoluptas gestiens*), que se elevava acima da reta medida por causa da opinião acerca de um grande bem[125], quer de um apetite imoderado por algo que a opinião também considerasse bom, quer ainda de um sentimento de profundo pesar, ou de medo terrível, decorrente de más opiniões acerca de eventos quaisquer, em todos esses casos os movimentos da alma, precisamente por causa de sua desmedida, eram tidos por irracionais, inimigos da reta razão, a despeito das opiniões que os houvessem motivado. Do que se pode ligeiramente aventar, apenas para os fins aqui propostos, que o racionalismo estoico apresentado por Cícero ultrapassava em radicalismo o socrático, considerando reprováveis inclusive os movimentos de alma originados de opiniões não más, já que o sábio não devia estar sujeito a nenhuns movimentos perturbadores, pairando absolutamente "apático" (ἀπαθής) sobre a face do abismo de seu inatingível asceticismo[126].

---

123 No sétimo livro de sua *Ética Nicomaqueia* (1145b20-25), Aristóteles diz que Sócrates negava o fenômeno da *akrasía* (ἀκρασία), a fraqueza da vontade, supondo impossível que alguém pudesse agir contrariamente ao que sua reta razão houvesse deliberado. Assim sendo, se alguém agisse mal, para Sócrates isso se devia antes à ignorância, não a outra qualquer faculdade de seu espírito, pois em seu racionalismo radical bastava apenas que o bem fosse conhecido, a fim de ser plenamente levado a efeito.

124 *Tusc.* 3,11,24: *"aut boni aut mali opinione citetur"*.

125 *Ibid.: "praeter modum elata laetitia opinione praesentis magni alicuius boni"*.

126 As perturbações da alma podiam decorrer das opiniões boas ou más a respeito dos bens que motivavam os desejos, do seguinte modo: [1] perturbações causadas por coisas que se supõem

Preâmbulo feito, ainda que de modo perigosamente rasteiro, veja-se agora como Agostinho reprocessa no *L.A.* a herança filosófica helênica interpretada por Cícero, ao fazer uso do termo *libido*, contudo a que atribui relevância muito maior no âmbito das discussões, sendo apontado como o primeiro denominador comum dos males praticados. Embora a definição apresentada por Agostinho aparentemente se distancie da apresentada pelo rétor romano, seu racionalismo não deixa de ser igualmente acentuado, deixando patente ainda uma vez a influência que o autor do *Hortensius* teve sobre sua formação intelectual.

O termo *libido* aparece trinta e nove vezes ao longo da obra: trinta e três somente no livro primeiro, apenas uma no segundo, e as demais cinco no terceiro. Em sua acepção mais etimológica, por assim dizer, significa apenas uma "inclinação", ou desejo sem qualificação, porém não necessariamente associado ao sexo, como o vernáculo libido faz supor, especialmente desde Freud, embora dirigido, sim, a algum tipo de prazer, mormente o oriundo dos sentidos. No *L.A.*, para além do étimo e do legado estoico, *libido* constitui-se um termo técnico, porque extrapola em muito sua acepção vulgar, recebendo uma definição específica, qual seja: o amor das coisas que podem ser perdidas contra a própria vontade[127]. Ora, o que pode ser perdido pode ser perdido seja por expropriação inopinada, seja por sua inerente transitoriedade, o que equivale dizer também corruptibilidade, podendo dar-se ainda que o próprio possuidor pereça, não lhe sendo permitido prosseguir possuindo. Logo o que é passível de perda assim se diz porque não pode pertencer para sempre a nenhum possuidor. Porém o que se destaca na definição supracitada é o fato de que o despossuir se dê de modo invito, ou seja, absolutamente involuntário, mesmo que o perdedor quisesse prosseguir possuindo, cuja vontade se vê frustrada pela interrupção brusca e sempre dolorosa; isso, para não dizer do risco inquietante e inerente a toda posse, de despossuir invito e de inopino. Portanto aquele que possui vê-se constantemente acossado pelo medo da perda, seja por que motivo for, ciente

---

bens (*ex opinatis bonis*) e [2] por coisas que se supõem males (*ex opinatis malis*). No primeiro grupo incluem-se: [1.1] a inclinação sensual (*libido*), que se refere ao desejo por bens futuros (*futurorum bonorum*), [1.2] a alegria prazerosa (*laetitia*) dos bens presentes (*praesentium bonorum*). No segundo grupo, dos supostos "males", incluem-se: [2.1] o medo (*metus*), referente a males futuros ou à expectativa deles (*ex malis futuris*), [2.2] e o pesar (*aegritudo*), referente a males presentes (*ex malis praesentibus*), embora a expectativa de males futuros causasse também um incômodo no presente. (Cf. *Tusc.* 3,11,24-25.)

127 *L.A.* 1,4,10,31: *"earum rerum amorem quas potest quisque inuitus amittere"*.

de que a posse, e seu consequente deleite, são transitórios e arriscados, pois sempre acompanhados de insegurança e desassossego. Mas se a posse é incerta e tem duração indeterminada, posto que invariavelmente efêmera, contudo o risco é estável e a perda inexorável. Melhor seria então, nessas circunstâncias, simplesmente abdicar de possuir, à maneira das correntes ascéticas do Oriente, ou mesmo ao modo das filosofias da recusa que floresceram na era Alexandrina, como o cinismo, por exemplo. No entanto a posse em si mesma não é má, motivada por um movimento da alma que em sua essência é bom, pois trata-se de um desejo, que é também amor, dado pelo Deus que se diz "Amor" (1Jo 4,8). Logo, assim como todos os bens por ele conferidos, esse desejo-amor é também um bem, e o que é bom não deve ser recusado, sob pena de recusarem-se os dons do Bem supremo. Portanto, se a *libido* agostiniana guarda proximidade com a definição estoica de Cícero, pois é também contrária à razão, a potência responsável, especialmente por meio das virtudes da prudência e da temperança, por determinar o que se deve ou não amar, ou desejar, além de ecoar muito do racionalismo socrático, uma vez que se deseja o que se supõe bom, posto que de modo equivocado, sendo fruto de uma razão torta, contudo ela se aproxima mais do platonismo, ao estabelecer como nuclear não o desejar em si, ou seja, o movimento dito irracional da alma, mas o objeto do desejo, os bens transitórios, corpos destinados à ação corruptora inexorável do tempo. E nada mais antiestoico do que isso, para quem tudo era matéria. Portanto essa mudança de foco, do desejo em si para o objeto desejado, como se depreende da definição de Agostinho, desvia a perspectiva, do estoicismo de volta ao platonismo. Não que o desejo, no caso a *libido*, não seja um mau desejo, como se verá adiante, mas não é mau enquanto desejo, ou seja, a *libido* não é má porque é um desejo, pois o próprio desejar, sem nenhuma qualificação, enquanto potência do espírito, não como resultado de sua ação, é sem dúvida um bem, visto que é um dom de Deus. Na verdade a *libido* será má apenas enquanto desejo qualificado, por ser uma inclinação para as naturezas transitórias, que podem ser subtraídas invito, e que não devem ser amadas em si mesmas, como se fossem fins, porque, como também se verá mais adiante, não "são" na verdadeira acepção do termo, visto serem mutáveis até à corrupção total de si, quando então deixam de ser, ao contrário dos bens inteligíveis, que se dizem "ser" precisamente porque permanecem eternamente[128].

---

[128] Cf. *83 Quaest.*, q. 9: "Porém o que não permanece não pode ser percebido; pois só pode ser percebido o que é apreendido pela ciência; porém não pode ser apreendido o que muda

Todavia, bem ao revés do que se poderia apressadamente supor, o que torna um desejo mau, fazendo com que o "amor" constante da definição supracitada torne-se *libido*, um desejo censurável, não pode ser o seu objeto, que também deve ser bom, ainda que não seja um fim em si mesmo, assim como a própria faculdade do espírito, o desejar em si, apesar de se dizer um movimento irracional. Com efeito, se tudo o que existe pertence ao conjunto dos bens, sejam eles superiores, inferiores, ou intermédios, pois criados todos por Deus, o Ser que confere ser a tudo o que é, como poderia ser mau um desejo de algo que em si mesmo é bom? Logo, se *libido* é o amor de tudo o que se pode perder quando não se quer perder, porque se quer prosseguir possuindo, deve-se reconhecer que tudo isso, embora passível de perda involuntária, ainda assim pertence ao conjunto dos bens criados por Deus, que são todos bons, a despeito do grau em que estejam situados, assim como as próprias faculdades do espírito. Por que motivo então se diria que a *libido* fosse um desejo mau, um desejo condenável, uma vez que é um amor do que é bom, ainda que em menor escala? A resposta é simples: porque é um desejo desordenado[129], o que equivale a dizer que se trata de um movimento que em alguma medida subverte a ordem estabelecida pela Providência, que prescreve que dentre os seres da criação, que são todos bons, pois oriundos do próprio Bem supremo, alguns são melhores que outros, merecendo ser amados e perseguidos em si mesmos, não apenas por causa de sua estabilidade, o que equivale dizer, de sua incorruptibilidade e consequente

---

sem intermissão" (*quod autem non manet percipi non potest; illud enim percipitur, quod scientia conprehenditur; conprehendit autem non potest quod sine intermissione mutatur*).

129 Para Cícero, como se viu, trata-se de um desejo/apetite desmedido (*inmoderatus adpetitus*). Desmedida essa que se relaciona inextricavelmente à desordem, uma vez que a própria noção de ordem (*ordo*) não se concebe, como se há de ver no segundo livro, sem a noção de medida (*modus*). De fato, o universo ordenado (κόσμος) dos gregos pode ser dito igualmente "ornamentado" (κοσμητικός), pois ornamentar é acima de tudo ordenar, tendo sido inconcebível para os antigos qualquer ideia de beleza que excluísse a ordem, que pode ser compreendida, em termos geométricos, como a disposição ordenada de certas medidas em determinado espaço, como as retas que, quando ordenadas, formam ângulos, num determinado conjunto harmonioso que se diz quadrado, ou triângulo, segundo o número de elementos arregimentados. Assim sendo, a própria noção de beleza, como a entendiam os antigos, é dependente das noções de ordem, medida e número, o que Agostinho não deixará de explorar na argumentação do segundo livro (cf. 2,19,54,203). Por outro lado o que é desmedido ou imoderado não deixa de ser também desordenado, consequentemente feio, ou seja, disforme, pois a noção de forma – e consequentemente formosura/beleza – tampouco se desprende das de medida, número e ordem. Logo, ao dizer-se que a *libido* é um movimento imoderado da alma desobediente da razão, não se está dizendo senão que é um movimento desordenado.

eternidade, mas principalmente por causa de sua inteligibilidade, qualidade que os distancia da matéria, das percepções sensoriais, numa palavra, de tudo que é temporal e consequentemente inferior, sendo perceptíveis apenas pela mente, a parte suprema do homem que o associa, como imagem e semelhança[130], ao próprio Deus. Logo nem tudo se deve amar do mesmo modo, embora o amor em si seja sempre bom. De onde restar a perversão, não no amor, esse querer que é bom, tampouco, ao contrário do que parecia ser o caso, no objeto-acusativo desse amor, que em si mesmo, enquanto criatura de Deus, é sempre bom, em maior ou menor escala, e sim no advérbio, por assim dizê-lo, no modo de amar o que se ama, ou ainda, se o queira, na direção desse amor, que se averte do que deveria verdadeiramente amar em si e por si mesmo, como seu Bem supremo, convertendo-se para o que deveria usar apenas, como meio de atingir o único fim digno de ser amado em si mesmo. E dizer que o mal está no modo de amar não é outra coisa senão dizê-lo no próprio amante, em que se encontra o alvedrio da escolha, o arbítrio livre da vontade para amar o que amar queira e do modo como queira fazê-lo.

Por conseguinte, se tanto a ação de amar como o objeto amado são bens, recai a responsabilidade pelo mal exclusivamente sobre o amante, o sujeito que ama de modo torto, pervertido, amando como fim o que é meio e como meio o que é fim, subvertendo a ordem que devia reinar em seu interior, em sua vontade, em seu amor. De onde ser lícito concluir que *libido* é um amor em desalinho com a Ordem divina, que deveria também imperar no íntimo do homem, uma espécie de desejo desordenado que se inclina para os prazeres dos sentidos, que o iludido quer preservar consigo para sempre, como se transitórios não fossem, em vez de incliná-lo para os bens duradouros, os únicos que de fato se dizem "existir". Com efeito, tudo aquilo que se percebe pelos cinco sentidos é passível de corrupção, em contraste com o que se apreende pela mente, na esfera do inteligível, como as ideias e as noções matemáticas, por exemplo, que não apenas permanecem eternamente inalteradas, mas tampouco podem ser subtraídas contra a vontade daquele que as possui. Assim a *libido* é um desejo que se diz "mau", não por "desejar", o que em si mesmo é um bem, nem por desejar algo mau, pois o nada não pode ser desejado, visto que tudo o que existe, tendo sido criado por Deus, só pode ser bom, mas por "desejar mal", inclinando-se na direção dos bens transitórios, que não deveriam ser desejados em si mesmos,

---

130 Cf. Gn 1,26: "κατ' εἰκόνα ἡμετέραν καὶ καθ' ὁμοίωσιν...".

como fins, especialmente em detrimento dos bens eternos e duradouros. Mas que significa dizer que o desejo é sempre bom em si mesmo, assim como todas as criaturas, sendo mau apenas o modo de amar? Não seriam dignas de nenhum amor as criaturas que se desejam, embora passíveis de perda involuntária? Não se tem o dever de amar a obra de Deus, que se deseja com o dom do amor dado por ele? E qual seria o modo certo de amar? Na verdade nem todas as naturezas, embora boas, devem ser amadas em si mesmas, como se fossem fins, apenas amadas em menor intensidade, por assim dizer, como meios úteis para atingir os bens dignos de ser amados e desfrutados em si mesmos, dentre os quais o Bem supremo, o único que, em última instância, merece ser fruído em si e por si, como se depreende da seguinte passagem programática de obra contemporânea ao *L.A.* (*83 Questões diversas*):

> E assim toda perversidade humana, que também se chama de "vício", é querer usar do que deve ser fruído e fruir do que deve ser usado; e por outro lado toda ordenação, que também se denomina "virtude", [querer] fruir do que deve ser fruído e usar do que deve ser usado.[131]

Resta claro nessa passagem o paralelo que Agostinho pretende estabelecer entre as díades perversidade/vício e ordenação/virtude. A primeira díade é negativa, porque implica uma total[132] subversão da ordem, que se traduz pelo termo "vício", porém que não se restringe apenas à corrupção moral dos costumes (ética), como se verá no livro terceiro, mas também à corrupção das naturezas (ontologia). Já a segunda díade é positiva, porque implica adequação à ordem, o que se denomina "virtude", especificamente em sentido moral, embora o termo guarde implicações que extrapolem em muito o âmbito dos costumes. Em todo caso essa virtude, como se verá ainda ao longo do livro primeiro, se diz reta e ordenada porque se compreende como a própria razão perfeita[133], que "usa" de si mesma primeiro para poder "inteligir", e depois então "fruir" Deus[134].

Deus à parte, que é que se deve fruir, e que se deve usar, distinção que parece determinar a perversão do desejo? A bem dizer, não é a dicotomia usar-fruir que distingue o desejo bom do reprovável. Pois não é o desejo dos bens

---

131 *83 Quaest.*, q. 30: *"Omnis itaque humana peruersio est, quod etiam uitium uocatur, fruendis uti uelle atque utendis frui; et rursus omnis ordinatio, quae uirtus etiam nominatur, fruendis frui et utendis uti"*.

132 Que se expressa pelo prefixo *per-*, em *peruersio*.

133 *83 Quaest.*, q. 30: *"perfecta igitur hominis ratio quae uirtus uocatur"*.

134 *Ibid.*: *"utitur primo se ipsa ad intellegendum deus, ut eo fruatur, a quo facta est"*.

de natureza corpórea e temporal que torna o desejo mau, visto que tais bens são necessários à vida e que o desejo em si mesmo é igualmente necessário e bom. O que perverte o desejo é desejar fruir o que se deve desejar apenas usar, desejando usar o que se deve, ao invés, desejar fruir. Essa perversão, sem dúvida, decorre em alguma medida do exercício da razão, cujo arbítrio é o responsável por decidir para onde converter, ou de onde averter o desejo, o que se faz livremente, segundo as disposições divinamente estabelecidas para a criatura racional. Logo desejar os bens corpóreos não é mau, pois tanto o desejo quanto os bens desse gênero são bons. E se a *libido* se diz "o amor das coisas que se podem perder contra a vontade", esse desejo (*cupiditas*) não se dirá perverso porque mau em si mesmo, nem porque os bens de natureza corpórea são maus, o que seria contraditório, mas porque se amam tais bens em detrimento do amor dos bens incorpóreos, como se fossem eternos e imutáveis, como a natureza inteligível de Deus, em vez de apenas usá-los, sem iludir-se quanto à sua breve duração, como meios para o verdadeiro fim a que se destinam as almas, o Bem supremo, imutável e eterno. Assim sendo, se em última instância apenas Deus deve ser fruído em si e por si mesmo, contudo os bens espirituais devem ser mais "amados" – o que significa dizer simplesmente "desejados" – que os corpóreos, os quais devem ser "desejados" apenas por sua utilidade, tendo em vista a posse dos verdadeiros bens, que são eternos, como explica Agostinho na mesma obra suprarreferida, porém com vocabulário ainda atado ao ciceroniano: "Deve-se fruir do que é honrado[135]; deve-se usar do que é útil"[136], sendo honrado, ou digno de louvor, "o que se almeja por si mesmo"[137], e útil, "o que se refere a alguma outra coisa"[138], invariavelmente ulterior. O primeiro se refere à "beleza inteligível", que se diz "espiritual", digna de fruição em si mesma; o segundo, ao que está sujeito ao governo da divina Providência, ou seja, este mundo corpóreo e tudo o que há nele[139], digno de ser usado tendo em vista a beleza inteligível.

Vê-se assim que a *libido* de viés estoico definida por Cícero foi substituída pela *libido* não apenas de colorido, mas também de conteúdo fortemente platônico, um amor voltado para as naturezas inferiores, que ama como fim

---

135 Ou "honesto" [*honestas*].

136 *83 Quaest.*, q. 30: *"fruendum est autem honestis, utendum uero utilibus"*.

137 *Ibid.: "honestum dicitur quod propter se ipsum expetendum est"*.

138 *Ibid.: "utile autem quod ad aliud aliquid referendum est"*.

139 *Ibid.: "honestum uoco intellegibilem pulchritudinem quam spiritalem nos proprie dicimus, utilitatem autem diuinam prouidentiam"*.

digno de fruição aquilo que pode ser subtraído de seu amante e fruidor[140], e que deveria ser apenas usado, desprezando as melhores coisas, as quais deveriam ser amadas como os verdadeiros fins, não apenas por serem eternas e não poderem ser subtraídas ao seu amante[141], mas principalmente por serem inteligíveis, daí passíveis de fruição pela melhor parte que há no homem, que o torna imagem e semelhança de Deus, sua mente[142].

Com o propósito de preservar a tecnicidade do termo *libido* e sua definição filosófica, "o amor do que pode ser subtraído contra a própria vontade", adotou-se a locução "inclinação sensual"[143], ainda que a alguns ouvidos mais exigentes possa não ter sido a opção mais canora[144]. Pode-se argumentar, contudo, que a "sensualidade" constante da locução com que se houve por bem verter o termo *libido* em vernáculo, consoante a definição supraexpressa[145], ultrapassa o campo dos cinco sentidos físicos, pois inclui também outros bens, como as riquezas,

---

140 *83 Quaest.*, q. 35: *"Non amandum est quod amanti et fruenti auferri potest".*

141 *Ibid.*: *"Aeternum... quod amanti auferri non potest".*

142 *Ibid.*: "A mais excelente de todas as coisas é aquilo que é eterno, e por isso não podemos possuí-lo senão através daquilo por que que somos melhores, isto é, pela mente" (*omnium rerum praestantissimum est quod aeternum est, et propterea id habere non possumus, nisi ea re qua praestantiores sumus, id est, mente*).

143 Do latim *inclinatio*, substantivo deverbal (de *in* + *clīnō*) que em seu sentido mais abrangente implica movimento, seja tendendo para uma determinada direção, seja desviando-se do curso pretendido. O termo "locução" foi utilizado em sua acepção estritamente gramatical, que exprime uma reunião de palavras que, consideradas como um todo coeso, equivalem a um vocábulo único. Cf. verbete *libido* no LÉXICO T-F.

144 Agostinho utiliza-se no L.A. de inúmeros termos para expressar algum tipo de desejo, como *adfectatio, adpetitus, uoluptas, amor, desiderium, ardor, uoluntas* etc., porém todos eles diferem de *libido* e de *cupiditas*, termo vicário de *libido* (cf. 1,4,9,22), especialmente quando acompanhado de um adjunto negativo, como em 1,4,10,31: *"illa culpabilis|cupiditas quae libido nominatur".* Para traduzir *libido* foram deixadas de lado diversas pseudoalternativas que fugiam ao sentido pretendido pelo autor, guardando conotação intensamente sexual, como "lascívia", por exemplo, cuja inconveniência se acentuava ainda por possuir correspondente latino (*lasciuia*), ou mesmo "libido", vocábulo irremediavelmente atado ao sentido que Freud lhe imprimiu. Outras possibilidades, como "concupiscência" e "cupidez", se descartaram pelo uso que o próprio Agostinho faz de seus correspondentes mais próximos alhures, no próprio *L.A.* Por fim, merece ser dito que a rejeição de "paixão", termo utilizado em diversas versões para as línguas neolatinas, como italiano, francês, espanhol, além do português, se explica não apenas porque seu étimo, *passio*, deriva de *patior*, "sofrer", verbo de sentido absolutamente passivo que não guarda relação com o sentido ativo de *libido*, remetendo mais à paixão de Cristo do que ao desejo de bens perecíveis, mas também porque os demais sentidos do vocábulo em vernáculo não expressam nem de longe o que aqui pretende dizer o filósofo.

145 *L.A.* 1,4,10,31.

a honra, o poder, o desejo de dominação, a fama, a glória, entre tais, que sem dúvida podem ser amados e subtraídos involuntariamente. No entanto todos esses bens podem ser considerados igualmente "sensuais", visto serem transitórios[146], além de estarem direta ou indiretamente relacionados com os chamados cinco sentidos físicos. Com efeito, quem deseja o "poder", seja como meio útil de exercer domínio sobre os demais, seja para fruir do próprio poder em si mesmo, pode-se dizer que não deseje outra coisa além de ser capaz de usufruir livre e irrestritamente, de modo imediato ou mediato, de tudo que se relacione com os sentidos corpóreos: comida, bebida, sexo, bens de consumo etc. Aquele que deseja riquezas, por sua vez, as deseja tendo em vista o próprio poder, por um lado, o que envolve os sentidos, como dito, por outro, se as deseja por si mesmas, ainda assim as deseja de modo totalmente sensual, deleitando-se com sua posse material. Aquele que se locupleta com fama não o faz apenas pelo poder e pela riqueza que esta pode proporcionar, o que igualmente envolve os sentidos, mas também pela audição deleitosa, que se pode denominar de modo derivado orgulho, ou vaidade, daquilo que dizem a seu respeito, acepção essa que era contemplada tanto pelo vocábulo latino *fama*, quanto pelo grego *dóksa*. Desnecessário prosseguir com mais exemplos. Pois o que importa é compreender que estas coisas todas são transitórias e corruptíveis, além de forte e indubitavelmente associadas aos sentidos, pelo que consideradas por Agostinho como sendo inferiores[147].

---

[146] De fato, tudo o que faz parte do reino dos sentidos está destinado à ação corruptora do tempo. Assim sendo, o conceito de sensualidade pode ser extrapolado para além dos próprios sentidos, abrangendo o universo todo da impermanência.

[147] Justifica-se ainda a rejeição de termos ou locuções mais abrangentes, como "inclinação" sem qualificação, ou "disposição inferior", ou ainda "desejo de bens transitórios", por exemplo, para verter *libido* em vernáculo. De fato, uma tal solução, embora talvez menos problemática sob o ponto de vista semântico-filosófico, não deixaria de ser bastante menos fiel ao sentido original do termo utilizado por Agostinho, não se devendo olvidar jamais que traduzir não é parafrasear, nem verter palavras por conceitos. Ademais o termo *libido* em sua acepção primeira significa uma inclinação de caráter sensual, um desejo, sim, mas não necessariamente intenso, e de modo algum hierarquizado, o que o adjetivo "inferior" levaria a crer. A escolha de Agostinho talvez não tenha sido das mais fáceis para o leitor de hoje, mas é com ela que se deve trabalhar, sem pretender dizer mais ou menos do que o próprio autor. Por outro lado, se se ativer ao campo semântico do cristianismo, de par com o que se sabe da vida de Agostinho, a partir de suas próprias reflexões, pode-se sem muita ousadia, ou risco, inferir da conotação não apenas sensual do latino *libido*, mas também de sua carga negativa, sob a perspectiva do asceticismo e celibato monástico. Ora, se a ideia era descrever um desejo de caráter mau, desordenado, era preciso encontrar um vocábulo que já então expressasse essa maldade, ou

Fora do universo cristão, o caráter negativo do termo *libido*, segundo a importante leitura de Cícero, em suas *Tusculanas*[148], percebe-se claramente desde o *Fedro*, onde Platão diz que os homens que se contaminaram por terem levado uma vida viciosa, entregando-se totalmente às suas "inclinações sensuais" (*se totos libidinibus dedissent*)[149], não encontram comunhão com os deuses após a morte do corpo. Todavia, se se preservaram castos e puros (*integros castosque*), evitando ao máximo o "contágio" com o corpo (*minima cum corporibus contagio*), de que se mantiveram afastados (*seseque ab iis semper seuocauissent*), embora obrigados a viver nele como prisioneiros, procurando ao mínimo a satisfação dos apetites sensuais, numa palavra, se viveram como se fossem imitadores dos deuses (*uitam imitati deorum*), embora ainda presos a seus corpos mortais, esses tais após a morte são admitidos no convívio dos próprios imortais. Daí o peso negativo que as inclinações sensuais exerciam não apenas na qualidade de vida do homem sobre a terra, mas, o que é ainda mais grave, sobre o seu destino *post mortem*.

E essa ideia é coerente com as doutrinas pitagórico-platônicas a respeito da alma e com a própria concepção de filosofia como propedêutica da morte, defendida no *Fédon*, quando Sócrates afirma que a "própria tarefa dos filósofos é o desprendimento e a separação da alma em relação ao corpo"[150], ruptura que Cícero endossa, ao citar as palavras do sábio ateniense, que ensinava que "toda a vida dos filósofos... é uma preparação mental para a morte"[151]. De fato, obtempera o rétor romano, quando o homem afasta sua alma do prazer sensual, o que significa dizer do próprio corpo e de tudo o que se relaciona exclusiva e radicalmente com a vida humana, como as questões familiares, os interesses da vida pública, os negócios particulares, enfim, quando se afasta de tudo isso, não faz senão convocar a alma em presença de

---

desordem, numa palavra, um vocábulo de caráter mau ou desordenado, ao menos a partir de algum prisma ideológico. Daí se pode depreender do caráter suspeito, ao menos segundo o ponto de vista da moral ascética vigente, de *libido* para o latim da época de Agostinho, o que só endossa a opção pela locução utilizada, que faz referência aos sentidos, na completa ausência de um termo "perfeito" para traduzi-lo, depois do "estrago" operado por Freud.

148 *Tusc.* 1,30,72.

149 Cícero traduz a ἐπιθυμία por *libido* (*Tusc.* 1,33,80). A alma platônica era dividida em duas grandes partes: racional (λογιστικόν) e irracional (ἄλογον). A irracional, por sua vez, subdividia-se em outras duas: irascível (θυμοειδής) e desiderativa (ἐπιθυμητικόν), ou "libidinosa", por assim dizê-lo.

150 *Fédon* (67d): "τὸ μελέτημα αὐτὸ τοῦτό ἐστι τῶν φιλοφόφων, λύσις καὶ χωρισμὸς ψυχῆς ἀπὸ σώματος".

151 *Tusc.* 1,30,74: "*tota enim philosophorum uita... commentatio mortis est*".

si, forçando-a ao convívio consigo mesma, e consequentemente mantendo-a afastada do corpo[152]. Essa abstenção dos prazeres sensuais equivale ao desprendimento das cadeias corpóreas, que Sócrates associava por analogia à própria morte, cuja consequência era a contemplação da alma por si mesma[153]. Do que se conclui, pondera Cícero, que quem se afasta do corpo e de seus prazeres está aprendendo a morrer[154]. Portanto convém habituar-se a morrer, exorta Cícero, pois a vida de quem se desprende do corpo é semelhante à vida celeste[155].

E se a consequência desse afastamento do corpo é a contemplação da alma por si mesma, isso explica o autoconhecimento divinamente advogado pelo oráculo délfico na célebre admoestação: "Conhece-te a ti mesmo" (Γνῶθι σεαυτόν), sugere Cícero[156]. Com efeito, se a alma só se vê por meio de si mesma (*animo ipso animum uidere*), conhecer-se a si mesmo só pode significar conhecer a própria alma, que é inteligível, e somente por si mesma pode ser conhecida. Pois crer que Apolo quisesse que conhecêssemos nossos membros, nossa altura, e outras características físicas, seria absurdo[157], porque nós não somos os corpos que habitamos (*neque nos corpora sumus*), diz Cícero, e quando nos dirigimos a alguém em colóquio, não falamos com seu corpo, e sim com sua alma[158]. Portanto, quando diz "conhece-te a ti mesmo", diz o deus "conhece a tua própria alma"[159], porque o corpo é apenas um vaso da alma, uma espécie de receptáculo[160].

---

152 *Id. ibid.*: *"Nam quid aliud agimus, cum a uoluptate, id est, a corpore, cum a re familiari... cum a republica, cum a negotio omni seuocamus animum: quid, inquam, tum agimus, nisi animum ad se ipsum aduocamus, secum esse cogimus maximeque a corpore abducimus?"*.

153 Esse dualismo é o que justifica o assentamento dos desejos no corpo, provavelmente segundo a doutrina de Panécio de Rodes (séc. II a.C.) apresentada por Cícero em suas *Tusculanas* (1,18,42-19-44), segundo a qual o homem se tornará feliz ao livrar-se do corpo, o verdadeiro responsável por sua ardência desiderativa: "sem dúvida seremos felizes quando, deixados os corpos, estivermos livres não apenas dos desejos, mas também da inveja" (*profecto beati erimus cum corporibus relictis et cupiditatum et aemulationum erimus expertes*).

154 *Tusc.* 1,30,74: *"secernere autem a corpore animum ecquid aliud est quam mori discere?"*.

155 *Ibid.* 1,31,75: *"consuescamus mori... caelesti uitae simile"*. Isso implica dizer que seu contrário é terrestre, e sem dúvida inferior.

156 *Ibid.* 1,22,52: *"hanc habet uim praeceptum Appollinis quo monet ut se quisque noscat"*.

157 *Tusc.* 1,22,52: *"non enim credo id praecipit ut membra nostra aut staturam figuramue noscamus"*.

158 *Ibid.* 1,22,52: *"nec ego tibi haec dicens corpori tuo dico"*.

159 *Id. ibid.*: *"cum igitur 'nosce te' dicit, hoc dicit 'nosce animum tuum'"*.

160 *Id. ibid.*: *"nam corpus quidem quasi uas est aut aliquod animi receptaculum"*.

Pois bem, esse mesmo afastamento de tudo o que é corpóreo, e consequentemente temporal, visto estar irremediavelmente destinado a perecer com o tempo, é também o que ordena a própria Lei eterna ou Razão suprema, como dirá Agostinho adiante (1,15,32,108): "A Lei eterna ordena averter o amor das coisas temporais e convertê-lo, purificado, às eternas". Vê-se, em conformidade com o pensamento platônico, que não se trata simplesmente de aversão (*auersio*), ou afastamento, mas igualmente de conversão (*conuersio*) e de purificação (*mundatum*). A alma que se converte, isto é, que se inclina para os bens superiores, eternos e imutáveis, purifica-se ao afastar-se da matéria, cuja natureza é contrária à sua e inferior, purificação essa que a prepara para a eternidade, não em comunhão com os deuses, mas com os santos, diante da face de Deus. E não seria esse amor a que se refere Agostinho o mesmo desejo, que se diz também *libido*, porém nesse caso "inclinado" para fruir do que deve fruir e usar do que deve usar?

1,3,8,20. Uma causa para o mal: *libido*

20. A – [...] a inclinação sensual é o mal no adultério...

A primeira suposta causa do mal aparece aqui representada pelo substantivo problemático *libido*, utilizado por Agostinho pouco antes[161] para referir o adultério. Se neste caso a *libido* implica uma inclinação de caráter predominantemente sexual, contudo em outros gêneros de mal, como no sacrilégio ou no homicídio, essa tendência de modo nenhum se aplica.

O mal subjetivo

20. A – [...] enquanto buscas fora, no próprio feito, o mal que agora pode ser visto, tu padeces angústias. [...] [considera o seguinte:] caso não se consume para alguém a possibilidade de deitar-se com o cônjuge alheio, não obstante seja de algum modo evidente que ele deseja isso, e se o poder lhe fosse dado, haveria de fazê-lo, ele não é menos réu do que se fosse surpreendido no próprio feito.

Agostinho muda o sentido da discussão, fazendo Evódio perceber que não se deve procurar o mal externamente, no ato em si[162], destacado de qualquer sujeito, sob pena de deparar-se em situação aporética, como quem se encontra

[161] *L.A.* 1,3,6,17.

[162] *Foris in ipso facto.*

na angústia de um beco sem saída. Com efeito, se se encontrasse no ato em si, sendo preciso distinguir os bons dos maus atos, bem ao estilo da moralidade normativa mosaica, deparar-se-ia com o mesmo problema, sem dúvida antevisto por Agostinho, que será analisado na sequência, o fato de haver um mesmo ato que ora é bom, ora é mau[163]. E se o mesmo ato pode ser os dois, bom e mau, não estão nele nem o bem nem o mal[164], mas alhures. Logo o mal deve ser buscado em alguma motivação exterior ao ato, ou melhor, em alguma faculdade interior, inerente ao sujeito responsável pela prática do ato, que não se pratica a si mesmo, motivação que por ora se denomina *libido*. O que se justifica pelo exemplo aduzido pelo filósofo, argumentando que, se há reato, como de fato o há, mesmo que nenhum adultério tenha sido consumado, o mal não pode estar no adultério, mas no adúltero, posto que frustrado[165].

A angústia aporética a que se refere o filósofo, por sua vez, tem que ver apenas com os movimentos dialéticos equivocados empreendidos por Evódio, de ora atribuir o mal no adultério à autoridade da lei humana, decorrente do fato de ser condenado por ela, ora ao senso comum, expresso pela máxima áurea supracitada: não fazer a outrem o que não quer feito a si. Em um e outro caso procurou Evódio uma causa exterior ao sujeito, tendo como ponto de partida o próprio ato, primeiramente considerado mau por ser proibido pela lei, depois por fazer padecer o outro aquilo que não se quer padecer.

1,4,9,22. Um desejo sem qualificação: *cupiditas*

22. A – Tens ciência ainda de que essa "inclinação sensual" [*libido*] é chamada de um outro nome, a saber, "desejo" [*cupiditas*]?

O vocábulo *cupiditas*, utilizado vinte e uma vezes no *L.A.*[166], é apresentado por Agostinho como sinônimo de *libido*, aquele desejo censurável de tudo o que pode ser perdido contra a própria vontade de seu pseudopossuidor. Logo, assim como seu sinônimo, pode também ser considerado um termo técnico,

---

163 Cf. *L.A.* 1,4,9,22-5,12,34.

164 Ou então ambos ali se encontram, como contrapontos imprescindíveis um ao outro, ao modo da díade taoista yin-yang. Cf. A. Watts, *op. cit.*, 1963.

165 Cf. Mt 5,28: "Pois eu vos digo que todo aquele que olha para uma mulher para desejá-la [*ad concupiscendum eam*] já adulterou com ela em seu coração" (ἐγὼ δὲ λέγω ὑμῖν ὅτι πᾶς ὁ βλέπων γυναῖκα πρὸς τὸ ἐπιθυμῆσαι αὐτὴν ἤδη ἐμοίχευσεν αὐτὴν ἐν τῇ καρδίᾳ αὐτοῦ).

166 Quinze só no livro primeiro.

cuja acepção definida pelo autor se expande para além do sentido vulgar. Contudo, nada obstante ser um "desejo" censurável, por ter sido apontado como sinônimo de *libido*, Agostinho lhe adjunge quase sempre um adjetivo de caráter negativo, como: *mala*, *culpabilis*, *malitiosa*, *praua*, quando não lhe associa um termo de conotação semelhante, como *auaritia*, ou ainda uma definição, ao dizer que *cupiditas* é uma "vontade ímproba" (*inproba uoluntas*)[167]. Essa qualificação pejorativa, de par com o uso neutro do verbo cognato *cupere*, "desejar", permite que se compreenda o termo *cupiditas* também em sentido neutro, como simples "desejo", ou ainda em sentido positivo, como um desejo bom, como ocorre na seguinte passagem: "quem deseja uma vida livre do medo certamente deseja um bem, e por isso tal desejo não deve ser culpado"[168]. O mesmo pode ser depreendido do uso que lhe imprime Cícero nas *Tusculanas*[169], ao referir uma *cupiditas* presente na mente do homem, espécie de "desejo insaciável" (*insatiabilis cupiditas*), porém de algo inquestionavelmente positivo, como "contemplar a verdade" (*ueri uidendi*), "desejo" esse que, segundo Teofrasto[170], foi a mola propulsora de toda a filosofia, desde seu alvorecer "inflamada pelo desejo do conhecimento" (*cognitionis cupiditate*)[171]. Portanto, embora tenha sido apontado como sinônimo de *libido*, um desejo mau, *cupiditas* pode ser considerado, em si mesmo, como termo de valor neutro, um simples "desejo", que adquire sentido pejorativo apenas quando se lhe associa algum adjunto de caráter negativo. Por outro lado, deve-se ter em mente que o próprio termo *libido* significa "amor", porém avertido do que deveria querer fruir e convertido para o que deveria apenas querer usar, "amor" que em si mesmo, enquanto faculdade do espírito, não é mau, pois dom divino, como as demais potências anímicas todas.

---

167 Cf. respectivamente: *L.A.* 1,4,9,24; 10,28; 3,10,31,110; 17,48,166.

168 Cf. *L.A.* 1,4,9,24: *"certe enim bonum cupit, qui cupit uitam metu liberam, et idcirco ista cupiditas culpanda non est"*. Esta passagem ilustra bem a dificuldade de traduzir *cupiditas* por "cupidez" ou por algum outro termo de caráter negativo, sob pena de ver-se diante da aberração de ter de dizer que quem cobiça uma vida sem medo "cobiça o bem", cobiça que certamente não poderia ser censurada!

169 Cf. *Tusc.* 1,19,44-45.

170 *Id. ibid.*: *"ut ait Theophrastus... philosophiam incensam cognitionis cupiditate excitauit"*. Neste caso igualmente insólito seria traduzir *cupiditas* pejorativamente, a não ser levado a dizer "cupidez/cobiça de conhecimento".

171 No 14.º livro de *Cidade de Deus*, Agostinho definirá a *cupiditas* duas vezes. Primeiro (cap. 6, 5-6) como uma vontade em harmonia com aquilo que se quer (*quid est cupiditas... nisi uoluntas in eorum consensione quae uolumus?*); depois (7, 41-42) como sendo o amor que tenta obter aquilo que quer (*amor ergo inhians habere quod amatur cupiditas est*).

1,4,9,22. Medo e desejo: duas vertentes do amor

22. A – [...] porque o desejo procura obter, o medo evita.

Evitar e procurar obter, na verdade, são duas vertentes da mesma potência, aquele desejo-amor de que se discorreu acima, que se diz *libido* quando se inclina para o universo dos sentidos. Com efeito, temer não é diferente de "desejar evitar" o que pareça desagradável, assim como procurar obter equivale a "desejar alcançar" o que se tenha por agradável. Posição sustentada por Agostinho por toda uma vida, como se vê no 14.º livro de *Cidade de Deus*, ao dizer que o temor (*timor*) é o amor que tenta evitar o que lhe é adverso[172], ou um pouco antes, quando diz que o temor e a tristeza (*tristitia*) são vontades em dissensão (*in dissensione*) com aquilo que se quer[173], ao contrário do desejo (*cupiditas*) e da alegria (*laetitia*), em consenso (*in consensione*) com o que se deseja. Portanto aquilo que parece inconciliável, as díades desejo-alegria e medo-tristeza, nada mais são do que movimentos, de consentimento e dissentimento, da mesma potência anímica, pois enquanto o desejo consente com o querer da alma, o medo dele dissente, cujos resultados são respectivamente a alegria, quando se obtém o que se desejou e quis, ou a tristeza, quando se lhe advém o que desejou evitar, não querendo.

Portanto é possível dizer que o medo seja um desejo, posto que invertido, pois aquele que teme *x*, ou deseja não *x*, simplesmente não deseja *x*, a despeito de qualquer outra coisa que possa desejar. Logo quem teme o bem, ou deseja o mal, ou simplesmente não deseja o bem, supondo haver algo *in medio*. Porém quem teme a destruição que uma determinada intempérie possa causar, considerada *iure* um mal pelo sofrente, deseja invariavelmente uma vida livre dessa consequência funesta e de sua causa, logo deseja algo indiscutivelmente bom, que se traduz pela vida sem medo, como diz Agostinho. Por outra, quem teme ser impedido de fazer algo vicioso, impedimento que é um bem, certamente deseja o mal. Do que se depreende que o temor (*timor*), ou medo (*metus*), pode sem dúvida ser bom, se o que se teme é o seu contrário, ou como diz o próprio filósofo: "quem deseja uma vida livre do medo", ou seja, quem deseja não viver na insegurança proveniente do temor, esse "certamente deseja o bem, e por isso tal desejo não deve ser condenado", logo esse

---

172 *Ciu. dei* (14,7 43): *"amor... fugiens quod ei aduersatur timor est"*.

173 *Ibid.* (14,6 6-8): *"quid est metus atque tristitia, nisi uoluntas in dissensione ab his quae nolumus?"*.

"medo" não deve ser condenado. Por isso nem todo medo deve ser rejeitado como sentimento vicioso, desde que se tema o mal, pois quem teme deseja, ou o contrário, ou a negação daquilo que teme.

1,4,9,22-25. Homicídios impecáveis

> **22.** A – [...] se alguém matar um homem [...] temendo que algo de mau lhe aconteça, não será esse homem porventura um homicida? **23.** [...] E viver sem medo te parece um bem pequeno? [...] **24.** A – [...] Portanto somos forçados a reconhecer que existe um homicídio em que não se pode encontrar o domínio daquele mau desejo, e será falso que em todos os pecados, para que sejam males, a inclinação sensual domina, ou então haverá um outro homicídio que possa não ser um pecado.

Em conformidade com o que ficou dito pouco antes[174], que o mal não se encontra no ato em si (*in ipso facto*), e sim no sujeito, faz-se necessário investigar se de fato a inclinação sensual (*libido*) está presente em todos os males praticados pelo homem, de modo que se possa dizê-la o mínimo denominador comum de toda maldade. Pois bem, sendo o medo apenas uma outra face do desejo, aquele que tira a vida de alguém movido pelo medo, será ele culpado de homicídio? Evódio argumenta com razão que seu medo nada mais é do que um desejo, desejo de viver sem medo, do que depreende que o medroso comete homicídio motivado pelo desejo que se inclina para uma vida sem medo, sendo, portanto, culpado. Todavia, como dito antes, o desejo em si não é mau, pois desejar uma vida sem medo, diz Agostinho, é desejar algo muito bom. Logo quem pratica o homicídio motivado por um desejo bom não pode ser acusado de ter feito mal. Ou então haverá homicídios que se cometem sem o domínio da inclinação sensual, o desejo mau que deveria subjazer a todo tipo de malfeito. Se assim fosse de fato, não se poderia dizer que a inclinação sensual é a causa do mal, como ficou dito antes[175].

> **25.** E – Se o homicídio é matar um homem, pode acontecer algumas vezes sem pecado. Com efeito, não me parecem pecar, quando matam um homem, [1] nem o soldado, [ao matar] o inimigo, [2] nem o juiz ou o seu ministro, [ao executar] um criminoso, e nem aquele, [3] invito ou [4] imprudente, a quem por acaso escapa da mão um dardo.

---

174 *L.A.* 1,3,8,20.

175 Cf. 1,3,8,21: "Pois agora está claro que nada além da inclinação sensual domina em todo gênero de malfazer" (*clarum est enim iam nihil aliud quam libidinem in toto malefaciendi genere dominari*).

Nos quatro exemplos aduzidos por Evódio imperam respectivamente: [i] a obediência devida à autoridade militar, sob pena de severas sanções; [ii] o cumprimento da lei pelas próprias autoridades civis constituídas, sob pena de dissolução de todos os vínculos da sociedade; [iii] a imperícia[176], obviamente involuntária; por fim [iv] a imprudência, igualmente involuntária. Todos presumem-se exemplos contemporâneos dos interlocutores, indubitavelmente especialistas no direito romano[177], em que o crime de homicídio supunha-se excluído. De fato, obediência militar, aplicação devida da lei penal, imperícia e imprudência involuntárias, móveis subjacentes aos quatro exemplos aduzidos, podem ter sido consideradas escusas legais para tirar a vida a alguém, o que permitiria supor a existência de homicídios desprovidos de inclinação sensual, visto que nenhum deles mata porque quer, ou seja, motivado por desejos de natureza inferior. Se assim fosse, a tese da *libido* como causa do mal cairia por terra, visto que nos quatro casos a morte se dá seja por obediência, seja por dever de ofício, seja por descuido, seja por imperícia, porém sem nenhuma inclinação sensual, logo sem pecado algum[178].

O escravo que mata seu senhor

> **25.** A – [...] mas esses não costumam ser chamados de homicidas. Sendo assim, responde se acaso estimas que aquele que mata o seu senhor, de quem temia para si graves torturas, deva ser considerado no número daqueles que matam um homem assim, de modo que nem sequer sejam dignos do nome de homicidas.

Se nenhum dos exemplos supra-aduzidos qualifica-se como homicídio, nem a obediência militar, nem o dever de ofício do magistrado, nem mesmo

---

176 Apesar de Evódio não ter citado nominalmente a imperícia, pode-se depreendê-la, pois a quem escapa um dardo das mãos, invito, raramente estão ausentes seja a imperícia, seja a imprudência. De fato, ou escapou-se o dardo porque foi descuidado, logo imprudente, ou porque meteu-se a fazer algo cujo domínio técnico não possuía, o que caracteriza a imperícia.

177 Não se deve olvidar que a formação retórica clássica a que Agostinho e seus contemporâneos foram submetidos tinha como escopo, à parte as atividades discentes e panegírico-literárias de caráter excepcional, as demandas litigiosas do fórum, onde atuavam os rétores como verdadeiros causídicos, sendo praticamente inexistente qualquer atividade democrática, por assim dizer, em todo período imperial, como se viu na Atenas clássica dos séculos V-IV, ou mesmo na Roma republicana dos séculos II-I a.C., em que oradores brilhantes, como Isócrates, Demóstenes, Ésquino, Lélio, Hortênsio, Bruto e o próprio Cícero tinham oportunidade de falar livremente de temas de natureza política.

178 Seria possível dizer ainda, embora isso antecipe de modo inconveniente a disputa dialética, que todos os quatro exemplos são "involuntários", visto que tanto o soldado como o magistrado matam por dever de ofício, ou seja, por necessidade, *non uoluntate*, não pela vontade.

a imprudência ou imperícia involuntárias, resta saber se de fato seria possível que alguém, um escravo qualquer, supostamente motivado pelo medo, pudesse matar a um outro, seu senhor e proprietário, completamente desprovido de inclinação sensual, o que, sendo possível, obrigaria Agostinho a procurar uma outra causa subjacente aos malfeitos[179].

1,4,9,25-10,26. Uma lei *sub iudice*

> **25.** E – [...] pois aqueles agem conforme a lei, ou então não contrariam as leis, porém o crime desse nenhuma lei aprova. **26.** A – De novo me chamas de volta à autoridade, mas convém que estejas lembrado agora daquilo que por nós foi acatado, que procurássemos inteligir aquilo em que cremos. Ora, nós cremos nas leis[180]. Assim sendo, deve-se tentar, se de algum modo pudermos, inteligir se acaso a lei que pune este feito não o puna incorretamente.

Se nem soldado, ao matar o inimigo, nem o magistrado, ao condenar um criminoso à morte, nem um imprudente, ou um imperito, ao deixarem escapar inadvertida e involuntariamente das mãos um dardo, atingindo fatalmente um qualquer inocente, consideravam-se culpados de homicídio diante das leis romanas, contudo o crime do escravo, que, temendo ser cruelmente açoitado, mata o seu senhor, nenhuma lei havia que desculpasse, miseravelmente, para ele[181]. Porém a questão não é essa. Evódio escapa novamente

179 É preciso ressalvar que a pergunta não é muito equitativa, contaminada que está pelos preconceitos de classe então vigentes. Pois uma coisa seria sugerir um exemplo em que um cidadão romano livre tirasse a vida a outro cidadão da mesma classe social e política, outra, bem diferente, imaginar um escravo, destituído de direitos políticos e de qualquer dignidade social, tirar a vida a seu senhor, um nobre *paterfamilias*, dotado das maiores prerrogativas legais e da máxima consideração social. É óbvio que a intenção de Agostinho era estabelecer um radical contraste entre os casos não homicidas apresentados acima por Evódio e um caso inequívoco e estarrecedor de homicídio, que devia provocar pavores constantes na elite escravocrata romana, sob constante ameaça de sublevação da enorme massa escrava existente no Império.

180 Há que se notar aqui o uso peculiar do verbo "crer". Ao reiterar seus princípios filosóficos, procurar inteligir, por meio da razão, aquilo em que se crê, por meio da fé, Agostinho se utiliza do verbo *credere* acompanhado de complemento no acusativo (*ut intellegamus quod credimus*). Logo na sequência, ao mencionar a lei humana, faz uso do mesmo verbo, porém agora seguido de complemento no dativo: "cremos nas leis" (*legibus autem credimus*), como se dissesse: "damos crédito às leis". Cf. comentários 1,1,1,1 "Fé e razão I: crer e conhecer".

181 O que sem dúvida seria um precedente perigosíssimo para todos os donos de escravos, que poderiam ser mortos por eles sob a alegação de legítima defesa, deflagrando um temível levante contra a ordem estabelecida e a rigidez social preservada a todo custo pela elite romana.

do ponto, deixando claro os pesados desafios que a dialética lhe impunha. Se as regras estabelecidas para a disputa, traçadas claramente desde o início, determinavam que se procurasse apenas inteligir pela razão aquilo em que se cresse por meio da fé, vetado era burlá-las, recorrendo agora à autoridade da lei constituída para argumentar. Se a lei condena o escravo que mata seu *dominus* por causa do medo, isso não significa necessariamente que ele o tenha matado com inclinação sensual, pois seu medo poderia até ser considerado bom, caso fosse apenas o desejo de não sofrer os pesados ferimentos do látego cruel. Todavia, mesmo que todo crédito fosse dado às leis, supondo que estivessem corretas[182], ainda assim seria preciso compreender se elas punem esse escravo de modo igualmente correto, o que só seria o caso, como se depreende, se ele houvesse perpetrado o delito por uma torpe motivação, como a inclinação sensual[183]. Portanto a tarefa, que para a época poderia parecer um tanto ousada, era verificar se o escravo era ou não um "dominocida", uma vez que a lei invariavelmente condenava os escravos matadores de senhores. Se se concluísse pela negativa, havia sem dúvida o risco de estar julgando a lei injusta, o que seria, no mínimo, nada aconselhável à época.

1,4,10,27-28. Culpa e dolo: a tipicidade do fato

> **27.** E – [...] [a lei pune o escravo] que mata o seu senhor querendo e tendo ciência, o que nenhum dos outros faz. [...]

Talvez seja oportuna aqui uma breve *recapitulatio*. A disputa dialética pretende encontrar a causa do mal praticado pelos homens, que, como ficou assente entre os interlocutores de modo preliminar, está na inclinação sensual, *libido*, o amor-vontade convertido para os meios, como se fossem fins, mas não nos atos em si.

> **27.** [...] A – Ora, tu te recordas de agora há pouco ter dito que a inclinação sensual domina em todo mau feito, e que por isso mesmo ele é mau? [...]

---

182 Perceba-se que Agostinho não acusa as leis de serem "injustas", admitindo apenas a possibilidade de condenação equivocada, visto que nenhuma lei, para ele, era digna deste nome, se não fosse justa (1,5,11,33): *"nam mihi lex esse non uidetur, quae iusta non fuerit"*.

183 Há de se crer, contudo, que, mesmo que possuísse as melhores justificativas e testemunhos favoráveis, ainda assim teria sido muito difícil naqueles tempos que qualquer escravo lograsse provar sua inocência numa situação como essa.

Logo era necessário provar que subjacente a todos os males, como no caso do homicídio, encontrava-se a *libido*. Porém, sendo impraticável analisar individualmente todos os delitos, para verificar se a definição era de fato válida, depois de ter sido definido o homicídio como o ato de matar um homem[184], mais fácil seria marchar ao revés, partindo de exemplos de mortes que supostamente não fossem cometidas por inclinação sensual, como os quatro casos aduzidos por Evódio. Contudo nenhum deles, nem o soldado, nem o magistrado, nem o imperito, tampouco o negligente ou imprudente eram considerados homicidas pela lei romana[185]. Todavia o mesmo não se dizia do escravo que matasse o seu senhor, motivado pelo medo do castigo. Contudo, se o medo do castigo nada mais é do que um desejo, que sem dúvida é bom, desejo de viver sem medo, de não padecer dores nenhumas, necessário seria concluir que o escravo matasse seu senhor motivado por um desejo bom, o que repugnava à mentalidade escravocrata da época.

28. A – Pois bem, não concedeste tu igualmente que aquele que deseja viver sem medo não possui um desejo mau? [...] A – Logo, quando o senhor é morto pelo escravo por meio desse desejo, não é morto por aquele outro desejo culpável.

Daí ser necessário primeiro verificar se o crime do escravo era punido pela lei de modo correto, pois parecia ter sido cometido sem dolo algum. Na verdade, o que preocupava Agostinho não era se a lei estava ou não correta, mas se o ato cometido pelo escravo era de fato um homicídio, pois, se o fosse, mas se não tivesse sido cometido por inclinação sensual, a tese proposta para a origem do mal cairia por terra, havendo malfeitos comprovados que não eram praticados com inclinação sensual; do contrário, se se descobrisse que não era um homicídio, então a lei é que estaria *sub iudice*, ao condenar um inocente por um ato inculpável. E neste ponto é que se encontra a disputa, procurando reunir os elementos que configuravam legalmente um delito, a ver se de fato o ato do escravo poderia ser considerado um homicídio.

28. A – [...] Por isso ainda não descobrimos o motivo por que este crime é mau.

Pois bem, para Evódio o escravo é punido corretamente pela lei, porque, ao contrário dos quatro casos supra-aduzidos: soldado, magistrado, imperito e imprudente, o escravo, mesmo que movido pelo temor da punição, mata o seu senhor

---

[184] Cf. *L.A.* 1,4,9,25: *"Si homicidium est hominem occidere..."*.

[185] Cf. *L.A.* 1,4,9,25: *"sed homicidae isti appellari non solent..."*.

uolens, porque quer, numa palavra, por meio de sua vontade, o que caracterizava o dolo, e consequentemente o delito de homicídio. Porém Evódio acresce também o fato de que o escravo tinha ciência (*sciens*) do que estava fazendo, ao contrário do imprudente e do imperito, que deixam escapar o dardo de modo absolutamente negligente e inadvertido. Contudo não se pode dizer que esse elemento tipificante, por assim dizê-lo, a ciência do fato, não se aplique nem ao soldado, nem ao magistrado, que sabiam por certo o que estavam fazendo, ao cumprir respectivamente as ordens superiores e o dever de ofício, ainda que em tese não quisessem fazê-lo. Em suma, lançando mão de uma terminologia jurídica extemporânea, pode-se dizer que Evódio inclui, na tipicidade do fato, os seguintes elementos que definem o homicídio: *scientia et uoluntas*, ciência do ato praticado e vontade de perpetrá-lo. No caso dos soldados e dos magistrados, que respectivamente obedecem a ordens e cumprem deveres de ofício, encontra-se um dos dois elementos, pois certamente há ciência do ato, porém lhes falta supostamente a vontade, o segundo elemento; no caso da imperícia e da imprudência, ou negligência, por sua vez, faltam-lhes os dois elementos, ciência e vontade. Do que se conclui que nenhum destes quatro casos reúne todos os elementos necessários que definem o delito, ainda que o imperito e o imprudente pudessem ambos ser responsabilizados, sendo-lhes imputada alguma culpa, porém o dolo jamais.

1,4,10,29. Injúria legal ou angústia dialética?

29. E – Agora já me parece que esse escravo esteja sendo condenado com injúria [...]

Ou a lei condena o escravo de modo injusto, se ele matou seu senhor motivado por um desejo bom, o desejo de viver sem medo, logo destituído de inclinação sensual, ou então, visto que seu crime não encontra respaldo em lei nenhuma[186], cai por terra a tese de que a *libido*, o amor mal inclinado para o império dos sentidos, seja a *condicio sine qua non* de todo ato mal, numa palavra, seja a causa de se fazer mal. O que Evódio admite ser incapaz de responder, obstado por sua angústia dialética.

29. A – E é assim?! Primeiro te deixaste persuadir de que tamanho crime devia ficar impune, antes que considerasses se acaso o tal escravo desejou livrar-se do medo do seu senhor a fim de saciar suas inclinações sensuais?

[186] Cf. *L.A.* 1,4,9,25: *"huius autem facinus nulla lex adprobat"*.

Todavia, replica Agostinho um tanto admirado, antes de deixar impune o escravo, convém saber se ele tirou a vida de seu senhor de fato sem nenhuma inclinação sensual, ainda que tenha sido motivado pelo temor da punição, o desejo bom de viver sem medo. Para tanto, contudo, seria necessário conhecer-lhe os motivos, o que se constitui desde sempre tarefa das mais complexas, a não dizer impossível. Como saber as motivações dos atos humanos, as quais, por se encontrarem no íntimo de cada um, pertencem exclusivamente à consciência individual de cada agente? Como saber se o escravo pretendeu livrar-se do seu senhor unicamente para satisfazer suas *libidines*, inclinações de ordem sensual, quiçá fugindo com seus denários, ou com uma de suas pulcras *ancillae*, ou com seu corcel veloz, ou apenas para desagravar os castigos e labores que lhe haviam sido amiúde impostos?

1,4,10,30. Onde o tesouro, aí o coração

30. A – Pois desejar viver sem medo não é próprio apenas aos bons, mas também a todos os maus. Na verdade a diferença é esta, que os bons procuram obtê-lo ao afastar o seu amor destas coisas que não podem ser possuídas sem o perigo de as perder; porém os maus, para se atirarem à fruição dessas coisas com segurança, esforçam-se por remover os impedimentos...

A vida sem medo, que no caso do escravo se traduzia pelo desejo, decididamente bom, de viver sem ser açoitado pelo senhor, não é apanágio exclusivo dos bons, diz Agostinho, pois os maus também desejam essa segurança. Porém entre o desejo bom dos maus e o dos bons, ou seja, entre o medo de sofrer dos maus e o dos bons, há uma enorme distância, responsável por qualificá-los como antagônicos. Isso, porque os maus desejam bem, ao desejar a vida sem medo, porém para viver mal, ao passo que os bons, para viver bem. Com efeito, ao procurar viver sem medo, o que os maus querem, na verdade, é poder fruir livremente, sem risco de perda, dos bens inevitavelmente passíveis de perda, que deveriam apenas ser usados, tendo em vista os bens verdadeiros e seguros, dignos de verdadeira fruição, os bens inteligíveis. Os bons, ao contrário, desejam viver sem medo, não por temer perder os bens que sabem ser irremediavelmente perecíveis, de que apenas se utilizam em vista da fruição dos bens imperecíveis, mas como consequência de seu desapego deles. Na verdade não desejam imediatamente viver sem medo, mas assim o fazem como resultado natural, a não dizer prêmio, de seu amor-desejo bom, que se volta para o que deve ser fruído em si e por si, os bens inteligíveis. Assim, ao voltar seu amor para os bens de natureza espiritual, não deixam de amar os bens materiais, por sua utilidade, mas tampouco se incomodam quando são perdidos, pois seu tesouro está precisamente onde se encontra seu coração[187], na fruição do espírito eterno: *ubi thesaurus, ibi cor.*

Com sem cuidado

Essa segurança[188] de que fala Agostinho, de fruir dos bens passíveis de perda involuntária, mau desejo dos maus, contudo é impossível tanto a maus como a bons, precisamente por tratar-se de bens que não "são" plenamente, não podendo ser definitivamente possuídos, visto mudarem sem intermissão[189]. Logo, se não é possível possuir com segurança bens nenhuns fadados ao desparecimento, deve-se aceitar a efemeridade irremediável de sua pseudoposse, o que não exclui nem a vida corpórea, cuja finitude é inexorável, amando apenas usar do que convém usar, pelo tempo permitido, mas amando ainda mais amar e fruir do que convém amar e fruir, sob pena de submergir numa vida de cuidados sem-fim, correndo atrás de fantasias, ao procurar satisfazer desejos que jamais encontram plena satisfação, ou possuir o que pode ser arrebatado de inopino, ou repousar numa estabilidade estrangeira ao mundo das formas. Daí ter dito Cícero que "aquele que teme o que não pode ser evitado, esse de modo nenhum pode viver como o espírito tranquilo"[190], referindo-se especificamente à morte, destino que sempre perturbou os homens, ou melhor, ao medo de perder a vida, "seu" bem mais precioso, um dentre os inúmeros amores da *libido,* os quais podem ser arrebatados ao homem invito. Com efeito, desde sempre constituiu enorme empecilho à tranquilidade de espírito o medo da morte, cuja ausência era tida por Cícero, ecoando os gregos, como condição necessária à vida feliz, pelo que dizia que quem a ele não se entregasse, deixando de temer a morte, estaria preparando para si uma fortaleza inexpugnável para a sua vida feliz[191]. E se o escopo máximo das correntes ditas helenísticas era essa mesma vida feliz (εὐδαιμονία), que não se atingia senão na tranquila serenidade da ausência de todo medo, sem dúvida uma perturbação

---

187 Cf. Mt 6,21: "ὅπου γάρ ἐστιν ὁ θησαυρός σου, ἐκεῖ ἔσται καὶ ἡ καρδία σου".

188 A expressão *cum securitate,* se traduzida ao pé da letra, redundaria paradoxalmente em algo como: "com sem cuidado", o que equivale a dizer "com ausência de cuidados", ou "despreocupações". Isso, porque o vocábulo *securitas,* espécie de versão latina do grego ἀταραξία, significa literalmente "sem preocupação" [*sine* + *cura*].

189 Cf. *83 Quaest.*, q. 9: *"conprehendit autem non potest quod sine intermissione mutatur".*

190 *Tusc.* 2,1,2: "*nam, qui id quod uitari non potest metuit, is uiuere animo quieto nullo modo potest*".

191 *Id. ibid.: "qui... mortem non timet, magnum is sibi praesidium ad beatam uitam comparauit".*

da alma, especialmente o medo da morte, natural que todas as filosofias ensinassem a vencê-lo, curando as almas (*medetur animis*) e admoestando-as a que se afastassem definitivamente de todas as preocupações inanes da vida (*inanes sollicitudines*), sobremodo dos desejos (*cupiditatibus*), inclinações que arrastavam as almas a toda sorte de perturbação.

1,4,10,30. Vida que é morte: *mortalis uita, mors uitalis*[192]

30. A – [...] e por essa razão é que levam vida criminosa e abominável, que melhor se chama de "morte".

A imagem de uma vida que equivale à morte, a despeito dos termos de colorido intenso utilizados pelo rétor, como "criminosa" e "abominável", nada guarda de exagerado, estando em perfeita consonância com um importante aspecto de seu pensamento, de ascendência marcadamente platônica. Diz-se "morte" da vida dos que amam como fim o que apenas deveriam usar, avertendo-se do que deveriam amar em si e por si, porque os que assim agem amam apenas "sombras", em virtude da impermanência dos bens corpóreos. De fato, como diz Agostinho na nona questão de *83 Questões diversas*, nada que "muda sem intermissão" pode ser apreendido, pensamento de que certamente tomou conhecimento a partir de Plotino, que dizia, em seu tratado acerca do Belo (Περὶ τοῦ καλοῦ), que quem contemplasse as belezas corpóreas deveria dar-se conta de que eram apenas imagens, traços, sombras[193]. E quem ama uma sombra, que ama, além do nada? E quem converte seu coração ao nada, converte-se para a ruína da morte, de que participa, fazendo-se um com ela, como ensinava ainda o neoplatônico em seu tratado acerca da origem dos males (Πόθεν τὰ κακά)[194]. Se na "região da dessemelhança" (ἐν τῷ τῆς ἀνομοιότητος τόπῳ)[195], além e abaixo da própria maldade (καταβαίνοντι ἀπὸ τῆς κακίας), "na lama escura"

---

192 Cf. *Conf.* 1,6,1: *"in istam dicam mortalem uitam an mortem uitalem..."*.

193 *En.* 1,6,8,6-8: "Aquele que vê as belezas corpóreas, convém não persegui-las, mas, sabendo que são imagens, vestígios e sombras, fugir em direção àquela [Beleza], de que estas [se constituem] imagens" (ἰδόντα γὰρ δεῖ τὰ ἐν σώματι καλὰ μήτοι προστρέχειν, ἀλλὰ γνόντα ὥς εἰσιν εἰκόνες καὶ ἴχνη καὶ σκιαί, φεύγειν πρὸς ἐκείνο, οὗ ταῦτα εἰκόνες).

194 *En.* 1,8,13,14-16: "Ao que principiou [além] da maldade [e] contempla, esta é a *sua* contemplação, tornar-se parte do mal; [pela] participação nele" (ἀρξαμένῳ μὲν ἀπὸ τῆς κακίας [καὶ] θεωροῦντι μὲν ἡ θεωρία ἥτις ἐστι τοῦ κακοῦ γινομένῳ δὲ ἡ μετάληψις αὐτοῦ).

195 *En.* 1,8,13,16-17; cf. *Conf.* 7,10,16; *L.A.* 2,11,30,122-123.

(εἰς βόρβορον σκοτεινόν) onde "mergulhou" a alma, participando do mal, ali ela se diz "morrer" (ἀποθνήσκει), na medida em que é possível dizer que uma alma morra (ὡς ψυχὴ ἂν θάνοι), contudo para aquela que ainda se encontra presa ao corpo (ἐν τῷ σώματι) a morte (ὁ θάνατος) é o mesmo que "mergulhar na matéria" (ἐν ὕλῃ ἐστὶ καταδῦναι), sendo por ela totalmente "preenchida" (πλησθῆναι αὐτῆς)[196]. Logo nada admira que Agostinho tenha denominado "morte" a vida dos que se convertem para o mundo dos bens perecíveis, amando o que está destinado à ruína, visto que esses nada amam além das sombras da própria morte, fazendo-se um com ela, o que por certo não merecia adjunto mais favorável do que "abominável".

Pode-se dizer ainda que essa vida celerada se denomine "morte" não apenas porque mergulhada na matéria irremediavelmente perecível, mas porque afastada do Bem supremo, que permanece imutável para sempre, numa palavra, uma vida tão mais mortal quanto mais presa às cadeias da "morte vital", que se diz "matéria", e mais afastada da Vida imortal, que se diz Espírito, como se depreenderá nos escritos posteriores de Agostinho, a partir de sua identificação com Cristo, como se verifica nas seguintes passagens das Escrituras: "e não quereis vir a mim para que tenhais vida"; "eu sou o pão da vida"; "eu sou o caminho, a verdade e a vida"; "Cristo... a vossa vida"; "a vida em Cristo Jesus"; "a vida está em seu Filho", "em seu Filho, Jesus Cristo; que é o verdadeiro Deus e a vida eterna"[197].

1,4,10,31. A definição de *libido*

> **31.** E – [...] o que é aquele desejo culpável que se denomina "inclinação sensual". Agora está evidente que é o amor daquelas coisas que alguém pode perder invito.

Não cabe a Agostinho, e sim a Evódio, a definição do termo *libido*, aquele "desejo culpável" (*culpabilis cupiditas*), que, como antecipado, se diz "o amor do que pode ser perdido contra a própria vontade" (*inuitus*). Percebe-se assim como a locução "inclinação sensual" se enquadra harmoniosamente na definição elaborada, pois tudo aquilo que é passível de perda involuntária pertence

[196] *En.* 1,8,13,15-26.

[197] Respectivamente: Jo 5,40: "καὶ οὐ θέλετε ἐλθεῖν πρός με ἵνα ζωὴν ἔχητε"; 6,35: "ἐγώ εἰμι ὁ ἄρτος τῆς ζωῆς"; 14,6: "ἐγώ εἰμι ἡ ὁδὸς καὶ ἡ ἀλήθεια καὶ ἡ ζωή "; Col 3,4: "ὁ Χριστὸς... ἡ ζωὴ ὑμῶν"; 2Tim 1,1: "ζωῆς τῆς ἐν Χριστῷ Ἰησοῦ "; 1Jo 5,11; 20: "ἡ ζωὴ ἐν τῷ υἱῷ αὐτοῦ ἐστιν"; "ἐν τῷ υἱῷ αὐτοῦ Ἰησοῦ Χριστῷ· οὗτός ἐστιν ὁ ἀληθινὸς θεὸς καὶ ζωὴ αἰώνιος". Esse tema será retomado por Agostinho no 10.º capítulo do 13.º livro de *Cidade de Deus*.

indubitavelmente ao universo dos sentidos. Isso, porque o que está além dos sentidos, como as virtudes e tudo o que, como elas, faz parte do domínio do inteligível, em tese não é passível de perda involuntária. Com efeito, acredita-se que ninguém possa subtrair a outrem sua bondade, ou sua sabedoria, o que não se pode dizer de suas propriedades, tampouco de sua integridade física, de seus privilégios, e coisas do tipo, situadas fora do pseudopossuidor, e precisamente por isso passíveis não apenas de apreensão sensorial, mas também de inevitável perda e corrupção. Evidente que o poder político, econômico ou militar de alguém, por exemplo, não é tangível enquanto capacidade, apenas em seus efeitos, poder que lhe permite reger pessoas e instituições, mandando fazer e desfazer, decidir da vida e dos destinos alheios, adquirir objetos, subornar vontades, punir discordâncias etc., todavia isso tudo é sempre transitório, o poder jamais sendo de fato possuído por alguém, com segurança (*cum securitate*), como supostamente ocorre com os bens inteligíveis[198].

1,5,11,32. *Tribus de libidinibus:* vida, liberdade, castidade

> **32.** A – [...] pois me parece que se deva antes examinar se é sem inclinação sensual alguma que se mata um inimigo que avança com ímpeto [sobre si] ou um assassino insidioso, seja em defesa da vida, da liberdade ou da castidade.

Mais uma vez Agostinho precisa conter a precipitação de Evódio, acuado em sua angústia dialética, que pretendia dar por concluída a questão do homicídio, supondo estar perfeitamente comprovado que em todos os casos possíveis deste delito subjaz o móvel da *libido*, a inclinação dos desejos para o universo dos sentidos. Porém o mestre discorda, obtemperando que era preciso ainda verificar, no caso dos que matam pessoas, à parte os soldados, os magistrados, os imperitos e os imprudentes, que matam, respectivamente, ou por obediência, ou por dever de ofício, ou por imperícia, ou por negligência, logo destituídos de inclinação sensual, se também os que matam em alegada autodefesa devem ser considerados homicidas, ou seja, se fazem o que fazem motivados pela *libido*. No entanto não se trata simplesmente de mais um caso de homicídio presumível, ao revés do que parece, mas também de analisar o estatuto de três bens pelos quais as pessoas costumam matar-se, alegadamente de modo justo. Tais eram: vida, liberdade, castidade. Portanto quer-se saber se aqueles que tiram a

[198] Cf. verbete *libido* no LÉXICO T-F, além dos comentários a 1,3,6,17.

vida alheia, seja em defesa da própria vida, seja em defesa da própria liberdade, seja em defesa da própria castidade, se o fazem motivados por inclinação sensual, o que equivale a indagar se esses três bens, vida, liberdade e castidade pertenciam ao conjunto dos objetos involuntariamente perdíveis, escopo da *libido*. Evódio diz que sim:

> **32.** E – Como posso julgar que carecem de inclinação sensual, esses que se digladiam por coisas que podem perder invitos?

E de fato, se no âmbito da *libido* devem incluir-se todas as coisas que se podem perder ou subtrair de modo invito, tem-se que estas três: vida, liberdade e castidade[199] podem ser subtraídas a alguém contrariamente à sua vontade, ao menos sob o prisma do corpo. Pois se se considerarem unicamente os bens tidos por verdadeiros, os espirituais, os quais são imperecíveis, tem-se que nenhum dos três, nem a vida, nem a liberdade, tampouco a castidade podem realmente ser subtraídos, visto estarem na alma. De fato, quem pode escravizar o espírito alheio, tolhendo-lhe a liberdade, a não ser com o seu consentimento? Quem pode tirar-lhe a verdadeira vida, que é eterna e pertence a Deus?[200] E a verdadeira castidade, se se encontra no espírito, quem é que pode subtraí-la a outrem sem o seu consentimento? Logo, se se considerassem esses três bens a partir do prisma do espírito, nenhum deles de fato poderia ser surripiado a outrem sem o seu consentimento, portanto nada tendo que temer o seu possuidor, muito menos justificado seria o homicídio por sua causa:

> **32.** E – [...] se não podem [ser perdidos invito], que necessidade há, por causa delas, de chegar até ao homicídio de um homem?

Todavia isso não se refere ao homem neste mundo, preso que está às cadeias do corpo, onde para toda a gente se situa tanto a vida, como a liberdade e a castidade, bens que sem dúvida podem ser tomados à força invito, ou

---

199 Se considerada apenas pelo prisma do corpo, pois Agostinho argumentará depois que a castidade se encontra, ao invés, no íntimo, por exemplo em alusão às virgens cristãs violadas na invasão de Roma pelos godos de Alarico, em 410 (cf. *Ciu. dei* 1,28).

200 Cf. Mt 10,28: "E não tenhais medo dos que podem matar o corpo, mas que não podem matar a alma; tenhais medo antes daquele que tem o poder de arruinar tanto o corpo como a alma na geena!" (καὶ μὴ φοβεῖσθε ἀπὸ τῶν ἀποκτεννόντων τὸ σῶμα, τὴν δὲ ψυχὴν μὴ δυναμένων ἀποκτεῖναι· φοβεῖσθε δὲ μᾶλλον τὸν δυνάμενον καὶ ψυχὴν καὶ σῶμα ἀπολέσαι ἐν γεέννῃ).

simplesmente deteriorar-se, sendo perdíveis e finitos. Logo, quando se mata por eles, mata-se com inclinação sensual.

Portanto nenhum desses bens pode ser subtraído a seu possuidor invito, a menos que não sejam bens verdadeiros[201]. Assim vida, liberdade e castidade, se se referem respectivamente à vida do corpo, à castidade do corpo, à liberdade do corpo, pertencem todos ao conjunto dos bens perdíveis, logo inclusos no escopo da *libido*. Se à primeira vista parecem bens não passíveis de apreensão pelos sentidos, conceitos do reino do inteligível, quando se tem em mente a perspectiva corpórea com a qual Evódio os considera, vê-se que podem estar sujeitos à inclinação sensual, assim como os desejos tipicamente considerados carnais. De fato, se se ativer ao que ficou dito pouco antes[202], pode-se aventar que alguns procurem preservar a vida e a liberdade apenas para praticar torpezas, ou mesmo a castidade, que costuma ser fonte de vaidade e orgulho injustificáveis por muitos religiosos que se creem mais santos e puros que os demais. Logo a salvaguarda de nenhum desses bens, nem da vida, nem da liberdade, nem da castidade justificaria, segundo Evódio, matar alguém, visto que todos constituem bens perdíveis, consequentemente indignos de serem amados como fins em si mesmos. Isso, não há dúvida, pode chocar a mentalidade contemporânea[203], que tem tanto a vida como a liberdade, a não dizer do prazer, como

---

201 Vê-se que o que é verdadeiro para o platônico Agostinho, na esteira dum Parmênides, não é o que se percebe pelos sentidos, e sim, muitíssimo ao contrário, aquilo que pertence ao reino da mente, ao inteligível. De fato, o inteligível permanece sempre, ao passo que tudo aquilo que é perceptível pelos sentidos, ou seja, material, está fadado à corrupção, a deixar de ser, não tendo, por isso mesmo, existência real, apenas aparente. O corpo está em constante mutação, desde o primeiro momento a partir do nascimento, o que equivale a dizer que está constantemente deixando de ser o que parecia ser, mas não era. A única coisa que permanece sempre no ser humano é a alma, que é eterna, embora mutável. Nada do que se circunscreve ao reino da matéria, transitória e por isso mesmo corruptível, existe de fato, apenas aparentemente. Apenas o Ser, Deus, existe de fato, e com ele tudo aquilo a que conferiu o seu Ser, fazendo com que também fosse.

202 Cf. *L.A.* 1,4,10,29.

203 Há muitos que discordam veementemente dessa postura "outromundista" de viés platônico. Todavia esse desapego da vida não é prerrogativa cristã, sendo percebido já em Sócrates, quando aceita tomar a cicuta ao invés de fugir, preservando a vida que lhe resta, ou quando prefere sofrer o mal numa batalha, em vez, de cometê-lo, mas também num Cícero (sem dúvida no final de sua vida, quando a política já lhe estava interditada), como se vê nas *Tusculanas*, ao endossar aspectos do platonismo, mas também no diálogo sobre a velhice. O argumento é clássico, podendo ser encontrado em diversas obras de inúmeros autores antigos, das mais variadas correntes, sendo igualmente utilizado por Agostinho adiante: se a morte nada é, não

bens supremos. Contudo para um platônico, ou neoplatônico, assim como para um cristão ainda bastante motivados pelo (neo-)platonismo, como Agostinho, o Reino de Deus não é deste mundo, restando a verdadeira vida, assim como as verdadeiras liberdade e castidade, no espírito, não no corpo, que, ainda que seja destruído ou aprisionado, contra a vontade de seu "possuidor", ainda assim preservadas estarão tanto a liberdade, como a castidade, além da vida de sua alma.

Universo jurídico
Tempo e eternidade

1,5,11,33. A justiça da lei

33. A – [...] Porventura ousaremos dizer que essas leis são injustas, ou antes, nulas? Pois não me parece ser uma lei, aquela que não for justa.

Presume-se terem vigido leis no Império Romano tardio que davam consentimento para matar alguém em defesa própria. Assim, se um viajante fosse ameaçado por um salteador, ou se um homem[204], ou mulher, fosse ameaçado por um estuprador, ou se um soldado, por um inimigo, os três tinham licença para matar, respectivamente em defesa da vida, da castidade, da liberdade[205].

---

se deve temê-la; se é a continuação da vida, menos ainda (*Cato Maior seu De Senectute* §66): "Ó velho miserável, que em tão longa vida não percebeu que a morte deve ser desprezada! Morte que claramente deve ser negligenciada, se extingue completamente o espírito, ou mesmo desejada, se o conduz para algum outro lugar, onde haja de ser eterno. E certamente não se pode encontrar nenhuma terceira via" (*O miserum senem, qui mortem contemnendam esse in tam longa aetate non uiderit. quae aut plane neglegenda est, si omnino exstinguit animum, aut etiam optanda, si aliquo eum deducit, ubi sit futurus aeternus. atqui tertium certe nihil inueniri potest*). E mesmo para materialistas, como os estoicos e epicuristas, nenhum temor se justificava, não por sua crença na reencarnação, ou numa vida melhor *post mortem*, mas simplesmente porque era o que se esperava da apatia (ἀπάθεια) ou da ataraxia (ἀταραξία) sapienciais, necessárias à vida feliz, *hic et nunc*, aqui e agora, vida que seria indesejavelmente perturbada pelo medo da morte.

204 Homens também eram estuprados naqueles tempos, como se presume pelo exemplo aduzido.

205 No caso do soldado, se ele não matasse o inimigo, tendo tido oportunidade de fazê-lo, caso sobrevivesse à batalha, ou seria colocado na prisão, se capturado e o inimigo fosse leniente, ou seria escravizado, o que era muito mais comum, sendo em ambos os casos privado de sua liberdade. E se lograsse retornar ao seu acampamento a salvo, tendo desertado da batalha, seria certamente punido pelo comandante, seja perdendo a liberdade, se o comandante fosse leniente, seja padecendo graves suplícios, caso não fosse condenado à pena

Leis essas, como se pode depreender, que Agostinho minimamente pretendia contrariar[206], ao perguntar, retoricamente, se elas deveriam ser consideradas injustas, ou nulas. Assim sendo, o argumento anterior de Evódio parece cair por terra, ao defender que a nenhuns se deveria matar, nem em defesa da vida, nem da liberdade, nem da castidade, visto serem bens passíveis de perda involuntária. E se nenhum espaço havia para qualquer injustiça das leis, parece claro que há casos em que matar alguém se faz sem qualquer inclinação sensual.

Ulpiano: a cada um o que é seu

A afirmação de Agostinho de que uma dada lei, caso não seja justa, não é digna sequer de ser chamada de lei, merece alguns comentários. Para os antigos, gregos e romanos, ao menos um dos pressupostos que subjaziam ao conceito de justiça distava consideravelmente dos que subjazem às noções contemporâneas, consideradas em sentido bem amplo, pois não se tratava de modo nenhum de considerar todos como iguais diante da lei[207]. Ao contrário, havia uma noção de base aristocrática e patriarcal que prevenia tal consideração. Justo era então que se atribuísse a cada um segundo lhe cabia, de acordo com sua posição na sociedade[208] rigidamente hierarquizada da época, como se percebe pela definição do jurisconsulto Domício Ulpiano (séc. II-III d.C.), constante das *Pandectas*

---

capital, o que era mais comum. Por fim, se se tratasse de um soldado cujo dever de ofício era cumprir as ordens do magistrado, executando um condenado, caso não cumprisse as ordens, sem dúvida seria punido também da forma mais cruel, seja perdendo a liberdade, seja a própria vida.

206 Trata-se de um eufemismo, nenhuma dúvida havendo de que Agostinho apoiasse essas leis.

207 Veja-se por exemplo o PREÂMBULO da Constituição da República Federativa do Brasil, promulgada em 1988: "Nós, representantes do povo brasileiro, reunidos... para instituir um Estado Democrático, destinado a assegurar o exercício dos *direitos sociais e individuais*, a liberdade, a segurança, o bem-estar, o desenvolvimento, *a igualdade* e a justiça como valores supremos de uma sociedade fraterna, pluralista e sem preconceitos...". E também o 5.º artigo do I capítulo, II título, DOS DIREITOS E GARANTIAS FUNDAMENTAIS: "*Todos são iguais perante a lei, sem distinção de qualquer natureza*, garantindo-se aos brasileiros e aos estrangeiros residentes no país a inviolabilidade do direito à vida, à liberdade, à igualdade, à segurança e à propriedade, nos termos seguintes...". [Os destaques são deste autor.]

208 Essa posição variou entre épocas segundo valores os mais variados, mas que podem ser resumidos nos seguintes, apenas a título de ilustração: excelência militar notória; dimensão das tropas pessoais ou aliadas; quantidade de bens, como terras, rebanhos e escravos; quantidade de valores pecuniários; herança político-militar; estirpe.

(Πανδέκται)[209] de Justiniano (séc. VI)[210], compilação de fragmentos extraídos da obra de célebres jurisconsultos: "A Justiça é a vontade constante e perpétua de atribuir a cada um o seu direito" (*iustitia est constans et perpetua uoluntas ius suum cuique tribuendi*)[211]. Isso, porque não cabiam coisas iguais, fossem punições, fossem prêmios, a sujeitos considerados distintos por natureza, daí também, como consequência, por lei. Os cidadãos não eram considerados iguais a estrangeiros, nem escravos a homens livres, tampouco homens a mulheres, muito menos os membros da classe senatorial romana aos das demais, como os *equites*, os membros da classe equestre. Logo uma lei justa seria aquela que atribuísse corretamente a cada um segundo sua posição na cidade em que vivesse, posição naturalmente distinta, ao contrário das noções contemporâneas de equidade, como bem esclarecem Flósculo e Acquaviva[212]:

> "A justiça consiste em dar a cada um o que é seu". Qual o seu de cada um, porém? Para se poder dar a cada um o seu, seria preciso saber, desde logo, o que pertence a cada um. Ora, o princípio da justiça é invocado exatamente para dirimir a disputa entre partes que invocam aquilo que é seu. [§] A justiça judicial é aquela dada pelo juiz, exigindo paridade entre o dano e a reparação, o crime e a pena a este cominada. "A justiça é ideia, valor e ideal. Como ideia, é a representação abstrata do estado de pleno equilíbrio da vida social; como valor, poder-se-ia dizer que as coisas não constituem bens em si mesmas, sendo preciso lhes atribuir um valor. O que é valor? Valor é a importância que se atribui a um bem. Mas a valoração dos bens varia no tempo e no espaço. Os valores sociais têm existência histórica, não são perpétuos. Ora, tendo como pressuposto um valor, a ideia de justiça varia constantemente: o que era justo para os antigos talvez não seja para nós, embora possa voltar a sê-lo no futuro. Não resta dúvida,

---

209 Tratava-se de uma "recolha" do patrimônio jurídico antigo, especialmente romano, ordenada pelo imperador bizantino Justiniano [πᾶν + δεκτός, "tudo acolhido" < δέχομαι, "receber", "acolher"].

210 Também conhecidas como *Digesto* [< *digero*, "distribuir", "classificar" etc.].

211 Ulpiano, *Digesta* 1,1,10 (*apud Iustiniani Iuris Digestorum seu Pandectarum* 1,1 *De iustitia et iure*). Ver ainda 1,1,10,1: "Os preceitos do direito são estes: viver de modo honesto, não prejudicar o outro, atribuir a cada um o seu" (*iuris praecepta sunt haec: honeste uiuere, alterum non laedere, suum cuique tribuere*). Cf. Marcus Acquaviva, *Dicionário jurídico*. São Paulo: Rideel, p. 568.

212 J. Flósculo da Nóbrega, *Introdução ao direito*. São Paulo: Sugestões Literárias, 1981, *apud* Acquaviva, *op. cit.*, p. 568.

porém, de que, modernamente, o valor predominante é a *igualdade*, como a liberdade o foi por ocasião da Revolução Francesa."

No que respeita à passagem supracitada do *L.A.*, Agostinho parece estar recorrendo à mesma autoridade da lei, por cujo recurso havia antes censurado o próprio Evódio[213], ao adverti-lo de estar transgredindo as regras dialéticas propostas e por ambos assentidas, que estabeleciam buscar inteligir aquilo em que se crê por meio da autoridade. De fato, parece fazer recurso a um argumento de autoridade para definir o estatuto do homicídio: se não é crime, questiona, por que motivo o condena a lei? E se o condena, logo deve ser crime, pois nenhuma lei pode condenar um crime injustamente, do contrário não seria lei. Portanto, se é lei, e se toda lei é justa, e se a lei condena este crime como homicídio, logo este crime é um homicídio justamente condenável. Na verdade pouco importa a Agostinho definir uma lei, ou saber se as leis do império são justas. O que quer comprovar aqui, para muito além da legalidade dos homicídios, é se o móvel dos males encontra-se de fato na inclinação sensual, a *libido*. O problema, como se perceberá de modo ainda mais evidente na sequência da disputa dialética, é que essa tipificação não é tão pacífica assim, visto haver atos que parecem a muita gente condenáveis, mas não o são pelas leis das cidades dos homens, enquanto outros, que, embora tenham sido condenados pela lei humana, como aconteceu no tempo das perseguições, quando declarar sua fé em Cristo era passível de pena capital, na verdade não constituem males em si mesmos, ao menos segundo uma outra *regula*, de uma outra cidade, de valor infinitamente superior, acerca da qual, contudo, ainda se há de discorrer.

1,5,12,34-36. Dos males, o menor

> **34.** E – Por certo vejo ter sido suficientemente munida contra uma acusação desta natureza a lei que deu permissão, no povo que governa, para malfeitos menores, a fim de que não se cometessem maiores.

Princípio de caráter universal, a não dizê-lo senso comum, que prescinde de comentários, sem dúvida subjacente às noções de justiça e direito romanas, que se permitissem males menores, a que se evitassem os maiores. Logo, sendo crime menor privar o estuprador de sua vida insidiosa do que ter a própria vida, além da castidade, por ele roubada, fica preservada a justiça da própria lei.

---

[213] Cf. *L.A.* 1,3,6,16; 4,10,26.

34. E – [...] Porém o soldado, ao matar o inimigo, é sem dúvida ministro da lei, e por isso cumpriu convenientemente o seu ofício, sem nenhuma inclinação sensual.

O caso do soldado é semelhante ao do magistrado, supra-aduzido[214], onde há apenas cumprimento do dever de ofício, inexistindo, em tese, qualquer inclinação sensual, pelo que não deve ser chamado de homicida.

Quae tuendi populi causa lata est

35. E – E mais, a própria lei, *que foi promulgada para defender o povo*, não pode ser acusada de nenhuma inclinação sensual. Com efeito, aquele que a promulgou, se a promulgou por ordem de Deus, isto é, aquilo que determinou a eterna Justiça, pôde fazê-lo inteiramente desprovido de inclinação sensual...

Nada obstante o aparente otimismo de Evódio, há que se considerar que ele aqui se refere apenas à lei supracitada, que permite que se mate em defesa seja da vida, seja da liberdade, seja da castidade. Porém o argumento pode ser ampliado para incluir todas as leis que se acreditasse terem sido promulgadas por ordem de Deus (*dei iussu*), estatuídas de acordo com os desígnios perfeitamente justos da Providência, segundo se poderia depreender dos pressupostos piedosos elencados desde o início[215].

35. E – [...] Todavia, se ele estatuiu a lei com alguma inclinação sensual, disso não decorre que seja necessário obedecer-lhe com inclinação sensual, porque uma boa lei pode também ser promulgada por alguém que não seja bom.

Porém, se o legislador não se deixou iluminar e conduzir pelas mãos providentes da Justiça divina[216], mas, ao revés, inclinou-se para satisfazer seus próprios sentidos (*libido*), ainda assim, diz Evódio, não se poderia acusar a lei de injusta, pois até mesmo uma boa lei poderia ser promulgada por alguém não bom. Há que se procurar captar a ideia que subjaz a esta afirmação um tanto insólita. Se a lei foi promulgada por Deus, sem dúvida ela é boa. Logo, mesmo que o instrumento da promulgação tenha sido motivado pela própria *libido*, acaba sendo utilizado para fazer o bem, promulgando uma lei boa, embora

[214] Cf. *L.A.* 1,4,9,25.

[215] Cf. *L.A.* 1,2,5,12-13.

[216] É o que está posto no PREÂMBULO da C. R. F. B. (1988): "...promulgamos, *sob a proteção de Deus*, a seguinte Constituição da República Federativa do Brasil...". (O grifo é deste autor.)

sem nenhum mérito de sua parte, pois – o que não está dito, mas pode ser claramente subentendido[217] – mesmo do mal tira o bem a Providência, como o exemplo aduzido por Evódio na sequência dá conta de ilustrar, em que um legislador corrupto aceita propina para promulgar uma lei de interesse particular do corruptor[218]. Embora o ato de ambos seja doloso, o resultado acaba sendo bom, pois a lei proposta e promulgada não é má[219]. No entanto há um detalhe que merece destaque. Mesmo que a lei, que é boa, tenha sido promulgada por um agente motivado por inclinação sensual, não decorre disso que deva ser obedecida pelos cidadãos com semelhante inclinação. A ressalva é óbvia. Não é porque uma lei permite matar em defesa da própria vida, que o defensor deva fazê-lo com *libido*, matando indiscriminadamente sob a alegação de legítima defesa.

> **36.** E – [...] Portanto àquela lei, que prescreve repelir-se a força hostil com igual força, a fim de que os cidadãos sejam defendidos, pode obedecer-se sem inclinação sensual; e pode-se dizer o mesmo com relação a todos os ministros que, de direito e segundo a ordem, foram submetidos a algum poder.

Logo nenhuma inclinação sensual há na lei, ainda que promulgada por legisladores libidinosos, que permite a morte em defesa da própria vida, da castidade e da liberdade, tampouco deve haver inclinação sensual em seu cumprimento, mesmo que o legislador tenha sido maliciosamente motivado, o que também se aplica aos ministros da lei e da autoridade constituída.

Licença e liberdade

> **37.** E – Mas aqueles homens, ainda que a lei não seja culpada, não vejo como poderiam não ser culpados, pois a lei não os constrange a matar, apenas deixa-o em seu poder. E assim eles não são livres para matar a ninguém por causa de coisas que podem perder invitos, e que por isso mesmo não devem amar.

---

217 Importa notar que a tese advogada por Evódio, de que uma boa lei pode ser promulgada por alguém não bom, apesar das aparências, não contraria o princípio reiterado por Agostinho (1,1,2,6; 3,9), de que de um bem não pode originar-se o mal. Com efeito, não diz o filósofo que o bem não pode originar-se do mal, e sim o contrário, que o mal é que não pode ter origem no bem. A diferença é radical: se Deus pode tirar o bem até do mal, dele, que é o Bem supremo, contudo nenhum mal pode ser originado.

218 Cf. §36.

219 *Absit!* Oxalá o exemplo aduzido por Evódio a nenhuns inspire!

Ter a licença legal para matar, contudo, não significa ser necessariamente forçado a fazê-lo, sentencia Evódio, insistindo em seu ponto de vista. Logo nenhum dos três, nem o viajante cuja vida está ameaçada pelo salteador, nem o soldado cuja liberdade está ameaçada pelo inimigo, nem o homem, ou a mulher, cuja castidade está ameaçada pelo estuprador, enfim, nenhum deles tem a liberdade – dada por Deus, entenda-se – para matar por causa daqueles bens passíveis de perda involuntária, escopo da inclinação sensual. Isso, porque não deveriam amá-los: nem a vida, nem a liberdade, nem a castidade! Entenda-se: a vida do corpo, a castidade do corpo, a liberdade do corpo! Pois apenas o que se refere ao corpo pode ser dito passível de perda involuntária, não o que se refere à alma. E se não os amassem, não se incomodariam se os perdessem, como apregoavam as escolas de filosofia ditas helenísticas, além do platonismo, obviamente. A distinção entre licença legal e liberdade, como se há de ver na sequência, não se dá na semântica, muito menos no direito, mas na metafísica, por assim dizer, na distinção entre o que é dos homens e o que é de Deus, pois nem sempre a licença dada pela lei dos homens é homologada pela Lei divina, visto que muitos crimes condenáveis segundo a Razão suprema não são tidos por crimes segundo a humana.

Quem tem medo da morte?

37. E – [...] E com respeito à vida, é possível seja duvidoso a alguém se de nenhum modo ela possa ser subtraída à alma, quando morre-se este corpo. Mas se pode ser subtraída, deve ser desprezada; se não pode, nada se deve temer.

O argumento, analisado pouco antes[220], de que a morte não se deve temer em hipótese alguma, sendo um nada[221], como defendia Sócrates, um estado em que o morto não tem nenhuma sensação, nem consciência[222], ao modo de um "sono sem sonhos"[223], ou então, como advogavam os pitagóricos, influenciados pelas doutrinas órficas, que a morte é uma mudança de estado [μεταβολή], que se manifesta na "migração [μετοίκησις] da alma deste lugar para um outro"[224], tem seu precedente mais ilustre sem dúvida

220 Vejam-se os comentários a 1,5,11,32.

221 Platão, *Apologia de Sócrates* 40c5: "μηδὲν εἶναι". Cf. 40c-41b.

222 *Ibid.* 40c6-7: "Μηδὲ αἴσθησιν μηδεμίαν μηδενὸς ἔχειν τὸν τεθνεῶτα".

223 *Ibid.* 40c9-d1: "Οἷον ὕπνος μηδ᾽ ὄναρ μηδὲν ὁρᾷ".

224 *Ibid.* 40c8-9: "μετοίκησις τῇ ψυχῇ τοῦ τόπου τοῦ ἐνθένδε εἰς ἄλλον τόπον".

em Platão, no discurso que Sócrates teria proferido em sua própria defesa diante do tribunal ateniense[225]. Em nenhuma das duas hipóteses haveria o que temer, pois um estado que se assemelhasse a um sono sem sonhos, ou a uma outra vida, em que se haveria de encontrar com mortos ilustres e mais justos que os atenienses de seu tempo, com quem poderia praticar a dialética, segundo supunha Sócrates, só poderia ser melhor do que a condição presente[226]. Este argumento torna-se praticamente lugar-comum do pensamento antigo, tendo sido referido posteriormente por Cícero em algumas de suas obras, como no pequeno tratado sobre a amizade[227], que muito provavelmente os contemporâneos de Agostinho conheciam:

> [Lélio:] Eu não sou da mesma opinião daqueles[228] que recentemente começaram a dizer que as almas morrem ao mesmo tempo que os corpos, e que todas as coisas se destroem com a morte. Para mim mais vale a autoridade dos antigos, ou então dos nossos antepassados, que cumpriram para com os seus mortos tão piedosas obrigações, o que certamente não teriam feito, se tivessem ajuizado que nada disso seria de alguma utilidade a eles[229]; ou [a autoridade] daqueles[230] que viveram nesta região, e que através de seus modos de vida e de seus preceitos educaram a Magna Grécia[231], que agora sem dúvida está arruinada, mas que então era próspera;

---

225 Cf. Platon, *Des Sokrates Apologie* (In: *Werke in acht Bänden.*). Darmstadt: WBG, 1973, p. 1-69.

226 É preciso ter em conta que a vida do além-túmulo esperada por Sócrates reproduz uma pólis aristocrática habitada por sábios e heróis míticos: "Ora, se alguém, tendo chegado ao Hades, vendo-se livre destes que pretendem ser juízes, encontre os verdadeiramente juízes, que se diz praticarem ali a justiça, como Minos, Radamanto, Éaco e Triptólemo, e outros tantos, dentre os semideuses, que se fizeram justos em suas vidas, acaso seria essa uma partida indesejável? Ou então, para encontrar-se com Orfeu e Museu, Hesíodo e Homero, quanto algum de vós daria para que recebesse isso?" (*Apol.* 41a1-6) (εἰ γάρ τις ἀφικόμενος εἰς Ἅιδου, ἀπαλλαγεὶς τουτωνὶ τῶν φασκόντων δικαστῶν εἶναι, εὑρήσει τοὺς ὡς ἀληθῶς δικαστάς, οἵπερ καὶ λέγονται ἐκεῖ δικάζειν, Μίνως τε καὶ Ῥαδάμανθυς καὶ Αἰακὸς καὶ Τριπτόλεμος καὶ ἄλλοι ὅσοι τῶν ἡμιθέων δίκαιοι ἐγένοντο ἐν τῷ ἑαυτῶν βίῳ, ἆρα φαύλη ἂν εἴη ἡ ἀποδημία; ἢ αὖ Ὀρφεῖ συγγενέσθαι καὶ Μουσαίῳ καὶ Ἡσιόδῳ καὶ Ὁμήρῳ ἐπὶ πόσῳ ἄν τις δέξαιτ' ἂν ὑμῶν).

227 *Laelius de amicitia* 4,13. Cf. também *Cato maior seu De senectute* (§66) citado antes, nos comentários a 1,5,11,32, além de nas *Tusculanas,* em que todo o primeiro livro é praticamente um grande argumento contra o medo da morte, que era uma das tarefas da filosofia amenizar, se não pudesse de todo eliminar.

228 Refere-se sobretudo aos céticos: neoacadêmicos e cínicos.

229 Ou seja, que os ritos religiosos não serviriam em nada aos antepassados mortos.

230 Trata-se dos pitagóricos.

231 A região sul da Itália.

> ou [ainda a autoridade] daquele, que por meio do oráculo de Apolo[232] foi julgado o mais sábio de todos os homens, o qual, [com relação a este assunto,] não [dizia] – como na maior parte das vezes – uma hora uma coisa e depois outra, mas [sustentava] sempre o mesmo: que as almas dos homens são divinas e que, quando deixam o corpo, se lhes patenteia no céu um retorno [do exílio], tanto mais desembaraçado quanto melhor e mais justo cada um se tenha feito.[233]

Portanto, se ao morrer o corpo de alguém a vida lhe é subtraída, não apenas ao corpo, matéria morta, mas também à própria alma, que expiraria para sempre com o derradeiro suspiro do corpo, nada absolutamente restando depois, senão um "sono sem sonhos", para lançar mão da metáfora socrática, por que preocupar-se, isto é, por que motivo ir até ao limite extremo de matar alguém para evitar algo que em si mesmo não parece ser mau? Claro está que esta perspectiva não considera que a vida dos sentidos seja pior do que o nada da treva hipnal, apenas que não vale o ônus da morte de alguém, ônus que seria paradoxalmente levado consigo para o sono sem sonhos. O argumento não é muito convincente, sem dúvida, pois parece não levar em conta a vida em si, como algo do máximo valor, mas tampouco é de autoria de Evódio, sendo antes um pensamento herdado, que houve por bem tomar de empréstimo. Por outra, se se dissesse que a vida não era subtraída à alma, implicando que de algum modo, depois de morto o corpo, a alma sobrevivesse eternamente, fosse palrando despreocupadamente na ágora celestial, como queria Sócrates, na companhia de Homero, Orfeu e Museu, entre outras tantas celebridades míticas, mais justas e mais inteligentes do que as que o levaram ao tribunal, como seu próprio acusador Anito, fosse na contemplação beatífica da Face divina, na companhia de querubins, arcanjos e de toda a corte celeste, por

---

232 Refere-se a Sócrates, cuja visita ao oráculo de Apolo, em Delfos, para saber da Pitonisa se havia na Grécia alguém mais sábio do que ele (ἤρετο γὰρ δή εἴ τις ἐμοῦ εἴη σοφώτερος... ἀνεῖλεν οὖν ἡ Πυθία μηδένα σοφώτερον εἶναι), conforme é narrado na *Apologia* (21a6-7), tornou-se célebre.

233 Cícero, *Laelius de amicitia* 4,13: *"Neque enim adsentior eis, qui nuper haec disserere coeperunt, cum corporibus simul animos interire atque omnia morte deleri. plus apud me antiquorum auctoritas ualet, uel nostrorum maiorum, qui mortuis tam religiosa iura tribuerunt, quod non fecissent, profecto, si nihil ad eos pertinere arbitrarentur, uel eorum qui in hac terra fuerunt magnamque Graeciam, quae nunc quidem deleta est, tum florebat, institutis et praeceptis suis erudierunt, uel eius, qui Apollinis oraculo sapientissimus est iudicatus, qui non tum hoc tum illud, ut in plerisque, sed idem semper, animos hominum esse diuinos eisque, cum ex corpore excessissent, reditum in caelum patere optimoque et iustissimo cuique expeditissimum"*.

que preocupar-se, muito menos matar alguém, visto que essa morte vital (*mors uitalis*), a vida depois da morte, seria melhor do que a própria vida mortal (*uita mortalis*), a vida no corpo que morre?

A pudicícia não está no corpo

38. E – E quanto à pudicícia, quem duvida de que esteja situada no próprio espírito, uma vez que é uma virtude? Daí que nem mesmo ela pode ser tomada à força pelo estuprador violento. Portanto o que quer que houvesse de tomar à força aquele que é morto, isso não está de todo em nosso poder. Por isso não intelijo como poderia ser chamado de "nosso".

Pois bem, se nem a verdadeira vida, nem a verdadeira liberdade podem ser tomadas à força a alguém, pois não estão no corpo, e sim no espírito, o mesmo se pode dizer da verdadeira pudicícia, ou castidade, se o queira. Nenhum estuprador tem poder para arrebatar a verdadeira castidade de alguém, se este não consentir com ele. Daí a sedução tentadora ser muito mais perigosa para a alma que a violência, pois o risco de ceder ao prazer, consentido com o tentador sedutor, é muito maior, visto que o homem é tentado quando atraído e seduzido pelos próprios desejos, ou inclinações sensuais, como disse o apóstolo[234]. Ao revés, se a vida, a liberdade e a castidade do corpo[235] podem ser arrebatadas invito ao seu pseudopossuidor, não podendo essas coisas ser corretamente chamadas de "nossas", como diz Evódio, não há justificativa para que se mate alguém por causa delas, que são passíveis de perda involuntária, e precisamente por isso são amadas de modo torpe, em lugar dos bens verdadeiros. É preciso notar, ainda uma vez, a evitar o choque contra a mentalidade contemporânea, que isso se refere aos bens do corpo, o que, contudo, não revela forçosamente um desprezo irremediável por ele, e sim uma supervalorização do espírito, visto que Deus é Espírito[236], e que o homem, quando se diz ter sido feito à sua imagem e semelhança[237], assim se diz porque feito à imagem do Espírito, semelhança que se manifesta em sua capacidade intelectiva[238], por meio de que é capaz de contemplar o Ser absolutamente inteligível.

---

234 Cf. Tg 1,14: "Cada um é tentado pela própria inclinação sensual, quando atraído e seduzido" (ἕκαστος δὲ πειράζεται ὑπὸ τῆς ἰδίας ἐπιθυμίας ἐξελκόμενος καὶ δελεαζόμενος).

235 Ao contrário das verdadeiras vida, liberdade e castidade, as quais estão no espírito.

236 Cf. Jo 4,24: "πνεῦμα ὁ θεός".

237 Cf. Gn 1,26.

238 Cf. *83 Quaest.*, q. 35.

38. E – [...] Por isso certamente não condeno a lei que permite que se matem tais homens; mas a esses que matam, não descubro de que modo defendê-los.

Se é justa a lei que permite que sejam mortos o assaltante insidioso, o estuprador violento e o soldado inimigo que avançam perigosamente sobre si, por que condenar os que a própria lei isenta de culpa? Contudo Evódio não se sente à vontade para defendê-los, pois, segundo a definição de *libido* e a tese que se averigua, de que ela é a causa dos males, eles matam com inclinação sensual, ou seja, por causa de coisas que podem ser subtraídas invito a seu pseudopossuidor, o que significa que agem motivados por um desejo mau. As ideias que Evódio defende nesta passagem são de extrema importância, tendo sido adotadas por vários padres da Igreja, como Ambrósio e o próprio Agostinho, em defesa da virgindade consagrada, que, com não pouca frequência, era violada à época, em tempos de guerra ou de tumultos de vária ordem[239]. Ao situar as virtudes na alma, dentre as quais constava a castidade, preservava-se a virgindade, permitindo que as virgens se considerassem castas, mesmo que seus corpos houvessem sido violados, porque a verdadeira castidade era inexpugnável, se não houvesse consentimento. Ademais, nada do que se relacionasse com o corpo poder-se-ia dizer de fato propriedade do possuidor, segundo essa ideia, uma vez que nada de corpóreo poderia ser levado deste mundo com ele. E assim não se poderia desejar nada que estivesse ao corpo relacionado, sem que se o fizesse com *libido*, o amor das coisas que podem ser perdidas contra a vontade, uma vez que nem o corpo de fato se possui, já que ele não acompanharia a alma após a morte, ao menos de acordo com as doutrinas órfico-pitagóricas ou platônicas aludidas neste ponto do diálogo. E nem é muito difícil de perceber as implicações desta ideia. Se a virtude, assim como o vício, residem no interior do homem, não há como fugir da responsabilidade individual pela prática de qualquer ação, seja boa, seja má, desde que cometida por meio do querer. Se não se conspurca o corpo pelo estupro sofrido invito, tampouco se o faz por qualquer outro ato na mesma condição, praticado ou sofrido.

---

239 Cf. Ambrósio, *De uirginibus ad Marcellinam sororem suam libri tres* (PL 16, 187-232); *De uirginitate liber unus* (PL 16, 265-302). Cf. Agostinho, *De sancta uirginitate* (PL 40, 395-248). Veja-se também o primeiro livro da obra *Cidade de Deus*.

1,5,13,39-41. Duas leis: humana e divina

39. A – Muito menos eu posso descobrir por que queres defender homens que nenhuma lei tem por réus.

Se a lei romana não considerava réus os que matassem em defesa da própria vida, liberdade e castidade, respectivamente o salteador, o estuprador e o soldado inimigo que sobre si avançavam com ímpeto ameaçador, nenhuma necessidade haveria de defendê-los, obtempera com razão Agostinho.

39. E – [...] não sei se não são tidos por réus por alguma lei mais severa e completamente oculta, se não há nada que a Providência divina não administre.

No entanto todo escrutínio legal considera os delitos apenas a partir do prisma do corpo, por assim dizê-lo, daquilo que pode ser perceptível pelos sentidos e daí avaliado racionalmente, deixando de parte, como seria de esperar, quaisquer juízos referentes ao íntimo de cada agente, consciência individual que nenhuma lei humana tem capacidade de perscrutar, seja antecipando possíveis intenções por alguma legislação preventiva, seja punindo-as por sanções supostamente previstas em lei. Todavia, se se faça recurso aos pressupostos resultantes do princípio de piedade inicialmente assentados[240], dentre os quais o da existência e justíssima administração da Providência divina sobre tudo o que respeita à vida neste orbe, há que se admitir haver uma Lei, com inicial maiúscula, que ultrapasse o alcance da justiça limitada dos homens, penetrando o íntimo de cada agente, perfeitamente ciente dos verdadeiros motivos de cada ação. Se assim está assentado, como pressuposto axiomático consentido entre as partes, não há impedimento algum para que essa Lei providente seja incluída na disputa dialética.

39. E – [...] Pois como é que estão livres de pecado diante dela, os que se conspurcaram com sangue humano por aquelas coisas que convém desprezar?[241]

Logo, se a lei romana permite certos atos motivados por inclinação sensual, como verter o sangue alheio por bens que podem ser perdidos invito, estando

---

240 Cf. *L.A.* 1,2,5,12-13.

241 Apesar do que ficou dito antes, aqui não há como defender o dualismo platônico de Evódio. O desprezo da natureza corpórea, que incluía bens como a vida, a liberdade e a castidade, resta flagrante neste passo.

correta a tese proposta antes, de que a *libido* subjaz a todos os delitos, "conspurcar-se com sangue humano" por bens que convém "desprezar" deve logicamente ser interditado pela Lei que excele, a da Providência divina.

> **40.** Logo a mim me parece que não apenas essa lei, que foi escrita para reger o povo, permite essas coisas retamente, como também a divina Providência [retamente] as corrige.

Portanto duas são as leis: a humana, escrita pelos homens para "reger o povo", e a da divina Providência, "escrita" pela mão de Deus para administrar o conjunto universal de sua criação. As duas são justas. E não é porque a humana permite certos atos que a divina pune que ela deve ser considerada má. Pois a humana permite os males menores, para que se evitem os maiores, tendo por escopo a paz entre os homens, na medida em que eles sejam capazes de reger-se a si próprios. Porém a divina reserva penas adequadas aos delitos que passam impunes pelas leis humanas, as quais penas, sugere Evódio, de modo místico, apenas a Sabedoria pode libertar.

> **40.** E – [...] Na verdade aquelas faltas têm outras penas convenientes, das quais me parece que só a Sabedoria pode libertar.

Se Evódio refere-se à Sabedoria invocada nos livros sapienciais do Antigo Testamento, como no homônimo livro da *Sabedoria*[242], ou se se refere a Cristo, identificado por Paulo com a própria Sabedoria criadora[243], neste ponto é arriscado dizer, embora Agostinho tenha referido logo no início o Cristo "Sabedoria de Deus" (*dei sapientiam*) como um dos pressupostos piedosos[244] sobre os quais seria apoiada a disputa dialética.

> **41.** A – Louvo e aprovo essa tua distinção [...] essa lei, que é promulgada para reger os cidadãos, permite muitas faltas, deixando-as impunes, as quais, contudo, são punidas pela divina Providência, e retamente. E não é porque ela não faz todas as coisas, que o que faz deve ser censurado.

Portanto os delitos que passam impunes pela lei humana jamais deixam de ser punidos retamente pela divina, o que, contudo, não implica que a lei

[242] Cf. Sb 6-8; 10-12; Pr 8,23-31; Eclo 4; 6.

[243] Cf. 1Cor 1,22-24; Sb 10-12.

[244] Cf. *L.A.* 1,2,5,13.

humana seja má, apenas porque incapaz de prever e de cominar penas convenientes a todos os delitos praticados pelas criaturas racionais, muitos dos quais abscônditos nos mistérios imperscrutáveis – porém não para a Providência – do coração humano.

1,5,13,42-44. O escopo das duas leis

> **42.** A – [...] examinemos diligentemente até aonde devem ser castigados os malfeitos por intermédio desta lei, que coíbe[245] os povos nesta vida, depois o que resta para que seja punido pela divina Providência, de maneira mais inevitável e oculta.

Logo, se duas são as leis, uma escrita pela mão do homem para coibir e punir os povos nesta vida, chamada de lei humana, a outra, pela mão da Providência, responsável por punir[246] os malfeitos que restaram impunes pela primeira, posto que do modo mais esconso, chamada de "Lei divina", cabe agora investigar o alcance de cada uma. Para além da questão específica do homicídio em defesa dos três valores supracitados: vida, liberdade e castidade, essa distinção entre o alcance punitivo das duas leis se faz necessária para objetivo ulterior, da maior importância para os fins da disputa, saber quais bens pertencem ao âmbito dos sentidos, império da inclinação sensual, quais pertencem ao âmbito da inteligência, império do espírito.

> **44.** A – [...] pertencem os próprios homens e os povos [regidos pelas leis humanas] àquele mesmo gênero de coisas que não podem perecer ou transformar-se, de modo que sejam absolutamente eternos, ou pelo contrário, são mutáveis e sujeitos ao tempo?

A lei humana se ocupa deste mundo dos corpos, mundo sujeito à ação do tempo, limitado espacialmente, em que habitam seres mutáveis, e precisamente

---

245 Embora pareça que o aspecto preventivo da lei não esteja sendo negligenciado por Agostinho, pois cabe à lei "coibir", ou seja, refrear os maus impulsos humanos, não apenas puni-los, a discussão não avança suficientemente para que se possa de fato confirmar haver os dois aspectos aqui considerados: prevenção e punição.

246 Apesar de não ter sido mencionado por Evódio, indo além pode-se depreender três aspectos legais no Evangelho, que constitui uma parte da Lei divina para o homem: preventivo, punitivo e educativo-propedêutico, ou ressocializante. De fato, de par com ameaças de punições após esta vida, há muito, especialmente no Sermão do Monte, mas também nas cartas paulinas, que pretende preparar, não pelo medo, a criatura racional para sua ressocialização, por assim dizer, no Reino de Deus.

por isso destinados a perecer. A Lei eterna, ao contrário, além de ocupar-se das leis humanas e de tudo aquilo de que elas se ocupam, abrange os seres imutáveis, e precisamente por isso não sujeitos ao tempo. Essa distinção é crucial, não apenas por causa do dualismo de viés platônico, da distinção entre corpo e alma, mas porque estabelece os limites entre o que é real e o que é apenas imagem do real. Se a Lei eterna se ocupa do que realmente existe, visto ser permanente, suas prescrições não apenas são mais importantes, mas também mais reais, enquanto as disposições das leis humanas, porque se referem ao mundo das imagens transitórias, são menos importantes, porque menos reais. Logo a lei humana, posto que imprescindível para a coesão harmônica entre os homens e povos neste mundo, é igualmente mutável, daí também perecível, como os males que ela foi escrita para coibir.

Tempo e eternidade: considerações

Essa importante distinção entre objetos: [i] MUTÁVEIS (*mutabiles*), passíveis de sofrer mudanças em sua natureza (*mutari possunt*), os quais também são [i_a] TEMPORAIS (*temporales*), sujeitos à ação corruptora do tempo (*temporibus subiecti uel obnoxii*), [i_b] daí consequentemente PERECÍVEIS, destinados à ruina e ao desaparecimento, [ii] e IMUTÁVEIS (*inmutabiles*), que não podem ser mudados (*mutari non possunt*), porque [ii_a] ATEMPORAIS, ou seja, não se sujeitam à ação do tempo, [ii_b] nem à ruína, sendo ETERNOS (*aeternae*), como dito, guarda implicações as mais importantes, não apenas para a sequência do *L.A.*, mas também para a compreensão de toda a obra do filósofo. Pois bem, o que é eterno, precisamente por não estar sujeito à ação do tempo, não possuindo antes nem depois, não pode ser mutável. De fato, se fosse mutável, se pudesse ser de um modo agora e de outro depois, dir-se-ia estar sujeito à passagem do tempo, por assim dizê-lo[247]. Mas como está fora do tempo, fora do circuito interminável do antes e do depois, um determinado objeto x não pode mudar, de modo que ora seja x_t, em um tempo t, ora x_{t2}, em um outro tempo t_2. Porém o que está sujeito à ação do tempo, ao antes e ao depois, pode estar sujeito à mudança, sendo ora y_t, em um tempo t, ora y_{t2}, em outro tempo t_2, o que obstaria sua existência fora do tempo.

[247] Perceba-se a necessidade das metáforas espaciais para falar do tempo: passagem do tempo, progresso do tempo, voar do tempo, linha do tempo etc.

E mesmo que alguma mutação fosse possível sem corrupção, segundo uma coordenada espacial, quando um objeto pode ser dito modificar-se, ao mover-se, deslocando-se no espaço, do local *l* para o local *h*, sendo apenas sua posição relativa alterada, sem que necessariamente tenha sido corrompida sua natureza, contudo tal deslocamento espacial implicaria uma mudança temporal, um antes e um depois, porque não poderia estar no mesmo tempo t nos dois locais distintos, *l* e *h*, devendo estar no local *l* no tempo t_l e no local *h* no tempo t_h, do que decorre obviamente uma mudança segundo a coordenada temporal. Portanto, ainda que haja mudanças que não impliquem corrupção, coisa que não se está afirmando, apenas supondo, nenhum deslocamento espacial é possível fora do tempo, que nasce, dirá Agostinho mais tarde, com o próprio mundo, se de fato com ele iniciaram-se também os movimentos ditos mutáveis:

> Pois, se é corretamente que se distinguem a eternidade e o tempo, porque o tempo não existe sem alguma mutabilidade móvel, porém na eternidade nenhuma mutação existe, quem é que não vê que os tempos não teriam existido, se a criatura não tivesse sido feita, criatura que mudasse algo por meio de alguma moção, a cujos *lapsos* de moção e mutação, quando um cede e sucede o outro, os quais não podem existir simultaneamente, seguiria o tempo em intervalos de mora mais ou menos prolongados? [...] Sem dúvida o mundo não foi feito no tempo, mas com o tempo. Pois o que se faz no tempo não apenas se faz depois de algum tempo, mas também antes de algum tempo: depois daquilo que é pretérito, antes daquilo que é futuro. Porém não poderia existir o pretérito, porque nenhuma criatura havia, por cujos movimentos mutáveis se realizasse *o tempo*. Portanto o mundo foi feito com o tempo, se na sua fundação fez-se o movimento mutável...[248]

---

[248] *Ciu. dei* 11,6 1-8; 16-22 *"Si enim recte discernentur aeternitas et tempus, quod tempus sine aliqua mobili mutabilitate non est, in aeternitate autem nulla mutatio est, quis non uideat, quod tempora non fuissent, nisi creatura fieret, quae aliquid aliqua motione mutaret, cuius motionis et mutationis cum aliud atque aliud, quae simul esse non possunt, cedit aut succedit, in breuioribus uel productioribus morarum interuallis tempus sequeretur? [...] procul dubio non est mundus factus in tempore, sed cum tempore. quod enim fit in tempore, et post aliquod fit, et ante aliquod tempus: post id quod praeteritum est, ante id quod futurum est. nullum autem posset esse praeteritum, quia nulla erat creatura, cuius mutabilibus motibus ageretur. cum tempore autem factus est mundus, si in eius conditione factus est mutabilis motus..."*.

Mas em havendo movimentos "mutáveis", como diz Agostinho, seria lícito supor havê-los também imutáveis, quando nem os movimentos da mente se podem assim dizer, visto que ora pensa uma coisa, ora outra, embora esteja fora de qualquer categoria espacial? No que tange à Mente suprema, Deus, diz-se que ela, apesar de mover todas as coisas, jaz imóvel, sendo absolutamente imutável. De fato, não se desloca no espaço, do contrário estaria nele contida, o que deporia contra sua absoluta infinitude, porém não apenas a infinitude relativa a coordenadas espaciais, mas algo além, que se expressa por sua inapreensibilidade, visto não tratar-se de corpo, prescindindo de qualquer limite mensurável. E sendo eterno, não tem fim, o que implica ser incorruptível, não apenas porque não possui matéria que possa ser corrompida, visto que é inteligível, mas precisamente porque não se desloca no espaço, não havendo nele nenhum antes ou depois. Assim está fora do tempo, no que se diz eternidade, embora autores como Boécio[249], em tratando da categoria[250] aristotélica "tempo" e sua relação com a eternidade, operem uma distinção entre aquela e a sempiternidade, ou seja, entre permanência imóvel e móvel:

> [A categoria de *tempo*] "quando" se predica do mesmo modo, de maneira que [se diga] do homem que ele veio ontem, de Deus, que é sempre. [...] Porém aquilo que se diz de Deus, que "é sempre", significa uma única coisa: como se tivesse sido no pretérito todo, como se de algum modo seja no presente todo, e que será no futuro todo. Isso, segundo os filósofos, pode ser dito do céu e dos demais corpos imortais[251], mas de Deus, não desse modo. Pois ele é sempre, visto que o "sempre" do tempo presente está nele, e há uma enorme distância entre o presente das nossas coisas, o qual é agora, e o das coisas divinas, porque o nosso

249 Boécio, sendo posterior (séc. V-VI), natural que seu pensamento derive da fonte agostiniana.

250 Aristóteles, *Categorias* 1b25-27: As dez categorias ou "do que se predica" (τῶν κατηγορουμένων): [i] substância (οὐσία); [ii] quantidade (ποσόν); [iii] qualidade ou qualificação (ποιόν); [iv] relação (πρός τι); [v] lugar (πού); [vi] tempo ou quando (ποτέ); [vii] posição (κεῖσθαι); [viii] posse ou possuir (ἔχειν); [ix] ação ou fazer (ποιεῖν); [x] afecção ou sofrer (πάσχειν), as quais Boécio traduz em latim do seguinte modo: "Os dez predicados que de todas as coisas universalmente se predicam" (*decem praedicamenta quae de rebus omnibus uniuersaliter praedicantur*): [i] *substantia,* [ii] *quantitas,* [iii] *qualitas,* [iv] *ad aliquid,* [v] *ubi,* [vi] *quando,* [vii] *situm esse,* [viii] *habere,* [ix] *facere,* [x] *pati.*

251 Porque nos corpos celestes há movimento, porém não em Deus. Logo os corpos celestes não podem estar na eternidade, onde inexiste movimento,

"agora" faz o tempo e a sempiternidade como se estivesse correndo[252], mas o "agora" divino faz a eternidade permanecendo, e não se movendo e parando[253]. À qual eternidade, se adiciones apenas o "sempre", farás com que aquilo que é próprio dela agora se torne um curso contínuo e incessante[254], pelo que perpétuo, que é a sempiternidade[255].

Se se leve em conta a distinção operada por Boécio, vê-se que a alma humana, ao contrário de Deus, embora viva para sempre, não é eterna. Isso, não apenas porque foi criada com o tempo, inexistindo na eternidade imóvel de Deus, antes de ter sido por ele criada, mas precisamente porque não é imóvel[256]. Logo, em havendo nela um antes e um depois, movimento que decorre de sua atividade intelectiva, já que não é onisciente, nem onipresente, pensando linearmente tudo o que pensa, uma coisa depois de outra, numa sequência presa à coordenada temporal – ao menos até aonde se possa por ora especular racionalmente, o que não exclui de modo nenhum uma possibilidade futura de "pensar" de modo diferente, fora do tempo, segundo se depreende dos mais diversos relatos de contemplação mística conhecidos –, numa palavra, sendo móvel e mutável, não pode ser eterna, apenas sempiterna, o que significa que

---

252 O sempre onde há movimento produz o tempo, o antes e o depois que o marcam e fundam.

253 O sempre da eternidade é imóvel, não havendo nele um antes e um depois, apenas um "é" permanente.

254 Portanto o sempre não cabe na eternidade, do contrário haveria o correr contínuo e perene do tempo, do antes e do depois, o tempo sem fim que é próprio da sempiternidade, segundo a leitura de Boécio.

255 Boécio, *De Trinitate* 4, 50-77: "*'Quando' uero eodem praedicatur modo, ut de homine heri uenit, de deo semper est. [...] quod uero de deo dicitur 'semper est', unum quidem significat, quasi omni praeterito fuerit, omni quoquo modo sit praesenti est, omni futuro erit. quod de caelo et de ceteris inmortalibus corporibus secundum philosophos dici potest, at de deo non ita. semper enim est, quoniam 'semper' praesentis est in eo temporis, tantumque inter nostrarum rerum praesens, quod est nunc, interest, ac diuinarum, quod nostrum 'nunc' quasi currens tempus facit et sempiternitatem, diuinum uero 'nunc' permanens, neque mouens sese atque consistens, aeternitatem facit. cui nonnisi si adicias 'semper', facies eius quod est nunc iugem indefessumque ac per hoc perpetuum cursum quod est sempiternitas*".

256 Cf. Agostinho, *Ep.* 18,2: "Existe uma natureza que é mutável no espaço e no tempo, como o corpo. Existe ainda uma outra natureza que é também ela mesma mutável, mas de modo nenhum no espaço, apenas no tempo, como a alma. E existe uma natureza que não está sujeita à mudança, nem no espaço, nem no tempo, que é Deus" (*est natura per locos et tempora mutabilis, ut corpus. et est natura per locos nullo modo, sed tantum per tempora etiam ipsa mutabilis, ut anima. et est natura quae nec per locos, nec per tempora mutari potest, hoc deus est*).

sua atividade não terá fim[257]. E com efeito, se naquele Fim sem fim, que se diz o Sábado eterno, a alma há de contemplar, louvar e amar o Criador[258], ainda que essas três coisas ocorram apenas em espírito, à razão humana é incompreensível que se deem sem mobilidade alguma, não apenas porque são três atos em tese distintos, que, mesmo que sejam levados a efeito simultaneamente, ainda assim, para a alma que não é nem de longe una e trina, implica multiplicidade e moções estranhas à eternidade.

Há, portanto, duas leis, temporal e eterna, que representam respectivamente duas ordens de coisas, uma sujeita às moções e mutações próprias às coordenadas espaciais e temporais, que neste caso se refere sobretudo às criaturas dotadas de corpo, seja ele animado ou não, a outra em tese fora das cadeias do tempo e do espaço, não sujeita às moções próprias às criaturas perecíveis, o que neste caso se refere às criaturas incorpóreas, apreensíveis apenas pela mente[259]. Essa distinção, como visto pelas citações anteriores, aqui no *L.A.* está pouco delineada, havendo de ser mais desenvolvida pelo filósofo ao longo do tempo, especialmente a relação recíproca entre as duas ordens, que parece, neste caso, operar-se por meio de participação, sob influência neoplatônica, como se a mente, ao voltar-se para as realidades eternas, se tornasse uma só com elas, por *metálēpsis*; de modo inverso, ao converter-se para os bens temporais, mergulhasse nos movimentos e mutações próprios à matéria, numa perfeita simbiose, que para ela seria uma espécie de morte[260]. Seja como for, o que importa para os fins destes comentários é a distinção entre as duas ordens: mutabilidade e imutabilidade, respectivamente do tempo e da eternidade.

> Pois onde nenhuma criatura existe, por meio de cujos movimentos mutáveis os tempos se completam, não podem de modo nenhum existir os tempos [...] Porém o tempo, visto que transcorre na mutabilidade, não pode ser coeterno com a eternidade imutável.[261]

---

[257] A não ser que se torne um com Deus, em sua eternidade imóvel, numa *théōsis* (θέωσις) – a mística união (μυστικὴ ἕνωσις) com o Ser divino – tão mais misteriosa quanto por ora incompreensível à razão humana.

[258] Cf. *Ciu. dei* 22,30; *Sermo* 254,8.

[259] À parte o Criador, obviamente.

[260] Vejam-se os comentários a 1,4,10,30: "Vida que é morte".

[261] *Ciu. dei* 12,16: *"Vbi enim nulla creatura est, cuius mutabilibus motibus tempora peragantur, tempora omnino esse non possunt [...] tempus autem quoniam mutabilitate transcurrit, aeternitati inmutabili non potest esse coaeternum."*.

1,6,14,45-46. Teologia política: a pátria como microcosmo

46. A – [...] se o mesmo povo, tendo-se paulatinamente depravado, prefira o interesse privado ao interesse público e tenha por venal o seu sufrágio, e, corrompido por aqueles que amam os cargos públicos, confie o governo, contra si mesmo, a homens imorais e criminosos, não é retamente também que, se algum varão virtuoso, de grande capacidade, que venha então a distinguir-se, retire deste povo o poder de atribuir cargos públicos, confiando tal poder ao arbítrio de uns poucos bons, ou até mesmo de um só homem?

Na sequência da investigação acerca do alcance de ambas as leis, humana e divina, admitindo que a primeira se ocupa dos povos e cidades que constituem este orbe, todos eles mutáveis e sujeitos ao tempo, levanta-se a hipótese[262] de que um dado povo, reto e moderado nos costumes, em que cada cidadão ame mais o bem coletivo do que o individual, recebesse o direito de eleger os próprios magistrados, de modo democrático, por assim dizê-lo, por meio dos quais ministros populares, igualmente justos e preocupados com o bem comum, a coisa pública seria administrada com justiça. Essa hipótese presume serem três as condições para que o povo receba esse privilégio[263]: [i] ser bem moderado (*bene moderatus*), o que implica um mecanismo de controle racional das inclinações sensuais; [ii] ser rígido nos costumes (*grauis*), consequência inevitável da primeira condição, pois a temperança conduz à austeridade; [iii] ser um guardião diligente do interesse público (*custos communis utilitatis*), preferindo o bem comum ao privado. Assim, se se preencham esses requisitos, a esse povo hipotético se dá com toda a justiça o direito de promulgar uma lei que lhe conceda o livre sufrágio, e com isso a preservação de seus interesses coletivos[264], ao eleger magistrados aptos para os cargos mais importantes, liberdade que se presume seja fruto de mérito, o preço pelas virtudes coletivas do povo.

Por outro lado, se esse mesmo povo se degenera, preferindo ao invés o interesse pessoal ao coletivo, e por inclinação sensual pelo poder dos cargos públicos vende seu sufrágio, e com ele sua liberdade, tem-se como consequência a instauração de um regime liderado por homens imorais e criminosos, que

[262] Cf. *L.A.* 1,6,14,45.

[263] No Império isso seria concessão de caráter quase divino, nunca um "direito" universal, ideia que predomina hoje no Ocidente, infelizmente com mais exceções do que o suportável.

[264] Trata-se de uma hipótese, apenas. O filósofo não era a tal ponto ingênuo para supor que o sufrágio livre fosse garantia de honesta e prudente governança. Todavia a hipótese é coerente, porque esse povo hipotético era constituído de cidadãos temperantes, sérios e nada egoístas.

chegam ao poder por meio da corrupção viciosa dos costumes e da venalidade do voto. Desgraça pela qual não deve inculpar cada um senão a si mesmo, tendo sido o povo algoz de si mesmo, quando vendeu sua liberdade a homens indignos, por inclinação sensual, o amor das coisas que podem ser perdidas invito, amor sempre voltado para o interesse privado, em detrimento do público[265]. Portanto esse povo degenerado, como consequência de seu crime, padece a devida corrigenda, o que se dá, segundo a hipótese aduzida, pela mão de algum varão virtuoso (*uir bonus*), o qual, saído do seio do próprio povo, como um remanescente dos tempos da moralidade, lhe suprime com mão de ferro o direito anteriormente adquirido do livre sufrágio, logrando por sua excelente capacidade transformar a antiga democracia em uma aristocracia, confiando, segundo seu exclusivo alvedrio, o governo aos poucos homens de bem que restaram (*in paucorum bonorum*), ou em uma monarquia[266], caso ele prefira manter o poder em suas próprias mãos (*uel etiam unius*), ou nas de algum outro varão considerado por ele digno.

Interessante notar a subordinação da política à ética que efetua Agostinho neste exemplo, quando o regime da cidade é derivado diretamente das qualidades morais do povo. Se virtuoso, ou seja, temperante, austero e guardião do interesse coletivo, merece um governo democrático, por assim dizê-lo, no qual sua liberdade política, expressa pelo sufrágio, é preservada; porém, na medida em que se afaste das virtudes, entregando-se às inclinações sensuais, seja na corrupção dos costumes, seja na venalidade dos cargos públicos e do próprio sufrágio, tem sua liberdade política suprimida, como um castigo autoimposto, depois de ter sido depositada libidinosamente nas mãos dos maus, que por causa de sua própria degenerescência se instalaram nos mais altos cargos de poder.

Ora, essa depravação[267] degenerescente pode ser vista também como um prenúncio, posto que um tanto embrionário, da tese que Agostinho elabora para explicar a origem do mal. Com efeito, se no âmbito político o povo perde suas prerrogativas democráticas, nomeadamente sua liberdade de sufrágio,

---

265 Nada estranha uma tal degeneração, quando se tem visto *ab ouo* a prevalência do privado em detrimento do interesse público, em claro manifesto do lema: BONVM EST QVOD MIHI EST BONVM.

266 Em tese, na democracia o poder (κράτος) estava com o povo (δῆμος); na aristocracia, com os indivíduos supostamente mais excelentes (ἄριστοι), quer militar, quer moralmente (ἀρετή); na monarquia, por fim, a regência, ou melhor, a principal posição (ἀρχή) cabia a um só (μόνος) indivíduo.

267 Cf. verbetes *deprauo, deprauatus* no LÉXICO T-F.

porque converte suas inclinações para si, avertendo-as do bem comum, cujo detrimento ocasiona, ao permitir que criminosos cheguem ao poder, algo não muito distante disso parece ocorrer com a criatura humana em sentido mais amplo, desde os primórdios ainda. De fato, quando no jardim das delícias o conúbio primeiro decide "vender" seu sufrágio – que nada mais é do que a liberdade de escolha de cada indivíduo, seu poder de decidir de seu próprio destino – ao emissário do anjo prevaricador, a serpente maliciosa, por simples inclinação sensual convertida para si e avertida do Bem comum e supremo, Deus, que faz além de vender sua liberdade, entregando o próprio governo de si mesmo ao príncipe dos lapsos? O qual nada de muito diferente havia feito, quando ainda anjo preferiu-se a si mesmo em detrimento do Ser supremo, inclinando-se sensualmente em direção à própria imagem e pretendendo só de si fruir; numa palavra, avertendo-se da Vida, convertendo-se para a morte.

E de uma degenerescência tal, assim como se dá no exemplo político aduzido, somente um homem virtuoso e bastante capacitado (*qui plurimum possit*) poderia resgatar o povo[268], restituindo-lhe a condição pregressa, ao livrá-lo dos gadanhos pestilentos daquele que o mantinha em cativeiro. E o modo de fazê-lo é também muito semelhante ao modo do excelente varão político, cuja primeira medida foi retirar do povo a própria liberdade, de que fez mau uso, ao preferir o interesse pessoal ao coletivo, convertendo-se para seu próprio bem em detrimento do Bem comum. Na verdade o nobre varão não retira do povo a sua liberdade, que já havia sido vendida pelo povo aos governantes corruptos e criminosos, assim como a liberdade humana, que havia sido entregue ao diabo. Ao contrário, a liberdade do povo, retomada dos governantes corruptos, supostamente depostos, mantém-se sob a tutela do nobre varão, em quem o povo deve agora ter fé, confiando-lhe sua salvação e a completa, posto que paulatina, restauração de sua liberdade de sufragar.

Nada necessário um esforço ingente para perceber como essa teoria política de Agostinho se coaduna com sua teodiceia, no que se bem pode denominar "teologia política". De fato, assim como o homem, representado por Adão, teve sua liberdade tolhida por demérito e depravação próprios, não tendo ninguém a quem incriminar senão a si mesmo, uma vez que preferiu-se a si mesmo, optando por servir a seus próprios interesses em detrimento da justiça, que em seu caso seria a obediência a Deus e ao preceito de amá-lo, honrá-lo e preferi-lo

[268] Não o diabo, cuja perdição tem-se por irremediável.

sobre todas as coisas[269], assim também ocorre com o povo que se degenerou. Com efeito, o povo vivia numa espécie de paraíso, sendo livre para escolher aqueles que haveriam de governá-lo, pois era justo, rígido nos costumes e temperante, além de guardião do interesse comum. Esse povo, como Adão, volta as costas à justiça, ao interesse comum, ao amor do próximo, preferindo o amor de si; e mais, por preferir a si mesmo em detrimento da justiça, abre os ouvidos à sugestão serpentina, à corrupção dos que, como ele, preferem a própria justiça em detrimento da Justiça comum, dos que só buscam o interesse pessoal em detrimento do público, dos que cobiçam honras pessoais e bens transitórios em detrimento do bem devido ao próximo.

Como consequência danosa, tanto para Adão como para o povo degenerado, chafurdam primeiro na voluptuosidade insciente, crendo-se bastante felizes, autossuficientes e muito espertos na posse do fruto proibido, o que se dá apenas de modo efêmero, para logo em seguida dar-se conta de que foram expelidos do paraíso, excluídos do convívio com Deus, privando-se por culpa própria de sua liberdade de escolha. E se o povo não pode mais escolher para si magistrados, caindo primeiro nas mãos de corruptos, e depois nas mãos de algum regente poderoso que irá escolher por ele, Adão, por sua vez, vê-se obstado em sua liberdade, doravante incapacitada pela ignorância e dificuldade, pena decorrente de sua transgressão, de escolher eficazmente o bem, carecendo desde então da Graça divina, que o auxiliará a escolher e a pôr em prática suas escolhas[270].

Portanto essa distinção entre público e privado, que permite a analogia entre o discurso político, evidente eco ciceroniano, e o teológico, no que se denominou acima "teologia política", não é exclusividade do *L.A.*, sendo recorrente na escrita de Agostinho, ao menos por essa época, como se pode verificar na septuagésima nona questão de *83 Questões diversas:*

> Toda alma em parte exerce o poder de uma certa parte privada de si, em parte é coagida e regida pelas leis da universalidade, assim como pelas leis públicas. [...] Mas toda alma está tanto mais purgada pela piedade, quanto, tendo-se deleitado menos naquilo que é seu e privado, [mais]

[269] No caso do anjo caído, sua prevaricação consistiu em ter preterido o amor de Deus em suposto benefício do amor de si. Diz-se "suposto" porque, na verdade, ao preterir o amor de Deus, foi em detrimento de si mesmo que o fez, posto que sem sabê-lo.

[270] Fique claro, porém, que a Graça não constitui preocupação de Agostinho no *L.A.*

contempla a lei da universalidade e devotada e livremente lhe obedece. Pois a lei da universalidade é a Sabedoria divina. [...] Porém quanto mais se regozija com o que é seu e privado, e, tendo negligenciado Deus, que preside a todas as almas de modo útil e salutar, [...] é tanto mais sórdida e tanto mais obrigada a servir penalmente às Leis divinas, como às leis públicas. Portanto, quanto a alma humana, tendo desertado de Deus, se houver deleitado em suas próprias honras ou em seu poder, tanto mais é submetida a tais poderes, os quais se regozijam no que é seu e privado e desejam ser honrados pelos homens, como se fossem deuses.[271]

1,6,14,47-48. A lei temporal: duas instâncias

47. A – Logo, visto que essas duas leis parecem ser contrárias entre si, de tal forma que uma delas atribua ao povo o poder de conceder cargos públicos, a outra o retire...

No exemplo anteriormente citado por Agostinho, embora não tenha sido especificado por ele, o povo, quando virtuoso, é regido por uma lei, quando depravado, por outra. No primeiro caso há uma lei que concede a liberdade de sufragar, no segundo há outra que o retira. Se o povo é justo e virtuoso, podendo sufragar livremente, escolhe seu destino sem nenhum constrangimento. Se é injusto e vicioso, tem seu direito de sufrágio suprimido, sendo constrangido a submeter-se ao domínio alheio.

47. A – [...] e visto que essa segunda foi promulgada de tal forma que ambas jamais possam existir numa única cidade simultaneamente, acaso diremos que alguma delas é injusta e que nunca deveria ter sido promulgada?

Todavia essas duas leis não podem coexistir em um mesmo povo. Com efeito, se o povo é bom e age bem, não há por que ser punido com a perda da

[271] *83 Quaest.* 79,1 1-23: "*Omnis anima partim priuati cuiusdam sui potestatem gerit, partim uniuersitatis legigus, sicut publicis, coercetur et regitur. [...] sed unaquaeque anima tanto est pietate purgatior, quanto, priuato suo minus delectata, legem uniuersitatis intuetur eique deuote ac libenter optemperat. est enim lex uniuersitatis diuina sapientia. [...] quanto autem amplius priuato suo gaudet et, neglecto deo, qui omnibus animis utiliter ac salubriter praesidet [...] tanto est sordidior tantoque magis poenaliter diuinis legibus tamquam publicis seruire cogitur. quanto igitur anima humana deserto deo suis honoribus uel sua potestate fuerit delectata, tanto magis subditur talibus potestatibus, quae priuato suo gaudent et honorari ab hominibus sicut dii cupiunt*".

liberdade de sufragar. Se é mau e age mal, não há como manter-se livre para eleger magistrados, o que só causaria detrimento ao bem comum. Porém, em um e outro caso as leis são justas, seja quando a liberdade do povo é suprimida, seja quando é mantida, porque, como se consentiu antes[272], nenhuma lei pode ser injusta.

> **48.** A – Logo, se te agrada, chamemos essa lei de "temporal", a qual, conquanto seja justa, contudo pode ser completamente mudada ao longo dos tempos de modo justo.

Todavia, mesmo que se trate de duas leis distintas, não se trata de dois gêneros de lei, segundo aquela importante distinção supraefetuada[273], pois ambas são temporais. Na verdade, ou trata-se apenas de duas versões de uma lei temporal que sofreu modificação ao longo do tempo, ou de duas leis temporais distintas promulgadas em épocas diferentes, segundo as necessidades de cada circunstância. Primeiro, quando o povo era justo, uma lei atribuía poder para que magistrados pudessem ser eleitos por sufrágio. Depois, em uma sequência temporal, ou ela sofreu modificações para adaptar-se à nova situação, decorrente da depravação do povo, proibindo a liberdade de sufragar, ou promulgou-se uma nova lei que determinasse essa restrição. Ainda que se diga que ambas são regidas por um único princípio divinamente justo, trata-se nos dois casos de leis humanas, porque mutáveis, ainda que ambas sejam justas.

1,6,15,48-49. A Lei eterna: *summa ratio*

> **48.** A – [...] Pois bem, aquela Lei, que é denominada "Razão suprema", a que se deve invariavelmente obedecer e por meio da qual os maus merecem uma vida infeliz, os bons, uma vida feliz, e pela qual, enfim, a outra lei, que dissemos dever chamar-se "temporal", retamente se promulga e retamente se modifica, pode, a alguém que intelija, aquela Lei não ser considerada absolutamente imutável e eterna?

Se as duas leis supracitadas no parágrafo anterior, uma das quais atribuía ao povo o direito de sufragar livremente, a outra o retirava, ambas justas, embora promulgadas em circunstâncias distintas, foram chamadas de "temporais", porque mutáveis, Agostinho agora apresenta uma outra lei, porém imutável, porque não sujeita às contingências decorrentes das coordenadas espaço temporais, Lei

---

272 Cf. *L.A.* 1,5,11,33.

273 Cf. *L.A.* 1,5,13,39-41; 42-44.

com inicial maiúscula, que é também chamada de "Razão suprema" (*summa ratio*). Se se deve obediência às leis temporais, não apenas porque são justas, mas porque imprescindíveis para a manutenção da ordem e da coesão das sociedades, muito mais a essa Lei, que por ser imutável se diz "eterna". E que se predica dela, além da imutabilidade e da eternidade? Primeiro diz que ela deve ser invariavelmente obedecida, o que sugere que não possa ser desobedecida, muito menos burlada. Por quê? Supõe-se que seja por sua suprema racionalidade, cuja Justiça, precisamente por isso, é perfeita. Porém há mais. Se se trata da Lei por meio de que os bons merecem a vida feliz, os maus, a infeliz, esta Lei eterna, que é também a Razão suprema, não pode ser outra coisa além da própria Providência divina, como dito logo no início[274], que "assim como distribui prêmios aos bons, distribui castigos aos maus". Portanto, se a lei que concede ao povo a liberdade de sufragar é humana, assim como a que o retira, nenhuma das duas se faz justa senão porque deriva sua justiça da Justiça da Lei eterna, a Razão suprema, que ontem, hoje e amanhã determina que é sempre justo que os bons sejam premiados com a vida feliz, os maus, com a infeliz. Essa lógica perfeita, proveniente da Razão suprema, tão certa e imutável como dois e dois são quatro, que serve de metro para as leis humanas mutáveis e temporais, só pode ser divina e eterna. Assim sendo, se as duas leis do exemplo supracitado são justas, ora fazendo o povo feliz pela concessão da liberdade de sufrágio, ora punindo-o pela retirada da liberdade, assim o são porque sua justiça é derivada da Lei eterna, do contrário nenhum padrão de justiça seria encontrado em sua mutabilidade, como a essência justa que lhes subjaz. Logo, o que faz com que sejam justas, embora se modifiquem, não é a razão mutável dos magistrados, mas a Razão imutável da Providência.

49. A – [...] E pode jamais ser injusto que os maus sejam infelizes, porém os bons, felizes? Ou que próprio povo comedido e rigoroso crie para si magistrados, e o dissoluto e depravado, por sua vez, careça dessa licença?

Portanto essa Lei eterna, que aplica sua justa medida aos bons e aos maus, segundo seus méritos e deméritos, embora isso nem sempre seja aparente nesta vida, preside à promulgação da outra, lei mutável que rege os homens em sociedade, a qual, por causa dessa derivação, pode ser considerada em certa medida igualmente divina, conquanto mediatamente. E mesmo que muita vez a justiça

274 Cf. *L.A.* 1,1,1,1-2.

humana falhe, não atribuindo a cada um o que lhe cabe, contudo não se atribui a injustiça ao Justo em si constante da Lei divina, mas a uma má derivação, por assim dizê-lo, sendo apenas necessárias adaptações, que ocorrem segundo as coordenadas de tempo e espaço, de acordo com os costumes de cada época e as culturas de cada povo, que determinam as mudanças que padecem as noções de justo e de injusto na sucessão temporal. Todavia a distinção que importa para os fins propostos por Agostinho no *L.A.*, como já destacado, é a imutabilidade da Lei eterna, cujos preceitos, assim como as razões matemáticas, são eternamente invariáveis. Logo jamais será injusto que os maus sejam infelizes, os bons, felizes, ou que o povo reto e comedido seja livre, o pravo e descomedido, não.

A noção clássica de justiça e a Lei divina

Ao dizer que cabe à Lei divina atribuir aos maus a infelicidade, aos bons, o seu contrário, percebe-se como a definição clássica de justiça[275], que preceituava atribuir/retribuir a cada um o que era seu de direito, estava impregnada nas concepções de Agostinho acerca da Justiça divina, sobrepujando quaisquer conceitos contrapontísticos, como o de misericórdia, por exemplo, que até o momento só pode ser minimamente subentendido[276]. Vale obtemperar, contudo, que uma tal noção ordenadora, se se aplica com perfeição na esfera divina através da Providência, que nenhuma dificuldade tem para avaliar equitativamente a maldade ou a bondade de cada criatura, determinando com justiça infalível o preço cabível a cada um por seus atos, plenamente conhecidos pela onisciência do Juiz universal, na esfera humana essa aplicação se mostra muito menos exequível, sendo muito mais desafiador conhecer os méritos e deméritos de cada agente, e mais complexo ainda saber o que cabe a cada um atribuir/retribuir. Por outro lado, como nenhuma noção de misericórdia se interpõe entre os atos e a retribuição dessa rígida noção de justiça, percebe-se assim sua severa proximidade com a famigerada lei de Talião, em que o olho que se atribui pelo olho lesado, ou o dente, pelo dente quebrado, seguem padrão análogo: a cada um o que lhe cabe: se olho, olho; se dente, dente, sem atenuantes, muito menos perdão. Isso, nada obstante a noção de clemência não ter sido desconhecida da cultura jurídica romana, porém pouco ou quase nada aplicada na prática.

---

[275] Cf. os comentários 1,5,11,33 “Ulpiano: A cada um o que é seu”.

[276] Cf. os comentários 1,6,14,45-46 “Teologia política: a pátria como microcosmo”.

1,6,15,50. Justo e legítimo

50. A – [...] naquela lei temporal nada existe de justo e legítimo que não tenham os homens derivado para si desta Lei eterna...

Nada há na lei temporal e mutável dos homens que, se de fato possa ser considerado justo e legítimo, isto é, segundo as noções de Justiça e de Lei[277], que não tenha sido derivado da Lei eterna. Mas se "derivar" é retirar, como quem retira água de um rio [*de* + *riuus*], o que foi derivado da Lei eterna depreende-se tenha sido dela retirado, como se de algum modo os legisladores humanos tivessem tido acesso às águas caudalosas da Legislação divina. À parte o problema, que tem desafiado platônicos no cadinho dos séculos, de saber como se dá a comunicação entre a unidade eterna, no caso da Lei divina[278], e a multiplicidade temporal, no caso das leis humanas[279], depreende-se que o que quer que haja de verdadeiramente justo e legítimo nas leis promulgadas pelos homens eles o derivaram do Justo em si da Lei eterna. Isso significa dizer que as leis humanas cambiantes, embora pálida imagem da Lei divina, refletem o que de justo e legítimo pode ser apreendido pela criatura, enquanto ainda presa ao corpo, para lançar mão da metáfora órfico-pitagórica tão cara a Platão. Por isso é que as constantes mutações das leis promulgadas pelos homens, segundo os mais variados tempos e costumes dos povos, não afastam totalmente as leis dos padrões imutáveis da Lei eterna, como se se constituíssem imagens mais ou menos semelhantes ao modelo divino.

1,6,15,50. O padrão eterno de Justiça e o platonismo

50. A – [...] esta vicissitude temporal, para que fosse justa, foi tirada daquela eternidade...

As sucessivas mudanças da lei temporal não são em si algo ruim. Pelo contrário, como dito, são adaptações às mudanças socioculturais decorrentes dos deslocamentos de tempo e espaço. Todavia, para que essas mudanças não destoem do diapasão sumamente racional da Lei eterna, faz-se necessário que os

---

277 Lembre-se que Agostinho considera inadmissível que uma lei seja injusta (cf. 1,5,11,33).

278 Vejam-se logo adiante os comentários 1,6,15,51 "Universo perfeitamente ordenado e estoicismo".

279 Vejam-se logo adiante os comentários 1,6,15,51 "A Lei eterna impressa no homem".

conceitos de justo e de injusto sejam em alguma medida estáveis por derivação da Lei imutável, para que as próprias vicissitudes derivem igualmente dos padrões da Lei eterna, segundo a qual é invariavelmente justo que aos maus se atribua a infelicidade, aos bons, o seu contrário. Portanto qualquer lei humana, seja onde e quando for, só será justa se estiver em harmonia com a eterna Justiça – cuja noção é praticamente a mesma da clássica[280] –, que determina que prêmios e castigos sejam atribuídos a cada um segundo seus méritos[281]. Assim não é a Lei eterna que padece qualquer mutação, e sim os costumes dos povos, que ora deixam de ser austeros, ora praticam com mais vigor a temperança, demandando as necessárias adaptações nas leis dos homens.

1,6,15,51. A Lei eterna impressa no homem

> **51.** A – Portanto, para que eu explique de modo breve [...] a noção de Lei eterna que foi impressa em nós[282], direi que é aquela por meio da qual é justo que todas as coisas estejam na mais perfeita ordem.

A Lei divina ou Razão suprema, portanto, além de ser eterna, imutável, de fazer derivar de si as noções de justiça das leis humanas e de distribuir recompensas e punições segundo estas mesmas noções, se define agora de modo claro como aquela Lei segundo a qual "é justo que todas as coisas estejam na mais perfeita ordem" (*iustum est ut omnia sint ordinatissima*), definição que associa de modo inextricável a noção de ordem à de justiça. Todavia essa Lei, imutavelmente presente na Razão suprema, embora seja eterna, diz-se estar igualmente "impressa" no ser humano (*inpressa nobis*), que é temporal e mutável, a não dizer injusto. Essa presença parece querer apontar para uma tentativa de solução

---

280 Cf. os comentários 1,5,11,33 "Ulpiano: A cada um o que é seu". Na verdade a noção clássica de justiça do "a cada um o que é seu" é que foi derivada da noção divina, e não o contrário, visto que todas as noções das leis humanas, quando justas, derivaram sua justiça da Justiça da Lei eterna.

281 Cf. Mt 16,27: "E então dará a cada um segundo a sua obra" (καὶ τότε ἀποδώσει ἑκάστῳ κατὰ τὴν πρᾶξιν αὐτοῦ); // Rm 2,6-8: "O qual dará a cada um segundo a sua obra: de um lado, aos que procuram com paciência a glória e a honra e a imortalidade da obra do bem, a vida eterna; de outro, aos que, motivados pela ambição egoísta e, desobedecendo à verdade, obedecem à injustiça, ira e fúria" (ὃς ἀποδώσει ἑκάστῳ κατὰ τὰ ἔργα αὐτοῦ· τοῖς μὲν καθ' ὑπομονὴν ἔργου ἀγαθοῦ δόξαν καὶ τιμὴν καὶ ἀφθαρσίαν ζητοῦσιν ζωὴν αἰώνιον, τοῖς δὲ ἐξ ἐριθείας καὶ ἀπειθοῦσιν τῇ ἀληθείᾳ πειθομένοις δὲ τῇ ἀδικίᾳ ὀργὴ καὶ θυμός).

282 Cf. Rm 2,15: "A obra da lei está escrita nos corações deles" (τὸ ἔργον τοῦ νόμου γραπτὸν ἐν ταῖς καρδίαις αὐτῶν).

da questão platônica suprarreferida, acerca da passagem do eterno ao temporal[283]. Com efeito, se está impressa na mente de uma criatura mutável no tempo, admite-se que de algum modo seja possível que a eternidade se encontre no tempo, assim como a imutabilidade na mutabilidade, o que não constitui algo fácil de absorver. De que modo a Justiça eterna poderia estar na mente mutável do homem, mente não apenas injusta, mas também sujeita às cadeias do tempo? Questão nada simples, sem dúvida. Ao reter em sua mente mutável razões imutáveis, como as matemáticas, por exemplo, ou como a regra áurea, que em *Confissões* Agostinho situa na consciência humana[284], a mente da criatura racional mutável como que participa da eternidade, fincando uma âncora nela, por assim dizer. Ou o contrário, a luz verdadeira da Lei eterna é que penetra misericordiosamente na mente humana mutável, imprimindo nela sua "imagem", que passa da chancela do anel para a cera, contudo sem jamais abandoná-la, segundo a analogia empregada no *De trinitate*:

> Onde vê essas regras? Pois não as vê em sua natureza [corpórea], porque longe de dúvida elas são vistas na mente; e está evidente que suas mentes são mutáveis. Na verdade vê estas regras imutáveis todo aquele que nelas puder ver isto[285]. E nem [se veem] no hábito[286] de sua mente, visto que aquelas regras são próprias da justiça, porém está evidente que suas mentes são injustas. Onde é que essas regras estão escritas? Onde o que é justo até o injusto conhece? Onde [alguém] discerne que deve possuir aquilo que ele mesmo não possui? Onde estão escritas, a não ser no livro daquela Luz, que se diz Verdade, de onde toda lei justa é transcrita e transferida para o coração do homem que opera a justiça, não ao migrar [dali para lá], mas como que imprimindo-se [nele], assim como a imagem de um anel também passa para a cera, mas não deixa o anel?[287]

---

283 Vejam-se logo acima os comentários 1,6,15,50 "Justo e legítimo".

284 *Conf.* 1,18,29: "E certamente a ciência das letras não é mais interior do que a que foi escrita na consciência, que ele não faça ao outro o que não queira sofrer" (*et certe non est interior litterarum scientia quam scripta in conscientia, id se alteri [non] facere quod nolit pati*).

285 Todo aquele que puder compreender – o que só é possível por meio das próprias regras da verdade – que elas são imutáveis e que só se percebem na mente, conquanto esta seja mutável, este será capaz de vê-las.

286 As regras eternas não podem ser vistas no *habitus* da mente, isto é, no modo de ser dela, que é injusta, visto que são regras da Justiça.

287 *Trin.* 14,15,21: *"Vbi eas [regulas] uident? neque enim in sua natura, cum procul dubio mente ista uideantur, eorumque mentes constet esse mutabiles, has uero regulas inmutabiles uideat quisquis in*

Ordenamento: do macro ao microcosmo

Se a Lei eterna se define como aquela *regula* divina segundo a qual o Justo é que todas as coisas no conjunto universal da criação estejam na mais perfeita ordem, depreende-se naturalmente que a alma humana deva estar perfeitamente ordenada, se quiser estar em consonância com a Ordem prescrita pela Lei divina. Assim sendo, a alma, como parte integrante do macrocosmo criado, deve estar ordenada, para o que suas próprias partes, como um microcosmo, carecem de estar igualmente em ordem. Pode-se traçar aqui um paralelo com a teoria platônica da tripartição da alma, constante do quarto livro da *República* e da alegoria da parelha alada, no *Fedro*[288]. Segundo o esquema platônico, no caso da alegoria, os corcéis que representam as partes inferiores da alma devem estar submetidos à chibata do cocheiro, a parte racional que deve controlá-los, se se quiser uma alma ordenada. Essa ordenação hierárquica, como se sabe, era ampliada para o macrocosmo da cidade utopicamente idealizada por Platão, se se quisesse uma *pólis* ordenada, onde os cidadãos de classe hierarquicamente inferior deveriam submeter-se docilmente às classes regentes, cada um contentando-se com a sua posição, em cuja acrópole erguia-se sobranceira a cátedra dos filósofos-arcontes. Na antropologia cosmológica agostiniana não se dava de modo muito diferente. O macrocosmo da Ordem criada, perfeitamente hierarquizado, previa que naturezas inferiores se deixassem docilmente reger pelas superiores, assim como será exigido no microcosmo a que se pode associar a criatura racional, como se verá na sequência da disputa dialética, onde se presume que a razão humana governe os impulsos ditos irracionais da alma, se se quiser um homem perfeitamente ordenado. Se o justo é o ordenado, resta evidente que somente o homem ordenadíssimo poderá ser considerado justíssimo, ao invés sendo injusto todo aquele cuja parte superior se deixar dominar pela inferior, numa palavra, cuja razão, de modo absolutamente desordenado, se deixar dominar pelas inclinações de ordem sensual. Indo além, se a justiça

---

eis et hoc uidere potuerit. nec in habitu suae mentis cum illae regule sint iustitiae, mentes uero eorum esse constet iniustas. ubinam sunt istae regulae scriptae? ubi quid sit iustum et iniustum agnoscit? ubi cernit habendum est quod ipse non habet? ubi scriptae sunt, nisi in libro lucis illius, quae ueritas dicitur, unde omnis lex iusta describitur et in cor hominis qui operatur iustitiam, non migrando, sed tanquam inprimendo, transfertur, sicut imago ex anulo et in ceram transit et anulum non relinquit?".

288 No mito narrado no *Fedro* (246a-b), a alma assemelha-se a um carro com dois corcéis, cujo cocheiro equivale à parte racional (λογιστικόν); um dos cavalos da parelha, aos impulsos da parte irascível (θυμοειδές); o outro, às inclinações da parte apetitiva (ἐπιθυμητικόν).

se define como a atribuição do que lhe cabe a cada um, resta igualmente claro que, às partes superiores cabendo o domínio sobre as inferiores, e às inferiores, a submissão dócil às superiores, as almas desordenadas devem arcar com o alto preço pela injustiça a que livremente se entregaram.

1,6,15,51. Universo perfeitamente ordenado e estoicismo

51. A – Logo, visto ser única esta Lei, a partir da qual todas as leis temporais se modificam para governar os homens, pode acaso esta mesma Lei modificar-se de algum modo? E – Intelijo que não o possa absolutamente, pois nenhuma força, nenhum acidente, nenhuma catástrofe generalizada em tempo algum faria acontecer que não fosse justo que todas as coisas estivessem na mais perfeita ordem.

A Lei eterna, cuja imagem foi impressa no homem, é única (*una lex*). As noções dela derivadas, assim como ela, são eternas e imutáveis. E, à maneira das ideias platônicas, essas noções, como a noção do Justo em si, são modelos invariáveis de que se servem as leis humanas, variáveis estas no curso do tempo e do espaço, a fim de que os povos sejam por elas regidos de modo derivada e reflexamente justo. Portanto este universo perfeitamente ordenado é também perfeitamente justo, ainda que os eventos aparentem ser regidos pelo acaso, ou estar na maior desordem. De fato, embora disso não tenham ciência os homens, a Providência divina segue invariavelmente punindo os maus e premiando os bons, de maneira secreta e misteriosa, porque Deus, assim como a Lei eterna, que, se não é ele, com ele se confunde, é único, além de ser bom e justo, ao contrário do que haviam aventado os gnósticos e depois deles os maniqueus.

É bastante perceptível a influência, conquanto mediata, da física e ética estoicas[289] nas concepções cosmológicas sustentadas por Agostinho neste primeiro livro. Diz-se "mediata" porque o presumível estoicismo do filósofo tem sua origem em Cícero, que epitoma a herança das escolas alexandrinas e republicanas[290], embora ele mesmo não se possa considerar um estoico. Para os epígonos do cipriota Zenão, fundador do estoicismo (séc. IV-III a.C.), o mundo era considerado como um organismo vivo, cuja alma, racional, seria o próprio Deus. Nesse cosmo cabia a uma Lei racional e inalterável o exercício

---

289 Como não será difícil de compreender, a ética estoica deriva suas noções da própria física.

290 Teve o erudito romano por mestres de filosofia (*c.* 80-77 a.C.) ao menos dois estoicos: Diodoto e Posidônio de Rodes, assim como o acadêmico Filo de Larissa e o platônico, de tendências ecléticas, Antíoco de Ascalão.

da supremacia, fazendo valer o seu poder absoluto por meio do mecanismo da necessidade. Trata-se de uma Lei que se confunde com as próprias noções de Natureza e de Razão (λόγος). Isso, porque há uma razão necessária por detrás de todos os eventos que, entrelaçados em uma rede de causas e efeitos, tece a trama do que se compreende por Natureza (φύσις). Decorre desse sistema também uma noção de Providência divina (πρόνοια), que é capaz de prever racionalmente o que há de ocorrer (daí a crença estoica na presciência dos leitores da fortuna), uma vez todo evento futuro ser consequência necessária e inevitável de alguma causa que o engendrou. O Deus estoico, portanto, era simultaneamente: [i] éter (αἰθήρ); [ii] fogo (πῦρ); [iii] sopro (πνεῦμα); [iv] alma (ψυχή); [v] razão (λόγος); [vi] lei (νόμος); [vii] natureza (φύσις); [viii] destino (τύχη); e [ix] providência (πρόνοια). Percebe-se como todas essas noções interligam-se inextricavelmente, assim como o *nexus causarum*, a rede de causas que a tudo conecta, como uma teia infinita, do seguinte modo: [i] uma rede etérea a tudo engloba; [ii] um fogo criativo (πῦρ τεχνικόν), manifestação do próprio Deus, fogo igualmente purificador, mantém em movimento, ou combustão, o universo, até a conflagração universal, que reinicia o processo todo; [iii] um sopro e [iv] uma alma ígneos[291], daí também materiais[292], os quais, alimentados no homem pelo sangue, constituíam a versão microcósmica do *pûr tekhnikón*, o fogo criativo; [v] uma razão que a tudo preside e ordena; [vi] uma lei – de caráter absolutamente racional – que dá conta de ordenar e fazer cumprir o que determina a razão, de modo necessário e inflexível; [vii] a natureza como consequência ou mecanismo necessário desse processo, ordenado pela Lei, programado pela razão e entrelaçado pela rede de causas; [viii] o destino, chamado em latim *fortuna* ou *fatum*, que é consequência natural e necessária, isto é, absolutamente inevitável, do processo racional deflagrado pelo fogo eterno – ideia essa de "destino" que tem por consequência uma outra como que deflagração, por assim dizer, mas de caráter filosófico, que se tem autoalimentado, numa combustão intermitente, até aos dias de hoje, entre o determinismo que um tal sistema engendra e a liberdade garantida por um caos, ou acaso, de tipo atomista, segundo talvez o pensamento de

291 Cf. Cícero, *Tusculanas* 1,9,19: "O estoico Zenão acreditava que a alma era fogo" (*Zenoni Stoico animus ignis uideretur*). Na verdade, para os estoicos tudo era manifestação do fogo criativo (ou artífice), πῦρ τεχνικόν, sendo os corpos aquecidos pelo calor do fogo de que a alma era constituída, explica ainda Cícero, *ibid.* 1,18,42: *"ardore animi [corpora nostra] concalescunt"*.

292 A alma estoica não era imortal, tampouco possuía partes, como ensinava Platão.

Demócrito de Abdera[293]; [ix] por fim, uma providência, cujo nome já diz da sua capacidade de prever o que necessariamente há de ocorrer, por ser a consequência inevitável de causa anterior, entrelaçada racionalmente numa rede, ou lei, ou natureza, ou razão, de caráter rigidamente inexorável.

Em um sistema tal não é de surpreender que as noções éticas sejam oriundas da física, de modo tão necessário quanto necessária é a engrenagem universal. De fato, o homem, cujo escopo primordial é a autopreservação, não pode deixar, para atingir seu fim, de esforçar-se ao máximo para adaptar-se a essa Lei universal, que é também Natureza, Razão e mesmo Deus[294], conquanto um Deus de natureza material, de onde o preceito célebre de viver "segundo a natureza", que fez escola até ao final da Antiguidade, como se percebe pela obra dos dois últimos estoicos, Epicteto e Marco Aurélio; preceito esse que se pode reelaborar também como uma vida "segundo a razão". Para esse homem racional[295] e materialista outro não poderia ser o fim (τέλος) de sua vida além da virtude (ἀρετή), uma virtude que se constituía como seu único bem (τὸ ἀγαθόν) e sua única felicidade (εὐδαιμονία), porque totalmente dependente de sua ação racional. Para esse homem virtuoso, nada além da sua ação racional lhe pode proporcionar a vida feliz que a posse de sua virtude lhe propicia. Alguns bens são indiferentes, como a saúde e a riqueza; bens exteriores a si. O prazer, por sua vez, é consequência da virtude, não um fim em si mesmo. O único fim, portanto, é a virtude, que é indivisível, ou seja, que não pode ser possuída em partes, apenas de modo absoluto (ἁπλῶς), a qual consiste de quatro tarefas, por

---

293 Vê-se que essa combustão filosófica não deixou de parte nem mesmo os cristãos, para os quais a Providência divina do Deus uno e trino assume o lugar da πρόνοια, em confronto com o determinismo fatalista de caráter estoico. Por outro lado, a partir de Agostinho deflagra-se ainda uma outra polêmica, cuja combustão inflamará corações até ao século XVII, pelo menos, desta feita contra Pelágio e seus seguidores, polêmica em que à liberdade humana contrapõe-se a Graça divina, isto é, a vontade imprevisível e impenetrável de Deus, gratuita e pleonasticamente não meritória, o que tem por consequência o resgate do determinismo, doravante disfarçado (e despercebido) sob a rubrica de predestinação.

294 João evangelista sem dúvida não foi o primeiro a associar Deus à noção grega de *lógos*, o que já havia feito o também herdeiro e sintetizador das tradições platônica, estoica e hebraica, o filósofo helênico-judeu Fílon de Alexandria.

295 Racionalismo esse cuja origem é absolutamente socrática; e não por outro motivo tanto o estoicismo como o epicurismo e o cinismo se dizem escolas "socráticas menores", isto é, por seu radical racionalismo, dentre outros fatores, como a valorização da virtude ética, o consequente desapego de bens exteriores, além da postura crítica, o que conferia uma autonomia de espírito bastante desejável para a época.

assim dizê-lo: [i] juízo absoluto; [ii] controle absoluto da alma sobre o corpo; [iii] domínio absoluto dos desejos; [iv] justiça absoluta, as quais se fizeram representar respectivamente pelas quatro célebres virtudes cardeais: [i] φρόνησις ou prudência; [ii] ἀνδρεία ou coragem, mas também fortaleza de ânimo; [iii] σωφροσύνη ou temperança; [iv] δικαιοσύνη ou justiça. E se se deve viver segundo a Natureza, que é também a suprema Razão, compreende-se que se deve submeter todo e qualquer impulso irracional da alma, como as inclinações sensuais (*libidines*), ao alvedrio da razão. Na verdade o imperativo estoico é ainda mais radical, admoestando a uma total supressão, ou mesmo eliminação, de todas as inclinações sensuais (ἐπιθυμίαι), referidas vulgarmente como paixões da alma. O sábio estoico não deve deixar-se afetar pelos movimentos irracionais de sua alma, como por exemplo a piedade, ou compaixão, que para um cristão, por sua vez, se tornará uma virtude. Isso, porque ter compaixão por alguém significa sofrer com ele, o que implica submissão indesejável às inclinações sensuais e perda de controle por parte da razão. A consequência desse sistema, como se percebe, para além de um racionalismo exacerbado, é a supressão completa dos sentimentos, que se denominam impulsos ou movimentos de alma de caráter irracional, pelo que condenáveis. Diante disso é de se notar a revolução que operará o cristianismo na tábula de valores éticos, uma vez o estoicismo ter sido adotado pela elite romana como filosofia preferida por harmonizar-se com os *mores maiorum*, os costumes dos antigos, como a *rusticitas* quase ascética de um Cincinato ou de um Catão, por exemplo. Uma religião que pregava e exemplificava o amor, a abnegação desinteressada, a piedade, o sofrimento voluntário em prol do próximo, a não dizer da exaltação da paixão de Cristo, sem dúvida não podia senão chocar uma mente radicalmente racionalista de tipo estoico, que nada mais via nas emoções que juízos equivocados. Nem mesmo Cristo, cuja agonia no horto[296] teria sido sinal de fraqueza, passaria na prova para sábio estoico, que mais se assemelhava a uma estátua, destituída de quaisquer emoções. Talvez daqui decorra a ideia tão disseminada pelo senso comum de que o sentimento é sinal de fraqueza, de que chorar é coisa de fraco[297], devendo o sábio, ou filósofo, limitar-se a uma racionalidade fria e indiferente.

A rigidez do sistema estoico, como não podia ter sido diferente, já desde a Antiguidade desperta críticas irônicas e objeções mordazes por parte dos

---

296 Cf. Mt 26,39-40; Mc 14,35.

297 Talvez não por acaso são inúmeras as instâncias em que Agostinho admite verter lágrimas copiosas em suas obras, como por exemplo em *Sol.* 1,14,26.

adversários, como por exemplo a inexistência de gradação entre bens e males, a impossibilidade da liberdade e da ação racional deliberada, num universo regido pela necessidade da Lei natural, a ausência de explicação para os impulsos racionais da alma, ou para o mal aparente no mundo, cuja concepção, de tão mecanicamente racional, não poderia admiti-lo. Outras questões, como o consequente panteísmo, a não dizer do fatalismo do sistema estoico eram já rejeitadas por simpatizantes ecléticos, como o próprio Cícero, não obstante a flagrante admiração que nutria por seus idealizados e exigentes padrões éticos, de modo especial por seu *modus uiuendi*. Para os estoicos, ao contrário dos epicuristas, a virtude era um fim, não um meio para se atingir a felicidade, que se apoiava na ἀταραξία, a imperturbabilidade de alma que permitia a fruição moderada dos prazeres, o fim desejado. Se para estes o prazer constituía o bem último, para os estoicos, pelo contrário, o bem último é que era prazeroso.

Antropologia agostiniana
Ordem e justiça

1,7,16,52-55. Antropologia agostiniana

> **52.** A – [...] Agora vejamos de que modo está o próprio homem em si mesmo perfeitamente ordenado...

Dentro do esquema supracitado[298], o homem agostiniano, em si mesmo um microcosmo, se adapta à ordem universal, ao macrocosmo, de modo perfeitamente justo (*iustissime*), se estiver ele mesmo perfeitamente ordenado (*ordinatissimus*), em conformidade com a Lei eterna. Vê-se assim como as duas noções estão imbricadas, pois o justo é que cada um esteja ordenadamente onde deve estar, e que a cada um se dê o que lhe cabe, seja prêmio, seja castigo, em perfeita e ordenada retribuição por seus atos. Neste universo rigidamente hierarquizado, vale destacar, de ascendência não apenas platônica, mas também estoica, nenhum lugar parece haver (ainda) para qualquer misericórdia, ao menos até aonde a razão humana seja capaz de alcançar, nem para o perdão dos pecados, numa palavra, para que aquele que mereça alguma punição não seja de fato punido na proporção equitativa de seus delitos, o que se contrapõe de modo paradoxal às noções judeu-cristãs, criando desafios os mais interessantes ao pensamento sistemático.

---
[298] Cf. *L.A.* 1,6,15,50-51.

Ordenamento jurídico público

52. A – [...] porque um povo é constituído a partir de homens associados por uma única lei, que, como se disse, é temporal...

Se as leis temporais são derivadas da Lei eterna para reger os povos, de modo ordenadíssimo, na linha sequencial dos tempos e nos deslocamentos espaciais, segundo os padrões estáveis nela contidos, de origem divina, como a noção de Justiça, que prescreve atribuir a cada um o que lhe cabe, por que seria diferente no microcosmo em que o homem se constitui? Não constituem os povos a reunião ordenada dos homens, que se associam em torno de um único tipo de lei, que se diz temporal, a qual contudo é derivada de sua matriz eterna? De fato, se as células constituintes dos povos são os homens, uma vez se discorreu da ordenação dos primeiros e de sua relação com a Lei eterna, agora deve-se tratar dos segundos. Se é justo e ordenado que o povo depravado seja punido com a perda de sua liberdade de sufrágio, o virtuoso, ao invés, com a preservação de suas prerrogativas políticas, e se é igualmente justo que os bons, considerados coletivamente, sejam premiados com a felicidade, os maus, ao revés, com a infelicidade, por que tal ordenamento jurídico de caráter público não se aplicaria à esfera privada, a cada indivíduo isoladamente?

Interessa notar, abrindo parênteses, que a definição de *populus* adotada aqui por Agostinho tem aspecto claramente jurídico, visto ter por base a noção de lei, e por consequência, de justiça, uma vez que não se admite lei que seja injusta[299]. Assim, se um povo se constitui de homens reunidos em torno de uma lei temporal, cuja justiça, derivada da Lei eterna, prescreve que a cada um deve ser atribuído o que lhe cabe, a fim de que todo o macrocosmo esteja na mais perfeita ordem, vê-se que sua célula constituinte, o microcosmo humano, não pode não ser individualmente justo, e consequentemente ordenado, sob pena da desordem coletiva. Numa palavra, nenhum povo será justo se seus membros forem injustos, o que implica dizer, ordenados.

Ordenamento jurídico privado

Se inextricável é a relação entre os homens e o povo que constituem ao reunir-se legalmente, ou seja, em torno da lei temporal, inevitável que a noção

[299] Cf. *L.A.* 1,5,11,33.

de justiça aplicável ao povo, noção derivada da Lei eterna, seja igualmente aplicável ao homem, considerado individualmente. Assim, se a Justiça divina prescreve que ordenadíssimo é que se atribua a cada povo o que lhe cabe, como preço de suas ações livremente praticadas, não se permite supor uma noção de justiça distinta para o indivíduo. Assim, se o povo ordenado é aquele em que cada parte contenta-se com sua posição, ou seja, com o que lhe cabe por direito, sem detrimento algum das demais partes da coletividade, o homem ordenado será aquele cujas partes individuais contentam-se com o que lhes cabe, segundo o ordenamento jurídico imposto pela Lei divina, sem detrimento algum das demais partes constituintes do todo em que o homem se constitui. Logo, se o povo ordenado é aquele cujos membros acomodam-se na mais perfeita ordem, conclui-se dedutivamente que o homem, parte integrante do povo, estará em ordem se suas partes se acomodarem na mais perfeita ordem[300]. Às duas noções, como resta perceptível, pública e privada, subjaz o ordenamento prescrito pelas leis: eterna e temporal, esta derivando daquela. Portanto, se o povo se constitui de homens associados em torno de leis temporais, cujas noções de justiça derivam mediatamente da Lei eterna, os homens se constituem de partes associadas, por assim dizê-lo, em torno da Lei eterna impressa em seu íntimo, as quais partes, para que estejam ordenadíssimas, devem ser justas. Porém o que significa isso, dizer que as partes constituintes do homem devem ser justas? Pois bem, assim como o povo ordenado e justo é aquele cujos cidadãos se submetem de boa mente aos seus mandatários, respeitando o ordenamento jurídico constituído, jamais vendendo seu sufrágio, nem corrompendo os magistrados, nem deixando-se por eles corromper, numa palavra, preferindo o interesse público ao privado, assim também o homem será justo, se suas partes respeitarem o ordenamento jurídico divinamente instituído, jamais umas vendendo seu sufrágio às outras, preferindo sempre o interesse público ao privado, aquele interesse mesquinho e imediatista de cada parte considerada individualmente, em detrimento da salvaguarda do homem integral em sua mais alta dignidade. Para tanto, contudo, é preciso saber a que parte cabe o comando, e quais partes se lhe devem submeter, do contrário não se pode conhecer o bem comum do homem.

---

300 Inevitável não lembrar aqui a analogia traçada por Platão em sua *República*, quando associa o ordenamento de sua utópica *politeía* ao da própria alma, cujas partes, três, deveriam de modo hierárquico exercer cada uma o domínio sobre a que lhe era inferior, assim como cada membro da sociedade deveria permanecer em sua posição, subordinado a seus superiores, segundo as atribuições e direitos que lhe cabiam, a partir da noção clássica de justiça.

Numa palavra, é preciso conhecer o microcosmo em que se constitui, discriminando suas partes, por assim dizê-lo, de modo que se saiba "juridicamente" o que cabe a cada uma.

Primeiro degrau: a ciência da inteligência

52. A – [...] Então diz-me se acaso é absolutamente certo para ti que tu vives.

Em vez de simplesmente citar o ordenamento tripartite proposto na *República* por Platão, como soía fazer Cícero em seu esforço para epitomar a herança helênica, Agostinho prefere a via menos erudita, mais filosófica, dando prosseguimento à disputa, o que não raro causa espécie ao leitor contemporâneo, especialmente se este não está familiarizado com sua dialética. Parece nada ter que ver a indagação supradestacada, se Evódio estava certo de que vivia, com o que se disse antes acerca das duas leis, e com a proposta de investigar a ordem individual humana. Aparência especiosa, pois, se se quer conhecer as partes de que o homem constitui-se, de modo a saber o que cabe a cada uma, segundo a noção de Justiça subjacente às leis temporal e divina, o primeiro passo não poderia ser outro senão saber de si. Na verdade, como se há de ver na sequência, não quer saber se Evódio está vivo, nem se sabe se vive, mas se sabe se sabe: numa palavra, quer que o interlocutor saiba que sabe. E para quê? Para conhecer a parte da alma supostamente superior, à qual, por sua superioridade, caberia o arcontado, o posto máximo de comando, permitindo daí conhecer a posição das demais em relação a ela.

Animados racionais

52. A – [...] uma coisa é viver, outra, saber que se vive?

À parte a angústia dialética de Evódio, resta claro aonde pretende chegar o mestre. Viver é uma coisa, saber estar vivo, outra. Os animais vivem, mas não têm ciência disso. Os homens também vivem, pois, assim como os animais, seus corpos são "animados", isto é, dotados daquele sopro de vida que se diz "alma" (*anima*).

55. A – [...] que coisa é essa pela qual o homem é superior [...] Seria, talvez, aquilo que se costuma chamar de "razão", ou de "inteligência"?

Porém, se seus corpos são animados, como os dos animais, há neles algo que ultrapassa sua "animalidade" e que os distingue dos demais seres "animados", que se denomina "inteligência", mas também "mente", ou ainda "razão", daí uns animais serem chamados de "racionais", outros, de "irracionais".

Alma, espírito, mente...

54. A – [...] não apenas o corpo do animal, mas também a sua alma...

Para os vocábulos *anima, animus* e *mens* mantiveram-se respectivamente os seguintes correspondentes em vernáculo: "alma", "espírito" e "mente", conquanto Agostinho e Evódio nem sempre se preocupem com essa distinção, utilizando-os de modo muita vez arbitrário[301]. No que respeita aos animais, o vocábulo *anima* significa antes "vida", o princípio ou sopro vital que lhes anima os corpos, e não algum princípio pensante, como ocorre no caso de *animus* e *mens*[302].

56. E – [...] os quais, se fossem desprovidos de alma[303], diria que nós os superamos porque possuímos um espírito [= alma][304]. Mas agora, uma vez que eles também são dotados de alma

---

301 Cf. verbetes *anima, animus, mens* e *spiritus* no Léxico T-F.

302 Nas *Tusculanas* (1,9,19), cujos ecos se fazem muito presentes no *L.A.*, ao discorrer sobre as diversas opiniões dos antigos acerca da alma, uns dizendo que se situava no cérebro, outros, no coração, Cícero lembra que os romanos identificavam-na com o grego πνεῦμα, "sopro", o que se pode comprovar pelas expressões correntes no latim de seu tempo, como *agere animam*, "expirar", ou *efflare*, "exalar", em referência ao último suspiro do moribundo. Cícero lembra ainda outros exemplos, como quando se dizia *animosos*, "animados", ou *bene animatos*, "dotados de vivacidade", ou ainda *ex animi sententia*, "dito espirituoso", expressões, diz ele, que ilustravam a consonância entre os dois termos, *animus* e *anima*, uma vez que o primeiro teria sido cunhado a partir do segundo (*ipse autem animus ab anima dictus est*).

303 Liter. "exânimes", "desprovidos de alma", daí também "inanimados". No caso da natureza animal (*bellua*), não se quer dizer literalmente "alma", como se compreende o termo hodiernamente, e sim "princípio vital", aquele princípio de vida, ou de movimento, que "anima" os corpos, os quais precisamente por isso se dizem "animados", ou "animais".

304 Há divergências nos manuscritos nesta passagem. Embora a lição da maior parte deles sustente *animus*, "espírito", para evitar um erro lógico, inseriu-se entre colchetes *anima*, "alma". Isso, porque, se os animais fossem desprovidos de *anima*, o princípio vital, o homem seria melhor do que eles apenas por ser dotado de *anima*, ou seja, seria animado, porém irracional, o que peca pela incoerência. Todavia os homens superam os animais não por causa da *anima* que possuem, de que eles também são dotados, mas por causa do princípio inteligente, *animus*, o espírito, ou mente, de que os animais carecem.

[*animalia*][305], aquilo que não se encontra nas almas deles, de forma que se nos submetam, todavia encontra-se nas nossas[306], de modo que sejamos melhores do que eles...

Há uma carência de uniformidade na terminologia adotada por Evódio nesta passagem. Os homens superam os irracionais por causa do princípio inteligente que possuem, *animus*, não por causa da *anima*, o princípio vital, embora este termo seja utilizado por outros autores, indiscriminadamente, para referir o princípio inteligente.

...e razão

56. E – [...] no espírito está aquilo por que ultrapassamos os animais [...] de que outro modo, além de "razão", poderia eu chamá-lo mais retamente?

Interessa notar, embora a terminologia esteja pouco delineada, a não dizer confusa, que Evódio situa no espírito aquilo que distingue os homens dos animais. Assim, se ambos são dotados de *anima*, o princípio vital que lhes anima os corpos, o homem os supera porque possui igualmente uma *ratio*, "razão". Esta, por sua vez, não sendo o próprio espírito (*spiritus*), pois situa-se nele, supostamente é uma sua faculdade, ou outra coisa do tipo. Não diz Evódio, mas supõe-se que os animais não possuam espírito, em tese o princípio inteligente. Seria interessante saber o que pensavam os antigos acerca dessa distinção, ou seja, quais tarefas cabiam à razão, quais, ao espírito.

---

305 O adj. *animalis* (distinto do subst. neutro *animal*, cujo genitivo é homógrafo) significa, liter., "dotado de *anima*", ou seja, de "alma", "movimento", ou "vida". Os animais (*animalia*), como o nome deixa patente, são "animados" com esse princípio de movimento vital, que se designa com o termo *anima*.

306 Ao contrário do que o próprio Evódio disse no início da passagem (*in animo est id quod belluis antecellimus*), ele parece situar o princípio inteligente na alma (*inest autem nostris*), como se dissesse que o espírito, ou mente, ali se encontrasse. Interpretou-se *nostris* como referindo-se à *anima*, não ao *animus*, devido ao paralelismo com a oração anterior, com que estabelece contraponto: *id quod eorum animis non inest*. Ora, seria incoerente se se dissesse que o princípio inteligente, "que não se encontra *nas almas* dos animais... se encontra *nos nossos*". Assim, em uma passagem cuja simplicidade do conteúdo se perde no meio da desuniformidade terminológica, preferiu-se nada obstante preservar a incoerência em vez de corrigi-la, também para mostrar ao leitor os desafios com que se depara quem trabalha com textos antigos. Em suma, nada obstante o desdito de Evódio, assume-se nestes comentários que a razão esteja situada na mente, ou espírito, como dirá Agostinho a seguir (1,9,19,68), não na alma.

Todavia isso não será abordado por Agostinho, que prefere considerar *mens*, "mente", e *spiritus*, "espírito", uma só coisa, e por vezes também a razão (*ratio*), embora esta seja mais associada à inteligência" (*intellegentia*), uma espécie de atributo da mente/espírito[307].

Alma, o princípio do movimento: excurso platônico

Ao traduzir em latim a *apódeiksis* platônica[308], a célebre "prova" racional da imortalidade da alma, Cícero explica o contraste existente entre os termos "animado" e "inanimado", ou seja, entre *animal*, aquilo que é dotado de *anima*, e *inanimum*, o que é desprovido de *anima*: "o inanimado é tudo o que se põe em movimento por um impulso exterior a si mesmo; o que é dotado de alma, por sua vez, é acionado por um movimento interior e pertencente a si mesmo"[309]. Portanto o que é dotado de alma move-se a si mesmo, porém o que está desprovido dela carece de um impulso exterior para mover-se, e, tão logo tem fim o impulso, cessa o movimento[310]. Daí a ideia de que a alma move o corpo, que, por si só não poderia mover-se, assim como a ideia de que a morte é o último suspiro, o exalar extremo da alma pelo corpo, isto é, quando o sopro da alma move-se para fora do corpo pela derradeira vez. Por fim, vale lembrar que, para Platão, aquilo que se move sempre e de modo autônomo, como a alma, deve ser eterno, uma vez que não foi posto em movimento por nenhum agente a si exterior, tampouco havendo motivo para a cessação de seu movimento[311]. Todavia, se para o ateniense aquilo que se move constituía um princípio em si mesmo, ele mesmo não tendo origem em outro princípio[312], contudo no cristianismo essa tese só se aplicará, *mutatis mutandis*, ao próprio Criador[313], o Princípio sem princípio, uma vez que a própria alma, que para o filósofo ateniense era fonte eterna de movimento, havia sido criada *ex nihilo* por Deus, tendo, pois, tido um princípio.

---

307 Cf. *L.A.* 1,7,16,55; 8,18,61; 65; especialmente 1,9,19,68: "Mas se uma coisa é a razão, outra a mente, torna-se certamente evidente que nada, exceto a mente, pode usar da razão".

308 Platão, *Fedro*, 245c-246a.

309 *Tusc.* 1,23,54: *"Inanimum est omne quod pulsu agitatur externo; quod autem est animal, id motu citetur interiore et suo"*.

310 *Id. ibid.: "Quando finem habet motus, uiuendi finem habeat necesse est"*.

311 *Id.* 1,23,53: *"Quod semper mouetur, aeternum est..."*.

312 *Id.* 1,23,54: *"Principii autem nulla est origo, nam e principio oriuntur omnia..."*.

313 Diz-se *mutatis mutandis* porque a ideia de movimento não pode aplicar-se a Deus.

Vale notar, por fim, que inúmeros argumentos elaborados por Platão, mormente em relação à alma, foram adotados, adaptados e reproduzidos pela tradição cristã para referir o Criador, como a ideia de que o princípio não pode ser derivado de nada[314], ou que dele nascem todas as coisas, e que ele não poderia ser princípio se derivasse de algo[315], e que nunca nasceu nem há de morrer[316] etc.

1,7,16,57. Definição preliminar de "ciência"

> **57.** E – [...] aquilo de que dizemos ter ciência [*scire*] nada mais é do que possuir o que é percebido pela razão.

Este primeiro livro está repleto de definições, dentre as quais agora se apresenta a de "ciência" – no sentido amplo de "conhecimento"[317] –, que Agostinho diz ser a posse pela razão (*ratione habere*) de algum objeto de percepção (*perceptum*)[318], sensorial ou intelectual. E se assim é, ter ciência/conhecer nada mais é do que apreender por intermédio da razão aquilo que é percebido por meio dos cinco sentidos físicos, ou algum outro meio de percepção extrassensorial. E se a razão se encontra na mente/espírito, depreende-se que aquilo que é apreendido, ou compreendido, por meio dela, ou é guardado na mente/espírito, ou nela é processado de modo que se torne parte sua integrante, merecendo ser chamado de "ciência", ou de "conhecimento".

---

314 *Id. ibid.*: *"Ipsum autem nulla ex re alia nasci potest"*.

315 *Id. ibid.*: *"Nec enim esset id principium, quod gigneretur aliunde"*.

316 *Id. ibid.*: *"Si numquam oritur ne occidit quidem umquam"*.

317 Liter. "ter ciência de" (*scire*). Cf. verbetes *scio, scientia, agnosco, cognosco* no Léxico T-F.

318 Não resta nada evidente o que Agostinho pretende com o particípio do verbo *percipio* [*per* + *capio*]. Pois é possível que se "tome" (*capio*) conhecimento de algum objeto, seja pelos sentidos, seja pela razão, de onde serem igualmente lícitas as acepções "compreender", ou mesmo "entender", para esse verbo, assim como "perceber", que em vernáculo se refere tanto ao que se capta pelos sentidos, como ao que se capta pelo entendimento. Por um lado, como restará claro no livro segundo, toda percepção sensorial acaba sendo levada pelo sentido interior em direção à própria razão, a fim de ser por ela processada, por assim dizer, o que associa de certo modo os sentidos à razão, ao menos no que tange à percepção dos objetos de conhecimento. Por outro lado, se essa percepção estivesse limitada ao campo dos sentidos, seria lícito dizer que Agostinho estivesse apresentando aqui uma definição empírica, o que se coadunaria com o seu pensamento materialista dos tempos de maniqueísmo, porém jamais com o platonismo que faz ecoar no *L.A.*, como se comprova pela sequência da *disputatio*.

1,7,16,58. Sei que estou vivo, logo a razão está em mim

58. [...] A – Logo quem tem ciência de estar vivo não está carente de razão. [...] Porém os animais vivem e, como já se destacou, são desprovidos de razão. [...] Portanto [...] nem todo que vive tem ciência de estar vivo, embora todo aquele que tem ciência de estar vivo necessariamente viva.

A inusitada pergunta, se Evódio sabia se estava vivo ou não, parece agora fazer todo sentido[319]. De fato, se o conhecer, ou ter ciência (*scire*), se define como a posse dos objetos de percepção, posse que se dá por intermédio da razão[320], está mais do que patente que aquele que tem ciência de estar vivo (*scit se uiuere*) possui essa percepção (*habere perceptum*) por meio da razão, a qual, como consequência, não deixa de estar presente na mente/espírito do próprio ciente (*ratione non caret*). Assim sendo, a partir da definição de "ciência" deduz-se a existência da razão naquele que está ciente de que vive. Contudo nota-se que Agostinho não se utiliza do verbo *scire* na passagem supracitada[321], apenas pergunta se Evódio estava "absolutamente certo" (*certissimum*) de estar vivo (*uiuere*). Do que é lícito depreender-se que essa "certeza absoluta", convicção inequívoca que agora se define como a posse mental do que se apreende pela razão, expressa o conhecimento de tipo "científico" (*scientia*) representado pelo verbo *scire*, que se houve por bem traduzir por "ter ciência"[322]. Logo esse ter ciência pode ser compreendido doravante como o conhecimento absolutamente certo que se possui a partir do que é percebido pela razão, seja mediatamente pelos sentidos corpóreos, seja de imediato pela própria mente.

No entanto é imperioso notar que a pergunta de Agostinho referia-se a um tipo de conhecimento que talvez fosse possível exclusivamente pela razão, prescindindo do concurso dos sentidos. De fato, como pode alguém saber se de fato está vivo? Por meio dos cinco sentidos corpóreos, ou apenas fazendo recurso ao pensamento? Seja como for, o que importa para os fins propostos

---

319 Cf. *L.A.* 1,7,16,52 "Primeiro degrau: a ciência da inteligência".

320 Cf. *L.A.* 1,7,16,57.

321 Cf. *L.A.* 1,7,16,52.

322 Há uma profusão de verbos relacionados ao conhecimento utilizado pelo rétor, como é possível verificar no Léxico T-F: *cognosco, agnosco, scire, praescire, sapio, intellegere, adprehendere, conprehendere* etc. Porém a *scientia* [*scio*] não é um conhecimento qualquer, mas fruto de apreensão estritamente racional, ao contrário do que se pode "conhecer" por meio da fé, por exemplo, que embora não prescinda em algum grau do concurso da razão, apoia-se mais no crédito dado à autoridade do que na comprovação estritamente racional auferida por meio dos mecanismos lógicos. Vejam-se os comentários a 1,1,1,1 e 1,3,6,16 "Fé e razão".

por Agostinho é apenas e tão somente a certeza de que se possui uma mente, capaz, seja com o concurso dos sentidos, seja por si só, de fazer algo que os seres simplesmente animados não são capazes de fazer: produzir ciência (*scientia*). Portanto o primeiro passo está dado para saber se o ser humano está ou não perfeitamente ordenado, visto que agora conhece ao menos uma parte de si, quiçá a mais importante, a razão. O próximo passo, pois, é definir o que se deve atribuir a ela, conforme o que lhe cabe de direito, segundo a noção de justiça derivada da Lei eterna, de atribuir a cada um o que é seu, a fim de saber se esta atribuição está ou não sendo cumprida pelo homem. Se estiver, está ordenado; se não, desordenado.

1,7,17,59. A ciência é melhor que a vida?

> **59.** E – [...] uma coisa é viver, outra, ter ciência de estar vivo. A – Logo qual destas duas te parece ser a mais excelente? E – Que supões, senão a ciência da vida? A – E a ciência da vida te parece melhor do que a própria vida?

Se ao menos uma das partes do microcosmo em que o ser humano se constitui é conhecida, a razão, instrumento ínsito na mente/espírito, pelo qual se adquire a ciência e que se distingue da alma (*anima*), o princípio de movimento que os homens possuem em comum com os seres animados irracionais, seria lícito supor que ambos constituíssem como que duas partes distintas, hierarquicamente ordenadas: em primeiro plano o espírito (*animus*), abaixo dele a alma (*anima*)[323]. Do que conclui Evódio que a ciência seja melhor que a vida, visto a razão ser superior à alma, ou seja, visto o princípio inteligente estar situado hierarquicamente acima do princípio de movimento. Porém é preciso cautela, pois se nenhum ser possui ciência alguma, a não ser que esteja vivo, talvez não seja conveniente considerar aquilo, que para existir depende de outra coisa, superior à própria coisa de que depende, como se o princípio estivesse abaixo daquilo que por ele próprio é gerado. Seria de fato a ciência melhor do que a vida, ela que não existiria sem a vida, como se vê em uma pedra, por exemplo, cuja carência de vida obviamente implica a de ciência? Seria possível argumentar que a ciência fosse melhor que a vida simplesmente pelo fato de haver vida destituída de ciência, como no caso dos animados irracionais? Essas indagações

[323] Essas duas ordens serão retomadas no livro segundo sob as categorias (neoplatônicas) *uiuere* e *intellegere*, respectivamente "viver" e "inteligir", ou "vida" (*uita*) e "inteligência" (*intellegentia*).

levam Agostinho a reformular a definição de ciência supradescrita, segundo a qual ter ciência era possuir o que é percebido pela razão[324].

1,7,17,59. Nova definição de "ciência"

> **59.** [...] A – [...] Ou acaso inteliges que a ciência é uma certa vida mais elevada e pura, porque ninguém pode ter ciência, a não ser aquele que intelige?

Logo não parece correto dizer que a ciência seja melhor do que a vida, mas que seja uma certa "vida" mais elevada (*superiorem*) e mais pura (*sinceriorem*) do que a "vida" destituída de ciência, como a vida exclusivamente animada (*animalis*). Isso, porque nenhum vivente é capaz de ciência, exceto os que sejam capazes de inteligir, ou seja, que possuam inteligência/razão. Portanto o que situa a inteligência acima da vida não é o fato minimamente comprovável de ser melhor em si mesma, ao que parece, e sim o fato de ser mais do que a simples vida. Com efeito, o binômio "vida + inteligência" é quantitativamente mais do que a simples "vida". Logo aquele ser que além de viver também intelige é melhor do que o ser que apenas vive, porém não intelige, porque o primeiro possui algo mais do que o segundo, a capacidade de inteligir. Nenhuma dúvida de que essa capacidade permite que os racionais dominem os irracionais[325], além de ser associada à imagem e semelhança da divindade na criatura, a Razão suprema, o que não é pouco, pois, se Deus é dito "Razão", certamente mais se assemelha a ele aquela criatura dotada de razão, por menor seja, do que a desprovida dela. Mas seja como for, o que importa neste passo é a redefinição de "ciência" apresentada pelo filósofo, que não prescinde por sua vez de mais uma definição, agora de "inteligir", pois ficou dito que nenhuma criatura pode ter ciência senão aquela que intelige. Que é, pois, inteligir?

1,7,17,59. Definição de "inteligir"

> **59.** A – [...] E contudo que é inteligir, senão viver de modo mais iluminado e perfeito pela própria luz da mente? Por isso, se não me engano, tu me antepuseste à vida não algo qualquer, mas a uma certa vida, uma vida melhor.

---

[324] Cf. *L.A.* 1,7,16,57.

[325] Domínio esse que muita vez não demonstra superioridade sapiencial, apenas solércia egoísta, quando não profunda estupidez e insensibilidade, pois ao maltratar os seres animados destituídos de razão, o animado racional, que se supõe superior, destrói não apenas o próprio ambiente em que vive, sua morada, mas a si mesmo, sequência inevitável, o que demonstra no mínimo uma enorme desrazão, a não dizer uma totalmente depravada.

Se a ciência é uma vida mais iluminada e pura, e se ninguém pode ter ciência, que é também possuir o que é percebido pela razão, senão o que intelige, inteligir não poderia ser algo distinto de alcançar essa vida mais iluminada e pura por meio da razão, que se encontra na mente. Logo inteligir nada mais é do que viver de modo mais iluminado e puro, ou perfeito, como diz agora Agostinho, por meio da luz da mente, que é a própria razão. Esse advérbio em grau comparativo, "mais iluminadamente" (*inlustrius*), cujo sentido metafórico aponta para o esclarecimento provido pela "luz" da mente, tem precedente ilustre na alegoria da caverna platônica, no sétimo livro da *República*, onde se destaca o contraste entre a realidade ensolarada do cultivo do espírito (παιδεία) no exterior da furna e a lúgubre penumbra da ausência de conhecimento (ἀπαιδευσίας) que lhe tomava todo o interior[326]. Indo além, pode-se inferir que essa vida da inteligência seja superior em comparação com a vida desprovida de inteligência dos animais (*expertes rationis*), porque, enquanto a vida dos simplesmente animados transcorre exclusivamente dentro das coordenadas espaço temporais, a vida da inteligência se dá somente segundo a coordenada temporal, estando livre das cadeias corpóreas, por assim dizê-lo, cerceadas pelas dimensões espaciais. Assim sendo, a vida inteligente é mental, ou espiritual, ao passo que a vida animada unicamente pelo princípio vital, apenas corpórea. Isso não significa apenas semelhança com a divindade, que se diz Espírito[327], mas acima de tudo o que está implicado nisso, a possibilidade da vida longe do corpo, longe das vicissitudes da *uita mortalis*. Daí ter dito o filósofo que se constitui de uma vida mais perfeita e pura, porque não conspurcada pela matéria corruptível, que carregava consigo também o ônus pesado que o neoplatonismo lhe havia imposto nos ombros[328]. Portanto não se trata apenas de dizer que a inteligência seja melhor do que a vida, mas que a vida puramente inteligível do espírito, ou mente, seja melhor do que a vida simplesmente corpórea, visto que aquela é estável e incorruptível, esta, de modo nenhum.

---

326 Cf. Platão, *República* VII, 514a.

327 Cf. Jo 4,24.

328 Cf. *En.* 1,8,4,20-44. A natureza da matéria (ἡ ὕλης φύσις), para Plotino, sendo a origem (γένεσις) do devir, era má (οὕτως οὖσα κακή), e de tal modo má, que até mesmo o que nela não estivesse, porém apenas para ela voltasse o olhar (μόνον δὲ βλέψαν εἰς αὐτήν), seria "infectado" (ἀναπιμπλάναι) com seu mal (κακοῦ ἑαυτῆς).

1,7,17,60. Antimaniqueísmo II

60. E – [...] desde que a ciência nunca possa ser má. A – [...] aquela que de modo apropriado e genuíno denomina-se "ciência", porque é proporcionada pela razão e pela inteligência, como pode ser má?

Pode uma vida que se diz mais iluminada e pura ser má? Pode aquilo que se origina da inteligência e da razão[329], que se situam na mente/espírito, imagem e semelhança do Criador no homem[330], ser mau? Se se disser que sim, então será igualmente possível que o mal tenha origem em Deus, que é bom, como queriam os maniqueus. Porém o mal não pode ter origem no bem, do contrário a disputa perde sua razão de ser[331].

1,7,17,60. Experiência e conhecimento

60. A – [...] a não ser quando, tendo transferido o sentido da palavra, dizemos "ciência" em lugar de "experiência". Pois experimentar nem sempre é bom, como experimentar castigos.

Nem sequer *avant la lettre* pode-se dizer que Agostinho seja um empirista. Interessa notar *en passant* porque diz ele que é possível experimentar o mal, mas não ter dele ciência. Não produz conhecimento real a experiência, ao contrário da ciência? Afinal, o que se lhes interpõe? Há por detrás dessa simples afirmação uma ideia, sem dúvida de fundo parmenídico-platônico, de que apenas o ser permanece, em contraposição com o fluir incessante de viés heraclitiano, daí sendo aquele melhor do que este. Se assim é, o espírito/mente, que permanece, é melhor do que a matéria, que é transitória. Daí também, de modo consequente, tudo o que é apreendido pelo espírito é melhor do que o que é apreendido pela matéria, porque o que é apreendido por aquele é permanente, ao contrário do que é apreendido por esta. Mas o que é apreendido pela matéria, senão o que se capta pelos sentidos, por meio da experiência? Logo a ciência é melhor do que a experiência, porque ela se diz verdadeira, em comparação com a fugacidade das

---

[329] Aqui parece serem duas coisas distintas, inteligência e razão. Logo há que se distinguir entre espírito (*spiritus*), mente (*mens*), razão (*ratio*) e inteligência (*intellegentia*). Se os dois primeiros se dizem sinônimos, resta distinguir os dois últimos, inteligência e razão, se de fato são duas coisas distintas. Porém se se diz que a razão se encontra na mente, logo ou a inteligência aí também está, ou é outro nome para mente, ou é outra coisa além da mente/espírito.

[330] Cf. Gn 1,26.

[331] Cf. *L.A.* 1,1,2,6; 3,9; 4,9,24; 5,23,35.

percepções sensoriais, que se aproximam mais de opiniões (δόξαι), e menos da verdade (ἀλήθεια) que se diz "ciência" (ἐπιστήμη). E de fato, aquilo que é quente para o tato de um, pode ser morno, ou frio, para o tato alheio; ou o que é doce para o paladar de um, amargo para o alheio; ou ainda o que é agradável à visão de um, desagradável à vista de outro, e assim sucessivamente. Porém a ciência é sempre estável, nunca variando o quociente ou o produto de uma operação aritmética qualquer, independentemente da mente que os tenha originado, se não tenha incorrido em erro. Assim, o que é captado pela inteligência, merecendo ser chamado de "ciência", é mais verdadeiro, porque imutável, do que o que se capta pelos sentidos do corpo, porque mutável, visto que o que permanece é considerado mais verdadeiro, e por isso melhor, do que o que é impermanente, como o que se experimenta através dos sentidos. E diante desse pano de fundo é que se pode dizer que a experiência pode ser má, mas não o conhecimento. Pois a verdade não pode ser má, mas a sombra fugaz das impressões captadas pelos sentidos, sim. De fato, quando se experimenta algum suplício, os sentidos corpóreos padecem dores e incômodos que podem ser extremamente desagradáveis, o que é considerado um mal. Agora, quando se comete um erro em uma dada operação aritmética, o erro em si é que é mau, mesmo que tenha sido produzido pela razão, pois não é nada além da ausência da verdade que se buscou, contudo sem encontrar. Porém tanto as experiências sensoriais como o erro em si são males porque, como se há de ver na argumentação do segundo livro, não "são" verdadeiramente, pois os primeiros consistem apenas em sensações impermanentes, posto que desagradáveis, que mais se aproximam do nada[332]; o segundo, simples ausência da verdade, a única que existe.

1,8,18,61. O homem ordenadíssimo

> **61.** A – [...] seja o que for isto pelo que o homem é colocado à frente das reses, denomine-se "mente" ou "espírito", [...] se acaso domine e exerça o seu império sobre todo o restante de que o homem se constitui, então esse homem está perfeitamente ordenado [*ordinatissimus*].

[332] Cf. Plotino, *En.* 1,8,4,20-22: a matéria não participa do bem (ἄμοιρος γὰρ παντελῶς οὖσα ἀγαθοῦ), porque é uma privação dele (στέρησις τούτου), uma ausência (ἄκρατος ἔλλειψις), liter. "uma pura elipse", ou seja, uma ausência sem mistura; 1,8,5,8: a matéria é absolutamente deficiente (παντελῶς ἐλλείπῃ ὅπερ ἐστὶν ἡ ὕλη); 1,8,5,8-9: a matéria é o mal absoluto, porque não possui em si nenhuma parcela de bem (ἡ ὕλη τοῦτο τὸ ὄντως κακὸν μηδεμίαν ἔχον ἀγαθοῦ μοῖραν); (1,8,5,9-12) na verdade a matéria não possui "o ser" (οὐδὲ γὰρ τὸ εἶναι ἔχει ἡ ὕλη), sendo mais correto dizer simplesmente que ela não é (ὡς ἀληθὲς εἶναι λέγειν αὐτὸ μὴ εἶναι).

Na sequência da proposta apresentada um pouco antes[333], saber como o homem, considerado como um microcosmo, estaria em si mesmo ordenado, assim como aquele macrocosmo, o povo, que segundo a noção de justiça derivada da Lei eterna seria igualmente ordenado, e justo, se a cada uma de suas partes lhe fosse atribuído que era seu de direito, chega-se agora ao seguinte enunciado: o homem estará ordenado no mais alto grau, segundo a noção de justiça clássica, se cada uma de suas partes estiver na posição que deve estar, cumprindo suas atribuições de modo perfeitamente congruente com sua natureza; se superior, no domínio, se inferior, em submissão pacífica. Assim, se aquilo por que o homem é melhor do que os animados desprovidos de razão é a própria razão – ou mente, ou espírito –, no homem perfeitamente ordenado ela deve estar onde sua natureza determina, no arcontado inconteste, em seguro domínio das restantes partes, seja quais forem, do microcosmo em que ele se constitua. Pois bem, se a Lei eterna é também a Razão suprema (*summa ratio*), vê-se que esse ordenamento humano reflete o rígido racionalismo do cosmo, desde o topo divino à base da escada, ecoando sem dúvida o *lógos* estoico. No universo perfeitamente ordenado, portanto, segundo a noção de Justiça, que matematicamente prescreve que a cada um deve ser atribuído o que lhe cabe de direito, nenhum espaço há para desordem, para que o que está na parte de baixo, cuja natureza é inferior, ascenda, pretendendo o posto do que lhe está acima, porque é naturalmente superior, ou que o superior descenda ao posto do que lhe esteja abaixo, porque naturalmente inferior. Logo, se o homem ordenado é aquele cuja mente, ou espírito, ou razão, aquilo que nele constitui sua melhor parte, deve estar em perfeito domínio sobre todas as demais partes de que se constitua sua natureza, resta saber agora que partes são essas, para conhecer o que a mente humana deve dominar.

1,8,18,61-62. Três vidas: vegetal, ferina e humana

> **61.** A – [...] Pois vemos que possuímos muito em comum não apenas com as reses, mas também com as árvores e as plantas, pois [1] sorver o alimento do corpo, [2] crescer, [3] reproduzir-se e [4] fortalecer-se, isso foi atribuído igualmente às árvores, que são contidas numa certa vida ínfima.

No intuito de conhecer as "partes" de que o homem está constituído, as quais devem estar submetidas à razão, sua melhor parte, para que seja considerado

---

[333] Vejam-se os comentários 1,7,16,52-55 "Antropologia agostiniana".

ordenadíssimo, é preciso por primeiro admitir, como já feito antes, que ele é um ser animado, ou seja, dotado de uma *anima*, um princípio de movimento, assim como outros seres, como plantas e animais. Logo parece haver três espécies de "vidas" – porque dotadas de *anima* – na universalidade da criação, que podem ajudar a esclarecer a tarefa proposta: [i] vegetal, [ii] ferina, a não dizer nem animal, nem irracional, [iii] e humana. Pois bem, que guarda em comum com elas (*communia habere*) a vida do homem, a despeito do princípio de movimento que todas possuem? Com a primeira, qualificada de "ínfima" (*uita infima*), porque a mais baixa de todas na escala, referindo-se às árvores e arbustos (*uita arboris et stirpis*), ou seja, às plantas, os demais seres animados, racionais e irracionais, guardam os seguintes característicos comuns: [i] sorver o alimento do corpo (*alimentum corporis sumere*); [ii] crescer (*crescere*); [iii] reproduzir-se (*gignere*); [iv] e robustecer-se (*uigere*).

61. A – [...] os animais podem [5] ver e ouvir, e também perceber os objetos corporais pelo olfato, paladar e tato, e a maior parte deles de maneira mais penetrante do que nós. **62.** Adiciona [6] a força, [7] o vigor e [8] a consistência dos membros, [9] a rapidez e [10] os movimentos extremamente flexíveis do corpo...

Com a segunda e intermediária na escala, a vida dita "ferina", que inclui os seres animados desprovidos de razão, as feras, também divide a vida humana os seguintes atributos: [v] os cinco sentidos do corpo, pelos quais os objetos de natureza igualmente corpórea são captados, ao serem vistos (*uisus* [*uideo*]), ouvidos (*auditus* [*audio*]), cheirados (*olfactus* [*olfacio*]), saboreados, ou melhor, "gostados" (*gustatus* [*gusto*]), e tocados (*tactus* [*tango*]); [vi] força (*uires*); [vii] vigor (*ualentia*); [viii] consistência dos membros (*firmitas membrorum*); [ix] rapidez (*celeritas*); [x] e flexibilidade (*facilitas*) dos movimentos do corpo (*motus corporis*).

62. A – [...] toda a atividade da vida selvagem constitui-se em procurar os prazeres do corpo e evitar os incômodos.

Contudo essas características todas presentes nos seres animados desprovidos de razão, chamados didaticamente de "feras", servem a duas funções primordiais, que lhes definem o modo de vida que se diz "ferina": buscar prazeres (ou simples sensações agradáveis) que deleitem os sentidos corpóreos (*adpetere uoluptates corporis*), e evitar as dores, ou incômodos, (*uitare molestias*), de natureza igualmente corpórea. Portanto as características supradescritas, presentes tanto na vida vegetal [i-iv] como na ferina [v-x], são compartilhadas com a humana. No entanto, ao contrário das feras, e muito além das possibilidades das plantas, espera-se que o ser humano, sendo regulado pela razão, e por consequência ordenadíssimo, ultrapasse a simples busca pela satisfação dos prazeres e a fuga das dores de natureza corpórea.

1,8,18,63. Riso e escárnio

63. A – Há algumas outras [características] que não se veem ocorrer nos animais, contudo no próprio homem não são das mais elevadas, como [1] escarnecer e [2] rir, as quais quem julga com a máxima correção a respeito da natureza humana considera de fato humanas, porém dentre as mais ínfimas do homem.

Além das características que o homem possui em comum com as feras e as plantas[334] elencam-se agora outras, exclusivas. Porém essas não fazem dos animados racionais seres melhores do que os demais. De fato, duas das características tipicamente humanas, o escárnio (*iocus* [*iocor*])[335] e o riso (*risus* [*rideo*]), não merecem grande apreço por parte do filósofo. Isso talvez se dê em virtude de sua provável associação com o mimo (*mimus*), farsa popular tipicamente romana de caráter altamente licencioso, em que o riso e a zombaria eram provocados pela deformação, não raro exagerada, dos caracteres e costumes humanos, que possivelmente se compreendem neste passo como expressão da própria deformidade humana[336], numa palavra, da própria desordem dissonante que averte o espírito da Razão suprema. Não se advoga aqui a versão simplista que entende essa descrição como moralismo radical e injustificado contra a arte, nomeadamente a cômica, muito menos contra o riso, como expressão da alegria, nem sequer como autocrítica saudável dos costumes, e sim, muito ao revés, como consequência coerente de seu pensamento, em que as noções de ordem e beleza, como dito, têm papel fundamental, seja no conjunto universal da criação, considerado como um todo, seja no microcosmo em que o homem se constitui. Neste sentido seriam antes apenas um lógico desapreço pelo desordenado ou deformado, numa palavra, pelo que não estivesse em conformidade com a Ordem divinamente instituída.

---

334 Cf. *supra* 1,8,18,61-62.

335 Entenda-se a troça, ou a zombaria.

336 Como antítese da *forma*, ou beleza, associada sobretudo à noção de ordem.

1,8,18,63. Louvor, glória e poder

63. A – [...] Depois [3] o amor do louvor e [4] da glória, e [5] o desejo intenso de dominar, os quais, apesar de não serem próprios dos animais, contudo não se deve julgar que nós somos melhores do que eles por causa da inclinação sensual por essas coisas.

De par com o escárnio e o riso, que diferenciam os homens das feras e das plantas, Agostinho elenca três outros atributos tipicamente humanos: [iii] amor do louvor, ou do elogio (*amor laudis*), [iv] amor da glória, ou da fama (*amor gloriae*), [v] e paixão pelo poder, ou desejo intenso de dominar (*adfectatio dominandi*). Esses três amores, ou desejos, embora distingam o homem dos seres animados desprovidos de razão, como feras e plantas, assim como o riso e o escárnio, contudo não o tornam melhor do que eles. Tem-se, pois, que o homem, além das características que divide com as plantas e com as feras[337], é ainda capaz de rir, zombar, amar a fama, o elogio, além de desejar sofregamente o domínio sobre os demais de sua espécie. Nada disso, porém, o torna algo de muito especial, segundo a tábua de valores adotada por Agostinho, neste caso predominantemente cristã.

Os romanos pensavam com outros olhos acerca da glória e do louvor, cuja relação é bem estreita, de modo bastante menos severo, ou negativo, do que haviam feito os filósofos gregos do período dito alexandrino, e depois deles notoriamente os cristãos. Por exemplo, sabe-se que Cícero escreveu dois livros acerca da glória[338], os quais, embora não tenham sobrevivido na íntegra, como lembra Rocha Pereira[339], deixam entrever bastante de seu conteúdo pelos fragmentos remanescentes, como o constante do discurso em defesa do poeta Árquias[340], em que se consideram melhores todos aqueles que se deixam levar pelo amor do louvor e da glória: "todos nós somos arrastados pelo zelo do louvor, e o melhor de todos é aquele que é conduzido especialmente pela glória"[341]. Nas *Tusculanas* Cícero aponta ainda a hipocrisia de alguns filósofos, que, não obstante terem escrito livros em desprezo da glória, nunca deixavam de inscrever seus nomes em seus frontispícios:

---

337 Cf. *supra* 1,8,18,61-62.

338 Cujo título era: *De gloria*.

339 Cf. Maria Helena da Rocha Pereira, *Estudos de história da cultura clássica. Vol. II.* Cultura Romana. Lisboa: Calouste Gulbenkian, 2002, p. 343-347.

340 Cícero, *Em defesa do poeta Árquias* [*Pro A. Licinio Archia poeta oratio*]. Introd., tr. e notas Maria Isabel Rebelo Gonçalves. Sintra: Editorial Inquérito, 1999.

341 *Id. ibid.* 11,26: *"trahimur omnes studio laudis, et optimus quisque maxime gloria ducitur"*.

Que dizer dos poetas? Não querem eles tornar-se notáveis depois da morte? [...] Mas por que parar nos poetas? Os artesãos querem tornar-se notáveis depois da morte. E por que Fídias incluiu uma imagem semelhante a si no escudo de Minerva[342], visto que não lhe fora permitido assinar seu nome? E que dizer dos nossos filósofos? Não assinaram seus nomes naqueles mesmos livros, os quais escreveram em desprezo da glória? // Ao mesmo tempo que desprezam a notoriedade e o elogio público, querem que se teçam elogios a seu respeito e que se mencionem os seus nomes.[343]

Porém não se trata de uma glória qualquer, segue Rocha Pereira[344], pois a verdadeira glória é a de "ser considerado bom pelos homens de bem", como reafirma Cícero ainda nas *Tusculanas*: "A glória inabalável... é o louvor unânime dos bons, voz incorrupta dos que julgam com acerto acerca da virtude superior"[345]. Essa noção de glória se esvai paulatinamente com o advento do cristianismo, como se pode notar, por exemplo, nas palavras de Tertuliano, bem lembradas pela autora[346], para quem a verdadeira glória já se deve alcançar apenas e tão só em Deus, não mais nos homens: *...a deo, non ab hominibus, captanda gloria est...*[347].

1,8,18,63-64. A razão que eleva e rebaixa

63. A – [...] o *amor* do louvor e da glória, e o *desejo intenso* de dominar [...] **64.** [...] também esse tipo de *apetite*, quando não é submetido à razão, torna [os homens] infelizes.

Nesta curta passagem utiliza-se o filósofo de três vocábulos diferentes para expressar algum tipo de desejo, que, em comum com a inclinação sensual

---

342 Leia-se "Atena". Fídias foi o escultor responsável pela célebre estátua de Palas Atena, a deusa protetora da cidade homônima, erguida no Partenão, o templo da Virgem (Παρθένος), no dourado século de Péricles (V a.C.).

343 Cícero, *Tusculanas* 1,15,34-35: *"quid poetae? nonne post mortem nobilitari uolunt? [...] sed quid poetas? opifices post mortem nobilitari uolunt. quid enim Phidias sui similem speciem inclusit in clipeo Mineruae, cum inscribere non liceret? quid nostri philosophi? nonne in iis libris ipsis, quos scribunt de contemnenda gloria, sua nomina inscribunt?"*. // *Id. Pro Archia* 11,26: *"in eo ipso, in quo praedicationem nobilitatemque despiciunt, praedicari de se ac nominari uolunt"*.

344 Maria Helena da Rocha Pereira, *op. cit.*, p. 334.

345 Cícero, *Tusc.* 3,2,3: *"est enim gloria solida... ea est consentiens laus bonorum, incorrupta uox bene iudicantium de excellenti uirtute"*. Cf. *Id. Pro Sestio* 66, 138-139.

346 M. H. Rocha Pereira, *op. cit.*, p. 337.

347 Tertuliano, *De uirginibus uelandis* 2,4: "...de Deus, não dos homens, deve-se procurar obter a glória".

(*libido*), são portadores de sentido negativo: [i] amor, em relação ao louvor e à glória (*amor laudis et gloriae*); [ii] desejo intenso de poder, ou seja, de dominar os demais (*adfectatio dominandi*); [iii] apetite (*adpetitus*) de tudo o que se disse antes, considerado de ordem inferior. O que torna mau cada um desses desejos não é necessariamente seu objeto, seja o louvor, seja a glória, seja ainda o domínio, contudo ausentes todos nos animais irracionais, de par com o escárnio e o riso, mas acima de tudo sua "irracionalidade", numa palavra, sua rebeldia contra a superioridade da razão, ordenada e de direito. De fato, a glória em si mesma não é um mal, sendo desejada para a própria Trindade, como se percebe na oração: "Glória ao Pai, ao Filho e ao Espírito Santo![348] O que se pode dizer igualmente do louvor devido, como quando se diz: "Deus seja louvado!"[349]. Quanto ao domínio, considerado em si mesmo, pode-se dizer que tampouco seja algo essencialmente ruim, pois que se advoga o domínio das paixões pela razão, o domínio da lei, da Providência, da Justiça etc. O que torna esses desejos todos maus, como se depreende dos exemplos aduzidos, é antes sua perversão, ou seja, o fato de serem movimentos da alma avertidos do Bem comum e imutável e convertidos para os bens mutáveis e próprios. Ora, o louvor e a glória voltados para o que é digno em si mesmo, o eterno imutável, são muitíssimo recomendáveis. Do mesmo modo o domínio do superior sobre o inferior, como da razão sobre as inclinações sensuais. O amor assim é ordenado; o seu contrário, desordem. O que é ordenado o é segundo a Razão suprema, daí dizer-se racional; o seu contrário, irracional (*in-rationalis*), ou antes, *contra rationem.* Logo o que torna esses desejos maus é sua irracionalidade, que é também sua desordem, cuja consequência, decorrente da dissonância com a Ordem divina, é a infelicidade do homem, pois, como diz Agostinho, "esse tipo de apetite, quando não é submetido à razão, torna os homens infelizes" (*miseros facit*). Com efeito, se a Lei preceitua que o superior deva ser preferido ao inferior, não se deve amar nem a glória passageira, nem o louvor fugaz, muito menos o poder temporal, cuja perda é iminente, cuja infelicidade inevitavelmente consequente[350]. O contrário está obviamente implícito: quem se deixa conduzir pela razão torna-se feliz. Interessa notar que aquilo mesmo que "eleva" os homens, situando-se à frente dos animais, sua racionalidade, é de certo modo também a causa de seu sofrimento.

---

[348] *Gloria patri et filio et spiritui sancto*... (Δόξα πατρὶ καὶ υἱῷ καὶ ἁγίῳ πνεύματι...).

[349] *Laudandus deus!*

[350] Lembre-se que no pensamento platônico (e parmenídico) de Agostinho o eterno é sempre superior ao temporal, assim como o imutável, ao mutável. Cf. *L.A.* 1,5,11,33-6,15,50 *et passim.*

De fato, os animais nem riem, tampouco escarnecem ou desejam glória, louvor ou poder, ainda que exerçam algum predomínio sobre outros indivíduos, embora inconsciente, a não dizer instintivo, seja de sua espécie, seja de outras quaisquer. Esses atributos todos, conquanto sejam possíveis apenas com o auxílio de atividade racional, em vez de tornarem o homem melhor que as bestas, o aviltam. Portanto a mesma razão que deveria distingui-los para cima (*sursum*), instrumento poderoso, precipita-os para baixo (*deorsum*), quando depravada, isto é, voltada com injustiça e desordem para a direção errada. Todavia isso não significa dizer que a racionalidade seja a causa do mal, e sim uso depravado, cuja causa ainda se está investigando.

63. A – [...] Porém ninguém [nunca] imaginou que devia ser colocado à frente de quem quer que fosse por causa de sua infelicidade.

Do que ficou dito conclui-se que nenhum dos atributos supraelencados, apanágios exclusivos da raça humana, tais como: riso, escárnio, amor da glória, desejo do louvor, desejo de dominação faz com que o homem seja superior aos animais. Embora todos eles sejam consequência de alguma atividade racional, posto que desordenada, a infelicidade decorrente de tais apetites não serve de critério ordenador.

Ordenamentos
Regina ratio

1,8,18,64-65. Movimento desordenado da alma

64. A – [...] quando a razão exerce o domínio sobre estes movimentos da alma...

Os apetites (*adpetitus*) da alma, como o desejo de glória, louvor e domínio, aqui se definem como "movimentos da alma" (*motibus animae*), que, por não se submeterem à reta razão, estão desordenados. Com efeito, se a Lei eterna, ou *summa ratio*, prescreve que o que é superior deve dominar o que lhe está abaixo, de modo que seja preservada em todas as coisas a Ordem divina, nenhum movimento desiderativo da alma pode ter o controle sobre o que lhe esteja acima, nomeadamente a razão, ecoando uma ordenação de ascendência platônica, onde a parte racional (λογιστικόν) se eleva, sobranceira, sobre as demais partes de que a alma se constitui: irascível (θυμοειδής) e desiderativa (ἐπιθυμητικόν). Uma alma desordenada, como visto, posiciona-se contrariamente à razão (*inrationalis*), daí sendo igualmente injusta, visto que deseja de modo perverso como fim o que deveria desejar apenas como meio. Essa descrição cinética dos desejos encontra ainda precedência na taxonomia dos estoicos, cujas paixões (πάθη) da alma foram definidas por seu fundador, Zenão, segundo o testemunho de Cícero, como movimentos anímicos (*animi commotiones*) contrários à natureza (*contra naturam*), ou *lógos*, os quais, por estarem avertidos da reta razão (*auersa a recta ratione*), constituíam uma completa "desordem" (*perturbatio*) do espírito[351].

Ordenamento aristocrático[352]: primazia da excelência

> **64.** A – [...] quando a razão exerce o domínio sobre estes movimentos da alma, deve-se dizer que o homem está ordenado. Pois não se deve dizer "ordem reta", ou mesmo "ordem", quando o que é melhor é submetido ao que é pior.

Esse *ordo* agostiniano, como dito, atrela-se a uma noção de hierarquia[353], onde aquilo que é superior, ou anterior, numa escala de valores, deve exercer domínio sobre o inferior, ou posterior[354], segundo a mesma escala. Trata-se de uma hierarquia, ou ordenamento, se o queira, de caráter universal, cuja instituição não poderia dever-se senão a um poder absoluto, no caso a *summa ratio*, ou Lei divina. Mas como determina ela o que é superior e o que é inferior? A partir de que critérios a Razão suprema estabelece o que deve ser posicionado à frente ou acima no ordenamento da universalidade da criação? Embora Agostinho não o diga, a resposta é tão mais óbvia quanto única: Deus é o critério: quanto mais semelhança com a natureza divina, tanto mais à frente e acima; quanto

---

351 Cf. *Tusc.* 4,6,11. Ver também comentários 1,3,6,17 e 1,8,18,65.

352 O termo "aristocracia" aqui não deve ser compreendido em seu sentido político, a partir das categorias sociais solidificadas, seja na Grécia arcaica, seja no Medievo, mas em sentido estritamente etimológico de poder do melhor (κράτος + ἄριστος). Se na vida política os melhores eram determinados pela excelência (ἀρετή), quer merecida, quer herdada, na metafísica de Agostinho essa "aristocracia" era determinada pela excelência ontológica de cada criatura, ou bem. Vale notar que o termo aqui empregado não se encontra na obra do autor, sendo apenas um eco de escopo propedêutico.

353 A despeito do anacronismo do termo, que nada tem que ver com a hierarquia (ἱεραρχία) dionisíaca.

354 Os termos "anterior" (πρότερος) e "posterior" (ὕστερος) determinam as relações ordenadoras constantes da obra de Plotino, seguramente conhecidas pelo autor a partir da tradução latina de M. Victorino.

menos, tanto mais atrás e abaixo na escala. Se a natureza divina, que é sumamente, é invisível, imutável, eterna, infinita, una, racional, apreensível apenas pela mente, o que equivale a dizer inteligível, mas também inapreensível pelos sentidos, quanto mais uma dada natureza se lhe assemelhe, tanto melhor será, quanto menos, tanto pior. Assim o que é imutável é melhor do que o mutável; o eterno, do que o temporal; o invisível apreensível pela mente, do que o visível apreensível pelos sentidos; o uno, do que o múltiplo; o ilimitado, do que o limitado; o racional, do que o irracional. Portanto tudo aquilo que partilhar dessas características em maior quantidade, por assim dizer, é posicionado à frente; e quanto mais se aproxima do Ser supremo deste modo, tanto mais é, em comparação com as demais criaturas, que são tanto menos, quanto mais longe de sua semelhança existem[355]. Do que se compreende a mente humana ser considerada melhor do que o corpo, assim como tudo o que lhe diga respeito, como seus conteúdos próprios, os pensamentos, do que os "conteúdos" do corpo, como as sensações, visto que os primeiros são mais do que os segundos[356].

No âmbito estrito da criatura racional, quando esta ordem é rompida por algum motivo, estabelece-se a condição para o sofrimento, visto que a potência que deveria exercer o governo é governada, sendo submetida de modo subversivo por aquilo que lhe é hierarquicamente inferior. E como nenhuma felicidade é possível sem paz, e nenhuma paz, sem harmonia com a Ordem pacificadora da Lei eterna, resta a dor da perturbação aos que se acomodam na região da dessemelhança. Portanto o homem perfeitamente ordenado é aquele que está no polo antipodal, na região da semelhança com a Ordem divina, que é a Razão suprema, ou a Lei eterna. Do que se depreende que seja, além de ordenado, perfeitamente racional e justo, visto que em si a razão, sua parte superior, tem a primazia sobre as demais faculdades, o que está de acordo com a Justiça da Lei.

---

[355] E quanto mais longe da "semelhança" de Deus existem, tanto mais próximas daquela região da "dessemelhança" de que fala Plotino. Cf. *L.A.* 1,4,10,30 (*En.* 1,8,13,16-17; *Conf.* 7,10,16); 2,11,30,122-123.

[356] Ainda que seja tentador reinvocar o platonismo de viés parmenídico, como se fez acima, é conveniente notar neste caso como o cristianismo se apropria das categorias da metafísica grega, assumindo, não sem antes adaptá-las, as que estavam em perfeita consonância com suas doutrinas. O que não significa que não houve um movimento em sentido contrário igualmente importante, de helenização dos conteúdos judeu-cristãos, já desde Paulo, embora esse tenha sido temperado pelo radicalismo de vária ordem e origem. Pode-se dizer, em suma, que se estabeleceu uma dialética de "inculturação", porém não sem uma boa dose de conflito, o que sempre envolve ondas de maior ou menor absorção e rejeição.

Movimentos racionais irracionais

65. A – Logo essa *razão*, ou *mente*, ou *espírito*, quando rege os movimentos irracionais da *alma*[357], sem dúvida domina no homem aquilo que deve exercer o domínio, segundo aquela Lei que soubemos ser eterna.

Portanto a razão, ou mente, ou espírito, embora seja aquilo mesmo que distingue os homens dos animais, tornando-os superiores a eles, ao mesmo tempo serve de instrumento de sua precipitação na desordem, quando se dá a perturbação do ordenamento prescrito pela Lei eterna. Porém dizer que serve de instrumento não implica dizer que seja sua causa, apenas que o princípio inteligente presente na criatura possui em si algo que ou é contrário a si mesmo[358], ou é capaz de algum movimento a si contrário. E de fato, se são movimentos irracionais da mente/espírito, são contrários aos movimentos naturais da própria mente/espírito, que se distinguem precisamente por serem racionais, como se ela deflagrasse movimentos contrários a si mesma. Ora, se os animais são incapazes de rir, escarnecer, desejar louvor, glória e domínio[359], isso porque carecem de razão, infere-se que essas atividades todas sejam movimentos racionais, ou de alguma parcela da razão, de que os seres destituídos dessa faculdade[360] estão incapacitados. Logo, embora se digam irracionais, é forçoso compreender que não se constituem movimentos da razão sem nenhuma razão, movimentos completamente destituídos de razão, caso contrário não poderiam ser movimentos da própria razão, o que seria no mínimo contraditório. Portanto essa irracionalidade dos movimentos da

---

357 O termo "alma", que nesta passagem traduz *animus*, representa o princípio inteligente, a sede dos pensamentos do homem, e não o princípio vital ou de movimento (*anima*), que ele guarda em comum com os animais. Essa escolha se fez (um tanto a contragosto) para evitar confusão com o termo *spiritus*, que aparece na sequência, e que Agostinho considera sinônimo de *mens* e de *ratio*, assim como do próprio *animus*. Ao contrário do que fez acima (1,8,18,64), ao considerar riso, escárnio, desejos de louvor, glória e dominação como movimentos da "alma" (*animae motibus*), agora os situa no espírito (*animi motus*). Resta patente o descompromisso do filósofo com qualquer rigidez terminológica, que tampouco era clara em seus predecessores latinos, que amiúde confundiam *anima* e *animus*.

358 O que seria contraditório, tornando-o autodestrutivo.

359 Desejar conscientemente, pois certo é que no caso dos animais há domínio irracional de uns sobre outros, seja intraespecífico, entre indivíduos de uma mesma espécie, seja extraespecífico, entre indivíduos de espécies distintas.

360 Segundo a ciência antiga, que não está desprovida de fundamentação, *mutatis mutandis*.

mente/espírito/razão deve ser compreendida de algum outro modo, mas não como completa ausência de razão, caso contrário os animais também seriam capazes de rir e de escarnecer, para não ir além[361].

Logo, mesmo que sejam irracionais, porque não se submetem à razão, ainda assim são movimentos da própria razão[362], o que implica dizer que são exclusivos dos seres humanos e em alguma medida ainda racionais. Isso, por dois motivos óbvios: primeiro, porque são movimentos do espírito (*animi motus*), o princípio inteligente, que ou é a própria razão, ou a comporta em si[363]; depois, porque os animais, completamente desprovidos de razão, são incapazes de levá-los a efeito. Portanto faz-se preciso algum tipo de razão para praticá-los, pois seria contraditório que um movimento desprovido de razão fosse um movimento da própria razão exclusivo das criaturas racionais. E de fato, não se pode escarnecer, ou zombar, apenas uivando, ou cacarejando, tampouco se veem por aí invertebrados[364] desejando elogios, ou algum tipo de glória, para ficar apenas nisso. Aquele, pois, que deseja essas coisas, o faz por meio de sua razão, por meio de algum movimento dela, ainda que se o considere irracional[365]. E assim é de fato, pois, conforme dirá Agostinho logo na sequência[366], o estulto, sendo aquele homem cuja mente, contrariamente à do sábio, não predomina sobre os movimentos irracionais, não está de modo nenhum desprovido de razão. Ao contrário, a razão está presente nele, embora careça do domínio sobre suas inclinações sensuais (*carere dominatu*). Logo há criaturas racionais cujas razões, ou mentes, posto que presentes, não impõem o justo e ordenado domínio sobre o que lhes é inferior, seja por qual for o motivo.

---

361 Ainda que muitos acreditem que os cães gostem de "chamar a atenção" abanando a cauda, e que em muitos casos tenham "ciúme", seja de outros cães, seja de crianças, seja de seus donos, o que até poderia ser associado (de modo muito forçado) ao desejo de louvor próprio à sua espécie, contudo essas especulações não devem ser retroprojetadas no pensamento dos antigos, para os quais nenhuma dúvida havia da total ausência de razão nos animais.

362 Razão sempre compreendida como sinônimo de mente e de espírito, segundo a laxa taxonomia adotada pelo autor.

363 Cf. *L.A.* 1,9,19,68: "Mas se uma coisa é a razão, outra a mente, torna-se certamente evidente que nada, exceto a mente, pode usar da razão...". Agostinho não está certo da distinção, supondo amiúde que a razão ou é atributo da mente, ou a própria.

364 Os chamados seres "invertebrados" incluem cerca de 95% de todas as espécies do reino animal.

365 Esse irracional, vale reiterar, significa mais o que é contrário à razão [*in* + *ratio*], do que o que está destituído dela. Por isso não se diz aqui "irracional" de modo impróprio, visto que o étimo sustenta essa interpretação.

366 Cf. *L.A.* 1,9,19,67.

Segundo a Lei eterna a mesma Ordem divina que impera no macrocosmo deve estar presente também no microcosmo em que se constitui o homem, o que significa dizer que nele a sua razão deve exercer o domínio sobre os demais movimentos da alma, pelo fato de ser hierarquicamente superior, a fim de que o homem esteja perfeitamente ordenado, em harmonia com a perfeição da *summa ratio.* Portanto esses movimentos ditos irracionais, que na verdade são movimentos contrários à razão, não devem predominar no homem, a fim de não pôr em risco sua harmonia com a Lei divina, precipitando-o na desordem e na consequente infelicidade.

Não se apresentou até ao momento um meio-termo entre a racionalidade e a irracionalidade, ou melhor, a contrarracionalidade, que pudesse qualificar tais movimentos, situando-os abaixo da razão, posto que não desprovidos dela, pois movimentos do espírito. E que seria esse movimento irracional da razão? A resposta talvez se encontre na definição de Zenão supracitada[367], onde o estoico diz que as afecções da alma eram perturbações, completa desordem do espírito, em franca oposição ao *lógos,* ou natureza[368], movimentos do espírito (*animi commotio*) avertidos da reta razão (*auersa a recta ratione*). À parte a noção estoica de natureza e sua relação com o *lógos,* o que importa aqui é apenas a característica do movimento, de aversão da reta razão. Conclui-se dessa chave de leitura fornecida por Zenão que o movimento irracional da razão referido por Agostinho não seja um movimento destituído de razão, e sim um movimento contrário à reta razão, nada obstante ser um movimento da própria razão. Logo trata-se de um movimento racional contrário à reta razão, de um movimento da razão contrário a si mesma. Definição que não é de modo nenhum contraditória, ao revés do que aparenta, porque a razão humana é distinta da reta razão, que outra não é, no caso agostiniano, senão a Razão suprema, a *summa ratio,* padrão eterno e universal pelo que a razão humana se deve guiar, a fim de se harmonizar com a Lei eterna e manter o homem ordenadíssimo, segundo o *ordo diuinus.*

Logo, se o homem quer manter-se ordenado, segundo a Razão suprema, que é a Lei eterna, que prescreve que o melhor deve submeter o que lhe é inferior, deve predominar nele aquilo que é hierarquicamente anterior, a razão. Porém, visto haver movimentos da razão que são contrários à reta razão,

---

367 Cf. *L.A.* 1,8,18,64 (*Tusc.* 4,6,11).

368 As noções de λόγος e de φύσις no universo altamente racionalizado dos estoicos eram equivalentes. Cf. *supra* 1,6,15,51 "Universo perfeitamente ordenado e estoicismo".

cabe aos movimentos da razão em harmonia com a reta razão o predomínio sobre todos os demais movimentos da razão que se dizem irracionais, ou seja, que se contrapõem à reta razão. Assim sendo, não se trata apenas do domínio da razão sobre os movimentos da alma desprovidos de razão, mas algo mais complexo, do domínio da razão pautada pela reta Razão sobre os movimentos anímicos racionais irracionais, ou antes, racionais contrarracionais, além dos não racionais[369].

1,9,19,66-67. O estulto

> **66.** A – [...] Creio também que tu tens ciência disso, que os homens em sua maior parte são estultos...

O adjetivo "estulto" (*stultus*) não se refere neste caso ao mentecapto, ou néscio, em amplo sentido, mas a um termo técnico de precedência estoica, cuja antítese é "sábio" (*sapiens*), dicotomia essa[370] que já se destacava na obra do filósofo Sêneca[371], entre outros. No *L.A.* o estulto é aquele que não está ordenado, cuja razão não predomina sobre os movimentos irracionais da alma. Sua antítese, o sábio, é aquele cuja mente[372] exerce pleno domínio sobre seus impulsos irracionais, ou contrarracionais[373]. Esse eco estoico havia já reverberado nas *Tusculanas*, onde a estultícia, posto que determinada pelos movimentos contrarracionais, contudo se considera uma enfermidade: "Porém os que estão enfermos não estão saudáveis, e a alma de todos os que não são sábios está enferma; logo todos os que não são sábios não estão saudáveis"[374]. Viés patológico que não foi realçado no *L.A.*, ao contrário da leitura de Cícero, que estabelece uma relação íntima entre os pares: [i] sabedoria e sanidade/

---

369 Esses talvez nem façam parte do escopo da própria razão, pois difícil divisar movimentos anímicos absolutamente destituídos de razão que possam ser imediatamente controlados por ela, como os batimentos cardíacos, por exemplo. Logo deve-se compreender, por ora, como movimentos irracionais não os que estejam completamente destituídos de razão, mas os que não se lhe submetem docilmente.

370 *Sapiens et stultus.*

371 Cf. Séneca, Lúcio Aneu. *Cartas a Lucílio.* Lisboa: Calouste Gulbenkian, 2009.

372 No *L.A.* se equivalem: mente (*mens*), espírito (*spiritus, animus*), e por vezes razão (*ratio*); alma (*anima*), apenas se considerada como princípio inteligente. Cf. 1,8,18,65.

373 Cf. *L.A.* 1,8,18,64-65 "Movimentos racionais irracionais".

374 Cícero, *Tusc.* 3,4,9: *"qui autem in morbo sunt, sani non sunt, et omnium insipientium animi in morbo sunt; omnes insipientes igitur insaniunt".*

saúde[375], e seu contrário, [ii] dessabedoria/insipiência[376], ou estultícia, e insanidade/enfermidade[377]. Assim, se o sábio é o único saudável, os que não são sábios, os estultos – praticamente a humanidade toda[378] –, padecem de grave enfermidade do espírito. Essa sanidade, que caracteriza o sábio, consiste na tranquilidade de espírito (*tranquillitas*), que Epicuro chamava de *ataraksía* (ἀταραξία), a qual resultava na ausência daqueles cuidados (*securitas*) e preocupações de vária ordem (*sollicitudines*), que tornam a vida do estulto uma fonte incessante de inquietação, além da constância (*constantia*), aquela estabilidade que permite ao sábio viver sem perturbar-se com as inevitáveis vicissitudes que inerem à condição humana, naquilo que os estoicos chamavam de *apátheia* (ἀπάθεια). Já a mente enferma (*insana*) do estulto, ou insipiente (*in-sapiens*), como é fácil depreender, padece dos cuidados inquietantes da existência, os quais a privam da tranquilidade e da constância sapienciais, perturbada que está pela incessante agitação (*agitatio*) mental, condição em que nenhum corpo, a não dizer da mente, jamais pode encontrar-se saudável[379].

67. E – [...] o estulto é aquele no qual a mente não tem o poder supremo...

Portanto, se o que caracteriza o sábio, sua constância e tranquilidade de espírito, é condição gerada e administrada pelo domínio soberano de sua mente, capaz de minimizar o peso dos cuidados da vida, evitando as preocupações e medos que perturbam a massa dos insipientes, além de permitir-lhe passar pelas inevitáveis vicissitudes de modo divinamente impassível, o que caracteriza seu antípoda, o estulto, é obviamente a ausência desse domínio da mente, que, embora presente, não exerce o papel que lhe foi atribuído pela *summa ratio.*

---

375 *Sapientia et sanitas.*

376 [*In-sapientia aut stultitia.*] Percebe-se um certo otimismo em Cícero, para quem a estultícia não era apenas uma patologia, que carecia antes do remédio da filosofia que da reprimenda, mas sobretudo uma ausência de sabedoria, em lugar de estupidez desprezível.

377 [*Insanitas aut in morbo esse.*] Vale notar que o par *sanitas-insanitas*, "sanidade-insanidade", refere-se tanto ao corpo quanto à mente.

378 O que permite um paralelo com a visão agostiniana acerca da condição pós-lapsária da humanidade. Porém, ao contrário do hiponense, cuja pecha de pessimista jamais o deixou, os estoicos eram tidos por ingênuos, ou mesmo otimistas, cujo sábio nada mais era que um ideal inatingível, restando a humanidade toda na vala comum da morbidade. Veja-se a citação "estoica" em destaque *supra:* "... os homens em sua maior parte são estultos."

379 *Tusc. ibid.: "...quod in perturbato animo, sicut in copore, sanitas esse non potest".*

Uma mente sem domínio

67. A – [...] que se deve dizer, quando o homem está assim nesse estado, que ele não possui uma mente, ou que, embora a possua em si[380], ela carece do domínio?

O homem cuja mente[381] não tem o poder absoluto sobre os movimentos irracionais, antítese do sábio, encontra-se num estado (*adfectus*) peculiar, porque, embora possua uma mente, que o ordena acima das bestas na escala das criaturas, ela padece de uma deficiência ignota, ou morbidade, de acordo com a terminologia estoica adotada por Cícero, que faz com que ele seja dominado por seus desejos. Trata-se de um homem de tipo paulino, por assim dizê-lo, que quer realizar o bem e evitar o mal que conhece[382], porém nem logra fazer o primeiro, tampouco evitar o segundo, porque sua razão não consegue impor-se aos movimentos irracionais de sua alma. Todavia, ao contrário das bestas, que se dizem "irracionais" porque completamente destituídas de razão, os movimentos ditos "irracionais" dos seres humanos, como visto antes[383], não são destitu-

380 Assim como ocorreu pouco antes no mesmo §67, pode-se supor ter sido utilizada aqui uma construção peculiar do latim, que neste caso permite dupla interpretação, o dativo de posse. Na primeira passagem, em vez de dizer (*cum* dat. p.): "...que ele não possui uma mente, ou que, embora a possua em si...", dir-se-ia (*sine* dat. p.): "... que a mente lhe falta [*deesse illi mentem*]...". Na segunda, em vez do que está em destaque logo acima (*cum* dat. p.), dir-se-ia (*sine* dat. p.): "...que a mente está presente neste homem [*mentem inesse homini*]...". Allen e Greenough, em sua gramática (*op. cit.* §373, p. 224), ensinam que o dativo comumente se utiliza com o verbo *esse* – e similares, como *inesse* ou *deesse* – para denotar posse, com a finalidade específica de "enfatizar o possuidor", ou seja, "o fato da posse", em detrimento da coisa possuída. Pois bem, se se optasse por dizer "a mente lhe está ausente", ênfase maior teria sido atribuída à coisa faltante, neste caso, à mente, que o estulto não possui. Por outra, ao dizer que o estulto não possui uma mente, enfatiza-se o possuidor, e com ele o fato da posse, como ensinam os gramáticos citados. No segundo caso, se se traduzisse *inesse homini mentem* como: "a mente está presente naquele homem", a ênfase estaria na mente, a coisa possuída, não no possuidor, o estulto, como se se dissesse que havia dentro dele uma mente. Nada obstante tratar-se de uma simples questão de ênfase, pelo fato de Agostinho estar referindo precisamente o estulto, para saber se de fato ele possui uma mente, embora seja dominado pelos movimentos irracionais de sua alma, houve-se por bem enfatizá-lo, em detrimento da mente, pois não é ela que está sendo investigada. E nada forçado seria, se se argumentasse ainda que o rétor conhecia bem as outras possibilidades de expressão da posse em sua língua, tendo preferido o dativo precisamente para pôr em destaque o possuidor e o ato da posse em detrimento da coisa possuída.

381 Cf. *L.A.* 1,8,18,61; 65; 9,19,68. Vejam-se os verbetes *mens, ratio, spiritus, animus, anima* no LÉXICO T-F.

382 Cf. Rm 7,14-25.

383 Cf. *L.A.* 1,8,18,65.

ídos de razão, e sim contrários à reta razão, logo contrarracionais, espécies de movimentos paradoxalmente irracionais da razão, ou ainda, para lançar mão de um oximoro, movimentos racionais irracionais. Essa irracionalidade da razão, como visto, contrapõe-se aos ditames da Lei eterna, ou Razão suprema, que ordena que na universalidade da criação os superiores sejam ordenados acima e à frente dos inferiores, segundo o metro supraespecificado da Natureza divina[384].

1,9,19,68. Corpo, alma, mente, espírito e razão

> **68.** A – [...] Esse algo[385], porém, não encontrávamos em seu corpo. E como fosse evidente situar-se em sua alma[386], não encontramos outro nome com que deveria ser denominado [melhor] do que "razão", a qual recordamos em seguida chamar-se não apenas de "mente", mas também de "espírito". Mas se uma coisa é a razão, outra a mente, torna-se certamente evidente que nada, exceto a mente, pode usar da razão. Disso resulta que aquele que possui uma razão não pode carecer de uma mente.

Se o princípio inteligente, que distingue homens de animais, não se encontra no corpo, visto que todos os corpos, mesmo os animados pelo princípio de movimento (*anima*), são em si mesmos notoriamente ininteligentes, onde é que se encontra a razão (*ratio*), que se diz sinônimo de mente (*mens*) e de espírito (*spiritus*)? Agostinho diz *in animo*, expressão que, se se mantivesse rigorosamente a proposta de tradução apresentada desde o princípio, deveria ser traduzida por "no espírito", porque se consideram sinônimos os termos *animus* e *spiritus*. Todavia parece incoerente que o espírito esteja no espírito, ou, quando não, uma redundância desnecessária, como se se dissesse que o princípio inteligente estivesse em si mesmo[387]. Embora a questão

---

384 Cf. *supra* 1,8,18,64 "Ordenamento aristocrático: primazia da excelência".

385 O princípio inteligente, por que os homens superam os animais.

386 Precisou-se novamente (cf. 1,8,18,65) traduzir o termo *animus* como "alma", e não como "espírito", sob pena de incluir o espírito no espírito, uma vez Agostinho dizer que a mente (*mens*), que se chama também de "razão" (*ratio*), ou de "espírito" (*spiritus*), não se encontra no corpo (*non in corpore*), mas *in animo*, ou seja, "na alma".

387 O que talvez não fosse de todo errado, como se dirá que a causa da vontade é a própria vontade. Porém a sequência da passagem leva a crer que se esteja referindo ao princípio de movimento, não ao princípio inteligente. De todo modo, essa questão muito se assemelha a uma investigação acerca do sexo dos anjos, pois saber se a mente está na alma, ou se a razão, na mente, e esta, no espírito, sendo absolutamente improvável e interditado todo e qualquer rigor investigativo, resta um tanto quanto inútil; opinião que o próprio Agostinho parece endossar no final da passagem.

seja irremediavelmente complexa, a não dizer insolúvel, é possível concluir que Agostinho esteja referindo o princípio de movimento, comum a homens e animais, não apenas porque o latim soía confundir os termos *animus* e *anima*, que frequentemente serviam para traduzir o grego ψυχή, "alma", ou "vida", mas principalmente porque ficou evidente na disputa, como reconhece o filósofo, que o princípio inteligente não está no corpo, restando necessariamente em seu contraponto, que neste caso não é a mente, mas a alma que o anima. Em suma: [i] o corpo (*corpus*), considerado como massa inerte, é atributo comum entre minerais, plantas, animais e humanos; [ii] o princípio vital, ou de movimento, a alma (*anima*), comum a plantas, animais e humanos; [iii] a razão (*ratio*), o princípio inteligente, exclusividade humana, que se chama também de "mente" (*mens*), e por vezes de "espírito" (*spiritus* ou *animus*), encontra-se na alma (*anima*), o princípio vital. Logo, além de um corpo animado pelo princípio de movimento, como as bestas e plantas, possui o homem uma alma racional, ou seja, "soprada" pelo princípio inteligente, que ora se diz espírito, ora mente, ora razão. Agora, se uma coisa é a razão, outra a mente, Agostinho não tem dúvida de subordinar a primeira à segunda, ao fazer da razão um instrumento da mente/espírito, nunca o contrário, como se a razão se utilizasse da mente. Logo quem tem uma razão, seja ela uma faculdade do espírito, ou apenas um termo sinônimo, deve necessariamente ter uma mente, embora muitos que tenham uma mente, o princípio inteligente, como os estultos, ou não façam uso da razão, ou façam mau uso, faculdade de raciocinar que lhes estaria de algum modo, e por algum motivo obscuro, obliterada[388].

1,9,19,69. O sábio

> **68.** A – [...] Pois eu [apenas] chamo de sábios aqueles que [...] foram pacificados por uma total subjugação da inclinação sensual ao reinado da mente.

[388] Esse esquema levanta algumas questões curiosas, embora improváveis, como dito, com respeito à relação entre corpo, alma e espírito/mente: se a mente está na alma, e se esta morresse com o corpo, morreria a mente com o corpo também? Qual a relação entre *anima* e *mens*, o princípio de movimento e o inteligente? Seriam inseparáveis? E se a alma sobrevivesse à morte do corpo, sobreviveria a mente nela sem o corpo? E a alma dos animais, destituída do princípio inteligente, sobreviveria à morte de seu corpo, ou apenas as almas sopradas de inteligência é que sobreviveriam? Por fim, é a mente/espírito ou a alma que se crê sobreviver à morte do corpo?

Portanto, se o estulto é aquele cuja mente, posto que ínsita, não tem o domínio sobre os movimentos contrarracionais de seu espírito, o sábio, sua antítese, não poderia ser senão aquele cuja mente exerce seu império sobre os movimentos da alma contrários à reta razão, nomeadamente as inclinações sensuais. Estes, diz o filósofo, foram pacificados (*sunt pacati*), pelo que, ao modo do sábio de tipo estoico, gozam de perfeita sanidade mental, cujas tranquilidade e constância os mantêm longe da agitação perturbadora dos cuidados e vicissitudes próprios à existência corpórea, permitindo ainda que suportem passivamente as dores que a ela inerem inevitavelmente, sem nenhuma revolta. Trata-se sem dúvida de um herdeiro de Sócrates, um homem supra-humano, absolutamente racional, cuja mente, monárquica, reina com soberana legitimidade sobre todos e quaisquer movimentos de sua alma, como as *libidines*. Assim sendo, não poderia não ser também perfeitamente ordenado, visto que sua melhor parte, a razão, subordina suas partes inferiores, em perfeita harmonia com a *summa ratio*.

1,9,19,70. Mentes sem domínio

> **70.** A – [...] possui em si[389] *uma mente sem domínio*. Estes homens[390] sem dúvida a possuem em si, pois desenvolvem tais atividades, que não poderiam ser desenvolvidas sem a mente. Contudo ela não reina, pois eles são estultos, e ficou perfeitamente conhecido que o reinado da mente não pertence senão aos sábios.

Nenhum esforço requereu-se para provar existirem homens cuja mente não domina as inclinações sensuais, os movimentos contrarracionais de suas almas. No tempo do autor os exemplares mais óbvios eram aqueles que tratavam com os animais, domesticando-os, pastoreando-os, ou conduzindo-os, o que provavelmente se justifica por sua vida longe da cidade, e com isso de qualquer perspectiva educacional, mas principalmente por causa da pouquíssima estima votada, ao longo de toda a Antiguidade greco-romana[391], aos que se serviam das

---

389 Trata-se de outro dativo de posse (*inesse mentem homini sine dominatu*). Veja-se a nota constante dos comentários: 1,9,19,67 "Uma mente sem domínio".

390 Os domadores de animais, pastores, boiadeiros, e aurigas, que são considerados estultos.

391 Salvo raríssimas exceções, mais ideologicamente programáticas que reais, como a figura de Cincinato, por exemplo, de par com outros tantos pais da pátria, que eram honrados (especialmente por Augusto) por sua frugalidade, simplicidade e dedicação na lida com a terra (nas próprias propriedades, não como assalariados); isso, porém, bem antes do enorme afluxo de escravos, fruto das conquistas militares, que mudaria a economia e a cultura romanas para

mãos para o trabalho, em detrimento das atividades de cunho intelectual, consideradas as únicas dignas dos homens livres, de par com as atividades político-militares. Interessa notar, contudo, que mesmo essas atividades, próprias dos "estultos", não se praticam sem algum concurso da razão, por mínimo seja, o que prova que neles não está ausente o princípio inteligente, e com ele a razão, apenas o seu justo domínio. Portanto podem ser considerados como racionais irracionais, por assim dizê-lo, visto serem dotados de razão, posto que sem domínio, ao contrário dos sábios, cuja razão domina de modo indisputável. Contudo não se deve perder de vista que esse sábio agostiniano é antes de tudo um estoico, alguém cuja razão controla todo e qualquer impulso menos racional de sua alma, como se fosse possível, mas que pouco ou nunca se encontra, restando a massa da humanidade na mais profunda estultícia.

1,10,20,71. Quem pode mais, razão ou desejo?

> **71.** A – Consideras que a inclinação sensual seja mais potente do que essa mente, à qual conhecemos ter sido concedido pela Lei eterna o reinado sobre a própria inclinação sensual? Pois eu mesmo de maneira nenhuma o considero. [...]

A Lei eterna prescreve uma regra bastante simples para a manutenção da Ordem na universalidade da criação, que o superior governe o inferior. Portanto a questão que se coloca aqui, aparentemente simples, é se a mente é superior à inclinação sensual, que os estoicos chamavam de movimentos irracionais do espírito. Diz-se aparentemente simples porque, como visto, a inclinação sensual é também um movimento em certa medida regido pela razão, ainda que se o considere irracionalmente racional, ou melhor, contrário à reta razão. Todavia, mesmo que se trate de um movimento voltado para os sentidos, como a tradução de *libido* pretende sinalizar, não é de modo nenhum um movimento dos seres destituídos de razão, apenas dos racionais. Logo o que se quer saber é se a mente, aquela potência por que os homens se ordenam acima e à frente dos animais, deve ser ordenada acima e à frente de seus próprios movimentos

---

sempre. As atividades intelectuais, especialmente em Roma, eram praticamente exclusivas dos que dispunham de tempo disponível (*otium*), de modo geral aqueles que viviam da renda obtida a partir de suas propriedades rurais, ou do comércio, embora bem menos valorizado, atividades associadas aos homens ditos "livres", daí terem sido chamadas de "liberais" (*artes liberales*). Os escravos, libertos e clientes assalariados, ao contrário, viviam exclusivamente de seu trabalho braçal, de caráter servil, vinculados a seus senhores e à sua irremediável miséria.

contrarracionais. Assim posto parece não restar dúvida, pois ninguém em sã consciência situaria o movimento acima do movente, ou o predicado acima do sujeito, como se preterisse a substância em favor do acidente. E de fato, Agostinho reconhece a primazia da mente em relação às inclinações de ordem sensual, pois, como dito antes[392], o critério da semelhança privilegia o puramente inteligível ao sensual, e nenhuma dúvida resta da conversão da *libido* em direção aos sentidos e da semelhança da mente com o puro Inteligível, por assim dizê-lo, que é Deus.

71. A – E nem seria perfeitamente ordenado que as coisas mais impotentes prevalecessem sobre as mais potentes. Por isso julgo ser necessário que a mente possa mais do que o desejo, pelo próprio fato de exercer o seu domínio de maneira reta e justa sobre o desejo.

Porém por que motivo se diz que a mente é mais potente do que o desejo (*cupiditas*), que na sequência assume o posto das inclinações sensuais (*libidines*)? Seria de fato o desejo apenas um movimento da razão (contrário à reta razão) e a mente o seu movente? Ou o desejo é também um automovente, uma certa potência independente, que quer porque quer, assim como a mente pensa porque pensa?[393] E se o fosse, por que a potência racional seria mais poderosa do que a desiderativa, por assim dizê-lo? Agostinho justifica a supremacia da mente, na esteira do racionalismo socrático advogado por Cícero, pelo fato de exercer seu domínio de modo reto e justo sobre o desejo, como se o desejo fosse incapaz de dominar a mente com semelhante justiça e retidão. Seriam as mentes dos boiadeiros e aurigas exemplares da estultícia simplesmente porque sua razão não exerce o domínio sobre as inclinações de ordem sensual, ou também porque estão dominadas por elas? Numa palavra, quando a razão não exerce o domínio em uma mente, significa isso que a *libido* o faça em seu lugar? Se assim é, há mentes dominadas pelas inclinações sensuais, provando haver casos em que elas a superam. É verdade, porém nestes casos o que domina está muito distante daquela região da semelhança, da eterna imutabilidade do Espírito. Pois o reino das inclinações sensuais é o da inconstância, da instabilidade, dos movimentos perturbados dos desejos insaciáveis, do medo da perda, decorrentes todos da

[392] Cf. *L.A.* 1,8,18,64-65: “Ordenamento aristocrático: primazia da excelência”.

[393] Note-se que essa simplificação se fez necessária apenas para os fins pretendidos pela argumentação neste passo, pois seria ainda possível dizer que a mente pensa porque quer, e o desejo quer porque pensa querer, o que relacionaria intimamente as duas potências – ou seria uma única? – de modo tão mais complexo quanto inextricável.

mutabilidade da matéria e de sua finitude, ao contrário do reinado da mente, pacificado pela submissão à reta razão e pela posse dos bens permanentes. Portanto resta ainda e sempre válido o critério supraexposto, da semelhança com a Natureza divina: quanto mais semelhante, melhor; quanto menos, pior. E, como dito e prescrito pela *summa ratio*, não é reto, nem legítimo, daí também injusto, que o menos governe o mais. Portanto a mente deve dominar as inclinações sensuais (*libidines*) e os desejos sem qualificação (*cupiditas*), simplesmente porque lhes é superior; domínio esse que é não apenas ordenadíssimo, mas também retíssimo e justíssimo, pois determinado pela *summa ratio*, que é a Lei eterna. No entanto, se se considere *ratio* como sinônimo de *mens*, a pergunta resta ainda mais evidente, pois Agostinho não está comparando a inclinação sensual à mente sem domínio, mórbida e defeituosa, mas à mente em que impera a reta razão, perfeitamente ordenada, conforme saída das mãos do Artífice divino. Logo, quando se comparam movimentos de uma mente sem domínio, posto que em alguma medida racionais, contudo contrários à natureza, que são as inclinações sensuais, com a mente que se move segundo a reta razão, a favor de sua própria natureza, nenhuma dúvida há onde se encontra a superioridade.

Por outra, nesse universo ordenadíssimo regido pela Razão suprema, como esperar, seja da *cupiditas*, seja da *libido*, uma regência ordenada segundo os critérios da Justiça e da Retidão? Pois não é ao desejo que cabe temperar-se, ou ser prudente, ou corajoso, ou atribuir a cada um o que lhe cabe, segundo os padrões da Justiça, porque sua natureza é simplesmente desejar. De fato, se temperasse, não seria desejo, mas temperança; se suportasse, não seria desejo, mas coragem; se discernisse o certo e o errado, não seria desejo, mas prudência; e se distribuísse com equidade, tampouco seria desejo, e sim justiça. Pois o desejo apenas deseja, inclina-se para onde quer, porque sua natureza é querer, em maior ou menor grau, mas invariavelmente querer. E sendo o desejo incapaz de distinguir o superior do inferior, ou o anterior do posterior, à mente cabe algo distinto: ajuizar, medir, temperar, relacionar, geometrizar, classificar, enfim, atividades que lhe permitem reger os movimentos todos da alma, inclusive os próprios quereres. Assim sendo, àquilo capaz de governar é que se deve o governo, segundo a Lei eterna, a fim de que a ordem universal seja mantida, tanto no homem como fora dele. E mesmo que os movimentos ditos "irracionais" não sejam tão irracionais assim, como se viu, é necessário que ela exerça o poder que lhe cabe segundo a Lei, sob pena de o homem precipitar-se na desordem e na consequente infelicidade. Se aquele que pode governar é superior àquele que carece de ser governado, e se a única faculdade no homem capaz de exercer esse império é a razão, segue-se que a razão é melhor do que as demais faculdades da alma. Portanto é à mente que se deve o governo.

1,10,20,72. Quem pode mais, virtude ou vício?

> **72.** A – Pois bem, duvidaremos acaso que toda virtude se anteponha a todo vício, de tal forma que a virtude, quanto melhor e mais sublime, seja tanto mais firme e invencível? [...] Portanto nenhum espírito vicioso supera o espírito armado de virtude.[394]

Se a mente concluiu-se ser mais potente do que a inclinação sensual, pois a reta razão se assemelha mais à Razão suprema do que a razão sem domínio, o filósofo quer agora saber se entre virtude e vício é possível estabelecer semelhante relação, o que pareceria óbvio ao senso comum. Na verdade o escopo em questão é bem mais importante do que aparenta, pois não se trata apenas de comparar potencialidades do espírito, como a mente e os desejos, ou noções abstratas, como virtude e vício, mas ratificar o critério absoluto segundo os quais essas comparações podem e devem fazer-se. De fato, mesmo que não se tenham definido ainda os conceitos de virtude e de vício, embora notórios fossem a qualquer um minimamente familiarizado com a cultura filosófica do tempo, que podia ser razoavelmente conhecida pela leitura das obras de

---

[394] O substantivo *uirtus*, "virtude", "excelência", é cognato de *uir*, "varão", "homem", e referia-se em sentido helênico às qualidades que faziam de alguém um homem ideal, na mais perfeita acepção do termo. Agostinho utiliza-se de inúmeras perífrases contendo a palavra *uirtus* para expressar o adjetivo "virtuoso", inexistente em latim (1,6,14,46; 10,20,72; 73; 11,21,75; 76. Cf. o verbete *uirtus* no LÉXICO T-F.). Interessa notar que o grego tampouco possuía um adjetivo correspondente ao vernáculo "virtuoso", que se relacionasse com o substantivo ἀρετή, "excelência". Com efeito, nas *Categorias* (10b6-10), por exemplo, Aristóteles explica que não se qualifica nada a partir de ἀρετή de modo parônimo, isto é, por derivação, o que equivale a reconhecer a inexistência de um adjetivo derivado – note-se que o homérico ἄριστος é superlativo de ἀγαθός, que significa "bom". Às vezes, acresce o filósofo, mesmo quando existe um nome estabelecido para a qualidade (καὶ ὀνόματος κειμένου), não se qualifica de modo parônimo (οὐ λέγεται παρωνύμως) segundo esta mesma qualidade (κατ' αὐτὴν), por meio de um adjetivo cognato. Por exemplo, o homem bom (ὁ σπουδαῖος) – em sentido moral, como oposto de πονηρός – é qualificado a partir da virtude (ἀπὸ τῆς ἀρετῆς), pois é precisamente pelo fato de possuí-la que se o denomina bom (τῷ γὰρ ἀρετὴν ἔχειν σπουδαῖος λέγεται); contudo não se o faz de modo parônimo a partir do nome "virtude" (ἀλλ' οὐ παρωνύμως ἀπὸ τῆς ἀρετῆς), ou seja, não se deriva σπουδαῖος de ἀρετή.

Cícero[395], a partir do que ficou assente na disputa até aqui, resta claro que quanto mais próximo da semelhança com os padrões eternos prescritos pela *summa ratio*, tanto melhor, e consequentemente superior. E evidente que, se o padrão é a Razão suprema, quanto mais próximo da reta razão, melhor, quanto mais distante dela e pravo, pior. Assim sendo, neste universo extremamente racional e geométrico, resta saber qual relação há entre as virtudes, os vícios e a reta razão, a fim de saber qual deve ser considerado melhor[396].

1,10,20,72. Quem pode mais, espírito ou corpo?

72. A – [...] tu não hás de negar que qualquer espírito seja melhor e mais potente do que todo corpo. E – Ninguém nega [...] que a substância vivente deve ser preferida à não vivente, ou que aquela que dá a vida, àquela que a recebe.

Percebe-se como Agostinho segue ordenando todas as coisas[397], segundo o metro da Razão suprema, a Lei eterna que dispõe, segundo a Justiça divina, cada coisa em seu devido lugar, de tal modo que o superior esteja sempre à frente do inferior, de fato e de direito, assim como o anterior ao posterior. Se primeiro a mente foi ordenada à frente das inclinações sensuais, o que, como visto, implica dizer que a reta razão dominante mais se assemelha com a *summa ratio* do que a razão pravamente dominada, e se na sequência se antepôs ao vício a virtude, segundo o mesmo critério estritamente racional, agora afirma-se

---

395 Cf. *Inuent.* 2,159-67; *Tusc.* 2,13,30-14,32. Em *Tusc.* 2,4,11, vale notar, em seu racionalismo radical Cícero afirma que é a razão, não a fortuna, como dizia o provérbio antigo – *fortes fortuna adiuuat* –, que aumenta a coragem, uma das quatro virtudes cardeais: "*multo magis ratio... confirmat uim fortitudinis*".

396 Na questão trinta de *83 Quaest.*, Agostinho diz que a razão perfeita do homem nada mais é do que a própria virtude (*perfecta igitur hominis ratio quae uirtus uocatur*), que julga de tudo aquilo que usa, porém não de Deus, porque ele é o metro pelo qual ela julga as demais coisas: "Mas [a razão] julga de todas as coisas que usa; de Deus somente ela não julga, porque é segundo Deus que ela julga das restantes coisas; e dele ela não usa, mas frui" (*iudicat autem de omnibus quibus utitur; de solo deo non iudicat, quia secundum deum de caeteris iudicat; nec eo utitur, sed fruitur.*). Logo na questão seguinte da mesma obra, reproduzindo o racionalismo de Cícero, define o filósofo a virtude como sendo "uma disposição de espírito consentânea com a natureza e com a razão" (*uirtus est animi habitus naturae modo atque rationi consentaneus*), cujas partes quatro seriam as próprias virtudes cardeais: prudência, justiça, coragem e temperança (*habet igitur partes quattuor: prudentiam, iustitiam, fortitudinem, temperantiam.*). Cf. adiante 1,13,27,88-90.

397 A finalidade desse esforço ordenador se mostrará na sequência, quando restar claro seu movimento ascendente, do inferior ao superior, do nada da matéria ao Ser supremo do Espírito.

a superioridade do espírito/mente em relação ao corpo, no que assente Evódio, antecipando os desdobramentos do livro segundo, porque enquanto este carece de movimento e de vida próprios[398], aquele é automovente e dador de *anima*. Evódio não está errado, porém ainda não se analisaram os critérios para que essa relação de superioridade se comprove, o que será retomado em detalhes no livro segundo, segundo as categorias neoplatônicas: ser (τὸ ὄν), vida (ζωή), inteligência (νοῦς)[399]. Contudo o critério que situou a virtude à frente do vício e a reta razão à frente das inclinações sensuais não tem que ver nem com a capacidade animadora de nenhuma delas, muito menos com seu automover-se, mas com sua maior ou menor semelhança com a *summa ratio*. Portanto o espírito (considerado aqui como *anima* e *animus*) deveria ser melhor do que o corpo, sim, mas não porque é automovente ou dador de vida – ao menos não por ora –, e sim porque mais se aproxima da natureza divina, como dito antes[400], o que nenhum corpo, considerado em si mesmo, jamais poderia fazê-lo. Com efeito, enquanto o espírito se conhece apenas pela mente, o corpo é apreendido pelos sentidos, o que implica dizer que é corruptível, pois, enquanto o corpo está preso às cadeias das coordenadas espaço temporais, o espírito encontra-se livre das peias espaciais, sendo mutável apenas segundo critérios temporais. Por fim, um corpo jamais seria capaz de contemplar a Substância eterna e imutável que verdadeiramente é, Deus, apenas o espírito, feito à sua imagem e semelhança[401].

1,10,20,73. Quem pode mais entre duas mentes equipolentes?

> **73.** A – [...] o espírito justo *e*[402] a mente que salvaguarda o direito e o domínio que lhe é próprio, pode[403] acaso derribar de sua cidadela uma outra mente, que exerce o seu reinado com igual equidade e virtude, e submetê-la à inclinação sensual?

---

398 Evódio considera aqui o espírito como princípio de vida e de inteligência simultaneamente, confundindo mais uma vez os dois conceitos, *anima* e *animus* (*mens/spiritus*). Pois não é o espírito que anima os corpos, mas a alma (*anima*), embora ambos sejam melhores do que o corpo, como se verá no livro segundo, pois viver é melhor do que apenas ser, assim como inteligir é melhor do que apenas ser e viver.

399 Cf. *L.A.* 2,3,7,21 *et seq.*

400 Cf. *L.A.* 1,8,18,65.

401 Cf. Gn 1,26.

402 Essa conjunção, *et*, tem valor alternativo, porém não excludente, visto que espírito e mente são a mesma coisa: “o espírito justo, *ou* a mente...”.

403 O verbo está no singular, *potest*, o que confirma tratar-se da mesma potência.

Nada permite supor que um qualquer espírito (*animus*), ou mente (*mens*)[404], que agisse em conformidade com a Justiça (*iustitia*)[405] e com o direito (*ius*), ciente do que lhe cabe segundo seu devido ordenamento, que não se permitisse dominar por aquilo que lhe fosse inferior, como as inclinações sensuais (*libidines*) ou quaisquer outros movimentos irracionais, pudesse dominar outro espírito/mente que reinasse com igual equidade e virtude, exceto se não fossem equipolentes. Pois a *summa ratio* prescreve que o superior domine o inferior, não o igual. Se os dois princípios inteligentes se equivalem em equidade e virtude, seria possível que um empreendesse o domínio do outro, ainda mais para fins nada nobres, como uma submissão imposta à irracionalidade?

> **73.** E – De modo nenhum, não apenas por causa da mesma excelência existente em ambas, mas também porque aquela, que tentar fazer [cair] a outra, decairá primeiro da justiça e tornar-se-á uma mente viciosa, e por isso mesmo será mais fraca.

De modo nenhum, di-lo bem Evódio, não apenas por causa do mesmíssimo grau de excelência hipotética nas duas, mas principalmente porque, sendo ignóbil o fim proposto, aquela que intentasse perpetrá-lo, forçando o rebaixamento e a submissão injusta da outra, deixaria imediatamente a cidadela da Justiça, abrindo mão da equidade e da virtude, em franca oposição à *summa ratio.* De fato, se a Lei divina prescreve que o superior deve dominar o inferior, quem pretende submeter outrem a algo que lhe seja inferior não apenas age contrariamente à Justiça, procurando atribuir o descabido, mas com isso também se avilta, abrindo mão de sua própria excelência. Logo não se trata mais de dois espíritos no mesmo nível, e sim de um injusto, daí inferior, pretendendo submeter um justo, pelo que superior, o que não se realiza, visto que o primeiro é menos potente que o segundo. Portanto, se o espírito é capaz de fazê-lo, porque justo, não quererá fazê-lo, precisamente porque justo; porém se o quisesse, já não seria mais capaz, porque deixaria de ser justo.

1,10,21,74. Quem pode mais do que a mente racional e sábia?

> **74.** A – [...] resta que respondas, se possível, se acaso te parece existir algo mais excelente do que a mente racional e sábia. E – Nada, exceto Deus, julgo eu.

---

[404] Como dito, apenas dois nomes do mesmo princípio.

[405] Cf. *L.A.* 1,5,11,33; 6,15,48-49.

No ordenamento da universalidade da criação, empreendido de modo pouco sistemático neste passo[406], concluiu-se que: [i] a razão pode mais do que a inclinação sensual, o que significa dizer que o princípio inteligente é superior aos desejos; [ii] a virtude pode mais do que o vício, o que significa dizer que o que mais se aproxima da semelhança com a *summa ratio* é melhor do que o que permanece na região da dessemelhança; [iii] o espírito, se considerado como princípio vital (*anima*), pode mais do que o corpo, porque o vivifica, ou anima, mas se considerado como princípio inteligente, é superior porque mais se aproxima da Natureza divina, de que é imagem e semelhança, cabendo a ele a regência ordenada da alma e do corpo[407]. Pode-se ainda associar o princípio de movimento, ou vida (*anima*), às inclinações de ordem sensual (*libidines*), visto que os animais são movidos quase exclusivamente por essas inclinações, que neles Agostinho sói denominar "apetites" (*adpetitus*). Portanto nada ousado seria dizer que o espírito/mente, considerado como princípio inteligente (*intellegere*), que além de ser mais do que o corpo, massa inerte em si mesma que apenas é (*esse*), também é mais potente e melhor do que a alma, o princípio de vida e movimento (*uiuere*), não apenas porque este é também presente nos animais, mas porque cabe àquele a sua regência, ou seja, porque à mente é devido o domínio racional dos impulsos anímicos, seja pela prudência, seja pela temperança, seja pela justiça, seja pela coragem. Nesse sentido, pois, antecipa-se a tríade neoplatônica ser, viver e inteligir[408], que não apenas sustenta o arcabouço teórico dos restantes livros do *L.A.*, mas também toda a metafísica do filósofo, por assim dizê-lo, e de modo nada hiperbólico.

Além da extremidade da escada "corpo, alma, mente", ou "ser, vida e inteligência", que há, se é que de fato há alguma coisa? Evódio diz que ali está Deus, em que assente de pronto o mestre. Essa "descoberta" de Deus, como aquilo que se encontra acima da mente racional e sábia, será reformulada logo no início do segundo livro, quando Agostinho empreende a célebre prova racional da existência do Ser divino, exatamente a partir dessa ideia embrionária, de que seria preciso apenas provar existir algo acima da mente racional para que se provasse a própria existência de Deus. Na verdade Deus

---

406 O que será retomado no livro segundo de modo muitíssimo mais elaborado.

407 Na verdade ao espírito, ou mente, cabe a regência da alma, e a esta, a do corpo. O que é simples se confunde devido à mistura frequente que fazia o latim entre os termos *animus* e *anima*.

408 Tò ὄν (*esse*), ζωή (*uita*), νοῦς (*intellegentia*).

não será "definido" como aquilo, seja o que for, situado acima da mente racional, e sim aquilo acima do que nada mais poderia existir (*quo est nullus superior*)[409].

1,10,21,74. Promessa de continuidade

74. [...] A – Esse é também o meu parecer. Mas, visto ser árduo o assunto, e nem se o investiga neste momento com proveito...

Nada obstante consentir na resposta de Evódio, que acima da mente racional e sábia encontra-se Deus, Agostinho reconhece a enorme dificuldade da questão, que deveria ser postergada para uma ocasião mais propícia, possivelmente depois de seu retorno à África[410]. Procrastinação essa que permite supor o projeto para a obra ter sido originalmente mais ambicioso do que o que era possível realizar no momento, ou que os estudos que estava empreendendo levantavam mais questões do que havia por primeiro suposto, as quais a herança legada por Cícero não dava conta de responder, sendo necessário apelar ao neoplatonismo, em primeira instância, e depois à própria doutrina cristã, na qual era ainda um simples neófito.

1,10,21,74. Fé e razão III

74. A – [...] para que chegue à inteligência, conquanto seja sustentado por uma fé robustíssima...

Destaca-se ainda uma vez o contraste entre aquilo que se conhece por meio da fé e o que se conhece por meio da inteligência, permitindo supor a inquietação do neófito Agostinho, recentemente egresso das fileiras do ceticismo

---

[409] Cf. *L.A.* 2,6,14,54. Curioso notar que Cícero, ao definir o adjetivo neutro substantivado *summum*, "supremo", nas *Tusculanas* (2,19,44), se utiliza de expressão bastante semelhante: "Supremo é aquilo a que nada é superior" (*summum quo nihil sit superius*), termo a que contrapõe outro adjetivo neutro substantivado, *breue*, liter. "breve", mas também "pequeno", "curto" etc., que ele define como sendo aquilo a que nada supera em pequenez (*quo nihil breuius*).

[410] Devido a uma movimentação bélica que havia interditado o porto de Óstia, Agostinho e sua trupe se viram obrigados a permanecer uma temporada em Roma, em 388, quando foi escrito o primeiro livro do *L.A.* Depois do retorno à África, já estabelecido em sua cidade natal, Tagasta, debruça-se sobre a questão, ao menos até meados de 391, quando, em viagem a Hipona, é coagido ao presbiterato, cidade em que conclui os segundo e terceiro livros, até por volta de 395.

neoacadêmico, com respeito ao assentimento que a vocação religiosa demandava para o testemunho das Escrituras[411].

1,11,21,75-76. Natureza suprarracional

> **75.** A – [...] aquela natureza, seja o que for, a qual por direito divino é mais excelente do que a mente que reina na virtude, de modo nenhum pode ser contrária à justiça.

Se uma determinada mente se diz virtuosa e sábia porque está em harmonia com a *summa ratio*, dominando segundo a reta razão os movimentos contrarracionais da alma com coragem, prudência, temperança e justiça, de acordo com as disposições divinamente ordenadas da Lei eterna, que preceitua ser direito legítimo que o superior se coloque à frente e acima do posterior e do inferior, nada mais lógico concluir que uma dada natureza, seja Deus, seja outra potestade qualquer, precisamente por estar acima dessa mente retamente racional e regente virtuosa, seja não apenas ainda mais excelente do que ela, mas esteja também em perfeita harmonia com a Justiça divina.

Toda potência dividida se aniquila

> **75.** A – [...] Por isso nem sequer essa natureza, ainda que tenha o poder, constrangerá a mente a sujeitar-se à inclinação sensual.

E essa suposta natureza excelente, superior à mente racional e sábia e perfeitamente ajustada à Lei eterna, caso pretendesse constranger qualquer mente inferior a si a que se submetesse à inclinação sensual e desertasse de sua acrópole virtuosa, tão logo cogitasse fazê-lo seria precipitada de sua própria cidadela, tornando-se incapacitada para perpetrar a descabida sujeição. Pois quem se averte da Justiça não pode ser justo, assim como não pode ser virtuoso quem se afasta da reta razão. Logo, se não é justo, não está em harmonia com a Lei eterna, que determina a cada um o que lhe cabe. Ora, à mente virtuosa e justa não cabe sujeição à inclinação sensual, que lhe é inferior. Logo quem tenta submeter o superior ao inferior não age de acordo com a Justiça, mas contra ela;

---

[411] Duas outras obras de caráter "apologético" ilustram as preocupações do filósofo com a questão da fé: *De utilitate credendi*, "A utilidade de crer", escrita em 391/392, portanto contemporânea à escritura do *L.A.*, e *De fide rerum inuisibilium*, "Da fé nas coisas invisíveis", escrita por volta de 400, um lustro após o término do *L.A.*

nem de acordo com a virtude, mas contra ela. E mais, se essa natureza acima da mente racional e sábia é de fato Deus, ao agir contrariamente à Justiça divina e à Razão suprema, estaria agindo contra si mesmo, contra a Lei que ele próprio instituiu, o que seria paradoxalmente autodestrutivo, já que todo reino dividido contra si mesmo se aniquila[412].

Relações propedêuticas

76. A – Logo [...] não a faz sujeitar-se à inclinação sensual por causa da justiça, porém o que lhe é inferior não poderia fazê-lo por causa de sua fraqueza...

Portanto essa natureza, seja o que for, acima da mente racional e sábia, não comete a injustiça de fazer submeter uma natureza superior a uma inferior, precisamente por causa da justiça que há em si, pois somente o querê-lo já seria motivo suficiente para que deixasse sua posição de superioridade; ao contrário, uma natureza inferior à mente racional e sábia, mesmo que quisesse não poderia fazê-lo, precisamente por causa de sua incapacidade.

Essas relações que se têm estabelecido[413], entre [i] mente e desejo, [ii] virtude e vício, [iii] espírito e corpo, mas também [iv] entre mentes equipolentes, ou seja, igualmente justas e virtuosas, e por fim [v] entre uma ainda incógnita natureza suprarracional e a mente justa e virtuosa, tiveram como escopo, para além de um esforço ordenador propedêutico, provar a liberdade da mente racional e sábia, que não pode de modo nenhum ser submetida invita pelas inclinações sensuais a si inferiores, muito menos por uma natureza qualquer que lhe fosse superior, quer Deus, quer alguma outra potestade. E se não pode ser submetida por nenhuma potência superior, nem inferior, nem igual, se se permite submeter às inclinações sensuais, presentes em todos os malfeitos, como discutido antes[414], só pode submeter-se por sua própria iniciativa, numa palavra, pela própria vontade livremente arbitrada. Logo a causa do mal praticado pelo homem não pode estar fora dele, como queriam os maniqueus, mas dentro. Daí ter sido necessária uma rápida ordenação das naturezas, hierarquicamente dispostas umas acima das outras, na seguinte sequência ascendente: [i] corpo,

---

[412] Cf. Lc 11,17: "Todo reino dividido contra si mesmo é aniquilado e cai casa sobre casa." (πᾶσα βασιλεία ἐφ' ἑαυτὴν διαμερισθεῖσα ἐρημοῦται καὶ οἶκος ἐπὶ οἶκον πίπτει).

[413] Cf. *L.A.* 1,10,20,71-21,76.

[414] Cf. *L.A.* 1,3,8,20 *et seq.*

[ii] desejo, [iii] mente/espírito, [iv] mente/espírito virtuosos, ou seja, regidos pela reta razão, [v] natureza suprarracional perfeitamente justa e virtuosa, supostamente Deus[415]. O que Agostinho pretendia provar com essas relações propedêuticas, por assim dizê-lo, era que a causa do mal, a *libido*, não poderia ser imposta ao malfeitor, de fora para dentro, como se ele fosse uma simples vítima inocente arrastada para o vício, mas era fruto de sua livre escolha. Sem pretensão de antecipar o passo da obra, retroprojetando pensamentos do próprio autor que à época nem mesmo embrionários eram, pode-se dizer que essa liberdade de arbitrar o querer, segundo o esquema supraexposto, ao contrário do que Pelágio e seus epígonos haveriam de concluir, encontra-se limitada ao quarto degrau da escada, o das mentes virtuosas que agem em conformidade com a reta razão, não incluindo as mentes do terceiro grau, que, como dito antes, podem estar dominadas pelas inclinações sensuais[416]. Com efeito, se uma mente se deixa dominar pela *libido*, seja por que motivo for, embora seja um princípio inteligente, contudo não exerce o império racional prescrito pela Lei eterna, estando desordenada, o que equivale a dizer, segundo o oximoro supraelaborado[417], que é uma mente racional irracional, visto agir contrariamente à reta razão. Essas, não as que agem de acordo com a reta razão, é que se dirá terem perdido a capacidade de retomar o controle sobre si mesmas, carecendo de ajuda externa, nomeadamente a da Misericórdia divina.

Livre arbítrio da vontade

1,11,21,76. O livre arbítrio da vontade

> **76.** A – [...] resta que nenhuma outra coisa torne a mente companheira abnegada do desejo, exceto a própria vontade e o livre arbítrio.

Portanto, se nenhuma potência, quer inferior, quer igual, quer superior é capaz de submeter a mente à inclinação sensual, comprovadamente o mínimo denominador comum em todos os malfeitos praticados[418], chega-se, por exclusão, à própria iniciativa humana, empreendida sem nenhuma coação externa, o

---

415 Sequência ordenadora que será reelaborada no livro segundo do seguinte modo: [i] ser (*esse*) ≡ corpo; [ii] viver (*uiuere*) ≡ desejo/inclinação sensual; [iii] inteligir (*intellegere*) ≡ mente/espírito.

416 Cf. os comentários: 1,10,20,71-72; e no livro terceiro: 3,18,51,174-52,179.

417 Cf. *L.A.* 1,8,18,64-65.

418 Cf. *L.A.* 1,3,6,17-4,9,22.

que doravante se denominará "livre arbítrio da vontade". O argumento foi tão bem trabalhado que nada restou, após excluídas todas as alternativas, senão admitir sua conclusão, que o livre arbítrio é a causa do mal[419]. Assim diz o filósofo, de modo falsamente eufemístico, que a mente se torna "companheira abnegada do desejo" (*cupiditatis comitem*), significando que o que é superior, em oposição ao justo e legítimo ordenamento da Razão suprema, ingressa espontaneamente no partido do inferior, os desejos. Pois a mente que elege devotar-se aos desejos, inferiores no ordenamento hierárquico das naturezas, elege igualmente contrapor-se à própria Justiça da Lei eterna, o que faz em detrimento de si, embora muita vez imagine que o faça em seu próprio benefício, iludida com as sensações aprazíveis que os sentidos propiciam, contudo tanto mais prazerosas quanto fugazes. Com efeito, ao submeter-se ao inferior, não apenas se afasta da justa Ordem, mas também adere à injusta subversão dessa Ordem, que é o próprio mal, a injúria deflagrada pelo desejo de atribuir-se desordenadamente o que não cabe ser atribuído, antepondo ao maior o menor; ao mais forte, o mais fraco; ao mais inteligente, o menos; ao mau, o bom. Portanto, ao escolher livremente submeter-se a uma natureza inferior, como os desejos, abdicando da regência da reta razão, a mente se desordena caoticamente, afastando-se da *summa ratio*, numa palavra, averte-se da semelhança e se precipita na região da dessemelhança[420].

Essa submissão da mente aos movimentos inferiores da alma, efeito e expressão da desordem, tem por causa, em conformidade com o que a disputa dialética concluiu, alguma potência que não poderia estar acima dela, pois se estivesse, embora capaz, não a faria submeter-se a algo inferior, contrariamente à ordem da Lei eterna; e nem abaixo, pois não teria poder para fazê-la submeter-se invita ao que lhe fosse inferior. Logo, se nem acima, nem abaixo da mente, está ínsito nela, como uma sua faculdade, a vontade, cujo arbítrio livre – escolha sem dúvida racional, ainda que nem sempre de acordo com a reta razão – depende única e exclusivamente de si. Portanto o livre arbítrio é uma escolha livremente tomada de modo racional e sem nenhum constrangimento[421] pela

---

419 Embora isso ainda não tenha sido dito textualmente na *disputatio*.

420 Cf. Plotino, *En.* 1,8,13,16-17; Agostinho, *Conf.* 7,10,16; *L.A.* 2,11,30,122-123.

421 Juliano de Eclano, discípulo de Pelágio, definirá a vontade como sendo um movimento do espírito sem nenhum constrangimento (*cogente nullo*), o que, para ele, faz com que a investigação acerca da sua causa nada mais seja do que uma mera inconsistência (ἀσυστασία): *"igitur stolidissime interrogas unde ipsa uoluntas mala"*, como alguém que procurasse a causa do que não é causado: *"quaeris enim quis cogerit, quod esse non possit, nisi cogente nullo"*. Cf. *Contra Iulianum opus imperfectum* (*C. Iul. opus imp.*) 5,60. Ver adiante os comentários a 3,4,9,36-37.

vontade, que é uma faculdade da mente/espírito[422]. E como faculdade deve ser controlada pela razão, o que nem sempre ocorre, visto que a mente muita vez prefere, de modo desordenado, fazer-se companheira abnegada dos desejos, preferindo servir, *nullo cogente,* aos sentidos corpóreos, em vez de servir à razão.

A mente companheira abnegada dos desejos

Há implícita na locução empregada por Agostinho para descrever a mente que elege livremente a desordem uma dicotomia bastante ilustrativa. Dentre dois dos campos semânticos de uso mais frequente na composição de figuras retóricas no discurso dos autores romanos, o jurídico e o militar, presentes ambos decisivamente no *L.A.*, é ao militar que se deve recorrer para compreender a imagem sutil utilizada pelo rétor nesta passagem, mas também para apreender com propriedade todo o paradigma lexical empregado para descrever o domínio que a mente ordenada deve exercer sobre os impulsos irracionais do espírito[423]. Verbos como: "dominar" (*dominor*), "exceler" (*excello*), "imperar" (*impero*), "submeter" (*subdo*), e substantivos como: "inimigo" (*inimicus*), "poder" (*potestas*), "sujeição" (*subiectio*) e "subjugação" (*subiugatio*) permitem divisar bastante bem o domínio militarmente ordenado que cabe à mente exercer sobre os desejos. Todavia parece optar o rétor por uma locução aparentemente inerme e distante do campo militar para descrever a mente que se amazia livremente aos desejos (*cupiditatum comes*), ao modo de um anticlímax, quando se havia chegado enfim à descoberta da causa do mal. Mas não se deve deixar ludibriar pelas aparências, pois *comes,* que se traduz por "companheiro", ou "acompanhante", embora já fosse uma patente militar ao tempo do autor[424], constitui evidente contraponto a *imperator,* ou

---

422 Pois os animais, que também têm alma, não temperam racionalmente seus apetites (*adpetitus*).

423 Tenha-se em mente, por exemplo, o ordenamento geométrico dos *castra,* os acampamentos militares dos romanos, e a disposição, não menos geométrica, de suas legiões (*legiones*) no campo de batalha, a não dizer de sua estrutura rigidamente hierarquizada: decúria, centúria, coorte, legião etc.

424 Um dos correspondentes de Agostinho, o "conde" (*comes*) Bonifácio, regeu os exércitos romanos na província da Numídia, a partir de 426. Anos antes, em 413, seu querido amigo Marcelino foi preso e executado a mando do também "conde" Heracliano. Cf. Peter Brown, *Santo Agostinho. Uma biografia.* 7. ed. Rio de Janeiro; S. Paulo: Record, 2012. Vale notar que o vocábulo *comes* se destaca como patente militar *sensu stricto,* ou função pública *lato sensu,* apenas no Império Tardio, derivando possivelmente sua origem das tropas comitatenses (*comitatensis*), criadas no início do séc. IV, ou por Diocleciano, ou por Constantino, incialmente para "acompanhar"

dux, "comandante", ou "general". Com efeito, se a tarefa ordenadíssima da mente racional e sábia era impor seu "império" (*imperium*) com justa legitimidade sobre os movimentos todos do espírito a ela inferiores, nada se lhe contraporia mais do que a subserviência a esses mesmos movimentos. Porém não se trata de uma subserviência forçada, como na escravidão, e sim de uma submissão voluntária, pois se a mente fosse subjugada por alguma potência a ela naturalmente superior, estaria isenta de culpa, incapaz que era de evitá-lo. Mas, como visto[425], a mente não pode ser subjugada nem por potência superior, nem igual, muito menos inferior. E precisamente por ser superior aos desejos é que ela é culpada por deixar-se dominar, voluntariamente, de modo desordenado e consequentemente injusto. Ao desertar a cidadela da virtude por sua livre iniciativa, a mente elege a companhia dos desejos, não como serva, nem prisioneira, mas como companheira, porém em condição de manifesta inferioridade, como se a mente fosse de *ranking* mais humilde do que o desejo, como quem se põe ao serviço de outrem, sob sua liderança e com abnegação, ao modo de um partidário, ou soldado devotado, relação muito semelhante à que ilustra o historiador romano Tácito, ao descrever o papel da "comitiva" (*comitatus*) dos povos germânicos:

> Quando chegada a hora da batalha, é torpe para um príncipe ser superado em virtude guerreira, [e] torpe à sua comitiva [*comitatus*] não igualar-se à virtude do príncipe. Agora, porém, infame e vergonhoso para toda uma vida é sair da batalha tendo sobrevivido ao príncipe. Pois defendê-lo, protegê-lo, atribuir também seus próprios feitos corajosos à glória dele é o precípuo juramento de lealdade [da comitiva]. Os príncipes lutam pela vitória; os companheiros [*comites*], pelo príncipe.[426]

Numa palavra, não se trata de dominação injusta, mas de subserviência conscientemente voluntária: a mente elege devotar-se *ad libitum* aos desejos,

---

(*comitatus*) o *princeps*, depois utilizadas para defender as fronteiras, quando Roma já não possuía contingente bastante, aceitando em suas fileiras os próprios bárbaros, que combatiam ao lado dos desconfiados *milites* romanos como *foederati*, "confederados". Um desses "aliados" descontentes, o rei godo Alarico, foi o responsável pela tomada de Roma, em 410.

[425] Cf. *L.A.* 1,10,20,71-21,76.

[426] Tácito, *Germania* 14,1: *"Cum uentum in aciem, turpe principi uirtute uinci, turpe comitatui uirtutem principis non adaequare. iam uero infame in omnem uitam ac probrosum superstitem principi suo ex acie recessisse. illum defendere, tueri, sua quoque fortia facta gloriae eius adsignare praecipuum sacramentum est. principes pro uictoria pugnant, comites pro principe"*.

combatendo a seu lado e por eles, *pro libidinibus*, embora, bastante ao revés da relação entre o *comitatus* germânico e seu *princeps*, lhes seja hierarquicamente superior no ordenamento divino, o que constitui uma flagrante subversão da ordem que deveria predominar no interior do homem.

1,11,22,77-78. O império tirânico dos desejos

77. A – [...] Acaso essa mesma pena deve ser considerada insignificante, o fato de [1] a inclinação sensual dominá-la, [2] despojada da opulência da virtude, [3] arrastá-la para posições diversas, incapacitada e indigente, [4] ora aprovando coisas falsas em lugar das verdadeiras, [5] ora defendendo-as ainda repetidas vezes, [6] ora desaprovando o que antes houvesse provado [7] e não obstante precipitando-se em mais falsidades, [8] ora suspendendo o seu assentimento [9] e na maior parte das vezes receando os raciocínios evidentes, [10] ora desesperando de toda descoberta da verdade [11] e aderindo profundamente às trevas da estultícia, [12] ora esforçando-se por chegar à luz do inteligir e uma vez mais sucumbindo pela fadiga?

Inumeráveis e nada insignificantes são as penas a que a mente que se fez "companheira abnegada" dos desejos está sujeita: (§77) [i] ser dominada pela inclinação sensual; [ii] ser despojada do esplendor da virtude; [iii] ser levada de modo coercitivo a tomar posições contraditórias, incapacitada de resposta e totalmente desprovida de recursos; [iv] como consequência do item anterior, ser levada a provar, ou seja, a demonstrar o falso em detrimento do verdadeiro; [v] ser levada a defender de modo reiterado o mesmo falso; [vi] ser levada a desaprovar aquilo mesmo que acabara de aprovar e defender; [vii] e contudo ser constrangida a persistir no erro, caindo uma vez e sempre em mais falsidades; [viii] como consequência, ser precipitada na dúvida desesperançada[427], suspendendo todo assentimento; [ix] ser levada, por meio da dúvida sistemática cética, a recear raciocínios evidentes; [x] ter suas esperanças de encontrar a verdade suprimida; [xi] ver-se profundamente apegada às trevas da estultícia, que é o oposto da sabedoria; [xii] esforçar-se, porém em vão, para emergir das trevas da ignorância rumo à luz da compreensão, reconhecendo-se uma vez mais mergulhada abismo adentro pelo esgotamento de suas forças; e como se isso não bastasse:

78. E visto que durante todo o tempo [13] esse reinado dos desejos sevicia de modo tirânico e perturba por meio de várias e contrárias tempestades o espírito todo do homem e sua vida, [14] de um lado pelo temor, [15] de outro pela carência, [16] de um lado pela ansiedade, [17] de

[427] Clara alusão ao ceticismo da Nova Academia de Carnéades, cuja descrença intelectual Agostinho desposou por um tempo, sob a influência de Cícero.

outro pela vã e falsa alegria, [18] de um lado pelo tormento de ter perdido algo que era diligentemente amado, [19] de outro pelo ardor de adquirir o que se não possuía, [20] de um lado pela dor por causa da ofensa recebida, [21] de outro pela fúria incandescente de vingá-la; podendo por todos os lados [22] a avareza constranger, [23] a luxúria dispersar, [24] a ambição adjudicar, [25] a soberba inflar, [26] a inveja retorcer, [27] a indolência sepultar, [28] a obstinação provocar, [29] a sujeição afligir, e todas as outras incontáveis [tempestades] que frequentam e agitam o reinado dessa inclinação sensual; podemos, enfim, considerar nula essa pena, a qual, como vês, é inevitável que padeçam todos aqueles que não aderem à sabedoria?

(§78) [xiii] padecer maus-tratos da parte dos desejos, que exercem seu domínio, ao modo de um verdadeiro tirano, sobre a vida do homem, não apenas sobre sua mente, perturbada e atormentada por esse mesmo império dos desejos, através de tormentas variegadas e adversas, tais como: [xiv] temor; [xv] carência; [xvi] ansiedade; [xvii] alegrias vãs e mentirosas; [xviii] suplício causado pela perda de algo amado; [xix] ardor de adquirir o que se não possui; [xx] dor por ter sido injuriado, ou seja, pelo orgulho ferido; [xxi] fúria incandescente pelo desejo de vingança; [xxii] ser constrangida pela avareza; [xxiii] ser dispersada, ou seja, levada para todos os lados pela luxúria; [xxiv] ser escravizada pela ambição; [xxv] estar intumescida de soberba, supondo ser o que de fato não é; [xxvi] ser retorcida pela inveja; [xxvii] ser soterrada pela preguiça; [xxviii] ser provocada pela obstinação; [xxix] afligir-se pela obrigatoriedade de submissão.

Sanções dialéticas

A numeração dos parágrafos (§§77-78) ilustra uma divisão das mais interessantes neste índice penal. No §77 Agostinho discorre sobre as *poenae* devidas à mente, que, como se viu[428], denomina-se também "razão", uma vez que uma e outra representam o mesmo princípio inteligente residente nos homens, em contraposição à sua ausência nos animais e plantas. Da numeração acima, os itens de [i] a [xii] expressam *poenae* de tipo intelectual, castigos como: [i] dominação da *libido* sobre a mente, o que significa uma inversão do *ordo* divino, que determina o domínio do superior sobre o inferior; [ii] o consequente desvirtuamento desta mente, que se vê despojada da temperança, da justiça, da prudência e da fortaleza; [iii][429] a queda em contradição pela [*a*] incapacidade

[428] Cf. *L.A.* 1,8,18,65.

[429] Os itens seguintes são particularmente fatais na dialética e consequência natural dos dois primeiros.

de resposta e pela [*b*] falta de recursos intelectuais; [iv] aprovação do falso em lugar do verdadeiro; [v] defesa insistente do erro; [vi] desaprovação do que havia sido aprovado, ou seja, queda em flagrante contradição; [vii] recaída no falso pela insistência no erro; [viii] adesão à dúvida sistemática cética pela suspensão do juízo (ἐποχή); [ix] descarte de raciocínios evidentes, também como consequência da ἐποχή do item anterior; [x] desesperança de encontrar a verdade (o que equivale a uma descrença na dialética e no poder da razão); [xi] adesão à ignorância[430]; [xii] incapacidade de intelecção, [*a*] cuja metáfora da luz faz contraponto com a das trevas; [*b*] consequente desânimo e esgotamento das forças intelectuais, na impossibilidade de qualquer ciência.

Apesar de serem sanções a que a mente deve submeter-se de modo coercitivo, elas são resultado imediato de sua ação voluntária, de sua subserviência espontânea ao talante dos desejos. O pecado é facultativo; a pena, compulsória. Interessante notar, contudo, que essas penas do §77 se colocam como uma crítica ao ceticismo da Nova Academia, cuja consequência é a desesperança de toda a *scientia*, em conformidade com a leitura que podia ser feita da obra de Cícero[431], expoente da escola de Carnéades no mundo romano. Desposar as doutrinas céticas da Nova Academia, para muito além da suspensão do assentimento, equipara-se a uma verdadeira punição, cuja *causa* é a desordem voluntária em que a mente se precipita. Ao optar fazer-se companheira abnegada dos desejos, a mente racional abre mão de suas prerrogativas divinas, atribuídas pela Lei eterna, subordinando-se desordenadamente às inclinações sensuais. Como consequência a mente perde seu poder raciocinativo, sua capacidade de encontrar a verdade, de par com suas virtudes, fazendo-se, além de viciosa, estulta, o que equivale a dizer "desordenada", só vendo falsidade, caindo em inescapáveis contradições, até ser obrigada a suspender seu assentimento, perdendo todas as esperanças de encontrar a verdade. Há um toque bastante autobiográfico aqui, sem dúvida, pois o próprio Agostinho, como reconhece em sua primeira obra, *Contra academicos*, deixou-se desesperançar ao aderir ao ceticismo acadêmico, após ter despertado do sono maniqueu; ceticismo de onde emergiu graças ao também acadêmico (e nada cético) Platão, reinterpretado por Plotino. A dúvida cética a respeito de tudo e a consequente descrença no poder do homem de compreender algo da verdade, para Agostinho, portanto, é uma punição devida à mente por uma escolha sua livre, escolha de obliterar suas capacidades mentais em benefício de outra faculdade da alma,

---

430 Metáfora tornada célebre na alegoria da caverna platônica. Cf. *Rep.* 7, 514a *et seq.*

431 Trata-se de *Academica*, obra em dois livros.

inferior à razão, os desejos[432]. Mas de que modo a subversão da ordem precipita a mente no ceticismo? Que relação há entre a submissão às inclinações sensuais e a descrença na possibilidade de ciência e de verdade? Simples. Ao voltar-se para o universo dos sentidos, a mente se afasta das realidades espirituais, daquilo que verdadeiramente é, que não pode ser percebido empiricamente. Ora, viu-se bem a importância dessa distinção[433], entre o que é e o que apenas aparenta ser, cujas bases se assentam sem dúvida no mundo ideal platônico. Por outra, se nunca se pisa no mesmo rio, como dizia Heráclito, como seria possível conhecê-lo, visto estar em movimento constante? Pois bem, o que se percebe pelos sentidos, embora a aparência de realidade, é tão mais umbroso quanto fugaz, bastante distante da real permanência do ser, como se crê ter advogado Parmênides e, de depois dele, o platonismo[434]. Daí o erro em que a mente libidinosa se precipita, ao preferir converter-se para o universo dos sentidos, em aversão da permanência das formas inteligíveis, que são imutáveis. Logo não se trata apenas de preterir o Bem comum e imutável, Deus, aos bens próprios e mutáveis, em atitude de soberba egoística, mas também de preterir a comunhão com a própria Verdade, que é imutável, posto que imperceptível empiricamente, em favor do mergulho nas sombras, invariavelmente relativas, dos perceptos captados pelos sentidos corpóreos individuais, mutáveis à ruína, o que se faz sempre no mais completo detrimento de si.

Sanções éticas

No parágrafo seguinte (§78), do item [xiii] ao [xxix], depois da exposição das penas dialéticas, elencam-se as punições específicas que o reinado tirânico dos desejos (*cupiditatum regnum*) provoca na alma, ou talvez na própria vontade do homem. Trata-se de penas de caráter ético[435], que perturbam a vida (*uitam*) e o espírito todo do homem (*totum hominis animum*), diz Agostinho,

---

432 Cf. *Conf.* 5,10,19: "...esses filósofos, que chamam de 'acadêmicos', porque supuseram que se devia duvidar de todas as coisas e ajuizaram que nada da verdade pode ser compreendido pelo homem" (*...philosophos, quos Academicos appelant, quod de omnibus dubitandum esse censuerant nec aliquid ueri ab homine conprehendi posse decreuerant*).

433 Cf. *L.A.* 1,5,13,39-44.

434 Aspecto que é deixado de lado pelos neoacadêmicos.

435 Cf. *Tusc.* 3,4,8. Sócrates era considerado o fundador da ética, que, segundo Cícero, é a parte da filosofia que trata da vida e dos costumes: "Sócrates, a partir de quem emanou toda esta filosofia acerca da vida e dos costumes..." (*Socratem, a quo haec omnis quae est de uita et de moribus philosophia manauit...*).

compreendendo por *uita* sua vida física, vida de movimento, que guarda em comum com os animais, e que se traduz tanto por *uita* como por *anima*[436], de par com sua vida espiritual, que se traduz por *animus*[437]. Agostinho estabelece uma contraposição um tanto complexa, pois separa as atividades racionais da mente, as quais se voltam especificamente para o jogo dialético, no §77, para dedicar-se à descrição das sevícias praticadas pelo reinado tirânico dos desejos, por meio de procelas inumeráveis e variadas de movimentos contrários entre si, vulgarmente conhecidos como paixões da alma. Ora, as punições da mente racional do §77, embora contem com alguns verbos fortes, como *expolio, traho* (estes dois apenas de matiz coercitivo), *inruo* e *decido*, são descritas em sua maior parte por verbos pertencentes ao campo semântico da dialética: *adprobo, defensito, inprobo, probo, suspendo, formido, despero, inhaereo, conor.* Trata-se de verbos motivados ou geridos pela ação voluntária, racional em maior ou menor grau. De fato, ninguém pode aprovar, reprovar, defender, suspender o assentimento, ou aderir a qualquer ideia sem algum concurso da razão, por menor ou mais deficiente seja, como é o caso da mente espoliada das virtudes e incapacitada de aderir à sabedoria. Numa palavra, são penas de caráter dialético, por assim dizê-lo, ou de caráter intelectual, se o queira. As penas descritas na sequência (§78), por sua vez, referem-se a um campo semântico distinto, mais passional, que Agostinho sintetiza no verbo *saeuio*, "seviciar" [xiii], ou seja, padecer maus-tratos por parte do reinado dos desejos; porém não se trata apenas de ser levemente maltratado, e sim de padecer torturas de modo tirânico (*tyrannice*), o que equivale a dizer, sem direito a apelação ou defesa, em uma perfeita violência à liberdade individual – não se esquecendo de que as penas têm por definição caráter compulsório. E de fato, àquele que se sujeita ao império de um tirano, de livre vontade, não caberá recurso ou apelação. Eis, portanto, as tormentas infligidas pela tirania das inclinações sensuais sobre a vida e o espírito todo do homem [xiv-xxii]: temor; carência; ansiedade; alegrias vãs e mentirosas; suplício causado pela perda de algo amado; ardor de adquirir o que se não possui; dor por ter sido injuriado; fúria incandescente de vingança; depois [xxiii-xxix]: o constrangimento da avareza; a dispersão da luxúria; a escravidão da ambição; o intumescimento da soberba; a entorse da inveja; a inumação da preguiça; a excitação da teimosia; e a aflição da submissão.

---

436 Tanto ψυχή como ζωή.

437 Tanto πνεῦμα como νοῦς.

Pois bem, como se pôde constatar, essas penas infligidas à mente racional que se submete *ad libitum* ao império dos desejos, sofrendo sevícias por parte da inclinação sensual, constituem-se daqueles mesmos movimentos irracionais do espírito (*inrationales animi motus*). Todas elas *grosso modo* se identificam com a *libido*, podendo-se dizer constituírem alguma forma de desejo: seja de algo que se quer, seja de algo que se quer evitar[438]. (1) Desejos de possuir o que é prazeroso: [a] *desiderium*, desejo de possuir o que se não tem; [b] *anxietas*, desejo de algo que tarda a chegar, ou desejo de evitar algo que se não quer; [c] *cruciatus*, sofrimento causado pelo desejo daquilo que se perdeu e que se amava; [d] *laetitia*, consequência de algum tipo de desejo satisfeito, mas falsa, pois toda a posse é passageira, e vã a alegria dela decorrente; [e] *fax*, desejo de vingança; [f] *auaritia*, desejo de ter sempre mais; [g] *luxuria*, desejo de gozar sempre mais; [h] *ambitio*, desejo de ser e poder sempre mais; [i] *superbia*, desejo do louvor e da consideração alheios; [j] *inuidia*, desejo de ter o que é dos outros. (2) Desejos de evitar o que é desagradável: [a] *timor*, desejo de não perder o que se tem etc.; [b] *anxietas*, desejo de que não ocorra algo desagradável[439]; [c] *dolor... acceptae iniuriae*, dor causada pelo desejo de não ter sido injuriado, portanto desejo de não ter sofrido uma injúria; [d] *desidia*, desejo de não fazer nada, de restar parado, como uma estátua inumada pela poeira do tempo; [e] *peruicacia*, teimosia, desejo de não voltar atrás ou de não mudar de ideia; [f] *subiectio*, desejo de não ser dominado por outro, de não ser submetido. Esses desejos todos vêm acompanhados de verbos variegados, e de campo semântico bastante distinto dos verbos do parágrafo anterior: constranger, dispersar, escravizar, inflar, retorcer, sepultar, provocar, afligir[440], cujos sentidos, quando têm por sujeito termos abstratos que expressam virtudes ou vícios, numa palavra, qualidades anímicas, utilizam-se todos metaforicamente. De fato, a preguiça não enterra, tampouco a luxúria dispersa, ou a soberba infla, senão de modo metafórico. Trata-se de inclinações sensuais que mergulham o discurso no campo semântico da ética e da imagética, em que as palavras de cunho material, ou corpóreo, remetem a realidades inteligíveis, abstratas, ou, quando não, apenas convencionais. Que é a soberba (*superbia*), senão a expressão de suposta superioridade

---

438 Cf. *L.A.* 1,4,9,22; 24.

439 O vocábulo *anxietas* pode ser compreendido em sentido duplo, seja como o medo de que algo ruim ocorra, logo o desejo de que não ocorra, seja como o desejo de algo bom, que talvez esteja tardando para efetivar-se.

440 Respectivamente: *coarcto, dissipo, addico, inflo, torqueo, sepelio, concito, adflicto.*

(*super-*), mais imaginada e desejada que real, quase sempre em detrimento dos demais, que faz com que se considere mais do que se é, superior aos restantes? Daí dizer-se metaforicamente que nela o soberbo se infla, ou seja, se enche de vaidosa ilusão, ao modo de um balão, que incha por fora, cheio de vento por dentro, um continente sem conteúdo, por assim dizê-lo, ou que contém apenas vento. Vê-se daí a necessidade das imagens corpóreas a fim de dar conta de realidades incorpóreas.

Os castigos da mente que se deixou dominar pelos desejos, portanto, são tanto intelectuais, ou dialéticos, quanto éticos. Por um lado impedem a mente de reconhecer a verdade, fazendo-a descrente da ciência e das possibilidades da própria razão; por outro precipitam não apenas a mente, sede das dores morais, mas também a alma e o corpo, numa palavra, o homem todo em procelas (eis outra metáfora) variadas e contrárias, umas às outras e a ele próprio, o que o despoja da virtude e o precipita no vício. Com efeito, se se vê despojado das virtudes, para cuja prática é necessário o concurso da mente racional, uma vez que ninguém é temperante sem o concurso da razão, tampouco prudente, ou justo, ao tornar-se escravo dos desejos, torna-se um acervo ambulante de vícios: avareza, luxúria, inveja, vingança, soberba, ambição, preguiça, teimosia. Portanto muitas dessas *poenae*, além de castigos, constituem-se pecados da alma, vícios cuja origem é o livre arbítrio da vontade, a disposição do homem de livremente submeter o seu melhor segundo a ordem, a sua *ratio*, ao império dos desejos, ao reinado tirânico da inclinação sensual (*libido*). A mente, por conseguinte, não apenas se vê derribada da cidadela da virtude e do domínio sobre as potências inferiores da alma, mas igualmente torna-se viciosa, por sua livre iniciativa. Pecado e castigo, numa palavra, se associam inextricavelmente: o pecador, como castigo por seu pecado de fazer-se companheiro abnegado dos desejos, torna-se escravo dos próprios desejos e cada vez mais pecador, mais e mais tomado de desejos, que preferiu desfrutar em detrimento da prudência, da justiça, da temperança e da fortaleza de que abriu mão, ao recusar o domínio da razão. Assim o mal é consequência da livre inclinação sensual desta mente, que se deixa escravizar desordenadamente, fazendo com que experimente verdadeiro inferno neste mundo, dilacerada e arrastada a contradições e perturbações sem conta, as quais se compreendem todas como antíteses da paz e do repouso que apenas a Sabedoria pode propiciar.

Por fim, vale ressaltar também que neste longo índice penal Agostinho imprime destaque a um movimento de tipo antitético. No §77 os castigos de ordem dialética ilustram bem a desordem da mente que se inferioriza, anulando suas capacidades racionais em benefício da *libido* e precipitando-se na perturbação decorrente de uma dialética deficiente, que inverte o *ordo* racional, arrastando a mente a todo tipo de contradição: provando o falso e desaprovando o verdadeiro; acreditando no falso e descrendo de toda a possibilidade de chegar à verdade; suspendendo todo o juízo e ajuizando ao mesmo tempo da impossibilidade de todo juízo; acreditando no duvidoso e descrendo do certo; submergindo nas trevas da ignorância e fazendo-se incapacitada para a luz da sabedoria. E no §78 descreve também os castigos éticos por meio de antíteses, a fim de ilustrar o modo como a mente é arrastada em direções contrárias por procelas as mais variadas, que precipitam a alma de um lado (*hinc*) a outro (*inde*): temor (= desejo de evitar) e desejo (de possuir); ânsia e gozo de alegrias (vãs); padecimento pela perda do objeto amado e desejo ardoroso pela posse de algo igualmente amado; dor da injúria não vingada e desejo furioso de vingança; coação da avareza (que impele a manter e não querer dividir) e a dispersão da luxúria, que leva a todos os lados, querendo sempre mais; servidão da ambição e a soberba do que se crê mais do que se é; remoedura de inveja dos bens alheios e soterramento sob o peso da inércia preguiçosa. Esses movimentos contrários provocam uma tensão de matiz antitético, característica fundamental do homem neste mundo, que se vê dilacerado, distendido entre o mundo da carne e o do espírito, o mundo de Deus e o do homem, e que quer o que não consegue e não quer o que se vê levado a praticar, em conformidade com a admissão paulina[441]; tensão essa, contudo, que só encontrará seu repouso na eternidade da Sabedoria.

1,11,23,79. Fé e razão IV

> **79.** E – [...] embora eu sustente isso com uma fé absolutamente firme, ainda não o alcancei com a inteligência.

Conquanto aceite que o índice penal imposto à mente que se faça companheira abnegada dos desejos seja justíssimo, Evódio admite não inteligir o motivo por que alguém, tendo sido criado por um Deus de infinitas bondade e justiça e por ele estabelecido na vida feliz, desejaria de boa mente precipitar-se dali para submeter-se aos desejos e às suas consequentes penalidades, o que a

441 Cf. Rm 7,14-25.

disputa dialética dará conta de esclarecer na sequência. Todavia o que se destaca nesta passagem, outra vez, é precisamente a relação entre fé e razão. Pois, ainda que se diga a fé ser anterior à razão, segundo a fórmula programática tão cara a Agostinho, extraída da versão alexandrina de Isaías[442], "se não crerdes, não inteligireis", ao filósofo deste livro primeiro a ciência[443] é que se coloca como uma "vida mais elevada e pura", o inteligir sendo uma vida "mais iluminada e perfeita pela luz da mente"[444]. Na verdade, se a fé é o assentimento dado à autoridade dos testemunhos, não deixa de ser também uma atividade racional[445], não apenas porque nenhum assentimento se faz sem o concurso da razão, mas principalmente porque aquilo em que se crê a partir da autoridade dos testemunhos carece também de ser inteligido e explicado, quanto possível, em conformidade com a proposta tantas vezes reiterada até aqui[446]. Assim, se a fé permite que se retenha um dado conteúdo na mente, não apenas sua retenção, mas também sua intelecção não se alcança senão por meio de alguma atividade da inteligência, como ratificará anos mais tarde o filósofo, no último livro de seu tratado acerca da Trindade, quando sentencia, reconhecendo a dificuldade de falar dos mistérios divinos, que a fé procura, porém o intelecto encontra[447].

1,12,24,80. De onde caiu quem nunca subiu?

> **80.** E – Na verdade o que me incomoda acima de tudo é o motivo por que padecemos desta maneira penas tão acerbas, nós que certamente somos estultos e que jamais fomos sábios, de modo que sejamos ditos padecer estas coisas por mérito, por causa da deserção da cidadela da virtude e da servidão eleita sob a inclinação sensual...

Se o homem foi criado por Deus, cujas Justiça e Bondade são supremas, incomoda Evódio o fato de que se tenha precipitado de sua vida feliz, como supôs no parágrafo anterior, de modo espontâneo, apenas para fazer-se companheiro abnegado das inclinações sensuais, padecendo o preço meritório de seu movimento desordenado. O problema é que ele considera o homem a

---

442 Is 7,9 (*iuxta* LXX): *"nisi credideritis non intellegetis"*. Cf. *L.A.* 1,2,4,11.

443 Cf. verbete *scientia* no Léxico T-F.

444 Cf. *L.A.* 1,7,17,59.

445 Cf. comentários 1,1,1,1; 2,4,11.

446 Cf. *L.A.* 1,2,5,13; 3,6,15; 10,21,74.

447 *Trin.* 15,2,2: *"fides quaerit, intellectus inuenit"*. Se considerado não como substantivo, mas como particípio neutro de *intellego, intellectus* pode ser traduzido também como: "o que é inteligido".

partir de sua própria experiência, reconhecendo não ser sábio nem nunca ter sido, ao contrário. E se é e sempre foi estulto, supondo-se por ora não haver meio-termo entre sabedoria e estultícia[448], conclui que não poderia ter desertado da cidadela da virtude, onde jamais esteve, para servir à tirania dos desejos. Logo não compreende por que motivo é dito padecer por mérito penas assim amargas, sendo inocente de tal movimento desertor. Ora, mesmo que não se saiba a que vida feliz referia-se Evódio no parágrafo anterior, se a algum momento pregresso desta sua vida atual, ou se a alguma outra qualquer, anterior a essa, o fato é que suas dúvidas só serão de fato tratadas no final do terceiro livro[449], quando se especulará acerca da criação do primeiro homem, de que toda a humanidade seria a progênie. Isso, porque, se foi criado sábio, não havia como ter elegido ser companheiro abnegado das inclinações sensuais, o que um sábio nunca faria; se criado estulto, então aquele que o criou é que deveria ser responsabilizado por sua escolha infeliz, visto que o criou desordenado e incapaz de eleger retamente. Porém a mentalidade de Agostinho neste passo da obra está ainda um tanto distante das especulações doutrinárias que irão absorver sua atenção no futuro próximo, sem dúvida porque em 388 jamais lhe havia passado pela cabeça a perspectiva do sacerdócio, apenas um projeto de asceticismo cenobítico, mais esotérico do que exotérico, que o levava a especular com a mente voltada para a herança cultural do mundo antigo, considerando mais os conteúdos ciceronianos e platônicos que as Escrituras judeu-cristãs[450].

1,12,24,81. A preexistência da alma

> **81.** A – Dizes isto assim, como se tivesses o conhecimento líquido e certo de que nós nunca fomos sábios, pois levas em conta o tempo a partir do qual nascemos para esta vida...

O fato de nunca ter estado na cidadela da virtude não implica necessariamente que Evódio nunca foi sábio, pois ao afirmá-lo ele se limita ao tempo a partir do qual nasceu para esta vida, o que exclui a possibilidade de outrora ter vivido alhures. Pode parecer insólito que aquele que iria tornar-se um dos mais importantes padres da Igreja Católica esteja fazendo alusão à preexistência

---

448 Cf. *L.A.* 3,24,71,241-243.

449 Cf. *L.A.* 3,24,71,240-72,247.

450 A esse respeito veja-se o capítulo da obra de Peter Brown (*op. cit.*, p. 181-94), "O futuro perdido".

das almas, porém Agostinho não foi o único. Outro pensador cristão de envergadura equivalente, Orígenes de Alexandria, não apenas advogou a preexistência das almas, mas também a apocatástase (ἀποκατάστασις), espécie de restauração universal, que implicava também o que se denominava palingenesia (παλιγγενεσία)[451], o eterno renascimento cósmico, pelo que chegou a ser condenado como herege, tendo grande parte de suas obras ou sido "corrigidas", ou destruídas[452]. Essa semelhança entre os dois pensadores norte-africanos não é mera coincidência devida a fatores geográficos, mas herança dos mistérios órficos racionalizados por Pitágoras e cuidadosamente reelaborados por Platão e seus epígonos para harmonizar-se com sua doutrina das ideias.

> **81.** A – [...] Mas, uma vez que a sabedoria está no *espírito*, se acaso antes do consórcio com este corpo, em alguma outra vida, viveu o *espírito*, e se outrora viveu de modo sábio, isso é uma grande questão, um grande mistério, e deve ser considerado no seu devido lugar[453].

Se a sabedoria está no espírito, como ficou assente entre os interlocutores, não no corpo, é possível que, antes do consórcio com a veste carnal, tenha o espírito vivido algures. E se viveu de fato como espírito apenas, por que não poderia ter sido sábio, isto é, por que não poderia ter elegido precipitar-se da cidadela da virtude e fazer-se companheiro dos desejos, desordem pecadora por que agora estaria pagando o devido preço? Porém, ao contrário de Orígenes, o platonismo de Agostinho é bem mais cauto, visto que não ousa endossar a preexistência da alma, apenas admite sua possibilidade lógica, por constituir-se

---

451 Os platônicos e pitagóricos denominavam essa transmigração das almas metempsicose (μετεμψύχωσις), a qual, contudo, não se limitava apenas ao renascimento em outros corpos humanos, mas também em corpos de animais.

452 A apocatástase foi condenada no Sínodo de Constantinopla em 543, condenação que foi ratificada no segundo Concílio ecumênico de 553, ao qual se atribui uma lista de quinze anátemas, dentre os quais o subordinacionismo, a preexistência das almas, a negação da ressurreição dos corpos etc. O próprio Orígenes, de par com Ário, Nestório, Eunômio, entre outros, teria sido anatematizado também. Sua obra mais importante, *De principiis*, sobreviveu apenas na tradução "editada" de Rufino de Aquileia, contemporâneo de Jerônimo, com exceção de alguns poucos fragmentos constantes em sua *Philocalia*.

453 Novamente parecem confundir-se os termos *animus* e *anima*. Primeiro diz que a sabedoria está *in animo*, o que só pode referir-se ao princípio inteligente, uma vez que os animais possuem *anima*, apesar de lhes ser interditada qualquer sabedoria. Depois, ao dizer da "união" (*consortium*) com o corpo (*huius corporis*), embora utilize-se do termo *animus*, "espírito", parece referir-se à *anima*, salvo se esteja considerando que o espírito/mente está sito na alma, o princípio que anima os corpos mortais, daí morada (*domus*) do espírito encarnado.

o tema um profundo e insondável mistério (*magnum secretum*), que deve ser analisado em seu devido tempo, promessa que cumprirá no terceiro livro do *L.A.*[454], ao especular acerca da origem das almas, se acaso foram criadas com o corpo, ou se, preexistentes, foram depois nele precipitadas, quer de modo voluntário, quer compulsório. A questão do *modus uiuendi* do espírito, se sábio, se estulto, é secundária, pois para ter sido um, ou outro, teria antes de ter estado vivo. Assim, como não se pode provar racionalmente nenhuma das hipóteses, houve-se por bem deixar sua livre especulação para outra parte da obra[455].

1,12,25,82. A vida feliz dos filósofos pelados

> **82.** A – [...] E por fim não poderás ser meu amigo, a não ser que me queiras bem[456]. Ora, tu mesmo terás visto a teu respeito, se acaso não tens nenhuma vontade da tua vida feliz.

O bem supremo, desde as filosofias da era alexandrina, passa a ser a *uita beata*, adaptação latina da εὐδαιμονία grega, a "felicidade" que se buscava como "cidadão" (πολίτης), mas não mais da pólis clássica, e sim do mundo inteiro civilizado, como "cosmopolita" (κοσμοπολίτης). De fato, após as vitórias de Felipe II da Macedônia, desde a batalha de Queroneia, em 338 a.C., consolidadas e expandidas ao máximo por seu filho Alexandre, além da babilônia Susa até ao vale do Punjab, ao norte da Índia, que puseram por terra o sonho democrático de retomada da soberania imperialista das *póleis* gregas, nada restava além da busca de uma felicidade individual, na impossibilidade de participar do jogo político

---

454 Cf. *L.A.* 3,20,56,188-21,59,202.

455 Note-se que as especulações pitagórico-platônicas acerca de uma possível reencarnação das almas cedem espaço, já neste *L.A.*, à questão da condição do primeiro homem criado por Deus, se era sábio, se era estulto, e de sua posteridade, após o pecado original, cuja propagação é muito mais relevante para a questão fulcral da obra, a origem do mal.

456 Na subordinada do período condicional negativo: *ut bene sit mihi*, ter-se-ia uma construção próxima ao dativo de posse, não fosse pela presença do advérbio *bene*. Pois não se costuma possuir um modo de ser ou fazer, numa palavra, um advérbio. Se se tivesse dito, ao invés, *bonum sit mihi*, "que eu possua o bem", então seria possível interpretar a construção a partir do dativo. Agora, "que eu possua bem" resta insólito: bem o quê? Possuir o quê? Se, por outra, a tese do dativo for deixada de parte – o que se recomenda –, ter-se-ia liter. algo como: "que exista para mim...", ou "que me advenha que eu... bem". Essa lacuna expressa pelas reticências deve ser preenchida pelo verbo *esse*, que pode ser traduzido por "ser", "estar" ou "existir". Mas que é "ser/estar/existir bem", a não ser a própria *uita bona*, ou melhor, a *uita beata*, dê-se aqui neste orbe, ou num *post mortem* ignoto? Logo querer o bem de alguém, neste caso, não é outra coisa senão querer para ele a felicidade.

das cidades-estados. Todavia, como se pode imaginar pela instabilidade militar decorrente da morte precoce de Alexandre, essa felicidade se traduzia muito mais pelo asceticismo de caráter negativo, expresso pelo heroico autocontrole (ἐγκράτεια) – única saída na impossibilidade de realização pessoal –, que permitia domar os desejos doravante irrealizáveis. Assim, aos que não mais podiam satisfazer livremente seus desejos e aspirações como antes, especialmente os decorrentes da liberdade política perdida, a virtude consistia em suprimi-los, de par com a supressão das dores somáticas e psíquicas inevitáveis em tempos tão árduos, supressão que chegava às raias da inércia, como na apatia (ἀπάθεια) estoica, ou na indiferença (ἀταραξία) epicúrea, ou na insensibilidade (ἀπονία) cínica. É verdade que nem tudo se deve atribuir à ruína da pólis, que não foi causada por Felipe II, e sim por mais de um século de guerras fratricidas, nomeadamente entre atenienses e espartanos, cuja liberdade política, mesmo depois de Queroneia, ainda se manifestava minimamente em âmbito local, embora o orgulho helênico se veria paulatina e irremediavelmente abatido pelo domínio macedônio. Pois é fato também que muitas das características das correntes de pensamento consideradas pós-clássicas têm origem na simbiose que se desenvolveu com as culturas orientais, cujos traços se tornaram cada vez mais marcantes a partir desse período. Assim, se o próprio fundador do estoicismo, Zenão, trouxe com suas raízes semíticas ideias de origem estrangeira, Pirro de Eleia, membro cético da *entourage* militar de Alexandre, segundo testemunho de Diógenes Laércio, deixou-se encantar pelo desprendimento dos "gimnosofistas" (γυμνοσοφισταί), os filósofos peladões[457] da Índia, cuja famigerada nudez não se referia apenas ao corpo, mas a muitos dos valores anteriormente celebrados pela cultura grega, como a glória de um Aquiles, ou a majestade dos filhos de Atreu, ou mesmo a beleza de uma Helena ou de um Páris, votados ao mais completo desprezo por doutrinas orientais como a budista[458].

---

457 Γυμνοσοφιστής [γυμνός = "nu"; σοφιστής = "sábio"].

458 Na análise de qualquer processo histórico deve-se ter muita prudência antes de imaginar movimentos repentinos, que de modo supostamente "instantâneo" causem revoluções, tão mais significativas quanto suspeitas, em curtos períodos de tempo. Com efeito, nada incomum a influência estrangeira em povos insulares, ou peninsulares, que precisamente por sua condição geográfica vivem do intercâmbio através do comércio marítimo, como foram os gregos de todos os tempos. Assim nunca foi desconhecida do pitagorismo, muito menos do platonismo a sabedoria estrangeira – de modo nenhum bárbara aos mais esclarecidos –, fosse a dos fenícios, fosse a dos egípcios, cuja cultura era admirada por Platão, fosse a dos próprios persas. Portanto não se deve olvidar que qualquer análise e divisão de natureza histórico-cultural é sempre arbitrária e relativa, cuja utilidade se justifica apenas por seu didatismo.

Pois bem, o cristianismo do neófito Agostinho neste livro primeiro refere primordialmente uma "vida feliz" bastante presa a este mundo do aqui e agora, em certo desapreço pelo porvir pós-morte. Daí que a felicidade a que se refere tem como escopo uma paz de espírito muito próxima das virtudes negativas das correntes alexandrinas, de considerável ascendência oriental, paz altamente racionalista, em que a mente exerce aquele domínio salutar sobre todos os desejos do espírito, ou obliterando-os completamente, como se vê na *gumnosophía* de um Pirro, ou de um Diógenes, admiravelmente próximas neste aspecto do budismo, ou dominando-os a tal ponto, que praticamente deixam de ser o que são, desejos, tornando-se ferramentas dóceis da razão. Esse domínio, meio e escopo desta vida feliz[459], se justifica por sua semelhança com a *summa ratio*, a Razão suprema que rege em perfeita justiça todas as coisas, atribuindo a cada criatura e faculdade do espírito o que lhe cabe, segundo a mais perfeita ordem. Em um outro contexto muito diverso, nada obstante suficientemente ilustrativo, ainda que em retroversão, Tomás de Aquino, em sua suma de teologia contra os gentios[460], sob a influência de Aristóteles, diz que "o fim é o bem de cada coisa"[461], pois tudo se ordena com vistas a uma finalidade, finalidade de que se extrai a própria regra de ordem e governo de cada atividade[462]. Logo, se o fim da vida é a felicidade, que neste livro primeiro se traduz por essa tranquilidade racional e permanente do espírito que não teme a tirania dos desejos, é em vista dela que se devem ordenar as atividades e escolhas da vida. Portanto deve-se, com vistas a atingi-la, fazer o que for necessário e conveniente ao fim que se almeja. Assim, se esta vida feliz, como no caso das escolas alexandrinas, possui caráter de certo modo negativo, um aspecto mais de abstenção que de posse, em que o espírito tranquilo e pacificado ou não deseja ou controla todo e qualquer movimento indesejável de modo absolutamente racional, como dóceis inclinações, percebe-se que o ordenamento das atividades e escolhas da vida não pode ser outro senão aquele

---

459 Diz-se de modo impróprio "escopo" da vida feliz, porque, embora a felicidade seja o fim, resta apenas uma palavra, caso não seja definida. De fato, que é a felicidade, senão essa paz de espírito que causa um bem-estar na alma, que é pacífica precisamente por não deixar-se perturbar, inquietar, numa palavra, desejar? Portanto, embora a felicidade pareça o fim, e a tranquilidade de espírito o meio, uma não se alcança sem a outra, inextricavelmente ligadas, pois ninguém é feliz sem tranquilidade, tampouco está em paz sem ter atingido o correspondente bem-estar.

460 *Summa contra gentiles*, 1,2: "*Quod sit officium sapientis*".

461 *Id. ibid.*: "*Finis enim est bonum uniuscuiusque*".

462 *Id. ibid.*: "*Omnium autem ordinatorum ad finem gubernationis et ordinis regulam ex fine sumi necesse est*".

que se deixa reger e dominar por uma perfeita e justa racionalização, que implica muito mais um esforço de temperança e de coação, uma estabilidade moderada e quase imóvel, que qualquer prazer intensamente turbado de efêmera duração, numa palavra, mais a *securitas* da *continentia* que a loucura (μανία) das *cupiditates*, o frenesi arrebatador dos sentidos[463].

Por fim, causa espécie na passagem em destaque a chantagem sentimental de Agostinho, ao ameaçar Evódio com a perda da amizade: "Não poderás ser meu amigo, a não ser que me queiras bem", o que equivale a dizer, "a não ser que queiras para mim a felicidade". Na verdade essa reação é causada pela recusa de Evódio de dizer se há ou não no homem uma vontade e se ele mesmo tem vontade de aprender. Assim, quando ele se recusa a admitir em si uma vontade, Agostinho ameaça pôr fim aos exercícios dialéticos, uma vez não encontrar disposição em seu interlocutor de chegar ao conhecimento, o objetivo de qualquer disputa. Neste caso, chegar ao conhecimento, ou à sabedoria, equivale à chegar à verdade sobre aquilo que se propuseram conhecer, a origem do mal. E se não se quer conhecer, razão nenhuma há para prosseguir com a dialética. Porém a relação disso com o desejo de felicidade que Evódio supostamente não expressa por Agostinho é que não parece clara. Ora, se não há sentido em praticar a dialética sem o propósito ou finalidade de chegar-se ao conhecimento, numa palavra, sem que se "deseje" chegar à sabedoria, tampouco se deve cultivar a amizade sem nenhum propósito ou finalidade. Pois ela também tem um propósito, que é o desejo do bem daquele que se quer ter como amigo, pois "amigos" se diz daqueles que querem o bem recíproco. E se assim desejam, têm desejos, têm vontade. E se Evódio não sabia se possuía uma vontade, nem se queria sabê-lo, para o que era preciso apenas querer, isto é, uma vontade, tampouco poderia ser amigo de alguém, para o que era preciso igualmente querer, querer o bem do amigo, sua felicidade, o que seria impossível a quem não possuísse vontade. E se Evódio preferira manter-se na ignorância e na indiferença até aqui, quando

---

463 A filosofia expressa por Cícero em suas *Tusculanas*, de modo especial nos livros I e II, possui uma característica marcadamente alexandrina, em que se destacam sobremodo a renúncia e a negação, na esteira das correntes pós-aristotélicas. Isso se verifica, por exemplo, pelos frutos dessa filosofia (1,49,19-) elencados pelo pensador romano, que se resumem no alívio ou mitigação (*leuatio*) das aflições da vida (*aegritudo*), dos medos (*formidines*) e dos desejos da alma (*cupiditates*), uma vez que evitá-los constitui uma das três tarefas mais importantes da filosofia, cujo maior consolo por vezes é a própria morte, em sentido socrático, considerada não como fim, mas como um porto seguro e refúgio: *portum et perfugium*.

Agostinho volta a discussão para ele próprio, em claro apelo emocional – o *páthos*, cuja eficácia a retórica jamais deixou de destacar –, a ver se ele tinha em si alguma vontade, ainda que fosse apenas de seu próprio bem, dá-se por fim o despertar da consciência: "tu mesmo terás visto a teu respeito, se acaso não tens nenhuma vontade da tua vida feliz", ou seja, se ao menos a teu respeito não está claro que alguma vontade existe, ainda que seja da tua própria felicidade, do teu bem supremo.

1,12,25,83-85. A boa vontade

83. E – Que é a boa vontade? A – É a vontade pela qual procuramos viver reta e honestamente e chegar à suprema Sabedoria...

Se a vontade (*uoluntas*) é a faculdade do querer, e se os seres racionais todos querem sempre alguma coisa, resta evidente que os seres racionais possuem uma vontade, no que Evódio assentiu, ao reconhecer que ao menos uma coisa é por ele querida, sua vida feliz. E se a vontade é a faculdade do querer, a boa vontade (*bona uoluntas*) assume-se seja a faculdade do querer bem, que Agostinho define como a procura da vida reta e honesta, cujo fim é a suprema Sabedoria. Logo esse bem que qualifica o querer, que em si mesmo redunda na própria felicidade, como visto no parágrafo anterior, é o modo de vida reto e honesto que conduz à Sabedoria. E se essa vida reta e honesta, que não se alcança senão por meio das virtudes cardeais, de modo absolutamente racional e na mais perfeita ordem, segundo as disposições da *summa ratio*, é o caminho para a suprema Sabedoria, o Bem supremo em que se espera ser feliz, ninguém é feliz se não viver reta e honestamente, ou seja, sem a boa vontade, o querer bem, condição *sine qua non* da Sabedoria suprema. Embora ainda não tenha sido dito, a felicidade de cada um é seu próprio bem supremo, o que é um bem individual, contudo, pois o Bem supremo, ao invés, como se há de ver no livro segundo, é um bem comum[464]. Por isso é que a primeira se subordina à segunda, ou seja, a felicidade, à Sabedoria, pois cada um é feliz em si, mas a Sabedoria é comum a todos, na qual só se participa quando a mente está pacificada, tendo sido os desejos docilmente ordenados e temperados, quando não totalmente obliterados pela razão.

---

[464] O Bem supremo comum a todos, imutável, eterno, de que a felicidade individual participa, sem detrimento algum de sua natureza. Cf. 2,7,15,58-8,20,80; 19,52,196-198.

Irracionais ordenados e racionais fora de ordem

84. A – [...] acaso julgas que lhe devem ser comparadas sob algum aspecto as riquezas, ou as honrarias, ou os prazeres do corpo, ou mesmo tudo isso junto? [...]

A vontade por meio de que se procura viver de modo reto e honesto nas virtudes em perfeita sintonia com a Razão suprema, de modo a alcançar a suprema Sabedoria, que se disse acima ser a *bona uoluntas,* depreende-se seja uma faculdade do espírito, precisamente onde Agostinho a situa (*in animo*). E como bem de natureza espiritual, segundo os critérios já apontados antes[465], é considerada muito superior aos demais bens todos relativos aos sentidos do corpo, como riquezas (*diuitiae*), honrarias que se recebem dos homens (*honores*), a glória popular, além dos prazeres todos experimentados no corpo (*uoluptates corporis*). Se os animais assim se dizem (*animales*) porque são animados, isto é, dotados de *anima,* o princípio de movimento, os homens, por sua vez, além de *anima* possuem *animus,* o princípio inteligente, também chamado de "razão" (*ratio*), ou de "mente" (*mens*), princípio ausente nos animais, que por isso se dizem "irracionais". Pois bem, essa vontade, uma vez sita no espírito/mente, deve de algum modo participar também em algum grau das atividades inerentes a essa *mens,* do contrário estaria tão só na alma, *in anima,* no princípio vital. Os animais possuem sem dúvida algum tipo de apetite, porém não temperado por nenhum movimento inteligente. A *uoluntas,* ao contrário, não pode ser uma faculdade desiderativa dissociada da razão, precisamente porque encontra-se nela, *in animo.* Logo nem todos os seres animados são dotados de razão, embora todos os seres dotados de razão devam igualmente ser animados, mas a vontade não se encontra no princípio vital (*anima*), e sim no princípio inteligente (*animus*). Porém, como visto, nem todos os seres dotados de razão permitem-se governar por ela de modo ordenado, como os boiadeiros e aurigas, cujas mentes não exercem o domínio sobre os movimentos contrarracionais de seu espírito[466]. Esses, embora possuam vontade, pois são seres racionais, não a possuem boa, visto que não procuram a vida reta e honesta que leva à suprema Sabedoria, evitando o tempero e o freio racional de seus impulsos desiderativos. Que possuem esses, se não possuem a vontade boa? A vontade má (*mala uoluntas*), por certo,

---

465 Cf. *L.A.* 1,8,18,64-65; 10,20,72.

466 Cf. *L.A.* 1,8,18,64-65.

que se submete desordenadamente às inclinações sensuais. Assim sendo, se os animais não possuem nenhuma vontade, nos estultos, embora haja uma vontade, ela não é nem de longe boa, pelo contrário[467]. Logo, embora os primeiros sejam irracionais, desprovidos de vontade, os segundos apenas é que estão desordenados, pois não se espera de um ser destituído de razão que tempere seus apetites, que é tarefa da própria razão, mas àquele que a possui, sim. E quando não o faz, desordena-se, em franca oposição à *summa ratio*, que prescreve que o superior, a mente, deve governar o inferior, os movimentos desiderativos do espírito, ditos movimentos "irracionais".

Imenso regozijo

> **85.** [...] devemos nos regozijar pouco de possuir algo no espírito, digo, esta mesma boa vontade, em comparação com a qual são extremamente desprezíveis as coisas que acabamos de rememorar, as quais, para adquiri-las, vemos uma multidão de homens não recusar nenhuma fadiga, nenhum perigo?

Se a boa vontade é o instrumento por meio de que se alcança o bem supremo de cada um, que é a felicidade, o qual conduz também à Sabedoria suprema, como pode não ser ótima? E se o homem comum se regozija imensamente por ser capaz de gozar de bens muito menores, como todos os que respeitam ao universo corpóreo, que são fugazes e ilusórios, por que não aplica esforço semelhante na procura de um bem tamanho, pelo qual seu regozijo será imensamente maior? Logo aquele que possui um bem de tal envergadura não pode não ser feliz. Mas aqui se trata apenas, vale rememorar, da boa vontade, não da vontade sem qualificação, que toda criatura racional possui, e que não é garantia nenhuma, nem da vida reta e honesta, muito menos da posse da suprema Sabedoria delas decorrentes, pois uma coisa é a vontade, outra completamente distinta, a vontade boa. Além do mais, se a boa vontade é garantia da posse da Sabedoria suprema e da vida feliz, deixar de possuí-la equivale a abrir mão tanto do bem supremo particular, a felicidade, como do comum, a Sabedoria, dois prejuízos inapreciáveis. Assim, ao averter sua mente da Sabedoria suprema por meio de uma vontade má, os estultos convertem seus melhores dons para os bens fugidios e ilusórios, que, assim como eles, tendem ao nada.

---

[467] Cf. *L.A.* 1,9,19,66-67; 70.

1,12,26,86-87. A vontade na vontade

86. A – [...] que em nossa vontade está constituído que fruamos ou careçamos deste tão grande e verdadeiro bem. De fato, que coisa está tão situada na vontade como a própria vontade?

Para que o homem frua de um bem tão grande, que é a própria boa vontade, por meio de que ele não apenas se faz apto para a vida reta e honesta, que é sua própria felicidade individual, seu bem supremo, mas sobretudo apto para a suprema Sabedoria, que, embora não tenha sido dito ainda, é o próprio Deus, o Bem comum, eterno e imutável, enfim, para que adquira essa notável e suprema ventura, basta simplesmente querer. Com efeito, se está constituído que é por meio da vontade que se frui da própria boa vontade, ou seja, que é querendo que não apenas se quer, mas que se quer bem, basta querer para que se queira bem, querer que em si mesmo já é o próprio bem querer, pois quem quer a boa vontade já está querendo bem. Numa palavra, para que se possua a boa vontade basta apenas a vontade de possuí-la, pois nada está mais intimamente sito na vontade do que a própria vontade, visto que ninguém quer sem querer.

Esse argumento de Agostinho, por sua excepcional importância para a história das ideias, de modo especial as do mundo ocidental, merece dois comentários, que se farão apenas brevemente, de modo que se não apresse o passo da disputa. Primeiro, vale notar que dizer que a vontade está na vontade, o que é correto, pois ninguém quer não querendo[468], não implica necessariamente dizer que o bem querer também ali esteja, pois se o querer é atributo de todas as criaturas racionais, o bem querer, não. De fato, se a boa vontade se definiu acima[469] como a vontade por que se procura a vida reta e honesta e se chega à suprema Sabedoria, sabe-se igualmente que muito poucos de fato desejam empreendê-lo, embora todos queiram ser felizes[470]. Logo, ao contrário das expectativas aparentemente otimistas do filósofo, se o querer é condição *sine qua non* para o querer, o bem querer, embora baste querê-lo, por não ser desejável a toda gente, enquanto retidão e honestidade de vida, o que requer um tempero da razão, carece de algo mais, que a vontade por si só parece não lograr atingir em toda gente com a mesma facilidade. Essa constatação, embora apressada, conduz ao segundo comentário. Mesmo que seja possível argumentar que basta querer para que se queira bem,

[468] Cf. *L.A.* 2,14,37,144: *"Nemo aliquid uult nolens"*.

[469] Cf. *L.A.* 1,12,25,83.

[470] Cf. *L.A.* 1,14,30,99-101.

pois a boa vontade é também vontade, sendo necessário apenas querer bem, para que se queira bem, ainda que isso soe tautológico, essa condição absolutamente autônoma da vontade, em que basta querer para querer bem, o que implica ser feliz e sábio – como o próprio Agostinho irá notar no livro terceiro, de modo surpreendente ao leitor desavisado –, refere-se ao homem primordial, não à massa dos perdidos. Não sou eu, nem você, nem um qualquer descendente do primeiro homem que é capaz de simplesmente querer, ao revés do que admite a perplexidade paulina[471], como se sua vontade estivesse intacta, do mesmíssimo modo como saída das mãos do Artífice divino. Essa talvez tenha sido a condição do anjo prevaricador, e por certo a do primeiro conúbio, mas não a da sua progênie, que herda uma natureza corrompida, como ficará claro no livro terceiro[472]. Portanto não se trata apenas de arbitrar a vontade livremente onde não há a liberdade que se imagina haver, mas de restaurar uma natureza tornada defeituosa, debilitada, carente da medicina divina, visto que não lhe basta mais simplesmente querer[473]. Porém deixemos a disputa seguir seu passo natural, sem antecipações indevidas.

É necessário apenas querer: *uelle solum opus est*

> **87.** [...] boa vontade, que [...] embora seja um tão grande bem, para que seja possuída é necessário somente querer?

Essa autonomia da vontade[474] confere ao homem um enorme e verdadeiro bem, a própria boa vontade, que, muito mais que qualquer outro bem do espírito, situa-se no âmago da própria vontade. Trata-se de um bem que, por sua natureza espiritual, deve ser anteposto a tudo aquilo que o mundo pode oferecer, como honras, riquezas e prazeres, que para ser adquiridos cobram o preço altíssimo de padecimentos ingentemente incessantes, embora não ofereçam garantias nenhumas, mas que, ao contrário destes, embora seja um enorme bem

---

471 Cf. Paulo, Rm 7, 14-25, esp. 18-19.

472 Cf. *L.A.* 3,8,52,177-179.

473 Pelágio irá fazer uso indevido dessa passagem e de outras, descontextualizando injustamente fragmentos isolados da obra de Agostinho, especialmente o *L.A.*, a fim de fazer valer suas teses, o que irá determinar de modo decisivo o quarto final da vida do filósofo, que se sente obrigado a defender-se das injúrias incessantemente sofridas, em vez de dedicar-se a especulações mais livres e de caráter menos polêmico, como era seu desejo e estava muitíssimo mais de acordo com sua índole.

474 Posto que corrompida, embora ao leitor isso ainda não tenha sido patenteado.

do espírito[475], nada custa para ser alcançado, pois já está totalmente em poder do homem, bastando para tanto apenas querê-lo, porque "somente a vontade por si mesma lhe daria" – *sola illi uoluntas per seipsam daret.* Com efeito, ao contrário de tudo aquilo que lhe custa tão caro, embora incerto e inseguro, pois a qualquer momento pode vir a perdê-lo, esse bem soberano, a boa vontade, "embora seja um tão grande bem, para que seja possuída é necessário somente querer" – *uelle solum opus est ut habeatur.* E essa noção de segurança remete à própria definição de *libido* apresentada[476], o amor do que pode ser perdido invito, conceito fundamental para que se compreenda o pensamento do autor. Isso, porque tudo o que faz parte do reino dos corpos é passível de corrupção e perda, como as riquezas, a saúde e os prazeres dos sentidos, seja por meio de usurpação injuriosa, seja pela própria morte, seja por dissipação, que decreta o fim dos ditos bens corpóreos, perecíveis por natureza. Em sendo assim, Agostinho percebe que nada neste mundo sensível deixa de vir acompanhado de *curae,* "cuidados" e preocupações sem fim, numa palavra, do medo (*metus*) da privação, da perda daquilo que tanto se ama, e por cuja posse não se pouparam nem esforços, nem saúde, tampouco a própria vida. Esses bens pelos quais os homens se extenuam não podem ser os bens supremos, entende o filósofo, pois aquilo que se faz acompanhar de tais cuidados obsta parcial ou totalmente a felicidade por meio do medo da perda, e ninguém consegue ser feliz sob o flagelo incessante do medo, como antevia Cícero[477], em relação às vicissitudes da vida e à própria morte, ao dizer que "de modo nenhum pode viver com o espírito tranquilo aquele que teme o que não pode ser evitado". Do que se compreende que o amor de tais bens é um amor enganoso, como se se amasse o vento – "vaidade das vaidades" (*uanitas uanitatum*)[478] –, e quem ama o vento, como a *aqua rapida* de Catulo[479], ama algo que por sua transitoriedade efêmera não condiz

---

[475] Embora a vontade haja de ser considerada no livro segundo como um bem de estatuto médio, *medium bonum* (cf. 2,18,49,186-195), não deve ser confundida com a vontade boa (*bona uoluntas*), que é inequivocamente um grande bem (*magnum bonum*), porque é o bom uso da vontade, o que a define como virtude (cf. 2,19,50,191), cuja obra é precisamente o bom uso das faculdades do espírito que podem ser mal utilizadas.

[476] Cf. *L.A.* 1,4,10,31.

[477] *Tusc.* 2,1,2: *"nam qui id quod uitari non potest metuit is uiuere animo quieto nullo modo potest".*

[478] Ecl 1,2: "ματαιότης ματαιοτήτων, τὰ πάντα ματαιότης".

[479] Caio Valério Catulo, poeta latino do séc. I a.C., *carmen* 70, v. 3-4: "...mas a mulher, o que diz ao desejoso amante, / no vento e na rápida água convém escrever" (*...sed mulier cupido quod dicit amanti, / in uento et rapida scribere oportet aqua*).

com a suprema e estável bondade do Criador, tampouco com sua eternidade e justiça. Os bens supremos, portanto, que devem ser buscados, precisam ser os de natureza "análoga" à do seu Criador, natureza espiritual ou inteligível, e, mesmo que não seja imutável sua natureza, ao menos deve ser mais estável e menos sujeita às vicissitudes características dos bens corpóreos, condenados naturalmente à corrupção. Nada a não ser o próprio Bem supremo, que é também a suprema Sabedoria, pode dizer-se estável e absolutamente livre dos cuidados que acompanham tudo o que se almeja neste mundo, passível de perda, ruína, fim. Trata-se de um pensamento de consequências éticas bastante claras, que ordena o universo de modo hierarquicamente bem definido, situando os bens espirituais no topo, as faculdades humanas logo a seguir, e, por fim, os chamados bens passíveis de perda e corrupção, característicos deste mundo corpóreo.

1,13,27,89-90. As quatro virtudes cardeais

> **89.** A – Examina agora se acaso te parece que a "prudência" seja a ciência do que se deve procurar e evitar. [...] não é a "coragem" aquela disposição da alma pela qual desdenhamos todas as adversidades e perdas das coisas que não estão sob o nosso poder? [...] A "temperança", por sua vez, é a disposição que contém e coíbe o apetite daquilo que se procura obter de modo torpe. [...] **90.** Agora a "justiça", que diríamos ser, senão a virtude pela qual se atribui a cada um o que é seu?

Se a boa vontade, que está no espírito, e que para ser adquirida basta apenas querer, nada mais é do que o bom uso da própria vontade, quando se quer bem, o que implica querer viver de modo reto e honesto, com vistas à Sabedoria suprema, depreende-se que ela é indissociável tanto da vida reta como da vida honrada[480]. E se a vida reta pode ser compreendida como a vida justamente ordenada segundo a Razão suprema, que prescreve atribuir a cada um o que lhe cabe, sempre mais ao mais do que ao menos, resta especular acerca da vida honrada (*honesta*), conceito que Agostinho herda de Cícero[481], como se depreende de obra contemporânea ao *L.A.*, as *83 Questões diversas*, cuja trigésima primeira questão reproduz praticamente *ipsis litteris* passagem célebre do tratado do pensador romano acerca da invenção (εὕρεσις), a parte da retórica consagrada à descoberta dos conceitos a serem empregados nos entimemas, os silogismos

---

480 Cf. verbete *honestus* no Léxico T-F.

481 Cf. *De inuentione* (2,159-167), cujo tratamento das virtudes é reproduzido na íntegra na trigésima primeira das *83 Quaestiones diuersae*.

retóricos. Com efeito, no 53.º capítulo do segundo livro do *De inuentione* (§165) Cícero põe-se a definir *honestum*, assim como o próprio Agostinho fará na trigésima questão de *83 Questões diversas*, ao distingui-lo do útil (*utile*), a partir do mesmo raciocínio empregado pelo rétor romano, que diz ser "honrado" aquilo "que em sua totalidade, ou em parte, é buscado por si mesmo"[482], o que incluía *grosso modo* o que se podia inserir sob a rubrica "virtude"[483], definida por ele como sendo "uma disposição de espírito consentânea com a natureza e com a razão"[484], cujas partes quatro nada mais eram do que as próprias virtudes cardeais: prudência, justiça, coragem e temperança. Assim sendo, as virtudes que se subsumem ao *honos* constituem aquele estado de espírito congruente com a reta razão, o qual deve ser buscado por si mesmo, não como meio, mas como fim[485], o que, contudo, embora ainda não tenha sido constatado na disputa dialética, só será possível com alguma ajuda, uma vez que a vontade humana pós-adâmica deixou de ser facilmente boa.

Cícero: *ex uiro uirtus*

Antes de comentar as definições de virtude constantes da passagem supradestacada do *L.A.*, convém reproduzir os excertos correspondentes do tratado acerca da invenção de Cícero, porém segundo a citação[486] do próprio Agostinho, constante da trigésima primeira questão (§§1-2) de *83 Questões diversas*:

---

482 *Inuent.* 2,53,159 1-2: *"Quod aut totum aut aliqua ex parte propter se petitur, honestum nominabimus"*. O adjetivo *honestus*, de *honos*, "honra", "respeito", "consideração", "honestidade", "dignidade", entre tais, refere-se aos valores que denotavam o *uir bonus*, o homem de bem, cuja motivação era a preservação da honra de seus antepassados (*manes*), de par com a conquista de sua própria honra e dignidade.

483 *Id. ibid.*: *"est igitur in eo genere omnes res una ui atque uno nomine amplexa uirtus"*.

484 *Id. ibid.*: *"uirtus est animi habitus naturae modo atque rationi consentaneus"*. Definição que Agostinho reproduz *ipsis litteris* na trigésima questão de *83 Quaest.* Cf. *supra* 1,10,20,72.

485 Embora Deus, em última instância, seja o único fim digno em si mesmo, sendo também a tranquilidade de espírito (*requies*) consoante à Razão suprema, não deixa de ser a própria Vida virtuosa. Logo a prática das virtudes não é o meio de chegar até Deus, e sim a própria Vida suprema, em perfeita harmonia com suas supremas Razão e Sabedoria, pois só será verdadeira e seguramente virtuoso aquele que o houver alcançado, e não o contrário, como se bastasse tornar-se virtuoso para alcançá-lo inevitavelmente, ao modo das doutrinas neoplatônica e pelagiana. Isso, porque essa Vida virtuosa só se alcança em plenitude e perfeição, depois da queda adâmica, com o subsídio da Graça, e diante de Deus, onde a alma espera enfim encontrar sua *requies*.

486 Visto haver algumas modificações, optou-se pelo texto constante de *83 Questões diversas*.

§1. A virtude é uma disposição do espírito consentânea apenas com a natureza e com a razão. Por isso, tendo suas partes todas sido conhecidas, ter-se-á considerado todo o sentido simples[487] da honra[488]. Portanto ela possui quatro partes: prudência, justiça, coragem, temperança. [i] A PRUDÊNCIA é a ciência das coisas boas, más e neutras [...] [ii] A JUSTIÇA é a disposição do espírito que, preservada a utilidade comum, atribui a cada um o que lhe é digno. O seu início procedeu da natureza; depois certas [normas] se tornaram costumeiras em razão de sua utilidade; posteriormente essas normas, tanto as que procederam da natureza como as que foram provadas pelos costumes, as sancionou o medo das leis, de par com a religião. [...] [iii] A CORAGEM é a atitude deliberada [de enfrentar] os perigos e a resignação [diante] dos labores [da vida]. Suas partes: magnificência, confiança, paciência, perseverança. [...] [iv] A TEMPERANÇA é o domínio moderado da razão diante dos desejos e outros ímpetos não retos do espírito. Suas partes: continência, clemência, modéstia. [...] **§2.** E todas estas [virtudes] por si mesmas apenas devem ser buscadas, visto que nenhum emolumento lhes esteja associado.[489]

Mas por que o tratamento das virtudes neste passo do *L.A.*? Qual a relação delas com a boa vontade, aquele bem máximo que depende apenas da vontade

---

487 Cícero (*Inuent.* 2,53,159-56,169) divide o estudo da *honestas* em duas partes, uma das quais (53,159-) se diz "simples", a qual compreende as virtudes cardeais; a outra (55,166-), a "composta", por assim dizê-lo, compreende qualidades que minimamente eram consideradas virtudes segundo a tábua ética cristã, como glória, honra, influência etc., as quais se desejam em virtude do benefício que é possível delas auferir, mas não em si mesmas (*nunc de eo in quo utilitas quod adiungitur, quod tamen honestum uocamus...*).

488 Vale notar que nesta passagem específica (*Inuent.* 2,53,159, linhas 2 a 4) o texto agostiniano difere do ciceroniano, que diz: "Por isso, visto serem duas as partes da virtude, um delas simples, a outra composta [/conjunta], consideremos primeiramente a simples" (*Quare, cum eius duae partes sint, quarum altera simplex, altera iuncta sit, simplicem prius consideremus*).

489 Agostinho, *83 Quaest.* q. 31 (§§1-2): "*§1. Virtus est animi habitus naturae modo atque rationi consentaneus. quare omnibus partibus eius cognitis, tota uis erit simplicis honestatis consideranda. habet igitur partes quattuor: [i] prudentiam, [ii] iustitiam, [iii] fortitudinem, [iv] temperantiam. [i]* PRVDENTIA *est rerum bonarum et malarum et neutrarum scientia [...] [ii]* IVSTITIA *est habitus animi, communi utilitate conseruata, suam cuique tribuens dignitatem. eius initium est a natura profectum; deinde quaedam in consuetudinem ex utilitatis ratione uenerunt; postea res et natura profectas et consuetudine probatas legum metus et religio sanxit. [...] [iii]* FORTITVDO *est considerata periculorum suceptio et laborum perpessio. eius partes: manificentia, fidentia, patientia, perseuerantia. [...] [iv]* TEMPERANTIA *est rationis in libidinem atque alios non rectos impetus animi firma et moderata dominatio. eius partes: continentia, clementia, modestia. [...] §2. Atque haec omnia propter se solum, ut nihil adiungatur emolumenti, petenda sunt*".

do homem?[490] Ora, se a boa vontade, como definido pouco antes[491], "é a vontade pela qual procuramos viver reta e honestamente[492] e chegar à suprema Sabedoria", e se a própria vida reta e honesta, ou honrada, constitui-se essencialmente na prática das virtudes, a tranquilidade do espírito que é feliz depende apenas e tão somente da vontade boa. Numa palavra, aquele que a possui, com a mesma facilidade possuirá as virtudes cardeais, que, como definidas por Cícero, constituem aquela honra, ou honestidade, que é fim em si mesma[493]. Demais, essas virtudes, bens do espírito, assim como a boa vontade, são inalienáveis, pelo que superiores a todos os bens passíveis de perda involuntária.

Portanto a prudência, que Cícero definiu como sendo a ciência do que é bom, mau, ou neutro, aqui é também uma ciência, porém em sentido mais prático, do que se deve procurar e evitar, assumindo-se que se devam procurar bens e evitar males, restando indiferente aos neutros. Já a coragem, ou fortaleza de ânimo, definida pelo rétor romano como a atitude de enfrentar os perigos e resignar-se diante das dores da vida, aqui é apenas disposição de alma passiva por meio de que se desdenham as vicissitudes da vida fora do poder humano, ou seja, resignação altiva diante do inevitável. A temperança, por sua vez, que Cícero definia como o domínio moderado que a razão exerce sobre os ímpetos pravos do espírito, isto é, não retos, aqui é uma disposição de espírito contentora e coibidora dos apetites igualmente negativos, cuja satisfação é buscada de modo torpe. Por fim, a justiça, que aqui se define como a virtude de atribuir a cada um o que lhe cabe de direito, Cícero definiu como sendo uma disposição do espírito de valor semelhante, porém cujo fim é a preservação da utilidade comum[494]. Examinemos uma a uma as quatro virtudes cardeais, consoante as definições apresentadas no *L.A.*, a ver como se relacionam com a vontade.

Prudência: ciência da vontade

89. A – Examina agora se acaso te parece que a "prudência" seja a ciência do que se deve procurar e evitar.

---

[490] Leia-se "do homem adâmico", isto é, prelapsário.

[491] Cf. *L.A.* 1,12,25,83-85.

[492] Cf. verbete *honestus* no LÉXICO T-F.

[493] Nas *Tusculanas* (2,18,43) Cícero definirá as virtudes de modo mais estoico, por assim dizê-lo, como "afecções retas do espírito" (*rectae animi adfectiones*), cujo nome em latim, diz, era derivado de *uir*, "varão" (*appellata est enim ex uiro uirtus*), como se as virtudes fossem atributos "viris" [*uires*] da alma.

[494] Cf. verbete *utilitas* no LÉXICO T-F.

Se a prudência[495] é a ciência do que se deve procurar e evitar, sendo ambas manifestações do desejo[496], pode-se dizer que prudência seja a ciência do que se deve desejar, numa palavra, da própria vontade. E de fato, procurar e evitar, como desejo e medo, são faces da mesma moeda, como amor e ódio, visto que aquilo que um quer para si o outro quer longe de si, porém ambos querendo, um bem, outro mal. Logo, se o prudente é aquele que tem ciência do que deve querer ou evitar, numa palavra, do que deve querer perto ou querer longe de si, tem-se, como sequência, que a prudência seja a ciência que regula o próprio querer. Portanto o prudente quer bem, porque possui a ciência do que deve querer perto ou longe de si, ou antes, do que deve ou não querer, seja algum objeto a si exterior, seja o próprio querer, visto haver quereres que minimamente convém querer. Contudo vale dizer que o querer e o evitar, isto é, o querer perto e o querer longe de si, de modo nenhum equivalem a querer e não querer. Pois assim como se tem uma vontade quando se quer, assim também, quando se evita algo, pois quem quer evitar quer algo, nomeadamente evadir-se daquilo que quer manter longe de si. Por outra, se se considere uma ausência total do querer, quando se não quer, aí então nenhuma vontade há, pois querer nada é contraditório, a não ser que se diga nada querer, querendo dizer, ao invés, que se quer não querer, visto que neste caso quer-se algo, nomeadamente a supressão do querer, o que é distinto da ausência de vontade. Portanto o não querer, caso não seja considerado como o querer não querer, isto é, o querer não ter vontade, visto que a supressão do querer é em si mesma um querer, pode sim ser considerado como uma ausência de vontade, um simples deixar de querer, já que não querer difere de querer não querer.

Há um aspecto fortemente intelectualista desta prudência que merece destaque. Como é notório, Sócrates se opunha à tese de que alguém pudesse agir contra a reta razão, desconsiderando haver algo como uma tibieza da vontade, que Aristóteles em sua *Ética a Nicômaco* denominou *akrasía*. Assim, para o mestre de Platão, ninguém que possuísse ciência jamais agiria contrariamente ao que considerava ser o melhor, exceto por ignorância[497], pois era inaceitável que alguém agisse contrariamente à sua ciência, ou seja, sabendo o que era errado,

---

495 Nas *Tusculanas* (2,13,31) Cícero define a prudência como sendo a capacidade ou força (*uis*) sem a qual nem sequer se pode compreender alguma virtude (*prudentiam uis esse sine qua ne intellegi quidem ulla uirtus potest*), o que se justifica, segundo o pensador romano, porque a prudência não permite que se faça qualquer coisa em vão, sem qualquer proveito (*ea patietur ne te quicquam facere nihil proficientem et frustra laborantem*).

496 Cf. *L.A.* 1,4,9,22; 24.

497 Cf. Aristóteles, *E.N.* 145b25-27.

adrede o perpetrasse. Do que se depreende que bastava a ciência do bem para que se pudesse levá-lo a efeito, postura radicalmente intelectualista que não foi endossada sem restrições por Aristóteles, que admitia, como se disse, a ἀκρασία, uma certa ausência de poder por parte da vontade. Embora essa será por toda uma vida a postura de Agostinho, ecoando a epístola paulina aos romanos, nesse livro primeiro parece ele mais próximo do intelectualismo socrático, desposado apaixonadamente por Cícero, do que de Paulo. Na verdade essa soberania da razão fez escola depois de Sócrates, como se vê nos socráticos menores, como os estoicos principalmente, que supervalorizam as faculdades da inteligência, conferindo à razão soberania autônoma, quase absoluta, em relação aos demais movimentos do espírito.

Portanto a prudência, definida como ciência do querer, controla o querer em si, como faculdade do espírito, determinando quando e o que se deve querer, ou deixar de querer, porém a partir da mediação da ciência, daquilo que é conhecido acerca do bem e do mal, daí a referência ao intelectualismo de Sócrates, para quem bastava a ciência para que se não praticasse nenhum mal, resultado exclusivo da sua ignorância. Mas não é a ciência em si mesma que coíbe a vontade, pois ela não é uma potencialidade do espírito, e sim a mente, ou espírito, cuja razão, ou inteligência, mede, compara, pondera a partir da ciência que ali se encontra, munida da qual dirige o querer de modo reto e justo. Porém se é assim, ou se de alguma outra maneira, para o escopo desta disputa importa apenas ressaltar o caráter racionalista desta definição de prudência, que deposita na ciência o ônus todo do arbítrio, da decisão de querer ou deixar de querer. Portanto, assim como para Sócrates, para o prudente agostiniano deste livro primeiro basta conhecer, basta ter ciência do bem e do mal, do que se deve querer ou evitar, a fim de que se possa querer bem. E mais, sua vontade é autônoma, independente de qualquer outro poder externo ao homem, sendo coibida ou dirigida tão só pela mediação, ou subsídio, da ciência[498], pois a esse prudente, que muito se aproxima do sábio de tipo estoico, basta o conhecimento a fim de se ter a boa vontade. E se diz que basta querer para querer bem[499], visto que à prudência é que cabe a regulagem do querer, e que ela é a ciência do querer, conclui-se que basta a ciência do querer para querer bem.

---

498 Deve-se lembrar que a referência é ao homem adâmico prelapsário, não à sua progênie defeituosa, condenada às agruras da ignorância e aos labores que a dificuldade lhe impõem. Cf. *L.A.* 3,18,52,177.

499 Cf. *L.A.* 1,12,26,86 *"uelle solum opus est"*.

Coragem: disposição de mudar o espírito, não o céu

89. A – [...] não é a "coragem" aquela disposição da alma pela qual desdenhamos todas as adversidades e perdas das coisas que não estão sob o nosso poder?

A coragem[500] é a disposição de alma pela qual o homem encara com desdém toda e qualquer vicissitude da vida, ou a subtração involuntária de seus bens, cuja posse não é capaz de sustentar. Vale notar que a coragem, ao contrário da prudência, não se define como ciência, e sim como uma disposição de alma (*animae adfectio*). Agostinho lança mão do termo *anima*, que expressa frequentemente o princípio vital, ou de movimento, comum também aos animais. Todavia essa escolha semântica poderia causar problemas, se não restasse manifesto que os animais irracionais são incapazes de virtude, em sentido moral, obviamente[501]. Porém, se se ativer tanto à definição como à experiência, perceber-se-á que toda virtude – de caráter exclusivamente moral[502] – é em algum grau dependente dos movimentos racionais da alma, atributos do espírito, ou mente[503]. Com efeito, faz-se necessário o princípio inteligente a que se desdenhem as vicissitudes da vida, ou as perdas involuntárias, seja de bens, seja de entes queridos. Ninguém, seja por que disposição do espírito for, pode desdenhar algo, seja o que for, sem o concurso da razão, pois desdenhar é desconsiderar, que significa tanto deixar de considerar, como considerar de baixo valor, numa palavra, depreciar algo de modo tal que seu valor seja considerado insignificante, ou nulo, o que é sempre uma atividade da razão. E de fato, como se poderia atribuir valor a algo, senão por meio das faculdades racionais? Um irracional qualquer, por exemplo, pode até experimentar por meio dos sentidos a ausência de algo com que estava habituado, ou mesmo recusar algum alimento, por simples falta de apetite, porém

500 Companheira da magnanimidade, da paciência e do desprezo, ou desapego, a *fortitudo* permite que se sofra com paciência as vicissitudes inevitáveis da existência, que se desprezem os interesses vis, e que se aja com grandeza de alma e desprendimento, diz Cícero (*Tusc.* 2,13,31). Todas as virtudes ditas cardeais são contrárias à dor, uma vez que auxiliam a suportá-la e a vencê-la, pois a dor sempre cede à virtude (*uirtuti cedet dolor*), sentencia o rétor.

501 Na verdade os animais são dotados de *uires*, "forças", o que se refere às suas capacidades naturais, como o olfato apuradíssimo, ou a visão agudíssima, ou ainda a espetacular potência nos membros, de par com sua velocidade incomparável, agilidade, sem deixar de parte a audição de alcance incrivelmente penetrante, entre muitas outras características, as quais se restringem, contudo, aos cinco sentidos corpóreos.

502 O que excetuaria a ἀρετή homérica, por exemplo, ou outros tipos de excelência amorais.

503 Cf. verbetes *animus, spiritus, mens* no Léxico T-F.

jamais experimentará qualquer coisa semelhante à noção de "perda", uma vez que nunca teve nenhuma noção de "posse", muito menos à de "desprezo", visto jamais ter "prezado" qualquer coisa. Assim pode um cão até experimentar a ausência de seu dono, ou de seu "canto", com os quais estava habituado, pela operação dos sentidos e de certa memória sinestésica, porém jamais será capaz de compreender, muito menos de explicar suas sensações[504]. Seja como for, o fato é que assim como a prudência, a coragem, ou fortaleza de ânimo, não prescinde do concurso da razão. Trata-se, pois, de uma virtude igualmente racional, de matiz intelectualista, como a prudência, que, exatamente por essa sua racionalidade, opera como mecanismo regulador da vontade. De fato, o corajoso quer resignar-se, aceitando pacificamente as adversidades inevitáveis da vida, ao invés de entregar-se à revolta sem utilidade alguma; quer igualmente aceitar as perdas involuntárias, seja as que decorrem naturalmente da existência, seja as que decorrem de subtração premeditada de seus bens; numa palavra, o corajoso escolhe essa pseudopassividade de modo consciente, em favor da tranquilidade de seu espírito, ao invés da dor perturbadora da indignação sem proveito, em detrimento do equilíbrio de sua saúde mental e corpórea. Quereres todos esses, numa palavra, que se constituem movimentos da vontade regulados pela fortaleza de espírito, que se chama de "coragem".

Quanto à expressão que define a coragem, "disposição de alma", importa notar seu aspecto exclusivamente passivo, diferentemente da definição supracitada de Cícero, que a separa em duas partes, primeiro como uma atitude, ou seja, uma iniciativa, obviamente ativa, de enfrentar destemidamente os perigos apresentados pela vida, expressa pelo substantivo *susceptio*[505], depois como uma resignação, ou seja, uma total aceitação da dor irremediável dos labores da vida, que se expressa pelo substantivo deverbal *perpessio*[506]. E se a coragem ciceroniana tem esse duplo aspecto, ativo-passivo, o que se ratifica também por suas partes constituintes, como a magnificência, a confiança e a perseverança, que são qualidades notoriamente ativas, de par com a paciência, que sem dúvida é passiva, a coragem agostiniana parece causada,

[504] Imperioso ater-se ao fato de que as análises aqui empreendidas partem sempre da ciência do tempo do autor, mais de quinze séculos atrás, jamais pretendendo retroprojetar anacronicamente conhecimentos contemporâneos nossos à sua obra, o que se faria invariavelmente em detrimento e menoscabo de seu brilhante esforço intelectual e de toda uma época.

[505] De *sub* + *capio*, "tomar sob", daí também "suportar", porém no sentido ativo de "portar sob", "debaixo".

[506] De *per* + *passio*, "sofrer até ao fim", ou seja, suportar o que não pode ser evitado.

como se fosse uma resposta a algum agente exterior, do que é permitido supor seu sentido de "disposição", a partir do sentido do verbo de que deriva: *adficio*, "dispor", "comover", "afetar" etc. De fato, quando se diz "disposição", supõe-se que o espírito tenha sido afetado por algum agente, nomeadamente externo a si, do contrário, se fosse um movimento seu voluntário, onde a necessidade de coragem, ao menos em seu sentido passivo? E assim é, pois se alguns perigos da vida podem ser eleitos, para o que é preciso seguramente coragem, uma atitude ativa do espírito, ainda que muitos sejam inevitáveis, contudo para enfrentar os labores da vida, não raro irremediáveis, é preciso uma coragem reativa, por assim dizê-lo, que aceita padecer o inevitável, ainda que seja argumentável a própria aceitação ser sempre um movimento ativo do espírito. Na verdade a virtude é sempre ativa, no sentido de carecer da total iniciativa do espírito, seja para mover-se proativamente diante do perigo, seja reativamente, para esperar com paciência, ou para sofrer as dores inevitáveis da vida, ou para aceitar resignadamente a perda do bem querido. O que nem sempre depende da vontade, contudo, são as próprias vicissitudes e labores da vida, fatores motivadores da coragem. Pois bem, seja como for, ativa ou passivamente, assim como a prudência a coragem também é regulada pelos movimentos racionais do espírito, que lhe regem seja a agência, seja a paciência, diante das contingências inevitáveis da vida. E se são movimentos do espírito que conduzem ao desdém dessas mesmas contingências, são obviamente movimentos valorativos, que diminuem o valor, ou a estima que se tem por *x*, quando *x* é por algum motivo qualquer perdido, ou subtraído contra a vontade de seu possuidor. O mesmo se diz das vicissitudes, que, mesmo que apanhem suas vítimas de surpresa, ao serem avaliadas para baixo, diminuídas por um movimento depreciador da razão, são de algum modo psicológico mitigadas, tornando-se mais suportáveis, por assim dizê-lo. E se o corajoso, que tem o ânimo forte, não tem poder para mudar a realidade inevitável da vida, ao menos pode suportá-la estoicamente, mudando a importância que atribui ao que invito lhe ocorre, como cantava o vate epicurista Horácio, em uma de suas epístolas poéticas[507]: "O céu, não o pensamento, mudam aqueles que atravessam os mares", ou admoestava o estoico Sêneca, ecoando ideia semelhante a seu caro Lucílio[508]: "O espírito deves mudar, não o céu!".

---

[507] Horácio, *Epistulae* 1,11,27: *"caelum, non animum mutant, qui trans mare currunt"*.

[508] Sêneca, *Epistulae ad Lucilium morales* 28,1: *"animum debes mutare, non caelum"*.

Temperança: disposição moderadora dos apetites

89. A – [...] A "temperança", por sua vez, é a disposição que contém e coíbe o apetite daquilo que se procura obter de modo torpe.

Se a temperança[509] é a disposição que contém e coíbe o apetite daquilo que se procura obter de modo torpe, na esteira do que diz Cícero, que a define como o domínio racional sobre os desejos e demais ímpetos pravos do espírito, embora sem ter sido qualificada, conclui-se sem nenhum risco que seja um movimento do espírito, não da alma, assim como a coragem supradescrita. E se as duas virtudes anteriores, prudência e coragem, funcionam como reguladoras da vontade, a temperança muito mais, como seu próprio nome o indica e as duas definições apresentadas confirmam. De fato, não é outra a função da temperança, senão frear e coibir o que se deseja de modo torpe, como diz Agostinho, ou o que não é reto, segundo Cícero, o que redunda dizer praticamente a mesma coisa, visto ser moralmente torpe aquilo que é pravo, o contrário de reto. Portanto o temperante consegue controlar suas inclinações sensuais, impedindo seu livre curso. Todavia esse impedimento se faz também mediante uma avaliação racional, visto não se ter dito que todo desejo deve ser refreado, apenas os pravos ou torpemente desejados, contrários à ordem, numa palavra, desejos das coisas que não devem ser desejadas em si mesmas, porque podem ser subtraídas contra a vontade do seu possuidor. Assim a temperança, a prudência e a coragem operam como reguladoras da vontade. De fato, enquanto a prudência tem ciência do que se deve querer perto e querer longe de si, a coragem dispõe o espírito para querer suportar as adversidades e perdas inevitáveis da vida[510], a temperança predispõe o espírito a querer conter e coibir os quereres indesejáveis, que assim só se consideram a partir das avaliações da razão. Logo as três virtudes regulam a vontade com a mediação da razão, seja na ciência do querer, seja na disposição de aceitar, seja na regulagem dos apetites. Contudo nos três casos não é a prudência, nem a coragem, tampouco a temperança que regulam a vontade enquanto virtudes, mas a razão que nelas opera, pois nem a prudência em si mesma têm ciência dos deveres da vontade, nem a

509 Nas *Tusculanas* (2,13,31) Cícero define a temperança como a virtude que não permite se faça nada sem moderação (*an temperantia sinet te immoderate facere quidquam...?*).

510 O que sem dúvida não implica querer as próprias adversidades e perdas, apenas querer lidar com elas de modo racional, a fim de minimizá-las e poder suportá-las sem deixar-se perturbar.

coragem pode depreciar o inevitável, tampouco a temperança discernir o que é ou não desejado de modo torpe, a não ser com o juízo da razão que há em si. Logo as três só cumprem as suas tarefas reguladoras porque são atributos do espírito, o princípio inteligente e sede da razão, de acordo com esta mundividência intelectualista que se apresenta neste primeiro livro.

Justiça: dignidade individual em prol do bem comum

90. A – Agora a "justiça", que diríamos ser, senão a virtude pela qual se atribui a cada um o que é seu?

A justiça[511], em conformidade com sua definição clássica, é a virtude por meio de que a cada um é atribuído aquilo que lhe cabe, o que se ajusta perfeitamente com o que diz Cícero no *De inuentione*, que contudo adiciona a salvaguarda da utilidade comum. No entanto, em vez do vocábulo "virtude" com que Agostinho define a justiça, Cícero emprega "disposição de espírito", expressão utilizada pelo primeiro para definir coragem e temperança, o que permite, como suposto, identificar sua equivalência. Mas diga-se virtude, ou disposição de espírito[512], o que importa notar é sua racionalidade, atestada nas demais. Assim, para que se tenha a capacidade de atribuir a cada um o que lhe é devido, faz-se necessário saber o que se deve a cada um, o que convém a cada situação, segundo algum modelo normativo, que pode ser derivado da natureza, como diz Cícero, sendo depois engastado na pedra da lei segundo sua utilidade comum, o que por fim é sancionado pelo medo dos dispositivos legais e pela

[511] O que Cícero diz da justiça na mesma passagem das *Tusculanas* (2,13,31) em que define rapidamente as demais virtudes não se pode considerar propriamente uma definição: "acaso poderá a justiça ser colhida pelo homem por causa da força [coercitiva] da dor, ao revelar segredos, ao entregar cúmplices, ao abandonar muitas obrigações?" (*an coli iustitia poterit ab homine propter uim doloris enuntiante comissa prodente conscios multa officia relinquente?*). É provável o causídico romano estivesse referindo indiretamente as agruras políticas por que passava no final de sua vida e o desmoronamento de sua república, segundo pressentia, em decorrência da ditadura de César e, depois de seu assassinato, das disputas entre Marco Antônio e Otaviano. Seja como for, o que se pode depreender do texto é que não se pode considerar justo, ou pertencente ao âmbito da virtude da justiça, os seguintes atos: revelar segredos e pactos assumidos, mesmo sob a dor da tortura; entregar cúmplices; abandonar obrigações anteriormente contraídas.

[512] Que são a mesma coisa, pois a virtude foi definida como uma "disposição", ou "estado de espírito" (*animi habitus*), por Cícero no *De inuentione* (2,53,159-56,169), ou como "afecções retas do espírito" (*rectae animi adfectiones*), nas *Tusculanas* (2,18,43). Cf. Agostinho, *83 Quaest.* q. 31 §1.

veneração devida à religião. Porém não há como pesar na balança da justiça o valor de cada um, a retribuição que merece cada ação, a sanção devida a cada transgressão, sem o concurso da razão. Por outra, não há como cada um agir de modo justo, o que significa dizer segundo os padrões de justiça, seja do código de leis humanas, seja da Lei divina, enfim, não há como cada um medir os seus atos pelo metro de uma qualquer noção de justiça sem a ciência desse metro, de par com a capacidade de mensurar, comparar, analisar, desdobrar, ponderar, que são todos atributos da inteligência. Logo a justiça também se liga inextricavelmente aos movimentos da inteligência, como as demais virtudes. Resta especular apenas se ela, como virtude racional que é, disposta na alma, se é também, como as outras três virtudes cardeais, reguladora da vontade. Na contramão pode dizer-se que a própria vontade por vezes a regula, visto ser preciso querer a fim de exercê-la, atribuindo a cada um o que lhe cabe de direito. Assim, se um dado magistrado corrupto quisesse abster-se por algum escuso interesse pessoal de aplicar a justa punição ao criminoso, ou se um devedor qualquer recusasse restituir a dívida assumida perante o credor, ambos logrando esquivar-se de algum modo da obrigação e do constrangimento legal, nenhuma justiça seria posta em prática, nada obstante as previsões legais existentes, simplesmente por falta de vontade das partes. Logo, a despeito do medo das leis, vê-se que não raro os que não querem podem não agir segundo os padrões da justiça, mesmo quando se veem constrangidos legalmente a fazê-lo. Porém isso não responde à questão, ao contrário, pois nesses dois exemplos parece ter sido a vontade que regulou a prática da justiça, não as ponderações da inteligência, ainda que de modo circular diga-se que nada se quer sem razão. Porém, se se ativer apenas à Lei eterna irrevogável, que prescreve que o superior deve governar o inferior, sendo injusto o contrário, e que a razão deve dominar os movimentos irracionais do espírito, a fim de que o homem esteja ordenado segundo a Razão suprema, sob pena de ser infeliz se não o fizer, e feliz, se se harmonizar com ela, Lei que se encontra "impressa" no interior do homem[513], percebe-se nesse caso haver mecanismos racionais a regular a vontade. Porque não apenas esta Lei está impressa no coração do homem, servindo de metro regulador, de modo que seja capaz de distinguir entre o anterior e o posterior, o superior e o inferior, ciente do que deve dominar e do que deve ser dominado, com justiça, mas principalmente porque, como dito logo no início[514], os sofrimentos humanos,

---

[513] Cf. *L.A.* 1,6,15,48-50.

[514] Cf. *L.A.* 1,1,1,1.

que são todos justos, decorrem da Justiça da Providência divina, que atribui a cada um segundo seus méritos, de modo ordenadíssimo, a felicidade aos justos, a infelicidade aos injustos. Assim sendo, se ninguém, ainda que descreia, pode alegar desconhecimento da Lei eterna, visto estar impressa em seu interior desde sempre, o medo da infelicidade penal, de par com a voz da consciência e as admoestações do discurso religioso, que operam de modo semelhante ao medo da punição prescrita pela lei e à veneração religiosa na definição supracitada de Cícero, servem igualmente de reguladores da vontade, a fim de que o homem queira de algum modo o ordenamento da justiça, mesmo invito e movido apenas pelo medo, ainda que isso nem sempre ocorra[515].

Mais preciosa que um vaso coríntio

Portanto as virtudes cardeais funcionam como reguladoras da vontade[516], permitindo ao homem levar vida ordenada, segundo a suprema Razão. Assim sendo, por intermédio da prudência é que ele tem a ciência do que deve ou não desejar, ciente de que não deve desejar bens que não sejam duradouros e seguros, os quais lhe podem ser subtraídos contra o seu querer. Porém, ainda que venha a desejá-los por uma qualquer tibieza ou desvio de conduta, por meio da coragem, que opera como um antídoto contra as inclinações sensuais, pode o homem suportar a perda inevitável de tudo aquilo que ele não deveria jamais ter amado. Logo, se o prudente tem ciência do que deve amar, o corajoso é forte para resignar-se diante do inevitável. O temperante, por seu turno, ciente dos movimentos rebeldes dos desejos, é capaz de refreá-los e coibi-los, mantendo-se ordenado, o que consegue mediante o império firme da razão sobre os ímpetos pravos do espírito. Mas à ciência do prudente, às disposições reativas do corajoso e às preventivas do temperante acrescenta-se ainda a justiça, aquele movimento racional do espírito que, visando ao bem comum, procura atribuir a cada

---

515 Se nem a justiça temporal, através do medo das leis e da sanção da religião, como diz Cícero, nem a Justiça eterna, através do medo da punição da Providência divina e da Lei eterna gravada nos corações dos homens, enfim, se nenhuma das duas justiças é capaz de regular a vontade humana com eficácia, isso não se deve a uma deficiência da própria virtude, mas da vontade humana corrompida, que, embora saiba o que é justo e ordenado, que deve ser preferido ao injusto e desordenado, ou não quer querê-lo, ou quer e não logra pô-lo em prática. Logo a justiça é reguladora da vontade, sim, porém da vontade prelapsária, a vontade original sem defeito, não da vontade defeituosa pós-lapsária.

516 Cf. *Tusc.* 2,21,47.

coisa de acordo com o que ela seja digna de receber. Essa disposição do espírito, a única que Agostinho denomina propriamente virtude, parece condensar as restantes três, pois o justo é prudente, tendo ciência do que deve ou não desejar, do contrário não seria justo, se antepusesse ao eterno o temporal, ao espiritual o corpóreo; é corajoso, visto que não se perturba diante das adversidades e perdas, do contrário não seria justo, revelando amar desordenadamente o que sabia indigno, em detrimento do amor ordenado do imutável; mas é também temperante, porque contém seus pravos ímpetos, do contrário seria injusto, se se deixasse dominar por eles, potências da alma inferiores à razão. Portanto não seria justo, se não fosse igualmente prudente, temperante e corajoso. Esse vínculo indissociável entre as virtudes pode ser igualmente encontrado em Cícero, que, tendo bebido à saciedade nas águas do Pórtico, diz que quem não possui uma delas, possui nenhuma[517]: "Pois não sabes que, se perderes um de teus coríntios[518], podes manter a posse segura de teus outros utensílios, porém se perderes uma única virtude – a despeito do fato de que a virtude não pode ser perdida –, mas se uma única delas tu admitires que não possuis, tu não haverás de possuir nenhuma delas?". Diógenes Laércio, mais de duas centenas de anos depois do rétor romano, ao narrar a vida de Zenão, fundador da doutrina do Pórtico, refere a tese estoica da inseparabilidade das virtudes com as seguintes palavras: "Dizem [os estoicos] que as virtudes estão reciprocamente implicadas umas nas outras e que aquele que possui uma possui todas"[519]. Nesse sentido, pois, abrangendo uma gama de qualidades nobres do espírito[520], a virtude é um bem desejável em si mesmo, visto ser preferível em si e por si, estatuto semelhante ao conferido por Agostinho à boa vontade[521], virtude que Cícero considera o único bem, a não dizê-lo supremo, o que permite concluir que depende unicamente do homem exercer o império sobre si mesmo[522]:

---

517 *Tusc.* 2,14,32: *"ecquid nescis igitur, si quid de Corinthiis tuis amiseris, posse habere te reliquam supellectilem saluam, uirtutem autem si unam amiseris – etsi amitti non potest uirtus –, sed si unam confessus fueris te non habere, nullam esse te habiturum?".*

518 Alusão aos vasos fabricados em Corinto, verdadeiras preciosidades à época.

519 Diógenes Laércio, *Vida dos filósofos eminentes* 7,125: "τὰς δ' ἀρετὰς λέγουσιν [οἱ Στωικοὶ] ἀντακολουθεῖν ἀλλήλαις καὶ τὸν μίαν ἔχοντα πάσας ἔχειν".

520 Dentre as quais *laus*, "louvor", *dignitas*, "dignidade", além de *honestas*, "honra". Cf. *Tusc.* 2,20,46.

521 Cf. 1,12,26,86.

522 *Tusc.* 2,20,47: "Resta que exerças o império sobre ti mesmo" (*reliquum est ut tute tibi imperes*). Embora pareça estar totalmente em poder do homem alcançar as virtudes, seu bem supremo, o homem ciceroniano também vê-se diante duma dificuldade inesperada, quando se percebe dividido em dois (*ibid.* 2,20,47): "Embora desconheça isto, de que modo se diz sermos como

Porém o que quero dizer é isso, que ao homem o melhor de longe é aquilo que é desejável por si só, que decorre da virtude, ou que esteja situado na própria virtude, e que é louvável por si mesmo, o que por certo preferiria dizer antes que seja o único bem, em vez de dizer que seja o bem supremo.[523]

1,13,27,91-92. Profilaxia e terapêutica da coragem

91. A – [...] Mas por que não lhe atribuímos também a coragem? Sem dúvida aquelas coisas todas, que não estão em nosso poder, ele não as pode amar e estimar com muito apreço. Pois elas são amadas pela vontade má, à qual é necessário oponha resistência, como a uma inimiga do seu mais caro bem[524]. Porém como não as ama, não lamenta se são perdidas, e as desdenha completamente; o que foi dito e consentido ser obra da coragem.

Resta claro que aquele que possui a boa vontade possui as quatro virtudes cardeais[525], dentre as quais a coragem, aquela fortaleza de espírito por meio de que se desdenham os bens cuja perda é inevitável. Percebe-se como tudo aquilo que faz parte do universo transiente não deve ser amado, seja por sua indefectível corruptibilidade, seja pela insegurança que essa transitoriedade acarreta. O homem não deve amar o que está fadado à corrupção, porque, embora isso exista e seja um bem, não permanece, provocando nele medo incessante pela expectativa da perda iminente, e depois dor e frustração decorrentes do vazio deixado pelo despossuir, o que constitui para ele motivo de infelicidade. E ninguém pode ser feliz sendo infeliz. Portanto amar o que está destinado a acabar torna o homem infeliz; porém todo homem quer a felicidade segura, que não

---

que dois, de maneira que um exerça o comando e o outro obedeça..." (*quamquam hoc nescio, quo modo dicitur quasi duo simus, ut alter imperet, alter pareat...*). De fato, duas são as partes da alma (2,21,47), uma das quais participa da razão, ao passo que a outra dela está desprovida (*est enim animus in partes tributus duas, quarum altera rationis est particeps, altera expers*).

523 *Ibid.* 2,20,46: "*Volo autem dicere illud, homini longe optimum esse quod ipsum sit optandum per se, a uirtute profectum uel in ipsa uirtute situm, sua sponte laudabile, quod quidem citius dixerim solum quam summum bonum*".

524 Interessa notar a proximidade do verbo *uolo,* "querer", e do substantivo *uoluntas,* "vontade", com o verbo *amo,* "amar", e o cognato *amor,* "amor". De fato, sendo por meio da "vontade má" que o homem "ama" as coisas que não deveria amar (*mala enim uoluntate amantur*), se a vontade não é o próprio amor, visto que se rejeita o que não se deve amar pela vontade contrária, ao menos pode inferir-se com segurança que é pela vontade (*uoluntate*) que se ama, seja retamente, quando se ama o que se deve amar, seja de modo pravo, quando se ama o que se não deve amar.

525 Cf. *L.A.* 1,13,27,93: "E – [...] reconheço que neste homem, que atribui grande valor à sua boa vontade e a ama com dileção, foram encontradas todas as quatro virtudes...".

ameace deixá-lo a qualquer momento, aquela ausência de cuidados (*securitas*) de que se falou, destituída de medos. Numa palavra, quer a estabilidade que se encontra no incorruptível, que não lhe pode ser subtraído invito, que lhe pertence de modo inalienável, porque jamais tem fim, o que se encontra dentro dele mesmo, no universo do inteligível.

92. E – [...] eu não intelijo a quem possa chamar de "corajoso"[526] de modo mais verdadeiro do que aquele que, com o espírito equânime e tranquilo, carece daquilo que não foi posto em nós nem que adquiramos nem que guardemos...

Percebe-se como a coragem não tem apenas a função de dar ao homem forças para suportar a perda daquilo que amou, conquanto não devesse tê-lo feito, mas também confere-lhe destemor para não amar o que não devia amar em primeiro lugar. Portanto além de terapêutica é também uma virtude profilática, aspecto rigorista que a torna minimamente praticável, como as virtudes que se demandam do sábio estoico. E se não ama preventivamente o que não deve amar, visto desdenhar completamente esse tipo de coisa, a terapia é leve, quando não, praticamente nula. Porém para desdenhar, como dito, é preciso prudência, a ciência do que se deve ou não querer, das virtudes todas talvez a mais dependente da razão. Logo trata-se de uma coragem prudente extremamente racional, pois nem admite um desejar contrário à reta razão, ao modo de uma lesão que deve logo ser extirpada pela raiz, antes de constatada a metástase de cura mais dolorosa e demorada. Porém essa profilaxia da coragem causa certa perplexidade, pois, se o corajoso não ama o que pode ser perdido contra a sua vontade, ou se o desdenha completamente, a coragem terapêutica parece desnecessária, pois para que se aceite indolente a perda de qualquer coisa por que nenhum apreço se tem não é preciso fortaleza de espírito alguma. Restaria assim apenas o aspecto profilático da coragem, prevenindo o querer indecoroso, o que a assemelharia muito à própria prudência. De fato, o desdém que se demanda da coragem é um ato racional de desvalorização, de desapreço, numa palavra, um esforço inteligente para diminuir o valor daquilo que não deve ser amado. Todavia o aspecto terapêutico nem por isso se faz desnecessário, como suposto. Pois há bens inapreciáveis, muito pouco sujeitos à depreciação, como a vida dos familiares mais próximos, ou a

---

526 Se o substantivo *fortitudo* se traduz pela virtude da "coragem", o que equivale a dizer também "fortaleza de ânimo", o adjetivo correspondente, *fortis*, deve dar conta do vernáculo "corajoso", ou seja, "de ânimo forte", acepção essa que se restringe obviamente a uma conotação ética, não física.

própria integridade física, cuja deterioração não raro conduz à perda da dignidade humana. Nestes casos nenhuma dúvida há que somente a coragem é capaz de sustentar o espírito na vida reta e honesta, a não dizer na felicidade.

1,13,27,93. O pioneiro da vontade?

93. A – [...] aquele que possui e ama com dileção a sua boa vontade [...] não pode querer mal a quem quer que seja. Logo seguir-se-á que não cause injúria a ninguém, coisa que de modo nenhum é possível, a não ser àquele que atribui a cada um o que é seu. Isto pertence à justiça...

Portanto o homem de boa vontade agostiniano é aquele que possui as quatro virtudes cardeais: justiça, prudência, temperança e coragem. Tem-se, por conseguinte, que as virtudes encontram-se inextricavelmente atadas e subordinadas à vontade, pois ninguém pode ser prudente, justo, temperante, ou corajoso sem que o queira com sua boa vontade. Do contrário não teria mérito algum, pois seria justo, temperante, corajoso ou prudente de modo necessário, e não por sua livre iniciativa. Ademais, em conformidade com o que reconheceu o filósofo no início deste livro[527], não poderia haver Justiça punitiva por parte da Providência divina de ato que se não configurasse como voluntário, uma vez o mérito e o demérito inexistirem fora do âmbito da vontade, como concluirá logo adiante na sequência da disputa[528]. Já se disse que Agostinho foi o primeiro filósofo da vontade[529], o que até pode ser verdade, por ter sido ele o pioneiro na subordinação das demais virtudes, como se vê aqui, à própria vontade[530].

1,13,28,94. A vida louvável e o método dialético

94. A – Portanto o que nos impede de conceder que a vida deste indivíduo seja louvável? [...] E a vida infeliz, podes tu de algum modo não ajuizar que deva ser evitada? [...] Mas a [vida] louvável, sem dúvida estimas que ela não deve ser evitada [...] Logo não é infeliz a vida que é louvável. [...] Não te resta agora, imagino, nenhuma dificuldade para que assintas em que a vida que não é infeliz é sem dúvida feliz.

---

527 Cf. 1,1,1,3: *"non enim iuste uindicarentur, nisi fierent uoluntate"*.

528 Cf. 1,14,30,101.

529 Trata-se do título do § 10 do 2.° capítulo da parte II de *The Life of the Mind,* de Hannah Arendt – II Willing - 2. *Quaestio mihi factus sum.* The Discovery of the Inner Man. 10 Augustine, the First Philosopher of the Will –, p. 84-110, New York: Harvest, 1978.

530 Posto que também seja possível falar de vontade e de fraqueza da vontade em Aristóteles, a partir de noções como προαίρεσις e ἀκρασία, por exemplo.

A vida daquele que possui a boa vontade é também digna de louvor (*laudabilis*), não apenas porque é regida pelas quatro virtudes, que lhe conferem ciência do que deve desejar e evitar, coragem para não desejar o que não deve, temperança para coibir os desejos pravos, justiça para não desejar mal a ninguém, mas também pelo fato de estar acima das próprias virtudes. Com efeito, a boa vontade, além de ser prerrequisito de toda ação meritória, é elevada a um patamar sublime, sendo a vida que qualifica equiparada à própria vida feliz, confundindo-se por vezes com o Bem supremo a ser alcançado, como se depreende do predicado que se lhe atribui, semelhante ao que se atribui ao próprio Deus, seja na filosofia do louvor empreendida em *Confissões* a partir da autoridade das Escrituras sacras[531], como se constata logo no prólogo do primeiro livro[532]: "Grande és tu, Senhor, e imensamente digno de louvor", seja ao longo de todo *L.A.*, ao reiterar-se a necessidade do louvor divino[533].

O argumento sintético supradestacado pode assim ser esquematizado:

1. A vida virtuosa é louvável (*laudabilis*);
2. A vida infeliz (*misera*) deve ser evitada;
3. A vida louvável deve ser buscada;
4. Logo a vida louvável não é infeliz;
5. Logo a vida infeliz não é feliz.

O que se explica brevemente pela inserção das premissas ausentes, porém subentendidas, do seguinte modo linear: 1. A vida segundo as virtudes cardeais, ou seja, virtuosa, é feliz. 2. Todos querem a felicidade, o bem supremo do homem. 2_1. O que é desejável é digno de louvor. 3. Logo toda vida que conduz à felicidade merece ser louvada. 4. Logo todos devem buscar a vida virtuosa e louvável, porque ela é feliz e todos querem a felicidade. 5. Ninguém quer ser infeliz. 6. Logo toda a vida que conduz à infelicidade deve ser evitada. 6. O que é evitado não é digno de louvor, pois não é desejável, mas desprezível. 7. Logo a vida infeliz não é louvável, mas desprezível. 8. Logo a vida infeliz não é virtuosa, pois a virtude é digna de louvor. 8. Logo a vida infeliz não é feliz, do contrário seria louvável e desejável.

Essa passagem da obra, supracitada em destaque no início desses comentários, ao contrário do que possa parecer ao leitor desavisado, que talvez a considere mera sequência de obviedades, pois supõe-se tão mais evidente quanto

---

531 Cf. Sl 47,2; 95,4; 144,3.

532 *Conf.* 1,1,1: *"Magnus es, domine, et laudabilis ualde"*.

533 Cf. *L.A.* 3,5,12,44; 16,59; 13,37,130; 15,42,144; cf. *Ret.* 1,9,2; 6.

inútil afirmar ser feliz quem não é infeliz, contudo é paradigmática do método dialético, praticado segundo regras bastante rígidas, que obrigava a *disputatio* a procurar o assentimento do interlocutor a cada passo dado, sem o que não se podia prosseguir rumo à verdade buscada. E uma vez aceitos os argumentos propostos, a conclusão devia seguir-se de modo inevitável, ao modo da conclusão do melhor silogismo aristotélico, como se vê na passagem a seguir (28,95), em que Evódio reconhece a inevitabilidade da conclusão a que os argumentos acedidos forçosamente os arrastam: "Por que não me aprazeria esta conclusão, a que os argumentos anteriores que aceitamos necessariamente nos arrastam?". Se é verdade que a disputa muita vez buscava um vencedor, aquele cuja tese se sobrepusesse à do rival, contudo é igualmente verdade que o ideal socrático-platônico de dialética situava a investigação da verdade bem acima da pseudovitória de um dos disputantes, valendo muito mais o esforço depurativo que se dava pelo exercício da razão, por meio de perguntas e respostas, argumentos e assentimentos, até que se chegasse o mais perto possível da verdade que se estava perseguindo. Isso, ainda que ao fim não se conseguisse um conhecimento definitivo, apenas a elaboração de outras questões, sempre mais complexas, que, por sua vez, acarretariam disputas subsequentes, naquilo que se podia e ainda se pode muito bem considerar como a atividade filosófica por excelência, o questionamento desinteressado[534] que se fazia despertar por aquela admiração (θαυμάζειν) de caráter contemplativo (θεωρεῖν), tornada célebre por Platão[535]: "Porque esta disposição [do espírito] é a principal [característica] do filósofo, [o fato de] admirar-se, pois não há outro princípio da filosofia além deste".

1,13,28,96. Com fé... partiu, sem saber aonde iria

> **96.** A – Logo que motivo há para que reputemos duvidoso, mesmo que nunca antes tenhamos sido sábios, que pela vontade nós merecemos e vivemos a vida louvável e feliz, e [também] pela vontade, a vida torpe e infeliz?

O método dialético adotado por Agostinho atinge um ponto esclarecedor que, como se disse, em vez de dar por terminada a disputa, levantará outras

[534] Diz-se "desinteressado" porque importava menos sua utilidade prática do que seu próprio desenovelar-se, cuja beleza, que se pode chamar de "contemplativa", ou "teórica", era um fim em si mesma.

[535] Cf. *Teeteto* 155d: "μάλα γὰρ φιλοσόφου τοῦτο τὸ πάθος, τὸ θαυμάζειν· οὐ γὰρ ἄλλη ἀρχὴ φιλοσοφίας ἢ αὕτη".

questões bem mais complexas. Pois bem, mesmo que o homem jamais tenha sido sábio, seja onde for, se em uma vida intrauterina incógnita, ou se em um *Kindergarten* celestial, aureolado de minutos seres angelicais, se se concluiu que é através da posse da boa vontade, cujo amor é a própria boa vontade, que ele vive a vida louvável, segundo as quatro cardeais virtudes, que é também a vida feliz, depreende-se que basta querer para que seja não apenas feliz, mas igualmente virtuoso e louvável. Isso, mesmo que jamais tenha sido sábio, pois nesse movimento dialético Agostinho afasta-se do estrito intelectualismo de matiz socrático, inserindo uma característica que, se não é nova, ao menos é redimensionada de modo absolutamente inaudito até então, o querer. Logo que me importa se jamais fui sábio, desde que queira viver retamente, segundo as virtudes, minha vida será louvável e serei feliz, pois terei merecido, segundo a suprema Razão da Lei eterna, administrada para os homens pela Providência divina, o justíssimo preço da minha eleição. Por outra, serei merecidamente infeliz, como prescreve a mesma Lei inflexível, ainda que não tenha sido sábio, se elegi por livre vontade viver de modo pravo, recusando as virtudes supracitadas.

96. E – Admito ter-se chegado até aqui por meio de argumentos firmes e minimamente refutáveis.

Todavia, embora Evódio assinta nas conclusões apresentadas, considerando os argumentos firmes e irrefutáveis, a verdade é que o progresso realizado está longe de satisfatório. Pois, se o homem outrora foi sábio alhures, de que modo deixou-se dominar desordenadamente pelos desejos dos bens que podem ser suprimidos invito? Não poderia tê-lo feito, do contrário não seria sábio, visto ser inadmissível algum sábio destituído da ciência do bem e do mal, que é a prudência, ou da coragem de renunciar aos bens passíveis de perda involuntária, ou da disposição que tempera os desejos pravos, ou da virtude que lhe permitisse discernir e distribuir o que é digno a cada coisa, que é a justiça, a qual sem dúvida estende seus domínios até aos objetos de seu amor. Demais, como seria justo se amasse mais o menos do que o mais, se se deixasse perturbar pelo destempero de suas inclinações sensuais, se não tivesse a disposição de espírito suficientemente forte para resistir aos bens indignos de serem amados, se desconhecesse quais bens devesse querer amar, quais afastar de si? Logo não poderia ter sido sábio e igualmente ser precipitado da cidadela da virtude, pois nem a inclinação sensual, potência inferior, nem um espírito igual a si, nem mesmo uma potência superior a si poderia fazê-lo, como se argumentou antes de modo plenamente suficiente[536]. Por outra, se não fosse sábio, supondo-se seu contrário, o estulto, aquele cuja mente não tem o domínio sobre as inclinações sensuais, movimentos ditos contrarracionais de seu espírito[537], de primeiro não teria condições de ser feliz, uma vez lhe estaria absolutamente interdita a vida feliz, como argumentado acima[538], inextricavelmente associada à vida virtuosa. Com efeito, como poderia ser feliz sem a ciência que lhe possibilitasse escolher entre o bem e o mal, sem a força anímica para recusar os quereres contrários à reta razão, sem a disposição temperante para refrear os ímpetos pravos, sem a virtude que atribui a cada potência a tarefa que lhe convém, segundo a justíssima Ordem divina? Logo, não sendo virtuoso, pois estulto, não poderia viver a vida louvável, o que o tornaria infeliz. Porém o problema ultrapassa o âmbito da criatura, alcançando perigosamente os princípios de piedade elencados no início[539], além de sucumbir irreparavelmente às assertivas maniqueias. Pois, se o homem nunca foi sábio porque foi criado estulto por Deus, é possível concluir que tenha sido precipitado nesta vida mortal e miserável sem culpa, incapaz que era de defender-se e de viver a vida louvável e virtuosa. Assim, se não viveu a vida virtuosa e louvável, o que o impede de ser feliz, não o fez livremente, mediante sua exclusiva vontade, mas por ter sido assim criado. E se sua vontade não é autônoma, como pode a Providência lhe retribuir as penas pelas quais nenhuma culpa carrega consigo? Que Justiça seria essa, se se retribuísse o mal nunca praticado com as penas severas da dor e do sofrimento irremediáveis? Vê-se, por conseguinte, que a disputa teve o mérito verdadeiramente filósofo de levantar mais questões do que solvê-las, o que permite duas interessantes considerações. A primeira é a constatação do propósito sincero de Agostinho como filósofo de buscar a verdade, sem pretender usar da inteligência para elaborar uma apologia racional que justificasse ideologias previamente desposadas. A segunda refere-se também à sinceridade, porém da disputa dialética, que mostra sua beleza a cada argumento, permitindo entrever do quanto é capaz a mente humana, quando se converte seriamente para a contemplação, ainda que ignorante da direção dos ventos, contudo na fé de que eles enfunam as velas ao progresso: *fide... exiit nesciens quo iret*[540].

---

536 Cf. *L.A.* 1,10,20,73; 12,24,80.

537 Cf. *L.A.* 1,9,19,66-67.

538 Cf. *L.A.* 1,13,28,94.

539 Cf. *L.A.* 1,2,5,12-13.

540 Hb 11,8.

Autonomia da vontade
Vita beata

1,13,29,97-98. Autonomia da vontade!?

97. A – Portanto esta vontade, se igualmente com boa vontade a amarmos com dileção e abraçarmos, e se a antepusermos a tudo aquilo que não podemos reter [apenas] porque queremos, consequentemente aquelas virtudes, conforme nos ensinou a razão, habitarão nosso espírito, as quais possuir é o mesmo que viver reta e honestamente.

Se a justiça é atribuir a cada um o que é seu de direito, aquele que converte seu amor para a boa vontade, que não pode ser perdida invito, em lugar dos objetos perecíveis que podem ser perdidos a qualquer momento e por qualquer motivo, sem dúvida é justo. Se a coragem é aceitar a perda desses mesmos bens, é corajoso aquele que suporta com paciência quando são perdidos e ama com boa vontade a própria boa vontade imperdível. Se a prudência é a ciência de quais bens devem ser amados, quais desprezados, é prudente aquele que sabe que deve amar sua boa vontade e desprezar a vontade que lhe é contrária. E se a temperança é o domínio da mente sobre os ímpetos pravos do espírito, é temperante quem se deixa conduzir suavemente pela própria boa vontade, inimiga desses movimentos contrarracionais. Portanto quem com boa vontade ama a boa vontade, como dito, está munido em seu espírito das quatro cardeais virtudes, que equivalem à vida reta e honesta, ou seja, à vida em consonância com a Razão suprema, que é um fim e si mesma[541].

Quero, logo posso

97. A – [...] Do que se conclui que, todo aquele que quer viver reta e honestamente, se queira querer isso de preferência aos bens fugazes, alcança tão grande bem com tamanha facilidade que possuir aquilo que quis não lhe seja nada além do próprio querer. **98.** E – Em verdade te digo que a custo me contenho para não exclamar de alegria, tendo-me surgido de repente tão grande bem e constituído com tamanha facilidade.

---

541 Nas *Tusculanas* (2,13,30), Cícero diz que a virtude é o melhor dos bens, de modo que todos os demais, como os bens do corpo e as riquezas, diante da virtude são coisas insignificantes. Por outra, seu contrário, a torpeza (*turpitudo*), naturalmente é o pior dos males (*ut omnia praeterea, quae bona corporis et fortunae putantur, perexigua et minuta uideantur...*).

Para conseguir tal ventura, contudo, basta apenas querer, e nada mais. Numa palavra, a vida que é um fim em si mesma, porque se harmoniza com a Lei eterna, perfeitamente justa, segundo a qual o superior deve reger o inferior, vida que é louvável e feliz[542], não apenas está ao alcance do homem, mas também é muitíssimo facilmente alcançável, bastando para tanto apenas querer com boa vontade[543]. Logo a ninguém se obstrui o caminho da felicidade, sendo notório que todos querem ser felizes e que ninguém está impedido de querer. Porém esse otimismo logo se provará ingênuo e insuficiente, especialmente depois de suas leituras paulinas, ladeadas por suas vivências como neófito, como ele mesmo dará conta de narrar, com poética dramaticidade, na célebre cena do jardim milanês, no oitavo livro de *Confissões*[544].

Quero, mas não posso

E de fato, o homem agostiniano deste livro primeiro não se parece em nada com o pré-converso descrito no oitavo livro de *Confissões*, cindido, dilacerado pela luta entre duas vontades, *inter uoluntates duas*, que a partir de um sinal divina e puerilmente misterioso encontra na leitura inspirada de uma carta de Paulo sua âncora de salvação. Em nada esse homem, cuja vontade aqui parece absolutamente autônoma, cuja boa vontade lhe é presente ao primeiro aceno do querer, em nada se assemelha ao titubeante e fragilizado pecador em busca de regeneração[545], mergulhado em uma disputa interior, ou melhor, cuja disputa estava mergulhada em si – *controuersia in corde meo* –, disputa entre si e si mesmo – *de me ipso aduersus me ipsum* –, e muito menos ainda semelhante àquele homem estupefato, que mais parece o estulto descrito neste *L.A.*, perplexo diante da constatação de que sua mente não tem domínio nem de si mesma, simultânea e resistentemente querendo e não querendo:

> **§21.** De onde vem esta monstruosidade? E por que é assim? O espírito dá uma ordem ao corpo e é obedecido prontamente; o mesmo espírito dá uma ordem a si mesmo e se lhe opõe resistência. O espírito dá uma ordem para que a mão se mova e a facilidade é tamanha que quase não se

---

[542] Cf. *L.A.* 1,13,28,94.

[543] Essa facilidade logo despertará o interesse seletivo do monge bretão Pelágio.

[544] *Conf.* 8,10,24.

[545] *Ibid.* 8,11,27.

discerne a execução da ordem. E o espírito é espírito, porém a mão é corpo. O espírito dá uma ordem para que o espírito queira – não é outro, e sim o mesmo espírito, e contudo não cumpre a ordem. De onde vem esta monstruosidade? E por que é assim? O espírito dá uma ordem, repito, para que queira, ele que não daria a ordem, a não ser que quisesse, e não cumpre a ordem que dá. [...][546]

Se o estulto é aquele cuja mente não tem controle sobre seus movimentos irracionais[547], como as inclinações sensuais, o homem supradescrito mais parece um estulto do que o sábio de tipo estoico que se apresenta nas páginas deste livro primeiro. Neste caso não parece que se trata do domínio do espírito sobre algo que lhe seja inferior, como as *libidines*, nem superior, como aquela Natureza suprarracional cuja existência se imagina ser divina, se não é o próprio Deus[548], mas do domínio sobre o próprio espírito, ou seja, algo equivalente a si. Porém essa leitura está equivocada. Ao referir-se ao domínio do espírito sobre o próprio espírito, Agostinho aponta para as inclinações sensuais, que se configuram movimentos do próprio espírito, como bastante reiterado. Que ordem é essa que o espírito dá a si próprio, mas não é obedecido? Refere-se o filósofo sobremodo às quatro virtudes supradescritas. Quer a ciência do querer bem em lugar do querer mal, que se chama prudência; quer a coragem de querer desprezar o que convém desquerer; quer a temperança que domina os quereres pravos; quer a justiça que atribui ordenadamente a cada querer o seu objeto. Em sua vida, de modo específico, queria desquerer os prazeres da carne tanto quanto já queria querer os prazeres do espírito, o que ainda não havia logrado realizar. Todavia, indaga-se, se queria desquerer assim como queria querer, por que não lograva realizá-lo, visto que basta querer para querer bem, como dito e reiterado neste passo do *L.A.*? A resposta, que Pelágio ou não compreendeu, ou não quis compreender, parecendo não ter lido o livro terceiro, é suficientemente simples (ainda que se não a aceite), como se depreende facilmente do restante da passagem supracitada de *Confissões:*

---

546 *Conf.* 8,9,21: *"Vnde hoc monstrum? et quare istuc? imperat animus corpori, et paretur statim; imperat animus sibi, et resistitur. imperat animus, ut moueatur manus, et tanta est facilitas, ut uix a seruitio discernatur imperium; et animus animus est, manus autem corpus est. imperat animus, ut uelit animus, nec alter est nec facit tamen. unde hoc monstrum? et quare istuc? imperat, inquam, ut uelit, qui non imperaret, nisi uellet, et non facit quod imperat. [...]"*.

547 Cf. *L.A.* 1,9,19,66-67

548 Cf. *L.A.* 1,11,21,75-76.

> **§21.** [...] Mas não o quer de todo; e portanto não é de todo que dá a ordem. Com efeito, dá a ordem tanto quanto quer, e não se cumpre o que ordena tanto quanto se não quer. Porque é a vontade que dá uma ordem, para que ela mesma seja vontade, e não outra, mas ela própria. Sendo assim, não é a vontade plena que dá a ordem; por isso não se cumpre a ordem que dá. Pois se a vontade fosse plena, não daria uma ordem, a fim de que fosse vontade, porque já seria vontade [...].[549]

Monstruosidade ou defeito congênito?

O que Agostinho dirá em *Confissões*, obra escrita alguns poucos anos depois do término do *L.A.*, é congruente com o que dirá aqui no terceiro livro[550]. Se é a vontade que dá a ordem para que ela mesma queira, como não quer o que ela mesma ordenou querer, visto que aqui se diz claramente que basta querer para que se queira bem? Quando diz que a vontade dá uma ordem para que ela mesma seja vontade, quer dizer apenas que o querer quer querer, o que, contudo, raramente ocorre. Por quê? Agostinho diz acima que é porque o querer não quer de todo, como se a vontade não fosse plena, o que se costuma interpretar, porém de modo absolutamente incorreto, como se estivesse dizendo que há mais de uma faculdade de querer no homem. Se se pode dizer que há vários quereres, ou várias vontades de *x*, *y* ou *z*, isso significa apenas que a mesma vontade ora quer isso, ora aquilo, não que existam várias faculdades do querer no espírito do homem. E mais, segue ele, se a vontade fosse plena, perfeita, ela não daria uma ordem a si mesma para querer, pois seu querer já seria de imediato vontade, de imediato obedecido. E que significa dizer que a vontade não é plena? Significa dizer que ela *deficit*, isto é, que é deficiente [*de* + *facio*], que o que lhe falta à sua plenitude original é sua "ausência", sua deficiência [*defectus*][551]. Numa palavra, trata-se de uma vontade com defeito, por isso não quer o que deveria querer, *difficultas* essa que será amplamente explicada no terceiro livro

---

549 *Ibid.* 8,9,21: "*[...] sed non ex toto uult. non ergo ex toto imperat. nam in tantum imperat, in quantum uult, et in tantum non fit quod imperat, in quantum non uult. quoniam uoluntas imperat, ut sit uoluntas, nec alia, sed ipsa. non itaque plena imperat. ideo non est, quod imperat. nam si plena esset, nec imperaret, ut esset, quia iam esset. [...]*".

550 Cf. *L.A.* 3,18,51,176-52,177.

551 Vejam-se os verbetes *deficio, defectiuus, defectus, defectio,* no Léxico T-F.

do *L.A.* O que sem dúvida não é a condição natural do homem, mas seu estado penal, pós-lapsário, pós-adâmico, um defeito congênito, herdado "geneticamente", por assim dizê-lo, de que, contudo, ao contrário dos defeitos congênitos, pode curar-se.

> **21.** [...] Portanto não é uma monstruosidade em parte querer, em parte não querer, mas uma enfermidade do espírito, porque não consegue elevar-se totalmente, nem sendo carregado pela verdade, pois está sobrecarregado pelo hábito. E por isso são duas as vontades, porque uma delas não é inteira e isto que se faz presente a uma é aquilo que falta à outra.
> **22.** [...] Eu, quando decidia que iria então servir ao Senhor meu Deus, conforme havia muito tinha estabelecido, era eu que queria, e era eu que não queria; era eu. E não queria plenamente nem plenamente não queria. Por isso lutava comigo mesmo e era dissipado por mim mesmo, e essa mesma dissipação se fazia contra a minha vontade, o que, contudo, não revelava a natureza de uma outra mente, mas o meu castigo.[552]

Duas vontades, diz, não duas faculdades do espírito. Uma das quais quer converter-se para a carne; a outra, para o espírito. Por quê? Porque sua natureza nasce com defeito, embora haja nele um embrião divino, uma inquietação que só encontrará repouso quando retornar à sua origem, que é precisamente naquele que o criou: "Nosso coração está inquieto, até que repouse em ti"[553]. Mas por que quer duas coisas contrárias entre si, dissipando-se? Por causa do seu hábito carnal, que se compreende não apenas como sua veste de carne, que pesa-lhe a alma[554], castigo do pecado original, mas também sua entrega costumeira aos prazeres dos sentidos, hábito este, que, como dizia Aristóteles, torna-se uma segunda natureza[555].

---

552 *Ibid.* 8,9,21-22: *"[...] non igitur monstrum partim uelle, partim nolle, sed aegritudo animi est, quia non totus assurgit ueritate subleuatus, consuetudine peragrauatus. et ideo sunt duae uoluntates, quia una earum tota non est et hoc adest alteri, quod deest alteri §22. [...] ego cum deliberabam, ut iam seruirem domino deo meo, sicut diu disposueram, ego eram, qui uolebam, ego, qui nolebam; ego eram. nec plene uolebam nec plene nolebam. ideo mecum contendebam et dissipabar a me ipso et ipsa dissipatio me inuito quidem fiebat, nec tamen ostendebat naturam mentis alieane, sed poenam meae..."*.

553 Cf. *Conf.* 1,1,1: *"inquietum est cor nostrum, donec requiescat in te"*.

554 Cf. *Conf.* 7,17,23: "Porque o corpo, que se corrompe, pesa a alma e a habitação terrena..." (*quoniam corpus, quod corrumpitur, adgrauat animam...*). Cf. Sb 9,15: "φθαρτὸν γὰρ σῶμα βαρύνει ψυχήν...". Ver adiante **2,**11,30,122-123; **3,**20,57,195.

555 Na *Retórica* (1369) são sete os motivadores das ações humanas, segundo a tipologia apresentada pelo estagirita: [A] ATOS COMETIDOS NÃO POR INICIATIVA PRÓPRIA, que incluem os

Daí que a semente divina plantada em si quer o retorno para sua verdadeira morada, porém sua carne, de tão acostumada que está com a carne, ainda não quer, não apenas porque é ignorante (*ignorantia*) do bem que deve querer, mas também por causa da dificuldade (*difficultas*) decorrente de seu defeito, que doravante carece da medicina da Graça, como será suficientemente tratado por Agostinho em obras subsequentes. Portanto essa dissipação, resume, não era, como queriam os maniqueus, obra de uma outra natureza, de uma outra mente paralela dentro de si – daí também de uma outra faculdade independente do querer –, mas o seu castigo, a condição penal do homem, herdeiro do pecado original. Portanto, a despeito do radical intelectualismo de tipo socrático-estoico patente neste livro primeiro, deve-se sempre ter em mente que tudo o que se diz aqui acerca da vontade refere-se ao homem prelapsário, de condição adâmica, antes de ter sua vontade sido corrompida, tornando-se ineficaz. Numa palavra, Agostinho está tratando do homem íntegro, pleno, cuja vontade era igualmente plena. Porém os livros segundo e terceiro desta obra, como já foi lembrado anteriormente, só serão concluídos apenas anos mais tarde, entre 389 e 395, o que lhe daria suficiente tempo para refletir e harmonizar seu pensamento com as Escrituras, desvinculando-se paulatinamente – embora jamais totalmente – da mentalidade racionalista socrática, como se vê principalmente nos estoicos, na Nova Academia, e acima de tudo em Cícero, sua fonte primeira. Embora esses comentários tenham apressado um tanto o passo da disputa, fizeram-se necessários a evitar interpretações equivocadas e seletivas, como as que soeram fazer Pelágio e epígonos dele, negligenciando completamente a doutrina do pecado original, constantes desde o livro terceiro, a não dizer das demais obras.

---

provocados: [1] pelo acaso; ou pela necessidade, que são os cometidos: [2] ou por alguma coação, [3] ou pela natureza; [B] ATOS COMETIDOS POR INICIATIVA PRÓPRIA, que incluem os provocados: [4] pela força do hábito; [5] por um desejo racional, ou por um desejo irracional, que são os cometidos: [6] ou pela ira; [7] ou pela inclinação sensual, ou ἐπιθυμίαι. Aristóteles diz que entre as ações praticadas por iniciativa própria, o que se faz a partir da força do hábito, em decorrência de ter sido repetido tantas vezes (1369b), poderia ser incluído no rol dos atos praticados por necessidade, visto que a livre iniciativa muita vez é impotente contra a força do hábito adquirido, ou mesmo no rol das ações praticadas coercitivamente, sendo o hábito semelhante a uma segunda natureza (1370a), ou ainda no rol das ações praticadas por *akrasía*, uma certa fraqueza da vontade, que se deixa arrastar contrariamente à reta razão (cf. *EN* 1145a35).

1,13,29,98. A vida feliz

98. [...] A – Ora, este mesmo regozijo, que é gerado pela aquisição deste bem, quando eleva o espírito de modo tranquilo, quieto e permanente, chama-se "vida feliz", se tu não reputas que viver feliz seja algo diferente de regozijar-se com os bens verdadeiros e seguros.

A definição de "vida feliz" (*beata uita*) que Agostinho apresenta aqui expressa não apenas o tom deste livro primeiro, mas o de toda a sua filosofia em sentido amplo. De fato, se a felicidade não é apenas um conceito abstrato, uma vez que aqui está sempre acompanhada do substantivo "vida", quando assume a forma adjetiva "feliz", o que implica algum vínculo com a realidade concreta dos homens, o regozijo com os bens verdadeiros e seguros em que se constitui essa vida feliz, ao revés, tem o pé fincado no mundo das ideias, a dimensão do que é de modo verdadeiro, precisamente porque sua posse é inalienável. Por outra o regozijo gerado pela aquisição da boa vontade, este tão grande bem (*tam magnum bonum*), cuja elevação do espírito constitui a própria vida feliz, de modo interessante ecoa valores da filosofia alexandrina, seguramente herdados de Cícero, visto que essa ascensão feliz se dá de modo imperturbável (*tranquille*), sereno (*quiete*) e permanente (*constanter*). O advérbio "imperturbável", ou "tranquilo", ressoa tanto a ataraxia epicurista quanto a apatia estoica, um modo de vida destituído das perturbações do espírito, principalmente as causadas pelas inclinações sensuais, o que dificilmente se alcança sem aquela insensibilidade racional diante das adversidades inevitáveis da existência. *Quiete* neste caso reflete o estado de repouso de toda fadiga, de cessação de todo labor, de todos os cuidados inquietantes da vida, como se percebe por exemplo na definição dada por Cícero do substantivo que lhe corresponde, em seu discurso em favor de Marco Célio Rufo, seu antigo pupilo e adversário político[556]: "O repouso é a morte das preocupações e dos sofrimentos". Em *constanter*, por fim, de par com a serenidade inatingível do ideal da sabedoria estoica, percebe-se um quê de platonismo, sem dúvida um eco de Parmênides, na expectativa da permanência inabalável, destituída de qualquer limite, atributo exclusivo do ser para este, das ideias inteligíveis para aquele. Essa vida feliz, como se percebe com nitidez, tendo sido dito reiteradas vezes, estabelece contraste dos mais brilhantes com a vida estulta, na qual a mente superior se deixa

---

556 Cícero, *Oratio pro M. Caelio* 17,39: *"Mors laborum ac miseriarum quies est"*.

arrastar pelas inclinações sensuais, o amor do que é inseguro, instável, fugidio e radicalmente dessemelhante da Natureza divina, que é espiritual. Pois nada mais contrário à tranquilidade, à imperturbabilidade, ao repouso, à constância do que a perturbação irracional em que se precipita a mente desordenada pelo amor do que pode ser subtraído invito. Pois que é mais verdadeiro e seguro, como os bens cuja posse constitui a vida feliz, do que as virtudes do espírito? E se esta vida feliz se diz o regozijo na posse dos bens verdadeiros e seguros, percebe-se que ambos se ligam inextricavelmente, posse e regozijo, visto que ninguém pode ser feliz sem possuí-los, nem possuí-los sem a correspondente felicidade. Vida e júbilo extremos se identificam na mesma disposição do espírito, permanente, tranquila e serena, que é a felicidade. Ao contrário, morte, tristeza, impermanência, perturbação e medo se casam na vida infeliz daquele que se submete livremente às inclinações de ordem sensual.

De todas essas características talvez a que mais desperte atenção seja a constância, visto haver quem defenda a impossibilidade de felicidade para quem nunca tenha experimentado a tristeza, em patente apologia do contraste, mecanismo funcional da mente humana, que conhece por analogia, dimensiona relativizando, analisa repartindo e comparando. Seja como for, o que importa neste caso é o que importava para Agostinho, que não admita felicidade na posse de bens sujeitos à perda, seja pela corrupção, seja pela subtração involuntária. Ele, que já perdera sob imensa dor um grande amigo de infância[557]; cuja mãe se vai logo após seu renascimento na piscina batismal[558], cujo filho, inteligência promissora, é-lhe arrebatado logo depois, aos dezesseis anos[559]; enfim, calejado pelas dores imprevisíveis da perda, era incapaz de vislumbrar bens verdadeiros que não fossem igualmente seguros, isto é, cuja perda não fosse inevitável, cuja ruína não fosse iminente. Daí que nada que tivesse fadado à corrupção poderia ser melhor do que o incorruptível[560], pois uma vida tomada de medos não poderia ser uma vida feliz, como o medo da morte, causador de grande parte das dores do espírito, ou o medo da perda de bens perecíveis, cujo amor libidinoso perturba imensamente o espírito.

---

557 *Conf.* 4,4,7-8.

558 *Ibid.* 9,10,26-12,32.

559 *Ibid.* 9,6,14.

560 *Ibid.* 7,4,6: "*melius esse incorruptibile quam corruptibile*".

1,14,30,99-101. O mérito na vontade

> **100.** A – [...] como padece alguém a vida infeliz por meio da vontade, visto que absolutamente ninguém quer viver de modo infeliz? Ou como é que por meio da vontade o homem alcança a vida feliz, visto que são tão numerosos os infelizes e que todos querem ser felizes? [...]

Se todos querem ser felizes e se ninguém quer ser infeliz, havendo notoriamente um número incontável de miseráveis neste orbe, como é possível dizer-se que a felicidade é obtida pelo querer, assim como a infelicidade? Pois quem quer ser infeliz? Quem não quer ser feliz? Logo a vontade é sempre a mesma, direcionada invariavelmente para a felicidade, o que exclui de início a perspectiva da infelicidade voluntária. Assim parece errado dizer que é por meio da vontade que os homens são infelizes, visto ser difícil encontrar quem queira ser infeliz. Na verdade é preciso diferenciar em primeiro lugar a vontade do mérito, pois uma coisa é semear a semente de *x* e esperar colhê-la no tempo devido como justo salário pelo esforço empreendido, outra bem distinta, querer colher o preço de *x*, porém tendo semeado a semente de *y*.

> **100.** A – [...] Por acaso disso resulta que uma coisa é querer bem ou mal, outra é merecer algo pela boa ou má vontade? Pois aqueles que são felizes, os quais é preciso também serem bons, não são felizes porque quiseram viver com felicidade, pois isto querem igualmente os maus, mas porque [quiseram viver] retamente, o que os maus não querem.

Se a sementeira de *x* produz o preço de *x*, não o de *y*, o justo é que se colha *x*. Isso é o que significa dizer que se colhe por meio da vontade o que pela vontade se semeou, pois a semente foi introduzida na terra sem coação nenhuma, de modo espontâneo, numa palavra, por meio da própria vontade. O justo, depois, é que o fruto dessa vontade seja equivalente ao que foi introduzido na terra, assim como ao esforço empreendido, ambos atos voluntários. Daí dizer-se que é pela vontade que se é infeliz, ou feliz, pois é pela vontade que se planta livremente o que redunda necessariamente seja na colheita feliz, seja na infeliz. Assim, o que se semeia *uoluntate*, por meio da vontade, se colhe *ex merito*, o que a tradução "por mérito" não expressa perfeitamente, visto ter-se perdido o vínculo etimológico do termo[561]. Em latim, quando se fala de "mérito", se está

---

[561] Vejam-se os verbetes *merces, mereor, meritum* no LÉXICO T-F.

referindo ao preço, ou seja, o salário devido[562] por tarefa cumprida, termo que se relaciona tanto ao substantivo *merces*, "salário", "soldo", como ao verbo *mereor*, "merecer", "fazer jus". Assim, ao dizer que alguém é feliz por mérito, se está dizendo que a felicidade é o preço, ou soldo, da sementeira da felicidade, que neste caso é a vida reta e honesta segundo as virtudes cardeais. Logo não pode receber o soldo quem não trabalhou, ou seja, não pode ser feliz quem não foi bom. Do mesmo modo o soldo da vida estulta, daquele cuja mente se deixa livremente dominar pelas inclinações sensuais, não pode ser a vida feliz, mas seu contrário, visto a sementeira das *libidines* opor-se radicalmente à sementeira da vida reta e honesta. Do que se diz que os infelizes, embora queiram ser felizes, como todos, semearam as sementes da infelicidade, ao recusar a vida reta e honesta e deixar-se dominar pelas inclinações sensuais. Por outra, os felizes, não pelo fato de terem desejado a felicidade, desejo que em si mesmo não redunda de imediato no objetivo almejado, mas porque desejaram semear a semente da felicidade, que é a vida reta e honesta, é que receberam o preço da felicidade, o justo soldo por sua obra. Portanto, ao dizer-se que o mérito se situa na vontade[563], diz-se que a retribuição por uma dada ação, como preço devido, decorre necessariamente do que se pratica de modo livre e não coagido, o que se coaduna perfeitamente com a proposta antimaniqueísta da obra, de isentar Deus de qualquer responsabilidade pela existência do mal no mundo, imputando-a exclusivamente ao homem.

Portanto felicidade e infelicidade tornam-se *mercedes*, salários "devidos" aos que viveram de um ou de outro modo, sábio ou estulto, virtuoso ou depravado, bom ou mau. Essa "dívida", por assim dizê-lo, cabe à Providência saldar, segundo a Lei eterna, ou *summa ratio*, atribuindo a cada um o que lhe cabe de direito, seja o prêmio, seja o castigo. E se se trata de dívida, sua solvência é nada facultativa. Com efeito, seja o prêmio da felicidade, seja o castigo da infelicidade, nenhum dos dois, constituindo o salário merecido por aquilo que se fez através da vontade, pode ser recusado. O homem é livre para escolher que ação há de praticar, porém é forçado a submeter-se à consequência inevitável de sua escolha. Vale notar que essa concepção trará desafios ingentes ao pensamento cristão, a partir das noções hebraicas de misericórdia interpretadas por Paulo,

---

562 O salário/preço é tanto o débito que o contratante contraiu com o contratado por uma dada tarefa, quanto o crédito a que esse faz jus pela conclusão da tarefa, pois se um tem o direito de ter sua dívida saldada, outro tem o dever de saldá-la.

563 Cf. *L.A.* 1,6,15,48; 13,28,96; 14,30,101: *"in uoluntate meritum sit"*.

que destaca a palavra de Deus a Moisés[564]: "Eu terei misericórdia de quem eu tenho misericórdia e terei compaixão de quem eu tenho compaixão", instituindo definitivamente a Graça na ordem do dia, em contraposição não apenas à inflexibilidade da lei romana[565], mas principalmente à interpretação rigorista dos fariseus acerca da Lei mosaica. Embora estável e inexorável seja a Lei eterna, o que implica dizer o próprio Deus, em quem não pode haver mudança, que a institui e mantém, contrapõe-se na balança universal o peso da misericórdia, por mais paradoxal seja predicá-la àquele que se confunde com a Lei eterna e com a Razão suprema. Portanto, se era fria e precisa a lâmina penetrante da Lei na distribuição da Justiça, segundo o salário devido a cada um por suas obras[566], tornar-se-á uma lâmina de duplo gume, afiada pela pedra da misericórdia, o que, contudo, está fora do escopo desta obra.

101. A – [...] aquela Lei eterna [...] firmou com estabilidade absolutamente imutável que o mérito está na vontade, porém que o prêmio e o castigo, na felicidade e na infelicidade.

Portanto o mérito de cada ação individual, compreendido como o preço a ser pago por aquilo que se faz, decorre precisamente da vontade livre com que se o fez, do contrário não seria justo o salário, pois ninguém pode saldar uma dívida que não contraiu, tampouco receber o salário por obra que não executou, ou cujo resultado nem mesmo pretendeu. E esse preço a ser pago segundo a suprema Razão da Lei eterna, por meio da administração da Providência divina, seja na forma de prêmio, o justo salário da boa vontade, seja na forma de dívida, a justa punição da má vontade, é que se converte respectivamente em felicidade e infelicidade, que por isso dizem ter sido merecidas pela vontade.

1,14,31,103-104. O eterno imutável

103. A – [...] diz-me antes se aquele que ama com dileção viver retamente e nisso se deleita, [...] se ele ama esta Lei e a tem por caríssima, Lei pela qual ele vê ter sido atribuída à boa vontade a vida feliz, à má, a infeliz. [...] **104.** [...] quando a ama, ama algo mutável e temporal, ou estável e sempiterno?

Aquele que ama a vida reta e honesta e nela encontra seu deleite, vida vivida com ciência do que se deve ou não querer, com coragem de aceitar a perda

---

564 Cf. Rm 9,15: "ἐλεήσω ὃν ἂν ἐλεῶ καὶ οἰκτιρήσω ὃν ἂν οἰκτίρω".

565 Cf. a máxima: *"Dura, sed lex"*.

566 Cf. Mt 16,27; Rm 2,6-8.

e de não amar as coisas que não deve amar, com temperança para dominar os ímpetos pravos do espírito, com justiça para atribuir a cada coisa o seu digno valor e a cada potência do espírito o que lhe cabe amar e rejeitar, esse amante seguramente ama também a Lei eterna, pois é segundo sua suprema Razão que ele se deixa conduzir. Essa Lei, segundo a qual o preço da boa e má vontades de cada agente é respectivamente sua felicidade e infelicidade, como se disse logo no início, é eterna[567]. Logo aquele que a ama seguramente ama o que é eterno e imutável, pois jamais será injusto que os maus sejam infelizes e os bons, felizes[568]. Assim sendo, quem ama a vida reta e honesta nas virtudes ama o que é eterno e imutável, pois essa mesma vida, em perfeita harmonia com a Razão suprema, é expressão da eterna verdade. E se nem mesmo nas próprias leis temporais dos povos e das cidades há qualquer coisa de justo e legítimo que não tenha sido derivado daquela Lei eterna[569], esta, cuja justiça é expressão da própria Justiça, não pode jamais ser mutável, numa palavra, não pode ser uma coisa hoje e outra amanhã, do contrário não será verdadeiramente justa, muito menos eterna. Portanto, assim como as operações matemáticas, cuja verdade será explorada no livro segundo, a verdade desta Lei supremamente racional, cuja Justiça atribui a cada um o que lhe cabe, prescrevendo que o superior deve reger o inferior, preservando a Ordem divina, seja no interior do homem, seja no interior da cidade, seja na universalidade da criação, é ela também eterna e imutável.

Esse eterno imutável que se deve amar acima do temporal mutável, como se depreende com muita facilidade, pode-se dizer encontre seu precedente ilustre nas ideias platônicas, possivelmente conhecidas de Agostinho por intermédio de Cícero, embora provavelmente só compreendidas em toda sua profundidade a partir de Plotino. Assim o permanente refere-se ao que é passível de ser apreendido pela inteligência, como as verdades da Lei eterna, supremamente racional; o impermanente, ao universo dos corpos, que engloba tudo o que pode ser apreendido pelos cinco sentidos, inevitavelmente destinado à degeneração e ao fim. Na verdade o radicalismo platônico, assim como compreendia na impermanência o que não era real, pois não era considerado existir de fato, na permanência via o que verdadeiramente se dizia existir, como explica Cícero nesta passagem das *Tusculanas*, em que discorre acerca da teoria da reminiscência (ἀνάμνησις):

---

[567] Cf. *L.A.* 1,6,15,48-49.

[568] Cf. *L.A.* 1,6,15,49.

[569] Cf. *L.A.* 1,6,15,50.

> E por nada existir, como em toda parte argumenta Platão – pois ele reputa não existir nada que tenha uma origem e pereça, existindo apenas aquilo que seja sempre do mesmo modo como é [agora], ao que ele dá o nome de ἰδέα [ideia], e nós, de *species* [forma] –, [em suma, por nada existir,] o espírito não pode reconhecer estas coisas, enquanto está aprisionado no corpo, trazendo [-as] conhecidas [de uma vida pregressa alhures, por meio da anamnese].[570]

Evidentes as consequências de um tal pensamento, como dito anteriormente[571]. Por uma, se só existe de fato aquilo que é eternamente do mesmo modo, que não sofre mutação alguma em sua natureza, que jamais teve uma origem, tampouco havendo de perecer, como a verdade da Lei eterna, nem se pode considerá-lo superior ao impermanente e mutável, como os corpos, o que equivaleria à obviedade risível de considerá-lo melhor do que o que não é coisa alguma. Logo nenhuma comparação neste caso merece ser feita, sob pena de dizer que o que é melhor o é ao que nem é, como se, para além da impossibilidade lógica, houvesse qualquer dúvida. E de fato, não se trata de considerar melhor o que dura mais do que o que dura menos, mas de modo muito mais radical considerar que é bom apenas o que é, em contraste com a ausência de ser do que não é, porque continuamente deixando de ser. Por outra, como amar o que não é, o que, quando se pensa que está ali, já não está mais, ou quando se pensa que o conhece, já deixou de ser o que era? Seria como amar o que não existe, o nada. Numa palavra, seria como pretender-se entrar uma vez e sempre nas mesmas águas rapidamente fluentes de Heráclito, o que é impossível. O resultado disso, como posto por Agostinho ao referir o reinado tirânico da *libido*[572], de par com o medo incessante da perda iminente e inevitável, é a perturbação inquietante decorrente dos desejos insaciáveis, visto que voltados para bens que ao amante aparentam ser reais, para logo no momento seguinte esvaecer, deixando um sabor amargo do que nunca se provou realmente e a saudade do que nunca se viveu de fato. Contra o que as correntes filosóficas do período alexandrino tentaram elaborar antídotos, baseados mais na renúncia do que em metas positivas, mais na anulação da vontade do que em seu redirecionamento, negação que

---

570 *Tusc.* 1,24,58: *"cumque nihil esset, ut omnibus locis a Platone disseritur – nihil enim ille putat esse quod oriatur et interea, idque solum esse quod semper tale sit quale est;* ἰδέαν *appellat ille, nos 'speciem' –, non potuit animus haec in corpore inclusus adgnoscere, cognita attulit".*

571 Cf. *L.A.* 1,5,13,42-44; 6,15,48-50; 7,16,52-55 *et passim.*

572 Cf. *L.A.* 1,11,22,77-78.

era tarefa de super-homens, como o sábio de tipo estoico. O querer não deixa de ser um investimento do afeto em relação a um dado objeto, que se aplica em vista de um retorno mais ou menos arriscado, mais ou menos garantido. Objetos eternos são garantidos; objetos temporais, não. A solução platônica, em vez de aniquilar ou procurar agrilhoar o querer, transmuda seu objeto, pois o problema não está no ἔρως (o amor-desejo), que é bom, e sim na incapacidade da mente de conceber, penetrar e amar realidades que superem a materialidade dos corpos, que escapem ao turbilhão do contínuo fluir. Numa palavra, não se deve amar menos, e sim amar melhor, o que equivale a dizer que se deve amar aquilo que não abandona o amante, frustrando-lhe o investimento.

Portanto, como deixa patente Cícero[573], ao epitomar o pensamento platônico acerca da alma[574], nem todo desejo é mau. Muito pelo contrário, o *érōs* acompanha a alma devotada à filosofia até à região supraceleste, quando então, ao atingir seu destino natural e penetrar a região de naturezas semelhantes a si, onde alimenta-se das realidades eternas, a alma tende a permanecer em repouso, que se expressa na ausência de carências quaisquer (*nulla re egens*). Nesta situação, em que não tem falta de nada e consequentemente nada deseja além do conhecimento verdadeiro, a alma, despojada do corpo, se vê despojada também de suas inclinações sensuais, que costumam incendiar nos corpos humanos os apetites pelos prazeres dos sentidos[575], atiçando a cobiça e a inveja daqueles que podem desfrutar livremente de tais apetites. Disso tudo, pois, se livra a alma, tornando-se feliz, quando abandona o corpo e com ele os desejos e invejas característicos da materialidade[576], ao chegar ao seu lugar de repouso, em que, livre das preocupações (*laxati curis*), pode dedicar-se mais livremente e integralmente à contemplação[577], porque a natureza pôs no homem um desejo (*cupiditas*) insaciável de conhecer a verdadeira natureza das coisas[578]. Portanto os desejos de realidades eternas acompanham a alma até ao seu destino, segundo parece, porque, ao contrário dos desejos por aquelas coisas que têm fim, que exaurem a alma dos homens, despertando mais e mais desejos, que nunca se satisfazem, por serem desejos de coisas efêmeras, que despertam mais temor e

573 *Tusc.* 1,18,44.

574 Principalmente a partir do *Fedro.*

575 *Ibid.: "corporis facibus inflammari".*

576 *Ibid.: "cum corporibus relictis et cupiditatum et aemulationem erimus expertes".*

577 *Ibid.: "totosque nos in contemplandis rebus percipiendisque ponemus".*

578 *Ibid.: "propterea et natura inest in mentibus nostris insatiabilis quaedam cupiditas ueri uidendi".*

insegurança que paz e satisfação, esses desejos das realidades eternas são pacíficos, tranquilos, livres de perturbação, de ansiedade, segundo se depreende das teorias platônicas sobre o destino da alma. É verdade que se chamam "desejos", mas devem ser compreendidos de modo distinto dos desejos corpóreos, pois, como voos sublimemente suaves, encontram satisfação em si mesmos, na paz que constituem, sendo eles a contemplação da verdade, seu próprio fim.

1,15,31,107. Quem está sob a Lei eterna prescinde da temporal

> **107.** A – [...] os que se sujeitam à lei temporal não podem estar desobrigados da Lei eterna [...] os que aderem à Lei eterna por meio da boa vontade não têm necessidade da lei temporal...

Não há apenas duas leis, uma eterna, outra temporal, mas também dois gêneros de homens, eternos e temporais, dos quais os primeiros são os que amam a Lei eterna e as razões por ela prescritas; os segundos, as coisas que se podem perder invito[579]. A Lei eterna, como dito, está acima das leis temporais, porque tudo o que é justo nestas deriva necessariamente daquela. Daí que quem está sujeito às leis temporais deve sujeitar-se igualmente à eterna, mas quem está espontaneamente submisso à eterna prescinde da coação das temporais, ou seja, quem adere ao amor das coisas eternas, estando sob o guante da Lei eterna, está como que dispensado da temporal, dela não necessitando: *temporalis legis non indigere*. Isso, porque, sendo virtuoso amante de sua boa vontade, não necessitará dos mecanismos coercitivos das leis temporais, não porque estará acima delas, mas porque as faltas que elas visam punir, ele não as pratica. E se não tem apego pelos bens do corpo, não cobiçará nem subtrairá os bens alheios, tampouco cometerá injustiça alguma contra alguém, nem se deixará arrastar pelo destempero à prática de atos reprováveis, nem lhe faltará a coragem pacificadora para suportar as vicissitudes inevitáveis da vida, ou a ciência do que lhe convém ou não desejar. Assim, sendo virtuoso e amante do reto viver, por que motivo se lhe aplicariam as sanções das leis temporais, voltadas aos pravos e viciosos, amantes das coisas indignas de amor? Portanto, embora não esteja acima das leis dos homens, ao contrário, apenas porque aderiu com boa vontade às Leis divinas, seu alcance punitivo estará sempre aquém dele, cujas justiça, temperança, prudência e coragem não lhe merecerão as penas nelas previstas.

---

579 *L.A.* 1,15,31,106.

1,15,32,108-112. Abrangência da lei temporal

108. A – Que pensas por sua vez a lei temporal ordenar, senão que estas coisas, que por algum tempo se podem dizer nossas, quando os homens a elas aderem com desejo, que as possuam com o mesmo direito pelo qual a paz e a sociedade humana são preservadas, tanto quanto nestas coisas se podem preservar?

Se a Lei eterna "ordena averter o amor das coisas temporais e convertê-lo, purificado, às eternas", a lei temporal, ao revés e de direito (*iure*), permite que os homens possuam as coisas temporais, ou antes, digam possuir, por algum tempo (*ad tempus*), aquilo mesmo que é passível de perda involuntária, e que até o façam por meio do desejo (*cupiditate*), ou seja, que possuam tais coisas aderindo a elas, posto que de modo passageiro, mas de livre e espontânea vontade, tanto quanto isso seja preciso para o bom andamento da sociedade humana, cujas leis carecem de regular os direitos e deveres dos cidadãos, como o direito à propriedade, por exemplo. Percebe-se como as duas leis, eterna e temporal, embora esta derive sua justiça daquela, destoam em um aspecto fundamental, sobre o qual se assenta a distinção mais grave deste livro primeiro, entre permanência e impermanência. Ora, se a Lei eterna é a Lei de Deus, e se ela ordena que o amor seja avertido do tempo e convertido para a eternidade, ao permitir o amor das coisas temporais, a lei temporal permite malfeitos menores a fim de que maiores sejam evitados, numa palavra, permite aquilo que segundo a Lei eterna é uma falta, a aversão das coisas eternas, o que não significa, contudo, que não irá puni-lo mais tarde com a própria infelicidade. E de fato, diante da Razão suprema nenhuma escusa de submissão às leis dos homens valerá para justificar o amor dos bens temporais, como se se dissesse que aquilo que foi permitido pelo homem devesse ser acatado por Deus. Logo, embora seja permitido pela lei temporal o amor das coisas temporais, para o bom funcionamento e ordenamento das cidades dos homens, isso não significa que a Lei eterna o permita, muito menos o recomende. Mas se a própria lei temporal é derivada da eterna, como é possível que o que uma permite seja proibido pela outra? Porque nem tudo o que é promulgado pela temporal é derivado da eterna, apenas o que é justo. E o amor daquilo que se pode perder invito não é justo; ao contrário, visto que inverte a Ordem prescrita pela Razão suprema, que ordena que o inferior seja preterido em prol do superior, resta um amor completamente desordenado, logo injusto[580].

---

[580] *L.A.* 1,3,6,17.

E que bens são esses dentro do escopo da lei temporal, cujo amor é permitido por ela, mas não pela Lei eterna? [i] Primeiro o corpo e todos os bens de natureza semelhante que lhe dizem respeito, como a saúde e a beleza, por exemplo; [ii] depois os bens de caráter privado, como a liberdade, a qual refere-se primordialmente ao corpo, além da família e de todos os que estão ligados por algum laço de parentesco ou clientela; [iii] depois os bens de caráter público, como a pátria, e morais, como honras, ou cargos públicos, louvores e glórias populares; [iv] por fim os bens materiais, como o dinheiro, o que inclui tudo aquilo que é direito do homem dispor ou vender como se fosse seu. E como regula a lei temporal a posse desses bens, ou seja, como coíbe os abusos de uns e investidas de outros contra os bens alheios?

111. A – [...] o poder de punir desta lei não vai além de privar e despojar destes bens ou de alguns deles aquele que ela está punindo. Logo ela exerce a coerção pelo medo [...] Pois enquanto temem perder estes bens, conservam, ao fazer uso deles, um certo comedimento, adequado ao vínculo da cidade [...]

Na cola de Cícero[581], a resposta de Agostinho é simples: pelo medo. A lei temporal coíbe os abusos e investidas contra as posses alheias pelo medo da punição, que não raro envolvia a perda do bem abusado ou subtraído com injúria. Assim, para evitar ser punido ou perder os bens cuja posse a lei temporal sanciona, os homens evitam o abuso deles, mantendo um certo comedimento, adequado à boa convivência social, o que opera em favor da coesão e da paz na sociedade dos homens.

112. A – Contudo o pecado não é punido quando esses bens são amados, mas quando são subtraídos aos outros com improbidade [...]

Porém, se o amor desses bens supradescritos não é pecado para a lei dos homens, certamente o é para a Lei eterna, como dito. Pois a lei dos homens não tem mecanismos para saber de que modo são amados os bens que não deviam ser amados, o que cabe à Providência fazer. Demais, o amor desses bens, em certa medida, é necessário para a coesão das cidades e para o bom relacionamento entre os indivíduos, como a preservação da saúde e da própria família, sem o que instaura-se a mais completa desordem e o caos social. E sendo incapaz de penetrar a consciência dos homens, resta à lei temporal a punição dos abusos

---

581 *L.A.* 1,13,27,89-90, esp. "Cícero: *ex uiro uirtus*" (*Inuent.* 2,53,159-56,169; *83 Quaest.* q. 31 §§1-2).

por parte de uns, como o das honras e do poder, e da subtração injuriosa e imprópria por parte de outros, como os crimes contra a integridade física e moral dos cidadãos, além da subtração do patrimônio alheio.

112. A – Logo vês também isso, que não haveria uma pena, seja a que se aplica aos homens através de injúria, seja a que se aplica através deste tipo de reparação[582], se eles não amassem aquelas coisas que lhes podem ser arrebatadas de modo invito.

Se se mantivessem sob a tutela da Lei eterna e amando as coisas permanentes, ao invés de converter seu amor para as coisas temporais, as quais se amam desordenadamente por meio daquele desejo que se chamou de *libido*, os homens nenhuma pena sofreriam, seja a pena que a Lei da Providência permite se lhes aplique através de injúria alheia, seja a pena reparadora aplicada pela lei dos homens, lei temporal. Assim nem seriam espoliados de seus tão caros bens, cuja posse é tão mais ilusória quanto fugaz, seja por malfeitores quaisquer levados pela cobiça e pela inveja, seja por sanções legais, justas ou injustas, como soía ocorrer naqueles tempos[583].

1,15,33,113. Uso e fruto

113. A – [...] visto que das mesmas coisas um indivíduo usa mal, outro, bem...

A importante distinção entre usar e fruir apontada anteriormente[584] reaparece aqui de modo parcial, ressaltando o bom e o mau uso das coisas, que embora bens, não são dignas do mesmo apreço. Essa distinção é sequência natural da argumentação, que, após imprimir destaque às duas leis, eterna e temporal, depois

---

582 É possível, embora pouco provável, visto fugir completamente ao contexto da passagem, que o autor esteja fazendo referência a atos cometidos por injúria, ou seja, atos ilícitos, quando se procura a justiça pelas próprias mãos, à revelia das leis, de par com reparações legais, como a *uindicta*, por exemplo, uma pena legal, aplicada pelo *uindex*, "aquele que coloca a demanda legal", numa palavra, o requerente. Neste caso, contudo, seria complicado explicar sua relação com a passagem antecedente.

583 Não raras vezes generais de grande influência política expulsavam proprietários de suas terras para distribuí-las aos soldados veteranos que sob seu comando lutaram, como se fossem espólios legítimos das batalhas. O poeta Virgílio, por exemplo, "denuncia" em sua nona écloga uma dessas espoliações de pequenas propriedades rurais, *agelli*, ocorrida por volta de 40 a.C., causa de muita dor e revolta.

584 Cf. *L.A.* 1,3,6,17 (*83 Quaest.* q. 30).

ao dois gêneros de homens, amantes das coisas eternas e das temporais, agora se aprofunda, fazendo ver de que modo ama mal quem ama o que não deve amar, e como ama bem quem ama o que deve amar e usa do que deve usar. Por primeiro os que fazem mal uso das coisas temporais, cujo amor, contudo, é permitido pelas leis dos homens, ao invés de apenas usá-las como meios para o fim que deve ser alcançado, aderem a elas com amor, tanto mais pravo quanto mais intenso e incontrolável. Na verdade é esse o amor que a Lei eterna interdita, não o justo apreço dos bens temporais, que por terem sido criados por Deus são todos bons e dignos do devido louvor, cada qual em seu respectivo gênero e de acordo com a medida que lhe é adequada. O pecado é sujeitar-se ao bens que deveriam racionalmente ser usados, contudo sem apego, cuja perda deveria ser aceita sem dor nem ressentimento, o que não logra realizar quem a eles adere com amor desordenado.

> **113.** A – [...] porém aquele outro, que usa delas retamente, demonstra por certo serem bens [...] e por isso mesmo não se prende a elas com amor [...] ao contrário, ele todo se coloca acima delas, preparado que está para possuí-las e regê-las, quando se faz necessário, e mais preparado ainda para perdê-las e para não possuí-las.

Portanto, ao invés de amá-las, o que equivale a fruí-las pravamente como se fossem fins, deveria amar os bens verdadeiros e seguros, cuja posse é inalienável, apenas fazendo uso das demais coisas temporais, ciente de que são bens, “mas não para si”, pois essas coisas não o tornam melhor, ao revés, ele é que as dignifica, ao torná-las úteis e orná-las[585].

Não são as coisas que se devem inculpar

> **113.** A – [...] consideras acaso que a prata e o ouro devem ser acusados por causa dos avaros, ou a comida, por causa dos glutões, ou o vinho, por causa dos ébrios [...]?

E como consequência natural do que se disse conclui-se que não são as coisas, criadas por Deus e logicamente boas, que devem ser vituperadas, como se más; ao revés, os mal-utentes é que merecem o devido vitupério, ao abusar delas e amá-las como se em si mesmas constituíssem fins, em detrimento do amor que devem aos verdadeiros bens e únicos fins dignos. Pois todas as coisas, com exceção dos grandes bens (*magna bona*), como as virtudes, podem ser mal utilizadas, como já dizia

[585] Com respeito ao “ornamento” das criaturas inferiores vejam-se os seguintes comentários: 3,9,27,96-99; 28,101-103; 11,32,113-114; 34,118-119; 12,35,122-124.

Aristóteles, posto que em contexto bastante diverso[586]. Logo não se deve condenar uma coisa pelo mal uso que dela façam os estultos, e sim o seu desordenado desvio.

Epítome
Que é e qual a causa do malfazer?

1,16,34,114. Epítome: critério do amor

114. A – [...] retomemos a questão proposta exórdio deste diálogo e vejamos se tenha sido solucionada...

O §114 epitoma todo o livro primeiro, ao recapitular sinteticamente a sequência dos principais tópicos tratados, de modo a desaguar na resposta à questão colocada no início da obra, acerca da causa do mal. A partir da distinção entre Lei eterna e lei temporal, que estabeleceu as bases para a dicotomia de ascendência platônica entre permanência e impermanência, ou, quando não, entre a existência do que é de fato e a umbrosa do que apenas parece ser, mas não é verdadeiramente, foi possível dividir as criaturas, por assim dizê-lo, em duas categorias: temporais e eternas. Isso, contudo, segundo o critério do seu amor, isto é, segundo o amor/desejo que devotam às coisas temporais e eternas. Assim os que amam o tempo e sua efemeridade ilusória, avertendo seu amor do que é eterno e digno do máximo apreço, esses se dizem "temporais". Por outra, os que amam o eterno e conformam-se com o uso legítimo e temperado das coisas temporais, contudo sem a elas aderir nem deixar-se enredar em seu gozo desenfreado, o que lhes causaria sofrimento inútil, esses se dizem "eternos". Logo "eternos" e "temporais" se dizem segundo o critério do seu amor, não segundo sua natureza, que é semelhante em ambos os casos. Pois bem, tendo sido definida a grande prescrição da Lei eterna e Razão suprema, que o superior deve governar o inferior, sob pena de precipitar-se na perturbação e na dor, os temporais, porque amam mal, preferindo o que devem usar pelo que devem amar, desordenam-se, afastando-se da Sabedoria comum e imutável. Os eternos, ao contrário, porque se submetem

[586] Cf. *Ret.* 1355b1-5. Deve-se ter em mente que o radicalismo platônico, que considerava reais apenas as ideias (cf. *L.A.* 1,14,31,103-104; *Tusc.* 1,24,58), será em certo sentido atenuado por Agostinho, de modo especial em sua tripartição dos bens criados em mínimos, médios e grandes (cf. *L.A.* 2,18,49,186-195). Assim até mesmo as criaturas que apenas existem (*esse*), como os corpos inertes, também são considerados bens, embora em seu gênero específico, inferior ao dos bens inteligíveis.

em paz à Lei supremamente racional, amando diligentemente o que devem amar e usando apenas do que devem usar, sem apego injustificado, esses permanecem ordenados e aderentes à suprema Razão, vivendo a vida virtuosa e feliz, porque seguros na contemplação da Verdade e da Sabedoria.

114. A – [...] aquilo, de que cada um escolha correr atrás e que queira abraçar, estabeleceu-se ter sido depositado na vontade, e mais, que por motivo nenhum a mente é deposta da cidadela do domínio e da reta ordem, a não ser por meio de [sua própria] vontade...

Essa distinção operada pelo critério do amor implica obviamente que ambos, temporais e eternos, elegem o que querem amar de modo livre, sem nenhuma coação, o que se traduz pela expressão *uoluntate*, ou seja, "segundo sua própria vontade". E porque nenhum deles pode alegar coação, visto que mente alguma pode jamais ser arrastada ao amor das coisas temporais invita, como suficientemente esclarecido[587], tem-se necessariamente que cada alma é a única responsável por sua eleição, numa palavra, por escolher os bens temporais em detrimento do amor devido aos eternos. Logo, se pecou, foi porque quis, pois estava em seu poder escolher converter o seu amor para os bens eternos. Do que se conclui também, como dito há pouco, que nenhuns bens merecem censura, visto que a culpa pelo mal amar é do livre arbítrio da vontade de cada espírito, nunca das criaturas usadas, mal amadas e mal fruídas, menos ainda de seu Criador.

1,16,34,115. A definição do mal: *Quid sit male facere*

115. A – Pois bem, havíamos estipulado investigar o que é "fazer mal", e por causa disso é que dissemos tudo o que foi dito...

Em decorrência das distinções operadas, mormente entre eterno e temporal, pode-se agora aventar uma resposta mais elaborada para as duas questões que é possível dizer constituírem o escopo da disputa dialética: [i] Que é o mal? [ii] Qual é a sua origem? Na verdade e de modo bastante significativo a primeira pergunta refere antes o "malfazer", ou "fazer mal" (*male facere*), não precisamente o mal em si, como se esse pudesse existir por si só, enquanto entidade absoluta e necessariamente exterior ao conjunto universal da criação de Deus. Assim sendo, nas palavras do próprio autor a pergunta inicial é reiterada: Que é fazer mal? Pergunta que ele mesmo situa como escopo da disputa a justificar tudo o que se disse até então.

587 Cf. *L.A.* 1,10,20,73; 11,21,76; 22,77-78; 12,24,80-81.

115. A – [...] Pelo que nos é permitido agora voltar a atenção e considerar se acaso "fazer mal" é algo diferente de, tendo sido negligenciado o que é eterno, que a mente frui por si mesma e por si mesma percebe e que quando ama não pode perder, correr atrás do que é temporal e de tudo que se sente por intermédio do corpo – a parte do homem de menor valor –, o que jamais pode estar seguro, como se fosse algo da maior importância e admiração. Pois neste único gênero devem ser incluídos todos os malfeitos, isto é, os pecados[588]...

Percebe-se da definição supraelaborada por Agostinho a importância da dicotomia platônica, da separação radical entre o que é e o que não é, ou seja, entre o eterno e o temporal, daí também entre o bem e o mal. Ora, se o malfazer é negligenciar o amor ordenado dos bens eternos e voltar-se para o amor desordenado dos bens temporais, os quais são passíveis de perda involuntária, daí causadores de frustração e muita dor, o que perturba a alma e a afasta do que verdadeiramente é, duas consequências disso se depreendem naturalmente. Primeiro o fato de que esse amor das coisas que se podem perder invito equivale à definição pré-proposta para a *libido*[589], o que ratifica a hipótese anteriormente formulada de que em todo malfazer impera a inclinação sensual[590]. Segundo o fato de que, se é a inclinação sensual, o desejo/amor voltado para as coisas temporais, o mínimo denominador comum em todo gênero de malfazer, e se o próprio malfazer se define como o amor desordenado do temporal em aversão do eterno, resta inequivocamente manifesto que o malfazer é um ato da vontade, daí livre, não coagido (*cogente nullo*). Portanto seja aonde for que a disputa conduza doravante, uma coisa está certa, que o mal está na vontade, numa palavra, no sujeito agente, não em Deus, ou em alguma potência externa que submeta o ser humano, de modo que ele aja mal passivamente[591], ou seja, coagido a fazê-lo, como aventavam os maniqueus. Essa conclusão, aqui de modo muitíssimo mais elaborado, se coaduna com o que Agostinho diz sinteticamente na trigésima questão de *83 Questões diversas*, que o vício todo do homem consiste em querer usar do que deve ser fruído e fruir do que deve ser usado, sendo a virtude o seu contrário, usar do que se deve usar e fruir do que deve ser fruído, visto constituir um fim em si mesma[592]. Mas ainda é possível perguntar do motivo por

---

588 Importa notar ainda uma vez que a referência é aos atos mal feitos, que se dizem pecados, não ao mal em si, enquanto substância, concepção maniqueísta que Agostinho quer a todo custo combater.

589 Cf. *L.A.* 1,3,6,17-8,20.

590 Cf. *L.A.* 1,3,8,21: *"clarum est enim iam nihil aliud quam libidinem in toto malefaciendi genere dominari"*.

591 Escusado seja o oximoro "agir passivamente".

592 Cf. *L.A.* 1,3,6,17.

que considerar essa escolha, supostamente simples, que parece não trazer infelicidade senão a seu eleitor, assim com tanta severidade, como sendo a própria maldade, que se expressa eticamente[593] pela locução "fazer mal". Por que, pois, seria tão criminoso assim eleger os bens temporais, se se o faz em detrimento de si mesmo, jamais de Deus, infinitamente acima e além da maldade humana, ou mesmo do próximo, cujos padecimentos, com exceção do que sua livre iniciativa causou, decorrem da Justiça divina administrada pela Providência?[594] É muito cedo para responder a essa questão, que será desdobrada em toda sua complexidade ao longo dos restantes livros, porém pode-se antecipar que esse malfazer humano, ainda que seja principalmente contra si mesmo, o causador da própria desdita, constitui-se igualmente um pecado diante de Deus, não apenas por ser uma transgressão desrespeitosa e afrontosa da sua Lei[595], que ordena amar o superior e apenas usar o inferior, racionalizando o domínio ordenado do primeiro sobre o segundo, mas porque se trata, em sua essência, de uma dívida não quitada. Numa palavra, a criatura deve por princípio restituir ao Criador o bom uso das faculdades recebidas quando foi criada, como o livre arbítrio da vontade, sob pena de perdê-las[596]. Elas por certo foram mal utilizadas no primeiro conúbio. Logo perdeu-as o homem, isto é, a descendência do primeiro homem. Do que decorre que à sua dívida de origem acrescem-se pesados juros de mora, por assim dizê-lo, o que o força a contrair um empréstimo que seja capaz de solver a dívida, preso que está às voltas de um círculo vicioso. Porém o empréstimo é feito junto ao próprio Credor original, que por indizível ventura é também infinitamente misericordioso, de quem se suplicam os préstimos, posto que totalmente destituído de quaisquer garantias, muito menos méritos, o qual oferece seus favores de modo absolutamente gratuito, desde que rogado em humildade. Assim sendo, o pecado da eleição do temporal se faz em detrimento do eleitor, sem dúvida, pois o Ser supremo não é passível de sofrer prejuízo algum, contudo com sua escolha ele aprofunda ainda mais sua dívida com o Criador, incorrendo em pesados juros que se acrescem à dívida congênita, contraída no ato criador. Daí constituir-se pecado grave, para muito além de uma questão de simples escolha, como Agostinho dará conta de explicar em detalhes ao longo dos restantes livros.

---

593 Essa expressão não é de modo nenhum exclusiva da ética, sendo simultaneamente ontológica, como se há de verificar ao longo dos restantes livros, especialmente no terceiro.

594 Cf. 1,1,1,2.

595 O que já não seria pouco.

596 Cf. 3,15,42,145-146; 22,65,223; 24,72,246.

1,16,35,117. A causa do mal: *Vnde male facimus?*

117. E – E parece-me que vejo agora simultaneamente resolvido e comprovado também aquilo [...] "de onde é que fazemos mal". [...] nós o fazemos a partir do livre arbítrio da vontade.

Se o malfazer é o amor dos bens temporais e o simultâneo e consequente desamor dos eternos, sua causa só pode ser a vontade, visto que o espírito não se faz aderente nem inaderente a nada a não ser porque quer. Numa palavra, não ama nem desama à revelia do amor, o que equivale a dizer também que ninguém quer destituído de vontade. Logo chega-se à vontade livremente arbitrada de cada espírito como a causa do malfazer, movimento que não é coagido, seja por alguma potência superior, seja igual, seja inferior, como argumentou-se com bastante propriedade[597]. Portanto parece que a questão está resolvida e a disputa alcançou o seu propósito, ainda que de início parecesse insolúvel enigma. Porém a própria vontade, quer uma faculdade do espírito, quer apenas mais um nome dado aos ímpetos apetitivos do espírito, quer outra coisa qualquer, como causa incausada do malfazer não parece ser bastante nem a Evódio, dialético inexperto, muito menos ao leitor mais experimentado e exigente. Isso, porque ainda é possível indagar da causa da causa, do princípio da própria vontade, o que traria problemas não apenas ao propósito antimaniqueísta da obra, mas poria em risco os próprios princípios de piedade elencados logo no início[598]. De fato, se o homem foi criado por Deus, que é bom e não faz nada além do bem, é necessário supor que o homem não possa ter sido criado mau, nem dotado de alguma faculdade do espírito má em si mesma, do contrário ele não seria bom, ou pior, poderia ser dito a causa primeira do mal. Ora, se a vontade, considerada como faculdade do espírito, é a causa do malfazer humano, e se tudo o que existe só existe porque criado por Deus, tem-se que a vontade, causa descoberta do malfazer, foi igualmente criada por Deus, o que o torna por consequência o Criador da causa do malfazer, do contrário ele não seria o onipotente Criador de todas as coisas a partir do nada. Mas por que é preciso crer que Deus tenha criado todas as coisas a partir do nada? Porque, se algo houvesse no universo que não devesse sua origem a ele, como a livre vontade humana, isso (ou sua causa) seria preexistente a Deus, ou coeterno com ele, ou ainda, se posterior, teria sido criado à sua revelia, certamente por alguma potência semelhante, o que o gnosticismo maniqueu pregava. E se assim

[597] Cf. *L.A.* 1,10,20,71-21,74.

[598] Cf. *L.A.* 1,2,5,12-13.

fosse, onde a onipotência divina do Deus judeu-cristão, uma vez que ele não teria controle nem sobre suas criaturas, acrescidas à sua revelia de uma faculdade maligna como a vontade, ou seja, através do alvedrio de outra divindade qualquer que lhe fosse porventura antagônica? O que sem dúvida faria ruir estrondosamente e por completo o arcabouço da teologia monoteísta judeu-cristã. Portanto o livre arbítrio da vontade deve ter sido dado por Deus, e como dom divino deve forçosamente ter sido bom desde sua origem. Porém, se o malfazer tem de fato origem nessa faculdade, como provado dialeticamente pela disputa, faculdade dada ao homem pelo Deus criador de todas as coisas, retoma-se forçosamente a questão posta logo no início, se não seria então o próprio Deus o autor do mal, como aventavam os maniqueus. E tendo sido dado por Deus, se é por ele que peca o homem, indaga-se da sua utilidade, pois, não tivesse sido dado, nenhum malfazer seria possível à criatura racional.

> **117.** E – Mas quero saber se era conveniente que esse mesmo livre arbítrio, pelo qual estamos convencidos de possuir a faculdade de pecar, nos tivesse sido dado por aquele que nos fez. Pois parece-nos que não haveríamos de pecar se carecêssemos dele; e é de se temer que deste modo Deus ainda seja considerado o autor de nossos malfeitos.

Portanto, se o livre arbítrio da vontade é a causa do mal[599], faz-se necessário ir além e indagar da causa da causa. Se Deus é bom, presume-se que tenha dado ao homem uma vontade originalmente boa. E sendo presciente, sabia que o homem ia fazer mal uso da faculdade boa. Portanto não parece ter havido suficiente motivo para lhe ter sido dada. Por que, pois, deu ao homem aquilo com que ele haveria de fazer mal e precipitar-se da cidadela da virtude e de sua vida feliz, descaindo na infelicidade e na morte? Depois, esclarecido isso, deve-se indagar do motivo por que averteu-se o homem do Bem supremo, Deus, e converteu-se em seguida para o nada dos bens corpóreos, que é o mal. Qual a causa desse movimento de aversão da vontade? Numa palavra, por que o espírito, criado necessariamente bom por um Deus sumamente bom, que só faz o bem, em algum momento, obviamente depois de ter sido criado, quis querer algo contrário à sua natureza originalmente boa, avertendo-se com isso de seu Criador e precipitando-se na dor e no sofrimento? Se o espírito é um semovente, como queria Platão, tendo sido criado por Deus, por ele é que foi posto em movimento pela primeira vez, ainda que depois pudesse

---

599 Interessa notar que as conclusões decisivas são registradas na obra como intervenções do discípulo, Evódio, paridas através da maiêutica do parteiro, o mestre dialético obstetra (cf. *L.A.* 1,6,15,116-117).

mover-se infinitamente por conta própria. Se o primeiro movimento que lhe comunicou a vida, necessariamente exterior, foi o bom sopro criador de Deus, tendo ele sido criado para mover-se a si mesmo de modo absolutamente autônomo, e se nenhuma potência, como dito, nem superior, nem igual, muito menos inferior poderia jamais derribá-lo de sua cidadela da virtude e forçá-lo ao malfazer[600], conclui-se que a partir do segundo movimento em diante ele estava entregue a si mesmo. Logo a causa da causa, seja o que for, excluído o sopro criador de Deus, indubitavelmente bom, deve necessariamente estar no interior do próprio homem. Mas por que motivo alguém faria isso consigo próprio, averter-se da vida feliz e precipitar-se na vida miserável, afastando-se da Sabedoria eterna e da paz sem fim para mergulhar no caos e no nada? Esse é o desafio que permanece, sendo protelado para quando os interlocutores retornarem à África, o que se dará por volta de 389, mas que só encontrará seu término por volta de 395, em Hipona, quando Agostinho já estava a pleno vapor em sua carreira eclesiástica.

1,16,35,118. No juízo e na súplica

> **118.** A – [...] que a piedade apenas esteja presente [em nós], para que a divina Providência nos permita manter e completar o percurso que estabelecemos. E – Cedo à tua vontade e com muitíssimo prazer lhe associo a minha, tanto no juízo como na súplica.

No juízo e na súplica (*iudicio et uoto*). Evódio com isso quer dizer que une espontânea e prazerosamente sua vontade à de Agostinho no que tange não apenas ao propósito de compreender de modo racional, por meio dos juízos lógicos que se vão elaborar na sequência da disputa, mas também por meio da súplica piedosa supraefetuada à Providência divina, para que lhes conceda a piedade necessária para chegar ao entendimento da verdade que tanto buscam. Lembre-se de que o princípio da piedade[601] foi dito ser a posse do melhor possível conceito a respeito de Deus, o qual consiste numa série de postulados, que por sua própria natureza não apodíctica carecem antes de ser cridos, a fim de que sejam depois compreendidos, em conformidade com a máxima do Isaías alexandrino[602] tantas vezes referida: "Se não crerdes, não inteligireis".

FIM DOS COMENTÁRIOS AO LIVRO PRIMEIRO

600 Cf. *L.A.* 1,10,20,73.

601 Cf. *L.A.* 1,2,5,12: *"optime namque de deo existimare"*.

602 Is 7,9: *"Nisi credideritis, non intellegetis"*.

LÉXICO
TEOLÓGICO FILOSÓFICO

lista remissiva alfabética portuguesa-latina*

Abraçar: **amplector**
Abster/abster-se: **abstineo**
Abusar: **abutor**
Acabamento: **absolutio**
Acaso: **casus**
Aceno: **nutus**
Acidente: **casus**
Acuidade: **acies**
Adaptar-se: **coapto**
Adequado: **decens**
Aderir: **inhaereo**
Adicionar: **addo; adicio**
Adjudicado: **addictus**
Adjudicar: **addico**
Adjutor: **adiutor**
Administração: **administratio**
Administrador: **administrator**
Administrar: **administro**
Adquirir: **adipiscor**
Adultério: **adulterium**
Adversidade: **aduersitas**
Advogar (uma causa): **ago**
Afeição: **adfectus**
Afetar: **adficio**
Afeto: **adfectus**
Afligir: **adflicto**
Agir retamente: **recte facio**
Agir: **ago**
Ajudar: **adiuuo**
Álacre: **alacris**
Alacridade: **alacritas**
Alcançar: **adsequor**
Alimento: **alimentum; cibus**
Alma: **anima**
Alocução: **adlocutio**
Altitude: **altitudo**
Amador: **amator**
Amar: **diligo; adamo; amo**
Ambição: **ambitio**
Ambiguidade: **ambiguitas**
Ambíguo: **ambiguus**
Amência: **amentia**
Amor: **amor**
Anelar: **desidero**
Angélico: **angelicus**
Angústia: **angustia**
Animado: **animalis**
Animal: **bellua; bestia; fera; animal**
Animar: **animo; inspiro**
Anjo: **angelus**
Anseio: **angor; desiderium**
Ansiar: **desidero**
Ansiedade: **anxietas**
Aparência: **species**
Aperfeiçoamento: **profectus**
Aperfeiçoar-se: **proficio**
Apetecer: **adpeto**
Apetite da morte: **adpetitus mortis (adpetitus)**
Apetite de cognição: **adpetitus cognitionis (adpetitus)**
Apetite de unidade: **adpetitus unitatis (adpetitus)**
Apetite: **adpetitus**

* Esta lista não foi concebida para ser utilizada como um dicionário. Os vocábulos latinos em destaque indicam apenas o verbete do LÉXICO TEOLÓGICO-FILOSÓFICO em que os correspondentes em português podem ser encontrados.

Aplicar (uma pena): **adhibeo**
Apostatar: **apostato**
Apreender: **adprehendo**
Aprendizagem: **disciplina**
Aprovar: **adprobo; probo**
Aquietar-se: **adquiesco; requiesco**
Arbitrar: **arbitror**
Arbítrio: **arbitrium**
Ardor: **ardor**
Argumento: **ratio**
Arrebatar: **aufero**
Arte: **ars**
Artífice: **artifex**
Ascender: **ascendo**
Aspecto: **aspectus**
Aspirar: **desidero**
Assentimento: **adsensio**
Assentir: **adsentior**
Asseverar: **adsero**
Associado/companheiro (*subst.*): **comes**
Atenção: **intentio**
Atingir: **adficio; adsequor; adtingo**
Ato retamente praticado: **recte factum**
Atrair: **adtraho**
Atribuir culpa: **culpo**
Audição: **auditus**
Autor: **auctor**
Autoridade: **auctoritas**
Avareza: **auaritia**
Avaro: **auarus**
Aversão: **auersio**
Averter-se: **auerto**
Avertido: **auersus (auerto)**
Beatífico: **beatificus**
Beleza: **decor; pulchritudo**
Bem (*adv.*): **bene**
Bem (*subst.*): **bonum**
Bem comum: **utilitas communis (bonum)**
Bem supremo: **summum bonum (summus; bonum)**
Benefício: **beneficium**
Benfazer: **benefacio/bene facio**
Bens (*subst. pl.*): **bona**
Bens grandes: **magnus (magna bona)**
Bens médios: **medius (media bona)**
Bens mínimos: **minimus (minima bona)**
Blandícia: **blanditia**
Boa vontade: **bona uoluntas (uoluntas; bonus)**
Bom (*adj.*): **bonus**
Bom (*subst.*): **bonus; bonum**
Bondade: **bonitas**
Buscar: **adpeto**
Cair: **cado**
Calar-se: **quiesco**
Caligem: **caligo**
Caminhar: **ago**
Capacidade de apreensão: **captus**
Capaz (do preceito): **capax**
Capaz (ser capaz de, *v.*): **ualeo**
Capturado: **captus**
Carecer: **careo**
Carência: **desiderium**
Caridade: **caritas**
Carnal: **carnalis**
Carne: **caro**
Caro (*adj.*): **carus**
Castigar: **castigo**
Castigo: **supplicium**
Casto: **castus**
Cativo: **captus**
Causa: **causa**
Ceder: **cedo**
Celerado: **consceleratus**
Celeste: **coelestis**
Certo: **certus**
Cidadão: **ciuitas**
Cidade felicíssima: **ciuitas beatissima (ciuitas)**
Cidade: **ciuitas**
Cidadela: **arx**
Ciência (ter ciência de, *v.*): **scio**
Ciência: **scientia**
Circunfulgência: **circumfulgentia**
Clemência: **clementia**
Coagir: **cogo**
Cobiçar: **concupisco**
Coeterno: **coaeternus**

Cogitação espontânea: **spontanea cogitatio (cogitatio)**
Cogitação: **cogitatio**
Cogitar: **cogito**
Cognição: **cognitio**
Coibir: **cohibeo**
Coligir: **conligo**
Comida: **cibus; alimentum; esca**
Companheiro abnegado: **comes**
Completar: **conpleo**
Completude: **absolutio**
Compreender: **conprehendo**
Computador: **conputator**
Computar: **conputo**
Comum: **communis**
Comunhão: **communio**
Comunicar: **tralego**
Concupiscência: **concupiscentia**
Condenação: **damnatio**
Condenado: **damnatus (damno)**
Condenar: **deputo; damno**
Condição (de pecado): **condicio; peccatum**
Conduzir: **ago**
Conectar: **connecto**
Conexão: **connexio**
Confessar: **confiteor**
Confissão: **confessio**
Congruência: **congruentia**
Congruente (ser congruente, *v.*): **congruo**
Congruente: **congruens; congruus**
Conhecer antecipadamente: **praescio**
Conhecer bem: **agnosco**
Conhecer: **cognosco**
Conhecido: **cognitus**
Conhecimento: **scientia**
Cônjuge: **coniux**
Conjunção: **coniunctio**
Conjungir: **coniungo**
Consciência: **conscientia**
Consentir: **consentio**
Considerar: **conspicio; contueor; intueor**
Consistente: **firmus**
Consórcio: **consortium**
Consorte: **consors**
Conspecto: **conspectus**
Constância: **constantia**
Constranger: **cogo**
Construir: **exstruo**
Consubstancial: **consubstantialis**
Contar: **deputo**
Contemplação: **contemplatio**
Contemplar: **contemplo**
Conter-se: **tempero**
Contestar: **ambigo**
Contrapesar: **expendo**
Conúbio: **coniugium**
Convencer: **ago**
Conveniência: **conuenientia**
Conversão: **conuersio**
Converter-se: **conuerto**
Cópula (*aritm.*): **copula**
Copulação (*aritm.*): **copulatio**
Cor: **color**
Coragem: **fortitudo**
Corajoso: **fortis**
Corpo celeste (anjos): **coelestis; corpus**
Corpo: **corpus**
Corporal: **corporalis**
Corpóreo: **corporalis**
Corpos celestes (astros): **coelestis; corpus**
Corpos supremos: **summus; corpus**
Corrigir: **corrigo**
Corromper: **corrumpo**
Corrompido: **corruptus**
Corrupção: **corruptio**
Corruptível: **corruptibilis**
Corrupto: **corruptus**
Costume: **consuetudo**
Crástino: **crastinus**
Crer: **credo**
Criação: **creatura**
Criador: **creator**
Criar: **creo; facio; condo**
Criatura: **creatura**
Crime: **crimen**
Cristo: **iustus; uerbum; ueritas; sapientia**
Culpa: **culpa**
Culpar: **culpo**

Culpável: **culpabilis**
Cumprir um dever: **ago**
Cumprir um itinerário: **ago**
Curiosidade: **curiositas**
Curioso: **curiosus**
Decoro: **decus**
Dedicar-se: **ago**
Defecção (operar a defecção de, *v.*): **deficio**
Defecção: **defectio**
Defectivo: **defectiuus**
Defeito: **defectus**
Deficiente (ser deficiente, *v.*): **deficio**
Deficiente (*adj. part.*): **deficio (deficiens)**
Deixar de: **desero**
Deixar escapar: **amitto**
Deixar ir: **dimitto**
Deleitar-se: **delecto**
Deleite: **delectatio**
Demandar: **desidero**
Depravado: **prauus; deprauatus**
Depravar: **deprauo**
Derivar: **duco; traho; deriuo**
Descansar: **requiesco**
Desejar: **cupio; desidero**
Desejo cúpido: **cupiditas**
Desejo de dominação: **adfectatio (dominandi)**
Desejo: **desiderium; libido; cupiditas**
Desertar: **desero**
Desídia: **desidia**
Despenhar: **delabor**
Despojar: **aufero**
Desprezível: **abiectus**
Desprovido de alma: **exanimis**
Dessemelhante: **dissimilis**
Destra de Deus: **dextera dei (deus; dexter)**
Destro: **dexter**
Desventura: **aerumnae**
Desviar: **torqueo**
Deus: **deus**
Dever: **officium**
Diabo: **diabolus**
Dificuldade: **difficultas**
Dileção: **dilectio**
Diminuição: **deminutio**
Diminuir: **minuo**
Dinumerar: **dinumero**
Direito (de direito, *adv.*): **iure**
Direito: **ius**
Discernir: **discerno**
Disciplina de fé: **disciplina (fidei)**
Disciplina: **disciplina**
Discriminado: **discretus (discerno)**
Discutir: **ago**
Disjunção: **seiunctio**
Disparidade: **disparilitas**
Dispensado: **dimissus**
Disposição (anímica): **adfectio; adfectus**
Disposição (espaço-tempo): **adfectio**
Disputa (dialética): **disputatio**
Divinas razões: **rationes diuinae (ratio)**
Divisar: **aspicio**
Dobrar/torcer: **torqueo**
Dom: **donum**
Duvidar: **ambigo**
Elemento: **elementum**
Elevação: **altitudo**
Embelezamento: **decus**
Empregar: **adhibeo**
Enfermidade: **infirmitas**
Enfermo: **infirmus**
Enganar (*tr.*): **decipio**
Enganar-se: **fallor**
Ensinado: **doctus**
Ensinante: **doctor**
Entender (reconhecer): **cognosco**
Enumerar: **numero**
Equânime: **aequus**
Equidade: **aequitas**
Equitativamente: **aeque (aequus)**
Escabiose: **scabies (ualetudo)**
Escravizar: **addico**
Esforço: **studium**
Espírito: **spiritus; animus; mens**
Espiritual: **spiritalis**
Espontaneamente: **sponte**
Espontâneo: **spontaneus**
Esta vida (terrena): **haec uita (uita)**

Imutável: **incommutabilis**
Inclinação espacial: **nutus**
Inclinação sensual: **libido**
Incompreensível: **inconprehensibilis**
Inconcusso: **inconcussus**
Incorrupção: **incorruptio**
Incorruptível: **incorruptibilis**
Incorrupto: **incorruptus**
Incriminar: **accuso**
Inculpar: **culpo**
Inculpável: **inculpabilis**
Indecorosidade: **dedecus**
Indicar: **commendo**
Infelicidade: **miseria; uita misera (uita)**
Infeliz: **miser**
Inferior: **inferior (inferus)**
Iníquo: **iniquus**
Injustamente: **iniuste (iniustus)**
Injusto: **iniustus**
Inocência: **innocentia**
Inquieto: **inquietus**
Inquietude: **inquietudo**
Insipiente: **insipiens**
Inspiração: **inspiratio**
Inspirar: **inspiro; spiro; duco (aerem)**
Instituidor: **institutor**
Instrução: **instrumentum**
Insuflar vida: **inspiro; animo**
Intelecto: **intellectus**
Inteligência: **intellegentia; ratio**
Inteligir: **intellego**
Intemperante: **intemperans (temperans)**
Intenção: **intentio**
Intento: **intentio**
Interpelar por antecipação: **praerogo**
Inválido: **inualidus**
Invejar: **inuideo**
Invídia: **inuidia**
Invito (*adj.*): **inuitus**
Invito (*adv.*): **inuito**
Irracional: **inrationalis**
Irrogar: **inrogo**
Juízo futuro: **iudicium futurum**
Juízo natural: **iudicium naturale**
Julgar: **arbitror; iudico**
Justamente: **iuste (iustus)**
Justiça de Deus: **dei iustitia (deus)**
Justiça: **iustitia**
Justo: **iustus**
Lascívia: **lasciuia (lasciuus)**
Lascivo: **lasciuus**
Legítimo: **legitimus; iustus**
Lei divina: **lex diuina (lex)**
Lei eterna: **lex aeterna (lex)**
Lei humana: **lex humana (lex)**
Lei temporal: **lex temporalis (lex)**
Levar (arrebatar): **aufero**
Liberdade: **libertas**
Libertador: **liberator**
Libertar: **libero**
Libido: cf. Inclinação sensual
Livrar-se de: **careo**
Luminoso (astro): **lucifer**
Luxúria: **luxuria**
Luz: **lumen; lux**
Mal (*adv.*): **male** (**male facio**)
Mal (*subst.*): **malum; peccatum; malefactum**
Malfazer: **male facio; malefacio**
Malfeito: **malefactum; peccatum**
Malícia: **malitia**
Malicioso: **malitiosus (malitia)**
Mau (*adj.*): **malus**
Médio: **medius**
Meio-termo: **medietas; medius**
Mente: **mens; ratio; animus; spiritus**
Mercadoria: **merces**
Merecer: **mereor; promereor**
Merecidamente: **merito (meritum)**
Meretriz: **meretrix**
Mérito: **meritum**
Mestra suprema: **summa magistra (summus)**
Meta: **meta**
Mínimo: **minimus**
Ministério: **ministerium**
Ministro: **minister**
Misericórdia: **misericordia**
Misericordioso (*adj.*): **misericors**

Potencialidade do espírito: **potentia (animi)**
Potente: **potens; praepotens**
Potestade: **potestas**
Povo: **populus**
Pravo/depravado: **prauus; deprauatus**
Prazer (corpóreo): **uoluptas**
Preciso/exato: **certus**
Preço: **merces**
Prêmio: **praemium**
Preposto: **praepositus**
Presciência: **praescientia**
Presciente: **praescius**
Prevaricador: **praeuaricator**
Privado: **priuatus**
Privar (estar privado de, *v.*): **careo**
Privar: **adimo**
Procurar obter: **adpeto**
Procurar: **adpeto**
Proficiente (ser proficiente, *v.*): **proficio**
Proficiente: **proficiens (proficio)**
Profundidade: **altitudo**
Progredir: **proficio**
Prole: **proles**
Propagação: **propages**
Propagar: **propago (propages)**
Propriamente: **proprie (proprius)**
Propriedade (física): **adfectio**
Propriedade: **proprietas; proprium (proprius)**
Próprio: **proprius**
Prova: **documentum**
Provação: **aerumna**
Provar: **probo**
Providência: **prouidentia**
Prudência: **prudentia**
Prudente: **prudens**
Público: **publicus**
Quantidade: **numerus**
Quaternário: **quaternarius**
Queixa: **querela**
Queixar-se: **conqueror; queror**
Quieto (estar quieto, *v.*): **quiesco**
Quieto: **quietus**
Quietude: **requies; quies**
Quinário: **quinarius**
Raciocínio: **ratio; ratiocinatio**
Racional: **rationalis**
Razão e verdade dos números: **ratio et ueritas numeri (ratio; ueritas; numerus)**
Razão suprema: **summa ratio (summus; ratio)**
Razão verdadeira: **uera ratio (uerus; ratio)**
Razão: **ratio**
Realização: **absolutio**
Realizar: **ago**
Reato: **reatus**
Recomendar: **commendo**
Reconhecer: **agnosco**
Redondez: **rotunditas**
Regra interior da Verdade: **interior ueritatis regula (ueritas; iudicio)**
Regularidade: **aequalitas**
Reivindicar: **flagito**
Repasto: **esca**
Repousar: **requiesco**
Rês (gado): **pecus**
Resgatar antecipadamente: **praerogo**
Respirar: **spiro**
Resumo: **complexio**
Reta razão: **recta ratio (rectus; ratio)**
Retamente: **recte (rectus)**
Retirada: **ademptio**
Retirar: **adimo; aufero**
Reto: **rectus**
Rétor, rétores [/retórico] (*subst.*): **rhetor**
Retórica: **ars rhetorica (rhetor)**
Retribuição: **retributio**
Sabedoria de Deus: **dei sapientia (deus; sapientia)**
Sabedoria suprema: **summa sapientia (summus; sapientia)**
Sabedoria: **sapientia**
Saber (*v.*): **sapio**
Sabiamente: **sapienter (sapiens)**
Sábio: **sapiens**
Sabor (sentido corpóreo): **sapor**
Saborear: **sapio**
Sacrilégio: **sacrilegium**
Sacrílego: **sacrilegus (sacrilegium)**

Virtude de Deus: **dei uirtus (deus; uirtus)**
Virtude: **uirtus**
Virtuoso: **uirtute... (uirtus)**
Visão (sent. corp.): **uisus**
Visão/aparência: **species**
Visão/impressão/imagem: **aspectus; uisio; uisum**
Vituperação: **uituperatio**
Vituperar: **uitupero**
Viver feliz: **beate uiuere**
Viver infeliz: **misere uiuere (miser)**
Viver retamente: **recte uiuere**
Viver/levar a vida: **ago**
Voltar-se contra: **aduersor**
Voluntário: **uoluntarius**
Vontade boa: **bona uoluntas (uoluntas)**
Vontade de Deus: **dei uoluntas (uoluntas)**
Vontade ímproba: **inproba uoluntas (uoluntas)**
Vontade má: **mala uoluntas (uoluntas)**
Vontade perversa: **peruersa uoluntas (uoluntas)**
Vontade: **uoluntas**

léxico teológico-filosófico latino-português* **

LIVRE ARBÍTRIO, LIVROS PRIMEIRO A TERCEIRO
RETRATAÇÕES, PRÓLOGO E LIVRO PRIMEIRO, CAPÍTULO IX

absolutio (*subst.*) REALIZAÇÃO ABSOLUTA, no sentido de "completude" ou "acabamento" absolutos: (**2**,16,42,165) "Impetre sua absoluta realização" (*impetret absolutionem*), ou seja, que obtenha a perfeição absoluta. Obs.: derivado do verbo *absoluo* [*ab* + *soluo*], que em linguagem jurídica significava "absolver", "libertar", o substantivo *absolutio* significa também, nesse mesmo campo semântico, "absolvição". Interessa notar que Agostinho o emprega como complemento de um verbo hoje utilizado apenas na linguagem dos tribunais, *impetro*, "impetrar", que em vernáculo significa "conseguir" ou "obter".

abstineo (*v.*) **A.** ABSTER (*v. bitrans.*), no sentido de "manter alguém distante de alguma coisa": (**3**,5,15,56) "Nem aquela criatura, que Deus conheceu antecipadamente que não somente iria pecar, mas também que iria permanecer na vontade de pecar, absteve da largueza de sua bondade, de modo a não fundá-la" (*abstinuit largitatem bonitatis suae*). Ou seja, nem mesmo o diabo foi privado da bondade divina, de modo que deixasse de ser criado, ainda que Deus soubesse de antemão que ele haveria de voltar-se contra ele. **B.** ABSTER-SE (*v. pron.*), no sentido de deixar de fazer algo": (**3**,12,35,121) "Ela se abstenha do pecado por meio de sua vontade livre" (*a peccato illam libera uoluntate abstinere*).

abutor (*v.*) ABUSAR, liter. "fazer mau uso", no sentido de "fazer um uso desviado" [*ab* + *utor*] do uso considerado reto ou adequado: (**3**,14,39,137) "Não usam bem dos frutos da terra... abusando deles para a luxúria" (*non utantur bene ... eos abutendo ad luxuriam*).

acies (*subst.*) ACUIDADE, em referência à penetração ou alcance da mente, em contraste com a acuidade dos olhos: (**2**,13,36,142) *acies mentis*.

adaequatus (*adj.*) IGUALADO (*adj. part.*), liter. "que foi feito igual", em referência aos anjos: (**3**,10,30,108) "Pois assim poderia o homem mastigar o Pão dos anjos, não igualado

---

* Para pesquisar um verbete em português, veja-se a lista remissiva alfabética portuguesa-latina.

** Os números indicam os campos semânticos distintos em que uma mesma palavra foi usada por Agostinho, merecendo traduções diferenciadas; as letras, por sua vez, separam as diversas ocorrências daquela palavra, seja em locuções, seja em contextos filosófica ou teologicamente significativos, no interior do respectivo campo semântico demarcado numericamente. Note-se que os trechos do *L.A.* reproduzidos neste léxico, apesar de constar entre aspas, nem sempre correspondem *ipsis litteris* à tradução apresentada, constituindo por vezes apenas uma brevíssima paráfrase, um simples recorte, ou por vezes uma tradução alternativa.

ainda aos anjos, se o próprio Pão dos anjos se dignasse igualar-se aos homens" (*nondum angelis adaequatus*).

adamo (*v.*) AMAR MUITO [*ad* + *amo*], amar intensamente, porém em sentido negativo, por tratar-se de um amor voltado aos bens inferiores: (**3**,20,57,197) Ordenado ao lado do diabo, "cujo torpe estipêndio", pelo qual averteu-se do "acampamento" divino, "muito amou" (*cuius turpe stipendium... adamauit*). Obs.: Agostinho utiliza-se de metáforas militares nesta passagem, para referir a milícia travada contra a dominação do diabo e o acampamento, o quartel em que estaria seguro, sob a proteção da fé.

addico (*v. jur.*) ADJUDICAR. Obs.: *lato sensu* significa dar assentimento, acordar [*ad* + *dico*]. Porém no jargão jurídico, explicam Lewis e Short[1], o verbo refere-se ao estabelecimento de um vínculo legal entre credor e devedor, que atrela as duas partes, atribuindo-se ou transferindo, mediante sentença, a propriedade de algo a alguém (*alicui aliquem*). Isso ocorre, por exemplo, no caso daquele que foi adjudicado a outrem por causa de dívidas, ou seja, que está obrigado doravante a servi-lo para solver seu débito, ainda que seu estatuto não seja o de um escravo, embora seu vínculo o torne na prática uma espécie de "servo-devedor", ao menos até à solvência da dívida. Daí o sentido de adjudicar no livro primeiro, utilizado para referir o vínculo servil a que as inclinações sensuais conduzem o ambicioso: (**1**,11,22,77) *addicere ambitio.*

addictus (*adj. part.*) ADJUDICADO [*addico*]. Obs.: em linguagem jurídica, refere-se àquele que se tornou servo de seu credor por causa de alguma dívida, embora não fosse propriamente um escravo, mantendo seu *nomen, cognomen* e *tribus*, estatutos que um servo não possuía, além de poder fazer-se livre mediante quitação do débito, o que o servo tampouco podia fazer. Neste caso específico o homem foi adjudicado como servo ao diabo, que de direito tornou-se seu *dominus:* (**3**,10,29,106) "Porque ele foi adjudicado ao príncipe deste mundo..." (*quod principi huius mundi... addictus est*).

addo (*v.*) ADICIONAR. **A.** No sentido de uma "operação aritmética", quando se opõe aos verbos *retraho* e *detraho*: (**2**,8,21,82) "Aquele que, ao computar, tiver feito um cálculo errado, seja adicionando, seja subtraindo" (*uel in addendo uel in retrahendo*). **B.** No sentido de "acrescentar" algo ao que já está perfeito: (**3**,9,24,86) "Aquele que diz: Essa criatura também deveria ser de tal maneira... quer adicionar algo à criatura superior perfeita...". **C.** No sentido de "acrescer" a quantidade de "ser" das naturezas (cf. *adicio*): (**3**,14,41,142) "Porque o vício se volta contra a natureza, o mesmo tanto que se adiciona à malícia dos vícios é o quanto se diminui da integridade das naturezas" (*tantum additur malitiae uitiorum, quantum naturarum integritati minuitur*). Cf. **1**,8,18,62; **3**,9,24,86; 88; *Ret.* Pról. §2; 1,9,3.

ademptio (*v.*) RETIRADA [*adimo*], no sentido de "diminuição" ou "subtração" do ser de uma determinada natureza, o que ocorre por meio da corrupção: (**3**,13,36,126) Se a corrupção priva uma natureza "completamente de todo o seu bem, qualquer coisa que dela remanesça já não poderá corromper-se, porque nenhum bem haverá, por cuja retirada a corrupção possa prejudicá-la" (*cuius ademptione possit nocere corruptio*).

---

[1] C. Lewis e C. Short, *Harper's Latin dictionary. Founded on the translation of Freund's Latin-German lexicon.* Ed. E. A. Andrews. New York; Oxford: Harper e Brothers; Clarendon Press, 1891.

adfectatio (*v.*) DESEJO INTENSO: (**1**,8,18,63) "O desejo intenso de dominar", *adfectatio dominandi.* Obs.: trata-se de uma das características tipicamente humanas, em contraste com os atributos dos animais irracionais, embora não seja um atributo nobre. Outras características tipicamente humanas são: o amor da glória (*amor gloriae*), o amor do louvor (*amor laudis*), o riso (*rideo*) e o escárnio (*iocor*).

adfectio (*subst.*) **1.** DISPOSIÇÃO, no sentido de "estado" ou "condição". **A.** Em referência às virtudes da alma. Obs.: Agostinho se utiliza da expressão *adfectio animae* para definir duas das quatro virtudes cardeais, coragem e temperança. **A_1.** A d. de alma da coragem: (**1**,13,27,89) "A coragem, aquela disposição da alma pela qual desdenhamos todas as adversidades e perdas das coisas que não estão sob o nosso poder" (*animae adfectio, qua omnia incommoda... contemnimus*). **A_2.** A d. da temperança: (**1**,13,27,89) "A temperança... disposição que contém e coíbe o apetite daquilo que se procura obter de modo torpe (*adfectio coercens et cohibens adpetitum*). Obs.: as duas outras virtudes, justiça e prudência, são consideradas respectivamente como ciência, ou conhecimento (*scientia*), e virtude (*uirtus*) (cf. **1**,13,27,90-91). **B.** As d. das variáveis espaço e tempo, condições características do mundo corpóreo, em contraste com o mundo incorpóreo ou inteligível: **B_1.** (**2**,16,41,161) "Despida de todas as disposições do tempo e do espaço, apreenda aquilo que é único e sempre o mesmo" (*exuta omnibus temporum et locorum adfectionibus*). **B_2.** (**3**,7,21,72) "Que tuas disposições não sejam temporais, marcadas a fogo e impressas pelos amores das coisas temporais" (*ut adfectiones tuae non sint temporales*). **C.** A vida feliz é uma d. do espírito: (**2**,15,52,196) "Vida feliz, isto é, a disposição do espírito..." (*animi adfectio*). **D.** A d. de alma intermediária entre a sabedoria e a estultícia, quando ainda estava no paraíso, antes do pecado original: (**3**,24,71,241) *mediam... adfectionem.* **2.** AFECÇÃO, no sentido de "morbidez" ou "disposição patológica" das naturezas em decorrência do pecado original: (**3**,9,26,94) "Pois o pecado e o castigo do pecado não são quaisquer naturezas, mas afecções das naturezas" (*sed adfectiones naturarum*). **3.** PROPRIEDADE, em referência às características sensíveis dos objetos corpóreos, seja pelo olfato, seja pelo paladar, seja pelos demais sentidos: (**2**,7,17,66) *adfectionem odore... sapore sentire.* Cf. **3**,8,23,83; 23,70,237; 24,71,242.

adfectus (*v. part.*) **1.** ESTADO em que está aquele que liter. "foi afetado" [*adficio*], em referência à condição anímica em que se encontra o homem que se deixa afetar pelos movimentos irracionais da alma, cujo paradigma por excelência é o estulto (*stultus*), cuja mente não exerce o poder supremo, antítese do sábio (*sapiens*): (**1**,9,19,67) "Quando o homem está assim nesse estado..." (*cum homo ita est adfectus*). **2.** DISPOSIÇÃO, como sinôn. de *adfectio*: (**2**,6,14,55) "A própria vida, pela qual o corpo é animado por disposições variadas..." (*qua corpus animatur per adfectus uarios*). **3.** AFEIÇÃO, disposição amorosa do espírito. **A.** (**2**,16,43,168) "Que corra de volta com afeição para aquele que o tenha fabricado" (*in eum qui fabricauerit recurrat adfectu*). **B.** As criaturas espirituais são conjungidas pela paridade de suas afeições: (**3**,11,33,117) *parilitate adfectuum iungi.* **4.** AFETO, no mesmo sentido do item anterior: (**3**,22,64,218) A ignorância da fala, natural nas criancinhas, é "meiga e graciosa aos afetos humanos..." (*humanis adfectibus blanda et grata*).

adficio (*v.*) **1.** AFETAR, no sentido de "fazer sofrer alguma afecção" corpórea ou anímica. **A.** (**1**,12,25,85) "Consideras que os que não desfrutam deste regozijo são afetados por um prejuízo pequeno, em se tratando de tão grande bem?" (*eos adfectos...*). **B.** (**1**,12,26,88) "Os homens estultos... são afetados por tal infortúnio" (*adficiuntur miseria*). **C.** Os pecadores são afetados pela infelicidade, os que agem retamente, pela felicidade: (**2**,1,1,1) *adfici et peccantes miseria et recte facientes beatitate.* **2.** ATINGIR, em relação às percepções corpóreas que chegam à alma encarnada de modo extrínseco: (**3**,11,34,119) "Os demais objetos que lhe são extrinsecamente adjacentes, por meio de uma operação de longe mais fraca, a alma os atinge extrinsecamente, assim como pode" (*adficit sicut potest*).

adflicto (*v.*) AFLIGIR, padecer, física ou moralmente, sob algum tipo de flagelo [*ad* + *fligo* (θλίβω)]. A sujeição da mente às inclinações sensuais causa-lhe grande aflição: (**1**,11,22,78) *adflictare subiectio.* Obs.: trata-se de um dos inúmeros castigos impostos à mente que se deixa voluntariamente dominar pela *libido.* Em **1**,2,4,10, Agostinho diz ter padecido grande aflição por causa dos erros a que o maniqueísmo, não citado, mas aludido na passagem, de par com o ceticismo neoacadêmico, o precipitaram: *quo casu ita sum adflictus...* Cf. *anxietas.*

adhibeo (*v.*) **1.** EMPREGAR, no sentido de "aplicar" ou "utilizar" algo: (**2**,6,14,56) "Não tendo sido empregado nenhum instrumento do corpo..." (*nullo adhibito corporis instrumento*). **2.** APLICAR. **A.** A. um símile, ou analogia: (**3**,9,25,91) "Porém, acerca de suas luzes, o símile aplicado nos ensina isso..." (*similitudo adhibita*). **B.** A. uma pena corretiva: (**3**,9,26,95) "Aplica-se-lhe a penal, para que a ordene" (*cui propterea poenalis adhibetur, ut ordinet eam*). Obs.: a afecção penal do castigo do pecado se aplica para corrigir o próprio pecado. Cf. **3**,5,17,62.

adicio (*v.*) ADICIONAR, em sentido ontológico de acrescentar mais ser ao ser de si, numa escala que vai desde o não ser (*non esse*) até ao Ser supremo (*summum esse*). **A.** (**3**,7,21,74) "Pois a este exórdio, em que tu queres ser, se adiciones mais e mais ser, te elevas e te constróis em direção ao que é de modo supremo; e assim tu hás de coibir-te de toda ruína, em que aquilo que é de modo ínfimo transita ao não ser..." (*si adicias magis magisque esse, consurgis atque exstrueris in id quod summe est...*). **B.** Quem ama mais o ser, ao adicionar ao que ama, exclui aquilo que odeia, ser infeliz: (**3**,7,21,75) *qui autem plus amat esse quam odit miser esse, adiciendo ad id quod amat, quod odit excludat...* Cf. *addo.*

adimo (*v.*) **1.** RETIRAR, no sentido de "subtrair" algum benefício ou prerrogativa a alguém: **A.** Retirar o poder do povo de eleger magistrados: (**1**,6,14,46) "Se algum varão virtuoso... retire deste povo o poder de atribuir cargos públicos..." (*adimat huic populo potestatem dandi honores*). **B.** Retirar a capacidade de querer: (**3**,3,8,35) "Portanto não é por causa da presciência dele que me é retirado o poder" (*mihi potestas adimitur*). **C.** Retirar do primeiro homem a alegria da fecundidade: (**3**,20,55,186) "Pois ao primeiro homem, condenado, não lhe foi retirada a felicidade, de modo que também se lhe retirasse a fecundidade" (*ut etiam fecunditas adimeretur*). **2.** PRIVAR: **A.** Privar punitivamente: (**1**,15,32,111) "O poder de punir desta lei não vai além de privar e despojar destes bens ou de alguns deles aquele que ela está punindo" (*adimat atque auferat ei quem punit...*). **B.** Privar as criaturas de sua *forma* (sent. metafísico), sem a qual retornam ao nada de que saíram: (**2**,16,42,164) *adime illis haec, nihil erunt!*

adipiscor (*v.*) ADQUIRIR, no sentido de "obter", "alcançar" ou "conseguir", seja bens inferiores, de natureza corpórea, seja bens do espírito, de natureza superior. **A.** (**1**,12,25,85) "São extremamente desprezíveis as coisas que acabamos de rememorar, as quais, a fim de adquiri-las, vemos uma multidão de homens não recusar fadiga ou perigo algum" (*abiectissima... pro* *quibus adipiscendis multitudinem uidemus...*). **B.** (**1**,13,27,92) "Daquilo que não depende de nós nem que adquiramos nem que guardemos" (*neque ut adipiscamur neque ut optineamus in nobis*). **C.** (**2**,9,26,101) "Porém tendo alcançado e adquirido o Bem supremo, qualquer um se torna feliz, o que sem controvérsia todos nós queremos" (*summo autem bono adsecuto et adepto beatus*). **D.** (**1**,14,30,101) "Por isso não admira nada que os homens infelizes não adquiram o que desejam, isto é, a vida feliz" (*nihil mirum est quod miseri homines non adipiscuntur quod uolunt...*). **E.** (**1**,4,9,22) "Se alguém matar um homem, não pelo desejo de adquirir alguma coisa, mas temendo que algo de mau lhe aconteça..." (*non cupiditate adipiscendae alicuius rei...*).

adiutor (*subst.*) ADJUTOR, liter. "ajudador". Obs.: trata-se de um dos vários epítetos, por assim dizer, que Agostinho atribui a Deus, de par com: Criador, Administrador, Fundador, Artífice, Ordenador, Instituidor, Autor etc.: (**3**,22,65,223) "Adjutor de sua perfeição... o Autor de seu começo" (*adiutorem perfectionis suae...*).

adiuuo (*v.*) AJUDAR, em relação à Graça divina. Obs.: para que a alma conseguisse romper o estado penal em que se encontrava depois do pecado de Adão, era preciso não apenas que, querendo, não fosse impedida, mas que também fosse auxiliada: (**3**,20,55,187) "Mas para que alguém vencesse... o castigo que sua origem havia merecido... convinha não somente que o querente não fosse proibido, mas também que fosse ajudado" (*adiuuari oportebat...*).

adlocutio (*subst.*) ALOCUÇÃO, no sentido de um "discurso" que pode expressar-se exteriormente, por meio da letra da Lei, ou internamente, segundo uma conversa íntima, de coração, com Deus: (**3**,20,57,196) Que o Criador ajude aquele que se esforça "seja extrinsecamente, por meio de sua Lei, seja no íntimo de cada um, por meio de uma alocução do coração" (*in intimis cordis adlocutione*).

administratio (*subst.*) **A.** ADMINISTRAÇÃO, em referência à governança da Providência divina sobre a vida dos homens: (**2**,19,53,200) "Essa vida, contudo, é regida pela administração da divina Providência, que ordena todas as coisas em seus lugares congruentes e de acordo com os merecimentos distribui a cada um o seu" (*quae tamen regitur administratione diuinae prouidentiae...*). **B.** A. da universalidade da criação: (**3**,9,26,93) *administratio uniuersitatis.* Cf. *administrator.*

administrator (*subst.*) ADMINISTRADOR, um dos inúmeros epítetos atribuídos a Deus por Agostinho, de par com: *auctor, creator, adiutor, conditor, artifex, institutor, ordinator.* **A.** (**3**,9,27,98) "Universalidade cujo Fundador e Administrador é Deus" (*cuius est conditor et administrator deus*). **B.** (**3**,12,35,124) "Deus deve ser louvado de modo inefável, o excelente Fundador de todas as naturezas e justíssimo administrador" (*administratorem iustissimum*).

administro (*v.*) ADMINISTRAR. **A.** Em referência ao governo da Providência divina: (**3**,3,6,25) "Não administra nada por meio de uma vontade nova" (*neque... noua uoluntate administrat*). **B.** Em relação ao governo do corpo exercido através da alma: $\mathbf{B_1}$. (**3**,11,34,118) "Onerada por membros mortais, a duras penas administra intrinsecamente este próprio corpo, pelo qual é premida" (*mortalibus membris onerata uix hoc ipsum... administrat intrinsecus*). $\mathbf{B_2}$. (**3**,25,75,260) "Subjaz à intenção do espírito... o corpo que administra, de onde move o que é preciso, quando é preciso, para operar qualquer membro" (*corpus quod administrat, unde ad quodlibet operandum membrum...*).

adpendo (*v.*) PONDERAR, liter. "suspender em uma balança para ser pesado": (**3**,10,29,105) "Foi ponderado no exame [= balança] da equidade... que o homem não fosse negado ao poder do próprio diabo, que a si o submetera..." (*illud adpensum est aequitatis examine...*) Cf. *examen.*

adpetitus (*subst.*) APETITE [*ad* + *peto*]. Obs.: de modo geral refere-se tanto a um desejo de natureza inferior, quanto ao "desejo" dos animais e daqueles todos que agem como eles, de modo irracional. **A.** A temperança deve controlar os ap. das coisas inferiores: (**1**,8,18,63). **B.** (**3**,25,76,264) "A condenação e as torturas sempiternas do diabo nos chamariam de volta do apetite das coisas inferiores" (*ab adpetitu inferiorum*). **C_1.** Os ap. morais, como o amor da glória, do louvor, e o desejo de dominação, os quais, embora tipicamente humanos, não fazem do homem algo melhor que os próprios animais irracionais: (**1**,8,18,63-64) *quae tametsi bestiarum non sunt, non tamen earum rerum libidine bestiis meliores nos esse...* **C_2.** O ap. moral, quando não é submetido à razão, torna os homens infelizes: (*ibid.*) *adpetitus, cum rationi subditus non est, miseros facit.* **D.** O ap. da morte, que na verdade é um anseio de quietude: (**3**,8,23,83) "Portanto todo aquele apetite, na vontade da morte, não é tencionado para que aquele que morre não seja, mas para que alcance a quietude" (*ille adpetitus in uoluntate mortis*). **E.** O ap. de unidade das criaturas, expresso pela dor dos animais: (**3**,23,69,236) "Logo não se tornaria aparente quão grande apetite de unidade possuiriam as criaturas inferiores animadas, senão por meio da dor dos animais" (*adpetitus unitatis*). **F.** Em sentido positivo, o ap. de cognição das almas racionais: (**3**,23,70,238) "E nas próprias almas racionais todo apetite de cognição, com que aquela sua natureza se alegra..." (*adpetitus cognitionis*).

adpeto (*v.*) **1.** PROCURAR OBTER [*ad* + *peto*]. **A.** (**1**,4,9,22) "O desejo procura obter, o medo evita" (*cupiditas adpetit...*). **B.** (**1**,4,10,30) "Os bons procuram obtê-lo..." (*id boni adpetunt...*). **C.** Procurar obter, em referência ao sentido interior dos animais: (**2**,3,8,27) "E com efeito, uma coisa é aquilo por meio de que o animal vê, outra diferente, aquilo por meio de que evita ou procura obter os objetos que sente, ao ver" (cf. **2**,4,10,38-39). **2.** PROCURAR. **A.** Em relação à atividade instintiva dos animais: (**1**,8,18,62) "A atividade da vida animal constitui-se em procurar os prazeres do corpo e evitar os incômodos..." (*adpetere uoluptates corporis et uitare molestias*). **B.** No sentido de "alcançar algo de valor espiritual", como a prática virtuosa ou a boa vontade: (**1**,12,25,83) "A boa vontade... é a vontade pela qual procuramos viver reta e honestamente e chegar à suprema Sabedoria" (*qua adpetimus recte honesteque uiuere...*). **C.** Procurar e evitar por meio da prudência: (**1**,13,27,89). **D.** (**3**,8,22,77) "Depois, quando alguém houver alcançado o que retamente elege deva ser procurado, é necessário que ele se torne melhor" (*quod quisque recte eligit adpetendum...*) (cf. **1**,13,27,91; 29,97; **2**,9,26,100; 27,106; 19,52,197; 53,199). **3.** PERSEGUIR, em relação ao apetite de unidade das criaturas inferiores: (**3**,23,70,238) "Igualmente nenhuma criatura existe, dentre as que sentem seja as moléstias da dor, seja as blandícias do prazer... que não confessam que fujam à separação e que persigam a unidade" (*unitatemque adpetere*). **4.** APETECER (*v. tr.*), no sentido de "ter apetite" ou "desejo" por algo. Obs.: Agostinho emprega esse verbo desiderativo, de caráter geralmente "inferior", porque mais relacionado aos sentidos que à mente, para expressar o querer irracional dos animais, além de ilustrar o apetite com que o diabo seduziu o primeiro homem no paraíso. (**3**,25,75,258) "De onde foi sugerido ao próprio diabo o conselho de apetecer a impiedade, pelo qual cairia das sedes sublimes..." (*unde ipsi diabolo suggestum sit adpetendae impietatis consilium...*).

adprehendo (*v.*) APREENDER. **A.** No sentido de "reter" por meio da compreensão, ou seja, de ser capaz de "assimilar" um dado conteúdo, como por exemplo a verdade dos números: (**2**,8,20,80) "A razão e a verdade do número está ao alcance de todos os que raciocinam, de modo que todo o que faz cômputos se esforce por apreendê-la..." (*conetur adprehendere*). **B.** No sentido de "tomar posse" da substância una e imutável: (**2**,16,41,161) "Apreenda aquilo que é único e sempre o mesmo..." (*adprehendat id quod unum atque idem semper...*).

adprobo (*v.*) APROVAR, no sentido de "dar assentimento" a alguma proposição. **A.** (**1**,11,22,77) "Aprovando coisas falsas em lugar das verdadeiras". **B.** (**1**,13,27,93) "Como imagino que estejas lembrado de eu ter dito e tu, aprovado" (*cum dicerem, adprobasse te*). **C.** (**3**,18,51,179) *adprobare falsa pro ueris.* Cf. **1**,4,9,25; **3**,9,28,101.

adquiesco (*v.*) AQUIETAR-SE, em referência ao repouso sabático, em Deus, de que só se frui plenamente na vida eterna: (**3**,22,65,223) "Tanto mais firmemente nele se aquieta, e de maneira tanto mais úbere frui plenamente de sua eternidade..." (*uberius eius aeternitate perfruitur*).

adsensio (*v.*) ASSENTIMENTO: (**1**,11,22,77) "Suspendendo o seu assentimento" (*adsensionem suspendentem*). Obs.: sem dúvida uma referência à ἐποχή cética, a suspensão do juízo, que em sua obra *Academica* (2,18,59) Cícero denomina "retenção do assentimento": ἐποχή, *id est adsensionis retentio.*

adsentior (*v.*) ASSENTIR, no sentido técnico de dar assentimento a alguma proposição, demonstrando estar de acordo com a tese apresentada: (**2**,19,50,191) "E a disputa acima te persuadiu disso, a que tantas vezes e tão alegre deste o teu assentimento" (*laetus adsensus es*). Cf. **1**,4,9,22; 6,15,50; 12,26,88; 27,92; 93; 13,28,94; 16,35,116; **2**,7,19,77; 10,28,113; 19,51,193.

adsequor (*v.*) **1.** ALCANÇAR, no sentido de "obter" ou "conseguir" um bem, corpóreo ou espiritual. **A.** (**1**,13,29,97) "Alcance tão grande bem, com tamanha facilidade..." (*adsequatur tantam rem tanta facilitate...*). **B.** (**2**,10,29,116) "Aquele que alcançou a sabedoria" (*sapientiam adsecutus*). **2.** ATINGIR, em sentido análogo ao supradescrito: (**3**,23,70,237) "Pois nenhuma criatura existe, dentre aquelas que não sentem nem dor nem prazer, que não atinja por alguma unidade o decoro de seu próprio gênero" (*decus proprii generis adsequatur*). Cf. **1**,11,23,79; 14,30,99; **2**,9,26,102.

adsero (*v.*) ASSEVERAR, sustentando categoricamente uma afirmação: (*Ret.* 1,9,3) "Os novos hereges pelagianos, os que asseveram o arbítrio da vontade de tal modo livre que não deixam lugar à Graça de Deus, pois asseveram que ela é dada segundo os nossos méritos..." (*qui liberum sic adserunt uoluntatis arbitrium, ut gratiae dei non relinquant locum, quandoquidem eam secundum merita nostra dari adserunt...*).

adtingo (*v.*) ATINGIR. Obs.: sempre com o sentido implícito de tocar no que é alcançado [*ad* + *tango*], seja pelos sentidos corpóreos, seja pelo sentido interior, seja pela mente. **A.** Em referência ao corpo e aos sentidos corpóreos. **A_1.** (**2**,3,9,35) "Portanto seja o que for aquilo, pelo qual tudo o que conhecemos pode ser sentido, é próprio do ministério da razão, à qual ele apresenta e anuncia tudo o que atinge, a fim de que aquilo que é sentido possa ser discernido em seus limites e apreendido, não apenas ao sentir, mas também ao ter ciência" (*cui* *offert et renuntiat quidquid adtingit...*). **A_2.** (**2**,5,11,43) "Vê agora, portanto, a qual coisa dessas três intelijas tu pertencer tudo o que o sentido do corpo atinge, isto é, em qual gênero de coisas te pareça que se deva pôr tudo aquilo que, seja por meio dos olhos ou de outro qualquer instrumento do corpo, o nosso sentido atinge..." (*omne quod corporis sensus adtingit...*) (cf. **2**,5,12,44; 46; 49; 7,19,76; 8,21,81; 22,84). **B.** Em referência à mente: (**2**,8,23,92) "Pessoa alguma atinge os números todos por meio de algum sentido do corpo, uma vez que eles são inumeráveis" (*non enim ullus ullo sensu corporis omnes numeros adtingit...*). **C.** Em sentido abstrato: **C_1.** (**2**,11,30,124) "Entretanto, porque ainda que se diga nos Livros divinos acerca da Sabedoria que ela atinge de um fim até ao outro fim com firmeza, e dispõe todas as coisas com suavidade" (*quod adtingit a fine usque ad finem...*). **C_2.** (**2**,11,32,128) "Aqueles objetos que estão mais remotos, como os corpos, não atinge a sabedoria com o calor do seu saber, mas os inunda com a luz dos números" (*non adtingit calore sapiendi...*). **D.** No sentido de "alcançar", em relação à existência de Deus, seja pela fé, seja por uma forma tênue de conhecimento racional: (**2**,15,30,155) "O que não é duvidoso, e que agora não somente retemos com fé, conforme julgo, mas também atingimos por meio de uma forma de cognição certa, embora ainda muitíssimo tênue" (*certa... forma cognitionis adtingimus*).

adtraho (*v.*) Atrair, no sentido de "puxar" ou "arrastar" para si, em referência à relação que se estabelece entre os sentidos do corpo e os objetos por eles captados. Na verdade o termo mais utilizado por Agostinho para referir esta relação, de par com *capere*, "captar", é *adtingo*, "atingir", "alcançar". Contudo neste caso os sentidos não podem exercer nenhuma força de atração, por assim dizer, porque o objeto a que a passagem se refere é inteligível, o número, que não pode ser atraído pelos sentidos do corpo, de modo a ser percebido por eles, como se fosse algum objeto de natureza corpórea: (**2**,8,22,84) "Mas com facilidade verás que os próprios números não são igualmente atraídos pelos sentidos do corpo, se refletires que um número qualquer é chamado de tanto, dependendo de quantas vezes em si contiver o um..." (*numeros non per corporis sensus adtractos esse...*).

aduersitas (*subst.*) Adversidade, no sentido de "contrariedade", aquilo que tem o poder para subverter a ordem reta das coisas, porque está voltado contra ela (*aduersus*): (**2**,10,28,115) "Aquela vida, que não é demovida por nenhuma adversidade do pensamento certo e honesto..." (*nullis aduersitatibus*).

aduersor (*v.*) **1.** Voltar-se contra, o que implica contraposição e adversidade. **A.** (**1**,13,27,90) "Que ele se volte contra todas as coisas que são inimigas deste único bem..." (*aduersari rebus omnibus...*). **B.** (**3**,14,41,142) "O vício... não é mau por outro motivo, a não ser porque se volta contra a natureza daquela própria coisa de que é um vício" (*nisi quia naturae aduersatur...*). Neste caso o "voltar-se contra", para além da inimizade, implica destruição do que é contrário. **2.** Opor-se, ou opor resistência, em relação às inclinações sensuais. **A.** (**1**,13,27,92) "Esse amador de sua boa vontade resiste de todos os modos e se opõe às inclinações sensuais..." (*aduersari libidinibus*). **B.** (**3**,4,9,37) "De que modo não se oponham reciprocamente estas duas coisas, a presciência de Deus acerca dos nossos pecados e o nosso livre arbítrio, ao pecar" (*quo modo sibi non aduersentur haec duo...*). Neste caso, como no item 1. B. acima, a oposição parece ser excludente, visto que não sejam considerados apenas adversários, mas inimigos inconciliáveis.

adulterium (*subst.*) ADULTÉRIO. Obs.: um dos três exemplos de má ação apresentados por Evódio para a investigação da origem do mal; os outros dois são o homicídio e o sacrilégio. Os três eram considerados pecados capitais (*capitalia peccata*): (**1**,3,6,14) "Adultérios, homicídios e sacrilégios, para que omita os restantes, que o tempo ou a memória não seriam suficientes para enumerar, a quem é que não seriam considerados mal feitos?" (*adulteria et homicidia et sacrilegia... male facta...*). Cf. **1**,3,6,14-17; 7,18; 8,20.

aequalis (*adj.*) IGUAL. **A_1.** No sentido de possuir natureza "semelhante": (**3**,9,28,102) "E serão iguais aos anjos de Deus" (*aequales angelis*). **A_2.** Os que aspiram a igualdade com os anjos motivados por sua glória vã, na verdade querem igualar-se a si mesmos, diz Agostinho: (*ibid.*) "Querem ser iguais a si mesmos" (*aequales sibi...*). **B.** No sentido de possuir "o mesmo" valor ou magnitude: (**2**,12,34,133) "Portanto esta verdade, acerca da qual falamos agora há algum tempo e em que tantas coisas consideramos, pensas que seja mais excelente do que o é a nossa mente, ou igual às nossas mentes, ou ainda inferior?" (*ueritatem... an aequalem mentibus nostris...*). **C.** (**2**,12,34,135) "Se fosse igual às nossas mentes, esta Verdade, ela também seria mutável" (*si autem esset aequalis mentibus nostris haec ueritas...*). **D.** Uma natureza não pode ser corrompida por outra igual, a menos que queira: (**3**,14,39,135) *aequalis autem ab aequali nihilominus corrumpi si nolit, non potest.* **E.** AEQUALITER (*adv.*): IGUALMENTE, de modo igual; do mesmo modo. **E_1.** (**2**,8,20,80) "Ela própria se mostre igualmente a todos os que são capazes de captá-la" (*ipsa aequaliter se omnibus praebeat...*). **E_2.** (**2**,14,37,145) "Logo a possuímos todos, para que dela fruamos de igual modo e em comum" (*qua fruamur omnes aequaliter...*). **E_3.** (**3**,10,30,109) Cristo "nos torna idôneos através da fé, os que ele venha a apascentar igualmente através da sua visão" (*quos per speciem pascat aequaliter*).

aequalitas (*subst.*) **1.** REGULARIDADE, em referência à constância dos movimentos marítimos: (**2**,9,27,107) "E assim, um considera... a regularidade dos movimentos do mar..." (*mobilem aequalitatem maris*). **2.** IGUALDADE. **A.** Em relação ao desejo torpe de igualar-se aos anjos: (**3**,9,28,103) "Pois aqueles que aspiram a igualdade dos anjos" (*aequalitatem angelorum*). **B.** Em relação às pessoas da Trindade: (**3**,21,60,206) "Trindade, acerca de cuja unidade, igualdade e uma certa propriedade de cada uma das pessoas nela aqui não é o lugar de dissertar" (*de cuius trinitatis unitate et aequalitate...*).

aequitas (*subst.*) EQUIDADE. **A.** (**1**,10,20,73) "O espírito justo e a mente que salvaguarda o direito e o domínio que lhe é próprio, pode acaso derribar de sua cidadela uma outra mente, que exerce o seu reinado com igual equidade e virtude, e submetê-la à inclinação sensual?" (*aliam mentem pari aequitate ac uirtute*). **B.** (**1**,15,31,106) "Se tens alguma noção de equidade, diz-me quais desses homens julgas devam estar sob a autoridade da Lei eterna, e quais, sob a da temporal?" (*si quid aequitatis sapis...*). **C.** (**3**,10,29,105) "De fato, também foi ponderado no exame da equidade... que o homem não fosse negado ao poder do próprio diabo, que a si o submetera" (*adpensum est aequitatis examine*). Cf. **3**,20,55,187.

aequo (*v.*) IGUALAR. **A.** (**3**,9,28,103) "E assim, perseverando numa tal vontade, serão igualados pelo castigo aos anjos prevaricadores" (*aequabuntur supplicio*). **B.** (**3**,10,30,108) "Pois assim poderia o homem mastigar o Pão dos anjos, não igualado ainda aos anjos, se o próprio Pão dos anjos se dignasse igualar-se aos homens" (*nondum angelis adaequatus, si panis ipse angelorum hominibus dignaretur aequari*). Cf. **1**,8,18,61.

aequus (*adj.*) EQUÂNIME. **A.** (**1**,13,27,92): "Eu não intelijo a quem possa chamar de corajoso de modo mais verdadeiro do que àquele que, com o espírito equânime e tranquilo, está privado daquilo que não depende de nós nem que adquiramos nem que guardemos" (*aequo et tranquillo animo*). **B.** AEQVE (*adv.*): EQUITATIVAMENTE, de modo equitativo, ou seja, em que há equidade ou justiça. **B$_1$.** (**2**,2,5,15) "Então eu lhe demonstraria... o quanto seria mais equitativo, quando ele quisesse que alguém cresse nele..." (*esset aequius cum...*). **B$_2$.** (**3**,5,17,62) "Até que os corrijam com espírito equânime, que se acostumem a tolerá-los e suportá-los" (*aequo animo...*).

aerumna (*subst.*) **1.** DESVENTURA: (**1**,11,23,79) "Às desventuras da vida mortal" (*ad aerumnas mortalis uitae*). **2.** PROVAÇÃO: (**3**,20,55,186) "Foram precipitados não apenas no erro, mas também na provação e na morte" (*et in errorem et in aerumnam et in mortem*).

aestimator (*subst.*) ESTIMADOR, liter. "aquele que faz estimativas": (**3**,5,17,62) "Estimadores imperitos das coisas" (*inperitos rerum aestimatores*).

aestimo (*v.*) ESTIMAR, no sentido de "avaliar o valor" das coisas: (**3**,5,17,61) "Pois de um modo estima a razão, de outro diferente, o uso. A razão estima pela luz da verdade, de modo que por um reto juízo ela submeta as coisas menores às maiores; porém o uso na maior parte das vezes se inclina pelo costume da comodidade, de modo que estime com mais apreço aquelas coisas que a verdade convence sejam menores" (*aliter enim aestimat ratio aliter usus. ratio aestimat luce ueritatis...*).

aestus (*subst.*) **A.** O ESTUAR (*inf.*), no sentido literal de "estuação", ou seja, calor ardente: (**2**,13,35,138) "Os homens clamam que são felizes, quando, no estuar de sua garganta seca, chegam a uma fonte abundante e salutar" (*cum aestu aridis faucibus ad fontem abundantem salubremque perueniunt*). **B.** FERVILHAR, em sentido derivado, ou metafórico, de agitação, perturbação decorrente das vicissitudes da vida: (**3**,21,61,210) "E com efeito, também nas coisas que pertencem a esta vida, prósperas ou adversas, o que cada um tenha sido não preocupa muito; no entanto, naquilo, que se espere que cada um há de ser, aglomera-se o fervilhar todo das preocupações" (*in id uero, quod futurum speratur sese, omnis curarum aestus...*).

aeternitas (*subst.*) ETERNIDADE (cf. "obs." no verbete *aeternus*). **A.** E. como sinônimo da própria Lei eterna: (**1**,6,15,50) "Esta vicissitude temporal, para que fosse justa, foi tirada daquela eternidade..." (*haec uicissitudo temporalis ut esset iusta, ex illa aeternitate tracta est...*). **B.** A expressão "anos sem defeito" substitui e. na locução profética: (**2**,17,45,173) *annos sine defectu pro aeternitate posuit prophetica locutio.* **C.** A e. da Verdade: (**3**,21,60,203) *ueritatis aeternitatem.* **D.** A e. divina de que se frui: (**3**,22,65,223) *eius aeternitate perfruitur.* **E.** Outra locução profética: a expressão "um único dia" para referir a e.: (**3**,25,77,266) *unius... diei nomine incommutabilitas aeternitatis uocetur.*

aeternus (*adj.*) ETERNO [*aeuum* + *-ternus*], no sentido do "que não tem fim", não apenas porque possua uma natureza incorruptível, mas também porque estável. Obs.: em relação a Deus pode-se dizer que o eterno tampouco teve um começo, tendo existido sempre. Porém em relação às criaturas deve-se compreender que algumas não terão fim, embora obviamente todas elas tenham necessariamente tido um começo. Lewis e Short (1891) sugerem que *aeternus* refere-se ao que está além do tempo, não tendo começo nem fim, "extensão" cuja duração só se mede por meio de αἰῶνες, "períodos indefinidos", ao passo que *sempiternus* significa algo que é perpétuo, que existirá enquanto o tempo existir. Todavia Agostinho parece alheio a essa distinção, fazendo uso indiscriminado dos dois adjetivos em referência à própria Divindade, que sabidamente não teve começo nem terá fim, Criadora de todas as coisas desde sua inefável eternidade. Por ser desconhecido o motivo, se de fato houver algum, por que o autor tenha feito uso dos dois adjetivos, preferiu-se manter a distinção em vernáculo, deixando ao leitor diligente a solução desse mistério. **A.** Justiça e.: (**1**,5,12,35) *aeterna iustitia.* **B.** Os homens são e. ou temporais? (**1**,6,14,44). **C.** Lei e.: (**1**,6,15,48-51; 8,18,65; 10,20,71; 14,30,101; 15,31,104; 16,34,114; *Ret.* 1,9,3) *aeterna lex.* Obs.: a mesma Lei é dita na pergunta de Agostinho "sempiterna" e na resposta subsequente de Evódio, "eterna" (cf. **1**,15,31,104). **D.** As riquezas, honras, prazeres corpóreos não são bens e.: (**1**,15,31,105). **E.** Homens amadores das coisas e. e das coisas temporais: (**1**,15,31,106; 16,34,114) *alios homines amatores rerum aeternarum alios temporalium.* **F.** Os que vivem sob a Lei e. e os que vivem sob a lei temporal: (**1**,15,31,106; 107). **G.** O que ordena a Lei e.: (**1**,15,32,108). **H.** A verdadeira liberdade dos que aderem à Lei e.: (**1**,15,32,109). $\mathbf{I_1}$. Os bens e.: (**3**,1,3,13; 21,60,203). $\mathbf{I_2}$. O mal como aversão dos bens e. e conversão aos temporais: (**1**,16,34,115) *neglectis rebus aeternis...* **J.** A vida e.: (**2**,2,6,17; **3**,7,21,72; 23,68,230; 25,76,264) *uita aeterna.* **K.** A substância e. e imutável acima da razão humana: (**2**,6,14,55-56) *supra nostra rationem... aeternum atque incommutabile.* **L.** O e. é melhor que o temporal: (**2**,10,28,114) *melius... aeternum temporali;* (cf. **2**,12,34,134). **M.** O Pai e.: (**2**,15,39,154) *aeterno patri.* **N.** A forma e.: (**2**,16,44,171) *formam aeternam.* **O.** O fogo e. preparado para o diabo e seus anjos: (**3**,9,28,103) *ignem aeternum.* $\mathbf{P_1}$. A luz e. da Sabedoria: (**3**,24,72,248) *aeterno lumine sapientiae.* $\mathbf{P_2}$. A e. Luz: (**3**,25,77,265) *lucis aeternae.* Cf. *aeternitas, sempiternus, coaeternus.*

agnosco **1.** Conhecer bem, no sentido de "conhecer realmente", "de fato" [*ad* + *nosco*]. Obs.: os modificadores adverbiais utilizados na tradução, como "realmente" e "de fato", se justificam pela presença do prefixo *ad*, que, entre muitas outras, tem função intensificadora; ademais, julgou-se conveniente distinguir *agnosco* dos cognatos *cognosco* e *percognosco.* **A.** (**2**,2,5,13) "Conhecê-lo realmente com dedicação" (*studiose id uellet agnoscere*). **B.** (**2**,3,9,36) "E que conhece igualmente bem a distância que há entre eles e ela mesma" (*et item quid inter haec et se ipsam distet agnoscit*). **2.** Reconhecer, como consequência de identificar aquilo que já se conhece em algum grau. **A.** (**2**,3,9,29) "Reconheço [a existência] disso, seja o que for" (*agnosco istuc, quicquid est*). **B.** (**2**,6,13,53) "Dois atributos os quais reconhecemos igualmente nos animais" (*quae duo etiam in bestiis agnoscimus*). **C.** (**3**,22,65,222) "E o fato de que, reconhecendo o que deva fazer, não é eficaz para cumpri-lo de imediato, isto ainda não recebeu também" (*et quod, agnoscens quid sibi agendum sit, non continuo ualet implere, hoc quoque nondum accepit*).

ago (*v.*) **1.** Agir, em referência ao modo como se conduz a vida: (**2**,16,41,162) "Porque, enquanto [assim] agimos, até que alcancemos o objetivo, estamos [ainda] no caminho", isto é, enquanto nos conduzimos deste modo... (*dum agimus, donec peragamus, in uia sumus*). **2.** Viver, no sentido de "conduzir" ou de "levar" a própria vida. **A.** (**1**,15,31,106) "Os felizes, por causa do amor das próprias coisas eternas, vivam sob a Lei eterna" (*beatos illos ob amorem ipsorum aeternorum sub aeterna lege agere*). **B.** (**2**,19,29,118) "Para levar a sua vida" (*ad agendam uitam*) (cf. **3**,2,5,17). **3.** Fazer, nos seguintes sentidos referentes ao discurso. **A.** Discutir ou tratar de algum assunto: (**2**,7,17,67) "O que estamos discutindo" (*id quod nunc agimus*). **B.** Convencer: (**2**,2,5,14) "Ele seria o primeiro a tentar convencer-me" (*prior mecum ageret*).

C. Conduzir, no sentido de "tratar de" algum assunto: (**2**,9,25,99) "Uma vez que esse [assunto] esteja agora sendo conduzido entre nós" (*cum id nunc agatur inter nos*). **4.** FAZER, no sentido de "realizar" ou "levar a efeito" alguma ação: **A.** (**1**,5,12,35) "Pôde fazê-lo inteiramente desprovido de inclinação sensual" (*expers omnino libidinis id agere potuit*). **B.** (**2**,16,41,161) "Portanto que outra coisa fazemos, quando nos esforçamos por ser sábios?" (*quid igitur aliud agimus cum studemus esse sapientes?*). **C.** (**3**,1,2,8) "Realizamos alguma coisa nas duas disputas [dialéticas] anteriores?" (*egimusne aliquid superioribus duabus disputationibus?*). **5. A.** AGIR, no sentido de "cumprir" um dever: (**3**,20,56,191) "O que, se não quiser cumprir" (*quod si agere noluerit*). **6.** REALIZAR, no sentido de "acionar" os números de cada forma metafísica: (**2**,16,44,171) "[Forma] através da qual todas essas coisas, sem exceção, possam ser formadas, e que complete e realize, segundo o seu gênero, os números dos lugares e dos tempos" (*per quam cuncta ista formari ualeant et pro suo genere implere atque agere locorum ac temporum numeros*). **7.** CONDUZIR: (**3**,2,5,17) "E nem se concede como absurdo que por tais acasos conduzam todos [os seus interesses], quando [se vê que] ao conduzi-los eles caem [em desgraça]" (*nec enim talibus absurde etiam conceditur casibus eos agere omnia, quando agendo cadunt*). **8.** CUMPRIR, no sentido de "seguir" ou "percorrer" um caminho: (**2**,17,45,174): "Qualquer um que cumpra o itinerário para a Sabedoria..." (*quicumque iter agit ad sapientiam*). **9.** ADVOGAR uma causa: (*Ret.* 1,9,3) "Que não se exaltem [os pelagianos], como se eu tenha advogado a causa deles..." (*haeretici Pelagiani... non se extollant, quasi eorum egerim causam*).

alacris (*adj.*) **A.** ÁLACRE, alegre, vivaz, cheio de ânimo. **B.** ALACRIVS (*Adv. comp.*): DE MODO MAIS ÁLACRE, mais alacremente: (**2**,17,45,174) "E tanto mais alacremente arde ao perfazer esse caminho, quanto mais também o próprio caminho é belo por causa dela" (*et tanto alacrius ardescit uiam istam peragere, quanto et ipsa uia per illam pulchra est*).

alacritas (*subst.*) ALACRIDADE, no sentido de uma grande alegria, mas também de entusiasmo, vivacidade etc.: (**2**,16,41,161) "Com tanta alacridade quanto podemos" (*quanta possumus alacritate*).

alimentum (*subst.*) ALIMENTO. **A.** No sentido específico daquilo que se mastiga e ingere: (**2**,7,19,73): "Ainda que as amas de leite retornem os alimentos mastigados [na boca] dos bebês..." (*et si nutrices alimenta mansa infantibus reddunt...*). **B.** Em sentido mais amplo, em referência a tudo o que nutre e dá sustento, porém que não se limita à comida. **B_1.** (**1**,8,18,61) "Sorver o alimento do corpo" (*alimentum corporis sumere*). **B_2.** (**2**,7,19,75) "Não poderás [aspirar] igualmente aquele ar que então tiver sido transformado em meu alimento... os médicos nos ensinam que tomamos o alimento também pelas narinas; alimento esse que só eu posso sentir, quando inspiro, e que não posso restituir..." (*non tamen poteris etiam illud quod inde in alimentum meum cesserit... etiam naribus alimentum nos capere medici docent; quod alimentum et spirando solus sentire possum et reflando restituere non possum...*). **C.** Se a Verdade imutável fosse um alimento... (**2**,8,20,80). Cf. *cibus, esca.*

altitudo (*subst.*) **1.** ALTITUDE. **2.** PROFUNDIDADE. Obs.: a ideia subjacente em 1 e 2 é a mesma, "distância vertical". (**2**,9,27,107): "A altitude de algum monte" (*altitudinem montis alicuius*). **3.** ELEVAÇÃO, em sentido não apenas ético, mas também ontológico. **A.** As criaturas racionais que se penitenciarem com humildade podem recuperar sua elevação na hierarquia dos seres: (**3**,5,15,55): "Pela humildade de penitenciar-se, recebe [de volta] sua elevação" (*quae* *poenitendi humilitate altitudinem suam recipit*). **B.** (**3**,10,30,109) "Assim, aquele que ela havia abandonado, ensoberbando-se interiormente, a alma externamente o encontra, humilde, ela que há de imitar a humildade visível dele e retornar à sua altitude invisível" (*sic eum anima, quem superbiens intus reliquerat, foris humilem inuenit, imitatura eius humilitatem uisibilem et ad inuisibilem altitudinem reditura*).

amator (*subst.*) AMADOR, no sentido de "quem ama". **A.** (**1**,4,9,24) "Amadores do bem", *amatores boni.* **B.** (**1**,13,27,92) "Amador de sua boa vontade" (*bonae uoluntatis suae amatorem*). **C.** (**1**,15,31,106) "Uns homens são amadores das coisas eternas, outros, das temporais" (*alios esse homines amatores rerum aeternarum alios temporalem*). (**2**,14,37,145) "Todos os seus amadores", isto é, os amantes da Verdade (*omnes amatores suos*). Cf. **2**,16,41,162.

ambigo (*v.*) CONTESTAR, no sentido de "pôr em questão", em virtude das dúvidas que se têm acerca de alguma coisa. **A.** (**2**,10,29,117) "Que ninguém contesta deva ser eleito" (*quod eligendum esse nemo ambigit*). **B.** (**2**,18,49,189) "Pois quem é que tem dúvidas?" (*quis enim ambigat...?*). **C.** (**3**,18,51,175): "Já que ninguém duvida que seja uma pena" (*quoniam poenam esse nemo ambigit*). Cf. *ambiguitas, ambiguus.*

ambiguitas (*subst.*) AMBIGUIDADE: (**3**,23,70,238) "Ser confundido pela ambiguidade" (*ambiguitate confundi*). Cf. *ambigo, ambiguus.*

ambiguus (*adj.*) AMBÍGUO, no sentido de "duvidoso", "incerto". Obs.: significa liter. "aquilo que vai de um a outro lado", ou seja, que anda ao redor [< ἀμφι-]. Neste sentido se opõe a *certus*, aquilo que não é duvidoso, ou seja, que é fixo, determinado, seguro: (**3**,23,70,238) "Porém todo o ambíguo, de onde é molesto, senão porque não possui uma unidade certa?" (*omne ambiguum unde molestum est, nisi quia certam non habet unitatem?*).

ambitio (*subst.*) AMBIÇÃO. Obs.: trata-se de um tipo de desejo qualificado como negativo, de onde ser um dos muitos castigos que se infligem à mente desordenada, que se deixa dominar pelas inclinações sensuais: (**1**,11,22,78) "A ambição adjudica..." (*addicere ambitio*). Cf. *anxietas.*

amentia (*subst.*) AMÊNCIA, liter. "ausência das faculdades mentais" [*a-mens*]: (**2**,18,49,189) "Afaste-se de mim uma tão desmedida amência" (*absit tam inmanis amentia*).

amissio (*subst.*) PERDA. **A.** (**1**,13,28,95) Bens, "cuja perda lhe pode sobrevir, ainda quando lhe permaneça a vontade de a possuir..." (*...cuius amissio potest accidere, etiam cum uoluntas tenendi manet...*). **B.** (**3**,15,42,146) "Do contrário não se deve nomear 'restituição', mas 'cessão', ou 'perda', ou alguma outra coisa do gênero" (*aliter non "redditio", sed "cessio" uel "amissio" uel si quid aliud huius modi nominanda est*). Cf. *amitto.*

amitto (*v.*) PERDER. Obs.: o sentido que interessa aqui é o de subtração e corrupção dos bens que se possuem, perda que está na raiz da própria definição de *libido* (**1**,4,10,31), como sendo o "amor daquelas coisas que se podem perder contra a vontade", bens de natureza corpórea que só podem ser possuídos de modo temporário e sem nenhuma segurança (*securitas*). **A.** (**1**,4,10,30) "Coisas que não podem ser possuídas sem o perigo de as perder" (*rebus, quae sine amittendi periculo nequeunt haberi*) (cf. **1**,5,11,32; 12,26,86; 15,31,105; 15,32,111; 33,113). **B.** (**1**,5,12,37) "Pelo que não são livres para matar a ninguém por causa de coisas que podem perder contra a própria vontade, e que por isso mesmo não devem amar" (*liberum eis* *itaque est neminem necare pro his rebus quas inuiti possunt amittere et ob hoc amare non debent*). **C.** (**1**,16,34,115) "O que é eterno, que a mente frui por si mesma e por si mesma percebe e que quando ama não pode perder..." (*rebus aeternis, quibus per seipsam mens fruitur et per seipsam percipit et quae amans amittere non potest...*). **D.** (**2**,14,37,144): "Contudo ninguém está seguro nestes bens que pode perder contra a vontade" (*nemo securus est in his bonis quae potest inuitus amittere*) (cf. **2**,14,38,150). **E.** No sentido de "deixar escapar" a oportunidade, por negligência ou má vontade: (**2**,16,43,169) "Deixam escapar o principal dos pensamentos..." (*amittunt sententiarum principatum...*). **F.** Amissvs (*adj. part.*): perdido, no sentido de ter sido "afastado" ou "privado" de algo: **F_1.** (**2**,17,46,176) "Tendo perdido totalmente sua forma, recaem no nada" (*amissaque omnino forma in nihilum recidunt*) (cf. **2**,18,49,189). **F_2.** (**3**,5,15,55): "Essa [criatura] pecadora, após ter sido perdida a sua felicidade nos pecados" (*ista peccatrix, amissa in peccatis beatitudine*). Obs.: contrapõe-se a *dimissus* (cf. *dimitto*).

amo (*v.*) **A.** Amar, com valor negativo. **A_1.** Em relação às coisas consideradas inferiores: (**1**,13,27,89) "Como não as ama, não lamenta [se] são perdidas" (*cum autem non amat haec, non dolet amissa*). **A_2.** O amor dos cargos públicos: (**1**,6,14,46) *qui honores amant.* **A_3.** O amor dos vestígios, ou da obra, em lugar do Criador: (**2**,16,43,168-169) "Ai dos que te abandonam, seu condutor, e erram nos teus vestígios, esses que amam os teus acenos em lugar de ti" (*uae qui derelinquunt te ducem et oberrant in uestigiis tuis, qui nutus tuos pro te amant*). **A_4.** (*ibid.* §169) "Que amam as coisas que fazes em lugar de ti" (*qui ea quae facis pro te amant*). **B.** Amar, com valor positivo. **B_1.** Em relação à Lei eterna: (**1**,15,31,103-104) "Ama-a completamente e com veemência" (*amat omnino ac uehementer*). **B_2.** (*ibid.* §104) "Pois bem, quando ama [a Lei eterna], ama algo mutável e temporal, ou estável e sempiterno?" (*cum hanc amat, mutabile aliquid amat ac temporale, an stabile ac sempiternum?*). **C.** Amar "ser": (**3**,7,21,73; 75) "Porém aquele que ama 'ser' aprova essas coisas [temporais], enquanto são, e ama aquilo que é sempre" (*qui autem amat esse probat ista in quantum sunt et amat quod semper est*). Cf. *diligo.*

amor (*subst.*) Amor. **A.** O a. do bem: (**1**,1,3,7) *amor boni.* **B.** O a. do conhecimento, liter. "o amor de descobrir a verdade": (**1**,2,4,10) *amor inueniendi ueri.* **C.** O a. do louvor e da glória (mundanos): (**1**,8,18,63) *amor laudis et gloriae.* **D.** O a. das coisas que podem ser perdidas involuntariamente: (**1**,4,10,29-30) *rerum amorem quas potest quisque inuitus amittere.* **E.** O a. das coisas eternas: (**1**,15,31,106) *ob amorem ipsorum aeternorum.* **F.** O a. das coisas temporais e fugidias: (**1**,15,32,108) *amorem a temporalibus...* (**3**, 7,21,73) *amore fugientium.* **G.** O amor do "ser": (**3**,7,21,73). Cf. **1**,15,33,113; **3**,5,17,62; 7,21,72-73; 20,57,197.

amplector (*v.*) Abraçar, liter. "envolver com os braços". **A.** Em sentido figurado, em relação à boa vontade: (**1**,13,29,97) "Portanto esta vontade, se igualmente com boa vontade a amemos [com dileção] e abracemos" (*hanc igitur uoluntatem, si bona itidem uoluntate diligamus atque amplectamur*). **B.** Em relação aos objetos de desejo de cada um: (**1**,16,34,114) "aquilo, de que cada um escolha correr atrás e que queira abraçar, estabeleceu-se ter sido depositado em sua vontade" (*quid autem quisque sectandum et amplectendum eligat, in uoluntate esse positum constitit*). **C.** Em relação à Verdade, que é Deus: (**2**,13,35,137) "Eis que aqui tens a própria Verdade! Abraça-a, se podes, e frui dela" (*ecce tibi est ipsa ueritas. amplectere illam si potes et fruere illa*). Cf. **2**,14,37,145.

angelicus (*adj.*) Angélico; referente aos anjos, seres espirituais da criação. Cf. *angelus.* Obs.: a imortalidade sublime, a que não se pode chegar sem abandonar todo tipo de iniquidade, é qualificada por Agostinho de "angélica", não apenas porque os anjos dela fazem parte, mas porque os homens só poderão ali penetrar, por assim dizer, quando se fizerem como eles, deixando totalmente de pecar. **A.** (**3**,9,28,102) "Porém ao contrário do Justo, que, [embora] permanecendo na própria justiça, pôde possuir um corpo mortal, não pode o iníquo, enquanto é iníquo, alcançar a imortalidade dos santos, evidentemente sublime e angélica..." (*non autem sicut iustus potuit in ipsa iustitia permanens corpus habere mortale, ita iniquus potest, dum iniquus est, ad inmortalitatem peruenire sanctorum, scilicet sublimem et angelicam*). **B.** (**3**,10,30,108) "A felicidade angélica" (*angelica beatitudo*). **C.** O poder angélico: (**3**,11,34,119) *angelica potestate.* **D.** Natureza angélica: (**3**,12,35,123) *angelica natura.*

angelus (*subst.*) Anjo. Obs.: transcrição do grego ἄγγελος, "mensageiro", o vocábulo latino *angelus* é um helenismo, cuja tradução latina seria *nuntius.* Os anjos, enquanto seres espirituais excelentes – à parte os anjos caídos –, são as criaturas que nunca pecaram e jamais hão de pecar, embora lhes tenham sido dados a liberdade e o poder para tanto, se quisessem fazê-lo. **A.** (**3**,5,14,53) "Porque ele não os coagiu a pecar por isso, porque os fez, aos quais deu o poder, se acaso quisessem; e tais são alguns anjos, que nem pecaram jamais, nem haverão de pecar" (*quia neque ipsos ideo coegit peccare, quia fecit, quibus potestatem utrum uellent dedit; et sunt tales angeli quidam qui neque peccauerunt unquam, neque peccaturi sunt*). **B.** Porque nunca pecaram, jamais avertendo seu amor do Criador para as criaturas, os anjos fruem perpetuamente dele: (**3**,5,15,55) "Pois aquela sublime criatura possui sua felicidade perpétua, fruindo perpetuamente de seu Criador, a qual faz por merecer por causa de sua perpétua vontade de manter a justiça" (*habet enim illa sublimis perpetuam beatitudinem suam in perpetuum fruens creatore suo, quam perpetua tenendae iustitiae uoluntate promeretur*) (cf. **3**,9,28,102-103; 10,30,108; 12,35,123). **C.** O anjo caído e mau, o diabo: (**3**,27,75,259) "Portanto de onde lhe veio à mente aquilo, seja lá o que for que lhe veio à mente, para que realizasse aquelas coisas, por meio das quais de anjo bom se faria diabo?" (*unde igitur uenit in mentem quicquid illud est quod uenit in mentem, ut ea moliretur quibus ex bono angelo diabolus fieret?*) Cf. **3**,27,75,260.

angor (*subst.*) Anseio [*ango*], liter. o "estrangulamento" decorrente das contingências da vida: (**3**,23,68,230) "Se não quiseram converter o desejo dos anseios desta vida para a vida eterna?" (*si uitae huius angoribus ad aeternam uitam desiderium conuertere noluerunt*). Cf. *angustia.*

angustia (*subst.*) Angústia. **A.** No sentido de "aperto", "dificuldade", "aporia", "limitação", "escassez", "estreiteza"; porém não no sentido psicoafetivo de ansiedade, ou inquietude, decorrentes do sentimento ou consciência da condição humana, ao deparar-se com o fracasso e com a morte iminente, como em Kierkegaard ou Heidegger, por exemplo: (**1**,3,8,20) "Contudo, enquanto buscas fora, no próprio feito, o mal que agora pode ser visto, tu padeces angústias", ou seja, "apertos" (*sed, dum tu foris in ipso facto, quod iam uideri potest, malum quaeris, pateris angustias*). Obs.: próximo ao grego ἄπορος, "sem passagem", *angustus,* ou antes, *angustia,* como decorrência da dificuldade pela condição "sem saída" que expressa, indica também uma certa limitação ou "escassez", seja cognitiva, seja ética, que diante da eterna Verdade não terá lugar. **B.** No sentido de "ausência", "carência", "falta", inexistentes na Verdade, em que não há "angústias", nem defeito algum: (**2**,14,37,145) *nullae sunt angustiae, nullus in ea defectus.* **C.** O ser humano está impedido de fruir dos bens limitados pelas coordenadas espaço-temporais por causa de suas limitações, ou seja, "angústias": (**2**,14,38,147) *quominus eis frui possimus quibusdam inpedimur angustiis.*

anima (*subst.*) ALMA. Obs.: nos animais significa seu sopro ou princípio vital, aquilo que lhes anima os corpos, que lhes comunica a vida, imprimindo-lhes movimento, não o princípio inteligente (cf. **1**,7,16,53). Porém em sentido geral é utilizado, especialmente no livro terceiro, para referir a criatura inteligente em si mesma, como criada por Deus. No *L.A.* o termo *anima* distingue-se de *animus, mens, ratio* e *spiritus*, contudo podendo referir-se também à sede inteligente das paixões (cf. **1**,8,18,64), como nos ditos "movimentos da alma" (*animae motibus*), que devem ser dominados pela razão, mas que geralmente se situam no *animus*, o princípio inteligente (cf. **1**,8,18,65). **A.** A., como sede dos sentidos corpóreos e do sentido interior, presente igualmente nos animais: (**2**,3,8,27) *ille autem in ipsa intus anima.* **B$_1$.** A., como princípio vital, seja dos irracionais, seja dos racionais: (**1**,5,12,37) "E com respeito à vida, é possível seja duvidoso a alguém se de nenhum modo possa ela ser subtraída à alma, quando morre-se este corpo" (*de uita enim fortasse cuipiam sit dubium, utrum animae nullo pacto auferatur, dum hoc corpus interimitur*). **B$_2$.** A. admoestada pelo sentido interior: (**2**,5,12,48) *quo admonetur et anima bestiae...* **B$_3$.** A., como sendo a "vida do corpo": (**2**,6,13,53) "Com efeito, está manifesto que possuímos não apenas um corpo, mas também uma certa vida, pela qual o próprio corpo é animado e revigorado, dois atributos os quais reconhecemos igualmente nos animais" (*nam et corpus nos habere manifestum est et uitam quandam, qua ipsum corpus animatur atque uegetatur, quae duo etiam in bestiis agnoscimus*) (cf. **2**,9,27,109). **C.** A., considerada como princípio de vida ou movimento, situada em posição intermediária na escala ontológica, porque não apenas é (*est*), mas também vive (*uiuit*), posto que não intelija (*intellegere*): (**2**,6,13,52) "Natureza que não apenas existe, mas que também vive e não intelige, assim como a alma dos animais" (*etiam uiuit neque intellegit, sicuti est anima bestiarum*). **D.** A., como sede do movimento de aversão, que se diz "pecado": (**3**,1,2,7) *si... etiam illud motum habet anima.* **E$_1$.** A., ou vida (ψυχή), em sentido bem abrangente, como representando toda criatura racional criada por Deus: (**1**,2,4,11) *illae autem animae ex deo.* **E$_2$.** (**2**,13,37,143) "Pois de coisa nenhuma frui a alma com liberdade, a não ser da que frui com segurança" (*nulla enim re fruitur anima cum libertate nisi qua fruitur cum securitate*) (cf. **2**,11,31,125; **3**,5,16,59; 20,56,188; 190; 57,193; 196; 58,198; 21,59,200; 61,213; 62,214; 22,64,217; 65,224; 23,68,229; 24,72,250). **F$_1$.** A. humana, como princípio racional, sinônimo de *spiritus* ou *mens*, porque está conectada às divinas razões: (**3**,5,13,49) "Sem dúvida a alma humana [se encontra] conectada naturalmente às divinas razões, das quais pende... se diz algo verdadeiro e vê o que diz, vê naquelas razões, às quais está conectada" (*humana quippe anima naturaliter diuinis ex quibus pendet connexa rationibus... si uerum dicit et uidet quod dicit, in illis quibus conexa est rationibus uidet*). **F$_2$.** (**3**,10,30,108) "Porém a alma humana é racional" (*humana autem anima rationalis est*). **F$_3$.** (**1**,7,16,56) "No espírito está aquilo por que ultrapassamos os animais. Se eles fossem desprovidos de alma, diria que nós os superamos porque possuímos um espírito" (*in animo est id, quod belluis antecellimus, quae, si exanimes essent, dicerem nos eo praestare, quod animum habemus*). Obs.: nesta passagem Evódio parece confundir *anima*, o princípio vital, presente também nos animais, com *animus*, o princípio inteligente (cf. **2**,11,32,128). **G.** A., como ontologicamente melhor que o corpo, por ser o princípio inteligente: (**3**,5,16,58) "Portanto, porque toda alma é melhor do que todo corpo e toda alma pecadora, [não importa] aonde quer que tenha caído, por nenhuma mutação torna-se um corpo, nem absolutamente lhe é subtraído o fato de ser uma alma, e por isso não perde de modo nenhum [a condição] de ser melhor do que o corpo..." (*quia igitur omnis anima omni corpore est melior omnisque peccatrix anima quocumque ceciderit nulla commutatione corpus efficitur nec omnino illi aufertur quod anima est et ideo nullo pacto amittit quod corpore est melior...*) (cf. **3**,5,16,60; 11,134,118; 20,56,188; 23,70,238). **H$_1$.** A. pecadora e sofredora: (**3**,5,12,42) "Ainda que nossa alma tenha sido putrefeita pelos pecados" (*anima nostra peccata tabefacta sit*). **H$_2$.** (**3**,9,27,96) "Alma pecadora" (*peccatrix anima*). **H$_3$.** (**3**,23,70,238) "Porém se a ignorância e a dificuldade, a partir de que é necessário que essa vida comece, não são naturais às almas..." (*si autem ignorantia et difficultas, a quibus istam uitam necesse est incipere, non sunt animis naturales...*). **H$_4$.** Não se harmonizam as a. com a morada celeste através do pecado, mas se harmonizam com a terrestre através do castigo: (**3**,9,27,98) "Portanto uma alma de tal espécie não se faz congruente com a habitação celeste através do pecado, porém é congruente com a terrestre através do castigo" (*habitationi ergo coelesti talis anima non congruit per peccatum, terrestri autem congruit per supplicium*) (cf. **3**,5,12,43; 9,25,89; 91; 26,92; 27,96; 15,44,151; 25,55,89; 91; 18,52,178; 20,56,191-192; 57,195; 22,63,216; 64,218). **I.** A vida do corpo é a alma, assim como a vida da a., Deus: (**2**,16,41,161) "Pois assim como toda a vida do corpo é a alma, assim também a vida feliz da alma é Deus" (*sicut enim tota uita corporis anima est, sic beata uita animae deus est*). **J.** A., como sede das paixões, os movimentos irracionais que devem ser governados pela razão: (**1**,8,18,61) *motibus animae.* **K.** A., como sede das virtudes, consideradas "disposição de alma": (**1**,13,27,89) *fortitudo... animae adfectio.* **L.** A., como sede de todos os dons da criatura racional: (**2**,2,4,10) *a quo animae data sunt omnia bona.* **M.** A alma dos animais, como princípio que busca a unidade: (**3**,23,69,234-235). **N.** As a., mesmo pecadoras, como necessárias à ordem universal: (**3**,9,26,93-94) "Não serem os próprios pecados ou a própria infelicidade necessários à perfeição da universalidade, mas as almas, enquanto são almas..." (*non ipsa peccata uel ipsam miseriam perfectioni uniuersitatis esse necessaria, sed animas in quantum animae sunt...*). **O.** As a. angélicas, imprescindíveis à ordem da criação: (**3**,9,27,99) *optimae animae* (cf. **3**,11,32,113-114). Obs.: vê-se claramente a confusão dos termos, pois assim como os animais possuem almas, igualmente os seres mais sublimes da criação as têm. Se nos animais a alma é o princípio vital, que lhes anima os corpos, nos anjos imagina-se que seja o próprio princípio inteligente, em que eles se constituam, a não ser que estejam sendo considerados como seres dotados de corpos espirituais dotados de almas, o que causaria enorme espécie.

animal (*subst.*) ANIMAL: (**2**,3,8,27) "Os animais procuram obter e tomam para si o que os deleita ou evitam e rejeitam o que lhes é desagradável" (*uel adpetunt animalia delectata et adsumunt uel offensa deuitant et respuunt*). Cf. **3**,23,69,236; 24,71,243.

animalis (*adj.*) ANIMADO ou ANIMAL, liter. "dotado de alma", o princípio de vida ou de movimento (cf. *anima*): (**1**,7,16,56) "Agora, pois, porque eles também sejam dotados de alma" (*nunc uero cum et illa sint animalia*).

animo (*v. tr.*) ANIMAR, no sentido de soprar vida ou movimento a algum corpo inanimado, que, se não possuísse uma alma (*anima*), seria apenas matéria inerte. Obs.: esse movimento pode ser físico, em referência aos movimentos do corpo, ou espiritual, como as disposições virtuosas ou as inclinações sensuais, por exemplo. **A.** (**2**,6,13,53) "Uma certa vida, pela qual o próprio corpo é animado" (*uitam quandam, qua ipsum corpus animatur*). **B.** (**2**,6,14,55) "De que a própria vida, pela qual o corpo é animado por disposições variadas" (*et ipsam uitam,* *qua corpus animatur per adfectus uarios*). **C.** (**3**,24,71,242) "Se alguém houvesse sido animado por uma disposição tal..." (*si quisquam tali adfectione animatus esset...*). **D.** (**3**,23,68,229) "Se as almas, pelas quais [os corpos] são animados..." (*si animae, quibus animantur*).

animus (*subst.*) Espírito, compreendido geralmente como sinôn. de "mente" (*mens* ou *spiritus*). Trata-se do princípio inteligente, ausente nos animais, os quais possuem apenas *anima*, o princípio de vida, ou de movimento (cf. **1**,7,16,56). **A$_1$.** O e. vicioso ou virtuoso: (**1**,10,20,72) "Portanto nenhum espírito vicioso supera o espírito armado de virtude" (*nullus igitur uitiosus animus uirtute armatum animum superat*). **A$_2$.** (**1**,10,20,73) "O e. provido de virtude" (*animum uirtute praeditum*). **A$_3$.** O e. vicioso: (**1**,16,35,116). **B.** O e., considerado como algo distinto da mente: (**1**,10,20,73) "O espírito justo e a mente que salvaguarda o direito e o domínio que lhe é próprio" (*animus iustus mensque ius proprium imperiumque custodiens*). **C.** O e. preexistente: (**1**,12,24,81) "Se acaso, antes do consórcio com este corpo, em alguma outra vida, tenha vivido o espírito..." (*utrum ante consortium huius corporis alia quadam uita uixerit animus...*). **D.** O e. autônomo: (**3**,1,2,9) "O espírito, enquanto não quer, não se move assim" (*animus uero dum non uult non ita mouetur*) (cf. **1**,11,22,78; 13,29,98; 15,32,111). **E$_1$.** O e., como princípio inteligente que rege o corpo: (**3**,25,75,260) "Subjaz à intenção do espírito... primeiro o próprio espírito... depois o corpo que administra..." (*intentioni animi subiacet... prius ipse animus... deinde corpus quod administrat...*). **E$_2$.** O e. é digno de contemplação, depois de Deus: (**3**,25,76,261) "Também sucede que o espírito considere a si próprio... e a si ele próprio de certo modo venha à mente, porém com a diferença de que ele não é o que Deus é, e contudo é algo que possa aprazer, depois de Deus" (*etiam se ipsum... animus intueatur et sibi ipse quodam modo ueniat in mentem... nisi differentia qua non est quod deus et tamen aliquid est quod possit placere post deum*) (cf. **3**,25,75,260). **F$_1$.** O e. é uma natureza distinta do corpo e a ele superior: (**2**,17,25,173). **F$_2$.** (**2**,18,48,182) "A natureza do corpo existe em grau inferior ao da natureza do espírito, e que por isto o espírito é um bem maior do que o corpo" (*corporis inferiore gradu esse quam animi naturam ac per hoc animum maius bonum esse quam corpus*). **G.** E., considerado como "alma". Obs.: em **1**,8,18,65 *animus* foi traduzido por "alma", em vez de espírito, numa passagem que deixa entrever uma certa confusão terminológica por parte de Agostinho, pois os termos "razão" (*ratio*), "mente" (*mens*) e "espírito" (*spiritus*), que são tidos por sinônimos nesta passagem, distinguem-se aqui de *animus*, comumente traduzido por espírito: "Logo essa razão, ou mente, ou espírito, quando rege os movimentos irracionais da alma, sem dúvida domina no homem aquilo que deve exercer o domínio..." (*ratio ista ergo uel mens uel spiritus, cum inrationales animi motus regit, id scilicet dominatur in homine, cui dominatio lege debetur...*). Um pouco antes, em 18,64, o mesmo se diz de *anima:* "Portanto, quando a razão exerce o domínio sobre estes movimentos da alma" (*hisce igitur motibus animae cum ratio dominatur*). Contudo, ainda que em 18,65 se tenha vertido *animus* por "alma", parece tratar-se do princípio pensante, em contraposição ao princípio vital. Em **1**,9,19,68 o contexto indica que *animus* está sendo referido à "alma", porque Agostinho diz que o espírito não está no corpo, mas "na alma" (*in animo*), passagem que restaria incoerente, se se dissesse que o espírito estava no espírito: "E assim, como fosse evidente que [aquilo por que os homens superam os animais] se situava em sua alma" (*ita cum in animo esse adpareret*). **H.** *Animus,* como sinôn. de *mens, ratio* e *spiritus:* (**1**,9,19,68) "Não encontramos outro nome com que deveria ser denominado [o princípio inteligente], além de 'razão', a qual recordamos em seguida chamar-se não apenas de 'mente' mas também de 'espírito'" (*quid aliud appellandum esset quam ratio, non comperimus; quam postea et mentem et spiritum uocari recordati sumus*) (cf. **3**,21,61,213). **I.** O e., como sendo algo melhor do que a natureza corpórea: (**1**,10,20,72) "Então suponho que tu não hás de negar que qualquer espírito seja melhor e mais potente do que todo corpo" (*iam corpore omni qualemlibet animum meliorem potentioremque esse non te arbitror negaturum*) (cf. **2**,18,48,182). **J**$_1$. O e., como sede da sabedoria e da inteligência: (**1**,12,24,81) "Porém, visto que a sabedoria esteja no espírito" (*sed cum sapientia in animo sit*). **J**$_2$. (**1**,7,16,56) "No espírito está aquilo por que ultrapassamos os animais" (*in animo est id, quod belluis antecellimus*) (cf. **2**,16,42,164). **K.** O e., como sede das virtudes, ou dos vícios: (**1**,13,29,97) "Aquelas virtudes, conforme [nos] ensinou a razão, habitarão nosso espírito" (*illae uirtutes, ut ratio docuit, animum nostrum incolent*) (cf. **1**,5,12,34; **2**,18,50,190; **3**,2,5,17). **L.** O e., como a sede da boa vontade: (**1**,12,25,85): "Possuir algo no espírito, digo, esta mesma boa vontade" (*in animo, hanc ipsam dico bonam uoluntatem*). **M.** O e. deve converter-se para a incorrupção e averter-se da corrupção: (**2**,10,28,115) "Que o espírito deva ser avertido da corrupção e convertido para a incorrupção..." (*a corruptione auertendum animum atque ad incorruptionem conuertendum esse*) (**2**,10,29,117; 19,52,198). **N.** O e. julga acerca do próprio espírito: (**2**,12,34,133) "Sabemos não somente que o espírito é assim deste modo, mas quase sempre também que de outro modo é que deve ser" (*non solum ita esse animum nouimus, sed plerumque etiam ita esse debere*). **O.** Os corpos se movem através do espaço e do tempo, porém o e., apenas através dos tempos: (**2**,16,42,167) "Movem seu corpo através dos lugares e dos tempos; o seu espírito, porém, [apenas] através dos tempos" (*corpus suum per locos et tempora mouent, animum uero per tempora, accessu quippe temporis peritiores fiunt*). **P**$_1$. A vontade move o e.: (**3**,1,2,6) "O espírito seja movido por esse movimento" (*eo motu animum moueri*). **P**$_2$. (*ibid.*) o movimento de aversão da vontade está no espírito: *in animo eum uideo.* **P**$_3$. O movimento do e. é voluntário: (**3**,1,2,10) *animo uero iste uoluntarius.* **P**$_4$. A vontade é um movimento do e.: (**3**,1,1,2; 1,2,11). **Q.** O e. é tocado por dois tipos de "visão": (**3**,25,74,255) "O espírito seja tocado não apenas por visões das coisas superiores, mas também das inferiores" (*et ex superioribus et ex inferioribus uisis animum tangi*). **R.** Os números impressos no e.: (**2**,8,21,81). **S**$_1$. Os bens médios estão no e.: (**2**,18,48,182). **S**$_2$. (**2**,19,50,191) "As potências do espírito, sem as quais não se pode viver de modo reto, são bens médios" (*potentiae uero animi, sine quibus recte uiui non potest, media bona sunt*). **T.** Os objetos corpóreos amados pelo e. tornam-se parte dele: (**1**,15,33,113) "E por isso mesmo não se prende a elas com amor nem as torna como que membros de seu espírito, o que se faz quando se as ama" (*et ideo non eis amore adglutinetur neque uelut membra sui animi faciat, quod fit amando*). **U.** O e. contemplante: (**2**,16,44,171) *animi consideratione.* **V**$_1$. Assim como os corpos, o e. também é mutável: (**2**,17,45,172) *de mutabilitate corporis et animi.* **V**$_2$. A natureza do e. não é mudada pela mutabilidade do corpo: (**3**,9,28,100) *animi naturam mutabilitate corporis non mutari* (cf. **3**,21,60,203). **W.** A vida feliz é uma disposição do e.: (**2**,19,52,196) *uita beata, id est, animi adfectio.*

anxietas (*subst.*) Ansiedade, no sentido de um "desejo sôfrego", "aflito", porque insaciável. Obs.: trata-se de uma das muitas penas infligidas à mente que se submete espontaneamente ao reinado da *libido*, ou seja, ao domínio tirânico que as inclinações sensuais exercem sobre os que não aderem à Sabedoria. De par com a ansiedade, Agostinho elenca outras tantas punições, que se subdividem de modo aproximado em dois grandes grupos: desejos e medos, ou seja, desejo de possuir o que se imagina poderia causar prazer, e o medo de perdê-lo, mas também o medo de não possuir o que leva ao prazer e o medo de sofrer algum incômodo, seja físico, seja mental. Ei-las: (**1**,11,22,77) temor (*timor*); carência (*desiderium*); ansiedade (*anxietas*); (vã e falsa) alegria (*inanis falsaque laetitia*); tormento, em decorrência de ter perdido algo que era diligentemente amado (*cruciatus rei amissae quae diligebatur*); ardor, como desejo inflamado de adquirir o que se não possui (*ardor adipiscendae quae non habebatur*); dor, física ou moral, por causa de ofensa recebida (*dolor acceptae iniuriae*); fúria incandescente, em decorrência do desejo de vingar a ofensa recebida (*fax uindicandae iniuriae*). A esses desejos e medos inquietantes, Agostinho associa diversos vícios, mas como causa de sofrimento ao seu possuidor: avareza (*auaritia*), que é desejo desmedido de possuir bens; a luxúria (*luxuria*), que é desejo insaciável de prazer; a ambição (*ambitio*), que é desejo de glória e poder; a soberba (*superbia*), que é desejo de ser considerado mais e melhor do que os outros; a inveja, ou melhor, invídia (*inuidia*), que é desejo dos bens alheios e mau olhado contra seu possuidor; a indolência (*desidia*), que é desejo de ociosidade; a obstinação (*peruicacia*), que é desejo incontrolável de fazer algo, uma teimosa insistência; a sujeição (*subiectio*), que neste caso significa desejo de subserviência, seja aos desejos alheios, seja aos próprios. Esse, pois, é o reinado tirânico das inclinações sensuais, que aflige as almas que se avertem espontaneamente da Sabedoria, submetendo a razão aos movimentos irracionais da alma, que constituem esses mesmos desejos insaciáveis e o medo que lhes acompanha.

apostato (*v.*) Apostatar, liter. "manter-se afastado" [ἀποστατέω]: (**3**,25,76,263): "O início da soberba do homem é o apostatar de Deus" (*initium superbiae hominis apostatare a deo*).

arbitrium (*subst.*) Arbítrio. Obs.: derivado de *arbiter*, "árbitro", aquele que tem o poder de julgar ou decidir uma disputa, como um juiz (*iudex*). Em relação especificamente à vontade (*uoluntas*), trata-se de uma decisão, obviamente racional, do querer. Portanto o livre arbítrio (*liberum arbitrium*) é um "juízo" da vontade absolutamente isento de quaisquer constrangimentos ou coerções, de onde ser moralmente responsável, numa palavra, ser a causa de uma dada natureza preterir o bem em benefício do mal, fazendo-se "partidária do desejo" (*cupiditatis comes*), em vez de fazer-se "partidária da razão" (*rationis comes*), uma vez que a Lei eterna prescreve que a natureza superior, no caso a razão, deva ser preferida à inferior, os movimentos irracionais da alma. No entanto a questão é bem mais profunda, pois o arbítrio livre do querer não se restringe aos atos levados a efeito, mas também ao próprio arbitrar, visto que nem mesmo arbitrar qualquer coisa seria possível, no sentido mais abrangente de pensar racionalmente, sem a liberdade do querer. De fato, se, por um lado, não se pode arbitrar o querer sem a liberdade, por outro nem mesmo se pode arbitrar, sem querer; ou querer (*uelle-uoluntas*), sem arbitrar. Portanto vontade, liberdade e arbítrio se unem inextricavelmente nos seres racionais; e sem qualquer um deles, ou seja, sem que possa arbitrar livremente o que queira querer, ou sem querer livremente ou que queira arbitrar, para o que, em um e outro caso, é imprescindível a liberdade, seria inconcebível a própria criatura racional, como a entende Agostinho. **A.** No sentido do poder arbitrário de decisão de um único governante ou de um seleto grupo, que detém essa capacidade em lugar do povo: (**1**,6,14,46) "Confiando tal poder ao arbítrio de uns poucos bons, ou até mesmo de um só homem" (*et in paucorum bonorum, uel etiam unius, redigat arbitrium*). **B.** No sentido de "decisão" ou "juízo" livre, que na seguinte passagem parece ser uma faculdade distinta da vontade, a que se associa por uma conjunção aditiva: (**1**,11,21,76) "Nenhuma outra coisa torne a mente companheira abnegada do desejo, exceto a vontade e o livre arbítrio" (*nulla res alia mentem cupiditatis comitem faciat quam propria uoluntas et liberum arbitrium*). **C_1.** O a. livre da vontade como a causa do malfazer humano: (**1**,16,35,117) "Nós o fazemos a partir do livre arbítrio da vontade" (*id facimus ex libero uoluntatis arbitrio*). **C_2.** (**2**,1,1,1; *Ret.* 1,9,1-3) "Não apenas possuímos o livre arbítrio da vontade, como tampouco pecamos a não ser por meio dele" (*habemus liberum uoluntatis arbitrium et non nisi eo peccamus*). **D.** Da conveniência de ter sido dado ao homem o livre a. da vontade, por meio de que ele peca: (**2**,1,1,1) "Por que Deus teria dado ao homem o livre arbítrio da vontade, pois se não tivesse recebido, por certo não poderia pecar" (*quare dederit deus homini liberum uoluntatis arbitrium, quod utique, si non accepisset, peccare non posset*) (cf. **1**,16,35,117). **E.** Nem haveria justiça, tampouco o homem poderia fazer o bem, se não pudesse arbitrar livremente sua vontade: (**2**,1,3,7) *non enim aut peccatum esset aut recte factum quod non fieret uoluntate* (cf. **2**,18,47,179). **F.** A presciência e o livre a.: (**3**,3,6,21) "Pois, dizes, se Deus é presciente de que o homem há de pecar, é necessário que ele peque; porém, se é necessário, logo não há, em seu pecar, arbítrio da vontade, mas antes uma inevitável e fixa necessidade" (*si enim praescius est deus, inquis, peccaturum esse hominem, necesse est ut peccet; si autem necesse est, non ergo est in peccando uoluntatis arbitrium, sed potius ineuitabilis et fixa necessitas*) (cf. **3**,4,9,37; 38). **G.** Deus deve ser louvado por ter dado às almas o livre a. da vontade, sem o que elas não poderiam pecar, tampouco fazer o bem; e as almas que pecam são melhores do que as que não pecam simplesmente porque não podem fazê-lo: (**3**,5,16,59) "Visto que também essas tais ainda sejam melhores do que aquelas, as quais, por não possuírem nenhum arbítrio racional e livre da vontade, não podem pecar" (*cum adhuc et tales meliores sint eis quae, quoniam nullum habent rationale ac liberum uoluntatis arbitrium, peccare non possunt*). **H_1.** Após o pecado, como penalidade, as almas não possuem mais um a. livre da vontade semelhante ao do homem antes da queda, visto que não logram dominar seus corpos e suas inclinações sensuais com a mesma facilidade inaugural: (**3**,11,34,118) "Porém, tendo sido ordenada em corpos inferiores e mortais após o pecado, [a alma] rege seu próprio corpo, não completamente em virtude de seu arbítrio, mas como as leis da universalidade o permitem" (*in corporibus autem inferioribus atque mortalibus post peccatum ordinata, regit corpus suum, non omnimodo pro arbitrio, sed sicut leges uniuersitatis sinunt*). **H_2.** (**3**,18,52,177) "E nem se deve admirar que, ignorando, não possui o livre arbítrio da vontade para eleger o que retamente deva fazer..." (*nec mirandum est quod uel ignorando non habet arbitrium liberum uoluntatis ad eligendum quod recte faciat...*). **I_1.** Toda natureza racional foi fundada por Deus com o a. livre da vontade: (**3**,13,37,129) *omnis natura rationalis, cum libero uoluntatis arbitrio condita...* **I_2.** (**3**,24,72,249) "O primeiro homem... visto que estivesse no seu arbítrio livre..." (*primus homo... cum esset in libero arbitrio...*).

arbitror (*v.*) JULGAR, AJUIZAR; liter. "arbitrar". Obs.: essas atividades todas não prescindem da razão, obviamente, sendo interditas aos irracionais. Cf. **1**,1,2,4; 4,9,22; 5,11,32; 6,15,50; 7,17,60; 10,20,71-72; 74; 12,25,84; 15,31,104; **2**,2,5,13; 3,7,23; 8,27; 4,10,38; 6,13,52; 8,20,79; 9,25,96; 98; 27,104; 15,39,155; **3**,2,5,17; 8,22,77; 10,29,104; 15,42,147; 21,62,214; 23,70,239; *Ret.* Pról. §1.

ardor (*subst.*) ARDOR, no sentido de um "desejo ardente": (**1**,11,22,78). Obs.: trata-se de uma das inúmeras penalidades infligidas à mente racional que se deixou dominar livremente pelas inclinações sensuais. Cf. *anxietas*.

ars (*subst.*) Arte. Obs.: não se deve compreender o termo num sentido romântico de produto da inspiração ou genialidade do artista, e sim no sentido clássico do termo τέχνη, mais uma técnica, conjunto de normas do "fazer" (ποίησις), o que se refere tanto à arte de um Fídias como ao artesanato de um oleiro; contudo não se deve deixar de compreendê-lo também como uma teoria, sentido obviamente derivado, a partir da reflexão acerca de uma técnica específica, como por exemplo na "arte" *Retórica* de Aristóteles. **A.** Em referência ao produto do artista ou artesão: (**2**,16,42,167) "E no entanto, quando se acomodam à sua arte para aprendê-la, os que querem fazer-se artífices..." (*et discendae arti tamen, cum se accommodant, qui se artifices fieri uolunt*). **B.** A. médica: (**3**,8,23,81) *arti medicinae.* **C.** Em referência às artes liberais, como *grammatica, rhetorica, dialectica* etc.: (**1**,15,32,109) *bonis artibus.* **D.** No segundo livro do *L.A.* (**2**,16,42,166) Agostinho se utiliza do termo num sentido bastante inusitado, em referência ao número metafísico, situado fora do espaço e do tempo, porque incorpóreo. Obs.: aquilo que ele antes (**2**,8,24,93) havia chamado de "razão e verdade do número" (*ratio et uertias numeri*), agora encontra-se numa "arte" (*ars*): "Examina a beleza da mobilidade em um corpo: os números se revolvem no tempo. Adentra a arte de onde eles procedem..." (*inspice pulchritudinem mobilitatis in corpore: numeri uersantur in tempore. intra ad artem unde isti procedunt...*). Trata-se neste caso de uma arte numérica divina, não da matemática contábil, numa palavra, da Arte criadora de Deus: (**3**,15,42,144) "Que sejam tanto mais viciosas quanto mais se afastam da arte dele, pela qual foram feitas, e que fossem tanto mais vituperadas quanto mais o vituperador delas vê a arte pela qual foram feitas..." (*in tantum uitiosae sint in quantum ab eius qua factae sunt arte discedunt, et in tantum uituperentur in quantum earum uituperator artem qua factae sunt uidet, ut hoc in eis uituperet, quod ibi non uidet*). **E.** Essa a. criadora é a Sabedoria imutável: (**3**,15,42,145): "E se a própria arte, através da qual foram feitas todas as coisas, isto é, a suprema e absolutamente imutável Sabedoria de Deus..." (*et si ars ipsa per quam facta sunt omnia, hoc est, summa et incommutabilis sapientia dei...*). Neste sentido, pois, Cristo é a Arte de Deus, por meio de que sua obra (ποίησις) foi feita (πεποίηκα).

artifex (*subst.*) **A.** Artífice [*ars* + *facere*], no sentido clássico do termo, em referência àquele que faz algo segundo as regras de uma arte (τέχνη). Trata-se, pois, não apenas daquele que tem domínio de uma técnica, de um modo de fazer (ποιέω), seja escultura, seja poesia, seja música, seja cerâmica, seja arquitetura, seja o que for que requeira algum conhecimento sistemático e repetitivo, que se denominava com o termo "arte", mas também o próprio conjunto das regras de determinada arte, como nas diversas "Artes" escritas na Antiguidade: *ars rhetorica* (τέχνη ῥητορική), *ars grammatica* (τέχνη γραμματική), *ars poetica* (τέχνη ποιητική), *ars musica* (τέχνη μουσική) etc. Obs.: essa noção distancia tanto o retórico ou o gramático quanto o poeta ou o músico daquele devaneio romântico que pensava a arte mais como inspiração passiva do que como atividade construtiva, quando então o poeta seria como que abduzido num arroubo místico, a partir de onde retornaria com o poema pronto, saído das camadas mais profundas de seu eu, de modo tão mais natural, sincero e louvável quanto mais artificioso, falso e repreensível supunha-se tudo aquilo que era produto de uma técnica qualquer, noção essa sem dúvida muito mal compreendida, a não dizer deturpada adrede. (**2**,16,42,165) "E os homens, artífices por certo de todas as formas corpóreas, em sua arte têm números, aos quais adaptam sua obra, e movem as mãos e os instrumentos no fabrico por tanto tempo, até que aquilo que é formado por fora... impetre sua absoluta realização e agrade, através do sentido intérprete, ao juiz interno..." (*et omnium quidem formarum corporearum artifices homines in arte habent numeros quibus coaptant opera sua, et tamdiu manus atque instrumenta in fabricando mouent, donec illud quod formatur foris... impetret absolutionem placeatque per interpretem sensum interno iudici...*) (cf. **2**,12,42,167; 43,168; 20,54,203). **B.** Artífice, como epíteto divino, ao lado de outros tantos usado por Agostinho, como: *creator, conditor, administrator, institutor* etc. Na verdade, para além do epíteto, elabora o filósofo uma sofisticada metáfora, em que o Artífice divino, Deus, segundo sua "Arte", a Sabedoria imutável, que é Cristo, "fabrica" sua obra, a Criação. **B$_1$.** (**2**,20,54,203) "E certamente todo objeto, onde tiveres visto medida, número e ordem, não hesites em atribuir a seu artífice, Deus!" (*ubi mensuram et numerum et ordinem uideris, deo artifici tribuere ne cuncteris*). **B$_2$.** (**3**,5,13,49) "E tampouco podes cogitar algo melhor na criação, que tenha escapado ao Artífice da criação" (*neque enim tu potes aliquid melius in creatura cogitare quod creaturae artificem fugerit*). **B$_3$.** (**3**,12,35,123) "Deus, o Artífice de todas as coisas" (*artificem omnium... deum*). Cf. **3**,15,42,144-145.

arx (*subst.*) Cidadela (ἀκρόπολις), o ponto mais alto [τὸ ἄκρον] duma cidade [πόλις]; de onde então, por ser a posição mais protegida: fortaleza; refúgio, baluarte, fortificação etc.. **A.** (**1**,10,20,73) "O espírito justo e a mente que salvaguarda o direito e o domínio que lhe é próprio, pode acaso derribar de sua cidadela uma outra mente, que exerce o seu reinado com igual equidade e virtude...?" (*animus iustus mensque ius proprium imperiumque custodiens num potest aliam mentem pari aequitate ac uirtute regnantem ex arce deicere...?*). **B.** A cidadela, como a fortificação de onde a mente deve impor o seu domínio e não se deixar surpreender pelas inclinações sensuais: (**1**,16,34,114): *arce dominandi.* Obs.: a ideia, de viés altamente racionalista, é que a mente, quando exerce de fato, segundo a Lei eterna, sua prerrogativa de dominar as demais faculdades da alma, sobremodo as desiderativas, possui uma supremacia inabalável, exercida do alto de sua cidadela, de onde só pode ser derribada se quiser, jamais por alguma outra potência. **C.** No mesmo sentido, em relação à condição de intimidade com a Sabedoria, de onde a alma do primeiro homem não poderia ser demovida, senão por sua livre vontade: (**3**,24,73,253) "Da cidadela da Sabedoria" (*ex arce sapientiae*).

ascendo (*v.*) Ascender, no sentido de "elevar o espírito", em contemplação, desde o grau ínfimo ao supremo: (**3**,5,13,47) "E na verdade, vai-se desde a terra mais feraz e amena até a mais salsa e infecunda, gradativamente, por meio das intermediárias, de modo que não ouses repreender nenhuma [delas], senão em comparação com uma melhor, e assim ascendas por todos os graus do louvor, até que tenhas encontrado o gênero supremo de terra, ainda que não queiras que ele exista por si só" (*namque a terra feracissima et amoenissima usque ad salsissimam et infecundissimam ita gradatim per medias peruenitur ut nullam reprehendere audeas nisi in conparatione melioris atque ita per omnes gradus laudis ascendas ut quod summum genus terrae inueneris, solum tamen esse nolis*). Obs.: nesta passagem a ascensão se refere aos graus do solo, do fértil ao infértil e do ameno ao salgado, porém esse processo pode ser aplicado à contemplação de todas as criaturas (cf. **3**,24,72,245).

aspectus (*subst.*) Obs.: como particípio [*aspicio*], significa liter. "o que foi visto" ou "contemplado", de onde derivam seus sentidos substantivados. **1.** Aspecto, no sentido de "aparência exterior": (**2**,9,27,107) "E assim, um considera prazerosamente a altitude de algum monte e se compraz com seu aspecto..." (*et alius altitudinem montis alicuius libenter intuetur et eo gaudet* *aspectu...*) **2.** OLHAR, o ato de voltar os olhos para algum objeto passível de apreensão pelos sentidos da visão. **A.** (**2**,9,27,108) "A própria luz é una, na qual o olhar de cada um dos que consideram vê e possui a [visão] de que queira desfrutar" (*lux tamen ipsa una est in qua uidet et tenet quo fruatur unius cuiusque intuentis aspectus*). **B.** (**2**,12,33,132) "Mas alguma terceira coisa, para a qual se direcione o olhar de um e outro" (*sed aliquid tertium in quod utriusque conferatur aspectus*). **C.** O olhar mais lânguido: (**2**,16,42,167) *languidiorem aspectum.* **3.** VISÃO, compreendida simultaneamente como o ato de olhar e também o seu resultado, as imagens que se formam no aparelho visual de cada contemplante: (**2**,13,36,142) "Aqueles, que... se alegram nessa visão" (*illi, qui... eo aspectu laetificantur*). Cf. *uisio.*

aspicio (*v.*) **1.** OBSERVAR: (**2**,4,10,39) "O animal não poderia de modo nenhum abrir os olhos e movê-los, enquanto observa, em direção ao que buscava ver, a não ser que, tendo os olhos fechados, ou não os tendo assim movido, sentisse que não estava vendo" (*namque aperire oculum et mouere aspiciendo ad id quod uidere adpetit nullo modo posset, nisi oculo clauso uel non ita moto se id non uidere sentiret*). **2.** OLHAR: (**2**,18,48,183) "Se olhasses para alguém sem os pés..." (*sine pedibus aliquem si aspiceres*). **3.** VER: (**3**,9,28,101). **4.** CONTEMPLAR: (**2**,16,44,171) "Aqueles, que na luz do Sol elegem aquilo que prazerosamente queiram divisar" (*qui in luce solis eligunt quod libenter aspiciant*). **5.** EXAMINAR: (**3**,23,69,232) "Embora não sejam capazes de examinar o Bem supremo, o que e quanto seja, querem que todas as coisas sejam tais qual pensam ser o seu Bem supremo" (*cum summum bonum quod et quantum sit aspicere nequeant, talia uolunt esse omnia, quale putant esse summum bonum*).

auaritia (*subst.*) AVAREZA. **A.** Uma das inúmeras penas infligidas à mente que se sujeita livremente às inclinações sensuais (*libidines*): (**1**,11,22,78). Cf. *anxietas.* **B$_1$.** A. é a raiz de todos os males: (**3**,17,48,164) *radicem omnium malorum esse auaritiam.* **B$_2$.** A. é um desejo desmedido: (**3**,17,48,165) *auaritiam, hoc est, plus uelle quam sat est...* **B$_3$.** (**3**,17,48,166) A avareza "deve ser compreendida em todas as coisas que são desejadas imoderadamente, onde quer que alguém queira mais do que é suficiente". **C.** A. é *philarguría:* (**3**,17,48,166) *"auaritia" enim, quae graece* φιλαργυρία *dicitur.* Obs.: φιλαργυρία significa "amor da prata" [φιλία + ἀργύριον], mas também, em seu sentido derivado, "amor do dinheiro", ou "das moedas". **D.** A. é *cupiditas,* uma vontade ímproba: (**3**,17,48,167) "Porém esta avareza é um desejo [cúpido], e o desejo [cúpido], por sua vez, é uma vontade ímproba" (*haec autem auaritia cupiditas est, cupiditas porro inproba uoluntas est*). Obs.: difícil saber se Agostinho esteja somente interpretando φιλαργυρία, ou se também a versão bíblica de que dispunha (*Vetus Latina*) traduzia realmente o termo grego por *auaritia.* O texto paulino (1Tim 6,10) assim se lê literalmente: "Porque a raiz de todos os males é o amor da prata" (ῥίζα γὰρ πάντων τῶν κακῶν ἐστιν ἡ φιλαργυρία). Porém na Vulgata Jerônimo opta por *cupiditas,* de que Agostinho se utiliza para definir esse mesmo "amor da prata". Mas neste caso o termo *cupiditas* não deve ser traduzido de modo neutro, como no livro primeiro, por "desejo" *simpliciter,* pois trata-se evidentemente de algo bem mais próximo do que se entende hoje por "cupidez" que de um mero "desejar" (*cupio*). Já Lutero (1534), como bom agostiniano que era, concilia a fidelidade devida a seu mestre com uma feliz literalidade, ao verter φιλαργυρία por *Geldgier,* que quase todos os dicionários traduzem por "avareza", mas que literalmente significa "cobiça" ou "avidez" (*Gier*) pelo "dinheiro", *das Geld.* Do mesmo modo faz a celebrada tradução ecumênica da Oxford University Press, *The New Oxford Annotated Bible,* que traduz φιλαργυρία por "o amor do dinheiro" (*the love of money*), que de modo tão mais interessante quanto inusitado faz preceder do artigo definido. Portanto, "amor da prata", "amor do dinheiro", ou "avareza", em última instância se compreendem de modo inequívoco como "desejos desmedidos", ou seja, que ultrapassam a "medida" do que se crê que a natureza necessite, porque não foram submetidos ao guante da razão.

auarus (*adj.*) AVARO, aquele que se deixa levar pelo desejo desmedido (cf. *auaritia*): (**1**,15,33,113) "Consideras então que a prata e o ouro devam ser acusados por causa dos avaros" (*num aut argentum et aurum propter auaros accusandum putas*).

auctor (*subst.*) AUTOR, em vários sentidos. **A_1.** No sentido de "causa", em referência a Deus, o suposto causador do mal, ou dos pecados, ou dos vícios: (**1**,1,1,1; *Ret.* 1,9,6) *utrum deus non sit auctor mali* (cf. **1**,1,1,2). **A_2.** (**1**,2,4,11) "Deus não é o autor dos pecados" (*non esse peccatorum auctorem deum*) (cf. **1**,16,35,117; **2**,20,54,201; **3**,24,71,240; 72,244). **B_1.** No sentido de "responsável", em referência ao ser humano, o culpado pelo mal: (**1**,1,1,2-3) "Logo existe um outro autor daquele mal, cujo [autor] constatou-se não ser Deus?" (*est ergo alius auctor illius mali, cuius deum non esse compertum est?*). **B_2.** Cada malfeitor é o a. de seu próprio malfeito: (*ibid.*) *sed quisque malus sui malefacti auctor est* (cf. **1**,1,3,7). **C.** No sentido de "instrumento", em referência àquele por meio de quem se aprende alguma coisa, que é um "autor" do bem: (**1**,1,3,9) "Portanto quem quer que procure o autor pelo qual aprendemos alguma coisa sem dúvida procura o autor pelo qual fazemos bem" (*quisquis igitur quaerit auctorem per quem aliquid discimus, auctorem profecto per quem bene facimus*). **D_1.** No sentido de "criador", em referência a Deus: (**2**,18,49,188) "Não descobrir a qual autor devam ser atribuídos a não ser àquele Fundador de todos os bens, Deus" (*nec inuenire cui auctori tribuantur nisi bonorum omnium conditori deo*) (cf. **3**,4,11,40; 21,60,206). **D_2.** Deus é o a. da alma: (**3**,22,65,224) *auctor animae.* Obs.: note-se a ideia preservada pela raiz do verbo *augeo*, "aumentar", "imprimir destaque" etc., de onde derivam as acepções correntes de "autoria", "criação", "responsabilidade pela ação", "autoridade" entre muitas outras. **E.** "Autor", como um dos inúmeros epítetos de Deus atribuídos por Agostinho: (**3**,22,65,223) "O Autor de seu começo" (*inchoationis sentit auctorem*). Cf. *creator, artifex, adiutor, conditor, institutor* etc.

auctoritas (*subst.*) AUTORIDADE. Obs.: no *De ordine* (2,9,27) Agostinho diz que a autoridade é em parte divina, em parte humana (*auctoritas autem partim diuina est, partim humana*). A divina é verdadeira, firme, suprema (*sed uera, firma, summa ea est quae diuina nominatur*), porque transcende toda capacidade humana em seus signos sensíveis (*in sensibilibus signis transcendit omenm humanam facultatem*), o que se diz em referência a Cristo, a suprema autoridade, e o modo de vida que preceitua e exemplifica. Porém a autoridade humana está na maior parte das vezes sujeita ao erro (*humana uero auctoritas plerumque fallit*), diz, em referência às escolas filosóficas e suas doutrinas contraditórias. No *L.A.*, contudo, Agostinho se utiliza do termo em sentido mais amplo, não apenas para referir as Escrituras, mas também a autoridade constituída das instituições, como o corpo das leis civis, por exemplo, sem deixar obviamente de implicar a autoridade dos autores pagãos, seja em que área do conhecimento tenham elaborado suas doutrinas. **A_1.** A. da lei humanamente constituída, ou seja, aquilo que está estabelecido e deve ser aceito sem contestação, como contraponto à atividade dialética, cujo cerne é o próprio questionamento: (**1**,3,6,15) "Por acaso julgas que os homens, que já não desejam apenas crer, mas também inteligir, devam refugiar-se na autoridade da lei?" (*num ad auctoritatem legis confugiendum censes hominibus, iam non tantum credere sed intellegere cupientibus?*). **A_2.** (**1**,4,10,26)

"Retrocedendo, me chamas de novo à autoridade, mas convém que estejas lembrado agora daquilo que por nós foi acatado, que procurássemos inteligir aquilo em que cremos" (*rursus me ad auctoritatem reuocas, sed meminisse te oportet id nunc a nobis esse susceptum, ut intellegamus quod credimus*). **B.** A. divina dos testemunhos dos profetas e apóstolos constantes das Escrituras sagradas: **B$_1$.** (**2**,1,1,2) "Também desejo ter ciência disto, se acaso tenhas conhecimento de modo líquido e certo [acerca disto], ou se, movido de bom grado pela autoridade, [apenas] creias no que ainda te é desconhecido" (*hoc quoque, utrum liquido noueris an auctoritate commotus libenter etiam incognitum credas, cupio scire*). **B$_2$.** (**1**,3,7,18) "Para que te não remeta a outros livros, perscruta a história, aquela mesma que se sobreleva pela autoridade divina" (*recense historiam, ne te ad alios libros mittam, eam ipsam quae diuina auctoritate praecellit*). **B$_3$.** (**2**,2,5,16) "Que se deva crer na autoridade desses mesmos varões" (*eorumdem uirorum auctoritati sic esse credendum*). **B$_4$.** (**3**,18,51,172; *Ret.* 1,9,5) "Assim como lemos nas divinas autoridades" (*sicut in diuinis auctoritatibus legimus*). **B$_5$.** A. divina em sentido amplo, abrangendo a chancela divina para toda a revelação, seja a das Escrituras sagradas, seja a da Tradição, pelos padres e pelo Magistério da Igreja: (**3**,21,60,203) "A disciplina da fé, governada pela divina Misericórdia, para que predomine por sua autoridade" (*quae fidei disciplina, ut auctoritate praepolleat, diuina misericordia gubernatur*). **B$_6$.** (**3**,21,60,204) "Todas as coisas que nos são narradas acerca de quaisquer criaturas, pretéritas ou futuras, devem ser cridas em virtude da autoridade divina" (*quaecumque ergo nobis de quibuscumque creaturis uel praeterita uel futura diuina auctoritate credenda narrantur*). **B$_7$.** A. da Igreja: (**3**,23,67,227) *ecclesiae... saluberrima auctoritas* (cf. *Ret.* 1,9,1). **C.** A falsa a.: (**3**,21,60,205) "Mas qualquer erro que assume para si a persona da autoridade divina..." (*sed quisquis error personam sibi diuinae auctoritatis adsumit, ea maxime ratione refellitur...*). **D.** O poder da a. para calar os infiéis: (**3**,21,60,209) "Porém contra os incrédulos, até aqui, para que pela massa imensa da autoridade sua infidelidade seja esmagada..." (*aduersus incredulos autem hactenus defendenda ut uel mole auctoritatis infidelitas eorum obteratur*).

auditus (*subst.*) AUDIÇÃO, um dos cinco sentidos do corpo, responsável por captar as impressões sensoriais [*audio*] por meio dos ouvidos [*auribus*]. **A.** (**2**,3,8,25) "Diz-me, agora, se acaso saibas possuir aqueles sentidos do corpo, muitíssimo comuns, de ver, ouvir, cheirar, saborear e tocar" (*dic mihi iam utrum illos uulgatissimos corporis sensus habere te noueris, uidendi et audiendi et olfaciendi et gustandi et tangendi*) (cf. **1**,8,18,61). **B.** O som é a "matéria" da audição: (**2**,3,8,25) "O que é que pertence propriamente aos... ouvidos? O som" (*quid ergo proprie... pertinet... ad aures? sonus*) (cf. **2**,3,8,27; 9,29; 31). **C.** O sentido interior julga da audição, assim como esta julga das impressões sonoras: (**2**,5,12,49) *sicut ille interior de auditu nostro iudicat... sic iudicat auditus ipse de uocibus...* **D.** O ouvido não ouve a si mesmo, ou seja, a audição capta os sons, mas não tem capacidade de captar-se a si mesma, enquanto sentido corpóreo: (**2**,3,9,37) "E nem quando ouvimos um som ouvimos também a nossa audição" (*neque cum audimus sonum nostrum etiam audimus auditum*). **E$_1$.** Porém a audição tem algumas propriedades semelhantes à Verdade, visto que um dado som pode ser apreendido em comum por todos os que sejam capazes de captá-lo, dentro das limitações espaçotemporais em que se manifesta: (**2**,7,16,64) "Podemos ainda ouvir um único som simultaneamente, de modo que, embora um [sentido] de audição seja meu, outro, teu, contudo não seja um meu, outro, teu, o som que simultaneamente ouvimos, nem uma parte dele seja captada pela minha audição e a outra, pela tua, mas o que se fizer soar se faça presente a ambos, não apenas com um único [som], mas também íntegro, para que seja ouvido [pelos dois] simultaneamente" (*possumus etiam unam aliquam uocem simul audire, ut, quamuis alius sit auditus meus alius tuus, non sit tamen alia mea et alia tua uox quam simul audimus, uel alia pars eius auditu meo capiatur et alia tuo, sed quicquid sonuerit et unum et totum audiendum simul adsit ambobus*) (cf. **2**,7,17,65). **E$_2$.** Os perceptos sonoros são mais semelhantes à Verdade: (**2**,14,38,147) *[sunt ueritati similia...] ea quae audimus et cernimus...*

auersio (*subst.*) AVERSÃO, no sentido de "afastamento" [*ab* + *uerto*][2] de algo. Obs.: *auersio* faz contraponto com *conuersio* [*con* + *uerto*], "conversão", a simples mudança de direção, mas que pode ser compreendida, no caso específico do *L.A.*, como o voltar-se em direção a algo. Trata-se de uma noção fundamental no pensamento agostiniano, pois assim como o afastamento do Bem comum define a direção do movimento da vontade que se compreende como "mal", do mesmo modo o voltar-se para Deus define não apenas o "bem" do ser humano, mas sua própria natureza. **A.** Aversão, no sentido de "afastamento" de Deus, o Bem supremo (*auersio a summo bono*), e das coisas que lhe dizem respeito, o eterno incorruptível: (**2**,16,43,170) "Ai dos que se avertem da tua luz e aderem docemente à sua obscuridade! Pois, como quem te dá as costas, eles se prendem em sua obra carnal... por causa de sua aversão...", isto é, em virtude do mérito, ou preço, de sua aversão (*uae qui se auertunt a lumine tuo et obscuritati suae dulciter inhaerent! tanquam enim dorsum ad te ponentes in carnali opera... sua defiguntur... ea pro merito... auersionis suae*). **B$_1$.** A aversão da vontade é a causa do mal, ou pecado: (**2**,19,53,200) "O mal seja a aversão da [vontade] a partir do Bem absolutamente imutável e a conversão em direção aos bens mutáveis. Contudo essa aversão... visto não ser coagida, mas voluntária..." (*sed malum sit auersio eius ab incommutabili bono et conuersio ad mutabilia bona. quae tamen auersio... quoniam non cogitur, sed est uoluntaria...*). **B$_2$.** (**2**,20,54,201) "Pois, se esse movimento, isto é, a aversão da vontade a partir do Senhor Deus, sem dúvida alguma é o pecado..." (*si enim motus iste, id est, auersio uoluntatis a domino deo, sine dubitatione peccatum est*). **B$_3$.** (**3**,20,55,187) "Mas para que alguém vencesse, em virtude de sua conversão para Deus, o castigo que sua origem havia merecido, em virtude de sua aversão..." (*sed ex conuersione ad deum ut uinceret quisque supplicium quod origo eius ex auersione meruerat*). **C.** O movimento de a. da vontade, que é o mal, é um movimento defectivo: (**2**,20,54,204) "Logo aquele movimento de aversão, que reconhecemos ser o pecado, visto que é um movimento defectivo, e todo defeito existe a partir do nada..." (*motus ergo ille auersionis, quod fatemur esse peccatum, quoniam defectiuus motus est, omnis autem defectus ex nihilo est*). **D$_1$.** Uma das consequências, ou castigos, originados pela a. da vontade da Sabedoria eterna de Deus é a estultícia, ou seja, a ignorância (*ignorantia*), uma das duas condições penais, de par com

[2] A regência em vernáculo deste substantivo, que em sua acepção vulgar significa repulsa, antipatia etc., exige a preposição "a", como em: "aversão a certas pessoas". Porém essa não é de modo nenhum a acepção em que o vocábulo está sendo empregado aqui nesta obra, como foi explicado acima. De fato, "aversão" aqui traduz o latino *auersio* (*ab* + *uerto*), que significa liter. "voltar-se na direção oposta", "afastar-se de", cujo contraponto, neste caso específico, seria "conversão", que em verdade significa uma simples mudança de direção. Por isso é que se justifica a discrepância consciente da regência, visto tratar-se de uma "aversão *a partir de*" algo, como em: "averter-se do Bem supremo", cujo sentido, por conseguinte, é o "afastar-se de Deus", construção que quis pôr em destaque o valor (de afastamento) do ablativo latino, por razões obviamente filosóficas. Veja-se a seguir o verbete *auerto*.

a dificuldade (*difficultas*): (**3**,24,72,249) "Pois a soberba averte da sabedoria; e depois, à aversão segue-se a estultícia" (*superbia enim auertit a sapientia, auersionem autem stultitia consequitur*). **D$_2$.** (**3**,24,72,250) "Porém de onde vem este obscurecimento, a não ser da aversão da Luz da Sabedoria? E depois, de onde esta aversão, a não ser quando aquele, para o qual o Bem é Deus, ele próprio para si quer ser o seu bem, assim como Deus o é para si?" (*unde autem haec obscuratio, nisi ex auersione a lumine sapientiae? unde autem haec auersio, nisi dum ille, cui bonum est deus, sibi ipse uult esse bonum suum, sicuti sibi est deus?*).

auerto (*v.*) **1.** AVERTER-SE (*v. pron.*), no sentido de "afastar-se" de algo, geralmente voltando-se em direção oposta; voltar as costas para algo ou alguém[3]. **A.** Averter-se da aprendizagem: (**1**,1,2,5) *quod se a disciplina... auertit.* **B$_1$.** Averter-se dos bens eternos e incorruptíveis e converter-se aos temporais e corruptíveis: (**1**,16,35,116) "Todos os pecados estejam contidos neste único gênero, quando alguém se averte das coisas divinas e verdadeiramente permanentes e se converte para aquelas que são mutáveis e incertas" (*peccata omnia hoc uno genere contineri, cum quisque auertitur a diuinis uereque manentibus et ad mutabilia atque incerta conuertitur*). **B$_2$.** (**2**,10,28,115) "O espírito deva ser avertido da corrupção e convertido para a incorrupção" (*a corruptione auertendum animum atque ad incorruptionem conuertendum esse*). **C.** Averter-se da Luz da Sabedoria e aderir à própria obscuridade: (**2**,16,43,168) *uae qui se auertunt a lumine tuo et obscuritati suae dulciter inhaerent!* **D$_1$.** Averter a vontade do Bem comum em direção aos bens próprios: (**2**,20,54,201) "A vontade é movida quando se averte do Bem absolutamente imutável em direção ao bem mutável" (*mouetur uoluntas cum se auertit ab incommutabili bono ad mutabile bonum*). **D$_2$.** (**3**,1,1,1) "A própria vontade se averte do Bem comum e absolutamente imutável..." (*ipsa uoluntas auertitur a communi atque incommutabili bono...*) (cf. **3**,1,2,11). **E.** Averter-se da Verdade imutável: (**3**,5,15,57) "Os que se avertem da percepção da verdade..." (*qui... a ueritatis perceptione auertuntur*). **F.** Averter-se do Criador: "É tanto mais pecador quanto mais se averte do Criador" (*in tantum peccator est in quantum a creatore se auertit*). **G.** Averter-se da Sabedoria: (**3**,24,72,247) "Porém o sábio peca, se se houver avertido da Sabedoria" (*sapiens autem peccat, si se auerterit a sapientia*). **H.** Averter-se de Deus ou averter a vontade dele: (**2**,16,43,169) "Os que se avertem da tua luz... como quem te dá as costas..." (*qui se auertunt a lumine tuo... tanquam... dorsum ad te ponentes...*) (cf. *conuerto, inhaereo*). **2.** AVERTER (*v. tr.*), no sentido de "afastar" algo de si. **A$_1$.** Averter o amor de todas as coisas que podem ser perdidas involuntariamente: (**1**,4,10,30) "Os bons procuram obtê-lo [isto é, viver sem medo] ao afastar o seu amor destas coisas que não podem ser possuídas sem o perigo de as perder" (*id boni adpetunt auertendo amorem ab his rebus, quae sine amittendi periculo nequeunt haberi*). **A$_2$.** (**1**,15,32,108): "Portanto a Lei eterna ordena averter o amor das coisas temporais e convertê-lo, purificado, às eternas" (*iubet igitur aeterna lex auertere amorem a temporalibus et eum mundatum conuertere ad aeterna*). **B.** Averter o espírito da Sabedoria: (**3**,24,72,249) "Pois a soberba averte da sabedoria" (*superbia enim auertit a sapientia*). **3.** AVERSVS [*auerto*]. **A.** *Adj.* AVERSO, AVERTIDO: (**3**,19,53,181) "Através da criação que o serve... chame o avertido, ensine o crente, console

---

[3] Embora o vernáculo tenha lexicografado apenas o uso transitivo direto deste verbo, como em "averter as águas de um rio", no sentido de "fazer afastar de seu curso", ele foi utilizado aqui como v. pronominal, regido pela preposição "de", com sentido de "afastamento"; coisa que se propôs a partir da lição do latim (*auersio ab*), por constituir-se um termo técnico da maior importância no *L.A.* Veja-se acima o verbete *auersio.*

o esperançoso..." (*per creaturam sibi domino seruientem auersum uocet, doceat credentem, consoletur sperantem*). **B.** Part. liter. "aquele que se averteu", "afastou", ou "desviou": (**2**,12,34,135) Que a Verdade "não apenas alegre com sua luz os que se converteram, como também puna com a cegueira os que se averteram" (*laetificet lumine et auersos puniat caecitate*). **B_1.** (**2**,19,53,199) "Porém a vontade peca, quando [foi] avertida do Bem absolutamente imutável e comum e convertida ao próprio bem, seja ao que é exterior, seja ao que é inferior" (*uoluntas autem auersa ab incommutabili et communi bono et conuersa ad proprium bonum aut ad exterius aut ad inferius, peccat*).

aufero (*v.*) **1.** SUBTRAIR. **A.** Em relação à vida do corpo: (**1**,5,12,37) "E com respeito à vida... se de nenhum modo possa ela ser subtraída à alma, quando morre-se este corpo" (*de uita... utrum animae nullo pacto auferatur, dum hoc corpus interimitur*). **B.** Em relação aos bens alheios: (**1**,15,32,112) "Contudo o pecado não é punido quando esses bens são amados, mas quando são subtraídos aos outros com improbidade" (*non autem ulciscitur peccatum cum amantur ista, sed cum aliis per inprobitatem auferuntur*). **C.** Em relação ao estatuto ontológico da alma, que jamais perderá sua condição: (**3**,5,16,58) "Toda alma é melhor do que todo corpo e... por mutação nenhuma torna-se um corpo, nem absolutamente lhe é subtraído o fato de ser uma alma..." (*omnis anima omni corpore est melior... nulla commutatione corpus efficitur nec omnino illi aufertur quod anima est*). **D.** Em relação à infelicidade da criatura que diz preferir não ser a ser infeliz: (**3**,6,18,64) "Que aquilo que és invito te seja subtraído" (*ut quod inuitus es auferatur*). **E.** Em relação aos corpos celestes: (**3**,9,25,91). **2.** RETIRAR. **A.** Em relação ao poder das leis de retirar do povo um benefício, em contraposição ao poder de conferi-lo: (**1**,6,14,47) Uma das leis atribua ao povo o poder de conceder cargos públicos, a outra o retire (*ut una earum honorum dandorum populo tribuat potestatem, auferat altera*). **B.** Em relação à subtração da *forma:* (**2**,20,54,203) "É preciso que retires também o próprio começo de forma..." (*oportet auferas etiam ipsam inchoationem formae...*). **C.** Em relação à Providência de Deus, que não suprime o desejo de felicidade das almas: (**3**,3,7,29) "Quando começares a ser feliz, a presciência de Deus não te retira a vontade de felicidade..." (*cum esse coeperis beatus, non tibi aufert praescientia dei...*). **D.** Em relação à vontade livre do homem, que segundo alguns fica anulada pela Presciência divina: (**3**,3,8,31) "O qual, por uma suposta necessidade, esforça-se por retirar-lhe a vontade...." (*qui necessitate supposita auferre nititur uoluntatem...*). **E.** Em relação ao esforço dos pelagianos por excluir a Graça de Deus do *L.A.*: (*Ret.* 1,9,4) "Não fomos totalmente reticentes acerca dessa Graça de Deus, que por uma nefanda impiedade [os pelagianos] se esforçam por retirar" do *L.A.* (*non omnimodo de ista dei gratia reticuimus, quam nefanda impietate conantur auferre*). **3.** ARREBATAR. **A_1.** Em relação aos bens temporais, que não podem ser possuídos indefinidamente: (**1**,15,33,112) "Se eles não amassem aquelas coisas que lhes podem ser arrebatadas contra a sua vontade" (*si eas res quae inuito auferri possunt non amarent*). **A_2.** Em relação aos bens que podem ser arrebatados de modo invito: (**2**,14,38,148) "E por certo todos estes objetos nos são arrebatados contra a vontade, e somos impedidos por determinadas angústias, para que possamos fruir deles" (*et certe omnia haec auferuntur inuito, et quominus eis frui possimus quibusdam inpedimur angustiis*). **4.** DESPOJAR: em relação ao poder punitivo da lei: (**1**,15,32,111) "Na verdade basta-nos ver que o poder de punir desta lei não vai além de privar e despojar destes bens ou de alguns deles aquele que ela está punindo" (*satis est enim uidere non ultra porrigi huius legis potestatem in uindicando quam ut haec uel aliquid horum adimat atque auferat ei quem punit*).

auris (*subst.*) Ouvido, o instrumento corpóreo do sentido da audição (cf. **2**,3,8,25; 9,29; 6,14,56; 7,17,65; 18,69; 12,33,130; 131).

beata uita (*loc. subst.*) Vida feliz, condição em que se pode viver verdadeiramente feliz (*beate uiuere*), neste mundo. Obs.: no primeiro livro, de modo especial, de influência marcadamente estoica, a partir da leitura de Cícero, percebe-se bem o peso atribuído por Agostinho a essa "vida feliz", que se confunde com o bem último das escolas helenísticas, expresso comumente pelo termo εὐδαιμονία, "felicidade", cuja definição variou muito entre as diversas correntes, mas que via de regra não se referia a uma vida *post mortem*. A bem dizer, ao menos no primeiro livro, a vida feliz agostiniana tampouco parece remeter ao porvir luminoso da alma, à vida eterna diante da Face de Deus, e sim a uma vida virtuosa e ascética, mais apática (ἀπάθεια), no sentido estoico do termo, ou seja, privada das perturbações decorrentes dos movimentos irracionais da alma, vida típica do sábio, cuja razão predomina sobre todas as suas inclinações anímicas. **A.** A Razão suprema atribui, segundo o conceito clássico de justiça, a cada um o que lhe cabe: aos bons, a v. f.; aos maus, a infeliz: (**1**,6,15,48) "Razão suprema... por meio da qual os maus merecem uma vida infeliz e os bons, a vida feliz" (*summa ratio... per quam mali miseram, boni beatam uitam merentur*). **B.** Evódio supõe que o homem tenha sido colocado por Deus, depois de ter sido criado, num estado análogo ao da v. f.: (**1**,11,23,79). **C.** Da vontade de gozar da v. f.: (**1**,12,25,82). **D.** A v. f. é o óbvio contrário da vida infeliz (*uita misera*): (**1**,13,28,94). **E.** Tanto a v. f. como a infeliz são fruto de merecimento: (**1**,13,28,96; *Ret.* 1,9,3). **F.** Definição de v. f.: (**1**,13,29,98) "Ora, este mesmo regozijo que é gerado pela aquisição deste bem [a boa vontade], quando eleva o espírito de modo tranquilo, quieto e permanente, chama-se 'vida feliz'; a não ser que tu consideres que viver feliz seja algo diferente de regozijar-se com os bens verdadeiros e seguros" (*atqui hoc ipsum gaudium, quod huius boni adeptione gignitur, cum tranquille et quiete atque constanter erigit animum, "beata uita" dicitur; nisi tu putas aliud esse beate uiuere quam ueris bonis certisque gaudere*). Obs.: se a vida feliz é o gozo resultante da posse da boa vontade, gozo que eleva o espírito com tranquilidade, quietude e permanência nos bens verdadeiros e seguros, ou seja, bens que podem ser possuídos sem medo de perder, depreende-se que a vida infeliz, seu contrário, seja a ausência, ou, quando não, o contrário disso tudo, o sofrimento ou a dor resultante da má vontade, dor que rebaixa o espírito com intranquilidade, irrequietude e impermanência, em direção aos bens falsos e inseguros. **G.** Todos os homens desejam a v. f., mas nem todos querem viver retamente, condição *sine qua non* para obtê-la: (**1**,14,30,99-101; **2**,9,26,100). **H.** A v. f. não está nos gozos dos sentidos, mas na fruição da luz da Verdade: (**2**,13,35,137-140). **I.** A v. f. da alma é Deus: (**2**,16,41,162). **J.** Outra definição de v. f., o bem primeiro do homem, que é um bem próprio, não comum: (**2**,19,52,196) "Essa mesma vida feliz, isto é, a disposição do espírito que adere ao Bem absolutamente imutável, é um bem próprio do homem e seu bem primeiro" (*eaque ipsa uita beata, id est, animi adfectio inhaerentis incommutabili bono, proprium et primum est hominis bonum*). Obs.: apesar de ser dita "o bem primeiro" do homem, não deve ser confundida a *uita beata* com o Bem supremo, que é comum, não próprio. De fato, a vida feliz é individual, ou seja, a minha não pode ser fruída por mais ninguém, senão por mim mesmo, ao contrário da Luz da Sabedoria, que pode ser fruída por todos simultaneamente, sem detrimento algum de sua natureza. **K.** Apenas os seres racionais podem ser felizes ou infelizes: (**3**,9,25,90). **L.** Ninguém é feliz ao voltar-se para os bens temporais: (**3**,21,60,203). **M.** Caso a condição de ignorância e dificuldade seja natural às almas, é dela que partem para a v. f.: (**3**,22,64,217)

"A ignorância e a dificuldade, se [essa condição] é natural, a partir daí é que a alma começa a aperfeiçoar-se e mover-se adiante em direção à cognição e à quietude, até que nela se faça perfeita a vida feliz" (*ignorantia uero et difficultas, si naturalis est, inde incipit anima proficere et ad cognitionem et requiem, donec in ea perficiatur uita beata, promoueri*).

beate uiuere (*loc. v.*) VIVER FELIZ (*adv.*), liter. "viver de modo feliz", ou "felizmente", que funciona como sinôn. da célebre expressão *uita beata*, a "vida feliz" (εὐδαιμονία) da filosofia alexandrina. Obs.: o *beate uiuere* se contrapõe ao *misere uiuere*, "o viver de modo infeliz", assim como a *uita beata* à *uita misera*, "vida infeliz". Cf. *miser, uita misera, misere uiuere, beatus, uita beata, recte uiuere.* **A.** Definição de *beate uiuere*, como o regozijo nos bens verdadeiros e seguros: (**1**,13,29,98) "A não ser que tu consideres que viver feliz seja algo diferente de regozijar-se com os bens verdadeiros e seguros" (*nisi tu putas aliud esse beate uiuere quam ueris bonis certisque gaudere*). **B.** O viver feliz como contraponto do "viver infeliz" e consequência do "viver reto" (*recte uiuere*): (**1**,14,30,100) "Não são felizes porque quiseram viver com felicidade, pois isto querem igualmente os maus, mas porque [quiseram viver] retamente, o que os maus não querem" (*non propterea sunt beati, quia beate uiuere uoluerunt, nam hoc uolunt etiam mali, sed quia recte [uiuere], quod mali nolunt*).

beatificus (*adj.*) BEATÍFICO, liter. "que faz feliz" [*beatus* + *-ficus* < *facio*]. Obs.: Agostinho se utiliza uma única vez do termo, em relação à Verdade, que se constitui o Bem supremo de todos aqueles que a ela aderem, tornando-os doravante bem-aventurados: (**2**,15,39,156): "Desejo ser ouvido pela própria Verdade e a ela aderir, o que concedo seja não apenas um bem, mas o Bem supremo e beatífico" (*qua exaudiri cupio ab ipsa ueritate et illi inhaerere, quod non solum bonum, sed etiam summum bonum et beatificum esse concedo*). Cf. *beatitas, beatitudo, beatus, beata uita.*

beatitas (*subst.*) FELICIDADE [*beatus*]. **A$_1$.** Como contraponto de "infelicidade" (*miseria*), em relação à retribuição devida pelo mérito da ação, segundo a Lei eterna: (**1**,14,30,99; *Ret.* 1,9,3) "Aquela Lei eterna... firmou com estabilidade absolutamente imutável que o mérito está na vontade, porém que o prêmio e o castigo [estejam, respectivamente,] na felicidade e na infelicidade" (*aeterna lex illa... incommutabili stabilitate firmauit, ut in uoluntate meritum sit, in beatitate autem et miseria praemium atque supplicium*). **A$_2$.** (**2**,1,1,2) *et peccantes miseria et recte facientes beatitate.* **B.** A noção de f. impressa na mente: (**2**,9,26,103) "Foi impressa em nossas mentes, pois, a noção de felicidade" (*mentibus tamen nostris inpressa est notio beatitatis*). **C.** O pensamento errado acerca do Criador não conduz à f., mas à vaidade: (**3**,21,59,200) *non in beatitatem sed in uanitatem.* **D.** Do mérito ou demérito das visões que elege a alma tomar para si, segue-se a f. ou a infelicidade: (**3**,25,74,255) *miseria uel beatitas subsequatur.*

beatitudo (*subst.*) FELICIDADE, beatitude [*beatus*]. Obs.: nada fácil dizer se Agostinho pretendeu de fato estabelecer alguma distinção entre os termos *beatitas* e *beatitudo*, o que o estudo das passagens não parece suficiente para determinar. De todo modo, vale notar que *beatitudo* só aparece na metade do livro segundo, embora *beatitas* também se faça presente, em menor quantidade, até ao final da obra. **A.** O caminho da vida que leva à f.: (**2**,9,26,101) "Porém, na medida em que alguém não possui o caminho da vida que conduz à felicidade..." (*in quantum autem quisque non eam tenet uitae uiam quae ducit ad beatitudinem...*). **B$_1$.** A f. é um bem próprio, não comum: (**2**,19,52,197) "Pela felicidade de um homem um outro não se faz feliz" (*beatitudine autem alterius hominis non fit alter beatus*). **B$_2$.** A f. de cada um se faz em si mesmo:

(**3**,3,7,26). **B$_3$.** A f. é voluntária, ou necessária? (**3**,3,7,26) *non ergo uoluntate, sed necessitate in te fiet beatitudo tua...?* **C.** Deus é presciente da f. futura das almas: (**3**,3,7,28) *praescius... futurae beatitudinis...* **D.** A vontade da f. de cada um: (**3**,3,7,29; 7,21,71) *uoluntatem beatitudinis.* **E$_1$.** A f. perpétua das criaturas sublimes: (**3**,5,15,55) *habet illa sublimis [creatura] perpetuam beatitudinem...* **E$_2$.** A f. angélica: (**3**,10,30,108) *angelica beatitudo.* **F$_1$.** A criatura pecadora perdeu sua f. nos pecados: (**3**,5,15,55) *amissa in peccatis beatitudine.* **F$_2$.** A criatura pecadora retém a faculdade de recuperar a f. perdida: (*ibid.*) *sed non dimissa recuperandae beatitudinis facultate* (cf. **3**,22,65,224). **F$_3$.** Deus não tirou a perspectiva de f. do primeiro homem e de sua prole: (**3**,20,55,186) *non enim damnato primo homini sic adempta est beatitudo.* **G$_1$.** A f. não está presente nos pecadores: (**3**,9,26,92) *non peccantibus adest beatitudo.* **G$_2$.** A f. é consequência do reto agir (**3**,9,26,94) *sequitur... recte facientes beatitudo.* **H.** A f. decorrente da justiça: (**3**,15,44,153) *tanta est beatitudo iustitiae.* **I.** Se acaso a eloquência constituísse a f.: (**3**,2264,217) *si nobis in eloquentia esset beatitudo...* **J.** O homem parte da condição de ignorância e dificuldade rumo à f. da Sabedoria e da quietude: (**3**,22,64,227) *unde incipiat in sapientiae quietisque beatitudinem surgere.*

beatus (*adj.*) Feliz (cf. *beate uiuere*). Obs.: a felicidade do homem, ao menos no livro primeiro, resulta de seu reto viver (*recte uiuere*), quando seus desejos são submetidos à razão, restando ele então ordenadíssimo, em harmonia com o *ordo diuinus*, ao contrário do *miser*, o homem infeliz, cujos desejos se sobrepõem à sua melhor parte, a razão. **A.** Feliz é o homem que ama sua boa vontade, seu maior bem: (**1**,13,28,95) "Que se considere feliz aquele homem que ama a sua boa vontade e que por ela despreza qualquer outra coisa que se diga ser um bem..." (*beatum esse hominem dilectorem bonae uoluntatis suae et prae illa contemnentem quodcumque aliud bonum dicitur...*). **B.** O homem feliz é aquele cuja vontade é contrária à do infeliz: (**1**,13,28,95) "Se julgamos retamente que este indivíduo é feliz, não é retamente [também que julgamos] infeliz aquele cuja vontade é contrária?" (*ac si hunc beatum recte iudicamus, nonne recte miserum qui contrariae uoluntatis est?*). **C$_1$.** Todos querem ser felizes, bons e maus: (**1**,14,30,100) *beati esse omnes uelint* (cf. **1**,15,31,103; **2**,10,28,110). **C$_2$.** Os felizes assim o são, não porque quiseram sê-lo, mas porque quiseram viver retamente: (**1**,14,30,100) *non... quia beate uiuere uoluerunt... sed quia recte.* **C$_3$.** Os que perseveram na má vontade [não] podem ser felizes: (**1**,15,31,104). **D.** Os felizes vivem sob a Lei eterna, ao passo que os infelizes, sob a temporal: (**1**,15,31,106) *beatos.. sub aeterna lege agere...* **E.** Só a liberdade dos felizes e aderentes da Lei eterna é que é verdadeira: (**1**,15,32,109) *nisi beatorum, et legi aeternae adhaerentium...* **F.** O homem não pode tornar-se feliz sem alcançar o Bem supremo: (**2**,9,27,104) "Acerca do Bem supremo... seja isso o que for, a não ser que tenha sido alcançado, o homem não pode tornar-se feliz" (*de summo bono... quicquid illud est, non nisi eo adepto posse fieri hominem beatum*). **G.** Ninguém é mais feliz do que aquele que frui da Verdade eterna: (**2**,13,35,137) "E o que é mais feliz do que aquele que frui da inconcussa, absolutamente imutável e excelentíssima Verdade?" (*et quid beatius eo qui fruitur inconcussa et incommutabili et excellentissima ueritate?*) **H.** O homem é mais feliz no amplexo da Verdade: (**2**,13,35,137) "No amplexo da Verdade, hesitaremos dizer que somos felizes?" (*et nos in amplexu ueritatis beatos esse dubitabimus?*) (cf. **2**,19,52,197). **I.** O homem é feliz quando irrigado e apascentado pela Verdade: (**2**,13,35,138) *et nos negagimus beatos esse cum irrigamur pascimurque ueritate?* **J.** O homem é feliz quando inspirado pela Verdade: (**2**,13,35,139) *cum ab illa inspiramur.* **K.** Os homens se creem felizes nos gozos corpóreos, seja do amplexo do corpo desejado, seja do som das flautas, seja do aroma dos unguentos perfumados etc.: (**2**,13,35,138-140). **L.** Feliz é quem frui do Bem supremo: (**2**,13,36,141) *beatus... qui fruitur summo bono.* **M.** O homem, neste mundo, ainda não é feliz, nem sábio: (**2**,15,40,157). **N.** A felicidade é um bem individual, não comum: (**2**,19,52,197) "Porém pela felicidade de um homem um outro não se faz feliz" (*beatitudine autem alterius hominis non fit alter beatus*). **O.** Da presciência de Deus e da felicidade do homem: (**3**,3,6,25-7,26). **P.** A felicidade do homem é fruto exclusivo de sua vontade, ou dependente da Graça divina? (**3**,3,7,26-33) *mihi si esset potestas ut essem beatus, iam profectus essem.* **Q.** Tanto os felizes como os infelizes querem ser: (**3**,7,20,68) *ipsum esse, quod et beati et miseri uolunt.* **R_1.** Mesmo sendo inferior aos que são felizes, como os anjos, o homem ainda assim é melhor do que as criaturas que apenas são e vivem, porém que são incapazes da felicidade: (**3**,7,21,71). **R_2.** O sol não é capaz da felicidade: (**3**,9,25,89-90). **S.** Deus concede às almas que o amam que sejam felizes: (**3**,20,56,192) *amantibus eum, a quo sunt, praestat ut beatae sint.* **T.** A felicíssima Cidade celeste: (**3**,20,57,193) *ciuitatis beatissimae...* **U_1.** Ninguém é feliz sem converter-se ao Criador: (**3**,21,59,202) "Pois não somos ordenados a tender em direção às criaturas, para que nos tornemos felizes, mas em direção ao próprio Criador..." (*non enim ad creaturam iubemur tendere ut efficiamur beati, sed ad ipsum creatorem...*). **U_2.** Ninguém é feliz ao converter-se para os bens corpóreos: (**3**,21,59,202) "Avançando para isto, que ou não é, ou então, se é, não nos faz felizes, ninguém pode chegar à vida feliz" (*ad hoc enim pergendo, quod aut non est, aut, si est, non facit beatos, ad beatam uitam peruenire nullus potest*). **V.** A felicidade é fruto da misericórdia divina: (**3**,22,65,223) "Seja admoestada a implorar àquele mesmo Adjutor de sua perfeição... até que, não por suas forças, mas pela Misericórdia dele, por cuja Bondade ela possui o 'ser', seja sublevada, a fim de que seja feliz" (*admoneatur eundem implorare adiutorem perfectionis suae... ut... dum non suis uiribus, sed, cuius bonitate habet ut sit, eius misericordia subleuatur, ut beata sit*). **W.** O homem atinge seu ápice quando se torna feliz na Luz da Sabedoria: (**3**,24,72,248) *cum aeterno lumine sapientiae beatus.* Cf. *beatitas, beatitudo.*

bellua (*subst.*) ANIMAL. **A.** Como sinôn. de *bestia*, em contraposição ao homem: (**1**,7,16,56) "No espírito está aquilo por que ultrapassamos os animais" (*in animo est id, quod belluis antecellimus*). **B.** Homens e animais possuem atributos comuns: (**1**,8,18,61) *nobis certe communis cum belluis* (cf. **2**,14,38,150). **C.** Os domadores de animais não são sábios: (**1**,9,19,69) *domitores belluarum.* Cf. *bestia, pecus.*

bene facio (*loc. v.*) FAZER BEM: liter. "benfazer". Obs.: esse benfazer, que do segundo livro em diante é expresso por meio do modificador verbal *recte,* "retamente", ou "de modo reto" (cf. *recte facere*), contrapõe-se ao "fazer mal", ou "malfazer" (*male facere*), que também passa a ser preterido em favor do verbo *peccare,* "pecar". Assim como o mal, que é fruto da livre iniciativa humana, o bem, se quisesse ser meritório, justificando os mecanismos distributivos da Justiça divina, na retribuição dos castigos e recompensas a bons e maus, também deveria sê-lo. Porém aqui não se trata daquele Bem em si (ontológico), que é Deus, a respeito do qual Agostinho trata no segundo livro. De fato, no primeiro livro o bem se confunde [i] ora com a posse das clássicas virtudes cardeais, para o que seria necessária apenas a boa vontade, [ii] ora com o ordenamento racional da alma, de precedência platônica, que preceituava o absoluto domínio da razão sobre seus movimentos irracionais, o que também se adaptava ao modelo estoico, como se percebe pela dicotomia *sapiens-stultus,* [iii] ora ao desprendimento (neo)platônico dos bens corpóreos, que se traduzirá na conversão ao Bem comum e imutável e aversão dos bens próprios e mutáveis. Porém as discussões do segundo livro obrigam o filósofo a tratar também da própria natureza do Bem em si, como consequência das discussões do livro inaugural. Com efeito, se se concluiu que o livre arbítrio é a causa do mal, restava saber os motivos por que o homem o havia recebido de Deus, que se pressupunha ser o bom Autor tanto do próprio homem como de suas potências anímicas, para o que foi necessário empreender uma prova racional não apenas da existência do Criador, mas da origem divina de todos os bens, dentre os quais se deveria incluir, se ficasse provado ser um bem, o livre arbítrio da vontade. Não importa a partir de que ângulo se considere a questão, o entendimento do bem, como antítese do mal, enquanto movimento da vontade livremente arbitrada, não foge à dialética conversão-aversão, seja nas três partes do *L.A.*, seja no restante da obra do filósofo, ainda que se queira nomear "avareza", "soberba", ou outro vício qualquer, a causa do mal. **A.** O benfazer como antítese do malfazer, segundo raciocínio tentativo de Evódio: (**1**,1,3,7) "Eu reputo haver duas aprendizagens: uma pela qual aprendemos a 'fazer bem', outra pela qual aprendemos a 'fazer mal'" (*ego duas disciplinas esse puto: unam per quam "bene facere", aliam per quam "male facere" discimus*). **A$_1$.** A aprendizagem própria a fazer o bem: (*ibid.*) *quae bene faciendi...* **A$_2$.** Todo aquele que aprende faz bem, porque se utiliza da inteligência, que é um bem: (1,1,3,9) "Logo, se toda inteligência é boa, e se quem não intelige não aprende, todo aquele que aprende faz bem. Pois todo aquele que aprende intelige, e todo aquele que intelige faz bem. Portanto quem quer que procure o autor pelo qual aprendemos alguma coisa sem dúvida procura o autor pelo qual fazemos bem" (*si ergo omnis intellegentia bona est, nec quisquam, qui non intellegit, discit, omnis qui discit bene facit. omnis enim qui discit intellegit, et omnis qui intellegit bene facit. quisquis igitur quaerit auctorem per quem aliquid discimus, auctorem profecto per quem bene facimus, quaerit*). Obs.: em **2**,2,4,8 Agostinho refere *bene uiuere*, "viver bem", de par com *recte facere*, "agir retamente"; em outras passagens, *bene uti*, em contraste com *male uti*, "usar bem". O "fazer bem" só aparecerá novamente no último livro, em contexto despretensioso, nas palavras de Evódio, porém em construção transitiva, por assim dizer, em que o verbo *facere* se faz acompanhar de complemento, como em "fazer bem alguma coisa", o que se distingue claramente do benfazer, sinôn. de *recte facere*, "fazer retamente", anteriormente aludido. A passagem é a seguinte: (**3**,1,3,12) "A quem se deve atribuir, se algo por meio dela [a vontade] eu faço mal, a não ser a mim [mesmo]? Pois, visto ter sido o bom Deus que me tenha feito, e que eu não possa fazer bem alguma coisa, a não ser por meio da vontade, parece suficientemente claro que foi de preferência para isto que ela foi dada pelo bom Deus"(*cui tribuendum est, si quid per illam male facio, nisi mihi? cum enim bonus deus me fecerit, nec bene aliquid faciam nisi per uoluntatem, ad hoc potius datam esse a bono deo satis adparet*). **B.** Fazer bem feito, em relação ao trânsito da sabedoria à estultícia, onde *bene* se contrapõe a *stulte*, não a *male*: (**3**,24,73,253) "Se foi feito estultamente, sem dúvida não foi bem feito" (*si stulte fit, non utique bene fit*). Cf. *male facio, malefactum, peccatum, malum, malus, malitia, bene, bonum, bonus, beneficium, bonitas.*

beneficium (*subst.*) Benefício, liter. "aquilo que é ou foi bem feito", podendo ser compreendido *lato sensu* como uma boa ação, ou mesmo um bem, assim considerado, ou seja, como fruto de uma ação humana boa, ou reta, não um bem ontológico. **A.** Conceder benefícios é fruto da bondade: (**2**,1,2,3) "Pois assim como é próprio da bondade de alguém conceder benefícios a estranhos..." (*ut alicuius est bonitatis alienis praestare beneficia...*). **B.** O benefício, no sentido também de "proveito", do batismo para as criancinhas: (**3**,23,67,228) "E isto é o que recomenda a autoridade salubérrima da Igreja, para que cada um por isso sinta o que lhe aproveitaria a sua fé, quando também em benefício dos outros, que ainda não possuem uma [fé] própria, ela pode ser dispensada por ti" (*et hoc ecclesiae commendat saluberrima auctoritas, ut ex eo quisque sentiat quid sibi prosit fides sua, quando in aliorum quoque beneficium, qui propriam nondum habent, potest a te commodari*). **C.** A Graça de Deus como um benefício desinteressado: (*Ret.* 1,9,4): "Logo a própria vontade, a não ser que seja libertada da servidão pela Graça de Deus, [servidão] pela qual se fez serva do pecado, e seja ajudada a que supere os vícios, [a vida] não pode ser vivida de modo reto e pio pelos mortais. E este benefício divino, pelo qual [a vontade] é libertada, se não viesse antes dela, ser-lhe-ia dado pelos méritos, e não seria Graça, que sempre é dada de graça" (*uoluntas ergo ipsa nisi dei gratia liberetur a seruitute, qua facta est serua peccati, et ut uitia superet adiuuetur, recte pieque uiui a mortalibus non potest. et hoc diuinum beneficium, quo liberatur, nisi eam praeueniret, iam meritis eius daretur, et non esset gratia, quae utique gratis datur*).

bestia (*subst.*) Animal, liter. "besta". Obs.: o termo *bestia* pode referir-se ao animal de modo geral, seja selvagem, seja domesticado, nada obstante a distinção entre os termos *ferae*, "animais selvagens" ou "ferozes" e *domitae*, "animais domesticados", ou seja, adaptados para a vida em torno da *domus*. Cf. *bellua; pecus*. **A.** Animal domesticado: (**1**,7,16,54) *bestias ab hominibus domitas;* (cf. 1,9,19,68). **B.** Os animais têm alma: (**1**,7,16,54) *non corpus bestiae tantum, sed et animam.* **C_1.** Os homens superam os animais pela razão: (**1**,7,16,54-55); **C_2.** Os animais superam os homens fisicamente: (*ibid.*). **D.** Os animais vivem (*uiuere*), mas não possuem razão (*intellegere*): (**1**,7,16,58) *rationis expertes sunt* (cf. **2**,3,8,26; 6,13,52; 53). **E.** Certas atividades tipicamente humanas não fazem dos homens algo melhor do que os animais: (**1**,8,18,63). **F.** Os animais possuem também um sentido interior: (**2**,3,8,27-28) *quoniam et bestiis inesse* (cf. **2**,3,9,30; 40,10,38; 5,12,44; 45; 48). **F.** Alguns animais constituem uma ameaça constante ao homem em condição de pecado, na carne ignorante e dificultosa: (**3**,10,29,107) "Intimidado pela consciência de sua mortalidade, temendo... destruição da parte de animais os mais vis e abjetos, e mesmo dos mais diminutos..." (*conscientia mortalitatis timidus et a uilissimis et abiectissimis bestiis uel etiam minutissimis...*). **G.** Os corpos dos animais são mortais: (**3**,23,69,233). **H.** Da dor dos animais como apetite de unidade: (**3**,23,69,234-236). Cf. *pecus, bellua.*

blanditia (*subst.*) Blandícia. Obs.: no caso dos animais, refere-se às sensações agradáveis [*blandus*] que constituem aquilo que se denomina "prazer". Seu contrário é *molestia.* (**3**,23,70,238): "Nenhuma criatura existe, dentre as que sentem seja as moléstias da dor, seja as blandícias do prazer, por isso mesmo, porque fogem à dor e perseguem o prazer, que não confessam que fujam à separação e que persigam a unidade" (*nulla item res est earum, quae uel doloris molestias uel blanditias sentiunt uoluptatis, quae non, eo ipso, quo dolorem fugiunt uoluptatemque adpetunt, diremptionem se fugere unitatemque adpetere fatentur*).

bona (*subst. pl.*) Bens, "coisas" boas (adj. neutro substantivado plural). **A.** Por meio da aprendizagem só se aprendem coisas boas: (**1**,1,2,4) *ego per disciplinam non nisi bona disci arbitror.* **B.** Deus é o criador de todos os bens, grandes, médios e mínimos: (**1**,2,5,12) *bonorum... omnium* (cf. **2**,18,47,178; 181; 19,50,191; **3**,5,13,45). **B_1.** Deus deu às almas todos os bens: (**2**,2,4,10) *a quo animae data sunt omnia bona.* **B_2.** Não há bens que não tenham tido sua origem em Deus: (**2**,17,46,175-176) "Os bens de qualquer tamanho, não importa se grandes ou se mínimos, não podem existir a não ser a partir de Deus" (*quantacumque bona quamuis magna quamuis minima* *nisi ex deo esse non possunt*) (cf. **2**,18,47,180). **C.** Os bens não constituídos em nosso poder, ou seja, as naturezas corpóreas, são inferiores à boa vontade: (**1**,12,26,86) *praestantiorem omnibus bonis in potestate nostra non constitutis.* **D.** Os bens corpóreos: (**1**,12,26,87) *corporis bona.* **E.** Os bens fugazes: (**1**,13,29,97) *fugacibus bonis.* **E_1.** Ninguém está seguro nos bens fugidios: (**2**,14,37,144) "Ninguém está seguro nestes bens que pode perder contra a vontade" (*nemo autem securus est in his bonis quae potest inuitus amittere*). **E_2.** Os bens temporais: (**3**,25,77,265) *temporalium bonorum.* **F.** Os bens espirituais, verdadeiros e seguros: (**1**,13,29,98) *ueris bonis certisque* (cf. **2**,16,41,162). **G.** Os bens referentes ao corpo: (**1**,15,32,108) "Este corpo, e dele o que se denominam bens, como a saúde perfeita, a acuidade dos sentidos, o vigor, a beleza, e demais bens..." (*primo, hoc corpus, et eius quae uocantur bona, ut integra ualetudo, acumen sensuum, uires, pulchritudo et si qua sunt caetera...*). **H.** Os bens transitórios dos homens, privados e públicos: (**1**,15,32,109-110) "A liberdade... na qual se supõem livres aqueles que não têm homens [como seus] senhores e pela qual anelam os que querem ser manumitidos por seus senhores-homens. Depois os pais, os irmãos, o cônjuge, os filhos, os parentes próximos, os afins, os domésticos e todos os que estão atrelados a nós por alguma relação de parentesco. Por fim a própria cidade [cf. *ciuitas*], que costuma ser tida em lugar de uma mãe; além das honrarias, dos louvores, e daquilo que se diz 'glória popular'. Na extremidade, o dinheiro, termo único no qual se inclui tudo aquilo de que por direito somos senhores e que parecemos possuir o poder para vender ou dar" (*libertas... qua se liberos putant qui dominos homines non habent et quam desiderant ii qui a dominis hominibus manumitti uolunt. deinde parentes, fratres, coniux, liberi, propinqui, affines, familiares et quicumque nobis aliqua necessitudine adiuncti sunt. ipsa denique ciuitas, quae parentis loco haberi solet; honores etiam et laudes et ea quae dicitur 'gloria popularis'. ad extremum pecunia, quo uno nomine continentur omnia quorum iure domini sumus et quorum uendendorum aut donandorum habere potestatem uidemur*). **H_1.** Os homens devem exercer domínio sobre os bens inferiores: (**1**,15,33,113) "Estabelecendo para si estas coisas como bens, às quais deveria ele necessariamente ser um bem" (*ea bona sibi constituens, quibus ordinandis beneque tractandis ipse esse utique deberet bonum*). **H_2.** Os bens inferiores não tornam os homens melhores: (**1**,15,33,113) "Aquele outro, que usa delas retamente, demonstra por certo serem bens, mas não para si, pois elas não o tornam bom nem melhor, e sim a partir dele é que se tornam boas, e por isso mesmo não se prende a elas com amor..." (*ille autem qui recte his utitur, ostendat quidem bona esse, sed non sibi, non enim eum bonum melioremue faciunt, sed ab eo potius fiunt, et ideo non eis amore adglutinetur*). **I.** A vontade livre deve ser considerada um bem: (**2**,3,7,20) "Se acaso a vontade livre deva ser contada entre os bens" (*utrum in bonis numeranda sit uoluntas libera*) (cf. **2**,18,47,178; 181; 49,186; 20,54,201; **3**,1,1,1). **J.** A Verdade permite que se vejam os bens verdadeiros: (**2**,13,36,141) *haec enim ueritas ostendit omnia bona quae uera sunt.* **K.** Há bens corpóreos e espirituais que podem ser mal utilizados: (**2**,18,48,182-184) "Se nos corpos bons encontramos alguns bens dos quais o homem possa não usar retamente... também no espírito existem certos bens dos quais possamos também não usar retamente..." (*si ergo in corporis bonis inuenimus aliqua quibus non recte uti homo possit... et in animo sunt quaedam bona quibus etiam non recte uti possimus...*) (cf. **2**,18,49,188). **L.** Os grandes bens, como as virtudes do espírito, dos quais ninguém se utiliza mal: (**2**,18,50,190) "Considera, então, a justiça, da qual ninguém usa mal. Ela é numerada entre os bens supremos, os quais existem no próprio homem, e também todas as virtudes do espírito, nas quais consiste a própria vida reta e honesta" (*intueris enim iustitiam, qua nemo male utitur. haec inter summa bona, quae in ipso sunt homine, numeratur omnesque uirtutes animi, quibus ipsa recta uita et honesta constat*) (cf. **2**,19,50,192). **M.** Os bens mínimos, prescindíveis para a vida reta: (**2**,19,50,191) "As aparências, seja de que corpos forem, sem as quais se pode viver retamente, são bens mínimos" (*species autem quorumlibet corporum, sine quibus recte uiui potest, minima bona sunt*). **N.** Os bens médios, as potências do espírito, como o livre arbítrio da vontade, são bens de que o homem pode utilizar-se bem ou mal, embora sem elas o não possa fazer o bem: (**2**,19,50,191) "As potências do espírito, sem as quais não se pode viver de modo reto, são bens médios" (*potentiae uero animi, sine quibus recte uiui non potest, media bona sunt*). **N$_1$.** Os primeiros e grandes bens do homem: (**2**,19,53,199) *prima et magna hominis bona.* **O.** Nem mesmo os bens procurados avidamente pelos pecadores são males: (**2**,19,53,200). **P.** O mal é a aversão da vontade do Bem imutável e a sua conversão para os bens mutáveis (cf. verbete *bonum*, item N): (**2**,19,53,200) "O mal seja a aversão dela a partir do Bem absolutamente imutável e a conversão em direção aos bens mutáveis" (*sed malum sit auersio eius ab incommutabili bono et conuersio ad mutabilia bona*). **Q.** As coisas todas, mesmo as que são incapazes da felicidade, são boas porque possuem o "ser": (**3**,7,21,71) "No entanto todas elas, exatamente por isso, porque são, segundo o direito devem ser louvadas, pois exatamente por isso, porque são, é que são boas" (*omnia tamen, eo ipso quo sunt, iure laudanda sunt, quia eo ipso quo sunt, bona sunt*).

bonitas (*subst.*) Bondade. **A.** A bondade de conceder benefícios a estranhos: (**2**,1,2,3) "Pois assim como é próprio da bondade de alguém conceder benefícios a estranhos, assim também é próprio da justiça não punir estranhos" (*ut alicuius est bonitatis alienis praestare beneficia, ita iustitiae uindicare in alienos*). **B$_1$.** A bondade de Deus: (**2**,19,50,192; **3**,12,34,123; 22,65,223) *bonitas dei.* **B$_2$.** A bondade de Deus deve ser louvada mais no conjunto da obra que nos bens individuais: (**2**,19,50,192; *Ret.* 1,9,4) *magis laudanda est bonitas eius in... omnibus...* **B$_3$.** Deus demonstrou bondade ao fazer o homem, assim como demonstra justiça, ao puni-lo: (**3**,2,4,15) *in quo faciendo bonitatem suam ostenderat.* **B$_4$.** A bondade de Deus está acima de qualquer coisa: (**3**,2,5,19) *bonitatem.... dei longe maiorem superioremque esse...* **B$_5$.** A bondade de Deus é larguíssima: (**3**,5,12,42) *largissima bonitas...* (cf. **3**,5,15,55; 12,35,123). **B$_6$.** A bondade do Criador: se Deus foi bom ao fundar criaturas que sabia iriam pecar, sua bondade não foi menor ao fundar criaturas impecáveis: (**3**,5,14,54; 6,18,64; 19,66). **C.** A bondade da vontade angélica: (**3**,12,34,123): *bonitate uoluntatis.* Obs.: diz-se "bondade" porque a vontade dos anjos está eternamente convertida para o Bem comum, Deus.

bonum (*subst.*) Bem (*adj.* neutro sing. substantivado). Obs.: *lato sensu* como uma qualquer coisa boa, ou então um bem (*natura*), em sentido ontológico. **A.** Em relação à aprendizagem. **A$_1$.** (**1**,1,2,4) "A mim [a aprendizagem] me parece um bem" (*mihi bonum uidetur*). **A$_2$.** (**1**,1,2,5) "A aprendizagem é um bem" (*disciplina bonum est*) (cf. **1**,1,2,6-7). **B.** O amor do bem: (**1**,1,3,7) *boni amor.* **B$_1$.** Os amadores do bem: (**1**,4,9,23) *amatores boni.* **C.** A inteligência é um bem: (**1**,1,3,8) "A inteligência, pelo menos, reputas não seja senão um bem?" (*saltem intellegentiam non nisi bonum putas?*). **D.** Viver sem medo é um bem: (**1**,4,9,23) *bonum sine metu uiuere.* **D$_1$.** Quem deseja viver sem medo deseja um bem: (**1**,4,9,24) *bonum cupit.* **E.** O homem, enquanto homem, é algum bem: (**2**,1,2,4) "Pois o próprio homem, enquanto homem, é algum bem" (*homo enim ipse, in quantum homo est, aliquod bonum est*) (cf. **2**,1,3,5). **F.** Quem está privado da boa vontade está privado de um grande bem: (**1**,12,25,84): "Os que não desfrutam deste regozijo [da posse da boa vontade] são afetados por um prejuízo pequeno, [em se tratando] de tão grande bem?" (*hoc gaudio qui non fruuntur, paruo damno eos adfectos putas tanti boni?*)

(cf. **1**,12,26,86). **F_1.** A boa vontade é um grande bem: (**1**,12,26,87) "Embora seja um bem tão grande, para que seja possuída é necessário somente querer" (*cum sit tam magnum bonum, uelle solum opus est ut habeatur*) (cf. **1**,13,27,90; 91). **F_2.** A boa vontade é um grande bem e facilmente possuído pelo homem: (**1**,13,29,98) "Tão grande bem e constituído com tamanha facilidade" (*tam magno et tam in facili constituto bono*). **F_3.** O livre arbítrio da vontade é um bem, porque sem ele não se pode viver retamente: (**2**,18,49,189) *uoluntas libera tibi uidebitur nullum bonum, sine qua recte nemo uiuit?* **F_4.** A vontade é um bem (ontológico) médio: (**2**,19,52,196) "A vontade, que é um bem médio" (*uoluntas ergo, quae medium bonum est*). **G_1.** Todo bem vem de Deus: (**2**,1,1,2) "Todo bem exista a partir de Deus" (*omne bonum ex deo esse*) (cf. **2**,1,2,4; 3,7,20; 20,54,202; 204). **G_2.** Todo bem ou é Deus, ou tem origem a partir dele: (**3**,13,36,128) *omne bonum aut deus aut ex deo.* **G.** Tudo o que é justo é bom: (**2**,1,1,2) *omne iustum bonum esse.* **H_1.** O bem da justiça: (**2**,1,3,7) "Aquele bem, segundo o qual a própria justiça é recomendada na condenação dos pecados e na dignificação dos atos retamente praticados" (*illud bonum, quo commendatur ipsa iustitia in damnandis peccatis recteque factis honorandis*). **H_2.** A justiça é um dos bens de Deus: (**2**,1,3,7) *iustitia..., hoc unum est bonorum quae sunt ex deo.* **H_3.** A justiça está entre os bens supremos: (**2**,18,50,190). **I.** Do Bem supremo em si mesmo: (**2**,9,26,100) *summum bonum* (cf. **2**,9,27,106; 15,39,156; **3**,23,69,223). **I_1.** A sabedoria (*sapientia*) é a Verdade em que o Bem supremo é discernido: (**2**,9,26,102) *a ueritate, in qua cernitur et tenetur summum bonum* (cf. **2**,9,26,100; 13,36,141). **I_2.** O Bem supremo é único: (**2**,9,27,105) "O Bem supremo, seja o que for, seja um único para todos os homens" (*summum bonum, quicquid illud est, omnibus hominibus unum esse*). **I_3.** Feliz é quem frui do Bem supremo: (**2**,13,36,141) *beatus est quippe qui fruitur summo bono.* **J.** Todo ser humano procura o bem e evita o mal: (**2**,9,26,100) *bonum adpetunt et malum fugiunt.* **K.** A relatividade do bem último de cada homem: (**2**,9,26,100) "Porque a cada um uma coisa [distinta] parece um bem" (*quod aliud alii uidetur bonum*) (cf. **2**,9,27,106-109). **L.** O espírito é um bem maior do que o corpo: (**2**,18,48,182) *animum maius bonum esse quam corpus.* **M.** Do Bem comum e imutável: (**2**,19,52,196; 53,199; 20,54,201; **3**,1,1,1-2; 5; 2,11; 3,13,37,129-130) *incommutabili bono eique communi.* **N_1.** O Bem comum e imutável é o Bem primeiro do homem: (**2**,19,52,196) *primum est hominis bonum.* **N_2.** O primeiro bem do homem: (**3**,13,37,131) "Manter-se nele é nosso grande Bem, não apenas o supremo, mas também o primeiro" (*magnum et summum et primum nostrum bonum est manere in illo*). **N_3.** O Bem sempiterno: (**3**,1,111) *sempiterno bono.* **N_4.** O Bem inefável: (**3**,13,37,131) *ineffabile bonum.* **O.** O bem mutável e próprio, que é inferior e exterior: (**2**,19,53,199) "[Convertida] ao próprio bem, seja ao que é exterior, seja ao que é inferior" (*ad proprium bonum aut ad exterius aut ad inferius...*) (cf. **2**,20,54,201; **3**,1,1,1). **P.** O mal é a aversão da vontade a partir do Bem imutável: (**2**,19,53,200) (cf. verbete *bona*, item P). **Q_1.** A perfeição da forma é um bem: (**2**,20,54,203) *formae perfectio bonum est.* **Q_2.** O começo da forma é já algum bem: (**2**,20,54,203) *nonnullum iam bonum est et formae inchoatio.* **R.** O ser é um grande bem: (**3**,7,20,70) *quam magnum bonum sit ipsum esse.* **S.** O consentimento com Cristo para o bem: (**3**,10,31,112) "Fosse libertado de modo justo por aquele, [com que] consentiu para o bem" (*iuste per eum cui ad bonum consensit liberaretur*). **T.** A privação do bem das naturezas pela corrupção: (**3**,13,36,126) "Se [a corrupção] a priva completamente de todo o seu bem, qualquer coisa que dela remanesça já não poderá corromper-se..." (*si penitus eam priuat omni bono, quicquid eius remanebit, iam corrumpi non poterit...*). **U.** Ser uma alma racional não é um bem pequeno: (**3**,20,56,190) *non paruum bonum habet...* **V.** O homem é um bem: (**3**,24,72,244) *bonum est enim aliquod homo.* **W.** O diabo quer ser o seu próprio bem: (**3**,24,72,250) "Aquele, para o qual o Bem é Deus, ele próprio para si quer ser o seu bem" (*ille, cui bonum est deus, sibi ipse uult esse bonum suum*). **X.** O bem primitivo: (*Ret.* 1,9,2) *ad pristinum... bonum.* **Y.** O homem não faz o bem que quer (citação paulina): (**3**,18,51,173) "Pois não faço o bem que quero... O querer está próximo a mim, porém perfazer o bem, não..." (*non enim quod uolo facio bonum... uelle adiacet mihi, perficere autem bonum non...*). **Z.** A capacidade da alma de fruir do Bem supremo: (**3**,22,65,221) *ad summi boni capacitatem.* **AA.** O bem do ato retamente praticado: (**3**,26,65,223) *recte facti bonum.*

bonus 1. Bom (*adj.*). **A.** Deus é bom: (**1**,1,1,1) *deum bonum esse* (cf. **3**,9,24,85). **B.** O bom Deus: (**3**,1,3,12) *bonus deus.* **C.** A inteligência é boa: (**1**,3,7,8-9). **D.** Uma boa lei: (**1**,5,12,35) *bona lex.* **E.** O bom varão: (**1**,6,14,46) *uir bonus.* **F.** O castigo nem sempre é bom: (**1**,7,17,60) "Experimentar nem sempre é bom, como, por exemplo, experimentar castigos" (*experiri enim non semper bonum est, sicut experiri supplicia*). **G.** A boa vontade: (**1**,12,25,83-85) *bona uoluntas* (cf. **1**,12,26,86-87; 13,27,90-93; 28,95; 29,97; 14,30,100; 15,31,103; 107; **3**,11,33,115). **H.** O homem, enquanto homem, é alguma coisa boa: (**2**,1,2,4) "Pois o próprio homem, enquanto homem, é algo bom" (*homo enim ipse, in quantum homo est, aliquod bonum est*) (cf. **2**,1,3,5). Obs.: *bonum* pode ser compreendido aqui como adjetivo, embora a oração anterior de Evódio sugira que seja antes um substantivo: *omne bonum ex deo esse.* **H_1.** Deus fez o homem bom: (**3**,1,2,14) *bonum enim fecit.* **H_2.** O homem, depois do pecado original, não é bom: (**3**,18,51,174) "Porém, se o homem fosse bom, seria de outro modo. Porém agora, porque é assim, não é bom, nem possui em seu poder que seja bom, quer não vendo de que maneira deva ser, quer vendo e não tendo forças para ser da maneira como vê que deva ser" (*si autem bonus homo esset, aliter esset. nunc autem, quia ita est, non est bonus nec habet in potestate ut bonus sit, siue non uidendo qualis esse debeat, siue uidendo et non ualendo esse qualem debere esse se uidet*). **I.** A mente é boa: (**2**,2,5,14) *bono animo.* **J.** O vinho é bom: (**3**,5,15,56) "O vinho bom, em seu gênero" (*uinum in suo genere bonum*). **K.** As coisas boas: (**3**,5,16,60) "A beleza das coisas boas" (*bonarum rerum pulchritudo*). **L.** Toda natureza é boa: (**3**,13,36,126) "Toda natureza... é boa" (*omnis natura... bona est*). **L_1.** A corrupção torna uma natureza "menos boa": (**3**,13,36,126; 128) "Toda natureza, enquanto se corrompe, torna-se menos boa" (*omnis natura, dum corrumpitur, minus bona fit*). **L_2.** Toda natureza corruptível é boa: (**3**,13,36,127) "Toda natureza, enquanto é natureza, é boa, porque, se é incorruptível, é melhor do que a corruptível, porém, se é corruptível, visto que enquanto se corrompe se torna menos boa, sem dúvida é boa" (*omnis natura, in quantum natura est, bona est, quia, si est incorruptibilis, melior est quam corruptibilis, si autem corruptibilis est, quoniam dum corrumpitur minus bona fit, sine dubitatione bona est*) (cf. **3**,13,36,126). **M.** O ser é bom: (**3**,15,44,153) "Receberam ser, e porque é bom..." (*esse acceperunt, et quia bonum est*). **N.** O bom mérito, em contraste com o mérito mau: (**3**,20,56,188) *bonum meritum.* **O.** A boa obra: (**3**,20,26,191) *boni operis.* **P.** A boa compensação que Deus reserva na vida futura às criancinhas: (**3**,23,68,231) "Quem é que sabe que boa compensação reserve Deus para os próprios pequeninos no segredo de seus juízos" (*quis ergo nouit quid ipsis paruulis in secreto iudiciorum suorum bonae conpensationis reseruet deus*). **Q.** Da boa compensação dos animais no futuro: (**3**,23,69,232). **R.** O anjo bom que se fez mau: (**3**,25,75,228) *ex bono angelo diabolus fieret.* **2.** Bom (*subst. sing.*): o homem bom. **$2._1$** Boni (*s. pl.*): os homens bons. **A.** Deus recompensa os bons: (**1**,1,1,1) *bonis praemia... tribuit.* **B.** Os bons desejam viver sem medo: (**1**,4,10,30). **B_1.** Os bons buscam a vida sem medo ao afastar seu amor das posses incertas:

(**1**,4,10,30) "Os bons procuram obtê-lo ao afastar o seu amor destas coisas que não podem ser possuídas sem o perigo de as perder" (*id boni adpetunt auertendo amorem ab his rebus, quae sine amittendi periculo nequeunt haberi*). **C.** Uma boa lei e um não bom governante: (**1**,5,12,35) "Uma boa lei pode também ser promulgada por alguém que não seja bom" (*quia bona lex et a non bono ferri potest*) (cf. **1**,6,14,46). **D.** Os bons e a vida feliz: (**1**,6,15,48) "Os bons merecem a vida feliz" (*boni beatam uitam merentur*). **D_1.** Nunca é injusto que os bons sejam felizes: (**1**,6,15,49): *boni beati sint.* **E.** Os felizes são bons: (**1**,14,30,100) "Pois aqueles que são felizes, os quais é preciso também serem bons" (*illi qui beati sunt, quos etiam bonos esse oportet*). Obs.: nem todo bom é imediatamente feliz, porém todo feliz deve necessariamente ser bom. Não se trata obviamente de prazeres fugazes ou alegrias mundanas, que costumam ser confundidos com a verdadeira felicidade, que só os bens imperecíveis podem proporcionar. **F.** Os bons conhecerão a verdade na vida futura: (**2**,2,6,19) "Pelo que deve-se crer que essas coisas são discernidas e possuídas de modo mais evidente e perfeito também pelos melhores, enquanto habitam ainda estas plagas, e certamente por todos os bons e piedosos, depois desta vida" (*nam et a melioribus, etiam dum has terras incolunt, et certe a bonis et piis omnibus post hanc uitam, euidentius atque perfectius ista cerni optinerique credendum est*).

cado (*v.*) Cair. **A.** No sentido específico de precipitar-se do Paraíso, com Adão: (**2**,20,54,205; *Ret.* 1,9,4) "Mas, visto que não pode, assim como caiu o homem de maneira espontânea, assim também soerguer-se..." (*sed quoniam non sicut sponte homo cecidit, ita etiam surgere potest...*). **B.** No sentido de "tombar" ao chão, como uma pedra: (**3**,1,2,6) *ad terram... cadit.* **C.** Em sentido moral, como sucumbir, fracassar, falhar: (**3**,2,5,17): "E nem se concede como absurdo que por tais acasos conduzam todos [os seus interesses], quando [se vê que] ao conduzi-los eles caem [em desgraça]" (*nec enim talibus absurde etiam conceditur casibus eos agere omnia, quando agendo cadunt*) (cf. **3**,5,16,58).

caligo (*subst.*) Caligem, no sentido duma obscuridade, geralmente causada por um denso nevoeiro, de onde também: névoa espessa, escuridão etc. **A.** (**2**,8,24,93) "[Aqueles] aos quais Deus concedeu o engenho para disputas [dialéticas] e [cuja] pertinácia não conduz à caligem [da ignorância]..." (*quibus disputantibus deus donauit ingenium et pertinacia caliginem non obducit...*). Obs.: neste caso *caligo* implica uma escuridão metafórica, de caráter intelectual, que melhor se traduz por ignorância ou estupidez. **B.** Caligem, na expressão do tipo "sem sombra de dúvidas": (**2**,9,26,103) *sine ulla caligine dubitationis.*

capax (*adj.*) Capaz, liter. "que contém" [*capio*], ou antes, "que pode conter, por ser espaçoso ou largo suficiente", de onde então os seguintes sentidos: "capacitado", "apto" etc. Neste caso específico, em relação ao preceito divino, de que o primeiro homem era "capaz", ou seja, estava suficientemente apto para compreender e cumprir: (**3**,24,72,245): "Por meio da razão alguém se faz capaz do preceito, no qual deve ter fé, para que faça o que é preceituado" (*ratione fit quisque praecepti capax, cui fidem debet, ut quod praecipitur faciat*) (cf. *ibid.* §§246; 247).

captus [*capio*] **1.** Captvs, -vs (*subst.*): capacidade de apreensão, em relação aos bens incorpóreos: (**2**,13,36,141) "Esta Verdade mostra todos os bens que são verdadeiros, bens que os homens que inteligem elegem para si, segundo sua capacidade de apreensão, quer seja um único bem ou mais, para que deles possam fruir" (*haec enim ueritas ostendit omnia bona quae uera sunt, quae sibi suo captu intellegentes homines uel singula uel plura eligunt quibus fruantur*).

2. Captvs (*adj. part.*): cativo, em referência ao homem que foi seduzido e capturado [*capio*] pelos bens de natureza inferior: (**2**,16,43,170) "A partir disso começa a não poder ver aquilo que é de modo supremo e a considerar como sendo um mal tudo que engana o imprevidente, seduz o indigente ou excrucia o cativo, embora padeça isso pelo mérito de sua aversão..." (*ex quo incipit non posse uidere quod summe est, et malum putare quicquid fallit inprouidum aut inlicit indiguum aut captum excruciat, cum ea pro merito patiatur auersionis suae et quicquid iustum est malum esse non possit...*). **3.** Captvs (*adj. part.*): capturado, no mesmo sentido do item anterior: (**3**,20,57,197) "Capturado pelo amor dessa vida" (*istius uitae captus amore*).

cardo (*subst.*) Gonzo (dobradiça), em referência ao movimento pendular da vontade (*huc aut illuc*), que ora converte-se para o Bem supremo, ora averte-se dele, convertendo-se de volta para os bens inferiores: (**3**,1,3,13): "Porém o movimento pelo qual a vontade se converte para aqui ou ali, se não fosse voluntário e posto em nosso poder, nem se deveria louvar o homem, quando [o dobra] para os bens superiores, nem inculpá-lo, quando o desdobra para os inferiores, como se [fosse] um certo gonzo da vontade" (*motus autem quo huc aut illuc uoluntas conuertitur, nisi esset uoluntarius atque in nostra positus potestate, neque laudandus cum ad superiora neque culpandus homo esset cum ad inferiora detorquet quasi quemdam cardinem uoluntatis*).

careo (*v.*) **1.** Carecer, no sentido de "não possuir", de onde também: "estar privado de" alguma coisa (o que o latim também expressa com o adjetivo *expers* [cf. **1**,7,16,58: *bestiae... rationis expertes sunt*]). Esse verbo pode ter valor positivo ou negativo. Por exemplo, carecer de uma virtude não é bom; porém carecer de um vício é. Logo os verbos "carecer" e "fruir" contrapõem-se, pois quem carece de algo não pode obviamente fruir dele, seja algo virtuoso, ou o seu contrário. Obs.: nos casos em que o verbo carecer se faz acompanhar de um complemento de valor negativo, deve ser compreendido como uma lítotes, figura retórica de grande efeito, que procura destacar o contrário do que diz, aquilo mesmo que se quer negar, como uma ironia ainda mais sutil, pois quase imperceptível, o que ludibria grande parte dos tradutores. De fato, ao dizer que se "carece da dominação dos desejos", não se está dizendo que sente falta dela, como poderia supor-se, mas que está livre da dominação, embora ainda deseje. Do mesmo modo, quando se diz "carecer do medo", tampouco sente-se falta dele. Na verdade, usa-se a lítotes porque não se quer destacar a coragem, mas o medo ausente, o que é sutilmente distinto. O servo corajoso não necessariamente é aquele que não tem medo dos castigos; e o servo que vive desprovido do medo de ser castigado não necessariamente decorre disso que seja corajoso. Por causa dessa riqueza semântica que a retórica torna possível, invariavelmente muitíssimo bem utilizada por Agostinho, preferiu-se algumas vezes manter a figura, em vez de interpretá-la. **A.** Carecer do domínio dos desejos, ou seja, não ser dominado pelos desejos, estando livre deles ou em controle: (**1**,4,9,23) *cupiditatis dominatu caret.* **B.** Carecer de inclinação sensual, no sentido de não ter em si esse desejo pervertido: (**1**,5,11,32) *carere... libidine.* **C.** Carecer do direito de apontar magistrados, em relação a um dado povo dissoluto nos costumes, o que significa ter sido privado dessa prerrogativa: (**1**,6,15,49) *licentia careat.* **D.** Carecer de razão, no caso dos animais irracionais e dos que agem sem razão, significa estar privado dela, no primeiro caso, e não tê-la no domínio, no segundo: (**1**,7,16,53) *pecora carere ratione* (cf. **2**,3,8,26). **E.** Quem tem ciência de estar vivo não carece/está privado da razão, ou seja, a razão não está ausente dele, como no caso dos animais: (**1**,7,16,58) *qui... scit se uiuere, ratione non caret.* **F.** Carecer/estar privado da mente: (**1**,9,19,68) *mente carere.* **G.** Carecer de/não possuir domínio, em relação à mente: (**1**,9,19,66) *carere dominatu.* **H.** Carecer, como oposto de fruir, em relação à boa vontade: (**1**,12,26,86; 87; *Ret.* 1,9,3) "Em nossa vontade está constituído que fruamos ou careçamos deste tão grande e verdadeiro bem" (*in uoluntate nostra esse constitutum ut hoc uel fruamur uel careamus tanto et tam uero bono*). **I.** O corajoso carece tranquila e serenamente dos bens transitórios: (**1**,13,27,92). **J**[1]**.** O homem não haveria de pecar se carecesse/estivesse desprovido do arbítrio livre da vontade (objeção de Evódio): (**1**,16,34,117) *non fuisse peccaturi si isto careremus.* **J**[2]**.** Carecer do livre arbítrio: (**2**,1,3,7). **K.** Os animais irracionais não carecem de um sentido interior: (**2**,3,9,31) *sensu illo interiore, quo eas non carere...* **L.** Carecer da capacidade de inteligir: (**2**,5,12,45) *intellectu caret.* **M.** Carecer, no sentido de "estar desprovido de", ou seja, não estar sujeito à mutabilidade: (**2**,6,14,55) *mutabilitate non carere.* **N.** Carecer de movimento próprio e de sentido: (**3**,5,15,56) *proprio motu et sensu caret.* **O.** Carecer de vício, no sentido de "não ter sido viciada", nem estar sujeita ou inclinada ao vício: (**3**,13,38,134) *natura quae non uitiatur caret uitio.* **P.** Carecer de sabedoria: (**3**,24,71,242) *sapientia carente.* **Q.** Carecer da doçura pestilenciosa dos costumes perniciosos: (**3**,24,74,225) "A moléstia de carecer da doçura pestilenciosa dos costumes perniciosos" (*molestia carendi perniciosarum consuetudinum pestilentiosa dulcedine*). **2.** Livrar-se, ver-se livre do medo das punições do patrão: (**1**,4,10,29) "Tenha desejado livrar-se do medo do seu senhor" (*metu domini carere cupiuerit?*).

caritas (*subst.*) Caridade [*carus*], ou amor. **A.** No sentido de "amor a Deus": (**2**,20,54,205) "Anelemos com uma caridade ardente a destra de Deus estendida do alto, isto é, nosso Senhor Jesus Cristo!" (*porrectam nobis desuper dexteram dei, id est, dominum nostrum Iesum Christum, fide firma teneamus et exspectemus certa spe et caritate ardenti desideremus!*). **B.** No sentido do amor, que é Deus: (**3**,25,76,262) "Porém ele é melhor quando esquece de si diante da caridade do Deus absolutamente imutável, ou a si próprio despreza completamente, na comparação com ele" (*melior est autem cum obliuiscitur sui prae caritate incommutabilis dei uel se ipsum penitus in illius conparatione contemnit*). **C.** No sentido do amor de Deus, ou seja, do amor que Deus teve pelo homem: (**3**,25,76,264) "Tendo o sangue de Cristo resgatado por nós [a dívida] antecipadamente, depois de labores e infelicidades inefáveis, com caridade tamanha, adiramos ao nosso Libertador e, por sua claridade tamanha, sejamos arrebatados em direção a ele, para que nenhumas visões das coisas inferiores nos desviem do conspecto superior" (*praerogato nobis Christi sanguine post labores miseriasque ineffabiles tanta caritate liberatori nostro adhaereamus et tanta eius in eum claritate rapiamur, ut nulla nos uisa ex inferioribus a conspectu superiore detorqueant*).

carnalis (*adj.*) Carnal (*adj.*) [*caro*]. **A.** Carnal, qualificando as atividades daquele que se averte de Deus e se converte para a própria obscuridade: (**2**,16,43,169) "Pois, como quem te dá as costas, eles se prendem em sua obra carnal, como se em sua própria sombra" (*tanquam enim dorsum ad te ponentes in carnali opera uelut in umbra sua defiguntur*). **B.** O homem carnal, em sentido semelhante ao do item anterior, é aquele que prefere a obra a seu Criador, os bens temporais, aos eternos, numa palavra, os corpos de carne, ao espírito incorruptível: (**3**,5,17,61) "Pois, embora a razão situe com grande diferença os corpos celestes à frente dos terrestres, contudo quem dentre os homens carnais não preferiria antes que faltassem muitos astros no céu a um único arbusto em seu campo, ou uma vaca em seu rebanho?" (*quis tamen carnalium hominum non mallet uel plura deesse in coelo sidera quam unam arbusculam in agro suo aut uaccam in armento*). **C.** Em referência aos sentidos corpóreos: (**3**,5,17,61) *carnalibus suis sensibus.* **D.** Em referência aos hábitos adquiridos na existência corpórea: (**3**,18,52,177) "Por causa do resistente costume carnal, que de certo modo natural implantou-se pela violência da sucessão mortal..." (*resistente carnali consuetudine, quae uiolentia mortalis successionis*). **E.** O vínculo carnal, elo que prende a alma ao corpo, fazendo com que na esteira das sucessivas gerações o ser humano se habituasse à carne e ao comércio com ela: (**3**,18,52,177; *Ret.* 1,9,5) *carnalis uinculi.* **F.** Concupiscência carnal, em relação aos desejos decorrentes do vínculo carnal, que de habitual se tornaram parte da alma, servindo de justificativa para a condição penal de ignorância e dificuldade, em que o homem quer fazer o bem, mas não consegue: (**3**,19,53,180) *carnalis concupiscentia.* **G.** Em relação à prole do primeiro homem: (**3**,20,55,186) "Que algo da prole dele, em seu gênero, se bem que carnal e mortal, se fizesse decoro e ornamento do mundo terreno" (*de prole eius, quamuis carnali et mortali, aliquod in suo genere fieri decus ornamentumque terrarum*). **H.** Carnal, em referência à parte da alma, incapaz do bem: (**3**,22,65,223) "Pois uma certa parte... [da alma] precedeu [às outras], mais sublime para sentir o bem do ato retamente praticado, mas a outra, mais tarda e carnal..." (*praecessit enim pars quaedam eius sublimior ad sentiendum recte facti bonum, sed quaedam tardior atque carnalis...*).

caro (*subst.*) CARNE. Obs.: trata-se de uma metonímia dupla, em que o continente é considerado em lugar do conteúdo, e a parte, em lugar do todo. Extraída por Agostinho das Escrituras, cuja ênfase maior aparece nas cartas paulinas, a carne refere a natureza humana, não apenas com seus corpos corruptíveis, sujeitos à ação deletéria do tempo, em contraste com a substância incorpórea, consequentemente invisível, incorruptível e imortal, como o espírito, mais associada a Deus, mas a vida voltada para este mundo de carne, em contraste com uma vida voltada para o Espírito. Neste sentido a letra da lei, como a carne humana, é morredoura, porém o espírito da lei, como o Espírito divino, comunica a vida. O corpo de carne desprovido de alma (*exanime*), o princípio de vida e movimento, é apenas matéria morta, seja nas criaturas racionais, seja nas irracionais, assim como a vida voltada exclusivamente para a carne, destinada a apodrecer brevemente. **A.** A c. do Verbo, em relação ao "esvaziamento" de Cristo (κένωσις) para habitar um corpo mortal, de natureza tipicamente humana: (**3**,10,30,108) *et uerbum caro fieret et habitaret in nobis.* **B.** A c. num segundo nível metonímico, em referência aos desejos decorrentes da natureza carnal, como sexo e alimentação, por exemplo, mas também como antagonista do espírito, segundo o radicalismo paulino, que para Agostinho justifica a condição de ignorância e dificuldade: (**3**,18,51,173; *Ret.* 1,9,5) "A carne cobiça contra o espírito e o espírito, contra a carne; pois eles se voltam um contra o outro reciprocamente, de modo que não façais as coisas que quereis" (*caro concupiscit aduersus spiritum [et] spiritus aduersus carnem; haec enim inuicem aduersantur, ut non ea quae uultis faciatis*). **C.** A c. como responsável pela condição penal de ignorância e dificuldade em que o homem se encontra: (**3**,20,57,195) "Essas coisas não se dizem 'pecados', senão porque a carne, que vem da propagação do pecador às almas que vêm a si, faz [existir] esta ignorância e dificuldade..." (*non dicuntur ista "peccata", nisi quia caro de propagine ueniens peccatoris uenientibus ad se animis, hanc ignorantiam et difficultatem facit...*). **D.** A alma pecadora orna a carne corruptível: (**3**,9,27,98) "Contudo também a alma pecadora orna esta carne corruptível, de modo a lhe fornecer uma aparência perfeitamente adequada e um movimento vital" (*corruptibilem carnem etiam peccatrix anima sic ornat, ut ei* *speciem decentissimam praebeat motumque uitalem*). **E.** O primeiro homem ornou a mortalidade da carne: (**3**,9,28,102) *carnis huius et primum hominem ornasse.* **F.** O homem, adjudicado ao príncipe dos pecadores e à mortalidade da carne: (**3**,10,29,106) *usque ad mortalitatem carnis addictus est* (cf. *addico*). **G.** A natureza depois do pecado, sujeita à carne: (**3**,19,54,185) "Da pena daquele condenado, nascemos não apenas mortais, mas também ignaros e súditos da carne" (*ex illius damnati poena et mortales et ignari et carni subditi nascimur*).

carus (*adj.*) CARO, ou querido, no sentido de "algo que se estima": (**2**,11,32,127) "Eles têm o ouro por [algo] mais caro do que a luz da lâmpada, com a qual o ouro, [quando] comparado, é digno de riso" (*cum uideas carius illos habere aurum quam lumen lucernae, cui conparatum aurum ridetur*). Obs.: o interesse teológico deste vocábulo restringe-se à seguinte passagem, em que Agostinho parece implicar certo "favorecimento", conquanto *ex merito*, de algumas criaturas diante do Criador, a quem elas se tornariam mais "caras", mais dignas de estima, "merecendo" então alguma ajuda, que se daria, de modo tão mais paradoxal quanto surpreendente, de modo gratuito, nunca devido ou meritório: (**3**,22,65,223) "A partir da própria dificuldade [a alma] seja admoestada a implorar àquele mesmo Adjutor de sua perfeição, o qual sente ser o Autor de seu começo, que a partir disto se lhe torne mais cara, até que, não por suas forças, mas pela Misericórdia dele, por cuja Bondade ela possui o 'ser', seja sublevada, a fim de que seja feliz. Porém quanto mais cara é àquele, de quem é, tanto mais firmemente nele se aquieta, e de maneira tanto mais úbere frui plenamente de sua eternidade" (*ex ipsa difficultate admoneatur eundem implorare adiutorem perfectionis suae, quem inchoationis sentit auctorem, ut ex hoc ei fiat carior, dum non suis uiribus, sed, cuius bonitate habet ut sit, eius misericordia subleuatur, ut beata sit. quanto autem carior illi est, a quo est, tanto in eo firmius adquiescit, et tanto uberius eius aeternitate perfruitur*). Parece que neste caso a alma é admoestada a implorar, porém por sua livre iniciativa, a ajuda de Deus, para que seja mais cara a ele, ou seja, mais digna de seu amor, que é sua Misericórdia, contudo que ele dispensa gratuitamente, não a partir do mérito. É possível aqui que Agostinho ainda não se tivesse apercebido das dificuldades todas implicadas nessa questão, o que será forçado a fazer pelo "látego" com que o ameaçaram o monge Pelágio e seus asseclas, a fustigando-lhe a imaginação filosófica até ao final de sua vida. A pergunta que certamente se levanta é a seguinte: se a Misericórdia dispensa seus dons gratuitamente, ou seja, *gratia*, jamais *ex merito*, por que então se admoesta ao pecador qualquer ação ou súplica, como se pudesse subverter a Vontade divina? Questão intrincadíssima, a não dizer absolutamente insolúvel, que exigirá os melhores esforços intelectuais de Agostinho, no debate porvindouro que se convencionou denominar "a questão pelagiana".

castigo (*v.*) CASTIGAR, no sentido de "reprimir" ou "conter" (*continentia*), o que não tem necessariamente uma conotação negativa. Com efeito, numa das hipóteses para a origem das almas e transmissão do pecado original, a tarefa principal das almas supostamente preexistentes é administrar o corpo de carne que "descem" para habitar, a fim de "castigá-lo", positivamente, ou seja, reprimir-lhe as inclinações de ordem sensual, por meio da prática das virtudes, como explicado no livro primeiro, reparando então sua imortalidade perdida: (**3**,20,57,193): "Se em algum [recôndito] secreto de Deus as almas, já existentes, são enviadas para insuflar [vida] e reger os corpos de cada um dos indivíduos que nascem, para este ofício é que invariavelmente são enviadas, para que preparem também para o próprio corpo, que nasce a partir da pena do pecado, isto é, da mortalidade do primeiro homem, ao administrá-lo bem, ou seja, ao castigá-lo por meio das virtudes e sujeitá-lo a uma servidão perfeitamente ordenada e legítima, na ordem e no tempo oportuno, o seu lugar da incorrupção celeste" (*si uero in dei aliquo secreto iam existentes animae mittuntur ad inspiranda et regenda corpora singulorum quorumque nascentium, ad hoc utique mittuntur officium, ut corpus, quod de poena peccati, hoc est, mortalitate primi hominis, nascitur, bene administrando, id est, castigando per uirtutes, et ordinatissimae atque legitimae seruituti subiciendo, etiam ipsi conparent ordine ac tempore opportuno coelestis incorruptionis locum*).

castus (*adj.*) CASTO, no sentido daquilo que permanece íntegro, intato, como a Verdade imutável, em contraste com os alimentos, por exemplo, ou outros quaisquer objetos, os quais podem ser captados pelos sentidos corpóreos em comum, porém que se corrompem ao ser tomados individualmente: (**2**,14,37,145) "Portanto a possuímos todos, para que dela fruamos de igual modo e em comum. Nela não há angústias nenhumas (cf. *angustia*), nenhum defeito... sendo não apenas comum para todos, mas também casta para cada um deles individualmente..." (*habemus igitur qua fruamur omnes aequaliter atque communiter. nullae sunt angustiae, nullus in ea defectus... et omnibus communis est et singulis casta est...*).

casus (*subst.*) [*cado*] **1.** ACIDENTE, em referência a algum acontecimento, evento ou circunstância, geralmente desventurosa, de onde também o sentido bastante negativo de desgraça: (**1**,6,15,51) "Pois nenhuma força, nenhum acidente ou catástrofe generalizada jamais fará com que não seja justo que todas as coisas estejam na mais perfeita ordem" (*neque enim ulla uis, ullus casus, ulla rerum labes unquam effecerit, ut iustum non sit omnia esse ordinatissima*). **2.** ACASO, ocorrência fortuita do destino, especialmente para os descrentes da Providência divina: (**3**,2,5,17) "Opinam prazerosamente que nenhuma Providência divina esteja à frente dos assuntos humanos, e enquanto se cometem aos acasos fortuitos... nem se concede como absurdo que por tais acasos conduzam todos [os seus interesses], quando [se vê que] ao conduzi-los eles caem [em desgraça]..." (*libenter opinantur, dumque fortuitis committunt casibus... nec enim talibus absurde etiam conceditur casibus eos agere omnia, quando agendo cadunt...*).

causa (*subst.*) CAUSA, motivo, razão, ou seja, aquilo por meio de que ou a partir de que algo se dá. Obs.: Freund, em seu léxico latino-germânico (séc. XIX), cuja adaptação por Lewis e Short deu origem ao célebre dicionário Harper (1891), sugere que a possível etimologia de *causa* seja *cau-*, de *caueo*, assim como se dá no vocábulo *cura*, implicando algo que mereça ser protegido, despertando cuidados e preocupações. **A.** A c. dos pecados: (**1**,2,5,12) *causa... cur ita sit.* **B.** Uma lei é promulgada por c. da defesa do povo, isto é, para defender o povo: (**1**,5,12,35; 36) *ipsa lex, quae tuendi populi causa lata est.* **C.** Por que c. não se deve crer que os maus mereçam castigo, os bons, prêmios: (**1**,13,28,94) *quid ergo causae...?* **D.** Há c. suficiente para que Deus dê ao homem o arbítrio livre da vontade, pois sem ele não se pode viver retamente: (**2**,1,3,5) *satis ergo causae est cur dari debuerit.* **E.** A c. de o sentido interior ser preferido aos sentidos corpóreos: (**2**,5,12,47). **F.** A c. para a tripartição das criaturas racionais entre eternamente impecáveis, pecáveis e irremediavelmente pecantes: (**3**,17,47,162) *quae causa in has tres partes eam distribuit...* **G_1.** A c. da própria vontade: (**3**,17,47,163; 164; 18,50,170) *causam quaero ipsius uoluntatis.* **G_2.** A vontade é a c. do pecado: (**3**,17,48,164) *uoluntas est causa peccati.* **G_3.** A c. da c. da vontade: (**3**,17,48,164) *causam etiam eius causae...* **G_4.** A vontade ímproba é a c. de todos os males: (**3**,17,48,167) *inproba uoluntas malorum omnium causa est.* **G_5.** A c. da vontade antes da vontade: (**3**,17,49,168) *ante uoluntatem causa uoluntatis.* **G_6.** A vontade é a primeira c. do pecar: (**3**,17,49,169) *uoluntas est prima causa peccandi.* **H.** A c. ulterior dos pecados: (**3**,22,63,216) *nec ulla ulterior peccatorum causa quaerenda.* **I.** A estultícia seria a c. do primeiro afastamento de Deus? (**3**,24,73,251) *ut stultitia illi esset causa recedendi.* **J.** Agostinho não advoga a c. dos Pelagianos com o *L.A.*: (*Ret.* 1,9,3) *quasi eorum egerim causam...*

cedo (*v.*) CEDER, num sentido bem específico e interessante, de "submeter-se" para ser corrompido por alguma outra potência, seja por meio da força da lei, seja por natureza: (**3**,14,40,139) "Na maior parte das vezes não é para nenhuns usos com o fim de suprir sua indigência que uma natureza mais potente corrompe uma inferior... [naturezas] que cedem umas às outras, segundo as leis perfeitamente congruentes dadas, em virtude do valor de cada uma das partes da universalidade" (*plerumque in nullos usus explendae indigentiae suae natura potentior inferiorem corrumpit... sibi cedentium, secundum leges congruentissimas, pro ualentia cuiusque partis uniuersitatis, datas*) (cf. *ibid.* **§140).**

certus (*adj.*) Em vários sentidos aproximados. **1.** CERTO, no sentido de "inequívoco": **A.** (**1**,3,7,18) "Indício certo" (*certum indicium*). **B.** (**2**,8,23,89) *certissima... lege* (*ibid.* §92) *certa ueritas.* **C.** (**2**,10,28,115) *certa... sententia.* **D.** (**2**,15,39,155) *certa forma cognitionis.* **E.** (**3**,1,1,3) *certissima ueritas.* **F.** (**3**,23,70,238) *certam... unitatem* (cf. **2**,1,1,1; 2,4,9-10; 5,11; 8,22,84 etc.). **2.** PRECISO: (**1**,9,19,70) "Uma prova bastante precisa" (*documentum certissimum*). **3.** FIRME: (**1**,13,28,96) "Argumentos firmes e minimamente refutáveis" (*certis et minime negandis rebus*). **4.** SEGURO. **A.** (**1**,13,29,98) "Bens verdadeiros e seguros" (*ueris bonis certisque*). **B.** (**2**,20,54,205) "Esperança segura" (*spe certa*). **C.** (**3**,2,5,19) "Itinerários seguros da divina Misericórdia" (*certis itineribus diuinae misericordiae*) (cf. **1**,16,34,115; **2**,4,10,41; 13,35,139; 36,142; 15,40,160; 162 etc.). Obs.: *certus* opõe-se a *ambiguus*, aquilo que vai de um a outro lado, a esmo. **5.** CERTE (*adv.*): CERTAMENTE, de modo certo, seguro, firme, inequívoco, com certeza: (**1**,3,6,14) "Queres saber com certeza..." (*quaeris certe...*). Cf. **1**,1,1,3; 2,5; 4,9,24; 8,18,62; 9,19,68; 12,24,80; 25,83; 26,86; **2**,2,5,14; 2,6,19; 8,22,84; 11,32,129; 14,38,148; 18,49,189; **3**,1,3,13; 3,6,21; 23; 5,117,62; 14,40,141; 15,42,147; 16,45,154; 21,60,207; *Ret.* Pról. §2.

cibus (*subst.*) COMIDA. **A.** A c. não deve ser censurada por causa dos glutões: (**1**,15,33,113) *num... accusandum putas... cibos propter uoraces.* **B.** (**2**,7,17,66) "A partir de um único [e mesmo bocado de] mel, ou de qualquer outra comida ou bebida, podemos ambos degustar e sentir-lhe as propriedades por meio de seu sabor" (*ex uno melle uel quolibet alio cibo seu potu ambo gustare possumus et eius adfectionem sapore sentire*). **C.** (**2**,7,17,67) "Ainda que aspiremos ambos um único [e mesmo influxo de] ar pelas narinas ou tomemos, degustando, uma única [e mesma] comida, contudo não aspiro a mesma parte do ar que tu, nem tomo a mesma parte da comida que tu, mas [tomo] eu uma parte, tu, outra" (*etsi unum aerem naribus ambo trahimus aut unum cibum gustando capimus, non tamen eam partem aeris duco quam tu nec eamdem partem cibi sumo quam tu, sed aliam ego, aliam tu*). **D.** Em sentido metafórico, em relação à Verdade: (**2**,14,37,146) "Todos lhe aderem, todos tocam a mesma coisa. A sua comida não pode ser repartida em parte alguma; nada dela podes beber tu que eu não possa. Pois da tua comunhão com ela não mudas nada em algo privado teu; mas o que dela tomas tu, também para mim permanece íntegro..." (*omnes inhaerent, id ipsum omnes tangunt. cibus eius nulla ex parte discerpitur; nihil de ipsa bibis quod ego non possim. non enim ab eius communione in priuatum tuum mutas aliquid, sed quod tu de illa capis et mihi integrum manet...*). **E.** C. em quádruplo sentido: como o alimento nutritivo da alma, que é o Verbo de Deus; como o Pão dos Anjos, Cristo; como o Cristo eucarístico; como a "comida dos crescidos", isto é, a contemplação do Verbo de Deus: (**3**,10,30,109) "Pois, porque a criatura racional é apascentada por aquele Verbo, como se por uma comida sua excelente, porém a alma humana é racional... a comida da criatura racional se fez visível, não por uma completa mutação de sua natureza, mas [assumindo] o hábito da nossa, para que os que perseguem as [criaturas] visíveis chamassem de volta para si a [natureza] invisível" (*quia enim rationalis creatura uerbo illo tanquam optimo cibo suo pascitur, humana autem anima rationalis est... cibus rationalis creaturae factus est uisibilis, non commutatione naturae suae, sed habitu nostrae, ut uisibilia sectantes ad se inuisibilem reuocaret*) (cf. **3**,10,30,109).

circumfulgentia (*subst.*) CIRCUNFULGÊNCIA, o fulgir circundante [*circum* + *fulgeo*] da luz de Deus: (**2**,16,43,169) "Eles se prendem em sua obra carnal, como se em sua própria sombra; e contudo, também ali, aquilo que os deleita, eles o têm ainda a partir da circunfulgência da tua luz" (*in carnali opera uelut in umbra sua defiguntur et tamen etiam ibi quod eos delectat adhuc habent de circumfulgentia lucis tuae*).

ciuitas (*subst.*) **1.** CIDADÃOS, em referência ao corpo político da comunidade, ou seja, o conjunto dos seus habitantes, porém apenas os que possuem direito de cidadania: (**1**,5,13,41) "Essa lei, que é promulgada para reger os cidadãos..." (*lex ista, quae regendis ciuitatibus fertur*). Obs.: seria possível também interpretar aqui *ciuitatibus* como "cidades", o que não implicaria mudança significativa no raciocínio, visto a cidade nada mais ser que o conjunto de seus cidadãos, como dá conta de ilustrar o exemplo abaixo. **2.** CIDADE, por metonímia, considerada nesse caso como o continente, cujo conteúdo eram os próprios cidadãos, a verdadeira *ciuitas*, assim como os *polîtai* (πολῖται) constituíam a *pólis* (πόλις) de fato. **A.** Em sentido ambivalente, cidade e o conjunto dos cidadãos: (**2**,15,32,112) "Lei pela qual os povos da terra e as cidades são governadas" (*lex, qua populi terreni ciuitatesque gubernantur*). Obs.: o substantivo *terra* tinha um amplitude maior que *ciuitas*, englobando talvez o que hoje se compreendesse como país, ou, quando não, povos que guardassem algum elo comum, embora cada qual habitasse sua respectiva cidade, governada por leis distintas e independentes. **B.** No sentido mais estreito e colaborativo de "sociedade". **B$_1$.** (**1**,6,14,44) "Pois é a partir destes homens que os povos e as cidades invariavelmente se constituem" (*nam ex his hominibus utique populi ciuitatesque consistunt*). **B$_2$.** (**1**,6,14,47) "De tal forma que ambas [as leis] jamais possam existir numa única cidade simultaneamente..." (*ut nullo modo ambae in una ciuitate simul esse possint*). **B$_3$.** (**1**,15,32,111) "Pois enquanto temem perder estes bens, conservam, ao fazer uso deles, um certo comedimento, adequado ao vínculo da cidade, do tipo [de cidade] que pode ser constituída por homens assim" (*dum enim haec amittere timent, utendis quemdam modum aptum uinculo ciuitatis, qualis ex huiuscemodi hominibus constitui potest*). **C.** No sentido de "pátria", ou antes, "cidade-mãe". Obs.: é bastante provável que a metáfora da pátria como uma "mãe" seja herança distante da colonização grega, cujas "metrópoles" (μητρόπολις), "cidades-mães" (μήτηρ + πόλις), enviavam colonos para fundar novas cidades, que permaneciam ligadas por vínculo sagrado à cidade-mãe fundadora. Seja como for, importa neste caso notar que na Antiguidade inexistia a noção moderna de Estado, com suas instituições organizadas que administrassem o que se entende hoje por nação, de onde ser comum a referência à πόλις grega como uma "cidade-estado", devido à autonomia de suas instituições e seu sentido de unidade política e cultural. E mesmo no auge do Império Romano, embora o território controlado por Roma fosse dividido em províncias, muitas cidades e reinos eram apenas "clientes" do poder central romano, englobando inumerável quantidade de povos e culturas muitíssimo distintos, os quais preservavam também surpreendente autonomia, contentando-se o Império muita vez com obediência servil e pacífica, impostos fielmente quitados, fronteiras seguras e provimento imediato para as forças militares: (**1**,15,32,110) "A própria cidade, que costuma ser tida em lugar de uma mãe..." (*ipsa denique ciuitas, quae parentis loco haberi solet*). **D.** A c. celeste, a beatíssima Jerusalém do alto: (**3**,20,57,196) "E prepara a glória da felicíssima Cidade para os que triunfam daquele, [o diabo,] que conduziu o primeiro homem a essa infelicidade, vencido por uma péssima persuasão" (*et praeparat ciuitatis beatissimae gloriam triumphantibus de illo, qui primum hominem ad istam miseriam perduxit uictum pessima suasione*).

clementia (*subst.*) CLEMÊNCIA, equivalente tipicamente romano da misericórdia judeu-cristã. Obs.: termo de etimologia duvidosa, embora encontre célebre precedente no tratado político-propedêutico que Sêneca teria escrito para o jovem Nero, *De clementia* (*c.* 55-56 d.C.), é utilizado uma única vez em toda a obra, no livro terceiro, em referência à "clemência" de Cristo, que veio em socorro da infelicidade humana: (**3**,10,30,108) "Aquele Verbo de Deus, por que foram feitas todas as coisas e de que frui toda felicidade angélica, até à nossa infelicidade estendesse sua clemência, e o Verbo se fizesse carne e habitasse entre nós" (*ex quo factum est ut illud dei uerbum, per quod facta sunt omnia et quo fruitur omnis angelica beatitudo, usque ad miseriam nostram clementiam suam porrigeret et uerbum caro fieret et habitaret in nobis*). Cf. *misericordia.*

coaeternus (*adj.*) COETERNO [*co-* + *aeternus*], em referência específica à suposta natureza que o gnosticismo de viés maniqueu pretendia atribuir ao mal, de modo independente da própria natureza divina, como herança do masdeísmo iraniano: (*Ret.* 1,9,2) "Querendo eles desse modo, segundo o erro de sua impiedade, pois são os maniqueus, introduzir uma certa natureza do mal, imutável e coeterna com Deus..." (*eo modo uolentes secundum suae impietatis errorem, Manichaei enim sunt, inmutabilem quandam et deo coaeternam introducere naturam mali...*).

coapto (*v.*) **1.** ADAPTAR-SE (*v. reflex.*): (**2**,11,32,129): "Nenhum símile [cf. similitudo] visível pode adaptar-se em total conformidade ao que é invisível" (*non enim ulla uisibilis similitudo inuisibili rei potest ad omnem conuenientiam coaptari*). **2.** ADAPTAR (*v. tr.*). **A.** (**2**,16,42,165) "E os homens, artífices por certo de todas as formas corpóreas, em sua arte têm números, aos quais adaptam sua obra..." (*et omnium quidem formarum corporearum artifices homines in arte habent numeros quibus coaptant opera sua...*). **B.** (**2**,19,52,198) "Adaptando o espírito àquelas regras absolutamente imutáveis e às luzes das virtudes... adaptou e fixou o seu espírito..." (*coaptando animum illis incommutabilibus regulis luminibusque uirtutum... coaptauit et fixit animum...*) (cf. **3**,9,27,97).

coelestis (*adj.*) **1.** CELESTE, "do céu", em oposição ao que é "da terra" (*terrestris*). Obs.: interessa notar que o termo só aparece no terceiro livro, quando Agostinho já era presbítero de Hipona. **A.** Corpos celestes: (**3**,5,17,61) *corpora coelestia* (cf. **3**,9,25,90). **B.** A habitação celeste, isto é, a morada do céu: (**3**,9,27,98) *habitationi... coelesti* (cf. **3**,9,28,101). **C.** Poderes (potestades) celestes e supracelestes: (**3**,11,32,114) *coelestium uel supercoelestium potestatum.* **D.** Corpo celeste, em referência aos corpos espirituais dos anjos, não aos astros do céu: (**3**,11,34,118-119) "E nem por isso uma alma de tal qualidade é inferior ao corpo celeste, ao qual corpo também os corpos terrenos estão sujeitos... aquela [alma superior] adere a Deus e, no corpo celeste, por meio de seu angélico poder orna e rege também o corpo terrestre..." (*nec ideo tamen talis anima inferior est corpore coelesti, cui corpori etiam corpora terrena subiecta sunt... illa ergo inhaeret deo et in coelesti corpore angelica potestate etiam terrestre corpus ornat et regit...*) (cf. **3**,23,69,223). **E.** A incorrupção celeste, em referência à vida futura: (**3**,20,57,193) *coelestis incorruptionis.* **2.** Coelestia: as coisas do céu, em referência às criaturas espirituais ou bens supremos, mas também à própria vida eterna, espiritual e incorruptível: "O intento... de elevar-se das coisas terrenas em direção às celestes..." (*a terrenis in coelestia sese adtollere*).

cogitatio (*subst.*) Cogitação, no sentido de um "pensamento" [*cogito*] meditado, fruto de reflexão mais demorada, para além das simples imagens mentais ou ideias mais ou menos fugazes, que vulgarmente se costuma referir como "pensamento". **A.** Não se sabe que se percebe sensorialmente algo senão por meio de c.: (**2**,3,9,30) "Pois não se deve crer que eles [os animais] saibam que não sentem a luz pelos ouvidos, nem o som, pelos olhos, porque nós não discernimos essas coisas a não ser por meio de observação racional e de cogitação" (*non enim credendum est eas nosse nec auribus sentiri lucem nec oculis uocem, quoniam ista non nisi rationali animaduersione et cogitatione discernimus*). **B.** A c. alheia não pode ser conhecida, se não for comunicada (**2**,10,28,110): *cogitationem tuam, quam si mihi non enunties, ego prorsus ignoro.* **C.** O que se pode conceber por meio de c.: (**3**,2,5,19) *quicquid cogitatione concipiunt.* **D.** Deus deve ser honrado inefavelmente por todas as c.: (**3**,13,37,130) *ineffabiliter cogitationibus omnibus praedicandus et honorandus est creator.* **E.** Ninguém pode ver por meio de uma c. verdadeira aquilo que não é verdadeiro: (**3**,5,13,50) *nemo potest ueraci cogitatione uidere quam non est uerum.* **F_1.** A c. espontânea é uma das duas causas do pecado: (**3**,10,29,104) *spontanea cogitatione* (cf. *persuasio*). **F_2.** Por sua própria c. ninguém peca invito: (**3**,10,29,104) *propria cogitatione non peccat inuitus* (cf. **3**,5,13,50; 14,54; 21,60,207).

cogito (*v.*) Cogitar, no sentido de "pensar detidamente", considerando com vagar (cf. *cogitatio*). **A.** (**1**,2,5,12) *me cogitantem.* **B.** (**3**,5,13,49) *ratione... cogitas.* **C.** (**3**,23,69,233) *summum bonum cogitare non possunt.* **D.** (**2**,8,22,84) *si cogitaueris;* (cf. *ibid.* §85). **E.** (**3**,2,5,19) *cum de optimo... cogitant...* **F.** (**3**,5,13,46) *cogitare coelum* (cf. **2**,11,30,122; 123; 20,54,202; **3**,5,12,44; 5,13,45; 46; 47; 49; 9,25,89; 91; *Ret.* Pról. §1; 1,9,4).

cognitio (*subst.*) Cognição, no sentido de um "conhecimento" de tipo racional, em contraste com o conhecimento proveniente da fé. **A.** (**2**,2,5,11) "Embora eu retenha [comigo] estas coisas por meio de uma fé inconcussa, contudo porque ainda não as retenho por meio de cognição, investiguemo-las como se fossem todas incertas" (*quamquam haec inconcussa fide teneam, tamen quia cognitione nondum teneo, ita quaeramus quasi omnia incerta sint*). **B.** C. discriminada: (**2**,8,22,86) *cognitione discreta.* **C.** C. certa, mas tênue: (**2**,15,39,155) "Agora não somente retemos com fé, conforme julgo, mas também alcançamos por meio de uma forma de cognição certa, embora ainda muitíssimo tênue" (*quantum arbitror, fide retinemus, sed etiam certa, quamuis adhuc tenuissima, forma cognitionis adtingimus*). **D.** C. das coisas que pertencem à sabedoria: (**2**,15,40,160) *ad ipsam sapientiam pertinent, quarum cognitione laetatus es.* **E.** O que não se experimenta por c. não se pode reter no espírito: (**3**,21,60,203) *quicquid non experimur cognitione qualicumque tenere non possumus.* **F.** A alma parte da ignorância e da dificuldade rumo à c. e à quietude: (**3**,22,64,217) *Ad cognitionem et requiem.* **G.** Apetite de c.: (**3**,23,70,238) *adpetitus cognitionis.*

cognitus (*adj.*) CONHECIDO: (**2**,1,1,1) *Certum tibi atque cognitum est...* (cf. **2**,2,4,9; **3**,21,59,201). Cf. *cognosco, agnosco, percognosco.*

cognosco (*v.*) **1.** CONHECER, no sentido de "ter ciência" de algo, ou "saber". **A.** (**2**,2,5,13) "É pela razão que compreendemos essas coisas e conhecemos que elas são assim" (*ratione ista conprehendimus et ita se habere cognoscimus*). **B.** (**2**,13,36,141) "É na Verdade que se conhece e possui o Bem supremo" (*in ueritate cognoscitur et tenetur summum bonum*). **C.** (**2**,19,51,194) "E contudo também a própria razão se enumera entre as coisas que conhecemos pela razão" (*et tamen etiam ipsa ratio inter illa numeratur quae ratione cognoscimus*). **D.** No sentido de "compreender": (**1**,7,17,60) "Não apenas ficaste conhecendo como também explicaste inteiramente e da melhor maneira possível o meu pensamento" (*optime omnino et cognouisti et explicasti sententiam meam*). Cf. **1**,4,10,31; 10,20,71; 16,34,115; **2**,2,6,17; 5,15,48; 6,14,55; 9,25,97; 12,34,134; 13,37,143; 19,51,195; 53,199; **3**,1,1,1; 2,5,19; 5,13,50; 8,23,80; 9,25,91; 23,67,227. **2.** ENTENDER, no sentido de "reconhecer como verdadeiro", por estar convencido: (**1**,3,6,15) "Por que razão entendeste que o adultério é mau", ou seja, por que estás convencido da real maldade do adultério (*quanam ratione adulterium malum esse cognoueris*).

cogo (*v.*) **1.** COAGIR, no sentido de "forçar" a agir. **A.** (**2**,18,48,184) "Coagindo-os a militar em favor de sua inclinação sensual" (*eos militare cogunt libidini*). **B.** (**3**,3,7,28) "Não somos, a partir disso, coagidos a sentir" (*non tamen ex eo cogimur sentire*). **C.** (**3**,16,46,157; *Ret.* 1,9,3) "A ninguém sua própria natureza coage a que peque" (*neminem natura sua cogit ut peccet*) (cf. **2**,19,53,200; **3**,1,2,8; 4,11,40; 41; 9,24,87; 13,35,121; 15,43,150; 16,46,158; 17,47,161; 18,50,170). **2.** CONSTRANGER, em sentido semelhante ao de coagir. **A.** (**1**,2,4,10) "Bastante me constranges para que eu reconheça..." (*satis cogis ut fatear*). **B.** (**1**,5,12,37) "A lei não os constrange a matar" (*non... lex eos cogit occidere*). **C.** (**3**,10,31,111) O diabo "é constrangido de maneira absolutamente justa a deixar ir os que creem naquele que ele matou de maneira absolutamente injusta" (*iustissime itaque dimittere cogitur credentes in eum quem iniustissime occidit*) (cf. **1**,11,21,75; **3**,9,26,95). **3.** FORÇAR, *idem sensus.* **A.** (**1**,4,9,24) "Somos forçados a reconhecer" (*cogimur fateri*) (cf. **2**,5,12,46; 8,24,93; 3,1,1,1; 6,18,64). **4.** OBRIGAR: (**1**,13,28,94) "[Os argumentos aduzidos]... nos obrigam [a fazê-lo]" (*cogunt omnia*) (cf. **2**,7,19,74).

cohibeo (*v.*) COIBIR. **A$_1$.** (**1**,13,27,89) "A temperança... é a disposição que contém e coíbe o apetite daquilo que se procura obter de modo torpe" (*temperantia est adfectio coercens et cohibens adpetitum ab iis rebus quae turpiter adpetuntur*). **A$_2$.** (**1**,13,27,92) "A virtude que coíbe as inclinações sensuais" (*uirtus quae libidines cohibet*). **B.** (**1**,6,14,42) "Lei, que coíbe os povos nesta vida" (*legem..., quae populos in hac uita cohibet*). **C.** (**3**,1,2,9) "A pedra não tem em seu poder [a capacidade de] coibir o movimento pelo qual é levada para baixo" (*in potestate non habet lapis cohibere motum quo fertur inferius*) (cf. **3**,1,2,11; 7,21,74; 10,29,107; *Ret.* 1,9,3).

color (*subst.*) COR. **A.** A c. é percebida pelos olhos, órgãos da visão: (**2**,3,8,25) *quid ergo proprie ad oculos pertinet? quod per eos sentimus? Color.* **B.** Cada objeto de percepção tem seu sentido correspondente: (**2**,3,9,29) "Nem as cores podem ser sentidas pela audição, nem os sons, pela visão" (*nec colores auditu nec uoces uisu posse sentiri*) (cf. **2**,3,9,31-34; 37; 5,12,49; 12,33,131). **C.** C., no sentido de "brilho", "colorido" ou "beleza matizada" dos objetos perceptíveis pela visão: (**2**,13,35,140) "Com a luz do ouro e da prata, com a luz das pedras preciosas e de outras cores..." (*luce auri et argenti, luce gemmarum et aliorum colorum*).

comes (*subst.*) **1.** COMPANHEIRO ABNEGADO, ou seja, aquele que acompanha com certa devoção alguém de quem é adepto, partidário ou associado: (**1**,11,21,76) "Nenhuma outra coisa torne a mente companheira abnegada do desejo, a não ser a própria vontade e o livre arbítrio" (*nulla res alia mentem cupiditatis comitem faciat quam propria uoluntas et liberum arbitrium*). Obs.: a expressão *cupiditatis comes* funciona nesta passagem como antítese de *imperator* ou *dux*, o comandante ou general – papel que deveria caber à razão! Com efeito, *comes* é aquele que acompanha alguém, porém não de forma constrangida, caso contrário seria seu escravo ou prisioneiro. Além disso, o *comes* é geralmente de condição inferior em relação àquele que escolhe acompanhar, sendo sempre alguém que se põe a serviço de outrem, ou que se coloca sob sua liderança, porém de modo livre. Portanto não se trata de escravidão, e sim de subserviência voluntária, consciente, porque a mente escolhe livremente ser *comes* dos desejos (*cupiditates*), embora ela lhes seja por natureza superior. Daí esse companheirismo abnegado e voluntário constituir-se uma subversão da ordem que deveria predominar no microcosmo em que o homem se constitui, reflexo do macrocosmo que é a universalidade da criação. **2.** ASSOCIADO, no sentido de "companheiro": a vida reta é companheira abnegada da felicidade: (**1**,14,30,101) *illud enim cui comes est... id est, recte scilicet uiuere.* Obs.: ninguém será feliz, bem último da alma, se não estiver disposto a viver a vida reta.

commendo (*v.*) **1.** RECOMENDAR: **A.** No sentido de quem "deposita confiança" em algo ou alguém: (**2**,1,3,7) "Aquele bem, segundo o qual a própria justiça é recomendada na condenação dos pecados" (*bonum, quo commendatur ipsa iustitia in damnandis peccatis*). **B.** No sentido de "indicar" ou "aconselhar" algo por causa de seu valor, como no caso da vituperação dos vícios, que recomenda as naturezas como boas: (**3**,15,42,144) "A vituperação dos vícios, até mesmo das próprias naturezas das quais são vícios, recomenda seu decoro e dignidade" (*uituperatio uitiorum ipsarum etiam quarum sunt uitia naturarum decus dignitatemque commendat*). Obs.: em ambos os casos, contudo, ninguém recomenda nada, se não deposita confiança em seu valor. Portanto essa distinção supraefetuada poderia também ser considerada irrelevante, como se constata nos exemplos subsequentes. **C.** Recomendar a religião: (**3**,21,60,208) "Para recomendar a religião íntegra, estimulando-nos à dileção absolutamente sincera de Deus e do próximo" (*ad commendandam ualeant integram religionem excitando nos ad sincerissimam dilectionem dei et proximi*). **D.** Recomendação da autoridade eclesiástica: (**3**,23,67,228) "E isto é o que recomenda a autoridade salubérrima da Igreja" (*ecclesiae commendat saluberrima auctoritas*) (cf. **3**,23,68,231). **E.** A Escritura recomenda: (*Ret.* 1,9,6) *scriptura commendat.* **2.** INDICAR: (**3**,23,69,234) "Porém a dor que os animais sentem indica uma certa força das almas animalescas também" (*dolor autem quem bestiae sentiunt animarum etiam bestialium uim... commendat*).

communio (*subst.*) COMUNHÃO, no sentido de "participação mútua", aplicada à Verdade, que pode ser fruída em comum por mais de um agente simultaneamente, sem detrimento algum de sua natureza, nem da participação de cada um: (**2**,14,37,146) "Todos lhe aderem, todos tocam a mesma coisa. A sua comida não pode ser repartida em parte alguma; nada dela podes beber tu que eu não possa. Pois da tua comunhão com ela não mudas nada em algo privado teu; mas o que dela tomas tu, também para mim permanece íntegro".

communis (*adj.*) COMUM, em contraste com próprio (cf. *proprius*), refere-se ao que pode ser fruído por mais de um simultaneamente, como a Sabedoria, a Verdade, o Bem imutável, mas não as virtudes, que são próprias de cada homem. Obs.: na seguinte passagem Agostinho define o termo "comum", que considera sinônimo de "público" (cf. *publicus*): (**2**,7,19,78) "Comum e como que público... aquilo que é sentido por todos os sencientes, embora sem nenhuma corrupção e mutação completa de sua natureza". **A.** A Verdade é comum para todos: (**2**,14,37,146) "Porque nada dela em momento algum se torna propriedade particular de um único qualquer, ou de alguns, mas simultaneamente para todos ela é toda comum" (*sed simul omnibus tota est communis*) (cf. **2**,19,52,197). **B.** A Sabedoria é comum: (**2**,19,56,197) *sapientia, quae communis est omnibus.* **C.** O Bem imutável é comum, não próprio: (**2**,19,52,196) "Portanto a vontade, que é um bem médio, quando adere ao Bem absolutamente imutável e que lhe é comum, não próprio..." (*incommutabili bono eique communi, non proprio*) (cf. **2**,19,53,199; **3**,1,1,1). **D.** As virtudes não são bens comuns: (**2**,19,52,196-197) "Todas as virtudes... conquanto sejam no homem grandes e os primeiros... contudo são... bens próprios de cada homem em particular, não comuns" (*uirtutes omnes... propria tamen esse unius cuiusque hominis, non communia*).

communiter (*adv.*) Em comum, conjuntamente, como oposto de *proprie.* Obs.: refere-se tanto às percepções ditas simultaneamente "comuns" de um ou mais dos sentidos corpóreos como à percepção do Bem imutável. No caso dos sentidos pode-se dizer, por exemplo, que embora o paladar de um sinta o mesmo gosto que o paladar de outro indivíduo, eles não sentem o mesmo objeto simultaneamente, como é possível no caso da Verdade, que pode ser apreendida por todos ao mesmo tempo. **A.** Acerca do sentido interior, que coordena os perceptos dos cinco sentidos corpóreos: (**2**,3,8,27) "Não sei que outro sentido seria capaz de presidir em comum a todos os demais sentidos" (*omnibus communiter praesidet*). **B.** O olfato e o paladar, embora possam sentir o mesmo em indivíduos distintos, cada um sentindo o gosto e o cheiro por meio de seu próprio sentido, contudo eles nunca podem inalar ou gostar exatamente de uma mesma porção: (**2**,7,17,66; 12,33,131). **C.** O que se apreende pela mente se o faz em comum (**2**,12,33,132). **C$_1$.** A razão e a verdade dos números podem ser percebidas em comum por todos: (**2**,8,20,79) "Algo que todos os que raciocinam vejam em comum, cada qual por meio de sua própria razão e de sua mente..." (*sua quisque ratione atque mente communiter uideant...*) (cf. **2**,9,25,96; 10,29,119). **C$_2$.** A Sabedoria e a Verdade estão disponíveis em comum para todos: (**2**,9,25,96; 10,28,112; 13; 12,33,130; 131; 34,134; 14,37,145). **C$_3$.** O imutável está à disposição em comum: (**2**,10,28,115). **C$_4$.** As luzes das virtudes estão presentes em comum a todos: (**2**,10,29,116).

commutabilis (*adj.*) Completamente mutável [*con-* + *muto*], no sentido do que é passível de sofrer mutações absolutas em sua natureza, em referência aos bens corpóreos, inevitavelmente fadados à corrupção, o que necessariamente implica sua mutação da forma ao nada. Obs.: o vernáculo "comutável" não se utiliza intransitivamente neste sentido, e sim transitivamente, como algo que pode ser permutado, ou seja, trocado, o que nem de longe se aplica ao uso do *L.A.* Contudo não se pode inferir daí que *commutabilis* seja sinôn. de *mutabilis*, pois o prefixo latino *con-*, segundo lição do dicionário latino de referência *Oxford* (1997, p. 383, col. 2-3), acresce às palavras às quais se acopla ao menos os dois seguintes sentidos: intensidade (*contueor, consto* etc.) e completude (*conpleo, conficio* etc.). **A.** Deus é completamente não mutável: (**1**,2,5,12) *ex nulla particula commutabilem.* **B.** Bens completamente mutáveis: (**3**,1,1,1) *commutabilia bona* (cf. **3**,1,1,2; 5; 1,2,11). **C.** O espírito é completamente mutável: (**3**,25,76,261) *commutabilis animus.* Obs.: obviamente no caso do espírito a mutabilidade não pode dar-se segundo uma coordenada espacial, apenas temporal, visto tratar-se de uma natureza inteligível.

commutatio (*subst.*) Mutação completa que se dá numa dada natureza, geralmente por meio de corrupção (cf. "obs." no verbete *commutabilis*). **A.** (**2**,7,19,78) O objeto comum... "é sentido por todos os sencientes, embora sem nenhuma corrupção e mutação completa de sua natureza" (*nulla sui corruptione atque commutatione sentitur*). **B.** Nenhuma alma pode transmudar-se em corpo: (**3**,5,16,58) *nulla commutatione corpus efficitur.* **C.** Cristo, o alimento da criatura racional, se fez visível, porém não por meio de uma mutação completa em sua natureza: (**3**,10,30,109) "A comida da criatura racional se fez visível, não por uma completa mutação de sua natureza, mas assumindo o hábito da nossa, para que os que perseguem as criaturas visíveis chamassem de volta para si a natureza invisível" (*non commutatione naturae suae*).

commuto (*v.*) Mudar completa *ou* absolutamente (cf. "obs." no verbete *commutabilis*). **A.** Lei que muda completamente ao longo do tempo: (**1**,6,14,48) "Chamemos de temporal a essa lei, que, embora seja justa, contudo pode ser completamente mudada ao longo dos tempos" (*commutari tamen per tempora*). **B.** Mudar a natureza de algo completamente por meio do contato sensorial, como no caso dos alimentos que tomamos e que se tornam parte de nossa natureza: (**2**,7,19,72) "Aquele que de tal modo se torne parte de nós que possamos convertê-lo e mudá-lo completamente em nós mesmos" (*in nos uertere et commutare*) (cf. *ibid.* §73; 7,19,77; 8,20,79). **C.** Da natureza divina, que não pode ser mudada pela percepção de ninguém: (**2**,8,20,80) *nec... commutetur.* **D.** A Verdade imutável não muda ninguém para pior e por ninguém é mudada: (**2**,14,38,152) "Muda completamente todos para melhor; por ninguém é absolutamente mudada para pior" (*commutat omnes... a nullo... commutatur*). **E.** Mudar completamente para conformar-se com a morada celeste: (**3**,9,28,101) "Aquele homem excelente, completamente mudado em congruência com a habitação celeste" (*commutatum ad congruentiam coelestis habitationis*). **F.** Mudar, no sentido de "corromper", em relação à luz solar, que corrompe os olhos mais fracos: (**3**,14,40,140) "Nem se deve pensar que ele os mude completamente para suprir uma indigência de sua luz" (*ad explendam indigentiam sui luminis eos commutare*).

concupiscentia (*subst.*) Concupiscência. Obs.: o termo foi utilizado uma única vez em toda a obra, no último livro, em referência à dificuldade (*difficultas*) de caráter penal que se abateu sobre o ser humano, decorrente do pecado do primeiro homem. Com efeito, depois da queda de Adão, a humanidade nasce ignorante do bem que deve fazer e incapaz de pôr em prática o pouco de bem que se vê capaz de conhecer, por causa dessa concupiscência carnal, que se sobrepõe à sua razão, obliterada pela condição de pecado. A passagem é a seguinte: (**3**,19,53,180) "Pois dizem: Se Adão e Eva pecaram, que fizemos nós, infelizes, para que nascêssemos com a cegueira da ignorância e os tormentos da dificuldade, e primeiro errássemos, desconhecendo o que por nós deveria ser feito, depois, quando começassem a ser abertos para nós os preceitos da justiça, quiséssemos cumpri-los e não sei por que necessidade retentiva da concupiscência carnal não fôssemos capazes?" (*retinente carnalis concupiscentiae*). Obs.: se o termo *libido* houvesse sido traduzido por "concupiscência", o próprio termo *concupiscentia* aqui deveria ser traduzido de algum outro modo, provavelmente distante de sua raiz[4].

---

[4] O termo *concupiscentia* tem sentido positivo ou negativo, segundo o objeto a que se refere, sendo um desejo "neutro", por assim dizer, como *cupiditas*, segundo Agostinho dirá em *Cidade de Deus* (14,7).

concupisco (*v.*) **1.** COBIÇAR: (**3**,18,51,173; *Ret.* 1,9,5) "A carne cobiça contra o espírito e o espírito, contra a carne" (*caro concupiscit aduersus spiritum*...). Obs.: *concupisco* [*con* + *cupio*] traduz o grego ἐπιθυμέω (Gál 5,17), "desejar ardentemente", assim como o substantivo *concupiscentia* pode ser uma versão de ἐπιθυμία. Precisou-se traduzir o *v.* incoativo *concupisco* por "cobiçar", que em vernáculo significa "desejar imoderadamente", para distingui-lo de *cupio*, "desejar". **2.** CONCVPITVS (*adj. part.*): COBIÇADO: (**2**,13,35,137) "Belos corpos, cobiçados com imenso desejo" (*magno desiderio concupita*)[5].

condicio (*subst.*) CONDIÇÃO, em relação ao pecado: *condicio peccati*. Esta expressão aparece uma única vez em toda a obra (**2**,13,37,143): "Esta é a nossa liberdade, quando somos submetidos a essa Verdade; e ela é o nosso próprio Deus, que nos liberta da morte, isto é, da condição de pecado" (*a condicione peccati*). A condição de pecado se refere ao estado da humanidade depois da queda do primeiro homem, estado em que os valores de liberdade e servidão parecem invertidos. Embora seja livre para fazer o mal, o homem passa a ser escravo do pecado, praticamente incapaz de evitá-lo, caso não receba alguma ajuda divina. Na condição contrária, no estado de salvação, por assim dizer, o homem passa a ser "servo" de Deus, a quem se submete de modo espontâneo, ao aderir à Verdade imutável, porém fazendo-se livre, seja para não pecar, seja para fazer o bem, que era incapaz de conhecer plenamente e praticar, sob a condição penal de ignorância e dificuldade. Obs.: o vocábulo *condicio* [*con-* + *dico*] refere-se em sua origem à fixação das condições para um pacto, um acordo, quando então as partes firmavam entendimento, dizendo "em conjunto" a fórmula do ajuste. Neste caso trata-se de uma espécie de "convenção" que se deu, na queda, com o diabo; na salvação, com Cristo. E se esse "ajuste do pecado" equivale à morte, como diz o próprio Agostinho (*qui nos liberat a morte, id est, a condicione peccati*), porque ela foi o salário do pecado, a descendência de Adão vive nessa mesma condição ou "pacto" de morte, morte em que se traduz a vida após a queda do primeiro homem, de que só a ação salvadora de Cristo, a Verdade, pode libertá-la. Portanto, se pecar é errar, e se o ajuste do pecado é a morte, decorre forçosamente disso que o ajuste contrário seja um pacto de verdade e de vida, um pacto de acerto, libertador do pecado, liberdade cujo salário será a Vida eterna.

conditor (*subst.*) FUNDADOR, originalmente quem estabelece as bases, fundando [*condo*] uma cidade ou templo[6]. Agostinho se utiliza do termo dezoito vezes para referir a Deus como criador ou fundador de todas as naturezas, de par com o verbo *condo*, usado oito vezes para referir algum aspecto de seu ato criador. Embora o termo não tenha sido bem acolhido pelo discurso teológico, achou-se por bem mantê-lo, juntamente com os demais epítetos atribuídos a Deus pelo autor, como *artifex, creator, administrator, institutor, ordinator.* **A.** O louvor

[5] Em *Cidade de Deus* (14,7 46-49) Agostinho elenca algumas passagens escriturárias em que o verbo *concupisco* e o substantivo correlato *concupiscentia* [ἐπιθυμία] são utilizados em sentido claramente positivo, como na carta aos *Filipenses* (1,23), onde o apóstolo diz desejar ser desatado dos laços corpóreos para estar com Cristo (*concupiscit apostolus dissolui et esse cum Christo* [τὴν τὴν ἐπιθυμίαν ἔχων εἰς τὸ ἀναλῦσαι καὶ σὺν Χριστῷ εἶναι]); ou no livro da *Sabedoria* (6,20/21), em que se diz que o "desejo de sabedoria" (*concupiscentia sapientiae* [ἐπιθυμία σοφίας]) conduzirá "até ao Reino" (*perducit ad regnum*), traduzido na Vulgata por Jerônimo como "Reino sem fim" (*deducet ad regnum perpetuum* [ἀνάγει ἐπὶ βασιλείαν]).

[6] Cf. Jo 17,24: καταβολή τοῦ κόσμου.

inefável devido ao F.: (**2**,17,46,177) *ineffabilem laudem referendum est conditoris.* **B.** Deus, o F. de todos os bens: (**2**,18,49,188; 3,5,13,45) *bonorum omnium conditori deo.* **C.** O F. de todas as coisas: (**3**,5,13,47; 15,42,144) *deus omnium conditor.* **C$_1$.** A bondade do F. da criatura pecadora: (**3**,5,14,54) *si bonitatem conditor praebuit ad eam condendam...* **C$_2$.** Devem-se graças à bondade do F.: (**3**,6,19,66; 20,56,188) *gratias agas bonitati conditoris tui.* **C$_3$.** O F. deve ser louvado de um jeito ou de outro: (**3**,16,46,159) *laudemus ergo conditorem.* **D.** Deus é o F. e administrador da universalidade da criação: (**3**,9,27,98) *cuius est conditor et administrator deus.* **E.** O F. excelente de todas as naturezas: (**3**,12,35,124) *deum naturarum omnium conditorem optimum.* **F.** O F. da criatura racional: (**3**,13,37,130) *rationalis natura... eius conditorem.* **G.** O F. não tem culpa pelos pecados das naturezas fundadas: (**3**,16,46,156) *nulla culpa est conditoris.* **H.** Guiado pela misericórdia do F.: (**3**,21,61,211) *duce misericordia conditoris.* Cf. *condo.*

condo (*v.*) FUNDAR, no sentido de "criar" (*ex nihilo*), mas também de "estabelecer" ou "conceber", em referência ao ato criador de Deus[7]. Obs.: o verbo *condo* expressa o ato de pôr junto [*con-* + *do*] o que estava disperso, reunindo elementos necessários para uma edificação, fundação ou instituição. Em sentido derivado, pode-se dizer que o fundador também estabeleça os próprios princípios a partir dos quais a fundação se dará, ideia que mais se coaduna com a doutrina cristã, visto que o termo implique a preexistência de materiais que se possam reunir e ordenar a fim de estabelecer as bases de uma edificação, contrariando a ideia de criação *ex nihilo,* e aproximando-se da mentalidade grega. Olivier du Roy[8], em seu estudo acerca da gênese do pensamento trinitário em Agostinho, num dado momento de sua argumentação, volta sua atenção para a exegese de uma passagem polêmica do profeta Isaías (45,7), que a Septuaginta traduziu do seguinte modo: ἐγὼ... ὁ ποιῶν εἰρήνην καὶ κτίζων κακά, "Eu..., que faço a paz e fundo os males", a partir do hebraico: "Faço a paz e crio o mal", mas que a versão latina de que dispunha Agostinho assim traduziu: *ego facio bonum et creo mala,* "Eu faço o bem e crio os males", e a Vulgata hieronímica: *faciens pacem et creans malum.* Ambas, portanto, vertendo os verbos ποιέω por *facio,* "fazer", e κτίζω, por *creo,* "criar". Os gnósticos, e depois deles os maniqueus, se utilizavam desta passagem para defender seu dualismo, pois nela Yahweh, o Deus crudelíssimo do Antigo Testamento, segundo eles, porém não o Deus misericordioso de Cristo, se declara o "criador do mal", o que corroborava sua tese de que havia dois princípios no universo, coincidentes com as divindades do Antigo e do Novo Testamentos, má e boa respectivamente. O que nos interessa, por ora, deixando de parte as polêmicas dualistas, é a distinção que o próprio Agostinho faz entre os verbos latinos *creo, facio* e *condo,* muitíssimo utilizado no *L.A.*, distinção essa que, segundo Du Roy, é feita exatamente no intervalo em que estaria escrevendo o primeiro livro desta obra. Pois bem, no *De moribus ecclesiae catholicae et de moribus manichaeorum libri duo* (2,7,92), escrito por volta de 387-388, Agostinho assim interpreta a distinção entre *creo* e *condo,* em referência específica à passagem supracitada de Isaías: "Por isso é que de modo excelente foi dito aquilo, que vós costumais censurar acima de tudo: 'Eu faço os bens e crio os males'. Pois 'criar' significa [em latim] 'fundar' e 'ordenar'. Desta feita, na maior parte das cópias

---

7 Cf. Jo 17,24: "Porque me amaste antes da fundação [*katabolḗ*] do mundo". (ὅτι ἠγάπησάς με πρὸ καταβολῆς κόσμου.).

8 Olivier du Roy, *L'intelligence de la foi en la Trinité selon Saint Augustin. Génèse de sa théologie trinitaire jusqu'en 391.* Paris: Études Augustiniennes, 1966, p. 234-35.

[manuscritas] está escrito assim: 'Eu faço os bens e fundo os males'. De fato, 'fazer' significa [fazer] o que absolutamente não existia; porém 'fundar' [significa] 'ordenar' o que de algum modo já existia, de modo que venha a ser melhor e mais. Com efeito, Deus 'funda' essas coisas, isto é, 'ordena', quando diz: 'Fundo as coisas más que são deficientes', isto é, 'as coisas que tendem a não ser', não aquelas que chegaram até ao que tendem. Pois foi dito: 'Nada é permitido pela divina Providência chegar até ao que não seja'".[9] Percebe-se que Agostinho pretendia estabelecer uma clara distinção entre "criar" *ex nihilo,* "a partir do nada", o que apenas Deus é capaz de fazer, e que se exprime, segundo esta passagem, pelo verbo *facere,* e "fundar", *condere,* que põe em paralelo com "ordenar", *ordinare,* noções que se aplicam às coisas já criadas. Essa distinção sem dúvida se justifica pelo contexto polêmico antimaniqueísta das duas obras, mas também pela polissemia do termo *creare* em latim, que de modo ambíguo pode significar ainda "gerar", causando problemas com outros detratores, os arianos. De fato, explica Du Roy, a partir de 393, época da escritura do *De fide et symbolo* (4,5), muito provavelmente por causa da polêmica contra os arianos, o verbo *condere* é que passa a ser utilizado para referir de preferência a criação *ex nihilo:* "Por isso é que é unigênito o Filho de Deus, e não foi feito pelo Pai... excluem-se também aqueles que dizem que o filho seja uma criatura, ainda que não seja tal qual são as restantes criaturas. Pois seja de que grandeza digam ser a criatura, se é criatura, foi fundada e feita. Pois 'fundar' é o mesmo que 'criar', embora no costume da língua latina às vezes se diga 'criar' com sentido de 'gerar'. Mas a [língua] grega faz essa distinção. Pois isto que dizemos 'criatura' é o que eles chamam de κτίσμα [= colônia; fundação] ou κτίσις [= fundação; estabelecimento]. E quando queremos falar sem ambiguidade, não dizemos 'criar', mas 'fundar'. Logo, se o Filho é 'criatura', seja qual for sua grandeza, foi criado"[10]. Em 394, ainda antes do suposto término do *L.A.*, Du Roy diz que Agostinho "corrige" a tradução latina da passagem de Isaías suprarreferida, substituindo o verbo *condere* por *constituere,* "constituir", "estabelecer", como se atesta em *Contra Adimantum Manichaei discipulum liber unus* (§27): "Do que está escrito no profeta Isaías: 'Eu sou Deus, que faço a paz e constituo os males', isso também se resolve por aquela mesma regra. Pois Adimanto não repreende o que disse Deus: 'faço a paz', mas isso que disse: 'constituo os males'"[11]. Em resumo, segundo Du Roy os três termos

---

9 *De moribus ecclesiae catholicae et de moribus manichaeorum* (2,7,9): *Ex quo illud optime dictum est, quod insectari maxime soletis:* Ego facio bona et creo mala. *"creare" namque dicitur "condere" et "ordinare". itaque in plerisque exemplaribus sic scriptum est:* Ego facio bona et condo mala. *"facere" enim est ["facere"] omnino quod non erat; "condere" autem "ordinare" quod utcumque iam erat, ut melius magisque sit. ea namque condit deus, id est ordinat, cum dicit: "Condo mala quae deficiunt", id est "ad non esse tendunt", non ea quae ad id quo tendunt peruenerunt. dictum est enim:* Nihil per diuinam prouidentiam ad id, ut non sit, peruenire permittitur.

10 *De fide et symbolo* (4,5): *Quamobrem unigenitus filius dei, neque factus est a patre... excluduntur etiam illi qui creaturam esse dicunt filium, quamuis non talem, quales sunt caeterae creaturae. quantacumque enim creaturam dicant, si creatura est, condita et facta est. nam idem est "condere", quod "creare". quamquam in latinae linguae consuetudine dicatur aliquando "creare" pro eo quod est "gignere". sed graeca discernit. hoc enim dicimus "creaturam", quod illi* κτίσμα *uel* κτίσιν *uocant. et cum sine ambiguitate loqui uolumus, non dicimus "creare", sed "condere". ergo si creatura est filius, quamlibet magna sit, facta est.*

11 *Contra Adimantum Manichaei discipulum* (§27): *De eo quod in Isaia propheta scriptum est:* Ego sum Deus qui facio pacem, et constituo mala, *etiam hoc eadem regula soluitur. non enim reprehendit Adimantus quod dixit Deus, facio pacem; sed quod dixit, constituo mala.*

são utilizados por Agostinho ao longo de sua obra do seguinte modo: [i] *creare:* "gerar", "ordenar"; [ii] *facere:* "criar"; [iii] *condere:* "ordenar", "criar". Pelo menos no *L.A.* não convém endossar sem restrições essa taxonomia, por assim dizer, especialmente com respeito ao verbo *creo,* que se distingue claramente de "gerar" (cf. **1**,2,5,13). Pois bem, mantendo a coerência com a proposta de tradução elaborada no início, preferiu-se aqui manter uma rígida distinção etimológica entre esses verbos, ciente do ônus que o insólito uso do verbo "fundar" traz consigo, não apenas para evitar o erro de interpretar em vez de traduzir, mas principalmente para que o leitor estudioso possa distingui-los com mais facilidade e clareza, ainda que não seja íntimo do latim. Eis como Agostinho se utiliza do verbo *condo* nos três livros do *L.A.* **A.** Fundar, no sentido de "criar" *ex nihilo,* o que se distingue do verbo da sequência, *constituo,* "constituir", o que deixa evidente que Agostinho não está considerando *condere* como "constituir": (**1**,11,23,79) *hominem tam perfecte conditum a deo et in beata uita constitutum.* **B.** Fundar, no sentido também de criação *ex nihilo,* pois aqui também Agostinho se utiliza de verbo de sentido semelhante, *statuo,* ao lado de *condo,* deixando claro que seus sentidos se distinguem: (**3**,3,6,25) "Desde logo e de uma vez para sempre estatuiu de que modo se deva manter a ordem de sua universalidade, que fundou" (*iam semel statuit quem ad modum feratur ordo eius uniuersitatis quam condidit*). Obs.: Deus "fundou", ou seja, "criou" o conjunto universal das coisas todas, estabelecendo, no mesmo momento da "fundação-criação", sua ordenação. Logo ordenar e estatuir, nesta passagem, se distinguem de "fundar-criar *ex nihilo*". **C.** Fundar, em sentido duvidoso, numa posição intermédia entre "criar" e "estabelecer", em referência ao homem: (**3**,5,12,42) "Nós devemos ação de graças ao nosso Criador, cuja bondade, sem dúvida larguíssima, [deveria] ser louvada do modo mais justo, ainda se ele nos tivesse fundado em algum grau inferior da criação" (*etiamsi aliquo inferiore creaturae gradu nos condidisset*). Obs.: interessante notar que o v. *condo* está sendo utilizado ao lado dos substantivos *creatura* e *creator,* "criatura" e "criador", o que permite fazer a balança pender em direção aos sentidos "estabelecer" ou "ordenar", como se dissesse que a criatura racional estava sendo ordenada num determinado grau, depois de ter sido criada. **D.** Fundar, no sentido de "criar": (**3**,5,14,54) "Se o Fundador outorgou sua bondade para que se fundasse aquela, cujos pecados futuros previu, de nenhum modo não outorgaria sua bondade para que se fundasse aquela criatura, que conheceu antecipadamente não haveria de pecar" (*ad eam condendam cuius praeuidit futura peccata... nullo modo non praeberet eam bonitatem ut creaturam conderet quam peccaturam non esse praesciuit*). Obs.: o mesmo se observa na sequência: (**3**,5,15,56). **E.** Fundar, em sentido ambíguo, entre "criação" e "ordenação", em referência à perfeição do conjunto universal das criaturas: (**3**,9,26,92) "Por isso, se a alma não chega à infelicidade a não ser por meio do pecar, também os nossos pecados são necessários à perfeição da universalidade que Deus fundou" (*quapropter si ad miseriam nisi peccando non peruenit anima, etiam peccata nostra necessaria sunt perfectioni uniuersitatis quam condidit deus*). **F.** Fundar, no sentido de "estabelecer", "ordenar", porém não de modo tão pacífico, em relação aos poderes (criaturas espirituais) fundados para reger a universalidade: (**3**,12,35,123) *ad hoc ipsum conditas potestates* (cf. *potestas*). **G.** A criatura racional foi fundada com arbítrio livre da vontade, o que pode significar que foi "criada" com esse dom, mas também que lhe foi dado o dom "depois" de ter sido criada, quando então *condo* significaria "constituir", ou algo semelhante: (**3**,13,37,129) *omnis natura rationalis, cum libero arbitrio condita.* Cf. *facio, ordino, creo, conditor, creator.*

confessio (*subst.*) CONFISSÃO. **A.** C. de fé, no sentido de "testemunho" acerca da própria fé. Obs.: aquele que confessa reconhece [*con-* + *fateor*] publicamente aquilo onde deposita sua *fides:* (**1**,3,7,18) "Eles foram julgados merecedores de condenação por causa de sua confissão" de fé. **B.** C. de culpa ou de pecado, no sentido de "admissão" ou "reconhecimento" público dos erros (**3**,2,5,16): *confessionem peccatorum suorum.*

confiteor (*v.*) CONFESSAR [*con-* + *fateor: fari:* φάω], cuja implicação é o reconhecimento ou admissão, comumente públicos, seja da fé religiosa desposada, seja de pecados, seja do louvor devido, seja de sua condição inferior, seja ainda, nas disputas dialéticas, do argumento vitorioso do adversário debatedor, o que pressupõe sempre uma atitude humilde. **A.** Confessar a fé religiosa: (**1**,3,7,19) "Crer em Cristo e confessar a própria fé" (*credere in Christum et ipsam confiteri fidem*). **B.** No sentido de "admissão" ou "reconhecimento": $\mathbf{B_1}$. Confessar, no sentido de "reconhecer" a vitória do argumento adversário: (**1**,12,25,84) "Nada disso nego e por isso mesmo já confesso possuir não somente uma vontade, mas também uma boa vontade" (*bonam uoluntatem iam habere confiteor*). $\mathbf{B_2}$. (**2**,18,48,182) *esse confitemur bona.* $\mathbf{B_3}$. Confessar que Deus existe: (**2**,15,39,153) *deum te esse confessurum.* $\mathbf{B_4}$. Confessar que a razão é conhecida pela razão: (**2**,10,51,194) *confessum te fuisse etiam rationem ratione cognosci.* **C.** Confessar os pecados: (**3**,2,5,18) *peccata... confiteri.* **D.** Confessar humildemente sua fraqueza: (**3**,19,53,182; 20,58,199) *humiliter confitendam esse inbecillitatem.* **2.** ADMITIR: que Deus deu a vontade livre ao homem etc.: (**2**,2,4,9) *quod dedisse confitemur deum.*

congruens (*adj. part.*) QUE É CONGRUENTE [*congruo*], aquele cujas características correspondem; daí também: adequado, conforme etc. **A.** Ornamento perfeitamente congruente: (**3**,12,35,120) *ornatum congruentissimum.* **B.** Leis congruentíssimas: (**3**,14,40,139) *leges congruentissimas.* **C.** Medidas perfeitamente congruentes: (**3**,15,43,149) *modis congruentissimis.*

congruentia (*subst.*) CONGRUÊNCIA, no sentido de "harmonia", "conformidade", "concordância": (**3**,9,28,101) "Em congruência com a habitação celeste" (*ad congruentiam coelestis habitationis*).

congruo (*v.*) SER CONGRUENTE, no sentido de "corresponder", "estar de acordo", "ser conveniente", "concordar com" etc. **A.** (**3**,9,26,95; 96) "Ser congruente com a beleza da universalidade" (*decori uniuersitatis congruere*). **B.** Ser c. com o castigo: (**3**,9,27,98) "Portanto uma alma de tal espécie não se faz congruente com a habitação celeste através do pecado, porém é congruente com a terrestre através do castigo" (*non congruit per peccatum... autem... per supplicium*). **C.** Ser c. com o pecado, por meio do castigo: (**3**,9,28,102) *peccato poena congrueret.* **D.** Ser c. com a verdade: (*Ret.* 1,9,2) *congrueret ueritati.*

congruus (*adj.*) CONGRUENTE. **A.** Lugares ou sedes c.: (**2**,19,53,200; **3**,5,14,51) *congruis sedibus.* **B.** Recompensas c.: (**3**,12,35,122) *congrua et condigna retribuens.*

coniugium (*subst.*) **1.** UNIÃO CONJUGAL [*coniungo*], no sentido próprio de matrimônio e não apenas de conjunção carnal: (**1**,5,12,36) *ad coniugium.* **2.** CONÚBIO, união íntima, porém em sentido metafórico, em referência ao primeiro casal, Adão e Eva: (**3**,20,55,186) *de illo primo coniugio.*

coniunctio (*subst.*) CONJUNÇÃO [*con-* + *iugum*], no sentido daquilo que está atado sob o mesmo jugo, de onde também se depreendem os sentidos de união, afeição, conexão, simpatia etc. Obs.: o termo aparece uma única vez na obra, porém em passagem das mais interessantes:

(**3**,11,33,117) "Por certo todos os seres espirituais possuem entre si não apenas uma conjunção sem acúmulo, mas também uma disjunção sem diminuição" (*et coniunctionem sine cumulo et seiunctionem sine deminutione.* Cf. *seiunctio, coniungo.*

coniungo (*v.*) CONJUNGIR [*con-* + *iungo*], em sentido amplo: unir, ligar, atar. Obs.: de origem agrária, em referência à atrelagem de uma junta de bois ou cavalos sob a canga, o jugo (*iugum* / ζεῦγος), esse verbo cristalizou-se sobremaneira em seu sentido derivado, sem dúvida como uma catacrese. **A.** O número conjungido à Sabedoria: (**2**,8,24,95; 11,30,120; 123) *sapientiae coniunctus est numerus.* **B.** A conjunção da cloaca e do servo: (**3**,9,27,97) *turpitudo serui et mundatio cloacae, iam coniunctum.* **C.** A conjunção das criaturas espirituais superiores às inferiores: (**3**,11,33,117) *cum haec sibi coniungeretur.*

coniux (*subst.*) CÔNJUGE. Obs.: apesar de o gênero ser comum, como atestam Ernout e Meillet[12], o emprego consagrado é o feminino, como "esposa", de par com *uxor* ou *femina.* O masculino, por sua vez, prefere *maritus* ou *uir.* O vocábulo *coniux* também deriva de *iugum,* "jugo", e *iugo,* "jungir", cuja raiz indo-europeia hipotética é **yeug-/yug-*, conforme apontam os autores suprarreferidos. **A.** A esposa, como um dos bens ordenados pelas leis temporais, ao lado de outros "bens", como pais, irmãos, filhos etc.: (**1**,15,32,110) *parentes, fratres, coniux, liberi...* **B.** A esposa alheia, em referência ao adultério: (**1**,3,8,20) *coniuge aliena.* **C.** Da felicidade dos amplexos conjugais: (**2**,13,35,138) "Os homens clamam que são felizes, quando envolvem em seu amplexo belos corpos, cobiçados com imenso desejo, seja de seus cônjuges, seja ainda de meretrizes..." (*siue coniugum siue etiam meretricum amplexantur*). Obs.: o abraço da *coniux,* a quem se liga sob o jugo do matrimônio, opõe-se ao da *meretrix,* a meretriz, que abraça a soldo [*merces*], ou seja, que faz por merecer [*mereor*] o salário pelos serviços prestados. Cf. *mereor, meretrix, merces, meritum.*

conligo / coll- (*v.*) COLIGIR, liter. "colher junto" [*con- lego*]. **A.** Coligir, no sentido de "reunir" ou "ajuntar". **A$_1$.** (**2**,16,41,161) "Coligir de algum modo nossa alma toda" (*animam... conligamus*). **A$_2$.** (**3**,19,53,181) "Coliges os membros vulnerados". **B.** Coligir, no sentido de "concluir", como quem reúne os fatos e deduz uma conclusão: **B$_1$.** (**3**,12,35,12; 17,48,167) *unde conligitur.* **B$_2$.** (**3**,13,38,134) *ex quo conligitur.* **B$_3$.** (**3**,5,13,50) "E contudo com a razão verdadeira coligisse que algo de tal magnitude devesse ser feito" (*ratione uera... conligeret*). **B$_4$.** (*Ret.* Pról. §2) "Porque muitas coisas sem dúvida podem ser coligidas das minhas muitas disputas..." (*multa conligi*).

connecto (*v.*) CONECTAR. **A.** No sentido de fazer o encadeamento lógico de um raciocínio: (**1**,7,16,57) *ut deinde ratio connectatur.* **B.** No sentido de "estar ligado", "unido": (**3**,5,13,49) "A alma humana [se encontra] conectada naturalmente às divinas razões" (*naturaliter diuinis ex quibus pendet connexa rationibus*).

connexio (*subst.*) CONEXÃO. **A.** C. de raciocínio: (**1**,7,16,53) *connexione rationis.* **B$_1$.** A c. de todas as coisas e eventos, necessária à manutenção da ordem universal: (**3**,11,32,113) *rerum... connexio.* **B$_2$.** A c. da criação: (**3**,23,66,226) "A conexão ordenadíssima de toda a criação, seja

---

[12] A. Ernout e A. Meillet, *Dictionnaire étymologique de la langue latine.* Paris: Librarie C. Klincksieck, 1939, p. 501.

através dos lugares, seja através dos tempos" (*totius creaturae uel per locos uel per tempora ordinatissimam connexionem*). Cf. *connecto.*

conpleo (*v.*) Completar [*con-* + *pleo: plenus*], no sentido de "encher plenamente", ou de "preencher" com o que falta para a perfeição de uma dada natureza. **A.** (**2**,6,13,53) "Naquilo por meio de que nossa natureza se completa para que sejamos humanos..." (*natura nostra conpletur ut homines simus...*) Obs.: Agostinho se refere aqui à razão. **B.** A infelicidade completa a perfeição da criação, objeta um contraditor: (**3**,9,26,92) "Se também a nossa infelicidade completa a perfeição da universalidade, faltaria algo a esta perfeição, se fôssemos sempre felizes" (*defuisset aliquid huic perfectioni, si beati semper essemus*). Obs.: objeção essa que Agostinho repudia com veemência.

conplexio (*subst.*) Resumo, mas também recapitulação, o encadeamento ou reunião de ideias [*conplector*] que resulta na conclusão de um raciocínio. De fato, na única instância em que o vocábulo aparece na obra, refere-se à visão de conjunto (σίνοψις), segundo a qual se retoma o que foi dito antes: (**3**,12,35,125) "Percorramos tamanha questão por meio de um brevíssimo resumo" (*breuissima conplexione*). Cf. *conplexus.*

conplexus (*subst.*) Complexo, no sentido de "entrelaçamento" ou "abraço" [*conplector*] de todas as criaturas que compõem o conjunto universal da criação: (**3**,23,66,226) "Em conformidade com o complexo da universalidade e a conexão ordenadíssima de toda a criação..." (*ad uniuersitatis conplexum...*).

conprehendo (*v.*) Compreender [*con-* + *praehendo*], apreender, liter. "agarrar alg. coisa, por tê-la retida e completamente envolvida pelo espírito". **A.** C., no sentido de ser capaz de "abranger um conteúdo" na íntegra: (**1**,3,6,14) "Se não podes em breves palavras compreender tudo ao mesmo tempo..." (*si non potes totum simul breuiter uerbis conprehendere...*). **B$_1$.** C. algo pela razão: (**2**,3,8,26; 27; 9,36; **3**,5,14,51) *ratione conprehendere.* **B$_2$.** Ter ciência de algo é compreendê-lo por meio da razão: (**2**,3,9,29) *quicquid enim scimus, id ratione conprehensum tenemus.* **B$_3$.** No sentido de "ser apreendido", ao ter ciência: (**2**,3,9,35) *sciendo conprehendi.* **B$_4$.** No sentido de "apreender" *simpliciter.* (**2**,15,40,157; 17,45,174; **3**,21,62,215). **C.** No sentido de "reter na memória": (**3**,19,51,195) *memoria... quae meminimus conprehendit.* Cf. *intellego, incomprehensibilis.*

conprimo (*v.*) Comprimir, no sentido de "premer" [*premo*] alguém em alguma direção. Neste caso nega-se a suposta premência que mantém as almas na ignorância e na dificuldade: (**3**,20,56,192) "Pois, conquanto tenha nascido em ignorância e dificuldade, contudo ela não é comprimida por alguma necessidade a permanecer nesse estado em que nasceu" (*non... necessitate conprimitur*).

conputator (*subst.*) Quem faz cômputos, liter. "computador" ou "calculador", em referência àquele que trabalha com números: (**2**,8,20,80) "A razão e a verdade do número está ao alcance de todos os que raciocinam, de modo que todo aquele que faz cômputos se esforce por apreendê-la..." (*eam conputator sua quisque...conetur adprehendere...*).

conputo (*v.*) **1.** Computar: (**2**,8,21,82) "É por esta luz da mente que eu refuto todo aquele que, ao computar, tiver feito um cálculo errado, seja adicionando ou subtraindo" (*dum conputat*...). **2.** FAZER CÔMPUTOS: (**2**,11,30,121) "Conheço muitos numerários ou numeradores, ou se por algum outro nome devam ser chamados aqueles que de modo elevadíssimo e admirável fazem cômputos" (*qui summe atque mirabiliter conputant*). Cf. *numerarius, numerator, numero, numerus.*

conqueror (*v.*) QUEIXAR-SE, no sentido de "lamentar" [*con-* + *queror*] ou "deplorar" algum evento. **A.** Queixar-se acerca da Lua: (**3**,9,25,89) *de luna conqueri.* **B.** Queixar-se da ordem da criação: (**3**,15,42,147) *ista conqueritur.* Cf. *queror, querela.*

consceleratus (*adj.*) CELERADO, liter. "aquele que foi manchado por uma ação abominável ou criminosa" [*scelus*], daí também "criminoso": (**1**,6,14,46) "Homens flagiciosos e celerados" (*flagitiosis consceleratisque*). Cf. *flagitiosus, flagitium.*

conscientia (*subst.*) CONSCIÊNCIA [*con* + *scio*], no sentido de "ter suficiente ciência" ou "conhecimento" de algo, geralmente acerca do bem e do mal. **A.** Crer na onipotência de Deus, inteligir acerca da necessidade de louvá-lo, e clamar com os ossos e a medula da consciência sua confissão de pecado: (**3**,2,5,19) "Quando pensam a respeito [de Deus]... que cressem [na Justiça e onipotência divinas acima de todas as coisas]... que inteligissem que deviam dar graças a Deus... [e] que com todos os seus ossos e as medulas de sua consciência clamassem: Eu disse, Senhor, tem misericórdia de mim, cura a minha alma, porque pequei contra ti!" (*omnibusque ossibus et medullis conscientiae suae*). **B.** A consciência da mortalidade: (**3**,10,29,107) *conscientia mortalitatis.*

consentio (*v.*) CONSENTIR. **A.** No mesmo sentido de *adsentior*, de assentir em uma proposição, demonstrando estar de acordo com ela: (**1**,7,16,53) "De modo algum consinto que isso possa ocorrer" (*nullo modo... consentio*) (cf. **2**,5,12,50; 7,17,65; **3**,3,6,25; 4,10,38; 16,46,160). **B.** Em sentido específico, em referência ao consentimento que se dá à sugestão do mal, um "sentir com" de implicações morais: (**3**,10,29,104) "Com efeito, assim como por meio da própria cogitação não se peca invito, do mesmo modo, quando se consente com o que persuade a agir mal, sem dúvida não se consente a não ser por meio da vontade" (*nisi uoluntate consentit*). **C.** O consentimento em relação ao mal, enquanto pecado, é menos grave do que a intenção malévola do persuasor diabólico: (**3**,10,31,112) "E deu-se assim, de modo que o homem não fosse arrebatado ao diabo através da força, o qual nem o próprio diabo havia capturado pela força, mas pela persuasão; o qual também de modo justo foi mais humilhado, para que servisse àquele, com que havia consentido para o mal, e fosse libertado de modo justo por aquele, com que consentiu para o bem, porque esse havia pecado menos, ao consentir, do que aquele, ao persuadir mal" (*minus iste in consentiendo... peccauerat*) (cf. **3**,25,75,259).

consors (*adj.*) CONSORTE. Os consortes são aqueles que dividem entre si uma mesma porção, condição ou coisa qualquer. Neste caso, porém, trata-se de sua própria sorte, visto que partilhem com o diabo da mesma sina: (**3**,10,31,111) "Consortes na condenação perpétua" (*in perpetua damnatione consortes*).

consortium (*subst.*) CONSÓRCIO, em referência à união entre espírito e corpo: (**1**,12,24,81) "Se acaso, antes do consórcio com este corpo, em alguma outra vida, tenha vivido o espírito, e se outrora tenha vivido de modo sábio, isso é uma grande questão, um grande mistério" (*utrum ante consortium huius corporis alia quadam uita uixerit animus et an aliquando sapienter uixerit, magna quaestio est, magnum secretum*). Obs.: trata-se de uma evidente referência à metempsicose platônica, de origem órfico-pitagórica, que teorizava acerca da possível preexistência da alma e sucessivas encarnações. Cf. *animus, anima.*

conspectus (*subst.*) CONSPECTO, VISÃO, liter. "aquilo que foi visto". Nas duas passagens em que o termo aparece na obra refere-se à visão de Deus. Agostinho se utiliza do termo *conspectus* para referir as visões superiores, que não se dão com os olhos do corpo, mas com a visão da mente, em contrapartida às visões (*uisa*) de natureza inferior, impressões quer corpóreas, quer mentais, porém de natureza inferior. Cf. *aspectus, aspicio, uisus.* **A.** A incapacidade da alma para suportar o c. de Deus: (**2**,16,43,170) "Mas a sombra, quando é amada, torna mais lânguido o olho do espírito e mais inválido para suportar o teu conspecto" (*sed umbra dum amatur languidiorem facit oculum animi et inualidiorem ad perferendum conspectum tuum*). **B.** O c. superior de que se não deve desviar: (**3**,25,76,264) "Que nenhumas visões das coisas inferiores nos desviem do conspecto superior" (*ut nulla nos uisa ex inferioribus a conspectu superiore detorqueant*).

conspicio (*v.*) **1.** OBSERVAR [*con-* + *specio*]: (**2**,8,23,92) *unde conspicimus?* (cf. **2**,10,28,112; 12,33,132). **2.** OLHAR ATENTAMENTE: (**2**,10,29,116) *ratione ac mente conspicere.* **3.** CONSIDERAR: (**2**,12,34,133) *in qua tam multa conspicimus* (cf. **3**,12,35,121).

constantia (*subst.*) CONSTÂNCIA. Enquanto atributo natural, refere-se à característica dos bens de estatuto ontológico superior, que se elevam em relação aos demais em virtude de sua permanência e incorruptibilidade, o que de modo geral implica as criaturas ditas "espirituais", as formas inteligíveis, como a verdade dos números, e até mesmo os corpos celestes. Porém a constância também pode ser considerada uma virtude humana, a capacidade adquirida de restar estável [*con-* + *sto*], inabalável, suportando as adversidades da fortuna e as oscilações caprichosas das inclinações sensuais. Agostinho se utiliza do termo uma única vez, em referência ao "ser", que não é menos por estar mais "quieto", em contraste com a inquietude da impermanência: (**3**,8,23,83): "Porém o que está quieto não é um nada; pelo contrário, é ainda mais do que aquilo que está inquieto. Porque a inquietude faz variar as disposições, de modo que uma aniquile a outra; porém a quietude possui a constância, na qual se intelige no mais alto grau aquilo que se diz 'é'" (*quies autem habet constantiam in qua maxime intellegitur quod dicitur est*).

consubstantialis (*adj.*) CONSUBSTANCIAL, que possui uma única substância ou que tem a mesma natureza: (**2**,11,32,128) "Em um único fogo consubstancial, por assim dizer, sentem-se o fulgor e o calor, e não podem ser separados um do outro" (*in uno igne consubstantialis... nec separari ab inuicem possunt*). Obs.: embora relativizado, ao ser acompanhado da intercalada *ut ita dicam*, "por assim dizer", esse termo destoa da linguagem utilizada pelo filósofo, ao menos até ao §128 do livro segundo, quando aparece pela primeira e única vez, atiçando a curiosidade do leitor, que se aventura a imaginar que tratados acerca da Trindade estaria Agostinho começando a estudar por estes tempos.

consuetudo (*subst.*) COSTUME, hábito. **A.** Em referência ao hábito adquirido pelos animais domesticados: (**1**,7,16,54) *uoluntati eius... consuetudine seruiat.* **B.** O c. da comodidade: (**3**,7,17,61) "A razão estima pela luz da verdade... porém o uso na maior parte das vezes se inclina pelo costume da comodidade" (*usus autem consuetudine commoditatis*). **C.** Natureza e c.: (**3**,8,23,79) *sensus autem aut consuetudine aut natura ualet.* **D.** Uma opinião reta corrige um c. depravado: (**3**,8,23,82) *recta opinio prauam corrigere consuetudinem.* **E.** O resistente c. carnal: (**3**,18,52,177) *resistente carnali consuetudine.* **F.** A doçura pestilenciosa dos c. perniciosos: (**3**,25,74,257) *perniciosarum consuetudinum pestilentiosa dulcedine.* **G.** C. das letras seculares: (*Ret.* Pról. §3) *saecularium litterarum inflatus consuetudine.*

contemplatio (*subst.*) CONTEMPLAÇÃO. **A.** A. c. da Verdade: (**2**,9,25,98) *in contemplatione ueritatis.* **B.** A c. da beleza: (**3**,12,36,125) *contemplationem pulchritudinis rerum.* **C_1.** A c. da Sabedoria: (**3**,24,72,248) *contemplationem sapientiae.* **C_2.** A c. da suprema Sabedoria: (**3**,25,76,261) *in contemplatione summae sapientiae.* Cf. *contemplo, contueor, intueor.*

contemplo (*v.*) CONTEMPLAR, no sentido de "observar atentamente" [θεωρέω]. A contemplação refere-se invariavelmente a uma atividade intelectual, o "olhar" investigativo do espírito sobre determinado assunto, olhar que se dá, contudo, a partir dos próprios sentidos, quando se refere aos objetos corpóreos. **A_1.** Contemplar, como fonte distinta de conhecimento, em contraste com *credere:* (**2**,2,5,13) *non contemplando, sed credendo inconcussum teneo.* **A_2.** Cont. e discernir por meio da razão para conhecer, em contrapartida a apenas crer: (**2**,9,25,99) "A não ser que eu venha a conhecer aquilo que sustento crendo, ao contemplá-lo também e discerni-lo pela razão" (*nisi quod credendo teneo, contemplando etiam et ratione cernendo nouerim...*). Obs.: a contemplação se compreende aqui como complemento do discernimento racional. **B.** Cont. e investigar a Verdade, no ócio: (**2**,9,25,98) *huic otio quaerendi et contemplandi.* **C.** Cont. a verdade: (**2**,10,28,114) *uerum... contemplandum.* **D.** Cont. as regras ou luzes das virtudes: (**2**,10,29,116). **E.** Cont. as regras dos números: (**2**,10,29,119). **F.** Cont. as diferenças dos corpos: (**3**,9,25,91) *corporum differentias contemplando.* **G.** Cont. a eternidade da Verdade: (**3**,21,60,203) *ad contemplandam ueritatis aeternitatem.*

contueor (*v.*) **1.** OBSERVAR, no sentido de "olhar atentamente". **A.** O. na própria Verdade o número e a sabedoria: (**2**,11,31,126) *et numerum et sapientiam in ipsa ueritate contuentur.* **B.** O. o sol: (**2**,13,36,142) *ipsum solem contuentur.* **2.** CONSIDERAR. C. o inefável por meio de palavras: (**3**,12,36,125) *ad ineffabilia contuenda uerbis.* Cf. *contemplo, intueor, aspicio, conspicio, animaduersio.*

conuenientia (*subst.*) CONVENIÊNCIA, no sentido de "conformidade", "harmonia", "concordância". Nenhum símile visível se adapta convenientemente às realidades invisíveis: (**2**,11,32,129) *non enim ulla uisibilis similitudo inuisibili rei potest ad omnem conuenientiam coaptari.* **2.** CONVENIENS (*adj.*) CONVENIENTE, no mesmo sentido acima: **A.** É conveniente que os méritos bons e maus sejam herdados: (**3**,20,56,188) *conuenientissimum.* **B.** Mecanismo moderador convenientíssimo: (**3**,22,64,217) *conuenientissimo rerum moderamine.* Obs.: *conuenientia* traduz o grego ὁμολογία, segundo Cícero (*De fin.* 3,6,21): *quod* ὁμολογιαν *Stoici nos appellemus conuenientiam.*

conuersio (*subst.*) CONVERSÃO, no sentido de "voltar-se para" uma dada direção [*con* + *uerto*]. Tanto a conversão como a aversão podem ter sentido negativo ou positivo, dependendo da direção para onde se converta ou se averta. De fato, se a conversão é para Deus e suas "coisas", eternas e imutáveis, terá um valor positivo; se, por outra, for uma conversão para as criaturas, ainda que essas sejam boas, quase sempre tem valor negativo. Do mesmo modo, se a aversão é da criatura para o Criador, essa aversão é positiva; mas se é do Criador em direção às criaturas, então será má. **A.** A conversão da vontade para os bens mutáveis, e a consequente aversão do Bem imutável, constitui-se o próprio mal: (**2**,19,53,200) "O mal seja a aversão dela a partir do Bem absolutamente imutável e a conversão em direção aos bens mutáveis" (*auersio eius ab incommutabili bono et conuersio ad mutabilia bona*). **B.** A conversão da vontade é voluntária, e por isso, condenável: (**2**,19,53,200) "Contudo essa aversão, e também a conversão, visto não ser coagida, mas voluntária, a ela subsegue uma pena justa e digna de infelicidade" (*auersio atque conuersio... est uoluntaria...*). **C.** A conversão para Deus permite vencer a condição penal de ignorância e dificuldade, mas não se dá sem o auxílio divino: (**3**,20,44,187) "Mas para que alguém vencesse, em virtude de sua conversão para Deus, o castigo que sua origem havia merecido, em virtude de sua aversão, convinha não somente que o querente não fosse proibido, mas também que fosse ajudado" (*ex conuersione ad deum ut uinceret quisque supplicium quod origo eius ex auersione meruerat...*).

conuerto (*v.*) CONVERTER-SE. Converter-se é voltar-se ou voltar algo de si para uma determinada direção [*con* + *uerto*]. No contexto do *L.A.* a conversão implica um voltar-se da vontade, ou da mente, que pode ser bom ou mau, dependendo do fim proposto. Se a vontade se volta para os bens eternos e imutáveis, a conversão é boa; se se volta para os bens temporais e mutáveis, é má, como a conversão do diabo para a impiedade. E o mesmo se pode dizer da aversão, o movimento contrário. **A.** Conversão para o eterno. **A$_1$.** A Lei eterna ou Razão suprema determina a conversão da vontade, ou seja, o amor, para as coisas eternas: (**1**,15,32,108) "Portanto a Lei eterna ordena averter o amor das coisas temporais e convertê-lo, purificado, às eternas", (*auertere amorem a temporalibus et eum mundatum conuertere ad aeterna*). **A$_2$.** Conversão para a vida eterna: (**3**,23,68,230) "Se não quiseram converter o desejo dos anseios desta vida para a vida eterna..." (*si uitae huius angoribus... conuertere noluerunt*). **B.** O pecado é a conversão para as coisas mutáveis: (**1**,16,35,116) "Todos os pecados estejam contidos neste único gênero, quando alguém se averte das coisas divinas e verdadeiramente permanentes *e se converte* para aquelas que são mutáveis e incertas" (*ad mutabilia atque incerta conuertitur*). **C.** Converter-se no sentido de "mudar a direção" da vontade: (**2**,2,4,8) Se a vontade, "foi dada para agir retamente, que não deveria poder ser convertida para pecar" (*non debuerit ad peccandum posse conuerti*). **D.** Converter o espírito: **D$_1$.** Para a incorrupção: (**2**,10,28,115) "O espírito deva ser avertido da corrupção e convertido para a incorrupção" (*ad incorruptionem conuertendum esse*). **D$_2$.** Para o melhor: (**2**,10,29,117) "Para aquilo que elege sabiamente, sem dúvida o converte sabiamente" (*quod sapienter eligit conuertit animum, sapienter utique conuertit*). **D$_3$.** Para um objeto qualquer de atenção: (**3**,12,35,120) "Por onde quer que nossa consideração se houver convertido" (*quacumque se igitur consideratio nostra conuerterit*). **E.** As mentes que se convertem para Deus alegram-se em sua Luz: (**2**,12,34,135) *conuersos laetificet lumine.* **F.** A Sabedoria-Verdade está próxima dos que se converteram para ela: (**2**,14,38,152) *ad se conuersis qui diligunt eam omnibus proxima est.* **G.** O pecado é a aversão do Bem comum e a conversão para o bem próprio: (**2**,19,53,199) "Porém a vontade peca, quando avertida do Bem absolutamente imutável e comum e convertida ao próprio bem, seja ao que é exterior, seja ao que é inferior. Converte-se para o seu próprio bem, quando quer estar em seu próprio poder..." (*ad proprium conuertitur, cum suae potestatis uult esse*) (cf. **3**,1,1,1). **H.** Se a conversão da vontade é natural, então não há culpa: (**3**,1,1,2-4) "Por necessidade é que o homem se converte para estas coisas, e nenhuma culpa pode ser depreendida" (*necessitate... conuertitur, neque ulla culpa*). **I.** O movimento de conversão é próprio, portanto não natural: (**3**,1,2,9) "Portanto resta que esse movimento seja próprio dela, pelo qual ela converte, do Criador para a criatura, a sua vontade de fruir" (*eius sit proprius iste motus quo fruendi uoluntatem ad creaturam a creatore conuertit*) (cf. **3**,1,2,11; 3,12). **J.** Converter-se para o Criador: (**3**,16,45,154) "Se não quisesses converter-se para ele, nada lhe faltaria, porém ele a ti, que sem ele nada serias... a não ser que lhe restituas o que és a partir dele, convertendo-te para ele, seguramente não serás um nada, mas infeliz, contudo, serás" (*si nolles ad eum conuerti, nihil ei deesset, tibi autem ipse, sine quo nihil esses...*). **K.** A conversão moral da criatura para o reto agir: (**3**,17,47,162) *ad recte faciendum conuertatur.* **L.** A conversão da intenção diabólica para a impiedade: (**3**,25,75,258) "Com efeito, se nada lhe houvesse chegado à mente, de modo nenhum haveria convertido sua intenção para o nefasto" (*nullo modo intentionem conuertisset in nefas*).

copula (*subst.*) Cópula, ou copulação (cf. *copulatio*), liter. "junção" ou "soma" dos números, ou seja, uma operação aritmética: (**2**,8,23,91) *copula numerorum.*

copulatio (*subst.*) Copulação, sinôn. de "cópula" (cf. *copula*), liter. "reunião" ou "ajuntamento" [*copulo*]. Na única instância em que o termo é usado na obra refere-se à adição (operação aritmética). Obs.: opõe-se à *partitio,* a partição ou divisão dos números. Ao que parece, Agostinho está utilizando os termos *copula* e *copulatio* como sinônimos: (**2**,8,21,82) "A razão da partição dos números ou de sua cópula" (*rationem partitionis numerorum uel copulationis*).

corporalis (*adj.*) Corpóreo, corporal: em sentido estrito, o que se refere ao corpo; em sentido amplo, o gênero das criaturas corpóreas, em contraste com o gênero das criaturas invisíveis, apreensíveis apenas pela mente. Vale notar, contudo, que essa distinção não se restringe aos corpos humanos, ou animais, mas a todos os objetos captáveis pelos sentidos, que igualmente se dizem "corpos", como sinôn. de "matéria". **A.** Os objetos c. são captáveis pelos sentidos de todos os animais, inclusive dos irracionais: (**1**,8,18,61) *corporalia sentire posse bestias.* **B.** Os objetos passíveis de apreensão pelo sentido corpóreo da visão: (**2**,3,8,25). **C.** Os objetos c. são sentidos pelos cinco sentidos: (**2**,3,9,37; 4,10,40; 5,12,45) *corporalia quaeque sentiantur.* **D.** O sentido interior sente os sentidos corpóreos e os seus perceptos: (**2**,4,10,41). **E.** A natureza dos objetos corpóreos: (**2**,7,19,72). **F.** Os sentidos c. não atingem a verdade do número: (**2**,8,23,92) *ueritas numeri... corporalis sensus ignorat.* **G.** A luz captável pelo sentido da visão é um objeto corpóreo: (**3**,5,12,44) *lucis corporalis.* **H.** A criatura corpórea ou corporal, em contraste com a espiritual: (**3**,5,15,57; 12,35,123).

corpus (*subst.*) Corpo. Obs.: refere-se não apenas ao corpo humano ou animal, mas a toda criatura captável pelos cinco sentidos corpóreos, em contraste com as criaturas ditas "espirituais". **A_1.** O c. é o receptáculo da alma: (**1**,5,12,37; **2**,6,13,52; 53; 6,14,55; **3**,20,57,193; 194; 20,58,198; 21,62,214). **A_2.** O consórcio do c. com a alma: (**1**,12,24,81). **B_1.** O c. dos animais domesticados: (**1**,7,16,53). **B_2.** O c. no sentido de "porte físico", em referência à magnitude do c. das bestas, em contraste com o c. humano: (**1**,7,16,54). **C.** As funções do c.: (**1**,7,16,55) **D.** O alimento do c.: (**1**,8,18,61). **E.** Os movimentos do c.: (**1**,8,18,62; **2**,16,42,166). **F.** Os prazeres do c.: (**1**,8,18,62; 12,25,84; 26,86; 15,31,105; **2**,19,53,199). **G.** A razão não está no c.: (**1**,9,19,68). **H.** O espírito é melhor do que qualquer c.: (**1**,10,20,72; **2**,18,48,182; 18,48,182; **3**,5,16,58-60) *iam corpore omni qualemlibet animum meliorem potentioremque.* **I.** Nenhum c. vence o espírito virtuoso: (**1**,20,20,73). **J$_1$.** Os bens do c.: (**1**,12,26,87). **J$_2$.** O c. é um dos bens regidos pelas leis temporais: (**1**,15,32,109). **J$_3$.** As perfeições dos c. são bens mínimos: (*Ret.* 1,9,4; **2**,19,50,191-192). **K.** A beleza do c.: (**1**,15,31,105; **2**,16,42,166; 16,43,168). **L.** O c., embora seja um bem, é a parte mais vil do homem: (**1**,16,34,114) *partem hominis uilissimam.* **M$_1$.** Os sentidos do c.: (**2**,3,8,25; 27; 9,29; 34; 4,10,38; 41; 5,11,43; 12,49-50; 6,13,51; 7,15,58; 17,65; 19,72; 77; 8,21,81; 82; 22,84; 85; 87; 88; 12,33,131; 14,38,151; 16,44,171; **3**,5,12,43; 23,75,259). **M$_2$.** Nenhum sentido do c. atinge o *um*: (**2**,8,22,84-23,92). **N$_1$.** As formas e aparências dos c.: (**2**,3,8,25; 16,42,164; 18,49,186; 187; 19,50,191). **N$_2$.** As perfeições dos c.: (**3**,22,65,222). **O.** Os órgãos dos sentidos como instrumentos do c.: (**2**,5,11,53; 6,14,56). **P$_1$.** O sentido interior é melhor que o c. e os sentidos do c.: (**2**,5,12,44). **P$_2$.** O sentido interior julga dos sentidos do c.: (**2**,5,12,49). **Q$_1$.** Os c., naturezas corpóreas: (**2**,5,12,46; 47). **Q$_2$.** Os c. são inferiores em relação aos homens, que os julgam: (**2**,12,34,133; 134). **Q$_3$.** Os c. são mutáveis: (**2**,6,14,55; 17,45,173). **R$_1$.** A natureza do c.: (**2**,7,19,74). **R$_2$.** A natureza inferior do c.: (**2**,17,46,177; 18,48,182; **3**,12,35,120). **S.** Todo c. possui partes inumeráveis: (**2**,8,22,85). **T.** Nenhum c. é *um*: (**2**,8,22,86-87). **U.** A razão e verdade do número não pode ser captada pelos sentidos do c.: (**2**,8,24,93). **V.** A contemplação do número afasta do c.: (**2**,11,30,122). **W.** Os c. possuem números: (**2**,11,31,125). **X.** Os c. não são atingidos pela sabedoria: (**2**,11,32,128). **Y.** A vida do c. é a alma: (**2**,16,41,162) *uita corporis anima est.* **Z.** O que deleita nos c. é o elemento numérico: (**2**,16,41,163). **AA.** A díade c. e vida: (**2**,17,46,175; 176). **AB.** C. celestes e c. terrestres: (**3**,5,17,61; 9,25,89-91; 97; 11,34,118-119). **AC.** C. mortal: (**3**,9,28,102; 11,34,118). **AD.** A massa dos c.: (**3**,11,33,117). **AE.** Os tormentos e a corrupção dos c.: (**3**,23,66,225; 23,68,229; 69,233-235). **AF.** Os c. supremos: (**3**,23,69,233). Cf. **2**,7,18,69; 19,76; 8,21,82; 13,35,138; 16,42,167; 18,48,182-184; 185; 189; **3**,2,5,17; 5,14,51; 9,28,100; 12,35,123; 20,56,190; 21,59,200; 21,60,203; 25,75,260.

corrigo (*v.*) CORRIGIR, no sentido de "endireitar", ou de "fazer cor-reto" [*con-* + *rego* (*rectum*)], daí também: reparar, consertar algo que esteja torto, quebrado ou defeituoso. **A.** Da verdade ninguém julga como corretor, mas como descobridor: (**2**,13,34,134) "Não corrige [como] examinador, mas que apenas se alegra [como] descobridor" (*non examinator corrigit, sed tantum laetatur inuentor*). **B.** A correção dos juízos dos menores: (**3**,5,17,61) *corrigenda... iudicia.* **C.** Deve-se desprezar os incorrigíveis e corrigir com equidade os dispostos à correção: (**3**,5,17,62). **D.** Uma opinião reta corrige um costume depravado: (**3**,8,23,82) *recta opinio prauam corrigere consuetudinem.* **E.** Certos atos praticados por ignorância devem ser corrigidos: (**3**,18,51,172; *Ret.* 1,9,5) *facta quaedam... corrigenda.*

corrumpo (*v.*) CORROMPER, no sentido de "destruir", "deteriorar", "estragar", em relação à natureza de um determinado bem (cf. *corruptus*). Obs.: à parte a corrupção natural dos corpos todos, que se dá de modo mais ou menos rápido, constitui tarefa das mais ingratas operar uma distinção entre o tipo de corrupção que se diz "natural", ou "substancial", e o que se diz "moral", porque toda corrupção que seja considerada "moral" implica simultânea e correspondentemente uma corrupção da "natureza" daquilo de que se constitui "corrupção". Ninguém se corrompe moralmente, no pensamento de Agostinho, sem corromper igualmente sua natureza (*natura*), ou substância (*substantia*), e do mesmo modo a corrupção da vontade implica uma corrupção da natureza do querente. Deve-se notar ainda, em corroboração a isto, que Agostinho não se utiliza nem do verbo *corrumpo* nem do substantivo *corruptio* para referir os ditos atos "morais", mas apenas para referir as deteriorações naturais. Pois bem, Agostinho diz haver dois gêneros de natureza, na ordem criada, as que se corrompem e as que não se corrompem. As primeiras estão sujeitas à ação do tempo, sendo perceptíveis pelos sentidos físicos, do que também e lícito dizer que se prendem às dimensões espaciais; numa palavra, são naturezas corpóreas, cujo término existencial coincide com a corrupção de sua forma exterior, dentre as quais situam-se não apenas os corpos animais, como o corpo do homem, mas também as plantas e demais objetos deste gênero. As naturezas incorruptíveis, por sua vez, são apreensíveis apenas pelas faculdades do espírito, ou mente, como a verdade dos números, a sabedoria, as virtudes, e coisas semelhantes. No que tange às naturezas ditas "espirituais", dentre as quais se situam as almas humanas (consideradas em si mesmas, sem os corpos que habitam, quando os habitam) e anjos das diversas hierarquias, diz que não são nem imutáveis, ao menos segundo a categoria temporal, nem incorruptíveis, com exceção de Deus, se se o considere um Espírito, como diz a Escritura (Jo 4,24: πνεῦμα ὁ θεός) – ele que é absolutamente *um* e sempre o mesmo. De fato, por possuir o livre arbítrio da vontade, toda criatura inteligente está sujeita a pecar, o que implica afastamento do Ser supremo e de sua Incorruptibilidade, pecado que lhe corrompe a natureza, seja a criatura espiritual uma alma humana, seja uma potestade supraceleste, que também está sujeita ao pecado e à consequente corrupção de sua substância espiritual. Do que se depreende que a única natureza incorruptível é a de Deus, as demais, ainda que não se corrompam eternamente, como a natureza dos anjos bons, ainda assim estão sujeitas à corrupção, porque possuem o livre arbítrio da vontade, que pode averter-se do Bem incorruptível e converter-se para os bens próprios e corruptíveis. Porém a corrupção das naturezas espirituais, embora Agostinho não trate do tema senão *en passant*, não significa sua destruição total, "descriação" que só pode ser operada por Deus, mas sua eterna infelicidade (cf. **3**,16,45,154)[13]. **A.** A corrupção da pureza da mulher, em referência ao sexo extraconjugal: (**1**,3,6,17) "Que ofereça a um outro a sua própria esposa, e padeça com prazer que ela seja corrompida por ele" (*ut uxorem suam praebeat alteri libenterque ab eo corrumpi patiatur*). Obs.: veja-se que neste caso, sendo lícito supor não ter havido o consentimento vicioso da esposa, "entregue" ao vizinho pela inclinação sensual do marido, contudo houve a "corrupção", diz Agostinho, que não deve ser interpretada em sentido moral, e sim físico, pois o ato parece implicar uma deterioração de sua natureza, em decorrência da "violação" extraconjugal, ao menos segundo a mentalidade da época. **B$_1$.** Toda natureza, quando se corrompe, se torna menos boa: (**3**,13,36,126) *omnis natura, dum corrumpitur, minus bona fit.* Obs.: veja-se que a corrupção da natureza antecede à deterioração moral, se se compreenda esse adjetivo comparativo "menos boa", que equivale a dizer "menos um bem", ou ainda, "um bem menor", do prisma moral, embora, como se viu amiúde ao longo dos comentários, "ser" e "bem" se equivalham. Neste caso, contudo, parece que Agostinho pretende fazer uma distinção entre ambos, pelo que se permite compreender que o sentido moral prevaleça. Seja como for, o que resta claro é que a deterioração moral

[13] Cf. também *De moribus...* (2,7,9), citado no verbete *condo: nihil per diuinam prouidentiam ad id, ut non sit, peruenire permittitur.*

é consequência da corrupção da natureza, não o contrário; ou ao menos aceita-se que sejam simultâneas. **B$_2$.** O que não pode ser prejudicado pela corrupção, não se corrompe: (**3**,13,36,126) *cui autem non potest nocere corruptio non corrumpitur.* Obs.: não parece possível compreender essa "corrupção" em sentido outro que não o natural ou ontológico: se uma natureza está completamente privada de seu "bem", que é também o seu "ser", então não poderá mais corromper-se, porque nenhum bem possuirá para ser corrompido. **B$_3$.** Logo a natureza que não se corrompe mais, porque não tem mais o que ser corrompido, torna-se incorruptível: (**3**,13,36,127) *natura quae non corrumpitur, incorruptibilis.* **B$_4$.** Toda natureza, se pode ser corrompida, enquanto ainda pode ser corrompida, permanece um bem, porque resta nela algo para ser corrompido: (**3**,13,36,128). **C.** A natureza que não se corrompe por seu próprio vício, se acaso isso seja possível, não será digna de vituperação, porque a vituperação só se aplica aos vícios (cf. *uitium*): (**3**,13,38,133) *si non suo sed alieno uitio aliqua natura corrumpitur, iniuste uituperatur.* Obs.: o vício é contra a natureza (*contra naturam*), porque a destrói, o que tampouco deve ser compreendido em sentido exclusivamente moral, mas ontológico, ou, quando não, ontológico-moral. **D.** A natureza por cujo vício outra é corrompida possui em si o vício: (**3**,13,38,134) *habet utique uitium.* **E$_1$.** É possível que uma natureza seja corrompida pelo vício alheio sem vício próprio? (**3**,14,39,135) *aliquam naturam naturae alterius uitio corrumpi, nullo adiuncto uitio suo.* **E$_2$.** Uma natureza mais potente não pode ser corrompida por uma menos potente, senão por vontade própria, quando então o vício já está nela: (**3**,14,39,135-136). **F.** Há casos em que o corruptor é melhor do que aquilo que ele corrompe por meio de seu vício: (**3**,14,39,137). **G.** Quando não há vício na corrupção: (**3**,14,40,138-141). Obs.: nos casos em que não há vício na corrupção, Agostinho reconhece que nem se deveria dizer "corrupção", pois ele entende que o termo deve restringir-se à deterioração das naturezas através do vício apenas (**3**,14,40,138) *talis enim nec usitate corruptio dicitur.* Deste modo, apenas as corrupções viciosas é que merecem vituperação, pois as demais ou são naturais, no sentido de serem "segundo a natureza" (*secundum naturam*), como ocorre com todos os corpos mortais que se deterioram até desaparecer, ou então não são dignas de nenhuma censura, como quando alguém "corrompe" os alimentos, ao cozinhá-los.

corruptibilis (*adj.*) Corruptível, liter. "que está sujeito à corrupção". Cf. *corruptus, corrumpo, corruptio, incorruptio, incorruptibilis.* **A.** A carne corruptível: (**3**,9,27,98) *corruptibilem carnem.* **B.** O orbe corruptível: (**3**,9,28,100) *orbis iste terrenus rebus corruptibilibus deputatus sit.* Obs.: embora menos impermanente do que os corpos animais, a terra era também considerada corruptível, pois constava do conjunto dos bens todos captáveis pelos sentidos corpóreos. **C.** O incorruptível é melhor do que o corruptível: (**3**,13,36,127) *incorruptibilis melior est quam corruptibilis.* **D.** Tudo o que é corruptível, conquanto esteja destinado à corrupção e ao nada, ainda assim é algo de bom, pois possui uma natureza boa que possa ser corrompida, do contrário nada seria: (**3**,13,36,127) *si autem corruptibilis est, quoniam dum corrumpitur minus bona fit, sine dubitatione bona est.* **E.** Se nada há corruptível em uma dada natureza, ela não poderá ser corrompida por outra; porém se há, então poderá ser corrompida: (**3**,14,39135) *non in ea corruptibile aliquid inuenit, non eam corrumpit.*

corruptio (*subst.*) Corrupção, estado em que as naturezas se estragam, ou corrompem [*corrumpo*], deixando paulatinamente de ser para não ser, ou então, deixando de ser boas para ser tanto menos boas quanto mais se corrompam, visto que toda natureza, enquanto natureza, é um bem em algum grau. **A.** A c. da natureza dos objetos apreensíveis pelos sentidos, de modo privado, como os alimentos: (**2**,7,19,78). **B.** O espírito deve averter-se da c. e converter-se para a incorrupção, ou seja, nas naturezas que se corrompem para as que não se corrompem: (**2**,10,28,115) *a corruptione auertendum animum atque ad incorruptionem conuertendum esse.* **C.** A c. deve ser sotoposta à incorrupção: (**2**,10,29,117) *incorruptionem et eam corruptioni praeponendam esse.* **D.** A c. hedionda que consome os membros do corpo: (**3**,9,28,100) *cum foedissima corruptio corporea membra eius absumat.* **E.** Da corrupção das naturezas (**3**,13,36,126-127): $\mathbf{E_1}$. Se a c. não a prejudica, a natureza não se corrompe; se a prejudica, corrompe-se. $\mathbf{E_2}$. Se a c. lhe causa prejuízo, corrompe-se a natureza, do contrário não se corrompe. $\mathbf{E_3}$. Se a c. prejudica a natureza, então diminui algo do seu bem, e ela então se torna menos boa. $\mathbf{E_4}$. Se a c. priva a natureza de todo o seu bem, nada sobra que seja corrompido. $\mathbf{E_5}$. Se não há bem, não pode haver c. $\mathbf{E_6}$. O que não pode ser prejudicado pela c., não se corrompe. $\mathbf{E_7}$. Porém é absurdo dizer que uma natureza se torna incorruptível por causa de sua c., pois aquilo que foi totalmente corrompido já não é mais uma natureza. $\mathbf{E_8}$. Uma natureza, enquanto ainda é natureza, é um bem e por isso está sujeita à corrupção, caso não seja incorruptível. Obs.: se toda natureza ou é Deus ou é a partir dele, decorre disso que apenas a natureza divina é incorruptível, pois as demais todas estão sujeitas à corrupção. **F.** Nenhuma natureza pode ser corrompida pelo vício alheio, sem o consentimento da sua vontade, quando então a c. ocorre pela conjunção dos vícios, da natureza corruptora e da corrompida: (**3**,14,39,135) *adiuncto eius uitio corruptionem eius operatur.* $\mathbf{G_1}$. Nem toda corrupção implica vício, como quando os frutos da terra são corrompidos no preparo dos alimentos: (**3**,14,40,138). $\mathbf{G_2}$. Porém a c. sem vício não costuma ser chamada de c., pois a c. caracteriza-se pelo vício que há nela: (**3**,14,40,138; 141) *talis enim nec usitate "corruptio" dicitur, quia maxime uitii nomen solet esse "corruptio".* **H.** Os corpos celestes estão menos sujeitos à c.: (**3**,23,69,233) *minusque corruptioni subiacent.* **I.** Alguns caluniadores desejam que os corpos animais não estejam sujeitos à c.: (**3**,23,69,233). **J.** A dor é o sentido impaciente (cf. *inpatiens*) da divisão e da c. dos corpos: (**3**,23,69,234) *sensus... corruptionis inpatiens.*

corruptus (*adj. part.*) CORRUPTO, CORROMPIDO, liter. "que foi (e agora está) corrompido" [*corrumpo*], "deteriorado", "estragado", seja em sentido corpóreo (físico), seja em sentido natural (ontológico), seja em sentido moral. Obs.: há que se fazer uma distinção entre esses três sentidos do termo "corrupção". Um corpo mortal qualquer, visível, corrompe-se segundo as leis naturais (*secundum naturam*), pois é da natureza dos corpos que encontrem seu término, cedo ou tarde, visto terem sido criados por Deus para serem temporais e corruptíveis. No entanto o espírito corrompe-se quando nele há vício, que é sempre antinatural (*contra naturam*), corrupção essa que se deflagra a partir do movimento de aversão de sua vontade, não por alguma necessidade. Assim, ao averter sua vontade livre do Bem imutável e comum, que é Deus, e convertê-la aos bens próprios, mutáveis e corruptíveis, o espírito corrompe sua própria natureza, afastando-a da Fonte estabilíssima da Vida eterna, que é o Ser supremo, "sendo" tanto menos, quanto mais se afasta do Ser. Essa é a corrupção que se diz "natural", visto que sua natureza "diminua", tornando-se cada vez "menos", à medida que mais se afaste do Ser, que é também o supremo Bem. Todavia, por ser voluntária, essa corrupção natural, ou ontológica, por assim dizer, é concomitantemente moral, não apenas porque o espírito se torne "menos um bem", ou "um bem menor", ou "menos bom", mas porque ao afastar-se do Bem supremo, por meio desse movimento contrário a sua própria natureza – o que significa ser "inimigo" dela (cf. *uitium*, esp. itens G_{1-5} e obs. subsequentes) –, ele prefere-se a si mesmo, amando mais o seu próprio bem, em vez do Bem supremo, a quem despreza, pecando por soberba, fazendo-se tanto mais egoísta quanto mais se afasta dele, que é o Bem comum, para buscar apenas o seu próprio bem. E essa é a corrupção que se diz "moral", simultânea à natural, visto que implica não apenas a ruína da natureza, em sentido ontológico, com a diminuição progressiva de seu ser, que é também o seu bem, mas a sua "ruína" moral [*mos*], em virtude da depravação progressiva de seu caráter, que, ao habituar-se [*habitus*], ou antes, ao viciar-se mais e mais na fruição dos bens corruptíveis, como se fossem fins em si mesmos, preferindo a morte à Vida, o não ser ao Ser, a infelicidade à Felicidade, numa palavra, o mal, ao Bem, faz com que esse hábito carnal se lhe torne uma segunda natureza, pelo enraizamento tenaz do costume perverso. **A.** Um cidadão ou legislador injusto e corrupto: (**1**,5,12,34) *iniustus atque corruptus.* **B.** Um povo depravado e corrompido pelos amantes das honrarias: (**1**,6,14,46) *deprauatus... populus... corruptusque ab eis qui honores amant.* Obs.: vê-se que nesses dois casos o sentido que prevalece é o moral, embora segundo a ontologia do autor, que se desenvolverá a partir do livro segundo, essa corrupção moral é indissociável da corrupção da natureza ou substância daquilo que se corrompe, sendo ele um agente, obviamente. **C.** A (não) corrupção e consequente mutação dos objetos por meio da captação dos sentidos corpóreos: (**2**,7,19,76) *non tamen ea sentiendo in nostrum corpus corrupta mutamus.* **D.** O incorrupto é melhor do que o corrupto, porque não sofreu corrupção em sua natureza: (**2**,10,28,114) *incorruptum melius esse corrupto.* **E.** A Verdade é íntegra e incorrupta: (**2**,12,34,135) *integra et incorrupta.* Obs.: embora seja atingida pela mente, a Verdade não por isso é corrompida pela mente, como por exemplo o ar que se respira, que é corrompido em sua natureza (corpórea) no processo, ao ser aspirado e expirado. Cf. *incorruptus, incorruptio, corrumpo, corruptio.*

crastinus (*adj.*) CRÁSTINO, liter. "de amanhã" [*cras*], daí também "futuro": (**3**,3,6,23) "Se ele conhece a tua vontade crástina, e a de todos os homens..." (*si... uoluntatem tuam crastinam nouit et omnium hominum...*).

creator (*subst.*) CRIADOR, em referência óbvia a Deus (cf. *creo, condo, facio*). **A.** Deus é o bom c. de todas as coisas: (**1**,2,5,12; **3**,13,37,130; 20,55,187) *bonorum... omnium creatorem.* **B.** A vida do C. é a Vida suprema: (**2**,17,46,176) *et creatoris ipsius uita dicitur et ea summa uita est.* **C.** O movimento de aversão do C. para a criatura: (**3**,1,2,9; 16,46,159) *ad creaturam a creatore.* **D.** Não se deve imputar ao C. tudo o que ocorre na sua criação, muito menos os pecados: (**3**,4,9,37; 5,12,42; 6,18,63; 16,46,160; 20,57,195; 58,198; 24,72,244; *Ret.* 1,9,2) *non creatori deputandum est quicquid in eius creatura fieri necesse est.* **E.** Devem-se graças e louvores ao C.: (**3**,5,12,42; 6,18,64; 16,46,159; 22,65,221; 24,72,247) *gratiarum actionem nos debere creatori nostro.* **F.** Da fruição perpétua do C.: (**3**,5,15,55) *in perpetuum fruens creatore suo.* **G.** Da bondade do C.: (**3**,8,23,84) *bonitati creatoris.* **H.** O C. dos anjos: (**3**,12,35,123) *...creatori angelorum.* **I.** O C. é o Bem supremo: (**3**,13,37,130) *incommutabili bono, id est, creatore suo.* **J.** O C. onipotente: (**3**,15,44,151) *omnipotentis creatoris.* **K.** O C. das almas: (**3**,20,56,192) *creator animarum.* **L.** Da ajuda do C. para superar a condição penal: (**3**,20,57,196) *opem a creatore inplorandam.* **M.** A substância do C.: (**3**,21,59,201; 22,63,216) *substantia creatoris.* **N.** Da inefável unidade do C.: (**3**,23,69,236; 70,239). **O.** Deve-se conhecer o C.: (**3**,23,70,237) *cognoscendum esse creatorem.* Cf. **3**,5,14,54; 20,56,189; 190; 21,59,202. Obs.: Agostinho se utiliza de vários termos para referir-se ao Criador, os quais procurou-se manter, quanto possível, ainda que em detrimento da "sonoridade", em virtude de seu uso infrequente em vernáculo. Outros nomes pelos quais Deus é chamado por Agostinho são: *conditor, institutor, ordinator, artifex, administrator* etc.

creatura (*subst.*) **1.** Criação, em referência ao "resultado" do ato criador de Deus, o conjunto universal de tudo o que Deus fez a partir do nada. **2.** Criatura, em referência a todas as criaturas em geral, o conjunto universal da "criação", a despeito do gênero em que se insiram, sejam elas superiores, inferiores, celestes, terrestres, corpóreas, espirituais, racionais, irracionais, pecadoras, impecáveis, mas também às criaturas consideradas individualmente, ou em seu gênero específico. Cf. **2**,16,43,168; 17,45,174; 46,175; 17,46,176; 177; **3**,1,2,9; 3,6,24; 7,26; 4,9,37; 5,12,42; 13,49; 14,52-54; 15,56; 57; 16,60; 17,62; 18,63; 9,24,85; 25,91; 26,92; 27,96; 99; 11,32,113; 114; 33,117; 12,35,120; 121; 123; 124; 15,43,149; 17,47,162; 163; 19,53,181; 20,56,189; 21,59,201; 202; 60,203-205; 60,208; 23,69,236; 70,237.

credo (*v.*) **1.** Crer. Em sentido religioso, refere-se à fé na autoridade dos testemunhos, especialmente acerca de Cristo; em sentido jurídico, ao crédito ou à confiança que se deve às palavras de alguém, ou a algum evento. Essa distinção, contudo, não é fácil, nem pacífica, pois ambos os sentidos se prendem à mesma noção de "crédito", que se dá à palavra comprometida daquele que solicita algo. De fato, como explicam Lewis e Short (1891), originário da língua do comércio, o v. *credo* expressava a confiança necessária às transações comerciais, especificamente o empréstimo, o crédito (*creditum*) que se conferia a alguém, cuja boa-fé era imprescindível. Do mesmo modo, quando se crê nos testemunhos da Escritura, dá-se crédito às palavras ali constantes, emprestando a própria confiança, na esperança de receber como preço a própria verdade, seja das testemunhas oculares, seja de simplesmente ouvir dizer, assim como o crédito dado às palavras dos profetas, apóstolos e escritores eclesiásticos todos, como Agostinho os denomina, que constituem a chamada "tradição", que muita vez testemunham seu sonhos, visões, experiências místicas ou extrassensoriais, impossíveis de comprovar e reproduzir por meio de alguma experiência controlada. No entanto esse crédito não se faz necessário apenas às questões de fé, mas à vida social em sentido mais amplo, como diz o filósofo em diversas de suas obras, como *De utilitate credendi,* por exemplo (10,23), ao admitir que nem a amizade seria possível, se não fosse pela fé. Por isso a fé é necessária, argumenta Agostinho (*ibid.* 5,11), pois, para muito além do discurso de natureza religiosa, não sendo possível saber a intenção dos autores ausentes, a melhor regra é assumir que todo aquele cujos escritos servem à humanidade deve ter sido um homem de bem (*honestissime tamen bonus creditur, cuius litteris a generi humano posteritatique consultum est*); ou seja, deve-se perscrutar com rigor o conteúdo dos escritos, não necessariamente sua fonte. Para mais acerca do verbo *credo,* veja-se a nota ao comentário "Fé e razão I: crer e conhecer". **A.** Saber ou conhecer vs. crer. **A_1.** Saber ou crer que Deus é bom: (**1**,1,1,1). **A_2.** Saber de modo líquido e certo ou crer, motivado pela autoridade: (**2**,1,1,2) *si deum bonum esse nosti uel credis; utrum liquido noueris an auctoritate... etiam incognitum credas* (cf. **2**,2,5,13; 15; 6,18; 9,25,99). **B.** É necessário crer que ninguém seja punido injustamente pela Providência: (**1**,1,1,2) *nemo iniuste poenas luit, quod necesse est credamus.* **C.** Crer na regência universal da Providência: (**1**,1,1,2) *diuina prouidentia hoc uniuersum regi credimus.* **D.** Inteligir e crer: (**1**,2,4,11; 3,6,16;

4,10,26; **2**,2,5,16; 6,17; 9,25,99) *intellegere quod credidimus... non tantum credere, sed intellegere.* **E_1.** Isaías: se não crerdes, não inteligireis: (**1**,2,4,11; **2**,2,6,17) *nisi credideritis, non intellegetis.* **E_2.** Isaías justificado por Cristo: (**2**,2,6,18) *nisi ante crediderit quod est postea cogniturus.* **F.** Crer em Deus: **F_1.** Crer que tudo tem origem em Deus: (**1**,2,4,11; **3**,5,13,49; 12,35,123) *credimus... ex uno deo omnia esse.* **F_2.** Crer na existência de Deus: (**2**,5,11,42) *credendum... deum esse.* **F_3.** Crer na bondade e na justiça de Deus: (**3**,2,5,19). **F_4.** Crer na substância divina e na Trindade: (**3**,21,60,205; 61,212). **F_5.** Crer que Deus deva ser louvado sempre: (*Ret.* 1,9,2). **G.** Crer de fato naquilo em que se diz crer: (**1**,2,5,12) *crede quod credis!* **H.** Em nada se crê melhor do que nos princípios de piedade, ainda que a causa deles seja oculta: (**1**,2,5,12-13) *nihil... creditur melius.* **I.** Crer que o adultério seja um mal: (**1**,3,6,16) *credendum esse... malum esse adulterium.* **J.** Crer em Cristo: **J_1.** (**1**,3,7,19) *credere in Christum.* Obs.: a construção com acusativo antecedido da preposição *in*, muito comum no latim eclesiástico, é provável finque suas raízes no grego, a partir da tradução vulgar da *Vetus latina:* (Jo 14,1): πιστεύετε εἰς τὸν θεὸν καὶ εἰς ἐμὲ πιστεύετε. **J_2.** (**3**,10,31,111) *credentes in eum.* **K.** Crer, no sentido de "ter uma opinião", "achar", mas também "ajuizar", entre tais: (**1**,4,9,22; 7,16,57; 9,19,66; 69; 13,29,97; **2**,3,9,33; 5,12,46; 10,28,111; 29,116; **3**,1,2,8; 2,5,16; 5,13,46; 8,23,79-84; 14,40,141). **L.** Crer nas leis: (**1**,4,10,26) *legibus... credimus.* Obs.: interessante notar que nessa passagem Agostinho se utiliza de duas construções com o verbo *credo*, uma logo após a outra. A primeira com acusativo: *ut intellegamus quod credimus*, "Que intelijamos aquilo em que cremos", ou seja, compreender aquilo em que se crê; a segunda com dativo: *legibus autem credimus*, "Ora, nós cremos nas leis", ou seja, confiamos em seus princípios e em sua justa aplicação. Embora a regência do português seja a mesma, é lícito supor que os sentidos se distingam em alguma medida em latim, pois a primeira construção, com acusativo, refere-se aos artigos de fé, os quais se pretende conduzir à apreensão pela inteligência; a segunda, por sua vez, refere-se às leis humanas, cuja crença, ou confiança, supõe-se, seja de natureza apenas cívica, pois parece estranho supor que fosse de natureza semelhante o crédito de confiança que se deva dar às verdades divinamente reveladas, em comparação com o que se deva dar às leis humanamente instituídas. **M.** Crer vs. ter ciência (*scientia*): (**1**,7,16,52; **2**,9,25,99) *quam uellem ut credis, ita etiam scires pecora carere ratione.* **N.** Crer que o homem foi fundado perfeito por Deus: (**1**,11,23,79) *credamus hominem tam perfecte conditum a deo.* **O.** Crer na autoridade dos testemunhos e da Igreja: (**2**,1,1,2; 2,5,15; 16; **3**,21,60,204; 208; 209; 23,67,227; *Ret.* 1,9,1) *auctoritati quidem me primum de hac re credidisse... uirorum auctoritati... credendum.* **P_1.** Não crer que Deus deu o livre arbítrio ao homem para que dele fizesse mal uso: (**2**,1,3,5) *non... ad hoc eam deum dedisse credendum est.* Obs.: diz-se crer, não ajuizar ou julgar, porque não se trata de algo que possa jamais ser comprovado. **P_2.** É nefasto crer que Deus tenha dado o que não deveria ter dado: (**2**,5,11,12) *quem nefas est credere dedisse aliquid quod dari non debuit.* **Q.** Crer vs. contemplar, no sentido de "observar racionalmente": (**2**,2,5,12) *non contemplando, sed credendo.* **R.** Crer nas boas intenções alheias: (**2**,2,5,14) *crederem bono animo eum istuc quaerere.* **S.** Cristo exortou todo aquele que chamou à salvação a que primeiramente cresse: (**2**,2,6,18) *et dictis et factis, ad credendum primo hortatus est quos ad salutem uocauit.* **T.** Deve-se crer que as verdades divinas são discernidas e possuídas ainda nessa vida, pelos bons, mas sobretudo na vida futura: (**2**,2,6,19). **U.** Crer que os animais carecem de razão: (**1**,7,16,52; **2**,3,9,29). **V.** Crer de modo nefasto em erros acerca da Providência: (**3**,2,5,19) *nefario errore credere.* **X.** Crer nos anjos: (**3**,5,14,54) *crede esse talem in superioribus sedibus et in sublimitate coelorum!*

Z. Crer nos eventos pretéritos e futuros: (**3**,21,60,203) *praeterita et futura credamus* (cf. **3**,5,17,62; 8,22,78; 23,80-81; 21,61,212). **2.** CREDENTES (*adj. part.*): OS CRENTES, liter. "os que creem" (em Cristo): (**2**,13,37,143) *ait credentibus sibi.* Cf. **3**,8,23,79; 19,53,181.

creo (*v.*) **1.** CRIAR, no sentido de "fazer" a partir do nada, como Deus. Obs.: em relação à criação divina *ex nihilo* e à distinção entre *creo, condo* e *facio,* ver as observações no verbete *condo.* Embora o verbo latino *creo* em sua polissemia significasse, além de "criar", também "engendrar" ou "gerar", esse último sentido criava problemas sérios para a teologia cristã, pois o Filho não poderia ter sido "criado" (*creatus*) pelo Pai como as demais "criaturas" (*creaturae*), de onde a necessidade de diferenciação entre os verbos referentes à segunda pessoa da Trindade, "gerada" do Pai, não "criada", e às demais criaturas, "feitas" a partir do nada. **A.** Deus criou as almas; (**1**,2,4,11) *animabus... quas deus creauit.* **B.** Deus é o regente justíssimo de toda a criação: (**1**,2,5,12) *rectorem... iustissimum eorum omnium quae creauit.* **C.** Deus criou todas as coisas a partir do nada: (**1**,2,5,13) *de nihilo creauerit omnia.* **D.** Deus não criou o Filho, mas o "gerou": (**1**,2,5,13) *de se non creauerit, se genuerit...* **E.** Todas as coisas foram criadas em sua respectiva ordem: (**3**,5,16,60) *omnia enim ordine suo creata sunt.* **F.** Deus não criou algo mau, apenas porque ainda não é perfeitamente bom: (**3**,22,65,222) *non enim propterea malam creauit, quia nondum tanta est...* **G.** Deus não cria nada supérfluo, quanto menos algum ser racional: (**3**,23,66,226) *non posse superfluum creari.* **H.** Criar, em sentido político de "nomear" ou "eleger" alguma magistratura: **H_1.** (**1**,6,14,45) *creare sibi magistratus.* **H_2.** (**1**,6,15,49) *grauis populus ipse sibi magistratus creet.*

crimen (*subst.*) CRIME, seja no sentido do ato perpetrado contrário às leis, seja como queixa ou acusação pelo delito supostamente cometido. **A.** O adultério é mau, argumenta Evódio, em virtude de ser considerado um c. digno de condenação legal: (**1**,3,7,18) *quod huius criminis homines uidi saepe damnari.* **B.** Cristo foi condenado à morte sem crime, ou seja, sem que lhe pesasse sobre as costas [acusação de] c. algum: (**3**,10,31,110) *sine crimine occisus est.* **C.** A ignorância e a dificuldade não seriam imputadas à conta de c.: (**3**,20,58,199) *non ipsam ignorantiam difficultatemque pro crimine obiceret.* **D.** C. de lesa-gramática, quando se peca nos sons da língua: (**3**,22,64,219): *in eloquentia esset beatitudo constituta atque ita crimini duceretur cum peccatur in linguae sonis...*

culpa (*subst.*) **1.** FALTA, no sentido de "crime", "erro" ou "falha", geralmente em sentido moral. **A.** Cada f. tem sua pena correspondente: (**1**,5,13,40) *illae uero culpae alias poenas aptas habent.* **B.** Punir uma f.: (**3**,14,40,139) *dum uindicat culpam.* **2.** CULPA, no sentido de "responsabilidade" moral pela falta cometida, de onde também os sentidos do item acima: crime, falta, erro etc. **A.** Não há c. onde a natureza e a necessidade dominam: (**3**,1,1,2; 4) *neque ulla culpa deprehendi potest ubi natura necessitasque dominatur.* Obs.: dizer não há culpa, ou seja, responsabilidade moral, significa dizer que nenhum crime foi cometido, pois o que não se constitui uma transgressão não é imputável à conta de crime. **B.** Há c. no movimento de aversão do imutável e conversão para o mutável? (**3**,1,1,3) *nescio an ulla culpa sit.* **C.** Quem se deixa dominar por uma natureza mais fraca é digno de c.: (**3**,6,19,67) *si infirmior, tua culpa.* **D.** Há defeitos sem c., se a natureza não recebeu que fosse alguma coisa mais do que é: (**3**,15,44,151) *non acceperunt ultra esse quae deficiunt et nulla culpa est.* Obs.: Agostinho contrapõe à culpa o termo "reato" (cf. *reatus*), a imputação de culpa típica da condição de réu. **E.** Se a natureza não faz o que deve, nenhuma c. se deve atribuir ao Fundador: (**3**,16,46,156) *nulla culpa est conditoris.* **F.** Nenhuma c. há na ignorância involuntária: (**3**,19,53,181) *non tibi deputatur ad culpam quod inuitus ignoras.* **G.** Numa das hipóteses para a transmissão do pecado de origem, Deus haveria de ajudar os que não têm c.: (**3**,20,58,198) *omnino extra culpam esset.* Cf. *culpo, inculpabilis, culpabilis.*

culpo (*v.*) **1.** CULPAR, no sentido de "incriminar", ou seja, de "acusar alguém de culpa por algum crime". **A.** Desejar viver sem medo, que é um bem, não é digno de culpa, do contrário se culpariam os amadores do bem: (**1**,4,9,24) *alioquin omnes culpabimus amatores boni.* **B.** Não as criaturas, mas os mal-utentes é que se devem culpar: (**1**,15,33,113) *non res ipsas, sed homines qui eis male utuntur esse culpandos.* **2.** ATRIBUIR CULPA (*idem sensus*): **A.** Atribuir culpa a Deus é nefasto: (**2**,2,4,10) *quem culpare nefas est.* **B.** Não se deve atribuir culpa nem à alma, nem ao Criador: (**3**,20,57,195) *quae neque his neque creatori tanquam culpanda tribuatur.* **C.** Não se deve atribuir culpa ao Criador pelos atos voluntários das almas: (**3**,20,58,198) *nullo modo creatorem hinc esse culpandum.* **3.** INCULPAR (*idem sensus*): **A.** A alma não deve ser inculpada por movimentos necessários: (**3**,1,1,5) *nego esse culpandam.* **B.** De quem é o movimento que se deve inculpar? (**3**,1,2,6) *Cuius est iste motus, quem profecto culpandum esse concedis?* **C.** Se o movimento não é voluntário, o homem não deve ser inculpado: (**3**,1,3,13) *neque culpandus homo.* **D.** Os maniqueus defendem que o Criador deva ser inculpado pelos pecados das criaturas: (*Ret.* 1,9,2) *creatorem omnium naturarum culpandum esse contendunt.* **E.** Deus não deve ser inculpado em hipótese alguma; ao contrário, deve ser louvado: (*Ret.* 1,9,6) *nec sic culpandus sed laudandus esset deus.*

cupiditas (*subst.*) DESEJO, sem qualificação. Na maior parte das vezes trata-se de um substantivo de valor neutro, que pode ser bom ou mau, dependendo do adjetivo que se lhe faça acompanhar[14]. **A.** Como sinônimo de inclinação sensual (*libido*), portanto um desejo mau: (**1**,4,9,22) "Tens ciência também de que essa inclinação sensual é chamada por outro nome, a saber, desejo?" (*libidinem alio nomine cupididatem uocari*). **B$_1$.** Como antítese neutra do medo, ou seja, enquanto o d. quer algo para si, o medo o quer longe de si: (**1**,4,9,22) "O desejo procura obter, o medo evita" (*cupiditas adpetit, metus fugit*). **B$_2$.** Como um d. neutro de obter algo: (**1**,4,9,22) "Desejo de alcançar alguma coisa..." (*cupiditate adipiscendae alicuius rei*). **C.** O medo é um tipo de desejo[15]: (**1**,4,9,23) "Não porque este fato carece do domínio do desejo, pois aquele que mata um homem, embora temendo, deseja sempre viver sem medo" (*non ideo factum hoc cupiditatis dominatu caret, nam qui metuens hominem occidit, cupit utique sine*

---

14 Em *Cidade de Deus* (14,6 5-6) Agostinho compreende o termo *cupiditas* em sentido neutro, como sendo simplesmente a vontade consensual entre o que se quer [*uolo*] e o que se busca obter [*adpeto*]: *cupiditas... uoluntas in eorum consensione quae uolumus*; (*ibid.* 8-9) *cum consentimus adpetendo ea quae uolumus, cupiditas.* No capítulo seguinte (14,7 41-42), substituindo "vontade" por "amor", diz que "o desejo é o amor que anseia sofregamente possuir aquilo que é amado" (*amor ergo inhians habere quod amatur cupiditas est*). Porém quando utilizados *simpliciter*, sem qualificação nem referência a qualquer bem de natureza superior, tanto *cupiditas* quanto *concupiscentia* costumam ter sentidos negativos (14,7 50-52): *si cupiditas uel concupiscentia dicatur nec addatur cuius rei sit, non nisi in malo possit intellegi.*

15 O medo, ou temor, será considerado também uma vontade/amor em *Cidade de Deus*. 1. METVS (14,6 7-8): *et quid est metus... nisi uoluntas in dissensione ab his quae uolumus?*; (*ibid.* 10-11) *cum dissentimus ab eo quod accidere nolumus, talis uoluntas metus est.* 2. TIMOR (14,7 43-44) *[amor] fugiens quod ei aduersatur timor est.*

metu uiuere). Obs.: neste caso o desejo poderia ser considerado mau, se exerce domínio indevido, porém nem sempre é o caso, como se vê na sequência. **D.** O d. de viver sem medo não é mau: (**1**,4,9,24) "Pois quem deseja uma vida livre do medo certamente deseja um bem, e por isso tal desejo não deve ser culpado; do contrário culparemos todos os amadores do bem" (*bonum cupit, qui cupit uitam metu liberam, et idcirco ista cupiditas culpanda non est; alioquin omnes culpabimus amatores boni*) (cf. **1**,4,10,28). **E.** O d. qualificado como "mau", em referência às inclinações sensuais (*libidines*): (**1**,4,9,24) "O domínio daquele mau desejo" (*malae illius cupiditatis dominatio*) (cf. **1**,4,10,28). Obs.: vê-se claramente por meio desta passagem que, ao menos neste livro primeiro, *cupiditas* não é um desejo mau em si mesmo, visto haver uma *mala cupiditas*, de par com uma *bona cupiditas*, como o desejo de viver sem medo. O que a qualifica é antes o seu objeto, não o desejar em si, ainda que o termo *cupiditas* venha a receber conotações cada vez mais negativas no decorrer da obra do filósofo. **F.** O d. qualificado como "reprovável", em referência à *libido* novamente: (**1**,4,10,28) "Pois concertou-se entre nós que todos os malfeitos não são maus por outro motivo, senão porque se fazem com inclinação sensual, isto é, com o desejo que se deve reprovar" (*nisi quod libidine, id est, inprobanda cupiditate, fiunt*). **G.** O d. qualificado como "culpável", também em referência à *libido*: (**1**,4,10,31) "Reconheço e muito me regozijo por ficar sabendo de modo tão claro o que é aquele desejo culpável que se denomina inclinação sensual" (*illa culpabilis cupiditas, quae libido nominatur*). **H.** O d. considerado como sinônimo de *libido*, potência anímica inferior à razão, que deve ser por ela dominada: (**1**,20,20,71) "Por isso julgo ser necessário que a mente seja mais capacitada do que o desejo, pelo próprio fato de exercer o seu domínio de maneira reta e justa sobre o desejo" (*ut plus possit mens quam cupiditas*). **I.** O d. só domina a mente se esta permite por sua livre vontade: (**1**,11,21,76) "Nenhuma outra coisa torne a mente companheira abnegada do desejo, exceto a própria vontade e o livre arbítrio" (*nulla res alia mentem cupiditatis comitem faciat quam propria uoluntas et liberum arbitrium*). **J.** O reinado tirânico dos d., tidos como sinôn. das *libidines*, portanto maus, sobre a mente: (**1**,11,22,78) "Esse reinado dos desejos..." (*cupiditatum illud regnum...*). **K.** O d., sinôn. de *libido*, das coisas que se podem perder, embora possam ser temporariamente possuídas: (**1**,15,32,108) "Quando os homens a elas aderem, por seu próprio desejo..." (*cupiditate inhaerent*). **L.** O d. de morrer, atribuído ao potencial suicida, que não se constitui um desejo mau em si mesmo, porque na verdade é o d. de uma vida melhor, sem sofrimento: (**3**,8,23,82) "Contudo por intoleráveis moléstias é impelido a um completo desejo da morte" (*cupiditatem mortis*). **M_1.** O d. malicioso do diabo: (**3**,10,31,110) "O diabo... reivindicava para as leis da morte toda a prole do primeiro homem como pecadora... sem dúvida com um malicioso desejo de prejudicar" (*malitiosa... nocendi cupiditate*). **M_2.** (**3**,10,31,110) O diabo subjugara "os que havia capturado... certamente por um desejo perverso de possuir" (*subiugauerat... praua... habendi cupiditate*). **N.** O d. qualificado como "depravado": (**3**,14,39,136) *praua cupiditate.* **O.** A *cupiditas* como sinônimo de *auaritia* e definida como sendo uma "vontade ímproba" (*inproba uoluntas*). Traduzida aqui por "desejo cúpido", a *cupiditas* passa a ser considerada a raiz de todos os males, um desejo inequivocamente desmedido e, precisamente por isso, mau: (**3**,17,48,166) "Pois a avareza, que em grego se diz *philarguría*... deve ser inteligida em todas as coisas que são desejadas imoderadamente, onde quer que alguém queira mais do que é suficiente. Porém esta avareza é um desejo cúpido, e o desejo cúpido, por sua vez, é uma vontade ímproba" (*auaritia cupiditas est, cupiditas porro inproba uoluntas*). No final da obra, como se viu nesta passagem do livro três,

Agostinho se utiliza do termo *cupiditas* de modo claramente negativo, associando-o à avareza bíblica, a raiz de todos os males, e definindo-o como sendo uma vontade claramente má, ou antes, ímproba. Embora tecnicamente neutra, como se verifica pelas passagens do livro primeiro em que aparece, *cupiditas* aproxima-se mais dos desejos de ordem sensual, como as *libidines*, movimentos irracionais da alma, enquanto a vontade (*uoluntas*) associa-se mais às faculdades intelectivas do querente, posto que possa igualmente ser pervertida. De fato, uma criatura irracional não tem vontade, apenas apetites de natureza sensual (**1**,8,18,62), por meio dos quais, como ocorre com a *cupiditas*, buscam-se (*adpetit*) os prazeres e evitam-se as dores (**1**,4,9,22). Uma criatura racional, embora tenha desejos naturais, deve dirigi-los pelas faculdades racionais ontologicamente superiores, às quais os desejos de ordem sensual devem estar submetidos, a fim de que esteja perfeitamente ordenada, segundo a *summa ratio* ou *lex aeterna*. Portanto os desejos (*cupiditates*) de ordem estritamente corpórea, ou sensual, que se denominam "apetites", são também "movimentos irracionais da alma" (cf. **1**,8,18,65 etc.), porque até mesmo as bestas os possuem, ou seja, "desejam" (*cupiunt*). Em si mesmos, sem qualificação, por serem faculdades naturais das criaturas, seja as que são e vivem, seja as que são, vivem e inteligem, não são nem bons, nem maus, e sim potências selvagens, por assim dizer, que precisam da direção das faculdades racionais superiores.

cupio (*v.*) Desejar. **A.** Em sentido positivo, sem nenhuma qualificação: $\mathbf{A_1}$. Desejar possuir ciência: (**1**,1,1,1) *scire cupio.* $\mathbf{A_2}$. Desejar ser ouvido pela própria Verdade: (**2**,15,39,156) *exaudiri cupio ab ipsa ueritate.* $\mathbf{A_3}$. Desejar viver sem medo: (**1**,4,9,23) *cupit... sine metu uiuere.* $\mathbf{A_4}$. Desejar uma vida livre do medo: (**1**,4,9,24) *cupit uitam metu liberam.* $\mathbf{A_5}$. Desejar ser feliz: (**1**,15,31,104) *beati esse cupiunt* (cf. **1**,4,10,28; 6,14,42; **2**,1,1,2; 2,5,16; 15,39,156; **3**,1,1,1). **B.** Em sentido negativo: $\mathbf{B_1}$. Desejar permissão para cometer adultério: (**1**,3,6,17) *cupit parem habere licentiam...* $\mathbf{B_2}$. Desejar morrer, o que pode ser visto por outro ângulo, como um desejo de viver em paz e sem sofrer: (**3**,8,23,79) *emori cupit.* $\mathbf{B_3}$. Desejar ser maior do que os outros: (**3**,25,76,261) *quanto se cupit esse maiorem.* $\mathbf{B_4}$. Desejar sem moderação: (**3**,17,48,166) *quae inmoderate cupiuntur...* (cf. **3**,9,24,88).

curiositas (*subst.*) Curiosidade, um dos pecados da vontade. Obs.: embora o substantivo não conste explicitamente da obra, o adjetivo derivado, *curiosus*, consta. A curiosidade se dá quando a vontade, em vez de voltar-se para os bens comuns, cognoscíveis por meio da mente, interiormente, volta-se para o exterior, ou seja, para os bens situados fora do querente, buscando conhecer indevidamente o bem próprio dos outros e tudo aquilo que não lhe diz respeito: (**2**,19,53,200) "Converte-se... para o que é exterior, quando se esforça por conhecer os bens próprios dos outros ou qualquer coisa que não lhe pertence" (*conuertitur... ad exterius, cum aliorum propria uel quaecumque ad se non pertinent cognoscere studet...*).

curiosus (*adj.*) Curioso, aquele que "cuida" [*curo*] dos interesses alheios, preocupando-se indevidamente com o que lhe não diz respeito. Obs.: refere-se principalmente ao homem que busca um tipo específico de saber, considerado não apenas supérfluo, mas também deletério, pois não o aproxima do Bem supremo; e tudo aquilo que não aproxima do Bem, em alguma medida o afasta dele, fazendo ou com que perca tempo, ou adira ao que não deveria receber sua afeição. Enfim, trata-se dum conhecimento vão, que não se confunde com sabedoria: (**2**,19,53,200): *homo curiosus.*

damnatio (*subst.*) CONDENAÇÃO [*damnum*] em duplo sentido: [i] em sentido judicial, em referência à punição a que o condenado faz jus; [ii] em sentido teológico, [*a*] em referência tanto à condenação do primeiro homem e de sua progênie à condição penal de ignorância e dificuldade [*b*] quanto à danação perpétua do diabo e de seus anjos, da qual o pecador contumaz haverá de participar. Obs.: neste segundo sentido trata-se obviamente de uma transferência entre campos semânticos, do jurídico ao teológico, transferência que se operou especialmente no Ocidente, em decorrência da formação retórica dos primeiros teólogos, como Tertuliano, Cipriano, Ambrósio, Jerônimo e o próprio Agostinho, formação essa que a cultura imperial romana privilegiava, e cujo escopo eram as atividades predominantemente jurídicas do *forum,* uma vez que as atividades políticas se circunscreviam aos interesses exclusivamente locais. **A.** O adultério é digno de c.: (**1**,3,6,15) *damnatione dignum.* **B.** A c. não é indício de pecado: (**1**,3,7,18) *damnationem... indicium esse malefacti.* **C.** Os apóstolos e os mártires foram jugados dignos de c. por causa de sua confissão de fé: (**1**,3,6,18) *damnatione digni propter confessionem suam iudicati sunt.* **D.** Consortes na c. perpétua: (**3**,10,31,111) *in perpetua damnatione consortes.* **E.** A c. à morte, em decorrência do pecado do primeiro homem: (**3**,18,51,173; *Ret.* 1,9,5) *ex illa mortis damnatione;* (**3**,18,51,176; *Ret.* 1,9,5) *de damnatione hominis.* **F.** Justíssima c.: (**3**,22,65,221) *iustissima damnatione pro meritis.* Cf. *Ret.* 1,9,6.

damno (*v.*) CONDENAR. **A.** Muitos homens foram condenados por causa de atos retamente praticados: (**1**,3,7,18) *propter recte facta nonne homines plerumque damnati sunt.* **B.** Muitos foram condenados pelo adultério: (**1**,3,7,18). **C.** Nem tudo o que se condena pela lei dos homens é mau: (**1**,3,7,19). **D.** A justiça condena os pecados: (**2**,1,3,5). **E.** Os que fazem mal uso dos bens é que devem ser condenados, não o bem que é mal usado: (**2**,18,48,185) *potius eos damnandos, qui hoc bono male utuntur.* (Cf. **1**,4,10,29; **3**,12,35,124; 15,43,149; 22,64,219; 25,75,263). **2.** DAMNATVS (*adj. part.*): CONDENADO, em referência àquele que sofreu algum "dano" [*damnum*] ou prejuízo, especialmente devido a condenação judicial, de onde o sentido teológico, em referência à condenação do primeiro homem, Adão. **A.** Servo condenado (**3**,11,34,118): *damnati serui.* **B.** A pena de Adão: (**3**,19,54,185) *ex illius poena damnati.* Cf. **3**,11,34,118; 18,52,179; 19,54,185.

decens (*adj.*) **1.** ADEQUADO. **A.** "Aparência perfeitamente adequada": (**3**,9,27,98) *speciem decentissimam.* **B.** "Partes perfeitamente adequadas": (**3**,9,27,98) *decentissimis partibus.* **C.** "Um mecanismo moderador absolutamente adequado e conveniente das coisas": (**3**,22,64,217) *decentissimo et conuenientissimo rerum moderamine.* **2.** DECENTISSIME (*adv. superl.*): (**3**,12,35,123) de maneira perfeitamente adequada. **3.** DECENTER (*adv.*): (**3**,12,35,124) de modo adequado, adequadamente.

decipio (*v.*) ENGANAR, apanhar por meio de ardil. **A.** Se guardamos opinião errada acerca da substância do Criador, somos enganados por erro perniciosíssimo: (**3**,21,59,202) *perniciosissimo errore decipimur.* **B.** Eva foi enganada por um ardil do diabo: (**3**,10,31,110) *femina decepta.*

decor (*subst.*) BELEZA. **A.** A diminuição da b.: (**3**,5,16,58) *decoris deminutionem.* **B.** A b. da universalidade da criação: (**3**,9,26,95; 27,96; 15,44,152) *decori uniuersitatis.* **C.** B. ordenadíssima: (**3**,9,27,97) *ordinatissimo decore.*

decus (*subst.*) 1. Embelezamento, no sentido de "adorno", "decoração", "ornato", "enfeite", numa palavra, tudo aquilo que confere beleza, não apenas física, mas também moral. **A.** O e. das criaturas é um aceno de Deus: (**2**,16,43,168) *creaturarum decus.* **2.** Decoro, no sentido do que está dignamente adequado, cooperando para a honra, glória e beleza da criação. Obs.: as duas noções, beleza e decoro, se ajustam perfeita e inextricavelmente no pensamento antigo, pois nenhuma beleza se compreendia que não estivesse perfeitamente ordenada e adequada, seja na relação das partes do objeto entre si, seja na relação das partes com o objeto todo, seja ainda na relação do objeto com os demais objetos em seu gênero apropriados, seja, por fim, na adequação do próprio gênero no conjunto universal de todos os gêneros, por assim dizer. **A.** A própria vituperação dos vícios das criaturas recomenda seu d. e dignidade: (**3**,15,42,144) *uituperatio uitiorum ipsarum etiam quarum sunt uitia naturarum decus dignitatemque commendat.* **B.** A criatura carnal se faz d. e ornamento do mundo terreno: (**3**,20,55,186) *decus ornamentumque terrarum.* **C.** O d. próprio de cada gênero: (**3**,20,70,237) *decus proprii generis.* Cf. *decor, species, pulchritudo, forma, dedecus.*

dedecus (*subst.*) Indecorosidade, indignidade, no sentido de "desonra", "ignomínia", "opróbrio". Obs.: opõe-se a *decus,* "decoro", "dignidade" [*de* + *decus*], como aquilo que está desprovido dessas qualidades. **A.** Nada pode coagir a mente à i. de fazer-se serva das inclinações sensuais: (**3**,1,2,7) *ad hoc dedecus cogi.* **B.** A pena do pecado emenda a i. do pecado: (**3**,9,26,95) *ut peccati dedecus emendet poena peccati.* **C.** Na preservação da beleza universal, ordenada e equilibrada, a i. do pecado é contrabalançada pelo decoro da reparação, ou seja, do castigo legal (*uindicta*): (**3**,15,55,152) *ut [non] sit in ea peccati dedecus sine decore uindictae.*

defectio (*subst.*) Defecção, no sentido de uma "deserção" voluntária da vida, em referência ao suicídio. O termo aparece uma única vez na obra, na primeira metade do livro terceiro: (**3**,8,23,82) "Logo, quando alguém, que crê que após a morte não será mais... então decide e provoca a própria morte, tem na opinião um erro de defecção..." (*in opinione habet errorem... defectionis*). Obs.: o suicida erra de todos os modos ao imaginar que há de escapar do sofrimento pelo suicídio, seja se imagina que a vida termina com a morte, seja se imagina que irá obter uma vida melhor. Por isso é que Agostinho diz que se trata de uma defecção "de todos os modos" (*omnimodae defectionis*), pois de qualquer modo que imagine, estará em erro. Obs.: o termo *defectio* pode ser utilizado como sinônimo de *defectus,* como em *Ciu. dei* 12,7 4-5: *causas porro defectionum istarum, cum efficientes non sint...,* "e as causas dessas defecções [*ou* deficiências *ou* defeitos], visto que não são eficientes...". Na verdade, o defeito, que se traduz pelo movimento de aversão do Bem supremo e conversão aos bens inferiores, é sobretudo uma defecção, uma deserção, o que o termo *defectio* bem expressa.

defectiuus (*adj.*) Defectivo, no sentido de haver "defeito". Obs.: não consta do dicionário latino *Oxford,* que abrange apenas os autores do período dito "clássico", até ao séc. II d.C. No dicionário *Harper,* editado por Lewis e Short, o adjetivo, definido como pós-clássico, significa simplesmente "defectivo", a partir do v. *deficio,* sem nenhum acréscimo. No contexto do *L.A.*, contudo, o termo é importantíssimo, assim como *defectus,* outro derivado de *deficio,* porque qualifica o movimento de aversão da vontade do Bem comum e imutável, que é Deus, e de conversão aos bens mutáveis e próprios, movimento que se diz "pecado", ou "mal". E sendo defectivo esse movimento, defectiva também será a natureza do mal, que se diz não possuir estatuto ontológico, ou seja, não é uma substância, apenas um defeito. Logo o movimento, sendo defectivo, é antes um movimento de deficiência, ou de ausência, que decorre do afastamento do Ser. Assim, ao afastar-se do Ser, que é de modo pleno, a natureza deixa de ser de modo pleno, perfeito [*per* + *factum*], passando a ser de modo não pleno, carente da perfeição [*in* + *perfectum*]. Porém enquanto natureza, ainda é algo, embora seja menos do que era antes, quando estava mais próxima da plenitude do Ser. Já o movimento em si não é uma natureza, apenas o defeito dela [*de* + *factum*], o desfazer da plenitude, ou da perfeição em que a natureza se constituía, antes de "desfazer-se" pelo afastamento: (**2**,20,54,204) Logo aquele movimento de aversão, que reconhecemos ser o pecado, visto que é um movimento defectivo, e todo defeito existe a partir do nada, vê bem a quem pertence, e não duvides de que não pertence a Deus! (*motus ergo ille auersionis... quoniam defectiuus motus est, omnis autem defectus ex nihilo est...*).

defectus (*v.*) DEFEITO, subsumindo também a noção de "deficiência". Obs.: termo da maior importância para o pensamento do autor acerca do mal, o "defeito", particípio substantivado do v. *deficio,* pode ser entendido literalmente como o "desfazer" [*de* + *facio*] de uma natureza, que, antes dele, era completa, íntegra, de onde também os seguintes sentidos: deficiência, falha, perda, imperfeição, privação, ausência, cessação etc. O defeito em si não é uma substância, apenas um "desfazer" daquilo que verdadeiramente é, desfazer que provoca a deficiência, se se pode dizê-lo, de onde Agostinho então sustentar que o mal não seja algo em si, apenas o defeito do bem (cf. *deficio, defectiuus*). Não por acaso o termo só aparece na obra a partir da última metade do livro segundo, quando se desdobra a sua teoria acerca do mal, de fundo marcadamente neoplatônico. Preteriu-se o vernáculo "deficiência" em benefício de "defeito", como opção de tradução, embora ambos subsumam em seu paradigma semântico noções intimamente relacionadas, porque, enquanto a deficiência privilegia noções de insuficiência, ausência e carência, o defeito destaca noções de deformidade, imperfeição e vício, também em sentido moral. Pois bem, no caso do mal não se pode imaginar que uma dada natureza tenha sido criada insuficiente por Deus; ao contrário, criada perfeita em seu gênero, causou a própria deficiência-defeito, quando se afastou do Ser. Todavia nem toda deficiência, como se vê no caso da corrupção sem vício (cf. *corruptio*), implica defeito (autocausado), como ocorre no caso das naturezas corpóreas, destinadas naturalmente à corrupção. Vale notar ainda que o latino *defectus* implica ambas as noções, compreendidas pelos vocábulos "deficiência" e "defeito" em vernáculo, ao passo que *deficientia* não costuma ser utilizado como substantivo abstrato, apenas como particípio neutro plural do v. *deficio.* Em suma, o termo "defeito" deve ser compreendido em duplo sentido: simultaneamente como "deficiência" e "defeito", ou seja, "ausência" e "deformidade". **A.** Na Verdade eterna não há nenhumas deficiências, nenhum defeito: (**2**,14,37,145) *nullae sunt angustiae, nullus in ea defectus.* **B.** A expressão bíblica "anos sem defeito" em lugar de "eternidade": (**2**,17,45,173) *"annos sine defectu" pro "aeternitate".* **C.** O d. tem origem no nada: (**2**,20,54,204) *omnis autem defectus ex nihilo est.* **D.** O d. é voluntário, pois foi posto em poder do homem: (**2**,20,54,204) *defectus, quoniam est uoluntarius, in nostra est positus potestate.* **E.** Por maior seja o d. das almas, ainda assim superam os corpos em dignidade: (**3**,5,16,58) *ad quantamlibet sui decoris deminutionem defectumque peruenerit, omnium corporum dignitatem sine ulla dubitatione superabit.* **F.** O d. não seria digno de vituperação, se não fosse voluntário: (**3**,15,42,145) *defectus non esset uituperatione dignus nisi* *esset uoluntarius.* **G.** Nem todo d. é vituperado retamente: (**3**,15,43,148) *nemo defectum recte uituperat.* Obs.: nesse caso o "defeito" prioriza a noção de deficiência, pois é natural, não voluntário, embora não exclua de modo algum a de "desfazimento" autocorruptor. **H.** Nos d. involuntários não há culpa: (**3**,15,44,153) *in omnibus ergo defectibus... nulla culpa est.* Obs.: não há culpa, porque certas naturezas são exatamente como deveriam ser, não constituindo sua deficiência de "ser" culpável, e sim natural.

deficio (*v.*) **1.** Ser deficiente, no sentido de "tornar-se menos, pelo defeito". Obs.: por não possuir equivalente em vernáculo, sua tradução torna-se desafiadora, sobremodo no *L.A.*, em que os termos correlatos *defectus, defectio* e *defectiuus* têm importância fundamental para a principal questão posta pela obra, a origem do mal. O v. *deficio* pode ser compreendido liter. como um "desfazer" [*de* + *facio*], cujas implicações, nos mais diversos campos semânticos, redundaram na ideia geral de "defeito", "ausência", "insuficiência" ou "defecção". No *L.A.*, contudo, ser deficiente implica não apenas a ideia de "defeito" (*defectus*), mas também a ideia de "deficiência" (*deficere*) e de "defecção" (*defectio*), ou seja, simultaneamente de deserção, que implica uma ação moral, e de corrupção ontológica, pela perda da plenitude e consequente ausência de ser. Portanto, ao afastar-se do Ser, desertando, a natureza ao mesmo tempo deixa de ser o que era e se corrompe, não apenas em sentido moral, mas também natural, ou ontológico, se se queira, pois deixa de ser de modo pleno, corrompendo sua substância, ao eleger de modo voluntário a deserção, movimento perverso da vontade. Contudo a vontade em si mesma é boa, enquanto faculdade do espírito, porque um dom de Deus. Logo ser menos é ser simultaneamente "menos bom" e "um bem menor", tanto como ser mais é ser simultaneamente "mais bom" e "um bem maior". Daí compreender-se que a natureza corrompida não implica apenas corrupção moral, mas também ontológica, pois o homem, afastado de Deus, não apenas fez-se "menos bom", mas também "um bem menor", o que o incapacitou para compreender e praticar o bem de modo pleno, para que pudesse recuperar sua natureza original, porque não se trata apenas de restabelecer-se moralmente, por meio dos exercícios ascéticos, para cujo preparo serviriam tanto a *apátheia* estoica, quanto a *autokráteia* platônica, mas também restaurar-se ontologicamente, o que nenhuma criatura tem o poder para fazer. Vê-se, pois, como a moral não se pode dissociar da ontologia, sob pena de arruinar todo o arcabouço teórico elaborado pelo filósofo para dar conta não apenas do mal, mas de suas consequências para a humanidade. Não se trata de uma recriação completa, mas apenas de uma restauração da natureza defeituosa, corrompida ontológica e moralmente pelo movimento de aversão. Compreende-se aqui um dos motivos por que Agostinho combateu com tanta veemência o pensamento dos pelagianos, porque não se tratava apenas de corrupção moral, mas também natural. **A.** A verdade dos números não se torna deficiente (defeituosa) porque alguém comete algum erro ao efetuar algum cômputo: (**2**,8,20,80) *nec cum in ea quisque fallitur ipsa deficiat.* **B.** A Verdade não se faz mais proficiente, não se aperfeiçoando ao ser captada pelas mentes humanas, nem mais deficiente, não se tornando imperfeita quando elas lhe voltam as costas, numa palavra, nem aufere proveito, nem sofre detrimento por causa das criaturas: (**2**,12,34,135) *nec proficiat cum plus a nobis uidetur nec deficiat cum minus.* Obs.: o fazer-se defeituoso/deficiente (*deficio*) tem como seu contrário o tornar-se perfeito, "sendo proficiente" (*proficio*). No primeiro a natureza se desfaz da perfeição, no segundo, se aperfeiçoa. **C.** Deus é sempre o mesmo e seus anos não terão defeito, sendo perfeitos e plenos, pois nunca serão extintos: (**2**,17,45,173) *anni tui non deficient.* **D.** A natureza corpórea é deficiente, tendendo a deixar de ser: (**2**,17,45,177) *quae quantumlibet deficiant et eo tendant ut non sint...* **E.** Algo da criatura deficiente sobrevive à corrupção: (**2**,17,45,177) *quicquid autem formae cuipiam rei deficienti remanet...* **F.** A Forma suprema não sabe o que é ser deficiente: (**2**,17,45,177) *illa forma est quae nescit deficere.* **G.** O movimento das coisas deficientes: (**2**,17,45,177) *motusque ipsos rerum deficientium.* **H.** A Providência divina não seria deficiente (insuficiente) para criar outros anjos, caso alguns deles operassem a defecção da Bondade divina: (**3**,12,35,124) *non enim... deficeret ad creandos alios.* **I.** Nem sempre ser deficiente significa ter causado o próprio defeito pela defecção, pois para muitas criaturas a deficiência se estabelece em comparação com a perfeição das criaturas inteligentes, o que é um erro, visto não ser justo acusar uma natureza pelo fato de não ter recebido ser mais do que recebeu do Criador. Obs.: vê-se nesse caso como resta clara a ontologia do autor, em que o acúmulo de ser faz com que uma natureza seja mais que outra, embora soe estranho algo ser mais ou ser menos, se acaso se deixe de parte a correlação entre ser e bem, em detrimento do pensamento do autor. **I$_1$.** Sem a deficiência das criaturas, não haveria sucessão temporal: (**3**,15,43,146) *nisi deficiant, non possint praeteritis futura succedere, ut tota temporum in suo genere pulchritudo peragatur.* Obs.: vê-se aqui um embrião da doutrina acerca do tempo, herdeira da impermanência das naturezas sensíveis em contraste com a permanência do que verdadeiramente é, ou seja, a partir do mínimo denominador comum depreendido por Platão entre a estabilidade do ser de Parmênides e o fluxo constante de Heráclito. **I$_2$.** Por isso é absurdo dizer que a deficiência das criaturas não deveria existir: (**3**,15,43,147) *absurdissime dicimus non debere deficere.* **I$_3$.** Aquele que lamenta a deficiência das criaturas deveria atentar ao próprio discurso, a ver como ele mesmo seria inviável, não fosse a deficiência, ou seja, se umas sílabas não padecessem o "defeito" de acabar para que outras pudessem nascer, numa sequência linear sucessiva que constitui as sílabas, palavras, orações, frases, períodos, parágrafos e livros todos, por meio dos quais as ideias são tecidas, ordenadas, publicadas, para ser depois ensinadas, aprendidas e apreendidas no espírito: (**3**,15,43,147) *qui enim dolet ea deficere sermonem suum oportet adtendat...* **I$_4$.** Portanto nas naturezas naturalmente deficientes ninguém deve vituperar o defeito, que coopera para a ordem e decoro da universalidade: (**3**,15,43,148) *in his igitur rebus quae ideo deficiunt... nemo defectum recte uituperat.* **I$_5$.** Não há culpa no defeito das naturezas naturalmente deficientes, porque sua "deficiência" de ser se diz apenas em comparação com as criaturas que possuem mais ser, visto que elas, as deficientes, não receberam de Deus que fossem mais: (**3**,15,44,153) *in omnibus ergo defectibus aut non acceperunt ultra esse quae deficiunt et nulla culpa est.* **2.** Operar a defecção de. Se toda a natureza angélica houvesse operado a defecção dos preceitos divinos...: (**3**,12,35,123) *si omnis angelica natura ab eius praeceptis peccando defecisset...* Cf. *proficio, profectus, defectus, defectiuus.*

delabor (*v.*) Despenhar, no sentido de "precipitar-se por conta própria" das alturas da vida feliz: (**1**,11,23,79) "Que ele mesmo, por sua própria vontade, tenha despenhado dali em direção às desventuras da vida mortal..." (*ut ad aerumnas mortalis uitae ipse inde propria uoluntate delapsus sit*).

delectatio (*subst.*) Deleite. Obs.: refere-se apenas aos prazeres dos sentidos, ao menos nas duas vezes em que o termo foi utilizado no *L.A.*, posto que em outras obras possa referir-se aos bens de natureza inteligível. **A.** Os deleites de uma relação adulterina: (**1**,3,6,15):

delectationes adulterii. **B.** Quando os movimentos do corpo se voltam para o puro deleite dos sentidos (a visão, neste caso), tem-se a dança: (**2**,16,42,166) "E aquele movimento dos membros seja referido ao deleite, [isso] se chamará 'dança'" (*motusque ille membrorum ad delectationem referatur, saltatio uocabitur*).

delecto (*v.*) DELEITAR (-SE). Obs.: embora *delectatio* refira-se exclusivamente aos prazeres sensuais (no *L.A.*), *delecto* aplica-se tanto aos prazeres dos sentidos, alheios a quaisquer movimentos da razão, como no caso dos animais, quanto aos prazeres mais sutis, como o deleite causado pela dança ou beleza dos corpos, ou os prazeres de ordem puramente intelectual. **A.** O deleitar-se com a vida reta: (**1**,15,31,103) *qui recte uiuere diligit eoque ita delectatur.* **B.** Os animais perseguem o que lhes causa deleite: (**2**,3,8,27) *adpetunt animalia delectata.* **C.** Os homens deleitam-se com o esplendor e a jucundidade da luz: (**2**,13,35,140) *claritate et iocunditate delectati homines.* **D.** O deleite causado pelos objetos corpóreos tem sua origem em sua numerosidade: (**2**,16,41,163) *quicquid te delectat in corpore... esse "numerosum".* **E.** Mesmo nos objetos corpóreos, o que causa deleite deriva da circunfulgência da Luz divina: (**2**,16,43,169) *et tamen etiam ibi quod eos delectat adhuc habent de circumfulgentia lucis tuae.* **F.** A vontade perseverante da natureza angélica causa deleite nos contemplantes: (**3**,5,14,53) *si te delectat creatura quae perseuerantissima uoluntate non peccat.* **G.** Referência paulina ao defeito da vontade humana, quando sabe-se o que é devido fazer, porém deixar de fazê-lo é o que produz deleite: (**3**,8,23,80) *aliud faciendum esse credimus et aliud facere delectat.* **H.** DELECTOR (*v. dep.*): DELEITAR-SE: deleitar-se em Deus (Sl 36,4): (**2**,13,35,137) *delectare in domino.*

deminutio (*subst.*) DIMINUIÇÃO [*de* + *minuo*], liter. "tornar menor", subtraindo. **A_1.** A d. da beleza de uma criatura racional, que se corrompe pelo pecado: (**3**,5,16,60) "Por maior seja a diminuição de sua beleza e o defeito a que tenha chegado..." (*ad quantamlibet sui decoris deminutionem defectumque peruenerit...*). Obs.: não se trata aqui obviamente de um afeamento de natureza estética, mas de uma diminuição de sua forma, numa palavra, de uma diminuição ontológica. **A_2.** (**3**,10,30,109) "A alma humana... tendo sido reduzida a uma condição de diminução..." (*ad hoc deminutionis redacta*). **B.** As naturezas se conjugam e disjungem sem acréscimo ou diminuição ontológica: (**3**,11,33,117) "Todos os seres espirituais possuem entre si não apenas uma conjunção sem acúmulo, mas também uma disjunção sem diminuição" (*et coniunctionem sine cumulo et seiunctionem sine deminutione*).

deprauatus (*adj. part.*) DEPRAVADO [*deprauo*], sinôn. de *prauus*, no sentido de alguém ou algo "que se per-verteu" [*per* + *uerto*], ou seja, que voltou-se totalmente em sentido contrário ao esperado, seguindo por uma via "torta" [*prauus*], ou melhor, segundo um parâmetro não "reto" – adjetivo este de que se constitui o contrário (cf. "obs." no verbete *rectus*). Na única instância em que é utilizado na obra, o adjetivo participial "depravado" qualifica "povo", em referência ao povo que vende seu direito legítimo ao voto (interesse comum), em troca de favores pessoais (interesse particular), optando então por essa eleição torta, do privado em detrimento do público, que lhe causará a perda da autonomia política, segundo sugere Agostinho: *deprauatus... populus rem priuatam rei publicae praeferat.* A mesma ideia será adaptada para a questão do mal, que é a aversão da vontade do Bem comum e a conversão para o bem próprio, uma vontade depravada, portanto, pois conduz por uma via torta, que se caracteriza pela sujeição às inclinações sensuais, em contraste com o *recte* *uiuere* nas virtudes. O Bem maior da alma, assim como o bem maior do povo, é comum (*communis*): no caso do povo, a *res publica;* no caso da alma, o *bonum publicum* ou *commune,* contrários ambos à *res priuata* e ao *bonum priuatum* ou *proprium* respectivamente. Cf. *prauus, deprauo, auerto, conuerto, rectus, recte uiuere.*

deprauo (*v.*) DEPRAVAR, no sentido de "entortar" algo, tornando-o pravo, ou seja, não reto. Uma opinião depravada pode depravar uma natureza reta: (**3**,8,23,82) *et praua opinio rectam deprauare naturam.*

deputo (*v.*) **1.** CONTAR, no sentido específico de incluir em um conjunto. **A.** O corpo e a vida são contados no conjunto das criaturas: (**2**,17,46,176) *creaturae deputantur.* **B.** O orbe terreno tem sido contado entre as coisas corruptíveis: (**3**,9,28,100) *orbis iste terrenus rebus corruptibilibus deputatus sit.* **2.** IMPUTAR À CULPA (*ad culpam*), ou seja, imputar um crime a alguém, atribuindo-lhe responsabilidade: **A.** Imputar o movimento da vontade à culpa do homem, ou seja, considerá-lo culpado pelo movimento de sua vontade: (**3**,1,2,9) *motus si culpae deputatur.* **B.** Imputar ao Criador a responsabilidade pelo mal: B_1. Não se deve imputar ao Criador o que aconteça necessariamente às suas criaturas: (**3**,4,9,37) *non creatori deputandum est quicquid in eius creatura fieri necesse est...* B_2. (**3**,5,12,42) *quomodo non creatori deputandum sit...* B_3. (**3**,6,18,63) *creatori deputanda peccata... quomodo no ei deputetur... quo ei deputetur quicquid...* **C.** Não se imputa culpa a alguém por algo que ele ignora invito: (**3**,19,53,181) *non tibi deputatur ad culpam quod inuitus ignoras.* **D.** Imputar o flagício da deserção ao comando do rei, ou seja, ninguém que deserte do campo de batalha poderá usar como desculpa para sua covardia o comandante: (**3**,20,57,197) *nullo pacto iuste flagitium desertionis suae regis imperio deputabit.* **E.** Imputar, no sentido de "acusar" alguém, fazendo dele réu: (**3**,22,64,218): *non... animae deputatur in reatum.* **F.** O que se imputará à criancinha, cujos méritos são nulos, no Juízo futuro? (**3**,23,66,225) *qualis in futuro iudicio deputabitur.* **3.** CONDENAR, no sentido de "censurar": (*Ret. Pról.* §2) *multiloquium deputem.*

deriuo (*v.*) DERIVAR, liter. "retirar de um rio" [*de* + *riuus*]: nada há de justo e legítimo nas leis temporais que os homens não tenham derivado da Lei eterna: (**1**,6,15,50) *in illa temporali nihil esse iustum atque legitimum, quod non ex hac aeterna sibi homines deriuauerint.*

desero (*v.*) **1.** DESERTAR; abandonar; retirar-se, deixando para trás etc. **A.** A deserção voluntária da cidadela da virtude: (**1**,12,24,80) *desertam uirtutis arcem.* **B.** A "deserção" do Sol no ocaso: (**2**,14,38,150) *et in occasu me desereret.* **C.** Desertar dos bens superiores em favor dos inferiores: (**3**,1,2,9; 10) *superioribus desertis inferiora diligat.* **D.** Cristo não desceu até aos homens desertando os anjos (*v. tr.*): (**3**,10,30,109) *nec ita descendit ad nos ut illos desereret.* E_1. A suposta deserção dos anjos de suas tarefas na ordenação universal, ao pecar: (**3**,11,33,117) *si haec officium suum peccando desereret.* E_2. Porém, se os anjos desertassem, Deus colocaria outros em seu lugar, preservando a ordem: (**3**,12,35,124) *peccando alii deseruissent.* **F.** Desertar do acampamento militar, em referência à posição segura junto ao Comandante divino: (**3**,20,57,193) *castra sua desereret.* **2.** DEIXAR DE: desistir, abandonar etc.: deixar de ordenar as ruínas dos pecadores: (**3**,10,29,105) *deserat ordinandas ruinas peccantium.*

desiderium (*subst.*) **1.** CARÊNCIA, no sentido de um "desejo" de algo cuja perda ou ausência causa ansiedade, angústia etc. Em **1**,11,22,78 é um dos castigos infligidos à mente que se submete às inclinações sensuais: "Esse reinado dos desejos sevicie de modo tirânico e perturbe por meio de várias e contrárias tempestades o espírito todo do homem e sua vida, de um lado pelo temor, de outro pela carência..." (*hinc timore inde desiderio*). **2.** Desejo, de caráter sensual: (**2**,13,35,137) "Belos corpos, cobiçados com imenso desejo" (*cum magno desiderio pulchra corpora concupita*). **3.** Anseio: (**3**,8,23,82) "Anseio natural de quietude" (*naturale desiderium quietis*). **4.** Desejo de ordem inferior, voltado para as realidades temporais: (**3**,23,68,230) "Não terão escusa para o castigo do juízo futuro, se não quiseram converter o desejo dos anseios desta vida para a vida eterna" (*si uitae huius angoribus ad aeternam uitam desiderium conuertere noluerunt*). Cf. *anxietas*.

desidero (*v.*) De etimologia obscura, *desidero* provavelmente relaciona-se a *sidus*, "estrela" ou "constelação", assim como *considero*, cuja origem é a contemplação cuidadosa dos astros. **1.** Anelar: (**1**,15,32,108) "Pela qual anelam os que querem ser manumitidos por seus senhores-homens" (*quam desiderant ii qui a dominis hominibus manumitti uolunt*) (cf. **2**,20,54,205). **2.** Demandar: (**1**,16,35,117) "Pois agora demanda uma medida e um fim esta discussão" (*sermocinatio modum terminumque desiderat*) (cf. **2**,9,27,106). **3.** Desejar. **A.** (**2**,2,6,19) "Essas coisas nos devem ser por todos os modos desejadas" (*omni modo desideranda*). **B.** (**3**,7,21,72) "Pois quanto mais amares ser, tanto mais desejarás a vida eterna" (*uitam aeternam desiderabis*) (cf. **3**,8,23,84; 9,24,88). **4.** Aspirar: (**3**,9,28,103) "Pois aqueles que aspiram à igualdade dos anjos" (*aequalitatem angelorum desiderant*). **5.** Ansiar: (**3**,4,41,143) *cuius integritatem desideras*.

desidia (*subst.*) Desídia: indolência, preguiça. Obs.: constitui um dos inúmeros castigos impostos à mente que se submete livremente às inclinações sensuais (cf. *anxietas*): a desídia sepulta a mente: (**1**,11,22,78) *desidia sepelire*.

deterior (*adj. comp.*) Pior, no sentido de "inferior". Obs.: no *ordo* agostiniano refere-se àquilo que está situado depois, ou atrás, ou abaixo, em relação ao que vem antes, ou acima, segundo a escada de valores; e precisamente por estar em posição inferior deve submeter-se ao que está à frente (cp. com a relação entre ὕστερος e πρότερος em Plotino). **A.** Nenhuma ordem se diz "reta", se o superior seja submetido ao inferior: (**1**,8,18,64) *deterioribus meliora subiciuntur*. **B.** O pior deve ser submetido ao melhor: (**2**,10,28,113): *deteriora melioribus esse subdenda*. **C.** Nada nem ninguém pode modificar a Verdade para pior: (**2**,14,38,152) *a nullo in deterius commutatur*.

detorqueo (*v.*) **1.** Dobrar; liter. "torcer", no sentido de "desviar-se" ou "afastar-se" do caminho original. Obs.: Evódio compara o movimento da vontade, ora para os bens superiores, ora para os inferiores, como o de uma "dobradiça", ou "gonzo" (cf. *cardo*), que se dobra e desdobra, ou melhor, que "se torce" e "distorce" [*torqueo - detorqueo*]: (**3**,1,3,13) *cum ad inferiora detorquet quasi quemdam cardinem uoluntatis*. **2.** Desviar, no sentido de "dobrar", mudando a direção em sentido contrário ao conspecto divino: (**3**,25,76,264) *a conspectu superiore detorqueant*.

deus (*subst.*) Deus. **A.** D. como o possível autor do mal: (**1**,1,1,1; 16,35,117). **B.** D. como autor dos sofrimentos humanos: (**1**,1,1,2; 2-3). **C.** D. como o Criador das almas e dos homens: (**1**,2,4,11; 11,23,79; **3**,1,2,4; 20,56,192). **D.** D. como o doador do arbítrio livre da vontade ao homem: (**2**,1,1,1; 1,3,7; 2,2,5,12; **3**,1,3,12). **E.** D. como o justo punidor dos pecados humanos e retribuidor dos prêmios pelos bens praticados: (**2**,1,1,2; 3,6; **3**,4,11,40). **F.** D. existe?

(**2**,15,39,154) *est enim deus et uere summeque est* (cf. **2**,2,5,13; 16; 18,47,180). **G.** D. é a Verdade: (**2**,15,39,153) *ipsa ueritas deus est* (cf. **2**,13,37,143). **H.** D. é aquilo acima do que nada mais existe: (**2**,6,14,54) *quo nullus est superior* (cf. **2**,13,39,153). **I.** D. é a vida feliz da alma: (**2**,16,41,162) *beata uita animae deus est.* **J.** D. é o largo provedor de todos os bens: (**2**,18,48,184) *bonorum omnium largitor deus* (cf. **3**,1,3,12). **K.** D. é presciente de todas as coisas futuras: (**3**,2,4,14) *deus praescius sit omnium futurorum* (cf. **3**,2,4,15; 3,6,21-22; 24; 3,7,28; 3,8,30; 35; 5,15,56; 12,35,122; 17,47,161). **L.** D. não obriga ninguém a pecar em virtude de sua presciência: (**3**,4,10,39) *neminem ad peccandum cogens...* (cf. **3**,4,11,40). **M.** D. não é o autor de tudo o que prevê: (**3**,4,11,40) *nec tamen omnium quae praescit ipse auctor est* (cf. **3**,16,46,160). **N.** D. deve ser louvado: (**3**,5,12,44) *deus... laudandus est* (cf. **3**,5,16,59; 13,37,130; 15,42,144; *Ret.* 1,9,2; 6). **O_1.** D. é o criador de todas as naturezas, que são boas: (**1**,2,4,11) *ex uno deo omnia esse quae sunt.* **O_2.** (**2**,1,1,2) *omne bonum ex deo esse* (cf. **2**,1,2,4; 1,3,7; 17,46,175; 18,47,178; 180; 18,49,186; 188; 19,50,191; 20,54,202-204; **3**,5,13,47; 9,26,92; 27,98; 10,30,108; 11,32,113; 13,36,128; 37,130; 15,42,144). **P.** O Verbo de D.: (**3**,10,30,108-109; 31,110). **Q.** D. é o imperador das Potestades celestes: (**3**,11,32,114) *quibus solus deus imperat.* **R.** D. não deve nada a nenhuma de suas criaturas, às quais dá tudo gratuitamente: (**3**,16,45154): *deus autem nulli debet aliquid, quia omnia gratuito praestat.* **S.** D. opera a correção das criaturas: (**3**,23,68,229). **T.** D. reserva compensações futuras aos que sofrem: (**3**,23,68,229). **U.** D. não é o autor dos vícios: (**3**,24,71,240). **V.** D. é o bem das almas: (**3**,24,72,249). **W.** O Filho de D.: (**1**,2,5,13; **2**,2,5,15); **W_1.** O Filho único de D.: (**3**,10,31,110). **X.** A bondade de D.: (**2**,19,50,192; 3,2,5,19; *Ret.* 1,9,4). **Y.** A destra de D. (Cristo): (**2**,20,54,205; *Ret.* 1,9,4). **Z.** A presciência de D.: (**3**,2,4,14; 3,7,29; 4,9,37-38; 17,47,161). **AA.** A misericórdia de D.: (3,2,5,16). **AB.** A providência de D. (**3**,2,5,18). **AC.** Justiça de D.: (**3**,2,5,19; 10,29,105; 18,51,175; *Ret.* 1,9,3; 5). **AD.** A potência de D.: (**3**,2,5,19; 9,28,103; 12,35,122). **AE.** A substância de D.: (**3**,5,16,59; 21,60,205). **AF.** Os anjos de D.: (3,9,28,102). **AG.** A virtude de D. (Cristo): (**1**,2,5,13; **2**,2,5,15). **AH.** A sabedoria de D. (Cristo): (**1**,2,5,13; **2**,2,5,15; **3**,15,42,145). **AI.** O templo de D.: (**3**,14,40,139). **AJ.** A onipotência de D.: (**3**,18,51,175; *Ret.* 1,9,5). **AK.** O amor dileto de D. e do próximo: (**3**,21,60,208). **AL.** O preceito de D.: (**3**,25,74,256; 75,258). **AM.** A caridade de D.: (**3**,25,76,262). **AN.** A Graça de D.: (*Ret.* 1,9,2; 3; 4; 6). **AO.** O movimento livre da vontade não tem origem em D.: (**2**,20,54,202). **AP.** D. é o fim dos labores da alma: (**3**,21,61,210).

dexter (*adj.*) Destro, em referência à mão de Deus, na metáfora bíblica: "destra de Deus" (Sl 48,10; 72,24. 73,11; 86,26; 89,12; 120,5), que os cristãos assumiram como epônimo de Cristo (Mt 20,21; Rom 8,34): (**2**,20,54,205; *Ret.* 1,9,4) *dexteram dei, id est, dominum nostrum Iesum Christum.*

diabolus (*subst.*) Diabo. Obs.: transliteração do grego διάβολος [διαβάλλω], "caluniador", que na versão grega dos LXX é compreendido também como "inimigo" (cf. 1Mac 1,36; Eclo 28,9; Es 7,4; 8,1; Jó 1-2), tradução do hebraico שָׂטָן, Śāṭān, o diabo torna-se progressivamente o grande inimigo de Deus através da influência masdeísta-gnóstica, como se vê no Satanás (Σατανᾶς) dos manuscritos de Qumran e da "satanologia" judaica posterior. É nesse sentido que o diabo se faz presente no *L.A.*, perto da metade do livro terceiro, apenas, como o anjo caído, criatura de Deus, porém que lhe volta as costas, por amor de si (*superbia*), levando consigo a humanidade, por pura inveja (*inuidia*). **A.** O d. e seus anjos, numa citação de Mateus (**3**,9,28,103) *diabolo et angelis eius.* **B.** Ao d. foi concedido poder legítimo sobre a humanidade caída: (**3**,10,29,105) "Também foi ponderado no exame da equidade aquilo, [a saber,] que o homem não fosse negado ao poder do próprio diabo, que a si o submetera, persuadindo-o [a agir] mal" (*nam et illud adpensum est aequitatis examine, ut nec ipsius diaboli potestati negaretur homo, quem sibi, male suadendo, subiecerat*). **C.** O homem pecou menos do que o d., o que lhe valeu a possibilidade de salvação: (**3**,10,29,106) *quia minus peccauerat homo quam diabolus...* **D.** O Verbo de Deus, seu Filho único, ao assumir a carne mortal, subjugou o d. ao homem: (**3**,10,31,110) *uerbum dei, unicus dei filius, diabolum... etiam homini subiugauit.* **E.** O homem não foi arrebatado ao d. pelo uso da força: (**3**,10,31,112) *neque diabolo per uim eriperetur homo.* **F.** Não é uma milícia digna de glória pouca vencer o d.: (**3**,20,57,197) *non enim paruae gloriae militia est diabolum uincere.* **G.** O d. assume o papel da serpente no paraíso: (**3**,25,75,258) *...ex suggestione serpentis, unde ipsi diabolo suggestum sit adpetendae impietatis consilium...* Obs.: se além do primeiro casal havia apenas Deus e a serpente no paraíso, de onde teria vindo ao diabo a sugestão do mal, indaga-se Agostinho, deixando perceber que está associando a serpe ao próprio diabo. **H.** O d. era um anjo bom: (**3**,25,75,259) *ex bono angelo diabolus fieret.* **I.** A visão oriunda da vontade do persuasor de Adão, o d.: (**3**,25,75,259) *a uoluntate suadentis, quale illud est diaboli.* **J.** Além de pecar por soberba, o d. peca por acalentar em si uma invídia muitíssimo malevolente do homem: (**3**,25,76,263) *superbiae autem diaboli accessit maleuolentissima inuidia.* **K.** O d. se apresenta ao homem como modelo de soberba, ao passo que Cristo, de humildade: (**3**,25,76,264) *cui se diabolus ad imitationem superbiae praebuerat.* **L.** A condenação e as torturas eternas do diabo: (**3**,25,76,264) *sempiterna nos diaboli damnatio cruciatusque.* **M.** O d. é o príncipe deste mundo, o que se refere apenas à parte mortal e ínfima da criação, ou seja, é o príncipe de todos os pecadores e o preposto da morte: (**3**,10,29,106) *principi huius mundi... hoc est, principi omnium peccatorum et praeposito mortis.*

difficultas (*subst.*) Dificuldade, a condição do que não é fácil [*difficilis* < *di* + *facilis*]. Obs.: termo técnico importantíssimo do pensamento agostiniano, de par com a "ignorância", a dificuldade refere-se à condição penal do homem caído, incapaz de fazer valer com a mesma facilidade (de Adão) a sua reta vontade, dominado que está por suas inclinações sensuais. *Ad litteram*, porém, a dificuldade não significa uma absoluta impossibilidade, apenas um obstáculo à facilidade. Após ter-se avertido do Bem comum e imutável e convertido aos bens próprios e mutáveis, o homem afastou-se do Ser supremo, sendo, consequentemente, menos, o que lhe diminuiu a capacidade das potências anímicas, doravante defeituosas (cf. *defectus*); tão mais defeituosas quanto mais afastado do Ser esteja. No entanto a dificuldade não impede completamente o homem de fazer o bem, apenas torna-lhe a tarefa muito menos fácil do que teria sido no paraíso, quando não padecia dessa condição penal; do contrário o Criador seria responsável pelo mal, se as criaturas não fossem absolutamente capazes do bem. Contudo a criatura não está desprovida dos recursos compensatórios, que ajudam sua deficiência, a fim de que possa agir retamente e converter-se de volta ao Ser. O termo só aparece perto da metade do terceiro livro, o que é significativo, ilustrando a mudança em curso no pensamento do autor, em relação ao que se vê nos dois primeiros livros, onde o querer parece soberano, autocrático. **A.** Para a onipotência de Deus não há nenhuma dificuldade, mesmo se quisesse criar outros anjos, caso alguns pecassem: (**3**,12,35,124) *non... omnipotentia difficultate deficeret ad creandos alios.* Obs.: aquele que tudo pode, sendo onipotente, não pode ter dificuldade, ou seja, ausência de facilidade, na hora de fazer valer sua vontade e pôr em prática tudo o que queira, do contrário não se poderia dizer "onipotência", se não pudesse tudo o que quisesse. Vale notar que Agostinho se utiliza do conceito adotado em relação ao mal, "ser deficiente" (*deficio*), para referir a onipotência divina, em que absolutamente não há deficiência alguma, ou seja, ausência de Bem. E que faz a dificuldade, senão tornar o bem deficiente? Deus é o Ser supremo, em que não há carências, defeitos, deficiências. Logo é onipotente, que é o absoluto contrário da dificuldade, pois sua Onipotência tem facilidade plena de atualizar aquilo que queira, de imediato, ao passo que o ser que é menos não pode tudo o que quer, sendo sua vontade "deficiente", falta-lhe a capacidade para atualizar o que queira de imediato. Na verdade, falta-lhe a capacidade para "querer" tudo o que deveria querer, pois a onipotência implica poder realizar, não apenas querer. Pois bem, se a onipotência divina se expressa pela facilidade, a deficiência humana, pela dificuldade; e assim como a deficiência pode ser compreendida como ausência de onipotência, a dificuldade é ausência de facilidade, porém não apenas para fazer, mas principalmente para querer. Porém a dificuldade não é apenas moral, mas concomitantemente ontológica, porque o defeito da vontade não é apenas moral, mas ontológico, estando o pecador afastado do Ser, onde é menos. E que significa dizer "ser menos", senão que tudo nele, todos os seus atributos e capacidades são ontologicamente menos, e consequentemente podem menos, seja no âmbito do querer, seja no do fazer. **B.** A dificuldade é uma pena pelo pecado: (**3**,18,52,178) "Pois essa é uma pena justíssima do pecado, que cada um perca aquilo que não quis usar bem, embora pudesse sem dificuldade alguma, se o quisesse... que aquele, que não quis agir retamente, embora pudesse, perca poder [fazê-lo], ainda que o queira" (*illa est enim peccati poena iustissima, ut amittat quisque quod bene uti noluit, cum sine ulla posset difficultate, si uellet; id est, autem, ut... et qui recte facere, cum posset, noluit, amittat posse, cum uelit*). Obs.: Adão não tinha dificuldade para fazer o bem, pois estava próximo da Onipotência, perto de Deus, tendo, antes, facilidade. Percebe-se que Agostinho ainda não delineou uma fronteira clara para a dificuldade, determinando a distinção entre querer e fazer, o que só se dará nos escritos antipelagianos. Nesta passagem o "querer" equivale a "poder fazer", o que não é correto dizer, como ele mesmo dará conta de perceber. De fato, pode o homem querer algo, mesmo que lhe seja impossível concretizá-lo, ainda que o querer, em si mesmo, não lhe seja obstado pela impossibilidade de realização. **C.** Embora a dificuldade não signifique incapacidade, Agostinho começa a interpretá-la nesse sentido: (**3**,19,53,180) "Que fizemos nós, infelizes, para que nascêssemos com a cegueira da ignorância e os tormentos da dificuldade... depois, quando começassem a ser abertos para nós os preceitos da justiça, quiséssemos cumpri-los, e não sei por que necessidade retentiva da concupiscência carnal não fôssemos capazes?" (*cum ignorantiae caecitate et difficultatis cruciatibus nasceremur... uellemus ea facere et... non ualeremus*). Veja-se que nesta passagem também não há distinção entre querer e fazer. O homem supostamente quer fazer o bem, mas não consegue. Essa dificuldade, não há dúvida, não se restringe ao querer, apenas ao fazer. Porém não será sempre assim, pois devido à própria ignorância o homem não conseguirá nem mesmo saber o que deve querer, a não dizer da insuficiência da própria vontade, que nem sempre quererá o que deve querer. Embora ausente aqui, essa distinção aparece na discussão da presciência divina, em que Deus não coage o homem por que sabe antecipadamente o que ele há de querer, uma vez que a vontade, diz Agostinho, é sempre livre, do contrário não seria vontade. Assim, quando Deus prevê a vontade do homem, prevê o que ele há de querer livremente no futuro, pois querer é uma coisa, fazer, outra. De fato, se deus prevê a vontade futura do homem, não pode prever o que não existirá: sendo a vontade sempre livre, prevê o que o homem há de querer livremente no futuro. **D.** O homem nasce do primeiro casal obstado pela ignorância e pela dificuldade, além de mortal: (**3**,20,55,186) *de illo primo coniugio et cum ignorantia et cum difficultate et cum mortalitate nascamur.* **E.** A condição de ignorância e dificuldade é penal, diz Agostinho, porque antes dela a alma foi melhor: (**3**,20,56,189) *nam cum ad ignorantiam difficultatemque peruenerit illa peccatrix, ideo "poena" recte dicitur, quia melior ante hanc poenam fuit.* **F_1.** A virtude liberta da ignorância e da dificuldade: (**3**,20,56,190) *uirtutes per quas et a difficultate cruciante et ab ignorantia caecante liberetur.* Obs.: não se deve perder de vista que Agostinho está nesta passagem especulando acerca da origem das almas e da transmissão do pecado original. **F_2.** Supondo, na sequência, que a ignorância e a dificuldade sejam admoestações de proficiência e um exórdio de perfeição para a alma, não a pena pelo pecado: (**3**,20,56,191) *non erit nascentibus animis ignorantia et difficultas supplicium peccati, sed proficiendi admonitio et perfectionis exordium.* **F_3.** Agostinho opõe à dificuldade, não a facilidade, mas a quietude (*quies*), a paz que a facilidade do bem engendra, ao contrário da ansiedade e inquietação decorrentes da dificuldade de atualizar seus quereres: (**3**,20,56,191) *praeponat... quietem difficultati.* **G.** Embora a alma tenha nascido na ignorância e na dificuldade, ela não está obrigada por alguma necessidade a permanecer nessas condições: (**3**,20,56,192) *non tamen ad permanendum in eo quod nata est aliqua necessitate conprimitur.* **H_1.** Numa outra hipótese para a origem das almas, que neste caso seriam preexistentes, a ignorância e a dificuldade seriam a porta do ministério de reparação da imortalidade perdida pelo pecado de Adão: (**3**,20,57,194) *ianua ministerii ad reparandam corporis incorruptionem.* **H_2.** Nesta hipótese a propagação da carne, por causa do pecado de Adão, é que seria a culpada pela condição penal de ignorância e dificuldade, não o Criador: (**3**,20,57,196) *nisi quia caro de propagine ueniens peccatoris uenientibus ad se animis, hanc ignorantiam et difficultatem facit...* **H_3.** A alma deve esforçar-se para vencer a condição de dificuldade: (**3**,20,57,196) *perseueranter in officiosis laboribus enitendum ad euincendam recte faciendi difficultatem.* **I_1.** Em outra hipótese para a criação das almas, elas, preexistentes, vêm habitar os corpos mortais, aceitando a condição de ignorância e dificuldade: (**3**,20,58,198). **I_2.** Nesse caso Deus concederia recursos às almas laboriosas e humildes para vencer a dificuldade: (**3**,20,58,199). **I_3.** Aos preguiçosos, contudo, embora a dificuldade não se constitua um crime, seria um castigo justo em decorrência da negligência: (**3**,20,58,199). **J_1.** Na hipótese de a ignorância e a dificuldade serem uma condição natural das almas: (**3**,22,64,217) *ignorantia uero et difficultas, si naturalis est...* **J_2.** Neste caso a alma parte dessa condição rumo à proficiência, a menos que negligencie os esforços necessários para elevar-se e vencer a dificuldade, quando então mergulha em mais dificuldades: (**3**,22,64,217). **J_3.** A ignorância e a dificuldade naturais da criancinha no falar não são culpáveis: (**3**,22,64,218) *ignorantia difficultasque sermonis non modo inculpabilis.* **J_4.** Porém se a criança negligenciar os estudos e tornar-se um adulto incapaz de falar e expressar-se corretamente segundo as normas da gramática, será culpada disso. Portanto, se a ignorância e a dificuldade forem naturais, o homem só será culpado se negligenciar os esforços necessários para superá-las: (**3**,22,64,219-220). **J_5.** A alma com dificuldade deve implorar ajuda do Autor de sua perfeição para vencer sua imperfeição: (**3**,22,65,223) *ut ex ipsa difficultate admoneatur eundem implorare adiutorem perfectionis suae.* **K.** Na hipótese de a ignorância e a dificuldade não serem naturais, ou constituem um castigo irrogado à alma, isto é, um castigo que lhe foi imposto contra a vontade, ou uma prova livremente aceita, tendo em vista seu aperfeiçoamento: (**3**,23,70,239) *si autem ignorantia et difficultas... non sunt animis naturales, restat ut aut officio susceptae sint aut inrogatae supplicio.* **L.** Quem está constituído na "sanidade" da Sabedoria está desembaraçado dos vínculos da dificuldade, capacitado a não se deixar levar pelas visões de ordem inferior: (**3**,25,74,257) *quam sit autem liberum et ab omnibus difficultatis uinculis expeditum in ipsa sapientiae sanitate constituto...* **M.** Ninguém é libertado da infelicidade da justa condenação, a que pertence a condição de ignorância e dificuldade, senão pela Graça de Deus: (*Ret.* 1,9,6) *ad quam miseriam iustae damnationis pertinet ignorantia et difficultas... nisi dei gratia, liberatur.* Obs.: as *Retratações*, sendo uma obra do final de sua vida, incorporam em si toda a literatura produzida por Agostinho em decorrência das disputas contra os pelagianos. Esta aparente mudança, entre as possibilidades interpretativas da condição de ignorância e dificuldade para as hipóteses acerca da origem das almas, bem menos radicais, e sua posição no final da vida, diante das polêmicas contra os pelagianos, não cabe discutir nesta obra, o que seria como interpretar seu pensamento, no intervalo entre os anos 388 a 395, a partir do que haveria de concluir em 427, mais de três décadas depois, em decorrência de debates e invectivas acirradíssimos contra aqueles que insistiam em fazer leituras parciais de seu trabalho. Agostinho deixa claro na mesma passagem supracitada que, ainda que a ignorância e a dificuldade fossem condições naturais do homem, o que parece admitir, ao menos como possibilidade, contudo não por isso Deus deveria ser inculpado pelo mal, como queriam os maniqueus, contra os quais o *L.A.* foi escrito. De fato, o *L.A.* não trata da Graça, que ainda não havia sido pensada por Agostinho, sendo injusto desviar-lhe o propósito para que sirva de argumento em defesa de teses que ainda nem existiam. A discussão acerca da Graça, pode-se dizer, nasce em grande parte da própria repercussão do *L.A.* Portanto seria injusto interpretar retroativamente o pensamento do autor, no *L.A.*, a partir das discussões que sua leitura suscitaria, mas que não existiam ainda, quando compôs a obra.

dilectio (*subst.*) DILEÇÃO [*diligo*]. Obs.: nos três casos em que é usado na obra, o termo refere-se ao amor espiritual: primeiro à boa vontade; depois ao amor do próximo, por fim ao amor de Deus. **A.** Abraçar a boa vontade com d.: (**1**,13,27,90) *hanc unam dilectione amplexetur.* **B.** As narrativas constantes da autoridade das Escrituras devem ser cridas, pois confirmam a fé e exortam à d.: (**3**,21,60,204) *ualent ad roborandam spem nostram et exhortandam dilectionem.* **C.** Numa repetição da passagem anterior, Agostinho diz que a fé nos relatos, seja pretéritos, seja futuros, oriundos da autoridade, recomenda a religião íntegra e estimula à dileção de Deus e do próximo: (**3**,21,60,208) *nos ad sincerissimam dilectionem dei et proximi.*

diligo (*v.*) AMAR COM DILIGÊNCIA, COM DILEÇÃO, com ardor ou zelo[16]. **A.** Em sentido negativo, se se refere a objetos corpóreos: $\mathbf{A_1}$. O tormento de ter perdido algo que era diligentemente amado: (**1**,11,22,77) *cruciatu rei amissae quae diligebatur.* $\mathbf{A_2}$. Amar diligentemente os objetos inferiores: (**2**,14,37,144) *inferiora diliguntur.* $\mathbf{A_3}$. Amar diligentemente os prazeres corpóreos: (**2**,19,53,199) *cum uoluptatem corporis diligit* (Cf. **3**,1,2,9; 9,28,103; 15,43,149). **B.** Amar

16 Em *Cidade de Deus* (14,7 20-25) Agostinho dirá que nas Escrituras *amor, dilectio* e *caritas* são utilizados como sinônimos, embora as distinções aparentes nas obras de muitos autores: *sed scripturas religionis nostrae... non aliud dicere amore, aliud dilectionem uel caritatem...*

com dileção em sentido positivo, em referência aos bens considerados superiores: **B**$_1$. Amar com dileção a boa vontade: (**1**,13,27,93) *qui enim habet et diligit uoluntatem bonam.* **B**$_2$. (*ibid.*) *qui suam bonam uoluntatem... diligit.* **B**$_3$. Amar com dileção a boa vontade é já possuí-la no espírito: *bonam uoluntatem suam diligere et tam magni aestimare... etiam ipsa bona uoluntas.* **B**$_4$. Amar e abraçar com dileção e boa vontade a própria boa vontade: (**1**,13,29,97) *uoluntatem, si bona itidem uoluntate diligamus atque amplectamur.* **B**$_5$. Amar com dileção a vida reta: (**1**,15,31,103) *qui recte uiuere diligit.* **B**$_6$. Amar com dileção os bens eternos: (**2**,3,6,19) *omni modo desideranda et diligenda* (Cf. **2**,10,28,115; 14,38,152; **3**,9,28,100). **C.** Amar com diligência em sentido duplo, positivo e negativo, em referência simultaneamente aos objetos temporais e espirituais: (**1**,16,34,114) "Dois gêneros de coisas, eternas e temporais, em seguida de homens, os que perseguem e amam diligentemente aquilo que é eterno e os que o fazem ao que é temporal" (*et rerum duo genera, aeternarum et temporalium, duoque rursus hominum, aliorum aeternas aliorum temporales sequentium et diligentium*).

dimitto (*v.*) **1.** Deixar ir, no sentido de "libertar": (**3**,10,31,111) O diabo "é constrangido de maneira absolutamente justa a deixar ir os que creem naquele que ele matou de maneira absolutamente injusta" (*dimittere cogitur credentes in eum...*). **2.** Dimissvs (*adj. part.*): dispensado, no sentido de "mandado embora" ou "enviado". Obs.: o sentido literal de *dimitto* é enviar para várias partes, ou seja, deixar ir, de onde o sentido de esquecer as ofensas, e também, perdoar, como se vê, por exemplo, na oração dominical: *dimitte debita nostra*: "Perdoa as nossas dívidas!". Porém na seguinte passagem trata-se da condição do homem que perdeu sua felicidade original, depois do pecado, mas que não perdeu a capacidade de recuperá-la, numa palavra, sua capacidade de conseguir novamente a felicidade não foi perdida: (**3**,5,15,55) "Depois possui sua ordem também essa criatura pecadora, após ter sido perdida a sua felicidade nos pecados, mas não ter sido dispensada a sua faculdade de recuperar a felicidade" (*amissa in peccatis beatitudine, sed non dimissa recuperandae beatitudinis facultate*).

dinumero (*v.*) Dinumerar, contar um a um. Obs.: esse verbo aparece uma única vez em toda a obra: (**2**,3,9,29) "Acaso pensas também que eles possam discernir um do outro a cor que é sentida, o sentido que existe no olho, aquele sentido interior na alma e a razão, pela qual uma a uma essas coisas são definidas e dinumeradas?" (*ista... dinumerantur*).

discerno (*v.*) **1.** Discernir. O vernáculo "discernir" era considerado *v.* defectivo, não sendo conjugado nas formas rizotônicas, apenas nas arrizotônicas, pelo que, segundo a gramática tradicional, do presente do indicativo só as primeira e segunda pessoas do plural se utilizavam, porém do subjuntivo, nenhuma. Contudo essa restrição não é de modo nenhum unânime, discordando dela também este tradutor, que, não vendo justificativa plausível para submeter-se a essa normativa arbitrária, preferiu conscientemente utilizar-se das formas rizotônicas (discirno, discernes, discerne, discernem, discirna, discirnas, discirna, discirnam), para preservar a coerência e uniformidade da tradução: (**2**,3,9,30) "Nós não discernimos essas coisas a não ser por meio de observação racional e de cogitação" (*cogitatione discernimus*) (cf. **2**,3,9,31-36; **3**,25,75,259). **2.** Discretvs (*adj. part.*): discriminado: (**2**,8,22,86) "A não ser por meio de uma cognição discriminada daquele *um*" (*illius unius cognitione discreta*).

disciplina (*subst.*) **1.** Aprendizagem, entendida simplesmente como o ato de aprender [*disco*], especialmente no livro primeiro, ainda que o termo latino guarde outras acepções paralelas, como práticas corretivas, obediência a regras, campo de ensino sistematizado, no que se poderia incluir uma certa noção de ciência, além da própria doutrina eclesiástica *lato sensu*. **A.** Aprendizagem, no contexto das discussões iniciais, que buscavam saber se era possível ou não aprender o mal: **A$_1$.** A *disciplina* é um bem: (**1**,1,2,4) "Quem ousaria dizer que a aprendizagem seja um mal?" (*quis audeat dicere malum esse disciplinam?*). **A$_2$.** A ciência é fruto da ap. e ninguém aprende senão por meio dela: (**1**,1,2,4) "A ciência se dá ou se estimula através dela e ninguém, senão através da aprendizagem aprende alguma coisa" (*nec quisquam, nisi per disciplinam,... discit*). **A$_3$.** Por meio da ap. só se aprendem coisas boas: (**1**,1,2,4) *per disciplinam non nisi bona disci.* **A$_4$.** Da etimologia da palavra "disciplina": (**1**,1,2,5) *a discendo dicta est disciplina...* **A$_5$.** Hipótese para a ap. do mal: (**1**,1,2,5) "Porque ele se averte e se afasta da aprendizagem, isto é, do aprender" (*se a disciplina... auertit*). Obs.: justifica-se por essa passagem, de par com o que se citou no item A$_4$ logo acima, a opção pela tradução de *disciplina.* **A$_6$.** A ap. é um bem: (**1**,1,2,5-6) *disciplina bonum est...* **A$_7$.** Se os males pudessem ser aprendidos, deveriam ser contidos pela ap., o que faria com que ela não fosse boa: (**1**,1,2,5) *si enim discuntur, disciplina continentur, atque ita disciplina non erit bonum.* **A$_8$.** O mal como desvio da aprendizagem: (**1**,1,2,6) "Do que resulta que fazer mal nada é senão desviar-se da aprendizagem" (*ex quo male facere nihil est, nisi a disciplina deuiare*). **A$_9$.** Haveria então duas ap., uma para o mal, outra para o bem? (**1**,1,3,7) *ego duas disciplinas esse puto...* **B.** Ap. útil acerca da origem do mal: (**3**,1,2,11) "Que toda aprendizagem útil acerca deste assunto valha para isso: tendo desaprovado e coibido esse movimento, que convertamos a nossa vontade para fruir do Bem sempiterno, a partir do lapso dos bens temporais" (*omnisque de hac re disciplina utilis ad id ualeat...*). **2.** Disciplina, em referência ao ensinamento da doutrina cristã, ou a ela mesma. **A.** A sacrossanta d. de Cristo para a fé: (**2**,15,39,154) "Se te incomoda isto, que recebemos da sacrossanta disciplina de Cristo para a fé, que exista um pai da Sabedoria, sê lembrado de termos nós acolhido também isto para a fé, que a Sabedoria seja igual ao Pai eterno, ela que foi por ele próprio gerada" (*quod apud sacrosanctam disciplinam Christi in fidem recepimus*). **B.** A d. de fé: (**3**,21,60,203) "Procurou-se para nossa fraqueza uma via de saída das coisas temporais, a fim de que... creiamos nas coisas pretéritas e futuras; via que é a disciplina da fé..." (*uia... quae fidei disciplina...*). **C.** A d. doméstica, compreendida como "ordem", em relação à manutenção da casa (*domus*): (**3**,9,27,97) "Não faltaria à disciplina doméstica outra provisão, pela qual as coisas necessárias fossem limpas" (*domesticae disciplinae*).

dispositio (*subst.*) Disposição, não em sentido retórico (τάξις), mas teológico, a não dizer cosmológico, em relação à ordenação das criaturas no conjunto universal da criação: (**3**,12,35,123) *in dispositione uniuersitatis.*

disputatio (*subst.*) Disputa dialética; daí também: discussão, argumentação, debate etc. Obs.: a *disputatio* era um embate de ideias [*dis* + *puto*], estruturado em perguntas e respostas, com regras lógicas bem definidas, que os antigos denominavam "dialética" [διαλεκτιὴ τέχνη] do verbo διαλέγομαι, "conversar", "discutir" [διά + λέγω]. Como uma "disputa", a ideia era realmente ver qual tese sairia vencedora, contudo não no intuito de que o adversário fosse derrotado, mas de chegar à verdade, ou ao que lhe fosse mais semelhante [*ueri similis*]. Agostinho foi um verdadeiro "dialético" por toda a sua vida, jamais tendo evitado "discutir" publicamente suas ideias, seja em fóruns, seja em concílios, seja por meio de cartas, tratados ou obras, seja em congressos, e mesmo quando abre mão da forma dialógica, tornada clássica por Platão e adotada por Cícero, em novos moldes, menos teatrais, ainda assim sua veia dialética se faz evidente, ao antecipar possíveis argumentos, de modo proléptico, como se vê no livro terceiro do *L.A.* e em quase todas as suas obras restantes. À parte seus primeiros trabalhos, compostos em forma de diálogo, entre os quais incluem-se também os dois primeiros livros do *L.A.* e o início do terceiro, ao lerem-se os escritos de Agostinho é quase sempre perceptível o tom dialético, mesmo quando parece não haver senão a metagoge de sua *ratio* a discutir com ele, como nos *Solilóquios*, ou quando parece discutir consigo mesmo, porque na maior parte das vezes está contra-argumentando, respondendo, ou antecipando posições contrárias às suas, como faz contra pelagianos, maniqueus, donatistas, arianos, priscilianistas etc. Cf. **1**,7,16,53; 57; 16,35,117; **2**,2,6,17; 5,11,42; 18,47,180; 48,182; 49,187; 19,50,191; 20,54,205; **3**,1,2,8; 4,9,36; 23,66,225; 25,77,267; *Ret.* Pról. §2; *Ret.* **1**,9,1; 2; 3; 6.

dissimilis (*adj.*) DESSEMELHANTE, na comparação entre os movimentos do espírito e dos corpos. Embora sejam semelhantes pelo fato de situarem-se ambos os movimentos nos objetos que se movem, tanto a vontade, no querente, quanto o cair, na própria pedra, pois é ela que cai, contudo são movimentos dessemelhantes nisso, porque o primeiro é voluntário, ao passo que o segundo, natural: (**3**,1,2,9): "Contudo é dessemelhante nisso, pelo fato de que a pedra não tem em seu poder a capacidade de coibir o movimento pelo qual é levada para baixo, ao passo que o espírito, enquanto não quer, não se move assim, de modo que, tendo desertado dos bens superiores, ame com diligência os inferiores" (*in eo dissimilis, quod in potestate non habet lapis cohibere motum... animus uero dum non uult non ita mouetur...*).

doctor (*subst.*) ENSINANTE, liter. "doutor", ou seja, "aquele que ensina" [*doceo*], assim como *doctus* é aquele foi ou é ensinado: (**1**,1,3,9) "Pois se é mau, não é ensinante; se é ensinante, não é mau" (*si enim malus est, doctor non est; si doctor est, malus non est*).

doctus (*adj. part.*) ENSINADO, no sentido de ter sido "suficientemente instruído" [*doceo*]: (**2**,11,31,126) "Os ensinados e estudiosos", ou "esforçados" (*docti... et studiosi*). Obs.: o adjetivo *docilis* [*doceo*], comumente traduzido por "dócil", significa liter. "que se deixa facilmente ensinar", ou "que aprende com facilidade", sentidos ambos contemplados também em vernáculo (cf. **1**,1,3,9 – Comentários).

documentum (*subst.*) **1.** EVIDÊNCIA: (**1**,9,19,67) "Por que evidências sustentas a percepção de que este homem possua uma mente..." (*quibus documentis...*) (cf. **2**,8,24,93). **2.** PROVA: **A.** (**1**,9,19,70) "Eis então que tens uma prova bastante precisa..." (*documentum certissimum...*). **B.** (**3**,9,28,100) "Prova de coragem e de paciência" (*fortitudinis et patientiae documentum*) (cf. **2**,4,10,41).

donum (*subst.*) DOM: um presente, ou seja, algo que foi "doado" [δῶρον < δίδωμι]. Obs.: bem ao contrário do salário (*merces*), o dom é por definição gratuito, pois foi "doado" como um presente, pelo qual não se espera paga, nem devolução. O salário, contudo, é devido, porque algo deve ter sido feito para merecê-lo. Não se pode jamais dizer que o dom seja merecido, simplesmente porque não é pagamento, tampouco retribuição, sendo completamente gratuito: dá-se, se se queira dar; se não queira, não se dá. O salário, contudo, torna-se uma dívida, *ex merito*. Por isso é que se diz que ninguém tem crédito diante de Deus, ao menos pelos dons recebidos, todos gratuitos, embora mereça justamente o salário daquilo que fez, seja bom, seja mau. Porém essa ideia, no caso dos bens, deverá ser revista por Agostinho, dando origem à sua doutrina acerca da Graça, porque Deus não pode dever nada a ninguém, ao contrário, dispensa tudo gratuitamente. O termo ocorre uma única vez na obra, para introduzir uma citação bíblica (Jo 17,3) acerca do dom que Cristo haveria de dar àqueles que cressem: (**2**,6,17,18) *cum de ipso dono loqueretur quod erat daturus credentibus.* Obs.: se se trata de um dom, Cristo não poderia tê-lo dado aos que cressem, sob a condição de que cressem, do contrário seria um salário aos que creram. Logo Cristo lhes deu gratuitamente, pois se diz "dom", porém não porque creram, mas porque ele assim o quis, pois poderia tê-lo dispensado aos que não houvessem crido, se assim o quisesse. A gratuidade da ação divina está também relacionada ao conceito de onipotência, pois se Deus devesse salário às criaturas, sua onipotência teria de ser repensada, uma vez poderia dizer-se que a age por necessidade, não fazendo livremente tudo aquilo que quisesse, o que, no mínimo, beira o contraditório. Mas a questão não é tão simples assim, pois poderia ser argumentado que Deus estabeleceu a sua Justiça, segundo a qual, aos bons, distribui prêmios, aos maus, os castigos, contudo não sendo obrigado a submeter-se a ela, visto ser ele a própria Lei que estatuiu, ou, quando não, o seu Princípio. Por esse prisma, quando paga o salário, não o faz porque seja obrigado, mas porque quer cumprir a própria Lei que instituiu, ou seja, porque quer fazer valer o que ele mesmo "é". No entanto, se se dissesse que era obrigado a ser justo, porque, se quisesse ser injusto, não o poderia, seria feita uma objeção importante. De fato, Deus não poderia ser injusto e ainda assim ser Deus; talvez não porque deva ser justo, e sim porque queira sê-lo. Seja como for, se o fato de não poder ser injusto implica detrimento à sua onipotência, então ou ele não é onipotente, ou sua onipotência carece de ser reinterpretada. Discussão interessante, pertinente ao âmbito da chamada filosofia da religião, escapando, porém, ao escopo limitado deste léxico.

duco (*v.*) **1.** Aspirar, inspirar, liter. "conduzir o ar para dentro dos pulmões" [*aerem ducere*], como sinôn. de *spiro:* **A.** (**2**,7,19,72) "O mesmo se pode dizer retamente também acerca das partes de ar que aspiramos pelas narinas" (*de aeris partibus... quas naribus ducimus*). **B.** (*ibid.*) "A fim de que também seja sentido por ti, ao ser aspirado pelas tuas narinas" (*ductum naribus*). **C.** (**2**,7,17,67) "Contudo não aspiro a mesma parte do ar que tu... quando estou respirando do ar todo, aspiro apenas a parte que me é suficiente; e tu, do mesmo modo, aspira do ar todo a parte que te é suficiente" (*non tamen eam partem aeris duco quam tu... de toto aere cum spiro, duco partem quanta mihi satis est...*) (cf. **2**,7,19,75). **2.** Tirar, em sentido etimológico, como o termo "avareza" (*auaritia*), que Agostinho diz ter sido derivado do grego φιλαργυρία: (**3**,17,48,166) "Pois a avareza, que em grego se diz *philarguría,* não ressoa com mais intensidade apenas na prata ou nas moedas, de onde o nome foi tirado" (*unde nomen duxisse*). Cf. *traho* (2).

elementum (*subst.*) Elemento, em referência a um dos quatro elementos de que o mundo se constituía, ar, terra, água e fogo, segundo criam os antigos, ao menos desde os pré-socráticos: (**3**,5,13,48) *ex his quattuor elementis.* Obs.: no plural, como está aqui, costuma ser compreendido como "princípios" ou "causas", traduzindo o grego ἀρχαί.

esca (*subst.*) Repasto: (**2**,7,19,73) "A fim de que seja novamente vertido em repasto para os bebês" (*ut in escam refundatur infantis*). Cf. *cibus, alimentum.*

esse (*v./inf. subst.*) O SER. Obs.: considerou-se aqui o infinitivo do verbo *sum* sobremodo quando utilizado como um substantivo, salvo algumas poucas exceções, geralmente associadas a Deus, que "é" sumamente, visto que o arrolamento exaustivo das ocorrências desse verbo, seja em sua função copulativa, seja de modo intransitivo, não teria relevância filosófica, tampouco teológica. **A.** Três são os graus ontológicos no *ordo* agostiniano: ser, viver, inteligir: (**2**,3,7,22) *esse, uiuere, intellegere.* **B.** As criaturas são tão mais numerosas quanto mais "ser" possuam: (**2**,16,42,164) *in tantum illis est "esse" in quantum numerosa esse.* **C.** Quanto mais se aproxima do "ser", mais se faz feliz; quanto mais se afasta dele, mais infeliz, pois ele "é" de modo supremo: (**3**,7,20,70) "Considera quão grande bem seja o próprio 'ser'... verás que tu és tanto mais infeliz quanto mais não te aproximes dele, que é de modo supremo" (*quam magnum bonum sit ipsum "esse"... uidebis in tantum te esse miserum in quantum non propinquas ei quod summe est*). **D.** O "Ser" é de modo supremo: (**3**,7,20,70) *quod summe est.* **E.** O homem quer ser porque ele tem origem no "Ser", que é de modo supremo: (**3**,7,20,70) *et ideo tamen esse te uelle, quoniam ab illo es qui summe est.* **F.** Deve-se amar o amor que se tem por "ser", ou seja, deve-se querer ser mais e mais, porque quanto mais se quiser ser, mais se aproximará do "Ser" supremo, que é Deus: (**3**,7,21,71) *ama in te hoc ipsum, quia esse uis. si enim magis magisque esse uolueris, ei quod summe est propinquabis.* Obs.: o homem tem um desejo natural em si de ser, como se fosse uma semente de ser, originada no Ser supremo, pelo qual foi criado, que é Deus. Logo, quanto mais amar o ser, mais estará amando a Deus, aproximando-se mais dele, que é supremamente, sendo também, como consequência, mais e mais, por participação no ser do Ser. **G.** Quanto mais se ama "ser", mais se ama a vida eterna, porque o ser é para sempre: (**3**,7,21,72) *quanto enim amplius esse amaueris, tanto amplius uitam aeternam desiderabis.* **H.** Se o homem adicionar mais e mais "ser" ao seu amor do ser, se elevará ao Ser supremo: (**3**,7,21,74) *si adicias magis magisque "esse", consurgis atque exstrueris in id quod summe est.* **I.** Algumas criaturas se dizem "deficientes" apenas porque não receberam mais "ser" do Criador, ou seja, não foram designadas a ser mais do que são: (**3**,15,43,148) "Portanto nestas coisas, as quais são deficientes por isso, porque não receberam mais 'ser'..." (*his igitur rebus quae ideo deficiunt quia non ultra "esse" acceperunt*). Obs.: seria possível gramaticalmente traduzir a passagem também do seguinte modo: "porque não receberam ser mais", ou "que fossem mais", mesmo que a distinção entre as coisas se dê em nível ontológico, umas sendo mais, outras menos, sem nenhum predicado, o que se faz exatamente para pôr em destaque o "ser". **J.** O defeito é a insuficiência de "ser": (**3**,15,44,153) "Portanto em todos os defeitos ou as [criaturas] que são deficientes não receberam mais 'ser' e nenhuma culpa existe – assim também quando são, tampouco nenhuma culpa existe, porque não receberam 'ser' mais do que são – ou então não querem 'ser', porque, se quisessem, receberam 'ser'..." (*in omnibus ergo defectibus aut non acceperunt ultra esse quae deficiunt et nulla culpa est – sicut etiam cum sunt, quia non acceperunt amplius esse quam sunt, nihilominus nulla culpa est –, aut nolunt esse, quod, si uellent, esse acceperunt...*). Cf. *non esse.*

esse ex deo (*express.*) EXISTIR/SER A PARTIR DE DEUS. Obs.: "ser" ou "existir a partir de Deus" significa *grosso modo* "ter sido criado" ou "originado" por ele, porém não a partir de sua substância, o que a preposição *ex* poderia sugerir, mas a partir de sua vontade criadora, *ex nihilo.* Todavia, não apenas porque Agostinho se utiliza dos verbos *creo, facio* e *condo* para referir a criação, mas também porque o "ser" tem papel fundamental em seu pensamento, preferiu-se manter a coerência e a distinção operada pelo autor, o que pareceu bastante apropriado. De fato, dizer que o ser tem origem no Ser não implica geração, muito menos consubstancialidade, como no caso de Cristo, mas participação. As criaturas, embora criadas *ex nihilo*, a partir do nada, quando vêm a ser, "são", por participação no Ser supremo, que é Deus. Isso porque o próprio fato de "ser" decorre do "ser" que lhes foi conferido por Deus no ato da criação, "ser" que lhes permite que "sejam", e que sejam também qualquer qualidade de que se queira predicá-las. **A.** As almas derivam sua existência a partir de Deus: (**1**,2,4,11) *animae ex deo.* **B.** Todo bem/natureza existe a partir de Deus: (**2**,1,1,2; 3; 1,3,5; 17,46,175; 176; 18,47,178; 180; 49,186; 20,54,204; *Ret.* 1,9,4; 6) *omne bonum ex deo esse.* **C.** O homem existe a partir de Deus: (**2**,1,1,3) *hominem ex deo esse.* **D.** O movimento da vontade não existe a partir de Deus: (**2**,20,54,202) *non erit ergo iste motus ex deo.* **E.** Toda natureza/substância ou é Deus, ou é a partir de Deus: (**3**,13,36,128) *omnis... substantia aut deus aut ex deo... omne bonum aut deus aut ex deo.* **F.** O bom uso da vontade livre também existe a partir de Deus, porque é uma virtude, um bem grande, e todos os bens existem a partir de Deus: (*Ret.* 1,9,6) *et quia omnia bona... ex deo sunt, sequitur ut ex deo sit etiam bonus usus liberae uoluntatis, quae uirtus est et in magnis numeratur bonis.*

exaestuo (*v.*) FERVER, no sentido de "agitar-se pela fervura", daí "ferver" em sentido metafórico, como quem está em ebulição em virtude de seus desejos: (**2**,17,45,172) Sabedoria, a qual "ele está fervendo de amor por alcançar de vez" (*ad quam exaestuat peruenire*). Cf. *aestus.*

examen (*subst.*) EXAME. Obs.: em referência à ação de pesar, de pôr na balança: (**3**,10,29,105) "Foi ponderado no exame da equidade" (*adpensum est aequitatis examine*). Ou seja, foi pesado (examinado) na balança da equidade, balança que examina ou pesa a quantidade (e o valor) das coisas.

examinator (*subst.*) EXAMINADOR, aquele que julga, que submete a exame minucioso em busca de erros e de atribuir valor: **A.** Não se julga da verdade como examinador, como um juiz, mas serve-se dela como quem se utiliza de algo superior, um padrão segundo o qual pode avaliar o que lhe está situado abaixo: (**2**,13,34,134) *non examinator corrigit.* **B.** Examinadores nada estudiosos, que emitem pareceres sem a devida reflexão: (**3**,23,69,232) *non studiosissimi examinatores.*

exanimis (*adj.*) **1.** DESPROVIDO DE ALMA [*ex-* + *anima*], o princípio vital, não o princípio inteligente; daí também o sentido de "inanimado": Os animais não estão desprovidos de alma: (**1**,7,16,56) *si exanimes essent...* Obs.: um corpo "exânime" se contrapõe a um corpo animado (*animalis*), dotado de princípio de vida ou movimento (*anima*). **2.** EXÂNIME (*idem*): (**2**,6,13,52) *corpus exanime.*

expendo (*v.*) CONTRAPESAR [*ex-* + *pendo*], no sentido de "pagar", "saldar", mas principalmente de "compensar", ou seja, pesar na balança o preço devido, equivalente ao peso do prato que contenha a mercadoria sendo negociada: (**3**,20,57,194) "Ignorância e a dificuldade, que no primeiro homem foi o castigo da mortalidade para contrapesar a infelicidade do espírito" (*ignorantia et difficultas... quod in primo homine supplicium mortalitatis fuit ad animi expendendam miseriam*). Obs.: para compensar, como contrapeso à miserabilidade de seu espírito, devida ao pecado, colocou-se a morte no prato da balança oposto ao prato do pecado, mortalidade carnal cujos "companheiros" inseparáveis são a ignorância e a dificuldade. Portanto a mortalidade da carne, acompanhada das suas consequências, ignorância e dificuldade, é o preço pago pelo pecado, ou, na economia antiga, o contrapeso da balança correspondente ao peso do pecado, que deveria ser saldado.

exstruo (*v.*) CONSTRUIR [*ex- struo* (στρώννυμι)], edificar, como quem acumula camada sobre camada. Obs.: esse verbo, sinôn. de *aedifico,* não foi utilizado ao acaso pelo autor. Ao contrário, corrobora de modo claro o pensamento do autor acerca do "ser", e consequentemente acerca do mal, a um só tempo ontológico e moral. Aquele que se converte ao Ser, acumula ser em si, como quem "edifica" ou "constrói" algo concreto, pelo acúmulo de materiais, como pedras e argamassa, no caso de uma edificação sólida de alvenaria. Assim sendo, acumula "ser", como se fosse uma edificação ontológica: quanto mais se averta do Ser, menos será; quanto mais se converta para ele, mais ser acumulará, sendo mais e mais (**3**,7,21,74): "Pois a este exórdio, em que tu queres ser, se adiciones mais e mais "ser", te elevas e te constróis em direção ao que é de modo supremo; e assim tu hás de coibir-te de toda ruína, em que aquilo que é de modo ínfimo transita a que não seja, fazendo ruir consigo as forças do seu amante" (*huic enim exordio, quo esse uis, si adicias magis magisque "esse", consurgis atque exstrueris in id quod summe est; atque ita te ab omni labe cohibebis, qua transit ut non sit quod infime est, et secum amantis uires subruit*). Obs.: o verbo "ruir" (*subruo*) tampouco aparece aqui sem motivo, como se depreende facilmente do que ficou dito, em flagrante contraste com *exstruo.*

facilitas (*subst.*) FACILIDADE. Obs.: em âmbito estritamente teológico, opõe-se a *difficultas,* a dificuldade em praticar o bem, decorrência da queda do primeiro homem. **A.** A posse da boa vontade implica a f. na prática do bem, de modo imediato: (**1**,13,29,97; 98; *Ret.* 1,9,3) "Alcance tão grande bem, com tamanha facilidade que possuir aquilo que quis não lhe seja nada além do próprio querer" (*adsequatur tantam rem tanta facilitate, ut nihil aliud ei quam ipsum uelle sit habere quod uoluit*). Obs.: no terceiro livro Agostinho diz que essa facilidade da vontade refere-se à condição prelapsária da humanidade, não pós-lapsária (cf. **3**,18,52,177). **B.** Adão podia ter retido o estado natural em que foi criado, com clara f. para fazer o bem, se tivesse querido: (**3**,20,55,187) *quanta facilitate potuisset homo, si uoluisset.* **C.** A verdade e a f. como contraponto da ignorância e da dificuldade: (**3**,20,58,198) *ignorantiam et difficultatem... ueritatem ac facilitatem.* **D.** A dificuldade não se imputa à alma à conta de crime, mas a sua negligência em preparar a f.: (**3**,22,64,218) *facilitati conparandae ad recte faciendum.*

facio (*v.*) FAZER, em diversos sentidos: agir, realizar, proceder, praticar uma ação (o que se opõe a *patior,* "padecer") etc. (cf. "obs." no verbete *condo*). Em vista da enorme quantidade de ocorrências, muitas das quais desimportantes para os propósitos deste léxico, limitaremos a lista às instâncias mais significativas. **A.** Deus não "faz mal" (*male facit*), construção que desperta alguma ambiguidade, podendo significar que não "crie" o mal, ou então, que nenhum de seus "atos" são maus ou mal feitos: (**1**,1,1,1) *male non facit.* **B.** Fazer mal, em referência aos atos humanos (cf. *male facio, recte facio*). **C.** Fazer, no sentido inequívoco de "criar" *ex nihilo:* (**1**,2,5,13) "[Cristo,] Sabedoria de Deus, através do qual ele fez todas as coisas, as quais foram feitas a partir do nada" (*dei sapientiam, per quam fecit omnia, quae de nihilo facta sunt*). Obs.: Agostinho se utiliza de modo bastante despreocupado dos verbos *creo* e *facio* para referir a obra de criação nesta passagem: *de nihilo creauerit omnia... fecit omnia, quae de nihilo facta sunt.* Vê-se que num único parágrafo Agostinho se utiliza de ambos os verbos para referir a criação *ex nihilo*, como se sinônimos fossem. Este é um dos motivos pelos quais decidiu-se manter a distinção, deixando ao leitor a interpretação, ou adivinhação, dos motivos de tal discrepância. Por outro lado, vê-se que Agostinho não evita fazer a distinção clássica entre *creo* e *gigno*, "criar" e "gerar". De fato, as "criaturas" todas foram obviamente "criadas" do nada; porém Cristo, não, tendo sido "gerado" (*unigenitus*), posto que seja coeterno com o Pai. **D.** Os ditos e feitos de Cristo: (**2**,2,6,17) *dominus noster, et dictis et factis...* **E.** Fazer, no sentido de "criar", em relação à criação de Deus: (**2**,16,43,168) "Homens que amam as coisas que fazes em lugar de ti", (*qui ea quae facis pro te amant, hominibus*). **F.** Fazer, no sentido de "criar", em relação à criação do homem: (**3**,2,4,15) "Não digo que ele não o fizesse – pois o fez bom, e nem poderia ser contra Deus pecado algum daquele que ele próprio fez bom..." (*non dico non eum faceret, bonum enim fecit, nec obesse quicquam deo posset peccatum eius quem bonum ipse fecit*). **G.** Fazer, no sentido de "transformar": Deus faz o homem feliz: (**3**,3,6,25; 3,7,26) *non ego, sed ille me beatum facit.* Obs.: nessa passagem Agostinho certamente não está considerando *facere* no sentido de "criar", pois na linha anterior se utiliza do v. *condere* para referir o ato criador de Deus: *...uniuersitatis quam condidit.* **H.** Fazer, em referência à ação previdente de Deus, que não coage o que prevê, como se houvesse de fazer-se por necessidade, não livremente: (**3**,4,11,40) *quae nouit futura non facit.* **I.** Fazer, em referência à criação da Terra e dos astros do céu: (**3**,5,13,45) *terram factam esse....* **J_1.** Do que devia ou não ter sido feito, isto é, criado, por Deus: (**3**,5,13,49). **J_2.** Contra a ideia de que as criaturas pecadoras não deveriam ter sido feitas (criadas) por Deus, que fez criaturas inferiores aos pecadores, mas ainda assim louváveis em seu gênero: (**3**,9,25,91) *abest ut deus tales facere non debuerit, ut etiam caeteras creaturas laudabiliter fecerit longe inferiores animis miseris.* **K.** O Verbo de Deus, por que foram feitas (criadas) todas as coisas: (**3**,10,30,108) *ex quo factum est ut illud dei uerbum, per quod facta sunt omnia et.* **L.** A comida da criatura racional, o Verbo, fez-se (tornou-se) visível: (**3**,10,30,109) *cibus rationalis creaturae factus est uisibilis.* **M.** Por quem, através de quem e em quem todas as coisas foram feitas (criadas): (**3**,11,33,116) *a quo et per quem et in quo facta sunt omnia.* **N.** O fazer (a criação) da criatura racional: (**3**,13,37,130) *rationalis natura quae facta est.* **O.** A arte divina, por que foram feitas (criadas ou moldadas) as criaturas: (**3**,15,42,144) *ab eius qua factae sunt arte.... ars ipsa per quam facta sunt omnia.* **P_1.** Da criação (o ter sido feito) do homem: (**3**,16,46,156) *sic homo factus est....* **P_2.** (**3**,18,51,174) *eo modo, quo naturaliter factus est ita...* **P_3.** (**3**,18,52,179) *in qua [uoluntate] homo factus est.* **Q.** O homem foi feito (criado) inculpável por Deus: (**3**,19,54,185; 20,55,187) *inculpabilis factus est.* **R.** Uma única alma foi feita (criada)? (**3**,20,56,188) *una anima facta est...* **S.** A investigação do modo como o homem foi feito (criado) por Deus: (**3**,24,71,240; 25,74,257) *ipse primus homo qualis factus sit.* **S_1.** O primeiro homem foi feito (criado) estulto? (**3**,24,71,240) *si autem stultus factus est.* **S_2.** O primeiro homem foi feito (criado) sábio? (**3**,24,72,249) *...sapiens primus homo factus est.* **T.** Deus fez (criou) o homem bom: (**3**,2,4,15) *bonum ipse fecit.* **U.** Deus fez (criou) todas as naturezas: (**3**,11,32,113) *naturas... omnes deus fecit.* Cf. **1**,2,5,13; 16,35,117; **3**,5,13,45; 5,13,50; 14,53; 16,59; 9,24,85; 13,37,130.

facultas (*subst.*) **1.** Faculdade, no sentido de "capacidade". **A_1.** A f. (capacidade) de pecar: (**1**,16,35,117) *peccandi facultatem.* **A_2.** Deus deve ser louvado por ter dado ao homem a f. de pecar, porque ela implica também a f. de fazer o bem: (**3**,5,12,44) *deus... pro humana facultate laudandus est.* **B.** A f. de recuperar a felicidade: (**3**,5,15,55) *recuperandae beatitudinis facultate.* **C.** A criatura racional recebeu de Deus não apenas a vontade livre, mas também a f. de utilizá-la de modo suficiente: (**3**,16,45,155) *sufficientissimam facultatem.* **D.** Não é bem de pequena monta para a alma possuir uma f. como a vontade, pela qual ela pode, com a ajuda de Deus, cultivar as virtudes: (**3**,20,56,190). **E.** É pecado não fazer bom uso da f. recebida: (**3**,20,56,191) *non bene usa sit ea facultate* (cf. **3**,22,64,218). **F.** A f. de operar bem nos ofícios laboriosos: (**3**,20,57,196). **G.** Não falta ao homem a f. de buscar o próprio aperfeiçoamento: (**3**,22,64,217). **2.** Possibilidade, não no sentido exclusivo de capacidade, mas também de oportunidade (que se faz presente para o adúltero): (**1**,3,8,20) "A possibilidade de deitar-se com o cônjuge alheio" (*facultas concumbendi cum coniuge aliena*).

fallor (*v.*) Enganar-se [*v. méd.* de *fallo*]. Obs.: esse verbo guarda importância fundamental, por ter sido utilizado por Agostinho em várias oportunidades ao longo de sua obra como fundamento epistemológico para sua demonstração racional da existência de Deus. O objetivo de Agostinho é utilizá-lo como degrau primeiro na elaboração de uma prova racional da existência divina; porém não para combater os ateus, que nunca constituíram desafio relevante na Antiguidade, raros sendo os que não acreditassem numa divindade, mas para advogar em defesa da bondade de todas as criaturas, porque criadas *ex nihilo* por um Deus bom, bastante ao revés da posição maniqueísta, que advogava um princípio ontológico absoluto para o mal. Portanto a proposta do filósofo, em última instância, não era provar que Deus ou o homem existiam, mas provar que tudo o que existia era bom e decorria de uma fonte sumamente boa, de onde nenhum mal podia jamais ter derivado. **A.** Quem não existe não pode enganar-se: (**2**,3,7,20) *si non esses, falli omnino non posses.* **B.** A Presciência de Deus não se engana: (**3**,3,8,35) *cuius praescientia non fallitur.* Cf. **2**,8,20,80; 16,43,170; **3**,2,5,17; 18,50,171.

fas (*subst. indecl.*) **1.** Permissão divina, no sentido daquilo que fosse lícito dizer (φημί), ou mesmo fazer, em dias sagrados. Obs.: opõe-se a *nefas* [*ne* + *fas*], o que não é lícito dizer, ou fazer, sob pena de sacrilégio: não crer que Deus seja bom é nefasto, ou seja, "não é lícito", constituindo um sacrilégio: (**1**,1,1,1) *si deum bonum esse nosti uel credis, neque enim aliter fas est.* **2.** Direito divino, aquilo que é divinamente justo: (**1**,11,21,75) *quam menti uirtute pollenti fas est excellere.*

felicitas (*subst.*) Felicidade. Agostinho se utiliza do termo apenas uma única vez, no último livro, como antítese de *miseria,* vocábulo que foi traduzido nesta obra por "infelicidade", o que torna o termo *felicitas* espécie de sinônimo de *beatitudo* e *beatitas,* uma vez não ter sido encontrado nem padrão nem justificativa razoável para o uso irregular dos três termos: (**3**,21,61,211) "Não sei ao certo por que íntimo e natural sentido as coisas que nos aconteceram, visto que tenham transcorrido, sejam assim tidas por um momento de felicidade e de infelicidade, como se nunca houvessem acontecido" (*ad momentum felicitatis et miseriae*).

ferax (*adj.*) Feraz, isto é, fértil ou fecunda, em relação à terra: (**3**,5,13,47): "Desde a terra mais feraz..." (*a terra feracissima*). Opõe-se a *infecundus.* Obs.: o latim possuía tanto o adjetivo *fecundus,* ou *felix,* para expressar essa fertilidade, como também o substantivo *fecunditas,* o que inibe a tradução de *ferax* por "fecundo".

fides (*subst.*) FÉ, compreendida em sentido cristão, não como conceito político e moral romano, e sim como o assentimento da razão à autoridade dos testemunhos, expresso sobremodo pelo verbo *credere* (cf. *credo*), quando se dá crédito a um testemunho, mesmo que não se possa comprová-lo por meio da experiência pessoal, seja sensorial, seja intelectual. Obs.: a fé não prescinde do inteligir (*intellego*), pois aquilo em que se crê, a partir da autoridade dos testemunhos, deve ser "compreendido" (*conprehendo*), ou seja, retido de algum modo na inteligência, o que é tarefa da razão, em conformidade com a proposta tantas vezes reiterada ao longo da obra (cf. **1**,2,5,13; 3,6,15; 10,21,74; 11,23,79 *et passim*). Embora a fé pareça ser anterior à razão, segundo a fórmula programática extraída da versão alexandrina (LXX) de Isaías (7,9): "se não crerdes, não inteligireis" (**1**,2,4,11), a vida da mente, ou razão, define-se como uma vida "mais iluminada e perfeita" (**1**,7,17,59), visto que a fé, por si só, não parece suficiente para pacificar os interesses e dúvidas filosóficos de Agostinho. Porém, conquanto pareça contrapor-se à inteligência, a fé não deixa de carecer de seu concurso, pois o assentimento é também uma atividade racional, ainda que não seja sistemática, por assim dizer, como a *scientia*. A fé permite que se retenha (*adprehendo*) um dado conteúdo no coração; todavia a compreensão deste conteúdo só se atinge por meio de atividade racional, que é atributo da inteligência. **A.** Ter ciência e reter do modo mais firme possível, inteligindo, o que se acolhe por meio da fé: (**1**,3,6,16) *quod in fidem recepimus, etiam intellegendo, scire ac tenere firmissimum.* **B.** Confessar a fé em Cristo, ou seja, reconhecer publicamente que se dá um crédito de confiança aos testemunhos acerca dos eventos narrados nas Escrituras e em outros escritos eclesiásticos: (**1**,3,7,19) *credere in Christum et ipsam confiteri fidem.* **C.** Embora a fé seja robusta, busca-se o aval da inteligência: (**1**,10,21,74) "A fim de que venha [ser compreendido pela] inteligência, conquanto seja sustentado por uma fé robustíssima" (*ut ad intellegentiam ueniat, quamquam robustissima teneatur fide*). **D_1.** Ainda que se creia com a fé mais firme, é preciso compreender: (**1**,11,23,79) *tamen hoc cum firmissima fide teneam, intellegentia nondum adsecutus sum.* **D_2.** Ainda que se tenha fé, deve-se buscar levar o assunto à inteligência, como se fosse desconhecido: (**2**,2,5,11) *quamquam haec inconcussa fide teneam, tamen quia cognitione nondum teneo, ita quaeramus quasi omnia incerta sint.* **E.** O que se recebeu da sacrossanta disciplina de Cristo para a fé: (**2**,15,39,154) *quod apud sacrosanctam disciplinam Christi in fidem recepimus.* **E_1.** Acolher na fé a existência do Pai da Sabedoria, ou seja, crer que Cristo seja o Filho, a Sabedoria de Deus, segunda pessoa da Trindade, e que seja igual ao Pai eterno, por quem a Sabedoria foi gerada: (**2**,15,39,154) *hoc in fidem accepisse...* **E_2.** Essas coisas não devem ser investigadas, mas retidas por meio da fé: (**2**,15,39,154) *nihil quaerendum est, sed inconcussa fide retinendum.* **F.** Tornar manifesto racionalmente o que se retém por meio da fé: (**2**,18,47,178) *quamquam inconcussa fide etiam antea tenerentur, sic tamen tractata sunt, ut... manifestissime adpareat.* **G.** Segurar a destra de Deus com uma fé firme: (**2**,20,54,205; *Ret.* 1,9,4) *dexteram dei... fide firma teneamus.* **H.** Cristo nos torna aptos através da fé: (**3**,10,30,109) *idoneos facit per fidem.* **I.** A via da fé: (**3**,20,57,196) *uiam fidei.* **J.** Vencer o diabo por meio de uma fé excelente: (**3**,10,30,109) *ad eum uincendum optima fide.* **K.** A fé como antídoto contra os erros acerca da natureza do Criador: (**3**,21,59,201) *adsit fides nihil de substantia creatoris falsum indignumque sentiendi.* **L.** Disciplina da fé: (**3**,21,60,203) *fidei disciplina.* **M.** Certos conteúdos pertencem à fé: (**3**,21,60,206) *ad saluberrimam fidem pertineant.* **N.** A fé de uns aproveita a outros, como no caso das criancinhas: (**3**,23,67,227-228) *prodesse paruulo eorum fidem a quibus consecrandus offertur.* **O.** O sofrimento das criancinhas exercita a fé dos pais: (**3**,23,68,229) *exercetur fides.*

P. Perguntas que perturbam a fé dos menos instruídos: (**3**,23,69,232) *minus eruditorum fidem sollicitare.* **Q.** Ter fé no preceito: (**3**,23,69,232) *cui fidem debet.*

firmus (*adj.*) **1.** Firme, no sentido de "estável", "sólido", "que não se deixa abalar" (cf. *inconcussus*). **A.** Conhecer com firmeza significa não ter sua ciência abalada pela dúvida: (**1**,3,6,16) *scire ac tenere firmissimum.* **B.** A virtude é mais firme que o vício: (**1**,10,20,72) *uirtus... firmior.* **C_1.** Fé absolutamente firme, inabalável pela descrença ou suspeita: (**1**,11,23,79) *firmissima fide* (cf. **2**,20,54,205; *Ret.* 1,9,5). **C_2.** Firmissime (*adv. superl.*): de modo muitíssimo firme: crer tenacíssima e firmissimamente: (**2**,5,11,42) *tenacissime firmissimeque credendum sit* (cf. **3**,1,1,3). **D.** A verdade dos cálculos numéricos é firme: (**2**,8,23,92) *quod per omnes numeros esse immobile, firmum...* **E_1.** Firme (*adv.*): sentir de modo firme (inequívoco) que se tem uma vontade: (**1**,1,3,12) *non enim quicquam tam firme atque intime sentio quam me habere uoluntatem...* **E_2.** Firmivs (*adv. compar.*): de modo mais firme: aquietar-se com mais firmeza em Deus: (**3**,22,65,223) "Tanto mais firmemente nele se aquieta..." (*tanto in eo firmius adquiescit*). **2.** Consistente: (**1**,14,30,99) *firmam... rationem.*

fixus (*adj.*) Fixo, no sentido de ser "absolutamente determinado", em referência à suposta necessidade decorrente da Presciência divina: (**3**,3,6,21) "Pois, dizes, se Deus é presciente de que o homem há de pecar, é necessário que ele peque; porém, se é necessário, logo não há, em seu pecar, arbítrio da vontade, mas antes uma inevitável e fixa necessidade" (*ineuitabilis et fixa necessitas*).

flagitiosus (*adj.*) Flagicioso, liter. "que é capaz de cometer atos infames e criminosos, geralmente movido pela fúria": (**1**,6,14,46).

flagitium (*subst.*) Flagício [*flagito*], opróbrio ignominioso cometido sob a fúria incandescente das paixões. Obs.: a palavra aparece uma única vez na obra, para dar ênfase à escolha voluntária, que Agostinho denomina adrede "deserção", daqueles que preferem a sujeição ao diabo, ao invés de sujeitar-se a Deus, ou seja, que preferem amar o mundo ao invés de amar o seu Autor: (**3**,20,57,197) *flagitium desertionis.* O termo "deserção" se explica, neste caso, porque o vocabulário utilizado pelo rétor na passagem é tirado do campo semântico bélico, fazendo ver a natureza do esforço necessário para vencer a milícia contra o diabo: "Não é uma milícia de pequena glória vencer o diabo" (*non enim paruae gloriae militia est diabolum uincere*).

flagito (*v.*) Fazer uma demanda de modo insistente (e por vezes furioso), daí: **1.** Reivindicar (com insistência) uma dívida: o sentido interior reivindica dos sentidos corpóreos os perceptos como quem reivindica o pagamento de uma dívida: **A.** (**2**,5,12,48) *tanquam debitum a ministro flagitat.* **B.** (**2**,5,12,50) *debitum flagitat.* **2.** Exigir (com insistência): **A.** O raciocínio exige a investigação detalhada: (**3**,21,62,214) *ratio flagitat.* **B.** Os detratores da doutrina exigem a imortalidade de todas as criaturas: (**3**,23,69,233) "Não podem cogitar o Bem supremo, e por isso exigem, de modo absolutamente desordenado, que os corpos dos animais não sofram nem a morte nem corrupção alguma, como se não sejam mortais..." (*inordinatissime flagitant... quasi non sint mortalia*).

forma (*subst.*) **1.** Forma, em duplo sentido, seja como formato geométrico, seja como beleza (formosura), pois ambos estão ligados pela razão e verdade dos números. De fato, tanto a forma geométrica de um quadrado depende da medida equivalente de seus quatro lados, ou a de um triângulo reto, por exemplo, que deixa de sê-lo sem a exatidão do ângulo de noventa graus de sua base, quanto beleza alguma deixa de ser numérica, no sentido da proporção de suas partes entre si, e delas com o todo que compõe uma dada figura. Logo o termo *forma* pode significar tanto a aparência exterior ou o formato de um dado objeto quanto sua perfeição estética, segundo o sentido marcadamente helênico de beleza. Esses dois sentidos, por sua vez, não se separam daquele contraponto da matéria (ὕλη), a ideia de "forma" (εἶδος), que traduz a "essência" ou "natureza" de algo, de modo especial a partir da simbiose platônica entre a definição socrática e seu mundo suprassensível, sem deixar de lado os desdobramentos levados a efeito por Aristóteles. Portanto o termo "forma" pode significar: [i] a configuração ou formato exterior e numérico de algo, que, sendo corpóreo, tem dimensões mensuráveis e apreensíveis pelos sentidos corpóreos, porém sendo inteligível, ou de natureza mista, como a forma de um silogismo, por exemplo, que pode ser escrito, ou apenas cogitado, tem medidas mensuráveis e apreensíveis também pela contemplação de natureza racional; [ii] a beleza visível, vestígio do Belo em si, perceptível nos objetos que têm corpo por causa de sua configuração numérica, expressão da proporção, harmonia e adequação de suas partes, segundo o conceito de beleza geométrica dos antigos; [iii] a essência ou ideia das coisas, o que as define, retirados os atributos ou acidentes que não fazem parte de sua natureza; nesse sentido "forma" opõe-se a "matéria", ou "corpo", pois é ela que lhe imprime a configuração que pode ser captada pelos sentidos, ela mesma, porém, sendo apreensível apenas racionalmente. Todavia essa "forma" platônica não deixa de ser numérica, posto que não seja corpórea, porque decorre da unidade inatingível do número, considerado como razão e verdade, não como expressão mensurável de quantidade. Neste sentido diz-se que toda forma decorre da Forma suprema, Deus, que imprime uma forma a todas as coisas que cria, sendo ele a Forma sem forma, o Princípio ilimitado que imprime a tudo um limite. **A.** As f. geométricas dos corpos: (**2**,3,8,25) *corporum formas: magnas, breues, quadras, rotundas...* **B.** A f. de cognição, em referência ao gênero de conhecimento atingido pela demonstração racional acerca da existência divina: (**2**,15,39,155) *forma cognitionis.* **C.** As f. dos objetos: (**2**,16,41,162; 18,48,182) *exteriorum formis.* **D.** Todas as criaturas têm f. porque têm números: (**2**,16,42,164) *formas habent quia numeros habent.* **E.** Os homens, artífices das f. corpóreas: (**2**,16,42,164) *omnium quidem formarum corporearum artifices homines.* **F.** Nenhum objeto corpóreo pode ser captado pelos sentidos se não possuir uma f. numérica: (**2**,16,44,171) *nisi aliqua numerorum forma teneatur.* **G.** A variedade das f.: (**2**,16,44,171) *uarietate formarum.* **H.** A f. eterna e imutável: (**2**,16,44,171) *formam aeternam et incommutabilem.* **I.** A natureza que tem uma f. não carece de receber o que já tem; porém a que não possui f. não pode dar-se o que não possui, porque nenhuma criatura pode atribuir f. a si mesma: (**2**,17,45,172) *si qua uero formam non habet, non potest a se accipere quod non habet.* **J$_1$.** O corpo e o espírito são formados por uma f. imutável: (**2**,17,45,173) *corpus et animus forma quadam incommutabili et semper manente formentur.* **J$_2$.** Diz-se da f. imutável que é eterna: (**2**,17,45,173). **J$_3$.** A f. imutável é a Providência divina, por meio de que todas as coisas mutáveis subsistem: (**2**,17,45,174). **K.** A criatura cuja f. é subtraída deixa de existir: (**2**,17,45,174) *forma penitus subtracta nulla erunt.* **L.** O que perde totalmente sua f. recai no nada: (**2**,17,46,176) *amissaque omnino forma in nihilum recidunt.* **M.** As criaturas formadas subsistem a partir da F. suprema: (**2**,17,46,176) *ex illa forma subsistere.* **N.** Todo corpo e toda vida remanescem enquanto permaneça neles alguma f.: (**2**,17,46,177) *aliquid formae illis remanet.* **O.** A F. suprema não conhece a deficiência: (**2**,17,46,177) *illa forma* *est quae nescit deficere.* **P.** A Verdade é a F. suprema de todas as coisas, a partir de que se mantêm todas as f.: (**2**,18,49,187) *omnem speciem formamque corporis a summa omnium rerum forma, id est, a ueritate.* **Q.** A f. perfeita possui medida, número e ordem: (**2**,20,54,203) *ubi neque mensuram neque numerum neque ordinem inuenias, quia ubicumque ista sunt forma perfecta est...* **R.** As f. do universo são inumeráveis para nós, porém para Deus são numeradas: (**3**,5,13,48) *innumerabiles nobis numeratae autem deo.* **S.** A língua, entendida como sendo a f. e o teor das palavras: (**3**,19,54,184) *formam tenoremque uerborum.* **2.** FORMOSURA. **A.** A formosura feminina, ou seja, a beleza formal de seus corpos e demais atributos: (**1**,15,33,1113) *muliebres formas.*

formabilis (*adj.*) FORMÁVEL, em referência ao que seja passível de receber uma forma. Obs.: o sufixo latino formador de adjetivos, *-bilis*, assim como *-ilis, -ius, -tilis, -silis*, segundo Allen e Greenough[17], expressa passividade, o que implica, neste caso, a capacidade de algo para ser dotado de "forma" (cf. *forma*). **A$_1$.** Tudo o que é mutável deve igualmente ser formável, ou seja, passível de receber uma "forma": (**2**,17,45,172) *omnis enim res mutabilis etiam formabilis sit necesse est.* **A$_2$.** Assim como se diz que é "mutável" aquilo que pode ser mudado, se diz "formável" o que pode ser formado: (**2**,17,45,172) *sicut autem "mutabile" dicimus quod mutari potest, ita "formabile" quod formari potest.* **B.** Corpo e vida, díade em que Agostinho sintetiza a tríade ser, viver e inteligir, são ambos formáveis e derivam sua forma da Forma suprema: (**2**,17,46,176) *corpus et uita... formabilia sunt.*

formator (*subst.*) FORMADOR. Obs.: um dos muitos epítetos atribuídos a Deus por Agostinho ao longo do *L.A.*, de par com artífice, autor, criador, fundador, instituidor, ordenador, administrador etc. (**3**,21,60,206) *domino deo auctore et formatore et ordinatore.* Cf. *artifex, creator, conditor, auctor, ordinator.*

formo (*v.*) FORMAR, no sentido de "imprimir uma forma" a algo (cf. *forma*), seja corpórea, seja inteligível. **A.** Os artesãos movem as mãos até que a forma exterior do objeto que produzem esteja em conformidade com a forma interior, que trazem na mente: (**2**,16,42,165) *donec illud quod formatur foris ad eam quae intus est lucem numerorum relatum.* **B.** A Forma por meio de que são formadas todas as coisas: (**2**,16,44,171) *per quam cuncta ista formari ualeant.* **C.** Formável é o que pode ser formado: (**2**,17,45,172) *quod formari potest.* **D.** Nenhuma natureza pode formar-se a si mesma: (**2**,17,45,172) *nulla autem res formare se ipsam potest.* **E.** Para que algo possua uma forma, deve ser formado: (**2**,17,45,172) *ut habeat formam, formatur aliquid.* **F.** O corpo e o espírito são formados por uma Forma imutável: (**2**,17,45,173) *corpus et animus forma quadam incommutabili et semper manente formentur.* **G.** Quanto mais se ama o ser, mais se deseja ser formado: (**3**,7,21,72) *desiderabis teque ita formari exoptabis.*

fortis (*adj.*) **1.** CORAJOSO, de ânimo forte. **A.** Qualificando o possuidor de uma das quatro virtudes cardeais (ἀνδρεία – *fortitudo*): (**1**,13,27,92) "Eu não intelijo a quem possa chamar de corajoso de modo mais verdadeiro do que àquele que, com o espírito equânime e tranquilo, carece daquilo que não depende de nós nem que adquiramos nem que guardemos...". **B.** A coragem de um não torna outro corajoso, pois as virtudes são bens individuais: (**2**,19,52,198) "Nem se torna alguém corajoso pela coragem alheia" (*neque... cuiusquam fit alius... fortis fortitudine*).

---

[17] Allen e Greenough *et alii, Allen and Greenough's New Latin grammar.* Founded on comparative grammar. (*Updated by* Anne Mahoney.) Newburyport: Focus Publishing, 2001, p. 147.

2. Forte, como sinôn. de *ualidus* e antônimo de *infirmus,* "fraco", ou *inualidus,* "inválido", "não forte". **A.** Em relação ao vigor dos olhos, ou seja, ao alcance da visão (corpórea): (**2**,13,36,142) "Olhos mais vigorosos, sãos e fortíssimos" (*uegetioribus sanisque et fortissimis oculis*). **B.** Em relação à acuidade e penetração da mente: (*ibid.*) "A acuidade da mente, forte e vigorosa" (*fortis acies mentis et uegeta*). **C.** Em relação ao vigor físico e mental do homem: (**2**,16,42,167).

fortitudo (*subst.*) Coragem, a fortaleza de ânimo (ἀνδρεία), uma das quatro virtudes cardeais. **A.** Uma definição de c.: (**1**,13,27,89) "Não é a coragem aquela disposição da alma pela qual desdenhamos todas as adversidades e perdas das coisas que não estão sob o nosso poder?" (*animae adfectio, qua omnia incommoda et damna rerum... contemnimus*). **B.** O homem que tem uma vontade boa possui também a c.: (**1**,13,27,91) *cur non huic etiam fortitudinem tribuimus?* **C.** Ninguém usa mal das virtudes, dentre as quais a c.: (**2**,18,50,190) *neque fortitudine... male quis utitur.* **D.** A c. é um bem individual intransferível, pois ninguém se torna corajoso a partir da coragem alheia: (**2**,19,52,198). **E.** Aceitar os sofrimentos é prova de c.: (**3**,9,28,100) *fortitudinis... documentum.* Cf. as outras três virtudes cardeais: *iustitia, prudentia, temperantia.*

fructus (*subst.*) Fruto. **A.** Em relação aos f. do primeiro homem, sua progênie, que haveria de ficar retida nas mãos do diabo: (**3**,10,31,110): "De modo que retivesse qualquer coisa que nascesse dali, como se frutos de sua árvore" (*ut quicquid inde nasceretur, tanquam suae arboris fructus...*). **B.** Em relação aos f. da terra: (**3**,14,39,137) *fructus terrae.* **C.** Os f. de uma árvore: (3,22,65,224).

fruor (*v.*) **1.** Fruir, quer em sentido corpóreo, em relação aos bens de natureza visível e corruptível, quer em sentido espiritual, em relação ao deleite da morada celeste ou da contemplação da Sabedoria-Verdade. Obs.: *fruor* estabelece um contraponto com *careo,* "carecer", pois, para fruir de *x,* deve-se estar de posse de *x,* porém quem não dispõe de *x,* carece de *x,* dele não podendo fruir. **A.** F. da natureza eterna: (**1**,16,34,114) "O que é eterno, que a mente frui por si mesma" (*rebus aeternis, quibus per seipsam mens fruitur*). **B.** F. do Criador perpetuamente: (**3**,5,15,55) "Pois aquela sublime criatura possui sua felicidade perpétua, fruindo perpetuamente de seu Criador" (*in perpetuum fruens creatore suo*). **B$_1$.** A felicidade angélica frui do Verbo de Deus: (**3**,10,30,108); **B$_2$.** Fruir da Verdade: (**2**,13,35,137; 14,37,145). **B$_3$.** F. da Verdade é a suprema felicidade: (**2**,13,35,137) "E o que é mais feliz do que aquele que frui da inconcussa, absolutamente imutável e excelentíssima Verdade?" (*quid beatius eo qui fruitur... ueritate*). **B$_4$.** F. da vida feliz em que se constitui o silêncio canoro e facundo da Verdade: (**2**,13,35,139) "E nós, quando se nos penetra na mente, sem nenhum estrépito, por assim dizer, um certo canoro e facundo silêncio da verdade, procuramos uma outra vida feliz e não fruímos de uma tão segura e presente?" (*aliam beatam uitam quaerimus et tam certa et praesente non fruimur*). **B$_5$.** Da vontade de f. da beleza da Verdade e da Sabedoria: (**2**,14,38,151) *ueritatis et sapientiae pulchritudo... uoluntas fruendi.* **B$_6$.** A vontade de f. convertida do Criador para a criatura: (**3**,1,2,9) *fruendi uoluntatem ad creaturam a creatore.* **C$_1$.** F. do Bem supremo: (**2**,13,36,141) "Pois sem dúvida é feliz quem frui do Bem supremo" (*beatus... qui fruitur summo bono*) (cf. **3**,13,37,129; 130). **C$_2$.** F. do Bem eterno: (**3**,1,2,11). **C$_3$.** Fruir dos bens verdadeiros através da luz da Verdade: (**3**,13,36,141). **D.** F. do bem supremo "relativo", ou seja, o bem individualmente eleito por cada um como seu bem último: (**2**,9,27,108) *ad fruendum summum sibi bonum.* **E.** F. da luz do sol por meio dos olhos: (**2**,9,27,107) "Por serem muitas e diversas as coisas que nela discernimos, dentre as quais... elege alguém aquela de que queira por sua própria vontade fruir por meio dos sentidos dos olhos" (*quo fruatur per oculorum sensum*) (cf. **2**,9,27,108). **F.** O fruir com insegurança não pode ser livre: (**2**,13,37,143) "Pois de coisa nenhuma frui a alma com liberdade, a não ser da que frui com segurança" (*nulla enim re fruitur anima cum libertate nisi qua fruitur cum securitate*). Obs.: interessa notar aqui a relação intrínseca no pensamento agostiniano entre os conceitos de liberdade e de segurança. Ninguém é livre em relação a algo, se aquilo para o que quer livremente voltar-se não lhe esteja sob o domínio, de modo estável, seguro e invariável. **G_1.** F. dos bens de natureza inferior: (**1**,4,10,30) "Porém os maus, para se atirarem à fruição, com segurança, dessas coisas, esforçam-se por remover os impedimentos; e por essa razão é que levam vida criminosa e abominável, que melhor se chama morte" (*mali autem, ut his fruendis cum securitate...*) (cf. **3**,1,2,11). Obs.: se nenhum bem corpóreo permanece, como fruí-lo com segurança? Por outro lado, se se queira fruí-lo enquanto permaneça, deverá eliminar qualquer risco de subtração involuntária por parte de todas e quaisquer ameaças, o que implica uma tensão incessantemente vigilante em relação ao bens que se creem estar em seu poder. **G_2.** F. dos bens perecíveis, que podem ser arrebatados contra a vontade (**2**,14,38,148). **H.** F. da alegria de possuir uma vontade boa: (**1**,12,25,85) "Os que não fruem deste regozijo..." (cf. **1**,12,26,86). **I.** F. *lato sensu:* (**3**,1,3,12). **J.** O orgulhoso quer fruir de si mesmo, como se fosse seu próprio deus: (**3**,25,76,262) "Porque queira fruir de seu próprio poder, ele se faz tanto menor quanto maior deseja ser" (*si... potestate sua frui uelit...*). **2.** PERFRVOR (*v.*): FRUIR POR COMPLETO, em plenitude. **A_1.** Em relação à boa vontade: (**1**,13,27,90) "Que dela frua por completo e nela se regozije" (*hac denique perfruatur et gaudeat*). **A_2.** F. completamente, em relação ao Bem supremo: (**2**,13,36,141) *summum bonum eoque perfruamur.* **A_3.** Em relação à Verdade imutável: (**3**,5,14,51; 21,60,203). **A_4.** F. plenamente da eternidade: (**3**,22,65,223) *eius aeternitate perfruitur.* **A_5.** F. intensamente de unguentos perfumados: (**2**,13,35,139) *unguentis odoratissimis perfruantur.* Cf. *fructus, frux, careo.*

gloria (*subst.*) **1.** GLÓRIA. Obs.: em seu discurso em defesa do poeta Árquias (11,26), Cícero diz que os melhores se deixam conduzir pela glória (*et optimus quisque maxime gloria ducitur*), glória essa que, contrariamente à parênese dos filósofos gregos, que escreviam discursos em desprezo dela (*illi philosophi, etiam in eis libellis quos de contemnenda gloria scribunt*), quer o causídico romano confirmar como virtude, posto que não fosse uma questão pacífica. Porém no cristianismo a glória dos homens confunde-se inequivocamente com dois vícios perigosos e dignos da maior censura, vaidade e orgulho, opondo-se frontalmente à verdadeira Glória de Deus, a quem se deve todo o louvor. **A.** O amor do louvor e da glória, em sentido tipicamente romano, de reconhecimento, fama, renome etc.: (**1**,8,18,63) *amor gloriae.* Obs.: o amor da glória, nesse caso, ilustra uma das características tipicamente humanas, assim como o amor do louvor (*amor laudis*), o desejo de dominar (*adfectatio dominandi*), o riso (*rideo*), o escárnio (*iocor*) etc., atributos que distinguem o homem dos animais, mas que de modo nenhum os tornam melhores do que eles. **B.** A glória popular, considerada como um dos bens desejados pelos homens e regidos pelas leis temporais: (**1**,15,32,110) *gloria popularis.* **C.** A glória inane dos que desejam a igualdade com os anjos: (**3**,9,28,103) *inanem gloriam suam.* **D.** A glória da Cidade celeste: (**3**,20,57,196) *ciuitas beatissimam gloriam.*

E. A glória de vencer a milícia contra o diabo: (**3**,20,57,197) *non enim paruae gloriae militia est diabolum uincere.* **F.** A coroa da glória (**3**,20,58,199) *coronam gloriae.* **2**. GLORIOSVS (*adj.*): GLORIOSO: a fama gloriosa (**1**,12,26,87) *gloriosam famam.*

gratis (*adv.*) DE GRAÇA. Obs.: o que se dá gratuitamente opõe-se à retribuição meritória, a qual é sempre devida: (*Ret.* 1,9,4) "E este benefício divino, pelo qual [a vontade] é libertada, se não viesse antes dela, ser-lhe-ia dado pelos méritos, e não seria Graça, que sempre é dada de graça" (*et hoc diuinum beneficium, quo liberatur, nisi eam praeueniret, iam meritis eius daretur, et non esset gratia, quae utique gratis datur*).

gratuito (*adv.*) DE MODO GRATUITO, GRATUITAMENTE: (**3**,16,45,154) "Deus, porém, a ninguém deve coisa alguma, porque dispensa todas as coisas de modo gratuito" (*deus autem nulli debet aliquid, quia omnia gratuito praestat*). Obs.: questão fundamental para a doutrina da Graça, que se contrapõe ao mérito, que não pode ser dispensado gratuitamente. Para que Deus não fosse obrigado a retribuir nada a criatura nenhuma, todos os bens dispensados por ele deviam ser gratuitos, sob pena de pôr-lhe a onipotência em risco. Uma saída seria considerar que até mesmo os "méritos" humanos, de modo absolutamente paradoxal, fossem concedidos gratuitamente por Deus, o que deflagrou uma disputa até hoje não resolvida. Cf. *gratis.*

gula (*subst.*) GOELA. Obs.: em amplo sentido refere-se à boca, mas de modo específico, ao esôfago, ou seja, à parte da boca onde se deglutem os alimentos, a fim de conduzi-los em seguida para o estômago: (**2**,7,19,74) *gula sapit.* Obs.: é possível que para os antigos alguma parte da ação de "saborear" estivesse relacionada com a goela, tecnicamente a parte "interior" do aparelho gustativo por onde os alimentos passavam já triturados e, por isso mesmo, com seu sabor acentuado ou, quando não, modificado. Seja como for, para Agostinho, no contexto da passagem, a goela é preferível à boca, porque o alimento, quando ainda na boca, pode ser vertido e reaproveitado, caso não tenha sido ingerido, como por exemplo no caso das amas de leite romanas, que regurgitavam o alimento triturado para dar de comer aos bebês; porém ao atingir o esôfago ou *gula,* a absorção de ao menos uma parcela desse alimento se faz irreversível, não podendo mais ser reaproveitado sem algum tipo de "perda".

gustatus (*subst.*) PALADAR, ou "gosto", um dos cinco sentidos corpóreos, responsável por apreender o sabor [*gusto*] do que vai à boca [*os*]. **A.** (**1**,8,18,61) "E mais, discernimos e reconhecemos que os animais podem ver e ouvir, e também perceber os objetos corporais pelo olfato, gosto e tato; e a maior parte deles de maneira mais penetrante do que nós" (*uidere autem atque audire et olfactu, gustatu, tactu corporalia sentire posse...*). **B.** O sabor é a matéria do p.: (**2**,3,8,25) *ad gustatum... sapor* (cf. **2**,3,8,28; 6,14,56; 7,19,73). **C.** O p. não é capaz de sentir o gosto de si mesmo, ou seja, não é capaz de perceber-se, enquanto sentido corpóreo: (**2**,3,9,37) "E nem lhes resta na boca, aos que provam algo, o gosto do próprio paladar" (*neque... sapit in ore ipse gustus*). Cf. *gustus, tactus, auditus, uisus, olfactus, sapor.*

habitatio (*subst.*) HABITAÇÃO, em referência à morada celeste: (**3**,9,27,98; 28,101) *coelestis habitationis.*

habitus (*subst.*) HÁBITO, no sentido de "condição", mas também de "aparência", daí o sentido de "vestimenta" ou "veste". Cristo assumiu o hábito carnal, a condição/veste humana, fazendo-se visível, porém não sofreu uma mutação em sua natureza: (**3**,10,30,109) "A comida da criatura racional se fez visível, não por uma completa mutação de sua natureza, mas [assumindo] o hábito da nossa..." (*cibus rationalis creaturae factus est uisibilis, non commutatione naturae suae, sed habitu nostrae...*).

honestus (*adj.*) HONESTO, no sentido de "digno", "honrado", "decente", mas principalmente "virtuoso", em relação à vida nas virtudes ditas "cardeais". **A.** A vida honesta/honrada, que conduz à Sabedoria: (**1**,12,25,83) *honestamque... uitam.* **B.** O pensamento certo e honesto: (**2**,10,28,115) *certa et honesta sententia.* **C.** A vida reta e honesta/honrada consiste na posse das virtudes cardeais: (**2**,18,50,190) *omnesque uirtutes animi, quibus ipsa recta uita et honesta constat.* **2.** HONESTE (*adv.*) HONESTAMENTE; de modo honesto, ou honrado, com *honestas.* **A.** O viver de modo reto e honesto, segundo as virtudes, que leva à suprema sabedoria: (**1**,12,25,83; 13,29,97) *recte honesteque uiuere et ad summam sapientiam peruenire.* **B.** O viver reta e honestamente equivale à posse das virtudes: (**1**,13,29,97) *illae uirtutes... quas habere id ipsum est recte honesteque uiuere.* **C.** Para viver honestamente é preciso apenas querer: (**1**,13,29,97; *Ret.* 1,9,3).

humilis (*adj.*) HUMILDE. Obs.: nem sempre esse adjetivo tem sentido positivo, em referência à virtude cristã da humildade, guardando por vezes sentido pejorativo, como algo inferior, baixo, por estar próximo à terra (*humus*), do que se deriva também o sentido de "estúpido". **A.** Mentes humildes, ou seja, simplórias: (**2**,11,32,129) *humilioribus mentibus.* **B.** Humilde, em sentido extremamente positivo, em referência à condição de Cristo, que esvaziou-se para assumir uma forma humana: (**3**,10,30,109) *foris humilem inuenit.* Obs.: o homem soberbo, que se averteu da Sabedoria divina, em Cristo a depara num hábito visível, humilde, para que, deixando de lado sua soberba, presumida altitude, imite a humildade visível da Sabedoria, a fim de retornar à altitude invisível, mas real, de onde caiu.

humilitas (*subst.*) HUMILDADE. Obs.: o sentido primeiro refere a baixa elevação típica daquele que se encontra próximo ao chão (*humus*), de onde também os seguintes sentidos: reles, vil, pobre etc. Com o cristianismo ganha um sentido positivo, em virtude das condições em que Cristo nasce (na carne), vive (na pobreza) e morre (na cruz, suplício de criminosos e escravos), mas principalmente em virtude de seus próprios preceitos (cf. Mt 20,16; 23,12 etc.). Neste sentido não há dúvida de que a *humilitas* cristã se contrapõe aos valores da elite romana, como *gloria, honos, fama* etc. **A.** A criatura racional intermédia, entre a impecabilidade angélica e a renitência diabólica, pode recuperar sua condição de elevação por meio da h., ao penitenciar-se: (**3**,5,15,55) *poenitendi humilitate.* **B.** A porta da h. é o caminho para Deus: (**3**,9,28,103) *humilitatis ianuam.* **C.** A h. visível de Cristo: (**3**,10,30,109) *eius humilitatem uisibilem.* **D.** A h. da confissão e da súplica: (**3**,20,58,199) *humilitate confitendi atque orandi.* **E.** Cristo se apresenta ao homem como modelo de h. para imitação, em contraponto ao diabo, modelo de soberba: (**3**,265) *ad imitationem humilitatis.*

ignarus (*adj.*) IGNARO, em relação à condição penal de ignorância do bem em que nasce a humanidade, depois do pecado do primeiro homem: (**3**,19,54,185) "Ignaros e súditos da carne" (*et ignari et carni subditi nascimur*). Cf. *ignorantia.*

ignorantia (*subst.*) IGNORÂNCIA, de modo especial em referência à condição ignorante [*ignoro*] do bem, em que nasce a humanidade, depois do pecado de Adão. Obs.: o termo só aparece no livro terceiro, ao lado da "dificuldade" (cf. *difficultas*), o outro aspecto da condição lamentável da posteridade adâmica. **A.** Até mesmo o que se comete por i. é merecedor de censura e correção: (**3**,18,41,172; *Ret.* 1,9,5) *etiam per ignorantiam... inprobantur et corrigenda.* **B.** Os dois lados da condição penal do homem, i. e dificuldade: (**3**,18,52,178) *duo ista poenalia, ignorantia et difficultas.* **C.** Por causa da i., o erro desonra: (**3**,18,52,178) *ex ignorantia dehonestat error.* **D.** Que relação há entre a i. e o pecado de Adão? (**3**,19,53,180). **E.** Nasce o homem do primeiro casal em condição de i. e dificuldade, além da mortalidade: (**3**,20,55,186; *Ret.* 1,9,6) *de illo primo coniugio et cum ignorantia et cum difficultate et cum mortalitate nascamur.* **F.** A condição de i. se diz "penal", porque antes da pena era melhor: (**3**,20,56,189) *quia melior ante hanc poenam fuit.* **G.** A libertação da i. que cega: (**3**,20,56,190) *ab ignorantia caecante.* **H.** Na hipótese de a i. ser um exórdio de perfeição, não um castigo: (**3**,20,56,190). **I.** Embora nasça na condição de i., o homem não é obrigado a permanecer nesse estado: (**3**,20,56,102) *non tamen ad permanendum in eo quod nata est aliqua necessitate conprimitur.* **J.** A i. foi castigo de mortalidade do primeiro homem, mas pode ser uma porta de reparação da incorruptibilidade do corpo para a sua descendência: (**3**,20,57,194) *ianua ministerii ad reparandam corporis incorruptionem.* **K.** A i. decorre da carne: (**3**,20,57,195) *de caro propagine ueniens....* **L.** O Criador não pode ser culpado pela i.: (**3**,20,58,198). **M.** As almas que se esforçam e suplicam humildemente pela ajuda divina podem vencer a condição de i.: (**3**,20,58,199). **N_1.** A condição de i. é natural? (**3**,22,65,217; 220; *Ret.* 1,9,6) *ignorantia... si naturalis.* **N_2.** Se acaso a i. seja natural, a alma será culpada se não esforçar-se por sair dela: (**3**,22,65,217). **N_3.** A criancinha não é culpada por sua i. de fala: (**3**,22,65,218). **O.** Se a i. não é natural: (**3**,23,70,239). **P.** A estultícia é uma i. viciosa: (**3**,24,71,243) *est enim stultitia... uitiosa ignorantia.*

imitatio (*subst.*) IMITAÇÃO. O diabo se apresentou como modelo para imitação da soberba, ao passo que Cristo, como modelo de imitação da humildade: (**3**,25,76,264) *cui se diabolus ad imitationem superbiae... se dominus ad imitationem humilitatis.*

impetro (*v.*) IMPETRAR, no sentido de "obter", "conseguir", geralmente por meio de súplica. **A.** Impetrar o socorro divino: (**1**,2,4,10) *opem diuinam impetrauisset.* **B.** Impetrar a absoluta realização: (**2**,16,42,165) *impetret absolutionem* (cf. *absolutio*). **C.** Impetrar os primeiros e grandes bens do homem: (**2**,19,53,199) *impetrat prima et magna hominis bona.*

imprudens (*adj.*) IMPRUDENTE. **A.** O assassino imprudente: (**1**,4,9,25) "Se o homicídio é matar um homem, pode acontecer algumas vezes sem pecado. Com efeito, não me parecem pecar, quando matam um homem... nem aquele, invito ou imprudente, a quem por acaso escapa da mão um dardo" (*cui forte inuito atque imprudenti telum manu fugit...*). **B.** Como contrário de prudente, aquele que possui uma das quatro virtudes cardeais: (**2**,15,40,158). **C.** No sentido de "ignorante", "desprovido de sabedoria": (*Ret.* Pról. §1) "E ninguém, senão um imprudente, ousará repreender-me por isso, porque estou repreendendo meus erros" (*neque quisquam nisi imprudens, ideo quia mea errata reprehendo*). Cf. *prudens, prudentia.*

incommutabilis (*adj.*) IMUTÁVEL [ABSOLUTAMENTE]. **1.** Completa, absoluta ou perfeitamente imutável, que não sofre mutações nenhumas em sua natureza (cf. "obs." no verbete *commutabilis*). **A.** Em relação à Lei eterna: **A_1.** Lei absolutamente imutável: (**1**,6,15,48;

15,31,103; 2,8,23,89) *lex... incommutabilis.* **A_2.** Estabilidade absolutamente imutável da Lei: (**1**,14,30,101; *Ret.* 1,9,3) *incommutabili stabilitate.* **B.** Da natureza divina. **B_1.** Eterna e completamente imutável: (**2**,6,14,55) *quod aeternum atque incommutabile* (cf. **2**,6,14,56; 10,28,115). **C.** Luzes e regras das virtudes perfeitamente imutáveis: (**2**,10,29,116) *quaedam lumina uirtutum... incommutabilia* (cf. **2**,19,52,198). **D_1.** Perfeitamente imutáveis são as regras dos números e a regra da Sabedoria: (**2**,10,29,119). **D_2.** A verdade perfeitamente imutável dos números: (**2**,10,30,122) *incommutabilem ueritatem numerorum.* **D_3.** Os números perfeitamente imutáveis permanecem na Verdade: (**2**,11,31,126) *incommutabiles in ipsa manere ueritate.* **E_1.** A Verdade absolutamente imutável: (**2**,12,33,130; 12,34,136; 13,35,137; 19,52,197; 3,5,14,52; 16,46,156; 25,77,265). **E_2.** As verdades absolutamente imutáveis: (**2**,12,33,130) *incommutabilia uera.* **F.** Forma absolutamente imutável: (**2**,16,44,171; 17,45,173; 174) *formam... incommutabilem.* **G.** Bem absolutamente imutável: (**2**,19,52,196) *incommutabili bono* (cf. **2**,19,53,199; 200; 20,54,201; **3**,1,1,1; 1,1,2; 5; 1,2,11; 13,37,129; 130). **H_1.** A Sabedoria absolutamente imutável de Deus: (**3**,15,42,145) *incommutabilis sapientia dei.* **H_2.** A Sabedoria suprema não é um espírito (como o do homem), pois é imutável: (**3**,25,76,261). **I_1.** A majestade e a substância imutáveis de Deus: (**3**,22,63,216) *incommutabili maiestate et substantia creatoris.* **I_2.** Deus absolutamente imutável: (**3**,25,76,262). **2.** Incommvtabilia (*subst. n. pl.*): naturezas absolutamente imutáveis, em referência às coisas inteligíveis: (**2**,8,24,94; 13,36,142; **3**,21,60,209). **3.** Incommvtabiliter (*adv.*): de modo absolutamente imutável: (**2**,10,28,144); o número e a Verdade são de modo perfeitamente imutável verdadeiros: (**2**,11,32,129; 12,33,130).

incommutabilitas (*subst.*) Imutabilidade absoluta (cf. "obs." no verbete *commutabilis*). **A.** I. absoluta da Trindade: (**3**,25,75,260) *incommutabilitate trinitatis.* **B.** I. absoluta da eternidade: (**3**,25,77,266) *Incommutabilitas aeternitatis.*

inconcussus (*adj.*) **1.** Inconcusso, que não se abala; inabalável [*in* + *concutio*]. **A.** Reter na mente um conteúdo inconcusso: (**1**,15,31,107) *illud inconcussum teneas.* **B.** Fé inconcussa: (**2**,2,5,11; 15,39,154; 18,47,181) *inconcussa fide.* **C.** Reter por meio da fé um conteúdo de modo inconcusso: (**2**,2,5,11) *non contemplando, sed credendo, inconcussum teneo* (cf. *ibid.* §13). Obs.: o neutro *inconcussum* pode ser compreendido aqui, assim como no item A acima, como advérbio. **D.** Verdade inconcussa: (**2**,13,35,137) *inconcussa... ueritate.* **E.** Piedade inconcussa: (**2**,20,54,201; *Ret.* 1,9,4) *pietatem inconcussam.* **F.** Inconcussa majestade e substância do Criador: (**3**,22,63,216). **2.** Inconcvsse (*adv.*): de modo inconcusso; inabalavelmente. **A.** Crer de modo inconcusso: (**1**,3,6,15) *Inconcusse credo.*

inconprehensibilis (*adj.*) Incompreensível, liter. "que não se pode compreender" [*in-* + *conprehendo*]: (**3**,23,70,238) "Ser confundido pela ambiguidade incompreensível" (*inconprehensibili ambiguitate confundi*). Cf. *conprehendo.*

incorruptibilis (*adj.*) Incorruptível, liter. "que não está sujeito à corrupção", definido por Agostinho como "o que não se corrompe" (cf. *incorruptio, corrumpo*). **A.** A verdade incorruptível do número: (**2**,8,21,83) *incorruptibilem numeri ueritatem.* **B.** A natureza que não está sujeita a corromper-se é i.: (**3**,13,36,126; 127) *natura quae non corrumpitur incorruptibilis est.* **C.** Pode uma natureza tornar-se incorruptível através da própria corrupção? (**3**,13,36,127) *corruptione facta incorruptibilis.*

incorruptio (*subst.*) INCORRUPÇÃO, condição ou estado em que uma determinada natureza não está sujeita à corrupção. Obs.: o seu contrário é a "corrupção", assim como do adjetivo "incorruptível", "corruptível". O adjetivo *corruptus*, particípio de *corrumpo*, refere-se ao que já está ou foi corrompido, não ao que está ou não sujeito ainda à corrupção, como expresso pela desinência de valor passivo *-bilis*, dos adjetivos *incorruptibilis* e *corruptibilis*. **A$_1$.** É a i., condição dos bens que não se corrompem, que deve ser amada em lugar da corrupção: (**2**,10,28,115), *non corruptionem sed incorruptionem diligendam esse*. **A$_2$.** A i. deve ser preferida à corrupção: (**2**,10,29,117). **B.** O lugar da i. celeste, em referência à condição de incorruptibilidade das almas na Eternidade: (**3**,20,57,193) *coelestis incorruptionis locum*. **C.** A i. do corpo: *corporis incorruptionem*. Obs.: segundo uma das hipóteses para a origem das almas e consequente propagação do pecado original, as almas viriam habitar os corpos de carne para "reparar-lhes" (*ad reparandam*) a condição original de incorrupção.

incorruptus (*adj.*) INCORRUPTO; liter. "que não foi (e por isso não está) corrompido", do que também: "não deteriorado" ou "não estragado". Obs.: o que não foi corrompido permanece intato, íntegro, de onde também se diz restar puro, pois nenhuma alteração sofreu em sua natureza. **A.** A natureza incorrupta acima da mente racional e por ela perceptível: (**2**,8,20,79) *incorruptum integrumque*. **B.** A razão dos números é incorrupta, imóvel, firme, porque verdadeira: (**2**,8,23,92) *quod per omnes numeros esse immobile, firmum incorruptumque*. **C.** O incorrupto é melhor do que o corrupto: (**2**,10,28,114). **D.** A Verdade é íntegra e incorrupta, embora seja captada pelas mentes, em comum: (**2**,12,34,135). Cf. *incorruptio, corrumpo, corruptio*.

inculpabilis (*adj.*) INCULPÁVEL, a que não se pode atribuir culpa ou responsabilidade por crime algum; que não se pode incriminar. **A.** Movimento i. do espírito: (**3**,1,1,2): *animi motum inculpabilem*. **B.** O homem foi criado por Deus i.: (3,19,54,185) *inculpabilis factus est*. **C.** A ignorância de fala das criancinhas é i. aos olhos dos gramáticos: (**3**,22,64,218) *inculpabilis sub grammaticorum legibus*.

inculpatus (*adj.*) NÃO CULPADO, ou seja, isento de culpa: (**1**,5,12,37) "Mas aqueles homens, ainda que a lei não seja culpada, não vejo de que modo possam não ser culpados" (*sed illi homines lege inculpata quomodo inculpati queant esse non uideo...*).

inferus (*adj.*) **1.** Liter. QUE ESTÁ ABAIXO, em posição menos elevada; no fundo, na base etc. Daí também, em sentido derivado: fraco, pequeno, de menor valor etc. **2.** INFERIOR, -IVS (*compar.*): inferior, liter. "que está mais abaixo". **A.** O que é inferior não pode submeter o que é superior por causa de sua fraqueza (*infirmitas*): (**1**,11,21,75). **B.** Não se deve dizer que seja Deus aquilo ao qual a razão seja inferior, mas aquilo ao que nada é superior: (**2**,6,14,54): *quo mea ratio est inferior*. **C.** Os sentidos corpóreos, inferiores à razão: (**2**,6,14,56). **D.** A razão é inferior a Deus, que é Verdade e Sabedoria: (**2**,6,14,56; 12,34,133; 136). **E.** Todo corpo possui partes superiores e inferiores: (**2**,8,22,84). **F$_1$.** O inferior deve ser submetido ao superior, segundo a ordem: (**2**,10,29,117). **F$_2$.** A natureza inferior não pode dominar a superior, levando-a ao pecado: (**3**,1,2,8; 4,9,36). **F$_3$.** Os homens costumam dignificar o que é inferior ao invés de o superior: (**2**,11,32,127). **G.** O inferior não julga do superior, mas segundo ele: (**2**,12,34,133). **H$_1$.** A vontade perversa ama as coisas inferiores: (**2**,14,37,144). **H$_2$.** O apetite renitente das coisas inferiores: (**3**,25,76,264) *ab adpetitu inferiorum....* **I$_1$.** A natureza do corpo é inferior à do espírito: (**2**,18,48,182) *naturam corporis inferiore gradu esse quam* *animi naturam* (cf. **3**,22,65,222). **I$_2$.** Os corpos celestes são inferiores às almas, posto que pecadoras: (**3**,11,34,118) "E nem por isso uma alma de tal qualidade é inferior ao corpo celeste, ao qual corpo também os corpos terrenos estão sujeitos" (*nec ideo tamen talis anima inferior est corpore coelesti...*). **I$_3$.** Os corpos todos são inferiores às criaturas espirituais, posto que pecadoras: (**3**,12,35,123) *etiam corporalem peccantibus quoque spiritalibus longe inferiorem*). **J.** A vontade se converte para o que é inferior quando ama os prazeres do corpo: (**2**,19,53,199) *ad inferius, cum uoluptatem corporis diligit.* **K.** O movimento do espírito quando volta-se para os bens inferiores: (**3**,1,2,10; 3,13). **L.** O pecado consiste na preferência desordenada dos bens inferiores em lugar dos superiores: (**3**,1,2,10) "Acusamos o espírito de pecado, quando nos convencemos de que ele prefira, aos bens superiores desertados, os inferiores, para deles fruir" (*cum eum... superioribus desertis ad fruendum inferiora praeponere*). **M.** Criaturas inferiores: (**3**,9,27,96) *creaturis inferioribus* (cf. **3**,9,28,102; 22,64,217). **M$_1$.** Não devem ser desprezadas as criaturas inferiores, apenas por que existem as superiores, mas deve-se dar o justo valor à diversidade da criação: (**3**,5,13,45-46; 9,24,87; 11,32,114). **M$_2$.** O infeliz é inferior ao feliz: (**3**,7,21,71) *beatis inferior.* **M$_3$.** Há criaturas muito inferiores às almas infelizes: (**3**,9,25,91) *longe inferiores animis miseris.* **N.** Os ofícios de natureza inferior: (**3**,11,33,115) *inferioris officii.* **O.** Os corpos inferiores: (**3**,11,34,118) *corporibus... inferioribus.* **P.** Uma natureza superior pode corromper uma inferior, porém sem vício algum: (**3**,14,40,138; 139). **Q.** O apetite de unidade das criaturas inferiores animadas (irracionais): (**3**,23,69,236). **R$_1$.** O espírito é tocado por visões de natureza inferior: (**3**,25,74,255) *ex inferioribus uisis... tangi* (cf. **3**,25,74,257; 76,264). **R$_2$.** A sugestão da serpente era uma visão de natureza inferior: (**3**,25,74,256) *uisum ex inferioribus suggestio serpentis.*

infirmitas (*subst.*) **1.** Fraqueza, como *in*-capacidade, ou ausência de firmeza [*in-firmus*]. **A.** A natureza inferior à mente racional não pode sujeitá-la por causa de sua f.: (**1**,11,21,76) *propter infirmitatem.* **B.** Não se pode recorrer à escusa da f. diante da condição penal de ignorância e dificuldade: (**3**,20,58,199). **C.** A fé é uma via de saída das coisas temporais, concedida por Deus para ajudar a f. humana, sujeita à condição de ignorância e dificuldade: (**3**,21,60,203) "Para contemplar a eternidade da Verdade... procurou-se para nossa fraqueza uma via de saída das coisas temporais... que é a disciplina da fé..." (*infirmitati nostrae uia de temporalibus procurata est...*). **2.** Enfermidade. Obs.: o enfermo, ou *infirmus*, é aquele cuja saúde está debilitada, enfraquecida, e que precisamente por isso está fraco: **A.** Supor que a criação de Deus devesse ser corrigida é uma enfermidade oriunda da invídia: (**3**,5,13,45) *inuida infirmitas.*

infirmus (*adj.*) **1.** Fraco, débil, liter. "que não está firme" [*in* + *firmus*]; daí também: enfermo, doente etc. **A.** Alguns creem que a Providência divina é fraca, ou antes, não estável o suficiente: (**3**,2,5,18) "Preferem crer por meio de um erro nefário que ela... é fraca..." (*eam... infirmam... credere*). **B.** Homens loquazes, fracos, ou enfermos, além de insidiosos: (**3**,12,36,125) *propter loquaces aut infirmos aut insidiosos homines.* **2.** Infirmior (*compar.*): mais fraco. **A.** A mente superior que intentar derribar de sua cidadela uma mais fraca, precisamente por causa dessa intenção se tornará mais fraca: (**1**,10,20,73) *eoque ipso erit infirmior.* **B.** Em relação à incapacidade dos olhos de contemplar a luz do sol: (**2**,13,36,142) *infirmiores oculi.* **C.** O homem se torna mais fraco ao perseguir os bens inferiores: (**2**,16,43,170) "Mais e mais o homem é entenebrecido, enquanto persegue prazerosamente tudo aquilo que acaba por torná-lo toleravelmente mais fraco" (*dum sectatur libentius quicquid infirmiorem tolerabilius excipit*).

D. Da submissão do mais fraco pelo mais forte e do mais forte pelo mais fraco: (**3**,9,19,67). **E.** A alma de estatuto inferior, pecadora, enquanto presa ao corpo, alcança os objetos corpóreos por meio de uma relação mais fraca do que a relação que as almas superiores têm com as criaturas que ornam e regem: (**3**,11,34,119) *longe infirmiore operatione.* **F.** A criatura mais potente não pode ser corrompida por uma mais fraca, a não ser que queira sê-lo: (**3**,14,39,135) *potentior enim ab infirmiore si corrumpi nolit, non corrumpitur.* **G.** A natureza viciosa é mais fraca por causa de seu vício: (**3**,14,39,136) *infirmior uitio suo.*

inhaereo (*v.*) Aderir. **A.** Aderir às trevas da estultícia: (**1**,11,22,77) *stultitiae tenebris penitus inhaerentem.* **B.** Aderir à Sabedoria: (**1**,11,22,78) *inhaerent sapientiae.* Obs.: condição *sine qua non* para que a mente escape aos castigos enunciados em **1**,11,22,77-78. **C.** Aderir aos bens passíveis de perda involuntária: (**1**,12,26,87; 15,32,108; 33,113) *cum iis inhaeret.* **D.** Aderir à verdade imutável: (**2**,13,34,136; 36,142; 14,37,146; 15,39,156) *inhaerere... ueritati.* **E.** Uma noção da Sabedoria adere à mente do insipiente: (**2**,15,40,160) *notio sapientiae menti eius inhaereret.* **F.** Ai dos que aderem à própria obscuridade e se avertem da Luz de Deus! (**2**,16,43,169) *uae qui se auertunt a lumine tuo et obscuritati suae dulciter inhaerent!* **G.** Quando a vontade adere ao Bem imutável: (**2**,19,52,196) *inhaeret incommutabili bono.* **H.** A vida feliz é a disposição do espírito que adere ao Bem imutável: (**2**,19,52,196) *ipsa uita beata, id est, animi adfectio inhaerentis incommutabili bono.* **I.** Aderir à Verdade e à Sabedoria: (**2**,19,52,197). **J.** Aderir à majestade de Deus: (**3**,11,33,116) *inhaerendo illius maiestati.* **K.** Aderir a Deus: (**3**,11,34,119) *inhaeret deo.* **L.** Aderir à eternidade da Verdade: (**3**,21,60,203). **M.** Aderir aos erros: (*Ret.* Pról. §3) *inhaereatur erratis.*

iniquus (*adj.*) Iníquo, liter. "que não é justo", ou seja, em que não há equidade [*in* + *aequus*]. **A.** O homem, enquanto for iníquo, não pode chegar à imortalidade dos santos: (**3**,9,28,102) *non... dum iniquus est ad inmortalitatem peruenire sanctorum.* **B.** Não foi contrário à equidade que o diabo submetesse aqueles que ele capturou; ao contrário, seria iníquo se não os tivesse sob seu poder: (**3**,10,29,105; 31,110) *iniquum erat ut ei quem ceperat non dominaretur...* (§110) *non iniquo possidendi iure.*

iniustus (*adj.*) **1.** Injusto, o que é contrário à noção (clássica) de justiça [*in* + *iustitia*]. **A.** Leis injustas: (**1**,5,11,33) *leges iniustas...* (cf. **1**,6,14,47). **B.** Legislador corrupto e injusto: (**1**,5,12,36) *iniustus atque corruptus.* **C.** Jamais será injusto que os maus sejam infelizes e os bons, felizes: (**1**,6,15,49) *an potest aliquando iniustum esse, ut mali miseri, boni autem beati sint?* Obs.: trata-se de uma pergunta retórica, cuja resposta obviamente é negativa. **D.** A natureza acima da mente racional e sábia (supostamente Deus) não pode ser injusta: (**1**,11,21,75) *iniustam esse nullo modo posse.* **E.** A pena seria injusta sem a liberdade da vontade: (**2**,1,3,7) *poena iniusta esset...* **F.** Quem não é justo, seguramente é injusto: (**2**,15,40,157) *qui non est iustus iniustum esse.* Obs.: parece que a justiça não admite meio-termo: ou se a possui integralmente, ou se é injusto. **G.** O inferior não pode submeter o superior ao poder da *libido,* pois isso seria injusto: (**3**,1,2,8) *iniustum est.* **H.** Alguns detratores dizem que a Providência é injusta: (**3**,2,5,18). **I.** Da justiça e injustiça dos que querem a morte: (**3**,6,19,65-67). **I_1.** Quem rege sua vida injustamente é justamente infeliz: (*ibid.* §66) *te iniuste regendo iuste miser sis.* **I_2.** Uma reta ordenação não pode ser injusta: (*ibid.* §67) *nullo modo tam rectam ordinationem recte iniuste putabis.* Obs.: as noções de *ordo* e *iustitia* são inextricáveis: não se pode conceber algo que seja desordenadamente justo, senão sob o prisma mais afastado do conjunto, quando a correção reordenadora da desordem do pecado se considere justa. Porém neste caso a ação reordenadora é sempre justa, não tendo sido a desordem criada senão pela injustiça do pecado. **J.** Quem pretende invejosamente corrigir a obra de Deus é injusto: (**3**,9,24,86) *immoderatus et iniustus* (cf. **3**,9,25,91). **K.** A causa da vontade é justa ou injusta: se injusta, basta recusar-se a lhe obedecer e nenhum pecado será cometido: (**3**,17,49,168) *si iniusta, non ei optemperet et non peccabit.* **L_1.** A pena injusta é imposta por um dominador igualmente injusto: (**3**,18,51,175) *si autem iniusta poena est... iniusto aliquo dominante homini imposita est.* **L_2.** Porém nenhum dominador injusto pode obrigar o homem a pecar: (**3**,18,51,176; *Ret.* 1,9,5) *non enim quisquam iniustus dominator aut subripere hominem potuit.* **M.** Não é injusto que aquele que não obedece ao preceito de Deus solva as penas de sua desobediência: (**3**,24,72,244) *non illud iniustum quod praecepto non optemperans poenas luit.* **2.** Inivste (*adv.*): injustamente. **A.** Ninguém é punido, segundo a Lei divina, injustamente: (**1**,1,1,1) *nemo iniuste poenas luit.* **B.** Se a vontade livre tivesse sido dada para pecar, além de fazer o bem, seria injusto o homem ser punido: (**2**,1,3,6) *iniuste fieret...* **C.** O diabo deve libertar os que creem naquele que ele matou de modo absolutamente injusto: (**3**,10,31,111) *dimittere cogitur credentes in eum quem iniustissime occidit...* **D.** A natureza que se corrompe pelo vício alheio é vituperada injustamente: (**3**,13,38,133) *iniuste uituperatur.* **E.** O pecado é fazer algo injustamente: (**3**,16,46,158) "O pecado não é padecer algo injustamente, mas fazer algo injustamente" (*sed iniuste aliquid facere peccatum est*). Cf. *ius, iustus, legitimus.*

inmisericorditer (*adv.*) Imisericordiosamente, de modo imisericordioso [*in* + *misericorditer*] sem nenhuma misericórdia, sem nenhuma intenção de perdoar as ofensas alheias, um dos preceitos de Cristo (Mt 18,21-22 etc.): (**3**,9,28,103) "Então, tendo esses tais sido estabelecidos à esquerda, porque não buscaram a Deus através da porta da humildade, a qual o Senhor Jesus Cristo mostrou em si mesmo, e viveram de modo imisericordioso e soberbo, ser-lhes-á dito: Ide para o fogo eterno, que foi preparado para o diabo e para os seus anjos!" (*inmisericorditer superbeque uixerunt*).

innocentia (*subst.*) Inocência, liter. "incapacidade de causar prejuízo", ou seja, de ferir, de magoar, numa palavra, incapacidade de fazer o mal [*in* + *noceo*]. Obs.: deve-se notar que a inocência está muito longe da bondade e do mérito dela decorrente, pois não ser capaz de causar prejuízo não significa ser capaz do bem, muito menos ter méritos pelas obras boas que não praticou. As criancinhas se dizem "inocentes" apenas na medida em que ainda não são capazes de fazer o mal; porém, assim como as pedras e os grilos, tampouco são capazes de fazer qualquer bem, do que decorre que, se não merecem castigos, tampouco têm elas qualquer mérito de onde possam auferir prêmios. Numa palavra, se o inocente não tem méritos para o inferno, tampouco os tem para o céu: (**3**,23,68,229) "Como se a inocência pudesse ter mérito..." (*quasi possit esse innocentiae meritum...*).

inordinatus (*adj.*) Desordenado, em relação ao espírito perverso, que age contrariamente à ordem estabelecida pela Lei eterna [*in* + *ordinatus*]. Obs.: o espírito desordenado persegue os bens temporais, negligenciando os eternos, deixando-se arrastar pelo movimento de aversão do Bem comum e conversão aos bens próprios e mutáveis, que se diz "pecado". Está fora de ordem, porque a Lei eterna estabelece que as coisas melhores devem submeter as que lhes são inferiores. Assim sendo, todo espírito, que é, vive e intelige, deve governar os movimentos irracionais da alma, que lhe são ontologicamente inferiores, porque apenas são e vivem, jamais sendo por eles arrastado em direção ao apego dos bens mutáveis. O homem desordenado, portanto, é aquele cujos movimentos irracionais da alma não se submetem ao alvedrio da reta razão, podendo dizer-se que seja em certa medida um "irracional", que a terminologia de precedência estoica adotada pelo filósofo designa pelo termo "estulto" (*stultus*): (**1**,16,35,116) *peruersi tamen animi est et inordinati.*

inpatiens (*adj. part.*) IMPACIENTE, liter. "que não padece", no sentido do que não tolera sofrer [*in* + *patior*], daí também: INSUPORTÁVEL: (**3**,23,69,234) "A dor é um sentido impaciente da divisão ou da corrupção" (*sensus diuisionis uel corruptionis inpatiens*). Obs.: Agostinho diz que esse sentido impaciente da corrupção permite que se compreenda como os animais têm apetite pela unidade, pois, ao acusar a dor, o corpo de todo animal lhe "diz" que sua unidade está sendo ameaçada pela desintegração, como se fosse um sinal de alerta.

inpressus (*adj. part.*) IMPRESSO, liter. "que está gravado" [*inprimo*], precisamente por ter sido gravado. Obs.: há na criatura racional noções impressas, cujo mecanismo não é muito certo, embora sua origem seja sem dúvida divina. No *L.A.* Agostinho refere três dessas noções: da Lei eterna, da sabedoria, da felicidade. **A.** Uma noção da Lei eterna encontra-se impressa no homem: (**1**,6,15,51) *aeternae legis notionem, quae inpressa nobis est.* **B.** Há também uma noção da felicidade impressa na mente humana, de par com uma noção de sabedoria, por meio de que o homem sabe que quer ser feliz e que quer ser sábio: (**2**,9,26,103; 15,40,160) "Antes de sermos felizes foi impressa em nossas mentes, pois, a noção de felicidade... assim também, antes de sermos sábios, possuímos impressa na mente uma noção de sabedoria" (*antequam beati simus mentibus tamen nostris inpressa est notio beatitatis... etiam priusquam sapientes simus sapientiae notionem in mente habemus inpressam...*). **C.** Os números estão impressos nos corpos e podem ser discernidos pelas criaturas racionais: (**3**,11,31,125) *corporibus... quibus inpressos numeros cernimus.* **D.** A Sabedoria fala aos homens por meio dos vestígios que imprimiu em suas obras: (**2**,16,41,163) *uestigiis quibusdam, quae operibus suis inpressit, loquitur tibi.* **E.** Disposições temporais marcadas a fogo e impressas pelos amores das coisas temporais: (**3**,7,21,72) *adfectiones tuae non sint temporales, de temporalium rerum amoribus inustae et inpressae.* Cf. *iudicium naturale.*

inprobus (*adj.*) ÍMPROBO, liter. "que não é probo" [*in* + *probus*], portanto: reto, digno, honrado. **A.** O desejo [cúpido] é uma vontade ímproba: (**3**,17,48,166) *cupiditas... inproba uoluntas est.* **B.** A vontade ímproba é a causa de todos os males: (**3**,17,48,167) *inproba uoluntas malorum omnium causa est.* **C.** A vontade ímproba não é segundo a natureza: (**3**,17,48,167) *si secundum naturam esset... non esset inproba.* Obs.: a vontade ímproba causa dano à natureza, sendo-lhe perniciosa.

inquietudo (*subst.*) INQUIETUDE, considerada como um estado de não quietude, não repouso, ou não paz [*in* + *quies*]: (**3**,8,23,83) "Porém o que está quieto não é um nada; pelo contrário, é ainda mais do que aquilo que está inquieto. Porque a inquietude faz variar as disposições, de modo que uma aniquile a outra" (*quod autem quietum est non est nihil, immo etiam magis est quam id quod inquietum est. inquietudo enim uariat adfectiones...*). Cf. *inquietus, quietus.*

inquietus (*adj.*) INQUIETO, não quieto [*in* + *quietus*], em condição de não quietude, não paz, de onde também os sentidos: perturbado, agitado etc.: (**3**,8,23,83) O quieto "é ainda mais do que aquilo que está inquieto" (*magis est quam id quod inquietum*). Obs.: esse ser mais é sem dúvida ontológico, visto que Deus é a própria quietude em que espera repousar o homem depois das fadigas desta vida (*Conf.* 13,38,53): "Estás sempre em repouso, porque teu repouso és tu mesmo" (*semper quietus es, quoniam tua quies tu ipse es*).

inrationalis (*adj.*) IRRACIONAL, que não é, está, ou age segundo a razão [*in* + *rationalis*], seja porque carece dessa faculdade, como os animais, seja porque a oblitera desordenada e estultamente, estando daí contra ela (*auersa recta ratione*). Obs.: vale notar que, no caso dos movimentos irracionais da razão, não se trata de movimentos da razão destituídos de razão, o que seria contraditório, mas de movimentos da razão contrários à reta razão, a partir da definição de Zenão apresentada por Cícero em suas *Tusculanas* (cf. comentários **1**,6,15,51; 8,18,61; esp. **1**,8,18,64). **A.** Em referência aos movimentos do espírito, que deveriam ser governados pela razão (*ratio*), mantendo a natureza racional ordenada. De fato, se o racional se deixa governar pelo irracional, estabelece-se a perturbação da ordem (*ordo*), como determinada pela Razão suprema (*summa ratio*), que é também a Lei eterna (*lex aeterna*): (**1**,8,18,65) "Logo essa razão, ou mente, ou espírito, quando rege os movimentos irracionais da alma, sem dúvida domina no homem aquilo que deve exercer o domínio, segundo aquela Lei que soubemos ser eterna" (*ratio ista ergo uel mens uel spiritus, cum inrationales animi motus regit...*). **B.** Os animais irracionais não podem ser nem sábios, nem estultos, exatamente porque desprovidos de razão: (**3**,24,71,243) "De onde também não dizemos estulto o animal irracional, porque não recebeu que pudesse ser sábio" (*neque animal inrationale stultum dicimus*).

inrogo (*v.*) IRROGAR. Obs.: mais um dos inúmeros termos do universo jurídico utilizados por Agostinho, que significa liter. "impor uma pena a alguém", "infligir um castigo", ou ainda, "imputar à conta de crime", o que se diz em referência à condição de ignorância e dificuldade, que ou foram assumidas pelas almas, hipoteticamente preexistentes, como tarefas de caráter probatório, ou irrogadas à conta de punição: (**3**,23,70,239) "Porém se a ignorância e a dificuldade, a partir de que é necessário que essa vida comece, não são naturais às almas, resta que ou tenham sido tomadas como um ofício, ou irrogadas como um castigo" (*aut officio susceptae sint aut inrogatae supplicio*).

insipiens (adj.) INSIPIENTE, liter. "que não sabe", no sentido de "ser desprovido de sabedoria" [*in* + *sapiens*]. Obs.: diferentemente do grego ἄφρων, "insensato", "destituído de bom senso" [φρόνησις], esse "insipiente" parece ser mais um daqueles vocábulos técnicos de que se serve Agostinho para ordenar seu pensamento, sobremodo quando se vê carente de um "termo médio" para fazer a ponte entre conceitos antitéticos. Nesse caso, no meio da antítese marcadamente estoica entre sábio (*sapiens*) e estulto (*stultus*) parece "inventar" (*inuenio*) Agostinho o "insipiente", que, embora não seja sábio, não é de modo nenhum um "estulto", segundo a definição apresentada, a saber, aquele cuja razão é dominada pelos movimentos irracionais da alma. Portanto o insipiente, embora não seja sábio (o que significa estar de posse da Sabedoria, que é Deus), parece localizar-se a meia distância entre este e o estulto, pois tende a sê-lo, o que implica mais que simples aspiração, implica uma tensão, um esforço que se realiza no sentido da sabedoria que se pretende alcançar. Diz-se que "tende a sê-lo" porque o insipiente conhece a Sabedoria, ou antes, conhece que ela existe e que a deseja. Daí não ser conveniente sempre traduzir *insipiens* por "insensato", porque em alguns casos não se trata de um tolo, e sim de alguém não sábio, o que o tolo não pode ser, nem o estulto, porque ou não conhecem a sabedoria, ou, o que é pior, não a desejam. E embora Agostinho lance mão de uma passagem bíblica em que o termo significa seguramente “insensato”, ele recorre aos seus conhecimentos etimológicos para em outras passagens ressignificar o adjetivo como “não sábio”, alguém que não é sábio, mas conhece e deseja a sabedoria. O termo *insipiens*, que não é utilizado no primeiro livro, surge apenas depois de uma citação bíblica (Sl 13,1; 52,1), o que sugere sua influência, ao menos na linguagem adotada pelo autor no segundo livro, onde aparece em dez das onze vezes em que o termo é usado em toda a obra. No terceiro livro, por sua vez, *insipiens* é utilizado apenas uma vez, porém o termo “estulto” (*stultus*) retorna de modo abundante, especialmente no final, quando se especula da condição do primeiro homem, se havia sido criado sábio, ou se estulto. É provável que a preferência pelo termo *stultus*, neste caso, se deva antes aos questionamentos anticristãos, provavelmente de origem filosófica, contra os quais Agostinho argumenta na referida passagem (**3**,24,71,240-73,254): “Pois parecem a si mesmos propor a questão de modo muito agudo os que dizem: Se o primeiro homem foi feito sábio, por que foi seduzido? Porém, se foi feito estulto, de que modo não é Deus o autor dos vícios, visto que a estultícia seja o vício máximo?” (*si sapiens factus est primus homo, cur seductus est?*). O termo *insipiens* ocorre nas seguintes passagens: **A.** Disse o insipiente (insensato) em seu coração: “Não há Deus” (Sl 13,1): (**2**,2,5,13; 18,47,180) *dixit insipiens in corde suo: “Non est deus!”*. **B.** Pode o insipiente conhecer a Sabedoria? (**2**,15,40,157) *an quisquam insipiens potest nosse sapientiam?* **C.** O contrário do sábio é o insipiente? (**2**,15,40,159) *et quando sapiens non est, non sit insipiens?* **D.** O insipiente possui uma noção impressa da Sabedoria, por meio da qual ele “tem conhecimento” da Sabedoria e sabe que a deseja, do contrário não saberia se queria ou não ser sábio: (**2**,15,40,160) *nouit ergo insipiens sapientiam. non... uelle se esse sapientem... nisi notio sapientiae menti eius inhaereret.* **E.** Obscureceu-se o coração insipiente (insensato) deles (Rm 1,21): (**3**,24,72,249) *et obscuratum est insipiens cor eorum.*

inspiratio (*subst.*) INSPIRAÇÃO [*in* + *spiro*]. **A.** Como a ação de soprar (πνέω) ar para dentro dos pulmões. **B.** Em sentido derivado ou metafórico, como um “sopro” da substância espiritual (πνεῦμα): (**2**,13,35,139) “Que é mais fragrante, que, mais jucundo, do que a inspiração da Verdade?” (*inspiratione ueritatis*).

inspiro (*v.*) INSPIRAR [*in* + *spiro*]. **A.** No sentido de “conduzir o ar para dentro dos pulmões”, “respirar”, “aspirar”. **B.** Em sentido derivado, ou metafórico, de ser “soprado” pelo “sopro” (πνεῦμα) ou “espírito” (*spiritus*), de natureza inteligível, ou seja, de ser instruído pelo Espírito da Verdade: (**2**,13,35,139) “Quando somos inspirados por ela” (*cum ab illa inspiramur*). Obs.: isso obviamente não significa dizer que a Verdade “aspirou”, mas, ao contrário, que “soprou para dentro”, por assim dizer, pelo sopro ou Espírito da Verdade. (**2**,14,37,146): “Aquilo que ela te inspira” (*quod te inspirat*). **C.** Inspirar, no sentido de “animar”, “insuflar vida” ou *anima* (ψυχή) nos corpos: (**3**,20,57,193): “Na verdade, se em algum recôndito secreto de Deus as almas, já existentes, são enviadas para insuflar vida e reger os corpos de cada um dos indivíduos que nascem...” (*animae mittuntur ad inspiranda et regenda corpora...*). **D.** No sentido de “ser soprado” pelo Espírito de Deus, ou seja, de ter origem divina: (**3**,21,62,214) “Escrituras divinamente inspiradas” (*scripturas diuinitus inspiratas*). Cf. *spiro, duco, traho, respiro.*

institutor (*subst.*) INSTITUIDOR, em referência ao Criador: (**3**,5,12,44): *institutor tamen earum, deus...* Obs.: Deus institui, ou instaura, a ordem universal das criaturas, de modo que as almas sejam sempre consideradas superiores aos corpos. Trata-se de um dos vários epítetos utilizados pelo filósofo para referir o Criador, de par com *creator, conditor, artifex, ordinator, administrator* etc.

instrumentum (*subst.*) INSTRUÇÃO [*in* + *struo*]. Obs.: referência ao Antigo Testamento. O termo *instrumentum* pode referir-se tanto a um "instrumento", ou seja, um utensílio qualquer que sirva a propósito ulterior, quanto, em sentido figurado, na língua jurídica tão cara a Agostinho, a um registro de escritos, ou documentos, ditos "instrumentos legais": (*Ret.* 1,9,6) "Os maniqueus... que não aceitam as santas Escrituras da antiga Instrução" (*manichaeos habenda est, qui non accipiunt scripturas sanctas ueteris instrumenti*). Cf. *exstruo.*

intellectus (*adj. part.*) Liter. INTELECTO, entendido como sendo a capacidade que possui a faculdade da inteligência para inteligir um dado assunto. Obs.: o termo aparece apenas duas vezes em todo o *L.A.*, não constituindo termo técnico. Cf. *intellegentia.* **A.** O sentido interior não intelige, pois carece do intelecto: (**2**,5,12,45) *intellectu caret.* **B.** O intelecto não está presente nos animais: (**2**,5,12,45) *quibus intellectus non inest.*

intellegentia (*subst.*) INTELIGÊNCIA, seja enquanto faculdade humana de compreender e conhecer, considerada em si mesma, seja enquanto processo e resultado da atividade dessa faculdade, ou seja, a intelecção (compreensão ou entendimento) resultante da atividade da inteligência. Obs.: a inteligência, enquanto resultado da atividade inteligente, contrapõe-se à fé, espécie de assentimento da razão à autoridade dos testemunhos. Se a fé não prescinde do concurso da razão, pois o assentimento é indubitavelmente uma certa atividade racional, aquilo a que se dá o seu assentimento, porém, não é fruto duma atividade sistemática da razão, ao modo das descobertas científicas ou das disputas dialéticas. De fato, a fé permite que se apreenda (*adprehendo*) um dado conteúdo, no coração; porém a intelecção daquilo, por meio duma atividade racional, é atributo exclusivo da inteligência. Agostinho e Evódio pretendem encontrar razões para aquilo em que já creem por meio de sua fé (**1**,11,23,79): "Embora eu sustente isso com uma fé absolutamente firme, ainda não o alcancei com a inteligência" (*tamen hoc cum firmissima fide teneam, intellegentia nondum adsecutus sum*). **A.** A i. é um bem e não pode ser má: (**1**,1,3,8) *nec ullo modo... intellegentiam malam esse posse.* **B.** Com a ajuda de Deus espera-se chegar à i. (compreensão) daquilo em que se crê por meio da fé: (**1**,2,5,13) *ad intellegentiam...* **C.** A i. como sinôn. de razão: (**1**,7,16,55) *quae ratio uel intellegentia dici solet.* **D.** A i. e a razão são responsáveis pela ciência, ou conhecimento (*scientia*): (**1**,7,17,59; **2**,7,15,61). **E_1.** Para levar um assunto à i., ou seja, para atingir a intelecção, deve-se empreender um tratamento cauteloso e diligente: (**1**,10,21,74) *ut ad intellegentiam ueniat.* **E_2.** Chegar à i. (compreensão) de um assunto: (*Ret.* 1,9,1) *ad intellegentiam.* **F.** Alcançar a compreensão por meio da i.: (**1**,11,23,79) *intellegentia nondum adsecutus sum.* **G.** Os animais não possuem i.: (**2**,6,13,53). **H_1.** A razão e verdade dos números pode ser apreendida pela i: (**2**,8,20,80). **H_2.** Os números que se discernem por meio da i.: (**2**,8,22,87). **I.** Uma i. dilúcida: (**2**,9,25,99). **J.** A potência da i.: (**2**,11,13,128) *intellegentiae potentia.* **K.** A i. humana: (**3**,21,60,207) *omnis humana intellegentia.*

intellego (*v.*) INTELIGIR, no sentido de "compreender" [*conprehendo*] ou "apreender" [*adprehendo*] um dado conteúdo através da faculdade da inteligência [*intellegentia*]. **A.** Seria possível aprender alguma coisa sem "inteligir", aquela compreensão que se atinge por meio da inteligência? (**1**,1,3,8) *si non intellegat, poteritne tibi doctus uideri?* **B$_1$.** Se a inteligência é um bem, quem intelige faz bem: (**1**,1,3,9) *omnis qui intellegit bene facit.* **B$_2$.** Quem não intelige não aprende: (**1**,1,3,9) *nec quisquam qui non intellegit discit.* **B$_3$.** Todo aquele que aprende intelige: (**1**,1,3,9) *omnis qui discit intellegit.* **B$_4$.** Ninguém pode ter ciência sem inteligir: (**1**,7,17,59) *scire nemo potest, nisi qui intellegit.* **C.** Deus fará com que o crente intelija o objeto de sua fé: (**1**,2,4,11) *et nos intellegere quod credidimus faciet.* **D.** O célebre dito de Isaías: "Se não crerdes, não inteligireis": (**1**,2,4,11) *nisi credideritis, non intellegetis.* **E.** Inteligir, não apenas crer: (**1**,4,10,26). **E$_1$.** Quem não deseja apenas crer, mas também inteligir, não deve se refugiar na autoridade apenas, seja da lei, seja da fé: (**1**,3,6,15) *iam non tantum credere, sed intellegere cupientibus.* **E$_2$.** (**1**,3,6,16) "Estamos empenhados em ter ciência e reter do modo mais firme possível aquilo que acolhemos na fé, também inteligindo" (*molimur id, quod in fidem recepimus, etiam intellegendo, scire ac tenere firmissimum*). **E$_3$.** Uma coisa é crer, outra, inteligir: (**2**,2,6,17) *aliud... credere, aliud intellegere.* **F.** Inteligir, em vários contextos: **F$_1$.** Inteligir se a *libido* seja o mal existente no adultério: (**1**,3,8,20) *intellegas libidinem in adulterio malum esse.* **F$_2$.** Inteligir se aquilo que se pode perder deva ser chamado de "nosso": (**1**,5,12,38) *quemadmodum nostrum appelandum sit, non intellego.* **F$_3$.** Intelijo... que não pode: (**1**,6,15,51) *intellego... non posse.* **F$_4$.** Assim como intelijo...: (**1**,7,16,57) *ut intellego.* **F$_5$.** Inteligir acerca do que seja o conhecimento: (**1**,7,17,59). **G.** Uma definição de inteligir: (**1**,7,17,59) "E contudo que é inteligir, senão viver de modo mais iluminado e perfeito pela própria luz da mente?" (*intellegere autem quid est, nisi ipsa luce mentis inlustrius perfectiusque uiuere?*). **H.** A luz do inteligir: (**1**,11,22,77) *in lucem intellegendi.* **I.** Conhecer e inteligir: (**2**,2,5,16) *nosse et intellegere.* **J$_1$.** A tríade ser, viver e inteligir: (**2**,3,7,22-23; 6,13,52-53; 17,46,175; 18,47,178) *esse, uiuere, intellegere.* **J$_2$.** O homem é, vive e intelige: (**2**,3,7,24). **K$_1$.** O que intelige não é invariavelmente melhor do que o que é por ele inteligido: (**2**,5,12,46) *ne... omne intellegens melius esse quam id quod ab eo intellegitur.* **K$_2$.** O homem intelige a Sabedoria e não é melhor do que ela: (**2**,5,2,47) *homo intellegit sapientiam et non est melior quam ipsa sapientia.* **L.** O inteligir da natureza imutável: (**2**,10,28,115) *incommutabile intellegat.* **M.** Os objetos da intelecção são propriedade dos inteligentes? (**2**,12,33,131). **N.** Nada é maior nas criaturas do que a vida que intelige: (**2**,17,46,177) *quid enim maius in creaturis quam uita intellegens?* **O.** Inteligir a natureza invisível: (**3**,10,30,109) *ad intellegenda inuisibilia.* **P.** Como se deve inteligir a avareza: (**3**,17,48,166). **Q.** Para inteligir a Trindade: (**3**,21,60,205) *cui trinitati pie sobrieque intellegendae...* **R.** Não é possível inteligir a respeito da passagem da sabedoria para a estultícia, senão a partir de seu contrário: (**3**,24,73,252-253) *non nisi ex contrario datur intellegi.* **S.** Intellegens (*part.*): liter. "que intelige": **S$_1$.** (**1**,6,15,48; 2,20,54,202) "A alguém que intelija..." (*cuipiam intellegenti...*). **S$_2$.** (**2**,13,36,141) "Os homens que inteligem" (*intellegentes homines*). Cf. **1**,8,18,65; 9,19,67; 10,21,74; 13,27,92; 28,95; 15,31,107; **2**,1,1,1; 2,4; 3,5; 4,10; 3,7,26; 5,12,43; 7,17,68; 19,76; 78; 10,28,110; 12,34,136; 16,41,163; 19,52,197; **3**,1,1,2; 2,5,19; 4,11,40; 8,23,83; 9,24,88; 9,26,92; 24,72,249; 25,74,257; 25,77,266.

intentio (*subst.*) **1.** Atenção: **A.** Arrebatar a atenção a alguém: (**1**,1,3,7) *ipsius boni amor intentionem meam rapuit.* **2.** Intenção: **A.** A intenção de fabricar alg. objeto: (**2**,16,42,166) *intentionem fabricandi.* **B.** A intenção voltada à vaidade, não à felicidade: (**3**,21,59,201) *intentio nostra non in beatitatem, sed in uanitatem...* **C.** A intenção do diabo não se teria convertido paro o que é nefasto, não lhe tivesse vindo algo à mente: (**3**,25,75,258) *nullo modo intentionem conuertisset in nefas.* **D$_1$.** Há dois tipos de visão que afetam a vontade: um proveniente da própria intenção do espírito; outro, dos sentidos: (**3**,25,75,259; 260; 266) *uel intentioni animi uel sensibus corporis.* **3.** Intento: **A.** O intento da mente: (**3**,15,43,149) *mentis intentio.* **B.** O intento lactente de elevar-se: (**3**,21,60,206) *lactens... sese adtollere... intentio.* Obs.: em todas as alternativas encontradas em vernáculo há sempre uma tensão, esforço ou aplicação dedicados a fim específico, para o qual "tende" o espírito, seja quando presta atenção, seja quando sustenta alguma intenção ou intento de agir.

interior regula ueritatis (*express.*) Regra interior da Verdade. **A.** A mente humana faz juízo acerca de tudo o que lhe é inferior, como dos corpos, dos sentidos corpóreos, do sentido interior, e da própria razão, segundo as "regras interiores da Verdade", das quais, contudo, nenhum juízo emite, pois não se julga "do que" é superior, mas apenas "segundo" o que é superior: (**2**,12,34,134) "Julgamos então estas coisas segundo aquelas regras interiores da verdade, as quais discernimos em comum; acerca das próprias [regras], contudo, de modo nenhum se julga" (*et iudicamus haec secundum illas interiores regulas ueritatis quas communiter cernimus; de ipsis uero nullo modo quis iudicat*). **B.** Seriam essas regras interiores da Verdade a própria Verdade, como a Verdade imutável dos números, segundo a qual sete e três são dez, agora e sempre? (*ibid.*). **C.** Desta verdade, portanto, ninguém julga, no sentido de "corrigir", como um "examinador", mas humildemente se alegra, como um "descobridor": (*ibid.*) "Conhecendo que assim seja... não corrige [como] examinador, mas que apenas se alegra [como] descobridor" (*sed tantum ita esse cognoscens non examinator corrigit, sed tantum laetatur inuentor*). Cf. *inpressus, notio inpressa, iudicium naturale.* Obs.: ao contrário do "juízo natural", que se refere a uma "capacidade" inata da alma, que tem uma "noção" do que ainda "desconhece", a fim de que o deseje, como um impulso para a Verdade, para a Sabedoria, para a Quietude etc., a regra da Verdade é interior à própria Verdade, por assim dizer, não à mente humana, pois nem todos sabem que a soma dos quadrados dos catetos de um triângulo retângulo equivale ao quadrado da hipotenusa. Neste sentido é que Agostinho diz que o "descobridor" dessas regras se alegra, pois elas existem independentemente de sua descoberta, fora de sua mente, como todo platônico admite, ainda que os antimetafísicos riam-se, discordando.

interior sensus (*loc. subst.*) Sentido interior, s. interno, liter. "sentido que está mais para dentro", obviamente em relação aos sentidos corpóreos (tato ou toque, audição, visão, paladar ou gosto, e olfato), considerados exteriores, porque voltados para os objetos que estão "fora" do percipiente. Obs.: Agostinho denomina "sentido interior" a faculdade presente nos animais, racionais ou não, responsável por receber os perceptos captados pelos cinco sentidos corpóreos. No caso dos irracionais os perceptos não são enviados para a razão, mas "gerenciados" de alguma maneira pelo sentido interior, como se depreende, por exemplo, ao constatar-se que alguma "faculdade" do animal o leva a abrir os olhos e voltar-se para determinada direção ao ouvir um som qualquer que desperte sua atenção, comandos que não poderiam ser dados, nem executados pelos próprios sentidos corpóreos, como a visão, que estava inativa, ou a audição, que não é capaz de inteligir para reger (cf. **2**,5,12,48). No caso das criaturas racionais, a função do sentido interior é também de intermediação entre os sentidos corpóreos e a razão, para quem ele "interpreta" os sinais recebidos. **A.** Os sentidos não são capazes de discriminar o que sentem, muito menos o que os outros sentidos fazem, tarefa essa que, segundo Evódio, cabe a um certo sentido interior (s.i.): (**2**,3,8,26; 9,31) *quodam interiore ista diiudicantur.* **B.** Porém o s.i. não se percebe a si mesmo, tarefa que cabe à razão: (**2**,3,8,27) *nos ratione conprehendere esse interiorem quendam sensum.* **C.** O s.i. está presente nos homens e nos animais: (**2**,3,9,28-30). **D.** Os animais não discernem o s.i.: (**2**,3,9,31). **E$_1$.** Os sentidos corpóreos (s.c.) são presididos pelo s.i., cujas informações e interpretações são necessárias para que a razão possa de fato processar as experiências sensoriais: (**2**,3,9,32). **E$_2$.** O s.i. é chamado de "sentido intérprete", porque traduz as percepções sensoriais para a razão: (**2**,16,42,165) *interpretem sensum.* **F.** O s.i. denomina-se uma certa "vida": (**2**,3,9,34) *illa uita sit, quam sensum interiorem uocamus.* **G.** O s.i. "sente" não apenas os perceptos advindos dos s.c., ou seja, os objetos corpóreos, mas também "sente" os próprios s.c.: (**2**,4,10,38; 41) *sensum illum interiorem non ea tantum sentire quae accepit a quinque sensibus corporis, sed etiam ipsos ab eo sentiri.* **H.** O s.i. pertence ao gênero de coisas que apenas são e vivem, porém não inteligem, estando abaixo da razão: (**2**,5,12,44-45) *illum sensum interiorem, quem quidem infra rationem.* **I.** O s.i. está acima dos objetos corpóreos, porque estes apenas são, porém não vivem: (**2**,5,12,45). **J.** O s.i. está acima dos s.c., embora ambos sejam e vivam, porque o s.i. é uma espécie de juiz e moderador dos s.c.: (**2**,5,12,46-49) *moderatorem et iudicem... sensum illum interiorem de istis corporis sensibus iudicare.* **K.** A razão julga do s.i.: (**2**,6,13,51) *ratio de hoc interiore sensu iudicet.* **L.** Os s.c. e o s.i. são próprios de cada senciente, não comuns, pois cada um sente os seus sentidos e por meio deles exclusivamente: (**2**,7,15,60).

intueor (*v.*) **1.** Considerar, no sentido de "olhar" ou "examinar atentamente", seja a partir da observação sensorial dos olhos, seja por meio de atividade exclusivamente intelectual. Obs.: essa consideração não deixa de ser uma verdadeira contemplação: (**3**,11,14,118) Deus, "cujo aceno" a alma superior dos anjos "considera [/contempla] de modo inefável" (*ille, cuius nutum ineffabiliter intuetur*). **A.** Cons. a aprendizagem de fazer o bem: (**1**,1,3,7) *illam disciplinam intuerer.* **B.** Cons. a altitude de um monte: (**2**,9,27,107) *altitudinem montis...intuetur.* **C.** O olhar dos que consideram: (**2**,9,27,108) *intuentis aspectus.* **D.** Considerar em comum o imutável: (**2**,10,28,115): *incommutabile... intueri communiter.* **E.** Cons. as regras dos números a fim de contemplá-las: (**2**,10,29,119). **F.** Cons. a luz do sol: (**2**,14,38,150) *solem... intueri.* **G.** Cons. o céu, a terra, o mar...: (**2**,16,42,164; **3**,12,35,123) *intuere coelum et terram et mare...* **H.** Cons. os números supernos: (**2**,16,42,165) *supernos numeros intuenti.* **I.** Não cons. os que fazem mal uso dos bens corpóreos: (**2**,18,48,185) *non intuens eos qui male his utuntur.* **J.** Cons. a justiça: (**2**,18,50,190) *intueris... iustitiam.* **K$_1$.** Cons. a si mesmo: (**3**,3,6,23) *teque ipsum... intuere.* **K$_2$.** O espírito considera a si próprio: (**3**,25,76,261) *se ipsum... animus intueatur et sibi ipse quodam modo ueniat in mentem.* **L.** Cons. a criação divina: (**3**,3,6,24) *intuebar quae in creatura eius fiunt.* **M.** Cons. os pecados dos homens: (**3**,5,14,52) *intuentes peccata hominum.* **N.** Cons. de modo inefável o aceno de Deus: (**3**,11,34,119) *cuius nutum ineffabiliter intuetur.* **O.** Cons. o dito apostólico: (*Ret.* Pról. §2) *sententiam... intueri.* **2.** Olhar atentamente: (**2**,17,45,174) "Logo, quem olhou atentamente...", *intuitus ergo...* Cf. *contemplo, conspicio, contueor.*

inualidus (*adj.*) Inválido, liter. "não válido", "não vigoroso" [*in* + *ualidus* < *ualeo*], o que pode significar uma fragilidade corpórea ou mental. **A.** Olhos inválidos para suportar a luz: (**3**,14,40,140) *oculos... ferendae lucis inualidos...* **2.** Invalidior (*adj. compar.*): liter. "mais inválido", no sentido de "incapaz", "fraco" etc. **A.** Mais inválido, em relação aos olhos da mente: (**2**,16,43,170) "Mas a sombra, quando é amada, torna mais lânguido o olho do espírito e mais inválido para suportar o teu conspecto" (*inualidiorem ad perferendum conspectum tuum*). **B.** Mais inválida, em relação a uma natureza que é corrompida por outra: (**3**,14,39,136) "Se uma natureza mais potente corrompe uma mais inválida..." (*si uero potentior inualidiorem corrumpit*). **C.** Ninguém pode tomar à força o homem de Deus, como se ele fosse mais inválido do que a natureza usurpadora: (**3**,18,51,176; *Ret.* 1,9,5) "Pois não poderia algum injusto dominador surripiar o homem a Deus, como se ele o ignorasse, ou extorqui-lo dele, invito, como se ele fosse mais inválido..." (*tanquam inualidiori...*). Cf. *ualeo, ualetudo, fortis, firmus, infirmus.*

inuideo (*v.*) INVEJAR, seja em seu sentido estritamente etimológico de "ver contra" [*in* + *uideo*], por meio de um olhar hostil, inimigo, adversário, seja no sentido de "ter um olho mau", "ínvido", "cheio de ódio ruinoso", o que não necessariamente implica o desejo ou a subtração dos bens alheios, embora não exclua essa possibilidade. De fato, o "invejoso" nem sempre quer para si o que pertence ao outro, agastando-se muita vez apenas pelo sucesso alheio, que então quer ver ruir, porque seu "olho mau" não suporta a felicidade alheia. Pode-se dizer que a invídia do diabo desdobrou-se nessas duas direções, seja porque quis ser igual a Deus, por meio da imitação perversa, seja porque invejou a felicidade do homem, que quis fazer ruir, não para tomá-la para si, o que não podia fazer, tendo perdido definitivamente a sua, mas apenas por não suportá-la, o que aumentava por certo a sua infelicidade. No *L.A.* a invídia tem papel dos mais interessantes, desde que se atente a esse seu sentido primitivo, que, como dito, não exclui o sentido vulgar de "cobiça dos bens alheios". Assim, ter invídia de Deus tanto significa ter um olho mau, injusto, em relação à obra da criação, censurando e acusando injustamente a perfeição que não é capaz de compreender, como também desejar para si a prerrogativa divina da criação, como se o homem prescindisse totalmente do seu Criador, querendo fazer do diabo seu modelo de imitação, imitação de soberba (cf. *diabolus, imitatio*). **A.** Não se deve ter um olhar hostil em relação à obra de Deus: (**3**,5,13,45) "De modo nenhum deverias invejar que se fizesse também outra coisa inferior..." (*ut inferior... nequaquam inuidere deberes*). Obs.: Agostinho combate o argumento, provavelmente corrente em seu tempo, de que Deus não deveria ter criado almas inferiores, capazes de pecar, crítica injusta que ele qualifica como "ínvida" (cf. **3**,9,24,85-86). **B.** Deus não invejou a criatura espiritual quando permitiu-lhe que fosse infeliz, o que não fez por invídia, por algum "mau olhar" que lhe traria prazer no sofrimento alheio, muito menos deixou de criá-la, sabendo que ela iria pecar: (**3**,9,24,85) *non enim hoc aut omnipotens non potuit aut bonus non inuidit.*

inuidia (*subst.*) INVÍDIA (cf. "obs." no verbete *inuideo*). **A.** A invídia é um dos castigos impostos à mente que se deixa reger desordenadamente pelas inclinações sensuais: (**1**,11,22,78) *inuidia torquet.* Obs.: o ínvido é torcido e retorcido pelos desejos insaciáveis que acalenta em seu coração, jamais encontrando satisfação ou paz, desejando não apenas o que pode, mas o que não pode, o que não lhe pertence; e se não pode alcançar o próprio sucesso, deseja a ruína alheia, para que seu fracasso não seja ainda mais sofrido (cf. *anxietas*). **B.** Da mesma invídia de que padece a mente serva da *libido*, em seu "olho inimigo" da felicidade alheia, invídia que é um castigo mais para si do que para os que são invejados, padeceu também o diabo, que além de soberbo e perverso imitador de Deus padeceu de uma "invídia malevolentíssima" da felicidade humana, de onde ter persuadido o homem, fazendo do motivo de sua queda, a soberba, o modelo de imitação para ele: (**3**,25,76,263). Cf. **2**,14,37,145; **3**,5,13,45; 9,24,87.

inuitus (*adj.*) **1.** INVITO. Obs.: o que se faz invito faz-se contra a determinação da própria vontade [*in* + *uis* (*uolo*)], portanto: relutante, constrangido, contrariado etc. Agostinho utiliza "invito" quase sempre como adjetivo, função que procurou-se manter ao longo dos três livros, forçando o uso inusitado, em vez de socorrer-se de uma fácil porém especiosa perífrase, como "contra a vontade", não apenas para evitar o uso indecoroso do substantivo "vontade", em detrimento da construção latina com adjetivo, preservando assim a intenção e o estilo do autor, mas principalmente para manter fidelidade à proposta de tradução apresentada no início. **A.** Uma flecha que escapa das mãos de um atirador invito: (**1**,4,9,25). **B.** Na definição de *libido*, como sendo o amor do que se pode perder invito, portanto contrariamente ao desejo da própria vontade, que quer manter os bens eternamente em seu poder: (**1**,4,10,31; 32; 5,12,37). **C.** Ser estuprado invito: (**1**,5,12,34). Obs.: trata-se de um reforço pleonástico, pois, se não fosse vitimado de modo involuntário, certamente não seria considerado um estupro. **D.** A boa vontade não pode ser tomada à força de alguém, invito: (**1**,13,27,90). **E.** Os possuidores da má vontade são infelizes invitos: (**1**,14,30,102). **F.** Riquezas, honras, prazeres, a beleza do corpo, entre tais, são bens que podem ser perdidos de modo invito: (**1**,15,31,105). **G.** Dar assentimento à razão não invito: (**2**,8,24,94). **H.** Ninguém está seguro nos bens que pode perder, estando invito: (**2**,14,37,144). **I.** Ninguém pode perder a Verdade e a Sabedoria, estando invito: (**2**,14,37,144). **J.** Perder, invito, o prazer de ver o sol: (**2**,14,38,150). **K.** Ninguém será feliz invito? (**3**,3,7,26; 28; 8,32). **L.** Estar em poder alheio, invito: (**3**,6,19,66). **M.** Ninguém peca invito por meio da própria cogitação: (**3**,10,29,104). **N.** Não se peca no que se padece invito: (**3**,16,46,158). **O.** E se a causa da causa coage alguém invito? (**3**,18,50,170). **P.** Ninguém pode arrancar o homem a Deus, invito: (**3**,18,51,176; *Ret.* 1,9,5). **Q.** Errar invito? (**3**,18,52,179; *Ret.* 1,9,5). **R.** Ninguém é culpado por aquilo que ignora invito: (**3**,19,53,181). Cf. **1**,11,23,79; **2**,10,28,111; **3**,4,18,64. **2.** INVITO (*adv.*): DE MODO INVITO: (**1**,15,33,112; **2**,14,38,148).

iudicium futurum (*express.*) JUÍZO FUTURO, em referência ao Juízo Final, depois desta vida, quando as almas serão julgadas por seus atos. **A.** Está reservado ao j.f. a justiça que agora está oculta: (**3**,15,44,152) *in futurum iudicium seruatur.* **B.** Que retribuição se espera no j.f. aos que não têm méritos? (**3**,23,66,225) *in iudicio futuro.* **C.** Os negligentes não terão desculpas para escapar dos castigos do j.f.: (**3**,23,68,229) *excusationem in futuri iudicii supplicio non habebunt.* **D.** O Dia do j.f. (*Ret.* Pról. §2) *in die iudicii.*

iudicium naturale (*express.*) JUÍZO NATURAL. Obs.: a criatura racional teria recebido de Deus uma espécie de capacidade moral, por assim dizer, para que pudesse, antes de praticar qualquer obra, antepor o bem ao mal, o certo ao errado, etc. (**3**,20,56,191; 57,196) "Não é pouco ter recebido antes de todo mérito da boa obra um juízo natural, pelo qual preponha a sabedoria ao erro, a quietude à dificuldade, para que alcance estas coisas não nascendo, mas se esforçando" (*non enim ante omne meritum boni operis parum est accepisse naturale iudicium...*). Obs.: parece que esse "juízo natural" guarda relação com as "noções impressas" na alma, por meio das quais é possível saber que se quer a sabedoria, antes mesmo de ser sábio, isto é, antes de possuí-la no espírito. Cf. *notio inpressa, interior regula ueritatis.*

iudico (*v.*) JULGAR, seja em referência a um julgamento formal, seja no sentido de "emitir um parecer", ajuizando acerca das causas e consequências relativas a alguma questão. Obs.:

o uso que interessa neste léxico, contudo, diz respeito apenas ao "princípio de julgamento" descrito por Evódio em **2**,5,12,48, que estabelece que o julgador deve ser melhor do que o objeto de seu juízo, princípio a partir de que se estabelece a distinção "julgar de *x*" e "julgar segundo *x*". Assim sendo, julgar "da" Verdade seria inaceitável, pois a mente humana lhe é inferior, restando-lhe a opção de julgar "segundo" ela, que é imutável. **A.** Julgar da natureza humana: (**1**,8,18,63) *de natura humana... iudicet.* **B.** Julgar da dimensão de um castigo: (**1**,11,23,79) *magnam... poenam esse iudico.* **C.** Julgar-se infeliz ou julgar alguém infeliz: (**1**,12,26,87) *se ipse miserrimum iudicet.* **D.** Julgar que a infelicidade deva ser evitada: (**1**,13,28,94). **E.** Embora o sentido interior seja comum a homens e animais, Agostinho, concordando com Evódio, admite que ele "julgue" dos sentidos corpóreos: (**2**,5,12,49) *sicut ille interior de auditu nostro iudicat.* Obs.: assim como a razão das criaturas superiores emite juízos acerca do que lhe está abaixo, do mesmo modo o sentido interior "julga" do que lhe está abaixo, como os sentidos corpóreos, que, por sua vez, "julgam" dos objetos corpóreos. Está claro que esse "julgar", tanto dos sentidos corpóreos, como do sentido interior, não tem que ver com alguma atividade de cunho racional, apenas natural, a não dizer instintiva, ainda que a ciência da época não oferecesse recursos a Agostinho para aprofundar suas intuições a esse respeito. **F.** O que julga é melhor do que o que é julgado, diz Evódio: (**2**,5,12,48) *qui iudicat eo de quo iudicat esse meliorem.* **G.** A razão julga do sentido interior: (**2**,5,13,51) *etiam ratio de hoc interiore sensu iudicet.* **H.** Julgamos dos corpos e do que está abaixo de nós: (**2**,11,31,125) *de corporibus facile iudicamus.* **I.** Acerca da Verdade, porém, não se julga, mas segundo ela: (**2**,12,34,133) "Porém se fosse inferior, não julgaríamos segundo ela, mas acerca dela, assim como julgamos acerca dos corpos, porque estão abaixo" (*sed si esset inferior, non secundum illam, sed de illa iudicaremus, sicut iudicamus de corporibus quia infra sunt*). **J.** Julgamos segundo as regras interiores da Verdade, porém não como censores delas, mas como seus descobridores: (**2**,12,34,134; cf. *interior regula ueritatis*). **K.** Ninguém julga da Verdade, embora ninguém sem ela julgue bem: (**2**,14,38,152) *nullus de illa iudicat, nullus sine illa iudicat bene.* **L.** A mente humana não é juiz da Verdade, mas julga as criaturas que lhe são inferiores por meio dela: (**2**,14,38,152) *non de ipsa, sed per ipsam de caeteris.* Obs.: assim também, embora julgue das criaturas corpóreas e das criaturas racionais pecantes, a mente humana não deve julgar da obra de Deus, em seu conjunto, porque esta lhe é superior, não enquanto criatura, mas enquanto ato de Deus. Assim sendo, aquele que procura emitir juízos acerca da correção da criação, dizendo que Deus não devia ter dado ao homem a liberdade, ou que não devia ter criado seres pecáveis, é "invejoso", ou seja, tem um olhar ínvido e injusto (cf. *inuidia*), pois não se dá conta de que está arrogando para si, de modo indevido, o direito de julgar "de" seu próprio Criador, que, sendo-lhe infinitamente superior, não poderia jamais ser julgado por sua criatura, assim como ninguém diz que sete e três não devessem ser dez.

ius (*subst.*) **1.** Direito, seja no sentido das prerrogativas legais, divinas ou humanas, seja em referência ao conjunto de normas legais, divinas ou humanas. **A.** A autoridade atribuída pela Lei eterna à criatura superior, como a mente, para que exerça seu domínio sobre a criatura inferior, quer o corpo, quer as inclinações sensuais: (**1**,10,20,73) "O espírito justo e a mente que salvaguarda o direito e o domínio que lhe é próprio" (*ius proprium imperiumque custodiens*). **B.** O direito de punir da lei temporal: (**1**,15,32,112) *ius ulciscendi.* **C.** As criaturas superiores racionais foram postas por ordem e direito divinos acima das criaturas perecíveis: (**1**,16,35,116) "Que foi posto à frente delas, por ordem e direito divinos, para conduzi-las a um simples aceno seu" (*diuino ordine ac iure*). **2.** IVRE (*ablat.*): DE DIREITO, segundo a ordenação legal. **A.** IVRE ATQVE ORDINE: (**1**,5,12,36) "De direito e segundo a ordem" (cf. **1**,16,35,116). **B.** IVRE AC MERITO: (**1**,12,26,88; **3**,22,64,220) "De direito e por mérito". Cf. **1**,13,27,92; 15,32,108; 110; **3**,5,15,57; 6,18,64; 10,31,110; 15,42,146; 20,56,191.

iustitia (*subst.*) JUSTIÇA (δικαιοσύνη), uma das quatro virtudes cardeais. **A_1.** A J. de Deus pune os malfeitos: (**1**,1,1,3) *malefacta iustitia dei uindicari* (cf. **2**,1,3,7; **3**,4,11,40; 41; 10,29,105; 14,40,139; *Ret.* 1,9,3). **A_2.** Assim como pune os malfeitos, a J. também premia os atos retamente praticados: (**2**,1,3,7) *et in supplicio et in praemio esse iustitia.* **A_3.** A J. de Deus está acima de tudo o que o homem pode conceber: (**3**,2,5,19) *et iustitiam... dei longe maiorem superioremque esse.* **A_4.** Uma questão: como puniria Deus os pecados com J., se fossem cometidos por necessidade? (**3**,4,9,37) *qua iustitia puniat peccata quae necesse est fieri.* **A_5.** A J. de Deus deve ser louvada na punição dos pecadores: (**3**,6,18,64). **B.** A eterna J., segundo a qual se promulgam as leis humanas (**1**,5,12,35). **C.** A mente que se afasta da J. se faz viciosa: (**1**,10,20,73). **D.** Não é por meio da J. que se dá a submissão da mente às inclinações sensuais: (**1**,11,21,76) *non eam facit seruam libidinis propter iustitiam.* **E.** Definição de j., uma das quatro virtudes cardeais: (**1**,13,27,90) "Justiça... a virtude pela qual se atribui a cada um o que é seu" (*iustitiam... uirtutem qua sua cuique tribuuntur*) (cf. *ibid.* §93). **F.** Quem possui a boa vontade possui igualmente a virtude da j.: (**1**,13,27,93). **G.** É de Deus que decorre toda a J.: (**2**,1,2,3) *ab illo est omnis iustitia.* **H.** A j. não pune os estranhos: (**2**,1,2,3) *non... est... iustitiae uindicare in alienos.* **I_1.** A j. foi dada ao homem para que ele vivesse bem: (**2**,2,4,8) *iustitia, quae data est homini ad bene uiuendum.* **I_2.** Ninguém pode usar mal da j.: (**2**,18,50,190) *iustitiam, qua nemo male utitur* (cf. **2**,2,4,8; 18,47,179). **J.** A reta razão vige na j., assim como nas demais virtudes: (**2**,18,50,190) *iustitia, recta ratio uiget.* **K.** A j., como virtude, é um bem próprio, não comum, pois ninguém se faz justo por meio da j. alheia: (**2**,19,52,198) *neque... iustus iustitia hominis alterius quisquam efficitur.* **L.** Deus mostrou sua bondade ao criar o homem, sua J. ao puni-lo, sua Misericórdia, ao libertá-lo do pecado: (**3**,2,4,15) *ostendit... in puniendo iustitiam.* **M.** As criaturas angelicais impecáveis permanecem com sua vontade fiel à J. de Deus: (**3**,5,15,55) *quam perpetua tenendae iustitiae...* (cf. **3**,5,16,59; 11,32,113). **N.** A J. de Cristo. **N_1.** Cristo permaneceu em sua J.: (**3**,9,28,102) *in ipsa iustitia permanens.* **N_2.** Cristo superou o diabo pela lei da J., não com violência: (**3**,10,31,110) *superans eum lege iustitiae.* **O.** Quem não restitui sua dívida com Deus praticando a j., deve fazê-lo padecendo a infelicidade: (**3**,15,44,151) "Se não restitui fazendo a justiça, restitui padecendo a infelicidade" (*si non reddit faciendo iustitiam, reddet patiendo miseriam...*). **P_1.** A felicidade da J.: (**3**,15,55,153) *beatitudo iustitiae.* **P_2.** A beleza da J.: (**3**,25,77,265) *pulchritudo iustitiae.* **Q.** É dementado duvidar da J. de Deus: (**3**,18,51,175; *Ret.* 1,9,5) *de... dei et iustitia dubitare dementis est.* **R.** Os preceitos da J., que depois do pecado original não puderam ser cumpridos com facilidade: (**3**,19,53,180) *praecepta iustitiae.* **S.** Justiça e misericórdia: se Deus aplica sua J. na punição do pecado do primeiro homem, concede sua misericórdia na sua libertação: (**3**,20,55,186) "Que não apenas no surgimento do homem originalmente aparecesse a Justiça do que pune, mas também no seu progresso, a Misericórdia do que liberta" (*iustitia punientis et... misericordia liberantis*). **T.** A j. a partir do esforço e da aplicação da vontade: (**3**,22,65,224) "Esforçando-se e aperfeiçoando-se, alcance plenamente o produto da sabedoria e da justiça..." (*ad frugem sapientiae iustitiaeque perueniat*). Obs.: não se concebe uma noção de justiça que não seja justa (cf. **1**,6,15,49), muito menos em relação à Justiça divina. Daí não ser aceitável que a retribuição seja injusta, segundo a qual os bons são premiados com a felicidade, os maus, punidos com a infelicidade (*an potest aliquando iniustum esse ut mali miseri boni autem beati sint?*). A retribuição se justifica plenamente porque os maus vivem de modo não virtuoso, de onde merecerem a infelicidade; ao passo que os bons, por agirem com virtude, fazem por merecer a vida feliz. Trata-se, indo além da noção greco-romana de justiça, duma ética subordinada à Lei divina, que não admite injustiça ou desordem no universo, regido pela Providência. De fato, não seria justo que Deus admitisse a felicidade dos maus, enquanto que os bons, embora praticassem a virtude e seguissem os preceitos divinos, fossem castigados com a infelicidade (cf. **1**,11,21,76), porque a justiça não pode ser causa da injustiça, visto que o mal não tem origem no bem, como Agostinho se esforçou por demonstrar desde as primeiras linhas do livro inaugural. No entanto a felicidade dos bons nem sempre é visível neste mundo, muito menos mensurável pelo metro da vaidade humana, como na glória, fama, fortuna, ou poder de que alguns desfrutam. Assim sendo, não se mede a infelicidade pelo sofrimento corpóreo ou pela privação desses bens corruptíveis todos tão cobiçados pelos homens, bens cuja posse é tão mais insegura quanto transitória. De fato, aquele que tem a posse dessas coisas, embora seja considerado invariavelmente feliz pelo vulgo, se é dominado pela inclinação sensual que nutre por elas, nem é livre, muito menos será feliz em seu gozo, visto que ninguém pode possuir aquilo que lhe pode ser retirado contra a vontade, nem encontrar a felicidade na incerteza e no medo da fugacidade.

iustus (*adj.*) JUSTO, o que é, está, ou age conforme a justiça (*iustitia*) ou o direito (*ius*). **A_1.** Deus é justo: (**1**,1,1,1) *deum iustum fatemur* (cf. **3**,4,9,37; 11,40). **A_2.** Deus é o reitor justíssimo da criação: (**1**,2,5,12) *rectorem... iustissimum* (cf. **3**,12,35,124). **A_3.** Deus é o mais justo de todos: (**3**,2,5,19) *iustissimo.* **A_4.** Deus é o justo ultor: (**3**,4,11,40) *iustus est ultor.* **A_5.** Justíssima majestade e substância de Deus: (**3**,22,63,216). **B_1.** Uma lei que não é justa não é lei: (**1**,5,11,32) *lex esse non uidetur, quae iusta non fuerit* (cf. **1**,6,14,48). **C.** O que é justo na lei temporal foi derivado da Lei eterna: (**1**,6,15,50; 15,31,107). **D.** Atribuição de cargos públicos é justa para determinado povo: (**1**,6,15,50). **E.** A Lei eterna determina que é justo que todas as coisas estejam na mais perfeita ordem: (**1**,6,15,51) *iustum est, ut omnia sint ordinatissima.* **F.** O espírito justo: (**1**,10,20,73) *animus iustus.* **G_1.** O castigo é justo aos pecadores: (**1**,11,23,79) *poenam... iustam.* **G_2.** Todo castigo, se é justo, é castigo de pecado: (**3**,18,51,175; *Ret.*1,9,5) *si iusta est, peccati poena est* (cf. **2**,19,53,200; **3**,18,51,175-176; 52,178; 20,58,199; 24,72,249). **G_3.** Justíssima retribuição: (**3**,24,73,254) *iustissimae retributiones.* **G_4.** O prêmio é justo aos bons: (**2**,1,1,2) *praemium... iustum.* **G_5.** O sofrimento é justo aos culpados: (**3**,6,19,67) *iusta miseria.* **H_1.** Tudo o que é justo é bom: (**2**,1,1,2) *omne iustum bonum esse.* **H_2.** O que é justo não pode ser mau: (**2**,16,43,170). **I.** Quem não é justo é injusto: (**2**,15,40,158). **J.** A justiça do justo não pode ser transferida a outrem: (**2**,19,52,198; cf. *iustitia*). **K.** Da justiça ou injustiça dos que querem morrer (ou matar-se): (**3**,6,19,65-67). **L.** Os graus justos da ordenação das criaturas: (**3**,9,24,85) *gradibus iustis.* **M.** Os justos ofícios dos anjos: (**3**,11,32,114) *officiis iustis.* **N.** Discurso justo: (**3**,15,42,147) *sermonem... iustum.* **O_1.** A causa da vontade é justa ou injusta: (**3**,17,49,168) *causa uoluntatis... iusta.* **O_2.** Se a causa da vontade for justa, aquele que se deixa levar por ela não peca: (**3**,17,49,168) *si iusta, quisquis ei optemperauerit non peccabit.* **2.** IVSTVS (*subst.*): O HOMEM JUSTO: (**3**,3,6,23) *quid de iustis... facturus sit.* **A.** Quem morreu em tenra idade não fez por merecer um lugar entre os justos: (**3**,23,66,225) *neque inter iustos locus est.* **3.** O JUSTO, em referência a Jesus Cristo: (**3**,9,28,102). **A.** O diabo matou o Justo: (**3**,10,31,110) "Até que matasse o Justo, no qual nada digno de morte pudesse fazer ver" (*donec interficeret iustum, in quo nihil dignum morte posset ostendere*). **4.** IVSTE (*adv.*): JUSTAMENTE, de modo justo. **A.** Nenhum pecado é condenado justamente, se não for praticado voluntariamente: (**1**,1,1,3; *Ret.* 1,9,3) *non enim iuste uindicarentur, nisi fierent uoluntate.* **B.** É com justiça que a lei temporal sofre mudanças ao longo do tempo: (**1**,6,14,48) *commutari... per tempora iuste potest.* **C.** Atribuir cargos com ou sem justiça: (**1**,6,15,50) *iuste honores dedit... iuste non dedit.* **D.** A mente exerce seu domínio sobre o desejo de modo justo: (**1**,10,20,71) *cupiditati... iusteque dominatur.* **E.** A punição do agente voluntário é sempre aplicada com justiça. **E_1.** É justamente que a mente que se submete às inclinações sensuais sofre as penas por seu pecado: (**1**,11,22,77) *Iuste illam pro peccato tanto poenas pendere.* **E_2.** Se a vontade tivesse sido dada para pecar, a punição teria sido injusta: (**2**,1,3,5; 9,25,98). **F.** Viver de modo justo: (**2**,10,28,113; 10,29,117) *iuste uiuit.* **G.** Deus ordena de modo justo as almas pecadoras: (**3**,5,12,44) *peccantes eas iuste ordinat.* **H.** Aquele que não rege sua vida justamente será infeliz: (**3**,6,19,65). **I_1.** O diabo teria mantido justamente o homem consigo, se Cristo não houvesse intervindo em seu favor: (**3**,10,31,111) *iuste secum habere.* **I_2.** O diabo deve libertar o homem justamente, ou seja, de direito, por causa do resgate de Cristo: (**3**,10,31,111) *iustissime dimittere.* **I_3.** Assim como esteve justamente em poder do diabo, porque consentiu com ele para o mal, foi justamente libertado de suas garras, se consentiu com Cristo, para o bem: (**3**,10,31,112). **J.** Aquele que não faz o que deve é réu justamente: (**3**,16,45,155) *iuste reus est.* **K.** Padecer justamente: (**3**,16,46,158) *iuste patitur.* **L.** Aquele que pode ser defendido justamente não é pecador: (**3**,16,46,159) *iuste defenditur.* **M.** Aprouve a Deus justamente que o pecado fosse punido, mas que o pecador fosse libertado: (**3**,20,55,186) *iustissime placuit...* **N.** Ninguém pode acusar justamente a Deus por sua própria deserção: (**3**,20,57,197). **O.** A alma negligente é precipitada numa condição de ignorância e dificuldade mais grave ainda: (**3**,22,64,217) *iuste in grauiorem, quae iam poenalis est, ignorantiam difficultatemque praecipitatur.* **P.** Justo, no sentido de "legítimo", "legal", "segundo a lei" (cf. *legitimus*): (**3**,15,42,146) "As coisas que são restituídas, comunicando, são restituídas àquele que as tenha comunicado, mas também o que é restituído aos justos sucessores dos credores..." (*iustis successoribus redditur...*). Cf. *iniustus, iustitia.*

lasciuia (*subst.*) Cf. *lasciuus.*

lasciuus (*adj.*) LASCIVO, aquele cuja vontade inclina-se ao prazer insaciável dos sentidos. Quando a vontade se volta para o que é inferior, desejando apenas satisfazer as voluptuosidades da carne, tem-se então o pecado da "lascívia" (*lasciuia*), vida que é morte. Obs.: embora Agostinho não se utilize do substantivo *lasciuia,* apenas do adjetivo, deve-se estar atento para não confundir "lascívia" com *libido,* traduzida aqui por "inclinação sensual", pois esta volta-se para todos os bens apreensíveis pelos sentidos, e outros deles derivados ou a eles associados, de modo nenhum restringindo-se aos apetites de ordem sexual, como no caso do lascivo: (**2**,19,53,199-200) "Converte-se [a vontade] para... o que é inferior, quando ama [com diligência] o prazer do corpo. E assim o homem soberbo, que se torna não apenas curioso, como também lascivo, é capturado por uma outra vida, a qual, em comparação com a vida superior, é morte" (*et curiosus et lasciuus effectus*).

legitimus (*adj.*) LEGÍTIMO, o que está fundamentado na lei [*lex*]. **A.** "Julgo igualmente que tu vejas naquela lei temporal nada existir de justo e legítimo que não tenham os homens derivado para si desta Lei eterna" (*iustum atque legitimum*). **B.** A servidão do corpo à mente é segundo a ordem e a lei de Deus: (**3**,20,57,193) "Sujeitá-lo a uma servidão perfeitamente ordenada e legítima, na ordem e no tempo oportuno..." (*ordinatissimae atque legitimae seruituti...*).

lex (*subst.*) LEI. **1.** LEI ETERNA (*lex aeterna*) ou LEI DIVINA (*lex diuina*) é aquela que se confunde com a RAZÃO SUPREMA (*summa ratio*), por meio de que é justo que todas as coisas estejam na mais perfeita ordem: (**1**,6,15,51) *qua iustum est ut omnia sint ordinatissima.* **A.** A Lei divina proíbe muitas faltas permitidas pelas leis humanas (**1**,5,13,41). **B.** A Lei eterna, ou Razão suprema, por meio de que os bons são recompensados com a vida feliz; os maus, punidos com a infelicidade: (**1**,6,14,48) *illa lex, quae "summa ratio" nominatur.* **C_1.** Uma noção da Lei eterna foi impressa nas mentes humanas: (**1**,6,15,51) *aeternae legis notionem, quae inpressa nobis est.* **C_2.** A Lei eterna é aquela por meio de que tudo está na mais perfeita ordem: (**1**,6,15,51). **C_3.** A Lei eterna é única e imutável: (**1**,6,15,51) "Pode, acaso, esta mesma Lei modificar-se de algum modo?" (*num ideo ipsa uariari ullo modo potest?*). **D.** A Lei eterna decretou que o mérito está na vontade: (**1**,14,30,101; *Ret.* 1,9,3) *aeterna lex... firmauit, ut in uoluntate meritum sit.* **E.** A Lei eterna ordena que o amor seja avertido das coisas temporais e convertido, purificado, para as eternas: (**1**,15,32,108) *iubet igitur aeterna lex auertere amorem a temporalibus et eum mundatum conuertere ad aeterna.* **F.** Quem adere à Lei eterna não carece da lei temporal: (**1**,15,31,106-107) *qui legi aeternae per bonam uoluntatem haerent, temporalis legis non indigere.* **G.** A Lei eterna se contrapõe à lei temporal, porque enquanto esta é promulgada por escrito, sendo consequentemente "visível", a eterna é "secretíssima": (**1**,5,13,39) *secretissima lege.* **H.** A Lei eterna determina que a razão deva governar os movimentos irracionais da alma (**1**,8,18,65; 10,21,71) *ratio ista ergo uel mens uel spiritus, cum inrationales animi motus regit....* **2.** LEI TEMPORAL (*lex temporalis*): A LEI HUMANA (*lex humana*). Obs.: as leis humanas são todas temporais, o que significa serem mutáveis, segundo as coordenadas espaço e tempo. De fato, não mudam apenas de acordo com as épocas, mas também segundo os costumes dos povos, que foram elaboradas e promulgadas para reger. **A.** A lei humana proíbe o adultério: (**1**,3,6,15) *id facere lex uetat.* **B.** A lei que prescreve a legítima defesa contra o estupro e o roubo: (**1**,5,11,33; 12,36-39). **C.** Nenhuma lei é digna de ser chamada "lei", se não for justa: (**1**,5,11,33) *nam mihi lex esse non uidetur, quae iusta non fuerit.* **D.** A lei promulgada para defender o povo não pode ser acusada de inclinação sensual: (**1**,5,12,35) *lex, quae tuendi populi causa lata est, nullius libidinis argui potest.* **E_1.** Uma lei boa pode ser promulgada por alguém que não seja bom: (**1**,5,12,35; 36) *bona lex et a non bono ferri potest.* **E_2.** Até mesmo um corrupto pode promulgar uma boa lei: (**1**,5,12,36) *non... propterea mala lex erit, quia ille iniustus atque corruptus hanc tulit.* **F.** As leis que foram criadas para reger os povos permitem muitas coisas que a Lei divina proíbe: (**1**,5,13,41). **G.** Leis promulgadas por escrito: (**1**,6,14,43) *litteris promulgatur.* **H.** Leis mais "democráticas" para povos austeros nos costumes e moderados, que lhes permitem eleger magistrados: (**1**,6,14,45). **I.** As leis temporais, mutáveis, derivam suas noções da Lei eterna: (**1**,6,15,51) "Lei, a partir da qual todas as leis temporais se modificam para governar os homens..." (*ex qua illae omnes temporales ad homines regendos uariantur*). **J.** As leis temporais foram elaboradas para reger os povos: (**1**,7,16,52). **K.** As leis temporais distribuem a cada um o que lhe cabe (segundo o princípio de Justiça) dos antigos: (**1**,15,32,108) *lex illa sua cuique distribuat.* **L.** Do direito de punir da lei temporal: (**1**,15,32,111-112) *ius ulciscendi.* Cf. **1**,3,6,14-15; 4,9,25-26; 5,12,33-34; 37; 13,39; 7,16,52; 15,31,103; 106-109; 16,34,114; **2**,8,23,89; **3**,5,16,59; 6,19,65; 67; 9,28,101; 10,31,110; 20,57,196; 22,64,218; 24,72,244.

liberator (*subst.*) LIBERTADOR, em referência a Cristo, que libertou o homem da dívida contraída com o diabo: (**3**,25,76,264) *liberatori nostro.*

libero (*v.*) LIBERTAR, em referência à ação salvífica de Cristo, que liberta o homem da escravidão do pecado por meio de sua misericórdia. Em contraste com a desejada pelos escravos, a verdadeira liberdade está antes no espírito do homem, não em seu corpo. Desse modo até mesmo o servo pode ser livre, enquanto um rei, escravo. Isso se dá porque aquele que serve ao pecado torna-se escravo dele, ao passo que quem serve a Deus, ainda que seja escravo na carne, liberta-se do pecado. Portanto a liberdade, entendida pelo prisma teológico, refere-se ao pecado, ou antes, à liberdade da vontade para fazer o bem e evitar o mal. Ao libertar o homem do pecado, Cristo o liberta igualmente da morte, que implica aversão do Ser e proximidade do nada, atributo dos corpos, não do espírito; isso, contudo, desde que o homem queira ser salvo e libertado, desejando voluntariamente aderir à sua Sabedoria e Verdade, podendo então usar bem de sua vontade, convertida para o Bem supremo. **A.** Deus é bom, quando cria; justo, quando pune; misericordioso, quando liberta: (**3**,2,4,15) *in quo faciendo bonitatem suam ostenderat, ostendit etiam in puniendo iustitiam et liberando misericordiam.* **B.** Cristo ornou a mortalidade da carne, a fim de libertar o homem do pecado, por meio de sua misericórdia: (**3**,9,28,102) *a peccato misericordia liberaret.* **C.** O homem serviu o diabo, ao consentir com ele para o mal, e foi libertado por Cristo, ao consentir com ele para o bem: (**3**,10,31,112) *ut seruiret cui ad malum consenserat, iuste per eum cui ad bonum consensit liberaretur.* **D.** Deus pune o pecado com justiça, mas liberta dele com misericórdia: (**3**,20,55,186) *iustitia punientis... misericordia liberantis.* **E.** Ser libertado da ignorância e da dificuldade pelo cultivo das virtudes (**3**,20,56,190). **F.** A vontade só pode ser libertada da servidão do pecado pela Graça de Deus: (*Ret.* 1,9,4) *uoluntas ergo ipsa nisi dei gratia liberetur a seruitute, qua facta est serua peccati.* Cf. *libertas, liberator.*

libertas (*subst.*) LIBERDADE. Há dois gêneros de liberdade para Agostinho no *L.A.* Uma é a liberdade de não ser escravo de ninguém, de não ser propriedade de algum outro homem, o que ambiciona todo aquele que tem o estatuto social de *seruus.* Porém esse tipo de liberdade, diz Agostinho, não é a verdadeira: (**1**,15,32,109) "Agora faço menção daquela outra liberdade, na qual se supõem livres aqueles que não têm homens como seus senhores e pela qual anelam os que querem ser manumitidos por seus senhores-homens" (*libertatem... qua se liberos putant qui dominos homines non habent...*). Outra, a verdadeira liberdade, refere-se aos que aderem à Lei eterna ou Razão suprema, e que por isso são felizes: (*ibid.*) "Liberdade que, a não ser a dos que são felizes e aderem à Lei eterna, certamente nenhuma é verdadeira" (*libertas, quae quidem nulla uera est, nisi beatorum, et legi aeternae adhaerentium*). **A.** L. é a submissão à Verdade: (**2**,13,37,143) "Esta é a nossa liberdade, quando somos submetidos a essa Verdade; e ela é o nosso próprio Deus" (*haec est libertas nostra, cum isti subdimur ueritati...*). Obs.: se a verdadeira *libertas* é a libertação da condição de pecado, o que só Deus pode conferir, começa a ficar clara a própria noção de livre arbítrio, que só será livre quando a vontade for de fato livre, o que equivale a dizer que "foi libertada da condição de pecado" pela submissão à Verdade de Deus, que é Cristo. **B.** Nenhuma liberdade se pode dizer verdadeira se não permite que os bens desejados pela alma sejam fruídos em perfeita segurança, cuja implicação é um conceito de "deleite" que transporta o bem da alma da dimensão corpórea, inevitavelmente corruptível, e por isso mesmo fugaz, à dimensão do espírito incorpóreo, consequentemente incorruptível e permanente. Assim, ao conceito de *libertas* se associa naturalmente o de *securitas*, "segurança", isto é, ausência de preocupações (*sine curis*), visto não ser possível qualquer fruição deleitosa quando se está tomado de cuidados, numa palavra, exasperado pela ameaça iminente de perda dos bens que se imagina possuir. Por outra, se o verdadeiro deleite é o dos bens permanentes, a procura dos bens corruptíveis, motivada pelas inclinações sensuais, não apenas não traz o deleite verdadeiro, como também leva à infelicidade: (**2**,13,37,143) "Pois de coisa nenhuma frui a alma com liberdade, a não ser da que frui com segurança" (*nulla enim re fruitur anima cum libertate nisi qua fruitur cum securitate*).

libido (*subst.*) Inclinação sensual (cf. *uoluntas*). Obs.: esta inclinação sensual de modo nenhum se circunscreve ao âmbito dos desejos sexuais, mas ao dos cinco sentidos, ditos por Agostinho "corpóreos"; não, porém, porque esteja situada no próprio corpo, mas porque traduz os desejos associados aos bens do universo corpóreo, em contraste com os bens do espírito[18]. De fato, ninguém se diz possuidor de *libido* pela razão e verdade dos números, ou pela Sabedoria, mas apenas por bens apreensíveis pelos sentidos do corpo, ou que com eles estejam intimamente relacionados. Os bens de natureza superior são desejados pela boa vontade (*bona uoluntas*), de quem é inimiga a *libido* (**1**,13,27,92), a qual se volta para os bens ditos "inferiores", precisamente porque corruptíveis, quer sejam eles de natureza imediatamente corpórea, como os prazeres do paladar e do sexo, quer sejam eles de natureza mediatamente corpórea, por assim dizer, como os prazeres do poder, da riqueza, da fama etc. Esses, por sua vez, se dizem "corpóreos" – podendo muito bem ser ditos "carnais", ou "mundanos"[19] – em sentido especificamente agostiniano, não apenas por referirem os sentidos corpóreos, mas também os corpos todos por eles apreensíveis, além do universo que lhes diz respeito, em contraste com o universo dos bens espirituais. Veja-se, por exemplo, que a luz, para Agostinho, é considerada também um "corpo", ainda que o mais elevado deles, porque visível, o que supõe sua apreensão pelos sentidos do corpo, neste caso a visão (cf. **3**,5,16,58 *in corporibus autem lux tenet primum locum*). Alguns desses bens, ainda que não sejam "corpos" propriamente ditos, pertencem a esse universo corpóreo porque são cobiçados e usufruídos por meio dos corpos, ou porque tenham em vista a satisfação dos sentidos, ou ainda por serem tão "corruptíveis", e por isso transitórios, quanto os próprios corpos. Agostinho define a *libido* como sendo "o amor das coisas que se podem perder invito", ou seja, "contra o próprio desejo de perdê-las" (**1**,4,10,31) (cf. *inuitus*). Percebe-se que a definição de Agostinho

[18] Em *Cidade de Deus* (14,2) Agostinho justificará o mesmo emprego "metonímico", do todo pela parte (*totum significatur a parte*), que justifica, segundo ele, o uso do termo "carne" nas Escrituras para referir homem todo que se volta para os interesses inferiores, corpo e alma. De fato, segundo a passagem paulina em que se apoia (Gál 5,19 seq.), denominam-se "obras da carne" (*opera carnis*) tanto os prazeres do corpo (*uoluptates corporum*), obtidos pela fornicação, luxúria, ebriedade, entre tais, como os movimentos irracionais da alma, tais como a invídia, a heresia, as dissensões, inimizades etc.

[19] Cf. Agostinho, *In epistolam Ioannis ad Parthos tractatus decem* (2,12): *omnes ergo dilectores mundi "mundus" uocantur.*

circunscreve a *libido* ao desejo dos bens transitórios, cuja posse não é permanente, muito menos segura. Porém os bens de natureza espiritual não podem ser subtraídos de seu possuidor, visto ser impossível roubar a bondade de alguém, ou violentar-lhe a prudência; tampouco são perecíveis. Ademais, os bens do espírito também não podem ser apreendidos pelos sentidos corpóreos, apenas pela mente, o que os torna objeto da vontade, não da *libido*. Vejamos. Os prazeres experimentados através dos sentidos do tato, olfato, paladar, visão e audição podem ser subtraídos a seu possuidor a qualquer momento, seja pela corrupção, seja pelo furto ou porque simplesmente não permanecem, sendo de efêmera duração. Por exemplo, um som pode ser interrompido, um alimento pode deteriorar-se, uma relação sexual, frustrar-se, um odor agradável, contaminar-se ou ser dissipado pelo vento, e uma imagem digna de contemplação pode ser estorvada pela falta de luz, ou pela cegueira. Daí também o fato de serem considerados superiores os bens inteligíveis, como as noções matemáticas, para citar um exemplo caro aos antigos, consideradas incorruptíveis e estáveis. E compreende-se ainda que a sensualidade da *libido* extrapole o campo imediato dos sentidos, incluindo bens de outra natureza, como dito acima, considerados inferiores e transitórios, porém mediatamente relacionados com os chamados sentidos. Com efeito, quem deseja o poder deseja primordialmente poder usufruir livremente de todas as coisas relacionadas com os sentidos: comer e beber, por exemplo, estímulos ao paladar, olfato, visão e tato; ou talvez deseje poder praticar livremente o sexo, o que envolve quase todos os sentidos; ou quiçá queira poder possuir bens de natureza diversa, posse que tampouco escapa ao alcance dos sentidos. Quem, por sua vez, deseja riquezas, pode-se dizer que as deseje tendo em vista o próprio poder que delas poderá auferir, ou então que deseje o ouro por si mesmo, pelo prazer da posse e de sua visão, o que tampouco exclui os sentidos, como se pode depreender facilmente. Por fim, quem locupleta-se com a celebridade, o faz não apenas pelo poder e pela riqueza que a fama lhe poderá proporcionar, mas também pelo eco prazeroso daquilo que venham a dizer a seu respeito, como ilustra o étimo dos termos *fama*, ou δόξα. Não é preciso ir além, pois está evidente que isso tudo é transitório e está fortemente associado aos sentidos, posto que mediatamente, sendo considerado, no pensamento platônico do autor, de ordem inequivocamente inferior, por isso objeto das inclinações de ordem sensual, que se distinguem da racionalidade da vontade (cf. *cupiditas, concupiscentia, lasciuia, uoluntas*). **A.** A inclinação sensual (i.s.) relacionada aos prazeres do sexo: (**1**,3,6,17) "Se a inclinação sensual de alguém for tal, que ofereça a um outro a sua própria esposa, e padeça com prazer que ela seja corrompida por ele, para com cuja esposa, por sua vez, deseja ter semelhante licença..." (*si cuiuspiam libido ea sit...*). **B.** O mal que há no adultério é a i.s.: (**1**,3,8,20) *fortassis ergo libido in adulterio malum est... libidinem in adulterio malum esse...* **C.** Nada além da i.s. domina em todo gênero de malfazer: (**1**,3,8,21) *nihil aliud quam libidinem in toto malefaciendi genere dominari.* Obs.: vê-se que a *libido* não se restringe ao âmbito dos sentidos dirigidos aos prazeres sexuais, mas a topo tido de pecado. **D.** Para provar que a i.s. é um tipo de querer, Agostinho lhe atribui um sinônimo, que, ao menos neste livro primeiro, tem valor absolutamente neutro, *cupiditas*: (**1**,4,9,22) "Sabes também que essa inclinação sensual é chamada por outro nome, [a saber,] desejo?" (*scisne etiam istam libidinem alio nomine cupididatem uocari?*). **E$_1$.** Em todos os pecados, para que sejam males, a i.s. deve prevalecer: (**1**,4,9,24) *in omnibus peccatis, ut mala sint, libido dominatur.* **E$_2$.** *Idem sensus:* (**1**,4,10,27) *in omni facto malo libidinem dominari et eo ipso malum esse.* **E$_3$.** *Idem sensus*: (**1**,4,10,28) *omnia malefacta non ob aliud mala esse, nisi quod* *libidine... fiunt.* **F.** A i.s. é um desejo que se deve reprovar: (**1**,4,10,28) *libidine, id est, inprobanda cupiditate.* Obs.: no terceiro livro (**3**,17,48,167) Agostinho dirá que a causa de todos os males é a "vontade ímproba" (*inproba uoluntas*). **G_1.** O escravo que mata seu *dominus* para saciar suas i.s.: (**1**,4,10,29) *satiandas libidines suas.* **G_2.** A i.s. no homicídio: (**1**,5,11,32) *utrum... sine ulla interficiatur libidine.* Obs.: se a i.s. é o amor das coisas que se podem perder contra a vontade, vê-se que o homicídio não está de modo nenhum excluído desse rol, pois até mesmo a vida do corpo inclui-se entre os bens passíveis de perda involuntária. **G_3.** O soldado que mata o inimigo no campo de batalha cumpre seu dever sem i.s.: (**1**,5,12,34) *officium suum... nula libidine.* **H.** A i.s. é um desejo culpável: (**1**,4,10,31) *illa culpabilis cupiditas, quae "libido" nominatur.* **I.** Haveria i.s. no sacrilégio? (**1**,5,11,31-32) *utrum etiam in sacrilegiis libido dominetur.* **J_1.** A lei temporal que se promulga em defesa do povo está isenta de i.s.: (**1**,5,12,35) *lex... nullius libidinis argui potest.* **J_2.** Quem promulga uma lei por ordem divina, segundo a Justiça, não o faz movido por nenhuma i.s.: (**1**,5,12,35) *expers... libidinis.* **J_3.** Mesmo que uma lei tenha sido promulgada por um legislador dominado pelas i.s., pode-se obedecer a ela sem i.s. alguma: (**1**,5,12,35). **K.** Pode-se obedecer a uma lei que determina pagar a força com força semelhante sem i.s.: (**1**,5,12,36) *sine libidine obtemperari.* **L.** Nenhum homem se faz melhor do que as bestas por causa da sua i.s.: (**1**,8,18,63) "Escarnecer e rir... depois o amor do louvor e da glória, e o desejo intenso de dominar, os quais, embora não sejam próprios dos animais, contudo não se deve julgar que nós somos melhores do que eles pela inclinação sensual [que possuímos] por essas coisas" (*iocari et ridere... deinde amor laudis et gloriae et adfectatio dominandi, quae tametsi bestiarum non sunt, non tamen earum rerum libidine bestiis meliores nos esse arbitrandum es*). Obs.: vê-se, como dito acima, que a *libido* não se restringe aos prazeres do corpo, muito menos ao sexo, podendo-se ter *libido* pelo riso, escárnio, pelo amor do louvor, da glória, pelo desejo de dominação etc. Porém todas essas coisas, como dito acima, referem-se imediata ou mediatamente ao universo dos sentidos que se dizem "corpóreos". **M.** Todos aqueles que estão pacificados, tendo subjugado as i.s. ao reinado das suas mentes, se dizem "sábios": (**1**,9,19,69) *qui regno mentis omni libidinis subiugatione pacati sunt.* **N.** A Lei eterna, que determina que as naturezas superiores devam reger as inferiores, prescreve a sujeição das i.s. ao poder da mente, a qual lhes é por natureza superior: (**1**,10,20,71) *ista mente, cui regnum in libidines aeterna lege concessum...* **O_1.** Nenhuma mente pode derribar outra de sua cidadela virtuosa e fazê-la escrava das i.s.: (**1**,10,20,73) *ex arce deicere atque libidini subiugare.* **O_2.** Uma natureza superior à mente não a submeteria às i.s., mesmo sendo capaz de fazê-lo: (**1**,11,21,75) *ne ista quidem, tametsi habeat potestatem, coget mentem seruire libidini.* **O_3.** Muito menos por meio de sua justiça uma natureza fará com que outra se sujeite às i.s.: (**1**,11,21,75). **P.** O reinado das i.s. é povoado de tormentas sem fim: (**1**,11,22,78) *alia innumerabilia regnum illius libidinis.* **Q.** A mente que preferir as i.s. à sabedoria merece padecer as tormentas (descritas em **1**,11,22,77-78). **R.** Por que escolheria a mente a servidão voluntária às i.s., em vez de permanecer na cidadela da virtude? (**1**,12,24,80) *desertam uirtutis arcem et electam sub libidine seruitutem.* **S.** Nada é mais contrário à boa vontade do que a i.s.: (**1**,13,27,92) *quid autem tam inimicum bonae uoluntati est quam libido?* Obs.: sendo contrária à boa vontade, resta que a i.s. seja uma vontade má (*mala uoluntas*), o que Agostinho assume no terceiro livro do *L.A.*, e depois em toda a sua obra. Se no primeiro livro, seguindo uma metodologia que se pode dizer "socrática", Agostinho encontra o mínimo denominador comum, a não dizer jamais "essência", dos malfeitos, na inclinação sensual, a partir do segundo livro pode-se dizer que retifica um pouco essa descoberta, ao dizer que a causa do mal, que está presente em todo malfeito, não é uma natureza, como a vontade, que é um bem médio, dado ao homem por Deus, sumamente bom e justo, mas um defeito nela, que se compreende como sendo a sua aversão do Bem comum e eterno. E de fato, não é a vontade que é má, ou antes, o mal não está na vontade, mas na sua aversão, ou seja, não no substantivo *uoluntas*, que tampouco pode ser corretamente predicado de *mala*, o que lhe conferiria um estatuto no mínimo suspeito de ser uma natureza má, mas no advérbio, por assim dizer, no "modo como" a vontade, que em si é sempre boa, pode tomar um sentido contrário ao Bem, constituindo um movimento que só se qualifica de "mau" em sentido impróprio, visto que não seja algo, apenas um nada. Portanto a i.s. não pode ser nada mais que a própria aversão da vontade, que em si mesma é boa (cf. *uoluntas*). **T$_1$.** A virtude da temperança coíbe as i.s.: (**1**,13,27,92) *uirtus quae libidines cohibet.* **T$_2$.** Quem se opõe às i.s. é chamado de "temperante": (**1**,13,27,92) *resistere omni modo atque aduersari libidinibus.* **U.** Os homens fazem os olhos militar em favor da i.s.: (**2**,18,48,185) *eos militare cogunt libidini.* **V.** Por nada senão pela própria vontade a mente se torna serva da i.s.: (**3**,1,2,8) *nulla re fieri mentem seruam libidinis nisi propria uoluntate.* **W.** Os descrentes da Providência divina entregam seus corpos para serem feridos e dilacerados pelas i.s.: (**3**,2,5,18) *corpora sua tradunt, se feriendos et dilaniandos libidinibus.* **X.** Cristo nasceu sem i.s.: (**3**,10,31,110) *sine libidine natus.* Obs.: Agostinho não deixa claro se se refere à concepção da virgem Maria, sem i.s., ou se se refere à própria natureza de Cristo, sem o defeito em que se constitui o movimento de aversão da vontade, ou se se refere às duas coisas. **Y.** A incapacidade de coibir as i.s. pela virtude da temperança não pertence à natureza criada originalmente por Deus, mas à natureza do homem depois da queda: (**3**,18,52,179; *Ret.* 1,9,5) *non posse a libidinosis operibus temperare, non est natura instituti hominis, sed poena damnati.* Obs.: Agostinho se utiliza aqui do adjetivo *libidinosus*, que se houve por bem traduzir "das inclinações sensuais", e não "libidinosas", em prol da coerência. **Z.** Que os detratores se calem, pois houve vencedores da i.s.: (**3**,19,53,181) *si erroris et libidinis nullus hominum uictor existeret.* Obs.: ou seja, a condição de ignorância e dificuldade pode ser vencida, ao menos com a ajuda de Deus.

lucifer (*adj.*) LUMINOSO, em referência aos astros que possuem luz própria, ou que liter. "portam a luz" [*lux* + *fero* (φῶς + φέρω)]: (**2**,7,16,62). Obs.: *lucifer* denominava o planeta Vênus: quando ele era avistado a partir do Oriente, o que se dava pela manhã, era referido como "estrela matutina"; quando fazia-se visível a partir do Ocidente, o que ocorria no final da tarde, era referido como "estrela vespertina", ou "Vésper". Cf. Cícero, *De natura deorum* (2,20,53): *stella Veneris, quae* Φωσφόρος *Graece, Lucifer Latine dicitur.*

lumen (*subst.*) LUZ [*luceo*]. Cf. *lux*. **A.** A Verdade imutável é como uma luz que a todos se oferece em comum, maravilhosamente secreta e pública: (**2**,12,33,130) *miris modis secretum et publicum lumen.* **B.** Regras e luzes das virtudes: (**2**,10,29,116; 118; 19,52,198) *regulas et quaedam lumina uirtutum.* **C.** A luz dos números: (**2**,11,32,128) *lumine numerorum.* **D$_1$.** A Verdade imutável alegra com sua luz os que se converteram a ela, e pune com a cegueira os que se averteram dela: (**2**,12,34,135) *et conuersos laetificet lumine et auersos puniat caecitate.* **D$_2$.** Os que se avertem da luz de Deus e aderem à própria obscuridade: (**2**,16,43,168) *qui se auertunt a lumine tuo et obscuritati suae dulciter inhaerent.* **E$_1$.** A felicidade na luz da eterna Sabedoria: (**3**,24,72,248) *cum aeterno lumine sapientiae beatus est.* **E$_2$.** A aversão da luz da Sabedoria: (**3**,24,72,250) *auersione a lumine sapientiae.*

luo (*v.*) SOLVER, no sentido de "saldar", "pagar", ou mesmo "dissolver", penas ou dívidas. Obs.: em relação às sanções (cf. *poenae*) impostas pela lei, funciona como sinôn. de *soluo* [λύω]. **A.** Ninguém solve suas penas injustamente, ou seja, ninguém é obrigado a saldar uma dívida que não contraiu, seja com a justiça, seja com algum credor: (**1**,1,1,1) *nemo iniuste poenas luit.* **B.** Quem fugisse ao campo de batalha, ou se abstivesse do combate, deveria solver as penas contraídas com o comandante, segundo o código militar vigente, que proibia, sob pena de crudelíssimas sanções, qualquer deserção ou ato covarde: (**1**,5,11,33) *ab imperatore poenas luit.* **C.** Quem não obedeceu ao preceito divino deveu necessária e justamente solver a pena, contraída pela desobediência: (**3**,24,72,244) *nec illud iniustum quod praecepto non optemperans poenas luit.* **D.** As almas solvem os castigos por seus pecados: (**3**,22,63,216) *supplicia peccatorum suorum animas luere.* **E.** Quem não quiser aperfeiçoar-se, ou quiser retroceder em sentido inverso ao do aperfeiçoamento, de direito e por mérito solverá as penas devidas: (**3**,22,64,217) *iure meritoque poenas luet.*

lux (subst.) LUZ [*luceo*]. Cf. *lumen.* **A_1.** A luz sensorial, captável pelos olhos, porque visível: (**2**,3,9,30; 7,19,76; 13,35,140; 14,38,150; 18,48,184; **3**,5,12,43; 9,25,90; 14,40,140). Obs.: refere-se seja à luz direta do fogo, de uma lâmpada, de um corpo celeste lucífero, como as estrelas, seja à luz reflexa do ouro, da prata, da lua, das águas etc. Na verdade a luz refletida não é do corpo refletor, mas do corpo brilhante (cf. **2**,13,35,140). **A_2.** A luz do sol: (**2**,9,27,107-108; **3**,13,35,140; 36,142) *in luce solis... lux... ipsa una.* **A_3.** A luz, dentre os corpos, está em primeiro lugar: (**3**,5,16,58; 12,43-44) *in corporibus autem lux tenet primum locum...* (§43) *lucis eminentia...* (§44) *lucis corporalis dignitate.* **A_4.** Porém a pior alma ainda é melhor do que a luz mais brilhante: (*ibid.*; **3**,5,12,43). **B_1.** A luz inteligível da Sabedoria, captável apenas pelas mentes purificadas das impressões corpóreas: (**2**,16,43,168) *o suauissima lux purgatae mentis sapientia!* **B_2.** A circunfulgência da luz divina: (**2**,16,43,169) *circumfulgentia lucis tuae.* **B_3.** A jucundidade da luz eterna: (**3**,26,77,265) *iocunditas lucis aeternae.* **B_4.** A luz da verdade: (**1**,16,35,118; **2**,13,35,140; **3**,5,17,61) *clarissima luce ueritatis.* **B_5.** A luz dos números: (**2**,16,42,165) *lucem numerorum.* **C_1.** Inteligir é viver de modo mais perfeito e iluminado pela luz da mente: (**1**,7,17,59) *intellegere autem quid est, nisi ipsa luce mentis inlustrius perfectiusque uiuere?* **C_2.** A luz do inteligir: (**1**,11,22,77) *in lucem intellegendi.* **D.** A luz da mente: (**2**,8,21,82) *luce mentis.* **E.** A luz interior ignorada pelos sentidos corpóreos, porque inteligível: (**2**,8,23,92) *in luce interiore... quam corporalis sensus ignorat.*

luxuria (*subst.*) LUXÚRIA [*luxus*], no sentido de "excesso", ou "extravagância", na busca e autoindulgência dos prazeres dos sentidos: (**1**,11,22,78) *luxuria dissipat.* Obs.: a luxúria é um dos muitos castigos impostos à mente que cede às inclinações sensuais. Cf. *anxietas.*

magnus (*adj.*) **1.** GRANDE: **A.** Grandes bens (*bona*), dentre os quais se situam: **A_1.** A vida sem medo: (**1**,4,9,23) *sine metu uiuere... magnum bonum.* **A_2.** A boa vontade: (**1**,12,26,87; 13,29,98). **A_3.** Bens ontologicamente grandes, em comparação com os mínimos e médios: (**2**,17,46,176) *quamuis magna quamuis minina.* **A_4.** As virtudes são grandes bens, pelos quais se vive a vida reta: (**2**,19,50,191) *quibus recte uiuitur* (cf. **2**,19,52,197; 53,199). **A_5.** A bondade de Deus deve ser louvada em todos os bens, mas especialmente nos grandes: (**2**,19,50,192) *magis laudanda est bonitas eius in magnis.* **B.** Uma grande questão e um grande mistério constitui a preexistência da alma: (**1**,12,24,80) *magna quaestio... magnum secretum.* **C.** Grande, em relação às dimensões físicas de um corpo: (**2**,3,8,25). **D.** O grande encargo da sabedoria, conhecer a Deus e a si próprio: (**2**,9,25,97) *ut semet ipsos deumque cognoscant magnum hoc esse sapientiae munus...* **E.** Quem valoriza os bens corpóreos mais do que devia comete grande erro: (**3**,5,16,59). **F_1.** O Ser é um grande bem: (**3**,7,20,69) *quam magnum bonum sit ipsum esse.* **F_2.** Permanecer em Deus é grande bem do homem: (**3**,13,37,131) *magnum et summum et primum nostrum bonum est manere in illo.* **G.** O ser humano é o maior bem de sua casa: (**3**,9,27,96). **H.** Se as almas dos anjos não existissem, faltaria um grande bem à universalidade da criação: (**3**,11,32,113) *magnum quiddam deesset creaturae.* **2.** CONSIDERÁVEL, no sentido de "ser bastante pesada" a pena imposta pelo domínio da inclinação sensual sobre a mente racional: (**1**,11,23,79) *magnam quidem istam poenam esse...* **3.** ELEVADO: (**2**,2,6,17) *magnum et diuinum.* **4.** MAGNA BONA: GRANDES BENS, os que pertencem ao estatuto ontológico mais elevado. Há, na criação, três grandes gêneros de natureza, que são todas boas, porque criadas por Deus, sumamente bom: bens pequenos, médios e grandes. Os grandes bens, *magna bona,* são aqueles nos quais se vive a vida reta, como as virtudes do espírito, bens que nunca podem ser mal utilizados: (**2**,19,50,190-192; *Ret.* 1,9,4) "Todas as virtudes do espírito, nas quais consiste a própria vida reta e honesta. De fato, nem da prudência, nem da coragem, tampouco da temperança alguém usa mal; pois também nestas virtudes todas, assim como na própria justiça, que tu mencionaste, vige a reta razão, sem a qual as virtudes não podem existir. Porém da reta razão ninguém pode usar mal. [§191] Portanto as virtudes, com as quais se vive retamente, são grandes bens" (*uirtutes animi, quibus ipsa recta uita et honesta constat... magna bona sunt...*).

male facio (*adv.* + *v.*) **1.** Liter. FAZER MAL, no sentido de "agir mal" ou "malfazer", porém com implicações claramente antimaniqueístas, quando se refere a Deus, no sentido de "criar". Agostinho parece querer evitar a todo custo a substantivação do mal, talvez para não dar ensejo à contra-argumentação maniqueísta. Isso porque, se fosse possível de fato "fazer" o mal (*malum* [*subst.*]), no sentido de "criar", como Deus "fez" tudo do nada (*ex nihilo fecit*), seria igualmente possível argumentar em favor de sua substância independente, o que ele não estava disposto a admitir, fazendo com que a maldade humana se situe exclusivamente na vontade individual de cada malfeitor, naquilo que se costumou designar por mal "moral", jamais admitindo-lhe existência própria, como se fosse uma natureza criada por Deus ou coeterna com ele, o que se costumou designar por mal "ontológico". Logo no primeiro parágrafo da obra fica bastante perceptível a distinção gramatical, e consequentemente filosófica, que adrede opera o filósofo entre as três classes seguintes: [i] *male,* advérbio "mal"; [ii] *malum,* substantivo neutro no singular, "o mal"; [iii] *malus,* adjetivo, "mau": (**1**,1,1,1) "E. – Diz-me, eu te peço, se não seja Deus o autor do mal (*subst.*). A – Direi, se tornares claro de que mal (*subst.*) queiras saber. Pois costumamos denominar o mal (*subst.*) de dois modos: num, quando dizemos alguém ter feito mal (*adv.*); noutro, quando dizemos ter padecido algo de mau (*adj.*)" (*duobus enim modis appellare malum solemus: uno, cum male quemque fecisse... alio, cum mali aliquid esse perpessum*). É bem verdade que este último genitivo, de valor partitivo, *aliquid mali,* pode estritamente ser compreendido como substantivo, "algo do mal", porém a ideia não é essa, nem em latim, muito menos em vernáculo, onde tampouco se diz "Ocorreu-me algo de bem", e sim "algo de bom", o que equivale a dizer que "algo bom" me aconteceu. Do mesmo modo nesta passagem do *L.A.* não se refere Agostinho a uma parte "do mal" em si (*mali,* gen. do subst. *malum*), e sim a algum "mau evento" que alguém tenha sofrido (*aliquid* *mali perpessum*). Há ainda uma outra distinção importante, contudo, entre *malum,* subst. singular, "o mal", e *mala,* subst. plural, "os males", que Agostinho prefere, porque indica não o mal em si, como substância, e sim os atos maus, ou seja, os "malfeitos" (*malefacta*) praticados pelos homens, ou, quando não, as vicissitudes da vida, que tanto sofrimento causam, como as doenças, a morte, a miséria, os fracassos, as perdas etc., o que os homens costumam designar igualmente por "males", embora o filósofo assim não os considere, ao menos no *L.A.* Por fim, vale notar que a locução *male facere* é praticamente exclusividade do livro primeiro, pois do final deste livro em diante (**1**,16,34,115 *ss.*) Agostinho prefere adotar uma linguagem mais teológica, por assim dizer, lançando mão do termo *peccatum,* "pecado", em lugar de "malfeito", muito provavelmente para operar a distinção entre o pensamento cristão e o maniqueu. Essa locução "fazer bem", que se utiliza do mesmo verbo adotado para referir a criação de Deus, *facere,* tem seu verbo frequentemente substituído por *agere,* "agir", "conduzir" (entre muitos outros significados), porém a mudança que mais desperta curiosidade é a do advérbio, que a partir do livro segundo passa a ser *recte,* em vez de *bene,* talvez a evitar a impressão de que o ser humano fosse capaz de criar algum bem, coisa que só a Deus caberia. **A.** Deus não malfaz: (**1**,1,1,1,) "Mal, ele não faz" (*male non facit*). **B$_1$.** Os males (*mala* ou *malefacta*) são o produto do malfazer: (**1**,1,2,6; 3,6,14). **B$_2$.** Não se pode aprender a fazer mal: (**1**,1,2,6) "Os males não se aprendem e é em vão que buscas aquele de quem aprendemos a fazer mal" (*non igitur discuntur mala et frustra illum a quo male facere discimus quaeris*) (cf. **1**,2,4,10). **C.** Fazer mal é um desvio da aprendizagem: (**1**,1,2,6) "Fazer mal nada é, senão desviar-se da aprendizagem" (*male facere... a disciplina deuiare*). **D.** Fazer mal e fazer bem: (**1**,1,3,7) Evódio: "Eu reputo haver duas aprendizagens: uma pela qual aprendemos a fazer bem, outra pela qual aprendemos a fazer mal" (*ego duas disciplinas esse puto: unam per quam bene facere, aliam per quam male facere discimus*). **E$_1$.** A origem do mal é transferida de Deus para o homem: (**1**,1,1,1; 2,4,10): "Se não seja Deus o autor do mal... de onde é que façamos mal" (*deus... auctor mali... male faciamus*) (cf. **1**,3,6,14). Todavia na pergunta do parágrafo inicial (§1) Evódio refere-se a um "mal" substantivado (*malum*), porém agora (§10) a um mal adverbial (*male*). Vê-se que Agostinho (ou Evódio, neste passo) não diz *malum facere,* "fazer o mal", mas *male facere,* "fazer mal", padrão que se repetirá ao longo de toda a obra. **E$_2$.** O livre arbítrio da vontade é a origem do malfazer humano: (**1**,16,35,117) "Depois da questão acerca do que seria fazer mal, na sequência havíamos estabelecido investigar de onde é que fazemos mal. Pois se não estou enganado, conforme demonstrou o argumento tratado, nós o fazemos a partir do livre arbítrio da vontade" (*quod post illam... quid sit male facere, deinceps... unde male faciamus*). **E$_3$.** Fazer mal é responsabilidade exclusiva do ser humano, não de Deus: (**3**,1,3,12) "A quem se deve atribuir, se algo por meio dela eu faço mal, a não ser a mim mesmo?" (*cui tribuendum est, si quid per illam male facio, nisi mihi?*). **F$_1$.** Em busca da definição de "fazer mal": (**1**,3,6,14) "Logo deve-se examinar primeiramente o que seja fazer mal" (*discutiendum est quid sit male facere*). **F$_2$.** A definição de "fazer mal": (**1**,16,34,115) "Se acaso fazer mal seja algo diferente de, tendo sido negligenciado o que é eterno, que a mente frui por si mesma e por si mesma percebe e que quando ama não pode perder, correr atrás do que é temporal e de tudo que se sente por intermédio do corpo – a parte do homem de menor valor..." (*utrum sit aliud male facere quam...*) (cf. **1**,16,35,117). **G.** Três pecados capitais considerados como frutos do fazer mal, isto é, que tenham sido mal feitos: (**1**,3,6,14) "Adultérios, homicídios e sacrilégios... a quem é que não seriam considerados atos mal feitos?" (*cui non male facta uideantur?*)

(cf. **1**,3,6,15). **H.** A regra de ouro, colocada adrede de modo negativo, como paradigma do malfazer: (**1**,3,6,16) "Pois quem faz ao outro o que não deseja feito a si invariavelmente faz mal" (*quisquis autem alteri facit, quod sibi fieri non uult, male utique facit*) (cf. **1**,3,6,17). **2.** MALE (*adv.*): DE MODO MAU; MAL. **A.** Mal, como simples advérbio, divorciado de *facere*: (**1**,3,7,18) "Quão mal acerca dos apóstolos... sentiríamos" (*quam male de apostolis... sentiamus*). **B.** Mal, qualificando *uelle*, "querer": (**1**,13,27,93) "Não pode querer mal seja a quem for" (*male cuiquam uelle non potest*) (cf. **1**,14,30,100; 15,33,113; 16,34,114; **2**,18,48,183; 185; 18,50,190; 19,50,192; 52,196; **3**,1,3,13; 10,29,104; 105; 10,31,112; *Ret.* 1,9,4; 6). **3.** MALEFACIENDI [GENVS]: GÊNERO DE MALFAZER: As inclinações sensuais (*libidines*) predominam no mal que se pratica: "Pois agora está claro que nada além da inclinação sensual domina em todo gênero de malfazer" (*libidinem in toto malefaciendi genere dominari*).

malefactum (*subst.*) MALFEITO, como produto do fazer mal (*male facere*). A distinção entre "o mal" e "os malfeitos" é muito importante no início da obra, visto que Agostinho pretende distanciar o pensamento cristão da influência gnóstico-maniqueísta, que concebia uma natureza para o mal. **A.** Cada malfeitor é autor de seu próprio malfeito: (**1**,1,1,3) *quisque malus sui malefacti auctor est.* **B.** Os malfeitos são castigados pela Justiça de Deus: (**1**,1,1,3; *Ret.* 1,9,3) *malefacta iustitia dei uindicari.* **C.** O fazer mal se define a partir de seus resultados, os malfeitos, porque o mal não tem substância, ou seja, não tem origem em Deus ou em alguma outra divindade, como queriam os maniqueus, sendo preciso estudá-lo a partir das ações humanas qualificadas de más, os atos pelos quais os homens são os únicos responsáveis, que se dizem "mal feitos" (*male facta*): (**1**,3,6,14) "Recordando individualmente os próprios malfeitos, dá-me a conhecer a tua opinião", acerca do que seja fazer mal (*...particulatim malefacta ipsa commemorando*). **D.** A condenação pelas leis temporais não é um indício seguro de malfeito, pois há crimes que a lei dos homens não pune, os quais, contudo, não escapam à Lei divina: (**1**,3,7,18) Erra quem pensa "que a condenação seja um indício certo de malfeito" (*indicium... malefacti*). **E.** Os malfeitos se caracterizam como "maus" por causa da *libido:* (**1**,4,10,28) "Todos os malfeitos não são maus por outro motivo, senão porque se fazem com inclinação sensual, isto é, com o desejo que se deve reprovar" (*omnia malefacta non ob aliud mala esse, nisi quod libidine, id est, inprobanda cupiditate, fiunt.*). $\mathbf{F_1}$. As leis permitem malfeitos menores para que se evitem maiores: (**1**,5,12,34) "A lei que deu permissão, no povo que governa, para malfeitos menores, a fim de que não se cometessem maiores" (*minoribus malefactis ne maiora committerentur, dedit licentiam*). $\mathbf{F_2}$. Até aonde deve a lei castigar os malfeitos: (**1**,6,14,42): "Até aonde se devam castigar os malfeitos por intermédio desta lei..." (*quo usque... malefacta ulciscenda*). **G.** O malfeito como sinônimo de pecado: (**1**,15,34,115) "Pois neste único gênero devem ser incluídos todos os malfeitos, isto é, os pecados, segundo me parece" (*malefacta, id est, peccata*). **H.** Evódio teme que Deus seja autor dos malfeitos, ou seja, dos pecados: (**1**,16,35,117): "Pois parece-nos que não haveríamos de pecar se estivéssemos privados dele; e é de se temer que deste modo Deus ainda seja considerado o autor de nossos malfeitos" (*metuendum est ne hoc modo deus etiam malefactorum nostrorum auctor*).

malitia (*subst.*) MALÍCIA, no sentido de "maldade" [*malus*], sem conotação sexual, embora ela não se exclua. **A.** A m. da vontade: (**3**,9,28,101) "Com a mesma malícia da vontade" (*cum eadem malitia uoluntatis*). **B.** A m. do vício: (**3**,14,41,142) "O tanto que se adiciona à malícia dos vícios é o quanto se diminui da integridade das naturezas" (*malitiae uitiorum*).

C. Malitiosvs (*adj.*): malicioso, ou seja, em que há maldade, em referência ao desejo (*cupiditas*) diabólico: (**3**,10,31,110) "O diabo... reivindicava para as leis da morte toda a prole do primeiro homem como pecadora... sem dúvida com um malicioso desejo de prejudicar" (*malitiosa quidem nocendi cupiditate*).

malum (*subst.*) O mal. **A_1.** O m. foi criado por Deus? (**1**,1,1,1; *Ret.* 1,9,6) *utrum deus non sit auctor mali.* **A_2.** Da causa do m.: (*Ret.* 1,9,1): "Quisemos, por meio de uma disputa dialética, investigar de onde exista o mal" (*uoluimus disputando quaerere unde sit malum*). **A_3.** O livro arbítrio como a causa do m.: (*Ret.* 1,9,2) "Essa disputa sem dúvida foi empreendida por causa dos que negam que a origem do mal seja derivada do livre arbítrio da vontade" (*qui negant ex libero uoluntatis arbitrio mali originem duci*). **B.** Dois são os modos de designar o mal: (**1**,1,1,1) *duobus enim modis appellare malum solemus.* **B_1.** O m. praticado: (**1**,1,1,1) *cum male quemque fecisse.* **B_2.** O m. sofrido: (**1**,1,1,1) *cum mali aliquid esse perpessum.* Obs.: quanto ao segundo gênero, os males "sofridos", para Agostinho, em verdade, não deveriam ser considerados "males", posto que os sofrentes assim os considerem, porque nada mais são do que a Justiça divina distribuindo prêmios e castigos às criaturas, segundo seus méritos: (**1**,1,1,1) "Castigos que invariavelmente são males aos que os padecem" (*quae utique supplicia patientibus mala sunt*). Portanto Deus é o autor dos males sofridos pela humanidade, não dos males praticados por ela: (**1**,1,1,2) "Daquele primeiro gênero de mal, de modo nenhum; deste segundo, porém, o autor é Deus" (*illius primi generis malorum nullo modo; huius autem secundi auctor est deus*). **$B_{2.1}$.** O homem apegado às criaturas corpóreas mergulha nas trevas, sendo incapaz de considerar as coisas com acerto, imaginando o mal onde só existe a Justiça divina: (**2**,16,43,170) "A partir disso começa a não poder ver aquilo que é de modo supremo e a considerar como sendo um mal tudo que engana o imprevidente, seduz o indigente ou excrucia o cativo, embora padeça isso merecidamente, por causa de sua aversão, e tudo aquilo que é justo não possa ser mau" (*quicquid iustum est malum esse non possit*). **C.** A aprendizagem (*disciplina*) não é um mal: (**1**,1,2,4) "Quem ousaria dizer que a aprendizagem seja um mal?" (*quis audeat dicere malum esse disciplinam?*). Obs.: difícil saber como está considerando Agostinho a *disciplina* neste passo, se uma natureza, como a razão e verdade dos números, segundo uma metafísica de tipo platônico, ou se um simples fazer humano, *bene facere.* Ao que parece, se ela não pode ser má, deve ser um bem de estatuto ontológico elevado, *magna*, do contrário poderia ser subvertida, como os bens médios, do tipo do arbítrio livre. **D_1.** Os males não podem ser aprendidos: (**1**,1,2,5) "Os males de modo algum podem ser aprendidos" (*mala disci omnino non posse*) (cf. **1**,1,2,6). **D_2.** Se os males pudessem ser aprendidos, seria apenas para que fossem evitados, jamais praticados: (**1**,1,2,6) "Se são aprendidos os males, são aprendidos para serem evitados, não feitos" (*uitanda, non facienda*). **E.** O mal que há no adultério é a inclinação sensual (*libido*): (**1**,3,8,20) "A inclinação sensual 'é' o mal no adultério" (*libido in adulterio malum est*). **F.** O mal não está no feito em si, como se possuísse uma natureza, mas no malfeitor: (**1**,3,8,20) "Contudo, enquanto buscas fora, no próprio feito, o mal que agora pode ser visto, tu padeces angústias" (*dum tu foris in ipso facto... malum quaeris*). **G.** Mal, em oposição ao bem, como o fim que cada um escolhe, individual ou coletivamente (segundo cada escola filosófica); porém não como uma natureza criada por Deus, apenas como uma meta a ser alcançada na vida: (**2**,9,26,100) "Pois aqueles todos a que te referiste como seguindo fins os mais diversos procuram o bem e evitam o mal; mas por causa disso seguem fins diversos, porque a cada um uma coisa distinta parece um bem" (*diuersa sectantes... aliud alii uidetur bonum*). **H.** O homem que se apega às coisas perecíveis vive uma vida que é morte, porém os bens inferiores que ele busca tão avidamente não são males, e nem mesmo a vontade livre, por meio de que ele peca: (**2**,19,53,200) "Capturado por uma outra vida, a qual, em comparação com a vida superior, é morte. Essa vida, contudo, é regida pela administração da divina Providência, que ordena todas as coisas em seus lugares congruentes e de acordo com os merecimentos distribui a cada um o seu. Decorre disso que nem aqueles bens, que são procurados pelos que pecam, sejam de algum modo males, nem a própria vontade livre, que constatamos se deva numerar entre um certo tipo de bem médio" (*neque illa bona quae a peccantibus adpetuntur ullo modo mala sint neque ipsa uoluntas libera, quam in bonis quibusdam mediis numerandam esse*). **I.** Uma definição do mal: (**2**,19,53,200) "O mal seja a aversão da vontade a partir do Bem absolutamente imutável e a conversão em direção aos bens mutáveis" (*malum sit auersio eius ab incommutabili bono et conuersio ad mutabilia bona*). **J.** O homem consentiu com o diabo para praticar o mal: (**3**,10,31,112) *cui ad malum consenserat...* **K$_1$.** A avareza é a raiz de todos os males: (**3**,17,48,165) *radicem omnium malorum esse auaritiam.* **K$_2$.** A vontade ímproba é a raiz de todos os males: (**3**,17,48,167) *inproba uoluntas malorum omnium causa est.* **L.** A raiz de todos os males é contra a natureza, ou seja, não é de acordo com ela: (**3**,17,48,167) *radicem omnium malorum non esse secundum naturam.* **M.** A única instância na obra em que consta a expressão *malum agere* trata-se de uma citação paulina: (**3**,18,51,173; *Ret.* 1,9,5) "Pois não faço o bem que quero, mas o mal que odeio, isto é o que realizo" (*non enim quod uolo facio bonum, sed quod odi malum, hoc ago*). Obs.: interessante notar que a tradução latina associou o verbo *facere* ao bem, que o homem não é capaz de fazer, porém ao mal levado a efeito, o verbo *agere*, o que está em conformidade com o grego, cuja dissociação é flagrante entre os verbos ποιέω, "fazer", e πράσσω (πράττω), "cumprir", "experimentar", "pôr em prática" etc. (Rom 7,19): "οὐ γὰρ ὃ θέλω ποιῶ ἀγαθόν, ἀλλὰ ὃ οὐ θέλω κακὸν τοῦτο πράσσω". Parece que o tradutor da versão dos LXX tampouco quis associar o "fazer bem" humano ao "fazer" divino, que significa "criar *ex nihilo*", como expresso no primeiro versículo do Gênesis (1,1), pelo aoristo do verbo ποιέω, ἐποίησεν: Ἐν ἀρχῇ ἐποίησεν ὁ θεὸς τὸν οὐρανὸν καὶ τὴν γῆν. Porém no caso da luz e outras obras da criação, o grego se utiliza do verbo γίνομαι, ao passo que o latim continua com *facio.* **N$_1$.** O m. como sinôn. de *malefactum:* (**3**,23,68,229) "Que fizeram de mau para que padecessem essas coisas?" (*quid mali fecerunt ut ista paterentur?*). **N$_2$.** O mesmo vale para a seguinte passagem: (**3**,23,69,232) "Que mereceram de mau também as reses..." (*quid etiam pecora uel meruerunt mali...*). **O.** O m. como a condição penal, depois do pecado adâmico: (*Ret.* 1,9,6) Da condição de "ignorância e dificuldade de que padece todo homem desde o princípio de seu nascimento, e desse mal, a não ser pela Graça de Deus, ninguém é libertado" (*nec ab isto malo quisquam, nisi dei gratia, liberatur*). Cf. *malus, male facio, peccatum.*

malus (*adj.*) **1.** MAU **A.** Deus distribui castigo aos maus, os quais castigos se enquadram no gênero dos males sofridos (cf. *malum,* B$_2$), que na verdade só se consideram males por erro de perspectiva, tratando-se antes da Justiça de Deus, que ordena os méritos das criaturas: (**1**,1,1,1) "Assim como distribui prêmios aos bons, distribui castigos aos maus" (*ut bonis praemia, ita supplicia malis tribuit...*). **B.** Cada homem mau é autor de seu próprio malfeito, de onde se dizer que Deus não seja o autor do primeiro gênero de mal (cf. *malum*, B_1): "Cada homem mau é o autor de seu próprio malfeito" (*quisque malus sui malefacti auctor est*). C_1. A inteligência, por meio de que se dá a aprendizagem (*disciplina*), não pode ser má: (**1**,1,3,8) *nec ullo modo... intellegentiam malam esse posse.* C_2. A ciência (*scientia*) não pode ser má: (**1**,7,17,60) *si tamen scientia mala esse nunquam potest.* **D.** Se a inteligência e a aprendizagem são boas, ninguém que ensina pode ser mau: (**1**,1,3,8) Pois se é mau, não é ensinante; se é ensinante, não é mau" (*si enim malus est, doctor non est; si doctor est, malus non est*). **E.** O adultério é mau: (**1**,3,6,15) "Seguramente que não é mau por isso, porque é proibido pela lei; mas é proibido pela lei exatamente porque é mau" (*sed ideo uetatur lege, quia malum*) (cf. **1**,3,6,16-17; 7,18; 4,10,28). **F.** Nem tudo o que é condenado pelas leis humanas é mau: (**1**,3,6,19) "Se tudo o que se condena é mau, mau era também naquele tempo crer em Cristo e confessar a própria fé" (*si quicquid damnatur malum est, malum erat illo tempore credere in Christum...*). **G.** A inclinação sensual (*libido*) é um desejo (*cupiditas*) mau: (**1**,4,9,24) *malae... cupiditatis* (cf. **1**,4,10,28). H_1. A inclinação sensual exerce seu império nos pecados: (**1**,4,9,24) "Em todos os pecados, para que sejam males, a inclinação sensual domina" (*in omnibus peccatis, ut mala sint, libido dominatur*) (cf. **1**,15,34,115). H_2. (**1**,4,10,27) "Que a inclinação sensual domina em todo mau feito e que por isso mesmo ele é mau" (*in omni facto malo libidinem dominari et eo ipso malum esse*) (cf. **1**,4,10,28). **I.** Uma lei não será necessariamente má por ter sido promulgada por algum governante iníquo: (**1**,5,12,36) *quia ille iniustus atque corruptus hanc tulit.* J_1. A má vontade: (**1**,13,27,91) *mala enim uoluntate* (cf. **1**,14,30,100; 15,31,104). J_2. A má vontade merece a vida infeliz: (**1**,15,31,104) *bonae uoluntati beatam uitam, malae miseram.* **K.** Alguns, embora não descreiam da Providência divina, reputam-na má: (**3**,2,5,18) "Outros, por sua vez, embora não ousem negar que a Providência de Deus presida à vida humana, contudo preferem crer por meio de um erro nefário que ela ou é fraca, ou injusta, ou má" (*uel infirmam uel iniustam uel malam nefario errore credere*). **L.** Deus não é o mau causador da maldade, mas seu justo vingador: (**3**,4,11,40) "Porém daquilo de que não é o mau autor, é o justo ultor" (*non est malus auctor...*). **M.** O vício é mau porque corrompe a natureza: (**3**,14,41,142) "Porém o vício, como eu havia começado a dizer, não é mau por outro motivo, a não ser porque se volta contra a natureza daquela própria coisa de que é um vício" (*uitium... malum est... quia naturae aduersatur*). **N.** O mérito mau na transmissão do pecado original: *malum meritum.* **O.** A alma não foi criada má: (**3**,26,65,222) "Pois não a criou má por causa disso, porque ela ainda não é tão boa quanto, aperfeiçoando-se, recebeu que pudesse ser" (*non enim propterea malam creauit...*). **P.** Nenhuma natureza é má, nem mesmo os corpos dos animais irracionais: (**3**,23,69,233) "Posto que sejam ínfimos, ou que sejam maus por isso, porque os celestes são melhores" (*cum sint infima, aut ideo mala sint quia sunt coelestia meliora*). **Q.** O pecado é mau na negligência, seja para receber o preceito, seja para observá-lo, seja para guardar a contemplação da Sabedoria: (**3**,24,72,248) *peccatum autem malum est in neglegentia...* **R.** O movimento da vontade de aversão do Bem comum e conversão para os bens próprios é mau: (**2**,20,54,201) *motus... qui profecto malus est.* **2.** Malvs (*adj. subst.*): o homem mau. **A.** Até os maus desejam coisas boas, como viver em segurança: (**1**,4,10,30) "E com efeito, desejar viver sem medo não é próprio apenas aos bons, mas também a todos os maus" (*sine metu uiuere... etiam malorum omnium est*). **B.** Os maus merecem a vida infeliz: (**1**,6,15,48) *mali miseram... uitam merentur....* **C.** Nada obstante merecerem a vida infeliz, os maus querem ser felizes, porém não querem pagar o preço da felicidade, a vida reta: (**1**,14,30,100) "Não são felizes porque quiseram viver com felicidade, pois isto querem igualmente os maus, mas porque quiseram viver retamente, o que os maus não querem" (*sed quia recte, quod mali nolunt*). **D.** O homem mau e invejoso, que pretende corrigir a obra de Deus: (**3**,9,24,86-87) *malus et inuidus.* **E.** O juízo dos inocentes, que não são nem maus, nem justos: (**3**,23,66,225) "Que nem possui lugar entre os justos, visto que não agiu retamente, nem entre os maus, visto que não pecou" (*neque inter iustos... neque inter malos*). Cf. *male facio, malefactum, malitia, peccatum, pecco.*

medietas (*subst.*) MEIO-TERMO, o ponto equidistante entre dois extremos; neste caso entre a perfeição impecável dos anjos e a aversão irremissível das almas perpetuamente pecantes, como o diabo: (**3**,5,15,55) *medietatem quandam.*

medius (*adj.*) **1.** MÉDIO; INTERMÉDIO. No *L.A.* costuma Agostinho inserir um grau intermediário entre duas grandezas ou polos opostos, grandes (*magna*) e mínimos (*minima*), constituindo uma espécie de ordenação ternária, que, no caso do *L.A.*, não convém dizer trinitária, pois não se refere à Trindade, nada obstante tratar-se de ordenação das criaturas de Deus. Assim, entre o diabo, que nunca não peca, e o anjo, que nunca peca, há o homem, criatura intermédia, que ora peca, ora não peca; assim também entre os sentidos do corpo, ínfimos no homem, e sua razão, suprema, encontra-se o sentido intermediário, dito "sentido interior"; e também entre o estado de sabedoria, ausente no primeiro homem, e o estado de estultícia incapacitante do preceito de Deus, sem dúvida havia um estado intermédio, que ainda não era sabedoria, mas que não era a mais completa estultícia. **A.** O médio espacial, em posição intermediária: **A$_1$.** (**2**,8,22,85) "Por pequenino seja um determinado corpúsculo, possui certamente uma parte direita, outra esquerda, uma superior, outra inferior, ou uma posterior, outra anterior, ou ainda umas partes limítrofes, outra média" (*aut alias finales aliam mediam*). **A$_2$.** Terras médias: (**3**,5,13,47) "Vai-se desde a terra mais feraz e amena até a mais salsa e infecunda, gradativamente, por meio das intermediárias" (*ita gradatim per medias*). **2.** MEDIETAS (*subst.*): MEIO-TERMO, posição intermediária entre a impecabilidade e a pecabilidade perene. **B$_1$.** Entre as criaturas que mantêm sua vontade perpetuamente convertida para o Criador e as que mantêm-na perpetuamente avertida, há uma criatura intermédia: (**3**,5,15,55) Entre o diabo e aquela primeira, o anjo, que permanece na vontade da justiça, demonstra esta, a criatura pecadora, um certo meio-termo (*medietatem quandam*). **B$_2$.** (**3**,17,47,162) "A criatura racional não se repartiria assim, de modo que uma nunca peque e outra persevere no pecar, uma outra, como se no meio entre ambas, algumas vezes peque, outras converta-se para agir retamente" (*alia quasi media inter utramque aliquando peccet aliquando ad recte faciendum conuertatur*). **B$_3$.** Estado médio entre a virtude e o pecado: (**3**,23,66,226) "Uma certa vida média entre o ato retamente praticado e o pecado..." (*uita... media... inter recte factum atque peccatum*). **C.** Disposição média entre estultícia e sabedoria: (**3**,24,71,241) "Como se a natureza humana, além da estultícia e da sabedoria, não aceitasse nenhuma disposição média, que não se possa dizer nem estultícia, nem sabedoria" (*mediam... adfectionem*) (cf. *ibid.* §242; **3**,24,73,252). **3.** MEDIA BONA (*subst. pl.*): BENS MÉDIOS. Os bens médios são aqueles que podem ser bem ou mal utilizados, mas que são necessários para a vida reta, como a vontade livre, por exemplo. **A$_1$.** (**2**,19,50,191) "As potências do espírito, sem as quais não se pode viver de modo reto, são bens médios" (*potentiae uero animi, sine quibus recte uiui non potest, media bona sunt*). **A$_2$.** (**2**,19,50,192) "Das virtudes ninguém usa mal; porém dos restantes bens, isto é, dos médios e dos mínimos, pode-se usar não apenas bem, mas também mal" (*caeteris autem bonis, id* *est, mediis et minimis, non solum bene sed etiam male quisque uti potest*). **A_3.** A vontade é um bem médio: (**2**,19,52,196) *uoluntas ergo, quae medium bonum est...* (cf. **2**,19,53,200; *Ret.* 1,9,4; 6).

mens (*subst.*) MENTE. **A_1.** Como sinôn. de *ratio, spiritus*, e quase sempre de *animus* também: (**1**,8,18,61) *siue mens siue spiritus.* **A_2.** (**1**,8,18,65) *ratio... uel mens uel spiritus.* **A_3.** (**1**,9,19,68) "Razão, a qual recordamos em seguida chamar-se não apenas de mente, mas também de espírito" (*ratio... et mentem et spiritum...*). **B.** A m., no estulto, não reina como deveria sobre os movimentos irracionais da alma: (**1**,9,19,66) Que o estulto seja "aquele no qual a mente não tem o poder supremo" (*in quo mens summam potestatem non habet*) (cf. **1**,9,19,70). **C.** A luz da m. ilumina a inteligência: (**1**,7,17,59) "Que é inteligir, senão viver de modo mais iluminado e perfeito pela própria luz da mente?" (*ipsa luce mentis*). **D.** A m. é a potência no homem que deve exercer o domínio sobre os movimentos irracionais da alma, a fim de que ele se harmonize com a Razão universal e suprema, a Lei eterna: (**1**,8,18,65) "Logo essa razão, ou mente, ou espírito, quando rege os movimentos irracionais da alma, sem dúvida domina no homem aquilo que deve exercer o domínio, segundo aquela Lei que soubemos ser eterna". **E.** Foi dada à m. autoridade legítima para exercer o domínio sobre o que lhe é inferior: (**1**,10,20,73) "O espírito justo e a mente que salvaguarda o direito e o domínio que lhe é próprio..." (*animus iustus mensque...*). **F.** A m. é juiz de si mesma: (**1**,12,34,136) "Também julgamos das nossas próprias mentes..." (*de ipsis mentibus nostris... iudicamus*). **G_1.** A m. compreende mais quando mais próxima da Verdade imutável: (**1**,12,34,136) "Tanto mais, contudo, deve a mente inteligir, quanto mais perto puder aproximar-se da verdade absolutamente imutável e aderir a ela". **G_2.** (**2**,13,36,141) "A acuidade da mente, forte e vigorosa, se considerar muitos objetos verdadeiros e absolutamente imutáveis por meio de uma razão segura, dirigir-se-á diretamente para a própria Verdade, na qual todas as coisas se mostram..." (*sic fortis acies mentis et uegeta, cum... diriget se in ipsam ueritatem...*). **H_1.** A m. humana é inferior à Verdade imutável: (**1**,12,34,136): *superior atque excellentior.* **H_2.** (**2**,13,35,137) "Porém eu havia prometido, se estás lembrado, que te haveria de demonstrar existir algo mais sublime do que a nossa mente e razão. Eis que aqui tens a própria Verdade!" (*ecce tibi est ipsa ueritas*) (cf. **1**,10,21,74; **2**,12,34,135; 14,38,152). **I.** A m. e seu estatuto ontológico superior, porque não apenas é, mas também vive e intelige: (**2**,6,13,52) A natureza que "não apenas existe, mas que simultaneamente também vive e intelige, assim como a mente racional no homem" (*et est et uiuit et intellegit, sicut in homine mens rationalis*). **J_1.** A m. frui das naturezas eternas, estáveis e incorruptíveis: (**1**,16,34,115) "O que é eterno, que a mente frui por si mesma e por si mesma percebe e que quando ama não pode perder" (*quibus per seipsam mens fruitur*). **J_2.** As melhores coisas se veem com o olhar da m.: (**3**,5,14,51) *meliora cum mente conspexerint...* (cf. **2**,16,41,161). **K.** A m. viciosa é mais fraca que a mente virtuosa e não pode causar-lhe dano algum: (**1**,10,20,73) *uitiosa mens... erit infirmior.* **L.** A m. é mais poderosa que as inclinações sensuais (*libidines*), ou seja, o desejo (*cupiditas*): (**1**,10,20,71) "Consideras que a inclinação sensual seja mais potente do que essa mente, à qual sabemos ter sido concedido, pela Lei eterna, o reinado sobre a própria inclinação sensual?... nem seria perfeitamente ordenado que as coisas mais impotentes prevalecessem sobre as mais potentes. Por isso julgo ser necessário que a mente seja mais capacitada do que o desejo, pelo próprio fato de exercer o seu domínio de maneira reta e justa sobre o desejo" (*necesse arbitror esse ut plus possit mens quam cupiditas*). **M_1.** A m. de cada um contempla os objetos individualmente: (**2**,12,33,132) "Aqueles objetos que eu e tu observamos em comum, cada um com sua própria mente, de maneira nenhuma haverás de dizer que pertençam à natureza da mente de algum de nós" (*ego et tu communiter propria quisque mente conspicimus*). **M_2.** As luzes das virtudes podem ser contempladas por todos, em comum, mas também individualmente, na m. de cada um: (**2**,10,29,116) "As regras e como que luzes das virtudes, não apenas verdadeiras, mas também perfeitamente imutáveis, estejam presentes, quer individualmente, quer todas em comum, para ser contempladas por aqueles que são capazes de olhar atentamente para estas coisas, cada um por meio de sua própria razão e mente" (*sua quisque ratione ac mente conspicere*) (cf. **2**,7,15,61; 8,20,79; 24,93; 9,27,104; 29,107; 10,28,111-112; 115). **N.** Uma noção de felicidade foi impressa na m. de cada um: (**2**,19,26,103) "Foi impressa em nossas mentes, pois, a noção de felicidade, através da qual, por sua vez, conhecemos resolutamente e sem dúvida alguma dizemos que nós queremos ser felizes" (*mentibus tamen nostris inpressa est notio beatitatis*). **O.** Só a m. é capaz de contemplar os números, considerados seja enquanto cálculos matemáticos, seja como entidades metafísicas: (**2**,8,21,82) "De fato, é por esta luz da *mente* que eu refuto todo aquele que, ao computar, tiver feito um cálculo errado, seja adicionando ou subtraindo" (*Hac enim luce* mentis *refello eum quisquis uel in addendo uel in retrahendo dum conputat falsam summam renuntiauerit*). **P.** A m. virtuosa. **P_1.** A m. que exerce seu domínio sobre as inclinações sensuais: (**1**,11,21,75) "A mente que reina na virtude" (*menti uirtute pollenti*). **P_2.** (**1**,11,21,76) "A mente que exerce o seu reinado e está na posse da virtude" (*regnanti menti conpotique uirtutis*). **Q.** A m. humana é mutável: (**2**,12,34,135) "Nossas mentes... se reconhecem como sendo mutáveis..." (*mentes enim nostrae... fatentur se esse mutabiles*). **R.** Os números transcendem a mente humana: (**2**,11,31,125) "Eles também transcendem nossas mentes e permanecem perfeitamente imutáveis na própria Verdade" (*eos etiam nostras mentes transcendere atque incommutabiles in ipsa manere ueritate*).

merces (*subst.*) Salário, soldo, preço, mercadoria [*mercor*]. Embora o vocábulo propriamente não apareça no *L.A.*, o conceito não está ausente da obra. A *merces* pode referir-se tanto à quantia paga por um serviço prestado ou por alguma mercadoria, quanto à própria mercadoria [*merx*], de onde derivou-se o vocábulo *mercenarius*, "mercenário", por exemplo, aquele que só faz algo mediante um preço, em oposição a *gratuitus*, que não requer pagamento. Seu significado se aproxima também de "retribuição", no sentido daquilo que é devido ao contratado pelo contratante, em troca do serviço prestado ou pela mercadoria fornecida. O vernáculo "preço" pode ser utilizado neste mesmo sentido, como sendo "a quantia devida", seja pelo serviço, seja pela transferência de posse do bem. Daí a oposição entre *merces* e *donum*, que se refere ao que é "doado", ou seja, dado de modo absolutamente gratuito. Essa distinção será fundamental no pensamento de Agostinho acerca da Graça e em várias passagens do *L.A.*. Cf. *meritum, mereor, promereor, meretrix.*

mereor (*v.*) Merecer, no sentido de "fazer jus" ao salário ou preço [*merces*] devido. Trata-se de uma noção capital no pensamento agostiniano, que se contrapõe ao conceito de Graça. A ação meritória implica soldo [*merces*], o pagamento, ou retribuição justa e devida, por serviço prestado, assim como o preço é o valor justo e devido pela transferência de posse de uma determinada mercadoria [*merx*]. Logo trata-se antes de "dívida", não de algo fortuito, muito menos gratuito, porque depois do serviço prestado, ou da transferência de posse do bem, o contratante torna-se "devedor" do contratado, ou então, dito de outro modo, o prestador do serviço, ou vendedor da mercadoria, torna-se "credor" do contratante, ou comprador. Transação de natureza "comercial", por assim dizer, regida invariavelmente por normas jurídicas nas sociedades estabelecidas e suficientemente organizadas, que estabelece uma "dívida" entre as partes: *x* deve fornecer a mercadoria ou o serviço; *y*, o preço. Pois bem, o mesmo mecanismo quis ser transferido da linguagem jurídico-comercial para o campo da teologia. Porém as partes, nesse caso criatura e Criador, por sua infinita disparidade, não podem manter o mesmo tipo de relação, porque, como reconhecerá Agostinho mais tarde (*Conf.* 13,1,1), ecoando Paulo, ninguém tem mérito diante de Deus, uma vez que ninguém existia antes de ser criado, para que "merecesse" o "preço" da criação e tudo o que ela implica, como liberdade, inteligência e todas as demais faculdades humanas, indubitavelmente "dons" do Criador. Logo a noção de "mérito" se atrela inextricavelmente às de "liberdade" e "vontade", pois, em conformidade com o que diz Agostinho (**1**,14,30,101), todo mérito situa-se na vontade, não podendo, pois, haver retribuição justa, numa palavra, não havendo lugar para a Justiça da Providência, seja na forma de salário, seja como sanção, sem que se tenha agido por meio da vontade e de modo livre, isto é, sem constrangimento, do contrário todo salário seria injusto, fosse pelo bem não praticado, fosse pelo mal ausente. Cf. *meritum, merces, meretrix, promereor.* **A.** Por meio da vontade o homem merece a felicidade ou a infelicidade: (**1**,13,28,96; 14,30,99; *Ret.* 1,9,3) "Pela vontade nós merecemos e vivemos a vida louvável e feliz, e pela vontade, a vida torpe e infeliz" (*uoluntate nos tamen laudabilem et beatam uitam, uoluntate turpem ac miseram mereri ac degere*). **B.** O homem recebe aquilo que merece: (**1**,14,30,99) *sic mereri ut accipiant.* **C.** Uma coisa é querer, outra, merecer: (**1**,14,30,100) *aliud est uelle... aliud mereri.* **D.** O homem merece de Deus, seja o prêmio, seja o castigo: (**2**,1,1,2; 2,3) *ab illo poenam meremur aut praemium.* **E_1.** O preço do primeiro pecado é a condição penal de ignorância e dificuldade, que se diz pecado porque deriva sua origem do pecado original: (**3**,19,54,183) "Pois aquele precedente mereceu esses consequentes" (*illud enim praecedens meruit ista sequentia*). **E_2.** Origem merecedora do castigo: (**3**,19,54,187) *origo eius... meruerat.* **F.** É supérfluo investigar os méritos de quem nada mereceu, como as crianças que morrem antes de terem a chance de fazer o bem ou o mal: (**3**,22,66,226) *de meritis eius qui nihil meruerit.* **G.** Que mereceram as reses, para tanto sofrer? (**3**,23,69,232) *quid etiam pecora uel meruerunt mali, ut tanta patiantur incommoda...?*

meretrix (*subst.*) Meretriz. Segundo a etimologia, liter. "merecedora", a partir do verbo *mereor.* De fato, a meretriz é aquela que "merece", que fez por onde receber seu soldo, em virtude dos serviços que prestou ao seu cliente. Neste sentido opõe-se claramente à *coniux*, "esposa", cujos "favores" não se davam a troco de soldo. Cf. *mereor, merces.*

meritum (*subst.*) Mérito. Em linguagem jurídico-comercial [*con-* + *mercor*] refere-se ao preço ou salário devido, daí merecido, por algum serviço prestado, o que implica, como dito (cf. "obs." do verbete *mereor*), uma noção de "dívida" entre contratante e contratado, ou seja, entre aquele que prestou o serviço e o que deve agora pagar por ele, podendo ainda o termo referir o próprio serviço prestado. **A_1.** O homem padece as penas decorrentes da submissão da vontade às inclinações sensuais por m., ou seja, como o preço justo por aquilo que fez: (**1**,12,24,80) *merito haec... perpeti.* **A_2.** É por m. que os estultos são afetados pela infelicidade (**1**,12,26,88) *merito stulti homines... adficiuntur miseria.* **B.** O m. está na vontade, logo o preço recebido pelos atos praticados é determinado pela vontade: (**1**,14,30,101; *Ret.* 1,9,3) *in uoluntate meritum sit.* **C.** É por m. que a má vontade colhe a infelicidade: (**1**,15,31,104) *mala* *uoluntate perseuerantes... miseria merito rependitur.* **D.** A alma padece por m., o preço de sua aversão da vontade do Bem imutável para os bens mutáveis: (**2**,16,43,170) *pro merito patiatur auersionis suae.* **E.** A Providência ordena todas as coisas segundo uma noção "divina" de Justiça, ou seja, não segundo posses ou nobreza herdada, mas de acordo com os m. de cada um: (**2**,19,53,200) *pro meritis sua cuique distribuit.* **F.** Os temulentos não são melhores que as criaturas que apenas são e vivem pelo m. de seu vício, mas pela dignidade de sua natureza: (**3**,5,15,57) *non iam merito uitiorum, sed adhuc naturae dignitate praeferuntur.* Obs.: veja-se que Agostinho não diz o "mérito" de sua natureza, precisamente porque não possuem nenhum, visto sua natureza lhes ter sido dada *gratia* por Deus. **G.** O ornamento como m. da virtude ou m. do pecado: (**3**,9,28,101) *ornant ergo ambo... ille merito uirtutis, iste peccati.* **H.** O m. ou salário da condenação: (**3**,12,35,124) "Ou mesmo a criatura espiritual... se fosse condenada em virtude de seus méritos" (*aut creatura spiritalis... si pro suis meritis damnaretur*). Obs.: o "mérito", considerado assim como "preço" ou "salário" devido, é um termo moralmente neutro, podendo ser bom ou mau, segundo o valor moral atribuído ao que se praticou. **I.** Ninguém tem m. diante de Deus: (**3**,16,45,154) "Deus, porém, a ninguém deve coisa alguma, porque dispensa todas as coisas de modo gratuito. E se alguém disser que alguma coisa lhe seja devida por ele, à conta de seus méritos, que fosse, por certo, não lhe era devido, pois não era, ao qual se pudesse dever" (*deus autem nulli debet aliquid, quia omnia gratuito praestat...*). **J.** Nenhum m. há na conversão para Deus: (**3**,16,45,154) *et tamen, quod meritum est conuerti ad eum ex quo es...?* Obs.: Agostinho diz não haver mérito, certamente porque não há dívida. De fato, ao converter-se, só a criatura tem a ganhar, pois o Criador nenhum proveito tira disso, assim como nenhum detrimento sofre se a criatura dele se afasta. Demais, se a conversão constituísse mérito, o voltar-se para Deus faria da criatura credora do Criador, podendo então cobrar-lhe a dívida face a face. Na verdade o motivo é bem simples: não há mérito na conversão porque o afastamento em si mesmo constituiu um débito, que se quita, por assim dizer, embora com o subsídio do Credor, quando a criatura retorna para casa, como o filho pródigo. E seria incoerente imaginar que o Credor, quando a dívida lhe é saldada pelo devedor, contraia nessa operação ele mesmo uma dívida com o próprio devedor, simplesmente por receber o que lhe era devido! **K.** Na economia divina da transmissão do pecado original, segundo uma das hipóteses levantadas por Agostinho, o m. mau do anterior é saldado pelo posterior, assim como o m. bom do posterior faz-se benefício ao anterior: (**3**,20,56,188) "Que o mérito mau do anterior seja por natureza do que se segue, e que o mérito bom do que se segue seja por natureza do anterior" (*ut malum meritum prioris natura sequentis sit et bonum meritum sequentis natura prioris*). Obs.: o mal merecido (o mau preço) pela criatura que veio antes (Adão), torna-se a natureza (substância) da criatura que vem depois, e o bem merecido (o bom preço) do que veio depois (Cristo), a nova natureza (substância) da criatura que veio antes (vejam-se os comentários à correspondente passagem). **L.** O juízo natural antes do m. da boa obra: (**3**,20,56,191) *ante omne meritum boni operis... accepisse naturale iudicium.* **M.** A expressão "por mérito" como sinôn. de "por causa de", "em virtude de": (**3**,21,59,200; 22,65,221) *pro merito suae obscuritatis,* ou seja, por ser muito obscura a questão. **N.** Condenação meritória, em caso de acomodação negligente: (**3**,22,64,219; 220) *merito damnaretur...; meritoque poenas luit.* **O_1.** O m. de vida dos pequeninos: (**3**,23,66,225). **O_2.** Qual o m. dos que nada mereceram? (**3**,23,66,226). **O_3.** O m. da inocência: (**3**,23,68,229) *innocentiae meritum.* **P.** No sentido de "preço": (**3**,24,72,246) "E assim como a natureza racional é como se fosse o mérito de receber o preceito, assim também a observância do preceito é o mérito de receber a sabedoria" (*et sicut rationalis natura tanquam meritum est praecepti accipiendi, sic praecepti obseruatio meritum est accipiendae sapientiae*). **Q.** O m. das visões aceitas pela alma racional: (**3**,25,74,255) *ex merito sumendi.* **R.** O desprezo merecido dos bens temporais, diante dos bens eternos: (**3**,25,77,265). **S$_1$.** Os pelagianos afirmam que a Graça de Deus é dada ao homem segundo seus m.: (*Ret.* 1,9,3) *eam secundum merita nostra dari.* **S$_2$.** A Graça não é concedida ao homem por m., do contrário não seria Graça: (*Ret.* 1,9,4) *iam meritis eius daretur, et non esset gratia.* **T.** A vontade deveria por m. ser anteposta aos bens corpóreos: (*Ret.* 1,9,3) *corporeis et externis bonis merito anteponitur.*

meta (*subst.*) META, no sentido de "marco", "limite". Obs.: as *metae* eram colunas situadas na *spina*, o pequeno muro que dividia longitudinalmente o circo das cidades romanas – cujo nome, *circus*, tem que ver com sua forma circular, ou melhor, elíptica. As *metae* demarcavam o circuito em torno do qual os corredores de carros, com suas velozes e perigosas quadrigas, disputavam os louros dos jogos circenses. Na seguinte passagem as metas referem-se aos marcos impostos por Deus à criatura, limites que lhes demarcam o início e o fim da existência, e que não podem transpor: (**3**,15,43,148) *acceptas metas transire non posset.*

minimus (*adj.*) MÍNIMO, no sentido de "algo diminuto", seja em suas dimensões espaciais, seja em seu "valor" moral ou utilidade social, seja ainda em seu grau ontológico. Por tratar-se do grau superlativo do adjetivo *paruus,* "pequeno", pode ser compreendido, em sentido absoluto, como algo simplesmente "diminuto", ou relativo, como sendo "o menor de todos". **A.** BENS MÍNIMOS (*minima bona*): os menores de todos os bens, considerados em seu valor ontológico, ou sua quantidade de "ser", absolutamente prescindíveis para a vida reta, como as perfeições corpóreas: (**2**,19,50,191; *Ret.* 1,9,4) "Porém as aparências, seja de que corpos forem, sem as quais se pode viver retamente, são bens mínimos" (*species autem quorumlibet corporum, sine quibus recte uiui potest, minima bona sunt*). Na escala apresentada por Agostinho, entre naturezas que apenas são (*esse*), como as pedras, ou que são e vivem (*esse et uiuere*), como os animais irracionais e as plantas, ou que são, vivem e inteligem (*esse, uiuere et intellegere*), como as criaturas racionais, homens e anjos, os que apenas são constituem bens mínimos, os menores da escala. Porém, quando se transporta essa escala para o microcosmo em que o homem se constitui, vê-se que o seu corpo corresponde às naturezas que simplesmente são, enquanto o sentido interior, às que são e vivem, e o espírito ou mente, às que são, vivem e inteligem, constituindo assim uma ordenação paralela, construída sobre os mesmos pilares ou graus. **A$_1$.** Todos os bens, inclusive os mínimos, têm sua origem em Deus: (**2**,17,46,176) "Por isso, os bens de qualquer tamanho, não importa se grandes ou se mínimos, não podem existir a não ser a partir de Deus" (*quam ob rem quantacumque bona quamuis magna quamuis minima nisi ex deo esse non possunt*) (cf. **2**,18,49,188; 19,50,191). **A$_3$.** Os bens mínimos, assim como os médios, são aqueles que podem ser mal utilizados, ao contrário dos grandes bens: (**2**,18,50,192) *caeteris autem bonis, id est, mediis et minimis, non solum bene sed etiam male quisque uti potest.* Cf. *medius, magnus.*

minister (*subst.*) MINISTRO, em seu sentido etimológico de "servidor": **A.** O soldado, ao matar um inimigo no campo de batalha, é ministro da lei: (**1**,5,12,34) *minister est legis.* **B.** O carrasco [*carnifex* (*caro + facere*)], ao executar um criminoso, é ministro do juiz: (**1**,4,9,25) *iudex uel minister eius nocentem.* Obs.: o ofício do carrasco era considerado tão ignominioso que não lhe era permitido viver dentro da cidade.

ministerium (*subst.*) MINISTÉRIO, no sentido de "função servil" [*minister*], "mister", daí também: "ofício" ou "tarefa". **A.** O que é próprio do ministério da razão, ou seja, daquilo que se encontra a serviço da razão: (**2**,3,9,35) *ministerium rationis est.* Obs.: o sentido interior é ministro da razão, à qual leva, interpretados, como um verdadeiro mensageiro, os perceptos recebidos dos sentidos corpóreos. **B.** A ignorância e a dificuldade são a porta do ministério que serve para saldar as dívidas do pecado, fazendo com que o corpo regenerado volte, hipoteticamente, a ser incorruptível: (**3**,20,57,195) *ianua ministerii ad reparandam corporis incorruptionem.* Cf. *minister.*

minuo (*v.*) DIMINUIR, seja em referência à operação aritmética de subtração (*detraho*), seja em sentido ontológico, na diminuição do bem de uma dada natureza, seja no sentido de "reduzir" ou "aviltar" a integridade de algo. **A.** Diminuir (em contraposição a adicionar) algo à perfeição das criaturas: (**3**,9,24,88) *addere... minuere.* **B.** Diminuir um tanto da ordenação do conjunto universal das criaturas: (**3**,11,32,114; 33,115) *nihil uniuersitatis ordini minueretur.* **C.** Diminuir o bem de uma determinada natureza, em sentido ontológico: (**3**,13,36,126) *si nocet, minuit aliquid de bono eius.* Obs.: se a corrupção causa algum detrimento a uma dada natureza, subtrai-lhe algo de seu bem, ou seja, causa-lhe que "seja" menos. Para uma natureza, diz Agostinho, a diminuição de seu bem implica ser menos "boa", o que não se deve compreender em sentido moral, embora essa consequência seja também previsível, e sim em sentido ontológico. O afastamento de Deus faz com que uma natureza seja simultaneamente "menos", possuindo assim menos "ser", ou perdendo uma quantidade, por assim dizer, de seu "bem", do que se torna também "menos boa", em duplo sentido, moral e ontológico, pois Deus é o Ser e o Bem supremo. **D.** Numa natureza, quanto mais se adiciona à malícia dos vícios, tanto mais se diminui de sua integridade – ontológico-moral: (**3**,14,41,142) *tantum additur malitiae uitiorum quantum naturarum integritati minuitur.*

miser 1. INFELIZ (*adj.*): o adjetivo *miser* contrapõe-se tecnicamente a *beatus*, "feliz", porque, assim como o resultado da vida virtuosa na posse da boa vontade (conversão para o Bem comum) é a *uita beata*, a vida feliz, assim também o resultado da vida viciosa, na depravação da vontade (aversão do Bem comum), é a *uita misera*, a vida infeliz (cf. *beatitas, beatitudo, miseria*). **A_1.** A vida infeliz (*uita misera*) é merecida pelos maus: (**1**,6,15,48) *mali miseram... uitam merentur* (cf. **1**,13,28,96; *Ret.* 1,9,3). **A_2.** A vida infeliz deve ser evitada: (**1**,13,28,94) *uitam miseram... fugiendam.* **A_3.** A vida que é digna de louvor não é infeliz: (**1**,13,28,94). **A_4.** A vida feliz não é infeliz: (**1**,13,28,94) *eam scilicet, quae misera non est, beatam esse uitam.* **A_5.** A vida infeliz é fruto da má vontade: (**1**,14,30,99) *uoluntate quisque miseram uitam patitur* (cf. **1**,14,30,101; 15,31,103). **B.** Os maus são infelizes: (**1**,6,15,49) *mali miseri... sint.* **C.** Os apetites irracionais da alma, quando não controlados pela razão, tornam a criatura infeliz: (**1**,8,18,64) "Esse tipo de apetite, quando não é submetido à razão, torna os homens infelizes" (*iste adpetitus, cum rationi subditus non est, miseros facit*). **D.** Os que se prendem aos bens terrenos julgam-se muitíssimo infelizes quando os veem escapar, mas o mais infeliz é quem não possui a boa vontade: (**1**,12,26,87) "Não o julgarás tu... o mais infeliz de todos, ainda que tenha em abundância todos esses bens, quando prende-se a eles, os quais muito facilmente pode perder e nem possui quando quer, mas carece da boa vontade" (*miserrimum... etiamsi talibus abundet omnibus... caret autem bona uoluntate...*) (cf. **2**,15,35,139). **E.** Infeliz é o homem cuja vontade é contrária à boa vontade: (**1**,13,28,95) *miserum qui contrariae uoluntatis est.* **F_1.** Nada obstante todos desejem a felicidade, muitos são infelizes: (**1**,14,30,99) *multi miseri sint* (cf. *ibid.* §101). F_2. Ninguém quer ser infeliz: (**1**,14,30,102). F_3. O suposto suicida não quer morrer, apenas deixar de ser infeliz: (**3**,6,18,64-8,22,78). F_4. O suposto suicida é infeliz invito: (**3**,6,18,64) *uolens enim es et miser inuitus es.* F_5. Ser infeliz é melhor do que não ser: (**3**,7,21,74). **G.** Quanto mais longe do Ser supremo, mais infeliz: (**3**,7,20,70) *in tantum te esse miserum in quantum non propinquas ei quod summe est.* **H.** Quem prefere não ser a ser infeliz, será infeliz: (**3**,7,21,74) "Quem prefere não ser, a fim de que não seja infeliz, porque não pode não ser, resta-lhe que seja infeliz" (*qui mauult non esse ne miser sit, quia non esse non potest, restet ut miser sit*). **I.** Quem ama o ser, será feliz: (**3**,7,21,74) "Porém quem ama mais o ser do que odeia ser infeliz, ao adicionar ao que ama, exclui aquilo que odeia. Pois quando, em seu gênero, tenha começado a ser de modo perfeito, não será infeliz" (*qui autem plus amat esse quam odit miser esse, adiciendo ad id quod amat, quod odit excludat...*). **J.** A lua não tem capacidade de ser infeliz, nem feliz: (**3**,9,25,89) *lunae splendorem non esse miserum* (cf. *ibid.* §90). **K.** Até mesmo as almas infelizes contribuem para a perfeição da universalidade da criação: (**3**,9,25,91) *ut uniuersitatis perfectioni nec illae desint animae quae miserae fieri debuerunt.* **L.** Deixar de vituperar os maus atos constituiria erro dos mais infelizes: (**3**,15,43,149) *error miserrimus.* **M.** Quem se averte de Deus não deixará de ser totalmente, porém será infeliz: (3,16,45,154) "Seguramente não serás um nada, mas infeliz, contudo, serás" (*non quidem nihil, sed miser tamen eris*). **2.** O INFELIZ (*subst.*): a criatura racional infeliz. **A.** A lei temporal é imposta aos infelizes: (**1**,15,31,106) *miseris uero temporalis imponitur.* **B.** A lei pune o espírito dos infelizes: (**1**,15,32,111) *miserorum animos.* **C.** Os infelizes são criaturas melhores do que as incapazes da felicidade, que apenas são e vivem, mas não inteligem: (**3**,7,21,71; 9,25,91). **D.** As almas infelizes não são necessárias para a perfeição da universalidade enquanto infelizes, apenas enquanto almas: (**3**,9,26,92-94). **E.** Se Adão e Eva pecaram, por que nós, infelizes, é que padecemos? (**3**,19,53,180) *si Adam et Eua peccauerunt, quid nos miseri fecimus...?* **3.** VIVER INFELIZ (*misere uiuere*), liter. "viver de modo infeliz". Assim como à *uita misera* contrapõe-se a *uita beata*, assim também ao *misere uiuere*, o *beate uiuere:* (**1**,14,30,100) *nemo uelit misere uiuere.*

misereor (*v.*) SER MISERICORDIOSO, ter misericórdia de alguém (cf. *misericordia*). Esse verbo aparece apenas uma vez no *L.A.*, numa citação dos *Salmos,* o que demonstra que ainda não era um dos preferidos de Agostinho, ao menos à época, nada obstante o parentesco com outros termos utilizados abundantemente pelo autor, como *miser, miseria* e mesmo *misericordia:* (**3**,2,5,19) "Eu disse, Senhor, tem misericórdia de mim, cura a minha alma, porque pequei contra ti!" (*ego dixi, domine, miserere mei, cura animam meam, quia peccaui tibi*) Cf. *misericordia, misericors, clementia.*

miseria (*subst.*) INFELICIDADE (cf. *miser*). A infelicidade é consequência inevitável da desordem, que se configura quando os desejos não se sujeitam aos ditames da razão, a melhor parte da criatura racional, que, ao invés, prefere desordenadamente dar livre curso aos seus apetites. **A.** Ninguém deve ser preferido por causa de sua infelicidade, decorrência da desordem: (**1**,8,18,64). **B.** A infelicidade voluntária da carência de boa vontade: (**1**,12,26,88) "Portanto é de direito e por mérito que os homens estultos... são afetados por tal infelicidade" (*iure igitur ac merito stulti homines... huiuscemodi adficiuntur miseria*). C_1. A infelicidade é um castigo determinado pela Lei eterna: (**1**,14,30,101) "O castigo... na infelicidade" (*miseria... supplicium*) (cf. **1**,15,31,104). C_2. Embora ninguém queira ser infeliz, a infelicidade é pena compulsória, o preço da má vontade humana: (**1**,14,30,102) *inuitis miseria sequatur.* **D.** A Lei de Deus é responsável pela retíssima infelicidade dos pecadores: (**2**,1,1,2) "Que é por Deus que os que pecam sejam afetados pela infelicidade, assim como os que agem retamente, pela felicidade" (*a deo adfici et peccantes miseria et recte facientes beatitate*). **E.** A pena da aversão da vontade do Bem imutável é a infelicidade: (**2**,19,53,200) "Essa aversão, e também a conversão, visto não ser coagida, mas voluntária, a ela subsegue uma pena justa e digna de infelicidade" (*quae tamen auersio atque conuersio, quoniam non cogitur, sed est uoluntaria, digna et iusta eam miseriae poena subsequitur*). **F.** Aquele que se deixa dominar por um ser inferior é culpado e sofre a pena justa da infelicidade: (**3**,6,19,67) *tua culpa et iusta miseria.* **G.** O medo de não ser faz parte da própria infelicidade: (**3**,7,20,68) "Com efeito, o que agora temo, não ser, ainda que eu seja infeliz, pertence à própria infelicidade, na qual não quero aquilo que deveria querer, pois deveria querer mais não ser do que ser infeliz" (*ad ipsam miseriam pertinet qua non id uolo quod uelle deberem...*). **H.** Quem quer evitar a infelicidade deve amar o ser: (**3**,7,21,71) "Se queres evitar a infelicidade, ama em ti exatamente isto: que tu queres ser" (*ama in te hoc ipsum, quia esse uis*). **I.** Os suicidas se deixaram arrastar por uma infelicidade urgente: (**3**,8,22,78) *urguente miseria sese interemerunt.* **J.** Por que Deus não criou almas incapazes da infelicidade? (**3**,9,24,85) *ut nulla creatura usque ad miseriam perueniret...* **K.** Não é a obscuridade das almas, mas sua infelicidade que lhes dói: (**3**,9,25,89) *non obscuritate, sed miseria se dolere.* **L.** A infelicidade e a perfeição universal: (**3**,9,26,92-94). **M.** As melhores almas ornam as criaturas inferiores, não por sua infelicidade, mas pelo bom uso que delas fazem: (**3**,9,27,99) *non eas ornant miseria sua, quam non habent, sed usu earum bono.* **N.** As criaturas restituem suas dívidas com o Criador por meio do sofrimento merecido: (**3**,15,44,151) "E assim, se não restitui fazendo a justiça, restitui padecendo a infelicidade" (*itaque si non reddit faciendo iustitiam, reddet patiendo miseriam*). **O.** Uma infelicidade mais acre espera o pecador no futuro: (**3**,15,44,152) *in futurum iudicium... ad acerrimum sensum miseriae...* **P.** Quem se afasta da Justiça, acerca-se da infelicidade: (**3**,15,44,152) *ut nemo ab ea nisi ad miseriam possit abscedere.* **Q.** O castigo da mortalidade como contrapeso da infelicidade: (**3**,20,57,194) "Aquela ignorância e a dificuldade, que no primeiro homem foi o castigo da mortalidade para contrapesar a infelicidade do espírito..." (*unde illa ignorantia et difficultas consequetur, quod in primo homine supplicium mortalitatis fuit ad animi expendendam miseriam...*). Obs.: para a noção de "contrapeso", vejam-se os comentários à referida passagem. **R.** O diabo conduziu o homem à infelicidade por meio de uma péssima persuasão: (**3**,20,57,196) *qui primum hominem ad istam miseriam perduxit uictum pessima suasione.* **S.** A humanidade aceita a infelicidade, como hipótese: (**3**,20,57,196) "Infelicidade que essas almas tomam sobre si a fim de vencê-lo, por meio de uma fé excelente". Obs.: trata-se aqui de uma das hipóteses para a transmissão do pecado original. **T.** A memória imponderável dos eventos: (**3**,21,61,211) "Não sei ao certo por que íntimo e natural sentido as coisas que nos aconteceram, visto que tenham transcorrido, sejam assim tidas por um momento de felicidade e de infelicidade, como se nunca houvessem acontecido" (*sic habentur ad momentum felicitatis et miseriae quasi nunquam accidissent*). Obs.: Agostinho contrapõe aqui *felicitas* a *miseria*, não a *beatitas* ou *beatitudo.* **U.** A infelicidade como decorrência das visões (*uisa*) que impressionam a vontade do espírito: (**3**,25,74,255) "A substância racional tome de uma e outra visão aquilo que quiser, e a partir do mérito desse tomar siga-se ou a infelicidade, ou a felicidade" (*ex merito sumendi uel miseria uel beatitas subsequatur*). **V.** Da infelicidade reparada por Cristo: "Tendo o sangue de Cristo resgatado por nós a dívida antecipadamente, depois de labores e infelicidades inefáveis..." (*praerogato nobis Christi sanguine post labores miseriasque ineffabiles...*). **W.** A Graça de Deus liberta da infelicidade: (*Ret.* 1,9,6) *ex qua miseria... liberet dei gratia.*

misericordia (*subst.*) MISERICÓRDIA. Utilizado em vernáculo contemporâneo como sinôn. de compaixão e piedade, contudo o termo *misericordia* tem sentido teológico específico, estabelecendo um contraponto importantíssimo com a noção clássica de justiça (*iustitia*), de que tanto se fala no primeiro livro do *L.A.* Se a justiça, em sentido clássico, é a atribuição, a cada um, daquilo que lhe cabe por direito (*ius*), segundo a lei, seja a dos homens (*temporalis*), seja a divina (*aeterna*), a misericórdia, por sua vez, é a possibilidade de receber o perdão pelo malfeito cometido, consequentemente "escapando" da retribuição "justa". Pode-se até dizer, de modo estrito, que a misericórdia seja uma espécie de anulação da justiça – ao menos sob o ponto de vista humano, ainda que se diga que Deus seja simultaneamente justo e misericordioso, num flagrante oximoro –, ao obstar que se retribuam penas correspondentes aos delitos perpetrados. Seja como for, pois a questão é por demais complexa e foge ao escopo deste léxico, em sentido teológico implica o perdão divino das ofensas, que, em última instância, remete à encarnação de Cristo, nada obstante a ausência de méritos por parte da humanidade para tamanho sacrifício. Por fim, vale notar que um dos aspectos curiosos do *L.A.* respeita precisamente à mudança de postura intelectual por parte de Agostinho, que vê seu ideal de comunidade ascético-filosófica tornar-se um ideal teológico-eclesiástico, cujo resultado natural é uma acomodação semântica no mesmo sentido, de onde se compreende a inserção do termo "misericórdia" apenas no último livro, quando Agostinho já era presbítero de Hipona. **A_1.** Em Deus, e apenas nele, justiça e misericórdia de algum modo misterioso se conciliam: (**3**,2,4,15) "Agora também mostra a sua justiça, ao puni-lo; e a sua misericórdia, ao liberá-lo" (*ostendit etiam in puniendo iustitiam et liberando misericordiam*). Vale notar, contudo, que nesse caso a misericórdia se segue à justiça, ao menos no que tange ao tempo da história da salvação, embora para Deus, em sua eternidade, justiça e misericórdia não possam senão ocorrer de modo concomitante. **A_2.** Justiça e Misericórdia de Deus: (**3**,20,55,186) "Aprouve de modo justíssimo ao Moderador das coisas, Deus, que não apenas no surgimento do homem originalmente aparecesse a Justiça do que pune, mas também no seu progresso, a Misericórdia do que liberta" (*iustitia punientis et... misericordia liberantis*). **B.** Apenas a Misericórdia de Deus, utilizada por Agostinho aqui como força de expressão, poderia ajudar a resolver uma questão absolutamente insolúvel à razão humana, como a da conciliação entre a presciência divina e a liberdade humana: (**3**,2,5,16) "Bateste veementemente à porta da misericórdia de Deus. Que ele se faça presente e abra-a aos que batem" (*pulsasti uehementer misericordiam dei. adsit aperiatque pulsantibus*). **C.** Os itinerários seguros da divina Misericórdia: (**3**,2,5,19) "Pelos itinerários seguros da divina Misericórdia para a Sabedoria..." (*certis itineribus diuinae misericordiae in sapientiam*). **D.** O Senhor liberta do pecado por meio de sua Misericórdia: (**3**,9,28,102) "Nosso Senhor, a fim de que o libertasse do pecado, por sua Misericórdia..." (*ut a peccato misericordia liberaret*). **E.** A soberba cospe fora o remédio da divina Misericórdia: (**3**,10,29,107) "A soberba... vício único pelo qual a medicação da misericórdia é cuspida..." (*superbiam... et quo uno uitio misericordiae medicina respuitur...*). **F.** A misericórdia é justificada pela ignorância do agente: (**3**,18,51,172; *Ret.* 1,9,5) "Consegui misericórdia, porque fiz ignorando" (*misericordiam consecutus sum, quia ignorans feci*). **G_1.** A fé é guiada pela Misericórdia divina: (**3**,21,60,203) "Tanto quanto é suficiente para o itinerário dos que tendem para as coisas eternas, creiamos nas coisas pretéritas e futuras; via que é a disciplina da fé, governada pela divina Misericórdia, para que predomine por sua autoridade" (*diuina misericordia gubernatur*). **G$_2$.** Deus guia o homem por sua misericórdia: (**3**,21,61,211) "Para aquilo que hei de ser é que dirijo o meu curso, guiado pela Misericórdia do meu Fundador" (*sed in id quod futurus sum cursum dirigo duce misericordia conditoris mei*). **H.** A Misericórdia de Deus ajuda a alma a vencer a condição penal de ignorância do bem e dificuldade em praticá-lo: (**3**,22,65,223) "Até que, não por suas forças, mas pela Misericórdia dele, por cuja Bondade ela possui o ser, seja sublevada, a fim de que seja feliz" (*eius misericordia subleuatur, ut beata sit*). **I.** A misericórdia (compaixão) dos pais é provada por meio do sofrimento de seus pequeninos: (**3**,23,68,231) "Porém quem é que sabe o que esteja reservado aos pequeninos, por cujos tormentos a dureza dos maiores é golpeada, ou sua fé exercitada, ou sua misericórdia provada..." (*misericordia probatur...*). **J.** O termo "clemência" (cf. *clementia*) é utilizado inusitadamente em lugar de misericórdia em **3**,10,30,108, para referir a encarnação de Cristo (cf. *inmisericorditer, misereor, misericors*).

misericors (*adj.*) MISERICORDIOSO. Liter. refere-se àquele que tem o coração tocado pela "miséria", ou seja, pela infelicidade alheia [*misereo* + *cor*]. Segundo o importante estudo etimológico de Ernout e Meillet[20], *misericors* e seus derivados, dentre os quais incluem *misericordia, inmisericors* etc., traduzem os termos gregos [i] ἐλεήμων, "piedoso", "misericordioso"; [ii] ἐλεημοσύνη, "piedade", "misericórdia", "esmola", isto é, "obra de misericórdia"; [iii] ou talvez seja apenas uma imitação latina de εὔσπλαγχνος, "compassivo", liter. "com intestinos saudáveis". Seja como for, o adjetivo aparece apenas uma vez em toda a obra, em referência a uma interpelação anticristã citada em prolepse pelo rétor, alegadamente como fruto de sincera compaixão pelo sofrimento das criancinhas, mas, pela ironia de Agostinho, depreende-se não seja mais que simples altercação de detratores: (**3**,23,68,229) "Porém acerca dos tormentos do corpo pelos quais são afligidos os pequeninos, dos quais, por causa da idade, não existem nenhuns pecados... costuma apresentar-se querela maior, e como se misericordiosa, quando se diz: Que fizeram de mau para que padecessem essas coisas?" (*maior querela et quasi misericors deponi solet...*).

moderator (*v.*) MODERADOR, aquele ou aquilo que imprime um modo (*modus*), uma regra (*regula*), daí "regulador", mas que também imprime uma medida, ou forma, no caso de Deus. **A.** Em referência ao sentido interior, superior aos sentidos do corpo porque os modera: (**2**,5,12,47) *quia moderatorem et iudicem.* **B.** Em referência a Deus, o supremo Moderador, que imprime uma medida a tudo o que cria: (**3**,20,55,186) *rerum moderatori summo deo.* Obs.: outros epítetos divinos utilizados por Agostinho são: *artifex, creator, conditor, formator, institutor, administrator, ordinator, iudex.*

motus (*subst.*) MOVIMENTO, em referência aos corpos e à sua mutação, ou à alma. Obs.: embora o termo seja empregado em múltiplos sentidos, os movimentos que mais interessam a este léxico são os anímicos, dentre os quais destaca-se sobremodo a vontade. A própria alma, contudo, considerada como princípio vital, pode ser considerada também um verdadeiro princípio de movimento, que não apenas imprime à carne corruptível sua aparência

---

20 Ernout e Meillet, *op. cit.*, p. 620.

(*speciem*), mas também um movimento vital: (**3**,9,27,98) *corruptibilem carnem... anima... praebeat motumque uitalem.* **A_1.** M. corpóreos: (**1**,8,18,62) *corporis motus.* **A_2.** Os m. dos membros: (**2**,16,42,166; **3**,19,51,184) *motusque... membrorum.* **B_1.** Os m. de mutação dos corpos: (**2**,16,44,171). Obs.: os objetos corpóreos, todos sujeitos à mutação, segundo as coordenadas espaçotemporais, só podem ser apreendidos, seja pelos sentidos, seja pela mente, se forem dotados de uma forma, do contrário nem se diria existirem. Contudo por serem mutáveis os corpos, seu movimento de mutação impede que sejam percebidos sempre do mesmo modo, como ocorre com o rio de Heráclito. Pois bem, se todo corpo percorre um curso determinado, desde sua constituição até à sua corrupção, quando então perde sua forma, curso esse paralelo às circunvoluções do tempo, porque medido pelo tempo e dele medidor, enfim, se o curso de "vida" dos corpos é medido por "movimentos dimensionados", diz Agostinho, numa "variedade de formas", o que se pode comprovar pela própria aparência humana, desde a mais tenra e incipiente infância até à decrepitude mais avançada, supõe-se haver uma certa "Forma" por detrás dessas formas todas mutáveis, ela mesma imutável, absolutamente imutável, espelhando a ideia platônica, que subsiste a toda mutação, porém sendo ela mesma eterna, além das limitações do tempo e do espaço, Forma que imprime seu padrão a todas as coisas que por meio dela possam ser formadas. Contudo, ao contrário da forma platônica, a Forma suprema de Agostinho é o próprio Deus uno, cujas ideias se multiplicam na criação. **B_2.** Os m. das coisas deficientes e proficientes, que são moderados pelas leis dos números: (**2**,17,46,177). Obs.: se a Forma suprema permanece, as formas das criaturas se modificam, contudo não ao acaso, mas segundo a lei dos números, de modo que mantenham sua identidade, por assim dizer, enquanto se movem. **C_1.** M. da alma, em referência aos apetites de ordem inferior, às inclinações sensuais, como o amor da glória mundana, da fama, do poder etc., apetites que devem ser dominados pela razão, para que o homem se diga "ordenado": (**1**,8,18,64) *motibus animae.* **C_2.** Os m. irracionais da alma, ecoando a taxonomia estoica, que devem ser dominados pela razão: (**1**,8,18,65) *inrationales animi motus.* Obs.: no primeiro caso, Agostinho inclui sob a rubrica "movimentos da alma" (*animae motibus*) os seguintes atributos humanos: riso, escárnio, desejos de louvor, glória e dominação. Em seguida, porém, lança mão do termo "espírito" (*inrationales animi motus*), situando os desejos supracitados, inexistentes nos animais, não na alma, que o homem guarda em comum com eles, mas no espírito (mente ou razão), de que os animais carecem. Portanto a razão ou mente ou espírito, embora seja aquilo mesmo que distinga os homens dos animais, tornando-os superiores a eles, ao mesmo tempo é fonte de sua queda, de sua desordem e afastamento ou dissonância em relação à Lei eterna ou *summa ratio.* **C_3.** Da origem do m. da vontade de aversão a Deus, que se diz "pecado", e que é mau: (**2**,19,54,201; **3**,1,1,1; *Ret.* 1,9,3) *qui profecto malus est... unde iste motus existat... motus iste, id est, auersio uoluntatis a domino deo, sine dubitatione peccatum est.* **C_4.** O m. de aversão não tem origem em Deus: (**2**,20,54,202) *non erit ergo iste motus ex deo.* **C_5.** O m. de aversão da vontade é defectivo: (**2**,20,54,204) *defectiuus motus est.* **C_6.** Se o m. é natural, então é necessário: (**3**,1,1,2-4) *si... naturalem... iam necessitate... conuertitur.* **C_7.** Porém o que é necessário é inculpável: (**3**,1,1,2). **C_8.** No entanto o m. de aversão desapraz e é censurável; e se não se pode censurar o que seja inculpável, ele deve ser culpável: (**3**,1,1,2) *displicet...* **C_9.** O m. de aversão é culpável: (**3**,1,1,5) *ipsum motum culpabilem dixi.* **C_{10}.** O m. de aversão está no espírito, que por ele é movido: (**3**,1,2,6) *eo motu animum moueri.* **C_{11}.** Semelhanças entre o m. do espírito e o m. de uma pedra: (**3**,1,2,6-7). **C_{12}.** O m.

de aversão é do espírito, como o movimento de queda é da pedra, porém, ao contrário da pedra, o espírito tem o poder de coibir esse m., capacidade de que a pedra carece; logo o m. do espírito não é natural, mas voluntário: (**3**,1,2,9-10) *eius sit proprius iste motus*... (§10) *et ideo lapidi naturalis est ille motus, animo uero iste uoluntarius.* Obs.: embora Agostinho diga que o movimento é próprio da pedra, isso não significa dizer que ela tem controle sobre ele, ou seja, que ela seja auto ou semovente, como dará conta de explicar em **3**,5,15,55 (*lapis... proprio motu et sensu caret*). **C_{13}.** Não há necessidade de indagar além acerca da origem do m. da vontade, que é voluntário e culpável, ou seja, tem origem na alma e é digno de culpa: (**3**,1,2,11) *quid opus est quaerere unde iste motus existat...?* **C_{14}.** Se o m. é voluntário, está posto em nossa vontade, do que se depreende a responsabilidade humana por ele: (**3**,1,3,13) *uoluntarius et in nostra positus potestate.* **C_{15}.** O aspecto e o m. das criaturas: (**3**,23,70,237) *omnis creaturae species et motus.* Obs.: esses movimentos podem referir-se tanto às suas mutações exteriores ou formais, quanto às afecções de seu espírito, o que é mais provável, fazendo um contraponto com a aparência exterior, como na dialética forma e conteúdo. E logo em seguida Agostinho parece contrapor dois tipos de movimento anímico, por assim dizer, *motibus* e *adfectionibus*, que podem ser considerados como ativos e passivos, respectivamente.

multiloquium (*subst.*) FALAR MUITO, liter. “multilóquio” [πολυλογίας], daí também: falação, loquacidade, palavrório etc. **A.** Pelo muito falar não evitarás o pecado (Prv 10,19): (*Ret.* Pról. §2) *ex multiloquio non effugies peccatum.* **B.** Assim sem dúvida do “muito falar”/“multilóquio”, incidem também no “falso falar”/“falsilóquio”: (*Ret.* Pról. §2) *sic quippe incidunt ex multiloquio etiam in falsiloquium.*

mutabilitas (*subst.*) MUTABILIDADE, qualidade do que está sujeito à mudança, seja no espaço, como os corpos, seja no tempo, como a mente. **A.** A m. do corpo e da alma: (**2**,6,14,54) “Não apenas tens conhecimento de que os corpos são mutáveis, como também de que a própria vida, pela qual o corpo é animado por disposições variadas, não está evidentemente desprovida de mutabilidade...” (*et corpora mutabilia esse... et ipsam uitam... mutabilitate non carere...*) (cf. **2**,17,45,173). **B.** A natureza do espírito não é mudada pela m. do corpo: (**3**,9,28,100) *animi naturam mutabilitate corporis non mutari.* **C.** Na m. e mobilidade do espírito e do corpo: (**3**,21,60,203) *in corporis et animi mutabilitate et mobilitate.* **D.** A sucessão dos muitos dias na m. do tempo: (**3**,25,77,266) *ut millia dierum in temporis mutabilitate intellegantur.*

natura (*subst.*) NATUREZA, como sinôn. de “substância”, mas também, em sentido mais amplo, em referência a toda criatura de Deus, que recebeu o ser do Ser supremo, a partir do nada, ou alguma outra criatura qualquer, na hipótese maniqueísta de que Deus não tenha criado tudo o que existe, ou ainda em referência a alguma qualidade das criaturas, como quando se diz “natureza humana”, em contraste com a “natureza animal” ou “angélica”. Obs.: a natureza, especialmente no livro terceiro, também se compreende como o mundo natural, o universo e seus fenômenos, excluída qualquer ação humana, ou melhor, precisamente em contraste com a ação humana, estabelecendo um contraponto entre as causas voluntárias e as causas naturais, ou seja, os eventos arbitrados livremente pela vontade humana e os eventos necessários e inevitáveis. **A.** Deus não foi ajudado por nenhuma n. ao criar, ou seja, por nenhum outro ser que existisse independentemente dele, como imaginavam os maniqueus: (**1**,2,5,12) *nec ulla adiutum esse in creando.* **B.** N. humana: (**1**,8,18,63;

3,5,15,57) *de natura humana.* **C$_1$.** A n. que está acima da mente virtuosa: (**1**,10,21,75) *illa natura... quam menti... fas est excellere.* **C$_2$.** A n. superior à mente racional, acima da qual nada mais existe: (**2**,6,14,54) *quo nullus est superior.* **D$_1$.** As n. em seus três grandes graus ontológicos, ou ordenações: ser, viver e inteligir: (**2**,6,13,52) *natura quae est...uiuit...intellegit.* **D$_2$.** Nesse sentido a ordenação anterior refere as n. dos corpos inanimados, dos corpos animados, e dos corpos animados e inteligentes, como a natureza humana: (**2**,6,13,52-53). **D$_3$.** A mesma ordenação triádica se aplica à n. humana, pois seu corpo, considerado em si mesmo, apenas é, porém quando animado, também vive, e considerado com suas faculdades intelectivas, igualmente intelige: (**2**,6,14,54). **E$_1$.** A n. do corpo: (**2**,7,19,72; 18,48,182) *naturae corporis.* **E$_2$.** A mutação da n. do corpo: (**3**,10,30,109) *commutatione naturae.* **F.** A n. dos sentidos: (**2**,7,19,77; **3**,8,23,80) *naturam sensuum.* **G.** A n. particular ou própria de cada coisa: (**2**,7,19,78). **H.** A n. dos números: (**2**,8,21,81). **I.** A n. comum, que pode ser apreendida simultaneamente por todos, sem detrimento algum de si mesma: (**2**,12,33,131; 132). **J.** A n. dos olhos e dos ouvidos: (**2**,12,33,131) *oculorum... auriumue naturam.* **K.** A n. das coisas: (**2**,17,46,175) *rerum natura.* **L.** A n. da alma ou do espírito: (**2**,18,48,182) *animi naturam.* **L$_1$.** Uma opinião depravada pode corromper uma n. reta: (**3**,8,23,28). **L$_2$.** O pecado é uma afecção da n.: (**3**,9,26,94) *sed adfectiones naturarum.* **L$_3$.** A n. do espírito não é mudada pela n. do corpo: (**3**,9,28,100) *animi naturam mutabilitate corporis non mutari.* **L$_4$.** A n. da alma é melhor do que a n. do corpo: (**3**,20,56,190) *anima, qua natura... omne corpus praecedit.* **L$_5$.** A n. da alma se alegra com o conhecimento: (**3**,23,70,238). **M$_1$.** Nenhuma n. há que não tenha sido criada por Deus: (**2**,20,54,203; 204; **3**,11,32,113; 12,35,124) *nulla natura... quae non sit ex deo...* (**3**§113) *naturas... omnes deus fecit.* **M$_2$.** Toda n. é boa e digna de louvor: (**3**,13,36,127; 38,132; 134; 14,41,142; 16,45,154) *omnis natura, in quantum natura est, bona est.* **M$_3$.** Deus deve ser louvado até nos vícios das n.: (**3**,15,42,144). **M$_4$.** Toda n. ou é Deus, ou foi criada por Deus: (**3**,13,36,128) *aut deus aut ex deo.* **N$_1$.** A n., em referência ao mundo dos fenômenos, onde domina a necessidade: (**3**,1,1,1) *ubi natura necessitasque dominatur.* **N$_2$.** Natvra (*abl.*): "segundo" ou "por meio da natureza", em contraposição ao ablativo *uoluntate*, "segundo" ou "por meio da vontade": se o movimento de aversão da vontade é segundo a n., não poderá ser voluntário, não havendo culpa alguma: (**3**,1,1,3; 5; 2,6) *si enim natura uel necessitate iste motus existit, culpabilis esse nullo pacto potest.* **N$_3$.** Não há culpa onde domina a n.: (**3**,1,1,4) *neque ulla culpa deprehendi potest ubi natura necessitasque dominatur.* **N$_4$.** N., em contraposição ao hábito: (**3**,8,23,79) *consuetudine aut natura.* **O.** As n. úmida e aérea: (**3**,5,13,49) *umida flabilique natura.* **P.** A n. angélica, sublime em seu gênero e por seu ofício: (**3**,11,33,115; 12,35,123) *natura sublimioris officii est....*(§123) *angelica natura.* **Q.** Por que a n. impecável não peca? (**3**,17,47,161). **R.** As n. visíveis: (**3**,12,35,123) *naturas uisibiles.* **S.** A n. racional: (**3**,13,37,129; 130) *natura rationalis.* **T$_1$.** O vício é contra a n.: (**3**,13,38,132; 133; 134; 14,41,142) *contra naturam...* (§142) *naturae aduersatur.* **T$_2$.** O vício corrompe a n.: (**3**,13,38,133; 14,39,135-136; 40,138-140) *uitio... natura corrumpi.* **T$_3$.** A n. que não é viciada carece de vício: (**3**,13,38,134) *natura quae non uitiatur caret uitio.* **T$_4$.** O vício diminui a integridade e a perfeição da n.: (**3**,14,41,142-143) *naturarum integritati minuitur.* **T$_5$.** A vituperação do vício recomenda a dignidade da n.: (**3**,15,42,144) *naturam decus dignitatemque commendat.* **U.** N. pecadora: (**3**,15,43,150) *natura peccatrix.* **V.** A natureza de ninguém o leva a pecar, nem a sua, nem a de outro: (**3**,16,46,157) *neminem natura sua cogit ut peccet... neque sua neque aliena natura.* **W.** A n. define a medida do suficiente: (**3**,17,48,165).

X. A raiz de todos os males não é segundo a n.: (**3**,17,48,167). **Y.** Não se pode acusar as n. pelo mal: (**3**,17,48,167). **Z.** Se a ignorância e a dificuldade não são penas, mas a natureza do homem, então não são pecados: (**3**,18,51,173). **AA.** A ignorância e a dificuldade não constituem a natureza original do homem, mas o castigo da condenação do primeiro homem: (**3**,18,52,179) *non est natura instituti hominis, sed poena damnati.* **AB.** Portanto há duas naturezas, por assim dizer, uma, original, sem pecado; a outra, penal, depois do pecado, consequentemente mortal e sujeita à carne: (**3**,19,54,183) *sic etiam ipsam "naturam" aliter dicimus, cum proprie loquimur naturam hominis in qua primum in suo genere inculpabilis factus est, aliter istam in qua ex illius damnati poena et mortales et ignari et carni subditi nascimur.* **AC.** O mérito mau de Adão torna-se natural nos que vieram depois, assim como o mérito bom, de Cristo, nos que vieram antes dele, sendo salvos do pecado: (**3**,20,56,188) *natura sequentis sit et bonum meritum sequentis natura prioris sit.* **AD.** A n. humana original admitia um estado intermédio entre a estultícia e a sabedoria: (**3**,24,71,242-243). **AE.** A n. da razão é capaz do preceito: (**3**,24,72,245) *natura rationis.* **AF.** Os maniqueus defendem que o Criador das naturezas seja culpado e querem introduzir uma natureza do mal, coeterna com Deus: (*Ret.* Pról. §2) *inmutabilem quandam et deo coaeternam introducere naturam mali.*

naturalis (*adj.*) NATURAL, segundo a natureza, em contraposição à vontade. Obs.: nas discussões do terceiro livro Agostinho se utiliza deste adjetivo como contraponto ao que se qualifica como "voluntário". Neste sentido o que é natural não é facultativo, mas necessário, não se submetendo ao arbítrio livre da vontade. Logo o movimento de aversão da vontade do Bem comum e imutável para os bens próprios e mutáveis, se fosse um movimento natural, não poderia ser definido como "pecado", sendo consequência não de um ato da livre iniciativa humana, mas de uma necessidade imposta pela natureza. Deve-se notar que essa discussão é separada por Agostinho em duas fases. Na primeira refere-se à condição do homem original, como saído das mãos de Deus; na segunda, ao homem depois do pecado original. De fato, se a natureza original era boa, o mesmo não se pode dizer da natureza penal, decorrente da mortalidade herdada, de par com a ignorância do bem e a dificuldade em querê-lo e praticá-lo, defeitos herdados. Ambas se dizem "naturezas", porém a primeira é original, a segunda, penal. Logo, ao pecar, o homem age agora soterrado, por assim dizer, pelo peso de sua natureza penal, embora seja livre para resistir-lhe, desde que auxiliado por Deus. Isso, contudo, não faz de Deus o autor do mal, como queriam os maniqueus, porque o homem foi criado bom, com uma natureza sem defeito, defeito que causou a si mesmo depois de sua aversão voluntária. Por outro lado, embora seja moral, o mal do homem caído é igualmente natural, pois nasce em condição de ignorância e pecado, estorvos que constituem sua nova natureza, natureza penal, natureza caída. Porém não será culpado nem pela ignorância, nem pela dificuldade, herdadas, ou seja, não será culpado pela condição penal, a não ser que não se esforce por sair dela, quando então precipita-se em mais ignorância e dificuldade, aí, sim, justamente culpáveis. Caso contrário Deus não seria justo, se condenasse o herdeiro pelo pecado cometido pelo progenitor quando o herdeiro nem ainda existia. **A.** Movimento da vontade: natural ou necessário: (**3**,1,1,1-2,11) *naturalem... motum.* **B.** Anseio natural de quietude: (**3**,8,23,82) *naturale desiderium quietis.* **C.** Juízo natural: (**3**,20,56,191) *naturale iudicium* (cf. *iudicium*). **D.** Sentido natural: (**3**,21,61,211) "Não sei ao certo por que íntimo e natural sentido as coisas que nos aconteceram, visto que tenham transcorrido, sejam assim tidas por um momento de felicidade e de infelicidade, como se nunca houvessem acontecido", *intimo naturalique sensu.* **E.** Se a ignorância e a dificuldade são uma condição natural: (**3**,22,64,217; 220; 23,70,239). **F.** Não poder falar é natural à criancinha: (**3**,22,65,218).

necessitas (*subst.*) Necessidade, o que ocorre de modo inevitável, como os eventos naturais, porém não como os atos dependentes do arbítrio livre da vontade humana. Obs.: opõe-se a necessidade ao que se pratica de modo voluntário. O que ocorre de modo natural e necessário, inexistindo qualquer mérito, não envolve responsabilidade moral, porém o mesmo não se pode dizer do que se pratica com o concurso de alguma vontade. **A.** Se o movimento da vontade fosse natural, sua aversão do Bem supremo seria uma necessidade: (**3**,1,1,1) *necessitate... conuertitur.* **B.** Não há culpa onde a necessidade e a natureza imperam: (**3**,1,1,1; 3-4) *natura necessitasque dominatur.* Obs.: em havendo o domínio da necessidade, seria contraditório que se atribuísse o movimento à vontade, pois o que é voluntário não pode ser simultaneamente necessário; ao menos para Agostinho, ainda que haja deterministas defendendo algo distinto! Obs.: necessidade e natureza se associam de modo inextricável, pois onde as coisas acontecem inevitável e espontaneamente, sem possibilidade de qualquer interferência humana, impera obviamente uma necessidade inexorável, como no caso de um fenômeno natural, por exemplo, cujos danos podem ser minimizados, mas que não pode ser evitado pela ação do homem. **C.** A pedra é impelida para baixo pela necessidade de sua natureza: (**3**,1,2,7). **D_1.** Se Deus é presciente dos eventos futuros, como não peca o homem por necessidade? (**3**,2,4,14; 3,6,21). **D_2.** Como pode haver vontade livre onde impera a necessidade? (**3**,2,4,15; 3,6,21; 22) *quo modo est igitur uoluntas libera, ubi tam ineuitabilis adparet necessitas?* **D_3.** O que se há de fazer no futuro, se há de fazê-lo por necessidade ou vontade? (**3**,3,6,24) *quaecumque facturus est non uoluntate sed necessitate facturum...* **E_1.** Evódio se fará feliz através da ação de Deus por necessidade ou por vontade? (**3**,3,7,26). **E_2.** A vontade de Deus é uma necessidade para Evódio[21]: (**3**,3,7,26). **E_3.** Se se pode dizer que é por necessidade que se adoece e morre, não por vontade, é ridículo dizer que queremos por necessidade, não por meio da vontade, diz Agostinho: (**3**,3,7,27). **F.** A vontade prevista por Deus não deixará de ser vontade, por ter sido prevista: (**3**,3,8,30). **G.** Até os atos praticados por necessidade merecem censura, segundo o profeta: (**3**,18,51,172; *Ret.* 1,9,5) *etiam necessitate facta inprobanda.* **H.** A alma não é forçada por alguma necessidade a permanecer ignorante e estorvada pela dificuldade da condição penal: (**3**,20,56,192). Obs.: não se deve confundir *necessitas* com *necessitudo*, que, além da sinonímia, implica também uma "relação de parentesco", ou "vínculo familiar", como na seguinte passagem: (**1**,15,32,109) "Os que estão adjungidos a nós por alguma relação de parentesco" (*quicumque nobis aliqua necessitudine adiuncti sunt*).

nefarius (*adj.*) Nefário, no sentido do que nem se deve mencionar de tão execrável e sacrílego: (**3**,2,5,17) *errore nefario.* Cf. *nefas, fas.*

---

21 Cyrille Michon (2009, p. 322), tomando por base os argumentos que Agostinho apresenta no quinto livro de *Cidade de Deus* (5,10,1), defende a possibilidade de que uma ação livre, caso voluntária, seja simultaneamente necessária: "Não se deve recear dizer que uma ação livre seja necessária, desde que a necessidade em questão não elimine o querer, substituindo-o por uma outra causa, ou o desaproprie de sua independência... Mas a vontade, se ela existe, está sempre em poder de seu sujeito, podendo, portanto, uma mesma ação ser necessária e livre, se ela é voluntária".

nefas (*subst. indecl.*) Liter. "o que não é permitido dizer" [*ne* + *fas*], uma violação abominável do sagrado, daí o adjetivo *nefastus*, NEFASTO, em referência ao que não era ilícito, por ser uma violação da lei divina, uma impiedade inominável. Obs.: em Roma, nos dias religiosos, *fasti dies,* era considerado de péssimo agouro pronunciar quaisquer juízos, entre outras inúmeras proibições de caráter público, daí então dizer-se "nefasto", por derivação, daquilo que era considerado impronunciável. **A.** Culpar a Deus é nefasto: (**2**,4,8,10) *quem culpare nefas est.* **B.** Crer que Deus tenha dado ao homem algo que não devia ter dado é nefasto: (**2**,4,8,10) *quem nefas est credere dedisse aliquid quod dari non debuit.* **C.** A aversão original do anjo, que se tornaria o diabo, foi nefasta: (**3**,25,75,258) "Se nada lhe tivesse vindo à mente (ao diabo), de modo nenhum converteria sua intenção para o que era nefasto" (*si non ei aliquid uenisset in mentem, nullo modo intentionem conuertisset in nefas*). Obs.: *nefas,* sendo uma violação da Lei divina, uma impiedade, não por acaso foi utilizado por Agostinho para designar o primeiro ato mau, que não foi senão um ato contra a Lei divina, praticado por aquele que haveria de cair das moradas celestes.

neuter (*adj.*) NEUTRO, liter. "nem um nem outro", ou "nem um dos dois" [*ne uter*]. Agostinho se utiliza do termo apenas uma única vez, no final do terceiro livro, em referência a *transitus,* o movimento de passagem entre o estado de Sabedoria e o de estultícia: (**3**,24,73,252-253) "Do que se torna aparente existir algo médio pelo qual se transita da Sabedoria para a estultícia, o que nem se pode dizer que foi feito estultamente, nem sabiamente... algo médio, que se pode dizer neutro" (*medium quod neutrum dici potest*) (cf. *medius*).

nihil (*subst.*) NADA. **A.** O malfazer é *um* nada: (**1**,1,2,5) *male facere nihil est.* **B.** A criatura desprovida de forma, e consequentemente de número, será um nada: (**2**,16,42,164) *formas habent quia numeros habent. adime illis haec, nihil erunt!* **C.** A criatura cuja forma lhe foi subtraída recai em *um* nada: (**2**,16,44,171) *in nihil recidat.* **D.** Não se pode ter ciência do que é *um* nada: (**2**,20,54,201) *sciri enim non potest quod nihil est.* **E.** Caso seja completamente subtraído todo o bem de uma natureza, por certo não remanescerá algo, mas absolutamente nada: (**2**,20,54,204) *ita detracto penitus omni bono, non quidem nonnihil, sed omnino nihil remanebit.* **F.** Ser infeliz ou ser nada? (**3**,7,20,69) *malle uel miserum esse quam nihil.* **G.** Quem não é nada não pode ser infeliz: (**3**,7,21,74) *miser non esse quia nihil eris.* **H_1.** Não ser não é alguma coisa, mas *um* nada: (**3**,8,22,76) *non esse autem non est aliquid, sed nihil.* **H_2.** Quem escolhe não ser, escolhe *um* nada: (**3**,8,22,78) *nihil eligentium.* **I.** Quem está em paz não é *um* nada: (**3**,8,23,83) *quod autem quietum est non est nihil.* **J.** A criatura não seria nada sem Deus: (**3**,16,45,154) *sine quo nihil esses.* Obs.: retornaria ao nada, de onde foi feita. **K.** A criatura que não quiser converter-se para o Ser não será *um* nada, mas infeliz: (**3**,16,45,154) *non quidem nihil, sed miser tamen eris.* Obs.: afirmação interessante e curiosa. Se o afastamento do Ser conduz ao nada, imaginar-se-ia que a criatura renitente, que opte pela aversão do Ser, eventualmente recaísse no nada, ou seja, deixasse totalmente de ser. Porém, ao que parece, apenas as criaturas corpóreas desprovidas de inteligência, e consequentemente de responsabilidade moral, é que retornam ao nada. As criaturas inteligentes, mantendo-se afastadas do Ser, num como que limite entre o ser e o não ser, permanecem infelizes, sendo menos, porém não deixando de ser completamente, como se imagina seja o caso do próprio diabo e de seus anjos, condenados ao eterno afastamento de Deus. Cf. *nihilum.*

nihilum (*subst.*): O NADA. **A_1.** Deus criou tudo a partir do nada: (**1**,2,5,13) *de nihilo creauerit omnia.* **A_2.** A Sabedoria de Deus, Cristo, por meio de que foram feitas todas as coisas a partir do nada: (**1**,2,5,13) *de nihilo facta sunt.* **B.** In nihilvm, no nada: as criaturas que perdem sua forma recaem no nada: (**2**,17,46,176) *amissaque omnino forma in nihilum recidunt.* Obs.: tendo Deus criado a partir do nada, as criaturas que deixam de ser retornam ao "nada" de que saíram. **C.** Todo defeito existe a partir do nada: (**2**,20,54,204) *omnis... defectus ex nihilo est.* Obs.: embora o nada não seja algo, para que mereça o artigo definido, suspeita-se que Agostinho tenha pretendido algum tipo de distinção entre os aparentemente sinônimos *nihil* e *nihilum,* de onde a correspondente distinção que se houve por bem operar na tradução entre os dois substantivos neutros, antecedendo o segundo de artigo definido, ao passo que o primeiro, de indefinido. Cf. *nihil.*

non esse (*v. inf. / subst.*) Não ser. **A_1.** Quem prefere não ser a ser infeliz, porque não pode não ser, será infeliz: (**3**,7,21,75) *qui mauult non esse ne miser sit, quia non esse non potest, restet ut miser sit.* Obs.: não pode não ser porque o nada não existe, não sendo possível, pois, escolher algo que simplesmente não seja. **A_2.** Não ser não é alguma coisa, mas um nada, e por isso não se pode de modo nenhum eleger o que não é: (**3**,8,22,76) *non esse autem non est aliquid, sed nihil, et ideo nullo pacto potes recte eligere, quando quod eligas non est.* **B.** O que não é não pode ser melhor: (**3**,8,22,77) *quod autem non est melius esse non potest.* **C.** Quem escolhe não ser, escolhe o nada: (**3**,8,22,78) *nam qui eligit non esse, profecto se nihil eligere.* **D.** Aquele que escolhe não ser, em verdade escolhe a paz da quietude; porém a quietude não implica não ser, ao contrário, implica ser mais: (**3**,8,23,84) *natura tamen quietus esse, hoc est, magis esse desiderat.* Obs.: logo quem escolhe não ser para deixar de ser, escolhe, na verdade, ser mais, pois estar na paz da quietude implica ser mais do que se é quando na agitação das inclinações sensuais desordenadas. **E.** Se a Arte divina, pela qual tudo foi feito, a Sabedoria, é de modo supremo, o que dela se afasta dirige-se para o que não é: (**3**,15,42,145) *et si ars ipsa per quam facta sunt omnia... uere summeque est, sicuti est, respice quo tendat quicquid ab illa discedit!*

notio inpressa Cf. *inpressus, iudicium naturale.*

numerarius (*subst.*) Numerário, ou contador, em referência àquele que faz cálculos com números, porém não sendo um sábio: (**2**,11,30,121). O termo pode referir-se ainda a um aritmético, mas de modo nenhum a um filósofo ou matemático.

numerator (*subst.*) Numerador, ou contabilista: (**2**,11,30,121). Assim como o *numerarius* referido na mesma passagem, esse numerador não é um sábio ou matemático, mas um operador de cálculos, provavelmente um guarda-livros.

numeratus (*adj. part.*) Numerado [*numero*], em relação àquilo que foi ou que pode ser contado, enumerado, em contraposição ao que se considera incalculável: (**3**,5,13,48) *innumerabiles nobis numeratae autem deo.*

numero (*v.*) Numerar/enumerar, seja no sentido de uma simples "contagem de números" (cf. *enumero*), tarefa do *numerarius* ou do *numerator,* o que não requer grande saber, seja em referência a cálculos matemáticos bem mais complexos (cf. *conputo*). **A_1.** Se a vontade livre deva ou não ser numerada entre os bens: (**2**,3,7,20; 18,47,178; 181; 19,53,201; **3**,1,1,1) *utrum in bonis numeranda sit uoluntas libera.* **A_2.** A vontade livre deve ser numerada entre os bens médios: (**2**,19,53,200). **B_1.** Todo corpo possui uma quantidade tamanha de partículas que não se pode enumerar: (**2**,8,22,86) "Uma tão grande quantidade de partes não se poderá enumerar" (*in quo tamen non possent tam multa numerari*). **B$_2$.** "Não poderia enumerar as muitas partes existentes em um corpo" (*multa in corpore numerare non possem*). **C.** Numerar não é saber: (**2**,11,31,126; 32,127) "E porque poucos podem saber, porém numerar *até* aos estultos foi concedido, os homens admiram a sabedoria e desprezam os números" (*numerare autem stultis concessum est*). **D$_1$.** Até nossos fios de cabelo foram numerados: (**2**,18,49,187) *et capillos nostros numeratos esse.* **D$_2$.** Grande perversidade é numerar os cabelos entre os bens e o livre arbítrio, não: (**2**,18,49,188) *abiectissima tamen inter bona numerare...* **E.** A Justiça é numerada entre os bens supremos: (**2**,18,50,190). **F.** A vontade livre deve ser numerada entre as coisas que se usam: (**2**,19,51,193). **G.** A própria razão se enumera entre as coisas que se conhecem pela razão: (**2**,19,51,194) *ipsa ratio inter illa numeratur quae ratione cognoscimus.* **H.** As virtudes devem ser numeradas entre os grandes bens: (*Ret.* 1,9,6) *in magnis numeratur bonis.* Obs.: em decorrência da tecnicidade do substantivo *numerus* e de seus cognatos, especialmente no livro segundo, preferiu-se, todas as vezes em que a clareza não fosse prejudicada, traduzir o verbo *numero* por "numerar", em vez de "contar". Isso se provou eficaz, por exemplo, quando Agostinho se utilizou do texto do evangelista Mateus (10,30), em que Cristo diz que todos os fios de cabelo da cabeça estão numerados (**2**,18,49,188), para argumentar em favor da "numerabilidade" do arbítrio livre da vontade, o que implicaria sua origem divina. Com efeito, se os fios de cabelo, bens ínfimos e desprezíveis, pois prescindíveis para a prática do bem, se dizem numerados pelo próprio Senhor – o verbo constante da passagem evangélica é *numerare* –, não se poderá dizer que um bem maior, como o livre arbítrio da vontade, imprescindível para a prática do bem, não seja numerado também. "Ser numerado", neste caso, para muito além de "ser contado", significa ser dotado de números, numa palavra, significa ter medida e ordem, o que permite a inclusão no conjunto universal dos bens da criação.

numerose (*adv.*) NUMEROSAMENTE, segundo a medida, o ritmo, a cadência dos números, mas principalmente de acordo com os números, isto é, a razão e verdade dos números: (**2**,16,42,165) "Procura em seguida quem mova os membros do próprio artífice: será o número, pois eles também são movidos numerosamente" (*mouentur etiam illa numerose*) (cf. *numerosus, numerus, numero, dinumero, enumero*).

numerosus (*adj.*) NUMEROSO, no sentido do que é dotado do número. Embora tanto em latim como em vernáculo o vocábulo "numeroso" signifique "harmonioso", "rítmico" ou "métrico", daí também "proporcional", acepções todas que remetem à ideia clássica de beleza como sendo a harmonia das partes entre si e com o todo, no âmbito das discussões do livro segundo, de forte influência neoplatônica, "numeroso" é aquilo "em que há número", ou seja, "que é dotado de número" ou "numerosidade", expressão daquela "razão e verdade do número" (*ratio et ueritas numeri*) (cf. **2**,8,20,80), que, assim como a Sabedoria e a própria Verdade, encontra-se presente em tudo o que existe, obra da criação de Deus. Neste sentido, pois, ao dizer-se que algo seja "numeroso", se está dizendo que seja ontologicamente ordenado, vibrando pelo diapasão da Razão suprema, segundo a ordenação perfeita impressa no interior de cada ser, em conformidade com a *regula* da Lei eterna, que confere harmonia, ritmo, proporção, medida, numa palavra, "número", a todas as criaturas de Deus, o Número uno e supremo. Tudo no universo tem sua beleza, porque dotado de número, numerosidade essa que o ser humano pode perceber porque guarda impressas em si, desde sua criação, essas leis da beleza, pelas quais pode medir a numerosidade ou beleza de tudo o que existe: **A.** (**2**,16,41,163) "Pois, para onde quer que te voltes, ela te fala por certos vestígios que imprimiu em suas obras, e a ti, quando retrocedes para as coisas exteriores, ela te chama de volta para dentro, pelas próprias formas dos objetos exteriores, para que vejas que tudo o que te deleita em um corpo e te atrai pelos sentidos corpóreos é numeroso, e procures saber de onde proceda isto, e retornes para ti mesmo e compreendas que aquilo que tu atinges pelos sentidos do corpo não podes aprovar nem desaprovar, se junto de ti não possuas certas leis da beleza, às quais refiras todos os objetos belos que sentes exteriormente. **B.** Quanto mais numerosa é uma criatura tanto mais "ser" possui: (**2**,16,42,164) "Considera o céu, a terra, o mar e todas as coisas que neles refulgem de cima, ou rastejam embaixo, ou voam, ou nadam. Elas têm formas porque têm números. Retira-lhes esta forma, nada serão! Logo de onde é que elas são, a não ser de onde é o número? Visto que nelas há tanto mais "ser" quanto mais numerosas são", ou seja, possuem mais tanto mais ser quanto mais números (*...formas habent quia numeros habent... a quo ergo sunt nisi a quo numerus? quandoquidem in tantum illis est esse in quantum numerosa esse*). Obs.: depreende-se que o contrário seja igualmente verdadeiro, quanto menos numerosa seja uma criatura, menos ser possua, o que equivale a dizer que será tanto menos quanto menos seja ordenada, ou bela.

numerus (*subst.*) NÚMERO. A seguinte divisão numérica, de [i] a [iii], à parte o item [iv], embora didática, é sem dúvida arbitrária e não excludente, não devendo servir senão de subsídio ordenador para um tema tão complexo, pois os números, seja enquanto cálculos matemáticos, seja enquanto expressão da harmonia e beleza da criação, seja enquanto uma certa entidade divina, pode-se igualmente dizer refiram-se a uma única e mesma ideia de caráter universal. **[i]** No sentido de "cálculo matemático", seja aritmético, seja geométrico, seja musical (melodia e harmonia), seja rítmico (dança, poesia, movimento das mãos dos artesãos etc.), de onde se demonstram as medidas, as proporções, os ciclos previsíveis dos corpos celestes, enfim, a exatidão tida por imutável, vestígio da perfeição ordenadora por detrás de todas as criaturas, que são belas exatamente por causa dela. **A.** A partição dos n. ou sua cópula (subtração ou divisão e soma) são perceptíveis pela razão: (**2**,8,41,82) *partitionis numerorum uel copulationis.* **B_1.** A incorruptível verdade dos cálculos numéricos: (**2**,8,21,83) *incorruptibilem numeri ueritatem.* **B_2.** As regras dos n. são verdadeiras e absolutamente imutáveis: (**2**,10,29,119) *incommutabiles sunt regulae numerorum.* **C.** A sequência distributiva dos números é regida por uma lei imutável: (**2**,8,23,89-92) *per omnes numeros... immobile, firmum, incorruptumque.* **D.** A lei imutável dos cálculos numéricos não é perceptível pelos sentidos, mas objeto da razão: (**2**,8,23,92) *non enim ullus ullo sensu corporis omnes numeros adtingit.* **E.** A verdade do n. é perceptível por meio de uma luz interior: (**2**,8,23,92) *in luce interiore.* **F.** No sentido de "quantidade", isto é, a soma das unidades. **F_1.** O n. (quantidade) dos fios de cabelo: (**3**,5,16,60) *numerum capillorum.* **F_2.** O n. das criaturas espirituais: (**3**,12,35,124) *creatura spiritalis, quantilibet numeri...* **[ii]** Como expressão da própria Razão suprema, que inclui todas as modalidades de cálculos suprarreferidos, em sua pluralidade, pois criadora e ordenadora da universalidade da criação, aquela *ratio e ueritas numeri,* perfeita e imutável. Obs.: a concordância verbal nesta expressão, "razão e verdade do número", pode expressar uma simples concordância por proximidade, perfeitamente justificável em latim, ou então, o que parece ser bem mais provável, o fato de que *ratio* e *ueritas*, no que tange aos números, sejam uma e a mesma coisa, Deus. Por outro lado, a reta razão confunde-se também com a própria verdade, mesmo numa dimensão mais humana, por assim dizer, pois a exatidão racional do cálculo matemático não pode ser outra coisa senão verdadeira, ou seja, a verdade de uma soma, como 3 + 7 = 10, é inquestionável. **A.** Os n. são imagens dos objetos visíveis? (**2**,8,21,81) *quasi quasdam imagines quorumque uisibilium.* **B_1.** Os n. são perceptíveis pelos sentidos corpóreos? (**2**,8,21,81) *sensu corporis percepi numeros.* **B_2.** Os n. são impressos no espírito? (**2**,8,21,81) *numeros... impressos esse animo.* **B_3.** Os n. não são perceptíveis pelos sentidos corpóreos: (**2**,8,22,87) "Além disso, se não percebemos o um por meio dos sentidos do corpo, número nenhum percebemos por meio desses sentidos, ao menos daqueles números que discernimos por meio da inteligência" (*eorum duntaxat numerorum quos intellegentia cernimus*). **C_1.** A razão e verdade do n. está ao alcance de todos os que raciocinam: (**2**,8,20,80) *ratio et ueritas numeri.* **C_2.** A razão e verdade dos n. é pura e não é perceptível pelos sentidos: (**2**,8,24,93) *ad sensus corporis non pertinere... sinceramque consistere.* **C_3.** A razão e verdade do n. é um bem comum (**2**,8,24,93; 9,27,104): *omnibus... communem.* **D_1.** O n. e a sabedoria são conjungidos nos Livros santos: (**2**,8,24,85; 18,49,187) *sapientiae coniunctus est numerus.* **D_2.** O n. deriva da Sabedoria, ou a Sabedoria, do n.? (**2**,11,30,120-121; 32,129). **D_3.** O n. e a Sabedoria são a mesma coisa? (**2**,11,32,127). **E.** A contemplação da morada e do santuário dos n. afasta o espírito do corpo (tema platônico): (**2**,11,30,122) *cum incommutabilem ueritatem numerorum mecum ipse considero... longe remoueor a corpore.* **F_1.** Embora para o vulgo o n. seja vil em comparação com a Sabedoria, são uma única e mesma coisa: (**2**,11,30,123; 126). **F_2.** Do n. e da Sabedoria segundo as Escrituras: (**2**,11,31,124). **G_1.** A Sabedoria conferiu n. a todas as coisas: (**2**,11,31,125) *quia dedit numeros omnibus.* **G_2.** A Sabedoria inunda os corpos com a luz dos n.: (**2**,11,32,129) "Na verdade, aqueles objetos que estão mais remotos, como os corpos, não atinge a sabedoria com o calor do seu saber, mas os inunda com a luz dos números" (*sed perfundit lumine numerorum*). **H.** Os corpos todos possuem n.: (**2**,11,31,125) *corpora omnia... habent numeros.* Obs.: pelo fato de possuírem números, os seres ínfimos da criação, as pessoas equivocadamente imaginam que os números são tão vis como os corpos, estando abaixo dos seres humanos, o que, para Agostinho, é um erro (cf. **2**,11,31,126; 32,127). **I.** Os n. transcendem as mentes humanas, pois são imutáveis e verdadeiros: (**2**,11,31,126) *nostras mentes transcendere atque in ipsa manere ueritate.* **J.** Tudo tem forma porque tem n.: (**2**,16,42,164) *formas habent quia numeros habent.* **K.** As formas e os n. têm a mesma origem: (**2**,16,42,164) *a quo ergo sunt nisi a quo numerus?* **L_1.** As artes humanas têm n.: (**2**,16,42,165) *in arte habent numeros.* **L_2.** As formas corpóreas produzidas pelas artes são conformadas segundo a lei dos n.: (**2**,16,42,165) "Até que aquilo que é formado por fora, tendo sido referido, quanto possível, àquela luz dos números que está dentro, impetre sua absoluta realização e agrade, através do sentido intérprete, ao juiz interno que considera os números supernos". **L_3.** Os membros do artífice são movidos também pelos n. (ritmo): (**2**,16,42,165) *artificis ipsius membra quis moueat: numerus...* **M.** O n. (ritmo) é o que causa deleite na dança: (**2**,16,42,166) *in saltatione delectet... numerus.* **N.** A morada do n. eterno está fora da dimensão espaçotemporal: (**2**,16,42,166) *numquam... nusquam* (cf. *ibid.* §177). **O.** Se uma forma não tem n., é nada: (**2**,16,44,171; 17,45,174) *nisi aliqua numerorum forma teneatur.* **P.** A dimensão espaçotemporal também não prescinde dos números, pois nada pode distender-se, seja no tempo, seja no espaço, sem que seja numeroso: (**2**,16,44,171) *locorum ac temporum numeros.* **Q.** Nenhum movimento das criaturas, deficientes ou eficientes, prescinde dos números: (**2**,17,46,175) *motusque ipsos rerum deficientium uel proficientium excedere numerorum suorum leges non sinit.* **R.** Nada existe sem que tenha medida, n. e ordem: (**2**,20,54,201) *mensuram et numerum et ordinem.* **[iii]** Um n. qualquer, considerado como quantidade, é a cópula dos *um* em si contida, ou seja, um determinado número equivale à soma dos *um* que contenha em si, como por exemplo o números três, que contém três vezes o *um:* (**2**,8,22,84) *quemlibet numerum tot uocari quotiens unum habuerit* (cf. **2**,8,22,88). **[iv]** No sentido de "conjunto", os elementos de uma determinada série: (**1**,4,9,25) "No número" dos homicidas (*in eorum numero*) (cf. **3**,1,3,13).

nutus (*subst.*) **1.** ACENO, o movimento da cabeça em sinal de aprovação, daí os sentidos derivados: comando, chamado, sinal, e mesmo vontade. **A.** A mente racional foi posta segundo a ordem divina à frente das criaturas inferiores, para que as conduza por um simples aceno seu, ou seja, por um simples sinal de sua vontade: (**1**,16,35,116) *ad nutum suum.* **B.** Aceno, em sentido metafórico, significando os "sinais" ou "gestos" de Deus: $\mathbf{B_1}$. Os homens preferiram amar os acenos de Deus ao invés daquele que acena: (**2**,16,43,168) *qui nutus tuos pro te amant.* $\mathbf{B_2}$. Deus não cessa de acenar para os homens, e seus acenos são o embelezamento das criaturas: (**2**,16,43,168) *nutus tui sunt omne creaturarum decus.* Obs.: a criação, por sua beleza, é um chamamento às criaturas a que contemplem o Criador. **C.** O aceno de Deus que se contempla inefavelmente: (**3**,11,34,119) *nutum ineffabiliter.* **D.** Um aceno de Deus, no sentido de "comando": (**3**,21,62,214) *diuino nutu.* **2.** INCLINAÇÃO: o movimento de cima para baixo, como quem inclina a cabeça, em referência à pedra, que cai natural e necessariamente, em virtude de seu peso: (**3**,1,2,6) *ad terram nuto suo uergit et cadit.* Obs.: *nutu suo,* neste caso, pode ser compreendido como "por si só", sem que nenhum agente exterior tenha provocado o movimento, o que só se compreende, no caso da pedra, em tese. Lewis e Short, em sua adaptação para o inglês do dicionário latino-alemão de Freund (1891), interpretam *nutus* como sendo "uma tendência ou movimento descendente", e mesmo "gravidade". Sua lição fundamenta-se na seguinte passagem das *Tusculanas* de Cícero (1,17,40): *terra sua ui nutuque tenetur,* "A terra é sustentada por sua própria força e tendência para baixo". Já o dicionário Oxford, mais recente (1999), interpreta o termo como derivando sua acepção primeira de "inclinação da cabeça para baixo", um "movimento descendente em direção ao centro ou ao nível mais baixo", o que não exclui uma certa noção intuitiva de "gravidade". No caso da pedra, vale notar que Evódio descreve o movimento de gravidade como intrínseco ao objeto, um movimento da própria pedra, embora natural: (**3**,1,2,7) *motum quo inclinatur et ima petit, motum esse lapidis, sed naturalem.*

octonarius (*adj.*) OCTONÁRIO, que contém em si oito vezes o *um* (**2**,8,23,91).

officium (*subst.*) **1.** OFÍCIO, qualquer atividade de trabalho, daí também os sentidos de "ocupação", "dever", "encargo". **A.** O soldado cumpre seu o. sem inclinação sensual: (**1**,5,12,34) *officium suum... impleuit.* **B.** O. do sentido interior: (**2**,5,12,48). **C.** Os o. do fórum, nas deliberações da vida pública: (**2**,9,25,98). Obs.: Agostinho faz uma inversão curiosa na sequência, preferindo à expressão "ofícios laboriosos", "labores oficiosos". **C.** Os o. das criaturas celestes e supracelestes: (**3**,11,32,114-33,117) *officiis iustis...* **D.** O. hipotético das almas que encarnam: (**3**,20,57,193; 23,70,239) *ad hoc utique mittuntur officium.* **E.** O. laboriosos da vida e os labores oficiosos: (**3**,20,57,195) *in laboriosis officiis... in officiosis laboribus.* Obs.: sutil e irresistível antimetábole! **2.** FUNÇÃO, em relação às tarefas que são executadas pelo corpo humano, em comparação com o corpo dos animais irracionais: (**1**,7,16,55) *officiis corporis.* **3.** Dever, na expressão "dever da honra": (**3**,9,28,100) *honestatis officio.*

olfactus (*subst.*) Olfato, o sentido do cheiro [*olfacio*], responsável pelas impressões sensoriais captadas pelas narinas [*naris; nasus*]: (**2**,3,8,25) "O sentido... de cheirar" (*sensus... olfaciendi*) (cf. **1**,8,18,61). **A.** A matéria do olfato é o odor: (**2**,3,8,25) *quid ad olfactum? odor* (cf. **2**,3,8,28). **B.** O olfato não sabe que cheira, ou seja, não se percebe a si mesmo, enquanto olfato, como a mente é capaz de pensar acerca de si mesma: (**2**,3,9,37) "E nem quando cheiramos uma rosa se exala para nós algum odor e o nosso olfato" (*neque cum olfacimus rosam olet nobis aliquid et noster olfactus*). **C_1.** Assim como o tato e o paladar, o olfato não se assemelha à Verdade comum e eterna, pois o mesmo bocado de ar que se apreende pelas narinas não pode ser apreendido por mais ninguém, sem que sofra alguma transformação em sua natureza: (**2**,3,9,37) "Logo aqueles objetos que tocamos, ou que saboreamos, ou que cheiramos são menos semelhantes a esta verdade..." (*minus... ueritati similia*). **C_2.** (**2**,7,17,67) "Ainda que aspiremos ambos um único e mesmo influxo de ar pelas narinas... contudo não aspiro a mesma parte do ar que tu... mas tomo eu uma parte, tu, outra. E por isso, quando estou respirando do ar todo, aspiro apenas a parte que me é suficiente; e tu, do mesmo modo, aspira do ar todo a parte que te é suficiente" (*sed aliam ego, aliam tu*). **C_3.** (**2**,7,19,75) "Pois, ainda que tu também possas aspirar algo do ar que eu tiver expelido, contudo não poderás aspirar igualmente aquele ar que então tiver sido transformado em meu alimento, porque esse ar não pode ser expelido. Com efeito, os médicos nos ensinam que tomamos o alimento também pelas narinas; alimento esse que só eu posso sentir, quando inspiro, e que não posso restituir, quando expiro, a fim de que também seja sentido por ti, ao ser aspirado pelas tuas narinas" (cf. *uisus, auditus, gustatus, tactus*).

omnipotens (*adj.*) Onipotente. **A_1.** Deus é onipotente: (**1**,2,5,12). **A_2.** Se Deus é onipotente, por que não criou apenas almas felizes? (**3**,9,24,85). **B.** Quem é onipotente não pode não poder algo: (**3**,9,24,85) *non enim hoc... omnipotens non potuit...* **C.** Os anjos caídos amaram mais o seu poder que o de Deus onipotente: (**3**,9,28,103) "Anjos prevaricadores, que amam mais diligentemente o seu próprio poder que o de Deus onipotente" (*...angelis, potestatem suam potius quam dei omnipotentis diligentibus*). **D.** Ninguém está acima das Leis do Criador onipotente: (**3**,15,44,151) *nemo superat leges omnipotentis creatoris.* **E.** Deus onipotente é o criador das almas: (**3**,20,58,192) *deus omnipotens... creator animarum.*

omnipotentia (*subst.*) Onipotência, em referência obviamente exclusiva a Deus. Obs.: o substantivo aparece apenas duas vezes na obra, no último livro, apesar de o adjetivo "onipotente" ter sido usado desde o início. **A.** A o. divina poderia criar outros anjos perfeitos, se os que existem algum dia pecassem: (**3**,12,35,124) "Pois nem a sua bondade... nem sua onipotência... seria insuficiente para criar outros anjos..." (*non... eius... omnipotentia... deficeret ad creandos alios*). **B.** Descrer da o. divina é demência: (**3**,18,51,175; *Ret.* 1,9,5) *de omnipotentia dei... dubitare dementis est.*

ordinatio (*subst.*) Ordenação, em referência ao poder ordenador de Deus, que institui a ordem perfeita da universalidade: **A.** Deus ordenou as criaturas sublimes acima das demais: (**3**,5,14,54) *deus ordinatione praeposuit.* **B.** A natureza superior não pode ser dominada por uma natureza inferior, segundo a reta o. da Lei eterna: (**3**,6,19,67) *rectam* *ordinationem.* **C.** A criação de Deus é a melhor possível, mesmo contendo criaturas em graus os mais distintos, nenhuma outra o. sendo possível ou recomendável: (**3**,12,35,123) *nulla est melior rerum ordinatio.*

ordinator (*subst.*) ORDENADOR, em referência a Deus, que mantém a ordenação perfeita de todas as coisas, segundo sua Lei eterna. **A.** Deus é o ordenador: (**3**,21,60,206) *domino deo, auctore et formatore et ordinatore.* Obs.: muitos são os epítetos atribuídos por Agostinho a Deus no *L.A.*, tais como: *artifex, creator, conditor, auctor, ordinator, formator, adiutor, institutor, administrator, moderator.* **B.** Deve-se louvor à justiça do Ordenador: (**3**,6,18,64) *ordinatoris laudo iustitiam.*

ordinatus (*adj.*) ORDENADO (ORDINATISSIMVS), no sentido do que se encontra de acordo com a ordem divina. Obs.: no caso do homem (*ordinatus homo*), se ordenado, significa dizer que sua razão tem controle sobre suas inclinações sensuais. **A.** A Lei eterna prescreve que todas as coisas devam estar ordenadíssimas: (**1**,6,15,51) *ut omnia sint ordinatissima.* **B_1.** O homem ordenadíssimo é aquele cuja mente ou espírito domina as demais partes de que se constitui: (**1**,7,16,52; 8,18,61) *esse hominem ordinatissimum.* **B_2.** O homem cuja razão domina os movimentos da alma está ordenado: (**1**,8,18,64) *hisce igitur motibus animae cum ratio dominatur, ordinatus homo dicendus est.* **B_3.** O homem ordenado é o sábio: (**1**,9,19,66) *cum... ordinatus est, nonne tibi sapiens uidetur?* **C.** Não seria algo ordenadíssimo que o menos potente dominasse o mais potente: (**1**,10,20,71) *neque enim esset ordinatissimum ut impotentiora potentioribus imperarent.* **D.** A beleza ordenadíssima da universalidade da criação: (**3**,9,27,97) *uniuersitati ordinatissimo decore.* **E.** Naturezas formadas, moderadas e ordenadas: (**3**,12,35,123) *moderatas, formatas, ordinatas.* **F.** É ordenadíssimo que o mérito mau de Adão seja herdado pela natureza que lhe seguiu, assim como o mérito bom de Cristo, pela que o antecedeu: (**3**,20,56,188). **G.** Quem voltar as costas a Deus estará justamente ordenado ao lado do diabo, a quem servirá de direito: (**3**,20,57,197). **H.** A sucessão ordenadíssima dos tempos: (**3**,21,60,204) *ordinatissimam temporum seriem.* **I.** A ordenadíssima conexão das criaturas: (**3**,23,66,226) *creaturae... ordinatissimam connexionem.* **J.** Ordenado, no sentido de lhe ter sido conferida uma "dignidade" no *ordo ecclesiasticus,* quando Agostinho foi "ordenado" presbítero de Hipona: (*Ret.* 1,9,2) *presbyter ordinatus.*

ordo (*subst.*) ORDEM. Obs.: seja em âmbito divino, seja humano, não se desprende de uma noção de "hierarquia", no sentido que o termo tomou em vernáculo, de ordenação sequencial, assentada em relações de superioridade ou inferioridade, anterioridade ou posterioridade, entre seus membros. Esse tipo de ordenação já se encontra em Platão, por exemplo na tripartição da alma, ou em Plotino, que lança mão de qualificativos relacionais, como "anterior" (πρότερος) e "posterior" (ὕστερος), para ordenar os elementos de seu cosmo. Vale notar que a expressão "ordem reta", em referência ao cosmo ordenado por Deus, é pleonástica, pois não há ordenação "torta" na criação, uma vez que o contrário de ordem é a desordem, ou caos, uma completa ausência de ordem, o que só pode ocorrer no homem interior, não no conjunto da criação. Por fim, a ordem tampouco se dissocia da noção de Justiça, seja em sentido bíblico[22] (cf. *rectus*), seja em sentido clássico, segundo a qual cada

[22] Cf. Sl. 10,2;7: ...τοὺς εὐθεῖς [=εὐθύς/*rectus*] τῇ καρδίᾳ... ὅτι δίκαιος κύριος καὶ δικαιοσύνας ἠγάπησεν, εὐθύτητα [=εὐθύτης/*aequitas, i.e., rectitudo*] εἶδεν τὸ πρόσωπον αὐτοῦ. // Sl 9,9: καὶ αὐτὸς κρινεῖ τὴν οἰκουμένην ἐν δικαιοσύνῃ, κρινεῖ λαοὺς ἐν εὐθύτητι etc.

coisa deve estar em seu lugar, que de modo nenhum é igual para todos, mas apropriado a cada criatura, em seu gênero específico. Assim sendo, inconcebível que a Justiça admita a desordem, muito menos que a desordem seja de algum modo justa, pois a Providência mantém tudo em seu respectivo lugar, segundo a perfeita Lei eterna, ou Razão suprema, que governa o universo. **A.** Nenhuma noção de o. se admite em que o pior esteja acima ou à frente do melhor, exercendo algum poder sobre ele: (**1**,8,18,64): *non enim ordo rectus aut ordo appellandus omnino est, ubi deterioribus meliora subiciuntur.* **B**$_1$. Deus mantém a o. da universalidade que fundou: (**3**,3,6,25) *ordo eius uniuersitatis quam condidit.* **B**$_2$. Todas as coisas foram criadas em sua o. apropriada: (**3**,5,16,60) *omnia enim ordine suo creata sunt.* **C.** Se não houvesse justiça, por meio de que os pecados são punidos e as boas ações premiadas, aí sim a o. e a administração da universalidade da criação perigariam: (**3**,9,26,92) *recte deformari dicitur ordo atque administratio uniuersitatis.* **D.** Os seres que ocupam o fastígio da o.: (**3**,11,32,113) *fastigium ordinis.* **E.** A o. dos argumentos: (**1**,2,4,10; **2**,3,7,20). **F.** A o. das leis: (**1**,5,12,36). **G.** Nenhuma mente é deposta de sua reta o. para servir as inclinações sensuais, senão por sua própria vontade: (**1**,16,34,114). **H.** A o. da justiça: (**3**,14,40,138) *iustitiae ordine.* **I.** A o. das coisas mutáveis: (**3**,14,40,139) *ordine mutabilium rerum.* **J.** A o. das coisas temporais: (**3**,15,42,146). **K.** A o. dos livros de Agostinho: (*Ret.* Pról. §2) *opuscula mea ordine suo quo scripta sunt.* (Cf. **1**,16,35,116; **3**,5,15,57; 16,60; 20,57,193).

ornamentum (*subst.*) ORNAMENTO. **A.** As almas pecadoras não têm capacidade de servir de ornamento às moradas celestes: (**3**,9,27,99) *peccatrices animae... nec ornamenti aliquid conferunt.* **B.** A prole de Adão, se bem que carnal e mortal, se fez decoro e ornamento do mundo terreno: (**3**,20,55,186) *de prole eius, quamuis carnali et mortali, aliquod in suo genere fieri decus ornamentumque terrarum.* Cf. *orno, ornatus.*

ornatus (*adj.*) **1.** ORNAMENTADO, no sentido de ter sido bem "aparelhado", "munido", mas principalmente "tornado belo", seja pelo acréscimo de adereços ou ornamentos, seja quando uma natureza superior "orna" uma inferior com sua presença, tornando-a mais digna do que seria, se ela lhe faltasse. **2.** ORNATVS (*subst.*): "ornamento": (**3**,12,35,120) "Ornamento perfeitamente congruente à ínfima criatura corpórea" (*ornatum congruentissimum infimae corporeae creaturae*). Cf. *ornamentum, orno.*

orno (*v.*) ORNAR, no sentido de "conferir ornamento, embelezando e tornando mais digno", o que não se dissocia da noção de "ordem" (cf. *ordo*), visto nada poder ser belo, se desordenado. Obs.: no livro terceiro esse verbo guarda importância fundamental para a compreensão do pensamento do autor a respeito de alguns temas correlatos, dentre os quais a relação entre a ordem da criação universal e o sofrimento das criaturas, e entre a ordem e a necessidade do pecado (cf. **3**,9,26,92-95). **A.** As criaturas inferiores podem ser ornadas até mesmo pelas almas pecadoras: (**3**,9,27,96) *ut ornari etiam a turpibus animis possint.* **B.** Até mesmo um escravo criminoso é capaz de ornar uma cloaca, ao limpá-la: (**3**,9,27,96) *ut mundandae cloacae dignus habeatur, ornat eam etiam turpitudine sua.* **C.** A alma pecadora orna a carne corruptível: (**3**,9,27,98) *corruptibilem carnem etiam peccatrix anima sic ornat.* **D.** As melhores almas, quando habitam em criaturas ínfimas, não as ornam por sua infelicidade, a qual não possuem, mas pelo bom uso delas: (**3**,9,27,99) *optimae animae, cum in infimis creaturis habitant, non eas ornant miseria sua, quam non habent, sed usu earum* *bono.* **E.** Os tormentos são ornados tanto pelo pecador como pelo homem bom: o homem bom orna pelo merecimento de sua virtude, o pecador, pelo merecimento de seu pecado: (**3**,9,28,101) *ornant ergo ambo illa tormenta, sed ille merito uirtutis, iste peccati.* **F.** O primeiro homem ornou a mortalidade da carne, a fim de que estivesse congruente com o pecado por meio de sua punição; Cristo ornou a mortalidade da carne, a fim de libertar o homem do pecado por sua misericórdia: (**3**,9,28,102) *mortalitatem carnis huius et primum hominem ornasse, ut peccato poena congrueret, et dominum nostrum, ut a peccato misericordia liberaret.* **G.** Deus criou as naturezas todas, nos mais diversos graus, não para que pecassem, mas para que ornassem o universo: (**3**,11,32,113) *ut essent ornaturae uniuersum.* **H.** A criatura angélica sublime, que adere perfeitamente a Deus, orna também os corpos terrestres: (**3**,11,34,119) *et in coelesti corpore angelica potestate etiam terrestre corpus ornat et regit.* Obs.: curiosa essa ordenação, pois essas criaturas sublimes estão em seus corpos celestes, e Agostinho não nos diz que gênero de criatura elas ornam, e se o fazem no cumprimento de seus ofícios superiores, de ordenação e administração da universalidade. **I.** As criaturas racionais que habitam corpos terrestres também ornam seus corpos, na medida de suas forças, oneradas pelo peso da carne mortal: (**3**,11,34,119) *ornat quantum potest.* **J.** No conjunto universal da criação, diz Agostinho, não faltou ornamento a criatura alguma, mesmo às ínfimas: (**3**,12,35,120). Obs.: ornar é embelezar por meio da ordem, pois a beleza nada mais é que a perfeita ordenação das criaturas, assim como a ordem suprema é tida por sumamente bela.

otium (*subst.*) Ócio. Ao contrário do sentido pejorativo que muita vez o termo tem hoje em vernáculo, o ócio antigo (cf. gr. σχολή) podia guardar sentido bastante positivo, referindo o tempo livre dedicado ao estudo das artes liberais e à investigação filosófica. **A.** O ó. de investigar e contemplar a verdade, ou seja, o tempo livre dedicado a essas atividades nobres: (**2**,9,25,97) *huic otio quaerendi et contemplandi ueri.* **B.** Apenas os que dispuserem de ó. suficiente para investigar questões como a origem das almas e a propagação do pecado original é que devem fazê-lo: (**3**,21,62,214) *uel a rebus magis necessariis otium ad haec quaerenda et disserenda conceditur.* Obs.: o ócio era condição *sine qua non* da prática filosófica e dos estudos ditos *liberales* em geral, cuja denominação sem dúvida decorre do fato de que tais atividades não se praticavam senão pelos cidadãos livres, fossem os "melhores" (ἄριστοι), na Grécia, ou os membros das ordens equestre e senatorial, em Roma, ou seja, por aqueles que podiam desviar seu tempo das atividades políticas do fórum, ou das atividades militares, para dedicá-lo à atividade intelectual desinteressada. Nesta última passagem Agostinho o utiliza em tom negativo, pois, segundo seu parecer, haveria temas bem mais importantes para ser tratados do que a origem das almas, tema que devia ser especulado apenas por aqueles que estivessem ociosos, não tendo nada mais necessário ou importante para fazer. No prólogo das *Retratações* (§2) o adjetivo *otiosus* é utilizado em sentido claramente pejorativo, reproduzindo uma tradução de passagem evangélica (Mt 12,36): *uerbum otiosum,* em que se adverte que cada um dará conta de suas palavras "ociosas" no dia do Juízo, palavras proferidas de modo irresponsável, por desocupados, por assim dizer. Deve-se notar que o latim traduz o grego ἀργός, "preguiçoso", "desocupado", por *otiosus,* permitindo ver que o termo não guardava sentido único e positivo, especialmente, depreende-se, a partir da ótica das classes não privilegiadas, que certamente não viam com bons olhos o ócio da elite dominante.

panis (*subst.*) PÃO. **A.** Não são as coisas que devem ser culpadas, mas aqueles que delas fazem uso torpe, como no caso do pão, utilizado de modo criminoso pelo envenenador: (**1**,15,33,113) *uti... et pane scelerate ueneficum.* **B.** Cristo, o Pão dos anjos: o homem poderia "mastigar" o Pão dos anjos... se o próprio Pão dos anjos se dignasse igualar-se aos homens: (**3**,10,30,108) *sic enim posset panem angelorum homo manducare, nondum angelis adaequatus, si panis ipse angelorum hominibus dignaretur aequari.*

paradisus (*subst.*) PARAÍSO, o jardim do Éden. Obs.: o termo grego παράδεισος tem origem oriental, tendo sido utilizado inicialmente por Xenofonte (*Anabase* 1,2,7), segundo Liddell e Scott (1996), em referência aos jardins exuberantes dos reis persas: (**3**,25,74,256) *in paradiso.*

parilitas (*subst.*) PARIDADE (sinôn. de *paritas* [*par*]), em referência às afeições do espírito: as criaturas espirituais são conjungidas pela paridade de suas afeições, assim como são disjungidas pela disparidade delas: (**3**,11,33,117) *sed parilitate adfectuum iungi et disparilitate seiungi possunt creaturae spiritales.*

particeps (*adj.*) PARTÍCIPE, em relação às criaturas que participam da Sabedoria, o Bem comum e imutável: (**2**,9,25,96) "Julgas que os homens possuam cada qual suas próprias sabedorias particulares? Ou, pelo contrário, que uma única esteja disponível em comum para todos, sendo cada qual tanto mais sábio quanto mais dela se faça partícipe?" (*singulas quasque suas arbitraris singulos quosque homines habere sapientias? an uero una praesto est communiter omnibus, cuius quanto magis quisque fit particeps tanto est sapientior?*).

passio (*subst.*) PADECIMENTO, liter. "paixão". Obs.: do particípio do verbo *patior,* "sofrer", *passio* significa "sofrimento", de onde "a paixão de Cristo". Como tradução do grego πάθος, veio a significar posteriormente as "afecções", consideradas doentias, da alma, geralmente associadas ao sofrimento, porque rebeldes ao domínio da razão, daí também dignas de veemente reprovação. Agostinho, em *De nuptiis et concupiscentia libri duo* (2,33,55), diz o seguinte acerca do uso do vocábulo em seu tempo: "Aquilo que o grego diz: ἐν πάθει ἐπιθυμίας, em latim alguns interpretaram: 'na enfermidade do desejo', ou 'da concupiscência', porém outros: 'na paixão da concupiscência' [...]. No entanto [o termo] 'paixão', em língua latina, principalmente no costume eclesiástico de falar, não se costuma compreender como algo digno de vituperação" (*quod enim graecus habet* "ἐν πάθει ἐπιθυμίας" *alii latine interpretati sunt "in morbo desiderii" uel "concupiscentiae" alii uero "in passione concupiscentiae" [...]. sed "passio", in latina lingua, maxime usu loquendi ecclesiastico, non ad uituperationem consueuit intellegi*). Numa única instância apenas o termo é utilizado no *L.A.*, para referir o sofrimento dos animais domésticos, que são usados, até à morte, pelos homens, para tarefas as mais pesadas e exaustivas: (**3**,23,69,235) "De onde se torna aparente, de modo mais claro que a luz, o quanto aquela alma, na universalidade de seu corpo, seja ávida da unidade, e tenaz, ela que nem prazerosa nem indiferentemente, mas antes renitente e relutantemente é inclinada em direção àquele padecimento de seu corpo, no qual aceita molestamente que sua unidade e integridade sejam arruinadas" (*unde luce clarius adparet quam sit illa anima in sui corporis uniuersitate auida unitatis et tenax, quae nec libenter nec indifferenter sed potius renitenter et reluctanter intenditur in eam passionem corporis sui, qua eius unitatem atque integritatem labefactari moleste accipit*). Cf. *patior, patientia.*

patientia (*subst.*) PACIÊNCIA, no sentido de "disposição passiva para suportar as dores e agruras da existência", mas também de "coragem para aguentar o sofrimento". Obs.: relaciona-se com o verbo *patior*, "sofrer", "suportar", cujo particípio, por sua vez, é *passus*, de onde deriva *passio* e cognatos: (**3**,9,28,100) "Prova de coragem e de paciência" (*fortitudinis et patientiae documentum*).

patior (*v.*) PADECER (cf. *perpetior*). **A.** Os castigos são males aos que os padecem: (**1**,1,1,1) *supplicia patientibus mala sunt.* **B.** Não querer padecer de um mal evitável: (**1**,3,6,16) *ipse... pati nollem.* **C.** Padecer, no sentido de "suportar" um mal voluntariamente: (**1**,3,6,17) *libenterque ab eo corrumpi patiatur.* **D.** A regra de ouro: não fazer ao outro o que não queira padecer: (**1**,3,6,17) *non id facit quod pati nolit.* **E.** Padecer penas: (**1**,12,24,80) *poenas patiamur.* **F_1.** Padecer a vida infeliz: (**1**,14,30,100) *miseram uitam patitur.* **F_2.** Padecer a infelicidade: (**3**,15,44,151) *patiendo miseriam.* **G.** Padecer por mérito: (**2**,16,43,170) *pro merito patiatur.* **H.** Restituir as dívidas pelo padecimento: (**3**,15,44,151; 152; 153) *reddet patiendo quod debet.* **I.** Cada um padece o que deve: (**3**,16,46,156; 157) *quod debet patitur.* **J.** Padece de modo justo, se peca: (**3**,16,46,158). **K.** Se padece de modo injusto, então não padece por causa de pecado: (**3**,16,46,158) *in iniuste patitur, quo modo peccat?* **L.** Que fizeram as reses, para que padecessem tantos incômodos? (**3**,23,69,232) *tanta patiantur incommoda.* **M.** Os corpos padecem a morte e a corrupção, apesar dos contraditores desejarem o contrário: (**3**,23,69,233). **N.** Todos padecem de ignorância e dificuldade: (*Ret.* 1,9,6) *quam patitur omnis homo.*

peccatum (*subst.*) PECADO, como sinôn. de malfeito ou má ação, em referência ao mal praticado pelo homem, o dito "mal moral", que Agostinho refere de três modos: [i] com o advérbio *male*, qualificando o fazer humano, expresso pela locução *male facere*; [ii] por meio do vocábulo *mala*, neutro plural do substantivo *malum;* [iii] pelo termo composto *malefactum,* formado pelo particípio de *facio* prefixado pelo advérbio *male.* Porém não se refere o pecado ao mal "padecido" pela humanidade, dito por vezes "mal natural", em referência às enfermidades, pestes, pragas, calamidades, entre tais, que Agostinho não considera males, ao menos no *L.A.* (cf. *male facio, malefactum, malum*). Tampouco se refere ao mal sofrido pela própria mão do homem, seja de modo justo, quando é punido pela lei, seja de modo aparentemente injusto, quando sofre por alguma ação criminosa. Esses últimos só se dizem pecados em relação aos que os cometem, não aos que sofrem. No livro terceiro, contudo, Agostinho dirá que a condição penal de ignorância e dificuldade também se diz "pecado", porque derivou sua origem do pecado de Adão, porém isso se diz apenas de modo mediato, a não dizer impróprio. **A.** Da origem do p.: **A_1.** Deus não é o culpado pelo pecado do homem: (**1**,2,4,11) *non esse peccatorum auctorem deum* (cf. **3**,6,18,63; 16,46,160). **A_2.** Insuficiência dos resultados da investigação acerca da origem do p., até ao final do livro segundo: (**2**,20,54,205) *de origine peccati... quaerendum....* **A_3.** Das duas origens do p.: (3,10,29,104) São "duas as origens dos pecados: a primeira, pela cogitação espontânea; a segunda, pela persuasão de um outro..." (*duae sint origines peccatorum...*). **A_4.** A vontade como causa do p.: (**3**,17,48,164) *uoluntas est causa peccati.* **A_5.** (**3**,17,49,168) "Portanto ou a vontade é a causa primeira do pecar, ou nenhum pecado é a causa primeira do pecar. E não existe a quem se impute retamente o pecado, a não ser àquele que peca" (*aut igitur uoluntas est prima causa peccandi aut nullum peccatum est prima causa peccandi. nec est cui recte inputetur peccatum nisi peccanti*). **A_6.** A causa do p. é a soberba: (**3**,25,76,263) *initium omnis peccati superbia.* **B.** O pecado é obra das criaturas racionais: (**1**,2,4,11) *peccata ex his animabus sunt...* **C.** O p., como equivalente de malfeito ou má ação: (**1**,3,8,21) "Com respeito ao homicídio e ao sacrilégio, e prosseguindo com respeito a todos os pecados" (*de omnibus peccatis*). Esses três: homicídio, adultério e sacrilégio, que haviam sido introduzidos na discussão como exemplos de malfazer (*male facere*), foram denominados pouco antes (**1**,3,6,14) malfeitos (*malefacta*), porém nesta passagem se dizem "pecados", o que permite subentender que *malefacta* e *peccata* sejam sinônimos, como endossa ainda a seguinte passagem: (**1**,16,35,115) "Neste único gênero devem ser incluídos todos os malfeitos, isto é, os pecados" (*nam hoc uno genere omnia malefacta, id est, peccata, mihi uidentur includi*) (cf. **3**,9,27,96). **D.** A *libido* predomina em todos os p.: (**1**,4,9,22) "Em todos os pecados, para que sejam males, a inclinação sensual domina" (*in omnibus peccatis... libido dominatur*). **E.** Há casos em que matar um homem não constitui p.: (**1**,4,9,22) "Haverá um outro homicídio que possa não ser um pecado" (*erit aliquod homicidium, quod possit non esse peccatum*) (cf. **1**,4,9,25; 5,13,39). $\mathbf{F_1}$. O p. merece a pena correspondente: (**1**,11,22,77) "É de modo justo que ela arque com as penas por tamanho pecado" (*iuste illam pro peccato tanto poenas pendere*). $\mathbf{F_2}$. Deus pune os p. em sua Justiça: (**2**,1,2,3) "Porque já está estabelecido que Deus puna os pecados, uma vez que é dele que decorre toda a justiça" (*deum uindicare peccata, siquidem ab illo est omnis iustitia*) (cf. **2**,1,3,7; **3**,10,29,105; 22,63,216). **G.** O p. não é amar os bens que se possuem por direito legítimo, mas subtraí-los injustamente aos seus legítimos possuidores: (**1**,15,32,112) "Contudo o pecado não é punido quando esses bens são amados, mas quando são subtraídos aos outros com improbidade" (*non autem ulciscitur peccatum cum amantur ista, sed cum aliis per inprobitatem auferuntur*). **H.** Seis definições de p.: $\mathbf{H_1}$. Como aversão do imutável e conversão ao mutável: (**1**,16,35,116) "Todos os pecados estejam contidos neste único gênero, quando alguém se averte das coisas divinas e verdadeiramente permanentes e se converte para aquelas que são mutáveis e incertas..." (*peccata omnia hoc uno genere contineri, cum quisque auertitur a diuinis uereque manentibus et ad mutabilia atque incerta conuertitur...*) (cf. **3**,1,2,10). $\mathbf{H_2}$. Como aversão da vontade a partir de Deus: (**2**,20,54,201) "Se esse movimento, isto é, a aversão da vontade a partir do Senhor Deus, sem dúvida alguma é o pecado..." (*si enim motus iste, id est, auersio uoluntatis a domino deo, sine dubitatione peccatum est...*). $\mathbf{H_3}$. Como movimento defectivo, cuja origem é o nada: (**2**,20,54,204) "Logo aquele movimento de aversão, que reconhecemos ser o pecado, visto que é um movimento defectivo, e todo defeito existe a partir do nada..." (*motus ergo ille auersionis, quod fatemur esse peccatum, quoniam defectiuus motus est, omnis autem defectus ex nihilo est...*). $\mathbf{H_4}$. Como uma afecção da natureza: (**3**,9,26,94-95) "Pois o pecado e o castigo do pecado não são quaisquer naturezas, mas afecções das naturezas: aquele é uma afecção voluntária; esse, penal. Porém a voluntária, que se dá no pecado, é uma afecção torpe" (*non enim peccatum et supplicium peccati naturae sunt quaedam, sed adfectiones naturarum: illa uoluntaria, ista poenalis. sed uoluntaria, quae in peccato fit, turpis adfectio est*). $\mathbf{H_5}$. O p. não é padecer injustiça, mas cometê-la: (**3**,16,46,158) "Pois o pecado não é padecer algo injustamente, mas fazer algo injustamente" (*non enim iniuste aliquid pati sed iniuste aliquid facere peccatum*). $\mathbf{H_6}$. O p. é também a condição penal decorrente do pecado de origem: (**3**,19,54,184). **I.** Não há p. sem o concurso da vontade: (**2**,1,3,7) "Pois não haveria nem pecado nem ato retamente praticado que não se fizesse por meio da vontade" (*non enim aut peccatum esset aut recte factum quod non fieret uoluntate*). **J.** A morte é a "condição de p.": (**2**,13,37,143) "...o nosso próprio Deus, que nos liberta da morte, isto é, da 'condição de pecado'" (*...deus noster qui nos liberat a* *morte, id est, a condicione peccati*). Obs.: essa relação antitética entre pecado, o erro que leva à morte, e Verdade, o Cristo que conduz à vida eterna, é basilar para a compreensão do pensamento cristão. **K.** A presciência e o p.: **K_1.** (**3**,2,4,15) "Nem poderia ser contra Deus pecado algum daquele que ele próprio fez bom..." (*nec obesse quicquam deo posset peccatum eius quem bonum ipse fecit*). **K_2.** Deus conhece antecipadamente os p. dos homens: (**3**,3,8,34) "Que ele conheça antecipadamente os nossos pecados, de modo tal, contudo, que se nos mantenha livre a vontade, e posta em nosso poder" (*eum peccata nostra praescire...*) (cf. **3**,5,14,54). **K_3.** Da oposição entre a presciência divina dos p. humanos e o livre arbítrio: (**3**,4,9,37) "Ainda não vejo de que modo não se oponham reciprocamente estas duas coisas, a presciência de Deus acerca dos nossos pecados e o nosso livre arbítrio, ao pecar.... eu gostaria de saber com que justiça ele puna os pecados, os quais é necessário que se cometam..." (*nondum uideo quo modo sibi non aduersentur haec duo, praescientia dei de peccatis nostris et nostrum in peccando liberum arbitrium...*). **L.** Os homens preferem acusar os outros a confessar seus p.: (**3**,2,5,16) "São mais velozes para a escusa do que para a confissão de seus pecados" (*ueloci oresque sunt ad excusationem quam ad confessionem peccatorum suorum*) (cf. **3**,2,5,18). **M_1.** O p. polui a alma: (**3**,5,12,44) "As almas que pecam... sórdidas pelos pecados" (*eas... peccatis sordidatae*) (cf. **3**,20,29,104). **M_2.** Perde-se a felicidade quando se cometem pecados: (**3**,5,15,55) "Essa criatura pecadora, após ter sido perdida a sua felicidade nos pecados..." (*amissa in peccatis beatitudine*). **M_3.** O p. impede a entrada na morada celeste: (**3**,9,27,98) "Uma alma de tal espécie não se faz congruente com a habitação celeste através do pecado, porém é congruente com a terrestre através do castigo" (*non congruit per peccatum... congruit per supplicium*). **N_1.** Das almas que perseveram no pecado, como o diabo e seus anjos: (**3**,5,16,59) "Almas, as quais Deus previa que haveriam de pecar, ou então que haveriam de perseverar nos pecados" (*uel peccaturas uel in peccatis etiam perseueraturas*). **N_2.** As almas que não pecam, como os anjos bons: (**3**,12,35,121) "E se de fato se considera certa a razão, pela qual se faça manifesto que conveio existir uma criatura que nunca tenha pecado e nunca há de pecar, que o seja também aquilo que a mesma razão comunica, que ela se abstém do pecado por meio de sua vontade livre e que não é coagida a que não peque, mas não o faz de modo espontâneo" (*esse oportuisse creaturam quae nunquam peccauerit nunquam peccatura*) (cf. **3**,5,14,52). **O.** Os p. não são necessários à ordem universal, somente as almas: (**3**,9,26,92) "Não serem os próprios pecados ou a própria infelicidade necessários à perfeição da universalidade, mas as almas, enquanto são almas, as quais, se queiram, pecam; se pecarem, tornam-se infelizes..." (*non ipsa peccata uel ipsam miseriam perfectioni uniuersitatis esse necessaria, sed animas in quantum animae sunt...*). **P.** Nem todo sofrimento decorre do p., ou seja, nem toda dor é castigo por causa de p., podendo ser antes uma prova para que se possa demonstrar ou adquirir alguma virtude: (**3**,9,28,100) "Pois, se por acaso vejamos algum homem bom e nobre, quando exortado pelo dever da honra, ter seu corpo queimado no fogo, não chamamos a isto de pena do pecado, mas de 'prova de coragem e de paciência'" (*non hoc uocamus poenam peccati, sed fortitudinis et patientiae documentum*). **Q.** A pena do p. como ornamento da justiça: (**3**,9,28,101) "Aquele orna-os pelo mérito de sua virtude; este, de seu pecado" (*sed ille merito uirtutis, iste peccati*) (cf. **3**,9,28,102). **R.** É p. mais grave persuadir a pecar que ser persuadido a fazê-lo: (**3**,10,29,104) "Todavia é mais grave, não sendo persuadido por ninguém, não somente pecar por meio da própria cogitação, mas também persuadir um outro ao pecado, através de inveja e dolo, do que ser conduzido a pecar pela persuasão de outrem" (*sed tamen grauius est non solum nullo suadente propria cogitatione peccare, sed etiam peccatum alteri per inuidentiam* *dolumque suadere, quam ad peccandum alterius suasione traduci*). **S.** Em referência ao p. original: **S_1.** A alma racional foi ordenada num corpo mortal, após o pecado do primeiro homem: (**3**,11,34,118) "Porém, tendo sido ordenada em corpos inferiores e mortais após o pecado..." (*in corporibus autem inferioribus atque mortalibus post peccatum ordinata...*). **S_2.** Da condição de ignorância e dificuldade como consequência do p. de origem: (**3**,18,51,172). **S_3.** A pena do p. é sempre justa: (**3**,18,51,175) "Toda pena, se é justa, é pena de um pecado, e se denomina castigo" (*omnis autem poena, si iusta est, peccati poena est et supplicium nominatur*). **S_4.** (*ibid.*) "Esta pena é justa, e pende da balança da Justiça em contrapartida a algum pecado" (*iusta haec poena est et pro peccato aliquo penditur*) (cf. **3**,18,52,178; 24,72,249). **S_5.** A condição de ignorância e de dificuldade se diz "p." porque é consequência do p. de origem: (**3**,19,54,183) "Com efeito, aquilo que, ignorando, alguém não faz retamente, e o que, querendo retamente, não pode fazer, se dizem pecados por isso, porque derivam sua origem daquele pecado da vontade livre. Pois aquele precedente mereceu esses consequentes" (*ideo dicuntur peccata, quia de peccato illo liberae uoluntatis originem ducunt....*). **S_6.** O p. não é apenas o que se comete de livre vontade, mas também a consequência penal e necessária do p.: (**3**,19,54,184) "Dizemos pecado não somente aquilo que é chamado propriamente de pecado, porque é cometido através da vontade livre e por quem tem ciência, mas também o que agora é necessário seja a consequência do castigo dele" (*non solum peccatum illud dicimus quod proprie peccatum uocatur, libera enim uoluntate et ab sciente committitur, sed etiam illud quod iam de huius supplicio consequatur necesse est*). **S_7.** Os corpos corruptíveis são consequência da pena do p. de origem: (**3**,2,57,193) "Corpo, que nasce a partir da pena do pecado, isto é, da mortalidade do primeiro homem" (*corpus, quod de poena peccati, hoc est, mortalitate primi hominis, nascitur*) (cf. **3**,20,57,195). **T.** Vituperar o p. é louvar o Bem: (**3**,13,37,131) "A vituperação dos nossos pecados não é nenhuma outra coisa senão que ele seja louvado" (*uituperatio peccatorum nostrorum nulla est nisi ille laudetur*) (cf. **3**,15,43,148). **T_1.** Quem vitupera o que não é p., igualmente peca: (**3**,15,43,149) "Pois no mínimo peca aquele que até mesmo condena como pecados as coisas que nada são" (*qui uel damnat quasi peccata quae nulla sunt*). **U.** O p., quando reparado, coopera para a beleza da ordenação universal: (**3**,15,44,152) "Que nem mesmo por um instante do tempo a beleza universal seja deturpada, de modo que exista nela o opróbrio do pecado sem o decoro da reparação", isto é, do castigo legalmente infligido [*uindicta*] (*ut sit in ea peccati dedecus sine decore uindictae*). **V.** Ao que é irresistível não se cede com p.: (**3**,18,50,170) "Qualquer que seja essa causa da vontade, se não se lhe pode resistir, sem pecado se lhe cede..." (*si non ei potest resisti, sine peccato ei ceditur...*). **W.** A condição de ignorância e dificuldade pode ser uma prova às almas, não um castigo pelo p., segundo uma das hipóteses para a transmissão do p. original: (**3**,20,58,191). **X.** O p. da negligência: **X_1.** A negligência justifica seu p. com a fraqueza: (**3**,20,58,199) "Aos negligentes, querendo defender também os seus pecados com a desculpa da fraqueza..." (*negligentibus autem et peccata sua de infirmitate defendere uolentibus*). **X_2.** O p. é mau na negligência em relação ao preceito de Deus: (**3**,24,72,249) "Porém o pecado é mau na negligência, seja para receber o preceito, seja para observá-lo" (*peccatum autem malum est in neglegentia...*). **Y.** Haveria um estado médio entre o ato retamente praticado e o p., segundo o qual as criancinhas, que nem fizeram o bem, nem pecaram, seriam julgadas: (**3**,23,66,225) "Pois não se deve recear que não seja possível existir uma certa vida média entre o ato retamente praticado e o pecado" (*inter recte factum atque peccatum*). **Z.** Na loquacidade não se evita o p.: (*Ret.* Pról. §2) *ex multiloquio non effugies peccatum.*

pecco (*v.*) PECAR, liter. significa simplesmente "errar" (cf. **3**,22,64,219), ou "desviar-se do curso pretendido" (cf. *peccatum, male facio, malefactum*). **A.** É possível aprender a pecar? (**1**,1,2,4) "E – Não sei se alguém que não tenha aprendido peque; o que, se é verdade, quero saber quem seja aquele de quem tenhamos aprendido a pecar" (*quisnam ille sit a quo peccare didicerimus*). **B.** Quando matar alguém pode não ser pecado: (**1**,4,9,25) "Se o homicídio é matar um homem, pode acontecer algumas vezes sem pecado. Com efeito, não me parecem pecar, quando matam um homem, nem o soldado, ao matar o inimigo, nem o juiz ou o seu ministro, ao executar um criminoso, e nem aquele, invito ou imprudente, a quem por acaso escapa da mão um dardo" (*si homicidium est hominem occidere, potest accidere aliquando sine peccato...*). **C_1.** Sem o livre arbítrio o homem não pecaria, então não seria o caso de lhe não ter sido dado pelo Criador? (**1**,16,35,117) "Mas quero saber se era conveniente que esse mesmo livre arbítrio, pelo qual estamos convencidos de possuir a faculdade de pecar, nos tivesse sido dado por aquele que nos fez. Pois parece-nos que não haveríamos de pecar se estivéssemos privados dele..." (*utrum ipsum liberum arbitrium... oportuerit nobis dari ab eo qui nos fecit...*) (cf. **2**,1,1,1; 1,3,5). **C_2.** O livre arbítrio não foi dado ao homem para que ele pecasse: (**2**,1,3,5) "Pois não é porque também se peca por intermédio dela [, a vontade], que se deve crer que Deus a deu para isto" (*non enim, quia per illam etiam peccatur, ad hoc eam deum dedisse...*) (cf. **2**,1,3,6; 2,4,8; 5,11; 18,47,179; **3**,16,46,157). **D.** Aos que pecam é justo o castigo: (**2**,1,1,2) "E que a pena, aos que pecam, e o prêmio, aos que agem retamente, seja justo? De onde se conclui que é por Deus que os que pecam sejam afetados pela infelicidade, assim como os que agem retamente, pela felicidade" (*et peccantibus poenam recteque facientibus praemium... ex quo conficitur a deo adfici et peccantes miseria et recte facientes beatitate*). **E.** A vontade peca quando se averte do Bem comum e imutável e converte-se ao próprio e mutável: (**2**,19,53,199) "Porém a vontade peca, quando avertida do Bem absolutamente imutável e comum e convertida ao próprio bem, seja ao que é exterior, seja ao que é inferior" (*uoluntas autem auersa ab incommutabili et communi bono et conuersa ad proprium bonum aut ad exterius aut ad inferius, peccat*). **F.** Uma criatura que apenas é, ou que é e vive, mas não intelige, não pode pecar: (**3**,1,2,10) "E por isso a pedra possui o movimento natural, porém o espírito, o voluntário. Daí o porquê, se alguém diga que a pedra peca porque por seu peso tende para as regiões inferiores, não direi que seja mais estólido do que a própria pedra, mas sem dúvida é considerado um dementado" (*lapidem si quis dicat peccare... demens iudicatur*). **G.** O conflito entre a Presciência divina e a necessidade do pecar: (**3**,2,4,14) "Me perturba o modo como possa ser possível não apenas que Deus seja presciente de todos os eventos futuros, mas também que nós não pequemos por nenhuma necessidade" (*et nos nulla necessitate peccemus*) (cf. **3**,4,9,37-10,38). **G_1.** Deus sabia antecipadamente que o homem iria pecar: (3,2,4,15) "Ele conhecera antecipadamente que [o homem] havia de pecar" (*Peccaturum esse praesciuerat*); (cf. 3,3,6,21-22; 23). **G_2.** O homem peca por meio de sua vontade, não por causa da presciência de Deus: (**3**,4,9,36) "É pela vontade que nós pecamos" (*nos uoluntate peccare*). **G_3.** Não é porque X saiba que Y haja de pecar amanhã, que X seja a causa do pecado de Y: (**3**,4,10,39) "Porque, se não estou enganado, tu não coagirias de imediato alguém a pecar, que antecipadamente conhecesses que havia de pecar, e nem a tua própria presciência o coagiria a pecar, ainda que sem dúvida ele houvesse de pecar..." (*non continuo tu peccare cogeres quem peccaturum esse praescires, neque ipsa praescientia tua peccare eum cogeret quamuis sine dubio peccaturus esset...*) (cf. **3**,4,11,40-41). **H_1.** Se as almas não tivessem querido pecar: (**3**,5,12,44) "Quando se cogita de que qualidade seriam se não tivessem querido pecar" (*quales essent si peccare noluissent*). **H_2.** Teria sido melhor que Deus não houvesse criado o homem com capacidade para pecar? (**3**,5,14,52-53). **H_3.** O pecador é melhor do que a criatura irracional incapaz de pecar: (**3**,5,16,58) "Visto que também essas tais ainda sejam melhores do que aquelas, as quais, por não possuírem nenhum arbítrio racional e livre da vontade, não podem pecar" (*cum adhuc et tales meliores sint eis quae, quoniam nullum habent rationale ac liberum uoluntatis arbitrium, peccare non possunt*). **I.** A alma torna-se infeliz ao pecar: (**3**,9,26,92) *ad miseriam nisi peccando non peruenit anima.* **J.** A criatura superior capaz de pecar é punida pelas criaturas inferiores: (**3**,9,27,96) *peccans creatura superior creaturis inferioribus puniatur.* **K.** Persuadir a pecar é mais grave do que ser persuadido a fazê-lo: (**3**,10,29,104-105). **L.** Deus criou as criaturas capazes de pecar para que ornassem o universo: (**3**,11,32,113) "Portanto Deus fez todas as naturezas, não somente as que haviam de permanecer na virtude e na justiça, mas também as que haviam de pecar, não para que pecassem, mas para que ornassem o universo, se quisessem pecar, ou não pecar" (*naturas igitur omnes deus fecit... non ut peccarent sed ut essent ornaturae uniuersum...*). **M.** Se as almas pecadoras não tivessem sido criadas, faltaria muito à beleza da criação, não por causa de seu pecado, mas por serem almas racionais, embora a ordem da universalidade não fosse em nada perturbada por sua ausência: (**3**,11,32,114) "Se faltassem aquelas, as quais, se pecassem ou não pecassem, nada seria diminuído à ordem da universalidade, ainda assim muitíssimo faltaria" (*nihil uniuersitatis ordini minueretur*) (cf. **3**,11,33,115). **N.** As criaturas que não pecam mantêm a ordem da universalidade: (**3**,11,32,113-33,115; 12,35,120-124). **O.** Por que umas criaturas pecam, outras, não? Ou então, qual a causa do pecar? (**3**,17,47,161) "Se nenhuma causa existisse, a criatura racional não se repartiria assim, de modo que uma nunca peque e outra persevere no pecar, uma outra, como se no meio entre ambas, algumas vezes peque, outras converta-se para agir retamente. Que causa a distribui nestas três partes?" (*si nulla causa esset, non ita dispertiretur creatura rationalis... quae causa in has tres partes eam distribuit?*). **O_1.** A vontade é a causa do pecar? (**3**,17,49,168) "Portanto ou a vontade é a causa primeira do pecar, ou nenhum pecado é a causa primeira do pecar. E não existe a quem se impute retamente o pecado, a não ser àquele que peca" (*aut igitur uoluntas est prima causa peccandi aut nullum peccatum est prima causa peccandi. nec est cui recte inputetur peccatum nisi peccanti*). **P.** Toda alma pecadora é ignorante do bem e ineficaz para pô-lo em prática: (**3**,18,52,178) "De fato, toda alma que peca, na realidade, possui essas duas deficiências penais: ignorância e dificuldade" (*omni peccanti animae duo ista poenalia, ignorantia et difficultas*). **Q.** Os pecadores não têm autocrítica: (**3**,19,53,180). **R.** Porque pecaram Eva e Adão, foram precipitados na provação e na morte: (**3**,20,55,186) "Porém, visto que nasçamos daquele primeiro conúbio não apenas com ignorância, mas também com dificuldade e com mortalidade, uma vez que eles, porque houvessem pecado, foram precipitados não apenas no erro, mas também na provação e na morte" (*quoniam illi, cum peccauissent, et in errorem et in aerumnam et in mortem praecipitati sunt*). **S.** Hipóteses para a transmissão do pecado original: (**3**,20,56,188). **T.** Pecado, como simples "erro" de pronúncia ou "desvios" da infância inocente: (**3**,22,64,219) "E se na eloquência nos tivesse sido constituída a felicidade, e assim se tomasse por crime quando se peca nos sons da língua, do mesmo modo como quando se peca nos atos da vida, seguramente ninguém repreenderia à infância o fato de que houvesse despontado dela para chegar à eloquência..." (*si nobis in eloquentia esset beatitudo constituta atque ita crimini duceretur cum peccatur in linguae sonis...*). **U.** Qual o lugar na vida futura dos que não pecaram, como as criancinhas? (**3**,23,66,225) "Que tipo de retribuição no juízo futuro será imputada àquele que nem possui lugar entre os justos, visto que não agiu retamente, nem entre os maus, visto que não pecou?" (*qualis in futuro iudicio deputabitur cui neque inter iustos locus est, quoniam nihil recte fecit, neque inter malos, quoniam nihil peccauit?*) (cf. **3**,23,68,231). **V.** O pecado e o preceito: (**3**,24,72,246) "Porém a partir do momento em que o homem começa a ser capaz do preceito, a partir disso começa a poder pecar. Porém ele peca de dois modos, antes que se faça sábio: se ou não se acomode para receber o preceito, ou então, uma vez que o tenha recebido, se não o observe" (*ex quo autem incipit homo praecepti esse capax, ex illo incipit posse peccare...*). **W.** Quando o sábio peca: (**3**,24,72,247) "Porém o sábio *peca*, se se houver avertido da Sabedoria" (*sapiens autem peccat, si se auerterit a sapientia*). **X.** O homem pecou ao consentir com a sugestão do diabo: (**3**,25,75,259) (cf. **1**,3,6,17; **2**,1,1,2; 19,53,200; **3**,6,18,63; 15,43,148-149; 16,46,159-160; 18,50,170-171; 24,73,251).

pecus (*subst.*) Rês, o animal domesticado e subjugado para serviço e trato dos homens; gado; rebanho. **A.** O gado amansado e domesticado: (**1**,9,19,69) *domitum pecus.* **B$_1$.** A rês apenas é e vive, mas não intelige: (**2**,3,7,22) "Tanto a pedra existe como a rês vive, contudo não reputo que a pedra viva ou a rês intelija" (*et lapis est et pecus uiuit, nec tamen lapidem puto uiuere aut pecus intellegere*) (cf. **2**,3,7,23; 24; 17,46,175). **B$_2$.** A rês carece de razão: (**1**,7,16,53) *pecora carere ratione.* **C.** O homem é melhor do que a rês: (**1**,8,18,61; **3**,24,72,248). **D.** O homem possui atributos em comum com as reses e os vegetais: (**1**,8,18,61). **E.** Das dores dos animais: (**3**,23,69,232) *de pecorum doloribus.* Cf. *bestia, bellua.*

perniciosus (*adj.*) Pernicioso, que causa pernície, ou seja, destruição, ruína, morte [*per* + *neco*]. **A.** A vontade ímproba, a causa de todos os males, é perniciosa à natureza, causando-lhe a ruína: (**3**,17,47,167): *ergo inproba uoluntas malorum omnium causa est; quae, si secundum naturam esset, conseruaret utique naturam nec ei perniciosa esset.* **B.** Erro pernicioso, que conduz à pernície da natureza: (**3**,21,60,203; 61,210) "Erro dos mais perniciosos. Pois avançando para isto, que ou não é, ou então, se é, não nos faz felizes..." (*perniciosissimo errore... ad hoc enim pergendo, quod aut non est, aut, si est, non facit beatos...*). **C.** Costumes perniciosos: (**3**,25,74,257) *perniciosarum consuetudinum.* **D.** Pernicies (*subst.*): pernície: o movimento de aversão da vontade, seja ou não voluntário, contudo é sempre movido para a pernície das naturezas, pois volta-se contra sua integridade e perfeição, que é Deus, o Ser supremo: (**3**,1,2,7) *ad perniciem mouetur.*

perpetior (*v.*) Padecer (cf. *patior*). Obs.: o prefixo *per-* é intensificador, de onde ser possível compreender *perpetior* como: "padecer intensamente", ou "padecer até ao fim". **A.** Padecer algo de mau: (**1**,1,1,1) *mali aliquid esse perpessum.* **B.** Padecer um estupro: (**1**,5,12,34) *stuprum perpeti.* **C$_1$.** Padecer as penas de não aderir à sabedoria: (**1**,11,22,78). **C$_2$.** Padecer penas acerbas por causa da deserção da cidadela da virtude: (**1**,12,24,80). **D.** O padecer dos pequeninos inocentes: (**3**,23,68,231) *nec peccantes ista perpessi sunt.*

perpetuus (*adj.*) **1.** Perpétuo, que continua ininterruptamente, logo durando para sempre. **A.** Felicidade p. (dos anjos): (**3**,5,15,55) *perpetuam beatitudinem.* **B.** Vontade p. de manter a justiça: (**3**,5,15,55) *perpetua... uoluntate.* **C.** Vontade p. de pecar: (**3**,5,15,55) *peccandi perpetua uoluntas.* **D.** Condenação p.: (**3**,10,31,111) *in perpetua damnatione.* **2.** In perpetvvm (*loc. adv.*): perpetuamente, para sempre. **A.** Fruindo para sempre do Criador: (**3**,5,15,55) *in perpetuum fruens creatore suo.*

perseuerantia (*subst.*) PERSEVERANÇA, aqui em sentido negativo, de "teimosia", "insistência", "obstinação": **A.** A perseverança da infidelidade: (**3**,10,31,111): *perseuerantiam infidelitatis.*

perseuero (*v.*) **1.** PERSEVERAR. **A.** Em sentido negativo, como quem insiste no erro: perseverar na má vontade: (**1**,15,31,104; **3**,9,28,103) *in mala uoluntate perseuerantes.* **B.** Em sentido positivo, como quem é constante e fiel ao bom propósito de fruir da beleza da Sabedoria: (**2**,14,38,151) *perseuerans uoluntas fruendi... sapientiae pulchritudo.* **2.** PERSEVERANS (*adj. part.*): PERSEVERANTE, em relação à vontade dos anjos: (**3**,5,14,53) *creatura quae perseuerantissima uoluntate non peccat.* **3.** PERSEVERANTER (*adv.*): DE MODO PERSEVERANTE, em relação aos esforços que devem ser feitos nos oficiosos labores da alma para vencer a condição de ignorância e dificuldade: (**3**,20,57,196).

persuasio (*subst.*) **1.** PERSUASÃO [*per* + *suadeo*]. Obs.: os usos que interessam à proposta deste léxico limitam-se à segunda metade do livro terceiro, quando se especula da origem do movimento de aversão da vontade, a causa última, ou primeira, do mal. Neste sentido, duas seriam as origens do pecado: uma cogitação espontânea da alma, que pensa simplesmente porque pensa, querendo e desquerendo *ad libitum*, ou então a persuasão de algum agente exterior a ela, que a persuade a agir de tal ou qual modo. Poder-se-ia disputar, porém não pacificamente[23], que a sedução das palavras constituísse um certo tipo de violência, havendo assim uma coação "retórica", por meio da força persuasiva (πειθώ) do discurso, carregado do apelo emotivo (πάθος), ou da autoridade pessoal (ἦθος), ou de argumentos (λόγος), sejam eles válidos, ou não. Porém, fosse assim, o persuadido estaria isento de culpa, restando a causa do mal unicamente no persuasor, apenas protelando a investigação um passo além, *ad aeternum*, porque sempre restaria a questão da causa primeira que levou o persuasor a querer persuadir. Seja como for, nesses dois casos Agostinho diz, com acerto, que ou por cogitação espontânea, ou por meio da persuasão alheia, o pecado é sempre voluntário, porque ninguém é persuadido sem deixar-se persuadir, havendo sempre algum consentimento da vontade, ainda que o pecado do persuasor seja mais grave que o do persuadido (cf. **3**,10,31,112: *quia minus iste in consentiendo quam ille in male suadendo peccauerat.* **A.** Duas são as origens dos pecados: cogitação espontânea e persuasão de outro: (**3**,10,29,104) *duae sint origines peccatorum, una spontanea cogitatione, alia persuasione alterius.* **B.** O homem caiu pela persuasão de sua soberba: (**3**,10,29,107) *superbiam, cuius persuasione deiectus est.* **2.** PERSVADEO (*v.*): PERSUADIR: **A.** O diabo persuadiu o homem para a infidelidade: (**3**,10,31,111) *infidelitatis perseuerantiam persuasisset.* **B.** O homem não foi persuadido pelo diabo à força, mas com consentimento, de modo que não poderia ser salvo por Cristo à força, mas com consentimento: (**3**,10,31,112) "E deu-se assim, de modo que o homem não fosse arrebatado ao diabo através da força, o qual nem o próprio [diabo] havia capturado pela força, mas pela persuasão; [com quem o homem] havia consentido para o mal, [e] fosse libertado de modo justo por aquele, [com que] consentiu para o bem" (*ita factum est ut neque diabolo per uim eriperetur homo, quem nec ipse*

---

23 Como diz Agostinho (**3**,10,31,112), nenhuma persuasão é eficaz sem o consentimento daquele que está para ser persuadido. Logo a persuasão retórica (πείθειν) não pode de modo nenhum ser confundida com algum tipo de violência, ainda que se procure predicá-la, eufemisticamente, de "violência verbal". Poder-se-ia argumentar, é verdade, em defesa de "sedução", para cuja eficácia, contudo, assim como no caso da persuasão, faz-se sempre necessário o consentimento da outra parte.

ui sed persuasione ceperat... cui ad malum consenserat, iuste per eum cui ad bonum consensit liberaretur). Cf. **1**,3,8,21; 4,10,29; **2**,2,5,13; 18,47,178; 19,50,191; **3**,2,5,19; 20.

peruersitas (*subst.*) PERVERSÃO. Obs.: não se deve compreender esse termo do modo exclusivamente moral, muito menos sexual, como se utiliza hoje em vernáculo, significando devassidão, depravação, má índole etc., e sim em seu sentido etimológico apropriado, em que se relaciona com termos como "aversão" e "conversão", numa palavra, com o verbo *uerto*, "virar", "voltar-se". Assim como o avertido é aquele que se afastou de um determinado ponto, voltando-se na direção oposta, e o convertido, aquele que se voltou na direção de determinado ponto, o per-vertido é aquele que "se voltou completamente", uma virada de 180°, via de regra em sentido contrário ao do considerado reto, ou bom. Portanto o perverso [*per* + *uersus*] é aquele que "se voltou" ou "se virou completamente" em sentido contrário ao sentido considerado reto, tendo "virado pelo avesso", por assim dizer. É evidente que esse "virar pelo avesso" tem implicações morais, de que derivaram posteriormente suas conotações sexuais, pois ninguém se desvia completamente dos costumes aceitos, defendidos e preservados pela opinião dominante, impunemente, sem ser considerado "mau", "estragado", "corrompido". Do que o perverso ter-se tornado não apenas aquele que se voltou, que se virou, mas também que se estragou, corrompeu, numa palavra, que se tornou mau. **A.** A p. de considerar a vontade, faculdade sem a qual o ato moral não é possível, como algo que não deveria ter sido dado por Deus, e considerar os fios de cabelo, inúteis para o ato moral, como bens: (**2**,18,49,188) *tanta peruersitas...* Obs.: vê-se claramente aqui que o termo não guarda as implicações que se lhe atribuem hoje, referindo uma opinião completamente errada, devido a uma concepção "virada pelo avesso", "invertida". **B.** A p. da vontade, se uma criança negligencie os estudos, deixando de aprender a falar: (**3**,22,64,219) *uoluntatis peruersitate.* Obs.: nesse caso também o termo perversão está bem menos carregado das conotações terríveis que se lhe associaram ao longo da história, pois jamais se diria que uma criança, ou adolescente, ou mesmo adulto, fosse depravado, ou devasso, ou mesmo irremediavelmente mau, apenas porque não quis aprender a falar com eloquência. Infelizmente a interpretação da obra de Agostinho sofre demais com o peso das más, e muita vez tendenciosas, traduções, e com os juízos dos intérpretes que delas se utilizam, formulando inevitavelmente interpretações igualmente más, porque equivocadas, quando não adrede tendenciosas.

peruersus (*adj.*) PERVERSO, no sentido de ter sido "completamente revirado" [*per* + *uerto*], como explicado nos comentários ao verbete *peruersitas.* A vontade perversa é aquela que foi virada em 180°, por assim dizer, seja quando averteu-se daquilo em direção a que devia converter-se, seja quando converteu-se em direção àquilo de que devia averter-se. Vale dizer que tanto a conversão como a aversão se fazem em direção aos bens, em grau ínfimo, médio ou grande. Logo a vontade avertida do Bem supremo se converte para bens menores, o que é considerado mau, porque esses bens são transitórios, levando aquele que se converte para eles ao nada. Não se trata de minorar o caráter moral da perversão, apenas fazer justiça aos termos, em sua origem. O nada será tanto pior quanto melhor for o seu contrário, o Bem supremo. Nenhum mal haveria, se não houvesse algo que fosse bom. Neste sentido, pois, compreende-se que a maldade seja (inversamente) proporcional ao bem: tanto mais se a evita, quanto mais se deseja seu contrário. E desse modo é que se deve compreender a perversão, na razão dessa inversa proporcionalidade. **A.** A mente perversa é aquela que se volta para os bens inferiores: (**1**,16,35,116) *peruersi... animi.* Obs.: se a ordem prescrita pela Lei eterna determina que o superior deva reger o inferior (cf. *ordo, ordinatus*), a mente perversa, que se volta para amar os bens inferiores, aos quais adere com fervor, em vez de apenas usar deles, é também desordenada. Diante disso não seria incorreto compreender que a perversão não seja senão uma perversão da ordem prescrita pela Razão suprema. Logo o perverso não é outro senão o desordenado, o *stultus* de tipo estoico, cuja mente não controla os movimentos irracionais da alma, as inclinações sensuais. **B.** A vontade perversa é aquela por meio de que os bens inferiores são amados: (**2**,14,37,144) *peruersa uoluntas est, qua inferiora diliguntur.* **C.** O homem, ainda que perverso, mesmo assim é preferível à criatura corpórea: (**3**,5,15,57) *peruersi... creaturae in ordine suo laudabili... praeferuntur.* **D.** Não é perverso pensar que...: (**3**,20,56,188) *non est peruersum... ut...* Obs.: vê-se aqui a perversão atribuída a uma teoria acerca da origem e propagação das almas, deixando claro o sentido atenuado do termo, como supraexplicado. Por outro lado, vê-se aqui que o perverso, sendo contrário à ordem prescrita pela Razão suprema, faz-se igualmente contrário ao que convém, ao que está de acordo com a ordem: *non est peruersum, immo conuenientissimum et ordinatissimum.* **E.** É de modo perverso que se pretende imitar a Deus, pois o correto seria louvá-lo, não empreender superá-lo, louvando-se a si mesmo. Trata-se, pois, de uma inversão do *ordo diuinus*, pois Deus é superior a tudo o que criou, não podendo ser igualado às criaturas: (**3**,25,76,262) *ad peruerse imitandum deum.*

poena (*subst.*) PENA. Obs.: termo técnico do vocabulário jurídico, como outros tantos utilizado pelos autores romanos, cuja formação retórica, nos tempos do império, os conduzia naturalmente ao exercício do direito, a pena é uma sanção que se aplica como punição por algum delito. Nesse sentido, pois, quem é condenado contrai uma dívida, antes de mais, com a própria justiça, expressa na lei, sendo obrigado a saldá-la, ou ainda, e melhor, a "solvê-la" (λύω), depois do que está livre, tendo "solvido" seu débito. Esse raciocínio, que mescla a linguagem da economia e do comércio à do direito, aplicando termos como débito e crédito às noções de justiça, pena, reparação, equilíbrio da balança, não é criação cristã, sem dúvida, mas foi muito aplicado pelos teólogos latinos (sob a clara influência paulina)[24], cuja formação retórica era célebre, como Tertuliano, Cipriano e o próprio Agostinho. A compreensão desses termos, não apenas no âmbito da teologia, mas em seu contexto original, isto é, nos campos semânticos das relações comerciais e do direito, é fundamental para a compreensão do pensamento de Agostinho, *stricto*, e da teologia cristã, *lato sensu.* **A.** Na economia divina, porque Deus é justo Credor e Juiz, ninguém solve as p. que não contraiu, ou seja, ninguém paga o que não deve, ao ser condenado injustamente: (**1**,1,1,1) *nemo inuste poenas luit.* **B.** O soldado deve solver as p. devidas ao comandante do exército, se desertou do campo de batalha: (**1**,5,11,33) *ab imperatore poenas luit.* **C.** Toda falta tem sua p. correspondente, mesmo as que não são punidas pelas leis humanas, mas que não escapam à Lei divina: (**1**,5,13,40) *illae uero culpae alias poenas aptas habent.* **D.** É justo que a alma arque com as p. do pecado cometido, de preferir entregar-se às inclinações sensuais ao invés de dominá-las pela razão: (**1**,11,22,77) *pro peccato tanto poenas pendere.* **E.** Não são pequenas, nem nulas, as p. que decorrem da submissão voluntária às inclinações sensuais: (**1**,11,22,77-78). **F.** Ao contrário, a p. dos que desertam da Sabedoria e aderem às inclinações sensuais é grande, acerba e absolutamente justa:

---

[24] Cf. Paulo, Rm 4,4: τῷ δὲ ἐργαζομένῳ ὁ μισθὸς οὐ λογίζεται κατὰ χάριν ἀλλὰ κατὰ ὀφείλημα.

(**1**,11,23,79; 12,24,80) *magnam... poenam esse... et omnino iustam...* (§80) *acerbissimas poenas.* **G.** A criatura merece do seu Criador seja a p., se peca, seja o prêmio, se age retamente: (**2**,1,1,2; 2,3) *siue peccantes siue recte facientes ab illo poenam meremur aut praemium.* Obs.: essa afirmação suscita problema intrincadíssimo, pois, ao dizer que a criatura merece o prêmio, diz-se simultaneamente que o Criador contrai uma espécie de dívida com ela, devendo-lhe o prêmio, por mérito dela, ou seja, como salário ou preço devido por sua ação reta. Agostinho irá tratar disso com detalhes em sua obra posterior, motivada e escrita sobremodo a partir da polêmica com o monge Pelágio e seus seguidores. **H.** Tanto a p. quanto o prêmio, aos que respectivamente pecam ou agem retamente, são justos: (**2**,1,1,2). **I.** Nem a p. nem o prêmio seriam justos sem o arbítrio livre da vontade: (**2**,1,3,7) *et poena iniusta esset et praemium.* **J.** Nenhuma p. serve de impedimento ao que elege agir sabiamente: (**2**,10,29,117). **K.** A aversão da vontade, por ser voluntária, não coagida, merece uma pena justa e digna da infelicidade que se segue: (**2**,19,53,200) *digna et iusta eam miseriae poena subsequitur.* **L.** A p. do pecado emenda a indecorosidade do pecado: (**3**,9,26,95). **M.** Prova de coragem não é pena de pecado: (**3**,9,28,100) *non hoc uocamus "poenam peccati", sed "fortitudinis et patientiae documentum".* **N.** A p. congruente com o pecado: (**3**,9,28,102) *ut peccato poena congrueret.* **O.** A alma é retida na mortalidade da carne pela p. do pecado: (**3**,10,30,109). **P_1.** Se a ignorância e a dificuldade não são p., mas a natureza do homem, então não houve pecado: (**3**,18,51,173). **P_2.** Mas quem duvida que isso é uma p.? (**3**,18,51,175). **P_3.** Toda p., se é justa, é p. de pecado, e se diz "castigo": (*ibid.*). **P_4.** Se a p. é injusta, então decorre de um injusto dominador: (*ibid.*). **P_5.** Porém como Deus é justo, a p. é justa, pendendo da balança da justiça, em contrapeso a algum pecado: (*ibid.*). **P_6.** Nenhum dominador injusto pode aplicar uma p. injusta ao homem; logo a p. é justa, decorrente da condenação do homem: (**3**,18,51,176). Obs.: essa afirmação parece complicada, pois presume não apenas a onipotência de Deus, mas também sua providente Justiça, que não permitiria nenhum sofrimento injusto na vida do homem, com exceção dos que decorressem de penas justas, porque merecidas. Neste caso todo sofrimento humano ou é uma p. justa, consequência do pecado, ou alguma provação. Porém se o homem não traz consigo a dívida de nenhum pecado antes de nascer para esta vida, decorre forçosamente que a dívida não é individual, mas coletiva, de toda a humanidade, em decorrência do pecado de Adão. Essa questão, que não é nada simples, será retomada por Agostinho à exaustão, sobremodo a partir de suas polêmicas com os pelagianos. **Q.** A dificuldade da vontade para praticar o bem é uma p. justa, decorrente de sua negligência em fazer bom uso da faculdade recebida: (**3**,18,52,178) *poena iustissima, ut amittat quisque quod bene uti noluit.* **R.** A ignorância e a dificuldade são p. do homem condenado, não do homem original, em sua condição prelapsária: (**3**,18,52,179) *sed poena damnati.* **S.** A condição penal de ignorância e dificuldade, conquanto seja uma p. do pecado, se diz também natural, de modo impróprio, pois difere da condição em que o homem foi criado por Deus: (**3**,19,54,185) *"naturam"... dicimus... in qua ex illius damnati poena et mortales et ignari et carni subditi nascimur.* **T.** A condição de ignorância e dificuldade é uma p., porque antes de ser ignorante e dificultado o homem foi melhor: (**3**,20,56,189) *ideo "poena" recte dicitur, quia melior ante hanc poenam fuit.* **U.** O corpo mortal nasce da p. do pecado: (**3**,20,57,193). **V.** Quem não quiser esforçar-se para vencer a condição de ignorância e dificuldade solverá as p. devidas: (**3**,22,64,220) *iure meritoque poenas luet.* **W.** Se o primeiro homem pôde receber e cumprir o preceito, não é injusto que tenha solvido a pena devida por seu pecado de desobediência: (**3**,24,72,244). **X.** A p. justa seguiu-se ao pecado cometido pelo livre arbítrio: (**3**,24,72,249). **Y.** A p. do homem é reparadora, não exterminadora: (**3**,25,76,264) *poena... emendatoria potius quam interfectoria.*

poenalis (*adj.*) PENAL, em referência à pena devida pelo pecado. **A.** Nem o pecado nem o castigo do pecado são naturezas, mas afecções das naturezas. O pecado é uma afecção voluntária; o castigo, penal: (**3**,9,26,94) *non enim peccatum et supplicium peccati naturae sunt quaedam, sed adfectiones naturarum: illa uoluntaria, ista poenalis.* Obs.: se a semeadura é livre, a colheita, obrigatória. Ao escolher averter-se do Bem, o homem corrompe sua natureza, que em si mesma era boa; a consequência desse afastamento, a ignorância e a dificuldade, se faz sentir em sua natureza pecadora como afecções que dificultam sua reconversão. Se a primeira afecção, a corrupção original da vontade, deu-se de modo não constrangido, mas voluntário, a segunda afecção, a penal, dá-se de modo constrangido, como um castigo merecidamente imposto. O homem não precisava ter pecado, embora fosse livre para fazê-lo; porém precisa solver a pena do pecado cometido, não sendo livre para deixar de fazê-lo. No entanto sua insolvência deverá ser ajudada, como Agostinho defenderá com sua doutrina da Graça, sob pena de eterna falência. **B.** Porque a afecção voluntária foi torpe, aplica-se agora a penal: (**3**,9,26,95). **C.** Toda alma que peca possui duas deficiências de caráter penal: ignorância e dificuldade: (**3**,18,52,178) *omni peccanti animae duo ista poenalia, ignorantia et difficultas.* **D.** Na hipótese de serem naturais, a ignorância a dificuldade se agravam, tornando-se penais, se a alma não se esforçar para vencê-las: (**3**,22,64,217).

poeniteo (*v.*) PENITENCIAR-SE, no sentido de "arrepender-se, renovando as disposições do espírito", que o grego chamava de "metanoia" (μετάνοια). A alma que se arrepende humildemente, reconhecendo seus erros, situa-se numa posição intermediária, entre os anjos que não pecam e o diabo que nunca não peca, podendo então recuperar sua posição original: (**3**,5,15,55) *humilitate poenitendi.*

populus (*subst.*) POVO. Obs.: interessante notar a definição de caráter jurídico, por assim dizer, que Agostinho dá para essa noção, que não deve ser entendida no sentido moderno do termo, mas em seu contexto tipicamente romano. **A.** O p. regido por uma lei: (**1**,5,12,34) *legem... quae in eo populo quem regit.* **B.** Lei promulgada para defender o p.: (**1**,5,12,35) *tuendi populi causa lata est.* **C.** Lei escrita para reger e governar o p.: (**1**,5,13,40; 15,32,112) *legem istam, quae populo regendo scribitur....* (§112) *qua populi terreni ciuitatesque gubernantur.* Obs.: a lei também guarda para si o direito de puni-lo. **D.** Lei para coibir o p.: (**1**,6,14,42) *legem istam, quae populos in hac uita cohibet.* **E.** Os p. e as cidades se constituem de pessoas: (**1**,6,14,44) *ex his hominibus utique populi ciuitatesque consistunt.* **F.** Os homens e os p. são mutáveis e sujeitos ao tempo: (**1**,6,14,44) *mutabiles temporibusque subiecti sunt.* **G.** Um p. moderado nos costumes, que valoriza mais o bem comum do que o bem privado, recebe o direito de eleger magistrados pelos quais a coisa pública é administrada: (**1**,6,14,45) *populus... bene moderatus et grauis communisque utilitatis diligentissimus custos, in quo unusquisque minoris rem priuatam quam publicam pendat, nonne recte lex fertur, qua huic ipsi populo liceat creare sibi magistratus, per quos sua res, id est, publica, administretur.* Obs.: Agostinho condiciona os direitos democráticos, por assim dizer, às qualidades morais do povo. De fato, se acaso o povo seja: 1. moderado, 2. austero nos costumes e 3. amante do bem comum, aí então seria permitido criar leis que lhe facultassem a eleição de magistrados, pelos quais a coisa pública fosse administrada. Trata-se, obviamente, de uma noção de democracia representativa, pois a ação do povo, se se pode dizê-lo, restringe-se à criação das leis. Contudo é bem provável que a própria criação das leis se desse por meio de representantes eleitos, não diretamente por meio do voto popular, o que nem na Atenas democrática de Péricles ocorria, cabendo ao conselho dos quinhentos (βουλή), o "senado" ateniense, propor as leis para serem então votadas pelo povo no areópago. Vale notar que para um homem do final do Império, que vivia sob o guante pesado dos tetrarcas imperiais, mais ou menos tirânicos, invariavelmente corruptos e megalomaníacos, atribuir ao povo a responsabilidade moral pela supressão de seus próprios direitos políticos parece uma posição um tanto rígida por parte de Agostinho; teoria essa, contudo, que não pode ser investigada mais a fundo, especialmente por quem estuda a história das ideias políticas, sem que se leve em conta o pano de fundo ontológico e teológico em que se expressa, como ficará patente nos comentários que se seguem logo abaixo. Isso porque o povo, seja da cidade terrestre, seja da celeste, não pode ser dissociado da humanidade herdeira de Adão. Portanto, ainda que seja governado por um tirano cruento, seus atos cruéis e injustos, como todo mal padecido pelos filhos de Adão, para o povo sofrente, pertence às vicissitudes desta vida mortal, a pena justa aplicada pela Providência divina, parte daquele gênero de mal que assim se diz apenas de modo impróprio (cf. **1**,1,1,1). O mal praticado pelo tirano, por sua vez, por ser voluntário, deverá ser solvido exclusivamente por ele, enquanto agente responsável, como ficou bastante claro na exposição do *L.A.* **H.** Se o mesmo p. se depravasse, ou seja, mudasse de direção, deixando o reto pelo torto (cf. *prauus*), perderia seus direitos "democráticos", ficando sujeito ao látego dos regimes autoritários: (**1**,6,14,46). Obs.: do mesmo modo são qualidades morais do povo que lhe retiram os direitos democráticos, tais como: 1. preferir o interesse privado ao público; 2. deixar-se corromper, provavelmente recebendo favores, por aqueles que têm ambições políticas e amam os cargos públicos; 3. vender seu direito ao voto, confiando o poder a homens imorais e criminosos. Aí então restará a esse povo, se tiver muita sorte, esperar que surja algum "salvador da pátria", um "varão virtuoso, de grande capacidade", que assuma para si a atribuição dos cargos públicos, conferindo-os a uns poucos igualmente "virtuosos", de par com a própria administração da coisa pública. Essa noção política de Agostinho, como se percebe, exerce influência marcante em seu pensamento, não apenas filosófico, mas também teológico, se se queira fazer a distinção, embora desaconselhável. De fato, assim como o pecado, ou mal, considerado um defeito, não uma natureza, se define como a aversão da vontade do Bem comum e imutável aos bens próprios e mutáveis, também o "defeito" do povo, sua "perversão" do caminho reto, define-se pela degeneração de sua "vontade" coletiva, ao preferir os bens privados e individuais em detrimento do bem público e comum. Nesse caso cada um partiria para a satisfação de seus interesses pessoais em detrimento do bem coletivo, fazendo o povo, cuja noção, em prol do argumento, pode aqui ser associada à ideia moderna de "estado", degenerar-se e cair nas mãos dos regimes autoritários. Depois, se a causa do mal individual é a vontade ímproba, que se volta para a satisfação da carne e de seus insaciáveis desejos, em vez de esforçar-se na aquisição e prática das virtudes, como a temperança, a sabedoria, a coragem e a prudência, no povo não se dá diferente, quando a austeridade nos costumes, paradigmática para um nobre romano, que se devia espelhar num Cincinato, num Régulo, ou mesmo num Catão, cede espaço à lascívia e degenerescência apontadas nos costumes ditos "orientais" de um Marco Antônio, por exemplo, a não mencionar o que Suetônio diz dos sucessores de Augusto, como Tibério e Calígula. Se os primeiros viviam com pouco, na austeridade da temperança e na sobriedade da prudência, os degenerados se corrompiam escancaradamente, na venalidade de sua concupiscência. Por fim, se o homem entrega-se voluntariamente ao látego do diabo, deixando-se seduzir por ele, em vez de manter-se amante do Bem comum e imutável, seu Deus e criador, o povo degenerado não faz diferente, em vez de amar o bem comum, vende seus direitos e os entrega a homens maus, em cujas mãos irá padecer os maiores suplícios. Todavia, se há uma esperança para o povo degenerado, no surgimento milagroso de um varão nobre e respeitável, que irá tomar para si o encargo de administrar a coisa pública, com a assistência de seus magistrados e acólitos de confiança, do mesmo modo pode o pecador esperar o ilustre e nobre Varão, Cristo, que vem salvá-lo da tirania diabólica, com o auxílio dos santos. Vê-se que o paralelo não é nem ousado, muito menos surpreendente, deixando entrever o caminho que Agostinho haveria de percorrer, como fica patente nos livros segundo e terceiro do *L.A.*, de Cícero, passando por Plotino, até chegar em Cristo. **I.** Nenhuma das duas leis é injusta, seja a que dá ao p. justo a liberdade e o poder de fazer escolhas, seja a que dele retira esse poder, como pena por sua degenerescência: (**1**,6,14,47; 6,15,49; 50). Obs.: na sequência do comentário anterior, vê-se que nem a condição original do homem, livre para eleger, nem a condição penal, em que vê essa liberdade prejudicada, deixam de ser justas. No primeiro caso ele é totalmente livre, por assim dizer; porém no segundo sua liberdade é entregue ao nobre varão, a quem delega seus poderes originais perdidos. **J.** Uma definição jurídica de p.: homens associados por uma única lei, de natureza temporal, portanto mutável: (**1**,7,16,52) *ex hominibus una lege sociatis populus constat, quae lex, ut dictum est, temporalis est.*

posteritas (*subst.*) Posteridade, em referência à propagação da descendência do primeiro homem: (**3**,24,71,240) *quo modo eius posteritas propagata sit.*

potens (*adj.*) **1.** Potente, liter. "que pode" (realizar aquilo que queira) (cf. *potentia*). **A.** A mente é mais potente do que a inclinação sensual? (**1**,10,20,71) *ista mente... potentiorem esse libidinem?* Obs.: a resposta é obviamente positiva. Porém refere-se ao homem imediatamente criado por Deus, em sua condição prelapsária, não pós-lapsária, cujo conhecimento do bem resta prejudicado pela ignorância, e cuja vontade, pelas inclinações sensuais. Não que estas últimas sejam ontologicamente superiores à mente, mas não se considera mais a mente íntegra, em seu estado original, quando se fala da progênie de Adão, e sim à sua natureza deficiente. Assim sendo, se se considere apenas a natureza deficiente da criatura pós-adâmica, sem dúvida as inclinações sensuais se constituem adversário à altura da mente, se esta esteja desajudada da Graça divina. **B.** O mais ordenado é que o mais potente sobreponha-se ao menos potente: (**1**,10,20,71) *neque enim esset ordinatissimum ut impotentiora potentioribus imperarent.* **C.** A natureza espiritual é mais potente que a corpórea: (**1**,10,20,72) *iam corpore omni qualemlibet animum meliorem potentioremque esse....* (cf. **3**,14,39,137). **D.** Deus é a potência mais potente de todas: (**3**,2,5,9) *potentissimo.* **E_1.** Aquele que não estiver em poder de si mesmo será dominado por um mais potente, ou mesmo por um mais fraco: (**3**,6,19,67) *si in tua potestate non eris, aut potentior profecto aut infirmior te habebit in potestate.* **E_2.** Sem dúvida o mais potente domina o menos potente: (**3**,6,19,67) *si... potentior, te infirmiorem habebit in potestate.* **E_3.** Uma criatura superior que não queira ser corrompida por uma mais fraca, não o será: (**3**,14,39,135) *potentior enim ab infirmiore si corrumpi nolit, non corrumpitur.* **E_4.** Quando uma natureza superior corrompe uma inferior: (**3**,14,39,136) *si uero potentior* *inualidiorem corrumpit...* **E$_5$.** Corrupção sem vício de uma natureza mais fraca por uma mais potente (**3**,14,30,138) *inferiorem potentior natura corrumpat...* (cf. **3**,14,40,139). **F.** O ofício mais potente na manutenção da ordem da criação: (**3**,11,33,176) "A esta criatura inferior, seguramente à que não está pecando, foi dado o potentíssimo ofício de manter todas as coisas..." (*huic autem datum est, quidem non peccanti, potentissimum officium continendi omnia...*). Obs.: às vezes *infirmior*, "mais fraco", é contraponto de *potentior*, "mais potente"; outras vezes Agostinho prefere *inferior*, "inferior"; outras ainda, *impotentior*, liter. "mais impotente"; ou ainda, *inualidior*, liter. "mais inválido". **2.** MUITO POTENTE (PRAEPOTENS), liter. "potente acima de". O comparativo *praepotentior*, portanto, deveria ser traduzido algo como "muito mais potente": A razão é muito mais potente que os sentidos: (**2**,3,9,36) "A... razão... confirma ser muito mais potente do que eles...", ou seja, os seus "ministros", os sentidos corpóreos e o sentido interior (*ratio... praepotentiorem esse confirmat...*).

potentia (*subst.*) POTÊNCIA, a capacidade de poder realizar o que se quer (cf. *potestas*), considerada aparentemente como uma substância, não uma qualidade. Em relação a Deus, pode-se dizer, embora de modo impróprio, que a potência se refira a seus pseudoatributos, ou melhor, a seus outros nomes, como Sabedoria, por exemplo. As criaturas inteligentes, por sua vez, denominam-se "potências", em virtude da *potestas* superior de que dispõem. As faculdades humanas, como a vontade, se dizem também "potências", quando consideradas isoladamente, como naturezas distintas no próprio ser humano, dons que Deus deu a umas criaturas, porém não a todas, podendo, portanto, ser consideradas individualmente, como bens (*bona*). Por fim, se dizem também "potências" as capacidades – ou tarefas que exigem grande capacidade – conferidas por Deus às almas superiores, de poder administrar a ordenação das criaturas. Nesse último caso, a *potentia* se refere propriamente ao *ordo diuinus*, considerado em si mesmo, deixando entrever uma evidente influência platônica. **A$_1$.** Em relação à Sabedoria e ao Número, na exegese de uma passagem escriturária (Sab 8,10): (**2**,11,30,124) "Aquela potência, pela qual ela atinge com firmeza de um fim até ao outro fim, talvez se diga Número; aquela outra potência, porém, pela qual ela dispõe todas as coisas com suavidade, se chama então propriamente Sabedoria..." (*ea potentia, qua fortiter a fine usque ad finem adtingit, numerus fortasse dicitur, ea uero, qua disponit omnia suauiter, sapientia proprie iam uocatur...*) (cf. **2**,18,49,187). **A$_2$.** A p. da inteligência que há na Sabedoria: (**2**,11,32,128) *intellegentiae potentia, quae inest sapientiae.* **B.** P. do espírito, em referência à vontade livre, bem de estatuto médio, sem o qual não se pode viver a vida reta, mas que pode ser mal utilizado: (**2**,19,50,191; *Ret.* 1,9,4): "As potências do espírito, sem as quais não se pode viver de modo reto, são bens médios" (*potentiae uero animi, sine quibus recte uiui non potest, media bona sunt*). **C.** A Bondade, a Justiça e a P. de Deus: (**3**,2,5,19) *bonitatem et iustitiam et potentiam dei.* **D.** A p. da manutenção da ordem universal, conferida às almas elevadas e impecáveis: (**3**,11,33,115) "Àquela foi dada a potência de manter todas as coisas por seu ofício próprio, o qual não poderia faltar à ordem das coisas" (*illi data est potentia omnia continendi officio proprio*). **E.** O poder da inefável P. de Deus, ou o poder inefável de sua P.: (**3**,12,35,122) *dei potestas ineffabilis potentiae.*

potestas (*subst.*) **1.** PODER, no sentido de "ser capaz" de algo, de onde também: capacidade, possibilidade etc. (cf. *potentia*). A distinção entre *potestas* e *potentia*, ambos relacionados com o verbo *posse*, parece evidente, ao menos no *L.A.*. Enquanto a *potestas* se refere a capacidades ou possibilidades humanas, mais prosaicas, por assim dizer, a *potentia*, por sua vez, utiliza-se para referir a Divindade, seus atributos, os anjos e os próprios dons divinos dados ao homem, como o livre arbítrio, por exemplo, que se denomina uma *potentia animi.* **A.** No sentido de "possibilidade" ou "ocasião" de consumar o adultério: (**1**,3,8,20) "Se o poder lhe fosse dado, haveria de fazê-lo" (*si potestas detur, facturum esse*). **B₁.** O p. legítimo, ou seja, conferido pela lei temporal: (**1**,5,11,33) "A lei que dá poder ao viajante..." (*lex... quae dat potestatem uel uiatori...*); **B₂.** O p. de punir da lei temporal: (**1**,15,32,111) *legis potestatem in uindicando.* **C.** O p. tirânico: (**1**,5,12,36) *tyrannicam potestatem.* **D₁.** O p. constituído: (**1**,5,12,37) *potestatibus quibusque subiecti sunt.* **D₂.** O p. legítimo de atribuir cargos públicos: (**1**,6,14,46) *potestatem dandi honores.* **E.** No homem sábio, o p. da mente é supremo: (**1**,9,19,67) *in quo mens summam potestatem...* Obs.: nesse caso Agostinho não se refere à mente, enquanto potência da alma, mas à sua capacidade, ao seu poder, enquanto atributo, por assim dizer. Aqui talvez resida a distinção, se se pode dizê-lo, entre *potestas* e *potentia:* a primeira teria sentido moral, a segunda, ontológico. **F.** A natureza superior à mente racional, seja o que for, embora tenha o poder para isso, não constrange a mente a sujeitar-se à inclinação sensual: (**1**,11,21,75) *tametsi habeat potestatem, coget mentem seruire libidini.* Obs.: vê-se nesse caso que a substância suprarracional, enquanto *potentia,* que seria o próprio Deus, tem igualmente sua *potestas.* **G.** Somente o dinheiro parece estar em p. do homem: (**1**,15,32,110) "O dinheiro, termo único no qual se inclui tudo aquilo de que por direito somos senhores e que parecemos possuir o poder para vender ou dar" (*pecunia... omnia quorum iure domini sumus et quorum uendendorum aut donandorum habere potestatem*). **H.** A vontade peca quando quer estar em p. de si mesma: (**2**,19,53,199) A vontade "converte-se para o seu próprio bem, quando quer estar em seu próprio poder" (*ad proprium conuertitur, cum suae potestatis uult esse*). **I.** Evódio diz que a felicidade não está em p. dele: (**3**,3,7,26) "Se eu possuísse o poder para que fosse feliz, agora então sem dúvida o seria" (*mihi si esset potestas ut essem beatus, iam profecto essem*) (cf. **3**,3,8,32). **J.** O homem só possui p. de algo, se está nele aquilo que quer, do contrário, não o possui: (**3**,3,8,32) "Pois não podemos negar que nós possuímos o poder, a não ser enquanto não nos está presente aquilo que queremos" (*nisi dum nobis non adest quod uolumus*) (cf. *ibid.* §33). **K.** Deus não coage a pecar por ter dado o p. do livre querer: (**3**,5,14,51) *quibus potestatem utrum uellent dedit.* **L.** Os anjos prevaricadores amaram mais seu próprio p. que o de Deus: (**3**,9,28,103) *potestatem suam potius quam dei.* **M.** O p. do diabo: **M₁.** O diabo tem p. legítimo sobre o homem, porque a ele o homem livremente submeteu-se: (**3**,10,29,105) "O homem não fosse negado ao poder do próprio diabo, que a si o submetera, persuadindo-o a agir mal" (*nec ipsius diaboli potestati negaretur homo...*). **M₂.** O p. do diabo sobre o homem durou até que ele matasse injustamente o Justo, Cristo: (**3**,10,31,110) *tam diu potestas eius ualeret, donec interficeret iustum.* **N.** O orgulho fez com que o anjo (e depois o homem) quisesse fruir de seu próprio p., em vez de fruir de Deus: (**3**,25,76,262) "Se ele, como se na contravia, apraz a si para imitar a Deus de modo perverso, porque queira fruir de seu próprio poder, ele se faz tanto menor quanto maior deseja ser" (*si autem tanquam obuius sibi placet ad peruerse imitandum deum, ut potestate sua frui uelit, tanto fit minor quanto se cupit esse maiorem*). **2.** Poderes (potestates), provavelmente em referência às "potestades" paulinas da carta aos efésios (Ef. 6,12: πρὸς τὰς ἐξουσίας): **A.** Os poderes/potestades celestes e supracelestes: (**3**,10,30,114) *coelestium uel supercoelestium potestatum.* Obs.: nesse caso, embora fosse preferível ter utilizado do termo *potentiae,* mantendo a congruência com os usos referidos, Agostinho provavelmente preferiu manter uma proximidade maior com o vocabulário paulino, segundo a versão latina de que dispunha, que, assim como a Vulgata, traduz o grego *eksousía* por *potestas.* **B.** O poder angélico: (**3**,11,34,119) *angelica potestate* (cf. **3**,12,35,123). **C.** O p. da inefável Potência de Deus: (**3**,12,35,122) *dei potestas ineffabilis potentiae.* Obs.: a construção é ambígua, pois Agostinho pode estar referindo ao poder inefável das Potestades de Deus, como os anjos de todas as ordens, ou ao poder de sua inefável Potência, em referência a si mesmo, como quando se diz de sua Bondade inefável, ou de sua Justiça perfeita, que são ele mesmo. Pelo fato de *potestas* estar no singular, preferiu-se não interpretar o termo como sendo uma referência às criaturas supracelestes, mantendo a coerência com os usos até então empregados. Ademais, como dito acima, faz todo sentido em falar de *potentiae potestatis*, "poderes da potência", em se considerando a *potestas* como substância, como Agostinho o fez ao longo de todo o *L.A.*, enquanto o contrário seria absolutamente incoerente, se se dissesse algo como "potências do Poder". **D.** Os p. angélicos estabelecidos para reger a criação: (**3**,12,35,123) *ad hoc ipsum conditas potestates...* Obs.: parece que a distinção entre *condo* e *facio* aqui se faz presente de modo evidente (cf. "obs." no verbete *condo*), pois enquanto as *potentiae* são feitas, ou seja, criadas por Deus *ex nihilo*, os seus poderes, *potestates*, são ordenados, ou instituídos, acepção mais comum do termo *condo*, "fundar". **3.** Em poder de (in potestate): liter. "em poder de", no sentido de ser dotado de "capacidade" para fazer ou não algo. Agostinho se utiliza tanto do dativo de posse, *potestas mihi est*, "eu tenho o poder", quanto do verbo *habere* seguido de complemento direto: *habere potestatem*, "ter o poder", além da construção supradestacada *in potestate [nostra, mea...] esse*, "estar em [nosso, meu...] poder", ou ainda sua variante, *in potestate positus...*, "está posto na vontade...". **A.** O p. da liberdade de agir, conferido pela lei: (**1**,5,12,37) *relinquit in potestate.* **B.** Estar em p. de alguém, ou seja, sob seu domínio, o que implica a capacidade desse outro de fazer algo contra a vontade daquele que lhe está submetido: (**3**,6,19,67) "Porém, se outrem é mais potente, ele te possuirá em seu poder" (*si... potentior, te infirmiorem habebit in potestate*). **C_1.** Tudo o que pode ser subtraído contra a vontade não está em p. do homem, porque a qualquer momento pode perdê-lo invito: (**1**,5,12,38) *in nostra potestate non est.* **C_2.** Os bens não constituídos em nosso p.: (**1**,12,26,86) *bonis in potestate nostra non constitutis* (cf. **1**,13,27,91). **C_3.** A virtude da coragem permite desdenhar os bens que não estão em nosso p.: (**1**,13,27,89) *non in nostra potestate constitutarum contemnimus.* **D_1.** O movimento de aversão da vontade, em que se constitui o pecado, está em poder do homem: (**2**,20,54,204) "Contudo aquele defeito, visto que é voluntário, está posto em nosso poder" (*qui tamen defectus, quoniam est uoluntarius, in nostra est positus potestate*). **D_2.** O movimento voluntário está em nosso p.: (**3**,1,3,13) *nisi esset uoluntarius atque in nostra positus potestate...* (cf. **3**,3,8,35). **D_3.** Nada está mais em p. do homem do que sua própria vontade: (**3**,3,7,27; *Ret.* 1,9,3) "Tu não poderias sentir que existisse em nosso poder outra coisa, senão o que, quando queremos, fazemos. Pelo que nada está tanto em nosso poder quanto a própria vontade" (*non enim posses aliud sentire esse in potestate nostra, nisi quod, cum uolumus, facimus. quapropter nihil tam in nostra potestate quam ipsa uoluntas est*). **D_4.** A condição *sine qua non* da vontade: (**3**,3,8,33) "Portanto a nossa vontade nem seria vontade se não estivesse em nosso poder. E mais, porque está em nosso poder, ela é livre para nós. Pois não é livre para nós aquilo que não possuímos em nosso poder..." (*uoluntas igitur nostra nec uoluntas esset, nisi esset in nostra potestate. porro, quia est in potestate, libera est nobis. non enim est nobis liberum quod in potestate non habemus...*). **D_5.** Não seria vontade, se não estivesse em p. do querente: (**3**,3,8,34) *nec uoluntas esse poterit, si in potestate non erit.* Obs.: Agostinho parece não fazer distinção entre a vontade, como capacidade de querer, e o poder fazer livremente, sem impedimentos, a *potestas.* Se não se pode fazer livremente, então não se tem vontade, é o que parecem implicar as passagens supracitadas. Porém, depois da queda, quando o homem perde o poder de fazer o que quer, subentende-se que deixe de ser livre para fazer, logo igualmente deixe de ser livre sua vontade. Na verdade, segundo esse raciocínio, o homem perderia sua vontade, pois o que não é livre, não é mais vontade, como parece ter dito o filósofo, não havendo distinção entre querer e fazer. Porém isso não é o que diz Agostinho, de modo nenhum. Na verdade, muito ao contrário, diz que aquilo que se considera "em poder" do homem (*in potestate*), isso sim é o que ele poderia fazer, quando quisesse (**3**,3,7,27) "quando queremos, fazemos" (*cum uolumus, facimus*). Pois bem, a vontade está em poder do homem (*in potestate*), o que significa, não que ela possa conduzir o homem a fazer tudo o que ele queira por meio dela, mas que ela pode "fazer" livremente aquilo que é atributo dela, simplesmente "querer" (*nihil tam in nostra potestate quam ipsa uoluntas est*). A distinção é evidente: o que pertence à vontade é o querer, não o fazer. Com efeito, embora eu não seja capaz, por mim mesmo, de viver eternamente, não estou impedido de querê-lo; o mesmo se pode dizer do envelhecimento e de muitas outras coisas. Nem tudo o que se quer se pode fazer. Fazer, portanto, é uma coisa; querer, outra. Destarte, quando diz (**3**,3,8,33) que "a nossa vontade nem seria vontade, se não estivesse em nosso poder" (*nec uoluntas esset, nisi esset in nostra potestate*), não está dizendo que a capacidade de fazer está em nosso poder, apenas a capacidade de querer; este sim, o querer, é que é livre para nós (*quia est in potestate, libera est nobis*). E quando diz que o que não está em nosso poder não é livre para nós (*non enim est nobis liberum quod in potestate non habemus...*), não se refere ao fazer, apenas ao querer (*nec uoluntas esse poterit, si in potestate non erit*). Depois da queda, contudo, o homem terá não apenas o seu fazer obstado, pela *difficultas* em agir, mas também o seu querer, tanto pela *difficultas* quanto pela *ignorantia*, pois a vontade é atributo dos seres que inteligem, e se não for capaz de saber distinguir o que deve ou não querer, não quererá retamente. O homem pós-lapsário não deixa de querer, apenas não quer o que lhe seria necessário para restaurar sua vontade original, de permanecer em Deus. **D_6.** Deus é presciente de tudo o que está em p. do homem, como a vontade: (**3**,3,8,34) *et potestatis est praescius.* **D_7.** O p. da vontade não é retirado do homem pela presciência de Deus: (**3**,3,8,35) *non igitur per eius praescientiam mihi potestas adimitur.* **E.** Não está em p. da pedra coibir o seu movimento descendente: (**3**,1,2,9) *quod in potestate non habet lapis cohibere motum quo fertur inferius.* **G.** O que ocorre de modo necessário não está em p. do homem: (**3**,3,8,32). **H_1.** Quem está em p. de si mesmo não será infeliz, se agir retamente: (**3**,6,19,65) *si eris in tua potestate, aut miser non eris...* **H_2.** Quem não está em p. de si mesmo está em p. de outrem ou de ninguém: (**3**,6,19,66) *aut in nullius... aut in alterius...* **H_3.** Se está em p. de alguém, ou ele será mais forte ou mais fraco: (**3**,3,19,67) *si in tua potestate non eris, aut potentior profecto aut infirmior te habebit in potestate.* **H_4.** Quem está em p. de alguém mais fraco, assim está por própria culpa: (**3**,3,19,67). **I.** O homem não possui em seu p. a capacidade de ser bom, devido à condição penal de ignorância e dificuldade: (**3**,18,51,174) *non est bonus nec habet in potestate ut bonus sit.* **J.** O p. de tender para a felicidade, se Deus assim o tivesse desejado, teria sido posto nas mãos do homem: (**3**,22,65,224) *in eius... potestate poneret, si uellet, ad beatitudinem tendere.* **K.** O que o homem escolhe tomar para si está em seu p., mas as visões que lhe atingem o espírito, não: (**3**,25,74,255) "O que cada um tome para si ou cuspa está em seu poder, mas na visão, pela qual ele seja tocado, nenhum poder existe" (*quid autem quisque uel sumat uel respuat est in potestate, sed quo uiso tangatur nulla potestas est*). **L.** A sugestão da serpente não estava em p. do homem: (**3**,25,74,256) *neque quid a serpente suggereretur fuit in hominis potestate.*

praemium (*subst.*) Prêmio, uma recompensa, retribuição, ou preço pago por ato meritório, de caráter invariavelmente positivo, em contraste com o castigo (*supplicium*) ou a pena (*poena*). Segundo a balança da Justiça divina, se o bem é praticado, recebe-se o prêmio, como salário, ou preço pela justiça praticada; se o mal é cometido, recebe-se o castigo, ou a pena correspondente, a fim de que a balança permaneça equilibrada: num dos pratos, o ato praticado, bom ou mau; no outro prato, a retribuição correspondente, pena ou prêmio. O que não pode ocorrer, segundo a Ordem divinamente instituída, é que a balança fique em desequilíbrio, com um prato mais leve ou mais pesado que o outro. Portanto nenhuma pena pode ser aplicada sem pecado, assim como nenhum prêmio, sem ato retamente praticado. Isso explica a inocência das crianças, cuja balança ainda não foi inaugurada, por assim dizer: nem pecaram, merecendo a pena, nem praticaram o ato reto, merecendo o prêmio; nem céu, nem inferno, segundo a estrita lógica da balança da Justiça. Essa lógica ponderal, herança tanto do racionalismo clássico quanto da noção de justiça dos antigos, o que não exclui de modo nenhum a mentalidade hebraica[25], será adaptada pelos pensadores judeu-cristãos, para incluir outros valores, estranhos à mentalidade clássica, como misericórdia, graça e humidade, por exemplo. **A.** Assim como dá prêmios aos bons, Deus distribui castigos aos maus: (**1**,1,1,1) *ut bonis praemia, ita supplicia malis tribuit.* **B.** O prêmio dos bons é a felicidade, o dos maus, a infelicidade: (**1**,14,30,101) *in beatitate autem et miseria praemium atque supplicium.* **C.** O preço justo dos pecados é o castigo, o dos atos retamente praticados, o prêmio: (**2**,1,1,2; 3) *ab ipso enim sumus et siue peccantes siue recte facientes ab illo poenam meremur aut praemium.* **D.** Se o homem não tivesse a vontade livre, tanto o prêmio, como a pena, seriam injustos: (**2**,1,2,3) *ac per hoc et poena iniusta esset et praemium, si homo uoluntatem non haberet liberam.* **E.** Se a presciência de Deus é incompatível com a anulação da liberdade, não devendo, como consequência, os maus serem punidos, então os bons também não devem receber nenhum prêmio: (**3**,4,11,40) *nam si propterea non debet retribuere supplicium peccantibus quia praeuidet peccaturos, nec recte facientibus debet praemia retribuere.* **F.** É possível haver uma vida média entre o prêmio e o castigo: (**3**,23,66,226) "Pois não se deve recear que não seja possível existir uma certa vida média entre o ato retamente praticado e o pecado, e que a sentença do Juiz não possa ser uma média entre o prêmio e o castigo" (*non enim metuendum est ne uita esse potuerit media quaedam inter recte factum atque peccatum et sententia iudicis media esse non possit inter praemium atque supplicium*). Obs.: é possível que essa passagem tenha servido de algum modo para argumentar posteriormente em favor do purgatório, em que as almas não fossem merecedoras nem da felicidade dos justos nem dos suplícios irremissíveis dos danados.

praepositus (*adj.*). Preposto, aquele que foi posto à frente [*prae* + *pono*], como preferido, em referência ao diabo, "o príncipe de todos os pecadores e preposto da morte": (**3**,10,29,105) *principi omnium peccatorum et praeposito mortis.*

---

25 Cf. Paulo, Rm 2,6: ὃς ἀποδώσει ἑκάστῳ κατὰ τὰ ἔργα αὐτοῦ (*qui reddet unicuique secundum opera eius*). Ver também 1Cor 3,8: ἕκαστος δὲ τὸν ἴδιον μισθὸν λήμψεται κατὰ τὸν ἴδιον κόπον (*unusquisque autem propriam mercedem accipiet secundum suum laborem*); Mt 16,27: μέλλει γὰρ ὁ υἱὸς τοῦ ἀνθρώπου ἔρχεσθαι ἐν τῇ δόξῃ τοῦ πατρὸς αὐτοῦ μετὰ τῶν ἀγγέλων αὐτοῦ, καὶ τότε ἀποδώσει ἑκάστῳ κατὰ τὴν πρᾶξιν αὐτοῦ (*filius enim hominis uenturus est in gloria patris sui cum angelis suis et tunc reddet unicuique secundum opus eius*); Apo 2,23: καὶ δώσω ὑμῖν ἑκάστῳ κατὰ τὰ ἔργα ὑμῶν (*et dabo unicuique uestrum secundum opera uestra*) etc.

praerogo (*v.*) **1.** INTERPELAR POR ANTECIPAÇÃO (s. jurídico), no sentido de "interrogar, diante de um tribunal ou de um magistrado, na intenção de ter um pagamento remido ou resgatado de modo antecipado": (**3**,16,45,154) "Então de que o interpelas por antecipação, como se reclamasses um débito?" (*quid ergo ei praerogas ut tanquam debitum poscas?*). Obs.: Deus não deve nada a ninguém, dispensando tudo de modo absolutamente gratuito, o que desautoriza qualquer um de imaginar-se credor diante dele, como se algo lhe fosse devido pelo Criador de todas as naturezas, a conta de algum mérito. Por princípio deve restar claro à criatura que ela nem mesmo existia para que pudesse ter crédito diante de Deus, crédito a partir do qual viesse a ser criada. Depois que mérito há em converter-se para o Ser, em que se há de ser mais e feliz, de quem se recebeu o próprio ser? Logo não se converte para Deus em vista de algum mérito, como se Deus lhe devesse algo, como se a conversão fosse um prêmio merecido. Muito ao contrário, a conversão é um dever, uma dívida. De fato, o retorno para o lugar de onde nunca deveria ter saído, de onde nunca deveria se ter avertido, não é um mérito, mas uma dívida, contraída pela própria aversão, ao fazer péssimo uso do dom recebido, a vontade livre. Portanto ninguém pagou nada antecipadamente a Deus, nem o interpelou por antecipação, como se agora estivesse cobrando uma dívida. Mesmo que o verbo *praerogo* seja ambivalente, podendo significar um pagamento antecipado ou uma interpelação diante de alguém a respeito de alguma pendência, em ambos os casos o sentido é justo. No primeiro, nenhuma hipótese há de o ser humano ter pago antecipadamente algo a Deus para que o Criador lhe ficasse devendo depois, dívida essa que agora o ser humano se crê no direito de cobrar. No segundo, trata-se de uma interpelação de tipo judicial, em que o devedor é instado a restituir sua dívida, como se Deus pudesse ter alguma dívida com sua criatura, que nem mesmo existia para que pudesse ser credora de alguma coisa.[26] **2.** RESGATAR ANTECIPADAMENTE [UMA DÍVIDA]: (**3**,25,76,264) "Tendo o sangue de Cristo resgatado por nós [a dívida] antecipadamente, depois de labores e infelicidades inefáveis, com caridade tamanha..." (*praerogato nobis Christi sanguine post labores miseriasque ineffabiles tanta caritate...*).

praescientia (*subst.*) PRESCIÊNCIA, o conhecimento antecipado que Deus teria de todos os eventos futuros [*prae + scio*], em relação à humanidade e às cadeias do tempo em que se encontra presa. **A.** A p. de Deus não tira do homem a vontade de ser feliz: (**3**,3,7,29) *uoluntatem beatitudinis... non tibi aufert praescientia dei.* **B.** A p. de Deus não tira o poder da vontade: (**3**,3,8,34) *non igitur per eius praescientiam mihi potestas adimitur.* **C.** A p. de Deus não se engana: (**3**,3,8,34) *cuius praescientia non fallitur.* **D.** Opõem-se a p. de Deus e o livre arbítrio? (**3**,4,9,37) *quo modo sibi non aduersentur haec duo, praescientia dei de peccatis nostris et nostrum in peccando liberum arbitrium.* **E.** Não é porque é de Deus a p. que ela se contrapõe ao livre arbítrio, mas porque é "ciência antecipada": (**3**,4,10,38) *sed tantum modo quia praescientia est.* **F.** A p. de *x* obrigaria *y* a pecar? (**3**,4,10,39). **G.** A p. de Deus não causa os eventos futuros: (**3**,4,10,40) *deus praescientia sua non cogit facienda quae futura sunt.* **H.** A p. de Deus não interfere com sua Justiça, que pune os pecados que conhece antes, assim como premia os atos bons que conhece antes: (**3**,4,11,41). Cf. **3**,2,4,14; 3,7,28; 4,10,38; 17,47,161.

praescio (*v.*) CONHECER ANTECIPADAMENTE, em relação à ciência [*scientia*] antecipada que Deus tem dos eventos futuros. **A.** Dizer que pode acontecer algo diferente do que Deus

---

26 Cf. Agostinho, *Confessiones* (1,4,4): "Muito se te dá a fim de que fiques devendo, e quem é que possui algo que não seja teu? (*supererogatur tibi ut debeas et quis habet quicquam non tuum?*).

conheceu antecipadamente põe em risco a presciência divina? (**3**,2,4,14) *praescientiam dei destruere... molitur.* **B.** Se Deus conheceu antecipadamente que o homem haveria de pecar, como não dizer que ele peque por necessidade? (**3**,2,4,15). **C.** Se se diz que Deus conhece nossa vontade futura, não por isso se deve dizer que haveremos de querer futuramente sem nehuma vontade: (**3**,3,7,28). **D.** Não é porque Deus conheceu antecipadamente que *x* haveria de pecar, voluntariamente, que, ao pecar, *x* o faça sem nenhuma vontade, pois sua vontade foi pré-conhecida, juntamente com o seu pecado: (**3**,3,7,29) *deus eam futuram esse praesciuit.* **E.** Se Deus conheceu antecipadamente a vontade de *x*, não seria impossível para *x* querer algo diferente do que Deus conheceu? (**3**,3,8,30) *necesse est ut uelim quod ille praesciuit.* **F.** A vontade de *x* existirá, precisamente porque Deus a conheceu antecipadamente, ou seja, porque ele é presciente da vontade, do contrário Deus seria presciente de algo que não existe. Por outro lado, não poderá existir uma vontade, se não estiver em poder [de algum querente]. Logo também do poder do querente Deus é presciente: (**3**,3,8,34) *nec uoluntas esse poterit, si in potestate non erit. ergo et potestatis est praescius.* **G.** Deus conheceu antecipadamente que algumas de suas criaturas não haveriam de pecar nunca, e que outras haveriam de pecar sempre, porém de modo voluntário, não necessário: (**3**,5,14,55-56; 12,35,122; 17,47,161) *quam peccaturam non esse praesciuit.* Cf. **3**,3,8,35; 4,9,37; 10,38-39; 11,40-41; 6,18,63.

praescius (*adj.*) PRESCIENTE, em relação a Deus, que tem ciência antecipada de todos os eventos futuros. **A.** Deus é presciente de todos os eventos futuros: (**3**,2,4,14; 15) *deus praescius sit omnium futurorum.* **B.** Aquilo de que Deus é presciente acontece voluntária ou necessariamente? (**3**,3,6,22). **C.** Deus é presciente de suas próprias obras: (**3**,3,6,23). **D.** Se tudo aquilo de que Deus é presciente ocorre por necessidade, não por vontade, então se se disser que ele é presciente de suas próprias obras, será necessário dizer que suas obras se fazem necessária, não voluntariamente: (**3**,3,6,24). Cf. **3**,3,6,21; 22; 24; 25; 7,28; 8,34; 4,9,36.

praeuaricator (*subst.*) PREVARICADOR, aquele que transgride, afastando-se da linha reta, do caminho certo, como quem anda "torto", "com as pernas abertas" ou "afastadas" [*uaricor*], em relação aos anjos caídos, ditos "prevaricadores", aos quais os homens que perseveram no pecado hão de igualar-se, porque, como eles, amam mais seu próprio poder que o poder de Deus onipotente: (**3**,9,28,103) *aequabuntur supplicio praeuaricatoribus angelis.*

prauus (*adj.*) DEPRAVADO/PRAVO (sinôn. de *deprauatus*). Obs.: contrapõe-se a "reto" (cf. *rectus*), no sentido de algo que seja "disforme", "sinuoso", ou mesmo "defeituoso", exatamente por não estar "direito". **A.** Um costume d., ou seja, não reto, pode ser corrigido por uma opinião reta: (**3**,8,23,82) *solet autem et recta opinio prauam corrigere consuetudinem.* Obs.: veja-se que cabe ao reto, no caso, uma opinião, corrigir o que está pravo (torto). **B.** O desejo d. do diabo: (**3**,10,31,110) *praua... cupiditate.* Obs.: o desejo torto do diabo contrapõe-se à *recta* ou *bona uoluntas,* exercida nas virtudes. **C.** O desejo d. de uma natureza qualquer: (**3**,14,39,136) *praua cupiditate.*

priuatus (*adj.*) PRIVADO, no sentido de "particular", ou "próprio", em contraste com "comum", ou "público", em usos diversos, que não se restringem ao campo semântico da política. **A_1.** Interesse privado, em contraste com o público: (**1**,6,14,45) "Se acaso exista um povo... em que cada qual pese menos o interesse privado do que o público..." (*si populus sit... in quo unusquisque minoris rem priuatam quam publicam pendat...*) (cf. **1**,6,14,46). **B_1.** Privado, como sinônimo de próprio, em relação aos sentidos corpóreos e às percepções deles decorrentes: (**2**,7,19,77) "Os objetos que... sentimos pelos sentidos do corpo... não são... mudados em algo próprio nosso e como que privado" (*ea quae... sentimus corporis sensibus... in nostrum proprium et quasi priuatum non... mutantur*). **B_2.** (**2**,7,19,78) "Portanto próprio e como que privado deve ser inteligido como sendo aquilo que cada um de nós possui como seu e que sente por si só, em si mesmo, porque pertence propriamente à sua natureza..." (*quod unus quisque nostrum sibi est et quod in se solus sentit, quod ad suam naturam proprie pertinet...*). Obs.: Agostinho refere-se especificamente aos objetos apreendidos pelos sentidos do paladar e do olfato, como a comida e o ar que se respira, os quais, ao serem sentidos pelos sentidos corpóreos, ou seja, ao ser comido o alimento e inalado o ar, sofrem detrimento em sua natureza, transformando-se na natureza do senciente e, por isso, não podendo doravante ser sentidos por mais ninguém, ao contrário da luz do Sol, da música e dos objetos que podem ser tocados (visão, audição e tato), que, ao serem sentidos, não sofrem detrimento em sua natureza, sendo por isso denominados "públicos" ou "comuns" (cf. **2**,14,37,146). **C.** A Sabedoria averte a alma da busca dos interesses privados: (**2**,16,41,161).

probo (*v.*) **1.** Provar, no sentido de "demonstrar" a veracidade ou a falsidade de uma dada proposição: **A.** (**1**,11,22,77) "Ora desaprovando o que antes houvesse provado" (*nunc inprobantem quae antea probauisset*). **B.** (**2**,18,47,180) "Nos quais argumentos pudéssemos provar que não apenas os maiores, mas também os menores bens não podem existir senão a partir de Deus" (*quibus tibi probaremus et maiora et minora bona non esse nisi ex deo*). **2.** Aprovar, como sinôn. de *adprobo*: **A.** (**1**,5,13,39) "Louvo e aprovo essa tua distinção..." (*laudo et probo istam*). **B.** (**2**,16,41,163) "Não podes aprovar nem desaprovar" (*probare aut inprobare non posse*). Cf. **2**,5,12,50, 18,49,185; 186; 187; **3**,7,21,73; 16,46,160; 23,68,231.

profectus (*subst.*) Aperfeiçoamento [*pro* + *facio*]. Obs.: funciona como contrário de *defectus*, "defeito" ou "deficiência". Se o defeito é o movimento de aversão do Ser em direção à deficiência total de ser, numa palavra, ao nada, depreende-se que o aperfeiçoamento seja o movimento em sentido contrário, do nada à perfeição do Bem, do não ser ao Ser pleno e perfeito (cf. **3**,20,56,191). **A.** O aperfeiçoamento da alma, por meio do estudo (esforço moral e intelectual) e da piedade (religiosidade), em direção à cognição e à quietude característicos da vida feliz, como contraponto da condição defeituosa de ignorância e de dificuldade: (**3**,22,64,217). **B.** Porém se a alma recusar o aperfeiçoamento, deverá solver suas penas pelo castigo de mais ignorância e mais dificuldade: (**3**,22,64,220) *si proficere noluerit aut a profectu retrorsum relabi uoluerit.* **C.** Deus deve ser sempre louvado: **C_1.** seja quando ajuda o aperfeiçoamento da alma: (**3**,22,65,221) *eius profectum adiuuet*; **C_2.** seja quando ordena as almas que retrocedem do aperfeiçoamento realizado: (**3**,22,65,221) *iam ex profectu aliquo relabentem.*

proficio (*v.*) **1.** Ser proficiente, aperfeiçoar-se. Obs.: "ser proficiente", ou "aperfeiçoar-se" [*pro* + *facio*], contrapõe-se "ser deficiente" [*de* + *facio*], ou seja, caminhar para a imperfeição, pelo defeito, assim como os respectivos particípios: *proficiens*, "proficiente", aquele que progride em direção à perfeição; *deficiens*, "deficiente", aquele que regride à imperfeição. Se o proficiente progride ao converter-se para o Ser, o deficiente regride ao averter-se do Ser. O primeiro torna-se mais e melhor, o segundo, menos e pior. **A.** Criaturas proficientes e deficientes: (**2**,17,46,177) *deficientium uel proficientium.* **B.** Aperfeiçoar-se em direção à Sabedoria: (**3**,5,17,61) *ad sapientiam profecerunt.* **C.** Aperfeiçoar-se a partir da prudência: (**3**,15,42,147) *si* *iustum et a prudentia profectum esse arbitratur.* **D.** A ignorância e a dificuldade, para muito além do castigo do pecado, podem ser uma admoestação de proficiência e um exórdio de perfeição: (**3**,20,56,191) *sed proficiendi admonitio et perfectionis exordium.* **E.** Aperfeiçoar-se para o conhecimento e para a quietude da vida feliz: (**3**,22,64,217) *proficere et ad cognitionem et requiem, donec in ea perficiatur uita beata.* **F.** Se a alma não quiser aperfeiçoar-se, será punida: (**3**,22,64,217) *si proficere noluerit.* **G.** Deus ajuda as almas proficientes: (**3**,22,65,221). **H.** A alma não é má porque não chegou até aonde pode chegar pelo aperfeiçoamento: (**3**,22,65,222) *quia nondum tanta est quanta ut proficiendo esse posset accepit.* **I.** Aperfeiçoar-se para colher os frutos da Justiça e da Sabedoria: (**3**,22,65,224). **2.** Progredir: **A.** Progredir para o melhor: (*Ret.* Pról. §3) *non me imitentur errantem, sed in melius proficientem.* **B.** Progredir, escrevendo: (*Ret.* Pról. §3) *scribendo profecerim.*

proles (*subst.*) Prole, a descendência do primeiro casal, Adão e Eva. **A.** A prole do primeiro homem: (**3**,10,31,110) *prolem primi hominis.* Cf. **3**,20,55,186-187.

promereor (*v.*) Fazer por merecer, liter. "merecer por causa de" [*pro* + *mereor*]: (**3**,5,15,55) "Felicidade que faz por merecer por causa de sua perpétua vontade de manter a justiça" (*quam perpetua tenendae iustitiae uoluntate promeretur*).

propages (*subst.*) **1.** Propagação, o ato de propagar [*pro* + *pago*], ou seja, reproduzir, em referência aos descendentes do primeiro homem. Obs.: referia uma técnica de multiplicação, ou reprodução, vegetal, que se dava por meio de "mergulhia", o mergulho de um ramo na terra para que crie raízes e produza uma nova planta. **A.** A carne vem da propagação do pecador: (**3**,20,57,195) *caro de propagine ueniens peccatoris.* Obs.: assim se disse provavelmente porque se imaginou que tenha sido reproduzida como se por "mergulhia", a partir de que teriam sido originadas as carnes de toda a descendência de Adão. Isso hoje não se diria de todo errado, *mutatis mutandis,* em virtude da ascendência genética herdada, embora para Agostinho fosse apenas uma suposição (cf. **3**,21,59,200). **2.** Propago (*v.*): propagar. **A.** A posteridade de Adão propagou-se: (**3**,24,71,240) *eius posteritas propagata sit.* **B.** As almas propagam-se umas das outras: (**3**,21,62,214) *utrum anima de anima propagetur.*

proprietas (*subst.*) Propriedade. Obs.: o termo aparece uma única vez ao longo de toda a obra, em referência às pessoas da Trindade, no sentido de uma "qualidade" própria de cada uma delas: (**3**,21,60,206) "Trindade, acerca de cuja unidade, igualdade e uma certa propriedade de cada uma das pessoas nela aqui não é o lugar de dissertar" (*de cuius trinitatis unitate et aequalitate et singularum in ea personarum quadam proprietate non hic locus est disserendi*).

proprius 1. Próprio (*adj.*), como sinôn. de privado, antítese de comum, ou público, define-se do seguinte modo por Agostinho: (**2**,7,19,78) "Próprio e como que privado deve ser inteligido como sendo aquilo que cada um de nós possui como seu e que sente por si só, em si mesmo, porque pertence propriamente à sua natureza..." (*est quod unus quisque nostrum sibi est et quod in se solus sentit, quod ad suam naturam proprie pertinet*). Obs.: aquilo que é próprio é particular de cada um, não apenas porque não pode ser dividido, mas também, no caso da ação voluntária, porque é a fonte de que decorre toda a responsabilidade, não podendo ser transferido, ou dividido. **A.** O direito e o domínio próprio: "O espírito justo e a mente que salvaguarda o direito e o domínio que lhe é próprio" (*ius proprium imperiumque custodiens*). **B.** A própria vontade, isto é, faculdade exclusiva de cada querente: (**1**,11,21,76) *propria* *uoluntas* (cf. **1**,11,23,79; **3**,1,2,8; 4,10,39; 16,46,156; 20,58,198; 21,62,214; 22,63,216; 64,217). **C.** Sensações próprias de cada um dos sentidos, em contraste com percepções comuns: (**2**,3,8,26) "Cada um dos sentidos particulares tem certas sensações próprias, acerca das quais reportam, mas também que alguns deles têm certas sensações comuns..." (*quaedam singulos sensus habere propria, de quibus renuntient, et quaedam quosdam habere communia*...) (cf. **2**,7,16,62). **D.** Próprio, em relação aos objetos percebidos sensorialmente, porém em sentido negativo, ou seja, o que é percebido não faz parte do percebedor (cf. *priuatus*): (**2**,7,19,78): "Algo próprio nosso e como que privado" (*nostrum proprium et quasi priuatum*). **E.** Próprio, na definição clássica de justiça, como o que pertence por direito a cada um individualmente: (**2**,10,28,113) "A cada um devam ser atribuídas as coisas que lhe são próprias" (*propria suis quibusque tribuenda*). **F.** Próprio, no sentido de ser "propriedade particular", em referência à Verdade, que não é propriedade de ninguém: (**2**,10,28,114) "Logo pode alguém dizer que esta verdade seja sua própria?" (*hoc ergo uerum potest quisque suum proprium dicere?*). **G.** A própria mente de cada um: (**2**,12,33,132) *propria quisque mente.* **H_1.** O movimento próprio da vontade: (**3**,1,2,9) *proprius... motus.* **H_2.** O movimento próprio da pedra, ao cair: (**3**,1,2,9) *proprius est lapidis.* **H_3.** A pedra carece de movimento próprio, no sentido de ter sido causado por algum tipo de iniciativa sua: (**3**,5,15,56) *proprio motu et sensu caret.* **I.** Pela própria cogitação ninguém peca invito: (**3**,10,29,104) *propria cogitatione non peccat inuitus.* **J.** Ofício próprio: (**3**,11,33,115). **K.** Próprio, no sentido específico de particular: (**3**,11,33,116) "Não de modo particular, contudo, mas na companhia daquela" (*non tamen proprium sed cum illa*). **L.** Próprios pecados: (**3**,19,53,181) *propria peccata.* **M.** Fé própria: (**2**,23,67,228) *fidem... qui propriam nondum habent...* **N.** Gênero próprio: (**3**,23,70,237). **2.** COISA PRÓPRIA (PROPRIVM) (*subst.*): no sentido de "propriedade". **A.** Pode-se considerar que o adjetivo neutro na passagem acima (item F.) seja igualmente um substantivo. **B.** Na definição de justiça: (**2**,10,29,117) "Quais propriedades havia de distribuir, a cada um as suas?" (*quae propria suis quibusque distribuat?*). **C.** A verdade não é propriedade particular de ninguém: (**2**,14,37,146). **D.** O Bem imutável tampouco é próprio: (**2**,19,52,196). **E.** A felicidade é um bem próprio do homem: (**2**,19,52,196) "E essa mesma vida feliz, isto é, a disposição do espírito que adere ao Bem absolutamente imutável, é um bem próprio do homem e seu bem primeiro" (*uita beata... proprium et primum est hominis bonum*). **F.** As virtudes são bens próprios de cada homem, não comuns: (**2**,19,52,196-197). **G.** Bem próprio, em contraste com o Bem comum, do qual o movimento de aversão é o mal: (**2**,19,53,199) "Porém a vontade peca, quando avertida do Bem absolutamente imutável e comum e convertida ao próprio bem" (*uoluntas autem auersa ab incommutabili et communi bono et conuersa ad proprium bonum*...) (cf. **3**,1,1,1). **3.** PROPRIAMENTE (PROPRIE) (*adv.*). **A.** Como característica particular ou exclusiva: (**2**,3,8,25) "O que é que pertence propriamente aos olhos? Que coisa sentimos através deles?" (*quid ergo proprie ad oculos pertinet?*). **B.** De modo apropriado, específico: **B_1.** (**1**,7,17,60) "Na verdade, aquilo que de modo apropriado e genuíno denomina-se ciência..." (*quae proprie... nominatur*...). **B_2.** (**2**,11,30,124) "Se chame então *propriamente* 'sabedoria'..." (*"Sapientia"* proprie *iam uocatur*). **C.** (**3**,19,54,184) "Dizemos pecado não somente aquilo que é chamado propriamente de pecado..." (*quod proprie peccatum uocatur*). Cf. **2**,12,33,131; **3**,19,54,185; 24,71,243.

prouidentia (*subst.*) PROVIDÊNCIA, não apenas a visão antecipada [*pro* + *uideo*] dos eventos futuros que Deus possui, por ser presciente [*prae* + *scire*], mas também sua disposição para cuidar de tudo, providenciando, dispondo, socorrendo etc., a fim de preservar a ordem das criaturas e dos eventos no conjunto universal da criação. **A.** A divina Providência (dP) rege o universo: (**1**,1,1,1) *diuina prouidentia hoc uniuersum regi.* **B.** Nada há que a dP não administre: (**1**,5,13,39) *si nihil rerum est, quod non administret diuina prouidentia.* **C.** A dP corrige faltas que passam impunes pela lei dos homens: (**1**,4,13,40; 41) *diuinam prouidentiam uindicare.* **D.** O que pune a lei humana e o que deve punir a dP: (**1**,6,14,42). **E.** Que a dP nos ajude! (**1**,16,35,118). **F.** A dP numa passagem do Livro da Sabedoria (6,17): (**2**,16,41,162; 17,45,174) "E em toda providência correrá ao encontro deles" (*et omni prouidentia occurret illis*). Obs.: na Septuaginta a preferência é por ἐπίνοια, que se traduz por algo como "pensamento", "noção": "e correrá ao encontro deles em todo pensamento". Seja como for, essa passagem, em grego ou latim, não parece ter relação com a dP, ao contrário do que imaginou Agostinho em seu esforço de exegese. **G.** A dP governa todas as coisas: (**2**,17,45,174) *omnia prouidentia gubernari.* **H.** A Forma imutável é a dP de todas as formas mutáveis: (**2**,17,45,174) *forma ipsa incommutabilis... ipsa est eorum prouidentia.* **I.** A vida do pecador, que é como uma morte, também ela é regida pela dP: (**2**,19,53,200) *quae tamen regitur administratione diuinae prouidentiae.* **J.** Nem todos creem que a dP presida aos assuntos humanos: (**3**,2,5,17) *enim nullam diuinam prouidentiam praeesse rebus humanis libenter opinantur.* **K.** Alguns, nada obstante crerem na dP, reputam-na débil, injusta ou má: (**3**,2,5,18) *alii uero quamquam negare non audeant... malunt tamen eam uel infirmam uel iniustam uel malam... credere.* Obs.: muito provavelmente refere-se Agostinho aqui aos maniqueus, cujo universo era dividido entre duas potências independentes e antagônicas.

prudens (*adj.*) PRUDENTE, em referência àquele que seja dotado da prudência, uma das quatro virtudes cardeais. **A.** O contrário do prudente é o imprudente: (**2**,15,40,158) *qui... non est prudens imprudentem esse.* **B.** A prudência, como todas as virtudes, é um bem próprio, não comum, visto que ninguém se torne prudente pela prudência alheia: (**2**,19,52,198).

prudentia (*subst.*) PRUDÊNCIA (φρόνησις), uma das quatro virtudes cardeais clássicas, juntamente com a coragem (ἀνδρεία), temperança (σωφροσύνη) e justiça (δικαιοσύνη), cujos nomes podem variar um pouco entre autores. **A.** Definição de p.: (**1**,13,27,89) "A ciência do que se deve procurar e evitar" (*esse prudentia adpetendarum et uitandarum rerum scientia*). **B.** Aquele que tem a vontade boa possui a p.: (**1**,13,28,91). **C.** A p. é um grande bem, de que ninguém pode usar mal: (**2**,18,50,190) *neque prudentia... male quis utitur.* **D.** A p. é um bem individual, pois ninguém se faz prudente pela prudência alheia: (**2**,19,52,198) *neque prudentia cuiusquam fit prudens alius.* **E.** Discurso originado na p.: (**3**,15,43,147) *a prudentia profectum...* Obs.: das quatro virtudes cardeais, duas são consideradas disposições da alma (*adfectiones animae*): coragem e temperança; ao passo que a justiça se denomina uma virtude (*uirtus*), e a prudência, uma ciência, ou seja, um conhecimento (*scientia*).

publicus (*adj.*) PÚBLICO, significando aquilo que pertence a todos, ou que pode ser por todos fruído em comum, em contraste com o que é privado, que só pode ser fruído de modo particular, uma parte por vez, sempre em detrimento do outro. Obs.: noção capital, derivada indubitavelmente do pensamento de Cícero, que Agostinho retoma com sentido claramente político e moral no livro primeiro, bastante próximo da mentalidade clássica (estoica e platônica, sobremodo), mas que servirá de base para os desdobramentos ontológico e teológico dos livros subsequentes. Com efeito, assim como o povo mau e degenerado é aquele que se volta para os interesses privados, e o povo bom e austero é aquele que se volta para o interesse comum, assim também o pecador será aquele que preferir os bens privados e mutáveis, voltando as costas para o Bem comum. Porém o bem comum dos povos é mutável, ao contrário do Bem comum dos livros segundo e terceiro, que é a própria Verdade, Deus. Portanto o que era público, em relação ao povo (*res publica*), torna-se preferencialmente comum, em relação ao Bem imutável e eterno, porque, assim como o bem comum do povo é para todos, o Bem comum e eterno também o é, podendo ser fruído por todos, sem detrimento algum em sua natureza. **A.** O interesse privado (ou a coisa privada), em contraste com o interesse público (ou a coisa pública): (**1**,6,14,45; 46) *rem priuatam... publicam.* **B.** A coisa pública: (**1**,6,14,45) *res... publica.* **C.** Ao contrário de próprio ou privado, os objetos de percepção sensorial públicos ou comuns podem ser por todos sentidos, sem sofrer nenhum detrimento em sua natureza: (**2**,7,19,78) "Comum e como que público... aquilo que é sentido por todos os sencientes, [embora] sem nenhuma corrupção e mutação completa de sua [natureza]" (*commune autem et quasi publicum, quod ab omnibus sentientibus nulla sui corruptione atque commutatione sentitur*). Obs.: os objetos de percepção sensorial ditos "públicos", ou "comuns", se distinguem dos objetos que se dizem "privados", ou "próprios", porque estes, ao serem sentidos, como a comida e o ar que se respira, têm sua natureza corrompida. **D.** Público, como manifesto ou aberto, em oposição a oculto ou secreto, referindo-se à Verdade imutável, no oximoro "luz secreta e pública": (**2**,12,33,130) "A verdade absolutamente imutável... que não possas dizê-la tua, minha... e sim que esteja ao alcance e se ofereça em comum a todos os que discernem as verdades absolutamente imutáveis, assim como uma luz maravilhosamente secreta e pública" (*ueritatem... tanquam miris modis secretum et publicum lumen...*).

pulchritudo (*subst.*) Beleza. **A.** A beleza do corpo: (**1**,15,31,105; 32,108) *pulchritudinem corporis.* **B.** A beleza das criaturas inferiores: (**1**,16,35,116) *quadam pulchritudinem.* **C.** A beleza da Verdade e da Sabedoria: (**2**,14,38,151) *ueritatis et sapientiae pulchritudo.* **D.** As leis da beleza: (**2**,16,41,161) *pulchritudinis leges.* **E.** A beleza do corpo formado: (**2**,16,42,166) *pulchritudinem formati corporis.* **F.** A beleza da mobilidade em um corpo: (**2**,16,42,166) *pulchritudinem mobilitatis in corpore.* **G.** A beleza da obra de um artífice: (**2**,16,43,168) *operis pulchritudine.* **H.** A beleza das coisas boas que se entrelaça: (**3**,5,16,60) *bonarum rerum pulchritudo contexitur.* **I.** A contemplação da beleza das coisas: (**3**,12,35,125) *contemplationem pulchritudinis rerum.* **J.** A beleza dos tempos: (**3**,15,42,146) *temporum in suo genere pulchritudo.* **K.** A beleza universal: (**3**,15,43,149; 152) *uniuersalis pulchritudo.* **L.** A beleza da Justiça: (**3**,25,77,265) *pulchritudo iustitiae.*

quaternarius (*adj.*) Quaternário, que se constitui de quatro unidades, ou melhor, que contém em si quatro vezes o *um*: (**2**,8,23,89).

querela (*subst.*) Querela, no sentido de "queixa" [*queror*], "lamentação". **A.** Q. acerca da morte prematura e do sofrimento dos inocentes: (**3**,23,68,229) "Porém acerca dos tormentos do corpo pelos quais são afligidos os pequeninos... costuma apresentar-se querela maior..." (*de cruciatibus autem corporis, quibus adfliguntur paruuli... maior querela... deponi solet...*). Obs.: não confundir com um dos sentidos que o termo adquiriu em vernáculo, de contenda, polêmica etc. Embora esta acepção tenha sido preterida em favor de uma versão mais arcaica, preservando o étimo, vale dizer que essa opção não se sustentaria, não fosse pelo auxílio de um léxico, como este, ou de notas explicativas.

queror (*v.*) QUEIXAR-SE, lamentar (-se) etc. (**3**,19,53,181) "Talvez se queixassem retamente..." (*recte enim fortasse quererentur...*).

quies (*subst.*) **1.** QUIETUDE. **A.** No sentido de "cessação e repouso das fadigas da existência", por que o ser humano tem um anseio natural: **A$_1$.** Desejo natural de quietude: (**3**,8,23,82) *naturale desiderium quietis.* **A$_2$.** Em referência à paz da condição pós-morte, quando cessarem as vicissitudes da vida e a alma estiver feliz, na eternidade, diante da face de Deus: (**3**,8,23,82) "A quietude possui a constância, na qual se intelige no mais alto grau aquilo que se diz 'é'..." (*quies autem habet constantiam in qua maxime intellegitur quod dicitur "est"*). **B.** Em contraste com a perturbação decorrente da condição penal da *difficultas*: (**3**,20,56,191) "Pois não é pouco ter recebido antes de todo mérito da boa obra um juízo natural, pelo qual preponha a sabedoria ao erro, a quietude à dificuldade" (*quo sapientiam praeponat errori et quietem difficultati*). **2.** DE MODO QUIETO, SERENO (QVIETE) (*adv.*): (**1**,13,29,98) "Quando eleva o espírito de modo tranquilo, quieto..." (*cum tranquille et quiete... erigit animum*). Cf. *adquiesco, quietus, inquietus, inquietudo, quiesco, requies.*

quiesco (*v.*) FICAR QUIETO, no sentido de "calar-se" ou de "calar a murmuração contra Deus": (**3**,19,53,181) "Que fiquem quietos e desistam de murmurar contra Deus!" (*quiescant et aduersus deum murmurae desistant*).

quietus (*adj.*) QUIETO, em estado de quietude (*quies*), ou seja, paz e repouso do espírito, condição das criaturas que não estão submetidas à tirania das inclinações sensuais: **A.** (**3**,8,23,83) "Aquilo que está quieto é mais do que aquilo que está inquieto" (*magis est quam id quod inquietum est*). **B.** (**3**,8,23,84) "Assim, conquanto creia, segundo seu erro, que não será, contudo, segundo a natureza, deseja estar quieto [= em estado de quietude], isto é, deseja ser mais" (*ita, cum errore credat non se futurum, natura tamen quietus esse, hoc est, magis esse desiderat*). Obs.: Agostinho estabelece uma relação entre ser e quietude e não ser e inquietude ou perturbação. No Ser supremo só há paz e tranquilidade, pois ele é a Plenitude que satisfaz todos os anseios da alma; porém quanto mais afastado dele a alma se encontre, mais agitada e dissipada estará, em várias direções, arrastada pelos desejos inúmeros que nunca encontram satisfação, mantendo-a em estado constante de inquietude. Contudo o mal não está no desejar em si, mas no desejar aquilo que é contrário à Unidade do Ser, que é o Bem supremo, Deus. Esse contrário se confunde com a multiplicidade da matéria, que promove movimentos em direções as mais variadas, afastando a alma da Unidade divina, a força centrípeta que lhe poderia conferir a paz do *quies*, o repouso sabático. Porém há ainda um sentido ulterior, mais importante, em que se pode compreender essa relação entre ser e quietude. O que é verdadeiramente não sofre nenhuma mutação em sua natureza, sendo eternamente do mesmo modo. Porém o que não é plenamente está em movimento constante, do ser ao nada, processo inevitável de todo corpo corruptível, através de um trânsito que pode ser compreendido como as instâncias do deixar de ser, um ser não ser (*est non est*), como Agostinho define o trânsito no décimo segundo livro de *Confissões* (12,6,6).

quinarius (*adj.*) QUINÁRIO, que se constitui de cinco unidades, ou que contém cinco vezes o *um*: (**2**,8,23,90).

ratio (*subst.*) **1.** RAZÃO, em múltiplas acepções, porém mais ou menos relacionadas quase todas ao princípio pensante que distingue o homem dos animais: (**1**,7,16,55). **A.** No sentido de "raciocínio" ou "argumento": **A$_1$.** (**1**,7,16,57) *ut deinde ratio connectatur.* **A$_2$.** (**1**,9,19,68) *ut demonstrauit ratio.* **A$_3$.** (**1**,13,29,97) *ut ratio docuit.* **A$_4$.** (**1**,14,30,99) "O raciocínio anterior, tão elaborado e consistente" (*superiorem tam euigilatam firmamque rationem*). **A$_5$.** (**1**,16,35,117) *ut ratio tractata monstrauit.* **A$_6$.** (**3**,6,19,66) "O raciocínio retorna de imediato para isto..." (*ad hoc ratio recurrit...*) (cf. **1**,6,14,55; 7,16,53; 14,30,102; 15,31,107; **3**,8,22,78; 12,35,121; 21,60,205; 207; 209; 62,214; *Ret.* 1,9,1). **B$_1$.** Como sinôn. de *mens* e *spiritus:* (**1**,8,18,65) *ratio... uel mens uel spiritus....* **B$_2$.** Se r. não é sinôn. de mente, é um seu instrumento, por assim dizer: (**1**,9,19,66) "Porém se uma coisa é a razão, outra a mente... nada, exceto a mente, pode usar da razão. Disso resulta que aquele que possui uma razão não pode carecer de uma mente" (*sed si aliud ratio, aliud mens... nonnisi mentem uti posse ratione*) (cf. **1**,9,19,68; **2**,8,20,79; 10,29,116; 13,35,137). **C$_1$.** Como sinôn. de inteligência, aquela potência pela qual os homens superam os animais irracionais: (**1**,7,16,55) "Aquilo que se costuma chamar de razão ou de inteligência" (*quae ratio uel intellegentia dici solet*) **C$_2$.** (**2**,3,8,27) "Razão, de que os animais carecem" (*ratio, qua bestiae carent*). **C$_3$.** (**1**,7,16,58) "Os animais... são desprovidos de razão" (*bestiae... rationis expertes sunt*) (cf. **1**,7,16,56; 9,19,68; **2**,4,10,38; 7,16,53). **D.** Como a potência no homem que deve exercer o domínio sobre os movimentos irracionais da alma, a fim de que ele se harmonize com Lei eterna, fazendo-se perfeitamente ordenado: (**1**,8,18,64) "Portanto, quando a razão exerce o domínio sobre estes movimentos da alma, deve-se dizer que o homem está ordenado" (*hisce igitur motibus animae cum ratio dominatur, ordinatus homo dicendus est*) (cf. **1**,8,18,64-65). **E.** A RAZÃO E VERDADE DO NÚMERO (RATIO ET VERITAS NVMERI): no sentido de "perfeição" ou "exatidão racional" relativa ao cálculo matemático, mas também em relação à própria Verdade, que é Deus. **E$_1$.** A razão e verdade dos números é um comum a todos: (**2**,8,20,79-80; 24,94). **E$_2$.** No sentido de "exatidão dos cálculos matemáticos": (**2**,8,23,90) "E este raciocínio se estende através de todos os demais números por uma lei absolutamente certa e imutável" (*et haec ratio per omnes caeteros numeros certissima et incommutabili lege*) (cf. **2**,8,21,82; 24,93; 9,27,104; 10,29,119). **F.** No sentido de "reflexão racional": (**2**,12,34,134) "Em conformidade com o que a reflexão racional acerca dos nossos costumes tem revelado" (*sicut nostrorum morum se ratio tulerit*) (cf. **1**,6,14,43; **2**,18,47,180; **3**,5,13,45). **G$_1$.** A razão e a Verdade: (**3**,5,17,61) "A razão estima pela luz da verdade" (*ratio aestimat luce ueritatis*). **G$_2$.** (**3**,15,43,148) "Se a razão mais verdadeira coage" (*si cogit uerissima ratio*). **H.** A reta, r., que vigora nas virtudes e de que ninguém pode usar mal, a qual é um grande bem do espírito: (**2**,18,59,190) "Pois também nestas virtudes todas, assim como na própria justiça, que tu mencionaste, vige a reta razão, sem a qual as virtudes não podem existir" (*recta ratio uiget, sine qua uirtutes esse non possunt*). **I.** Como a potência cognitiva da alma. **I$_1$.** A r. recebe as impressões captadas pelos sentidos corpóreos: (**2**,3,9,32; 34-36). **I$_2$.** A r. julga do sentido interior, de que está acima: (**2**,3,8,27; 5,12,44; 6,13,51). **I$_3$.** A r. é o instrumento por meio de que se atinge o conhecimento e a sabedoria: (**2**,3,9,28-29; 35-36; 4,10,41; 9,25,99; 19,51,194). **I$_4$.** A r. é o objeto cognitivo da própria r.: (**2**,19,51,194) "Do mesmo modo como conhecemos pela razão todas as coisas que conhecemos em vista da ciência, e contudo também a própria razão se enumera entre as coisas que conhecemos pela razão. Ou estás esquecido de que, como buscássemos as coisas que se conheciam pela razão, havias tu confessado que até mesmo a razão pela razão se conhece?" (*et tamen etiam ipsa ratio inter illa numeratur quae ratione cognoscimus*). **I$_5$.** (*ibid.* §194) "A razão conhece a si mesma" (*se ipsam cognoscit ratio*) (cf. **2**,19,51,194). **I$_6$.** O domínio e o principado da r., o que de mais elevado possui o homem:

(**3**,8,23,79) "Tamanha força existe no domínio e principado da razão" (*tanta uis est in dominatu et principatu rationis*). **I$_7$.** A r. é o que de mais sublime há no homem: (**2**,6,13,53) "Por isso, eu insisto, vê se acaso possas descobrir algo na natureza do homem que seja mais sublime do que a razão" (*quod sit in natura hominis ratione sublimius*) (cf. **2**,6,14,54-55). **I$_8$.** A r. é capaz do preceito: (**3**,24,72,244-245) "A natureza da razão capta o preceito" (*natura rationis praeceptum capit*). **I$_9$.** O conhecimento se define como aquilo que foi percebido pela r.: (**1**,7,16,57) "O que dizemos ter ciência nada mais é do que possuir o que é percebido pela razão" (*scire... nihil esse aliud quam ratione habere perceptum*) (cf. **1**,7,17,60). **I$_{10}$.** Quem tem ciência de estar vivo só o faz porque possui uma r.: (**1**,7,16,58) "Logo quem tem ciência de estar vivo não está privado da razão" (*qui ergo scit se uiuere, ratione non caret*) (cf. **2**,3,8,26). **J.** Nos seguintes sentidos: **J$_1$.** Como causa, ou o motivo por que de algo: (**1**,3,6,15) "Dá-me a conhecer por que razão..." (*quanam ratione...*). **J$_2$.** Como justificativa daquele que deve prestar contas por seus atos, devendo responder por eles: (*Ret. Prol.* §2) "Toda e qualquer palavra ociosa que o homem houver dito, ele responderá por ela no dia do Juízo" (*reddet pro eo rationem in die iudicii*). **K.** A r. é mutável: (**2**,6,14,55) "Não está evidentemente desprovida de mutabilidade, assim como própria razão, que está sem dúvida provado ser mutável, quando num momento esforça-se por chegar à verdade, noutro não se esforça; por vezes chegando, por vezes não chegando" (*mutabilitate non carere manifestum est et ipsa ratio...*). **L$_1$.** Deus está acima da r. humana: (**2**,6,14,54) "E se pudermos descobrir algo, que não só não duvides existir, mas que igualmente seja mais excelente do que nossa própria razão, sendo o que for, hesitarás acaso dizer que isso seja Deus?" (*sed etiam ipsa nostra ratione praestantius*).**L$_2$.** O que é mais sublime que a mente e r.: (**2**,13,35,137) "Eis que aqui tens a própria Verdade!" (*ecce tibi est ipsa ueritas*). **M.** Da reta r. ninguém pode fazer mal uso: (**2**,18,50,190) "Porém da reta razão ninguém pode usar mal" (*recta autem ratione male uti nemo potest*). **N.** Não pode não existir aquilo que se conhece pela razão verdadeira: (**3**,5,13,49) "Logo pode existir algo na natureza das coisas que tu não cogitas com a tua razão. Porém não existir aquilo que tu cogitas com a razão verdadeira, isso não pode" (*non esse autem quod uera ratione cogitas non potest*). **O$_1$.** As divinas r.: (**3**,5,13,49) "Sem dúvida a alma humana se encontra conectada naturalmente às divinas razões, das quais pende..." (*diuinis ex quibus pendet connexa rationibus...*). **O$_2$.** (**3**,5,13,50) "Pois não é por meio de cogitação que ela veria que isso deveria ter sido feito, senão nestas divinas razões, pelas quais todas as coisas foram feitas" (*non enim cogitatione uideret fuisse faciendum, nisi in his rationibus quibus facta sunt omnia*). **2.** A Razão suprema (svmma ratio), definida por Agostinho como sendo a própria Lei eterna: (**1**,6,15,48): "Aquela Lei, que é denominada Razão suprema..." (*illa lex, quae summa ratio nominatur*). A suprema Razão ou eterna Lei confunde-se com a ideia da Providência divina, regente do Universo, por meio da aplicação de sua Justiça inexorável, que atribui a cada um o que lhe cabe, de modo compulsório: (*ibid.* §48.) "A que se deve invariavelmente obedecer, e por meio da qual os maus merecem uma vida infeliz e os bons, a vida feliz" (*cui semper optemperandum est et per quam mali miseram, boni beatam uitam merentur*). A Razão suprema é uma Lei imutável e eterna: (*ibid.* §48) "Pode a alguém, que seja dotado de inteligência, essa Lei não ser considerada absolutamente imutável e eterna?" (*incommutabilis aeternaque*).

ratiocinatio (*subst.*) Raciocínio: (**1**,11,22,77) "Raciocínios evidentes" (*perspicuas ratiocinationes*) (cf. **3**,3,6,22; 13,37,129; *Ret.* 1,9,2).

rationalis (*adj.*) Racional, dotado de razão [*ratio*]. **A$_1$.** Em referência à mente (*mens*): (**1**,10,21,74) "A mente racional e sábia" (*rationali et sapienti mente*). **A$_2$.** (**2**,6,13,52) *mens rationalis* (cf. **2**,7,15,61). **B.** Em referência às atividades da inteligência: (**2**,3,9,30) "Observação racional" (*rationali animaduersione*). **C.** Em referência às almas dos homens, em contraste com as almas dos animais, ditos irracionais: (**2**,11,31,125) "Nem a todas as almas, mas apenas às racionais" (*neque animis omnibus, sed tantum rationalibus*) (cf. **2**,11,32,128; 3,10,30,109; 11,32,114; 23,70,238). **D.** Em referência ao livre arbítrio da vontade: (**3**,5,16,58) "Arbítrio racional e livre da vontade" (*rationale ac liberum uoluntatis arbitrium*). **E.** R. em contraposição às criaturas irracionais: (**3**,10,30,109) "Pois, porque a criatura racional é apascentada por aquele Verbo" (*quia enim rationalis creatura uerbo illo... pascitur*) (cf. **3**,15,43,149; 17,47,162; 163). **F.** Em referência às naturezas: (**3**,13,37,129) *omnis natura rationalis* (cf. **3**,13,37,130; 24,72,246). **G.** Em referência à substância: (**3**,25,74,255) *rationalis substantia.* **H.** Como distinto de sábio: (**3**,24,72,245) "Pois uma coisa é ser racional, outra, ser sábio" (*aliud est enim esse rationalem aliud esse sapientem*).

reatus (*subst.*) Reato. Obs.: termo do campo jurídico utilizado apenas duas vezes na obra, expressa a condição ou o estado de "réu", daí também os sentidos derivados de: crime, violação, culpa etc., pelo qual o acusado (na condição de réu) deve responder. **A.** Há reato se a criatura recebeu a possibilidade de ser mais e melhor e não esforçou-se para tanto: (**3**,15,45,153) *reatus est.* **B.** No mesmo sentido do anterior, não se imputa à alma, à conta de reato (o que a situa forçosamente na condição de ré), o fato de ignorar algo naturalmente, e sim o fato de não esforçar-se por deixar a condição de ignorância: (**3**,22,64,218): *non deputatur animae in reatum.*

recte facio (*loc. v.*) Fazer/agir retamente. O fazer retamente, que é sinôn. de "fazer bem", ou "benfazer" (*bene facere*), opõe-se ao "fazer mal" (*male facere*), expresso também pelo termo de cunho mais teológico "pecado" (*peccatum*). Agostinho não se utiliza da expressão "fazer o mal" (*malum facere*) no *L.A.*, embora na parte final do último livro (**3**,18,51,173), que é reproduzida nas *Retratações* (1,9,5), ao citar Paulo (Rm 7,19), se utilize da expressão *malum agere,* que se traduziu por "realizar o mal". Do mesmo modo evita dizer que ao homem é dado "fazer o bem", salvo na mesma passagem paulina, porém em sentido negativo: "Não... faço o bem que quero..." (*non... quod uolo facio bonum*) e "porém perfazer o bem, não..." (*perficere autem bonum, non...*), como se pretendesse estabelecer uma distinção entre o fazer/criar *ex nihilo,* de Deus, fonte única de todas as naturezas, e o fazer/praticar que cabe ao homem realizar, qualificado no livro primeiro, quando bom, pelo advérbio *bene,* "bem", mas do livro segundo em diante pelo advérbio *recte,* como se Agostinho quisesse restringir todo o bem exclusivamente ao Criador, restando ao homem apenas conformar-se com ele, de modo reto (*rectus*), ou torto (*prauus*), quando muito (cf. *rectus, prauus*). Ademais, se o mal é afastar-se do bem, um movimento sem estatuto ontológico, fazer o mal não poderia jamais significar fazer algo que fosse mau em si mesmo, como quem criasse uma natureza, e sim praticar uma má ação. Logo fazer o mal, no caso do homem, não pode ser senão fazer mal, ou seja, agir de modo mau, numa palavra, malfazer. Porém essa força de expressão não confere estatuto ontológico a esse mal que se pratica, ou comete, ou perpetra, sendo o vocábulo "mal" apenas um modificador do fazer, expressando um modo de fazer, não o produto do fazer. Ademais, dizer, como se costuma fazer em vernáculo, que alguém "comete o mal", ou seja, que pratica uma ação considerada má, não implica dizer que dê vida ao que não pode ter substância, por ser um simples movimento da vontade. Em sentido contrário, mas de modo análogo, dizer que alguém "faz o bem", que pratica um ato considerado "bom", não significa dizer que crie uma natureza boa, apenas que leve a efeito uma determinada ação qualificada de "boa", segundo um movimento contrário de sua vontade. Contudo, se o mal em si não existe, o bem, por sua vez, é a única coisa que possui existência no universo criado, conforme o concebe o pensamento agostiniano. Nesse sentido, pois, o movimento de conversão para Deus existe, quer porque participe de algum modo do Bem supremo que é Deus, quer porque se realize a partir dele, como sua fonte. Seja como for, no pensamento do autor esse benfazer possui existência em si mesmo, visto que apenas o que é bom possa existir. Tem-se, por consequência, que o movimento de conversão para Deus existe, mas seu contrário, não. Isso se dá principalmente porque o movimento de conversão da vontade para Deus, ao promover a aproximação do Ser supremo, incrementa o ser do seu agente, fazendo com que o bom agente seja mais, numa palavra, possua mais "ser". Porém, se decide praticar o ato mau, esse agora "mau" agente não cria algo em si, nem incrementa sua substância, que originalmente é boa, pois dada por Deus, mas a corrompe, a desfaz (*de-facere*), diminuindo-a, numa palavra, fazendo com que deixe de ser o que era. Logo, tecnicamente, tanto faz dizer "agir bem" ou "fazer o bem", pois ambos redundam na mesma coisa. Porém, como os maniqueus, e com eles Evódio, não se davam conta disso, talvez fosse melhor manter a distinção entre "fazer bem" e "fazer o bem". Porque, no fim, apenas Deus pode "fazer o bem", cabendo à criatura apenas "fazer bem", isto é, querer o Bem de Deus. Portanto, se "fazer bem" é converter-se para Deus, e "fazer mal", averter-se dele, aquele que "faz bem" faz o que faz de modo tal que se aproxime do Ser supremo, tornando-se mais; porém quem "faz mal" o faz de tal modo que se afaste do dele, perdendo do ser que possuía, embora não seja capaz, em nenhum dos dois casos, seja agindo bem, seja agindo mal, mesmo que se diga "fazer o mal" ou "fazer o bem", enfim, não seja capaz de "criar" uma substância, o que só Deus pode realizar. O homem não pode criar, apenas mover-se, ou seja, viver, sentido *lato* que se deve atribuir ao seu fazer, pois, ainda que julgue fazer algo, edificar aquedutos, pontes, obeliscos, estradas, templos etc., está apenas moldando, modificando a forma externa da matéria criada por Deus, que em si mesma é boa. De fato, o homem não cria a ponte, apenas põe pedra sobre pedra, posto que talhada numa determinada forma geométrica, segundo seus cálculos, contudo a partir do Número e da Sabedoria divinos. Daí, talvez, o motivo por que Agostinho tenha substituído o advérbio *bene* por *recte*, visto as discussões do livro primeiro terem concluído que a felicidade do homem (*beata uita*) decorre da posse da "boa vontade" (*bona uoluntas*) (cf. **1**,13,29,98), aquela por meio de que se procura viver "retamente" (*recte uiuere*), ou seja, viver segundo as virtudes cardeais (cf. **1**,13,29,97-15,31,107). Nesse sentido, portanto, esse "retamente", que qualifica o viver virtuoso, que poucos querem empreender, nada obstante todos desejarem a felicidade, resume o bem que está ao alcance do homem nesta vida, visto nada lhe ser mais intrínseco do que seu próprio querer, até que possa desfrutar da contemplação daquele Bem maior, sua Suprema felicidade, que só lhe é possível nesta vida parcialmente, por meio da fé. Por outra, é possível também que esse *recte* tenha ascendência bíblica, como se percebe em inúmeras passagens, dentre as quais uma do Eclesiastes (7,30) utilizada por Agostinho em suas polêmicas contra o pelagiano Juliano de Eclano[27]: *fecit deus*

[27] Cf. Agostinho, *Contra Iulianum opus imperfectum* (5,61,2): *primam uoluntatem bonam dei opus esse. cum illa quippe fecit hominem rectum. neque enim unquam, nisi recta uolens, rectus est quisquam.*

hominem rectum, "Deus fez o homem reto", e ninguém é reto, dirá Agostinho, "senão querendo o que é reto" (*nisi recta uolens*)[28]. **A.** O "ortoviver", ou seja, viver retamente (*recte uiuere*), como correspondente de *recte facere*: (**1**,12,25,83) A boa vontade é "a vontade pela qual procuramos viver reta e honestamente e chegar à suprema Sabedoria" (*uoluntas qua adpetimus recte honesteque uiuere et ad summam sapientiam peruenire*) (cf. **1**,13,29,97). **A$_1$.** Os bons estão dispostos a viver retamente para alcançar a felicidade, os maus, não: (**1**,14,30,100) "Pois aqueles que são felizes, os quais é preciso também serem bons, não são felizes porque quiseram viver com felicidade, pois isto querem igualmente os maus, mas porque quiseram viver retamente, o que os maus não querem" (*sed quia recte, quod mali nolunt*). **A$_2$.** Quem ama viver retamente ama a Lei suprema: (**1**,15,31,103) "Mas diz-me antes se aquele que ama com dileção viver retamente e nisso sim tem o seu deleite, de modo que esse viver não lhe seja somente reto, mas também doce e jucundo, enfim, diz-me se é possível que esse indivíduo ame esta Lei e a considere de grande valor, Lei pela qual ele vê ter sido atribuída à boa vontade a vida feliz, e à má, a infeliz" (*utrum qui recte uiuere diligit eoque ita delectatur, ut non solum ei rectum sit, sed etiam dulce atque iocundum*...) (cf. **2**,1,3,5; 18,48,185; 49,189; 19,50,191; 20,54,201). **A$_3$.** Os "ortoagentes", ou seja, os que agem retamente (*recte facientes*), como substituto sinôn. dos beneficentes, os que fazem bem (*bene facere*), do livro primeiro (cf. **1**,1,3,7 etc.), mas também como contraponto aos pecantes (*peccantes*): **A$_4$.** (**2**,1,1,2) "Seja pecando, seja agindo retamente, é dele que merecemos a pena ou o prêmio" (*siue peccantes siue recte facientes*...). **B.** (*ibid.*) "Porém que é mais verdadeiro do que crer que todo bem exista a partir de Deus; e que tudo o que é justo seja bom; e que a pena, aos que pecam, e o prêmio, aos que agem retamente, seja justo? De onde se conclui que é por Deus que os que pecam sejam afetados pela infelicidade, assim como os que agem retamente, pela felicidade" (*et peccantibus poenam recteque facientibus praemium iustum esse... et peccantes miseria et recte facientes beatitate*). **B$_1$.** Sem a boa vontade o homem não pode agir retamente: (**2**,1,3,5) "Pois se o homem é algo bom, e não poderia, a não ser quando quisesse, agir retamente, deveria ter possuído a vontade livre, sem a qual não poderia agir retamente" (*et non posset, nisi cum uellet, recte facere, debuit habere liberam uoluntatem, sine qua recte facere non posset*). **B$_2$.** A vontade livre foi dada ao homem para que agisse retamente: (**2**,1,3,6) "Por que não fizeste uso da vontade livre para aquela mesma finalidade para a qual eu te dei, isto é, para agir retamente?" (*cur non ad eam rem usus es libera uoluntate, ad quam tibi eam dedi, hoc est, ad recte faciendum?*) (cf. **2**,2,4,8; 5,11; 12). **B$_3$.** (**2**,18,47,179) "Não se podia agir retamente a não ser por meio desse mesmo livre arbítrio da vontade e asseverasse que era para isso de preferência que Deus no-lo havia dado..." (*recte fieri non posse nisi eodem libero uoluntatis arbitrio*...). **B$_3$.** O agir retamente como antítese de pecar: (**3**,3,6,23) "Qual gênero de vontade haverias de ter amanhã, se de pecar ou de agir retamente" (*qualem sis habiturus cras uoluntatem, utrum peccandi an recte faciendi*) (**3**,9,26,94) "As almas, as quais, quando pecam, segue a infelicidade, quando agem retamente, a felicidade..." (*animae, quas uel peccantes sequitur miseria uel recte facientes beatitudo*...). **B$_4$.** A alma recebeu de Deus o agir retamente: (**3**,15,43,150) "Pois de quem recebeu o poder agir retamente, quando queira, dele recebeu que também seja infeliz, se não tiver agido, e feliz, se tiver agido" (*a quo enim accepit posse recte facere, cum uelit, ab eo accepit ut sit etiam misera, si non fecerit, et beata, si fecerit*). **B$_5$.** O agir retamente como sinônimo do bem que cabe às criaturas realizar, antítese do

[28] Vejam-se as observações no verbete *rectus*.

pecado que devem evitar: (**3**,17,47,162) Da criatura racional: “uma nunca peque e outra persevere no pecar, uma outra, como se no meio entre ambas, algumas vezes peque, outras converta-se para agir retamente...” (*alia nunquam peccet et alia in peccando perseueret, alia quasi media inter utramque aliquando peccet aliquando ad recte faciendum conuertatur...*). **B**$_6$. Quando a vontade para agir retamente é ineficaz: (**3**,18,51,172) “O homem quer agir retamente e não o pode” (*uult homo recte facere et non potest*). **B**$_7$. O agir retamente como sinônimo de fazer o bem, na citação paulina: (**3**,18,51,173) “Pois não faço o bem que quero, mas o mal que odeio, isto é o que realizo... O querer está próximo a mim, porém perfazer o bem, não descubro como” (*non enim quod uolo facio bonum, sed quod odi malum, hoc ago... uelle adiacet mihi, perficere autem bonum non inuenio...*). Obs.: vale notar que nesta passagem de Paulo citada por Agostinho o verbo *facio* aparece reforçado pelo prefixo *per-*, *perfacio*. **B**$_8$. Na condição penal de ignorância e dificuldade o homem tem sua liberdade de agir retamente prejudicada, assim como sua capacidade de conhecer que ações sejam ou não retas: (**3**,18,52,177-178) “E nem se deve admirar que, ignorando, não possui o livre arbítrio da vontade para eleger o que retamente deva fazer, ou que... veja o que retamente deva ser feito e o queira, e não o possa implementar. Pois essa é uma pena justíssima do pecado, que cada um perca aquilo que não quis usar bem, embora pudesse sem dificuldade alguma, se o quisesse; isto é, pois, que aquele que, conhecendo retamente, não age retamente, perca conhecer o que seja reto; e que aquele que não quis agir retamente, embora pudesse, perca poder fazê-lo, ainda que o queira...” (*uel ignorando non habet arbitrium liberum uoluntatis ad eligendum quod recte faciat, uel... uideat quid recte faciendum sit et uelit, nec possit implere...*). **B**$_9$. Quando se fala da vontade livre para agir bem, diz Agostinho, se está falando da condição do primeiro homem, antes do pecado: (**3**,18,52,179) “Quando falamos da vontade livre de agir retamente, é daquela, evidentemente, na qual o homem foi feito, que estamos falando” (*cum autem de libera uoluntate recte faciendi loquimur, de illa scilicet in qua homo factus est loquimur*). **B**$_{10}$. O agir reto acompanhado de complemento acusativo, no sentido de “fazer” bem ou mal alguma coisa: (**3**,19,54,183) “Aquilo que, ignorando, alguém não faz retamente...” (*illud quod ignorans quisque non recte facit*). **B**$_{11}$. O fazer reto em relação aos pequeninos que morrem sem mérito: (**3**,23,68,231) “Embora não tenham agido retamente” (*quamquam nihil recte fecerint...*) (cf. **3**,23,66,225). **B**$_{12}$. O agir reto do primeiro homem, contraponto do pecado: (**3**,24,73,251) Se o fez sabiamente, agiu retamente e em nada pecou; se estultamente, dizem, então existia nele a estultícia pela qual se fez com que se afastasse (*si enim sapienter fecit, recte fecit nihilque peccauit...*) (cf. **3**,22,64,217). Assim como é possível dizer que quem agiu estultamente assim o fez porque havia em si estultícia, pode-se dizer que quem age retamente possui em si algo de reto, a ordem divina ou Razão suprema, que permite que sua razão se sobreponha às inclinações sensuais. Se o estulto do livro primeiro é o homem desordenado, aquele cujas inclinações sensuais dominam a razão, contrariamente à ordem prescrita pela *summa ratio* ou *lex aeterna*, e se o sábio é aquele cuja razão, sua parte superior, governa os impulsos irracionais da alma, segundo a reta ordem, do mesmo modo é possível dizer que esse “agir retamente” não seja outra coisa senão um agir, ou fazer, segundo as disposições da Razão suprema, que prescrevem que o superior deva dominar o inferior, retidão que se encontra nele, assim como a estultícia, no estulto. Neste caso, contudo, não havia estultícia no homem criado por Deus, do contrário Deus seria o culpado pelo mal praticado por causa da estultícia, na inobservância do preceito. Todavia, seja quando faz mal, seja quando faz bem, há sempre nele algo, seja um juízo natural do Bem, seja uma deficiência desse bem, eleita e cultivada livremente.

recte factum (*loc. subst.*) O ATO RETAMENTE PRATICADO, como resultado do fazer ou agir retamente (*recte facere*) dos ortoagentes (cf. *recte facio, rectus, prauus*). Os atos retamente praticados se opõem aos maus feitos, ou pecados, visto Agostinho ter operado uma substituição inesperada nos modificadores, *bene* por *recte*, a partir do segundo livro, embora ambos sustentem o contraste com sua antítese, *male*. Desta feita, agir retamente corresponde a fazer bem, ou benfazer, assim como pecar, a malfazer, ou fazer mal, assim como o resultado do malfazer, o malfeito, contrapõe-se ao resultado do agir retamente, o "ato retamente praticado", que, se se mantivesse a terminologia do livro primeiro, deveria ser denominado "benfeito" ou "boa ação" (*bene factum*). **A.** Os a.r.p., em relação aos feitos dos profetas, apóstolos e mártires do cristianismo: (**1**,3,7,18) "Não foram os homens condenados tantas vezes por causa de atos retamente praticados?" (*propter recte facta... damnati*). **B.** A.r.p., como sinônimo de atos bem feitos, e antítese de pecado, ou ato mal feito: (**2**,1,3,7) "Depois, aquele bem, segundo o qual a própria justiça é recomendada na condenação dos pecados e na dignificação dos atos retamente praticados, de que modo poderia existir, se o homem carecesse do livre arbítrio da vontade? Pois não haveria nem pecado nem ato retamente praticado que não se fizesse por meio da vontade" (*deinde illud bonum, quo commendatur ipsa iustitia in damnandis peccatis recteque factis honorandis, quomodo esset, si homo careret libero uoluntatis arbitrio? non enim aut peccatum esset aut recte factum quod non fieret uoluntate*). **C.** Um a.r.p., cuja antítese é o pecado, é sem dúvida um ato que foi praticado do modo como devia ter sido: (**3**,15,43,149) "Os atos retamente praticados começarão a não ser louvados... ou então se vituperará um ato que foi praticado do modo como devia..." (*incipient quippe nec recte facta laudari...*). **D.** A natureza racional deve o a.r.p. a Deus: (**3**,15,43,150) "Procura saber o que é que a natureza pecadora deve, e encontrarás como resposta o ato praticado retamente" (*quaere quid debeat natura peccatrix et inuenies recte factum*). **E.** A razão humana é capaz de perceber o bem do a.r.p.: (**3**,22,65,222) "Pois uma certa parte dela precedeu às outras, mais sublime para sentir o bem do ato retamente praticado, mas a outra, mais tarda e carnal, não é consequentemente conduzida em direção ao sentimento do bem" (*sublimior ad sentiendum recte facti bonum*). **F.** Do estádio intermédio entre o pecado e o a.r.p., em relação ao primeiro homem: (**3**,23,66,226) "Pois não se deve recear que não seja possível existir uma certa vida média entre o ato retamente praticado e o pecado..." (*uita... media quaedam inter recte factum atque peccatum*). Cf. *rectus*.

recte uiuere VIVER RETAMENTE, ou v. de modo reto (cf. *rectus*), em relação ao tipo de vida que define o objeto de desejo da boa vontade (*bona uoluntas*), e se equipara à posse das virtudes cardeais: (**1**,13,29,97): "Virtudes... cuja posse é o mesmo que viver reta e honestamente" (*uirtutes... quas habere id ipsum est recte honesteque uiuere*). Cf. **1**,12,25,83; 13,29,97; 14,30,100-101; 102; 15,31,103; **2**,1,3,5; 18,48,185; 49,189; 19,50,191; 20,51,201.

rectus (*adj.*) **1.** RETO. A noção de retidão[29], encontrada amiúde (mas de modo nenhum exclusivamente) nas Escrituras, como por exemplo no livro dos salmos (Sl 7,11): "...Deus, que salva os que têm o coração reto" (τοῦ θεοῦ τοῦ σῴζοντος τοὺς εὐθεῖς τῇ καρδίᾳ [*rectos corde*]); (Sl 9,9): "E julgará o mundo habitado em *sua* Justiça; julgará os povos em *sua* retidão" (καὶ αὐτὸς κρινεῖ τὴν οἰκουμένην ἐν δικαιοσύνῃ, κρινεῖ λαοὺς ἐν εὐθύτητι [*rectitudo/*

[29] (Sl 7,11) Εὐθύς = *rectus*; (Sl 9,9) εὐθύτης = *aequitas, id est, rectitudo.* // Ecl (7,30) ὃ ἐποίησεν ὁ θεὸς σὺν τὸν ἄνθρωπον εὐθῆ.

aequitas]); (Sl 16/17,2) etc. encaixa-se perfeitamente com a noção de ordem tão mais cara a Agostinho, quanto essencial ao seu pensamento. Não pode haver bem fora da ordenação prescrita pela *summa ratio*, ordenação que não se desprende das noções de número e medida, assim como nenhuma ordem que seja torta, ou antes, prava. Logo nenhum bem que não seja reto, o que põe lado a lado as noções, de fundo geométrico, de ordem e retidão. O universo criado por Deus, não apenas para um Pitágoras ou um Platão, mas também para Agostinho, era um universo cujo caráter geométrico não se fazia presente somente em todas as criaturas, em sua medida, em seu número, em sua ordem, mas também em todos os seus movimentos, que se mediam também pela *regula* do número, da proporção, da harmonia, da ordem, movimentos em que eram inaceitáveis cursos tortos ou em desalinho com a beleza matemática do modelo divino. **A$_1$.** Qualificando ordem (cf. *ordo*): (**1**,8,18,61) *ordo rectus* (cf. **1**,16,34,114). **A$_2$.** Qualificando ordenação: (**3**,6,19,67) *rectam ordinationem*. **B$_1$.** Qualificando vida (cf. *uita*): (**1**,12,25,83) *rectam... uitam* (cf. **2**,18,49,189; 18,50,190). **B$_2$.** Em relação à própria vida reta: (**1**,15,31,103) "Mas diz-me antes se aquele que ama com dileção viver retamente e nisso sim tem o seu deleite, de modo que esse viver não lhe seja somente reto, mas também doce e jucundo..." (*sed dic mihi prius utrum qui recte uiuere diligit eoque ita delectatur, ut non solum ei rectum sit, sed etiam dulce atque iocundum*). **C.** Qualificando razão (cf. *ratio*): (**3**,5,14,53) *recta ratione*. **D.** Qualificando juízo (cf. *iudicium*): (**3**,5,17,61) *recto iudicio*. **E.** Qualificando opinião (cf. *opinio*): (**3**,8,23,82) *recta opinio*. **F.** Qualificando natureza (cf. *natura*): (**3**,8,23,82) *rectam... naturam*. **G.** O ato reto (rectvm) (*adj. subst.*). Obs.: pode-se considerar igualmente na passagem a seguir *rectum* como simples adjetivo, o que não muda em nada o conceito, pois estaria qualificando o bem, algo que tenha sido retamente praticado, em oposição ao malfeito: (**3**,18,52,178) "Aquele, que, conhecendo retamente, não age retamente, perca conhecer o que seja reto" (*qui sciens recte non facit, amittat scire quid rectum sit*). **G$_1$.** Como locução substantiva, "o reto agir", em relação à dificuldade (cf. *difficultas*) de fazer o bem, um dos dois castigos impostos às almas após o pecado de Adão, de par com a ignorância (cf. *ignorantia*): (**2**,22,64,220) "Se a ignorância da verdade e a dificuldade do reto agir é condição natural ao homem..." (*sic etiam nunc, si ignorantia ueri et difficultas recti naturalis est homini...*). **2.** Recte (*adv.*): liter. "retamente", "de modo reto", "de maneira reta", "com retidão" etc. Obs.: no contexto extremamente racionalista dos dois primeiros livros, o advérbio *recte* qualifica ações praticadas com retidão, segundo o que a reta razão determina, o que permite seja compreendido como sinônimo de *bene*, "bem", ou *iuste*, "justamente". Como dito logo acima, a geometria auxilia a compreensão da ideia subjacente ao advérbio. Pois bem, uma reta geométrica, como se sabe, constitui-se a menor distância entre dois pontos, reta que se configura sem nenhum desvio, sem nenhum imperfeição, por assim dizer. Na transferência do conceito da matemática para a linguagem, no que sem dúvida alguma deve ter deixado muito rapidamente de ser uma metáfora, para cristalizar-se no uso comum da Antiguidade greco-romana como uma catacrese, o dizer, fazer, pensar, agir, ou seja o que for que se faça "retamente", assim se diz porque se faz de modo "direto", sem imperfeições, sem "desvios", como a menor distância possível entre uma dada concepção e sua ação consequente (cf. ὀρθός, ὀρθῶς, ὀρθογώνιον, ὀρθὴ γωνία). É possível ainda, estendendo o conceito para o campo jurídico, compreender a própria noção de "justiça" como derivada dessa reta união de dois polos, ou seja, entre um delito e sua correspondente sanção, que se daria de modo direto, sem imperfeições.

Por outro lado, pode-se dizer que o delito não seria senão um modo de proceder não reto, um "desvio" daquilo que os costumes convencionados (*mores*) determinariam em cada cultura, em cada sociedade, naquilo que se denomina desde sempre "norma", ou *regula*, em latim (termo que também deriva de *rectum*, particípio do verbo *rego*). Indo além, o seu contrário, seja no campo das figuras geométricas, seja na dimensão das derivações linguísticas cristalizadas em catacreses quase imperceptíveis, não é senão o "torto", ou "sinuoso", aquilo que "torceu" [*torqueo*] o que estava ou deveria estar "reto"; ou então, segundo a estrita etimologia[30], seu contraponto seria *prauus*, "disforme", "torto", "defeituoso", por não estar "direito". Daí também na gramática contrapor-se o nominativo, o *rectus casus*, aos demais casos "desviados" ou "oblíquos", *obliqui casus*, tradução latina do grego πτῶσις, "queda" (πίπτω, "cair"), ou seja, "mudança", de onde, por fim, a ideia de declinação. **A.** Qualificando ações praticadas com retidão, como contrárias às ações feitas de modo torto, sinuoso, ou seja, *malefacta/peccatum:* (**1**,3,7,18) *recte facta.* **B.** Qualificando uma permissão legal: (**1**,5,13,39) *recte permittere.* **C.** Qualificando a punição aplicada pela Providência divina, o que implica sem dúvida a noção de Justiça: (**1**,5,13,41) *uindicantur... recte.* **D$_1$.** Em relação à promulgação ou à modificação de uma determinada lei: (**1**,6,14,45) *recte lex fertur.* **D$_2$.** (1,6,15,48) *recteque mutatur.* **E.** Em relação ao domínio justo que a mente, por natureza, deve exercer sobre os desejos: (**1**,10,20,71) "Que a mente seja mais capacitada do que o desejo, pelo próprio fato de exercer o seu domínio de maneira reta e justa sobre o desejo" (*eo ipso quo cupiditati recte iusteque dominatur*). Obs.: nesse caso *recte* não é tratado como sinôn. de *iuste*, pois a seu lado se coloca, como ideia complementar, não substituta. **F.** Em relação ao tipo de vida que define o objeto de desejo da boa vontade (*bona uoluntas*): cf. *recte uiuere.* **G.** Em relação ao juízo correto que se aplica a uma dada ideia: (**1**,13,28,95; 15,31,107) *recte iudicare.* **H.** Em relação ao uso adequado que se faz de algo: (**1**,15,33,113) *recte uti* (cf. **2**,18,48,182). **I.** Em relação à ordenação perfeita das naturezas, cada qual em seu gênero específico e conveniente à beleza da universalidade: (**1**,16,35,116) *in ordine suo recte locata sint.* **J$_1$.** Qualificando o fazer ou agir, ou ainda o praticar uma ação, como se dissesse benfazer, ao contrário do malfazer explorado no livro inicial, que passa a ser denominado até ao fim da obra "pecado": (**2**,1,1,2; 3,5-7; 2,4,8; 5,11-12; 18,47,179; **3**,3,6,23; 4,11,41; 15,43,150; 17,47,162; 18,51,172; 52,177-179; 19,54,183; 20,57,196; 22,64,217; 218; 65,223; 23,66,225; 23,68,231; 24,73,251) *recte facere.* **J$_2$.** Qualificando o resultado do benfazer, *bene factum:* (**2**,1,3,7; **3**,15,43,150; 23,66,226) *recte factum.* **K.** Em referência à "doação" gratuita da vontade livre, como potência da alma, por Deus: (**2**,3,7,20) *recte homini data sit.* **L.** *Retamente,* qualificando inúmeros verbos: **L$_1$.** (**2**,2,4,10; **3**,10,53,181) *recte quaerere.* **L$_2$.** (**2**,2,4,10; 5,15; **3**,5,13,45) *recte reprehendi.* **L$_3$.** (**2**,2,6,17) *recte memini.* **L$_4$.** (**2**,7,19,75; **3**,6,19,65; 9,24,88; 20,56,189; 24,71,242) *recte dicere.* **L$_5$.** (**2**,9,27,108) *recte constituere.* **L$_6$.** (**3**,1,2,7; 13,18,132; 134; 14,39,137; 40,141; 15,42,145; 43,148) *recte uituperari.* **L$_7$.** (**3**,6,19,67) *recte putare.* **L$_8$.** (**3**,8,22,76-77) *recte eligere.* **L$_9$.** (**3**,9,26,92) *recte deformari.* **L$_{10}$.** (**3**,9,18,134) *recte displicere.* **L$_{11}$.** (**3**,15,43,149) *recte facta laudari.* **L$_{12}$.** (**3**,16,46,159) *recte defendere.* **L$_{13}$.** (**3**,16,49,160) *recte tribuere.* **L$_{14}$.** (**3**,17,49,168) *recte inputari.* **L$_{15}$.** (**3**,22,64,220) *recte arguere.* **L$_{16}$.** (**3**,23,67,227) *recte credere.* **L$_{17}$.** (**3**,24,71,242) *recte uocare.* **L$_{18}$.** (**3**,25,77,265) *recte contemnere.* **3.** MAIS RETAMENTE (RECTIVS) (*adv. comp.*): (**1**,7,16,56; 8,18,61; **3**,23,68,230).

---

30 A. Ernout e A. Meillet, *op. cit.* p. 855.

requies (*subst.*) QUIETUDE, no sentido de "descanso e repouso do espírito". Obs.: contrapõe-se ao estado de dificuldade (*difficultas*) de fazer o bem, condição em que os desejos perturbam a alma e a dominam, arrastando-a de um a outro lado. Ao estado de ignorância (*ignorantia*), por sua vez, contrapõe-se a cognição (*cognitio*) ou a sabedoria (*sapientia*): (**3**,22,64,217) "Na verdade a ignorância e a dificuldade, se essa condição é natural, a partir daí é que a alma começa a aperfeiçoar-se e mover-se adiante em direção à cognição e à quietude, até que nela se faça perfeita a vida feliz" (*ignorantia uero et difficultas, si naturalis est, inde incipit anima proficere et ad cognitionem et requiem, donec in ea perficiatur uita beata, promoueri*).

requiesco (*v.*) **1.** AQUIETAR-SE, no sentido específico de "alcançar a quietude de espírito" de que se espera fruir, especialmente após a morte: (**3**,8,23,83) "Portanto todo aquele apetite, na vontade da morte, não é tencionado para que aquele que morre não seja, mas para que alcance a quietude" (*omnis itaque ille adpetitus in uoluntate mortis non ut qui moritur non sit sed ut requiescat intenditur*). **2.** ALCANÇAR A QUIETUDE, no sentido de "repousar" ou "descansar das fadigas da vida terrena": (**3**,21,61,213) "Se não tiver em mente o início do tempo da minha vida, coisa nenhuma me obstará, conhecendo em que fim hei de alcançar a quietude..." (*si non tenuero initium temporis uitae meae, quicquam mihi oberit, scienti quo fine requiescam...*). **2.** DESCANSAR ou repousar de um trabalho árduo, em sentido mundano: (**3**,25,77,267) "A dimensão do livro nos compele agora a dar-lhe um fim e a descansar algum tempo desta disputa" (*modus libri nos iam finem facere et ab hac disputatione requiescere...*).

retributio (*subst.*) RETRIBUIÇÃO, a recompensa devida à alma por sua eleição voluntária entre a sabedoria e a estultícia: (**3**,24,73,254) *unde iustissimae retributiones consequuntur.*

rhetor (*subst.*) RÉTOR (RETÓRICO), o especialista na arte retórica (*ars rhetorica*), o que nem de longe tem que ver com a acepção depreciativa que se atribui ao adjetivo "retórico" em vernáculo, fora do âmbito acadêmico especializado. Obs.: preferiu-se adrede o neologismo "rétor" – pl. "rétores" – para evitar a confusão com o adjetivo "retórico". Apesar do vocábulo não constar do texto do *L.A.*, algumas palavras sobre a retórica se fazem necessárias neste léxico. O termo latino *rhetor*, ainda no tempo de Agostinho e ao longo de toda a Antiguidade greco-romana, referia-se a uma das duas disciplinas liberais mais importantes, ao lado da filosofia, cujos teóricos principais foram respectivamente Aristóteles, no mundo grego, e Cícero, no latino. Para muito além da simples confecção de discursos de teor panegírico, a retórica se transubstanciou numa verdadeira teoria do discurso, que permeava praticamente todas as áreas do conhecimento antigo, acerca das quais não apenas empreendia reflexões, mas também as ordenava e sistematizava. O próprio *Órganon* aristotélico, obra fundadora da lógica, não existiria como o conhecemos hoje, não tivesse sido elaborado e composto ora em conformidade, ora em oposição aos parâmetros retóricos. De fato, se Aristóteles propõe silogismos, não deixou de debruçar-se igualmente sobre entimemas, que definiu como silogismos retóricos. Agostinho, por sua vez, estudou gramática (que *grosso modo* consistia na interpretação dos poetas e escritores célebres) em sua infância, em Madaura (365-368), cidade norte-africana do célebre orador platônico Lúcio Apuleio (séc. II d.C.), para depois de pequeno interlúdio em Tagasta (369), sua cidade natal, partir para Cartago, a fim de concluir seus estudos superiores (370-371) na disciplina mais valorizada então no mundo romano, a retórica. Depois de breve período lecionando retórica na célebre cidade púnica (374-376), parte para Roma, onde leciona a mesma disciplina, por cerca de um ano (383), até ser aprovado em concurso para a cátedra de retórica em Milão, então capital do Império, pelo prefeito de Roma, Símaco. Em todas essas cidades importantes, era sempre a mesma arte retórica a ser ensinada, cultivada e preservada, o que dá mostras de sua universal importância no mundo antigo. Em Milão, além de ensinar retórica, Agostinho é apresentado ao neoplatonismo, por intermédio de amigos, além de conhecer o bispo Ambrósio, por quem será batizado (387). Nada obstante ter abandonado a carreira de panegirista do púbere imperador Valentiniano II e a cátedra de retórica que tanto ambicionara quando jovem, Agostinho jamais abandona a retórica e tudo o que dela aprendeu, desenvovendo um estilo único e sedutor, em que à sua acutíssima penetração intelectual fez associar enorme sensibilidade poética, tornando-se um dos maiores escritores de todos os tempos, ao lado de outro filósofo que também soube aproveitar seus recursos como poeta trágico na composição de suas obras filosóficas, Platão. No final de sua vida, durante os últimos anos da década de 320 d.C., Agostinho elabora um manual de retórica cristã, *De doctrina christiana*, em que revê e adapta o patrimônio da retórica clássica aos imperativos de formação espiritual do cristianismo, numa obra tão revolucionária e importante quanto suas obras-primas mais conhecidas, como *Confissões* e *Cidade de Deus*, para só citar duas.

rotunditas (*subst.*) REDONDEZ, a qualidade de redondo (*rotundus*). Obs.: na única instância em que o termo aparece na obra, refere-se à esfericidade perfeita, ideal, concebida na mente, esfericidade que talvez não seja jamais perceptível na natureza: (**3**,5,15,51) "Nisso em grande parte erram os homens, porque, como tenham observado as melhores coisas com a mente, não as procuram com os olhos nos lugares correspondentes, como se alguém, compreendendo a redondez perfeita com a razão, se agastasse porque não encontra uma noz de tal qualidade, se nenhum corpo redondo, além dos pomos deste gênero, jamais observou..." (*uelut si quisquam perfectam rotunditatem ratione conprehendens stomachetur quod talem nucem non inuenit...*).

sacrilegium (*subst.*) **1.** SACRILÉGIO. Obs.: no cristianismo refere-se comumente à idolatria, o delito dos que apostatassem, prestando culto (*sacrum facere*) aos deuses pagãos, ou à figura do Imperador, considerada sagrada, como uma divindade. Em sua origem o sacrilégio [*sacer* + *lego*] referia-se ao roubo de objetos sacros, o que, por derivação, veio a significar toda e qualquer ofensa ao que se considerava sagrado (*sacer*): objetos, cultos, ou o que fosse que representasse o elemento divino. No *L.A.* é apresentado por Evódio ao lado do homicídio e do adultério, três pecados que a Igreja consideraria capitais. Porém não é tratado nas discussões, visto que os interlocutores chegaram aonde queriam antes de que fosse necessário recorrer ao tema (cf. **1**,3,6,14; 3,8,21; 5,11,31). **2.** SACRILEGVS (*adj.*) SACRÍLEGO, que viola ou profana as coisas sagradas: (**1**,1,1,1) negar que Deus seja justo é sacrílego (*sacrilegum est hoc negare*).

salus (*subst.*) **1.** SALVAÇÃO, liter. "a condição de quem está são", daí também: "sanidade", "vida", e também "salvaguarda". No cristianismo refere-se à salvação misericordiosa operada pela encarnação de Cristo, que liberta o homem do pecado e restaura, pela Graça, sua vontade deficiente, permitindo-lhe vencer a condição penal de ignorância e dificuldade em que se encontra, e tudo que isso implica, como a conversão para Deus, a ciência do bem, por meio da autoridade das Escrituras, a perspectiva da vida futura, da incorruptibilidade do corpo na morada celeste, da bem-aventurança eterna, da Sabedoria e paz diante da face de Deus, entre tais. **A.** Cristo exortou à salvação: (**2**,2,6,18) *quos ad salutem uocauit.* **B.** O pecado do homem foi menor do que o do diabo, o que lhe valeu para a salvação, ou para lhe salvaguardar a vida, visto que a vida do diabo e dos que estão condenados com ele mais se assemelha à morte, longe do Ser e da Vida supremos: (**3**,10,29,106) *ei ualuit ad reparandam salutem.* **2.** SAÚDE, a condição de bem-estar do corpo, mas que não exclui a ideia de preservação, contida no termo "salvação": **A.** Uma das funções dos olhos é preservar a saúde, ou seja, salvaguardar o corpo e a vida (avistando o perigo, de que se pode então evadir): (**2**,18,48,185) *ad salutem tuendam.*

sanctus (*adj.*) SANTO, sagrado, inviolável [*sancio*], em referência às Escrituras, aos que foram salvos e aos que nunca precisaram ser salvos, como os anjos. **A.** Os santos Livros: (**2**,8,24,93) *in sanctis libris.* **B$_1$.** As santas Escrituras: (**2**,11,30,120; *Ret.* Pról. §2) *in scripturis sanctis.* **B$_2$.** As santas Escrituras do Antigo Testamento: (*Ret.* 1,9,6) *scripturas sanctas ueteris instrumenti.* **C.** A sacrossanta disciplina de Cristo: (**2**,15,39,154) *sacrosanctam disciplinam.* **D.** A imortalidade dos santos: (**3**,9,28,102) *ad inmortalitatem sanctorum.* **E.** As criaturas santas e sublimes: (**3**,11,32,114) *sanctae et sublimes creaturae.*

sapiens (*subst.*) **1.** Liter. AQUELE QUE SABE [*part.* de *sapio*]. **2.** SÁBIO (*subst.* ou *adj.*). Obs.: neste segundo uso, especialmente no livro primeiro, tem viés fortemente estoico, contrastando com "estulto" (*stultus*), sua antítese. Na filosofia agostiniana, o sábio confunde-se com o *ordinatissimus homo,* aquele homem que se encontra em perfeita harmonia com a *summa Ratio* (**1**,9,19,66), a Lei suprema; homem cujas inclinações sensuais foram totalmente pacificadas pelo domínio da mente (**1**,9,19,69). Em **1**,10,21,74 *sapiens* qualifica "mente" (*rationali et sapienti mente*), expressando o que de mais elevado poderia haver no universo das criaturas, ordenadíssima, porque em conformidade com a Razão suprema. **A.** O homem ordenado é sábio: (**1**,9,19,66) "Logo, quando o homem está assim constituído e ordenado, não te parece ser ele sábio?" *(cum ergo ita homo constitutus atque ordinatus est, nonne tibi sapiens uidetur?*). **B.** Todos querem ser sábios: (**1**,12,25,83; **2**,9,26,103; 27,104). **C.** O s. conhece a sabedoria? (**2**,15,40,157). **D$_1$.** A antítese do *insipiens,* termo que no livro segundo substitui o estoico *stultus*: (**2**,15,40,158-159). **D$_2$.** O primeiro homem foi criado s. ou estulto? (**3**,24,71,240) "Se o primeiro homem foi feito sábio..." (*si sapiens factus est primus homo...*) (cf. **3**,24,71,241-73,254). **E.** O contrário de estulto: (**1**,9,19,66) "O estulto é o contrário do sábio" (*stultus sapienti est contrarius*). **F.** O reinado da mente é dos s.: (**1**,9,19,70) "O reinado da mente não pertence senão aos sábios" (*regnum mentis nisi sapientium esse*). **G.** No sentido de quem frui da Sabedoria comum: (**2**,9,27,108). **H.** O s. é quem alcançou a sabedoria: (**2**,10,29,116) "Pois creio que aquele que alcançou a sabedoria te pareça ser sábio" (*credo uideri tibi eum qui sapientiam adsecutus est esse sapientem*). **I.** Ser s. não é sinônimo de ser racional (**3**,24,72,245): "Pois uma coisa é ser racional, outra, ser sábio..." (*aliud est enim esse rationalem aliud esse sapientem*). **3.** SABIAMENTE (SAPIENTER) (*adv.*): de modo sábio, o que significa dizer também "com sabedoria". **A.** Ter vivido sabiamente antes desta vida: (**1**,12,24,80). **B.** O que se faz com sabedoria varia muito: (**2**,9,25,97). **C.** Quem vive com virtude vive sabiamente: (**2**,10,29,117-118). Obs.: se o que se pratica sabiamente não pode ser feito sem sabedoria, nenhuma virtude pode ser dissociada dela. **D.** O viver sabiamente, ou não, do primeiro homem: (**3**,24,73,251-74,254).

sapientia (*subst.*) SABEDORIA, em dimensão humana e divina. **A.** Primeira definição de s., Cristo, a Sabedoria de Deus (1Cor 1,22-24, "θεοῦ σοφίαν"): (**1**,2,5,13) "Aquele que dizemos ser o Filho Único de Deus, o qual, quando empreendemos enunciar mais claramente, denominamos Virtude de Deus e Sabedoria de Deus" (*quem filium dei unicum dicimus, quem, cum planius enuntiare conamur, dei uirtutem et dei sapientiam*). **B.** Só a S. (Cristo) pode libertar o homem dos pecados que a lei humana não abarca: (**1**,5,13,40) "Na verdade, aquelas faltas têm outras penas convenientes, das quais só a Sabedoria, ao que me parece, pode libertar" (*illae uero culpae alias poenas aptas habent, a quibus sola mihi uidetur posse liberare sapientia*). **C.** Se Deus é o pai de Cristo, logo é também o pai da Sabedoria: "Porque, se te incomoda isto, que recebemos da sacrossanta disciplina de Cristo para a fé, que exista um pai da Sabedoria..." (*esse patrem sapientiae*). **D.** Segunda definição de s.: (**1**,10,20,70) "A sabedoria humana é o reinado da mente humana" (*regnum mentis humanae humanam esse sapientiam*). **E$_1$.** Terceira definição de s.: (**2**,9,26,100): "Acaso pensas que a sabedoria seja outra coisa além da Verdade, na qual se discerne e se possui o Bem supremo?" (*num aliam putas esse sapientiam nisi ueritatem, in qua cernitur et tenetur summum bonum?*) (cf. **2**,9,27,105). **E$_2$.** A s. é a Verdade: (**2**,13,36,141) "Visto que é na Verdade que se conhece e possui o Bem supremo, e que essa Verdade é a Sabedoria" (*quoniam in ueritate cognoscitur et tenetur summum bonum eaque ueritas sapientia est*). **F.** Quarta definição de s. (cf. Sb 8,1): (**2**,10,30,124) "Aquela outra potência, porém, pela qual ela dispõe todas as coisas com suavidade, talvez se chame então propriamente Sabedoria" (*ea uero, qua disponit omnia suauiter, sapientia proprie iam uocatur...*). **G.** S., a luz da mente: (**2**,16,43,168): "Ó Sabedoria, suavíssima luz da mente purgada!" (*o suauissima lux purgatae mentis sapientia*). **H.** Aspectos das sabedorias, humana e divina: **H$_1$.** Ninguém é feliz longe da s.: (**2**,9,26,102) "De fato, ninguém é feliz a não ser no Bem supremo, que se discerne e possui naquela verdade que chamamos de Sabedoria" (*ea ueritate quam sapientiam uocamus*). **H$_2$.** "Porque ninguém é feliz sem sabedoria" (*quia nemo sine sapientia beatus est*). **H$_3$.** Dos castigos dos que não aderem à s.: (**1**,11,22,77-78). **H$_4$.** A sublimidade da s.: (**1**,11,23,79). **H$_5$.** A sabedoria está no espírito: (**1**,12,24,81) *cum sapientia in animo sit.* **H$_6$.** A S. suprema: (**1**,12,25,83) *summan sapientiam.* **H$_7$.** O homem é inferior à S.: (**2**,5,12,47) "O homem intelige a sabedoria e não é melhor do que a própria sabedoria" (*homo intellegit sapientiam et non est melior quam ipsa sapientia*). **H$_8$.** A conjunção entre número e s. na Bíblia: (**2**,8,24,93) "De fato, não é em vão que nos Livros santos se conjungiu o número à sabedoria" (*non enim frustra in sanctis libris sapientiae coniunctus est numerus*) (cf. **2**,11,30,120-124). **H$_9$.** S. relativa: (**2**,9,25,97-99). **I.** Noção impressa da s.: (**2**,9,26,103) "Antes de sermos sábios, possuímos impressa na mente uma noção de sabedoria" (*priusquam sapientes simus sapientiae notionem in mente habemus inpressam*). **J.** A s. é um bem comum a todos: (**2**,9,27,104) *omnibus ratiocinantibus communem* (cf. **2**,9,27,105; 106; 108-109; 19,52,197-198). **K.** A luz da s.: (**2**,9,27,108): *lux ipsa sapientiae* (cf. **3**,24,72,250). **L$_1$.** As luzes das virtudes pertencem à s.: (**2**,10,29,116). **L$_2$.** O que se faz sabiamente não pode ser feito sem sabedoria: (*ibid.* §118) "Porém não se pode dizer retamente que tudo o que se faça sabiamente esteja separado da sabedoria" (*quod sapienter fit non potest recte dici a sapientia esse separatum*). **M.** As regras perfeitamente imutáveis da s.: (**2**,10,29,119) *uerae atque incommutabiles regulae sapientiae.* **N.** A s. é vulgarmente considerada melhor do que o número: (**2**,11,31,125-32,127). **O.** A s. e o número são a mesma coisa: (**2**,11,32,127) "No entanto, afaste-se a ideia de que em comparação com o número a sabedoria seja considerada inferior, visto ser mesma coisa [que ele], mas demanda um olho pelo qual isso possa ser discernido" (*sapientia absit ut in conparatione numeri inueniatur inferior, cum eadem sit, sed oculum, quo id cerni possit, inquirat*). **P.** A s. e o número são imutavelmente verdadeiros: (**2**,11,32,129) "Certamente está manifesto que cada um deles é verdadeiro e de modo perfeitamente imutável verdadeiro" (*illud certe manifestum est utrumque uerum esse et incommutabiliter uerum*). **Q.** A s. e a verdade são bens seguros, porque ninguém pode perdê-los invito: (**2**,14,37,144) *ueritatem autem atque sapientiam nemo amittit inuitus* (cf. **2**,14,38,151; **3**,25,77,265). **R.** A separação da s. e da verdade é a vontade perversa, pela qual se amam as coisas inferiores: (**2**,14,37,144) *sed ea, quae dicitur a ueritate atque sapientia separatio, peruersa uoluntas est, qua inferiora diliguntur.* **S.** A beleza da s.: (**2**,14,38,151) *sapientiae pulchritudo.* **T.** Pode quem não é sábio conhecer a s.? (**2**,15,39,157) *an quisquam insipiens potest nosse sapientiam?* (cf. **2**,15,39,158-160). **U.** A s. refulge do santuário secreto da Verdade: (**2**,16,42,167). **V.** Do itinerário e do progresso para a s.: (**2**,17,45,174) *iter... ad sapientiam* (cf. **3**,2,5,19; 5,17,62; 22,64,220; 65,224). **W.** A suprema e imutável s. de Deus: (**3**,15,42,145) *summa et incommutabilis sapientia dei* (cf. **3**,25,76,261). **X.** A s., condição humana, como contraponto da estultícia: (**3**,24,72,240-72,249; 24,73,251-74,257).

sapio (*v.*) **1.** Ter noção ou discernimento (de qq. coisa): (**1**,15,31,106): "Se tens alguma noção de equidade" (*si quid aequitatis sapis*). **2.** Saborear, sentir o sabor de algo: **A.** (**2**,3,9,37) "E nem lhes resta na boca, aos que provam algo, o sabor do próprio paladar" (*neque quicquam gustantibus sapit in ore ipse gustus*). **B.** (**2**,7,19,74) "Pois a goela, quando saboreia algo de maneira jucunda, reivindica para si, contudo, uma parte irrecuperável, ainda que exígua..." (*gula enim, cum aliquid iocunde sapit, etiamsi exiguam, tamen inreuocabilem partem sibi uindicat...*). **3.** Saber. **A_1.** Como contrário do erro e correlato da verdade: (**2**,9,26,102) "E quanto mais se erra no caminho da vida, tanto menos se sabe, porque tanto mais longe se está da verdade" (*et quanto magis in uia uitae quis errat, tanto minus sapit, tanto enim magis longe est a ueritate*). **A_2.** (**2**,11,32,128) "Na verdade, aqueles objetos que estão mais remotos, como os corpos, não atinge a sabedoria com o calor do seu saber, mas os inunda com a luz dos números" (*ea uero quae remotiora sunt, sicuti corpora, non adtingit calore sapiendi, sed perfundit lumine numerorum*). **B.** Como o inteligir (*intellegere*), em relação com apenas ser (*esse*) e viver (*uiuere*): (**2**,11,31,125) "Os corpos todos também, ainda que constituam a extremidade na ordem das coisas, possuem os seus números; o saber, contudo, ela não deu aos corpos, nem a todas as almas, mas apenas às racionais" (*corpora enim omnia, quamuis in rebus extrema sint, habent numeros suos, sapere autem non dedit corporibus neque animis omnibus, sed tantum rationalibus*). **C.** No sentido de "possuir sabedoria", em contraste com outros tipos de conhecimento prático, considerados menos nobres: (**2**,11,31,126) "E porque poucos podem saber, porém numerar até aos estultos foi concedido" (*et quia sapere pauci possunt, numerare autem stultis concessum est*) (cf. **2**,11,32,127).

sapor (*subst.*) Sabor, sinôn. de gosto: **A.** (**2**,7,17,66) "A partir de um único e mesmo bocado de mel, ou de qualquer outra comida ou bebida, podemos ambos degustar e sentir-lhe as propriedades por meio de seu sabor..." (*ex uno melle uel quolibet alio cibo seu potu ambo gustare possumus et eius adfectionem sapore sentire...*). **B.** (**2**,7,19,74) "Porque, se assim não fosse, nenhum sabor remanesceria na boca, depois que aqueles alimentos mastigados tivessem sido retornados e cuspidos" (*nullus remaneret sapor in ore...*) (cf. **2**,3,9,37). **C.** Como a matéria do paladar: (**2**,3,8,25) *quid ad gustatum? sapor.*

scientia (*subst.*) CIÊNCIA, no sentido de "conhecimento" [*scio*]. Obs.: o termo "ciência", embora não deva ser compreendido em seu emprego contemporâneo mais comum, como conjunto sistemático e metodicamente formulado de conhecimentos, obtidos pela observação e pesquisa, pode ser aqui pensado como seu precursor, um conhecimento que se obtém por meio da aprendizagem (*disciplina*), logo em algum grau também sistemático e metódico, em contraposição à opinião vulgar e à crença, seja ela religiosa ou não, mas também contrário à simples percepção sensorial, se esta não for processada pela razão e formulada com algum método. **A.** A c. se dá ou se estimula por meio da aprendizagem (*disciplina*): (**1**,1,2,4) *scientia per illam datur aut excitatur.* **B$_1$.** A c. é melhor do que a vida: (**1**,7,17,59) *scientiam uitae.* Obs.: entre viver e ter ciência de estar vivo, o melhor é a ciência. Essa afirmação se tornará clara ao longo da obra: o animal vive, porém não tem ciência disso; o homem vive, além de ter ciência de estar vivo. Ninguém, que tem ciência de estar vivo, pode não estar vivo. Logo a ciência da vida é melhor do que o simples viver, pois nem todo que vive tem ciência, mas todo o que tem ciência vive. Não se trata aqui de contrapor conhecimento empírico ao metafísico, embora essa contraposição esteja sempre subentendida no platonismo de Agostinho. Na verdade, como dirá o pensador na sequência, a ciência é uma espécie de vida mais elevada. **B$_2$.** A c. é uma vida mais elevada e pura: (**1**,7,17,59) *superiorem quandam et sinceriorem uitam esse scientiam.* **B$_3$.** Ninguém pode ter ciência [*scio*], se não inteligir, porque o inteligir é viver na própria luz da mente de modo mais iluminado e perfeito: (**1**,7,17,59) *scire nemo potest, nisi qui intellegit?* (cf. *intellego*). **C$_1$.** Pode a c. ser má? (**1**,7,17,60) *scientia mala esse nunquam potest.* **C$_2$.** A c. só será má se for compreendida em sentido figurado, como "experiência", pois é possível experimentar algum incômodo físico, que será considerado mau: (**1**,7,17,60) *nisi cum translato uerbo "scientiam" pro "experientia" dicimus.* **C$_3$.** A c. nunca pode ser má em si mesma, precisamente porque é obtida pela razão e pela inteligência: (**1**,7,17,60) *quia ratione atque intellegentia paratur.* **D.** A prudência é a c. do que se deve buscar e evitar: (**1**,13,27,89) *adpetendarum et uitandarum rerum scientia.* **E.** A experiência sensorial só pode chegar à c. se ultrapassar o sentido interior e se fizer compreendida pela razão: (**2**,3,9,29) *peruenire ad scientiam non potest.* **F$_1$.** É por meio da razão que as percepções sensoriais são contidas pela c.: (**2**,4,10,40) *ratione uero et illa omnia... notam fieri et scientia contineri.* **F$_2$.** É pela razão que chegamos à c.: (**2**,19,51,194) *quae ad scientiam cognoscimus, ratione cognoscimus.* Cf. *scio.*

scio (*v.*) TER CIÊNCIA [*scientia*], no sentido de "conhecer", como contraponto à opinião ou crença. **A.** Ter ciência dos dois gêneros de mal: (**1**,1,1,1). **B.** Ter ciência do que se crê por meio da fé e retê-lo com máxima firmeza por meio do inteligir: (**1**,3,6,16) *scire ac tenere firmissimum.* **C.** Ter ciência da diferença entre viver e ter ciência de viver: (**1**,7,16,52-53). **D.** Uma definição de *scire:* ter ciência é possuir o que se percebe pela razão: (**1**,7,16,57) *quod "scire" dicimus, nihil esse aliud quam ratione habere perceptum.* **E.** Toda criatura que tem ciência de viver está viva, mas nem toda criatura viva tem ciência de viver: (**1**,7,16,58). **F.** Ter ciência da vida é melhor do que a experiência da vida: (**1**,7,17,59). Obs.: resta clara a postura platônica do autor, que antepõe o inteligível ao sensível, o conhecimento à experiência dos sentidos, a vida superior e iluminada da mente à vida inferior dos corpos e de suas apreensões, tão mais grosseiras quanto passageiras. **G.** Ninguém tem ciência da vida se não intelige: (**1**,7,17,59). Cf. **1**,3,6,15; 4,9,22; 10,27; 7,16,58; 9,19,66; 11,21,75; 12,25,82; **2**,1,1,1; 2; 3,9,29-30; 34-36; 4,10,38; 41; 7,15,61; 8,24,95; 9,25,97; 26,103; 27,104; 109;

10,28,112; 11,30,120; 20,54,202; **3**,1,1,2; 4,9,37; 5,13,45; 17,47,161; 18,52,178; 19,53,180; 182; 19,54,184; 21,61,213; 22,64,218; *Ret.* Pról. §2.

seiunctio (*subst.*) DISJUNÇÃO, no sentido de "desunião", o "desatar" do mesmo jugo. Embora de uso raríssimo, o termo pode ser considerado sinôn. do vocábulo *disiunctio* [*dis-* + *iungo*], cunhado por Cícero para referir as proposições lógicas ditas "disjuntivas", separadas pelos operadores *aut... aut...*, as quais admitem apenas duas alternativas, "ou *x* ou *y*": (**3**,11,33,117) *seiunctionem sine deminutione* (cf. *coniunctio*).

sempiternus (*adj.*) SEMPITERNO [*semper* + *-ternus*], no sentido de algo "que dure para sempre". Obs.: pode ser utilizado como sinôn. de "eterno" (*aeternus*), que se compreende, em relação às coisas de Deus, como não tendo tido começo nem fim, embora as criaturas todas, sem exceção, tenham ou não um fim, partiram de algum começo, desde o momento de sua criação *ex nihilo*. Obs.: ao contrário de Boécio[31], Agostinho parece não fazer nenhuma distinção entre os termos *aeternus* e *sempiternus* (vejam-se os comentários a **1**,5,13,42-44 Tempo e eternidade: considerações). **A.** A Lei eterna é algo estável e sempiterna: (**1**,15,31,104) *aliquid... stabile ac sempiternum.* **B.** Suave canto sempiterno, ou seja, cuja suavidade não tem fim: (**2**,14,38,149) *cantus sempiternus.* **C.** A beleza da Verdade e da Sabedoria é sempiterna para todos que a contemplam: (**2**,14,38,152) *omnibus sempiterna.* **D.** O número sempiterno: (**2**,16,42,167) *numerum sempiternum.* **E.** O Bem sempiterno: (**3**,1,2,8; *Ret.* 1,9,3) *sempiterno bono.* **F.** O que Deus faz é sempiterno: (**3**,3,6,24). **G.** A sede da honra sempiterna: (**3**,9,28,101) *sedem honoris sempiternam.* **H.** A condenação sempiterna: (**3**,25,76,264) *sempiterna... damnatio.*

senarius (*adj.*) SENÁRIO, que contém seis vezes o *um* (**2**,8,23,90).

septenarius (*adj.*) SETENÁRIO, que contém sete vezes o *um* (**2**,8,23,90).

serpens (*subst.*) SERPENTE, lit. "que rasteja", ou "rastejante", mas também: "que se insinua", ou "insinuante" [*serpo*]. Obs.: embora para os padres da Igreja a serpente tenha feito as vezes do diabo no paraíso, essa interpretação hoje dificilmente encontra eco nas páginas das próprias Escrituras, a não dizer do papel controverso do próprio diabo. Em *Cidade de Deus* (14,11), obra bastante posterior de Agostinho, a serpente [*coluber*] é considerada "instrumento" do diabo, que teria falado a Eva por intermédio dela: *colubrum in paradiso... per quem loqueretur... tanquam instrumento abutens...* **A.** A sugestão da serpente não estava em poder do homem, ou seja, ele não tinha controle sobre o que seria feito por ela, restando-lhe apenas assentir ou não: (**3**,25,74,256; 25,258) *suggestio serpentis.*

seruitus (*subst.*) SERVIDÃO. **A.** A servidão, eleita livremente pelo homem, às inclinações sensuais: (**1**,12,24,80) *electam sub libidine seruitutem.* **B.** A sujeição do corpo a uma servidão perfeitamente ordenada e legítima, ou seja, segundo a Lei divina, se quiser recuperar o seu posto na morada celeste: (**3**,20,57,193) *ordinatissimae atque legitimae seruituti.* **C.** A servidão da vontade do homem diante do pecado, condição de que apenas a Graça de Deus pode libertar: (*Ret.* 1,9,4) "A própria vontade, a não ser que seja libertada da servidão pela Graça de Deus, [servidão] pela qual se fez serva do pecado, e seja ajudada a que supere os vícios, [a vida] não pode ser vivida de modo reto e pio pelos mortais" (*uoluntas ergo ipsa nisi dei*

31 Cf. *De Trinitate* 4, 55-80.

gratia liberetur a seruitute, qua facta est serua peccati, et ut uitia superet adiuuetur, recte pieque uiui a mortalibus non potest...).

similis (*adj.*) SEMELHANTE: **A.** Sentidos semelhantes: (**2**,14,38,147) "Aqueles objetos que tocamos, ou que saboreamos, ou que cheiramos são menos semelhantes a esta verdade" (*minus ergo ea quae tangimus uel quae gustamus uel quae olfacimus huic sunt ueritati similia*). **B.** (*ibid.* §148) "Mas essas coisas são semelhantes a muito longa distância..." (*sed multum longo interuallo sunt ista similia...*), isto é, são remotamente semelhantes. Obs.: embora alguns sentidos guardem certas semelhanças com a natureza da Verdade, como a visão e a audição, essas semelhanças distam grandemente da Verdade imutável. **B_1.** O movimento da vontade não é semelhante ao da pedra, quando atraída para baixo, pela força da gravidade: (**1**,1,2,8) "Não é semelhante àquele movimento pelo qual a pedra é movida naturalmente" (*non est similis illi motui quo naturaliter mouetur lapis*). **B_2.** As semelhanças entre os movimentos da vontade e da pedra: (**3**,1,2,9) O movimento da vontade "não é absolutamente natural, mas voluntário, e nisso é semelhante àquele movimento pelo qual a pedra é levada para baixo, porque assim como esse é próprio da pedra, assim também aquele, do espírito" (*in eoque similis est illi motui quo deorsum uersus lapis fertur, quod sicut iste proprius est lapidis sic ille animi*). Obs.: *similis* opõe-se a *dissimilis,* assim como *similitudo,* à *uarietas.*

similitudo (*subst.*) **1.** SÍMILE, figura retórica que compara por assimilação dois termos ou ideias distintos, a partir de suas semelhanças. **A.** Embora compare o calor e o brilho do fogo ao número e à sabedoria presentes na Verdade imutável, Agostinho reconhece a insuficiência do símile, quando se trata de comparar a natureza corpórea à incorpórea: (**2**,11,32,129): "Nenhum símile visível pode adaptar-se em total conformidade ao que é invisível" (*non enim ulla uisibilis similitudo inuisibili rei potest ad omnem conuenientiam coaptari*). Obs.: o que Agostinho pretende dizer é que nenhuma analogia elaborada a partir de naturezas visíveis pode representar perfeitamente a natureza invisível. **B.** Símile entre corpos celestes e almas: (**3**,9,25,91) "O símile aplicado nos ensina isso, que, assim como ao contemplar as diferenças dos corpos... assim também é que deves cogitar das diferenças das almas..." (*similitudo adhibita id docet, ut, quem ad modum corporum differentias contemplando... sic etiam differentias animarum cogites...*). Obs.: o que se pretende dizer é que não se deve desejar a extinção dos corpos inferiores apenas porque existem superiores, assim como não se deve desejar a destruição das almas pecadoras apenas porque existem almas impecáveis, porque a diversidade, seja de almas, seja de corpos celestes, coopera para a perfeição da universalidade da criação. **2.** SEMELHANÇA, no sentido inespecífico de tomar um termo ou ideia de modo impróprio, a partir da mera comparação. Obs.: na seguinte passagem o termo *similitudo* poderia também ser interpretado como "símile", embora Agostinho esteja fazendo uma simples comparação, sem as estruturas que caracterizam o símile: *ut... sic...*: (**3**,24,71,243) "Contudo na maior parte das vezes denominamos algo a partir de uma semelhança, não de modo próprio. Com efeito, também a cegueira, conquanto seja o vício máximo dos olhos, contudo nos cachorrinhos que nascem não é um vício, nem se pode dizer propriamente cegueira" (*appellamus tamen plerumque ex similitudine aliquid non proprie...*).

simplex (*adj.*) SIMPLES, que não é composto, que não pode ser dividido ou fracionado, em referência ao número *um,* que, embora sendo a metade de dois, por sua vez não pode ser dividido: (**2**,8,22,88) "Aquele número que é chamado de 'dois', por conter duas vezes o que é simplesmente *um,* não pode a sua metade, isto é, aquilo mesmo que é simplesmente *um,* não pode, por sua vez, conter [*em si*] uma metade, ou terça parte, ou a quantidade que for, porque é simples e verdadeiramente *um*" (*...illud ipsum quod simpliciter unum est, non potest rursus habere partem dimidiam uel tertiam uel quotamlibet, quoniam simplex et uere unum est*). Obs.: a ideia é simples, embora nossos conhecimentos atuais de aritmética tornem-na aparentemente incompreensível. O que é *um* – noção que deve ser dissociada do número dito "inteiro", unidade matemática que inevitavelmente implica a noção correspondente de "fração" – não pode ser fracionado, pois ser *um* significa não apenas ser absolutamente simples, não complexo, não fracionável em partes, mas também íntegro e pleno, perfeito em sua indivisibilidade.

species (*subst.*) **1.** Aparência exterior ou visível, no sentido daquilo que pode ser visto por meio dos olhos, instrumento do sentido corpóreo da visão, daí também: figura, forma, contorno. **A.** Uma a. exterior vista simultaneamente pela visão de mais de uma pessoa: (**2**,7,17,68). **B.** Toda a. percebida pelos olhos pode ser percebida por mais de um simultaneamente: (**2**,14,38,147) *species omnis quae oculis adiacet.* **C.** Nenhuma a. visível é ubíqua: (**2**,14,38,148) *species omnis uisibilis... nec ubique tota est.* **D.** As a. de quaisquer corpos: (**2**,16,43,168; 19,50,191; **3**,5,13,46-48) *speciem corporis.* **E.** Toda a. exterior deve sua existência à Forma suprema: (**2**,18,49,187) *omnem speciem... a summa... forma... subsistere.* **F.** A alma confere ao corpo uma a. adequada: (**3**,9,27,98) *speciem decentissimam.* **G.** Nenhuma a. pode se dizer existir além da criação de Deus, nem dizer que exista nele alguma a. mutável: (**3**,21,60,203) *aliquam uel mutabilem speciem praeter creaturam dei aut aliquam mutabilem speciem in substantia dei.* **H.** A a. de toda criatura: (**3**,23,70,237) *omnis creaturae species.* **2.** Visão, em referência à visão de Cristo, que há de apascentar as almas: (**3**,10,30,109) *quos per speciem pascat.*

spiramentum (*subst.*) As vias respiratórias: (**2**,7,17,65) "A partir de um único e mesmo influxo de ar tanto eu como tu podemos encher as vias respiratórias e sentir as propriedades desse ar por meio do seu odor" (*nam quia ex uno aere et ego et tu possumus implere spiramentum et eius aeris adfectionem odore sentire*).

spiritalis 1. (*adj.*) Espiritual [cf. πνευματικός]. Obs.: o adjetivo não se refere estritamente aos seres desprovidos de corpos, mas à parte racional da criação, os seres dotados de inteligência. **2.** (*subst.*) Os seres espirituais: **A.** (**3**,11,33,117) *spiritalia.* **B.** (*ibid.*) *creaturae spiritales.* **C.** As criaturas espirituais, que são, vivem e inteligem, em contraste com as criaturas corpóreas, que apenas são, ou que são e vivem, mas não inteligem: (**3**,12,35,120) "Nem assim invejando a criatura espiritual, a evitar que ela existisse, ele, que por meio da enorme largueza de sua bondade também instituiu a corporal, de longe inferior às espirituais que pecam..." (*nec sic inuidens creaturae spiritali ut esset, qui etiam corporalem peccantibus quoque spiritalibus longe inferiorem...*) (cf. **3**,12,35,124).

spiritus (*subst.*) Espírito, como sinôn. de mente (*mens*), o princípio inteligente ou sede da atividade pensante do homem. Obs.: traduz o grego πνεῦμα, "sopro" [*spiro*], sendo equivalente também ao vocábulo *animus.* **A.** Como sinônimo de mente (*mens*): (**1**,8,18,61; 9,19,68). **B.** Como sinôn. de razão (*ratio*) e de mente (*mens*): (**1**,8,18,65). **C.** Numa citação paulina, como adversário da carne: (**3**,18,51,173; *Ret.* 1,9,5).

spiro (*v.*) **A.** RESPIRAR [πνέω]: (**2**,7,17,67) "Quando estou respirando do ar todo, aspiro apenas a parte que me é suficiente" (*de toto aere cum spiro, duco partem quanta mihi satis est*). **B.** INSPIRAR, como antônimo de expirar (*reflo*): (**2**,7,19,75) "Alimento esse que só eu posso sentir, quando inspiro, e que não posso restituir, quando expiro" (*quod alimentum et spirando solus sentire possum et reflando restituere non possum*).

spontaneus (*adj.*) ESPONTÂNEO [*sponte*], em contraste com o que é necessário, involuntário. Duas são as causas do pecado, diz Agostinho, a cogitação espontânea e a persuasão de outrem. Porém ambas são consideradas voluntárias, visto que ninguém poderá ser persuadido sem que consinta livremente com o persuasor: (**3**,10,29,104): *una spontanea cogitatione, alia persuasione alterius.*

sponte (*adv.*) ESPONTANEAMENTE, DE MODO ESPONTÂNEO, o que se refere a algo feito por intermédio do arbítrio livre da vontade, sem nenhum constrangimento exterior ou necessidade, daí também "voluntariamente". **A.** O homem caiu espontaneamente: (**2**,20,54,205; *Ret.* 1,9,4) *sponte homo cecidit.* **B.** As criaturas espirituais que nunca pecaram, nem nunca pecarão, se abstêm do pecado espontaneamente, não por necessidade, do contrário não teriam mérito: (**3**,12,35,121) *neque coactam non peccare sed sponte.* **C.** Numa das hipóteses para a origem das almas, elas viriam habitar corpos de modo espontâneo, não coagido: (**3**,20,58,198; 21,59,200) *sua sponte ad inhabitanda corpora ueniunt....* (§200) *sua sponte labantur.* **D.** O homem caiu de modo espontâneo, ou seja, por meio de seu livre arbítrio: (*Ret.* 1,9,6) *sponte homo, id est, libero arbitrio, cadere potuit.*

stabilis (*adj.*) ESTÁVEL, em contraste com o que é temporal (*temporale*), que sofre mutações no decurso do tempo, e em relação com o que não tem fim (*aeternum*). **A.** A Lei eterna é estável: (**1**,15,31,104) *stabile ac sempiternum.*

stabilitas (*subst.*) ESTABILIDADE, qualidade daquilo que é estável (*stabilis*). **A.** A Lei eterna impõe seus decretos com e. perfeitamente imutável: (**1**,14,30,101; *Ret.* 1,9,3) *incommutabili stabilitate firmauit.* **B.** Se não houvesse criaturas impecáveis, a e. da universalidade da criação sofreria grave abalo: (**3**,11,32,113) *stabilitas rerum atque connexio turbaretur.* **C.** A e. de cada natureza no conjunto da criação: (**3**,23,70,237).

studiosus (*adj.*) **1.** Liter. ESTUDIOSO, no sentido de quem "se aplica intelectualmente" [*studeo*] a alguma atividade investigativa, dedicando seu *otium* para o cultivo do espírito e aquisição da sabedoria, em vez de acomodar-se nos prazeres dos sentidos: **A.** Estudioso, no sentido de "aficionado", "adorador": "os estudiosos aficionados" de um suave canto sempiterno: (**2**,14,38,149) *suauis cantus sempiternus et studiosi eius...* **B.** Estudioso, no sentido de "dedicado", "aplicado": (**3**,20,58,199) "Pois ele concederia aos estudiosos e benévolos que fossem capazes de vencer esta ignorância e dificuldade" (*hanc enim ignorantiam et difficultatem studiosis et beneuolis euincendam*). **C.** Os caluniadores, nada muito estudiosos das questões que pretendem defender: (**3**,23,69,232) *calumniosi et talium quaestionum non studiosissimi.* **2.** STVDIOSI (*subst. pl.*): OS ESTUDIOSOS: (**2**,11,31,126) "Os ensinados e estudiosos" *docti... et studiosi.* **3.** STVDIOSE (*adv.*): ESTUDIOSAMENTE, de modo estudioso, aplicado, com zelo: (**2**,2,5,13) "Conhecer de fato, estudiosamente" (*studiose... agnoscere*).

studium (*subst.*) **1.** ESTUDO, no sentido de "esforço", "zelo", ou "aplicação" devotados primordial, mas não exclusivamente às atividades intelectuais. **A.** O e. da verdade: (**2**,9,25,97) *totum* *studium suum ad inuestigationem conferunt ueritatis.* **B.** O e. piedoso para adquirir as virtudes: (**3**,20,56,190) *et pio studio possit omnes adquirere et capere uirtutes.* **C.** Os e. para vencer a ignorância e a dificuldade e atingir a *uita beata*: (**3**,22,64,217) *in studiis optimis.* **2.** Esforço, aplicação para um determinado fim: (**3**,20,58,199) "Esforço [estudioso] de investigar e de aprender" (*studio quaerendi atque discendi*). Obs.: bastante ao revés da utopia de muitos, que pretendem transformar a atividade educativa num *ludus sine labore*, resta claro que os termos "estudo" e "esforço" são praticamente sinônimos, deixando entrever que para a sabedoria dos antigos gregos e romanos nenhum aprendizado se cria possível sem enorme labor e disciplina [*disco*].

stultitia (*subst.*) Estultícia, o contrário filosófico da sabedoria (*sapientia*). **A.** Assim como a sabedoria, a ciência e a razão se associam à luz, a estultícia, seu oposto, costuma ser comparada às trevas ou à ausência de luz (da inteligência), um verdadeiro castigo para a mente que se deixa dominar pela *libido*: (**1**,11,22,77) *stultitiae tenebris penitus inhaerentem.* **B.** A e. se relaciona inextricavelmente à impiedade, porque descrê da Verdade, que é Deus: (**2**,18,47,180) "As opiniões da ímpia estultícia, segundo a qual diz o insipiente em seu coração: Não existe Deus!" (*opiniones inpiae stultitiae*) (cf. **3**,3,8,30). **C$_1$.** A e. é o pior dos vícios: (**3**,24,71,240) *stultitia maximum uitium.* Obs.: a estultícia, sendo a submissão da razão às inclinações sensuais, ou seja, a submissão do que é ontologicamente superior ao inferior, o que é absolutamente contrário ao *ordo diuinus* e ao que preceitua a *summa ratio*, implica na submissão ao próprio malfazer. Pois se a *libido* é a causa do malfazer, não sendo senão o movimento de aversão da vontade do Bem comum e imutável aos bens próprios e mutáveis, então a estultícia, sendo submissão à *libido*, é também a submissão ao malfazer, constituindo o vício dos vícios. **C$_2$.** Daí dizer-se que a vontade seja culpada por sua e. viciosa: (**3**,24,71,241): "A vontade seja ré da estultícia viciosa" (*uitiosae stultitiae sit uoluntas rea*). **C$_3$.** A e. não é uma ignorância qualquer, mas uma ignorância viciosa: (**3**,24,71,243): "Pois a estultícia das coisas que se devem perseguir e evitar não é uma ignorância qualquer, mas viciosa" (*est enim stultitia rerum adpetendarum et uitandarum non quaelibet sed uitiosa ignorantia*). **C$_4$.** A e. é um tipo de cegueira do coração: (**3**,24,72,249) *stultitia quippe caecitas quaedam est...* Obs.: vê-se aqui novamente a associação entre a ignorância/estultícia e as trevas. **D.** Se Deus é a suprema Sabedoria, a e. é inconcebível nele ou perto dele, do que decorre ser causa ou consequência do afastamento das almas de sua Face: (**3**,24,73,251) "Foi pela estultícia que o primeiro homem se afastou de Deus, ou foi ao se afastar que ele se fez estulto?" (*stultitia primus homo recessit a deo, an recedendo stultus factus est?*). **E.** Ninguém se torna sábio se não transitar da e. para a sabedoria: (**3**,24,73,253) "Nenhum dos mortais se faz sábio, a não ser que transite da estultícia em direção à Sabedoria" (*nullus mortalium fit sapiens, nisi ab stultitia in sapientiam transeat*).

stultus (*adj.*) Estulto. **A.** Termo técnico da filosofia estoica, o estulto é a antítese do sábio (*sapiens*): (**1**,9,19,67) *stultus sapienti est contrarius.* **B.** Os homens em sua maioria são estultos: (**1**,9,19,66): *plerosque homines stultos esse* (cf. **1**,12,24,80; 26,88). **C.** Se o sábio é o homem ordenadíssimo, o estulto, sua antítese, é o homem desordenado, segundo os parâmetros da Lei eterna, aquele homem cuja melhor parte se deixa dominar livremente pelo que lhe é inferior: (**1**,9,19,66). **C$_1$.** O estulto, que está desordenado, não tem controle sobre os movimentos irracionais de sua alma; logo nele a mente não tem o controle supremo, como deveria: (**1**,9,19,67) "O estulto seja aquele no qual a mente não tem o poder supremo" (*in quo mens summam potestatem non habet*). **C$_2$.** (**1**,9,19,70) "Entretanto, ela não reina, pois eles são estultos; e sabe-se perfeitamente que o reinado da mente não pertence senão aos sábios" (*non tamen regnat, nam stulti sunt, neque regnum mentis nisi sapientium esse...*). **D.** Até os estultos são capazes de fazer contas, porque não estão desprovidos de razão, embora neles a razão não impere sobre os movimentos irracionais da alma, sendo, portanto, insipientes, não sábios: (**2**,11,31,126) "E porque poucos podem saber, porém numerar até aos estultos foi concedido" (*numerare autem stultis concessum*). **E.** Os que não creem na Providência divina cometem o erro mais estulto de todos: (**3**,2,5,17) "Opinam prazerosamente que nenhuma Providência divina esteja à frente dos assuntos humanos... se cometem aos acasos fortuitos... negando os juízos divinos... opinião, plena do erro mais estulto..." (*nullam diuinam prouidentiam praeesse rebus humanis libenter opinantur... fortuitis committunt casibus... diuina iudicia negantes... opinionem plenam stultissimi... erroris*). **F.** Não crer no testemunho das Escrituras é estulto: (**3**,21,60,209) "Seria estulto não crer em tais coisas" (*stultum talia non credere*). **G.** Se o primeiro homem foi criado estulto ou sábio: (**3**,24,71,240) *si... stultus factus est...* (cf. **3**,24,71,240-74,254). **H.** A criança não é estulta: (**3**,24,71,242) "Uma criancinha não se pode dizer nem estulta nem sábia" (*infans nec stultus nec sapiens dici potest*). **I.** O animal irracional não pode ser denominado estulto: (**3**,24,71,243) *neque animal inrationale stultum dicimus*. **J.** Estultamente (stvlte) (*adv.*): de modo estulto. Não se pode fazer algo de modo estulto sem estultícia: (**3**,24,71,252) "Pois estultamente coisa nenhuma poderia ele ter feito sem estultícia" (*non enim stulte aliquid sine stultitia facere poterat*).

substantia (*subst.*) Substância, sinôn. da própria natureza (*natura*), seja a criada, que é, vive e intelige, seja a incriada, que é, vive e intelige supremamente, o próprio Deus. **A.** A s. vivente é melhor do que a s. não vivente, e a s. que confere vida, do que a que a recebe: (**1**,10,20,72) *substantiam uiuentem non uiuenti aut eam quae uitam dat ei quae accipit esse praeferendam.* **B.** A s. do Deus supremo: (**3**,5,16,59) *summi dei substantia.* **C.** Agostinho estabelece a s. como sinôn. de natureza: (**3**,13,36,128) *"naturam" uoco quae et "substantia" dici solet.* **D_1.** Toda s. ou é Deus, ou existe a partir de Deus, o que equivale a dizer que toda natureza ou é Deus, ou foi criada por Deus, não existindo nada além disso no universo: (**3**,13,36,128) *omnis igitur substantia aut deus aut ex deo.* Obs.: pode-se dizer também que substância e natureza sejam sinônimos de "bem", sendo Deus o Bem supremo, porque tudo o que existe é bom, na medida em que existe, não existindo nada que não seja bom em algum grau. **D_2.** Logo todo bem ou é Deus, ou é a partir de Deus: (*ibid.*) *omne bonum aut deus aut ex deo.* **E.** Não se deve pensar nada de falso ou indigno acerca da s. do Criador: (**3**,21,59,201) *adsit nihil de substantia creatoris falsum indignumque sentiendi.* **F.** Não há nada mutável na s. de Deus: (**3**,21,60,205). **G.** A s. de Deus não é mais nem menos do que a Trindade: (**3**,21,60,205) *substantiam dei uel plus uel minus quam trinitatem esse contendit.* **H.** A s. do Criador: (**3**,22,63,216). **I.** A s. racional: (**3**,25,74,255) *rationalis substantia.*

summa (*subst.*) Cálculo, no sentido de uma "operação aritmética" (soma): (**2**,8,21,82) "Ao computar, tiver feito um cálculo errado, seja adicionando ou subtraindo" (*uel in addendo uel in retrahendo dum conputat falsam summam renuntiauerit*).

summus (*adj.*) Supremo, ou sumo, em referência às mais altas qualidades concebíveis, que via de regra se confundem com Deus, ou com seus "atributos". **A.** Razão suprema (*summa ratio*): (**1**,6,15,48). **B_1.** Bem supremo (*summum bonum*): (**2**,9,26,100; 102; 9,27,105-106; 108; 13,36,141; 15,39,156; **3**,13,37,129-131; 22,65,221; 23,69,233). **B_2.** Bens supremos (*summa* *bona*): (**2**,9,26,106; 109; 18,50,190). **C.** Vida suprema (*summa uita*): (**2**,17,46,176). **D₁.** Deus supremo: (**3**,5,16,59; 10,29,105; 11,32,114). **D₂.** O QUE É SUMAMENTE, DE MODO SUPREMO (QVOD SVMME EST): (**2**,15,39,154; 16,43,168; **3**,7,20,70; 21,71; 74). **E.** Mestra suprema, em referência à Verdade que ensina de dentro: (**2**,4,8,9) *quae summa omnium magistra est, ueritate intus docente.* **F.** Forma suprema (*summa forma*): (**2**,18,49,187). **G.** Sabedoria suprema (*summa sapientia*): (**3**,15,42,145; 25,76,261). **H.** Unidade suprema (*summa unitas*): (**3**,23,69,236). **I.** Supremo, o que de mais elevado se conceba num determinado gênero: **I₁.** Corpos supremos, em referência aos corpos celestes: (**3**,23,69,233): *summa corpora quae coelestia sunt.* **I₂.** Em referência aos atributos humanos: (**1**,8,18,63). **I₃.** Em referência ao poder da mente no homem: (**1**,9,19,67) *in quo mens summam potestatem non habet.* **I₄.** A sabedoria suprema (*summa sapientia*), associada à vida reta e honesta: (**1**,12,25,83). **I₅.** Gênero supremo (*summum genus*), em relação aos bens terrenos: (**3**,5,13,47). **I₆.** Criatura suprema (*summa creatura*): (**3**,9,24,85).

superbia (*subst.*) SOBERBA. **A.** A s. estufa: (**1**,11,22,78) *superbia inflat.* Obs.: trata-se de um dos inúmeros castigos impostos à mente que se submete livremente às inclinações sensuais. Cf. *anxietas.* **B.** A s. foi o vício por que o homem foi persuadido pelo diabo a averter-se de Deus, sendo igualmente o motivo por que alguns cospem fora a medicina da misericórdia de Cristo: (**3**,10,29,107) *superbiam, cuius persuasione deiectus est et quo uno uitio misericordiae medicina respuitur.* **C.** A s. averte da Sabedoria, ao que se segue a estultícia: (**3**,24,72,249) *superbia enim auertit a sapientia, auersionem autem stultitia consequitur.* **D.** O início de todo pecado é a s., e o início da s., apostatar de Deus (Eclo 10,15): (**3**,27,76,263) *initium omnis peccati superbia et initium superbiae hominis apostatare a deo.* **E.** À sua s. acresceu o diabo uma malevolente invídia: (**3**,27,76,263). **F.** O diabo se fez o modelo da s. para o homem: (**3**,27,76,264) *cui se diabolus ad imitationem superbiae.*

superbus (*adj.*) SOBERBO. **A.** O homem soberbo que se afastou de Deus e precipitou-se na morte: (**2**,19,53,200) *homo superbus.* **B.** O infeliz é digno da misericórdia, porém o infeliz soberbo, não: (**3**,10,29,107) *et quid tam indignum misericordia quam superbus miser?*

supercoelestis (*subst.*) SUPRACELESTE: (**3**,11,32,114) "Tais almas são as melhores, não apenas santas, mas também criaturas sublimes dos poderes celestes ou supracelestes, sobre as quais só Deus exerce seu império, às quais, porém, o mundo inteiro está sujeito" (*optimae et sanctae et sublimes creaturae coelestium uel supercoelestium potestatum...*).

supplicium (*subst.*) CASTIGO, sinôn. de *poena,* quando referente ao pecado; daí também: punição, expiação, suplício. **A.** Deus distribui prêmios aos bons e c. aos maus: (**1**,1,1,1) *supplicia malis tribuit.* **B.** O c. é sempre considerado um mal pelo que o padece: (**1**,1,1,1) *utique supplicia patientibus "mala" sunt.* **C.** Experimentar castigos nem sempre é bom: (**1**,7,17,60) *experiri supplicia.* **D.** O castigo dos maus atos praticados voluntariamente é a infelicidade: (**1**,14,30,101) *miseria... supplicium.* **E.** Deve haver justiça no castigo: (**2**,1,3,7) *in supplicio... esse iustitia.* **F.** Se o c. é injusto aos pecadores, igualmente injusto é o prêmio aos benfeitores: (**3**,4,11,40). **G.** O c. do pecado é uma afecção da natureza, não uma natureza: (**3**,9,26,94) *supplicium peccati... adfectiones naturarum.* **H.** A alma humana é congruente com a habitação terrestre através do c.: (**3**,9,27,98) *terrestri autem congruit per supplicium.* **I.** O c. do ladrão, cujos membros são queimados no fogo: (**3**,9,28,101) *latronis... supplicio.* **J.** Os que querem ser iguais aos anjos bons serão igualados aos anjos prevaricadores pelo c.: (**3**,9,28,103) *aequabuntur supplicio praeuaricatoribus angelis.* **K.** Toda pena de um pecado, se é justa, denomina-se "castigo": (**3**,18,51,175) *omnis autem poena, si iusta est, peccati poena est et "supplicium" nominatur.* **L.** A consequência do c. do pecado também se diz "pecado": (**3**,19,54,184). **M.** O c. merecido pela aversão original: (**3**,20,55,187) *supplicium quod origo eius ex auersione meruerat.* **N.** Se a ignorância e a dificuldade não forem um c., mas uma admoestação à proficiência e exórdio para a perfeição: (**3**,20,56,191) *proficiendi admonitio et perfectionis exordium.* **O.** O c. da mortalidade: (**3**,20,57,194) *supplicium mortalitatis.* **P.** Vencer o diabo, depois de assumir o c. que ele se vangloria de ter provocado: (**3**,20,57,197) *eodem suscepto supplicio.* **Q.** Justo c.: (**3**,20,58,198) *iusto supplicio.* **R.** As almas devem solver os c. do pecado: (**3**,22,63,216). **S.** Uma média entre o prêmio e o c.: (**3**,23,66,226) *inter praemium atque supplicium.* **T.** O c. do juízo futuro: (**3**,23,68,229) *futuri iudicii supplicio.* **U.** Se a ignorância e a dificuldade não são naturais, então são uma prova, ou um c.: (**3**,23,70,239) *inrogatae supplicio.*

tactus (*subst.*) TATO, o sentido corpóreo do toque [*tango*], responsável por apreender as impressões sensoriais que entram em contato não apenas com as mãos [*manus*] e os dedos [*digitus*], mas com toda a epiderme [*cutis*]. **A.** O sentido de tocar: (**2**,3,8,25) *sensus... tangendi* (cf. **1**,8,18,61). **B.** A matéria do tato são as superfícies moles, duras, suaves, ásperas etc.: (**2**,3,8,25) *quid ad tactum? molle uel durum, lene uel asperum et multa talia* (cf. **2**,3,8,28; 5,12,49; 6,14,56). **C.** Ao contrário da visão e da audição, as percepções sensoriais captadas pelo tato não guardam muita semelhança com a Verdade/Sabedoria comum, pois aquilo que alguém toca não pode ser tocado simultaneamente por outro na mesma parte: (**2**,7,18,69) "Pois não posso mover o meu tato para nenhuma parte que tu estejas segurando com o teu tato, a não ser que tu o tenhas removido" (*nam nulli parti quam tactu capis possum meum tactum admouere nisi tu remoueris tuum*). Cf. *gustatus, auditus, uisus, olfactus.*

temperans (*adj.*) TEMPERANTE (σώφρων): aquele que possui a virtude da temperança (*temperantia*), que lhe permite resistir às inclinações sensuais, que o arrastam para agir contrariamente à sua reta razão. **A.** O temperante opõe resistência à *libido:* (**1**,13,27,92) "Oponha-se às inclinações sensuais, e por isso seja de direito chamado de 'temperante'" (*aduersari libidinibus et ideo iure "temperantem" uocari*). **B.** O contrário do temperante é o intemperante, que se deixa arrastar pelas inclinações sensuais: (**2**,15,40,158) *qui non est temperans intemperantem.*

temperantia (*subst.*) TEMPERANÇA (σωφροσύνη), uma das quatro virtudes cardeais. **A.** Definição de t.: (**1**,13,27,89) "A temperança... é a disposição que contém e coíbe o apetite daquilo que se procura obter de modo torpe" (*temperantia est adfectio coercens et cohibens adpetitum ab iis rebus quae turpiter adpetuntur*). **B.** O amante de sua boa vontade é também possuidor da virtude da t.: (**1**,13,27,92) "Vê então agora se acaso podemos alienar dele a temperança, visto ser ela a virtude que coíbe as inclinações sensuais..." (*uide iam nunc utrum ab eo temperantiam alienare possimus, cum ea sit uirtus quae libidines cohibet...*). **C.** Ninguém faz mal uso da t., assim como das demais virtudes: (**2**,18,50,190) *neque temperantia male quis utitur.* **D.** Ninguém se faz temperante pela t. alheia: (**2**,19,52,198). Cf. *iustitia, fortitudo, prudentia.* Obs.: interessa notar que as virtudes clássicas serão aos poucos suplantadas pelas virtudes cristãs, como a continência (*continentia*), a humildade (*humilitas*), a caridade/amor (*caritas*), a esperança (*spes*) etc.

tempero (*v.*) **1.** CONTER-SE [*contineo*]; refrear-se etc.: (**1**,5,11,33) "Pois pela lei também ao soldado ordena-se que mate o inimigo, e se se contiver da carnificina solve as penas impostas pelo comandante" (*nam militi etiam iubetur lege, ut hostem necet, a qua caede si temperauerit ab imperatore poenas luit*). **2.** TEMPERAR, em sentido análogo ao do item anterior, em referência direta à virtude da *temperantia*: (**3**,18,52,179; *Ret.* 1,9,5) "Devido à dor resistente e torturante do vínculo carnal não poder temperar as obras das inclinações sensuais..." (*resistente atque torquente dolore carnalis uinculi non posse a libidinosis operibus temperare*).

temporalis (*adj.*) TEMPORAL, em relação ao que é transitório, em contraste com as naturezas que permanecem, tenham tido começo, como as almas, ou não, como a Divindade. Portanto dizer que algo é temporal é dizê-lo igualmente mutável, ou seja, que está sujeito à mutação no decurso do tempo, entre um antes e um depois. Se fosse sempre o mesmo, não se poderia dizer, considerando um dado objeto isoladamente, que nele houve um antes ou haverá um depois. Ademais, na esteira de Platão, que fez a conjunção entre a estabilidade do ser de Parmênides e a transitoriedade das coisas de Heráclito, na metafísica de Agostinho também aquilo que é temporal é e não é simultaneamente, algo cuja existência é marcada pelo seu fluxo contínuo para o não ser, como diz em **3**,7,21,73: "De que modo, portanto, serão elas retidas [as coisas temporais], a fim de que permaneçam, às quais começar a ser é o mesmo que continuar a não ser?" (*quo modo igitur tenebuntur ut maneant, quibus hoc est incipere ut sint, quod est pergere ut non sint?*). **A.** Lei t.: (**1**,6,14,48) *legem... temporalem.* Obs.: neste caso t. refere-se antes à mutabilidade das leis, não necessariamente ao fim delas (cf. **1**,6,15,48; 50; 51; 7,6,52; 15,31,106-108). **B.** A Lei eterna como oposto da t., porque não sofre mutação ao longo do tempo, prescrevendo sempre os mesmos valores: (**1**,15,31,104). **C.** Homens eternos e t., segundo a direção a que se volta seu amor: (**1**,15,31,106; 16,34,114). **D.** Da submissão às leis t.: (**1**,15,31,106-107). **E.** Quem adere à Lei eterna não precisa da t.: (**1**,15,31,107). **F.** A Lei eterna prescreve a conversão do amor para as coisas eternas e a aversão das t.: (**1**,15,32,108) *amorem a temporalibus et... conuertere ad aeterna.* **G.** O que está sob a tutela da lei t.: (**1**,15,32,108-112). **H.** Dos bens t.: (**1**,16,34,115; **2**,9,25,97; **3**,1,2,11; 15,42,146 *Ret.* 1,9,3) *temporalia.* **I.** A natureza eterna é melhor que a t.: (**2**,10,28,114) *melius esse... aeternum temporali* (cf. **2**,12,34,134). **J.** Os incômodos da vida t.: (**2**,10,28,115; 23,68,230) *incommodis temporalibus.* **K.** Disposições e amores t.: (**3**,7,21,72) *temporalium rerum amoribus.* **L.** A fé como via de escape das coisas t.: (**3**,21,60,203) *uia de temporalibus.* **M.** Na série das coisas t.: (**3**,21,61,210) *in serie temporalium.* **N.** A circunfluência dos bens t.: (**3**,25,77,265).

terrestris (*adj.*) TERRESTRE, "da terra", em oposição a *coelestis*, "do céu". **A$_1$.** Corpos terrestres: (**3**,5,17,61) "Pois, embora a razão situe com grande diferença os corpos celestes à frente dos terrestres..." (*cum enim corpora coelestia corporibus terrestribus magna differentia ratio praeponat...*). **A$_2$.** O corpo terrestre ornado pelas almas elevadas: (**3**,11,34,119) "Logo aquela [alma superior] adere a Deus e, no corpo celeste, por meio de seu angélico poder orna e rege também o corpo terrestre" (*illa ergo inhaeret deo et in coelesti corpore angelica potestate etiam terrestre corpus ornat et regit*). **B.** Habitação terrestre, em referência ao corpo de carne e à própria vida na condição de mortalidade, neste mundo: (**3**,9,27,98) "Portanto uma alma de tal espécie não se faz congruente com a habitação celeste através do pecado, porém é congruente com a terrestre através do castigo" (*terrestri autem congruit per supplicium*).

traho (*v.*) **1.** ASPIRAR, no sentido de "inspirar" ou "tragar", liter. "puxar o ar para dentro": (**3**,7,17,67) "Aspiremos ambos um único [e mesmo influxo de] ar pelas narinas" (*unum* aerem *naribus ambo trahimus*). Cf. *duco, spiro, inspiro, respiro.* **2.** DERIVAR (*gram.*), um vocábulo de outro: (**3**,14,40,141) "Crê-se daí ter sido o vocábulo derivado..." (*inde traxisse uocabulum creditur...*). **3.** TIRAR, no sentido de "derivar", ou de "fazer sair a partir de", em referência à origem das almas: (**3**,20,56,188): "Depois, se uma única alma foi feita, a partir da qual são tiradas [as almas] de todos os homens que nascem" (*ex qua omnium hominum trahuntur nascentium*).

tralego (*v.*) COMUNICAR, no sentido de "legar", "transmitir", como se por meio de herança: (**3**,15,42,146) "As coisas que são restituídas, comunicando, são restituídas àquele que as tenha comunicado..." (*quae redduntur tralegando ei redduntur qui tralegauerit*). Obs.: o verbo *tralego* [*trans* + *lego*], que em latim clássico significava simplesmente o ato de ler algo para alguém, em linguagem jurídica, por derivação de sentido, veio a significar a transmissão legal de algo, uma vez que este ato jurídico era cumprido através da leitura pública de documentos, como testamentos, por exemplo. O dicionário *Oxford* não cita o termo com essa acepção, visto que não inclua os usos posteriores ao século II d.C. Porém os dicionários Harper e Gaffiot incluem essa acepção, de transmissão de herança, acepção que justificam com um único exemplo, extraído do próprio Agostinho (*In Ioan. euang. tract.* 5,20), quando o filósofo explica que Cristo não legou a nenhum de seus servos o poder de batizar, uma vez que era prerrogativa dele o batismo pelo Espírito santo: *quia ipse est qui baptizat in Spiritu sancto et nulli seruo suo translegauerit potestatem baptizandi...*, "Porque ele próprio é que batiza no Espírito santo, e a nenhum servo seu comunicou o poder de batizar [no E. s.]...".

transitus (*subst.*) TRÂNSITO [*trans* + *ire*], a passagem de um lugar a outro, de uma condição a outra, liter. "o ir além", "atravessar" etc. Agostinho se utiliza dessa noção, como o fará em *Confissões* (12,6,6) em relação à passagem entre o quase-nada da matéria informe e a forma, para intermediar a passagem entre um estado de estultícia, inaceitável para o primeiro homem, e um estado de sabedoria, igualmente inaceitável. De fato, se foi criado estulto por Deus, então como pode ser culpado por sua queda? Mas se foi criado sábio, como caiu? (**3**,24,73,252-254) "Do que se torna aparente existir algo médio pelo qual se transita da Sabedoria para a estultícia... assim como nenhum dos mortais se faz sábio, a não ser que transite da estultícia em direção à Sabedoria... o próprio trânsito... do que se intelige existir algo médio, que se pode dizer 'neutro', assim, também... para que o primeiro homem transitasse para a estultícia, aquele trânsito não foi nem estulto, nem sábio. É como no sono e nas vigílias, [onde] dormir não é o mesmo que adormecer, nem vigilar o mesmo que despertar, mas um certo trânsito de um em direção ao outro" (*...sicut enim nullus mortalium fit sapiens, nisi ab stultitia in sapientiam transeat...*).

ualentia (*subst.*) VALÊNCIA [*ualeo*], em duplo sentido: **1.** VIGOR (corpóreo), no caso dos animais: (**1**,8,18,61). **2.** VALOR (ontológico), em referência à posição das criaturas na escala dos bens: (**3**,14,40,139): "Em virtude do valor de cada uma das partes da universalidade" (*pro ualentia cuiusque partis uniuersitatis*).

ualeo (*v.*) **1.** VALER, no sentido geral de possuir algum valor ou eficácia para algo, daí também: SER CAPAZ, SER POSSÍVEL, como em: (**1**,6,15,51) "Portanto, a fim de explicar de modo breve, por meio de palavras, tanto quanto me seja possível..." (*ut igitur breuiter aeternae legis* *notionem, quae inpressa nobis est, quantum ualeo...*). **2.** Ter forças, estar em condições saudáveis e vigorosas [*ualetudo*]. **A.** Em relação ao estado enfermo do homem, em condição penal: (**3**,18,51,174) "Porém agora, porque é assim, não é bom, nem possui em seu poder que seja bom, quer não vendo de que maneira deva ser, quer vendo e não tendo forças para ser da maneira como vê que deva ser" (*siue uidendo et non ualendo esse qualem debere esse*). Obs.: Agostinho se refere à insuficiência crônica do homem depois da queda, que o mantém num estado de "invalidez" (*inualitudo*), em que o vigor lhe é ausente, não estando apto o suficiente para ver o que deve fazer ou para fazer o que deve ser feito, naquilo que chama de "ignorância" e "dificuldade". Nesse sentido, o homem está como que enfermo, daí a negação (*in-*) do verbo *ualeo,* indicando a saúde deficiente do homem.

ualetudo (*subst.*) Estado de saúde, que pode ser bom ou mau. **A.** A saúde íntegra é um dos bens humanos ordenados pelas leis das cidades: (**1**,15,32,109) *integra ualetudo.* **B.** Nenhum médico é onipotente: (**3**,12,35,120): "Um médico perfeito também sana a escabiose de modo eficaz, mas não se segue de imediato que aquele que consulta com proveito um escabioso possa remediar a saúde humana universal" (*non... qui scabioso utiliter consulit uniuersae humanae ualetudini mederi potest*). Obs.: do substantivo *fem.* scabies, liter. "crosta", o escabioso (scabiosvs) era o portador de algum tipo de sarna, termo genérico que provavelmente se referia um grande número de afecções alérgicas na Antiguidade, contagiosas ou não, que provocavam pruridos e eczemas na pele.

uarietas (*subst.*) Variedade, no sentido de "diversidade", mas também de "dessemelhança": **A.** (**2**,16,44,171) "Variedade distinta de formas" (*distincta uarietate formarum*). **B.** (**3**,5,13,47) "Terra... em que tanta é a variedade, segundo suas partes..." (*in qua terra rursus secundum partes eius tanta est uarietas...*). **C.** (**3**,23,70,237) "Uma certa variedade de línguas" (*quadam uarietate linguarum*).

ueritas (*subst.*) Verdade. **A.** A V. acima da mente humana: (**2**,11,31,126) "Eles também transcendem nossas mentes e permanecem perfeitamente imutáveis na própria Verdade" (*eos etiam nostras mentes transcendere atque incommutabiles in ipsa manere ueritate*). **B.** Regras interiores da V.: (**2**,12,34,134) *interiores regulas ueritatis.* **C.** O abraço da V.: (**2**,13,35,137) "Eis que aqui tens a própria Verdade! Abraça-a, se podes, e frui dela, e deleita-te no Senhor e ele te dará os pedidos do teu coração! Ora, que pedes mais do que que sejas feliz? E o que é mais feliz do que aquele que frui da inconcussa, absolutamente imutável e excelentíssima Verdade?" (*ecce tibi est ipsa ueritas*). **D.** A liberdade da submissão à V.: (**2**,13,34,143) "Esta é a nossa liberdade, quando somos submetidos a essa Verdade; e ela é o nosso próprio Deus" (*haec est libertas nostra, cum isti subdimur ueritati; et ipse est deus noster*). **E.** Deus é a V.: (**2**,15,39,153) "A própria Verdade é que é Deus" (*ipsa ueritas deus est*) (cf. **2**,9,26,100; 11,30,123; 33,130; 12,34,133; 136; 13,35,137-140; 36,141-142; 14,37,144; 38,147; 151; 15,39,156; 16,42,167; 19,52,196-198; **3**,1,1,3; 3,7,27; 8,32; 5,14,52; 15,57; 17,61; 16,46,156; 160; 20,58,198; 21,60,203; 25,77,265). **2.** Cristo, a V. de Deus que ensina interiormente: (**2**,4,8,9) *ueritate intus docente* (cf. **2**,18,49,187). **3.** O desespero de encontrar a v. quando se está submetido às inclinações sensuais: (**1**,11,22,77) "Ora desesperando de toda descoberta da verdade e aderindo profundamente às trevas da estultícia..." (*nunc desperantem de tota inuentione ueritatis et stultitiae tenebris penitus inhaerentem...*) (cf. **1**,9,19,69; 16,35,118; **2**,9,25,97-98; 26,100; 102; **3**,1,1,3; 3,7,27; 8,32; 8,23,79; 81; 21,61,212; *Ret.* 1,9,2). **4.** A v. dos números, que tanto se refere às v. matemáticas, indiscutíveis, como à v. inteligível e eterna expressa por suas regras, de estatuto ontológico superior, v. essa que no final do segundo livro se confunde, a partir de uma citação bíblica, com a própria V., que é Deus: (**2**,8,20,80) *ratio et ueritas numeri.* Cf. **2**,8,21,83; 23,92; 24,93-94; 9,27,104; 10,29,119; 11,30,122; 11,31,126.

uirtus (*subst.*) VIRTUDE, excelência ou força [*uis*], primeiramente moral, mas também ontológica. Obs.: a virtude, assim como o vício, em sentido contrário, implica alterações na natureza, ou substância, do praticante das virtudes e do vicioso, respectivamente, tornando-se neste caso desaconselhável a separação que se costuma efetuar entre moral e ontologia. **A.** Cristo, V. de Deus, segundo Paulo (1Cor 1,22-24): (**1**,2,5,13) *dei uirtutem.* **B.** A pudicícia é uma v. e está situada no espírito, não no corpo: (**1**,5,12,28) *in ipso animo... uirtus.* **C.** Toda v. é preferível ao vício, de modo que quanto melhor e mais sublime for a v., tanto mais invencível e firme será: (**1**,10,20,72) *uirtutem omnem num dubitabimus omni uitio sic anteponere...* **D.** Nenhum espírito vicioso supera o espírito armado de virtude: (**1**,10,20,72) *animus uirtute armatum.* Obs.: na ausência de adjetivo em latim para descrever aquele que é possuidor da virtude, o "virtuoso", Agostinho recorre a inúmeras perífrases, tais como como: (**1**,10,20,72) "Espírito armado de virtude" (*uirtute armatus animus*); (**1**,6,14,46) "Homem bom" (*uir bonus*); (**1**,10,20,73) "Mente que exerce o seu reinado com igual equidade e virtude" (*mens pari aequitate ac uirtute regnans*); (**1**,10,20,73; **2**,19,62,198) "Espírito provido de virtude" (*animus uirtute praeditus*); (**1**,11,21,75) "Mente que exerce o poder na virtude" (*mens uirtute pollens*); (**1**,10,20,72) "Mente que exerce o seu reinado e está na posse da virtude" (*regnanti menti conpotique uirtutis*); (**1**,11,21,76) "Espírito... dotado de virtudes" (*animum... uirtutibus praeditum*). **E.** A mente despojada da opulência da v.: (**1**,11,22,77) *exspoliatamque uirtutis opulentia.* **F.** A deserção voluntária da cidadela da v.: (**1**,12,24,80) *desertam uirtutis arcem.* **G.** A justiça é a v. por meio de que se atribui a cada um o que lhe cabe: (**1**,13,27,89) *iustitiam... uirtutem qua sua cuique tribuuntur.* Obs.: esta é a definição clássica de virtude, segundo os antigos, mas que encontra estuário abundante nas Escrituras, especialmente no N.T. (cf. 1Cor 3,8; 2Cor 5,10; Mt 16,27; Apo 2,23 etc.) **H.** A temperança é a v. que coíbe as inclinações sensuais: (**1**,13,27,92) *uirtus quae libidines cohibet.* **I.** O homem que possui e ama sua boa vontade está munido das quatro v. cardeais: temperança, justiça, coragem e prudência: (**1**,13,27,93) *in hoc homine, qui suam bonam uoluntatem magni pendit et diligit, omnes quattuor uirtutes... esse compertas.* **J.** Naquele que ama a boa vontade farão morada as quatro v. cardeais, cuja posse equivale a viver reta e honestamente: (**1**,13,29,97) *illae uirtutes... animum nostrum incolent, quas habere id ipsum est recte honesteque uiuere.* **K.** Regras e luzes das v.: (**2**,10,29,116; 118; 19,52,198) *regulas et... lumina uirtutum.* Obs.: essas regras foram descritas no §115. **L.** As v. do espírito, pelas quais se vive a vida reta, são grandes bens, porque delas ninguém usa mal, e porque nelas vige a reta razão: (**2**,18,50,190) *uirtutes animi... neque... male quis utitur... recta ratio uiget, sine qua uirtutes esse non possunt.* **M.** As v. são grandes bens: (**2**,19,50,191) *uirtutes igitur, quibus recte uiuitur, magna bona sunt.* **N.** Ninguém usa mal das v.: (**2**,19,50,192) *uirtutibus nemo male utitur.* **O.** A obra da v. é o bom uso dos bens que também podem ser mal utilizados: (**2**,19,50,192) *opus uirtutis est bonus usus istorum, quibus etiam non bene uti possumus.* **P.** Na vida feliz, o bem primeiro do homem, encontram-se as v. todas, de que ninguém pode fazer mau uso: (**2**,19,62,196) *in eo sunt etiam uirtutes omnes, quibus male uti nemo potest.* **Q.** A v. meritória daquele que entrega seu corpo para ser queimado, porém não por castigo: (**3**,9,28,100) *merito uirtutis.* **R.** Naturezas (angelicais) que permanecem na v. e na justiça: (**3**,11,32,113) *in* *uirtute atque iustitia permansuras.* **S.** Do esforço para adquirir as v.: (**3**,20,56,190) *omnes adquirere et capere uirtutes.* **T.** Castigar (em sentido positivo de subjugar) o corpo por meio das v.: (**3**,20,57,193). Obs.: provavelmente refere-se à temperança, ou continência.

uisio (*subst.*) Visão, no sentido específico de contemplação da Verdade/Sabedoria eterna: (**2**,16,42,167) "Sê lembrado com clareza de teres diferido a visão, a fim de que a retomes mais forte e mais são" (*memento sane distulisse te uisionem quam fortior saniorque repetas*).

uisus (*subst.*) Visão. **A.** Um dos cinco sentidos corpóreos, responsável por captar as impressões sensoriais [*uideo*] por meio dos olhos [*oculis*]: **A$_1$.** (**2**,3,8,25) *sensus... uidendi* (cf. **1**,8,18,61; **2**,3,9,29; 31; 4,10,38). Cf. *olfactus, auditus, gustatus, tactus.* **A$_2$.** O sentido corpóreo da visão não é capaz de ver-se a si mesmo, enquanto sentido de ver, como a mente é capaz de pensar-se a si mesma: (**2**,3,9,37) "Quando sentimos uma cor, não é igualmente pelo próprio sentido que nós sentimos também o próprio sentir..." (*quoniam ergo, cum colorem sentimus, non itidem sensu ipso nos sentire etiam sentimus...*). **A$_3$.** O sentido da visão, assim como o da audição, num certo modo é semelhante à Verdade/Sabedoria eterna, pelo fato de que todos podem ver o mesmo objeto simultaneamente, em comum: (**2**,7,16,63) "Podemos ver uma única e mesma coisa simultaneamente muitos de nós, ainda que os nossos sentidos sejam a cada um de nós individuais, [sentidos] todos pelos quais aquele objeto único que simultaneamente vemos é o [mesmo] que sentimos [individualmente], de modo que, embora um sentido seja meu, e outro, teu, contudo seja possível que o que vemos não seja uma coisa minha, outra, tua, mas um único e mesmo objeto esteja ao alcance de ambos e seja simultaneamente visto por ambos" (*possumus ergo uidere unum aliquid multi simul, cum sint sensus nostri nobis singulis singuli...*). **B.** Seja como as imagens ou impressões sensoriais captadas, ou recebidas, por meio dos olhos, em referência aos seres inteligentes corpóreos, seja como "imagens" mentais recebidas. Nesta acepção *uisus* remete ao termo grego φαντασία, no sentido de uma "aparência", ou de uma "imagem mental" que se forma a partir da impressão formada nos olhos, ou de uma imagem mental formada de modo puramente verbal, por meio de sugestão exterior: (**3**,25,74,255-256): "Mas porque nada alicia a vontade para fazer qualquer coisa, a não ser alguma visão, porém o que cada um tome para si ou cuspa está em seu poder, mas na visão, pela qual ele seja tocado, nenhum poder existe, deve-se reconhecer que o espírito seja tocado não apenas por visões das coisas superiores, mas também das inferiores, de modo que a substância racional tome de uma e outra aquilo que quiser... por exemplo, no paraíso o preceito de Deus era a visão das coisas superiores, a sugestão da serpente, a visão das inferiores" (*sed quia uoluntatem non allicit ad faciendum quodlibet nisi aliquod uisum...*). **C.** V. de Deus e do diabo: (**3**,25,75,258) "Porém neste ponto pode-se indagar, se ao homem estiveram disponíveis as visões de uma e outra parte, uma do preceito de Deus, a outra da sugestão da serpente" (*ex utraque uisa, unum ex praecepto dei, alterum ex suggestione serpentis*). **D.** V. inferiores: (**3**,25,76,264) "Que nenhumas visões das coisas inferiores nos desviem do conspecto superior" (*ut nulla nos uisa ex inferioribus a conspectu superiore detorqueant*).

uita (*subst.*) Vida. **A$_1$.** Quem deseja uma v. sem medo não deseja algo de mau: (**1**,4,9,24) *uitam metu liberam.* **A$_2$.** A v. como contrário da morte, que se quer evitar: (**2**,4,10,40) *mortem, quae cum sit uitae contraria... uita etiam seipsam sentiat, quae contrarium suum fugit.* **B$_1$.** A v. criminosa que melhor se denomina "morte": (**1**,4,10,29) *uitam quae "mors" melius uocatur.* **B$_2$.** O soberbo, que procura seu próprio bem, em vez da v. feliz, chega à v. infeliz, que melhor se diz “morte”: (**2**,19,53,200) *homo superbus... excipitur ab alia uita, quae in conparatione superioris uitae mors est.* **C.** Quem mata alguém em defesa da própria v. o faz com ou sem inclinação sensual? (**1**,5,11,32). **D$_1$.** A v. do corpo, no sentido de *anima*, o princípio vital (ψυχή): (**1**,5,11,32; **2**,6,14,55; 16,41,162) *tota uita corporis anima est.* **D$_2$.** Pode a v. ser subtraída à alma quando morre o corpo? (**1**,5,12,37) *de uita... utrum animae nullo pacto auferuntur.* **E$_1$.** HAEC VITA: “esta v.” terrestre e mortal, em contraste com a v. futura e celeste: (**1**,6,14,42-43; 12,24,81; **2**,2,6,19; 18,47,178; **3**,20,57,194; 21,60,203; 61,210; 22,64,219; 23,68,230; 70,239; 24,73,252). **E$_2$.** Quem se deixar capturar pelo amor desta v. escolhe submeter-se ao senhor de todas as coisas perecíveis, próprias deste mundo mortal, o diabo: (**3**,20,57,197) *quisquis autem hoc istius uitae captus amore... erit potius sub omnium domino...* **F.** VITA AETERNA: “a vida eterna”: **F$_1$.** A v. eterna segundo João (17,3): conhecer a Deus e aquele que ele enviou, Cristo: (**2**,2,6,18) *haec est autem uita aeterna... ut cognoscant te uerum deum et quem misisti, Iesum Christum.* **F$_2$.** Depois desta v. (subentende-se que seja na v. eterna) os bons e piedosos também conhecerão os mistérios de Deus: (**2**,2,6,19) *a bonis et piis omnibus post hanc uitam.* **F$_3$.** Quanto mais se ama o “ser”, mais se deseja a v. eterna: (**3**,7,21,72) *quanto enim amplius esse amaueris, tanto amplius uitam aeternam desiderabis.* **F$_4$.** Quem não converte sua vontade desta para a v. e. não terá desculpa: (**3**,23,68,230) *si uitae huius angoribus ad aeternam uitam desiderium conuertere noluerunt.* **F$_5$.** A v. e. está prometida através de Cristo: (**3**,25,76,264) *per quem nobis aeterna uita promittitur.* **G.** A ciência da v., em referência ao conhecimento de estar vivo: (**1**,7,17,59) *uitae scientia.* **H.** A ciência é uma certa v. mais elevada e pura, uma v. melhor do que a v. dos sentidos: (**1**,7,17,59) *superiorem quandam et sinceriorem uitam esse scientiam... cuidam uitae meliorem uitam.* **I.** VITA INFIMA: “v. ínfima”: (**1**,8,18,61) *infima quadam uita.* Obs.: a menor de todas, numa escala de valores, que se refere sobremodo às plantas (*uita arboris et stirpis*), mas não exclui nem os animais nem os homens, que têm em comum com as plantas algumas características, tais como: sorver o alimento do corpo (*alimentum corporis sumere*), crescer (*crescere*), reproduzir-se (*gignere*) e fortalecer-se (*uigere*). **J$_1$.** VITA FERINA: a vida dos animais selvagens, que se resume na procura (instintiva) pelos prazeres do corpo e na fuga, igualmente instintiva, dos incômodos físicos: (**1**,8,18,62) *adpetere uoluptates corporis et uitare molestias ferinae uitae omnis actio est.* Obs.: a vida típica dos animais em geral se limita às seguintes características, de natureza corpórea: visão (*uidere*), audição (*audire*), olfato (*olfactu*), paladar (*gustatu*) e tato (*tactu*), ou seja, percepção sensorial de objetos corporais (*corporalia*) por meio dos cinco sentidos físicos; e mais: força (*uires*), vigor (*ualentia*), consistência dos membros (*firmitas membrorum*), rapidez (*celeritas*), flexibilidade (*facilitas*) dos movimentos do corpo (*motus corporis*). Tudo isso conjugado, contudo, nos animais é utilizado apenas para duas funções ou tarefas primordiais, que lhes determinam toda a vida: a busca dos prazeres e a fuga das dores, ambos corpóreos. **J$_2$.** Os animais são e vivem, porém não inteligem: (**2**,3,7,23) *qualem uitam esse pecoris.* **K.** A substância que confere a v. é melhor do que a que a recebe: (**1**,10,20,72) *substantiam... quae uitam dat.* **L.** As perturbações que as inclinações sensuais causam à v.: (**1**,11,22,78) *uitamque perturbet.* **M.** VITA MORTALIS, “v. mortal”, em contraste com a vida imortal: (**1**,11,23,79) *mortalis uitae.* Obs.: tecnicamente a vida imortal nem sempre se refere à vida eterna, diante da Face divina, em perfeitas Sabedoria, Paz e Felicidade, podendo também referir-se à vida do diabo e de seus anjos, que não possuem um corpo de carne sujeito à morte, ou à vida das almas condenadas, que melhor se denominaria “morte”, porque infeliz em sua completa aversão de Deus, a Vida suprema. **N$_1$.** VITA ALIA ANTE CONSORTIVM HVIVS

CORPORIS: "uma outra v. antes do consórcio com este corpo", em referência a uma hipotética preexistência das almas: (**1**,12,24,81) *utrum ante consortium huius corporis alia quadam uita uixerit animus*... **N$_2$.** VITA PRIOR, "v. anterior", também em referência a uma hipotética preexistência das almas, morada celeste desconhecida de onde viriam habitar os corpos mortais: (**3**,20,57,194) "As quais, quando entram nesta vida e se submetem para gerir os membros mortais, também é necessário que se submetam não apenas ao esquecimento da vida anterior, mas também ao labor da presente" (*quae cum introeunt in hanc uitam subeuntque gestanda membra mortalia, subeant etiam necesse est et obliuionem uitae prioris et praesentis laborem*). **N$_3$.** Importa menos a origem das almas do que o seu destino, pois um desconhecimento acerca do início da vida da alma não impede que seu fim seja acertado: (**3**,21,61,213) *si non tenuero initium temporis uitae meae, quicquam mihi oberit, scienti quo fine requiescam*... **O$_1$.** VITA RECTA HONESTAQVE: "a v. reta e honesta" vivida segundo as virtudes: (**1**,12,25,83; **2**,10,28,115). Obs.: em contraste com a vida torta, ou prava, a vida reta é a vida nas virtudes, que por isso é digna de honras (*honos*). Com efeito, assim como em vernáculo, o qualificador "honesto" não se refere apenas ao que é ético, em contraste com o que é "desonesto", mas também ao que é digno de honras e louvores, pela retidão de seu caráter. **O$_2$.** A v. reta é impossível sem o concurso da vontade, bem médio: (**2**,18,49,189) *sine quo recta uita nulla est*. **O$_3$.** A v. reta e honesta é a v. nas virtudes do espírito: (**2**,18,50,190) *omnesque uirtutes animi, quibus ipsa recta uita et honesta constat*. **P$_1$.** VITA LAVDABILIS: "v. louvável", em referência àquele que vive segundo as virtudes cardeais e ama a sua boa vontade: (**1**,13,28,94); **P$_2$.** A v. louvável não é infeliz: (**1**,13,28,94) *non ergo misera est quae laudabilis uita est*. **P$_3$.** A v. louvável é feliz: (**1**,13,28,96) *laudabilem et beatam uitam*. **Q.** BEATA VITA: "a v. feliz", seja aqui, neste mundo, como parece implicar a discussão do primeiro livro, mais próxima da *eudaimonía* grega que da v. futura, seja depois da morte do corpo, na eternidade (cf. **1**,12,25,82; 15,31,103; **2**,13,35,139; **3**,22,64,217; *Ret.* 1,9,3). **Q$_1$.** Os bons merecem a v. feliz: (**1**,6,15,48) *boni beatam uitam merentur*. **Q$_2$.** O homem foi fundado por Deus e constituído na v. feliz: (**1**,11,23,79) *in beata uita constitutum*. **Q$_3$.** Definição da v. feliz como sendo o regozijo com os bens verdadeiros e seguros que eleva o espírito de modo tranquilo, em quietude: (**1**,13,29,98) *tranquille et quiete atque constanter erigit animum, "beata uita" dicitur... ueris bonis certisque gaudere*. Obs.: no segundo livro Agostinho define a v. feliz da alma como sendo o próprio Deus, o sumo bem (cf. **2**,16,41,162), o que está em perfeito acordo com o que dirá no último livro de *Confissões* (13,38,53), a saber, Deus é ele mesmo a sua própria quietude: *semper quietus es, quoniam tua quies tu ipse es*. Ora, se a quietude é a felicidade do espírito, sendo Deus a Quietude perfeita, não será outra a felicidade do espírito, senão ele próprio, Deus, em que o espírito espera eternamente repousar: (*Conf.* 1,1,1) *et inquietum est cor nostrum donec requiescat in te*. **Q$_4$.** Todos querem a v. feliz: (**1**,14,30,99; 101). **Q$_5$.** A v. feliz é fruto da boa vontade, ou seja, da vontade que quer a viver v. reta: (**1**,14,30,102) *uni uoluntati uita beata debetur*. Obs.: embora todos queiram ser felizes, nem todos desejam pagar o preço da vida reta. **Q$_6$.** A Lei eterna atribui à boa vontade a v. feliz: **Q$_7$.** Os que buscam a v. feliz não erram: (**2**,9,26,101). **Q$_8$.** O caminho da v. que conduz à felicidade: (**2**,9,26,101-102) *uitae uitam quae ducit ad beatitudinem*. **Q$_9$.** A v. feliz é a disposição voluntária do espírito, quando adere ao Bem imutável, que é a Verdade: (**2**,19,52,196) *uita beata, id est, animi adfectio inhaerentis incommutabili bono*. Obs.: a v. feliz se alcança quando a vontade, que é um bem médio, adere ao Bem imutável e comum. **Q$_{10}$.** A v. feliz é um bem próprio do homem e seu bem primeiro. Porém o Bem supremo, que é Deus, é comum, ou seja, não é um bem particular do homem, não lhe pertence, de modo que possa dizer "seu", como a felicidade, que é individual e intransferível. Contudo, ainda que o Bem supremo seja comum, e a felicidade própria, ela não se alcança senão na fruição do Bem comum, como a luz do sol, que alcança a todos e por todos os olhos é beneficiada, posto que os olhos sejam individuais, não coletivos. Interessante notar que, embora a felicidade seja um bem privado, contudo não se alcança senão na aderência ao Bem comum. Nesse sentido pode-se dizer que ninguém será feliz individualmente, se não aderir antes ao Bem comum, de onde há de fruir então de sua felicidade particular. O contrário, por sua vez, só leva à infelicidade, porque, quando se procura o bem próprio em lugar do comum, afasta-se do Bem comum e consequentemente da própria felicidade, chegando-se lamentavelmente ao destino oposto. **Q$_{11}$.** Ninguém pode chegar à v. feliz se tiver ideias erradas acerca de Deus, seu destino: (**3**,21,59,202) *ad beatam uitam peruenire nullus potest.* **R$_1$.** VITA MISERA: "a v. infeliz", contraponto da v. louvável e feliz: (**1**,13,28,94) *quae misera non est beatam esse uitam.* Obs.: se a vida reta e honesta, nas virtudes, é uma vida louvável e feliz, a vida infeliz, seu contrário, deve ser uma vida torta, invertida, o que implica a submissão da vontade às inclinações sensuais. Diz-se "torta" porque o que a Ordem divina considera reto é o domínio do superior sobre o inferior. Se a razão é o que há de superior no homem, ela deve dominar os movimentos irracionais e inferiores da alma, como ocorre no caso das virtudes, nas quais não é outra, senão a razão, que tempera, coíbe, delibera e ajuíza acerca do melhor para a alma. Na vida infeliz a razão não tem voz, sendo dominada, de modo torpe e torto, por aquelas potências anímicas que lhe deviam obediência, as *libidines*. Sendo Deus o princípio da Ordem que institui, ou, quando não, a própria Ordem divina, além da Felicidade suprema a ela inextricavelmente associada, depreende-se obviamente que o afastamento da Ordem não acarrete outra coisa além de desordem e consequente infelicidade para a alma. **R$_2$.** Ninguém quer a v. infeliz: (**1**,14,30,99). **R$_3$.** Chega-se à v. infeliz de modo voluntário: (**1**,14,30,99) *uoluntate quisque miseram uitam patitur.* **R$_4$.** A Lei eterna atribui à má vontade a v. infeliz: (**1**,15,31,103). **S.** O sentido interior é uma espécie de v. também: (**2**,3,9,34) *illa uita... quam sensum interiorem uocamus.* **T$_1$.** A alma é uma v. por meio de que o corpo é posto em movimento: (**2**,6,13,53) *uitam quandam, qua ipsum corpus animatur...* **T$_2$.** A alma, a v. que anima os corpos, é também mutável: (**2**,6,14,55) *mutabilia esse... ipsam uitam, qua corpus animatur.* **U.** VITA CORPORIS: a vida do corpo é a alma: (**2**,16,41,162) *tota uita corporis anima est.* **V.** BEATA VITA ANIMAE: a vida feliz da alma é Deus: (**2**,16,41,162) *beata uita animae deus est.* **W$_1$.** A díade "corpo" e "vida", que resume a tríade "ser", "viver" e "inteligir": (**2**,17,46,175-176) *corpus et uita.* **W$_2$.** Corpo e vida são também criaturas: (**2**,17,46,176) *corpus et uita, quae quidem creaturae deputantur.* **X.** SVMMA VITA: a vida suprema é Deus: (**2**,17,46,176) *creatoris ipsius "uita" dicitur et ea summa uita est.* **Y.** VITA INTELLEGENS: "a vida que intelige", ou "vida inteligente": nada é superior na criatura do que a v. que intelige (**2**,17,46,177) *quid enim maius in creaturis quam uita intellegens?* **Z.** VITA SECURA: "a v. segura", que é uma v. longe das inquietações a que as inclinações sensuais arrastam a alma, e que neste caso ultrapassa em muito o τέλος simplista das filosofias helenísticas, ἀταραξία e ἀπάθεια, visto não tratar-se da tranquilidade epicúrea nas adversidades, ou da apatia estoica diante das vicissitudes da vida, mas de ausência das próprias vicissitudes e adversidades, pois, diz Agostinho, nada é "mais seguro" para o homem do que estar numa vida regida pela vontade, "em que aquilo que ele não deseja não lhe acontece", como se o homem possuísse controle voluntário sobre as adversidades da vida: (**2**,20,54,205) *quid ergo* *securius quam esse in ea uita ubi non possit tibi euenire quod non uis?* Obs.: porém esse otimismo exagerado de Agostinho não se refere à v. pós-lapsária, mas à prelapsária (visto que logo na sequência ele remata, dizendo que o homem não pode elevar-se espontaneamente como caiu). Uma vida de autonomia total da vontade não é deste mundo, seguramente, porque depois da queda a natureza humana se corrompe, o que implica a *difficultas* da vontade. **AA.** A Providência de Deus preside à v. humana: (**3**,2,5,18) *praesidere humanae uitae prouidentiam dei.* **AB.** VITA MEDIA: "uma vida média", entre o pecado e o ato retamente praticado, que mereça igualmente uma sentença média, entre o castigo e o prêmio: (**3**,23,66,225). Cf. **1**,5,12,34; **2**,10,29,118; 18,48,184; **3**,15,43,148; 20,56,190; 23,66,225.

uitio (*v.*) VICIAR, no sentido de "corromper uma dada natureza pelo vício". **A.** Viciar é corromper-se pelo vício: (**3**,13,38,133) *sed quid est aliud uitiari, nisi uitio corrumpi?* **B.** Uma natureza que não é viciada carece de vício, ao contrário da viciada, que está corrompida, e cujo bem foi diminuído: (**3**,13,38,134) *natura quae non uitiatur caret uitio.* Obs.: não se deve confundir nesta passagem "viciado", particípio necessário em português para a construção do presente indicativo da voz passiva do v. "viciar", tradução do latim *uitiatur*, com o adjetivo "vicioso", *uitiosus.* O primeiro expressa a passividade da natureza que "está sendo viciada" por outra; o segundo, a qualidade que se lhe predica em vista do vício que possui em si. Portanto no primeiro caso a natureza está sendo corrompida, no segundo possui a corrupção em si mesma. Allen e Greenough[32] explicam que os sufixos *-osus, -lens* e *-lentus* expressam "repleção" ou "propensão", como por exemplo no adjetivo *formosus* [*forma* + *-osus*], "repleto de forma", ou seja, "bem formado", daí "repleto de beleza"; ou então *periculosus* [*periculum* + *-osus*], "cheio de perigo"; ou ainda *uinolentus* [*uinum* + *-entus*] "cheio de vinho", ou seja, "ébrio". **C.** O vício vicia aquilo que na natureza é digno de louvor e apreço: (**3**,13,38,134) *in uitio displicet nisi quia uitiat quod in natura placet.* Cf. *uitupero, uituperatio, uitium.*

uitiosus (*adj.*) VICIOSO. Obs.: em sentido exclusivamente moral, como no livro primeiro, refere-se ao que se deixa levar pelo comportamento vicioso, oposto do virtuoso; em sentido ontológico, a partir do livro segundo, sentido que não exclui o moral, mas com ele forma um movimento complexo, refere-se àquele que possui em si o vício, que é um defeito da natureza, numa palavra, o tanto que lhe falta para sua integridade. Interessante notar que o latim nunca sentiu a necessidade de cunhar o adjetivo contrário, "virtuoso", derivado de *uirtus*, "virtude", como o "vicioso", de *uitium* (cf. *uirtus*). **A.** Nenhum espírito vicioso supera o espírito armado com a virtude: (**1**,10,20,72) *nullus igitur uitiosus animus uirtute armatum animum superat.* **B.** A mente viciosa: (**1**,10,20,73) *uitiosa mens.* **C.** Uma natureza viciosa: (**3**,13,38,134; 14,39,136; 137) *natura... uitiosa.* Obs.: para a distinção entre "viciado" e "vicioso" vejam-se as observações no verbete *uitio.* **D.** Produtos da terra não viciosos: (**3**,14,39,137) *non uitiosas... fruges.* **E.** Apenas a corrupção viciosa deve ser vituperada, porém as corrupções não viciosas, não: (**3**,14,40,141). **F.** Quanto mais se afasta da arte de Deus uma natureza, mais viciosa se torna, ou seja, mais repleta de vício (defeito): (**3**,15,42,144) *et in tantum uitiosae sint in quantum ab eius qua factae sunt arte discedunt.* **G$_1$.** A estultícia viciosa: (**3**,24,71,241) *uitiosae stultitiae.* **G$_2$.** A estultícia é uma ignorância viciosa do que se deve evitar e buscar: (**3**,24,71,243) *est enim stultitia rerum adpetendarum et uitandarum non quaelibet sed uitiosa ignorantia.*

---

32 Allen e Greenough, *op. cit.*, p. 143, §245.

uitium (*subst.*) VÍCIO, no sentido de "defeito", ou "deficiência", que pode ser moral, quando então se contrapõe à virtude (*uirtus*), ou ontológico, quando então destrói a natureza daquilo em que se encontra (ou a natureza alheia), podendo dizer-se neste sentido que se contrapõe ao próprio bem, sendo então sinôn. de mal (*malum*), ou pecado (*peccatum*). **A.** O v. deve ser sotoposto à virtude: (**1**,10,20,72) *uirtutem omnem... omni uitio sic anteponere.* **B.** Até os pecadores devem ser antepostos às criaturas irracionais, porém não pelo mérito de seus v., mas pela dignidade de sua natureza: (**3**,5,15,57) *non... merito uitiorum, sed... naturae dignitate praeferuntur.* **C.** A medicação da Misericórdia é cuspida pelo v. da soberba: (**3**,10,29,107) *uno uitio misericordiae medicina respuitur.* **D.** Da vituperação dos v.: (**3**,13,38,132-134). **D$_1$.** O v. é o que é vituperado numa natureza: (**3**,13,38,132; 134) *nullius uituperatur nisi uitium...* (§134) *quoniam in quacumque re non uituperatur nisi uitium.* **D$_2$.** Somente o v. da criatura cuja natureza é louvável é que é vituperado: (**3**,13,38,132) *nullius autem uituperatur uitium nisi cuius natura laudatur.* **D$_3$.** Para que o v. seja retamente vituperado é preciso que seja contra a natureza: (**3**,13,38,132) *contra naturam sit necesse est.* **D$_4$.** Todo v., precisamente por ser v., é contra a natureza: (**3**,13,38,133-134) *uitium, eo ipso quo uitium est, contra naturam est... ideo uitium est quia contra naturam est...* (§134) *contra naturam esse omne uitium.* **D$_5$.** Aquilo que não causa prejuízo ou dano à natureza não é v.: (**3**,13,38,133) *si enim naturae non nocet, nec uitium est.* **D$_6$.** Se causa dano à natureza, é v.: (**3**,13,38,133) *si autem quia nocet ideo uitium est.* **D$_7$.** A natureza que é corrompida pelo v. alheio não merece vituperação: (**3**,13,38,133) *sed alieno uitio aliqua natura corrumpitur, iniuste uituperatur.* **D$_8$.** Uma natureza cujo v. corrompe outra é viciada, ou seja, possui v. em si: (**3**,13,38,134) *cuius autem uitio alia natura corrumpitur habet utique uitium.* **D$_9$.** A natureza viciosa é corrompida primeiro por seu próprio v., antes que corrompa outra natureza: (**3**,13,38,134) *prior ergo uitiosa est et prior corrumpitur uitio suo...* **D$_{10}$.** Logo todo v. é contra a natureza, como dito (D$_4$), primeiramente contra a própria natureza de que é v.: (**3**,13,38,134) *etiam eius rei cuius est uitium.* **D$_{11}$.** O v. se define precisamente por ser contra a natureza (D$_4$), primeiro contra aquela natureza de que é v., depois contra as demais: (**3**,13,38,134) *eo autem uitium est, quia contra naturam eius rei est, cuius est uitium.* **D$_{12}$.** O v. de uma natureza se vitupera precisamente porque corrompe aquilo que é digno de louvor, logo o que causa descontentamento no v. é o fato de corromper na natureza aquilo que nela é fonte de contentamento: (**3**,13,38,134) *non enim tibi recte in uitio displicet nisi quia uitiat quod in natura placet.* **E.** É possível que uma natureza seja de fato corrompida pelo v. de outra, sem que ela mesma, a natureza corrompida, possua qualquer v.? (**3**,14,39,135-137) *nullo adiuncto uitio suo.* **E$_1$.** Uma natureza só pode corromper outra por meio de seu v. se encontrar na outra algum v. também, ao qual adjunja o seu próprio v.: (**3**,14,39,135) *adiuncto eius uitio corruptionem eius operatur.* **E$_2$.** Nenhuma natureza mais potente pode ser corrompida pelo v. de outra, se assim não o quiser, porém se o quiser, começa a ser corrompida antes por seu próprio v.: (**3**,14,39,135) *si autem uelit, prius incipit suo uitio corrumpi quam alieno.* **E$_3$.** Nenhuma natureza viciosa pode corromper uma sem v. que não o queira, pois precisamente por possuir o v. em si faz-se inferior à outra: (**3**,14,39,136) *infirmior uitio suo.* **E$_4$.** A corrupção pelo v. entre duas naturezas só se dá em duas condições: primeiro, se a corrutora, mesmo sendo viciosa, seja mais potente do que a corrompível; segundo, se em ambas há v.: (**3**,14,39,136). **E$_5$.** Os frutos da terra, por exemplo, certamente inferiores aos pecadores, que, embora os corrompam, utilizando-os para fins depravados, ainda assim não merecem vitupério, pois ninguém censura o vinho em virtude dos temulentos, ou o pão, em virtude dos glutões: (**3**,14,39,137). **F.** Da corrupção das naturezas em que não há v. e que não merece vituperação: (**3**,14,40,138-141; cf. *corrumpo, corruptio*). **F_1.** Não se deve dizer "corrupção" onde não haja v.: (**3**,14,40,138) *quia maxime uitii nomen solet esse "corruptio"*. **F_2.** No sol não há v., mesmo quando corrompe os olhos de algum observador incauto: (**3**,14,40,140). **F_3.** O próprio termo "vituperação" deriva sua origem do vocábulo "vício": (**3**,14,40,141) *nam et ipsa "uituperatio", quod "soli uitio parata"*... **G_1.** O v. é mau porque é contra a natureza: (**3**,14,41,142) *quia naturae aduersatur.* **G_2.** O v. é mau porque estraga o que é bom e louvável, a própria natureza: (**3**,14,41,142) *hanc eandem rem, cuius uitium uituperatur, naturam esse laudabilem.* Obs.: Agostinho estabelece como contrário da vituperação (*uituperatio*) o louvor (*laus*). **G_3.** A vituperação do v., na verdade, é também um modo de louvar o Criador e sua obra, pois vitupera-se aquilo que o v. estraga, a natureza criada por Deus, precisamente porque ela é boa e louvável; logo vituperar é na verdade louvar aquilo que falta à natureza em decorrência do v.: (**3**,14,41,142-143) *hanc ipsam uituperationem uitiorum naturarum laudem esse fateamur...* (§143) *cum ergo uituperas uitium, id profecto laudas cuius integritatem desideras.* **G_4.** O que se adiciona à malícia dos v. é o mesmo tanto que se diminui da integridade das naturezas: (**3**,14,41,143) *tantum additur malitiae uitiorum, quantum naturarum integritati minuitur.* **G_5.** (**3**,14,41,143) Portanto o v. é exatamente aquilo que falta à perfeição da natureza: (**3**,14,41,143) *id uocas uitium, satis tibi eam placere contestans, quam uituperatione imperfectionis eius uelles esse perfectam.* Obs.: vê-se que esse v., que se confunde com o pecado, coaduna-se perfeitamente com o pensamento do autor sobre o mal, como não existente. De fato, sendo o v. de uma natureza aquilo que falta à sua perfeição, assim como o mal, a ausência de bem, tem-se que nada mais seja do que um defeito (*defectum*) da natureza, um "desfazer-se" em direção à corrupção total, ao nada. Contudo vale notar que, assim como no caso do mal, cuja distinção entre mal moral e ontológico costuma ser feita de modo impróprio, vê-se que no v. o mesmo ocorre. De fato, o termo *uitium* implica corrupção moral e ontologia, ou seja, ele não apenas é contrário à virtude, mas também contrário à natureza. Todavia no pensamento agostiniano nem a virtude deve ser compreendida em sentido exclusivamente moral, pois sabe-se que a própria Justiça, assim como a Sabedoria e demais virtudes, não são meros conceitos ou regras exclusivamente práticas, nem a corrupção deve ser compreendida em sentido exclusivamente ontológico, pois pode-se bem dizer corrupção dos costumes, assim como a corrupção natural de um corpo, como uma maçã, que é consumida ou apodrece, ou mesmo a corrupção dos olhos, que são feridos pelo sol e perdem sua capacidade de visão. Logo ontologia e moral não se dissociam, senão artificiosa e anacronicamente, no pensamento de fundo marcadamente platônico do autor. **H.** Se a própria vituperação dos v. é na verdade um louvor, muito mais louvável ainda é o Criador nas naturezas, nada obstante os v. delas, de que ele certamente não é culpado: (**3**,15,42,144) *quanto magis deus conditor omnium naturarum etiam in earum uitiis laudandus est!* Obs.: logo Deus não é o autor do mal, ao contrário, deve ser louvado mesmo que suas criaturas se façam viciosas, pois quanto mais viciosas se façam, tanto mais louvor merece o seu Criador, restando patente o quanto dele se afastaram e consequentemente perderam de sua dignidade original. **I.** A criancinha incapaz de falar (*infans*) não deixa de fazê-lo por algum v. seu: (**3**,22,64,218) *non enim ullo uitio.* **J.** Seria Deus o autor dos v., tendo o primeiro homem sido (hipoteticamente) criado estulto e sendo a estultícia o pior dos v.? (**3**,24,71,240) *deus auctor uitiorum, cum sit stultitia maximum* *uitium?* Obs.: a estultícia é o pior dos vícios porque se contrapõe à Sabedoria, que é Deus; logo o estulto, que é o contrário do sábio, é como se fosse o antípoda de Deus, tão afastado dele quanto possível. Porém a estultícia não é a raiz de todos os males, como a avareza, associada à soberba, pois uma coisa é ser a causa de todos os males, outra, bem diferente, ser o pior dos males causados. Não foi a estultícia que causou o afastamento original de Deus, o movimento de aversão. Contudo ela se liga inextricavelmente ao mal, porque, como dito no livro primeiro, o estulto é aquele homem desordenadíssimo, cujas inclinações sensuais dominam sua razão, contrariamente à reta ordem prescrita pela Lei eterna, a Razão suprema. Logo o estulto é o inverso do sábio, a expressão da desordem, da perversão, numa palavra, do próprio movimento de aversão, que é o mal. Isso porque o estulto se deixa dominar em completa desordem por sua parte inferior, sua *libido*, permitindo que as inclinações de ordem sensual o arrastem para o nada, para o que não é, para cada vez mais longe do que é supremamente. Vê-se que o racionalismo de Agostinho perdura pelos três livros, fazendo ver quanto lhe era importante o domínio racional sobre os impulsos não racionais da alma, pois o pior dos vícios é o daquele cuja razão não exerce o domínio supremo, permitindo depreender que a virtude suprema seja ainda o primado da razão, obviamente sob a condução da Graça divina, sem a qual nem a ignorância, tampouco a dificuldade poderiam ser superadas. **K.** Ninguém é estulto por natureza, mas por v., pois não se deve dizer que uma criancinha recém-nascida seja estulta, embora ignore ainda todas as coisas, porque a estultícia é uma ignorância viciosa: (**3**,24,71,242-243) *nemo eum stultum recte diceret, quem non uitio sed natura talem uideret.* Obs.: se se leve em consideração o que se disse no livro primeiro, depreende-se que a ignorância seja um estado em que a razão não predomine sobre as inclinações sensuais, não um simples desconhecimento, ou carência de ciência. Não se pode perder de vista que o racionalismo do filósofo não pode jamais ser desprendido da ação da vontade, sob pena de interpretá-lo como um simples estoico, ou, quando não, um neoplatônico que crê em Cristo. Nada mais falso. **L.** A cegueira é o v. máximo dos olhos, mas nem por isso um cachorrinho se diz "vicioso": (**3**,24,71,243) *caecitas... maximum uitium sit oculorum.* Obs.: veja-se que aqui "vício" significa claramente "corrupção corpórea", não moral. **M.** O Criador não é autor dos v.: (**3**,24,72,244) *nec creator eius auctor uitiorum est.* **N.** Não possuir a sabedoria não deve ser considerado um v. em relação ao primeiro homem, se ele ainda não era capaz dela: (**3**,24,72,244) *quia non habere sapientiam nondum erat uitium hominis.* **O.** A vontade deve ser libertada da servidão por que foi feita escrava do pecado pela Graça de Deus, para que seja ajudada a superar os v.: (*Ret.* 1,9,4) *uoluntas ergo ipsa nisi dei gratia liberetur a seruitute, qua facta est serua peccati, et ut uitia superet adiuuetur.*

uituperatio (*subst.*) VITUPERAÇÃO [*uitupero*]. Obs.: em sentido *lato* significa "censurar" ou "repreender" alguém ou algo de modo veemente; todavia no contexto das discussões do livro terceiro terá um significado específico, relacionado ao vício (*uitium*), o "defeito" a que estão sujeitas as naturezas, sentido que se faz sustentar no *L.A.* por uma daquelas célebres "etimologias" de que adora lançar mão Agostinho. **A_1.** O Fundador deve ser louvado mesmo na vituperação da criatura: (**3**,13,37,130) *eius conditorem, in ipsa eius uituperatione, laudari.* **A_2.** Deus deve ser louvado na v. dos nossos pecados: (**3**,13,37,131) *uituperatio peccatorum... ille laudetur.* **B.** O vício digno de v.: (**3**,14,40,138) *uitium... uituperatione dignum.* **C.** A etimologia de v.: (**3**,14,40,141) "Na verdade também a própria vituperação, porque [seu étimo] seja:

preparada só para o vício, isto é, adaptada e devida, crê-se daí ter sido o vocábulo derivado, de modo a que se dissesse vituperação" (*nam et ipsa uituperatio, quod soli uitio parata, id est, apta et debita sit, inde traxisse uocabulum creditur, ut uituperatio diceretur*). **D.** A v. dos vícios das naturezas é na verdade um louvor: (**3**,14,41,142; 42,144) *uituperationem uitiorum naturarum laudem esse.* **E.** A natureza perfeita não é digna de nenhuma v.: (**3**,14,41,143) *natura... perfecta... nulla uituperatione.* **F.** A v. da imperfeição das naturezas é a confissão do desejo de perfeição: (**3**,14,41,143) *uituperatione imperfectionis eius uelles esse perfectam.* **G.** O defeito só é digno de v. porque voluntário: (**3**,15,42,145) *qui tamen defectus non esset uituperatione dignus nisi esset uoluntarius.* Obs.: vê-se novamente aqui como é arriscado e contraproducente fazer a dissociação entre ontologia e moral no pensamento do autor. De fato, se é voluntário, o defeito supõe-se fruto de ação humana (moral); porém o defeito não é senão a corrupção viciosa da própria natureza, que faz com que não apenas seja (*esse*) menos (ontologia), mas também seja menos um bem (*bonum*), ou então, se se queira, seja "menos boa" (*bona*).

uitupero (*v.*) VITUPERAR. Obs.: em sentido amplo significa fazer uma veemente censura, daí também: criticar, repreender etc. Em sentido estrito e técnico, no contexto das discussões do livro terceiro, relaciona-se ao "vício" ou "defeito" das naturezas. **A.** O movimento natural não merece ser vituperado: (**3**,1,2,7) *nec ex eo quod naturaliter mouetur recte uituperari potest.* **B.** As almas pecadoras são vituperadas quando comparadas consigo mesmas, ou seja, com o que seriam se não houvessem pecado: (**3**,5,12,43-44) *uituperantur animae peccatrices...* (§44) *in sui... conparatione uituperantur.* **C.** O ébrio, embora seja melhor do que o vinho, é vituperado justamente quando se embriaga, mas não por causa do vinho, que é louvável em seu gênero: (**3**,5,15,57) *inebriatum hominem uituperarem.* **D.** Os que se afastam da verdade devem ser vituperados: (**3**,5,15,57). **E.** Dos que vituperam a criação de Deus: (**3**,5,17,61). **F.** Toda natureza que não se esforça para aproximar-se de Deus deve ser vituperada: (**3**,13,37,129). **G.** Se mesmo a criatura vituperável deve ser louvada, muito mais o seu Criador: (**3**,13,37,130). **H.** Deve-se louvor a Deus até mesmo na vituperação: (**3**,13,37,131). **I.** O vício é o que se vitupera nas naturezas: (**3**,13,38,132; 134). **J.** Só se vitupera o vício da natureza que é digna de louvor: (**3**,13,38,132; 134). **K.** Não se vitupera retamente senão aquilo que é contra a natureza: (**3**,13,38,132). **L.** A natureza que é corrompida pelo vício alheio é vituperada injustamente: (**3**,13,38,133) *iniuste uituperatur.* **M.** Não se vituperam retamente os frutos da terra: (**3**,14,39,137) *quis enim recte uituperauerit fructus terrae?* **N.** Quem vituperaria o homem frugal? (**3**,14,40,138). **O.** A corrupção sem vício não deve ser vituperada: (**3**,14,40,140-141). **P.** A mesma natureza, cujo vício é vituperado, é ela mesma louvável: (**3**,14,41,142) **Q.** A vituperação dos vícios das naturezas é um louvor: (**3**,14,41,142-143) *cum ergo uituperas uitium, id profecto laudas...* **R.** O vituperador de uma natureza a vitupera tanto mais quanto mais sente falta do bem que ali não se encontra, ou seja, a vituperação é inversamente proporcional ao bem da natureza, ou ainda, proporcional ao seu defeito: (**3**,15,42,144) *et in tantum uituperentur in quantum earum uituperator artem qua factae sunt uidet, ut hoc in eis uituperet, quod ibi non uidet.* **S.** Ninguém vitupera o que é como deveria ser, apenas o que falta, em relação ao que deveria ser: (**3**,15,42,145) *utrum recte uituperes quod ita est sicuti esse debuit; non opinor...* **T.** O defeito não é retamente vituperado nas naturezas que são o que deveriam ser: (**3**,15,43,148) *in his igitur rebus quae ideo deficiunt quia non ultra esse acceperunt... nemo defectum recte uituperat.* **U.** Vitupera-se retamente aquilo que não é como deveria ser, o que se dá no caso dos pecados, que devem ser vituperados: (**3**,15,43,149) *et uituperentur peccata et quicquid recte uituperatur ideo uituperetur quia non est ita ut esse debuit.* **V.** O pecador deve ser vituperado porque não faz o que deve: (**3**,16,46,156) *in eo ipso quod uituperatur non faciendo quod debet.*

unitas (*subst.*) UNIDADE. **A.** A u. entre o escravo que cometeu um delito e a cloaca por ele higienizada: (**3**,9,27,96) "E um e outro destes dois, isto é, a torpeza do servo e a limpeza da cloaca, agora conjungidos e reconduzidos a uma certa unidade..." (*et utrumque horum, id est, turpitudo serui et mundatio cloacae, iam coniunctum et redactum in quandam sui generis unitatem*). **B.** A u. da Trindade: (**3**,21,60,206) *trinitatis unitate.* **C.** O apetite dos animais pela u. se mostra através da dor: (**3**,23,69,234) *adpetentes unitatis.* Obs.: essa unidade a que se refere Agostinho, no caso dos animais, pode ser compreendida como a integridade de seus corpos, cujo risco de desintegração é iminente, em virtude das dores insuportáveis que os acossam. Na verdade a própria dor é indício desse risco de desintegração, sendo tanto maior quanto maior o risco. Por outro lado, essa unidade, ultrapassando a estrutura corpórea, é indício também da unidade subjacente a toda criatura, dotada de medida, número de ordem, princípio formal derivado da Unidade do Criador, a Forma suprema. **D.** A dor animal não apenas indica o apetite de unidade (*adpetitus unitatis*) dos animais, mas também serve de vestígio da própria sublime e inefável Unidade do Criador, por meio da qual todas as coisas, inclusive a unidade dos corpos e das almas animais, foram criadas: (**3**,23,69,236) *ab illa summa et sublimi et ineffabili unitate creatoris esse ista omnia constituta.* **E.** Todas as criaturas que apenas são (*esse*), mesmo que não sintam dor ou prazer, alcançam a beleza adequada a seu gênero, por meio da unidade: (**3**,20,70,237) *aliqua unitate decus proprii generis adsequatur.* **F.** Todas as criaturas que vivem (*uiuere*) deixam claro que perseguem a unidade, ao fugir à dor e buscar o prazer: (**3**,23,70,238) *unitatemque adpetere.* **G.** Todas as criaturas que inteligem (*intellegere*) referem à unidade tudo aquilo que seu apetite de cognição percebe, deixando claro o quanto buscam-na, ao evitar o erro da ambiguidade, que é molesto precisamente porque desprovido de unidade: (**3**,23,70,238) *rationalibus animis omnis adpetitus cognitionis... ad unitatem refert omne quod percipit et, in errore, nihil fugit aliud quam inconprehensibili ambiguitate confundi.* Obs.: se a Verdade é una, seu contrário, não verdadeiro, deve necessariamente carecer da unidade, como se vê na ambiguidade. E ao contrário da Verdade, que faz feliz e causa o verdadeiro deleite, a ambiguidade é molesta, perturbando a alma, que, inquieta, é levada de um erro a outro. **H.** Todas as criaturas insinuam e apregoam a Unidade do Criador, seja quando ofendem ou são ofendidas, seja quando deleitam ou são deleitadas: (**3**,23,70,237) *omnia, siue cum offendunt uel offenduntur siue cum delectant uel delectantur, unitatem insinuare atque praedicare creatoris.*

uniuersitas (*subst.*) UNIVERSALIDADE, o conjunto universal da criação de Deus. Obs.: interessa notar que o vocábulo só aparece no último livro, o que permite indagar de seu emprego na literatura, provavelmente cristã, que Agostinho estaria frequentando por volta dos anos 390. **A.** A ordem da u.: (**3**,3,6,21) *ordo eius uniuersitatis.* **B.** A perfeição da u.: (**3**,9,25,91) *ad perfectionem uniuersitatis.* **C_1.** A infelicidade humana completa a perfeição da u.? (**3**,9,26,92) *si uniuersitatis perfectionem conplet etiam nostra miseria.* **C_2.** A infelicidade humana não é necessária à perfeição da u.: (**3**,9,26,93). **D.** A administração da u.: (**3**,9,26,93) *administratio uniuersitatis.* **E.** A u. é sempre plena e perfeita em todas as suas naturezas: (**3**,9,26,94) *semper naturis omnibus uniuersitas plena atque perfecta est.* **F.** A beleza da u.: (**3**,9,26,95-98). **G_1.** Se os anjos impecáveis acaso pecassem, a u. seria arruinada: (**3**,11,32,113). **G_2.** Sem os ofícios das criaturas supracelestes, a u. não poderia existir: (**3**,11,32,114). **G_3.** Se as criaturas racionais, que ora pecam, ora não pecam, faltassem, a ordem da u. não seria perturbada: (**3**,11,32,114) *siue peccarent siue non peccarent nihil uniuersitatis ordini minueretur.* **H.** As leis da u.: (**3**,11,34,118) *leges uniuersitatis.* **I.** A disposição da u.: (**3**,12,35,123) *in dispositione uniuersitatis.* **J.** As partes da u.: (**3**,14,40,139) *cuiusque partis uniuersitatis.* **K.** O complexo da u.: (**3**,23,66,226) *ad uniuersitatis conplexum.* **L.** A u. do corpo: (**3**,23,69,235) *in sui corporis uniuersitate.* Cf. **3**,9,25,91; 26,92; 11,32,113; 33,115; 12,35,122.

unum (*subst.*) O UM, a unidade inapreensível pelos sentidos, de que se constituem todos os demais números. **A.** O *um* como unidade: (**2**,8,22,84) "Todo e qualquer número, quantas vezes contém o *um*, daí é que tem o seu nome e desse tanto é chamado" (*et quilibet omnino numerus quotiens habet unum hinc illi nomen est et tot appellatur*). Obs.: por mais elementares pareçam os cálculos matemáticos apresentados por Agostinho, a ideia tem desdobramentos nada óbvios. Primeiro, o fato de que um determinado número seja a *unidade* um determinado número de vezes não apenas destaca a própria *unidade* em si mesma, em comparação com os inumeráveis conjuntos que possa ensejar, como a fonte de todos os demais números, mas igualmente limita a multiplicidade a não ser mais que mero desdobramento do *um* original, espécie de cópia reproduzida *ad infinitum*, por assim dizer, da unidade real e indivisível. Por outro lado, interessa notar que esse cálculo, que para nós agora tem natureza completamente abstrata, para os antigos não necessariamente o tinha. De fato, o quatro era representado por quatro vezes uma pedrinha, *calculus*, ou melhor, quatro pedrinhas (*calculi*), dispostas lado a lado, equivaliam a um conjunto batizado em latim *quattuor*, τέτταρες/τέσσαρες em grego. Se o nome do conjunto, sim, remetia em segunda instância a uma ideia tão abstrata quanto a operação mental necessária para concebê-lo, os elementos individuais de cada conjunto, por sua vez, considerados em si mesmos, *calculi*, de modo nenhum. Optou-se por traduzir *unum* por "um", não apenas para manter a coerência com a proposta de tradução apresentada no início, e não por "unidade", mas principalmente porque há um termo consagrado em latim eclesiástico para dar conta dessa unidade, *unitas*, que será muito utilizado por Agostinho em discussões acerca da Trindade. **B.** O *um* não pode ser sentido pelos sentidos corpóreos: (**2**,8,22,85) *unum... corporis sensibus non posse sentiri.* **C.** Os sentidos corpóreos são aptos para captar a multiplicidade das partes, não o *um:* (**2**,8,22,85) *non unum, sed multa.* **C_1.** Nenhum corpo é *um*, pois pode sempre ser subdividido em partes menores *ad nauseam:* (**2**,8,22,86) *nullum corpus uere pureque unum.* **C_2.** O *um* não pode ser encontrado em um corpo: (**2**,8,22,86-87). **D.** As partes inumeráveis de um corpo só podem ser conhecidas por meio do conhecimento do *um:* (**2**,8,22,86) *nisi illius unius cognitione.* **E.** Se não se conhece o *um*, como se podem enumerar as partes de um corpo, que são o *um* determinado número de vezes? (**2**,8,22,87) *unum enim si non nossem...* Obs.: o conhecimento do *um* não se dá pelos sentidos corpóreos. **F.** Por meio dos sentidos corpóreos só se conhecem corpos, o que o *um* não é: (**2**,8,22,87) *unum non esse.* **G.** Logo, se o *um* não se conhece por meio dos sentidos, sendo cada número o *um* determinado número de vezes, nenhum número pode ser conhecido pelos sentidos: (**2**,8,22,87) *nullum numerum eo sensu percepimus.* Obs.: ao menos daqueles números que são percebidos apenas pela razão, os números matemáticos, ou fruto de suas operações. **G_2.** Saber que os números são o *um* determinado número de vezes não é algo que se pode conhecer por meio dos sentidos, apenas pela razão: (**2**,8,22,88). **H.** O *um*, metade de dois, não pode ter sua metade, ou seja, não pode ser subdividido: (**2**,8,23,89) *non potest pars eius dimidia.* Obs.: óbvio que Agostinho não está considerando a possibilidade de fracionar-se a unidade, o que deixa claro que esse *um* extrapola em muito a matemática aplicada, por assim dizer, mantendo um pé no conceito, outro no cálculo. **I.** O Bem supremo é *um* único para todos, assim como a Verdade na qual se o discerne e possui, a Sabedoria, que deve ser *una* também: (**2**,9,27,105) *si summum bonum omnibus unum est, oportet etiam ueritatem in qua cernitur et tenetur, id est, sapientiam, omnibus unam esse communem* (cf. **2**,10,28,111; 112; 114). Obs.: embora esse *um* de que fala Agostinho seja na prática e nos exemplos um conceito fundamentalmente matemático, percebe-se que o filósofo o expande, assim como fez com o número, com o subsídio das Escrituras, para harmonizá-lo com a ideia do Princípio uno por meio de que todas as coisas foram criadas, *ex nihilo*, segundo os alicerces da teologia cristã. E de fato, se se considere esse *um* como unidade atômica, indivisível, uma espécie de *non ultra* das criaturas corpóreas, expresso matematicamente pelo número *um* (estranhamente, para nós), metade do dois, que, contudo, não pode ser fracionado, nada absurdo transportar o conceito para a divindade, una, indivisa, eterna como as leis matemáticas, fonte e origem do somatório de todas as criaturas. Ainda que no pensamento cristão tudo tenha tido sua origem a partir do nada, ao contrário da mentalidade grega, que perseguia incansavelmente a causa de todas as coisas a partir de elementos eternos, não menos necessário se fazia que todo o "efeito" universal fosse causado, e que essa causa se coadunasse perfeitamente com o que pensava acerca de Deus, posto que com o auxílio inestimável das categorias purgadas no cadinho dos séculos pelos filósofos gregos.

unus (*num.*) **1.** UM. **2.** Partícula de reforço: UM ÚNICO. **A.** Não há um único autor do mal (**1**,1,1,3) *non unus aliquis est.* **B.** Um único dia no átrio de Deus...: (**3**,25,77,265). **C.** Um único bem (a boa vontade): (**1**,13,27,89). **D.** Uma única vontade: (**1**,14,30,102). **E.** Um único nome: (**1**,15,32,110). **F.** Um único gênero: (**1**,16,34,115; 35,116; 11,30,120). **G.** Um único sentido (**2**,4,10,39). **H.** O único mestre (Cristo): (*Ret.* Pról. §2) *unius ueri magistri.* Cf. **2**,1,3,7; 3,7,22; 24; 7,15,61-63; 64; 17,65-67; 68; 18,69-71; 19,76; 78; 8,20,80; 10,28,112; 11,32,127; 19,52,197; **3**,9,28,102; 10,39,107; 20,56,188; 21,61,213; 25,77,265; 266.

uoluntarius (*adj.*) VOLUNTÁRIO, o que é executado por meio da vontade (*uoluntate*), ou seja, de modo espontâneo (*sponte sua*), em contraponto ao que é necessário (*necessarius*), natural (*naturalis*), ou inevitável (*ineuitabilis*). O que se pratica por meio da vontade é arbitrado de modo absolutamente livre, pois nenhuma vontade pode ser determinada, do contrário não seria vontade, argumenta Agostinho, e sim necessidade, ou outra coisa qualquer, visto que o que a define é exatamente o fato de estar em poder de si mesma (*in potestate*), querendo livremente. Duas características da vontade devem ser notadas, além do fato de ser livre. Primeiro deve-se perceber que a vontade não se dissocia da razão. De fato, diz-se "vontade livre" para referir o seu livre "arbítrio", que é uma atividade própria dos seres racionais, não dos irracionais, pois o animal tem apetites, assim como os corpos todos animados, porém a vontade se dá no espírito, ou mente, que inexiste nos animais. A segunda característica é decorrência da primeira. Pelo fato de ser livremente arbitrada, a vontade implica responsabilidade moral. Com efeito, uma árvore que cai, matando alguém, não pode ser responsabilizada por isso, porque não cai livremente, mas coagida, seja por sua degeneração inevitável, seja pela força de algum agente externo, como uma forte ventania, uma nuvem de cupins, ou o machado de um lenhador. Do mesmo modo não se deve dizer que um tubarão comeu um nadador voluntariamente, visto que um tubarão não tem vontade, mas instintos, ou seja, não arbitrou livremente seu apetite para matar, apenas foi forçado a saciar natural e necessariamente a sua fome segundo os meios de que dispunha. Portanto a vontade é racional e livremente arbitrada, o que impede o agente voluntário de eximir-se de culpa, não tendo sido coagido a praticar o delito por necessidade, mas porque decidiu livremente fazê-lo (ao menos em tese, em linhas gerais). **A.** Tanto a aversão quanto a conversão da vontade são movimentos voluntários, não coagidos, de onde se fazem dignos de reparação: (**2**,19,53,200) *auersio atque conuersio, quoniam non cogitur, sed est uoluntaria, digna et iusta poena eam miseriae poena subsequitur.* **B.** O movimento voluntário é culpável, o natural, não: (**3**,1,2,9-10) *qui motus si culpae deputatur... non est utique naturalis, sed uoluntarius.* Obs.: o movimento de uma pedra que cai, diz Agostinho, é também "da pedra", como o movimento de aversão pertence ao espírito do pecador, porém, ao contrário do movimento de aversão, o movimento de queda da pedra não é voluntário, porque a pedra não tem controle sobre ele, não podendo interrompê-lo jamais. **C.** O movimento do espírito é voluntário, não natural: (**3**,1,2,10). **D.** O movimento de aversão da vontade é voluntário: (**3**,1,2,11; *Ret.* 1,9,3). **E.** O que não é voluntário e não está em nosso poder não pode ser nem premiado nem culpado: (**3**,1,3,13) *nisi esset uoluntarius atque in nostra positus potestate, neque laudandus... neque culpandus.* **F.** O pecado (o movimento de aversão) é uma afecção voluntária da natureza criada; o castigo do pecado (a ignorância e a dificuldade), uma afecção penal: (**3**,9,26,94-95) *illa uoluntaria, ista poenalis.* **G.** A afecção voluntária que se dá no pecado é torpe, precisamente por isso é que se lhe aplica a afecção penal: (**3**,9,26,95) *uoluntaria, quae in peccato fit, turpis adfectio est.* **H.** Tanto a cogitação espontânea quanto a persuasão alheia são ambas voluntárias: (**3**,10,29,104) *utrumque uoluntarium est.* **I.** O defeito não seria digno de vituperação, não fosse voluntário: (**3**,15,42,145) *defectus non esset uituperatione dignus nisi esset uoluntarius.*

uoluntas (*subst.*) VONTADE. Obs.: a vontade distingue-se do desejo porque pressupõe o arbítrio, que é atividade da razão[33]. Logo os animais não têm vontade, embora tenham apetites, pois não são capazes de arbítrio, de decidir (ajuizar) qual apetite devem ou não procurar satisfazer. Na vontade supõe-se uma atividade mental, de escolha racional; no desejo, considerando-se apenas os seres que inteligem, um simples impulso da alma, que pode ser mais ou menos intenso, devendo ser mais ou menos facilmente controlável. Os animais, por sua vez, não podem pecar, porque não possuem o livre arbítrio da vontade, ou seja, não podem decidir racionalmente o que querem[34] ou não querer, pelo que não podem ser responsabilizados moralmente por seus atos, praticados de modo natural ou necessário, o que hoje se diria "instintivamente", porém jamais por meio de uma faculdade racional qualquer, como a vontade: (**3**,5,16,59) *quoniam nullum habent rationale ac liberum uoluntatis arbitrium, peccare non possunt.* **A.** Os malfeitos não poderiam ser punidos pela Justiça de Deus, se não fossem praticados pela v.: (**1**,1,1,3) *nisi fierent uoluntate.* **B.** Os animais se sujeitam à v. dos domadores: (**1**,7,16,54) *ut uoluntati eius... seruiat.* Obs.: essa sujeição não é racional, pelo que não pode ser voluntária.

---

33 Distinção semelhante também é possível em grego, onde o termo βούλησις, que poderia ser traduzido por "vontade", se distingue claramente de ἐπιθυμία, que costuma ser traduzido por "apetite", ou algo próximo de *libido*, que se houve por bem verter aqui por "inclinação sensual".

34 Seria esdrúxulo dizer que os animais "deviam" ou não querer algo, como se conviesse associar-lhes uma certa noção de "dever", ou de "obrigação".

Agostinho diz que ela se dá por meio de um "certo sentido" e por um "costume" (*sensus quodam et consuetudine*). **C.** Nada faz a mente sujeitar-se às inclinações sensuais, senão a v. e o arbítrio livre: (**1**,11,21,76; **3**,1,2,8) *propria uoluntas et liberum arbitrium.* Obs.: Agostinho separa a própria vontade de seu arbítrio livre, o que é bastante elucidativo. Se o arbítrio livre é uma decisão tomada espontaneamente, poder-se-ia dizer que fosse própria do espírito do homem, não necessariamente da própria faculdade da vontade. Todavia nenhuma decisão se pode tomar sem o concurso da vontade, não sendo possível separar a faculdade de querer do próprio querente, seu possuidor. Então por que os separa? Por que uma coisa é o querer, que inclui os desejos nascidos das premências de natureza corpórea, que os homens compartilham com os animais irracionais, outra, muito diferente, o querer arbitrado racionalmente (escusado nos seja o pleonasmo), que se diz "livre" precisamente porque arbitrado, ou seja, porque decidido pela inteligência, e não coagido por alguma necessidade, como no caso dos animais, chame-se essa necessidade de "instinto", ou do que for. De fato, tanto o homem como a besta têm fome naturalmente, desejo esse sobre o qual nenhum dos dois tem controle. Contudo, enquanto o animal é levado pela premência da fome a buscar alimento, por quaisquer meios a seu dispor, o homem pode querer conter sua fome, esperando uma ocasião apropriada para satisfazê-la. Nesse sentido é certo dizer que seu controle se dê sobre a decisão de comer, não sobre a própria fome, enquanto apetite, pois, mesmo que decida jejuar, continuará involuntariamente com fome. Logo ele pode controlar a decisão de comer, não a existência do apetite em si mesmo. Pois bem, se tivesse o desejo de cometer adultério, poderia contê-lo, ou não? Impossível dizer. Antes de mais deve-se distinguir esse desejo do apetite involuntário, que possui em comum com os animais, porque ninguém tem apetite de adultério, e sim de sexo, o que é natural, a menos que esteja sujeito a alguma patologia, que por ora deve ser deixada de parte, em prol da exequibilidade do raciocínio. Distinção feita, retornemos ao adultério. É provável que essa inclinação de ordem sensual, como o calor de todo desejo, com o tempo se arrefeça, tendo ele maior ou menor controle mental sobre seus pensamentos, que muita vez têm origem involuntária, surgindo aparentemente *ex nihilo.* Porém o que Agostinho defende no *L.A.*, não é que todo apetite deva ser aniquilado, o que seria absurdo, nem mesmo as inclinações sensuais, como se o ser humano não estivesse sujeito ao estímulo das mais variadas "visões" (*uisa*) que lhe são apresentadas. De modo nenhum, pois o próprio filósofo reconheceu, ao final do terceiro livro (**3**,25,74,255-76,264), que o homem não tem poder sobre as visões que lhe tocam a mente, visões que podem ser de natureza superior, como o preceito de Deus, ou inferior, como a sugestão da serpente, que não estava sob seu controle. O que sugere, em vez disso, é que as "visões" exteriores, sempre inevitáveis, sejam rechaçadas, se inferiores, ou acolhidas, se superiores, o que pode ser feito com o assentimento da razão, ou melhor, por meio do arbítrio livre da vontade. Portanto o ser humano pode decidir aceitar as sugestões que lhe alcancem a mente, cedendo livremente às seduções de suas inclinações sensuais, o que faz sempre voluntariamente, ou pode decidir resistir-lhes, pela continência, até que as visões se arrefeçam e o abandonem de vez. Isso, é claro, não se refere às "visões" que supostamente cada um crie para si, os desejos que nasçam espontaneamente, ou em algum lugar escuso da inconsciência de cada um, se isso acaso assim se dê. Esses, se possível, sejam eliminados, se não, veementemente rechaçados, sendo de natureza inferior, acolhidos de boa mente, sendo de natureza superior. Portanto, se a razão domina as inclinações sensuais, segundo a expressão do primeiro livro, o homem agostiniano estará ordenadíssimo, sendo chamado estoicamente de "sábio"; do contrário, será um "estulto", desordenado, porque seus impulsos inferiores, "animalizados", por assim dizer, porque muita vez confundem-se com os apetites bestiais[35], governam sua melhor parte, a razão. A vontade, portanto, é a faculdade do espírito – se é que se pode dizer que seja de fato uma única faculdade –, de poder arbitrar livremente se assente aos apetites naturais e inclinações de ordem sensual, ou se os recusa. No que tange às inclinações sensuais em si mesmas, dominantes em todo gênero de malfazer, como dito no livro primeiro (**1**,3,8,21), importa notar que não são movimentos neutros, como o apetite natural dos animais, mas desejos maus (*malae cupiditates*), como diz Agostinho (**1**,4,9,24). Porque, assim como a vontade, embora se digam movimentos irracionais do espírito, assim não se dizem porque desprovidos de razão, mas porque mal arrazoados. Na verdade os animais não têm inclinações sensuais, ou seja, *libidines,* apenas apetites inculpáveis. Isso porque as *libidines,* que são desejos maus, são movimentos do espírito voltados para objetos indignos, como se fossem fins em si mesmos, movimentos desordenados, precisamente porque mal arbitrados por uma "razão" viciada, que ou não sabe discernir o bem do mal, por alguma *ignorantia,* ou então prefere o mal, em lugar do bem que deveria eleger, numa palavra, antepõe os bens inferiores aos superiores, em flagrante perversão da ordem preceituada pela Razão suprema ou Lei eterna. Portanto essas inclinações sensuais nada mais são do que a corrupção da vontade, ou então, vontades más, que, embora arbitradas também livremente, ao contrário dos apetites irracionais, comuns a homens e bestas, são mal governadas pela mesma faculdade que lhes deveria administrar e controlar com retidão, a razão, para que o homem fosse perfeitamente ordenado. Daí dizer-se que sejam sim voluntárias, livres, porque poderiam ser coibidas, se o homem assim o quisesse, mesmo depois da queda, caso recorresse à ajuda da Graça divina. Não por acaso Agostinho junta ignorância e dificuldade, como decorrentes do pecado do primeiro homem, porque, sendo um pecado da vontade, e sendo a vontade uma faculdade simultaneamente racional e volitiva, que arbitra o que quer e que quer o que arbitrar, o defeito não pode ser exclusivo da vontade, mas também da razão: não apenas não sabe o que querer (*ignorantia*), mas também não quer sabê-lo, assim como não consegue querer o pouco que sabe que deve querer (*difficultas*), muito menos consegue fazê-lo, mesmo querendo. **D.** Possui o homem alguma v.? (**1**,12,25,82-83) *sitne aliqua nobis uoluntas?* **E.** BONA VOLVNTAS: "a boa vontade" por meio de que se busca viver reta e honestamente e chegar à sabedoria suprema: (**1**,12,25,83-84; 13,29,97) *uoluntas qua adpetimus recte honesteque uiuere et ad summam sapientiam peruenire.* **E$_1$.** A boa v. é melhor do que quaisquer bens corpóreos: (**1**,12,25,84-85). **E$_2$.** A boa v. está no espírito: (**1**,12,25,85) *habere nos in animo... bonam uoluntatem.* **E$_3$.** A boa v. está na própria v.: (**1**,12,26,86) *in uoluntate.* **E$_4$.** Que coisa está mais na v. do que a própria v.? (**1**,12,26,86; **3**,3,7,27) *quid enim tam in uoluntate quam ipsa uoluntas?* **E$_5$.** Quem ama sua boa v. se volta contra os bens que são inimigos dela: (**1**,13,27,89-93). **E$_6$.** Quem possui a boa v. é feliz: (**1**,13,28,95) **E$_7$.** Amar a boa v. é a própria boa v.: (**1**,13,28,95) *bonam uoluntatem suam diligere... etiam ipsa bona uoluntas est.* **E$_8$.** Aderir à Lei eterna por meio da

[35] De fato, que quer o adúltero contumaz senão saciar seu apetite inextinguível por sexo? Se o apetite sexual é natural e indigno de censura, como um dom divino, a inclinação sensual pelo sexo, que é o apetite desordenado e insaciável, como a φιλαργυρία ou a *auaritia,* para além da medida do necessário à satisfação das necessidades naturais (**3**,17,48,166), que não se sujeita ao controle da reta razão, será um malfeito inescusável.

boa v.: (**1**,15,31,107). $\mathbf{E_9}$. Quem ama sua boa v. possui as virtudes cardeais no espírito: (**1**,13,29,97) *illae uirtutes, ut ratio docuit, animum nostrum incolent.* $\mathbf{E_{10}}$. A v. perseverante de fruir da Sabedoria e da Verdade: (**2**,14,38,151) *perseuerans uoluntas fruendi.* $\mathbf{E_{11}}$. Aos anjos que perseveram na boa v. atribui Deus nobres ofícios: (**3**,11,33,115). $\mathbf{E_{12}}$. As criaturas que não pecam não o fazem por necessidade, mas por v.: (**3**,12,35,120) "A criatura que nunca tenha pecado e nunca há de pecar... se abstém do pecado por meio de sua vontade livre e... não é coagida a que não peque, mas [não o faz] de modo espontâneo" (*a peccato illam libera uoluntate abstinere neque coactam non peccare sed sponte*). $\mathbf{E_{13}}$. A excelência e a bondade da vontade dos anjos: (**3**,12,35,123) *angelica naturae excellentia et bonitate uoluntatis.* **F.** MALA VOLVNTAS: "a má vontade": (**1**,14,30,104). $\mathbf{F_1}$. Quem possui a má v. é infeliz: (**1**,13,28,95) *miserum qui contrariae uoluntatis est.* $\mathbf{F_2}$. PERVERSA VOLVNTAS, "a vontade perversa", que se define como sendo a "separação" da Verdade e da Sabedoria, por meio de que os bens inferiores são amados: (**2**,14,37,144) *ea, quae dicitur a ueritate atque sapientia "separatio", peruersa uoluntas est, qua inferiora diliguntur.* $\mathbf{F_3}$. A vontade peca, quando avertida do Bem absolutamente imutável e comum e convertida ao próprio bem: (**2**,19,53,199) *uoluntas autem auersa... peccat.* $\mathbf{F_4}$. Malícia da v.: (**3**,9,28,101) *malitia uoluntatis.* $\mathbf{F_5}$. A v. dos que querem amar o seu próprio poder: (**3**,9,28,103) *potestatem suam potius quam dei.* $\mathbf{F_6}$. INPROBA VOLVNTAS, "a vontade ímproba": o desejo cúpido é uma v. ímproba (**3**,17,48,166) *cupiditas... inproba uoluntas.* $\mathbf{F_7}$. A v. ímproba é a causa de todos os males: (**3**,17,48,167) *inproba uoluntas malorum omnium causa est.* **G.** É por meio da v. que se merece a vida feliz, e por meio da v. também, a vida infeliz: (**1**,13,28,96; 14,30,99; 15,31,103) *uoluntate... beatam uitam... ac miseram mereri.* $\mathbf{H_1}$. De que modo se padece a vida infeliz por meio da v., se ninguém quer ser infeliz? (**1**,14,30,100). $\mathbf{H_2}$. De que modo alcança o homem a vida feliz, se há tantos infelizes, mas todos querem ser felizes? (**1**,14,30,100). Obs.: a pergunta é reveladora: se se alcança a vida feliz por meio da vontade, e se todos têm vontade da felicidade, como há tantos infelizes? $\mathbf{H_3}$. Seriam coisas distintas: querer bem ou mal, e possuir algo por meio da vontade? Ou seja, seriam duas faculdades distintas, a faculdade do querer e a da vontade? (**1**,14,30,100). $\mathbf{H_4}$. Embora todos queiram ser felizes, nem todos têm a v. da vida reta: (**1**,14,30,101-102). $\mathbf{I_1}$. O mérito está na v.: (**1**,14,30,101) *in uoluntate meritum sit.* $\mathbf{I_2}$. Não há pecado ou ação virtuosa sem o concurso da v.: (**2**,1,3,7; *Ret.* 1,9,4) *non enim aut peccatum esset aut recte factum quod non fieret uoluntate.* Obs.: sem vontade não haveria responsabilidade moral, que justificaria a existência de um dos dois tipos de mal, o que se padece, que é decorrente da Justiça divina (cf. **1**,1,1,1). De fato, não haveria necessidade para a própria Justiça divina, se não houvesse vontade, pois não haveria nada que pesar na balança, seja atos retamente praticados, seja malfeitos. $\mathbf{I_3}$. Sem a boa v. ninguém pode viver a vida reta: (**2**,18,48,185; 49,188-189) *sine qua nemo potest recte uiuere.* **J.** Aquilo que cada um escolhe abraçar e seguir está em sua v.: (**1**,16,34,114) *quid autem quisque sectandum et amplectendum eligat, in uoluntate.* **K.** Nenhuma mente é derrubada da cidadela do domínio e da ordem reta, senão pela v.: (**1**,16,34,114) *de arce dominandi rectoque ordine mentem deponi nisi uoluntate.* **L.** Não se pratica o mal, senão a partir do livre arbítrio da v.: (**1**,16,35,117; **2**,1,1,1; **3**,4,9,36; 16,46,158) *et habemus liberum uoluntatis arbitrium et non nisi eo peccamus.* $\mathbf{M_1}$. Por que Deus deu ao homem o livre arbítrio da v.? (**2**,1,1,1) *quare dederit deus homini liberum uoluntatis arbitrium?* $\mathbf{M_2}$. Deveria Deus ter dado ao homem o livre arbítrio da v.? (**2**,1,3,5; 18,47,179; 49,186). $\mathbf{M_3}$. Se a v. tivesse sido dada para pecar, o homem não seria punido com justiça por Deus, quando peca por meio da v.: (**2**,1,3,6-7). $\mathbf{M_4}$. Deus deveria ter dado ao homem o livre arbítrio da v., sob pena de não haver justiça, nem no prêmio, nem no castigo: (**2**,1,3,7; 18,47,179) *debuit igitur deus dare homini liberam uoluntatem.* **N.** Por que a v. pode ser mal usada, se ela foi dada para agir retamente? (**2**,2,4,8). **O.** Foi Deus de fato quem deu ao homem a v.? (**2**,2,4,9; 3,7,20). Obs.: trata de uma pergunta metodológica, a não dizer epistemológica, por meio da qual se irá investigar se o livre arbítrio é um bem (uma natureza) e se os bens foram todos criados por Deus, para o que era preciso antes saber se Deus existia: *utrum in bonis numeranda sit uoluntas libera.* **P.** O livre arbítrio da v. deve ser contado entre os bens: (**2**,18,47,178; 181) *inter bona esse numerandam liberam uoluntatem.* **Q$_1$.** Deve a v. livre ser numerada entre as coisas que são usadas pelo homem? (**2**,19,51,193; *Ret.* 1,9,6) *ipsa inter illa quibus utimur numeranda sit.* **Q$_2$.** Usamos as coisas por meio da v. e a própria v. por meio dela mesma, assim como pensamos a razão por meio da razão: (**2**,19,51,193-195) *etiam ipsa libera uoluntate per eam ipsam uti nos posse.* **R.** A v. é um bem médio: (**3**,1,1,1; *Ret.* 1,9,6). **R$_1$.** Embora a v. seja apenas um bem médio, ela impetra os grandes bens do homem: (**2**,19,53,199) *cum ipsa sit medium quoddam bonum.* **R$_2$.** A v. é um bem, embora por meio dela o homem possa pecar: (**2**,19,53,200) *in bonis quibusdam mediis numerandam esse.* **S.** Qual a origem do movimento de aversão da v.? (**2**,20,54,201; **3**,1,1,1) *unde ille motus existat.* **T$_1$.** O movimento da v. é natural? (**3**,1,1,4) *ut naturalem habeat istum motum.* **T$_2$.** O movimento da vontade é dela mesma, da criatura: (**3**,1,2,8) **T$_3$.** Não há necessidade de ir além na investigação das causas da vontade, pois a vontade é da criatura, não do Criador: (**3**,1,2,11). **U$_1$.** Como conciliar a v. livre com a necessidade inevitável que se depreende da presciência divina? (**3**,2,4,14; 3,6,21-24; 7,26-28) *quo modo est igitur uoluntas libera, ubi tam ineuitabilis adparet necessitas?* **U$_2$.** A felicidade é decorrente de necessidade ou vontade? (**3**,3,7,26; 29). **U$_3$.** Não é porque Deus conhece a nossa v. futura que não haveremos de querer no futuro, por meio dela, ou seja, se Deus conhece a v. futura, é porque no futuro ela será v.: (**3**,3,7,28-29; 8,30-31) *non ex eo tamen conficitur ut non uoluntate aliquid uelimus.* **U$_4$.** Aquele que não possui uma v. não pode querer; logo ninguém há de querer no futuro sem uma v.: (**3**,3,8,32-35). Obs.: o argumento de Agostinho é claro, embora seja passível de contestação: se Deus tem conhecimento antecipado da vontade futura, isso se deve ao fato de que no futuro, para nós, ela será vontade; e se ninguém quer sem a vontade, resta claro que teremos uma vontade futura. Logo a vontade prevista por Deus não é necessária, pois se fosse não seria vontade, visto que nenhuma vontade pode querer sem querer: (**3**,3,8,31) *unde uolet cum uoluntas non erit?* **U$_5$.** Só é livre aquilo que está em próprio poder; logo, se a vontade não está em poder do homem, não é livre; e se não é livre, não é vontade: (**3**,3,8,33) *uoluntas... nostra nec uoluntas esset, nisi esset in nostra potestate. porro quia est in potestate, libera est nobis. non enim est nobis liberum quod in potestate non habemus...* **U$_6$.** Deus não coage ninguém a pecar, porque prevê que irá pecar: (**3**,4,10,39-41). **V.** Volvntas dei, "a vontade de Deus". **V$_1$.** O que Deus faz por meio de sua v., faz também por necessidade? (**3**,3,6,24). **V$_2$.** Deus estatuiu tudo de uma vez por todas e não administra nada por meio de uma nova v.: (**3**,3,6,25) *neque enim aliquid noua uoluntate administrat.* **W$_1$.** A criatura que nunca peca é melhor do que a que peca: (**3**,5,14,52-53) *creatura quae perseuerantissima uoluntate non peccat.* Obs.: veja-se que a criatura que não peca não deixa de fazê-lo por necessidade, mas por uma vontade perfeitamente perseverante, do contrário não teria mérito algum para merecer estar na morada supraceleste. **W$_2$.** A criatura que frui perpetuamente do Criador assim o faz porque possui uma v. perpétua de manter a justiça: (**3**,5,15,55) *perpetua tenendae iustitiae uoluntate.* **X.** Há criaturas que mantêm uma perpétua v. de pecar, como o diabo: (**3**,5,15,55) *peccandi perpetua uoluntas tenet.* **Y$_1$.** As criaturas que possuem a v. de pecar são melhores do que as criaturas que não possuem v.: (**3**,5,15,56; 59) *est excellentior creatura quae libera uoluntate peccat quam quae propterea non peccat quia non habet liberam uoluntatem.* **Y_2.** O homem infeliz, mas que possui a v. da felicidade, é melhor do que a criatura que não possui a v. da felicidade: (**3**,7,21,71). **Z.** A v. de morte é na verdade uma v. de quietude: (**3**,8,23,83) *ut requiescat.* **AA.** Quem consente com a persuasão de outro o faz por meio da própria v.: (**3**,10,29,104) *nisi uoluntate consentit.* **AB.** A criatura racional foi fundada com o livre arbítrio da v.: (**3**,13,37,129) *omnis natura rationalis, cum libero uoluntatis arbitrio condita.* **AC.** Quem recebeu a v. suficiente para agir bem, se não o fizer, é réu diante da Justiça: (**3**,16,45,155). **AD_1.** Qual a causa da própria v.? (**3**,17,47,163) *causam... ipsius uoluntatis.* **AD_2.** A v. é a causa do pecado: (**3**,17,48,164) *uoluntas est causa peccati.* **AD_3.** A v. ímproba é a causa do pecado: (**3**,17,48,166). **AD_4.** A causa antes da vontade: (**3**,17,49,168) *ante uoluntatem causa uoluntatis.* Obs.: se a causa do pecado não é vontade, então não há pecado (*nullum peccatum*); agora, se é vontade, então a causa da vontade é a própria vontade, pois nenhum pecado pode não ser voluntário, e assim não haveria motivo para investigar além. **AD_5.** A causa primeira do pecado é a v.: (**3**,17,49,168) *uoluntas est prima causa peccandi.* **AE.** A v. da criatura racional está tripartida: uns nunca têm vontade de pecar, outros ora têm vontade, ora não têm, outros, por fim, nunca têm vontade de não pecar: (**3**,17,47,163) *tripartitam uoluntatem rationalis creaturae.* **AF.** Na condição pós-lapsária, nascido em ignorância e dificuldade, não é de admirar que o homem não possua mais o arbítrio livre da vontade para escolher o que faça, e que a resistência do hábito carnal o impeça de realizar o bem que venha a conhecer, pois o que se disse da v. livre refere-se ao homem em condição prelapsária: (**3**,158,52,177-179) *nec mirandum est quod uel ignorando non habet arbitrium liberum uoluntatis...* (§179) *cum autem de libera uoluntate recte faciendi loquimur, de illa scilicet in qua homo factus est loquimur.* **AG_1.** Ignorância e dificuldade se dizem pecados porque derivam sua origem do primeiro pecado, cometido por meio da v. livre: (**3**,19,54,183) *quia de peccato illo liberae uoluntatis originem ducunt.* **AG_2.** Não apenas o que se comete pela v. livre diz-se "pecado", mas também sua consequência penal: (**3**,19,54,184). **AH.** Quando a v. é ré de estultícia viciosa: (**3**,24,71,241) *uitiosae stultitiae sit uoluntas rea.* **AI.** A v. deve observar o preceito, se a natureza é capaz dele: (**3**,24,72,245) *uoluntas ad obseruandum.* **AJ_1.** As visões que aliciam a v.: (**3**,25,74,255) *quia uoluntatem non allicit ad faciendum quodlibet nisi aliquod uisum.* **AJ_2.** A vontade do persuasor diabólico: (**3**,25,75,259) *uoluntate suadentis... diaboli.* **AK_1.** O mal tem origem no livre arbítrio da v.: (*Ret.* 1,9,1) *malum non exortum nisi ex libero uoluntatis arbitrio.* **AK_2.** Os maniqueus negam que o mal tenha origem no livre arbítrio da v.: (*Ret.* 1,9,2) *qui negant ex libero uoluntatis arbitrio mali originem duci.* **AK_3.** Deus prepara a v. daqueles que predestinou: (*Ret.* 1,9,2). **AK_4.** Os pelagianos destacam o livre arbítrio da v., relegando a Graça de Deus a segundo plano: (*Ret.* 1,9,3). Cf. **2**,9,27,107; **3**,1,2,11; 4,9,36; 6,18,63; 18,50,170; 20,58,198; 21,62,214; 22,63,216; 64,217; 219; 24,73,254; *Ret.* 1,9,1; 2; 3; 4.

uoluptas (*subst.*) PRAZER (DOS SENTIDOS). Obs.: comum tanto às criaturas que apenas são e vivem, quanto às que também inteligem, esse prazer se refere exclusivamente aos sentidos, jamais ao espírito, pois se trata de algo corpóreo, por assim dizer, que se obtém por meio das naturezas apreensíveis pelos sentidos a elas adaptados nos corpos animados em que se situam, não à mente. Seu contrário natural é a dor (*dolor*), ou os incômodos (*molestiae*) de natureza física. **A.** A vida animal se resume na busca dos p. do corpo e na fuga às dores: (**1**,8,18,62) *adpetere uoluptates corporis.* **B_1.** Os p. do corpo estão muito abaixo da boa vontade, na ordem dos valores das criaturas racionais: (**1**,12,25,84) *uoluptates corporis.* **B**$_2$**.** A boa vontade deve ser preferida a todos os p. do corpo: (**1**,12,26,86) *id uoluptatibusque omnis corporis longe anteponendum sit.* **C.** A vontade má busca, entre outras coisas, os p. e a beleza do corpo: (**1**,15,31,105) *uoluptates et pulchritudinem corporis.* **D.** Pertencem aos sentidos do corpo o p. e a dor: (**2**,5,12,49) *corporis sensum... ad illum pertinet uoluptas et dolor.* **E.** O p. de ver o sol: (**2**,14,38,150) *uoluptatem uidendi eum.* Obs.: não se confunda esse prazer de ver o sol e os objetos iluminados pelo reflexo de sua luz, que se obtém por meio do sentido corpóreo da visão, com algum tipo de contemplação idealizada da natureza. Trata-se de um prazer corpóreo, como os outros que se obtêm por meio dos demais sentidos. **F.** A vontade se volta para o que é inferior quando ama com diligência o prazer do corpo: (**2**,19,53,200) *cum uoluptatem corporis diligit.* **G.** As criaturas que apenas são (*esse*), como os minerais, não sentem p., nem dor; as criaturas que são e vivem, como os animais, sentem p. e dor; as criaturas que são, vivem e inteligem também podem sentir dor e p.: (**3**,23,70,237-238) *uel doloris molestias uel blanditias sentiunt uoluptatis...*

usus (*subst.*) Uso. **A.** Em referência ao Bem comum, cuja natureza não é nem alterada nem corrompida por ele: (**2**,8,20,79) "Algo que todos os que raciocinam vejam em comum, cada qual por meio de sua própria razão e de sua mente, conquanto o que se vê esteja ao alcance de todos e não seja modificado pelo uso daqueles aos quais está ao alcance, como se fosse uma comida ou bebida, mas permaneça incorrupto e íntegro..." (*nec in usum eorum quibus praesto est commutetur quasi cibus aut potio...*). **B.** No sentido de "emprego dos olhos" como órgãos responsáveis pela visão, entre outras coisas: (**2**,18,48,184) *usus oculorum.* **C.** O bom ou mau uso das virtudes e faculdades do espírito: (**2**,19,50,192) "A obra da virtude é o bom uso dessas coisas..." (*opus uirtutis est bonus usus istorum*). **D.** O uso imoderado das criaturas corpóreas, como o vinho, por exemplo: (**3**,5,15,57) "Conquanto se devam vituperar os que se avertem da percepção da verdade pelo uso imoderado dela" (*corporalis creatura in suo gradu iure laudanda est, cum illi uituperandi sint qui eius inmoderato usu a ueritatis perceptione auertuntur*). **E.** No sentido de "utilidade", como contraponto da razão: (**3**,5,17,61) "Pois de um modo estima a razão, de outro diferente, o uso. A razão estima pela luz da verdade... porém o uso na maior parte das vezes se inclina pelo costume da comodidade" (*aliter enim aestimat ratio aliter usus. ratio aestimat luce ueritatis... usus autem consuetudine commoditatis plerumque inclinatur*). Obs.: o uso costuma pautar suas preferências por aquilo que se compreende como "utilidade", não pela verdade. **F.** As criaturas superiores ornam as inferiores ao fazer bom uso delas: (**3**,9,27,99) "E na verdade as melhores almas, quando habitam em criaturas ínfimas, não as ornam por sua infelicidade, a qual não possuem, mas pelo bom uso delas" (*non eas ornant miseria sua... sed usu earum bono*). **G.** Os alimentos são corrompidos pelo uso: (**3**,14,40,138) "Esses produtos da terra, porque são corrompidos pelo uso [no preparo] de seus alimentos?" (*easdem fruges, quod usu ciborum eius corrumpuntur*). **H.** No sentido de "aproveitar-se" de tudo o que seja útil e necessário para a subsistência: (**3**,14,40,139) *usus explendae indigentiae suae.* **I.** O bom uso do livre arbítrio é já uma virtude: (*Ret.* 1,9,6) *bonus autem usus eius iam uirtus est.* **I**$_1$**.** O bom uso da vontade livre é um grande bem: (*Ret.* 1,9,6) "O bom uso da vontade livre, que é uma virtude e é contada entre os grandes bens" (*bonus usus liberae uoluntatis, quae uirtus est et in magnis numeratur bonis*). **J.** No sentido de "utilidade", em referência às luzes, quer a da lua, quer a de uma lâmpada: (**3**,9,24,87) "A claridade de uma lucerna... ser conveniente às trevas terrenas e apta para os usos noturnos" (*lucernae claritatem... atque aptam nocturnis usibus*). Cf. *utilitas, utilis, utor, abutor.*

utilis (*adj.*) ÚTIL. Em referência àquilo que serve para algum propósito ulterior vantajoso. Obs.: o Bem último e supremo do homem, Deus, jamais poderia ser predicado, ainda que em sentido impróprio, de "útil", pois aquilo que serve para algo ulterior é sempre inferior àquilo a que serve, como já indica claramente o próprio verbo "servir". De todo modo, o princípio da utilidade, a não lançar mão do conceito, muitíssimo anacrônico, "utilitarismo", é radicalmente contrário à ideia de fim último, ou supremo, quer na filosofia grega pré-cristã, quer no cristianismo, pois qualquer "utilidade" sempre instrumentaliza aquilo que qualifica, tornando-o forçosamente um "meio" para fim inevitavelmente ulterior e obviamente mais importante. No pensamento agostiniano, por exemplo, apenas o Fim, ou Bem último, ou mesmo "primeiro", por assim dizer, é o único digno de fruição (*frui*), restando aos bens inferiores, seja de que gênero e qualidade forem, apenas a utilidade, ou uso (*uti*), regra que, quando quebrada, implica não apenas o pecado, mas a própria causa do mal. Pois que outra coisa é o mal, aquela aversão do Bem supremo, comum e imutável, Deus, e a conversão aos bens próprios, mutáveis e corruptíveis, senão a prava eleição de fruir daquilo de que se deveria, ao invés, usar retamente? **A.** Aprendizagem útil: (**3**,1,2,11; *Ret.* 1,9,3) *disciplina utilis.* Obs.: veja-se, por exemplo, que aqui a aprendizagem é instrumentalizada pela utilidade a serviço de um bem maior, a fruição do Bem eterno. **2.** UTILMENTE (*utiliter*): de modo útil, com proveito. **A.** (**3**,12,35,120) *utiliter consulit.* **B.** Como contraponto a inutilmente, numa sofisticada e sutil construção retórica, que envolve antimetábole, anadiplose, quiasmo, elaborada com antíteses: (**3**,19,53,182) "Buscar conhecer utilmente o que inutilmente é ignorado" (*scire utiliter quaeri quod inutiliter ignoratur*). **C.** (**3**,21,60,206) "Utilmente o intento lactente e incipiente de elevar-se das coisas terrenas em direção às celestes..." (*et quibus lactens atque a terrenis in coelestia sese adtollere incipiens utiliter adminiculetur intentio...*). **D.** No sentido de "com proveito": (*Ret.* Pról. §.3) "Aquelas coisas que escrevi quando era catecúmeno... são lidas com utilidade, desde que lhes sejam perdoadas algumas coisas..." (*illa sane praetereo quae cathecuminus iam... scripsi... leguntur utiliter, si nonnullis ignoscatur...*).

utilitas (*subst.*) **1.** UTILIDADE. Na única passagem em que o termo *utilitas* aparece na obra (**1**,6,14,45), se faz acompanhar do adjetivo *communis*, "comum", em referência ao BEM COMUM de um determinado povo, em sentido político: "Se acaso exista um povo bem moderado e austero [nos costumes], guardião extremamente diligente da utilidade comum, em que cada qual pese menos o interesse privado do que o público..." (*grauis communisque utilitatis diligentissimus custos*). Obs.: evitou-se traduzir a expressão *utilitas commune* por bem comum, para que não fosse confundida com o Bem comum de sentido metafísico. Cf. *bonus, bonum, bene.*

utor (*v.*) USAR, no sentido primeiro de fazer uso de alguma coisa. No pensamento do autor o verbo *uti*, "usar", estabelece uma dialética fundamental com o verbo *frui*, "fruir", quando se comparam os bens todos da criação com o próprio Criador. Em última instância apenas Deus, o Bem último, é digno de ser fruído em si mesmo, os demais bens devendo ser apenas "usados", tendo em vida o Fim desejável, ou seja, para que a alma racional chegue à fruição do Bem supremo, seu primeiro e único Bem verdadeiro. Daí o pecado constituir-se não nas criaturas, que são todas boas, pois saídas do amor de Deus, mas no mau uso delas, ou antes, na sua indevida fruição, como se elas fossem fins desejáveis em si mesmos. **A.** Só a mente usa da razão: (**1**,9,19,68) "Nada, exceto a mente, pode usar da razão" (*nonnisi mentem uti posse ratione*). **B$_1$.** Quem usa mal dos bens a eles se apega indevidamente: (**1**,15,33,113) "Aquele que usa mal adere a elas com amor e nelas está entrelaçado, inevitavelmente sujeito àquilo que lhe devia estar sujeito, estabelecendo para si estas coisas como bens" (*qui male [utatur] amore his inhaereat atque implicetur, scilicet subditus eis rebus, quas ei subditas esse oportebat, et ea bona sibi constituens*). **B$_2$.** Quem faz bom uso dos bens: (**1**,15,33,113) "Aquele... que usa delas retamente... não se prende a elas com amor... ao contrário, ele todo se coloca acima delas, preparado que está para possuí-las e regê-las, quando se faz necessário, e mais preparado ainda para perdê-las e para não possuí-las" (*qui recte his utitur...*). **C.** Não são os bens que devem ser censurados, e sim os seus mal-utente: (**1**,16,34,114) "Não é a coisa em si que se deve censurar, quando alguém dela usa mal, e sim aquele que faz mau uso" (*non rem ullam, cum ea quisque male utitur, sed ipsum male utentem esse arguendum*). **D.** O uso das virtudes tendo em vista a sabedoria: (**2**,10,29,118) "Quanto mais alguém usa delas para levar a sua vida... tanto mais sabiamente vive e age" (*quanto magis quisque ad agendam uitam eis utitur... tanto magis uiuit facitque sapienter*). **E$_1$.** Ninguém usa mal da Justiça: (**2**,18,47,179; 50,190) *nemo uti nisi recte potest.* **E$_2$.** Ninguém usa mal da coragem ou da temperança: (**2**,18,50,190). **E$_3$.** Ninguém usa mal da reta razão: (**2**,18,50,190) *recta autem ratione male uti nemo potest.* **E$_4$.** Ninguém usa mal das virtudes: (**2**,19,50,192) "E da virtude ninguém usa mal, porque a obra da virtude é o bom uso dessas coisas, das quais também podemos não usar bem. Porém ninguém, ao usar bem, usa mal" (*et ideo uirtute nemo male utitur, quia opus uirtutis est bonus usus istorum, quibus etiam non bene uti possumus. nemo autem bene utendo male utitur*) (cf. **2**,19,52,196). **E$_5$.** Dos bens médios e mínimos pode-se usar mal: (**2**,19,50,192) *male uti potest.* **E$_6$.** Assim como há bens do corpo de que o homem pode usar mal (cf. **2**,18,48,183), assim também há bens do espírito que podem ser mal usados: (*ibid.* §182) *in corporis bonis... quibus non recte uti homo possit... et in animo sunt quaedam bona quibus etiam non recte uti...* **E$_7$.** Resumo do uso dos bens médios e grandes: (*Ret.* 1,9,6) "O livre arbítrio da vontade se encontra entre os bens médios, porque dele também podemos usar mal, mas, no entanto ele é de tal modo, que sem ele não possamos viver retamente. Porém o bom uso dele já é a virtude, que se encontra nos grandes bens, dos quais ninguém pode usar mal" (*liberum uoluntatis arbitrium, quia et male illo uti possumus, sed tamen tale est, ut sine illo recte uiuere nequeamus...*). **E$_8$.** A vontade pode ser usada como qualquer outro bem (**2**,19,51,193), apesar de ela própria fazer uso de outros bens (**2**,19,51,195): "A própria vontade use de certo modo dela mesma, ela que usa das demais coisas, assim como a razão conhece a si mesma, ela que conhece também as demais coisas!" (*ut quodam modo se ipsa utatur uoluntas, quae utitur caeteris, sicut se ipsam cognoscit ratio, quae cognoscit et caetera!*). **F.** As almas pecadoras não podem usar bem das moradas celestes: (**3**,9,27,99) "Não lhes convêm, dos quais nem podem usar bem..." (*non conueniunt illis, quibus nec bene uti possunt...*). **G.** As almas devem restituir ao Criador aquilo de que não fizeram bom uso: (**3**,15,44,151) "Ou restitui usando bem o que recebeu, ou restitui perdendo o que não quis usar bem" (*aut enim reddit bene utendo quod accepit aut reddit amittendo quod uti noluit bem*). **H.** O castigo do pecado é perder o bem de que não quis usar bem: (**3**,18,52,178) "Pois essa é uma pena justíssima do pecado, que cada um perca aquilo que não quis usar bem" (*ut amittat quisque quod bene uti noluit*). **I.** Aquele que quer usar bem eleva-se: (**3**,24,72,245) "Contudo ainda possuía algo, de que, se quisesse usar bem, ascenderia em direção àquilo que não possuía" (*sed tamen habebat aliquid, quo, si bene uti uellet, ad id quod non habebat ascenderet*). **J.** Do uso do livre arbítrio: (*Ret.* 1,9,2) "Os quais agora, em si mesmos, usam do livro arbítrio..." (*qui iam in eis utuntur libero arbitrio*). **K.** Se alguém fizer uso da vontade livre para pecar, é punido: (**2**,1,3,5) *quis ea usus fuerit ad peccandum, diuinitus in eum uindicatur.* **L.** A vontade livre não foi dada ao homem para que dela se utilizasse para pecar: (**2**,1,3,6). Cf. *abutor, usus, utilitas, utilis.*

No prelo

Segunda parte de *O Livre Arbítrio*, que dá continuidade ao diálogo entre o discípulo Evódio e Agostinho. Aqui se procura demonstrar que a vontade livre é um bem, que todo bem se origina em Deus e (com especial destaque, num argumento que ganharia fama) que Deus existe. Cada uma dessas teses colabora com o propósito de estabelecer que o fato de a vontade, portadora da capacidade de pecar, ter sido dada por Deus não faz dele responsável pelo mal. Na verdade, o mal não é mais que um não ser; o conjunto das coisas que são é bom, e abriga naturezas de diferentes graus – sendo a própria vontade, passível de má utilização, uma natureza de nível médio. Além do texto em latim e da tradução, o volume, como os demais, traz notas e comentários, igualmente assinados por Ricardo Taurisano.

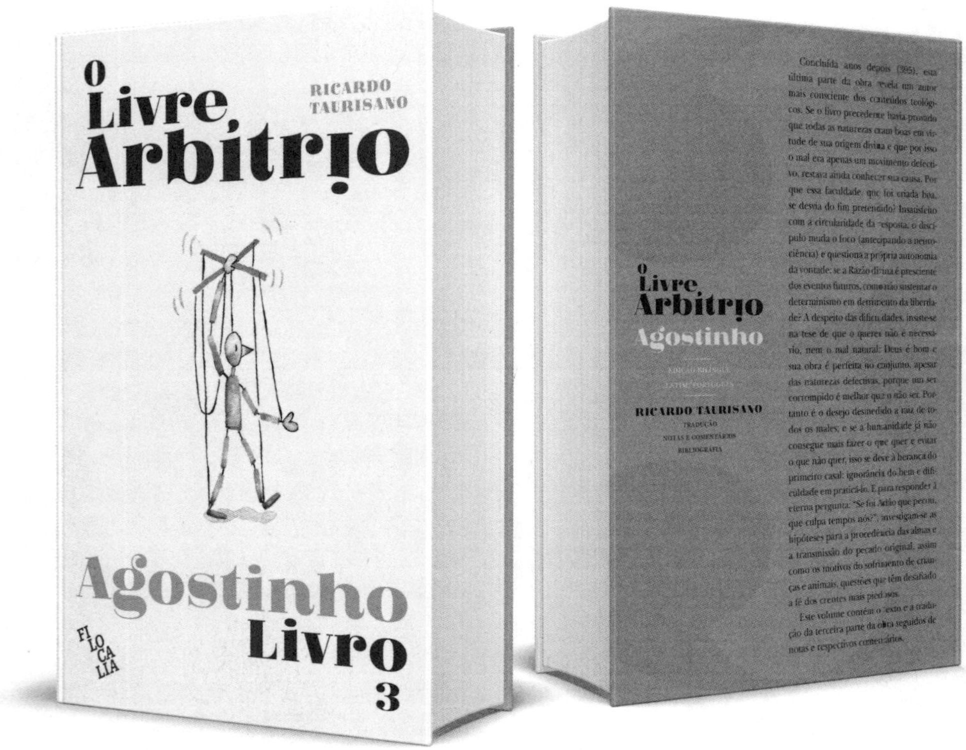
O Livre Arbítrio
Ricardo Taurisano
Agostinho
Livro 3
FILOCALIA

O Livre Arbítrio

Agostinho